MEYERS ENZYKLOPÄDISCHES LEXIKON

Jahrbuch 1977

MEYERS ENZYKLOPÄDISCHES LEXIKON

in 25 Bänden
mit Nachtragsband (Band 26), Weltatlas (Band 27)
und Jahrbüchern

Neunte, völlig neu bearbeitete Auflage
zum 150jährigen Bestehen des Verlages

Mit 100 signierten Sonderbeiträgen

BIBLIOGRAPHISCHES INSTITUT · MANNHEIM/WIEN/ZÜRICH

LEXIKONVERLAG

MEYERS ENZYKLOPÄDISCHES LEXIKON JAHRBUCH 1977

Berichtszeitraum 1976

BIBLIOGRAPHISCHES INSTITUT · MANNHEIM/WIEN/ZÜRICH

LEXIKONVERLAG

Das Wort „MEYER“ ist für Bücher aller Art
für das Bibliographische Institut als Warenzeichen geschützt

CIP-Kurztitelaufnahme der Deutschen Bibliothek

Meyers Enzyklopädisches Lexikon: in 25 Bd.;
mit Nachtr.-Bd., Weltatlas u. Jahrbüchern; mit 100
signierten Sonderbeitr. - Mannheim, Wien, Zürich:
Bibliographisches Institut.
Jahrbuch 1977. Berichtszeitraum 1976. - 1977. -
ISBN 3-411-01317-6

Satz: Bibliographisches Institut AG und Beltz-Druck, Hemsbach
(Photosatz Linotron 505 TC)
Druck: Klambt-Druck GmbH, Speyer
Papier: 120 g holzfrei Spezial-Lexikon-Papier der Fa. Nordland GmbH, Dörpen
Bindearbeit: Großbuchbinderei G. Lachenmaier, Reutlingen
Printed in Germany
ISBN 3-411-01317-6

VORWORT

Die vorliegende vierte Ausgabe des Jahrbuchs zu MEYERS ENZYKLOPÄDISCHEM LEXIKON erfaßt – wie die bereits vorliegenden Bände – in chronologischer und in alphabetischer Ordnung die wichtigsten Ereignisse eines Jahres, ausgewählt und erläutert nach der Bedeutung, die ihnen in unmittelbar zeitgenössischer Betrachtung zukommt.

Vor dem lexikalischen Teil befinden sich eine tabellarische Chronik der wichtigsten Geschehnisse des Jahres sowie der Übersichtsartikel „Die Welt im Jahre 1976“.

Im Hauptteil folgen dann in alphabetischer Ordnung exakte, schnell nachzuschlagende Detailinformationen über die Innen-, Außen- und Wirtschaftspolitik der Staaten der Erde, über wichtige Personen und besondere Ereignisse auf wirtschaftlichem, kulturellem, sportlichem und wissenschaftlichem Gebiet mit zusammenfassenden Berichten und Sonderbeiträge zu wichtigen Themen des Jahres: Libanonkrise, Bürgerinitiativen, Olympische Winter- und Sommerspiele, Marserforschung, Erdbeben u. a. m.

Am Schluß des Bandes werden die bedeutenden im Berichtszeitraum gestorbenen Personen aufgeführt.

Das Jahrbuch, das in Zusammenarbeit mit zahlreichen Sachkennern und Fachwissenschaftlern erarbeitet wird, bietet aktuelle Informationen über die jüngste Vergangenheit in ihrem universalen Zusammenhang: eine wichtige und logische Erweiterung von MEYERS ENZYKLOPÄDISCHEM LEXIKON in 25 Bänden.

Mannheim, im Juli 1977

BIBLIOGRAPHISCHES INSTITUT

INHALT

CHRONIK DES JAHRES 1976

JANUAR

1. 82 Personen kommen beim Absturz einer libanesischen Verkehrsmaschine nahe der kuwaitischen Grenze ums Leben.
3. Die Sowjetunion spricht sich für die Beendigung der militärischen Einflußnahme durch ausländische Mächte in Angola aus. Die USA versichern, weder Söldner für Angola angeworben noch Söldner nach Angola geschickt zu haben.
   Die deutsche Nordseeküste wird von einer schweren Sturmflut betroffen. Mindestens 100 000 ha Land an der Unterelbe und der schleswig-holsteinischen Westküste werden überflutet.
7. Die italienische Regierung A. Moro tritt zurück, nachdem sie die Unterstützung der Sozialisten verloren hat.
8. Der chinesische Ministerpräsident Chou En-lai stirbt im Alter von 78 Jahren.
12. Die Palästinensische Befreiungsorganisation (PLO) ist erstmals auf einer Tagung des UN-Sicherheitsrats vertreten.
13. Die OAU-Gipfelkonferenz in Addis Abeba wird beendet, ohne daß eine einheitliche Haltung zum Angolakonflikt zustande kommt.
15. Mit mindestens einer Stimme aus dem Lager der SPD/FDP-Koalition wird in Schleswig-Holstein der CDU-Politiker E. Albrecht zum Nachfolger des zurückgetretenen Ministerpräsidenten A. Kubel (SPD) gewählt. Albrecht kann 78 von 155 Stimmen auf sich vereinigen. Sein Gegenkandidat H. Kasimir (SPD) erhält nur 74 Stimmen.
19. Nach amerikanischen Angaben beteiligen sich 8 000 kubanische Soldaten auf seiten der kommunistischen Befreiungsbewegung MPLA an den Kämpfen in Angola.
20. Otelo de Carvalho, ehemaliger Kommandeur der portugiesischen Sicherheitsgruppe COPCON, wird als Anführer eines gescheiterten Linksputsches vom 25. November 1975 verhaftet.
21. Die italienische Regierung gibt angesichts einer wachsenden Kapitalflucht ins Ausland den Kurs der Lira frei.
    Mit gleichzeitigen Starts in London und Paris eröffnet die „Concorde" die Ära des zivilen Überschallflugverkehrs.
24. Die USA und Spanien schließen einen Vertrag, der das Stützpunktabkommen zwischen beiden Ländern erneuert und durch Vereinbarungen über wirtschaftliche und kulturelle Zusammenarbeit ergänzt.
26. Die kubanische Regierung bestätigt den Einsatz von „Freiwilligen" in Angola.
30. Syrien übernimmt die Garantie für die Einhaltung des Kairoer Abkommens von 1969, das die Vorrechte der palästinensischen Guerillas im Libanon begrenzen soll.
31. Der UN-Sicherheitsrat verurteilt erstmals einstimmig die Namibiapolitik Südafrikas.

Ein schwerer Orkan über Nordwesteuropa fordert zahlreiche Todesopfer und zerstört an der deutschen Nordseeküste Deiche. Das hinter ihnen liegende Land wird überflutet

FEBRUAR

1. In Offenburg vereinbaren die baden-württembergische Landesregierung und Vertreter von Bürgerinitiativen, daß mit dem Bau eines Kernkraftwerks in Wyhl am Kaiserstuhl nicht vor November 1976 begonnen werden soll.
3. Drei Geiselnehmer bringen in der französischen Afrikabesitzung Dschibuti (Frz. Afar-und-Issa-Küste) 31 Kinder in ihre Gewalt. Sie fordern die Freilassung von politischen Gefangenen und die Unabhängigkeit des Landes. Die Kinder werden am 4. Febr. befreit. Zwei Kinder kommen ums Leben.
   Bei einem schweren Erdbeben werden in Guatemala mehr als 20 000 Menschen getötet, über eine Million werden obdachlos.
6. Der CDU-Politiker E. Albrecht, der nach seiner ersten Wahl vom 15. Januar innerhalb der

In Peking nehmen Chinesen Abschied von ihrem am 8. Januar gestorbenen Ministerpräsidenten Chou En-lai

Während seines Staatsbesuches in der Bundesrepublik Deutschland legt der ägyptische Präsident A. As Sadat (links) in Bonn am Mahnmal für Kriegsopfer einen Kranz nieder

gesetzlichen Frist kein Kabinett hatte bilden können, wird endgültig zum neuen niedersächsischen Ministerpräsidenten gewählt.

7. Peking gibt die Ernennung des bisherigen Sicherheitsministers Hua Kuo-feng zum amtierenden Ministerpräsidenten bekannt. Hua Kuo-feng ist Nachfolger des verstorbenen Chou En-lai.

11. Die kommunistische Befreiungsbewegung Angolas (MPLA) wird von der Organisation für Afrikanische Einheit (OAU) als rechtmäßige Regierung Angolas anerkannt.
Die CDU-Politiker W. Marx und A. Dregger treffen in China ein.

Größer als erwartet fiel für Ministerpräsident H. Filbinger und die CDU der Wahlsieg bei den Landtagswahlen in Baden-Württemberg aus

12. Der Bundestag verabschiedet Gesetze zur Neuregelung der Bestimmungen über den Schwangerschaftsabbruch sowie zur Reform des Strafvollzuges.
In Rom wird nach fünfwöchiger Regierungskrise das neue italienische Kabinett unter Ministerpräsident A. Moro vereidigt. Die Regierung ist ein Minderheitskabinett der Democrazia Cristiana, das von den Sozialdemokraten unterstützt und von den Sozialisten und Republikanern toleriert wird.

13. In Angola siegt die von kubanischen Truppen unterstützte kommunistische Befreiungsbewegung MPLA endgültig über die beiden anderen Befreiungsbewegungen UNITA und FNLA, die in den Untergrund gehen.
In Nigeria scheitert ein Militärputsch. Staatschef Murtala Mohammed kommt ums Leben. Nachfolger wird der bisherige Armeestabschef Generalleutnant O. Obasanjo.

17. Frankreich erkennt als erstes Land des Westens die Volksrepublik Angola an.

19. Island bricht seine diplomatischen Beziehungen zu Großbritannien ab. Damit erreicht der „Fischereikrieg" zwischen beiden Ländern seinen Höhepunkt.
Der Bundestag billigt die Vereinbarungen mit Polen. Unter den 276 Ja-Stimmen sind auch 15 von Abgeordneten der CDU/CSU.
Die argentinische Präsidentin María Estela Martínez de Perón verzichtet auf eine erneute Kandidatur bei den kommenden Präsidentschaftswahlen.

20. Der frühere amerikanische Präsident R. Nixon reist zu einem einwöchigen Privatbesuch Chinas nach Peking.

23. Vertreter der südostasiatischen Staatengemeinschaft ASEAN treffen in Bali (Indonesien) zu einer ersten Gipfelkonferenz der nichtkommunistischen Staaten Südostasiens zusammen.
Der Bundesschatzmeister der CDU, W. L. Kiep, wird zum Finanzminister im niedersächsischen Kabinett berufen.

24. In Moskau beginnt der 25. Parteitag der KPdSU. In seinem Verlauf sprechen sich die Vertreter der kommunistischen Parteien Italiens und Frankreichs für einen eigenen Weg zum Sozialismus aus. Parteichef L. Breschnew wird in seinem Amt bestätigt.

28. Nach mehr als 90 Jahren geht die spanische Kolonialherrschaft über die Westsahara zu Ende.

MÄRZ

1. Bundesforschungsminister H. Matthöfer beginnt einen zweiwöchigen Besuch in China.

3. Moçambique schließt seine Grenzen zum Nachbarland Rhodesien und appelliert an die Bevölkerung, sich auf eine rhodesische Aggression vorzubereiten.

6. Die Landwirtschaftsminister der EG einigen sich auf neue Erzeugerpreise für 1976/77.
Der Münchner Oberbürgermeister G. Kronawitter unterliegt bei den Vorstandswahlen der Münchner SPD. Er hatte für den Posten eines der drei stellvertretenden Vorsitzenden kandidiert. Neuer Vorsitzender wird Stadtkämmerer M. von Heckel.

7. Im Libanon flammen die Kämpfe wieder auf.
Marokko bricht seine diplomatischen Beziehungen zu Algerien ab, nachdem Algerien die von der Befreiungsorganisation FPOLISARIO ausgerufene Republik Westsahara anerkannt hat.

11. Ohne konkretes Ergebnis werden in Washington die amerikanischen Untersuchungen über die mögliche Bestechung prominenter Persönlichkeiten aus der Bundesrepublik Deutschland und den Niederlanden durch die Lockheed Aircraft Corp. (Luft- und Raumfahrtindustrie) beendet.

12. Bei einem Raubüberfall auf einem Londoner Flughafen erbeuten die Täter Bargeld, Goldbarren und Edelsteine im Wert von umgerechnet 2,5 Millionen DM.

Der deutsche Bundesrat billigt einstimmig die Polen-Vereinbarungen (Rentenabkommen, Ausreiseprotokoll und Finanzkredit), nachdem das polnische Außenministerium letzte Vorbehalte der CDU/CSU ausräumte
Der schwedische König Karl XVI. Gustav verlobt sich mit der Deutschen Silvia Sommerlath.
15. Ägypten kündigt den 1971 für 15 Jahre geschlossenen Freundschaftsvertrag mit der Sowjetunion.
18. Die industriellen Arbeitnehmer in der Bundesrepublik Deutschland erzielten 1975 nach einer EG-Statistik im westeuropäischen Vergleich den geringsten Lohnzuwachs.
Der Weltsicherheitsrat beschließt, Moçambique für seine Boykottmaßnahmen gegen Rhodesien eine Entschädigung aus freiwilligen Beiträgen zu gewähren.
19. Die britische Prinzessin Margaret und Lord Snowdon beschließen, sich zu trennen, aber nicht scheiden zu lassen.
20. Der rhodesische Ministerpräsident I. D. Smith appelliert an Großbritannien, sich in die Bemühungen um eine Lösung des Rhodesienkonflikts einzuschalten.

Gratulation für E. Honecker nach seiner Wahl zum Generalsekretär des ZK während des Parteitages der SED in Ost-Berlin

21. Die Geschworenen sprechen die amerikanische Verlegerstochter Patricia Hearst des Bankraubs schuldig.
22. Vertreter Israels und der PLO nehmen erstmals an einer Sitzung des Weltsicherheitsrates teil.
Umfangreiche Kredite der EG sollen zur Gesundung der Zahlungsbilanzen Italiens und Irlands beitragen.
23. Das deutsche Bundesverfassungsgericht bestätigt, daß die christlichen Gemeinschaftsschulen verfassungskonform sind.
24. Argentiniens Staatspräsidentin M. E. Martínez de Perón wird gestürzt. Eine Militärjunta übernimmt die Macht. Zum neuen Präsidenten wird (am 27. März) der bisherige Oberkommandierende des Heeres J. R. Videla bestimmt.
Der britische Feldmarschall Lord Montgomery stirbt im Alter von 88 Jahren.
25. Die Zahl der Arbeitslosen in Europa ging nach einer EG-Statistik im Februar zum ersten Mal seit Mitte 1974 leicht um etwa 123 000 auf 5,57 Millionen zurück.
26. Die USA erklären sich zu Gesprächen mit dem kommunistischen Regime in Vietnam bereit.
Die sieben Ambonesen, die im Dezember 1975 in den Niederlanden einen Zug besetzt gehalten und zwei Personen getötet hatten, werden zu je 14 Jahren Haft verurteilt.
27. Der ehemalige hessische Ministerpräsident G. A. Zinn (SPD) stirbt fast 75jährig in Frankfurt am Main.
Südafrika zieht seine letzten Truppen aus Angola ab.
Ein neues Hilfsabkommen mit der Türkei sichert den USA wieder die Benutzung ihrer 25 Militär- und Beobachterstützpunkte in der Türkei.
29. Bundeswirtschaftsminister H. Friderichs trifft zu Beratungen der deutsch-sowjetischen Wirtschaftskommission und zur Eröffnung einer Fachausstellung in Moskau ein.
Der ägyptische Präsident A. As Sadat kommt zu einem fünftägigen Besuch in die Bundesrepublik Deutschland.
30. Bei den bisher schwersten Zusammenstößen seit der Staatsgründung 1948 zwischen der arabischen Minderheit in Israel und Sicherheitskräften werden im Norden des Landes sechs Araber erschossen.
31. Das deutsch-sowjetische Projekt eines Kernkraftwerks in Königsberg (Pr) scheitert.

APRIL

1. Im syrisch-libanesischen Grenzgebiet marschieren größere syrische Truppenverbände auf. Die libanesischen Linksparteien stimmen einer Feuerpause zu, doch gehen die Kämpfe weiter.
2. Die neue Verfassung Portugals wird nach Billigung durch die Verfassunggebende Versammlung vom Staatspräsidenten unterzeichnet.
4. Bei den Parlamentswahlen in Thailand siegt die gemäßigte liberale Demokratische Partei; die Linksparteien erleiden eine Niederlage. Ministerpräsident K. Pramoj verliert sein Mandat.
Die CDU gewinnt die Landtagswahlen in Baden-Württemberg mit der absoluten Mehrheit von 56,7 % der Stimmen. Die SPD erhält 33,3 % und die FDP 7,8 % der Stimmen.
5. J. Callaghan wird Premierminister Großbritanniens als Nachfolger H. Wilsons. Er beruft A. Crosland zum Außenminister.
Der kambodschanische Staatspräsident Prinz Norodom Sihanuk tritt zurück. Seine Aufgaben soll ein Exekutivkomitee wahrnehmen.
7. Auf den Philippinen bringen drei Terroristen ein Flugzeug mit 70 Passagieren in ihre Gewalt. Der Präsident der philippinischen Luftfahrtgesellschaft geht als Geisel mit dem geforderten Lösegeld von 300 000 $ an Bord, die Passagiere werden freigelassen. Am 14. April lassen die Terroristen nach mehreren Zwischenlandungen die letzten Geiseln in Libyen frei und erhalten dort Asyl.
Der chinesische stellvertretende Ministerpräsident Teng Hsiao-ping wird aller Ämter enthoben. Der bisherige Sicherheitsminister Hua Kuo-feng wird zum neuen Ministerpräsidenten ernannt.
8. Die sieben ambonesischen Terroristen, die im Dezember 1975 zwei Wochen lang das indonesische Generalkonsulat in Amsterdam besetzt und zeitweise 43 Geiseln gehalten hatten, werden zu je 6 Jahren Gefängnis verurteilt.

Bundespräsident W. Scheel empfängt den polnischen Parteichef E. Gierek (links) in Bonn zu einem Höflichkeitsbesuch

Die Schweiz weist den ehemaligen portugiesischen Staatspräsidenten A. R. de Spínola aus, weil er sich politisch betätigt habe.

9. Die UdSSR und die USA einigen sich auf ein Abkommen über unterirdische Atomversuche für friedliche Zwecke, das gegenseitige Inspektionen an Ort und Stelle während der Versuche vorsieht.

10. Das libanesische Parlament beschließt eine Verfassungsänderung, die eine vorzeitige Wahl eines neuen Staatsoberhaupts ermöglichen soll.

12. Patricia Hearst, Tochter eines bedeutenden amerikanischen Zeitungsverlegers, wird wegen Bankraubs zu 35 Jahren Freiheitsstrafe verurteilt. Der Richter macht die Vollstreckung des Urteils jedoch von einer psychiatrischen Untersuchung abhängig.

13. Der amerikanische Präsident G. Ford unterzeichnet ein Gesetz über die Ausdehnung der amerikanischen Fischereizone von 12 auf 200 Meilen, das am 1. März 1977 in Kraft treten wird.

16. Griechenland bietet der Türkei einen Nichtangriffspakt an.
In Thailand wird eine Vier-Parteien-Koalitionsregierung des neuen Ministerpräsidenten Seni Pramoj vom Parlament bestätigt.

18. Rund 30 000 rechtsgerichtete Israelis demonstrieren mit einem zweitägigen Marsch durch Westjordanien für die Annexion dieses israelisch besetzten Gebietes und lösen damit Protestaktionen der arabischen Einwohner aus.

22. Die kubanische Botschaft in Lissabon wird durch einen Bombenanschlag weitgehend zerstört. Zwei Menschen kommen ums Leben.
Der schwedische Regisseur I. Bergman verläßt aus Protest gegen seine Behandlung durch die Steuerbehörden seine Heimat.

23. Der amerikanische Außenminister H. Kissinger tritt eine Reise in sieben afrikanische Staaten an.

24. Der libanesische Staatschef S. Farandschijja unterzeichnet die vom Parlament beschlossene Verfassungsänderung, die eine vorzeitige Wahl seines Nachfolgers ermöglicht.

25. Aus den ersten freien Parlamentswahlen in Portugal seit 50 Jahren geht die Sozialistische Partei mit einem Stimmenanteil von 35 % als stärkste Partei hervor.
Bei den Wahlen in Nord- und Süd-Vietnam für ein gemeinsames Parlament geben 99 % der Wahlberechtigten ihre Stimme für die Kandidaten der Einheitsliste der Kommunisten ab.

26. Der sowjetische Verteidigungsminister A. Gretschko stirbt im Alter von 72 Jahren.

27. Die gewerkschaftlich organisierten Drucker und Setzer der Bundesrepublik Deutschland sprechen sich in einer Urabstimmung für einen Streik zur Durchsetzung ihrer Lohnforderungen aus. Der Bundesverband Druck reagiert mit einer bundesweiten Aussperrung.

28. Der rhodesischen Regierung werden künftig zehn schwarze Afrikaner angehören. Damit reagiert Ministerpräsident I. D. Smith auf eine Ankündigung der USA, sie wollten die weiße Regierung in Rhodesien zwingen, der schwarzen Mehrheit die Macht zu übergeben.

29. Als eine Föderation der christlich-demokratischen und verwandten Parteien aller EG-Länder außer Großbritannien und Dänemark wird in Brüssel die Europäische Volkspartei (EVP) gegründet, die sich auch an den europäischen Wahlen 1978 beteiligen will.
Der Rüstungsexperte D. Ustinow wird zum neuen Verteidigungsminister der UdSSR als Nachfolger von A. Gretschko ernannt.

30. Der italienische Ministerpräsident A. Moro tritt zurück.

Während des Besuches des polnischen Parteichefs E. Gierek in der Bundesrepublik Deutschland unterzeichnen der polnische Außenhandelsminister J. Olszewski (links) und der Aufsichtsratsvorsitzende des Krupp-Konzerns B. Beitz ein Abkommen über Zusammenarbeit auf dem Gebiet der petrochemischen Industrie

MAI

1. Staatspräsident G. Leone löst das italienische Parlament auf und beendet damit die Legislaturperiode ein Jahr vor der Zeit.

3. Die Beteiligung von Kommunisten an den Regierungen Italiens oder Frankreichs würde nicht zwangsläufig eine Katastrophe bedeuten, erklärt der deutsche Bundeskanzler H. Schmidt in einem Interview. Die französische Regierung wird wegen dieser Äußerung in Bonn vorstellig.
Der finnische Hafenarbeiterstreik wird nach vierwöchiger Dauer beendet.
Der Staatspräsident von Tansania, J. Nyerere, trifft zu einem viertägigen Staatsbesuch in der Bundesrepublik Deutschland ein.

4. Bei einem Zugunglück in einem Vorort von Rotterdam kommen 24 Menschen ums Leben.

6. Der amerikanische Außenminister H. Kissinger gibt auf der Welthandelskonferenz in Nairobi die bisher weitestreichende Konzeption der

amerikanischen Politik zur Unterstützung der armen Länder der Erde bekannt.
Die Regierung in Rom beschließt ein Notprogramm zur Stützung der Währung.
Der Deutsche Bundestag weist den Einspruch des Bundesrates gegen die Neuregelung des Schwangerschaftsabbruchs zurück; er verabschiedet eine Reform des Adoptionsrechts und ein neues Fernunterrichtsgesetz.
In Düsseldorf beginnt der Prozeß gegen drei Männer und eine Frau, die im April 1975 die deutsche Botschaft in Stockholm überfallen und zwei Botschaftsangehörige erschossen hatten.
Das schwerste Erdbeben in Mitteleuropa seit einem Jahrzehnt fordert im Nordosten Italiens fast 1 000 Todesopfer. Das Katastrophengebiet wird in den folgenden Tagen von neuen Erdstößen erschüttert.

8. Das libanesische Parlament wählt den maronitischen Christen und Zentralbankgouverneur E. Sarkis zum neuen Staatspräsidenten als Nachfolger von S. Farandschijja. Trotzdem geht der Bürgerkrieg weiter, der bisher mehr als 17 000 Todesopfer forderte.
9. Albanien und Island vereinbaren die Aufnahme diplomatischer Beziehungen.
U. Meinhof, „ideologischer Kopf“ der Baader-Meinhof-Bande, wird in ihrer Stuttgarter Gefängniszelle erhängt aufgefunden.
10. Der Führer der britischen Liberalen, J. Thorpe, legt sein Amt nieder. Er begründet dies mit einer gegen ihn geführten Schmutzkampagne.

Der Nord-Süd-Kanal wird am 15. Juni nach achtjähriger Bauzeit für den Schiffsverkehr freigegeben

16. In Nigeria werden die acht Putschisten hingerichtet, die am fehlgeschlagenen Staatsstreich vom Februar 1976 beteiligt gewesen sein sollen.
17. Antiisraelische Unruhen im besetzten Jordanien fordern weitere Todesopfer.
Bei Schießereien in Beirut kommen innerhalb von 24 Stunden etwa 500 Menschen ums Leben.
Der italienische EG-Kommissar A. Spinelli verabschiedet sich von der EG-Kommission. Er kandidiert als Unabhängiger auf einer kommunistischen Liste für die italienischen Parlamentswahlen am 20. Juni.
18. Auf dem IX. Parteitag in Ost-Berlin verabschiedet die SED ein neues Parteiprogramm, ein neues Statut sowie Richtlinien für die Wirtschaftspolitik bis 1980. Das neue Politbüro wird um drei auf 19 Vollmitglieder erweitert. Parteichef E. Honecker erhält den Titel „Generalsekretär“.
19. Das deutsche Bundeskabinett verabschiedet Verfahrensregeln zur Abwehr von Extremisten im Staatsdienst. Die Richtlinien entsprechen den Regelungen des im Bundesrat gescheiterten „Extremistengesetzes“ und lösen den Radikalenbeschluß der Ministerpräsidenten von 1972 ab.
21. Sechs Rebellen entführen ein Flugzeug der philippinischen Luftfahrtgesellschaft mit 103 Passagieren auf einem Inlandflug. Sie fordern ein Lösegeld von umgerechnet 950 000 DM und freien Flug in einen arabischen Staat. Am 23. Mai sprengen sie die Maschine auf dem Flugplatz von Zamboanga in die Luft. Dreizehn Menschen werden getötet, darunter drei Entführer.
23. Die USA wollen bis Mitte Juni sämtliche Militärstützpunkte in Thailand schließen und die dort stationierten amerikanischen Soldaten abziehen.
24. Die Sowjetunion sagt Moçambique militärische und wirtschaftliche Hilfe zu.
Rund 120 000 griechische Arbeitnehmer protestieren mit einem 48stündigen Warnstreik gegen einen Regierungsentwurf für ein neues Gewerkschaftsgesetz.
25. Kuba kündigt den Abzug seiner Truppen aus Angola an. Der amerikanische Außenminister H. Kissinger kündigt daraufhin eine Verbesserung der Beziehungen USA-Kuba an.
27. Der deutsche Bundeskanzler H. Schmidt beginnt eine Besuchsreise in die Türkei und nach Saudi-Arabien.
Syrien stimmt der Verlängerung des Mandats der UN-Truppen auf den Golanhöhen um weitere sechs Monate zu.
Die Kritik des französischen Sozialistenführers F. Mitterand an der in der Bundesrepublik Deutschland gültigen Extremistenregelung führt zu Protesten aus Bonn. Mitterand hatte die Gründung eines Komitees zur Verteidigung der bürgerlichen und beruflichen Rechte in der Bundesrepublik Deutschland angekündigt.
29. Die Regierung der DDR gibt ihren Beschluß über eine Reihe von sozialen Verbesserungen bekannt. Danach sollen u.a. die Mindestlöhne und -renten angehoben werden. Auch für Frauen und Schichtarbeiter werden Vergünstigungen angekündigt.
31. Nach vierwöchiger Dauer geht in Nairobi die Welthandelskonferenz (UNCTAD) zu Ende. Die Teilnehmerländer verabschieden einstimmig ein Dokument zur Neuordnung der Rohstoffmärkte.

JUNI

1. Island und Großbritannien beenden ihren seit mehr als zwei Jahren andauernden Fischereistreit.
Thailand verfügt die Schließung auch der letzten amerikanischen Radarstation im Lande.
3. Der seit Tagen vermißte ehemalige bolivianische Präsident J. J. Torres Gonzales, der in Argentinien im Exil lebte, wird erschossen aufgefunden.
Der schwedische Reichstag nimmt ein Gesetz über die Mitbestimmung am Arbeitsplatz mit großer Mehrheit an.
4. Beim Absturz eines Charterflugzeugs über der Pazifikinsel Guam finden 45 Menschen den Tod.
Die argentinische Militärregierung verbietet 48 linksgerichtete Organisationen und bedroht Personen, die sich politisch betätigen, mit Gefängnisstrafen.

5\. Die oppositionelle Sozialistische Volkspartei Spaniens eröffnet mit Duldung der Behörden einen zweitägigen Kongreß, die erste genehmigte Parteiveranstaltung dieser Art seit Beginn des Spanischen Bürgerkrieges.
Ägypten schließt seine Botschaft in Damaskus nach heftigen Ausschreitungen gegen diese diplomatische Vertretung.

6\. In Idaho (USA) bricht der neue Teton-Staudamm. Etwa 40 000 Menschen werden evakuiert, etwa 150 Menschen kommen ums Leben.

8\. Der 1. Sekretär der polnischen KP, E. Gierek, trifft zu einem fünftägigen Besuch in der Bundesrepublik Deutschland ein. Insgesamt werden zehn Wirtschaftsabkommen unterzeichnet.
Japan tritt dem Atomwaffensperrvertrag bei.

9\. Die Arabische Liga beschließt die Bildung einer arabischen Friedensstreitmacht, die die syrischen Truppen im Libanon ersetzen soll.
Das spanische Ständeparlament (Cortes) billigt eine Gesetzesvorlage über die Zulassung politischer Parteien. Die größeren Oppositionsparteien lehnen das Gesetz als antidemokratisch ab.
Bolivien ruft den Belagerungszustand aus, um der „Subversion“ zu begegnen.

12\. Die uruguayische Armee setzt Staatspräsident J. M. Bordaberry ab. Als sein Nachfolger wird der 80jährige Verfassungsexperte A. Demichelli vereidigt.

Zur Erörterung einer sich zuspitzenden politischen Lage im südlichen Afrika treffen der südafrikanische Premierminister J. B. Vorster (links) und der amerikanische Außenminister H. Kissinger auf deutschem Boden zusammen

15\. Der deutsche Bundesverkehrsminister K. Gscheidle übergibt den Elbe-Seiten-Kanal (Nord-Süd-Kanal) dem Verkehr. Der 115 km lange Kanal wurde in achtjähriger Bauzeit fertiggestellt und verbindet die Elbe mit dem Mittellandkanal.

16\. Der amerikanische Botschafter im Libanon, F. Meloy, und sein Wirtschaftsattaché werden ermordet. Die USA und Großbritannien beschließen die Evakuierung ihrer Bürger aus Libanon.
In der von etwa 1 Million schwarzen Afrikanern bewohnten Johannesburger Arbeitervorstadt Soweto beginnen blutige Unruhen, die später auf andere Siedlungen und die schwarzen Arbeitervorstädte von Pretoria übergreifen. Bis zum 25. Juni werden mindestens 176 Menschen getötet und 1 100 verletzt.

19\. Der schwedische König Karl XVI. Gustav heiratet die Deutsche Silvia Sommerlath.

20\. In Italien beginnen zweitägige Parlamentswahlen, bei denen sich die Democrazia Cristiana trotz großer Stimmengewinne der Kommunisten als stärkste Partei behauptet.

24\. Die vietnamesische Nationalversammlung proklamiert die Wiedervereinigung Nord- und Süd-Vietnams. Hanoi wird zur Hauptstadt erklärt.

25\. Die polnische Regierung verzichtet nach Protesten der Bevölkerung auf angekündigte Erhöhungen der Grundnahrungsmittelpreise.

27\. Mindestens elf Menschen kommen ums Leben, als der Schnellzug Amsterdam–Paris bei Brüssel entgleist.
Aus der ersten freien Präsidentenwahl in Portugal seit 50 Jahren geht A. Ramalho Eanes, Generalstabschef des Heeres, mit 61,5 % der Stimmen als Sieger hervor.
Palästinensische Guerillas und andere Terroristen entführen einen Airbus der Air France mit 257 Passagieren nach Uganda. Für die Freilassung ihrer Geiseln fordern sie die Freisetzung von 53 in verschiedenen Ländern inhaftierten Gefangenen bis zum 1. Juli. Diese Frist wird bis zum 4. Juli verlängert, etwa 150 Geiseln werden freigelassen.

28\. Die Inselgruppe der Seychellen im Indischen Ozean wird nach 182jähriger britischer Kolonialherrschaft unabhängig.
Im Prozeß gegen zehn amerikanische und drei britische Söldner in Angola werden vier Angeklagte zum Tode, die anderen neun zu Freiheitsstrafen zwischen 16 und 30 Jahren verurteilt.
Der amerikanische Präsident G. Ford eröffnet in Puerto Rico eine zweitägige Gipfelkonferenz der sieben größten westlichen Industrienationen, die jedoch keine weitreichenden weltwirtschaftlichen Ergebnisse bringt.

29\. In Ost-Berlin beginnt die seit langem geplante Gipfelkonferenz der kommunistischen Parteien Europas. Sie endet am folgenden Tag mit der Annahme eines gemeinsamen Schlußdokuments.

JULI

1\. Der Deutsche Bundestag verabschiedet den „besonderen Teil“ des Sozialgesetzbuches, das das bisher zersplitterte Sozialrecht vereinfachen und überschaubar machen soll.
Der spanische Ministerpräsident C. Arias Navarro tritt zurück. Das Kabinett seines Nachfolgers A. Suárez González wird am 8. Juli vereidigt.

2\. Ein Versuch rebellierender Truppeneinheiten, den sudanesischen Staatschef M. An Numairi zu stürzen, scheitert. Der Sudan beschuldigt Libyen, den Putsch gefördert zu haben.
Eine Bombenexplosion im Hauptquartier der argentinischen Sicherheitspolizei fordert 18 Tote und 66 Verletzte.

3\. In den USA beginnen die Feiern zum 200. Jahrestag der Unabhängigkeit.
Ein Kommunist wird Präsident der italienischen Abgeordnetenkammer, ein Christdemokrat Präsident des Senats. Am 27. Juli werden Kommunisten zu Vorsitzenden von sieben der 26 Parlamentsausschüsse gewählt.

4\. Israelische Spezialeinheiten befreien auf dem ugandischen Flughafen Entebbe die letzten 104 Geiseln, die zusammen mit rund 150 inzwischen Freigelassenen an Bord eines Airbus der Air France waren, den Luftpiraten am 27. Juni nach Uganda entführt hatten. Bei der Befreiungsaktion kommen drei der Geiseln, ein israelischer Offizier, sieben Terroristen

(darunter der Deutsche W. Böse) und 20 ugandische Soldaten ums Leben.
Der ehemalige Finanzminister J. López-Portillo y Pacheco wird zum neuen Präsidenten Mexikos als Nachfolger von L. Echeverría Álvarez gewählt.

Zu Konsultationsgesprächen u. a. über Fragen der Direktwahl zum Europäischen Parlament halten sich der britische Premierminister J. Callaghan und sein Außenminister A. Crosland in Bonn auf. Von links nach rechts Außenminister H.-D. Genscher, J. Callaghan, Bundeskanzler H. Schmidt und A. Crosland

7. PLO-Chef J. Arafat beschuldigt Syrien, sich im Libanon auf die Seite der christlichen Truppen zu stellen. Christen und Syrer verstärken ihre Angriffe gegen die Palästinenser.
Vier Anarchistinnen gelingt die Flucht aus einem West-Berliner Frauengefängnis. Es handelt sich um I. Viett, G. Rollnik, J. Plambeck und M. Berberich. M. Berberich wird am 21. Juli wieder in Berlin gefaßt. Im Zusammenhang mit dem Ausbruch tritt der Berliner Justizsenator H. Oxfort am 10. Juli zurück.
In Ost-Berlin tagen (bis 9. Juli) die Regierungschefs des „Rates für Gegenseitige Wirtschaftshilfe" (COMECON).
In Essen stirbt der ehemalige deutsche Bundespräsident G. Heinemann im Alter von 76 Jahren.
8. Der belgische Premierminister L. Tindemans wird zum Präsidenten der Europäischen Volkspartei (EVP) gewählt, in der sich die christlichdemokratischen Parteien der EG zusammenschließen.
10. Aus einer Chemiefabrik in Seveso bei Mailand entweicht nach einer Explosion eine Giftgaswolke, die Umweltschäden, Vergiftungen und Hautverbrennungen bei Menschen hervorruft. Kleinvieh verendet.
12. Die Philippinen nehmen diplomatische Beziehungen zu Vietnam auf.
Die EG-Regierungschefs einigen sich über die künftige Sitzverteilung im Europäischen Parlament nach der ersten Direktwahl, über deren Zeitpunkt noch entschieden werden soll.
Der Parteichef der italienischen Sozialisten, F. De Martino, tritt zurück.
13. Die Beziehungen zwischen Kenia und Uganda verschlechtern sich. Kenia spricht von „Massakern" unter Bürgern Kenias in Uganda.
14. In Polen sollen in diesem Jahr – nach den Arbeiterprotesten von Ende Juni – nur die Fleischpreise steigen.
15. J. E. Carter wird zum Präsidentschaftskandidaten der Demokratischen Partei der USA nominiert. Er benennt Senator W. F. Mondale als Vizepräsidentschaftskandidaten.
Die Debatte des UN-Sicherheitsrates über die israelische Geiselbefreiung in Uganda endet ohne konkretes Ergebnis. Zwei unterschiedl. Entschließungsentwürfe finden keine Mehrheit.
16. Die amerikanische und die deutsche Regierung beschließen, daß die USA und die Bundesrepublik Deutschland kein Devisenausgleichsabkommen mehr schließen.
Der neue portugiesische Staatspräsident A. Ramalho Eanes beauftragt den Vorsitzenden der Sozialistischen Partei, M. Soares, mit der Regierungsbildung. Soares bildet am 23. Juli eine sozialistische Minderheitsregierung.
17. Der deutsche Bundeskanzler H. Schmidt erklärt in einem Interview des amerikanischen Fernsehens, er könne sich nur schwer vorstellen, daß es viele westliche Regierungen gibt, die einer italienischen Regierung mit kommunistischer Beteiligung Kredithilfe gewähren würde. In Rom und anderen westlichen Hauptstädten löst diese Äußerung Kritik aus. Der amerikanische Präsident G. Ford stimmt Bundeskanzler H. Schmidt am 20. Juli zu.

Bundeskanzler H. Schmidt (links) empfängt den französischen Staatspräsidenten V. Giscard d'Estaing in Hamburg zu zweitägigen Konsultationen

18. In der Nähe von Lüneburg bricht ein Damm des Elbe-Seiten-Kanals (Nord-Süd-Kanal) an einer Kanalunterführung. Sechs Millionen m^3 Wasser überfluten und unterspülen Straßen, Eisenbahnlinien, Wohnhäuser und Felder.
21. Der britische Botschafter in Irland, Ch. Ewart-Biggs, wird in Dublin bei einem Bombenattentat getötet.
Syriens Staatschef Hafis Asad erklärt, seine Truppen würden erst auf eindeutiges Verlangen der Christen Libanon verlassen.
22. Der deutsche Anarchist R. Pohle wird in Athen festgenommen.
Ägypten, Sudan und Saudi-Arabien kündigen die Bildung einer Militärallianz an, die sich in erster Linie gegen den libyschen Staatspräsidenten M. V. Al Kadhdhafi richten werde.
23. In Frankfurt am Main wird ein Abkommen über die Lieferung von Kernkraftwerken an Brasilien im Wert von 4,3 Milliarden DM unterzeichnet.
26. Ein zweiter Umsturzversuch in Äthiopien innerhalb von zwei Wochen scheitert.
Kubas Ministerpräsident F. Castro Ruz erklärt, daß die kubanischen Truppen in Angola vorerst nicht abgezogen werden.
28. Beim Absturz eines tschechoslowakischen Passagierflugzeugs in der Nähe von Preßburg kommen 71 Menschen ums Leben.
Großbritannien bricht die diplomatischen Beziehungen zu Uganda ab.
Ein Erdbeben im Nordwesten Chinas fordert vermutlich Hunderttausende von Opfern. Am stärksten ist die Industriestadt Tangschan nordöstlich von Peking betroffen.
29. Syrer und Palästinenser einigen sich auf ein Abkommen zur Beilegung ihrer Streitigkeiten im Libanon.
30. Die 39. Nachkriegsregierung Italiens wird vereidigt. Alle Minister des von G. Andreotti gebildeten Kabinetts gehören der Democrazia Cristiana an.

AUGUST

1. Die Wiener Reichsbrücke über die Donau stürzt ein.
Syriens Ministerpräsident M. Al Aijubi tritt zurück. Generalmajor Abd Ar Rahman Chulaifawi wird mit der Bildung einer neuen Regierung beauftragt.
2. Japan und Kambodscha nehmen die diplomatischen Beziehungen wieder auf.
4. Wegen Teilnahme an einem Putschversuch im Sudan am 2. Juli werden 81 Personen hingerichtet, am nächsten Tag weitere 17 Menschen.
10. Bei einer rhodesischen Aktion in Moçambique werden nach Angaben Rhodesiens mindestens 300 Guerillas getötet, nach Angaben Moçambiques etwa 1 000 Insassen eines Flüchtlingslagers.
Der ehemalige portugiesische Präsident A. R. de Spínola kehrt aus dem Exil nach Portugal zurück. Er wird verhaftet, aber am 11. August wieder freigelassen.
12. Christliche Milizen erobern nach fast zweimonatiger Belagerung das Beiruter Flüchtlingslager der Palästinenser, Tall Satar.
13. Ägypten zieht an der Grenze nach Libyen Truppen zusammen. Am nächsten Tag werden bei einem Bombenattentat im Bahnhof von Alexandria, für das Ägypten Libyen verantwortlich macht, acht Menschen getötet. Am 18. August verfügt Ägypten die Schließung des libyschen Konsulats in Alexandria.
16. Unter dem Verdacht der Spionage für die Sowjetunion wird der frühere Waffenchef der schweizerischen Luftschutztruppen Brigadier J.-L. Jeanmaire verhaftet.
18. Zwei amerikanische Offiziere werden an der Demarkationslinie zwischen Nord- und Süd-Korea von nordkoreanischen Soldaten getötet.
Aus Protest gegen die Kirchenpolitik in der DDR unternimmt der evangelische Pfarrer O. Brüsewitz auf dem Marktplatz von Zeitz einen Selbstverbrennungsversuch. Am 22. August erliegt Brüsewitz seinen schweren Verletzungen.
Die Verfassungskonferenz in Südwestafrika (Namibia) spricht sich für die Unabhängigkeit des Gebietes bis spätestens 31. Dezember 1978 aus.

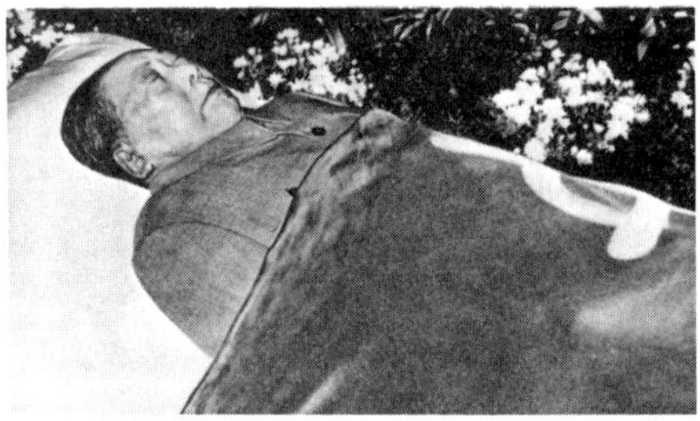

Der chinesische Parteichef Mao Tse-tung stirbt am 9. September im Alter von 82 Jahren

19. Der amerikanische Präsident G. Ford wird mit 117 Stimmen Vorsprung vor seinem Rivalen R. Reagan zum Präsidentschaftskandidaten der Republikanischen Partei nominiert, Senator R. Dole zum Vizepräsidentschaftskandidaten.
20. Die blockfreien Länder beenden ihre Gipfelkonferenz in Colombo (15. bis 20. August), auf der weltweite Wirtschaftsprobleme im Mittelpunkt standen. Einigkeit besteht über gemeinsame Wirtschaftsaktionen wie die Bildung von Rohstoffkartellen.
Das Oberlandesgericht Athen lehnt ein deutsches Ersuchen um Auslieferung des am 22. Juli in Athen festgenommenen deutschen Terroristen R. Pohle ab. Der als Revisionsinstanz angerufene Oberste Gerichtshof Griechenlands vertagt am 2. September seine Entscheidung auf unbestimmte Zeit.
23. Arabische Guerillas entführen ein ägyptisches Flugzeug mit 93 Passagieren an Bord, die beim Auftanken in Luxor von ägyptischen Soldaten befreit werden. Ägypten macht Libyen für den Entführungsversuch verantwortlich.
24. In der Arbeitervorstadt Soweto bei Johannesburg (Südafrika) brechen blutige Straßenkämpfe zwischen Zulus und anderen schwarzen Afrikanern aus. Dabei werden mindestens 35 Menschen getötet. Seit Ausbruch der Rassenunruhen im Juni sollen in Südafrika 285 Menschen ums Leben gekommen sein.
25. Der französische Premierminister J. Chirac tritt zurück. Der bisherige Außenhandelsminister R. Barre wird zum neuen Regierungschef ernannt. Dem Kabinett, das am 27. August vorgestellt wird, gehören sieben neue Minister an.
26. In den Niederlanden wird der Bericht der Lockheed-Untersuchungskommission veröffentlicht. Darin werden die Bestechungsvorwürfe gegen Prinz Bernhard im Zusammen-

hang mit der Beschaffung des „Starfighter" zwar nicht erhärtet, jedoch andere belastende Tatsachen genannt. Bernhard verliert alle öffentlichen Funktionen bis auf die Mitgliedschaft im Staatsrat.

28. In einem Prozeß wegen Verschwörung gegen die Regierung von Süd-Korea werden in Seoul der ehemalige Präsident Jun Po-Sun und der Oppositionspolitiker Kim Dae-Jung zu je acht Jahren Freiheitsstrafe verurteilt.

31. In der Namibiadebatte des UN-Sicherheitsrates lehnen die afrikanischen Länder den Plan der südafrikanischen Regierung ab, Südwestafrika erst Ende 1978 in die Unabhängigkeit zu entlassen.

SEPTEMBER

1. Mexiko gibt den seit 22 Jahren unveränderten Wechselkurs des Peso gegenüber dem Dollar frei.
Die UN und Nord-Korea vereinbaren, ihre Sicherheitskräfte entlang der Demarkationslinie in Panmunjon auseinanderzuziehen.
Die Regierung der Republik Irland ruft den Notstand aus.

2. Libyens Staatschef M. V. Al Kadhdhafi kündigt neue Regierungsformen für sein Land an.

3. Die norwegische Regierung legt einen Gesetzentwurf vor, nach dem Norwegen eine Wirtschaftszone von 200 Seemeilen beansprucht.

4. Eine niederländische Verkehrsmaschine mit 81 Personen an Bord wird nach dem Start in Nizza in Richtung Amsterdam von drei palästinensischen Terroristen über Tunis nach Zypern entführt, wo gegen freies Geleit für die Entführer alle Geiseln freigelassen werden.

5. Spanische Oppositionsgruppen beschließen auf ihrer ersten Konferenz in Madrid die Bildung einer Kommission zur Erarbeitung einer gemeinsamen politischen Plattform.

6. Ein sowjetischer Pilot landet mit einer Maschine des Typs MiG 25, der damit erstmals ins westliche Ausland gelangt, in Japan und erhält danach politisches Asyl in den USA.
Die Arabische Liga nimmt die PLO als 21. Vollmitglied auf.
Als erster Außenminister der DDR stattet O. Fischer London einen Besuch ab.

9. Der Vorsitzende der KP Chinas, Mao Tse-tung, stirbt im Alter von 82 Jahren.
Bei schweren Überschwemmungen in der pakistanischen Provinz Punjab ertrinken mindestens 350 Menschen.
Die Rassenunruhen in Südafrika greifen erstmals auch auf Wohngebiete weißer Afrikaner über.

10. Ein indisches Verkehrsflugzeug mit 84 Personen an Bord wird von Indien nach Pakistan entführt. Die sechs Entführer ergeben sich am nächsten Tag und lassen die Passagiere frei.
Bei Zagreb (Jugoslawien) stürzen zwei Passagiermaschinen nach einem Zusammenstoß in 10000 m Höhe ab. Alle 176 Insassen kommen ums Leben, darunter 107 Deutsche.

11. Sechs Mitglieder einer kroatischen Untergrundbewegung entführen ein amerikanisches Verkehrsflugzeug über Kanada und Island nach Paris, wo sie die letzten 48 Geiseln freilassen und sich ergeben, nachdem ihre Forderung erfüllt wurde, einen politischen Aufruf in großen amerikanischen Zeitungen abzudrucken.

12. Ein Taifun über Japan fordert über 100 Tote; fast 300000 Menschen werden obdachlos.

13. Der amerikanische Außenminister H. Kissinger tritt eine zehntägige Vermittlungsreise nach dem südlichen Afrika an. Er bemüht sich in Gesprächen mit den Staats- bzw. Regierungschefs von Tansania, Sambia, Südafrika, Rhodesien und Zaïre, die Übergabe der Regierungsgewalt an die schwarzen Mehrheiten in Rhodesien und Namibia einzuleiten. Dieser Gesprächsrunde waren Beratungen Kissingers mit dem südafrikanischen Ministerpräsidenten J. Vorster in Zürich (4.–6. September) vorausgegangen.

15. Drei für Wirtschaft und Industrie verantwortliche tschechoslowakische Minister werden auf Grund wirtschaftlicher Mißstände im Lande entlassen.

16. Ägyptens Staatspräsident A. As Sadat wird in einer Volksabstimmung für weitere sechs Jahre in seinem Amt bestätigt.

17. Die fünfte Verhandlungsrunde der UN-Seerechtskonferenz geht in New York ohne konkretes Ergebnis zu Ende.
Staatspräsident U. Kekkonen nimmt den Rücktritt der finnischen Regierung des Ministerpräsidenten M. Miettunen an.

18. Bei den Parlamentswahlen auf Malta erringt die Labour Party des Regierungschefs D. Mintoff einen knappen Sieg.

19. Bei den Parlamentswahlen in Schweden erringen nach 44 Jahren sozialdemokratischer Herrschaft die drei bürgerlichen Parteien die Mehrheit.
Bei einem Flugzeugunglück in der Türkei kommen 154 Menschen ums Leben, darunter 27 Deutsche.

21. Der frühere chilenische Außen- und Verteidigungsminister O. Letelier fällt in Washington einem Bombenattentat zum Opfer.

22. Portugal wird vom Europarat als 19. Mitglied aufgenommen.

23. Der neue libanesische Staatspräsident E. Sarkis wird in Chtaura (40 km östlich von Beirut) offiziell in sein Amt eingeführt, während in Beirut der Bürgerkrieg andauert. Zwei Tage später tritt die Regierung Ministerpräsident R. Karamis zurück.

24. Die weiße Regierung Rhodesiens erklärt sich zur Übergabe der Regierungsgewalt an die schwarze Mehrheit innerhalb von zwei Jahren bereit. Sie akzeptiert damit einen von H. Kissinger übermittelten britisch-amerikanischen Plan, stellt aber Bedingungen, gegen die die afrikanischen Nachbarländer protestieren.
Im Berufungsverfahren um die Auslieferung des deutschen Terroristen R. Pohle vor dem griechischen Obersten Gerichtshof beantragt der Staatsanwalt die Auslieferung. Am 1. Oktober wird dem Antrag stattgegeben; Pohle wird ausgeliefert.

25. Der Pilot eines sowjetischen Postflugzeugs flüchtet mit seiner Maschine nach Iran und bittet dort um politisches Asyl in den USA.

26. Die Staatschefs der fünf afrikanischen Nachbarstaaten Rhodesiens fordern die sofortige Einberufung einer Verfassungskonferenz durch Großbritannien außerhalb Rhodesiens, die über eine gemischtrassige rhodesische Übergangsregierung mit schwarzafrikanischer Mehrheit beschließen soll. Großbritannien schlägt am 29. September die Abhaltung einer solchen Konferenz innerhalb von zwei Wochen im südlichen Afrika vor.

28. Bundesaußenminister H.-D. Genscher legt der UN-Vollversammlung einen Plan zur Schaffung einer Konvention gegen Geiselnahmen

vor, der von zahlreichen Ländern unterstützt wird.
Eine syrische Großoffensive gegen Stellungen der Palästinenser in den Bergen Libanons beginnt.

29. Nach dem starken Verfall der britischen Währung ersucht Großbritannien den Internationalen Währungsfonds um einen Kredit im Wert von umgerechnet 9,7 Milliarden DM.
Der am 17. September zurückgetretene finnische Ministerpräsident M. Miettunen bildet eine neue Regierung, die nur über 58 der 200 Parlamentssitze verfügt.

OKTOBER

1. Portugal und Angola beschließen die Aufnahme diplomatischer Beziehungen und den Austausch von Botschaftern.
3. Bei der Wahl zum 8. Deutschen Bundestag erhält die SPD 42,6 (1972: 45,8), die CDU 38,0 (35,2), die CSU 10,6 (9,7) und die FDP 7,9 (8,4) % der gültigen Zweitstimmen.
4. Ein Mitglied des engsten Beraterkreises des spanischen Königs und vier Männer seiner Begleitung fallen einem Attentat zum Opfer.
5. Der Parteivorsitzende des Zentrums, Th. Fälldin, wird mit der Bildung der ersten bürgerlichen Regierung Schwedens seit über 40 Jahren beauftragt. Am 8. Oktober stellt er sein Koalitionskabinett vor.
6. Nach blutigen Unruhen in Bangkok übernimmt das Militär die Macht in Thailand.

Nach dem Rücktritt des hessischen Ministerpräsidenten A. Osswald (links) steht der Wahl seines präsumtiven Nachfolgers und bisherigen SPD-Bundesgeschäftsführer H. Börner (rechts) nichts mehr entgegen

7. Ein Aufruf der linksgerichteten Gewerkschaften Frankreichs zu einem „nationalen Streiktag", der sich gegen den Antiinflationsplan der Regierung R. Barre richtet, wird im ganzen Land befolgt.
Eine Kontroverse über die Erklärung des amerikanischen Präsidenten G. Ford, es gebe keine sowjetische Beherrschung Osteuropas, veranlaßt Außenminister H. Kissinger zu der Klarstellung, Ford habe gemeint, die USA akzeptierten die sowjetische Beherrschung Osteuropas nicht.
9. Der chinesische Regierungschef Hua Kuo-feng wird auf Wandzeitungen als neuer Parteivorsitzender und damit als Nachfolger Mao Tse-tungs gefeiert. Nach offiziellen Angaben bleibt er zunächst auch Ministerpräsident. Die Witwe Mao Tse-tungs und drei Spitzenfunktionäre des „linken Flügels" sollen wegen eines Putschversuchs verhaftet worden sein.
12. Syrische Truppen eröffnen eine Großoffensive gegen die libanesische Hafenstadt Sidon. Am Vortag hatten sich die am Bürgerkrieg beteiligten Parteien in Chtaura (Libanon) auf einen Waffenstillstand geeinigt.
Der hessische Landtag wählt den bisherigen SPD-Bundesgeschäftsführer H. Börner zum Nachfolger des am 3. Oktober zurückgetretenen Ministerpräsidenten A. Osswald.
17. Bei einer Volksabstimmung auf den Philippinen sprechen sich 96% der Wähler dafür aus, daß Präsident F. Marcos weiterhin unter Kriegsrecht unumschränkt über das Inselreich herrschen soll.
Bei den Wahlen zur 7. Volkskammer der DDR werden 99,86 % der Stimmen für die Einheitsliste der Parteien und Massenorganisationen abgegeben. Etwa 18 000 der 11,425 Millionen Wahlberechtigten stimmen mit „Nein".
18. Fünf arabische Staatsoberhäupter und die PLO einigen sich in Ar Rijad (Saudi-Arabien) auf einen neuen Friedensplan für den Libanon. Sie beschließen die Bildung einer 30 000 Mann starken arabischen Friedensstreitmacht. Die Palästinenser verpflichten sich zum Rückzug in ihre Lager. Am 21. Oktober soll ein „endgültiger" Waffenstillstand in Kraft treten.
19. Im UN-Sicherheitsrat wird eine Resolution abgelehnt, in der – zur Durchsetzung der Unabhängigkeit Namibias – ein Waffenembargo gegen Südafrika gefordert wurde.
21. Der am frühen Morgen in Kraft getretene Waffenstillstand in Libanon wird zunächst weitgehend eingehalten.
Die Bundesrepublik Deutschland wird von der UN-Vollversammlung für zwei Jahre in den Sicherheitsrat gewählt.
23. Der irische Staatspräsident C. O'Dalaigh tritt zurück.
Bei den Wahlen in der Tschechoslowakei erhalten die Kandidaten der Nationalen Front 99,97 % der Stimmen. Gewählt wurden ein neues Bundesparlament, die beiden Länderparlamente und Gemeindevertretungen.
24. Auf einer Massenkundgebung in Peking wird Hua Kuo-feng als Nachfolger Mao Tse-tungs gefeiert. Die vier verhafteten angeblichen Putschisten, darunter die Witwe Mao Tse-tungs, werden unter Anklage gestellt und aus der Partei ausgestoßen.
25. Auf einer gesamtarabischen Gipfelkonferenz in Kairo wird gegen den Widerstand des Irak der am 18. Oktober in Ar Rijad ausgehandelte Friedensplan für den Libanon gebilligt.
26. Das bisherige südafrikanische „homeland" (Heimatland) Transkei wird unabhängig, aber vom Ausland nicht anerkannt. Die UN-Vollversammlung erklärt die Unabhängigkeitserklärung für ungültig.
Der britische Premierminister J. Callaghan erklärt, möglicherweise müsse die britische Rheinarmee in der Bundesrepublik Deutschland abgebaut werden, wenn die westlichen Verbündeten Großbritannien nicht bei der Überwindung der Währungskrise helfen sollten.
28. Die Genfer Konferenz über die Zukunft Rhodesiens wird eröffnet. Die rhodesischen Nationalistenführer fordern die umgehende Machtübergabe an die schwarzen Afrikaner, Regierungschef I. D. Smith will dem Kissingerplan folgen.
In Ägypten finden Parlamentswahlen statt. Es sind die ersten Wahlen seit 25 Jahren.

29. Die spanische Regierung beschließt die Aufhebung eines 1937 erlassenen Dekrets, mit dem Sonderrechte der Basken abgeschafft worden waren.
Die Volkskammer der DDR beschließt Umbesetzungen in der Staatsführung. SED-Generalsekretär E. Honecker übernimmt auch das Amt

Regierungserklärung des neuen Ministerpräsidenten W. Stoph vor der Volkskammer der DDR in Ost-Berlin

des Staatsratsvorsitzenden. Der bisherige Staatsratsvorsitzende W. Stoph wird Ministerpräsident. H. Sindermann, bisher Ministerpräsident, wird Volkskammerpräsident.
Die Internationale Arbeitsorganisation verabschiedet ein Abkommen über Arbeits- und Sicherheitsbedingungen zur See.

30. Die für das Frühjahr 1977 vorgesehenen indischen Parlamentswahlen sollen um ein Jahr verschoben werden.
Die Außenminister der EG-Länder beschließen, die Fischereizone der EG am 1. Januar 1977 auf 200 Seemeilen zu erweitern.
In Brokdorf an der Unterelbe vertreibt die Polizei gewaltsam etwa 1 000 Demonstranten vom Baugelände eines geplanten Kernkraftwerks. Die Landesregierung in Kiel hatte am 25. Oktober die erste Teilgenehmigung für das Projekt erteilt.

NOVEMBER

1. Der vor zwölf Tagen in Kraft getretene Waffenstillstand im Libanon wird durch den Ausbruch neuer Kämpfe gefährdet. Am 5. November werden die 20 000 syrischen Soldaten im Libanon offiziell dem Kommando des libanesischen Staatspräsidenten unterstellt. Die Kämpfe weiten sich aus.
Rhodesische Streitkräfte führen den bisher schwersten Schlag gegen Guerillastützpunkte und -nachschublager in Moçambique, das mit der Beschießung der Grenzstadt Umtali darauf reagiert.

2. Mit einem unblutigen Putsch beenden die Militärs in Burundi die zehnjährige Amtszeit des Präsidenten M. Micombero. Neuer Staatschef wird Oberstleutnant J.-B. Bagaza.
Der Demokrat J. E. Carter wird zum neuen Präsidenten der USA als Nachfolger des Republikaners G. Ford gewählt.
Das indische Abgeordnetenhaus nimmt eine Reihe von Verfassungsänderungen an, die der Ministerpräsidentin I. Gandhi nach Ansicht der Opposition und politischer Beobachter diktatorische Vollmachten geben. Die Befugnisse des Obersten Gerichts werden eingeschränkt.

3. In Malaysia werden während einer „Säuberungswelle" sechs führende Politiker festgenommen.

4. In Peking wird bekannt, daß die vier Anfang Oktober entmachteten chinesischen Spitzenfunktionäre, darunter die Witwe Mao Tsetungs, noch am Leben sind.

5. Der stellvertretende japanische Ministerpräsident T. Fukuda tritt von seinen Parteiämtern zurück und scheidet aus der Regierung T. Miki aus. Er distanziert sich damit von T. Miki, dem er Führungsschwäche vorwirft.

6. Die Debatte der UNESCO-Generalversammlung in Nairobi (Kenia) über den umstrittenen Deklarationsentwurf über die Rolle der Massenmedien in der Welt endet mit einer Abstimmungsniederlage für die kommunistischen Staaten.

Unter dem Vorsitz des britischen UN-Vertreters I. Richard (rechts) beginnt in Genf die Rhodesienkonferenz der unmittelbar am Konflikt beteiligten Parteien

8. Die ersten Verbände der arabischen Libanon-Friedenstruppe – syrische Einheiten – beziehen Stellung.
Im südlichen Angola brechen wieder Kämpfe zwischen Regierungstruppen und der Befreiungsbewegung UNITA aus, deren Widerstand jedoch nach wenigen Tagen zusammenbricht.
Die UN-Vollversammlung verabschiedet zehn Resolutionen, die sich gegen die Apartheidpolitik Südafrikas richten. – Der deutsche UN-Botschafter weist Vorwürfe, daß die Bundesrepublik Deutschland das von den UN verhängte Waffenembargo gegen Südafrika verletzt habe, als ungerechtfertigt zurück.
Bundespräsident W. Scheel unterzeichnet die Entlassungsurkunden für die Luftwaffengenerale W. Krupinski und K.-H. Franke, denen Verteidigungsminister G. Leber am 1. November wegen Äußerungen über den SPD-Politiker H. Wehner die Ausübung ihres Dienstes verboten hatte.

Auf Einladung des jugoslawischen Staats- und Parteichefs J. Broz Tito (rechts) hält sich der sowjetische Parteichef L. Breschnew zu einem zweitägigen Besuch in Belgrad auf

10. Der Europarat verabschiedet eine Konvention zur Bekämpfung des Terrorismus.
11. Der in Italien zu lebenslänglicher Haft verurteilte ehemalige Polizeichef Himmlers in Rom, H. Kappler, der unheilbar an Krebs erkrankt ist, soll nach einer Entscheidung des römischen Militärgerichts freigelassen werden.
16. Der Antrag Vietnams auf Mitgliedschaft in den UN scheitert erneut an einem Veto der USA.
Bei den Parlamentswahlen in der französischsprachigen kanadischen Provinz Quebec erringt der „separatistische" Parti Québécois (69 von 110 Mandaten) einen überwältigenden Sieg.

Mehrere Pastoren leiten einen Feldgottesdienst, nach dem die Protest- und Gewaltaktionen gegen den Bau eines Kernkraftwerkes bei Brokdorf (Kreis Steinburg) beginnen

Wegen „feindseligen Auftretens" in der Bundesrepublik Deutschland gegenüber der DDR entziehen die Ost-Berliner Behörden dem Liedermacher W. Biermann die Staatsangehörigkeit. Gegen die damit verbundene Ausbürgerung protestieren erstmals in einer gemeinsamen Erklärung auch Intellektuelle in der DDR.
17. Vier Terroristen stürmen ein Hotel in Amman und nehmen mehrere Geiseln. Nach einem vierstündigen Feuergefecht befreien jordanische Truppen die Geiseln. Bei der Schießerei kommen sieben Personen ums Leben, darunter drei der Guerillas.
18. Das spanische Ständeparlament (Cortes) billigt mit überwältigender Mehrheit den Plan, die Cortes durch ein aus zwei Kammern bestehendes Parlament frei gewählter Abgeordneter zu ersetzen.
19. In Kreuth beschließt die CSU-Landesgruppe, die 27jährige Fraktionsgemeinschaft mit der CDU im 8. Deutschen Bundestag nicht fortzusetzen, um die Unionsparteien 1980 „zur absoluten Mehrheit zu führen".
Für die neue Verfassung Algeriens, nach der das Land eine muslimische sozialistische Republik ist, sprechen sich die Algerier in der ersten Volksabstimmung seit mehr als zehn Jahren mit 99,18 % der abgegebenen Stimmen aus.
20. Griechenland und die Türkei einigen sich auf ein Verfahren zur Abgrenzung des Kontinentalsockels im Ägäischen Meer.
21. Die hauptsächlich aus Syrern bestehenden arabischen Friedenstruppen ziehen in Tripoli und Sidon ein; damit haben sie den ganzen Libanon mit Ausnahme eines Gebietsstreifens an der israelischen Grenze unter Kontrolle.
22. Israel wird trotz sowjetischem und arabischem Widerstand in die europäische Sektion der UNESCO aufgenommen. Vor zwei Jahren war Israel aus der asiatischen UNESCO-Sektion ausgeschlossen worden.
26. Der SPD-Vorsitzende W. Brandt wird zum Vorsitzenden der Sozialistischen Internationale gewählt.
28. Australien wertet den Dollar um 17,5 % ab.
Beim Absturz eines sowjetischen Verkehrsflugzeuges kurz nach dem Start in Moskau kommen 70 Passagiere und die Besatzung ums Leben.
30. Marschall I. Jakubowski, stellvertretender sowjetischer Verteidigungsminister und Oberkommandierender der Streitkräfte des Warschauer Paktes, stirbt im Alter von 64 Jahren.
Der Generalinspekteur der deutschen Bundeswehr, A. Zimmermann, stirbt in Bonn im Alter von 69 Jahren.

DEZEMBER

1. Libyen übernimmt 10 % des Kapitals der Fiat Spa.
2. Der polnische Außenminister St. Olszowski tritt zurück und wird Sekretär des ZK der KP. Sein Nachfolger wird der bisherige Umweltminister E. Wojtaszek.
Das Essener Landgericht spricht den DDR-Flüchtling W. Weinhold vom Anklagevorwurf des Totschlags frei. Der Staatsanwalt hatte Weinhold vorgeworfen, am 19. Dezember 1975 bei seiner Flucht zwei DDR-Grenzsoldaten erschossen zu haben.
Der CDU-Politiker B. Vogel wird vom rheinland-pfälzischen Landtag zum neuen Minister-

präsidenten des Landes gewählt. Vogel löst H. Kohl ab, der im 8. Deutschen Bundestag den Vorsitz der CDU/CSU-Fraktion übernimmt.
Der bisherige UN-Botschafter Huang Hua wird zum neuen chinesischen Außenminister als Nachfolger des seit zwei Jahren amtierenden Chiao Kuan-hua ernannt.
3. Der neue Präsident der Republik Irland, P. J. Hillery, wird in sein Amt eingeführt.
Ein schwedischer UN-Resolutionsentwurf über politische Gefangene scheitert am Widerstand kommunistischer Staaten.
5. Bei den japanischen Parlamentswahlen bleiben die Liberaldemokraten die stärkste Partei, verlieren aber ihre absolute Mehrheit, die sie jedoch durch nachträgliche Aufnahme von acht gewählten Unabhängigen zurückgewinnen.
7. UN-Generalsekretär K. Waldheim wird einstimmig für fünf Jahre in seinem Amt bestätigt.
9. Der neue libanesische Ministerpräsident Salim Al Huss stellt seine Regierung vor.
10. Die NATO-Länder lehnen einstimmig den Vorschlag des Warschauer Pakts ab, einen Vertrag über den Verzicht abzuschließen, als erste Atomwaffen einzusetzen.
H. Boumedienne wird für sieben Jahre zum Präsidenten Algeriens gewählt.
12. Bei den ersten Gemeindewahlen in Portugal seit dem Sturz der Diktatur am 25. April 1974 behauptet die Sozialistische Partei ihre führende Stellung.
14. Auf der konstituierenden Sitzung des 8. Deutschen Bundestages wird der CDU-Politiker K. Carstens zum Präsidenten des Parlaments gewählt. Carstens, der A. Renger (SPD) ablöst, erhält 346 von 516 abgegebenen Stimmen.
15. H. Schmidt (SPD) wird vom Deutschen Bundestag wieder zum Bundeskanzler gewählt. Mit 250 Ja-Stimmen erhält H. Schmidt nur eine Stimme mehr als die erforderliche absolute Mehrheit.
Das Oberste Militärgericht in Rom hebt das Urteil vom 11. November über die bedingte Freilassung des früheren SS-Polizeichefs von Rom, H. Kappler, auf. Kappler bleibt in Haft.
Die UN-Vollversammlung stimmt einmütig dem deutschen Vorschlag zur Schaffung einer Konvention gegen Geiselnahmen zu.
Bei einem Bombenanschlag auf eine Dienststelle des argentinischen Verteidigungsministeriums in Buenos Aires werden mindestens 14 Menschen getötet und 20 verwundet.
Die spanische Bevölkerung billigt in einem Referendum mit großer Mehrheit eine Gesetzesvorlage zur politischen Reform. Dabei entscheidet sich Spanien für freie Wahlen zu einem aus zwei Kammern bestehenden Parlament.

Die Parteivorsitzenden von CDU und CSU, H. Kohl und F. J. Strauß, geben ihren Beschluß zur Fortsetzung der Fraktionsgemeinschaft im Deutschen Bundestag bekannt

16. Aus den Parlamentswahlen auf Jamaika geht die Nationale Volkspartei des Ministerpräsidenten M. Manley als Sieger hervor.
Die UN-Vollversammlung verurteilt Chile wegen Verletzung der Menschenrechte.
17. Die OPEC-Staaten beschließen eine Erhöhung des Rohölpreises zum 1. Januar 1977. Saudi-Arabien und die Vereinigten Arabischen Emirate erhöhen den Preis um 5 %, die übrigen elf OPEC-Länder verlangen 10% mehr und wollen Mitte 1977 weitere 5% aufschlagen. Die elf wollen außerdem ihre Produktion einschränken, während Saudi-Arabien sie erhöhen will.
18. Der seit 1972 inhaftierte sowjetische Bürgerrechtler W. Bukowski wird in Zürich gegen den

Zu einem zweitägigen Staatsbesuch trifft der französische Staatspräsident V. Giscard d'Estaing (zweiter von links) in der jugoslawischen Hauptstadt ein. Er wird auf dem Flughafen von Staatspräsident J. Broz Tito und seiner Frau (links) begrüßt

seit 1973 inhaftierten chilenischen KP-Chef L. Corvalan ausgetauscht.

19. Syrische Truppen besetzen in Beirut drei libanesische Zeitungsredaktionen und zwei ausländische Korrespondentenbüros. Zuvor waren bereits die Räume vier anderer Beiruter Zeitungen besetzt worden.

20. Die israelische Regierung tritt zurück und beendet damit eine zweitägige politische Krise, die durch die Entlassung von zwei Ministern der Nationalreligiösen Partei ausgelöst worden war.

21. Die Präsidenten Ägyptens und Syriens beschließen, den beiden Ländern eine einheitliche politische Führung zu geben und auf einen Zusammenschluß hinzuarbeiten.
Im Libanon brechen schwere Kämpfe zwischen pro- und antisyrischen Palästinensergruppen aus. Sie werden durch das erstmalige Eingreifen der Friedenstruppe in innerpalästinensische Auseinandersetzungen beendet.

Der von der Regierung der DDR ausgewiesene Korrespondent der ARD L. Loewe verläßt Ost-Berlin am Grenzübergang Heinrich-Heine-Straße

22. Der niederländische Kunsthändler P. Menten, dem schwere Kriegsverbrechen vorgeworfen werden, wird aus der Schweiz ausgewiesen und den Behörden seines Landes übergeben.
Der spanische KP-Führer S. Carrillo, der sich seit Februar heimlich in Spanien aufhält, wird verhaftet. Carrillo wird am 30. Dezember gegen Kaution freigelassen.
Die DDR entzieht dem ARD-Fernsehkorrespondenten in Ost-Berlin, L. Loewe, die Akkreditierung und weist ihn wegen „Diffamierung des Volkes und der Regierung der DDR" aus.

24. T. Fukuda wird vom Parlament zum neuen Regierungschef Japans gewählt. Sein Vorgänger T. Miki trat zurück, weil er sich für die Stimmenverluste der Liberaldemokraten bei den Parlamentswahlen am 5. Dezember mitverantwortlich fühlte.
Der französische Abgeordnete J. de Broglie, der 1962 die Beendigung des Algerienkrieges ausgehandelt hatte, wird in Paris erschossen.
Beim Untergang eines in Brand geratenen Schiffes mit Mekkapilgern im Roten Meer kommen mindestens 127 Ägypter ums Leben.
Das libanesische Parlament erteilt Ministerpräsident Salim Al Huss Sondervollmachten.

26. Der philippinische Präsident F. Marcos ordnet die Freilassung von 1527 der etwa 5000 Inhaftierten an.
Bei einem Feuer in einem Altersheim nahe St. John auf Neufundland kommen mindestens 23 Menschen ums Leben.
Schwere Unruhen unter schwarzen Afrikanern in der Provinz Natal sowie in Vorstädten von Kapstadt und Johannesburg fordern während der Weihnachtstage mindestens 137 Todesopfer.

27. Über 700 schwarze Angola-Flüchtlinge, die über Weihnachten nach Südwestafrika kamen, werden in Lagern in Owamboland untergebracht, in denen bereits rund 4000 schwarze Angolaner leben.

29. Süd-Koreas ehemaliger Staatspräsident Yun Poson und der frühere Präsidentschaftskandidat der Opposition Kim Dea-Jung werden zu je fünf Jahren Gefängnis verurteilt. Ihnen werden Verstöße gegen Notstandsgesetze zur Last gelegt.
Der britische Vorsitzende der Genfer Rhodesienkonferenz, I. Richard, fliegt ins südliche Afrika, um in sechs Hauptstädten neue britische Vorschläge zu unterbreiten. London ist bereit, während einer Übergangsphase einen Hochkommissar in Rhodesien einzusetzen.

30. In Peking wird bekannt, daß Unruhen in der Stadt Paoting, rund 150 Kilometer südlich von Peking, unter Einsatz starker Militäreinheiten niedergeschlagen wurden. Anhänger der sogenannten „Viererbande" sollen dort Fabriken besetzt und Waffendepots geplündert haben.

31. Einer Grubenkatastrophe in der Nähe von Ostrau (ČSSR) fallen 45 Bergleute zum Opfer.
Das spanische Kabinett beschließt, politische Gerichtshöfe abzuschaffen und der Armee die Zuständigkeit zu nehmen, über „Terroristen" zu Gericht zu sitzen.

DIE WELT IM JAHRE 1976

Die bereits aus den Vorjahren übernommenen strategischen Konfrontationen zwischen Ost und West bzw. zwischen Nord und Süd wurden 1976 durch Spannungen und Konflikte überlagert, die wahrscheinlich auch in Zukunft in globalem Ausmaß die internationalen Beziehungen bestimmen werden: Konflikte, die sich aus dem Kampf um die Ausbeutung oder Verteilung von Naturreichtümern ergeben. Die Zugehörigkeit zum gleichen politischen Lager hat etwa Großbritannien und Island von dem „Kabeljaukrieg“ genausowenig zurückhalten können wie Griechenland und die Türkei von der Auseinandersetzung um den Zugang zu den Ölquellen im Ägäischen Meer. Andererseits fanden sich politisch-ideologische Gegner wie die USA und die UdSSR bei der Seerechtskonferenz unvermutet zusammen, als es um die gemeinsame Verteidigung paralleler Interessen ging. Neue Konfliktherde deuteten sich in der Weltpolitik an, alte wurden aus den Vorjahren übernommen. Zumeist ging es um eine gerechtere Verteilung wirtschaftlichen Reichtums und potentieller Machtquellen, um vermehrte Leistungen der Industrieländer zugunsten der Entwicklungsländer sowie um eine Neuverteilung politischer Macht, ohne daß eines dieser Probleme auch nur ansatzweise gelöst werden konnte. So zeigten sich etwa auf der internationalen Wirtschaftskonferenz der sieben wichtigsten Industrieländer in Puerto Rico die Teilnehmer zwar entschlossen, auch im Konjunkturaufschwung Inflationstendenzen nachhaltig zu bekämpfen und eine stabilitätsorientierte Wirtschaftspolitik zu betreiben, in den wesentlichen Fragen des Nord-Süd-Dialogs und in der Frage der Rohstoffabkommen, d. h. des internationalen Verteilungskampfes, konnte jedoch keine Übereinstimmung erzielt werden.

Was seit der Ölkrise als fester Block mit klarer Zielsetzung galt, die Organisation Erdöl exportierender Länder (OPEC) als größtes Preiskartell der Geschichte, drohte gegen Ende des Jahres auseinanderzubrechen und damit den Industriestaaten wieder größeren Spielraum zu verschaffen: Saudi-Arabien und die Vereinigten Arabischen Emirate gaben der Forderung der übrigen elf Mitglieder nach drastischen Preiserhöhungen nicht nach und verließen die Konferenz. Die Auswirkungen auf die Wirtschaft Europas lassen sich noch nicht abschätzen. 1976 verlief die Entwicklung in den EG unterschiedlich: Italien und Großbritannien balancierten weiter am Rande des wirtschaftlichen Abgrunds, und die französische Regierung bemühte sich vergeblich, die Wirtschaft auf Stabilitätskurs zu bringen. Die Bundesrepublik und vor allem die Schweiz bewiesen zwar, daß die Inflation nicht unbesiegbar ist, aber die Preissteigerungsraten in den Niederlanden (8,8 Prozent), in Frankreich (9,9) und Italien (über 20) blieben erschreckend hoch und beschleunigten sich in Großbritannien wieder auf über 15 Prozent. Kurzfristig scheinen die Wirtschaftsprobleme unlösbar zu sein: Im Juni einigten sich Regierungen, Gewerkschaften und Arbeitgeberverbände der EG auf das gemeinsame Ziel der Überwindung der Arbeitslosigkeit und Wiedergewinnung der wirtschaftlichen Stabilität bis zum Ende dieses Jahrzehnts.

Politisch konnte Europa 1976 einen Fortschritt verbuchen. Der Rat der neun EG-Staaten korrigierte auf seiner Konferenz im Juli den totalen Mißerfolg des im April in Luxemburg vorausgegangenen Treffens und unternahm einen wegweisenden Schritt: Er einigte sich in Brüssel auf die Zahl und die Verteilung der Sitze eines 1978 erstmals direkt zu wählenden Europäischen Parlaments, stimmte der Bestellung des britischen Labour-Politikers R. H. Jenkins zum Präsidenten der Europäischen Kommission zu, übernahm die Verpflichtung, bei der Bekämpfung des internationalen Terrorismus zusammenzuarbeiten, und kam überein, daß auch die EG, dem Beispiel anderer Länder folgend, ihre Fischereigrenzen auf 200 Seemeilen ausdehnen wollen. – Auch die Entwicklung auf der Iberischen Halbinsel ließ deutlich den Wunsch Spaniens und Portugals zum Eintritt in die EG erkennen: Portugal beendete zwei stürmische Revolutionsjahre mit dem Bekenntnis zur parlamentarischen Demokratie. Bei den ersten freien Wahlen nach fünfzig Jahren sicherten sich im April die gemäßigten Sozialisten unter M. Soares mit rund 35 Prozent der Stimmen den Sieg. Das Schwergewicht des Minderheitskabinetts sollte bei der wirtschaftlichen Sanierung des Landes liegen; bis zum Jahresende blieben allerdings dringend erforderliche einschneidende ökonomische Maßnahmen aus. Aus der Präsidentenwahl im Juni ging der Generalstabschef des Heeres, A. Ramalho Eanes, als deutlicher Sieger hervor. Auf der Habenseite der lusitanischen Jahresbilanz ist der feste Wille der Portugiesen zu Freiheit und Demokratie, auf der Sollseite stehen die roten Zahlen gesunkener Produktion, wachsender Verschuldung und kaum noch tragbarer Lasten aus der Auflösung des Kolonialreiches. – Spanien wagte 1976 die ersten zögernden Schritte in Richtung Demokratisierung. Eine neue Regierung unter Ministerpräsident A. Suárez Gonzáles begann ein einmaliges Experiment: die geduldige und gefährliche Selbstauflösung eines autoritär verkrusteten Systems. Unerwartet geschickt nutzte der König die breite Ungeduld des Volkes, um den Widerstand der „Ultras“ und des „Bunkers“ zu neutralisieren. Mitte Dezember billigte eine überwältigende Mehrheit der 23 Millionen Wahlberechtigten in einem Referendum das bereits vorher verabschiedete Gesetz zur politischen Reform, durch das die Cortes im Frühjahr 1977 durch ein Zwei-Kammer-System abgelöst werden sollen. Der spanische Weg zur Demokratie blieb allerdings von zahlreichen Gefahren gesäumt: Die angeblich von der linksextremen GRAPO, möglicherweise aber von Rechtsextremisten inszenierte Entführung des Staatsratsvorsitzenden A. M. de Oriol y Urquijo brachte ebensoviel Unruhe in die

Bevölkerung wie politisch und wirtschaftlich motivierte Streiks und Demonstrationen, auf die die Polizei häufig hart reagierte.

Zu einem Dauerthema europäischer Politik entwickelte sich 1976 auch die Haltung der westeuropäischen kommunistischen Parteien. Ende Juni wurde nach erheblichen internen Auseinandersetzungen in Ost-Berlin die Konferenz der kommunistischen Parteien Europas eröffnet. Die Sowjetunion erstrebte ein gemeinsames und verbindliches Aktionsprogramm auf der Grundlage des „proletarischen Internationalismus" – der Breschnewschen Interventionsdoktrin –, mußte jedoch schließlich, um die Konferenz zu retten, die Formulierung „internationalistische Solidarität" akzeptieren; ein gemeinsames Aktionsprogramm kam nicht zustande. Nicht zuletzt im Gefolge dieses Streits formulierten die kommunistischen Parteien Frankreichs und Italiens sowie die noch illegale KP Spaniens von der sowjetischen Linie abweichende Thesen über Machtgewinnung und -ausübung und einen „eigenen Weg" zum Sozialismus. Mittlerweile wird dieser „westlichen" Gruppe die Bezeichnung „Eurokommunismus" verliehen. – Unter dem Eindruck dieses Eurokommunismus und der Konferenz von Helsinki hat in den Ländern des Warschauer Paktes die Bürgerrechtsbewegung erheblich zugenommen, obwohl der Drang des Ostblocks zur Selbstabgrenzung nach außen und die Zunahme des Konformitätsdruckes nach innen unverkennbar sind. Weltweite Proteste zwangen die Regierung der Sowjetunion, einige der bekanntesten Dissidenten aus Gefängnissen oder Nervenkliniken ins westliche Ausland freizulassen. Auch in der Tschechoslowakei mußte die Regierung nach massiven Protesten aus dem In- und Ausland bekannte Regimekritiker vorzeitig aus der Haft entlassen. In der DDR verbrannte sich der evangelische Pfarrer O. Brüsewitz aus Protest gegen die Unterdrückung der Jugend durch den Kommunismus; weit über 100 000 Bürger stellten Anträge auf Ausreise in den Westen, von denen nur ein kleiner Teil genehmigt wurde; dem Liedersänger W. Biermann wurde das Recht auf weiteren Aufenthalt in der DDR abgesprochen, da er angeblich den Sozialismus „verunglimpfte". Als die polnische Regierung die jahrelang eingefrorenen Lebensmittelpreise drastisch erhöhen wollte, kam es in den Industriezentren Ursus und Radom zu Unruhen. Auch hier wurde mit der Gründung eines halblegalen „Komitees zum Schutz der Arbeiter", dem Schriftsteller und Intellektuelle angehören, das Menschenrechtsthema offen diskutiert.

Auch im Verhältnis der Großmächte zueinander blieb manche Hoffnung unerfüllt. Das Zauberwort Détente konnte die Rivalität der Supermächte nicht aus der Welt schaffen. Beunruhigend blieb die forcierte Aufrüstung der Sowjetunion. Die Sowjetunion und die USA einigten sich zwar auf ein Abkommen über unterirdische Atomversuche für friedliche Zwecke, das gegenseitige Inspektionen an Ort und Stelle während der Versuche vorsieht, die strategischen Abrüstungsverhandlungen zwischen den beiden Großmächten (SALT) und die Wiener Truppenabbaugespräche zwischen NATO und Warschauer Pakt (MBFR) verkümmerten aber zu inhaltsleerer und ergebnisloser Routine. – Greifbare Ergebnisse zeitigte demgegenüber die kommunistische Intervention in Afrika, das 1976 zu einem neuen Krisenherd der Weltpolitik wurde. Im Februar glitt Angola mit massiver Unterstützung von 15 000 kubanischen Soldaten und sowjetischen Waffen ins prokommunistische Lager, nachdem der amerikanische Kongreß eine Militärhilfe für Angola abgelehnt hatte. Die „Volksbewegung für die Befreiung Angolas" (MPLA) konnte die größten Teile ihrer Bürgerkriegsgegner vertreiben und sich die Anerkennung der Organisation für Afrikanische Einheit verschaffen. Gegen Ende des Jahres kam es zwar erneut zu heftigen Kämpfen zwischen Regierungstruppen und der prowestlichen Befreiungsbewegung UNITA; deren Widerstand brach aber nach wenigen Tagen zusammen. – Neben Angola machten vor allem Südafrika und Rhodesien Schlagzeilen: In Soweto, einer der „schwarzen" Johannesburger Vorstädte, demonstrierten im Juni Schüler gegen die Einführung von Afrikaans als weiterer Unterrichtssprache. Während der südafrikanische Ministerpräsident B. J. Vorster mit dem amerikanischen Außenminister H. A. Kissinger über Möglichkeiten einer friedlichen Liberalisierung konferierte, weiteten sich die Unruhen in Südafrika aus und forderten Hunderte von Todesopfern. Im Spätherbst blieben schwarze Arbeiter aus Protest gegen die Rassenpolitik drei Tage lang ihren Arbeitsstellen fern. – Im Oktober trat in Genf unter dem Vorsitz des britischen Diplomaten I. S. Richard die sogenannte Rhodesienkonferenz zusammen, die die Modalitäten der Machtübergabe von der weißen auf eine schwarze Regierung festlegen sollte. Bereits einen Monat zuvor hatte sich die weiße Minderheitsregierung Rhodesiens zur Übergabe der Regierungsgewalt an die schwarze Mehrheit innerhalb von zwei Jahren bereit erklärt und damit einen von Kissinger übermittelten britisch-amerikanischen Plan akzeptiert. Da Ministerpräsident I. D. Smith auf der Durchführung dieses von den Schwarzafrikanern abgelehnten Planes beharrte, die rhodesischen Nationalistenführer andererseits die umgehende Machtübergabe an die Schwarzen forderten, wurde im Dezember die Konferenz ergebnislos auf das neue Jahr vertagt.

Dafür konnte 1976 ein anderer Krisenherd beseitigt werden: Der libanesische Bürgerkrieg, der im April 1975 durch palästinensische Partisanen ausgelöst worden war, ging zu Ende. „Al Fatah", der größte palästinensische Partisanenverband, war immer deutlicher als Hauptgegner der libanesischen Christen hervorgetreten. Die Offensive der Palästinenser veranlaßte Syrien, eigene Truppen in den Libanon zu senden. Im Oktober einigten sich fünf arabische Staatsoberhäupter und der Palästinenserführer J. Arafat auf einen neuen Libanon-Friedensplan. Sie entsandten eine 30 000 Mann starke arabische Streitmacht, die die Bürgerkriegsfronten trennen sollte. Die Palästinenser verpflichteten sich zum Rückzug in ihre Lager. Der neue christliche Staatspräsident E. Sarkis beauftragte den Muslim Salim Al Huss, eine Friedensregierung zu bilden; der neue Regierungschef erhielt Sondervollmachten zum Wiederaufbau des zerstörten Landes.

Auch 1976 kam es in zahlreichen Ländern zu politischem Machtwechsel: In Argentinien stürzte eine Militärjunta unter Heeresstabschef J. Videla die Präsidentin María Estela Martínez de Perón, die den vielfältigen Problemen des krisengeschüttelten Landes nicht gewachsen war. Allerdings gelang es auch den Militärs nicht, dem Terror von rechts und links und den drückenden wirtschaftlichen und politischen Schwierigkeiten ein Ende zu bereiten. – In England trat der amtsmüde H. Wilson von seinen politischen Ämtern zurück. Der neue Ministerpräsident J. Callaghan sah sich alten Problemen gegenüber, u.a. der Arbeitslosigkeit, der Inflation, einem aufsässigen linken Parteiflügel, eigenwilligen Gewerkschaften. – In Schweden wurden die Sozialdemokraten nach einer 44 Jahre dauernden Regierungsherrschaft von den bürgerlichen Parteien aus der Verantwortung gedrängt. Der Zentrumsführer Th. Fälldin wurde neuer Ministerpräsident einer Koalitionsregierung. – Bei den japanischen Unterhauswahlen kündigte sich im Dezember das Ende einer Ära an: Nach 21jähriger Alleinherrschaft verlor die Liberal-Demokratische Partei die absolute Mehrheit; sie bildet allerdings – nach dem Rücktritt von T. Miki – unter der Führung T. Fukudas weiterhin die Regierung. – Bei den italienischen Parlamentswahlen im Juni kam es zu der erwarteten Verschiebung nach links, die sich schon bei den Regional-, Provinzial- und Gemeindewahlen 1975 angekündigt hatte. Die Volksfrontparteien konnten allerdings nicht die erstrebte absolute Mehrheit erringen; G. Andreotti bildete notgedrungen eine christdemokratische Einparteienregierung, die ihr Überleben der Stimmenthaltung der Mehrheit verdankt. – Im August trat der französische Premierminister J. Chirac zurück; neuer Regierungschef wurde R. Barre. Damit war der Riß im Regierungslager unübersehbar. Die bisherige gaullistische „Union für die Verteidigung der Republik“ (UDR) wurde in die „Sammlungsbewegung für die Republik“ (RPR) umgewandelt. Chirac, Initiator und Präsident der neuen Bewegung, wendet sich zwar nicht offen, aber deutlich gegen den einst schwungvoll gestarteten, bislang aber eher glücklosen Staatspräsidenten V. Giscard d'Estaing. – Kurz vor Jahresende geriet auch Israel in eine politische Krise, die durch die Entlassung von zwei Ministern der National-Religiösen Partei ausgelöst wurde. Die Regierung schrieb vorgezogene Neuwahlen für 1977 aus. – Bei den Präsidentschaftswahlen in den USA setzte sich der noch vor zwei Jahren nahezu unbekannte demokratische Kandidat J. E. Carter gegen den amtierenden Präsidenten G. R. Ford durch. Mit seinem Appell an moralische Erneuerung konnte der Südstaatler Carter die Mehrheit der Stimmen für sich gewinnen. Anfängliche Skepsis wich nach seiner Kabinettsbildung, die für Maß und Mitte spricht, zunehmendem Vertrauen. – Auch in China fand ein Machtwechsel statt. Nach schwerem Leiden starb im Januar Ministerpräsident Chou En-lai, der nach der Kulturrevolution für eine Beruhigung der politischen Szene gesorgt und die Öffnung zum Westen vollzogen hatte. Sein Nachfolger wurde Hua Kuo-feng. Der Tod des Parteivorsitzenden Mao Tse-tung im September bedeutete für China zugleich das Ende einer Ära. Sein Tod ließ sowohl in Moskau als auch im Westen Unruhe aufkommen; die Diadochenkämpfe zwischen den radikalen Linken um Maos Witwe Chiang Ching, der sog. „Viererbande“, auf der einen und den gemäßigt-pragmatischen Kräften um Mao Tse-tungs Nachfolger Hua Kuo-feng auf der anderen Seite waren bis Jahresende noch nicht endgültig entschieden, wenn sich auch ein deutlicher Sieg der Gruppe um den neuen Parteivorsitzenden abzeichnete.

Zu den mannigfaltigen durch Menschen ausgelösten Skandalen (z.B. dem weltweiten Lockheed-Bestechungsskandal) und Krisen (z.B. dem Geiseldrama in Entebbe/Uganda) kamen besonders viele Naturkatastrophen: Für die Bundesrepublik begann das Jahr mit der höchsten Sturmflut, die jemals an deutschen Küsten gemessen wurde und über eine Mrd. DM Gesamtschäden in den norddeutschen Küstenländern verursachte. Mit über 45 Erdbeben, die mindestens 500 000 Menschenleben kosteten, gehörte 1976 zu den „unruhigsten“ Jahren der Neuzeit. Über die drei schwersten Beben in der Volksrepublik China wurde allerdings von der politischen Führung eine Nachrichtensperre verhängt. Guatemala hatte über 20 000 Opfer zu beklagen, mehr als eine Million wurden obdachlos. Im italienischen Friaul gelang es den Behörden nicht, den Überlebenden eines Bebens rasche und ausreichende Hilfe zukommen zu lassen. In der Osttürkei verhinderten nach einem verheerenden Erdbeben Kälte, Schnee und mangelnde Infrastruktur die erforderlichen Hilfsarbeiten. Ganz Europa litt 1976 unter einer langen Hitze- und Dürreperiode, die die Agrarpreise ansteigen ließ.

Natürlich hatte 1976 auch wieder zahlreiche Superlative zu bieten: Angefangen bei den Olympischen Spielen in Innsbruck und Montreal und der sich über Monate hinziehenden Mammut-Geburtstagsfeier aus Anlaß des 200. Jahrestages der Unabhängigkeitserklärung der USA bis hin zu der von der Menschheit kaum mehr gebührend gewürdigten technischen Großtat der Landung von Sonden auf dem Mars und der Übermittlung brillanter Nahaufnahmen über 300 Millionen Kilometer.

Versucht man für 1976 ein abschließendes Resümee zu ziehen, sticht vor allem die Widersprüchlichkeit der Einschätzungen ins Auge. Der weltwirtschaftliche Rahmen der Politik war weiterhin ungünstig, und die Fähigkeit der politischen Führer, die alten und die neuen sozialen Probleme zu lösen, blieb so gering wie schon zuvor. Im Hinblick auf die Bewältigung globaler Schwierigkeiten war es ein Jahr der enttäuschten Hoffnungen und der vertagten Entscheidungen. Und trotzdem: Der Pessimismus, der noch für die Jahreswende 1975/76 kennzeichnend war, ist einem nüchternen Realismus und vorsichtigen Optimismus gewichen. Die Beobachter aus den verschiedensten Lagern stimmen – mit allerdings nicht unbeträchtlichen Unterschieden im Detail – darin überein, daß die beherrschenden Fragen der Gegenwart, wie z. B. Bevölkerungsexplosion, Wachstum, Energie, Ernährung, Umwelt, nicht unlösbar sind und die Menschheit keineswegs in die Sackgasse des Untergangs führen müssen.

A

Abgabenordnung: Die am 1. Jan. 1977 in Kraft getretene A. vom 16. 3. 1976 (AO 1977) faßt nahezu alle Vorschriften des allgemeinen Steuerrechts, des Steuerverwaltungsrechts und des Steuerstrafrechts zu einem Mantelgesetz für das Abgabenrecht zusammen. Sie bedeutet den Abschluß der Reform der Reichsabgabenordnung (RAO) von 1919, die in der zuletzt gültigen Fassung fast nur noch Vorschriften zum Verwaltungsverfahren und zum Steuerstrafrecht enthielt, ansonsten durch Einzelgesetze ersetzt worden war. Die AO 1977 enthält zugleich Änderungen gegenüber den früheren Vorschriften hinsichtl. der Steuerfestsetzung und -anmeldung.

Abrüstung: 1. Beiderseitige ausgewogene Truppenreduzierungen (*M*utual *B*alanced *F*orce *R*eductions, Abk. *MBFR*): Die seit 1973 in Wien geführten „Verhandlungen über beiderseitige Reduzierungen von Streitkräften und Rüstungen und damit zusammenhängende Maßnahmen in Mitteleuropa" zwischen 13 NATO- und sechs Warschauer-Pakt-Staaten brachten 1976 wiederum kein Ergebnis; beide Seiten setzten jedoch ihre Versuche fort, durch als „Entgegenkommen" offerierte Vorschläge Bewegung in die nach wie vor unvereinbaren Grundpositionen zu bringen: So akzeptierten (19. Febr.) die kommunist. Staaten den NATO-Vorschlag, in zwei getrennten Phasen die Streitkräfte zu reduzieren, beginnend mit den Streitkräften der USA und der Sowjetunion, beharrten allerdings auf ihrer Forderung, schon in diesem ersten Abkommen alle übrigen Teilnehmerstaaten auf eine gleichprozentige (symmetr.) Kürzung ihrer Streitkräfte (einschließl. Kern- und Luftwaffen) zu verpflichten. Mit der erstmaligen Vorlage eigener Daten über die Stärke ihrer Truppen (10. Juni) ermöglichten sie die von westl. Seite geforderte Diskussion über das tatsächl. Kräfteverhältnis in Mitteleuropa, dessen – von der NATO als Verhandlungsziel angestrebte – Ausgewogenheit sie allerdings als bereits gegeben und somit als Verhandlungsgrundlage akzeptiert sehen wollen. – Damit blieben die östl. Vorschläge darauf ausgerichtet, die Konzeption der NATO zu unterlaufen, die durch „ausgewogene" (asymmetr.) Reduzierungen das östl. (v. a. sowjet.) Übergewicht an Boden- und Panzertruppen in Mitteleuropa auf einen ungefähren zahlenmäßigen Gleichstand von je 700 000 Mann abbauen will. Beide Grundprinzipien des westl. Konzepts – asymmetr. Verminderung und Festlegung gemeinsamer (statt nat.) Höchststärken für jede Allianz – werden von der östl. Seite als Versuch einer einseitigen Veränderung des „histor. gewachsenen Kräftegleichgewichts in Europa" zum Vorteil der NATO abgelehnt, nicht zuletzt, weil sie ihrem polit. Ziel entgegenstehen, die Bundeswehr zu kontrollieren und eine westeurop. Verteidigungskooperation zu verhindern. – Auch die seit 1975 zur Diskussion stehenden Vorschläge beider Seiten (Osten: Einfrieren der Streitkräftestärken für die Dauer der Verhandlungen; Westen: Einbeziehung amerikan. Kernwaffen und ihrer Trägersysteme sowie des Luftwaffenpersonals) sind so mit den jeweiligen Grundpositionen verknüpft, daß sie mehr Testcharakter im Hinblick auf den Verhandlungsspielraum der Gegenseite haben dürften.

2. Gespräche über die Begrenzung strategischer Rüstungen (*S*trategic *A*rms *L*imitation *T*alks, Abk. *SALT*): Die 1972 begonnenen amerikan.-sowjet. Verhandlungen über ein zweites SALT-Abkommen (als Ersatz für das 1977 auslaufende Interimabkommen von 1972) kamen 1976 über den Stillstand des Vorjahres nicht hinaus. Das nach den Worten des amerikan. Außenministers H. Kissinger zu Jahresbeginn (wiederum weniger am Verhandlungstisch in Genf als im Direktkontakt zwischen den beiden Regierungen) „fast zu 90% ausgehandelte" Abkommen konnte daher nicht – wie in der „Absichtserklärung" des amerikan. Präsidenten G. Ford und des sowjet. Parteichefs L. Breschnew von Wladiwostok 1974 vorgesehen – unterzeichnet werden. Verantwortl. für den Verhandlungsengpaß waren weniger die Präsidentschaftswahlen in den USA als die bereits 1975 sichtbar gewordene Verwischung der bisherigen Grenzen zwischen strateg. und takt. bzw. nuklearen und konventionellen Waffen infolge der rüstungstechnolog. Entwicklung, die ein Verhandlungsergebnis ohne Rückwirkungen auf Drittländer und damit auf das militär. Kräfteverhältnis zwischen Ost und West in Europa auszuschließen droht. Das betrifft v. a. die (in Wladiwostok offengebliebene) Frage nach der Einbeziehung zweier neuer Waffensysteme in das Abkommen: den sowjet. Bomber „Backfire", der bei Luftbetankung amerikan. Territorium erreichen könnte – eines der bisherigen Definitionskriterien für „strateg." Waffen (neben der Ausrüstung mit Kernsprengköpfen) –, und die tieffliegende Lenkrakete der USA mit Eigenantrieb („Cruise Missile"), die konventionell und nuklear sowohl strateg. als auch takt. eingesetzt werden könnte. Die unbegrenzte Einführung beider Systeme müßte die in Wladiwostok vereinbarte Begrenzung auf je 2 400 Trägersysteme für strateg. Waffen (darunter bis zu 1 320 Trägersysteme für Mehrfachsprengköpfe) hinfällig machen. Beide Seiten erklärten ihr eigenes System für nicht strategisch, forderten aber die Einbeziehung des anderen Systems. Da bisher keine Einigung auf einen Kompromiß zustande kam, wobei die Sowjetunion den amerikan. Vorschlag, beide Systeme nicht auf die Trägerzahl 2 400 anzurechnen, ihre Einführung aber zahlenmäßig zu begrenzen, mit dem Gegenvorschlag beantwortete, die Höchstzahl 2 400 um 10% zu senken, dafür den „Backfire" darauf nicht anzurechnen, jedoch mit „Cruise Missiles" ausgerüstete Bomber unter die 1 320 Trägersysteme für Mehrfachsprengköpfe zu zählen, wurden die Verhandlungen im Nov. auf unbestimmte Zeit vertagt.

3. Konferenz des Abrüstungsausschusses der UN (*C*onference of the *C*ommittee of *D*isarmament, Abk. *CCD*): Die in Genf unter gemeinsamem Vorsitz von USA und Sowjetunion tragende 30-Staaten-Konferenz behandelte 1976 v. a. vier Themen, wobei allerdings die Verabschiedung eines Entwurfs über ein „*Verbot der Verwendung umweltverändernder Techniken zu militär. oder sonstigen feindseligen Zwecken*" ihr einziger konkreter Erfolg blieb. Zu den übrigen Themenbereichen traten die Verhandlungen weiterhin auf der Stelle: Statt eines umfassenden Verbots unterird. Kernwaffenversuche kam es zur Unterzeichnung eines amerikan.-sowjet. Abkommens über die *Begrenzung unterird. Kernsprengungen zu friedl. Zwecken* auf 150 000 TNT (zugleich Voraussetzung für die Inkraftsetzung des schon 1974 abgeschlossenen

Abkommens über eine Begrenzung unterird. Kernwaffenversuche), dessen Bedeutung für die CCD-Verhandlungen v. a. in dem erstmaligen Zugeständnis der Sowjetunion liegt, Ortsinspektionen auf ihrem Territorium zuzulassen. – In der Frage einer ausreichenden Verifizierung eines *Verbots chem. Waffen* wurde dagegen weiterhin keine Einigung erzielt. Auch in diesem Themenbereich kam es zu amerikan.-sowjet. Verhandlungen außerhalb der Konferenz (über ein partielles Verbot). – Zum vierten Thema, einem *Verbot der Entwicklung neuartiger Massenvernichtungswaffen,* beschloß die Konferenz, 1977 informelle Zusammenkünfte auf Expertenebene abzuhalten. – Die allgemeine Unzufriedenheit über die Erfolglosigkeit der bisherigen Verhandlungen führte schließl. zu dem weiteren Beschluß, 1977 das CCD-Verfahren ebenfalls umfassend zu überprüfen.

Adoptionsrecht: Das Gesetz über die Annahme als Kind und zur Änderung anderer Vorschriften (Adoptionsgesetz) vom 2. 7. 1976 und das Gesetz über die Vermittlung der Annahme als Kind (Adoptionsvermittlungsgesetz) vom gleichen Tag haben nunmehr die Gesamtreform des A.s zu einem Abschluß gebracht. Die Zahl der Annahme minderjähriger Kinder beträgt jährl. über 7 000. Während die Zahl der zur Annahme vorgemerkten Kinder von 5 000 im Jahr 1964 auf 3 200 im Jahr 1972 zurückging, hat sich die Zahl der Familien, die ein Kind annehmen wollen, fast verdoppelt. Als entsprechend dringend erwies sich die Reform des Adoptionsrechts. Die Adoption soll, ihrer heutigen sozialen Funktion entsprechend, so ausgestattet werden, daß ein Kind, das nicht in einer Familie aufwächst, voll in eine Neufamilie integriert wird. Dies soll durch die Einführung der Volladoption erreicht werden, die durch das Vormundschaftsgericht ausgesprochen wird, wenn sie dem Wohl des Kindes entspricht. Durch die Volladoption wird das Kind bezügl. Verwandtschaft, Unterhalt und Erbrecht voll in die Familie des Annehmenden eingegliedert, die verwandtschaftl. Beziehungen zu den leibl. Eltern werden völlig gelöst. Das Adoptionsvermittlungsgesetz hat eine beschleunigt durchzuführende Adoption zum Ziel und läßt den Beteiligten eine wirksame Adoptionsberatung und -hilfe zuteil werden.

Afghanistan, Republik im östl. Hochland von Iran und in Zentralasien. Als Volksvertretung fungierten bis zum Sturz der Monarchie am 17. Juli 1973 ein Oberhaus und ein Unterhaus, die aufgelöst wurden. Staatsoberhaupt und Regierungschef *Mohammed Daud Khan* (seit Juli 1973). Flagge ↑Farbtafeln Flaggen S. 121. Internat. Mitgliedschaften ↑Übersicht Internationale Organisationen.

Wirtschaft: Die wirtschaftl. Entwicklung verlief 1975/76 günstig. Das Wachstum des BSP wird real mit etwa 4% angenommen. Die landwirtschaftl. Produktion 1976/77 war bisher zufriedenstellend, und auch die industrielle Erzeugung wird für den Berichtszeitraum positiv beurteilt. Von ihrem Wohlergehen sind auch weite Bereiche der Industrie, des Handels und des Transports abhängig. Im Infrastrukturbereich ist neben einer Reihe wichtiger Straßenbauten das Projekt einer Eisenbahnlinie von Kabul bis zur pakistan. Grenze das bedeutendste Vorhaben.

Innen- und Außenpolitik: Das Regime von Staatspräsident M. Daud Khan festigte sich: Die jungen, progressiven Offiziere, die den Staatsstreich vom Juli 1973 ausgeführt hatten, und ihre Anhänger wurden zugunsten konservativer Politiker allmählich aus den wichtigsten Regierungsämtern entfernt. Daud Khan, ein Verwandter des abgesetzten Königs, bemühte sich, zur Sicherung der Familienherrschaft einen „Kronprinzen" aufzubauen: seinen 29jährigen Adoptivsohn Saijid Abd Allah,

AFGHANISTAN

Geographische Daten und Bevölkerung: *Fläche* rd. 650 000 km², *Verwaltungsgliederung* in 29 Provinzen, *Hauptstadt* Kabul (rd. 600 000 E; 1976), *Bevölkerung* 17 Mill. E (revidierte amtl. Schätzung; 1976, 26 E/km², jährl. Bevölkerungszunahme (1975) 2,7%, *Amtssprachen* Paschtu und Dari, *Religion* vorherrschend sunnit. Islam, 10% der Bevölkerung sind Schiiten.

Wirtschaft: *Erwerbstätigkeit* (1973): 4,35 Mill. Erwerbstätige, davon (in Prozentanteilen) Landwirtschaft 74, verarbeitendes Gewerbe 15, Baugewerbe 2,8, Handel, Banken, Versicherungen 2,5, Verkehr und Nachrichtenübermittlung 0,7, öffentl. Dienst 1,6, Bildung und Gesundheit 0,9, andere Tätigkeiten 2,5. – *Landwirtschaft:* Nutzfläche 14 Mill. ha, davon 7,84 Mill. ha Ackerland, 5,34 Mill. ha bewässert. – Produktion (Auswahl; 1976): Weizen 2,9 Mill. t, Gerste 400 000 t, Mais 802 000 t. – *Bergbau, Industrie und Elektrizitätserzeugung* (Auswahl; 1975/76): Kohle 136 000 t, Erdgas 3,0 Mrd. m³, Zement 139 000 t, Baumwollstoffe 76 Mill. m, Elektrizität 550 Mill. kWh. – *Außenhandel* (1975): Export (fob) 223 Mill. $, Import (cif) 350 Mill. $. Haupthandelspartner sind UdSSR, Japan, Indien, Pakistan. Hauptexportgüter sind getrocknete Früchte und Nüsse, Erdgas, Baumwolle, Häute und Felle, Teppiche. Hauptimportgüter sind Textilwaren, Nahrungsmittel, Erdölerzeugnisse, Kraftfahrzeuge. – *Währung* ↑Übersicht Währungen. – *BSP* zu Marktpreisen (1969, in Preisen von 1965) 60,086 Mrd. Af.

Verkehr: *Straßen* 17 973 km, davon etwa 15 000 km befahrbar, 2 525 km Asphaltstraßen. Kfz-Bestand 52 400. – *Luftverkehr* (1972): 383,8 Mill. Personenkilometer, 30,8 Nettotonnenkilometer.

Finanzminister und stellvertretender Ministerpräsident. Auch in diesem Jahr wurde die angekündigte republikan. Verfassung nicht eingeführt, Parteien wurden weiterhin nicht zugelassen. Nach jahrzehntelangen, teilweise krisenhaften Spannungen mit Pakistan wegen A.s Ansprüchen auf die pakistan. Provinzen Belutschistan und North-West Frontier Province wurde bei einem Besuch des pakistan. Ministerpräsidenten Z. A. Bhutto im Juni eine friedl. Beilegung des Konflikts vereinbart. Trotz seiner wirtschaftl. und militär. Abhängigkeit von der Sowjetunion vermochte sich A. ein gewisses Maß an Neutralität zu bewahren: einerseits aufgrund der Rücksichtnahme des Kremls auf die nat. Empfindlichkeit A.s, andererseits dank fortgesetzter amerikan., westdt. und chin. Entwicklungshilfe, auf die sich das Land auch 1976 in seiner Koexistenzpolitik gegenüber dem großen Nachbarn im Norden stützen konnte. Staatsminister K. Moersch vom dt. Auswärtigen Amt besuchte A. vom 19. bis 21. Juni.

African National Congress, Abk. ANC (Afrikan. Nationalkongreß): Als eine der beiden von der OAU anerkannten Befreiungsbewegungen Südafrikas setzte der ANC 1976 in den Organen seiner Exilvertretung die Kampagne fort, die sich darauf konzentrierte, die südafrikan. Regierung der Unterdrückung anzuklagen und zugleich die westl. Staaten zu beschuldigen, Südafrika wirtschaftl. und militär. zu unterstützen. Die Auseinandersetzung zwischen dem ANC und einer Gruppe, die sich unter der Bezeichnung ANC (African Nationalists) abgespalten hat bzw. ausgeschlossen wurde, weil sie der ANC-Führung vorwirft, sich von der KP Südafrikas dominieren zu lassen, ging weiter. Ungeklärt blieb, wie stark der Einfluß des ANC auf die SASO (South African Students' Organization) ist, die Mitte des Jahres zusammen mit ihren Untergruppen die Unruhen in Südafrika auslöste. Mitte Aug. wurden im Raum Johannesburg 60 Afrikaner verhaftet, von denen einige Ende Sept. unter der Anklage vor Gericht gestellt wurden, mit verbotenen Organisationen, darunter dem ANC, zusammengearbeitet zu haben. Ende Okt. forderte der Chefminister des Bantustans Kwazulu, Häuptling G. Buthelezi, bei einem Besuch in Nigeria die ANC-Führung auf, sich anderen Organisationen, die sich in Südafrika noch legal betätigen dürfen, anzuschließen, um eine nat. Konvention zur Beendigung der weißen Minoritätenherrschaft zu schaffen. Laut südafrikan. Zeitungsberichten vom Dez. verfügt der ANC in Moçambique über Lager, in denen Guerillas ausgebildet werden.

African National Council, Abk. ANC (Afrikan. Nationalrat): Eine vom samb. Präsidenten K. Kaunda eingesetzte internat. Kommission kam im März zu dem Ergebnis, daß der frühere Vorsitzende der ZANU (Zimbabwe African National Union), H. Chitepo, der am 18. März 1975 in Lusaka ermordet worden war, Opfer eines internen Machtkampfes gewesen sei. Die Führungskrise in der ZANU, die sich im Dez. 1974 zusammen mit J. Nkomos ZAPU (Zimbabwe African People's Union) und J. Chikeremas FROLIZI (Front for the Liberation of Zimbabwe) dem unter Führung von Bischof A. Muzorewa stehenden ANC angeschlossen hatte, konnte auch 1976 nicht bereinigt werden, da sowohl N. Sithole als auch R. Mugabe die oberste Führung beanspruchten. Es war auch nicht möglich, den Streit zwischen Bischof A. Muzorewa und dem ZAPU-Führer J. Nkomo um die oberste Führung im ANC zu beenden. Die internen Machtkämpfe wurden noch dadurch erweitert, daß die Guerillaverbände der ZAPU und ZANU im Mai der polit. Führung beider Organisationen Korruption und Intrigen vorwarfen, sich dann aber selbst in gegenseitige blutige Auseinandersetzungen verwickelten, was zur Spaltung der militär. Verbände führte, die seit Ende 1975 vereint die sog. „dritte Kraft" auf seiten der rhodes. Befreiungsbewegungen gebildet hatten. R. Mugabe setzte sich schließl. als oberster ZANU-Führer gegen N. Sithole durch und gründete unter dem Druck der sog. Frontstaaten (Sambia, Tansania, Botswana, Angola und Moçambique) zusammen mit ZAPU-Chef J. Nkomo am 9. Okt. die „Patriot. Front", obwohl er noch kurz zuvor Nkomo beschuldigt hatte, durch Abzug der ZAPU-Guerillas von der Front an der Grenze zwischen Rhodesien und Moçambique der ZANU die Hauptlast des Krieges aufgebürdet zu haben. Die „Patriot. Front" wurde bis Ende des Jahres zwar von den Frontstaaten anerkannt, nicht aber von der OAU, die daran festhielt, daß allein der ANC die offiziell anerkannte Befreiungsbewegung repräsentiere. Zur Genfer Konferenz, die Ende Okt. begann, wurden – zusätzlich zu einer Vertretung der rhodes. Regierung – vier afrikan. Delegationen zugelassen, die von Bischof A. Muzorewa, N. Sithole, J. Nkomo bzw. R. Mugabe geführt wurden. N. Sithole verzichtete nicht auf seinen Anspruch, der eigentl. ZANU-Führer zu sein, und wurde daher von der brit. Konferenzleitung gleichfalls nach Genf eingeladen.

Ägypten, Republik in NO-Afrika. Als Volksvertretung fungiert eine Nationalversammlung mit 358 Abgeordneten, von denen 348 gewählt und 10 vom Staatspräsidenten ernannt sind. Staatsoberhaupt *Anwar As Sadat* (seit Okt. 1971), Regierungschef *Mamdouh Salem* (seit 16. April 1975; zuvor *Abd Al Asis Hegazi*), Außenminister *Ismail Fahmi.* Flagge ↑Farbtafeln Flaggen S. 121. Internat. Mitgliedschaften ↑Übersicht Internationale Organisationen.

Die *Wirtschaft* stand 1976 im Zeichen eines hohen Zahlungsbilanzdefizits, das die Regierung dazu veranlaßte, ihre kurz- und mittelfristigen Investitionsprogramme mehrfach zu revidieren. Gleichzeitig bemühte sie sich, für ihre Prioritätsvorhaben die erforderl. Auslandsfinanzierung von be-

Ägypten. Der deutsche Bundespräsident W. Scheel (rechts) empfängt seinen ägyptischen Amtskollegen A. As Sadat in Bonn

freundeten Staaten zu erlangen. Die von den arab. Ölstaaten erhoffte massive Hilfsleistung im Umfang von etwa 12 Mrd. $ blieb jedoch aus. An die Spitze der Geberländer außerhalb des arab. Raumes stellten sich die USA mit Wirtschaftshilfen von rund 950 Mill. $ im Jahre 1976 und Zusagen in derselben Höhe für 1977. Hauptdevisenbringer aus der traditionellen Landwirtschaft ist die Baumwolle, deren Produktion 1975/76 zurückging. Der Produktionsrückgang beruht allerdings auf einer Verringerung der Anbaufläche. Die Einnahmen Ä.s aus Rohöl beliefen sich im Jahre 1976 auf 130 Mill. ägypt£. Für 1977 erwartet man einen Anstieg der Einkünfte über etwa 210 Mill. ägypt£. Die Einnahmen aus Sueskanalgebühren bezifferten sich 1976 auf rund

ÄGYPTEN

Geographische Daten und Bevölkerung: *Fläche* 1 001 449 km^2, *Verwaltungsgliederung* in 4 Stadtbezirke, 17 Provinzen, 4 Grenzbezirke, *Hauptstadt* Kairo (5,859 Mill. E), *Bevölkerung* 37,1 Mill. E (1975), 37 E/km^2, Geburten-/Sterberate (auf 1 000 E) 35,4/12,9, *Amtssprache* Arabisch, *Religion* 92,7% Muslime, 6,7% Christen.

Wirtschaft: *Erwerbstätigkeit* (1973; in Prozentanteilen): Land- und Forstwirtschaft 46,6, produzierendes Gewerbe 17,4, Handel, Banken, Versicherungen 9,6, Verkehr 4,5, Dienstleistungen und Sonstiges 21,9. – *Landwirtschaft:* 2 720 000 ha Akkerland. – Produktion (Auswahl; 1974): Baumwolle 440 000 t (1975), Weizen 2,0 Mill. t (1975), Mais 2,4 Mill. t (1975), Reis 2,5 Mill. t (1975), Hirse 854 000 t (1974/75), Kartoffeln 750 000 t (1974/75), Zuckerrohr 7,15 Mill. t, Tomaten 1,63 Mill. t, Wassermelonen 1,15 Mill. t, Apfelsinen 725 000 t, Rind-, Kalb- und Büffelfleisch 233 000 t, Milch 1,76 Mill. t. – *Bergbau, Industrie und Elektrizitätserzeugung* (Auswahl; 1974): Eisenerz 1,3 Mill. t, Naturphosphat 0,553 Mill. t (1973), Erdöl 7,4 Mill. t, Düngemittel 1,16 Mill. t, Zement 3,156 Mill. t, Benzin 0,96 Mill. t, Zucker 0,54 Mill. t (1975), Bier 0,3 Mill. hl (1972), Elektrizität 8 104 Mill. kWh (1973). – *Außenhandel* (1975): Export 548,6 Mill. ägypt£, Import 1 468 Mill. ägypt£. Haupthandelspartner sind UdSSR, USA, Frankreich, BRD. Hauptexportgüter sind Baumwolle und Baumwollerzeugnisse, Erdöl, Reis. Hauptimportgüter sind Getreide, Maschinen, Kfz, Erzeugnisse der chem. Industrie. – *Währung* ↑Übersicht Währungen. – *BIP* (1974): 3 956 Mill. ägypt£, 109 ägypt£/E.

Verkehr: *Eisenbahnen:* Streckenlänge: 4 385 km (1972). – *Straßen:* 25 976 km (1972), davon 12 087 km befestigt. Bestand an Pkw 159 000, an Lkw und Omnibussen 39 200 (1972). – *Schiffahrt* (1976): Handelsflotte mit 363 000 BRT. – *Luftverkehr* (1972): 1,6 Mill. Fluggäste.

345 Mill. $; sie werden für 1977 auf 375 Mill. $ veranschlagt. Im Fremdenverkehr wiesen die Touristenzahlen bereits im 1. Halbjahr 1976 etwa 445 000 Besucher aus. Mit 27,6% war das der bisher höchste Zuwachs. Im Außenhandelssektor schätzt man die Einfuhren für 1976 auf 2,1 Mrd. ägypt£, die Ausfuhren dagegen auf 1 Mrd. ägypt£.
Innenpolitik: Die Neuorganisation der Einheitspartei „Arab. Sozialist. Union" (ASU) ging weiter. Im März wurden drei sog. „Plattformen" innerhalb der ASU gegründet, die das innenpolit. Meinungsspektrum ausdrücken sollen: die „Arab.-sozialist. Organisation Ä.s", die „Organisation der sozialist. Liberalen" und die „Organisation der nat. progressiv-unionist. Sammlung". Zum neuen 1. Sekretär der ASU wurde am 3. Juni M. Chalil ernannt. Bei den Parlamentswahlen am 28. Okt. und 4. Nov. entfielen auf die „Plattform der Mitte" unter Ministerpräsident M. Salem 284 Sitze, während die „rechte" Plattform 12 und die „linke" zwei Sitze gewannen und 50 „unabhängige" Kandidaten gewählt wurden; die restlichen 10 ernannte Staatspräsident As Sadat; 1660 Kandidaten hatten sich in einem zweimonatigen Wahlkampf um die 358 Sitze beworben. Nach 23jährigem Einparteiensystem erklärte As Sadat am 11. Nov. die drei Plattformen zu selbständigen Parteien.
Bei der Regierungsumbildung am 19. März wurde das Kabinett von 35 auf 32 Mitglieder gekürzt; die Ressorts für Information und Kultur sowie für Planung und auch die Staatsministerposten für Landwirtschaft und Kabinettsangelegenheiten wurden neu besetzt. Nach dem Tod von Justizminister Adil Junis (Ende April) übernahm A. Sami Talat dieses Amt. Bei der Regierungsneubildung am 9. Nov. wurden die Ressorts für Finanzen, Wirtschaft, Wohnungsbau, Gesundheit und religiöse Stiftungen neu besetzt; eine Schlüsselposition für Finanz- und Wirtschaftsfragen erhielt als stellvertretender Ministerpräsident Abd Al Munim Kaisuni. – Staatspräsident As Sadat, der am 25. Aug. von der Nationalversammlung einstimmig als einziger Kandidat für die Wiederwahl nominiert worden war, wurde bei einer Volksabstimmung am 16. Sept. für weitere 6 Jahre in seinem Amt bestätigt.
Wiederholt kam es zu inneren Unruhen: Hunderte von Industriearbeitern protestierten am 25. März in Kairo für bessere Arbeitsbedingungen und höhere Löhne. Am 28. März kam es in Damiette zu Zusammenstößen zwischen der Polizei und Textilarbeitern. Mitte April wurden etwa 17 Personen nach Auseinandersetzungen mit der Polizei in Damanhur verhaftet, etwa 20 in Alexandria wegen angebl. Zugehörigkeit zu einer kommunist. Organisation. Anfang Aug. kam es erneut zu Zusammenstößen zwischen Textilarbeitern und der Polizei, außerdem wurden Mitglieder einer Gruppe von rund 500 radikalen jungen Muslimen verhaftet. Zu Unruhen in der Altstadt von Kairo kam es am 6. September. Die Busfahrer in Kairo streikten am 18./19. September. Etwa 300 Studenten protestierten am 25. Nov. in Kairo für die „Freiheit zur Gründung polit. Parteien". – In den Presse- und Verlagshäusern wurden am 29. März und Anfang Mai verschiedene Spitzenpositionen neu besetzt; die eingeleitete Liberalisierung der Presse wurde wieder eingeschränkt. Die Zensur für Bücher wurde am 11. Dez. offiziell aufgehoben.
Die 1954 verbotene Muslim-Bruderschaft, die sich unter A. As Sadat einer gewissen Toleranz erfreut, versuchte, sich zu reorganisieren und einen offiziellen Status als religiöse Vereinigung zu erhalten.
In einer Verlautbarung, die am 27. Nov. in einer ägypt. Zeitschrift veröffentlicht wurde, forderte der jüd.-ägypt. Rechtsanwalt Schihada Harun gleiche Bürgerrechte für die ägypt. Juden. – Die Einrichtung von drei weiteren Universitäten in Schibin Al Kaum, Ismailijja und Al Minja wurde am 18. März beschlossen. – Durch eine Verordnung des Staatspräsidenten vom 1. Aug. wurde der öffentl. Genuß alkohol. Getränke weitgehend untersagt.
Die Entführung eines ägypt. Flugzeuges wurde am 23. Aug. durch den Einsatz von Sicherheitskräften auf dem Flughafen von Luxor beendet, Libyen dementierte die Beteiligung an dem Anschlag.
Außenpolitik: Der ungelöste Nahostkonflikt und der Bürgerkrieg im Libanon mit seinen internat. Verwicklungen (↑Libanon) bestimmten die ägypt. Außenpolitik. Im Nahostkonflikt, bes. in der Frage der von Israel besetzten Gebiete, wurden keine Fortschritte erzielt. Die Ausführung des am 4. Sept. 1975 abgeschlossenen 2. ägypt.-israel. Sinai-Abkommens wurde mit der Inbetriebnahme einer US-Frühwarnstation an der Waffenstillstandslinie (19. Febr.) und mit dem Einrücken ägypt. bzw. von UN-Truppen in die vorgesehenen Zonen (22. Febr.) abgeschlossen. Im libanes. Bürgerkrieg unterstützte Ä. zunächst die Palästinenser, mit denen im April nach neunmonatigen Spannungen (infolge des 2. Sinai-Abkommens) eine Übereinkunft erzielt wurde, und verurteilte das militär. Eingreifen Syriens. Die Meinungsverschiedenheiten mit Syrien, die letztlich in der innerarab. Rivalität beider Länder begründet lagen, führten nach Angriffen auf die Vertretungen beider Staaten in Kairo (3.) und Damaskus (5. Juni) zum Abbruch der diplomat. Beziehungen, die nach Vermittlung u. a. Saudi-Arabiens am 24. Juni wieder aufgenommen wurden. Bei der Gipfelkonferenz der Staatsoberhäupter Ä.s, Kuwaits, Libanons, Saudi-Arabiens und Syriens sowie des Vorsitzenden der PLO in Ar Rijad (17.–19. Okt.) wurden die Meinungsverschiedenheiten zwischen Ä. und Syrien geschlichtet; Ä. und die anderen Teilnehmer einigten sich auf Bedingungen zur Beilegung des Bürgerkrieges im Libanon. Nach dem Besuch des syr. Staatspräsidenten H. Asad in Ä. (18.–21. Dez.) wurde die Gründung eines gemischten polit. Kommandos bekanntgegeben.

Ägypten. Staatspräsident A. As Sadat (rechts) erörtert mit dem syrischen Präsidenten H. Asad in Kairo ein mögliches künftig gemeinsames Vorgehen bei der Genfer Nahostkonferenz

Mit dem Sudan wurde am 15. Juli ein 25jähriges Verteidigungsbündnis abgeschlossen. Polit., wirtschaftl. und militär. Unterstützung suchte As Sadat bei mehreren Staatsbesuchen: Er besuchte Saudi-Arabien und die arab. Golfländer (21.–29. Febr.). Seinen 1. Staatsbesuch in der BRD stattete er vom 29. März bis 3. April ab und reiste anschließend nach Frankreich, Italien einschließl. Vatikan, Jugoslawien und Österreich (3.–13. April). Weitere Staatsbesuche führten ihn nach Iran (15.–20. Juni), Saudi-Arabien (21./22. Juni, 18./19. Aug.), Katar (22./23. Juni), in die Vereinigten Arab. Emirate (23. Juni) und nach Oman (14./15. Aug.). Zu einem

Gipfeltreffen mit König Chalid flog er mit dem sudanes. Staatspräsidenten M. An Numairi am 17. Juli für 3 Tage nach Saudi-Arabien. – Eine Reihe von Staatsoberhäuptern besuchte Ä.: I. M. Al Hamidi von der Arab. Republik Jemen (1.–4. März), Sir D. K. Jawara von Gambia (9.–11. März), I. Amin Dada von Uganda (27.–29. März), M. An Numairi vom Sudan (8. Juni, 13.–17. Juli), M. Ould Daddah von Mauretanien (4. Aug.), J. B. Bokassa von der Zentralafrikan. Republik (10. bis 12. Okt.), Scheich Said von den Vereinigten Arab. Emiraten (28. bis 29. Okt.) und L. de A. Cabral von Guinea-Bissau (18.–21. Nov.). – Der Bundesminister für wirtschaftl. Zusammenarbeit, E. Bahr, führte am 30. Nov. Gespräche mit As Sadat. Der frühere dt. Finanzminister A. Moeller wurde im Dez. Finanzberater des ägypt. Präsidenten. – Diplomat. Beziehungen wurden mit den Komoren (Juni), den Seychellen (Juli) und der Dominikan. Republik (Okt.) aufgenommen.

Aijubi, Al, Mahmud, * 1932, syr. Politiker. 1971 bis 1975 Stellvertreter des Präsidenten, 1972 bis Aug. 1976 Ministerpräsident.

Albanien, Sozialist. Volksrepublik an der Westküste der Balkanhalbinsel. Als Volksvertretung fungiert eine Volksversammlung mit 250 Abgeordneten, die der „Demokratischen Front" angehören. Staatsoberhaupt *Hadschi Leschi* (seit Aug. 1953), Regierungschef *Mehmet Shehu* (seit Juli 1954), Parteichef *Enver Hoxha* (seit 1954). Flagge ↑ Farbtafel Flaggen S. 121. Internat. Mitgliedschaften ↑ Übersicht Internationale Organisationen.

Wirtschaft: Die spärlichen Informationen aus A. lassen lediglich die Richtung der wirtschaftl. Entwicklung erkennen. Die enge Bindung auch im ökonom. Bereich an China blieb erhalten. Bei der Erstellung des sechsten Fünfjahresplanes (1976 bis 1980) wurden internat. Hilfe und Kredite Chinas berücksichtigt. Der Plan sieht die Steigerung des Nationaleinkommens bis 1980 um 38–40% und des realen Pro-Kopf-Einkommens um 11–14% vor. Die sozialisierte Landwirtschaft wird auch künftig vorrangig gefördert werden. Mit bes. Stolz weist A. auf seinen Erfolg der nunmehr erreichten Selbstversorgung mit Brotgetreide hin. Die Chromerzförderung soll bis 1980 um 46% ausgeweitet und A. damit viertgrößter Chromproduzent der Welt werden.

Innen- und Außenpolitik: Die Volksversammlung verabschiedete am 27./28. Dez. die neue Verfassung, die A. als Staat der Diktatur des Proletariats definiert, in dem die Partei als Vorhut der Arbeiterklasse einzige Führungskraft ist. Die Richtlinien der Politik bestimmt – freilich nur im Einvernehmen mit der Partei (Art. 66) – die Volksversammlung, die zugleich als verfassunggebende Versammlung wie als Verfassungsgericht fungiert. Höchstes Exekutivorgan ist der Ministerrat. Die Landesverteidigung erfolgt durch die bewaffneten Kräfte, bestehend aus der Volksarmee, den Kräften des Innenministeriums und der Volksselbstverteidigung. Oberkommandierender ist der Parteichef. Die Stationierung ausländ. Truppen ist verboten. Das Hohe Gericht leitet und kontrolliert die Tätigkeit der auf 3 Jahre gewählten Volksgerichte. In den lokalen Verwaltungseinheiten sind die ebenfalls auf 3 Jahre gewählten Volksräte das Organ der Staatsmacht. Der jeweils höhere Volksrat kann den niederen auflösen. Religionsausübung ist untersagt; Eltern haften für die kommunist. Erziehung ihrer Kinder. Der 7. Parteikongreß in der ersten Novemberwoche bestätigte den Isolationskurs E. Hoxhas und die Ergebnisse der damit verbundenen Machtkämpfe in Partei- und Staatsführung. Hoxha bezeichnete das nat. Interesse A.s sowie die Interessen der Revolution und der Befreiung der Völker v. a. in Asien, Afrika und Lateinamerika als die Prinzipien der alban. Außenpolitik. NATO, Warschauer Pakt und EG seien Basisinstrumente der beiden gefährlichsten Mächte USA und UdSSR. Freundschaft verbindet A. den Worten Hoxhas zufolge insbes. mit China, Vietnam, Nord-Korea und Laos. Normale Beziehungen zu den Nachbarländern Griechenland, Jugoslawien und Italien sowie zu den anderen Balkanländern – namentlich zur Türkei –, seien eines der Hauptziele der alban. Außenpolitik. Allerdings fehle es z. Z. noch an Voraussetzungen für multilaterale Kooperationen auf dem Balkan. Hoxha bekräftigte die Reparationsforderungen A.s an die BRD und drohte, gegen Bonn gerichtete Initiativen in internat. Gremien, z. B. in den UN, zu ergreifen.

ALBANIEN

Geographische Daten und Bevölkerung: *Fläche* 28 748 km^2, *Verwaltungsgliederung* in 26 Bezirke, die in Gemeinden unterteilt sind, *Hauptstadt* Tirana (175 000 E), *Bevölkerung* (1975) 2,48 Mill. E, 86 E/km^2, Geburten-/Sterberate (auf 1 000 E) 33,3/ 8,1, *Amtssprache* Albanisch, *Religion* keine Freiheit der Religionsausübung; nach Schätzungen gehören 1,2 Mill. E dem Islam sunnit. Richtung an, 200 000 sind griech.-orthodox, 100 000 röm.-katholisch.

Wirtschaft: *Erwerbstätigkeit:* Erwerbspersonen insgesamt 922 000, davon Erwerbstätige im sozialist. Sektor 418 600; davon (in Prozentanteilen) Gesundheitswesen 4,8, Bildungswesen und Kultur 8,3, Landwirtschaft auf Staatsfarmen 19, verarbeitendes Gewerbe 34, Baugewerbe 12, Handel, Banken 9,7, Verkehr und Nachrichtenübermittlung 4,3, kommunale Dienste 3,4, Verwaltung 2,5, Sonstiges 2. – *Landwirtschaft:* Nutzfläche 1,2245 Mill. ha, davon 607 700 ha Ackerland. – Produktion (Auswahl; 1975; in 1 000 t): Weizen 250, Roggen 8, Gerste 11, Hafer 28, Mais 300, Reis 17, Zuckerrüben 130, Kartoffeln 140, Rind-, Büffel- und Kalbfleisch 17, Schweinefleisch 6, Schaf- und Ziegenfleisch 29, Kuhmilch 95, Schafmilch 40, Ziegenmilch 28. – *Bergbau, Industrie und Elektrizitätserzeugung* (Auswahl): Eisenerz 650 000 t (1975), Chromerz 900 000 t (1976), Erdöl 2,5–3 Mill. t, Motorenbenzin 88 000 t, Heizöl 145 000 t, Bitumen (Asphalt) 720 000 t, Zement 393 000 t, Zucker 14 000 t, Schnittholz 195 000 m^3, Elektrizitätserzeugung 1,25 Mrd. kWh. – *Außenhandel* (geschätzt; 1972): Export (fob) 78 Mill. $, Import (cif) 84,3 Mill. $. Haupthandelspartner sind ČSSR, Polen, Bulgarien. Hauptexportgüter sind lebende Tiere, Nahrungsmittel, Rohtabak, Chromerze und -konzentrate. Hauptimportgüter sind Weizen, Rinder, Kunststoffe, Eisen, Stahl, Maschinen, Fahrzeuge. – *Währung* ↑ Übersicht Währungen.

Verkehr: *Eisenbahnen:* Streckenlänge 302 km (1972), 291,4 Mill. Personenkilometer (1971), 187,6 Mill. Nettotonnenkilometer (1971). – *Straßen:* 4 827 km (1969). – *Schiffahrt:* Handelsflotte mit 53 518 BRT (1975).

Albrecht, Ernst, * Heidelberg 29. Juni 1930, dt. Politiker (CDU). 1954 Attaché beim Ministerrat der Montanunion, 1958–70 hoher Beamter bei der EWG und den EG, zuletzt Generaldirektor für Wettbewerb. Seit 1970 MdL in Niedersachsen, gleichzeitig in der Wirtschaft tätig. 1975 zum Spitzenkandidaten seiner Partei in Niedersachsen nominiert. A. wurde im Febr. 1976 im dritten Wahlgang mit den Stimmen von zwei Abgeordneten der SPD/FDP-Koalition als Nachfolger des zurückgetretenen A. Kubel (SPD) zum Ministerpräsidenten gewählt.

Aldabra Islands: Seit Juni 1976 Teil des unabhängigen Staates Seychellen.

Algerien, Republik in NW-Afrika. Oberstes Staatsorgan ist ein Revolutionsrat mit 16 Mitgliedern mit dem Vorsitzenden (ab Juni 1965, seit Dez. 1976 auch Staatspräsident) *Houari Boumedienne*. Das Parlament ist suspendiert. Außenminister *Abdul Aziz Bouteflika* (seit 1963). Flagge ↑Farbtafeln Flaggen S. 121. Internat. Mitgliedschaften ↑Übersicht Internationale Organisationen.

Wirtschaft: Nach dem Konjunkturrückschlag 1975 wurde die forcierte Industrialisierung 1976 etwas gebremst. Vorerst sollen v. a. die bestehenden Betriebe rationalisiert und im übrigen die Nahrungsmittelerzeugung gesteigert werden. Die Erdöleinnahmen waren auf 15 Mrd. DA (1975: 12,8 Mrd.) angesetzt worden, dürften aber niedriger ausgefallen sein, weil die Ölförderung kaum stieg. Für die öffentl. Investitionen waren 26 Mrd. DA, nur wenig mehr als 1975, veranschlagt worden. Obwohl Fachkräfte immer noch knapp sind, ist mindestens ein Drittel der arbeitsfähigen Bevölkerung ohne Beschäftigung. Die Preise stiegen wieder um 10–15%, trotz des Preisstopps für Nahrungsmittel. In der Landwirtschaft wurden 1976 sehr gute Ernten erzielt, aber nur dank der günstigen Witterung, denn die Modernisierung und Intensivierung kommen nur sehr langsam voran. Mit der EG wurde am 26. April ein Abkommen geschlossen, das v. a. die Agrarausfuhr nach EG-Ländern erleichtert. Die Industriekapazitäten waren wieder nur zu 15–30% ausgelastet. Allein die Baustoff-, Holz- und Chemieindustrie konnten den Bedarf noch nicht dekken. Die Handels- und damit auch die Zahlungsbilanz haben sich trotz Beibehaltung der Importrestriktionen und höherer Erdölpreise weiter verschlechtert, und die Auslandsverschuldung belief sich nach offiziellen Angaben Ende 1975 auf 18–20 Mrd. DA.

Innenpolitik: H. Boumedienne verstärkte die Bemühungen zur sozialist. Entwicklung des Landes. Am 26. April wurde eine „Nat. Charta" veröffentlicht (280 Seiten), die die polit., wirtschaftl. und kulturellen Grundlagen hierfür festlegte. Die Charta bestätigte die Staatspartei als das oberste Gremium zur Umformung der Gesellschaft. Einzelheiten der Charta wurden bis zum Herbst in Form von Diskussionen behandelt, die die Regierung in allen Landesteilen durchführen ließ. Eine im Zusammenhang mit der Charta stehende neue Verfassung gab die Regierung am 9. Nov. bekannt. Ein am 19. Nov. durchgeführtes Referendum führte dazu, daß die Verfassung, die zwar eine Legislativversammlung vorsieht, aber auch eine weitere Ausweitung der dem Präsidenten zugestandenen Vollmachten beinhaltet, mit großer Mehrheit angenommen wurde. Bei den sich anschließenden Präsidentschaftswahlen, für die Boumedienne als einziger Kandidat aufgestellt war, wurde er am 10. Dez. mit 95,23% aller abgegebenen Stimmen zum Staatspräsidenten gewählt.

Außenpolitik: In der anhaltenden Auseinandersetzung mit Marokko und Mauretanien um die Span. Sahara, die seit dem formellen Rückzug der früheren Kolonialmacht am 26. Febr. nur noch als ↑Westsahara bezeichnet wird, konnten sich A. und die von H. Boumedienne unterstützte Befreiungsbewegung ↑FPOLISARIO weder polit. noch militär. durchsetzen. Die teilweise schweren Gefechte konnten nicht verhindern, daß Marokko und Mauretanien ihre Kontrolle über Westsahara ausbauten. Die von der FPOLISARIO im Febr. ausgerufene „Sahrawi Arab. Demokrat. Republik" konnte sich in der OAU nicht durchsetzen, obwohl sie sofort von A. und dann am 8. April durch die libysche Regierung anerkannt wurde. Kurz davor hatten A. und Libyen Pläne für eine Vereinigung beider Länder bekanntgegeben, doch wurde über konkrete Schritte zur Verwirklichung nichts bekannt.

American Samoa ↑Übersicht Staaten der Erde (USA).

Amerikanische Jungferninseln ↑Übersicht Staaten der Erde (USA).

Andenpakt, im Febr. 1968 von Chile, Bolivien, Ecuador, Kolumbien, Peru und Venezuela (seit 1973) gebildete Wirtschaftsgemeinschaft innerhalb der Lateinamerikan. Freihandelszone. Die bis zum 31. Dez. 1975 festgelegte Frist zur Schaffung eines gemeinsamen Außenzolltarifs konnte wegen Meinungsverschiedenheiten, bes. mit Chile, nicht eingehalten werden; im Okt. 1976 trat Chile aus dem A. aus.

Andreotti, Giulio, *Rom 14. Jan. 1919, italien. Politiker und Journalist. Seit 1974 Haushaltsminister; wurde im Juli 1976 zum Ministerpräsidenten ernannt.

Androsch, Hannes, *Wien 18. April 1938, östr. Politiker (SPÖ). Seit 1967 Mitglied des Nationalrates und ab April 1970 Finanzminister. Wurde im Okt. 1976 auch Vizekanzler.

Angola, Volksrepublik im südwestl. Afrika (bis 11. Nov. 1975 portugies. Überseeprovinz). Eine Volksvertretung existiert nicht. Staatsoberhaupt *Agostinho Neto* (seit Nov. 1975), Ministerpräsident *Lopo do Nascimento* (seit 14. Nov. 1975), Außenminister *José Eduardo dos Santos*. Flagge ↑Farbtafeln Flaggen S. 121. Internat. Mitgliedschaften ↑Übersicht Internationale Organisationen.

Wirtschaft: Das Wirtschaftsleben kommt nach dem Bürgerkrieg nur sehr langsam wieder in Gang. Das größte Problem ist der durch den Abzug der Portugiesen entstandene Mangel an Fachkräften. Hinzu kommen Rohstoff- und Nahrungsmittelknappheit und der Zusammenbruch des Transportsystems. Streiks und Lohnforderungen bei sinkender Produktivität verstärkten den Inflationsdruck derart, daß die Regierung im Juli alle Lohnverhand-

ALGERIEN

Geographische Daten und Bevölkerung: *Fläche* 2 293 190 km², *Verwaltungsgliederung* in 15 Wilajets, *Hauptstadt* Algier (1,5 Mill. E), *Bevölkerung* 16,78 Mill. E, 7,3 E/km² (1975), Geburten-/Sterberate (auf 1 000 E) 49,3/16,5 (1973), *Amtssprache* Arabisch, *Religion* fast ausschließl. Islam.

Wirtschaft: *Erwerbstätigkeit:* 2,5 Mill. Erwerbspersonen, davon 242 000 in der Industrie, 190 000 im Bauwesen, 76 000 im Verkehr, 405 000 im Dienstleistungssektor und 297 000 im öffentl. Dienst (1973). – *Landwirtschaft:* Nutzfläche 42,8 Mill. ha, davon 7,35 Mill. ha Ackerland, 35,4 Mill. ha Naturweiden (1971). – Produktion (Auswahl; 1975): Weizen 652 000 t, Gerste 307 000 t, Datteln 177 000 t (1974), Oliven 152 000 t, Weintrauben 1 Mill. t, Apfelsinen 385 000 t (1974), Mandarinen 133 000 t, Rindfleisch 33 000 t. – *Bergbau, Industrie und Elektrizitätserzeugung* (Auswahl; 1975): Erdöl 46,5 Mill. t (1976), Erdgas 7,01 Mrd. m³, Eisenerz (53% Fe) 2,72 Mill. t, Phosphat 733 000 t, Rohstahl 450 000 t, Zink 21 000 t, Lkw 5 962 Einheiten (1974), Zement 940 000 t (1974), Speiseöl 118 000 t (1974), Zucker 180 000 t, Elektrizität 3,120 Mrd. kWh. – *Außenhandel* (1975): Export 15 026 Mill. DA, Import 24 117 Mill. DA. Haupthandelspartner sind Frankreich, BRD, USA, Spanien. Hauptexportgüter sind Erdöl, Erdgas, Eisenerz, Phosphate, Wein. Hauptimportgüter sind Investitionsgüter, Halbwaren, Lebensmittel. – *Währung:* ↑Übersicht Währungen. – *BIP* zu Marktpreisen 29,7 Mrd. DA, 1 883 DA/E (1973).

Verkehr: *Eisenbahnen:* Streckenlänge: 4 074 km, davon 319 km elektrifiziert, 1 058 Mill. Personenkilometer, 1 091 Mill. Nettotonnenkilometer (1974). – *Straßen:* 78 408 km, davon 18 476 km Nationalstraßen. Bestand an Pkw 204 000, an Lkw und Omnibussen 103 000 (1974). – *Schiffahrt* (1975): Handelsflotte mit 201 800 BRT. – *Luftverkehr* (1975): 2,6 Mill. Fluggäste.

Angola. Im sogenannten „Söldnerprozeß" in der Hauptstadt Luanda verurteilt ein „Revolutionäres Volkstribunal" vier Gefangene zum Tode und neun weitere zu Gefängnisstrafen

lungen suspendierte. Sozialisiert wurden bisher, von den Banken abgesehen, fast nur von den Portugiesen aufgegebene Betriebe. Andere ausländ. Unternehmen arbeiten nach Verhandlungen mit der Regierung weiter. Die Ölförderung in der Enklave Cabinda wurde im April 1976 wieder aufgenommen und erreichte schon im Sept. mit 123 000 Faß tägl. fast den Vorkriegsstand (140 000 Faß). Hinzu kommen 30 000 Faß aus Angola selbst. Im ganzen erbringt das Öl rund 500 Mill. $ im Jahr. Die Diamantengewinnung ist dagegen durch den Krieg und verstärkten Schmuggel auf einen Bruchteil zusammengeschrumpft. Der Eisenerzexport kam durch Transportschwierigkeiten völlig zum Erliegen. Die Landwirtschaft wird so schnell wie möglich umorganisiert, überwiegend in Genossenschaften. Die Kaffeeplantagen wurden größtenteils zerstört. 1976/77 werden nur 30–35% einer normalen Ernte von 3,5 Mill. Sack erzielt.

Innen- und Außenpolitik: Am 28. Jan. forderten mehrere OAU-Staaten in einer gemeinsamen Erklärung den Rückzug aller ausländ. Truppen aus A. Während der Rückzug der südafrikan. Streitkräfte, die im Bürgerkrieg auf seiten der FNLA und der UNITA interveniert hatten, am 27. März beendet wurde, blieben die kuban. militär. Einheiten in A. stationiert, obwohl F. Castro Ruz im Mai in einem Schreiben an die schwed. Regierung einen stufenweisen Rückzug angedeutet hatte. Kuban. Verbände, deren Stärke von amerikan. Seite auf 13 000 bis 15 000 Soldaten geschätzt wurde, nahmen dann jedoch an drei Offensiven teil, die die MPLA-Streitkräfte Mitte bis Ende des Jahres gegen Guerillastützpunkte der UNITA im Süden durchführten. Am 27. Juni bestätigte Präsident A. Neto, daß auch Reste der FNLA-Guerillastreitmacht im Norden noch aktiv sind. Am 26. Juli teilte F. Castro Ruz mit, die kuban. Truppen würden solange in A. verbleiben, bis die „MPLA-Armee organisiert, ausgerüstet und ausgebildet ist". 13 brit. und amerikan. Legionäre, die sich am Kampf gegen die MPLA beteiligt hatten, wurden am 28. Juni von einem Volkstribunal zum Tode verurteilt bzw. mit Gefängnis zwischen 16 und 30 Jahren bestraft. Obwohl Königin Elisabeth II. und die amerikan. Regierung darum gebeten hatten, die Todesurteile nicht zu vollstrecken, wurden die Exekutionen am 11. Juli vollzogen.

An der 13. OAU-Gipfelkonferenz, die am 2. Juli in Mauritius begann, nahm A. erstmals als Mitglied teil. Während die USA am 23. Juni im Sicherheitsrat die Aufnahme A.s in die UN durch ein Veto blockierten, enthielten sie sich bei einer weiteren Abstimmung am 22. Nov. der Stimme, wodurch der Weg zur Aufnahme A.s als 146. UN-Mitglied frei wurde. Die außenpolit. Orientierung der MPLA-Regierung wurde deutlich, als A. Neto im Laufe des Juli Kuba und der Sowjetunion für ihre Unterstützung dankte, dagegen China kritisierte, „weil es sich im Kampf gegen das angolan. Volk auf die Seite der Imperialisten gestellt hat". Das Regierungsblatt „Jornal de Angola" wies am 26. Aug. alle Spekulationen ausländ. Pressevertreter zurück, wonach die MPLA bereit sein könnte, mit der UNITA oder der FNLA zu verhandeln. A. und Sambia, dessen Regierung die UNITA im Bürgerkrieg unterstützt hatte, nahmen am 22. Sept. die diplomat. Beziehungen auf. Die samb. Regierung verbot dann im Dez. jede weitere Aktivität der UNITA von Sambia aus. Eine noch engere Anlehnung an die Sowjetunion nahm A. Neto dadurch vor, daß er am 8. Okt. in Moskau einen auf 20 Jahre befristeten Vertrag über Freundschaft und Zusammenarbeit unterzeichnete, der auch militär. Kooperation vorsieht. Die 3. Plenarsitzung des MPLA-Zentralkomitees (23. bis 28. Okt.) einigte sich auf ein Programm zum nat. Wiederaufbau.

ANGOLA

Geographische Daten und Bevölkerung: *Fläche* 1 246 700 km², *Verwaltungsgliederung* in 16 Distrikte, *Hauptstadt* Luanda (480 000 E; 1970), *Bevölkerung* 6,76 Mill. E, 5,4 E/km² (1975), *Amtssprache* Portugiesisch.

Wirtschaft: *Erwerbstätigkeit* 1,8 Mill. Erwerbstätige, davon 70% in der Landwirtschaft (1975; ILO-Schätzung) 87 000 in der Industrie (1971), 30 300 im Bergbau (1972). – *Landwirtschaft:* Nutzfläche 30,3 Mill. ha, davon 1,3 Mill. ha Ackerland; 72 Mill. ha Wald (1974). – Produktion (Auswahl; 1975; in 1 000 t): Kaffee 72, Sisal 70, Baumwolle (entkörnt) 11, Tabak 7, Mais 450, Fisch 468 (1974). – *Bergbau, Industrie und Elektrizitätserzeugung* (Auswahl; 1974): Erdöl 7 Mill. t (1975), Diamanten 2,100 Mill. Karat, Eisenerz (58–63% Fe) 5 Mill. t, Zucker 70 000 t, Fischmehl 100 000, Heizöl 560 000 t, Zement 754 000 t, Elektrizität 1,050 Mrd. kWh. – *Außenhandel* (1974): Export 1 229 Mill. $, Import 624 Mill. $. Haupthandelspartner sind Portugal, USA, BRD. Hauptexportgüter sind Erdöl, Kaffee, Diamanten, Eisenerz. – *Währung* ↑Übersicht Währungen. – *BIP* zu Marktpreisen 2,78 Mrd. $ (1973).

Verkehr: *Eisenbahnen:* Streckenlänge 3 049 km, 418 Mill. Personenkilometer, 5,46 Mrd. Nettotonnenkilometer (1974). – *Straßen* 72 300 km, davon 7 600 asphaltiert (1974). – *Luftverkehr* (1973): 230 700 Fluggäste.

Antarktisterritorium ↑Übersicht Staaten der Erde (Großbritannien).

Olympische Sommerspiele I. Der Goldmedaillengewinner im Zehnkampf, Bruce Jenner (USA), beim Weitsprung (links). – Der Zieleinlauf im 100-m-Lauf der Frauen: Annegret Richter (BRD) vor Renate Stecher (DDR) und Inge Helten (BRD)

Olympische Sommerspiele II. Im 4 000-m-Mannschafts-Verfolgungsrennen siegte der BRD-Vierer mit Gunter Schumacher, Gregor Braun, Hans Lutz und Peter Vonhof (oben). – Gold und Silber im Degenfechten holten Alexander Pusch und Jürgen Hehn (beide BRD)

Antiterroristengesetze: Nach einer Bilanz des Bundesjustizministeriums wurden bislang von Terroristen aus der BRD 16 Menschen getötet, darunter vier Polizisten, vier Angehörige der Justiz und zwei Angehörige des diplomat. Dienstes. Hinzu kommen rund 100 Mordversuche, 88 Sprengstoffanschläge und 13 Geiselnahmen. 10 terrorist. Gewalttäter sind selbst ums Leben gekommen. Dem stehen 117 rechtskräftige Verurteilungen wegen terrorist. Gewalttaten oder deren Unterstützung gegenüber. Gegen 240 Verdächtige laufen Ermittlungsverfahren, nach 33 wird mit richterl. Haftbefehlen gefahndet.
Als weiterer Ausdruck der Bemühungen des Gesetzgebers zur Bekämpfung des Terrorismus ist in diesem Zusammenhang das Gesetz zur Änderung des Strafgesetzbuchs, der Strafprozeßordnung, des Gerichtsverfassungsgesetzes, der Bundesrechtsanwaltsordnung und des Strafvollzugsgesetzes vom 18. 8. 1976 zu werten. Dieses sog. Terroristengesetz soll Lücken im System strafrechtl. Kontrolle des Terrorismus schließen; es schafft u. a. einen neuen Straftatbestand gegen die Bildung terrorist. Vereinigungen mit erhöhten Strafdrohungen (§ 129a StGB), für dessen Verfolgung primär der Generalbundesanwalt zuständig ist. Ferner erweitert es die Anzeigepflichten bei schweren Straftaten (d. h. jedermann ist künftig verpflichtet, auch bevorstehende Straftaten von terrorist. Vereinigungen anzuzeigen), es verschärft das Haftrecht bei terrorist. Straftaten und ermöglicht in derartigen Verfahren eine Überwachung des schriftl. Verkehrs des Verteidigers mit dem inhaftierten Beschuldigten. Erklärte Absicht des Gesetzgebers ist es v. a., Möglichkeiten der Konspiration vorzubeugen und dem Mißbrauch von Verteidigerbefugnissen entgegenzuwirken (nicht zuletzt deshalb, weil im Rahmen des Baader-Meinhof-Verfahrens Zweifel an der Wirksamkeit des anwaltl. Standesrechts sichtbar wurden).

Äquatorialguinea, Republik in Afrika am und im Golf von Guinea. Als Volksvertretung fungiert eine Nationalversammlung mit 35 Abgeordneten sowie eine zweite Kammer mit 6 Mitgliedern. Staatsoberhaupt *Francisco Macias Nguema* (seit Okt. 1968). Flagge ↑Farbtafel Flaggen S. 121. Internat. Mitgliedschaften ↑Übersicht Internationale Organisationen.
Die *Wirtschaft* stützte sich v. a. auf die Landesprodukte Kakao und Holz, die als Devisenbringer dienen müssen. Die Produktion deckt allerdings nicht die Bedürfnisse des Landes. Anfang 1976 wurden rund 40 000 Nigerianer aus dem Land vertrieben. Dies hatte einen wirtschaftl. Niedergang zur Folge. Um die Kakao- und Bananenpflanzungen, die zuvor hauptsächl. von Nigerianern bearbeitet wurden, zu retten, soll die Regierung ein System der Zwangsarbeit eingeführt haben.
Innen- und Außenpolitik: Am 11. Jan. erklärte die Regierung Nigerias, daß diplomat. Druck nicht ausgereicht habe, um Ä. zu veranlassen, die „barbar. Behandlung" nigerian. Arbeiter einzustellen, die aufgrund langfristiger Verträge auf Plantagen in Ä. arbeiten. Über eine Luftbrücke wurden 9 500 Nigerianer repatriiert. Die ANRD, eine nat. Allianz dreier verbotener Parteien, bemühte sich im Jan. und Febr. erneut, die frz. Öffentlichkeit über die Unterdrückung in Ä. zu unterrichten, da Frankreich noch engere wirtschaftl. Beziehungen zu Ä. unterhält. Es wurde eine Liste mit den Namen von 93 Personen veröffentlicht, die laut ANRD auf Anordnung von Präsident M. Nguema umgebracht worden sein sollen. Da die Regierung Ä.s den amerikan. Botschafter und den amerikan. Konsul, die von Kamerun aus für Ä. zuständig sind, zu Persona ingrata erklärt hatte, suspendierte Washington am 17. März die diplomat. Beziehungen. Brit. Organe stellten im Dez. fest, daß Informationen, wonach in Ä. ein Staatsstreich versucht worden sei, nicht bestätigt werden konnten. Die Informationen basierten darauf, daß zwischen Ä. und Spanien, als der früheren Kolonialmacht, alle Telefonverbindungen unterbrochen worden waren.

ÄQUATORIALGUINEA
Geographische Daten und Bevölkerung: *Fläche* 28 051 km², *Verwaltungsgliederung* in 2 Provinzen, unterteilt in 15 Gemeindebezirke, *Hauptstadt* Malabo (32 000 E), *Bevölkerung* 290 000 E, 10 E/km², Geburten-/Sterberate (auf 1 000 E) 20,1/3,3 (Schätzung), *Amtssprache* Spanisch, *Religion* hpts. Katholiken.
Wirtschaft: Hauptexportgüter sind Kakao, Kaffee, Holz. Hauptimportgüter sind Fahrzeuge, Zement, Eisenwaren, Tabak, Textilien, Metalle und Metallwaren.

Arabische Liga, polit. und wirtschaftl. Zusammenschluß der arab. Staaten. Die A. L. und ihr Generalsekretär M. Rijad versuchten wiederholt, in dem innerarab. Konflikt um den libanes. Bürgerkrieg vermittelnd einzugreifen. Bei einem Treffen der arab. Außenminister in Kairo (8./9. Juni) wurde die Aufstellung einer Friedensstreitmacht von einigen tausend Soldaten aus Algerien, Libyen, Saudi-Arabien, Sudan und Syrien sowie der PLO für den Libanon beschlossen. Bei einem weiteren Treffen in Kairo (30. Juni/1. Juli) beauftragten die Außenminister eine dreiköpfige Delegation zu Verhandlungen mit den Kriegsparteien im Libanon. Bei der Konferenz der Staatsoberhäupter Ägyptens, Kuwaits, Libanons, Saudi-Arabiens und Syriens sowie des PLO-Vorsitzenden in Ar Rijad (17.–19. Okt.) wurden eine sofortige Feuereinstellung im libanes. Bürgerkrieg und Maßnahmen zur Sicherung des Friedens beschlossen. Diesen Beschlüssen stimmten die meisten arab. Staaten (außer Libyen und Irak) bei einem Gipfeltreffen in Kairo (25./26. Okt.) zu. – Zur Vermittlung im Streit um die frühere Kolonie Span. Sahara besuchte M. Rijad Algerien, Marokko und Mauretanien (19.–26. Febr.). Die A. L. zahlte im Febr. der Volksbewegung zur Befreiung Angolas (MPLA) 1. Mill. $. Die 5. arab. Arbeiterkonferenz fand vom 6. bis 13. März in Alexandria statt. Die Gründungsversammlung der Vereinigung arab. Landarbeiter trat am 23. März in der libyschen Hauptstadt Tripolis zusammen. Bei einem Treffen der arab. Finanz- und Wirtschaftsminister in Rabat (26.–29. April) wurde ein arab. Fonds zur Unterstützung finanzschwacher arab. Länder mit einem Kapital von rund 900 Mill. $ und Sitz in Abu Sabi gegründet. Beim 5. Jahrestreffen des Gouverneurrates des arab. Fonds für wirtschaftl. und soziale Entwicklung (AFESD) in Bagdad (28./29. April) wurde die Errichtung eines Instituts für Investitionen auf dem Gebiet der landwirtschaftl. Entwicklung mit einem Anfangskapital von 510 Mill. $ beschlossen. Durch den Beitritt der 7 saudiarab. Universitäten zur Vereinigung arab. Universitäten im April beläuft sich deren Mitgliederzahl auf 39. Bei den arab.-europ. Gesprächen im Rahmen des europ.-arab. Dialogs in Luxemburg (18.–21. Mai), an denen Vertreter der 9 EG-Staaten, der 20 Mitglieder der A.n L. und der PLO teilnahmen, wurden keine bes. Fortschritte erzielt: Die EG-Vertreter verweigerten die Anerkennung der PLO als einziger Vertretung der Palästinenser und wiesen die arab. Forderung zurück, Israel zum Rückzug aus den besetzten Gebieten zu drängen; die EG-Staaten schlugen eine Zusammenarbeit mit den arab. Staaten auf den Gebieten Transport und Bildungswesen vor, Investitionsmöglichkeiten sollen geprüft werden. – Der Arab. Rat für wirtschaftl. Einheit trat am 6./7. Juni zu einer Sitzung in Kairo zusammen; bei einem weiteren Treffen (14.–16. Dez.) wurden Maßnahmen zur wirtschaftl. Integration der arab. Länder beschlossen. – Bei der 66. ordentl. Sitzung des Rates der A.n L. am 6. Sept. wurde die PLO, die in der A.n L. bisher einen bes. Status ohne Stimmrecht hatte, als 21. Vollmitglied aufgenommen. – Bei einem ersten Treffen der arab. Minister für kulturelle Angelegenheiten in Amman (20.–23. Dez.) wurde eine stärkere kulturelle Zusammenarbeit der arab. Länder beschlossen. – Der 1. Generalsekretär der A.n L. (1945–1952), Abd Ar Rahman Assam, starb am 2. Juni im Alter von 85 Jahren. – Neben Reisen in verschiedene arab. Länder besuchte Generalsekretär M. Rijad, der Ende Okt. in seinem Amt bestätigt wurde, Großbritannien (Mitte Sept.).

Arbeitsmarkt: Die Lage auf dem dt. A. hat sich 1976 nicht in dem erhofften Umfang verbessert. Zwar lag die saisonbereinigte Arbeitslosenquote ab Mai unter den Werten des Jahres 1975, sie blieb jedoch mit 4,5% bzw. 4,6% sehr hoch. Ohne Ausschaltung der Saisoneinflüsse betrachtet, wurde der niedrigste Stand des Jahres 1976 im Sept. mit einer Arbeitslosenquote von 3,9% erreicht. Die durchschnittl. Zahl der offenen Stellen ist 1976 im Vergleich zum Vorjahr sogar noch einmal leicht um 0,5% zurückgegangen. Daß dagegen die [saisonbereinigte] Zahl der Kurzarbeiter, die im Dez. 1975 noch 748000 betrug, auf 214000 im Dez. 1976 zurückging, wobei im Aug. mit nur 66000 der niedrigste Wert erreicht wurde, deutet ebenso wie die gestiegene Zahl der Überstunden und Sonderschichten darauf hin, daß die Unternehmen auf höhere Auftragsbestände in erster Linie mit einer stärkeren Auslastung des vorhandenen Potentials an Beschäftigten reagieren, mit Neueinstellungen jedoch noch sehr zurückhaltend sind.

Die Zahl der Arbeitslosen wurde auch 1976 wieder dadurch statist. positiv beeinflußt, daß zahlreiche Gastarbeitnehmer, per Saldo über 150000, die BRD verließen. Außerdem wechselten nach Schätzungen der Bundesanstalt für Arbeit über 150000 Personen in die „stille Reserve", wurden also nicht mehr als Arbeitslose registriert, ohne daß sie jedoch Arbeitsplätze gefunden haben.

Innerhalb der Arbeitslosen hat der Anteil derer, die Arbeitslosenhilfe erhalten, stark zugenommen, während der Anteil der Arbeitslosengeldempfänger entsprechend zurückgegangen ist. Darin kommt zum Ausdruck, daß die Zahl derer, die bereits länger als ein Jahr arbeitslos sind, stark zugenommen hat. Ihr Anteil an der Gesamtzahl der Arbeitslosen betrug im Sept. 1976 17,9% gegenüber nur 9,6% im Sept. 1975. Auch die Qualifikationsstruktur der Arbeitslosen hat sich im Laufe des Jahres verschoben: Waren im Sept. 1975 noch 58,1% der Arbeitslosen ohne abgeschlossene Ausbildung, so betrug ihr Anteil im Sept. 1976 52,3%.

Die Entwicklung des A.s im Jahr 1976 deutet insgesamt darauf hin, daß die Arbeitslosenquote zwar konjunkturell bedingt weiter langsam zurückgehen wird, jedoch auch längerfristig mit einem sehr hohen Sockel an strukturell bedingter Arbeitslosigkeit zu rechnen ist.

Arendt, Walter, *Heessen (heute zu Hamm) 17. Jan. 1925, dt. Politiker (SPD). Seit 1969 Bundesminister für Arbeit und Sozialordnung. Schied im Dez. 1976 auf eigenen Wunsch aus seinem Amt aus.

Argentinien, Republik im S des südamerikan. Kontinents. Als Volksvertretung fungierten bis zum Staatsstreich am 24. März 1976 durch das Militär ein Senat mit 69 Mitgliedern und eine Deputiertenkammer mit 243 Abgeordneten, die verschiedenen Parteien angehörten. Staatsoberhaupt General *Jorge Rafael Videla* (seit März 1976), Außenminister Admiral *Cesar Augusto Guzzetti.* Flagge ↑Farbtafeln Flaggen S. 121. Internat. Mitgliedschaften ↑Übersicht Internationale Organisationen.

Wirtschaft: 1976 stand noch ganz im Zeichen der anhaltenden Rezession. Erst gegen Jahresende machten sich Erholungstendenzen bemerkbar. So hat sich das Bruttoinlandsprodukt um fast 3% vermindert. Nur außenwirtschaftl. hat sich die Lage

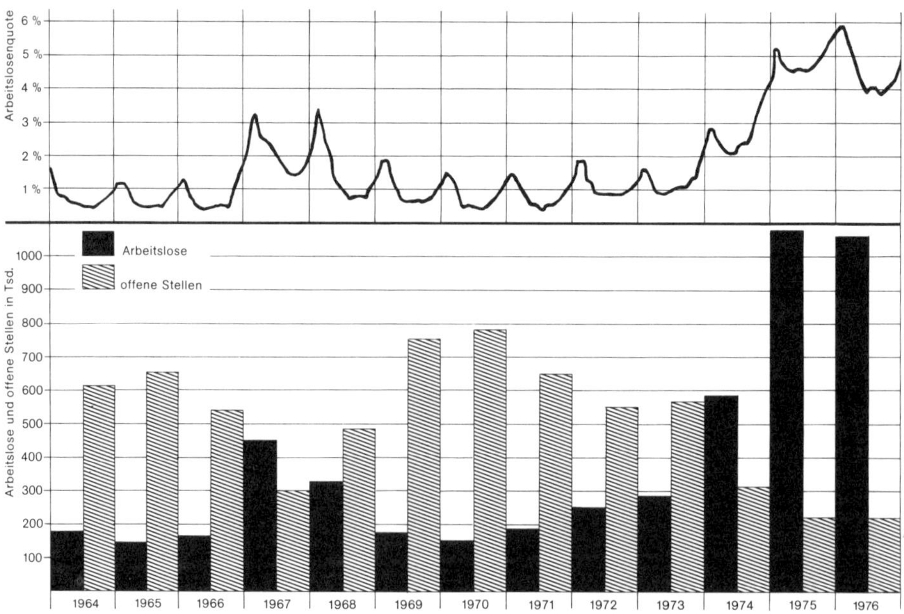

Arbeitsmarkt. Arbeitslose und offene Stellen (Jahresdurchschnittszahlen in Tausend) sowie Arbeitslosenquoten (Jahresdurchschnittsquoten in Prozent der abhängigen Erwerbspersonen nach dem Mikrozensus vom April des Vorjahres) im Bundesgebiet von 1964 bis 1976

ARGENTINIEN
Geographische Daten und Bevölkerung: *Fläche* 2 776 889 km², *Verwaltungsgliederung* in 22 Provinzen, 1 Bundesdistrikt und 1 Unionsterritorium, *Hauptstadt* Buenos Aires (etwa 3 Mill. E), *Bevölkerung* 25,4 Mill. E, 9,2 E/km² (1975), Geburten-/Sterberate (auf 1 000 E) 22,9/9,4 (1970), *Amtssprache* Spanisch, *Religion* 89% Katholiken.
Wirtschaft: *Erwerbstätigkeit* (1970): 9,01 Mill. Erwerbstätige, davon (in Prozentanteilen) Land- und Forstwirtschaft, Fischerei 14,7, Bergbau und Energie 1,6, Industrie 19,7, Baugewerbe 7,9, Handel, Banken, Versicherungen 16,2, Verkehr 6,6, sonstige Dienstleistungen 33,3. – *Landwirtschaft:* Nutzfläche 167 Mill. ha, davon 29 Mill. ha Ackerland; 63 Mill. ha Wald (1973). – Produktion (Auswahl; 1975/76; in 1 000 t): Weizen 8 570, Braugerste 325, Mais 5 860, Sorghum 5 060, Erdnüsse 396, Sojabohnen 660, Sonnenblumenkerne 950, Apfelsinen 691, Weintrauben 3 760, Wolle 164, Rindfleisch 2 530 (1975). – *Bergbau, Industrie und Elektrizitätserzeugung* (Auswahl; 1975; in Mill. t): Erdöl 19,7 (1976), Erdgas 7,64 Mrd. m³, Rohstahl 2,420 (1976), Walzstahl 2,460 (1976), Kfz 193 500 Einheiten (1976), Ackerschlepper 23 917 Einheiten (1976), Schwefelsäure (100% H_2SO_4) 0,226, Chemiefasern 0,042, Zement 5,35, Zucker 1,26, Bier 3,94 Mill. hl, Papier 0,26, Speiseöl 0,418, Elektrizität 24 624 GWh. – *Außenhandel* (1976): Export 3 895 Mill. $, Import 3 050 Mill. $. Haupthandelspartner sind USA, Italien, Brasilien, BRD, Japan, Großbritannien. Hauptexportgüter sind Getreide, Fleisch, Kfz, Maschinen, Öle und Fette, Obst, Häute und Felle. Hauptimportgüter sind Erdöl und Erdölprodukte, Maschinen, Eisen und Stahl, chem. Erzeugnisse. – *Währung* ↑Übersicht Währungen. – *BIP* zu Marktpreisen 1 345 Mrd. argent$, 52 950 argent$/E (1975).
Verkehr: *Eisenbahnen:* Streckenlänge 39 540 km, 14,3 Mrd. Personenkilometer, 10,7 Mrd. Nettotonnenkilometer (1975). – *Straßen:* 283 800 km, davon 46 000 km Hauptstraßen (1972). Bestand an Pkw 2,16 Mill., an Lkw und Omnibussen 966 000 (1974). – *Luftverkehr* (1975): 5,55 Mill. Fluggäste, 4,32 Mrd. Personenkilometer, 81,2 Mill. Nettotonnenkilometer. – *Schiffahrt* (1976): Handelsflotte mit 1,32 Mill. BRT.

unter der Militärregierung stark gebessert. Die kurzfristigen Auslandsschulden konnten refinanziert und dazu noch neue Kredite hereingeholt werden. Binnenwirtschaftl. wirkte sich der Lohnstopp bei gleichzeitiger Freigabe der Preise in einer Reallohnsenkung um 55% mit all ihren negativen Folgen aus. Die Lebenshaltungskosten stiegen um fast 350%, noch stärker als 1975, wenngleich es gelang, die Inflation in den letzten Monaten etwas zu bremsen. Die Arbeitslosigkeit war im Okt. wieder auf 4,2% gestiegen, v. a. weil die Überbeschäftigung im öffentl. Dienst langsam abgebaut wurde. Das Haushaltsdefizit verringerte sich im Verhältnis zum Sozialprodukt um die Hälfte und wurde zu 66% aus Einnahmen gedeckt.

Innenpolitik: Durch die polit. und wirtschaftl. Krise, die sich seit dem Amtsantritt von M. E. Martínez de Perón 1974 in einem fortgesetzten Eskalationsprozeß zugespitzt hatte, wurde die peronist. Herrschaft zunehmend ausgehöhlt. Die Inflationsrate, die im Jahre 1975 335% betragen hatte, drohte sich zu vervielfachen. Zugleich sanken die Reallöhne bei verringerten Investitionen und einem expandierenden Defizit im Staatshaushalt. Auch die polit. Basis der Regierung war zu Beginn des Jahres 1976 bereits auseinandergebrochen. Zu dem Verbot der linksperonist. Abspaltung „Partido Peronista Auténtico" kamen Zerwürfnisse mit den Gewerkschaftsorganisationen, Protestaktionen der Wirtschaftsverbände und eine Eskalation der polit. Gewalt der Guerrilla. Die Regierung, die seit Nov. 1974 mit Notstandsgesetzen regierte, kündigte im Febr. vorgezogene Neuwahlen zum Jahresende an. Aber auch durch überstürzte Kabinettsumbildungen und Verhandlungen mit der Opposition gelang es nicht mehr, die wirtschaftl. und polit. Situation zu entschärfen.

Die längst vorausgesagte militär. Machtübernahme erfolgte am 24. März in einer gemeinsamen Aktion von Heer, Marine und Luftwaffe. Der Staatsstreich war bis in die Einzelheiten sorgfältig vorbereitet und verlief unblutig. Die Besetzung strateg. wichtiger Gebäude, die Übermittlung von Kommuniqués an die Bevölkerung und erste Sofortmaßnahmen zur Verhinderung polit. Unruhen folgten einem zuvor festgelegten Einsatzplan. Die Präsidentin wurde verhaftet, in den Südwesten des Landes gebracht und unter Hausarrest gestellt.

Bereits am 29. März stellte der Heeresgeneral J. R. Videla als neuer Staatspräsident sein Kabinett vor, dem neben sechs Militärs auch zwei Zivilisten angehörten. Bei der Bekanntgabe des „Statuts zur Nat. Reorganisation" (Estatuto para el Proceso de Reorganización Nacional) erwies sich, daß auch der polit. Kurs der neuen Führung von langer Hand vorbereitet und in Grundsatzerklärungen festgelegt worden war.

Zu den ersten Maßnahmen gehörte die Amtsenthebung aller Gouverneure und Vizegouverneure, die Auflösung von Parlament, Provinzkammern und Gemeinderäten und das Betätigungsverbot für polit. Parteien, Gewerkschaftsorganisationen und Wirtschaftsverbände. Der Ausnahmezustand wurde aufrechterhalten. Die Pressefreiheit wurde eingeschränkt, insbesondere wurde jede Berichterstattung über subversive Aktivitäten und ihre Bekämpfung verboten, um der Regierung Handlungsfreiheit für die Zerschlagung der Guerrillagruppen zu sichern und gleichzeitig eine polit. Verunsicherung durch Gewaltaktionen extremist. Verbände zu vermeiden. Zwar gelang es den Militärs in den folgenden Monaten, die linksgerichteten Gruppen der „Montoneros" und des „Ejército Revolucionario Popular" (ERP) zu dezimieren und in die Defensive zu zwingen, um so mehr gerieten jedoch die Aktionen der rechtsgerichteten paramilitär. Organisationen außer Kontrolle. Zu ihnen gehörte die „Alianza Anticomunista Argentina" (AAA) mit ihren Nachfolgeorganisationen „Comando Libertadores de América" und „Comando Fuerzas Conjuntas". Die Anzahl der polit. Morde, die bereits zur Zeit der peronist. Regierung einen monatlichen

Argentinien. Demonstration der Peronisten in Buenos Aires auf dem Höhepunkt der innenpolitischen Krise kurz vor dem Militärputsch

Schnitt von über 50 erreicht hatte, stieg jetzt auf über 100 im Monat an, ohne daß sich bis Jahresende eine Wende in dieser Tendenz abgezeichnet hätte. Insbes. waren von Gewaltaktionen Gewerkschaftler, Künstler, Journalisten und Priester, aber auch polit. Flüchtlinge aus den Nachbarländern betroffen. Neben den Opfern von Mordanschlägen wurde nach dem Staatsstreich eine zunehmende Anzahl verschwundener Personen verzeichnet, und mehrere tausend Personen befinden sich aus polit. Gründen in Haft. Mit drast. Maßnahmen versuchte die Regierung J. R. Videla, die zerrüttete Wirtschaft zu sanieren. Unmittelbar nach dem Putsch wurden alle Arbeitsstätten und Produktionsbetriebe des Landes zu Objekten militär. Sicherheitsinteresses erklärt. Das Streikrecht wurde ausgesetzt und ein befristeter Lohnstopp (d. h. eine Aufschiebung der gesetzl. Lohnanpassung) verfügt. In der Folge versuchte die Regierung, arbeitspolit. Zugeständnisse der peronist. Zeit zurückzunehmen, Privilegien des öffentl. Sektors abzubauen und die Ausgaben der Staatsbetriebe u. a. durch Einschränkung des Personalbestands zu reduzieren. Gleichzeitig wurde die privatwirtschaftl. Initiative gefördert, und die Restriktionen für ausländ. Investitionen und für die Tätigkeit multinat. Unternehmungen wurden aufgehoben. Teile der Arbeiterschaft reagierten auf die Verschlechterung der Arbeitsbedingungen mit Streiks und Langsamarbeit, obgleich jede Arbeitsniederlegung als subversive Aktion angesehen und geahndet wurde. Wiederholt griffen die Militärs in Arbeitskämpfe ein.

Die *Außenpolitik* des Militärregimes war darauf gerichtet, Prestige und Vertrauen im internat. Rahmen zu gewinnen. Alle Auslandsverpflichtungen der entmachteten Zivilregierung wurden bestätigt und eingehalten. Andererseits verhandelte A. erfolgreich über die Gewährung von Überbrükkungskrediten für seine umfangreichen Auslandsschulden. Die Gespräche mit Großbritannien über die Zukunft der von beiden Ländern beanspruchten Malwinen (Falklandinseln) wurden wieder aufgenommen.

Nach der militär. Machtübernahme waren die polit. Voraussetzungen für eine Annäherung an die von Militärregimes beherrschten Nachbarländer Chile, Brasilien, Peru, Bolivien, Uruguay und Paraguay gegeben. Der Zusammenarbeit dieser Ländergruppe, die 1976 energisch vorangetrieben wurde, könnte zukünftig eine bes. Bedeutung zukommen, insbes. nachdem durch das Ausscheiden Chiles aus dem Andenpakt eine Verschiebung des regionalen Gleichgewichts eintrat, in der die traditionelle Rivalität zwischen A. und Brasilien um die Vorherrschaft im Süden Lateinamerikas vor veränderten Bedingungen steht.

Arias Navarro, Carlos, * Madrid 11. Dez. 1908, span. Politiker. 1973 Innenminister, ab Dez. 1973 Ministerpräsident. Trat Anfang Juli 1976 von seinem Amt zurück.

Arktische Gebiete ↑Übersicht Staaten der Erde (Norwegen).

ARZNEIMITTEL

Weltweit zeichneten sich im Berichtsjahr Bestrebungen ab, den bisherigen Arzneimittel„konsum" in Bahnen vernünftiger Arzneianwendung zu lenken. Der Generaldirektor der WHO (Weltgesundheitsorganisation) wies vor kurzem darauf hin, daß in Entwicklungsländern „öffentliche Mittel oft für den Kauf kostspieliger Arzneimittel verschwendet werden, die nur beschränkten Nutzen haben oder sogar völlig ungeeignet für die Lösung der hauptsächlichen Gesundheitsprobleme des Landes sind, während große Teile der Bevölkerung unentbehrliche Arzneimittel für die Krankheitseindämmung und primäre Gesundheitsversorgung dringend benötigen". In Ländern mit überwiegend gesetzlicher Krankenversicherung, wie Großbritannien und Bundesrepublik Deutschland, ist der bisherige jährliche Zuwachs der Aufwendungen für Arzneimittel in der ambulanten Versorgung aus Beiträgen bzw. öffentlichen Mitteln nicht mehr zu decken. Es werden restriktive Maßnahmen diskutiert, die jedoch die optimale Arzneiversorgung behandlungsbedürftiger Leiden und damit die Therapiefreiheit des Arztes unangetastet lassen. In Ländern mit hoher Lebenserwartung, aber unzureichender öffentlicher Altersversorgung, wie in den USA, steht die Verbilligung der Dauermedikation alter Patienten durch unter dem internationalen Freinamen abgegebene Fertigarzneimittel im Vordergrund.

Arzneimittelforschung: Die systematische Suche nach neuen Arzneimitteln geschieht vorwiegend in den Laboratorien des relativ kleinen Anteils forschender Hersteller. Aus Wettbewerbsgründen werden nicht alle Ergebnisse vor der Einführung publiziert. Soweit sich aus veröffentlichten Fortschrittsberichten ersehen läßt, gibt es Forschungsschwerpunkte u. a. auf den Gebieten *Immunologie* und *zentrale Überträgerstoffe.* Als Beispiele für das erste Gebiet seien die erfolgversprechenden Arbei-

Argentinien. Nach dem erfolgreichen Militärputsch wurden die Oberkommandierenden der drei Waffengattungen als Mitglieder der Regierungsjunta vereidigt. Von links nach rechts E. E. Massera (Marine), J. R. Videla (Armee) und O. R. Agosti (Luftwaffe)

ten an einem Impfstoff gegen übertragbare Leberentzündung und die Synthese neuer Stoffe zur Förderung oder Unterdrückung von Immunreaktionen genannt. Mit der Synthese des Enkephalins gelang der Einstieg in das Gebiet körpereigener, schmerz- und verhaltensbeeinflussender Stoffe, der Endorphine. Ein neues Prostaglandinderivat P.G.X. scheint eine körpereigene gerinnungshemmende Substanz zu sein.
Neben neuen Wirkstoffen ergaben sich, insbesondere aus der klinisch-pharmakologischen Forschung, neue Indikationen für bekannte Stoffe. So werden Prostaglandine bei angeborenem Verschluß des Aortenbogens des Neugeborenen eingesetzt. Eine als Histamin- und Serotoninhemmstoff angewandte Substanz, Cyproheptadin, erwies sich bei der Überfunktion der Nebennierenrinde, dem Morbus Cushing, in ersten Versuchen als wirksam. Nach wie vor bleibt die Forschung nach Arzneimitteln gegen seltene Krankheiten ein Problem, da den Forschungskosten keine entsprechenden Erlöse auf einem sehr kleinen Markt gegenüberstehen. Es liegen verschiedene Vorschläge vor, über die europäischen und Weltorganisationen eine Zentrale für die Bearbeitung solcher Arzneimittel zu schaffen.
Neue Arzneimittel: Im Jahre 1976 registrierte das Bundesgesundheitsamt 2272 Arzneimittel, die neu in den Verkehr gebracht werden sollten, davon waren 1961 Humanarzneimittel. 45 Arzneimittel enthielten Wirkstoffe mit neuer chemischer Struktur, sieben ein neues Steroidderivat, eines ein neues Penicillinderivat. Die beiden letztgenannten Gruppen ausgenommen, stammten sieben der neuen Wirkstoffe aus der BRD, sechs aus den USA, je fünf aus der Schweiz und Frankreich, vier aus Belgien, drei aus Schweden, je zwei aus Großbritannien und Dänemark und je ein Wirkstoff aus den Niederlanden und Norwegen. Hinzu kommen noch zwei neue Seren bzw. Impfstoffe, zwei Ionenaustauscher, zwei neue Salze bereits bekannter Stoffe sowie zehn chemische Verbindungen, die zwar nach § 21 (1a) des Arzneimittelgesetzes als neuer Stoff anzusehen sind, aber schon länger bekannt waren. Von den Arzneimitteln mit neuen Wirkstoffen sind je drei β-Blocker, d. h. Antagonisten der adrenergen β-Rezeptoren, drei weitere Diuretika bekannter Strukturklassen und drei Verbindungen Korticosteroide. Daraus ersieht man, daß die Bemühungen, die Eigenschaften bewährter Substanzklassen durch chemische Modifikation zu verbessern, nach wie vor im Vordergrund stehen. Es gibt aber auch interessante Neuentwicklungen, wie z. B. zwei Hypophysenvorderlappenhemmstoffe, zwei neue Mittel zur Behandlung bösartiger Geschwülste, eines davon mit Steroidstruktur, und zwei Antidepressiva, eines mit bisher nicht bekannter Struktur.
Arzneimittelsicherheit: Im Berichtsjahr informierte die Arzneimittelkommission der deutschen Ärzteschaft in enger Zusammenarbeit mit dem Bundesgesundheitsamt die Ärzteschaft über die vorsorgliche Produktionseinstellung Megestrol enthaltender oraler Kontrazeptiva (in den USA waren bösartige Geschwülste am Gesäuge von Versuchshunden beobachtet worden) und riet zur Zurückhaltung bei der Östrogenbehandlung des sogenannten Menopause-Syndroms (amerikanische Untersuchungen ließen eine Zunahme des Gebärmutterkrebses unter der Behandlung von Wechseljahrbeschwerden mit bestimmten Östrogenen vermuten). Das Bundesgesundheitsamt hat mit den Herstellern bereits Maßnahmen zur Risikominderung vereinbart. Ein vom Bundesgesundheitsamt eingesetzter Ausschuß gab bekannt, daß eine Nachprüfung eines möglichen Zusammenhangs zwischen der Gabe von Reserpin und erhöhtem Brustkrebsrisiko ergab, daß diese Annahme zumindest für die BRD nicht zutrifft. Schließlich veröffentlichte die Arzneimittelkommission in Zusammenarbeit mit den Herstellern einen einheitlichen Antikoagulantienausweis, der die Erstversorgung unter gerinnungshemmenden Arzneimitteln stehender Patienten erleichtert.
Arzneimittelgesetzgebung: Das im Juni 1976 vom Bundestag und Bundesrat einstimmig verabschiedete „Gesetz zur Neuordnung des Arzneimittelrechts" *(2. Arzneimittelgesetz)*, tritt am 1. Jan. 1978 in Kraft. Es bringt gegenüber dem derzeit gültigen Recht erhebliche Verbesserungen für Arzt und Patient bzw. Verbraucher. Erstmals wird eine vollständige Kennzeichnung der Packung (§ 10) und eine Packungsbeilage (§ 11) in Form einer „Gebrauchsinformation" in deutscher Sprache gefordert. Die der Einführung eines neuen Arzneimittels vorausgehende klinische Prüfung wird nach internationalem Standard geregelt und der Proband, und nach der Einführung auch der Patient, gegen die Folgen nicht vom Hersteller verschuldeten Schadens geschützt. Die Beobachtung, Sammlung und Auswertung von Arzneimittelrisiken wird unter bewährter Mitarbeit von Ärzte- und Apothekerschaft straffer koordiniert (§§ 62, 63). Homöopathische Präparate werden an Stelle der für Arzneimittel erforderlichen Prüfung zur Zulassung wie bisher registriert.
In bezug auf irreführende Angaben des Herstellers, insbesondere zur therapeutischen Wirksamkeit, enttäuscht das Gesetz durch Änderungen in letzter Stunde gegenüber der ursprünglichen Fassung. Während der Hersteller zuvor seine Wirksamkeitsansprüche zu belegen hatte, muß ihm jetzt nachgewiesen werden, daß er seinem Arzneimittel eine therapeutische Wirksamkeit oder Wirkung beilegt, die es nicht hat (§ 8, 2a).

ASTRONOMIE

Die spektakulären Ergebnisse der im Juli weich auf dem Mars gelandeten Raumsonden Viking A und B machten wieder einmal deutlich, daß mit neuen Forschungsergebnissen oft mehr neue Fragen aufgeworfen, als alte Fragen beantwortet werden. Drei Experimente, anhand derer entschieden werden sollte, ob sich auf dem Mars „Leben" befindet oder nicht, zeigten völlig unerwartete, mit bekannten chemischen oder biologischen Reaktionsmechanismen bisher nicht zu deutende Ergebnisse.
Auch bei anderen Körpern des Sonnensystems gab es neue Erkenntnisse. Durch Infrarotmessungen von Bord eines Forschungsflugzeuges konnte in der Atmosphäre des Planeten Jupiter Wasserdampf nachgewiesen werden. Dieses Ergebnis stützt die Hypothese, daß die orangerote Färbung an einigen Stellen der Jupiteratmosphäre möglicherweise durch organische Verbindungen hervorgerufen wird.
Nachdem 1975 der dreizehnte Jupitermond entdeckt worden war, ist 1976 der Mond Jupiter XIV mit dem 5-Meter-Teleskop auf Mount Palomar nachgewiesen worden. Dieser Mond hat nur 6 km Durchmesser.
Die Raumsonde Pioneer 10, die 1973 am Jupiter vorbeigeflogen war und dessen starkes Magnetfeld registriert hatte, durchflog Anfang 1976 in der Entfernung der Saturnbahn den Magnetosphärenschweif des Jupiter. Dieser ist demnach wesentlich länger als erwartet, nämlich 10000 Jupiterradien (zum Vergleich: Der Schweif der Erdmagnetosphäre ist nur 1000 Erdradien lang). Außer Jupiter und Erde besitzt noch der sonnennächste Planet Merkur ein Magnetfeld.
Rasche Fortschritte macht die insbesondere vom Heidelberger Max-Planck-Institut für Astronomie

geförderte Infrarotastronomie. An der Sternwarte auf dem Calar Alto (Südspanien) entdeckten Wissenschaftler des Max-Planck-Instituts eine Reihe neuer Objekte, darunter insbesondere eine mit „Calar Alto 1" bezeichnete Galaxie, die möglicherweise recht nahe gelegen ist und im optischen Bereich durch Dunkelwolken völlig verdeckt ist.
Zwei im Radiobereich beobachtete Linien interstellarer Moleküle, die lange Zeit nicht identifiziert werden konnten, wurden jetzt eindeutig zugeordnet. Die mit X-ogen oder U 89.2 bezeichnete Linie stammt vom Molekülion HCO^+, die Linie U 90.7 von der isomeren Form der Blausäure, HNC.
Bei der Deutung der Quasare scheinen sich Anhänger der „schwarzen Löcher" immer mehr durchzusetzen. Auf einer Tagung über Hochenergieastrophysik wurde es etwa so formuliert: Die Quasare sind für ihre Deutung als riesige schwarze Löcher zu früh entdeckt worden. Während man heute bei neu entdeckten Objekten, bei denen herkömmliche Betrachtungsweisen nicht auf Anhieb eine Deutung liefern, sofort mit schwarzen Löchern bei der Hand ist, sind diese zur Zeit, als die Quasare entdeckt wurden, noch als rein theoretische Gebilde ohne reale Existenz angesehen worden.
Die Hypothese, daß das Klima auf der Erde durch die Sonnenaktivität beeinflußt wird, hat eine neue Stützung erfahren. Durch sorgfältige Interpretation aller vorliegenden historischen Quellen hat der amerikanische Astronom John A. Eddy nachgewiesen, daß in der Zeit zwischen 1645 und 1715 praktisch überhaupt keine Sonnenflecken vorgekommen sind. Diese Zeitspanne war andererseits durch extrem kühles Wetter in Europa charakterisiert. Durch die Analyse alter, großenteils aus China stammender Aufzeichnungen über die Gestalt der Korona (bei Sonnenfinsternissen), das Vorkommen von Polarlichtern u.a. konnte im Vergleich mit Klimadaten erhärtet werden, daß langfristige offenbar erhöhte Sonnenaktivität mit wärmerem Klima korreliert ist. Über den Mechanismus besteht nach wie vor Unklarheit. Klar ist allerdings, daß der Zusammenhang nur langfristig besteht: Eine Schwankung des Klimas mit dem 22-Jahre-Zyklus der Sonnenaktivität wurde nicht festgestellt.
Die Vorstellung, daß die Sonne ein „veränderlicher" Stern ist, auch wenn sie ihre Helligkeit nur um kleine Bruchteile verändert, wird zunehmend diskutiert. In diesem Zusammenhang kommt einem neuen Meßergebnis des Neutrinodetektors in South Dakota eine besondere Rolle zu. Nachdem jahrelang die gemessenen Zählraten von solaren Neutrinos für alle herkömmlichen Modelle des Sonneninnern viel zu gering waren, wurde nunmehr eine beträchtlich höhere Zählrate gemessen. Die Vorstellung, daß der „Reaktor" im Sonneninnern sich wieder „eingeschaltet" hat, nachdem er eine Weile nicht „in Betrieb" war, müßte allerdings erst durch weitere Messungen erhärtet werden. Immerhin würde die Bestätigung einen ganz radikalen Eingriff in unsere Vorstellungen vom Sonneninnern darstellen.

Äthiopien, Volksrepublik (bis März 1975 Monarchie) in NO-Afrika. Als Volksvertretung fungierte bis Sept. 1974 ein Parlament, das aus einem Senat mit 125 ernannten Mitgliedern und einer Abgeordnetenkammer mit 250 gewählten Abgeordneten bestand. Seitdem hat ein „Provisor. Militärrat" die Macht inne, Regierungschef *Täfäri Bänti* (seit Nov. 1974), Außenminister *Ato Kifle Wodajo.* Flagge ↑ Farbtafeln Flaggen S. 121. Internat. Mitgliedschaften ↑ Übersicht Internationale Organisationen.

Wirtschaft: Neben sozialpolit. Problemen wie der zu raschen Sozialisierung des Landes hatte Ä. 1976 auch mit den sich ständig wiederholenden Dürren und Überschwemmungen zu kämpfen. Das Land ist nach wie vor auf ausgiebige fremde Unterstützung angewiesen. Die techn. Hilfen, Darlehen und Kredite aus dem Ausland machten in den Jahren 1974 und 1975 rund 20% der Gesamteinnahmen Ä.s aus. Der Landesdurchschnitt des Einzelhandelspreisindexes erreichte Ende 1975 den Stand von 185,8 (1963 = 100) und stieg bis Ende Juni 1976 auf 220,7. Die Erträge der wichtigsten Agrarprodukte entwickelten sich unterschiedlich. Die Baumwollproduktion nahm ab 1971 ständig zu und erreichte im Finanzjahr 1975/76 18445 t, was den Eigenbedarf des Landes decken dürfte. Die Zuckerproduktion entwickelte sich ebenfalls positiv. Die Kaffeeproduktion fiel 1974/75 zurück, erholte sich aber in den ersten drei Monaten 1976.
Innenpolitik: Die anhaltenden Spannungen in der Führungsspitze kamen darin zum Ausdruck, daß im Jan. sechs Mitglieder des PMAC (Provisional Military Administrative Council) entlassen und dann am 23. Febr. sieben Kabinettsmitglieder verabschiedet wurden. Die Spannungen führten Anfang Juli zu einem Putschversuch, der die zweite Massenhinrichtung seit der Machtübernahme durch die Militärs mit sich brachte. Am 13. Juli gab Radio Addis Abeba bekannt, daß 18 hochgestellte Persönlichkeiten wegen Verschwörung und Wirtschaftssabotage erschossen worden sind, unter ihnen der Oberkommandierende in Eritrea. Am 25. Juli folgte die Bekanntmachung, daß weitere Exekutionen stattgefunden haben. Im Mittelpunkt der Auseinandersetzung in der Führungsspitze standen offensichtl. ideolog. Differenzen und eine unterschiedl. Beurteilung des weiteren Vorgehens in Eritrea, wo die Kämpfe gegen die Rebellenbewegungen ELF (Eritrean Liberation Front) und PLF (Popular Liberation Front) das ganze Jahr über unvermindert anhielten. Am 21. April veröffentlichte der PMAC ein „Programm zur Verbreitung der sozialist. Philosophie", das als die ideolog. Grundlage für die angestrebte Volksdemokrat. Republik bezeichnet wurde. Es handelte sich um die erste detaillierte polit. Analyse seit dem Sturz des Kaisers im Sept. 1974, als deren Zielsetzung die „totale Ausrottung von Feudalismus, bürokrat. Kapitalismus und Imperialismus" angegeben wurde. Im Hinblick auf Eritrea leitete der PMAC dagegen eine doppelgleisige Politik ein: Während Regierungschef Täfäri Bänti am 16. Mai einen aus neun Punkten bestehenden Friedensplan bekanntgab, in dem das Recht zur Selbstbestimmung der Nationalitäten auf der Basis regionaler Autonomie und eine Amnestie aller polit. Häftlinge als wichtigste Punkte angeboten wurden, verstärkte er gleichzeitig die Bemühungen, im Kampf gegen die Rebellen auch eine Bauernmiliz einzusetzen. Obwohl aus äthiop. Meldungen hervorging, daß eine Miliz in Stärke von mehr als 100000 Mann aufgestellt worden war, schienen Schwierigkeiten aufzutauchen, die insbes. mit der Versorgung dieser Truppe zusammenhingen; denn am 19. Juni wurde der „Bauernmarsch nach Eritrea" als beendet erklärt. Auch in den äthiop. Provinzen stieß der PMAC auf zunehmend erbitterten Widerstand der EDU (Ethiopian Democratic Union) und der EPRP (Ethiopian Revolutionary Peoples' Party). Die EDU war nach dem Sturz des Kaisers zunächst nur im Exil mit London als Zentrum vertreten, doch gelang es ihr dann, innerhalb Ä.s Widerstandszentren zu schaffen. Die Aktivität der EPRP die sich als marxist. bezeichnet und mittels Bombenattentaten und Überfällen in Ortschaften eine städt. Guerillafront aufzubauen versucht, wurde in einer Stellungnahme des PMAC vom 11. Sept. als besorgniserre-

ÄTHIOPIEN
Geographische Daten und Bevölkerung: *Fläche* 1 221 900 km², *Verwaltungsgliederung* in 14 Provinzen, *Hauptstadt* Addis Abeba (1,046 Mill. E), *Bevölkerung* 27,95 Mill. E (1975), 22,9 E/km², Geburten-/Sterberate (auf 1000 E) 49,4/25,8 (Durchschnitt 1970–75), *Amtssprachen* Amharisch und Englisch, *Religion* 60% Angehörige der äthiop. Kirche, 30% Muslime.
Wirtschaft: *Erwerbstätigkeit:* Etwa 90% der arbeitenden Bevölkerung sind in der Landwirtschaft beschäftigt. – *Landwirtschaft:* Nutzfläche 78,85 Mill. ha, davon 13,71 Mill. ha Ackerland (1972). – Produktion (Auswahl; 1975): Weizen 618 000 t, Gerste 700 000 t, Mais 1,08 Mill. t, Hirse 2,05 Mill. t (1974), Zuckerrohr 1,13 Mill. t, Kaffee 170 000 t, Rindfleisch 187 000 t, Kuhmilch 521 000 t. – *Bergbau, Industrie und Elektrizitätserzeugung* (Auswahl; 1974): Gold 490 kg, Heizöl 480 000 t, Zement 208 000 t, Zucker 125 000 t (1975), Bier 387 000 hl, Elektrizität 684 Mill. kWh. – *Außenhandel* (1975): Export 497,8 Mill. Birr, Import 644,9 Mill. Birr. Haupthandelspartner sind Saudi-Arabien, USA, Japan, BRD, Italien. Hauptexportgüter sind Kaffee, Ölsaaten, Hülsenfrüchte, Häute und Felle. Hauptimportgüter sind Maschinen, Kfz, chem. Erzeugnisse, Erdöl. – *Währung* ↑Übersicht Währungen. – *BIP* zu Marktpreisen 5 586 Mill. Birr (1974), BIP je E 205 Birr.
Verkehr: *Eisenbahnen:* Streckenlänge 1 087 km (1974). – *Straßen:* 23 520 km (1974), davon 2 270 km asphaltiert. Bestand an Pkw 43 500, an Lkw, Lieferwagen und Omnibussen 13 300 (1974). – *Schiffahrt* (1976): Handelsflotte mit 25 000 BRT. – *Luftverkehr* (1974): 270 000 Fluggäste.

gend kommentiert. Der 1. Vizepräsident des PMAC kam am 23. Sept. bei einem Attentatsversuch nur knapp mit dem Leben davon. Am 18. Nov. wurden 27 Personen, in der Mehrzahl EPRP-Mitglieder, hingerichtet. Mengistu Haile Mariam wurde am 16. Nov. zum Oberstleutnant befördert und setzte sich immer stärker als die eigentl. dominierende Persönlichkeit im PMAC durch. Das Verhältnis zwischen Politik und Kirche wurde dadurch gekennzeichnet, daß Patriarch Tewoflos, gegen den eine heftige Kampagne als den letzten hohen Amtsträger aus der Kaiserzeit geführt worden war, am 18. Febr. abgesetzt wurde. Als Nachfolger wurde am 29. Aug. Aba Melaku Wolde Mikael inthronisiert, der den Namen Abuna Tekle Haimanot (nach einem im 14. Jahrhundert heiliggesprochenen Mönch) annahm. Da der neue Patriarch erstmals auch von Laien gewählt worden war, führte dies zur Verstimmung mit der orthodoxen Kirche Alexandrias, die den Feiern fernblieb.
Außenpolitik: Der PMAC erklärte am 11. April, es lägen Beweise dafür vor, daß die arab. Staaten die Sezessionsbewegung in Eritrea weiterhin aktiv unterstützten. Auch die Beziehungen zum Sudan konnten nicht verbessert werden, obwohl sich die sudanes. Regierung am 25. Mai dafür aussprach, den PMAC-Friedensplan für Eritrea zu akzeptieren. Schon am 29. Febr. hatte das sudanes. Außenministerium erklärt, die äthiop. Luftwaffe verletze laufend den Luftraum des Sudan. Auch nach dem Friedensplan kam es zu Zusammenstößen im Grenzbereich, da eritreische Rebellen weiterhin auch von Stützpunkten im südl. Sudan aus operierten. Ungeachtet des Beschlusses der amerikan. Regierung vom Jan., die Modernisierung der äthiop. Streitkräfte fortzusetzen, bemühte sich der PMAC auch um den Ausbau der Beziehungen zur Sowjetunion, wie der Besuch einer äthiop. Delegation in Moskau (Juli) erkennen ließ.
Australien, Bundesstaat zwischen Ind. und Pazif. Ozean. Als Volksvertretung fungieren ein Senat, dem 64 Abgeordnete verschiedener Parteien angehören, und ein Repräsentantenhaus mit 127 Abgeordneten. Die Liberal Party hat 68, die Country Party 23 und die Labor Party 36 Abgeordnete. Staatsoberhaupt Königin *Elisabeth II.* von Großbritannien, Generalgouverneur *Sir John Kerr*, Ministerpräsident *Malcolm Fraser* (seit 12. Nov. 1975), Außenminister *Andrew Peacock*. Flagge ↑Farbtafeln Flaggen S. 121. Internat. Mitgliedschaften ↑Übersicht Internationale Organisationen.
Wirtschaft: Für A. war das Jahr 1976 durch die Rezession gekennzeichnet. Zwar mehrten sich die Anzeichen einer Besserung, doch der private Verbrauch, die privaten Investitionen und die industrielle Produktion für den Inlandsmarkt stagnierten weiter. Wie ein Schock wirkte die mit 17,5% sehr hohe Abwertung vom 28. Nov. 1976. Wenn auch die Auswirkungen durch verschiedene kleine Aufwertungen gemildert wurden, wurde das Fehlen von Maßnahmen zur Eindämmung der Abwertungsfolgen, insbes. der zu erwartenden Preissteigerungen, beklagt. Die private Nachfrage nach Konsumgütern zeigte zwar gegen Jahresende Zeichen eines Anstiegs, ein durchgreifender Aufwärtstrend war jedoch nicht zu verzeichnen. Der Preisauftrieb hatte sich als Folge der Stabilisierungspolitik bis zum dritten Quartal 1976 spürbar vermindert. Nach wesentl. höheren Raten in den vorangegangenen Quartalen betrug der Anstieg im vierten Quartal 1976 auf Jahresbasis noch 8,8%. Der Rückgang der Arbeitslosenzahlen zur Jahresmitte hat sich nicht fortgesetzt. Im Nov. betrug die Zahl der Erwerbslosen bei einer Arbeitslosenquote von 4,5% 272 518 Personen. Dem standen 25 499 offene Stellen gegenüber.
Innen- und Außenpolitik: Während die gerade etablierte liberal-konservative Regierung im Inland nur andere Akzente zu setzen vermochte, steuerte sie außenpolit. einen neuen Kurs. Abstriche im sozialen Bereich, darunter eine Änderung des Krankenversicherungssystems „Medibank", führten zur Konfrontation mit den mächtigen, bei einer Arbeitslosenrate von 4–5% im Tarifsektor jedoch relativ zurückhaltenden Gewerkschaften. In eine Gesetzesvorlage zur Vergabe beschränkter Eigentumsrechte über ca. 20% des 1,3 Mill. km² umfassenden Northern Territory an die Ureinwohner („aborigines"), welche bei „nationalem Interesse" im Einzelfall die Vergabe von Bergbaulizenzen auch gegen den Willen der Grundstücksinhaber vorsah, mußte auf Druck liberaler Abgeordneter ein Vetorecht des Parlaments gegen solche Schritte aufgenommen werden, gegen das zuvor die Industrie lobbyiert hatte. Expremierminister Whitlam wurde im Jan. von der abgewählten Australian Labor Party (ALP) als Führer der Parlamentsfraktion bestätigt, geriet aber kurz darauf in den Mittelpunkt heftiger Kritik, weil er mit der sozialist. Baath-Partei des Irak die Entgegennahme einer Spende von 500 000 $A zur Wahlkampffinanzierung vereinbart haben soll (die dann nie eintraf). Im Nov. – ein Jahr, nachdem Whitlam trotz ALP-Mehrheit im Unterhaus von Generalgouverneur J. Kerr seines Amtes als Ministerpräsident enthoben worden war – veröffentlichte die ALP einen Entwurf zu einer neuen Verfassung, der u. a. die konstitutionelle Monarchie und damit das Amt des Generalgouverneurs als Repräsentant der brit. Königin abschaffen soll.
Im Gegensatz zu ALP-Forderungen nach Auflösung des ANZUS-Verteidigungspaktes mit Neuseeland und den USA zeigte sich Ministerpräsident M. Fraser über die wachsende militär. Präsenz der Sowjetunion im Ind. Ozean besorgt und gab die eher neutralist. Politik seines Amtsvorgängers auf. Anfang Juni wurde das Verbot für ausländ. Kriegsschiffe mit Atomantrieb, austral. Häfen anzulaufen,

AUSSENHANDEL (BRD)

Einfuhr*

	1960	1970	1974	1975	1976
Einfuhr insgesamt	42 723	109 606	179 733	184 313	222 173
Ernährungsgüter	11 246	20 924	29 348	31 127	36 037
Lebende Tiere	600	338	509	604	565
Nahrungsmittel					
tierischen Ursprungs	2 476	4 815	6 950	7 295	8 588
pflanzlichen Ursprungs	6 531	12 870	18 949	19 724	21 802
Genußmittel	1 639	2 901	2 940	3 504	5 083
Gewerbliche Güter	31 076	87 233	148 300	150 746	183 274
Rohstoffe	9 269	14 809	34 653	30 144	36 097
Halbwaren	8 061	17 660	30 406	27 648	34 689
Fertigwaren	13 746	54 763	83 241	92 953	112 488
Vorerzeugnisse	5 773	16 999	25 703	25 202	31 423
Enderzeugnisse	7 973	37 764	57 538	67 752	81 064
Wichtige Warengruppen[1]					
Erdöl, Erdgas und bitum. Gesteine	1 903	6 293	24 238	22 059	26 925
Chemische Erzeugnisse	2 373	8 065	15 092	14 348	17 832
Maschinenbauerzeugnisse[2]	2 105	8 551	10 092	11 581	13 560
Textilien	2 855	6 669	9 947	10 545	12 302
Elektrotechn. Erzeugnisse	889	5 796	9 517	10 507	12 729
Mineralölerzeugnisse	871	2 645	8 160	9 270	11 439
Straßenfahrzeuge	588	4 863	5 769	8 503	10 957
Eisen und Stahl	2 479	5 974	7 411	7 372	9 080
Wichtige Herstellungsländer[1]					
Niederlande	3 638	13 313	25 219	25 731	30 585
Frankreich	3 998	13 899	20 898	22 147	25 831
Italien	2 631	10 836	14 976	17 228	18 900
Belgien-Luxemburg	2 441	10 388	15 917	15 743	19 102
USA	5 977	12 066	13 972	14 226	17 556
Großbritannien	1 956	4 264	6 267	6 939	8 539
Schweiz	1 627	3 336	4 879	5 471	6 965
Japan	286	2 052	3 477	4 295	5 437
Schweden	1 804	3 148	4 280	4 253	–

*Zahlenangaben in Mill. DM; [1] Reihenfolge nach dem Stand von 1976; [2] Einschließlich Büromaschinen.
Quelle: Zahlenkompaß, Ausgabe 1977. Hg. Statist. Bundesamt.

Ausfuhr*

	1960	1970	1974	1975	1976
Ausfuhr insgesamt	47 946	125 276	230 578	221 589	256 642
Ernährungsgüter	1 091	4 380	9 953	10 397	11 412
Gewerbliche Güter	46 696	120 194	219 387	209 784	243 775
Rohstoffe	2 182	3 188	5 516	5 304	5 692
Halbwaren	5 007	9 577	20 596	16 129	18 608
Fertigwaren	39 506	107 430	193 275	188 350	219 396
Vorerzeugnisse	9 672	23 034	51 133	40 334	45 638
Enderzeugnisse	29 834	84 395	142 142	148 016	173 758
Wichtige Warengruppen[1]					
Maschinenbauerzeugnisse[2]	9 054	26 549	45 701	46 659	52 076
Straßenfahrzeuge	6 009	18 141	27 545	29 800	37 566
Chemische Erzeugnisse	5 924	16 762	33 649	27 614	33 708
Elektrotechn. Erzeugnisse	4 057	12 140	21 445	21 388	35 808
Eisen und Stahl	4 433	8 060	19 798	16 686	14 206
Textilien	1 650	5 107	8 691	7 805	9 619
Eisen-, Blech- u. Metallwaren	2 053	4 360	6 982	6 410	7 665
Feinmech. u. optische Erzeugnisse; Uhren	1 173	2 725	4 254	4 306	5 025
Erzeugn. des Kohlenbergbaues	2 313	2 471	4 647	4 247	4 050
NE-Metalle u. -Metallhalbzeug	1 059	2 809	5 918	3 959	5 168
Wasserfahrzeuge	1 573	1 099	2 777	3 850	–
Wichtige Verbrauchsländer[1]					
Frankreich	4 202	15 480	27 345	25 962	33 666
Niederlande	4 210	13 313	23 470	22 192	24 845
Belgien-Luxemburg	2 890	10 294	17 584	16 866	20 266
Italien	2 847	11 172	18 731	16 190	18 998
USA	3 767	11 437	17 343	13 146	14 413
Großbritannien	2 147	4 456	11 011	10 095	12 184
Österreich	2 444	5 684	10 152	9 824	12 544
Schweiz	2 991	7 674	11 536	9 568	11 577
Schweden	2 593	4 688	7 873	8 098	9 027
Ausfuhrüberschuß	5 223	15 670	50 846	37 276	34 469

*Zahlenangaben in Mill. DM; [1] Reihenfolge nach dem Stand von 1976; [2] Einschließlich Büromaschinen.
Quelle: Zahlenkompaß, Ausgabe 1977. Hg. Statist. Bundesamt.

AUSTRALIEN
Geographische Daten und Bevölkerung: *Fläche* 7695099 km², *Verwaltungsgliederung* in 6 Bundesländer, 1 Bundesbezirk und 2 Territorien, *Hauptstadt* Canberra (198000 E), *Bevölkerung* (1976) 13,64 Mill. E, 1,77 E/km², Geburten-/Sterberate (Schätzung 1975; auf 1000 E) 17,4/9,2, *Amtssprache* Englisch, *Religion* überwiegend Protestanten, etwa 3 Mill. Katholiken.
Wirtschaft: *Erwerbstätigkeit* (1974; in 1000): Erwerbstätige insgesamt 5709,8, davon in der Landwirtschaft 372,4; Industrie (1973) 1963,3; Handel, Banken, Versicherungen 1089,1; Verkehr und Nachrichtenübermittlung 370,8; sonstige Dienstleistungen einschließl. Gesundheitswesen, Bildungswesen, Gastgewerbe, öffentl. Verwaltung 1351,9. – *Landwirtschaft:* Nutzfläche (1971; in 1000 ha): insgesamt 499539, Ackerland 16898, Ackerwiesen 27707, Dauergrünland 454768. – Produktion (Auswahl; 1975/76): Wolle 758 Mill. kg, Lamm- und Hammelfleisch 584400 t, Rind- und Kalbfleisch 1783200 t, Milch 6276 Mill. l, Weizen 11,82 Mill. t, Gerste 3,2 Mill. t, Zuckerrohr 22,0 Mill. t. – *Bergbau, Industrie und Elektrizitätserzeugung* (Auswahl; 1975/76): Blei 390947 t, Zink 467586 t, Zirkon 369929 t, Ilmenit 939619 t, Bauxit 21,1 Mill. t, Eisenerz und Eisenerzkonzentrat 92,7 Mill. t, Steinkohle 69,3 Mill. t, Erdöl 23,9 Mill. m³, Rohstahl 7,932 Mill. t, Weißblech 279000 t, Kfz 455232 Stück, Fernsehgeräte 532608 Stück, Portlandzement 4,904 Mill. t, Elektrizität 76584 Mill. kWh. – *Außenhandel* (1975/76): Export 9,56 Mrd. $A, Import 8,24 Mrd. $A. Haupthandelspartner sind die USA, Japan, Großbritannien, die BRD, Kanada und Neuseeland. Hauptexportgüter sind Wolle, Fleisch, Weizen, Eisenerz, NE-Metalle, Steinkohle. Hauptimportgüter sind Chemikalien, Eisen und Stahl, Erdöl und Erdölprodukte, Pkw. – *Währung* ↑Übersicht Währungen. – *BSP* (zu Faktorkosten; 1975/76): zu laufenden Preisen 61132 Mill. $A, zu konstanten Preisen von 1966/67 32874 Mill. $A.
Verkehr: *Eisenbahnen* (Streckenlänge; 1974): 40587 km, 29796 Mill. Nettotonnenkilometer (1975). – *Straßen* (1973): 906000 km. – *Schiffahrt* (Bestand an Handelsschiffen; 1975): 1,205 Mill. BRT, davon Öltanker 263000 BRT. – *Luftverkehr:* beförderte Personen (1972/73) im Inlandsverkehr 7,503 Mill., im Überseeverkehr 1,055 Mill.; 17772 Mill. Personenkilometer (1975), 362,6 Mill. Nettotonnenkilometer (1975). – *Kraftfahrzeugbestand* (1975): 6347100.

aufgehoben, worauf im Aug. ein amerikan. Atom-U-Boot Perth und im Sept. ein amerikan. Atom-Kreuzer Melbourne anliefen; im Oktober führten ANZUS-Einheiten ihre bisher größten Manöver durch, im Nov. veröffentlichte die Regierung ein Verteidigungsweißbuch mit einem Fünfjahresplan zum Ausbau der militär. Kapazität.
Die Gipfeldiplomatie richtete sich v. a. auf Asien. Im Juni stattete Fraser Japan und der Volksrepublik China einen Besuch ab, im Juli den USA, im Okt. Indonesien; mit Singapurs Regierungschef Lee Kuan Yew traf er im Okt. in A. zusammen. Bei allen Gesprächen wurde der Wunsch nach positiven Beziehungen zu einer von Großmächten unabhängigen, in SO-Asien polit. und wirtschaftl. stabilisierend wirkenden ASEAN deutlich. In Tokio unterzeichnete Fraser einen bilateralen Freundschaftsvertrag, der insbes. die wirtschaftl. Zusammenarbeit enger gestalten soll und eine Meistbegünstigungsklausel für daran beteiligte Staatsangehörige enthält. Einzelheiten eines Gespräches in Peking mit Ministerpräsident Hua Kuo-feng gelangten durch ein Versehen der Presse zur Kenntnis; demzufolge sprach sich A.s Regierungschef für ein Zusammengehen seines Landes mit Japan, China und den USA im Pazifik aus, äußerte Zweifel an der Effektivität der indones. Führung und Befürchtungen über die Sicherheit von Malaysia und Singapur. Aus offiziellen Verlautbarungen wurde weitgehende Einigkeit in der Frage der Eindämmung der sowjet. Expansion deutlich, aber unterschiedl. Auffassung über die Rolle Israels im Nahen Osten und über die Unterstützung nationaler „Befreiungsbewegungen" durch das Ausland. Auch das gemeinsame Kommuniqué mit dem amerikan. Präsidenten G. Ford am 29. Juli zeigte der Volksrepublik China gegenüber Zurückhaltung, sprach sich aber für einen Ausbau des amerikan. Stützpunktes auf Diego Garcia aus. Das Verhältnis zu Indonesien blieb trotz gemeinsamer sicherheitspolit. Interessen durch die von A. formell nicht anerkannte Annexion Ost-Timors etwas kühler. Mit dem Nachbarstaat Papua-Neuguinea konnte über den umstrittenen Grenzverlauf in der Torresstraße keine endgültige Einigung erzielt werden.

B

Bafile, Corrado, *L'Aquila 4. Juli 1903, päpstl. Diplomat und Kardinal. 1960–75 Apostol. Nuntius für Deutschland; im Juli 1975 zum Leiter der Kurienkongregation für die Heiligsprechungen ernannt; seit Mai 1976 Kardinal.
Bahamas, parlamentar. Monarchie in Mittelamerika. Das Staatsgebiet umfaßt die Gruppe der Bahamainseln. Als Volksvertretung fungieren ein Abgeordnetenhaus mit 38 Abgeordneten, die verschiedenen Parteien angehören, und ein Senat mit 16 ernannten Mitgliedern. Staatsoberhaupt Königin *Elisabeth II.* von Großbritannien, Regierungschef *Lyndon O. Pindling* (seit Jan. 1967), Außenminister *Paul L. Adderlay.* Flagge ↑Farbtafeln Flaggen S. 121. Internat. Mitgliedschaften ↑Übersicht Internationale Organisationen.

BAHAMAS
Geographische Daten und Bevölkerung: *Fläche* 13935 km², *Hauptstadt* Nassau (etwa 100000 E), *Bevölkerung* 210000 E, 15 E/km² (1976), Geburten-/Sterberate (auf 1000 E) 22,4/6,2 (1973), *Amtssprache* Englisch, *Religion* Protestanten und viele christl. Sekten.
Wirtschaft: *Erwerbstätigkeit* (1970): 70000 Erwerbstätige, davon (in Prozentanteilen) Land- und Forstwirtschaft, Fischerei 6,8, Bergbau und Energie 2,0, Industrie 5,4, Baugewerbe 12,1, Handel, Banken, Versicherungen 30,8, Verkehr 7,9, sonstige Dienstleistungen 35,0. – *Landwirtschaft:* 15000 ha Ackerland, 324000 ha Wald (1969). Hauptagrarprodukte sind Obst und Gemüse. – *Industrie und Elektrizitätserzeugung* (1975): 12 Mill. t Mineralölprodukte, Elektrizität 318 Mill. kWh. – *Außenhandel* (1975): Export 3416 Mill. B$, Import 1566 Mill. B$. Haupthandelspartner sind USA und Großbritannien. Hauptexportgüter sind Mineralölprodukte, Rum, Fisch, Salz. Hauptimportgüter sind Erdöl, Nahrungsmittel, Kfz, Maschinen, Textilien. – *Währung* ↑Übersicht Währungen. – *BIP* zu Marktpreisen 440 Mill. B$, 2320 B$/E (UN-Schätzung; 1973).
Verkehr: *Straßen:* 1100 km (1971). Bestand an Pkw 38500, an Lkw und Omnibussen 5120 (1974). – *Schiffahrt* (1976): Handelsflotte mit 152892 BRT. – *Luftverkehr* (1973): 1,05 Mill. Fluggäste. – *Fremdenverkehr* (1975): 1,37 Mill. Touristen.

Wirtschaft: Nennenswerte wirtschaftl. Fortschritte wurden 1976 nicht erzielt. Die Tendenzen zu einer radikaleren nationalist. Wirtschaftspolitik haben sich totgelaufen, seit die Regierung durch die Rezession in den USA drastisch an die Abhängigkeit ihres Landes vom Fremdenverkehr erinnert wurde. Der Tourismus trägt 70% zum Sozialprodukt bei. Auch die Steuerfreiheit steht nicht zur Diskussion, damit die Attraktivität der B. als Finanzzentrum nicht gefährdet wird. Das schwierigste Problem ist die Arbeitslosigkeit von über 20%. Kurzfristig kann auch die Ansiedlung neuer Industrien keine Abhilfe schaffen, weil es an ausgebildeten Arbeitskräften fehlt. Der Schwerpunkt der öffentl. Ausgaben liegt deshalb auf dem Erziehungswesen.

Bahr, Egon Karlheinz, * Treffurt 18. März 1922, dt. Journalist und Politiker. 1974–76 Bundesminister für wirtschaftl. Zusammenarbeit; seit Nov. 1976 Bundesgeschäftsführer der SPD.

Bahrain, Emirat im Pers. Golf vor den Küsten Saudi-Arabiens und Katars im Golf von Bahrain. Als Volksvertretung fungierte bis zu ihrer Auflösung am 26. Aug. 1975 eine Nationalversammlung (gewählt am 7. Dez. 1973) mit 30 Abgeordneten, die keinen Parteien angehörten. Staatsoberhaupt Emir *Isa Ibn Salman Al Chalifa* (seit 1961), Regierungschef *Chalifa Ibn Salman Al Chalifa* (seit Jan. 1970). Flagge ↑Farbtafeln Flaggen S. 121. Internat. Mitgliedschaften ↑Übersicht Internationale Organisationen.

Innenpolitik: Eine gewisse Unruhe seit der Auflösung des Parlaments am 26. Aug. 1975, die im April 1976 zum Ausschluß des Landes aus der Interparlamentar. Union führte, hielt an: Polit. Gefangene, die seitdem in Haft sind und nach Presseberichten Folterungen von brit. und jordan. Polizeioffizieren unterworfen sind, traten in einen Hungerstreik (Febr.), um ihrer Forderung nach einem öffentl. Gerichtsverfahren oder sofortiger Freilassung Nachdruck zu verleihen. Nach Zeitungsmeldungen kam es im Mai zu einer Streikserie unter Arbeitern verschiedener Industriezweige gegen die steigenden Lebenshaltungskosten und für höhere Löhne, ein Komitee zur Gründung von Gewerkschaften soll sich formiert haben. In einem Interview (25. Aug.) schloß Ministerpräsident Chalifa Ibn Salman Al Chalifa eine baldige Wiederaufnahme des parlamentar. Lebens in B. aus. Für die Ermordung eines Zeitungsherausgebers (19. Nov.) wurden Angehörige der in B. verbotenen „Volks-

BAHRAIN

Geographische Daten und Bevölkerung: *Fläche* 662 km^2 (33 Inseln), *Hauptstadt* Al Manama (89400 E), *Bevölkerung* (1976) 260000 E, jährl. Bevölkerungszunahme seit 1971 etwa 2,9%, *Amtssprache* Arabisch, *Religion* (Volkszählung 1971) 206708 Muslime (je zur Hälfte Sunniten und Schiiten), 6590 Christen, 2780 Sonstige.

Wirtschaft: *Erwerbstätigkeit* (1971): 60300 Erwerbstätige, davon (in Prozentanteilen) Land- und Forstwirtschaft, Fischerei 7, Erdölindustrie 7, Industrie 7, Bauwirtschaft 17, Transport und Nachrichtenübermittlung 13, Handel 11, öffentl. Dienste 63, andere Dienstleistungen 34, sonstige Bereiche 1. – *Landwirtschaft:* Produktion (Auswahl; 1976): Datteln 16000 t, Fischfang 3500 t. – *Bergbau:* Erdöl 2,916 Mill. t. – *Außenhandel* (1975): Export (fob) 1,15 Mrd. $, Import (cif) 1,2 Mrd. $ (Jan.-Sept. 1976: 1,14 Mrd. $). Haupthandelspartner sind Japan, Saudi-Arabien, USA, Großbritannien. Hauptexportgüter sind Rohöl, raffiniertes Erdöl. Hauptimportgüter sind Industrieprodukte, Nahrungsmittel. – *Währung* ↑Übersicht Währungen.

Verkehr: *Straßen:* 30 km mit fester Straßendecke (1968). – *Schiffahrt:* Handelsflotte mit 847 BRT.

BANGLADESCH

Geographische Daten und Bevölkerung: *Fläche* 142776 km^2, *Verwaltungsgliederung* in 4 Gebiete mit 19 Distrikten, *Hauptstadt* Dacca („Metropoliton Area Dacca" mit 2,5 Mill. E), *Bevölkerung* 77 Mill. E, 539 E/km^2 (UN-Angaben, nach Regierungsangaben 82 Mill. E, 574 E/km^2), Geburten-/Sterberate (auf 1000 E) etwa 50/15–20, *Amtssprache* Bengali, *Religion* 80,4% Muslime, 18,5% Hindus, 0,3% Christen, 0,8% Sonstige.

Wirtschaft: *Erwerbstätigkeit:* 26 Mill. Erwerbspersonen (1974), davon (in Prozentanteilen; 1961) Landwirtschaft 85, verarbeitendes Gewerbe 4,3, Handel, Banken und Versicherungen 3,4, Dienstleistungen 3,1. – *Landwirtschaft:* Nutzfläche 9,113 Mill. ha, davon 8,829 Mill. ha Ackerland. – Produktion (Auswahl): Reis (ungeschält) 17,8 Mill. t, Kichererbsen 44000 t, Trockenbohnen 50000 t, Tomaten 58000 t, Kartoffeln 933000 t, Zwiebeln 153000 t, Jute 972000 t, Fleisch 258000 t, Kuhmilch 785000 t, Eier 25000 t. – *Industrie und Elektrizitätserzeugung* (Auswahl): Zeitungspapier 20280 t, Zement 140900 t, Elektrizitätserzeugung (1975) 1,38 Mrd. kWh. – *Außenhandel* (1975/76): Export (fob) 354 Mill. $, Import (cif) 1,286 Mrd. $. Hauptexportgüter sind Jute und Jutewaren, Tee, Leder. Hauptimportgüter sind Nahrungsmittel, Industrieprodukte. – *Währung* ↑Übersicht Währungen. – *BIP* zu Faktorkosten in jeweiligen Preisen (1972) 43,256 Mrd. Taka.

Verkehr: *Eisenbahnen:* Streckenlänge 2874 km (1973), beförderte Personen 79,7 Mill. (1975), beförderte Güter 2,9 Mill. t (1975). – *Straßen* (1973): 10653 km, davon 7368 km Asphaltstraßen. Bestand an Pkw (einschließl. Taxis und Jeeps) 15000, an Lkw und Omnibussen 14400 (1973). – *Schiffahrt:* Handelsflotte mit 130672 BRT. – *Luftverkehr:* beförderte Personen 463800 (1975), 160 Mill. Personenkilometer (1973), 12,6 Mill. Nettotonnenkilometer (1973).

front zur Befreiung Omans und des Golfes" verantwortlich gemacht. – Nach dem Rücktritt von Finanzminister M. Ahmad Alawi übernahm der bisherige Minister für Wirtschaft und Landwirtschaft, Ibrahim Abd Al Karim, dieses Ressort; ihm folgte Habib Kasim als Kabinettsneuling im Amte nach.

Außenpolitik: Die Staatsoberhäupter Ägyptens (27. Febr.), Gambias (17./18. März), Saudi-Arabiens (23.–25. März) und Jordaniens (8./9. Aug.) besuchten B. Den Staatsbesuch von Emir Isa Ibn Salman Al Chalifa in Frankreich (1.–4. März) erwiderte der frz. Staatspräsident Giscard d'Estaing (21. Okt.). Der Emir besuchte am 20. Juni die Vereinigten Arab. Emirate. Kronprinz und Verteidigungsminister Hamad Ibn Isa Al Chalifa führte polit. Gespräche in Iran (22.–26. Mai). Eine Delegation der „Befreiungsfront von B." hielt sich im April in der Sowjetunion auf. – Nach einem Pressebericht betrachtet Katar die von B. kontrollierte Insel Hawar und einige der sie umgebenden Inseln als Teil seines Staatsgebietes. Diplomat. Beziehungen wurden mit Mauritius (Febr.), Süd-Korea (17. April) und Portugal (Juli) aufgenommen.

Bangladesch, Volksrepublik in Südasien. Als Volksvertretung fungierte bis zu ihrer Auflösung am 6. Nov. 1975 eine Nationalversammlung mit 315 Abgeordneten, von denen 300 gewählt waren und verschiedenen Parteien angehörten. Staatsoberhaupt *Abu Sadat Mohammed Sayem* (seit 6. Nov. 1975), Oberster Kriegsrechtsadministrator *Ziaur Rahman* (seit Nov. 1976). Flagge ↑Farbtafeln Flaggen S. 121. Internat. Mitgliedschaften ↑Übersicht Internationale Organisationen.

Wirtschaft: Die bereits Ende 1975 zu registrierende ökonom. Neubelebung setzte sich 1976 fort, und die Wirtschaft erzielte weitere Fortschritte. Das

Volkseinkommen stieg real um 12%, das Pro-Kopf-Einkommen um 9%. Dieser Erfolg resultierte aus zwei guten Reisernten, aus der großzügigen internat. Hilfe und der zuverlässiger arbeitenden Verwaltung. Internat. Hilfe großen Ausmaßes ist auch künftig erforderlich, um die große Not des Volkes zu lindern. Nach offiziellen Angaben leiden 60% der Menschen unter Kalorien- und 80% unter Vitaminmangel.

Innen- und Außenpolitik: Nachdem der Zeit despot. Mißwirtschaft unter Mujibur Rahman zahlreiche Coups von Vertretern unterschiedlichster polit. Couleur gefolgt waren, setzte sich 1976 in weiten Kreisen der Bevölkerung die Überzeugung durch, der Staat brauche stabile polit. Verhältnisse, um seiner brennenden wirtschaftl. und sozialen Probleme Herr werden zu können. Die Bangalen befürworteten zunehmend deutlich eine straffe Führung sowie eine effiziente Verwaltung.

So machte sich in der Bevölkerung Erleichterung breit, als Ende Nov. das Militär unter Führung von Generalmajor Ziaur Rahman die Herrschaft übernahm. Das zivile Staatsoberhaupt, Präsident A. S. M. Sayem, wurde aller Machtbefugnisse entkleidet und prominente Politiker wurden verhaftet. Die polit. Schlüsselstellung fiel fortan dem „Obersten Kriegsrechtsadministrator" zu. Präsident Sayem behielt sein Amt, ihm blieben jedoch ausschließl. repräsentative Aufgaben, denn die Verwaltung durch Kriegsrecht wurde ihm von Rahman entzogen. Indem er den ehemaligen Präsidenten Khondakar Mustafa Ahmed, den früheren Parlamentsvorsitzenden Abdul Malek Ukil sowie andere bekannte Politiker festsetzte, warnte Ziaur Rahman die Parteien deutlich, ihre Tätigkeit gegen das erklärte Staatswohl zu richten.

Für die Bevölkerung bedeutete die Verschiebung der allgemeinen Parlamentswahlen auf einen unbekannten Termin eher Erleichterung als Beeinträchtigung polit. Freiheitsrechte. Nur zu deutl. waren allen noch die nur kurze Zeit zurückliegenden chaot. Zustände im Lande, zu deren Verschlimmerung die zahlreichen polit. Splittergruppen beigetragen hatten. Die Atomisierung der polit. Kräfte war der Hintergrund und das Motiv für das Eingreifen des Militärs, das letztl. das Putschkarussel zum Stehen brachte. Der Verdruß unter den Bangalen über die bisherigen korrupten Führer enthob die neuen Machthaber der Notwendigkeit, ihre fakt. Herrschaft durch Zivilisten zu drapieren, so daß sich Ziaur Rahman ohne Widerspruch zum Obersten Kriegsrechtsverwalter ernennen konnte.

Bangladesch. Staatspräsident Abu Sadat Mohammed Sayem

Dacca bemühte sich, sein Verhältnis zu Pakistan zu normalisieren und zu bessern. Gleichzeitig festigte Bangladesch seine Beziehungen zu Peking. Mit Indien gab es manche unfreundl. Berührung. So hatte das bangal. Militär Insurgenten, die vermutl. mit ind. Duldung operierten, von den Grenzen fernzuhalten. Der schon seit Jahren schwelende Konflikt um den Farakka-Staudamm brach offen aus und belastete das Verhältnis zu Indien. Mit dem Damm leitet Indien einen Teil des Gangeswassers ab, um, so die amtl. Diktion, der Verschlammung des Hafens Kalkutta zu wehren. B. hingegen sieht durch den reduzierten Wasserzufluß seine Landwirtschaft im Gangestal gefährdet. Immer wieder klang an, daß Indien dem Ganges mehr Wasser als verabredet und nötig entnehme. In Dacca kursierte die Meinung, Delhi versuche mit einer „Politik der Nadelstiche" dem Nachbarn die Grenzen seiner Unabhängigkeit zu zeigen.

BARBADOS

Geographische Daten und Bevölkerung: *Fläche* 431 km^2, *Hauptstadt* Bridgetown (etwa 100 000 E), *Bevölkerung* 247 000 E, 560 E/km^2 (1975), *Amtssprache* Englisch, *Religion* überwiegend Protestanten.

Wirtschaft: *Erwerbstätigkeit* (1970): 83 700 Erwerbstätige, davon (in Prozentanteilen) Landwirtschaft und Fischerei 21, Energie und Industrie 15, Handel 15, Baugewerbe 13, sonstige Dienstleistungen 36. – *Landwirtschaft:* 26 000 ha Ackerland (1960). – Produktion (Auswahl; 1975): Zuckerrohr 960 000 t, Jamswurzeln 16 000 t, Baumwolle 2 000 t. – *Industrie und Elektrizitätserzeugung* (1975): Zucker 97 000 t, Elektrizität 204 GWh. – *Außenhandel* (1975): Export 216 Mill. BDS$, Import 437 Mill. BDS$. Haupthandelspartner sind Großbritannien und USA. Hauptexportprodukt ist Zucker. – *Währung* ↑ Übersicht Währungen. – *BSP* etwa 700 Mill. BDS$, 2 800 BDS$/E (1975).

Verkehr: *Straßen:* 1 259 km. – *Luftverkehr* (1975): 692 000 Fluggäste. – *Fremdenverkehr* (1975): 221 500 Touristen.

Barbados, parlamentar. Monarchie auf den Kleinen Antillen. Als Volksvertretung fungieren ein Senat mit 21 ernannten Mitgliedern und ein Abgeordnetenhaus mit 24 gewählten Abgeordneten, die verschiedenen Parteien angehören. Staatsoberhaupt Königin *Elisabeth II.* von Großbritannien, Regierungschef *John M. G. („Tom") Adams* (seit Sept. 1976; zuvor *E. W. Barrow*). Flagge ↑ Farbtafeln Flaggen S. 121. Internat. Mitgliedschaften ↑ Übersicht Internationale Organisationen.

Wirtschaft: Um die Jahreswende 1975/76 war der Beginn einer leichten Erholung nach den Rückschlägen der letzten Jahre zu verspüren. Hauptproblem ist immer noch die Arbeitslosigkeit von über 30%. Es fehlen mindestens 20 000 Arbeitsplätze. Fallende Zuckerpreise und Ernteausfälle durch Trockenheit ließen den Importüberschuß weiter ansteigen, während der anfangs schnell wachsende Tourismus nur noch geringfügig zunahm. Erfolgreich war dagegen die Inflationsbekämpfung. Die Lebenshaltungskosten stiegen nur noch um 2% gegenüber 13% 1975 und fast 40% 1974.

Innen- und Außenpolitik: Das Jahr 1976 brachte dem traditionell gemäßigten und vergleichsweise stabilen Land ungewohnte Unruhe. Höhepunkt war die Abwahl von Premierminister E. W. Barrow, der mit seiner Democratic Labour Party (DLP) seit 1961 regiert hatte. Die 134 000 Stimmberechtigten verschafften am 2. Sept. der Partei von Tom Adams 17 der 24 Parlamentssitze. Der neue Premierminister und seine Barbados Labour Party (BLP) hatten der alten Regierung „volksfremden Regierungsstil" und Verschwendung vorgeworfen. Außerdem sei zu wenig gegen die Arbeitslosigkeit unternommen worden, die angeblich, je nach Standort, 15% bzw. bis zu 28% betrug. Für den konservativen Tom Adams scheinen bessere Aussichten auf auswärtige Hilfe zu bestehen, v. a. aus Kanada und den USA.

E. W. Barrow, der einstmals als der beste Freund der USA in der Karibik bezeichnet wurde, hatte gegen Ende seiner Amtszeit unerwartete Kritik an den USA geübt. Im April 1976 bezichtigte er sie, die linksorientierten Nachbarstaaten Jamaika und Guyana gezielt zu „destabilisieren". Dieser Position schlossen sich auch die Regierungschefs der genannten Länder und sogar der zunehmend konservative E. E. Williams von Trinidad und Tobago bei einem gemeinsamen Treffen im Mai an.

Barre, Raymond, * Saint-Denis (auf Réunion) 12. April 1924, frz. Politiker. Studierte Rechts-, Wirtschafts- und polit. Wissenschaften in Paris, ab 1950 Dozent an der Universität von Caen, seit 1961 in Paris. 1959–62 Direktor des Ministerialbüros des Innenministers, 1967–73 Vizepräsident der EG-Kommission (zuständig für Finanz- und Wirtschaftspolitik), anschließend Mitglied des Generalrates der Bank von Frankreich. Ab Jan. 1976 Außenhandelsminister. Der parteilose B. wurde im Aug. 1976 Premierminister und zugleich Finanz- und Wirtschaftsminister.

Basler Nachrichten ↑ Basler Zeitung.

Basler Zeitung, aus dem Zusammenschluß der Basler Nachrichten und der (ebenfalls in Basel erschienenen) National-Zeitung hervorgegangene Tageszeitung.

Baumann, Jürgen, * Essen 22. Juni 1922, dt. Jurist. Ab 1959 Professor an der Universität Tübingen (befaßt vorwiegend mit der Strafrechtsreform); wurde im Juli 1976 von der FDP als Nachfolger des zurückgetretenen Berliner Bürgermeisters und Justizsenators H. Oxfort nominiert und im Aug. 1976 zum Justizsenator gewählt.

Jürgen Baumann

Belgien, parlamentar. Monarchie in Westeuropa. Als Volksvertretung fungieren ein Senat mit 181 gewählten Mitgliedern und eine Abgeordnetenkammer mit 212 Abgeordneten, die verschiedenen Parteien angehören. Staatsoberhaupt König *Baudouin I.* (seit Juli 1951), Regierungschef *Léo Tindemans* (seit April 1974; zuvor *E. Leburton*), Außenminister *Renaat van Elslande.* Flagge ↑ Farbtafeln Flaggen S. 121. Internat. Mitgliedschaften ↑ Übersicht Internationale Organisationen.

Wirtschaft: Der im Herbst 1975 einsetzende, zunächst lebhafte Aufschwung flachte schon im Frühjahr 1976 rasch wieder ab. So ergab sich nur eine Wachstumsrate von 3%. Dabei gingen die stärksten Impulse vom privaten Verbrauch, dem Export und der Lagerauffüllung aus, während die Bruttoinvestitionen stagnierten. Der Stabilitätskurs mit restriktiver Kreditpolitik wurde trotzdem bis zum Herbst durchgehalten. Die Kopplung der Löhne und Gehälter an den Preisindex konnte die Regierung trotz aller Bemühungen nicht abschaffen. Es gelang ihr nur, ab 1. April eine Begrenzung der Gleitklausel auf Monatsgehälter bis zu 42 000 bfr durchzusetzen. Die Industrieproduktion stieg unter Schwankungen um rund 10%, d. h. etwa wieder auf den Stand von 1974.

Innen- und Außenpolitik: Ende Mai kam es in Brüssel in dem seit Wochen sich zuspitzenden Sprachenstreit zwischen Flamen und Wallonen zu heftigen Auseinandersetzungen (Massendemonstrationen, Besetzung von Amtsgebäuden) zwischen den radikalen Parteien der Sprachengruppen, der fläm. Volksunie und der frankophonen FDF. Anlaß gab die (schon bestehende) Einrichtung von getrennten fläm. und frankophonen Schaltern im Rathaus der Brüsseler Gemeinde Schaerbeek, Ursache war die in der schlechten Wirtschaftslage und bei der ungleichen wirtschaftl. Entwicklung in Flandern und Wallonien als ungerecht empfundene Verteilung von Arbeitsplätzen in der Verwaltung. Die Regierung versuchte mit verschiedenen Maßnahmen, den Konflikt zu mildern.

Am 17. Juni beschloß die Regierung, zusammen mit den Niederlanden, Luxemburg und Frankreich vom 3. April bis 25. Sept. 1977 die Sommerzeit einzuführen. Am 8. und 9. Juli stattete Außenminister van Elslande Ungarn einen offiziellen Besuch ab, bei dem ein Konsularabkommen unterzeichnet wurde. Im Juli beschloß die Regierung, die durch die große Trockenheit stark gestiegenen Preise für Gemüse aus der Preisindexberechnung auszuschließen, um eine Lohnexplosion und damit ein weiteres Ansteigen der ohnehin sehr hohen Inflationsrate zu vermeiden (in Belgien sind Löhne, Gehälter, Mieten u. a. fast automat. an die Entwicklung der Verbraucherpreise gebunden). Die Gewerkschaften protestierten und drohten mit Generalstreik. Mitte Sept. gab die Regierung nach und hob ihre Maßnahme einen Monat früher als ursprüngl. vorgesehen wieder auf. Im Sept. und Okt. kam es außerdem zu Auseinandersetzungen zwischen Regierung und Ärzten über deren Honorare und mit den Lehrern wegen der Sparpläne der Regierung im Erziehungswesen. Vom 3. bis 5. Okt. weilte der sowjet. Außenminister A. Gromyko zu einem offiziellen Besuch in Brüssel. Vom 11. bis 14. Okt. statteten König Baudouin I. und Königin Fabiola Rumänien einen offiziellen Besuch ab, in dessen Verlauf die Außenminister beider Länder mehrere Abkommen unterzeichneten. Am 15. Okt. nahmen B. und Angola diplomat. Beziehungen auf Botschafterebene auf.

Am 10. Nov. fanden im ganzen Land Kommunalwahlen statt, die leichte Gewinne für die Sozialisten in Wallonien und für die Christdemokraten in Flandern sowie große Gewinne für die radikale frankophone Brüsseler Partei FDF (bis über 10%) brachten. Am 18. Nov. begann ein seit längerem vorbereiteter Dialog zwischen den Sprachengruppen mit dem Ziel der endgültigen Lösung des Problems der Regionalisierung des Landes (größere Autonomie für die drei Regionen Flandern, Wallonien und Brüssel). Am 24. Nov. wurde unter Führung des liberalen wallon. Ministers F. Perin eine neue Partei gegründet, die „Partei für Reformen und Freiheit der Wallonie" (PRLW), in der sich die Mitglieder des wallon. Flügels der Liberalen Partei und der rechte Flügel des Rassemblement Wallon (RW), darunter zwei weitere Minister, zusammenschlossen. Aufgrund dieser Abspaltung erklärte der Präsident des RW das Verbleiben der drei Minister in der Regierung für unmoral. und forderte deren Demission. F. Perin erklärte daraufhin seinen Rücktritt, was Premierminister L. Tinde-

BELGIEN
Geographische Daten und Bevölkerung: *Fläche* 30514 km², *Verwaltungsgliederung* in 9 Provinzen, *Hauptstadt* Brüssel (1,05 Mill. E), *Bevölkerung* 9,81 Mill. E, 321 E/km², Geburten-/Sterberate (auf 1000 E) 12,2/12,2 (1975), *Amtssprachen* Niederländisch, Französisch und Deutsch, *Religion* fast ausschließl. Katholiken.
Wirtschaft: *Erwerbstätigkeit* (1974): 3,8 Mill. Erwerbstätige, davon (in Prozentanteilen) Land- und Forstwirtschaft 3,7, Bergbau, Energie und Wasserwirtschaft 1,8, Industrie 30,7, Baugewerbe 7,7, Handel, Banken, Versicherungen 24,1, Verkehr 7,0, sonstige Dienstleistungen 25,0. – *Landwirtschaft:* Nutzfläche 1,48 Mill. ha, davon 680000 ha Ackerland (1975). – Produktion (Auswahl; 1975): Weizen 677000 t, Futtergerste 146000 t, Zuckerrüben 4,91 Mill. t, Hafer 228000 t, Kartoffeln 1,05 Mill. t, Flachs (Stroh) 54000 t, Rindfleisch 250000 t, Schweinefleisch 552000 t. – *Bergbau, Industrie und Elektrizitätserzeugung* (Auswahl; 1975; in 1000 t): Kohle 7237 (1976), schweres Heizöl 9871, Benzin 5007, Rohstahl 12150 (1976), Walzstahl 7888, Kupfer 357, Zink 225, Pkw (Montage) 197000 Einheiten, Nutzfahrzeuge 25400 Einheiten, Zement 7500 (1976), Schwefelsäure (100% H_2SO_4) 1844, Papier und Pappe 655, Baumwoll- und Reyongarn 55, Baumwollgewebe 55, Bier 63,4 Mill. hl (1974), Elektrizität 38,976 Mrd. kWh. – *Außenhandel* (Belgien-Luxemburg; 1976): Export 1262 Mrd. bfr, Import 1349 Mrd. bfr. Haupthandelspartner sind BRD, Frankreich, Niederlande, USA, Großbritannien. Hauptexportgüter sind Eisen und Stahl, Textilien, Fahrzeuge, Chemikalien, Nahrungsmittel, Glas. Hauptimportgüter sind Erdöl und Erdölprodukte, Maschinen, Fahrzeuge, Eisen und Stahl, Nahrungsmittel, Chemikalien. – *Währung* ↑Übersicht Währungen. – *BIP* zu Marktpreisen 2320 Mrd. bfr, 236500 bfr/E (1975).
Verkehr: *Eisenbahnen:* Streckenlänge 4368 km, davon 1514 km elektrifiziert, 8,26 Mrd. Personenkilometer, 6,73 Mrd. Nettotonnenkilometer (1975). – *Straßen:* 93679 km, davon 10520 km Hauptstraßen und 1048 km Autobahnen. Bestand an Pkw 2,58 Mill., an Lkw und Omnibussen 302500 (1975). – *Luftverkehr* (1975; nur SABENA): 4,35 Mill. Fluggäste, 3,79 Mrd. Personenkilometer, 630 Mill. Nettotonnenkilometer. – *Schiffahrt* (1976): Handelsflotte mit 1,32 Mill. BRT.

mans die Möglichkeit gab, durch eine umfassende Kabinettsumbildung am 9. Dez. den gestörten Proporz wiederherzustellen.
Nach Billigung durch die NATO verfügte die Regierung am 9. Dez. eine Verkürzung der Wehrdienstpflicht von bisher 12 auf 10 Monate (bei den in der BRD Stationierten von 10 auf 8 Monate).
Belize ↑Übersicht Staaten der Erde (Großbritannien).
Bellow, Saul, * Lachine bei Montreal 10. Juli 1915, amerikan. Schriftsteller. Erhielt 1976 nicht zuletzt für seinen Roman „Humboldts Vermächtnis" den Pulitzerpreis sowie den Nobelpreis für Literatur.
Benin, Volksrepublik in W-Afrika (bis 29. Nov. 1975 Dahomey). Als Volksvertretung fungiert anstelle der 1965 aufgelösten Nationalversammlung ein „Nationalrat der Revolution" aus 67 ernannten Mitgliedern. Staatsoberhaupt *Mathieu Kérékou* (seit Okt. 1972). Flagge ↑Farbtafeln Flaggen S. 121. Internat. Mitgliedschaften ↑Übersicht Internationale Organisationen.
Innen- und Außenpolitik: Im Jan. gründete B. zusammen mit Togo, Niger, Obervolta und der Elfenbeinküste eine sog. Kultur-Entente mit Sitz in Lomé. Die Grenze zu Togo wurde zwar am 28. Jan. erneut geschlossen, doch kam es dann durch Vermittlung Guineas am 21. März in Conakry zu einem Gipfeltreffen, bei dem die Regierungschefs B.s und Togos beschlossen, künftige Streitfälle durch regelmäßige Kontakte auf Regierungsebene zu regeln. Einem Freundschaftsbesuch Präsident M. Kérékous in Lomé (Juni) folgte dann am 6. Okt. die Billigung

König Karl XVI. Gustav (rechts) überreicht Saul Bellow den diesjährigen Nobelpreis für Literatur

eines Entwurfs für eine Konvention, in der sich B. und Togo verpflichteten, subversive Elemente in beiden Ländern künftig gemeinsam zu bekämpfen. Die Festigung der Beziehungen zu China kam darin zum Ausdruck, daß im Rahmen eines Besuchs M. Kérékous in Peking am 20. Juli ein Protokoll für wirtschaftl. und techn. Zusammenarbeit unterzeichnet wurde. Wegen eines Putschversuchs vom Okt. 1975 wurden Anfang Febr. 11 Personen zum Tode

BENIN
Geographische Daten und Bevölkerung: *Fläche* 112622 km², *Verwaltungsgliederung* in 6 Departements, *Hauptstadt* Porto-Novo (74500 E), *Bevölkerung* 3,11 Mill. E (1975), 27,6 E/km², *Amtssprache* Französisch, *Religion* Animisten, Muslime, Katholiken.
Wirtschaft: *Erwerbstätigkeit:* Etwa 90% der Bevölkerung leben von der Landwirtschaft. – *Landwirtschaft:* Produktion (Auswahl; 1972): Mais 170000 t, Sorghum 40000 t, Süßkartoffeln und Jamswurzeln 39000 t, Maniok 750000 t, Palmkerne 60000 t (1973), Erdnüsse 55000 t (1973), Kokosnüsse 40000 t, Baumwolle 22000 t, Kuhmilch 10000 t, Fische 33000 t. – *Industrie und Elektrizitätserzeugung* (Auswahl; 1971): Zement 80000 t, Bier 104000 hl, Elektrizität 49,7 Mill. kWh (1973). – *Außenhandel* (1974): Export 8,19 Mrd. CFA-Franc, Import 35,17 Mrd. CFA-Franc. Haupthandelspartner ist Frankreich. Hauptexportgüter sind Palmöl, Kakao, Baumwolle. – *Währung* ↑Übersicht Währungen. – *BIP* zu Marktpreisen 80,8 Mrd. CFA-Franc (1975), BIP je E 25980 CFA-Franc.
Verkehr: *Eisenbahnen:* Streckenlänge 579 km (1971). – *Straßen:* 7600 km (1971). – *Luftverkehr* (1973; Flughafen Cotonou): 63900 Fluggäste.

BHUTAN
Geographische Daten und Bevölkerung: *Fläche* 46 618 km^2, *Verwaltungsgliederung* in 8 Provinzen, *Hauptstadt* Thimbu (etwa 21 000 E), *Bevölkerung* 1,2 Mill. E, 25,7 E/km^2, *Amtssprache* Dzongkha, *Religion* überwiegend Buddhisten, ferner Hindus.
Wirtschaft: *Erwerbstätigkeit:* Rund 90% der arbeitenden Bevölkerung sind in der Landwirtschaft tätig. – *Landwirtschaft:* 35 000 ha Ackerland. Anbau von Reis, Weizen, Buchweizen, Gerste, Mais, Orangen, Äpfeln. – *Bergbau:* Bitterspat, Gips, Kalkstein, Graphit, Kohle, Zink, Blei. – *Außenhandel:* wird über Indien abgewickelt. Exportgüter sind Agrarprodukte und Holz. – *Währung* ↑Übersicht Währungen.
Verkehr: *Straßen:* 1 332 km, davon 222 km mit fester Decke. Kfz-Bestand: 1972 unterhielt die Regierung 31 Omnibusse und 52 Lkw.

bzw. zu lebenslängl. Gefängnis verurteilt. Ein außerordentl. Kongreß des regierenden PRPB (Parti de la Révolution Populaire du Benin) führte zur Wahl eines neuen Zentralkomitees und eines Politbüros.

Bergman, Ingmar, * Uppsala 14. Juli 1918, schwed. Film- und Theaterregisseur und Drehbuchautor. Lebt seit 1976 in der BRD; Preisträger des Frankfurter Goethepreises 1976.

Bermudainseln ↑Übersicht Staaten der Erde (Großbritannien).

Bhutan, konstitutionelle Monarchie in Asien an der Südabdachung des östl. Himalaja. Als Volksvertretung fungiert eine Nationalversammlung mit 110 indirekt gewählten und 40 vom König bestellten Mitgliedern. Zehn Sitze sind den Lamas vorbehalten. Staatsoberhaupt König *Jigme Singye Wangchuk* (seit Juli 1972). Flagge ↑Farbtafeln Flaggen S. 121. Internat. Mitgliedschaften ↑Übersicht Internationale Organisationen.
Wirtschaft: Der 1976 ausgelaufene dritte Entwicklungsplan wurde zu 90% von Indien finanziert. Die Verwaltungsausgaben der königl. Regierung hat Indien zu 40% übernommen. Weiterhin ist Indien an der Planung und Durchführung der meisten Projekte beteiligt und hat dafür ca. 5 000 eigene Experten und Techniker nach B. entsandt. Die starke Abhängigkeit von Indien soll u. a. durch UN-Hilfe abgebaut werden.
Innen- und Außenpolitik: Die polit. Situation des außenpolit. von Indien abhängigen Staates hat sich 1976 durch die ind.-pakistan. Annäherung und durch die nachlassende Spannung zwischen Indien und China verbessert. König Jigme Singye Wangchuk versuchte weiterhin durch Präsenz bei internat. Konferenzen der Weltöffentlichkeit die Existenz seines Staates zu verdeutlichen, um einer

Der aus der DDR abgeschobene Liedermacher Wolf Biermann (Mitte) mit dem Schriftsteller Günter Wallraff (links) und dem ehemaligen Studentenführer Rudi Dutschke

weitergehenden Dominierung durch Indien entgegenzuwirken. 1976 realisierten sich auch die Hoffnungen auf eine vorsichtige Öffnung des Landes für den Tourismus.
Von innenpolit. Brisanz ist noch immer die Tibeterfrage. Im Gegensatz zu den Wünschen des Dalai Lama versucht B., die Geflüchteten zu integrieren, nicht zuletzt, um dadurch mögliche Aktionen gegen China zu verhindern. Diesem Zweck sollte auch das 1976 weitergeführte Projekt der dezentralen Ansiedlung dieser Minderheit dienen.

Bielka, Erich, * Wien 12. Mai 1908, östr. Diplomat und Politiker. 1974–76 Außenminister.

Biermann, Wolf, eigtl. Karl-Wolf B., * Hamburg 15. Nov. 1936, dt. Liedermacher und Kabarettist. Wurde während seiner Tournee durch die BRD im Nov. 1976 von den Behörden der DDR ausgebürgert.

Birma, Republik in Südostasien. Als legislatives Organ fungiert ein Staatsrat unter dem Vorsitz des Generals *U Ne Win* (seit März 1962). Flagge ↑Farbtafeln Flaggen S. 121. Internat. Mitgliedschaften ↑Übersicht Internationale Organisationen.
Wirtschaft: Die Stagnation der wirtschaftl. Aktivität B.s führen Beobachter auf die Nationalisierung zurück. Abgesehen vom Ackerbau sind 90% der Betriebe in staatl. Händen. Die ohnehin schlechte Versorgungslage wurde dadurch verschlimmert, daß aufgrund der angespannten Devisenlage die Importe gedrosselt werden mußten. Die Lebenshaltung hat sich erhebl. verteuert. Bei fast konstant gebliebenen Gehältern erhöhte sich der Konsumgüterindex in den vergangenen zwei Jahren um 70%.
Innen- und Außenpolitik: Innenpolit. war 1976 für B. ein unruhiges Jahr. Eine Reihe potentiell explosiver Situationen brachte die Regierung wiederholt in eine heikle Lage. Dazu kam, daß die chron. Insurgententätigkeit eher zu- als abnahm;

BIRMA
Geographische Daten und Bevölkerung: *Fläche* 678 033 km^2, *Verwaltungsgliederung* in 7 Provinzen, *Hauptstadt* Rangun (2,1 Mill. E), *Bevölkerung* 31,0 Mill. E, 45,7 E/km^2, Geburten-/Sterberate (auf 1 000 E) 39,5/15,8, *Amtssprache* Birmanisch, *Religion* 85% Buddhisten.
Wirtschaft: *Erwerbstätigkeit:* 11,6 Mill. Erwerbstätige, davon (in Prozentanteilen) Land- und Forstwirtschaft, Jagd, Fischerei 69, produzierendes Gewerbe 9, Handel, Banken, Versicherungen 9, Verkehr und Nachrichtenübermittlung 3,4, Sozialwesen und Verwaltung 4, sonstige Bereiche 5,6. – *Landwirtschaft:* Nutzfläche 18,44 Mill. ha, davon 7,813 Mill. ha Ackerland. – Produktion (Auswahl): Reis (ungeschält) 9,4 Mill. t, Hirse 68 000 t, getrocknete Erbsen 14 000 t, getrocknete Bohnen 160 000 t. – *Bergbau, Industrie und Elektrizitätserzeugung* (Auswahl; 1975): Erdöl 960 000 t, Steinkohle 20 300 t, Zinkerzkonzentrat 4 400 t, Zinnerzkonzentrat 444 t, Wolframkonzentrat 351 t, Baumwollgarne 4 200 t, Zement 220 000 t, Elektrizität 636 Mill. kWh. – *Außenhandel* (1975): Export (fob) 158 Mill. $, Import (cif) 125 Mill. $. Haupthandelspartner sind Japan, China und BRD. Hauptexportgüter sind Reis, Holz, Futtermittel. Hauptimportgüter sind Garne, Gewebe, Textilwaren, Maschinen, Fahrzeuge. – *Währung* ↑Übersicht Währungen. – *BIP* (1974): 14,852 Mrd. K.
Verkehr: *Eisenbahnen:* Streckenlänge 3 136 km (1972), 3,36 Mrd. Personenkilometer (1975), 407 Mill. Nettotonnenkilometer (1975). – *Straßen* (1970): 25 882 km, davon 7 800 km Asphaltstraßen. Kfz-Bestand etwa 49 500 (1972). – *Schiffahrt:* Handelsflotte mit 52 000 BRT (1974). – *Luftverkehr:* 163,2 Mill. Personenkilometer, 1,2 Mill. Nettotonnenkilometer.

Terroristenanschläge sorgten auch 1976 für eine Reihe von Toten und Verwundeten. Zum dritten Mal seit Dez. 1974 flammten im März Studentenunruhen auf, die zur Schließung der Hochschulen bis zum Okt. führten. Am 3. Jan. entließ Ne Win Handelsminister U San Win. Im März stürzte Verteidigungsminister und Generalstabschef General Tin U, der erhebl. Sympathien bei den Streitkräften genoß. Schließl. wurde Mitte Juni die Festnahme von 14 jungen Offizieren bekanntgegeben, die angebl. den Sturz der Regierung und die Ermordung von Präsident Ne Win, BSPP-Generalsekretär San Yu und Geheimdienstchef Oberst Tin U geplant hatten. Das Regime gab damit offen zu, daß auch seine Hauptstütze, die Armee, nicht frei von Unzufriedenheit ist. Vor diesem Hintergrund rief die Parteiführung für Ende Okt. kurzfristig einen außerordentl. Parteitag ein, auf dem Staatspräsident Ne Win und BSPP-Generalsekretär San Yu in ihren Referaten in erstaunl. freimütiger Weise die bisherigen Mißerfolge bei der Erfüllung der Wirtschaftspläne eingestanden.
Außenpolit. hielt B. seine traditionelle Neutralitätspolitik strikt ein. Auf der Konferenz der blockfreien Staaten im Aug. in Colombo bekräftigte Ministerpräsident U Sein Win B.s Wunsch nach freundschaftl. Beziehungen zu allen Staaten, insbes. zu seinen Nachbarn.

blockfreie Staaten: Vom 16. bis 19. Aug. 1976 fand in Colombo die V. Gipfelkonferenz der b.n St. statt, deren Mitgliederzahl (1973: 75) sich inzwischen auf 86 Staaten erhöht hatte (darunter auch die PLO). Als Beobachter nahmen zehn lateinamerikan. Staaten und mehr als zehn Befreiungsbewegungen, als Gäste neben den neutralen Staaten Finnland, Österreich, Schweden und der Schweiz auch Rumänien, Portugal und die Philippinen teil. Zentrale Themen waren die Situation im südl. Afrika, die Palästinenserfrage, der geforderte Rückzug der USA aus Süd-Korea und die Blockfreiheit aller Anrainerstaaten des Ind. Ozeans. Gefordert wurde die Errichtung einer neuen internat. Wirtschaftsordnung, die bes. die Situation der Entwicklungsländer zu berücksichtigen hätte, sowie ein Ölembargo gegen Israel und das Südafrika militär. und techn. unterstützende Frankreich. Beschlossen wurde die Errichtung eines eigenen Nachrichtenpools.

Blumberg, Baruch Samuel, * New York 28. Juli 1925, amerikan. Mediziner. Seit 1970 Professor für genet. Medizin am Krebsforschungsinstitut der Pennsylvania University in Philadelphia; entdeckte bei seinen Arbeiten über Hepatitis 1965 das sog. Australia-Antigen. Durch Anwendung des von ihm entwickelten Tests *(B.-Test)* können Träger der Serumhepatitis (Hepatitis B) identifiziert werden. 1976 erhielt B. (zusammen mit D. C. Gajdusek) den Nobelpreis für „Physiologie oder Medizin".

Bokassa, Jean Bedel, * Bobangui (Präfektur Lobaye) 22. Febr. 1921, zentralafrikan. Politiker. Seit 1966 nach einem Militärputsch Präsident der Zentralafrikan. Republik. Proklamierte am 4. Dez. 1976 das Zentralafrikan. Kaiserreich und ließ sich als Kaiser Bokassa I. ausrufen.

Bolivien, Republik in Südamerika. Senat und Kammer sind aufgelöst. Staatsoberhaupt *Hugo Banzer Suárez* (seit Aug. 1971), Außenminister *Oscar Adriazola* (seit April 1976). Flagge ↑Farbtafeln Flaggen S. 121. Internat. Mitgliedschaften ↑Übersicht Internationale Organisationen.
Wirtschaft: 1976 wurde v. a. dank reger Investitionstätigkeit wieder ein Wachstum um 7% wie im Vorjahr erzielt. Am günstigsten entwickelten sich Industrie und Bauwirtschaft, während die Agrarproduktion nur um 4% stieg. Die Inflationsrate lag unverändert bei 12%. Im Bergbausektor (+7%) stieg die Ölförderung nach dem Rückgang im Vorjahr wieder um 15% an. Sie soll in den nächsten zwei Jahren durch Erschließung neuer Vorkommen von 45 000 auf 70 000 Faß pro Tag erhöht werden. Die Zinnerzförderung ging etwas zurück. Sie soll dank Erhöhung der Schmelzkapazität ab April 1977 zu 50% im Lande selbst verarbeitet werden. Das am 1. Juni 1976 provisor. in Kraft getretene 5. Internationale Zinnabkommen haben die Vertreter B.s vorerst nicht unterschrieben, da nach ihrer Meinung die festgesetzten Preise nicht kostendeckend sind.
Innenpolitik: Zwei Morde außerhalb B.s standen in unmittelbarer Beziehung zur Innenpolitik des Landes. Am 11. Mai wurde in Paris der bolivian. Botschafter in Frankreich, Joaquín Zenteno Anaya, bei einem Anschlag getötet. Eine „Internat. Brigade Che Guevara" übernahm die Verantwortung. Zenteno Anaya leitete im Jahr 1967 als Oberst der 8. Armeedivision diejenigen militär. Operationen gegen die bolivian. Landguerilla, bei denen auch Ernesto „Che" Guevara den Tod fand.
Anfang Juni wurde der in Buenos Aires im Exil lebende Expräsident J. J. Torres Gonzales ermordet aufgefunden.
Nach Torres Gonzales' gewaltsamem Tod und dem Verbot, seine Leiche nach B. zu überführen, kam es zu Unruhen, die direkt in einen von Studenten unterstützten Arbeitskampf der Minenarbeiter mündeten. Am 9. Juni wurde der Ausnahmezustand verhängt, es folgte die Besetzung der wichtigsten Bergbaugebiete durch das Militär sowie die Schließung der Hochschulen. Während des über einen Monat andauernden Streiks kam es zu zahlreichen Verhaftungen, der Verband der Minenarbeitergewerkschaften (FSTMB) wurde verboten, seine Vertreter ins Ausland abgeschoben, die Lebensmittel- und Wasserversorgung der unzugängl. Bergbausiedlungen wurde unterbrochen. Nach harten Auseinandersetzungen endete der Ausstand mit der Annahme eines von der Regierung ausgearbeiteten

BOLIVIEN
Geographische Daten und Bevölkerung: *Fläche* 1 098 581 km², *Verwaltungsgliederung* in 9 Departamentos, *Hauptstadt* Sucre (88 000 E; 1974), Regierungssitz La Paz (800 000 E; 1974), *Bevölkerung* 5,79 Mill. E, 5,3 E/km² (1976), Geburten-/Sterberate (auf 1 000 E) 14/19 (1974), *Amtssprache* Spanisch, *Religion* 93% Katholiken.
Wirtschaft: *Erwerbstätigkeit* (1972): 2,036 Mill. Erwerbstätige, davon (in Prozentanteilen) Land- und Forstwirtschaft 64,7, Bergbau und Energie 10,5, Baugewerbe 2,5, Industrie 8,6, Handel, Banken, Versicherungen 6,7, sonstige Dienstleistungen 7,0. – *Landwirtschaft:* Nutzfläche 30,4 Mill. ha, davon 3,1 Mill. ha Ackerland; 57,2 Mill. ha Wald (1974). – Produktion (Auswahl; 1975): Mais 330 000 t, Reis 119 000 t, Kartoffeln 775 000 t, Zuckerrohr 2,32 Mill. t, Bananen 273 000 t, Baumwolle (entkörnt) 15 000 t. – *Bergbau, Industrie und Elektrizitätserzeugung* (Auswahl; 1975): Zinn u. Zinnkonzentrat 26 400 t (Sn-Gehalt), Zink u. Zinkkonzentrat 48 700 t (Zn-Gehalt), Antimon und Antimonkonzentrat 11 900 t, Erdöl 1,87 Mill. t, Zucker 197 000 t, Zement 196 000 t (1974), Elektrizität 967 Mill. kWh (1974). – *Außenhandel* (1975): Export 443 Mill. $, Import 558 Mill. $. Haupthandelspartner sind USA, Argentinien, Brasilien, BRD. Hauptexportgüter sind Zinn, Erdöl und andere NE-Metalle. Hauptimportgüter sind Nahrungsmittel, Kfz und Maschinen. – *Währung* ↑Übersicht Währungen. – *BIP* zu Marktpreisen 43,08 Mrd. $b, 7 650 $b/E (1975).
Verkehr: *Eisenbahnen:* Streckenlänge 3 786 km (1974), 270 Mill. Personenkilometer, 365 Mill. Nettotonnenkilometer (1973). – *Straßen:* 37 313 km, davon 1 163 km befestigt (1974). Bestand an Pkw 24 000, an Lkw und Omnibussen 34 400 (1974). – *Luftverkehr* (1974): 520 000 Fluggäste.

Sozialplans. An die Stelle der verbotenen Gewerkschaften soll künftig – nach den Vorstellungen Präsident Banzer Suárez' – die Minenarbeiterkonferenz treten. Am 29. Juli wurde der Ausnahmezustand aufgehoben.
Im Juni verkündete die Regierung den neuen Fünfjahresplan (1976–80). Er ist wachstumsorientiert und setzt sich einen strukturellen Wandel von der monokulturellen Wirtschaft zur gewerbl. Weiterverarbeitung zum Ziel.
In der *Außenpolitik* sind die Verhandlungen mit Chile und Peru über einen Zugang B.s zum Pazifik auf einem toten Punkt angelangt. Nach dem chilen. Angebot Ende 1975, B. einen Korridor an der peruan. Grenze gegen ein entsprechend großes Stück Land auf dem Altiplano zu überlassen, unterbreitete Peru, dem nach dem Zusatzprotokoll zum Vertrag von Lima (1929) ein Vetorecht hinsichtl. seiner im Pazifikkrieg verlorengegangenen Gebiete zusteht, im Nov. einen Gegenvorschlag. Dieser sieht zwar ebenfalls einen Korridor vor, fordert aber, daß ein Küstenstreifen von der peruan. Grenze bis zur chilen. Hafenstadt Arica unter Dreiländerverwaltung gestellt wird. Chile, das Peru das Recht auf einen Gegenvorschlag abspricht, reagierte ablehnend, aber auch für B., das die volle Souveränität bis zur Küste beansprucht, ist dieser Vorschlag kaum annehmbar.
Die schon 1975 eingeleitete Annäherung B.s an die La-Plata-Staaten wurde – nicht zuletzt wegen der Krise im Andenpakt – verstärkt fortgesetzt. Im Mai kam Juan María Bordaberry, Staatspräsident von Uruguay, zu einem offiziellen Besuch nach Santa Cruz. Es wurde die Errichtung von bolivian. Freizonen im Hafen von Montevideo vereinbart. Zur Unterzeichnung eines umfassenden Kooperationsabkommens mit B. reiste das argentin. Staatsoberhaupt, General J. G. Videla, im Okt. nach La Paz. B. trat nach anfängl. Zögern im Mai dem 5. Internat. Zinnabkommen bei. Im Okt. wurde in Berlin (Ost) ein Handelsvertrag mit der DDR geschlossen.

Bordaberry, Juan María, *Montevideo 17. Juni 1928, uruguayischer Politiker. Ab 1972 Staatspräsident; wurde im Juni 1976 vom Militär abgesetzt.

Börner, Holger, *Kassel 7. Febr. 1931, dt. Politiker. Betonfacharbeiter; trat 1948 in die SPD ein; 1956–72 kommunalpolit. in Kassel tätig; 1957–76 MdB; 1961–64 Bundesvorsitzender der Jungsozialisten, 1967–72 parlamentar. Staatssekretär im Bundesministerium für Verkehr. 1972–76 Bundesgeschäftsführer der SPD. Seit Okt. 1976 hess. Ministerpräsident.

Botswana, Republik im südl. Afrika. Als Volksvertretung fungiert eine Nationalversammlung mit 33 Abgeordneten, die verschiedenen Parteien angehören, sowie ein Haus der Häuptlinge, dem Häuptlinge aus acht Stämmen sowie sieben weitere bes. gewählte Mitglieder angehören. Staatsoberhaupt *Sir Seretse Khama* (seit Okt. 1969). Flagge ↑Farbtafeln Flaggen S. 121. Internat. Mitgliedschaften ↑Übersicht Internationale Organisationen.
Wirtschaft: Das Bruttosozialprodukt B.s liegt schätzungsweise bei jährl. 150 Mill. $. Hauptexportgüter sind Fleisch und Fleischwaren sowie Mineralerzeugnisse, insbes. Diamanten. Im Aug. 1976 führte das Land unter der Bez. Pula eine neue Währung ein und kündigte damit die Währungseinheit mit dem südafrikan. Rand. Ähnlich wie der Rand bleibt auch der Pula an den amerikan. Dollar gekoppelt.
Innen- und Außenpolitik: Mit Ausnahme student. Demonstrationen, die am 23. Nov. dazu führten, daß die Universität in Gaborone auf unbestimmte Zeit geschlossen wurde, verlief die innenpolit. Entwicklung ruhig. Außenpolit. wurde B. dagegen immer stärker in die Auseinandersetzung um Rhodesien einbezogen. Während im April und Mai mehrere Sabotageakte gegen die Eisenbahnlinie zwischen Rhodesien und Südafrika, die über botswan. Territorium führt, verübt wurden, stießen Guerillas der ZAPU im Nov. von Stützpunkten in B. aus gegen Rhodesien vor. Am 20. Dez. beschuldigte die Regierung Sir S. Khamas Rhodesien, am 18. Dez. eine Polizeistation innerhalb B.s angegriffen zu haben. Während die rhodes. Regierung dementierte, kündigte B. an, beim UN-Sicherheitsrat Beschwerde einzulegen. Zu diesen Zwischenfällen kam es, obwohl sich B. und die anderen sog. Frontstaaten zusammen mit Rhodesien im Laufe des Sept. darauf geeinigt hatten, das rhodes. Problem am Verhandlungstisch zu lösen, was dann Ende Okt. zum Beginn der Genfer Konferenz führte.

BOTSWANA
Geographische Daten und Bevölkerung: *Fläche* 600 372 km², *Verwaltungsgliederung* in 12 Distrikte, *Hauptstadt* Gaborone (18 000 E), *Bevölkerung* 661 000 E (1974), 1,1 E/km², *Amtssprache* Setswana, *Religion* Animisten, 14% Christen.
Wirtschaft: *Landwirtschaft:* Produktion (Auswahl; 1972): Hirse und Sorghum 81 000 t, Mais 10 000 t, Rind- und Kalbfleisch 41 000 t (1973), Kuhmilch 102 000 t. – *Bergbau und Elektrizitätserzeugung* (Auswahl; 1975): Diamanten 2,7 Mill. Karat (1974), Kohle 71 000 t, Elektrizität 269,7 Mill. kWh. – *Außenhandel* (1975): Export 105,1 Mill. R, Import 157,2 Mill. R. Hauptexportgüter sind Fleisch und Diamanten. – *Währung* ↑Übersicht Währungen. – *BIP* zu Marktpreisen 190,9 Mill. R (1973/74), BIP je E 290 R.
Verkehr: *Eisenbahnen:* Streckenlänge 634 km (1970). – *Straßen:* 8 019 km (1970). – *Luftverkehr* (1972): 194 000 Fluggäste.

Holger Börner legt den Amtseid als hessischer Ministerpräsident ab

Brandt, Willy, *Lübeck 18. Dez. 1913, dt. Politiker (SPD). Im Dez. 1976 zum Vorsitzenden der Sozialist. Internationale gewählt.

Brasilien, Bundesrepublik in Südamerika. Als Volksvertretung fungieren ein Senat mit 66 Mitgliedern und ein Abgeordnetenhaus mit 364 Abgeordneten, von denen 202 der Regierungspartei ARENA (Aliança Renovadora Nacional) und 162 der Oppositionspartei MDB (Movimento Democrático Brasileiro) angehören. Staatsoberhaupt *Ernesto Geisel* (seit März 1974; zuvor *E. Garrastazú Médici*), Außenminister *Antonio Azeredo da Silveira.* Flagge ↑Farbtafeln Flaggen S. 121. Internat. Mitgliedschaften ↑Übersicht Internationale Organisationen.
Wirtschaft: Die Folgen der Erdölpreiserhöhung waren auch 1976 noch zu spüren, wenngleich die Konsolidierung der außenwirtschaftl. Beziehungen große Fortschritte machte. Die Wachstumsrate war mit 8,8% doppelt so hoch wie 1975 (4,2%). Dagegen gelang es trotz Ausschöpfung aller kredit-

Olympische Sommerspiele III. Erstmals bei Olympischen Spielen blieb ein Reiter bei der Einzel-Springprüfung in beiden Umläufen fehlerfrei: Alwin Schockemöhle auf Warwick (oben). – Bei den Seglern der Soling-Klasse reichte es für Willi Kuhweide (BRD), der hier an der Spitze liegt, in der Endabrechnung nur zum sechsten Platz

Olympische Sommerspiele IV. Ein farbenprächtiges Bild boten die kanadischen Gastgeber den Zuschauern aus aller Welt bei der Schlußfeier

polit. Möglichkeiten nicht, die Inflation wie geplant einzudämmen. Die Lebenshaltungskosten stiegen um 45%, stärker denn je seit 1964. Die Mindestlöhne wurden wie alljährl. am 1. Mai erhöht, diesmal um 44%. Über die Arbeitslosigkeit werden keine Angaben gemacht. Der Staatshaushalt sah Einnahmen und Ausgaben von 189 Mrd. Cr$ vor und dürfte nach anfängl. defizitärer Entwicklung bis Ende 1976 ausgeglichen worden sein. Im Nov. wurden für 1977 Einsparungen von 40 Mrd. Cr$ beschlossen, um die Inflation einzudämmen. Die Ölförderung sank um über 5%, da die Ausfälle durch Erschöpfung der Ölfelder auf dem Festland nicht durch die neu erschlossenen Quellen vor der Küste ausgeglichen werden konnten. Die industrielle Produktion stieg im Durchschnitt um 11%, wobei die Kfz-Industrie, bisher Vorreiter der Industrialisierung mit Wachstumsraten von 20%, ihre Produktion nur noch um 5,5% erhöhen konnte. Die Rohstahl- und Walzstahlproduktion stiegen dagegen wieder um 10,5%, trotzdem mußten noch 1,13 Mill. t eingeführt werden. Die Landwirtschaft hat sich nicht so gut wie erwartet von den Rückschlägen im Vorjahr erholt. Es wurden nur noch 6,4 Mill. Sack Kaffee (à 60 kg) geerntet (1975: 22,2 Mill. Sack), auch die Baumwoll-, Bohnen- und Kakaoernte fielen wegen ungünstiger Witterung schlecht aus. Dagegen hat sich die Weizenerzeugung wieder erholt, nachdem 1975 die Ernte zu 70% durch Unwetter vernichtet worden war. Auch Reis, Zuckerrohr und Sojabohnen erbrachten weit höhere Erträge als 1975. Der Außenhandel stand im Zeichen von Rekorderlösen für Kaffee: 2,3 Mrd. $ für 14,5 Mill. Sack (zum großen Teil aus Vorräten), verglichen mit 934 Mill. $ für die gleiche Menge 1975. Im ganzen erbrachte der Export rund 10 Mrd. $. Dem standen trotz restriktiver Einfuhrpolitik Importe von 12,3 Mrd. $ gegenüber.

BRASILIEN
Geographische Daten und Bevölkerung: *Fläche* 8511965 km², *Verwaltungsgliederung* in 22 Bundesstaaten, 4 Bundesterritorien und 1 Bundesdistrikt, *Hauptstadt* Brasilia (763000 E; 1975), *Bevölkerung* 110,124 Mill. E, 13 E/km² (1976), Geburten-/Sterberate (auf 1000 E) 37,1/8,8 (Durchschnitt 1970–75), *Amtssprache* Portugiesisch, *Religion* 93% Katholiken.
Wirtschaft: *Erwerbstätigkeit* (1975): 35 Mill. Erwerbstätige, davon (in Prozentanteilen; 1970) Land- und Forstwirtschaft 44, Energie- und Wasserwirtschaft, Bergbau 1, Baugewerbe 6, Industrie 11, Handel, Banken, Versicherungen 20, sonstige Dienstleistungen und nicht spezifiziert 18. – *Landwirtschaft:* Nutzfläche 202960 Mill. ha, davon 28 Mill. ha Ackerland, 8,06 Mill. ha Dauerkulturen; 511 Mill. ha Wald (1974). – Produktion (Auswahl; 1975; in Mill. t): Kaffee 1,33, Sojabohnen 9,0, Mais 16,3, Bohnen 2,3, Weizen 1,8, Baumwolle (entkörnt) 0,515, Rindfleisch 2,18, Kuhmilch 7,5, Rinderhäute (frisch) 0,355. – *Bergbau, Industrie und Elektrizitätserzeugung* (Auswahl; 1975; in Mill. t): Eisenerz (68% Fe) 71,7, Rohöl 8,44 Mill. m³, Erdgas 564 Mill. m³, Rohstahl 9,18 (1976), Walzstahl 7,39 (1976), Benzin 10,31, Heizöl 18,0, Kfz 929800, Ackerschlepper 70000 Einheiten (1976), Zement 16,7, Aluminium 0,118, Zucker 7,8, Elektrizität 78,3 Mrd. kWh. – *Außenhandel* (1976): Export 10126 Mill. $, Import 12277 Mill. $. Haupthandelspartner sind USA, BRD, Japan, Argentinien. Hauptexportgüter sind Kaffee, Sojabohnen, Eisenerz, Maschinen, Transportmaterial. Hauptimportgüter sind Erdöl, Investitionsgüter, Chemikalien, Metalle und Metallwaren, Transportmaterial. – *Währung* ↑ Übersicht Währungen. – *BIP* zu Marktpreisen 896 Mrd. Cr$, 8360 Cr$/E (1975).
Verkehr: *Eisenbahnen:* Streckenlänge 33000 km, davon 2311 km elektrifiziert (1975), 10,6 Mrd. Personenkilometer, 55,1 Mrd. Nettotonnenkilometer (einschließl. Werkverkehr mit Erzen; 1974). – *Straßen* (1974): 1,34 Mill. km, davon 76400 km mit fester Decke. Bestand an Pkw 4,58 Mill., an Lkw und Omnibussen 1,52 Mill. – *Schiffahrt* (1975): Handelsflotte mit 2,87 Mill. BRT. – *Luftverkehr* (1974; nur nat. Gesellschaften): 12,5 Mill. Fluggäste, 8,56 Mrd. Personenkilometer, 420 Mill. Nettotonnenkilometer.

Innenpolitik: Das Jahr 1976 ist gekennzeichnet durch eine sich verschärfende polit. Lage, die 1974 mit dem Erstarken der parlamentar. Opposition und dem Ende des „Wirtschaftswunders“ (das bis dahin noch den Zusammenhalt von Militär und den Unternehmergruppen bewirkt hatte) begann. Das polit. Leben B.s war 1976 außerordentl. bewegt. Regierung und Opposition stritten um eine polit. Reform zur Verhinderung einer überstürzten polit. und ökonom. Krise. Die Opposition versuchte eine Öffnung hin zu mehr Demokratie zu erreichen, während Regierung und Militär sich bemühten, ein neues Systemkonzept zu finden, das der wachsenden Opposition Einhalt gebieten könnte.
1976 wurden aber auch viele liberale Illusionen zerstört, zumal das Regierungsinstrument für den Ausnahmezustand, der Acto Institutional Nr. 5, wieder in Kraft trat. Bereits in den ersten Januartagen wurde das Mandat eines Bundesabgeordneten und eines Landesabgeordneten aus der Opposition von São Paulo, weniger als drei Monate später wurden die Mandate von drei weiteren oppositionellen Bundesabgeordneten aufgehoben. Allerdings enthob nach dem Tod eines jungen Arbeiters im Gefängnis der 2. Armee Präsident Geisel am 19. Jan. auch den ultrarechten General E. d'Ávila seines Kommandos.
Die Auseinandersetzung zwischen Kirche und Staat erreichte 1976 ihren bisherigen Höhepunkt. Einen Tag nach den Gemeindewahlen vom 15. Nov. veröffentlichte die Nat. Bischofskonferenz B.s ein Dokument, in dem die sozial-ökonom. Politik der Regierung, die Indianerpolitik und die Doktrin von der nat. Sicherheit der brasilian. Militärs angeprangert wird.
Am 22. Aug. kam bei einem Autounfall der ehem. Präsident J. Kubitschek de Oliveira ums Leben, eine der polit. herausragendsten Persönlichkeiten des Landes. 80000 Personen nahmen an dem Trauerzug teil, der damit zu einem unerwarteten polit. Akt wurde und daran erinnerte, daß J. Kubitschek de Oliveira von der Militärregierung willkürlich aus dem polit. Leben entfernt worden war. Im Dez. starb im argentin. Exil J. B. Goulart, der durch den Militärstreich von 1964 als letzter, demokrat. gewählter Präsident abgesetzt worden war.
Außenpolitik: Das hervorragendste Ereignis in der brasilian. Außenpolitik war der persönl. Einsatz des Präsidenten E. Geisel bei diplomat. Verhandlungen im Ausland. Geisel besuchte im April Frankreich, im Mai Großbritannien und im September Japan und vereinbarte mit den Regierungen engere Handels- und Finanzbeziehungen. Anhand der Ergebnisse dieser Besuche und der schwierigen Zahlungsbilanzverhältnisse B.s hatten die Reisen handels- und finanzpolit. Charakter. In Japan wurde ein Handelsvertrag über 13,5 Mrd. $ unterzeichnet, in Frankreich und Großbritannien Verträge über wirtschaftl. Zusammenarbeit.
Das zweite erwähnenswerte Ereignis ist der Besuch des amerikanischen Außenministers H. Kissinger im Februar. Die Gespräche zwischen Kissinger und seinem brasilian. Amtskollegen hatten ausschließl. polit. Inhalt. Die zwei Minister unterzeichneten in Brasília ein „Verständigungsabkommen“, in dem

beide Länder halbjährl. Konsultationen über Außenpolitik vereinbarten.

Breschnew, Leonid Iljitsch, * Dneprodserschinsk (Ukraine) 19. Dez. 1906, sowjet. Politiker. 1976 zum Marschall der Sowjetunion ernannt und als Vorsitzender des Verteidigungsrates bestätigt.

Britische Salomoninseln ↑Übersicht Staaten der Erde (Großbritannien).

Brunei ↑Übersicht Staaten der Erde (Großbritannien).

Brzezinski, Zbigniew, * Warschau 28. März 1928, amerikan. Politologe und Politiker poln. Herkunft. Wanderte 1938 in die USA ein (naturalisiert 1949), seit 1961 Leiter des Forschungsinstitutes für kommunist. Angelegenheiten, 1966–68 Mitglied des polit. Planungsstabes des Außenministeriums, seit 1969 Mitglied der Amerikan. Akademie der Künste und Wissenschaften. Vom gewählten Präsidenten der USA, J. E. Carter, im Dez. 1976 zum Leiter des Nat. Sicherheitsrates ernannt.

BULGARIEN

Geographische Daten und Bevölkerung: *Fläche* 110 912 km², *Verwaltungsgliederung* in 28 Kreise (einschließl. des Verwaltungsbezirks Sofia) mit 1 261 Gemeinden, *Hauptstadt* Sofia (städt. Agglomeration 975 000 E), *Bevölkerung* 8,72 Mill. E, 78,7 E/km², Geburten-/Sterberate (auf 1 000 E; 1974) 17,2/9,8, *Amtssprache* Bulgarisch, *Religion* Mehrheit der Bevölkerung gehört der orthodoxen autokephalen bulgar. Nationalkirche an, 8% Muslime, 0,5% Katholiken, 0,2% Protestanten.

Wirtschaft: *Erwerbstätigkeit:* Etwa 4,5 Mill. Erwerbspersonen, davon (in Prozentanteilen) Land- und Forstwirtschaft 28,4, Industrie 33,3, Bauwirtschaft 8,0, Verkehrs- und Nachrichtenwesen 6,3, Handel und Beschaffung 7,8, Gesundheitswesen und sozialer Bereich 3,6, Bildung, Kultur und Wissenschaft 7,3, sonstige Bereiche 5,3. – *Landwirtschaft:* Nutzfläche 5,982 Mill. ha, davon 4,488 Mill. ha Ackerland. – Produktion (Auswahl): Weizen 3,0 Mill. t, Hafer 60 000 t, Gerste 2,0 Mill. t, Körnermais 2,9 Mill. t, Kartoffeln 319 000 t, Zukkerrüben 1,802 Mill. t. – *Bergbau, Industrie und Elektrizitätserzeugung* (Auswahl; 1976): Braunkohle 26,0 Mill. t, Steinkohle 324 000 t, Eisenerz 2,72 Mill. t, Rohöl 120 000 t, Rohstahl 2,3 Mill. t, Zement 4,4 Mill. t, Elektroenergie 27,7 Mrd. kWh. – *Außenhandel* (1975): Export (fob) 4,541 Mrd. Lw, Import (cif) 5,236 Mrd. Lw, Außenhandelsumsatz (1976) 10,6 Mrd. Lw. Haupthandelspartner sind die sozialist. Länder (79%). 54,4% der Exporte gingen in die UdSSR. Hauptexportgüter sind Maschinen und Ausrüstungen, industrielle Konsumgüter, Nahrungsmittel. Hauptimportgüter sind Maschinen und Ausrüstungen, Mineralien und Metalle. – *Währung* ↑Übersicht Währungen. – *Nettoprodukt* in jeweiligen Preisen 15,289 Mrd. Lw, je E 1 753 Lw.

Verkehr: *Eisenbahnen* (1974): Streckenlänge 6 164 km, davon 1 115 km elektrifiziert, 7,5 Mrd. Personenkilometer, 17,3 Mrd. Nettotonnenkilometer. – *Straßen:* 31 157 km, davon 2 384 km Hauptstraßen. – *Schiffahrt:* Handelsflotte mit 796 866 BRT. – *Luftverkehr:* 421 Mill. Personenkilometer, 10,6 Mill. Nettotonnenkilometer.

Bulgarien, südosteurop. Volksrepublik auf der Balkanhalbinsel. Als Volksvertretung fungiert eine Volksversammlung mit 416 Abgeordneten, die der von der KP bestimmten „Vaterländ. Front" angehören. Staatsoberhaupt *Todor Schiwkow* (seit Juli 1971), Regierungschef *Stanko Todorow* (seit Juli 1971), Außenminister *Petar Mladenow.* Flagge ↑Farbtafeln Flaggen S. 121. Internat. Mitgliedschaften ↑Übersicht Internationale Organisationen.

Wirtschaft: Die recht günstigen wirtschaftl. Ergebnisse des Jahres 1976 sind v. a. auf die gestiegene Arbeitsproduktivität zurückzuführen. Das Nationaleinkommen hat sich gegenüber 1975 um etwa 7% erhöht. Während die Industrieproduktion insgesamt um 8% höher war, betrugen die Zuwachsraten z. B. im Maschinenbau 13,4%, in der Energiewirtschaft 11,1%, in der Baustoffindustrie 8,8%, in der Leicht- und Nahrungsmittelindustrie jeweils 7,1%. Die Bauwirtschaft erzielte einen Zuwachs von 4,2%, während der Wohnungsbau allein auf 7,5% kam. Im Außenhandel betrug die Steigerung in den ersten neun Monaten 1976 9,3% gegenüber dem gleichen Vorjahreszeitraum. Dabei wurden 80% des gesamten Warenaustausches mit sozialist. Ländern abgewickelt. Maschinen und Ausrüstungen nahmen dabei mit 42,4% die führenden Positionen ein.

Innen- und Außenpolitik: Auf dem XI. Parteitag der KP B.s (29. März–2. April) ließ sich KPdSU-Chef L. Breschnew überraschend durch Politbüromitglied F. Kulakow als Delegationsleiter vertreten. Auch N. Ceauşescu fehlte, doch nahmen G. Husák, J. Kádár, E. Gierek und E. Honecker als Gäste teil. Das Politbüro wurde von 12 auf 9 Sitze verkleinert; die bisherigen Mitglieder I. Popow, T. Pawlow und Sch. Schiwkow wurden nicht wiedergewählt. Die Zahl der ZK-Sekretäre wurde von 6 auf 5 reduziert. Diese Umbildungen werden als weitere Stärkung der Position des Ersten ZK-Sekretärs T. Schiwkow interpretiert. Das neue ZK umfaßt 147 Vollmitglieder und 110 Kandidaten.

Für B.s außenpolit. Konzeption bezeichnend ist sein Widerstand gegen multilaterale Abmachungen auf der Athener Balkankonferenz. Stattdessen wurde eine Forcierung bilateraler Zusammenarbeit angestrebt. Dies zeigte sich v. a. in den Besuchsreisen T. Schiwkows nach Griechenland (April) und in die Türkei (Juni), wo neben bilateralen Themen auch Zypern und das Nahostproblem zur Sprache kamen. Mit N. Ceauşescu traf T. Schiwkow bei der Einweihung des bulgar.-rumän. Industrieprojekts Russe-Giurgi (Dez.) sowie in Sofia (Juli) und Bukarest (Okt.) zusammen. Sie behandelten Fragen des internat. Kommunismus, der Balkankooperation und der Zusammenarbeit im COMECON. Auf dem SED-Parteitag (Mai) und der Konferenz der kommunist. und Arbeiterparteien (Juni/Juli) in Berlin (Ost) vertrat T. Schiwkow den sowjet. Standpunkt ebenso engagiert wie beim Treffen des Polit. Konsultativkomitees der Warschauer-Pakt-Staaten in Bukarest (Nov.) und bei der Tagung der Verteidigungsminister dieses Pakts in Sofia (Dez.). In der UdSSR weilte T. Schiwkow viermal: auf der Krim (Aug.), in Minsk (Okt.) und in Moskau (2. und 19./20. Dez.). Weitere Reisen führten ihn nach Indien (Nov.) und Libyen (Dez.), während St. Todorow Ungarn (April), Polen (April), Österreich (Sept.) und den Iran (Dez.) sowie Außenminister P. Mladenow die Niederlande (April) und die UdSSR (Mai) besuchten. Am 7. Juni empfing T. Schiwkow den dt. CDU-Vorsitzenden H. Kohl.

Bundesrepublik Deutschland, Bundesrepublik in Mitteleuropa. Als Volksvertretung fungieren der *Bundesrat,* das föderative Organ der Bundesrepublik mit (seit 1957) insgesamt 45 Mitgliedern (Berlin hat vier beratende Stimmen im Plenum), durch das die Landesregierungen bei Gesetzgebung und Verwaltung des Bundes mitwirken, sowie der *Deutsche Bundestag* mit 496 Abgeordneten, von denen 243 der Fraktion der CDU/CSU, 214 der Fraktion der SPD und 39 der Fraktion der FDP angehören. Das Berliner Abgeordnetenhaus wählt 22 (begrenzt stimmberechtigte) Berliner Bundestagsabgeordnete (11 CDU, 10 SPD und 1 FDP). Staatsoberhaupt *Walter Scheel* (FDP; seit 1. Juli 1974), Regierungschef (Bundeskanzler) *Helmut Schmidt* (SPD; seit 16. Mai 1974). Flagge ↑Farbta-

feln Flaggen S. 121. Internat. Mitgliedschaften ↑Übersicht Internationale Organisationen.
Wirtschaft: Die wirtschaftl. Entwicklung zeichnete sich 1976 durch eine kräftige konjunkturelle Erholung aus. Der Aufschwung war in seiner Anfangsphase bes. ausgeprägt: das Sozialprodukt stieg im Winterhalbjahr 1975/76 real um 10%. Danach verlief der Anstieg mit etwa 2% weniger steil, nahm aber nach der Sommerpause wieder beschleunigt zu. Das im Jahresdurchschnitt erzielte reale Wachstum des BSP von 5,5% überstieg selbst die optimistischsten Erwartungen.
Die wirtschaftl. Entwicklung vollzog sich im einzelnen wie folgt: Der Beginn des wirtschaftl. Aufschwungs läßt sich auf den Herbst 1975 datieren. Die ersten Anzeichen einer konjunkturellen Besserung wurden allerdings skept. beurteilt, denn Konsumenten und Investoren hielten sich mit ihrer Nachfrage zurück. Die Kapazitätsauslastung war ungewöhnl. niedrig, die Auslandsnachfrage hatte stark nachgelassen, die öffentl. Haushalte wiesen einen hohen Grad der Verschuldung auf, und die Zahl der Arbeitslosen überstieg die Millionengrenze. Angesichts dieser düsteren Ausgangslage schienen optimist. Prognosen, etwa die des Sachverständigenrats, weit über das tatsächl. Erreichbare hinauszugehen. Doch die *Nachfrage* begann sich zu beleben. Die Verbraucher steigerten ihre Käufe, während sie bis dahin ungewöhnl. hohe Anteile ihres Einkommens gespart hatten; die Produzenten füllten die verkleinerten Lagerbestände für Vorprodukte auf, und auch die Investoren vergaben Aufträge, um die befristete Investitionszulage noch in Anspruch zu nehmen. Gleichzeitig stiegen die Auslandsnachfragen der wichtigsten Partnerländer an, in denen sich das Konjunkturklima gebessert

Bundesrepublik Deutschland. Werner Weinhold (rechts) steht unter der Anklage vor Gericht, bei seiner Flucht über die innerdeutsche Grenze zwei DDR-Soldaten erschossen zu haben

hatte. Der *private Verbrauch,* stärkste Stütze des Konjunkturaufschwungs, nahm mit mehr als 8% deutl. stärker zu als das verfügbare Einkommen. Entsprechend ging die Sparquote zurück, und zwar von 15,8% im Jahre 1975 auf 14,5%. Die private Nachfrage richtete sich in erster Linie auf langlebige Gebrauchsgüter, insbes. auf Kraftfahrzeuge, deren

BAUWIRTSCHAFT

Gegenstand der Nachweisung	Einheit	1960	1973	1975	1976
Produktionsindex für das Baugewerbe[1]					
insgesamt	1970 = 100	.	111,3	93,4	97,5
Hochbau	1970 = 100	.	112,8	92,5	97,7
Tiefbau	1970 = 100	.	106,3	97,4	96,7[7]
Bauhauptgewerbe	1970 = 100	.	111,4	92,0	96,4[7]
Ausbaugewerbe	1970 = 100	.	111,0	97,7	100,5
Index des Auftragseingangs im Bauhauptgewerbe[2]					
insgesamt	1971 = 100	.	104,6	104,6	100,7[7]
Wohnungsbau	1971 = 100	.	101,2	85,7	90,8[7]
Straßenbau	1971 = 100	.	102,6	120,8	118,8[7]
Index des Auftragsbestands im Bauhauptgewerbe					
insgesamt	1971 = 100	.	104,6	88,1	.
Wohnungsbau	1971 = 100	.	107,2	64,8	.
Straßenbau	1971 = 100	.	108,8	110,5	.
Bauhauptgewerbe					
Betriebe	Anzahl	60 902[3]	62 139[4]	58 468	58 354
Beschäftigte	1 000	1 406	1 508	1 211	1 192
geleistete Arbeitsstunden	Mill.	2 604	2 352	1 830	1 783
Lohnsumme	Mill. DM	7 625	25 918	23 507	24 017
Gehaltssumme	Mill. DM	711	4 053	4 122	4 216
Umsatz	Mill. DM	25 018[5]	77 339[6]	72 248	75 089
darunter im Wohnungsbau	Mill. DM	9 706[5]	29 912[6]	24 218	25 705
darunter im öffentl. und Verkehrsbau	Mill. DM	8 882[5]	28 026[6]	30 909	30 522
Baufertigstellungen					
Wohnbauten	1 000	207,1	248,2	175,0[7]	184,1[7]
Nichtwohnbauten	1 000	88,4	43,2	37,0[7]	39,2[7]
Wohnungen in Wohn- u. Nichtwohnbauten	1 000	553,2	714,2	435,9[7]	391,8[7]
Wohnräume in Wohn- u. Nichtwohnbauten	1 000	.	3 051,3	1 947,8	1 818,5
Auftragsvergaben der öffentl. Hand für Tiefbauten					
insgesamt	Mill. DM	.	13 761	15 779	15 421
für den Straßenbau	Mill. DM	.	6 049	6 719	6 714

[1] Von Kalenderunregelmäßigkeiten bereinigt; [2] Wertindex; [3] Ende Juli; [4] Ende Juni; [5] Einschließl. Umsatzsteuer; [6] Ohne Umsatz-(Mehrwert-)steuer; [7] Vorläufiges Ergebnis.
Quelle: Wirtschaft und Statistik. Hg. vom Statist. Bundesamt, Heft 4/1977.

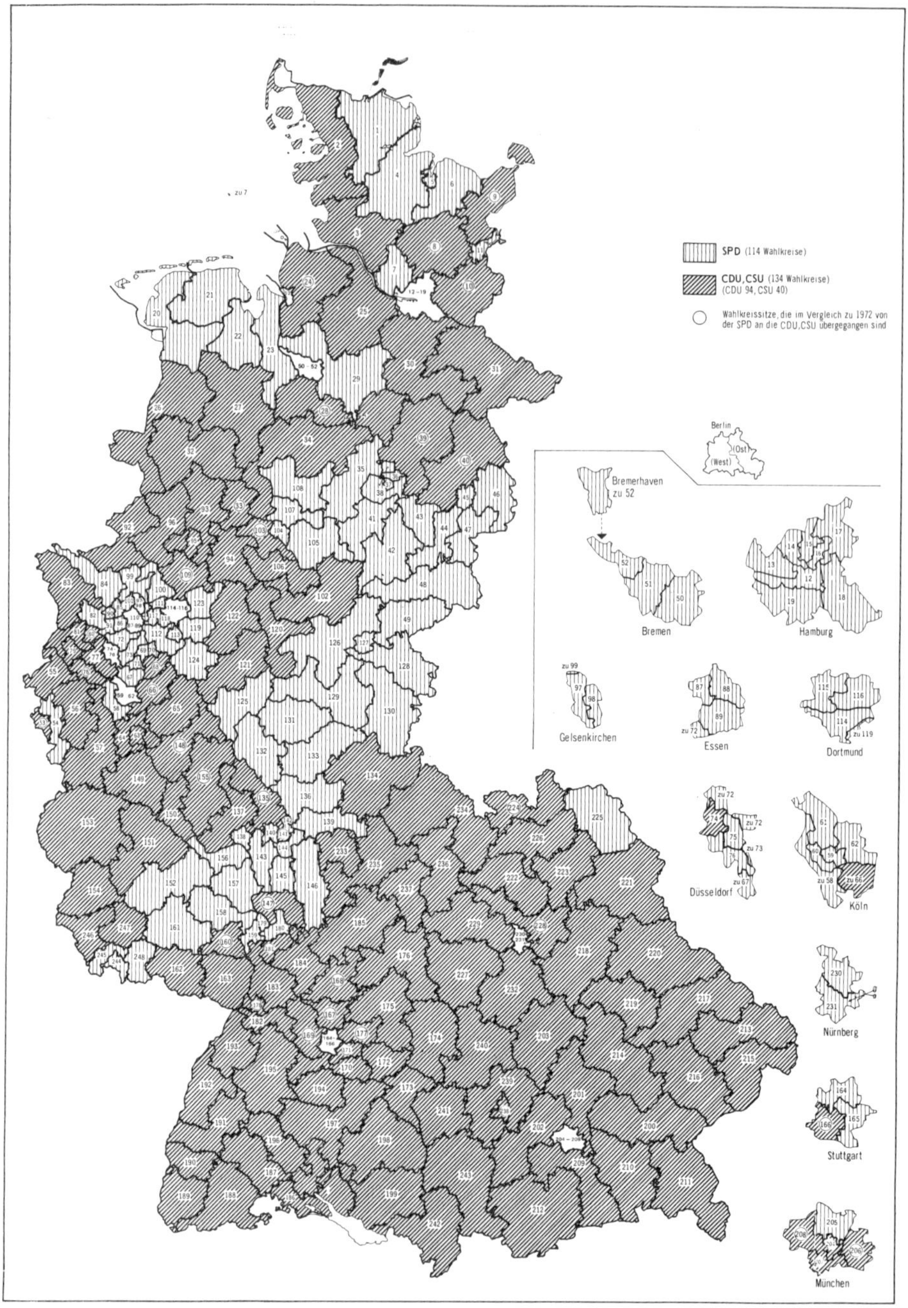

Bundesrepublik Deutschland. Wahlkreise nach der Parteizugehörigkeit der Wahlkreissieger bei der Bundestagswahl 1976. – Quelle: Statistisches Bundesamt 76 06 10

Verkäufe neue Rekordzahlen erzielten. Die private Nachfrage schwächte sich allerdings nach dem ersten Quartal ab und stagnierte sodann bis in den Sommer hinein. Nach der Sommerpause verstärkten die privaten Käufer dann wieder ihre Konsumausgaben. Eine weitere Verstärkung erfuhr die Konjunktur durch *Lageraufstockungen.*

Bis weit in die Sommermonate hinein bestand keine Gewißheit darüber, ob der Aufschwung sich nachhaltig festigen würde. Die Unsicherheit wurde hauptsächl. durch das Zögern der Unternehmer bewirkt, stärker zu investieren. So stellte die *Investitionstätigkeit* in Verbindung mit der Arbeitslosigkeit den Schwachpunkt der Konjunkturentwicklung

Bundesrepublik Deutschland. Die langanhaltende sommerliche Trockenheit führte zu Dürreschäden in der Landwirtschaft und zu zahlreichen Waldbränden

dar. Wenig Neigung bestand v. a. zur Durchführung von Erweiterungsinvestitionen, da in den meisten Wirtschaftsbereichen noch erhebl. Kapazitätsreserven vorhanden waren. Soweit investiert wurde, dienten die Neuanlagen und -anschaffungen zum großen Teil der Rationalisierung, in den Augen der Arbeitnehmer der „Arbeitsplatzvernichtung".
Trotz der geringen Erweiterungsinvestitionen waren die *Bauinvestitionen* der gewerbl. Wirtschaft schon bald nach dem Ende der Rezession kräftig gestiegen. Im Laufe des Jahres 1976 erfolgte jedoch eine Phase der Beruhigung. Die Ausgaben für Bauten und Ausrüstungen lagen 1976 um ca. 7% höher als 1975.

Die *Auslandsnachfrage* gehörte 1976 zu den wichtigsten Auftriebskräften. Sie war noch 1975 rapide zurückgegangen und hatte damit die Rezession verschärft. Doch im Herbst 1975 war der Tiefpunkt überwunden, und die Bestellungen und Käufe dt. Waren durch das Ausland nahmen wieder zu. Die Zunahme der Exporte für das gesamte Jahr 1976 betrug gegenüber 1975 real 13,5%. Die Importe sind sowohl absolut als auch relativ rascher als die Exporte gestiegen. Die Einfuhr erhöhte sich real um 16%. Bes. Impulse gingen vom Warenverkehr mit Frankreich aus (einfuhrseitig +17%, ausfuhrseitig +29,5%). Während die Importe aus den übrigen EG-Ländern mit 48% Anteil an den Gesamteinfuh-

BUNDESTAGSWAHL 1976

Sitzverteilung nach Ländern

Land		SPD 1972	SPD 1976	CDU/CSU[3] 1972	CDU/CSU[3] 1976	FDP 1972	FDP 1976
Schleswig-Holstein	Wkr.[1]	–	6	–	5	–	–
	Ll.[2]	–	4	–	5	–	2
	insges.	11	10	9	10	2	2
Hamburg	Wkr.	–	8	–	–	–	–
	Ll.	–	–	–	5	–	1
	insges.	9	8	5	5	2	1
Niedersachsen	Wkr.	–	18	–	12	–	–
	Ll.	–	11	–	16	–	5
	insges.	30	29	27	28	5	5
Bremen	Wkr.	–	3	–	–	–	–
	Ll.	–	–	–	2	–	–
	insges.	3	3	1	2	–	–
Nordrhein-Westfalen	Wkr.	–	45	–	28	–	–
	Ll.	–	25	–	38	–	12
	insges.	75	70	61	66	12	12
Hessen	Wkr.	–	17	–	5	–	–
	Ll.	–	5	–	16	–	4
	insges.	23	22	19	21	5	4
Rheinland-Pfalz	Wkr.	–	6	–	10	–	–
	Ll.	–	7	–	6	–	2
	insges.	14	13	15	16	2	2
Baden-Württemberg	Wkr.	–	4	–	32	–	–
	Ll.	–	22	–	6	–	7
	insges.	28	26	36	38	8	7
Bayern[3]	Wkr.	–	4	–	40	–	–
	Ll.	–	25	–	13	–	6
	insges.	33	29	48	53	5	6
Saarland	Wkr.	–	–	–	2	–	–
	Ll.	–	–	–	2	–	–
	insges.	4	–	4	4	–	–
Bundesgebiet	Wkr.	–	114	–	134	–	–
	Ll.	–	100	–	109	–	39
	insges.	230	214	225	243	41	39
Berlin (West)[4]	insges.	12	10	9	11	1	1

[1] Wkr. = Wahlkreis; [2] Ll. = Landesliste; [3] In Bayern CSU; [4] Vom Berliner Abgeordnetenhaus gewählt.
Quelle: Fachserie A, Reihe 8: Heft 5; Hg. Statistisches Bundesamt.

WARENVERKEHR MIT DER DDR UND BERLIN (OST)

Jahr	Gesamtumsatz Mill. DM	Zunahme gegenüber Vorjahr Mill. DM	%
1970	4 411,5	483,4	12,3
1971	4 817,3	405,8	9,2
1972	5 308,3	491,0	10,2
1973	5 657,9	349,6	6,6
1974	6 923,3	1 265,4	22,4
1975	7 263,8	340,5	4,9
1976	8 145,4	881,6	12,1
Davon:			
Bezüge	3 876,7	534,4	7,3
Lieferungen	4 268,7	347,2	4,8

Quelle: Wirtschaft und Statistik. Hg. vom Statist. Bundesamt, Heft 3/1977.

ren um 2% zurückgefallen sind, stieg der Anteil der Exporte an den Gesamtausfuhren in diese Länder auf 60%. Erfreut zeigte sich die Bundesregierung über die Zunahme der Importe aus den Entwicklungsländern um 23%. Damit sei der dt. Beitrag zur verstärkten Eingliederung der Entwicklungsländer in den Güteraustausch erneut sichtbar geworden. Die Exporte in die Entwicklungsländer nahmen um 14% zu.

Die seit Mitte 1975 zunehmende gesamtwirtschaftl. *Produktion* bewirkte für 1976 ein real um 5,5% höheres BSP gegenüber dem Vorjahr. Der Auslastungsgrad des Produktionspotentials verbesserte sich gleichzeitig von 89% im Jahre 1975 auf 91,5%. Die Produktion in der *Landwirtschaft* hat unter der Dürre weniger gelitten, als zunächst befürchtet worden war. Während das Produktionsvolumen sich gegenüber 1975 kaum veränderte, erhöhte der Produktionswert sich um 14,4% auf 52,7 Mrd. DM. Bei den Vollerwerbsbetrieben stieg das Realeinkommen um 21,1%. Damit dürfte der behauptete Nachholbedarf voll gedeckt worden sein.

Innen- und Außenpolitik: 1976 war für die BRD v. a. ein „innenpolit." Jahr. Das Interesse der Öffentlichkeit richtete sich bes. auf die Bundestagswahl, auf den vorhergehenden Wahlkampf und die darauffolgenden Auseinandersetzungen im Unionslager. Hinzu kamen der Regierungswechsel in Niedersachsen, die Landtagswahlen in Baden-Württemberg, der Streit um den § 218 und gegen Jahresende das Rentendebakel und die Generalsaffäre. Zu der bereits aus dem Vorjahr übernommenen Wirtschaftskrise (mit all ihren Rand- und Nebenerscheinungen) gesellte sich ein weiteres Konfliktfeld mit gesamtgesellschaftl. Reichweite: die Diskussion über den Bau von Kernkraftwerken. Gegenüber diesen Themenbereichen trat die Deutschland- und Außenpolitik deutl. in den Hintergrund. Der allgemein im Ost-West-Verhältnis feststellbare Abkapselungsreflex ließ auch das dt.-dt. Verhältnis auf einen Tiefpunkt sinken. Daran änderte auch nichts das seit dem 1. Juli geltende Postabkommen, das durch Verwaltungsabkommen über den Post- und Fernmeldeverkehr sowie über die Abrechnung der Leistungen im Post- und Fernmeldetransit ergänzt wurde. Die Entspannungspolitik der letzten Jahre hatte die DDR dem westdt. Einfluß geöffnet: 8 Mill. Westdeutsche reisten 1976 nach drüben, fast 1,5 Mill. Ostdeutsche kamen in die BRD. Die Selbstverbrennung des Pastors O. Brüsewitz machte den Konflikt zwischen Kirche und SED-Staat aller Welt deutlich. Die Ausweisung des Liedermachers W. Biermann wegen „feindseligen Auftretens" in der BRD gegenüber der DDR und die Behandlung des Regimekri-

BUNDESREPUBLIK DEUTSCHLAND

Geographische Daten und Bevölkerung: *Fläche* 248 587 km², *Verwaltungsgliederung* in 11 Länder (einschließl. West-Berlin), *Hauptstadt* Bonn (283 300 E), *Bevölkerung* 61,513 Mill. E (Mitte 1976), 248,5 E/km², Geburtenrate (auf 1 000 E) 9,7 (1976), Sterberate (auf 1 000 E) 11,8 (1976), *Amtssprache* Deutsch, *Religion* ev. Landeskirchen einschließl. sonstiger ev. Kirchen 47%, ev. Freikirchen 2%, röm.-kath. Kirche 44,6%, andere christl. Kirchen oder Gemeinschaften 1,1%, jüd. Religionsgemeinschaft 0,1%, sonstige Religionsgemeinschaften 1,3%, gemeinschaftslos 3,9%.

Wirtschaft: *Erwerbstätigkeit* (Aug. 1976): 25,159 Mill. Erwerbstätige, davon 21,35 Mill. Abhängige, im Jahresdurchschnitt 1,06 Mill. Arbeitslose, 277 000 Kurzarbeiter. Von den Erwerbstätigen waren beschäftigt (in Prozentanteilen) in Land- und Forstwirtschaft, Tierhaltung und Fischerei 6,2, Energiewirtschaft und Wasserversorgung, Bergbau 2, verarbeitendes Gewerbe (ohne Baugewerbe) 35,8, Baugewerbe 7, Handel 12, Verkehr und Nachrichtenübermittlung 5,9, Kreditinstitute und Versicherungsgewerbe 3, Dienstleistungen (soweit anderweitig nicht genannt) 15,7, Organisationen (ohne Erwerbscharakter), private Haushalte 1,6, Gebietskörperschaften und Sozialversicherung 9,8, ohne Angabe 0,6. – *Landwirtschaft:* Nutzfläche 13,344 Mill. ha, davon 7,553 Mill. ha Ackerland. – Produktion (Auswahl): Weizen 6,62 Mill. t, Roggen 2,11 Mill. t, Hafer 2,53 Mill. t, Mais 380 000 t, Gerste 6,41 Mill. t, Kartoffeln 9,81 Mill. t, Zuckerrüben 17,6 Mill. t, Kuhmilch 22,17 Mill. t, Butter 518 460 t, Rindfleisch 1,28 Mill. t, Schweinefleisch 2,64 Mill. t, Fangmenge der Hochsee- und Küstenfischerei 425 832 t. – *Bergbau, Industrie und Elektrizitätserzeugung:* Steinkohle 89,27 Mill. t, Braunkohle 134,532 Mill. t, Eisenerz 3,036 Mill. t, Erdöl 5,532 Mill. t, Erdgas 18,41 Mrd. m³, Zement 34,1 Mill. t, Roheisen 31,85 Mill. t, Rohstahl 41,75 Mill. t, Walzstahl 30,7 Mill. t, Pkw 3,552 Mill. Einheiten, Lkw 328 800 Einheiten, synthet. Kautschuk 380 400 t, Kraftfahrzeugbereifungen 37,7 Mill., fertiggestellte Wohnungen 391 848, Elektrizitätserzeugung 328,484 Mrd. kWh. – *Außenhandel* (ohne Warenverkehr mit der DDR und Ost-Berlin): Export (fob) 256,308 Mrd. DM, Import (cif) 220,56 Mrd. DM. Haupthandelspartner: (wichtigste Abnehmer) Frankreich, Niederlande, Italien, Belgien-Luxemburg, USA, Österreich, Großbritannien; (wichtigste Lieferanten) Niederlande, Frankreich, Belgien-Luxemburg, Italien, USA, Großbritannien. Hauptexportgüter sind Maschinen, Autos, chem. Erzeugnisse, elektrotechn. Erzeugnisse, Eisen und Stahl. Hauptimportgüter sind Erdöl, Erdgas, Erzeugnisse der Land- und Forstwirtschaft und der Fischerei, chem. Erzeugnisse, Erzeugnisse der Ernährungsindustrie, Tabakwaren. – *BIP* (1976): 1 135,1 Mrd. DM, BSP zu Marktpreisen in jeweiligen Preisen 1 040,4 Mrd. DM, in Preisen von 1962 608,8 Mrd. DM (je Erwerbstätigen 24 198 DM, je E 9 897 DM).

Verkehr: *Eisenbahnen:* Streckenlänge Dt. Bundesbahn 28 576 km, davon 10 349 km elektrifiziert, nicht bundeseigene Bahn 3 202 km, 37,764 Mrd. Personenkilometer, 55,1 Mrd. Nettotonnenkilometer. – *Straßen* des überörtl. Verkehrs: 169 142 km, davon 6 207 km Bundesautobahnen, 32 518 km Bundesstraßen, 65 454 km Landes- und Staatsstraßen, 64 963 km Kreisstraßen. Bestand an zugelassenen Kfz 22,1 Mill., davon 18,9 Mill. Pkw und Kombiwagen, 62 000 Omnibusse, 1,12 Mill. Lkw, 47 000 Sattelzugmaschinen. – *Schiffahrt* (Ende 1975): Handelsflotte mit 8 349 493 BRT. – *Luftverkehr* (1975): 13,63 Mrd. Personenkilometer, 993,42 Mill. Nettotonnenkilometer.

Bundesrepublik Deutschland. Der Vorsitzende der CSU F. J. Strauß (rechts; neben ihm stehend Ministerpräsident A. Goppel) nannte das auf dem Münchner Parteitag verabschiedete Grundsatzprogramm seiner Partei das „Programm einer echten Volkspartei"

Bundesrepublik Deutschland. Während des Wahlparteitages in Hannover wird nach der Grundsatzrede des Bundesvorsitzenden H. Kohl (Mitte; neben ihm Generalsekretär K. Biedenkopf und Fraktionsvorsitzender K. Carstens, rechts) das Wahlprogramm der CDU für die Bundestagswahlen im Oktober verabschiedet

Bundesrepublik Deutschland. Wahlkundgebung der FDP in Frankfurt am Main

Bundesrepublik Deutschland. Nach der mit Beifall aufgenommenen Grundsatzrede des Bundesvorsitzenden H.-D. Genscher (Mitte) sprachen sich die Teilnehmer am Freiburger Wahlkongreß der FDP für eine Fortsetzung der Koalition mit der SPD in Bonn aus

Bundesrepublik Deutschland. Bundeskanzler H. Schmidt bei einer Wahlkampfveranstaltung während der SPD-Arbeitnehmerkonferenz in Dortmund

Bundesrepublik Deutschland. SPD-Wahlveranstaltung in Frankfurt am Main mit Anti-CDU-Parolen

tikers R. Havemann verrieten die Unsicherheiten der Partei ebenso wie der Entzug der Akkreditierung für den Fernsehkorrespondenten L. Loewe, der sich krit. zum Schießbefehl an der innerdt. Grenze geäußert hatte. Nach einem scharfen Bonner Protest gegen den Ausschluß westdt. Korrespondenten von der Berichterstattung über die Leipziger Frühjahrsmesse brachen die Regierungsvertreter aus der BRD ihren Aufenthalt in der Messestadt vorzeitig ab. Angesichts der Zwischenfälle an der Grenze zur DDR verurteilte das Bundeskabinett das Vorgehen Ost-Berlins, insbes. die Weisungen, die dem Schußwaffengebrauch zugrunde liegen. Bundeskanzler H. Schmidt sprach von einer „nachhaltigen" Belastung der innerdt. Beziehungen. Auch unter dem Eindruck der Mißachtung von Menschenrechten an der dt.-dt. Grenze schlug Außenminister H.-D. Genscher im September der UN-Vollversammlung die Schaffung eines internat. 'Menschenrechts-Gerichtshofes vor, der den weltweiten Schutz der Menschenrechte gewährleisten sollte.

Der einzige außenpolit. Höhepunkt war im März die Ratifizierung der Polenverträge, denen zufolge

BUND UND LÄNDER 1976

	Einheit	Bundesgebiet	Schleswig-Holstein	Hamburg	Niedersachsen	Bremen	Nordrhein-Westf.	Hessen	Rheinland-Pfalz	Baden-Württemb.	Bayern	Saarland	Berlin-(West)
Wohnbevölkerung insgesamt*	1 000	61 490	2 585	1 704	7 232	712	17 084	5 540	3 653	9 127	10 804	1 091	1 959
männlich	1 000	29 293	1 240	790	3 459	335	8 155	2 659	1 743	4 380	5 148	518	867
weiblich	1 000	32 196	1 344	913	3 773	378	8 929	2 881	1 910	4 747	5 656	573	1 092
Eheschließungen	1 000	366	14	10	42	4	105	32	24	51	62	8	13
Lebendgeborene	1 000	603	25	14	72	6	166	53	35	95	109	10	18
Gestorbene	1 000	733	32	25	87	9	200	65	45	94	125	14	38
Erwerbstätige	1 000	25 752	1 059	744	2 943	300	6 729	2 310	1 510	4 018	4 911	401	828
Land- und Forstwirtschaft	1 000	1 612	76	9	245	–	190	118	120	266	569	10	8
Produzierendes Gewerbe	1 000	11 741	364	235	1 207	104	3 376	1 056	643	2 073	2 170	206	307
Handel und Verkehr	1 000	4 620	222	230	556	88	1 193	438	266	591	801	70	164
Sonstige Wirtschaftsbereiche	1 000	7 780	396	270	936	106	1 970	698	481	1 088	1 371	116	349
Beschäftigte ausl. Arbeitnehmer	1 000	1 937	31	60	113	20	556	218	62	462	307	24	83
Arbeitslose	1 000	1 060	47	27	136	18	304	91	63	119	200	25	31
Landwirtschaftl. Betriebe	1 000	1 021	39	2	154	1	131	84	83	196	322	10	0
Landwirtschaftl. genutzte Fläche	1 000 ha	13 270	1 136	26	2 893	15	1 866	913	871	1 731	3 700	116	4
Beschäftigte in der Industrie[1]	1 000	7 428	171	169	679	92	2 292	648	365	1 404	1 262	153	192
Umsatz der Industrie[1,2]	Mrd. DM	820	22	27	82	14	268	63	48	137	125	15	19
Baugenehmigungen[3]	1 000	379	17	8	45	4	96	34	23	63	68	6	16
Bestand an Wohnungen[6]	1 000	23 621	1 025	757	2 676	307	6 414	2 142	1 375	3 377	4 060	413	1 075
Bestand an Personenkraftwagen[4]	1 000	18 920[9]	785	506	2 218	208	5 149	1 813	1 145	2 929	3 289	331	506
Spareinlagen	Mill. DM	413 449[10]	11 705	13 683	39 966	4 380	107 309	38 745	22 194	60 661	75 595	5 988	11 781
Schüler und Studenten[5]	1 000	13 159	538	346	1 577	155	3 679	1 135	784	2 019	2 309	243	374
Ärzte[6]	1 000	119	5	5	12	2	31	11	6	18	20	2	7
Betten in Krankenhäusern[6]	1 000	730	27	20	75	9	199	70	45	107	129	13	35
Kassenmäßige Steuereinnahmen[7]	Mill. DM	266 754	7 385	24 018	21 204	4 989	80 655	24 311	11 856	41 254	38 736	3 253	9 094
Bruttostundenverdienste der Industriearbeiter	DM	10,49	10,66	11,88	10,60	10,81	10,80	10,55	10,23	10,44	9,70	10,65	10,61
Bruttomonatsverdienste der Angestellten in Industrie u. Handel	DM	2 265	2 116	2 361	2 172	2 149	2 293	2 336	2 171	2 349	2 173	2 191	2 241
Bruttoinlandsprodukt[8] insges.	Mrd. DM	1 136,5	38,8	53,4	112,9	17,4	319,8	105,2	63,1	173,6	192,8	18,0	41,6
je Einwohner	DM	18 476	15 025	31 275	15 612	24 385	18 712	18 987	17 246	19 011	17 853	16 449	21 133

*Stand vom 30. 9. 76. [1] Betriebe mit 10 Beschäftigten und mehr; [2] Ohne Umsatz-(Mehrwert-)steuer; [3] Wohnungen in Wohn- und Nichtwohngebäuden; [4] einschl. Kombinationskraftwagen; [5] 1975 an Schulen der allgemeinen und beruflichen Aus- und Fortbildung sowie an Hochschulen einschl. Fachhochschulen; [6] 1975; [7] Einnahmen aus Bundes-, Landes- und Gemeindesteuern vor der Steuerverteilung; [8] Angaben sind mit den in Abschnitt 19 enthaltenen (revidierten) Zahlen nicht vergleichbar; [9] Einschl. Fahrzeuge der Bundesbahn und Bundespost (zus. 39 407); [10] Einschl. Postsparkassenämter und Kreditinstitute mit überregionalen Aufgaben ohne Filialnetz.

Quelle: Zahlenkompaß, Ausgabe 1977, Hg. Statistisches Bundesamt.

Bundesrepublik Deutschland. Der neue hessische Ministerpräsident H. Börner im Kreis seiner Kabinettskollegen nach der Vereidigung der sieben Minister (von links) H. Reitz, H. Günther, H. Börner, H. H. Karry, W. Görlach, A. Clauss, H. Krollmann und E. Gries

Polen einen Finanzkredit von 1 Mrd. DM erhält, dazu 1,3 Mrd. zur Abgeltung von Rentenansprüchen gegen die BRD. Dafür sicherte Polen zu, die Ausreise von 120 000 Deutschstämmigen zu genehmigen. Um die Zustimmung des Bundesrates zu erhalten, in dem die CDU/CSU die Mehrheit hat, setzte die Bundesregierung in letzter Minute weitere Zugeständnisse in Warschau durch. Polen willigte schließl. ein, durch einen Briefwechsel zu bestätigen, daß auch nach Ablauf der im Ausreiseprotokoll genannten Vierjahresfrist Ausreisegenehmigungen für Deutschstämmige erteilt werden. Nach dieser Zusage sprach sich auch die Union einstimmig für die Verträge aus.

Gegenüber diesen eher vereinzelten außenpolit. Themen beschäftigte die Öffentlichkeit vor allem die Innenpolitik. Das Ergebnis der baden-württemberg. Landtagswahl, aus der die CDU mit 56,7% der Stimmen unangefochten als Siegerin hervorging, überraschte eigentl. niemanden. Ganz anders die Ereignisse in Niedersachsen: Mit mindestens einer Stimme aus dem Lager der SPD/FDP-Koalition wurde im Januar überraschend der CDU-Politiker E. Albrecht zum Nachfolger des zurückgetretenen Ministerpräsidenten A. Kubel (SPD) gewählt. Albrecht konnte 78 von 155 Stimmen auf sich vereinigen. Sein Gegenkandidat H. Kasimier (SPD), dessen Wahl als sicher gegolten hatte, erhielt nur 74 Stimmen. Bei seiner endgültigen Wahl Anfang Februar errang Albrecht sogar 79 Stimmen. Damit hatte Niedersachsen zum ersten Mal einen CDU-Regierungschef und der Bundesrat eine breitere CDU/CSU-Mehrheit. Im Dez. einigten sich CDU und FDP auf eine Koalitionsvereinbarung für Niedersachsen. Darin wurde u. a. festgelegt, daß die Stimmabgabe des Landes im Bundesrat in „partnerschaftl. Geist" erfolgen soll. Ein Landesparteitag der FDP billigte mit knapper Mehrheit das Koalitionspapier.

Im Wahljahr 1976 wurden auffallend viele, z. T. heftig umstrittene Gesetze verabschiedet. Im Bereich Familien- und Gesundheitspolitik nahm die nach jahrelangem Tauziehen endgültig verabschiedete Reform des § 218, der die Zulässigkeit des ↑Schwangerschaftsabbruches nach einer erweiterten Indikationslösung vorsieht, eine herausragende Stellung ein. – Im Bereich des ↑Ehe- und Familienrechts wurde die Reform des Scheidungsrechts zum Abschluß gebracht. – Im Forschungsbereich wurden die Programme für Rohstoffsicherung, Meeres- und Weltraumforschung, kommunale Technologien und das dritte Datenverarbeitungsprogramm beschlossen. Das bis 1979 reichende neue Weltraumprogramm – Schwerpunkt ist die dt. Mitwirkung am europ. Weltraumlabor Spacelab – ist auf prakt. Anwendungen in der Raumfahrttechnik orientiert. – Für die Landwirtschaft gab es ein bes. Hilfsprogramm zum Ausgleich von Dürreschäden im Sommer. Hierfür stellte Bonn 60 Mill. DM – ebensoviel wie zur Beseitigung von Sturmflutschäden vom Januar – zur Verfügung.

Eines der wichtigsten und lange Zeit heftig umstrittenen, 1976 schließl. verabschiedeten Gesetze ist die Regelung der Mitbestimmung von Arbeitnehmern in Großunternehmen. Die Bilanz der Bundesregierung nannte das Gesetz, das für 650 Kapitalgesellschaften und Konzerne mit mehr als 2 000

Bundesrepublik Deutschland. Nach der „Sezession von Kreuth" wieder vereint: Die Abgeordneten von CDU und CSU im Deutschen Bundestag treten zu ihrer ersten gemeinsamen Fraktionssitzung zusammen. Im Vordergrund die Parteivorsitzenden F. J. Strauß (links) und H. Kohl, in der Mitte CSU-Landesgruppenvorsitzender F. Zimmermann

Arbeitnehmern gilt, an erster Stelle im Bereich der Sozialpolitik. Zu den weiteren Aktivposten zählte sie das Sonderprogramm gegen Arbeitslosigkeit und das bereits im Jan. beschlossene 300-Mill.-DM-Programm zur Bekämpfung der Jugendarbeitslosigkeit.

Die seit vier Jahren andauernden Bemühungen, bundeseinheitl. verbindl. Regeln für die Behandlung von Anwärtern für den öffentl. Dienst zu

BUNDESREGIERUNG

12. Kabinett der Bundesrepublik Deutschland, konstituiert am 15. Dez. 1976, Koalitionsregierung von SPD und FDP, Bundeskanzler Helmut Schmidt (SPD):

Bundesminister des Auswärtigen und Stellvertreter des Bundeskanzlers	Hans-Dietrich Genscher (FDP)
Bundesminister des Innern	Werner Maihofer (FDP)
Bundesminister der Justiz	Hans-Jochen Vogel (SPD)
Bundesminister der Finanzen	Hans Apel (SPD)
Bundesminister für Wirtschaft	Hans Friderichs (FDP)
Bundesminister für Ernährung, Landwirtschaft und Forsten	Josef Ertl (FDP)
Bundesminister für Arbeit und Sozialordnung	Herbert Ehrenberg (SPD)
Bundesminister der Verteidigung	Georg Leber (SPD)
Bundesminister für Jugend, Familie und Gesundheit	Antje Huber (SPD)
Bundesminister für Verkehr und für das Post- und Fernmeldewesen	Kurt Gscheidle (SPD)
Bundesminister für Raumordnung, Bauwesen und Städtebau	Karl Ravens (SPD)
Bundesminister für innerdeutsche Beziehungen	Egon Franke (SPD)
Bundesminister für Forschung und Technologie	Hans Matthöfer (SPD)
Bundesminister für Bildung und Wissenschaft	Helmut Rohde (SPD)
Bundesminister für wirtschaftliche Zusammenarbeit	Marie Schlei (SPD)

finden, scheiterten im Febr. an der unnachgiebigen Haltung beider Parteienblöcke im Bundesrat. Die von CDU und CSU regierten Bundesländer verweigerten dem vom Bundestag beschlossenen Gesetzentwurf zur Änderung dienstrechtl. Vorschriften ihre Zustimmung. In der Streitfrage, ob die Mitgliedschaft in einer für verfassungsfeindl. angesehenen Partei allein ausreicht, einem Bewerber den Eintritt in den öffentl. Dienst zu versperren, war keine Annäherung zu erzielen. Im Mai vereinbarten daraufhin der Bundesinnenminister und die sozialdemokrat. regierten Länder neue Grundsätze für die Prüfung der Verfassungstreue von Beamtenanwärtern. Danach ist die Einstellungsbehörde verpflichtet, ihre Bedenken schriftl. mitzuteilen, Einwendungen des Bewerbers entgegenzunehmen sowie ablehnende Entscheidungen schriftl. zuzustellen und mit einer Rechtsmittelbelehrung zu versehen.

Bundesrepublik Deutschland. H. Kohl (Mitte) gratuliert seinem Nachfolger im Amt des Ministerpräsidenten von Rheinland-Pfalz, B. Vogel (links), zum Wahlerfolg. Rechts der unterlegene Kandidat und Finanzminister J. W. Gaddum

Am Widerstand der CDU/CSU-regierten Länder scheiterte auch die Absicht der Regierung, die Mehrwertsteuer zum 1. Jan. 1977 zu erhöhen. Dagegen billigte der Bundesrat die Erhöhung der Tabak- und der Branntweinsteuer. – Überhaupt hatte an der gesetzgeber. Tätigkeit der Bundesrat erhebl. Anteil. Von den 96 Gesetzen, in denen der Bundesrat in der vergangenen Legislaturperiode den Vermittlungsausschuß anrief, waren 49 bis 51 Prozent nicht kontrovers, 47 bis 49 Prozent dagegen zwischen den unions- und koalitionsregierten Ländern ganz oder in wichtigen Teilen strittig; bei 74 Gesetzen sind dabei im Vermittlungsausschuß Änderungen ausgehandelt worden.

Die öffentl. Selbstdarstellung von Regierung und Opposition war 1976 auf den Bundestagswahlkampf hin orientiert. Der Wahlaufruf der CDU stand unter dem Motto: „Aus Liebe zu Deutschland die Freiheit wählen". Die SPD warb mit: „Modell Deutschland – Freiheit, Sicherheit, soziale Demokratie". Die FDP wollte „im Zweifel für die Freiheit" eintreten, und für die CSU sollte die Wahl die Entscheidung über „Freiheit oder Sozialismus" bringen. Das Ergebnis der Wahl am 3. Okt. läßt sich in zwei Punkten zusammenfassen: Zum einen brachte es eine Neuauflage der bisherigen SPD/FDP-Regierungskoalition, zum anderen einen spektakulären Stimmenzuwachs für die Unionsparteien, die im neuen Bundestag nur über zehn Mandate weniger verfügen als die Regierungskoalition. Das Wahlergebnis deutet damit einen gravierenden Stimmungswandel in der polit. Landschaft an. Mit 91,1% Beteiligung legte die Wahl erneut Zeugnis ab für den hohen polit. Partizipationsgrad der Bevölkerung. Als stärkste Fraktion ging die CDU/CSU mit 48,6% der Zweitstimmen und 243 Parlamentssitzen aus der Wahl hervor (gegenüber 1972: +3,7%). Die SPD wurde zweitstärkste Fraktion mit einem Stimmenanteil von 42,6% und 214 Mandaten (gegenüber 1972: −3,2%). Die FDP erreichte 7,9% der Stimmen und 39 Sitze (gegenüber 1972: −0,5%). Der neue Bundestag wählte K. Carstens (CDU) zu seinem Präsidenten. – Hessen und Rheinland-Pfalz erhielten nach der Wahl neue Ministerpräsidenten: Am Abend des Bundestagswahltags gab der hess. Regierungschef A. Osswald (SPD) seinen Rücktritt bekannt. Osswald war v. a. wegen seiner angebl. Mitverantwortung an verlustreichen Geschäften der Hess. Landesbank heftiger Kritik ausgesetzt gewesen. Sein Nachfolger wurde H. Börner. Im Dez. übernahm B. Vogel (CDU) das Amt des rheinland-pfälz. Ministerpräsidenten. Vogel löste H. Kohl ab, der in Bonn den Vorsitz der CDU/CSU-Fraktion übernahm.

Nach der Bundestagswahl sorgten die Generalsaffäre (↑Bundeswehr), der Beschluß der CSU-Landesgruppe im Bundestag (↑Christlich-Soziale Union), die Fraktionsgemeinschaft mit der CDU nicht fortzuführen sowie der Streit um die Sanierung der Rentenversicherung für Schlagzeilen. Im Dez. sickerte aus den Bonner SPD/FDP-Koalitionsverhandlungen durch, daß im Rahmen eines Konzepts zur Sanierung der Rentenversicherung die nächste

Bundesrepublik Deutschland. Das neu ernannte Kabinett H. Schmidt wird vom deutschen Bundespräsidenten W. Scheel (vorn, dritter von links) empfangen

Rentenanpassung nicht – wie im Wahlkampf versprochen – zum 1. Juli 1977, sondern erst zum 1. Jan. 1978 vorgenommen werden sollte. Daraufhin brach ein Sturm der Entrüstung in der Öffentlichkeit und selbst bei Politikern der Koalitionsparteien los. Unter Druck mußte die Regierung zurückstekken und ein neues Sanierungsprogramm aushandeln. Der Bundeskanzler gestand vor dem Bundestag, daß eine Regierung „nicht unfehlbar" ist.
Polit. „Dauerbrenner" waren 1976 der Bau von Kernkraftwerken und die Wirtschaftsentwicklung. – Die Nuklearpolitik der Bundesregierung war außen- und innenpolit. voller Sprengkraft. Die geplante Lieferung einer Anreicherungs- und einer Wiederaufbereitungsanlage an Brasilien stieß auf Kritik der USA. Die Massenproteste in Wyhl und Brokdorf brachten die Regierung in ernste Bedrängnis (↑Bürgerinitiativen).

Bundeswehr: Die Tätigkeit der B. stand 1976 vorwiegend im Zeichen der Umgliederung des Heeres. Der Auftrag des Heeres war es, mit den der NATO unterstellten (assignierten) Truppenteilen (36 Brigaden, Divisions- und Korpstruppen) gemäß den entsprechenden NATO-Planungen die Verteidigung in den befohlenen Gefechtsstreifen zu führen. Die Diskrepanz zwischen den personellen Möglichkeiten und dem notwendigen Umfang der Verteidigungsanstrengungen führte zunächst zum Prinzip der „abgestuften Präsenz", bei dem sowohl Truppenteile, die im Verteidigungsfall sofort einsatzbereit sein müssen, als auch reine Geräteeinheiten anzutreffen waren. Diese Konzeption entsprach den strateg. Forderungen der NATO allerdings nur zum Teil. Daher wurde von der Bundesregierung bereits Anfang 1973 eine neue Struktur des Heeres angekündigt, deren Verwirklichung inzwischen weit fortgeschritten ist. Der Grundgedanke ist hierbei, der B. sowohl die notwendigen Finanzmittel wenigstens in bisheriger Höhe für weitere Investitionen zu sichern, als auch die Verbände so zu gliedern, daß sie mehr als bisher für sofortige Einsätze zur Verfügung stehen oder zumindest ihre volle Einsatzbereitschaft kurzfristig herstellen können. Die künftig „schlankeren" Brigaden (d. h. mehr Kampfkompanien und Bataillone, die jedoch zahlenmäßig kleiner und mit weniger Großgerät ausgestattet sind), berücksichtigt man die erhebl. Qualitätssteigerung sowohl bei Kampfpanzern als auch bei Panzerabwehrwaffen, werden keinesfalls über weniger Kampfkraft, insbes. Panzerabwehrkraft als bisher verfügen. Ende Aug. 1976 hat der Inspekteur des Heeres die „Brigade 80" der Öffentlichkeit vorgestellt. Das Hauptziel der neuen Brigadegliederung ist eine höhere Präsenz und Kampfkraft ohne Mobilmachung. Verwaltungstätigkeiten sollen zukünftig verstärkt beim Bataillon wahrgenommen werden, so daß die Hauptaufgaben der Kompanien, Ausbildung und Führung, wieder ihre zentrale Bedeutung gewinnen. Die künftige Struktur des Heeres wird ein mit Schwerpunkt Panzerabwehr abgestimmtes System bilden, dessen wichtigstes Element die Brigade sein wird.
Im Bereich der gesamten B. ist geplant, zukünftig solche Aufgaben zusammenzufassen, die bisher von den Teilstreitkräften in eigener Regie wahrgenommen wurden, ohne jedoch teilstreitkraftspezif. Merkmale aufzuweisen. Hierzu gehören v. a. die Logistik und das Sanitäts- und Gesundheitswesen. Für die Zentralisierung derartiger Funktionen wur-

Bundeswehr. Harald Wust, Nachfolger von A. Zimmermann im Amt des Generalinspekteurs

den Lösungsvorschläge entwickelt, die z. Z. erprobt werden.
Unbefriedigend ist immer noch die Zusammenarbeit im internat. Rüstungsbereich. Auf allen NATO-Konferenzen wurden Forderungen nach besserer Kooperation erhoben, um durch wirkungsvolle Standardisierung von aufwendigen und komplexen Waffensystemen die Verteidigungsfähigkeit zu verbessern und dadurch frei werdende Finanzmittel für zusätzl. Investitionen zu verwenden. Das z. Z. spektakulärste und in der Öffentlichkeit bekannteste Beispiel ist das dt.-amerikan. Panzerprojekt. Obwohl Politiker wie besonders der derzeitige dt. Verteidigungsminister die Notwendigkeit einer engen Zusammenarbeit gerade auf diesem Sektor (die BRD und die USA verfügen über den stärksten Panzeranteil in ihren Streitkräften innerhalb der NATO) nicht nur wegen des Vergleichs mit der ständig wachsenden Kampfkraft des Ostens, sondern auch wegen des sprunghaften Ansteigens der aufzubringenden Haushaltsmittel betonen, hat dieses Projekt bis jetzt bei den Beteiligten nur Verstimmung ausgelöst, obwohl die techn. Gegebenheiten durchaus als günstig anzusehen sind. Ein positives Ergebnis steht daher noch aus.
In Zusammenhang mit dem Status der B. als Wehrpflichtarmee standen die Probleme der Wehrdienstverweigerung und der Wehrgerechtigkeit, deren polit. Lösung noch aussteht. Das bisher geübte Verfahren der Gewissensprüfung bei Wehrdienstverweigerung wird von allen Fraktionen des Bundestages als unbefriedigend angesehen. Die Koalitionsparteien hatten deshalb einen Gesetzesentwurf eingebracht, der das Prüfungsverfahren ersatzlos abschaffen sollte. Dieser Entwurf war im April 1976 vom Bundestag verabschiedet worden. Die von der CDU/CSU geführten Länder und die Opposition im Bundestag waren jedoch der Ansicht, daß die Gewissensentscheidung der Wehrpflichtigen grundsätzl. überprüft werden sollte. Der Bundesrat hatte deshalb im Mai 1976 den Vermittlungsausschuß angerufen, der das Verfahren ohne Einigungsvorschlag abgeschlossen hat. Das Gesetz lag dem Bundesrat im Juli erneut vor und wurde abgewiesen. Eine weitere Initiative der sozial-liberalen Koalition Ende 1976 befindet sich noch in der parlamentar. Diskussion.

Bürgerinitiativen: Als B. bezeichnet man die seit Anfang der siebziger Jahre immer häufiger auftretenden, relativ locker gefügten Organisationen, in denen sich Bürger spontan zusammentun, um auf Grund von konkreten Anlässen in ihrer polit. und sozialen Umwelt Selbsthilfe zu organisieren und/oder auf kommunaler oder überregionaler Ebene Einfluß auf die polit. Entscheidungsträger und die staatl. und kommunalen Verwaltungen auszuüben. Eine Studie des Dt. Instituts für Urbanistik besagt, daß sich die meisten B. für bessere Umweltbedingungen einsetzen (17%), gefolgt von Initiativen für Kindergärten und Spielplätze (16%), Aktionen gegen Verkehrsplanungen (11,8%) und für ein besseres Bildungswesen (8,1%) sowie Initiativen im Bereich der Stadtentwicklung (8%). Da sich die meisten der auf drei- bis fünftausend geschätzten B. auf sachl. und sozial eng begrenzte Probleme konzentrieren, werden sie vielfach als sog. „Ein-Punkt-Organisationen" bezeichnet. Dadurch unterscheiden sie sich von Parteien, die mit einem breiten polit. Programm direkt polit. Macht erobern wollen, und von Interessenverbänden, die kontinuierl. die Interessen einer relativ klar abgegrenzten sozialen Gruppe im polit. Prozeß durchzusetzen versuchen.
Die Gründe für das Entstehen dieses „dritten Systems der Bedürfnis- und Interessenäußerung" neben den Verbänden und Parteien sind vielfältig. Einerseits sind es die Probleme des wirtschaftl. Wachstums mit seinen Umweltbelastungen und Urbanisierungstendenzen, andererseits sind die B. auch auf ein Versagen von polit. Planern in Parteien und Verwaltungen zurückzuführen. In den Augen vieler Bürger lassen diese Planer sich zu stark von scheinbar technolog. Sachzwängen leiten und vernachlässigen soziale Allgemeininteressen. Darüber hinaus spiegelt sich in vielen B. das Gefühl der Ohnmacht wider, das die Betroffenen aufgrund der in der Stille der Amtsstuben vorbereiteten Planungen auf den verschiedensten Gebieten empfinden. Sicher hat auch die Studentenbewegung und die sog. außerparlamentar. Opposition (Apo) Ende der 60er Jahre eine stärkere Bereitschaft erzeugt, als Bürger „aktiv" zu werden. Manche B. sind jedoch auf die Verfechtung enger materieller Interessen beschränkt, so daß sie z. T. als „des Bürgers organisierter Eigennutz" bezeichnet werden.
Das Jahr 1976 stand ganz im Zeichen von B. im Bereich des Umweltschutzes, insbes. der Kernkraftwerke (KKW). Dadurch traten andere Initiativen, wie etwa die „Aktion billiges Telefon", die sich gegen die Einführung eines Zeittaktes bei Ortsgesprächen wandte und in kurzer Zeit rund 300 000 Unterschriften sammelte, in den Hintergrund. In Wyhl hielten bereits 1975 B., die durch den Bau des KKW negative Belastungen der Umwelt und eine Gefährdung ihrer persönl. Sicherheit bei einem Unglück befürchteten, mehrere Monate den Bauplatz besetzt. Anfang Febr. 1976 erreichten die verbündeten bad.-elsäss. Initiativen eine Übereinkunft mit der Landesregierung und dem Bauträger (Kernkraftwerk Süd GmbH), daß zusätzl. Gutachten eingeholt werden sollten, Strafanträge gegen die Besetzer des Platzes zurückgenommen wurden und

Bürgerinitiativen. Demonstranten vor dem hermetisch abgeriegelten Baugelände des Kernkraftwerks Brokdorf an der Unterelbe

Bürgerinitiativen. Gegner der Errichtung einer Atommülldeponie in Niedersachsen demonstrieren in Hannover

der Baubeginn bis 1. Nov. 1976 zurückgestellt wurde (später bis zur mündl. Gerichtsverhandlung im März 1977 verlängert). Allerdings blieben die Auswirkungen auf das Bundestagswahlergebnis 1976 regional begrenzt. Trotz der scharfen Kritik in der Öffentlichkeit konnte die regierende CDU in Baden-Württemberg ihren Stimmenanteil erhebl. ausdehnen. Sie verlor allerdings im Wahlkreis des KKW-Standortes deutl. Stimmen an einen für den Umweltschutz eintretenden FDP-Kandidaten. In Brokdorf versuchte die dortige Landesregierung durch eine starke Bauplatzsicherung eine Behinderung der anlaufenden Bauarbeiten zu vermeiden. Trotzdem kam es am 13. Nov. 1976 zu einer Demonstration von rund 20000 Teilnehmern, in deren Verlauf es Verletzte gab und Sachbeschädigungen erfolgten. Der Hauptveranstalter der Demonstration, die „Bürgerinitiative Umweltschutz Unterelbe", distanzierte sich von diesen Ausschreitungen. Radikale polit. Gruppierungen hatten versucht, die Aktion für ihre Zwecke auszunutzen. Mit den Aktionen im Bereich der KKW werden die Planungen der Bundesregierungen im Rahmen des langfristigen Energieprogramms, das der Kernenergie einen zunehmend bedeutenderen Platz zuweist, in Frage gestellt. Damit erreichten diese Initiativen die bisher weittragendste Wirkung. Deshalb wird z. T. kritisiert, daß manche Initiativen „als selbsternannte parlamentar. Opposition im Gegensatz zu dem vom ganzen Volk gewählten Parlament" stünden. Außerdem werden im Bereich der Kernenergie Konflikte mit Verbänden, insbes. den Gewerkschaften, deutlich. Am 16. Nov. 1976 demonstrierten in Mülheim a. d. Ruhr rund 5 000 Belegschaftsmitglieder der Kraftwerk Union AG und 2 000 Bürger gegen einen mögl. Stopp im Kernkraftwerksbau, da dadurch mittelfristig insgesamt 320000 Arbeitsplätze gefährdet würden.
Versuche, die Stellung der B. in den verschiedenen Planungsverfahren rechtl. durch die Einführung der sog. Verbandsklage (Möglichkeit der Klage durch Organisationen, auch wenn keine subjektiven Rechte einzelner Personen verletzt werden) zu verbessern, sind etwa im Rahmen der Atomgesetznovelle ohne Erfolg geblieben. Verschiedenen B. ist es in jüngerer Zeit gelungen, sich insbes. im Bereich des Umweltschutzes zu Dachverbänden zusammenzuschließen (z. B. der 1972 gegründete „Bundesverband der B. Umweltschutz", in dem nach Angaben des hauptamtl. Vorsitzenden H.-H. Wüstenhagen im März 1976 rund 700 B. zusammengeschlossen sind, und neuerdings der Zusammenschluß von zwei Dutzend B. in Nordrhein-Westfalen). Durch diese stärkere Institutionalisierung wird eine bessere Kontinuität und Durchsetzungsfähigkeit der Arbeit erreicht. Trotz der Kritik an vielen B. sehen nach einer Emnid-Umfrage 59% der Erwachsenen in der BRD inzwischen B. als ein geeignetes Mittel an, bestimmte Ziele zu erreichen, wenn auch nur 34% bereit sind, u. U. sich an einer bestimmten Aktion zu beteiligen.

Bürgerrechtler: In der UdSSR, Polen, der ČSSR und der DDR wirken heute B. bzw. Bürgerrechtsbewegungen, die ähnl. Ziele verfolgen: Durchsetzung der in den Verfassungen dieser Länder und in internat. Abmachungen (Allgemeine Menschenrechtsdeklaration von 1948, die 1976 in Kraft getretenen beiden Internat. Menschenrechtspakte, KSZE-Schlußakte) niedergelegten polit. Grundrechte, Einhaltung der nat. Gesetzgebungen durch die Staatsorgane.
Die Behörden vermieden 1976 allgemein (mit Ausnahme der sowjet.) spektakuläre Gegenmaßnahmen, um Vorwürfen auf der KSZE-Folgekonferenz (Belgrad 1977) zu entgehen und um Solidarisierungen in der Bevölkerung vorzubeugen. Dafür wurden jedoch Verwaltungsmaßnahmen, Schikanen, Gewaltanwendungen und -androhungen, Diffamierungen verstärkt.
Sowjetunion: In Moskau bildete sich eine B. unter J. Orlow, die sog. „Helsinki-Gruppe", die die Achtung der menschenrechtl. Abmachungen der KSZE-Schlußakte fördern sowie Regierungen und Öffentlichkeit der 35 Unterzeichnerstaaten über Verletzungen in der UdSSR informieren will. Filialen entstanden in Kiew und Tbilisi, in Litauen, Lettland und Armenien. Auch viele andere beriefen sich bei ihrem Kampf um freie Meinungsäußerung, Freizügigkeit (Krimtataren), Religionsfreiheit (Orthodoxe, Katholiken in Litauen, Baptisten, Pfingstler), Emigration (Juden, Sowjetdeutsche) auf die KSZE-Schlußakte. 80% der rund 300 1976 in den Westen gelangten etwa 4 000 Seiten starken Samisdatdokumente (unzensiertes Schrifttum) befassen sich mit behördl. Rechts- und Grundrechtsverletzungen. Appelle, Telefonate, Interviews A. Sacharows u. a. machten auf Verfolgungen aufmerksam. Die Behörden reagierten mit rund 10 Politprozessen (1975: 40), rund 10 Einweisungen in Nervenheilanstalten (mehr als 1975) und administrativen Maßnahmen. Mehreren B.n wurde wieder die Emigration gestattet oder aufgezwungen, so L. Pluschtsch, der seit 1973 in einer Heilanstalt zwangshospitalisiert war, dem Regimekritiker A. Amalrik, drei Mitgliedern der Moskauer Helsinki-Gruppe (M. Bernschtam, W. Rubin, L. Alexejewa), dem Polithäftling W. Bukowski (ausgetauscht gegen den inhaftierten chilen. KP-Chef L. Corvalán). Mehrere Künstler, Musiker und Sportler emigrierten oder blieben bei Tourneen im Westen. Gewaltmaßnahmen (mit Todesfolge bei K. Bogatyrjow und J. Ruchin) und Gewaltandrohungen seitens des Staatssicherheitskomitees wurden häufiger.
Polen: Nach 1956 und 1970 kam es im Juni 1976 wieder zu ausgedehnten Arbeiterunruhen und Streiks – wegen unerwartet starker Erhöhungen der Lebensmittelpreise (bis 70%). Arbeiter des Ursuswerks blockierten die Strecke Warschau–Berlin; in Radom wurden das Parteigebäude angezündet, zwei Arbeiter getötet, 75 Milizionäre verletzt. Die Preiserhöhungen wurden rückgängig gemacht, Hunderte Arbeiter verhaftet, 150 verurteilt. Dem folgte eine Solidarisierung von Intellektuellen und der Kirche (zu der 90% der Bevölkerung gehören) mit den Arbeitern. Kardinal St. Wyszyński bewirkte die Entlassung vieler Verurteilter und Verhafteter sowie die Einstellung von Prozessen. 20 Intellektuelle, darunter der Schriftsteller J. Andrzejewski und die Historiker J. Kuroń und J. Lipski gründeten ein „Komitee zur Verteidigung der Arbeiter", das u. a. Geld für Angehörige der Verfolgten sammelte. 172 bekannte Intellektuelle forderten in einem Brief vom Sejm die Einsetzung einer Parlamentskommission, die die Brutalitäten der Sicherheitsorgane gegen Arbeiter untersuchen soll. Gegen Komiteemitglieder wurden Repressionsmaßnahmen eingeleitet, jedoch zunächst keine Verhaftungen durchgeführt. Intellektuelle (E. Lipiński, J. Kuroń, A. Michnik) traten mit programmat. Forderungen hervor: Wiedereinsetzung der bürgerl. Freiheiten, demokrat. Regeln in Politik, Wirtschaft und Gewerkschaften, polit. Unabhängigkeit von der UdSSR. Partei und Regierung vermieden aus Furcht vor weiteren Solidarisierungen und offenem Widerstand der gereizten Bevölkerung durchgreifende Maßnahmen.
Tschechoslowakei: Männer des „Prager Frühlings" von 1968 wandten sich an die internat. Öffentlichkeit, um auf ihre immer schwieriger werdende Lage aufmerksam zu machen. Sie erreichten Ende 1976 die Freilassung von vier Anhängern A. Dubčeks und einen Prozeßaufschub für vier Popsänger. Die Aktivierung der Protesttätigkeit löste neue Verfolgungen und Diskriminierungen gegen die früheren

Politiker A. Dubček, Z. Mlynař, J. Hájek und F. Kriegel, die Schriftsteller P. Kohout, V. Havel und L. Vaculík sowie viele andere Intellektuelle und Tausende nonkonformer Bürger aus. Intellektuelle verfaßten daher Ende 1976 die „Charta 77", die auf die Mißachtung der internat. vereinbarten Menschenrechte in der ČSSR hinwies.
Deutsche Demokratische Republik: Bürgerrechtl. Bestrebungen gingen 1976 von Ausreisewilligen, kirchl. Kreisen und von demokrat.-sozialist. eingestellten Intellektuellen aus, ohne daß es zu einer Solidarisierung kam. Die Bindungen zwischen der DDR und der BRD, Rundfunk und Fernsehen der BRD sowie der Grundlagenvertrag (1971) erhalten in der DDR-Bevölkerung ein gesamtdt. Bewußtsein am Leben und konfrontieren die polit. Führung mit schwierigen Abgrenzungsproblemen. Die KSZE-Schlußakte veranlaßte über 100 000 Bürger, Ausreiseanträge zu stellen, was von schwindender Angst vor den Staatsorganen und von wachsendem Selbstbewußtsein zeugte. Die DDR-Führung erschwerte daraufhin die Ausreisen und verschärfte die administrativen Maßnahmen gegen Ausreisewillige.
In der ev. Bevölkerung häuften sich Proteste gegen verstärkte Benachteiligungen Gläubiger. Die Selbstverbrennung von Pastor O. Brüsewitz sollte darauf aufmerksam machen. Sie bewirkte ein mutigeres Engagement der Kirchen für Gemeinden und Gläubige.
R. Havemann und W. Biermann traten für einen demokrat. Sozialismus und bürgerl. Freiheiten ein und kritisierten das DDR-System seit Jahren öffentlich. Biermann wurde schließl. während einer überraschend genehmigten BRD-Tournee die DDR-Staatsangehörigkeit entzogen, Havemann unter Hausarrest völlig isoliert. Nur wenige, die gegen die Ausbürgerung protestierten, wurden – vorübergehend – verhaftet. Diese Maßnahmen führten zu einer Solidarisierung der krit. Eingestellten und einer Absetzung von den Konformisten.
Burundi, Binnenstaat im afrikan. Zwischenseengebiet. Als Volksvertretung bestanden bis 1966 zwei Kammern eines Parlaments. Ab 1972 existierte ein Oberster Rat der Republik, seit Nov. 1976 besteht ein Oberster Revolutionsrat. Staatspräsident *Jean-Baptiste Bagaza* (seit Nov. 1976; zuvor *Michel Micombero*), Ministerpräsident *Edouardo Nzambimana* (seit Nov. 1976). Flagge ↑Farbtafeln Flaggen S. 121. Internat. Mitgliedschaften ↑Übersicht Internationale Organisationen.
Wirtschaft: Die wirtschaftl. Situation B.s ist ernst. Das Pro-Kopf-Einkommen beträgt 70 $ pro Jahr. Kaffee ist das wichtigste Produkt und erbringt 80% der Einnahmen des Landes. Finanzielle Hilfen aus der BRD und den USA kommen dem Kaffeesektor zugute. Die Handelsbilanz ist defizitär.
Innen- und Außenpolitik: Ein Besuch Präsident M. Micomberos im benachbarten Rwanda (Mitte Juni) leitete eine merkl. Verbesserung der gegenseitigen Beziehungen ein, die jahrelang durch Stammeskämpfe belastet waren. B. wurde Anfang Aug. in die internat. Kommission aufgenommen, die das zwischen Kenia und Uganda abgeschlossene „Memorandum of Understanding" überwachen soll. Als Vorbedingung hatte Kenia gefordert, daß der Warenverkehr mit B. freigegeben wird. Bis dahin waren Waren auf dem Wege zwischen Kenia und B. in Uganda konfisziert worden. Auf einer Dreierkonferenz verpflichtete sich B. zusammen mit Zaïre und Rwanda (Sept.), den Befreiungskampf im südl. Afrika zu unterstützen. Bei dieser Gelegenheit wurde eine Reihe von Abkommen unterzeichnet, die die Sicherheit in den Grenzbereichen der drei Staaten garantieren sollen. Am 1. Nov. wurde M. Micombero durch einen unblutigen Putsch der Armee gestürzt. Die Macht übernahm Oberstleutnant Jean-Baptiste Bagaza an der Spitze eines Obersten Revolutionsrates. Micombero wurden Korruption und machiavellist. Methoden vorgeworfen. Das neue Regime bekannte sich zur Politik der guten Nachbarschaft und zur Respektierung internat. Verpflichtungen und erklärte, das Land würde auf der Basis eines demokrat. Zentralismus regiert werden. Eine neue Regierung wurde am 13. Nov. unter Oberstleutnant E. Nzambimana als Premierminister gebildet.

BURUNDI
Geographische Daten und Bevölkerung: *Fläche* 27 834 km², *Verwaltungsgliederung* in 8 Provinzen, *Hauptstadt* Bujumbura (94 000 E), *Bevölkerung* 3,62 Mill. E (1971), 130 E/km², *Amtssprachen* Französisch und Kirundi, *Religion* 60% Katholiken, 33% Animisten.
Wirtschaft: *Erwerbstätigkeit:* Etwa 85% der Bevölkerung sind in der Landwirtschaft tätig. – *Landwirtschaft:* Produktion (Auswahl; 1972): Mais 250 000 t, Hirse 80 000 t, Süßkartoffeln 1,1 Mill. t, Maniok 1,6 Mill. t, Bananen 1,5 Mill. t, Kaffee 20 000 t (1973). – *Elektrizitätserzeugung* (1972): 24,1 Mill. kWh. – *Außenhandel* (1975): Export 2,51 Mrd. F.Bu., Import 4,86 Mrd. F.Bu. Haupthandelspartner sind USA und Belgien-Luxemburg. Hauptexportgüter sind Kaffee und Baumwolle. – *Währung* ↑Übersicht Währungen. – *BIP* zu Marktpreisen 18,51 Mrd. F.Bu. (1970).
Verkehr: *Straßen* (1969): 3 000 km. – *Luftverkehr* (1973): 26 000 Fluggäste.

Buttigieg, Anton, * Gozzo 19. Febr. 1912, maltes. Politiker. Jurist; seit 1956 Mitglied des Parlamentes; 1959–61 Vorsitzender, seit 1962 stellvertretender Vorsitzender der Labour Party; 1958–64 Delegierter bei den Verfassungskonferenzen in London, ab 1967 beim Europarat. 1971–74 stellvertretender Premierminister, seit Dez. 1976 Staatspräsident.

C

Callaghan, James, * Portsmouth 27. März 1912, brit. Gewerkschaftler und Politiker. 1974–76 Außenminister, seit April 1976 Premierminister und Parteiführer der Labour Party.
Canton and Enderburry Islands ↑Übersicht Staaten der Erde (Großbritannien und USA).
Carstens, Karl, * Bremen 14. Dez. 1914, dt. Jurist und Politiker. 1973–76 Fraktionsvorsitzender der CDU/CSU im Dt. Bundestag, seit Dez. 1976 Bundestagspräsident.
Carter, James Earl, * Plains (Ga.) 1. Okt. 1924, 39. Präsident der USA (seit 1977). C. diente 1947–53 in der amerikan. Marine, wo er u. a. eine Ausbildung in Kerntechnik und Kernphysik erhielt; danach war er als Farmer und Besitzer von Lagerhäusern tätig. 1962–66 vertrat er die Demokrat. Partei im Senat von Georgia und war 1970–74 Gouverneur dieses Bundesstaates. 1974 trug er als Vorsitzender des Wahlkampfkomitees der Demokraten zum großen Erfolg seiner Partei bei den Kongreßwahlen bei. Nach spektakulären Siegen bei den Vorwahlen im Juli 1976 mit überwältigender Mehrheit zum demokrat. Präsidentschaftskandidaten nominiert, konnte C. bei den Wahlen im Nov. 1976 den amtierenden republikan. Präsidenten G. R. Ford knapp schlagen.
Castle, Barbara, * Chesterfield 6. Okt. 1911, brit. Politikerin. Seit 1974 Sozialministerin, trat sie im April 1976 von ihrem Amt zurück.

James Earl Carter

Castro Ruz, Fidel, * Mayarí (Oriente) 13. Aug. 1927, kuban. Politiker. Seit 1959 Ministerpräsident; wurde im Dez. 1976 auch zum Vorsitzenden des Staatsrates gewählt.

Cayman Islands ↑Übersicht Staaten der Erde (Großbritannien).

CCD, Abk. für engl.: **C**onference of the **C**ommittee of **D**isarmament (Konferenz des Abrüstungsausschusses der UN) ↑Abrüstung.

CHEMIE

Im vergangenen Jahr erlebte die anorganische Chemie, insbesondere die Chemie des Elements Bor, eine gewisse Renaissance. Es waren vor allem äußere Umstände, die dieses Element in den Vordergrund der Aufmerksamkeit rückten. An erster Stelle muß hier die Verleihung des Nobelpreises für Chemie an William N. Lipscomb genannt werden. Der Wissenschaftler erhielt die Auszeichnung für seine Arbeiten über die Struktur und die Bindungsverhältnisse von Boranen (↑Nobelpreise). Weiter gab eine wissenschaftliche Tagung in Ettal einen „nahezu vollständigen Überblick über die derzeitigen Tendenzen der Borchemie". Darüberhinaus erschienen einige weitere Arbeiten, die zeigen, wie groß zur Zeit bei Chemikern die Anziehungskraft des Elements Bor als Forschungsobjekt ist.

Auch auf dem Gebiet der Siliciumverbindungen wurden neue Arbeiten bekannt, doch sind in den letzten Jahren die Fortschritte nicht so groß gewesen, daß man von grundlegend neuen Erkenntnissen sprechen könnte.

Im übrigen kann man davon ausgehen, daß die anorganischen Chemiker auch in den kommenden Jahren eine Vielzahl von komplizierten und sehr speziellen Verbindungen synthetisieren werden. In den Vordergrund rücken dabei ringförmige anorganische Verbindungen, denen je nach den ringaufbauenden Elementen (vor allem Silicium und Bor) ganz spezielle Eigenschaften zugeschrieben werden.

Im Blickpunkt der anorganischen Chemiker stehen nach wie vor auch die Übergangsmetalle, bei denen praktisch jedes Jahr neue Verbindungen mit ungewöhnlicher Oxidationsstufe gefunden werden, die zum Teil eine gewisse Bedeutung als Katalysatoren gewinnen könnten.

Auf dem Gebiet der organischen Chemie standen auch 1976 Arbeiten zur Grundlagenforschung im Vordergrund. So wurde beispielsweise eine ganze Reihe von theoretischen Fragen über die Struktur organischer Verbindungen geklärt; daneben wurden zahlreiche neue aromatische Kohlenwasserstoffe, v.a. überbrückte Aromaten hergestellt, aber auch die polycyclischen Kohlenwasserstoffe fanden ein größeres Interesse. Auf dem Gebiet der Naturstoffchemie steht ebenfalls die Grundlagenforschung im Vordergrund. Daneben konnten 1976 mehrere Substanzen isoliert und in ihrer Struktur aufgeklärt werden, die schon sehr bald für die Medizin und die Pharmazie von Interesse werden dürften. Bei den Antibiotika beispielsweise stand sowohl die Strukturaufklärung als auch die Synthese von Makroliden und Nukleosiden im Vordergrund, wobei sich das Interesse vor allem auf die karzinostatischen Aktivitäten der Nukleoside richtete. Auf dem Gebiet der Prostaglandine befaßten sich die Forscher mit der Synthese von Analoga und von Derivaten.

Es würde den Rahmen dieses Beitrages bei weitem sprengen, wollte man auf alle neu synthetisierten Stoffe der Naturstoffchemie, der Biochemie, der Makromolekülchemie und der anderen Zweige eingehen. Der Rückblick zeigt jedoch, daß das Jahr 1976 mit keinen sensationellen Ergebnissen aufwarten konnte.

Die chemische Industrie ist in den vergangenen Jahren als umweltverschmutzender Industriezweig zunehmend in der Öffentlichkeit in Mißkredit geraten; heute werden in großem Maße Anstrengungen unternommen, weitere Belastungen des „Ökosystems Erde" durch die Chemie zu verhindern. Ein wichtiges Hilfsmittel dazu ist die analytische Chemie und innerhalb dieser die Spurenanalyse. Diese umfaßt den Nachweis von Substanzen, die nur in geringsten Mengen, ja oftmals nur in Bruchteilen von einem Milliardstel Gramm in anderen Substanzen vorhanden sind, aber manchmal bereits in diesen Konzentrationen als sehr störend oder sogar gefährlich empfunden werden. Durch neue Analyseverfahren wurde die Nachweisgrenze um Größenordnungen herabgesetzt. In einem Interview während der „Analytica 76" in München vertrat Professor Egon Fahr (Mainz) sogar die Auffassung, daß die Wissenschaft jetzt die Grenze des prinzipiell Nachweisbaren erreicht habe: Ein fremdes Teilchen könne sich heute nicht einmal mehr unter 10^{12} anderer Partikel „verstecken", ohne aufgespürt zu werden.

Die Spurenanalyse dient aber nicht nur dem Umweltschutz, sondern trägt auch – wie auf der „Analytika 76" eindrucksvoll demonstriert wurde – ganz entscheidend zum Fortschritt in den Biowissenschaften und in der Medizin bei. Daß Spurenelemente biologische Vorgänge stimulieren oder hemmen können, ist seit vielen Jahren bekannt. Das genaue Studium dieser sehr komplexen Wechselwirkungen setzt jedoch äußerst nachweisstarke und zuverlässige Analyseverfahren für die einzelnen Elemente voraus. Durch die biochemische Analytik werden auch die Strukturen, Eigenschaften, Wirkungen und Wirkungsweisen von biochemischen Substanzen aufgeklärt. Ein klassisches Beispiel dafür ist die Entwicklung eines neuen Arzneimittels, bei der folgende Fragen geklärt werden müssen: Wie verhält sich der neue Stoff im Organismus? Auf welche Weise wirkt er? Und in welcher Form wird er schließlich aus dem Körper ausgeschieden?

Weitere Bemühungen der chemischen Industrie, die Belastung der Umwelt durch ihre Erzeugnisse zu verringern, umfassen heute die Entwicklung neuer umweltfreundlicher Produktionsverfahren und Produkte, durch die die Belastung der Luft, der Gewässer usw. auf ein Minimum reduziert werden soll. So wurde bereits vor mehreren Jahren ein Verfahren zur Schwefelsäureproduktion entwikkelt, bei dem der Ausstoß an Schwefeldioxid um Größenordnungen gesenkt werden konnte.

Ein neues Produkt, das möglicherweise die bisher in Waschmitteln verwendeten Phosphate (Natriumtriphosphat sowie v. a. die Natriumpolyphosphate) ab den 80er Jahren ersetzen kann und damit zur Reinigung der Seen und Flüsse beitragen dürfte, wurde im vergangenen Jahr bekannt. Da die Phosphate zwar durch Bildung löslicher Calciumkomplexsalze das Wasser enthärten, jedoch in Abwässern zu einer „Überdüngung" der Wasserpflanzen, insbesondere zu einer explosionsartigen Vermehrung der Algen führen, hat es in den vergangenen Jahren nicht an Versuchen gefehlt, Ersatzstoffe zu finden. Die bisher bekannt gewordenen Substanzen wirken aber entweder wesentlich schlechter als die Phosphate oder sie waren in der Herstellung so teuer, daß sie aus wirtschaftlichen Gründen als Zusatz zu Waschmitteln nicht in Betracht kamen. So hat, um nur ein Beispiel zu nennen, ein schwedischer Waschmittelfabrikant auf die als Phosphatersatz eingeführte Zitronensäure wieder verzichten müssen. Ein neues Produkt, das unter dem Namen *Sasil* bekannt wurde, ist ein weißes Pulver, das sich in Wasser nicht löst und als Ionenaustauscher wirkt. Es macht damit zwar das Wasser weich, jedoch fehlt ihm die Waschkraft des Natriumtriphosphats. Aus diesem Grunde lassen sich auch die Phosphate auch nicht vollständig durch Sasil ersetzen; man rechnet damit, daß maximal die Hälfte ausgetauscht werden kann. Volkswirtschaftlich von nicht zu unterschätzender Bedeutung dürfte sein, daß sich das neue Produkt aus heimischen Rohstoffen (Sand, Tonerde, Kochsalz) gewinnen läßt und daß man nicht wie bei den Phosphaten auf Importe angewiesen ist. Bevor ein neues sasilhaltiges Waschmittel auf den Markt kommt, soll es in ökologischen und toxikologischen Langzeitversuchen erprobt werden. Ein bereits seit neun Monaten laufender Großtest in Stuttgart-Büsnau, bei dem die dort wohnenden Hausfrauen ein Jahr mit den sasilhaltigen Waschmitteln versorgt werden, hat bisher ergeben, daß sich im Waschergebnis kein Unterschied zu den herkömmlichen Vollwaschmitteln feststellen läßt; er hat auch keine Anhaltspunkte geliefert, daß durch das Sasil die Kanalisation verstopft oder der Betrieb von Kläranlagen beeinträchtigt werden könnte. Auch die ökologischen Untersuchungen haben bislang keinen Hinweis ergeben, der gegen den Einsatz von Sasil in Waschmitteln sprechen könnte.

Chiao Kuan-hua, *Yencheng (Prov. Kiangsu) 1908, chin. Politiker. Seit 1954 im Außenministerium tätig, 1964–74 stellvertretender Außenminister, 1969 Leiter der chin. Delegation bei den chin.-sowjet. Grenzgesprächen, seit 1974 Außenminister. Trat im Dez. 1976 von seinem Amt zurück.

Chile, Republik in Südamerika. Als Volksvertretung fungierte bis zu seiner Auflösung im Sept. 1973 ein Nationalkongreß aus zwei Kammern, dem Senat mit 50 Mitgliedern und der Kammer mit 150 Abgeordneten, die verschiedenen Parteien angehörten. Staatsoberhaupt (Präsident) *A. Pinochet Ugarte* (seit Sept. 1973) als Chef einer Militärjunta (seit Juli 1974 „Oberster Führer der Nation"). Flagge ↑Farbtafeln Flaggen S. 121. Internat. Mitgliedschaften ↑Übersicht Internationale Organisationen.

Die *Wirtschaft* hat sich 1976, abgesehen von der Landwirtschaft, wieder spürbar erholt. Das Bruttoinlandsprodukt ist nach dem schweren Rückschlag von 1975 (+15%) wieder um 4–5% gestiegen, und die Inflationsrate konnte fast halbiert werden, lag aber mit 174% immer noch außerordentl. hoch. Gleichzeitig sollen die Reallöhne nach offiziellen Angaben um 10% gestiegen sein. Die Nominallöhne werden alle drei Monate dem Preisanstieg angepaßt. Ein immer noch ungelöstes Problem war die Arbeitslosigkeit. Sie stieg im Sommer auf 19% und ging dann im letzten Quartal auf 14% zurück. Der Landwirtschaft machten noch die Kreditrestriktionen von 1975 und die hohen Düngemittelpreise zu schaffen. Hinzu kamen Ernteausfälle durch schlechtes Wetter, wie z. B. bei Weizen (−30%), Gerste (−47%) und Mais (−17%). Die Zuckerrohrernte fiel dagegen mit 2 Mill. t sehr gut aus. Die Industrie hat sich merkl. erholt (+20%); ihr Export stieg sogar um 40%. Der Kupferbergbau hat sich nicht nur erholt, er produzierte zum ersten Mal über 1 Mill. t. Dagegen sind die Produktion und der Export von Eisenerz, Salpeter und Jod zurückgegangen. Der Außenhandel hat sich bei einem gestiegenen Kupferpreis sehr günstig entwickelt. Die Kupfererlöse stiegen ebenso wie der Wert der nichttraditionellen Exporte um rund 40%. So wurde zum ersten Mal seit 1971 wieder ein Exportüberschuß erzielt (rund 280 Mill. $), nachdem 1975 noch ein Defizit von 300 Mill. $ entstanden war. Ferner konnten für rund 1 Mrd. $ neue Auslandskredite aufgenommen und alle Zahlungsverpflichtungen ohne Umschuldung erfüllt werden.

Innen- und Außenpolitik: Anfang Jan. löste der Rücktritt des Oberkommandierenden des Heeres, General S. Arellano Stark, Spekulationen über einen Machtkampf in der chilen. Armee aus. Mögl. Streitpunkt waren die wirtschaftl. Maßnahmen des mit ressortübergreifender Kompetenz ausgestatteten Finanzministers J. Cauas, der im Gefolge amerikan. Wirtschaftstheoretiker (M. Friedman, A. Harberger u. a.) zwar eine Sanierung der Staatsfi-

CHILE

Geographische Daten und Bevölkerung: *Fläche* 756 945 km², *Verwaltungsgliederung* in 25 Provinzen, *Hauptstadt* Santiago de Chile (Groß-Santiago 3,7 Mill. E), *Bevölkerung* 10,25 Mill. E, 13,5 E/km² (1975), Geburten-/Sterberate (auf 1 000 E) 27,0/ 8,5 (1970), *Amtssprache* Spanisch, *Religion* überwiegend Katholiken.

Wirtschaft: *Erwerbstätigkeit* (1971): 3,137 Mill. Erwerbstätige, davon (in Prozentanteilen) Land- und Forstwirtschaft 23,9, Bergbau und Energie 3,6, Industrie 19,1, Baugewerbe 6,3, Handel 15,0, Verkehr 5,9, sonstige Dienstleistungen 26,1. – *Landwirtschaft:* Nutzfläche 14,6 Mill. ha, davon 4,51 Mill. ha Ackerland; 20,7 Mill. ha Wald (1965). – Produktion (Auswahl; 1975): Weizen 1 Mill. t, Mais 329 000 t, Kartoffeln 738 000 t, Hafer 131 000 t, Fische 1,1 Mill. t. – *Bergbau, Industrie und Elektrizitätserzeugung* (Auswahl; 1975): Kupfer 1,005 Mill. t (1976), Eisenerz (61%) 11,03 Mill. t, Kohle 1,46 Mill. t, Erdöl 1,08 Mill. t (1976), Salpeter 727 000 t (brutto), Jod 1 962 t, Rohstahl 468 000 t (1976), Walzstahl 488 000 t (1976), Benzin 1,18 Mill. m³, Papier 196 000 t, Zement 1,03 Mill. t, Zucker 219 000 t, Kfz 7 809 Einheiten, Elektrizität 8,952 Mrd. kWh. – *Außenhandel* (1975): Export 1,66 Mrd. $, Import 1,81 Mrd. $. Haupthandelspartner sind USA, Argentinien, BRD, Japan, Großbritannien. Hauptausfuhrgüter sind Kupfer, Eisenerz, Salpeter, Jod, Industrieprodukte. Hauptimportgüter sind Erdöl, Maschinen, Kfz, Nahrungsmittel. – *Währung* ↑Übersicht Währungen. – *BIP* zu Marktpreisen 38 862 Mill. chil$, 3 774 chil$/E (1975).

Verkehr: *Eisenbahnen:* Streckenlänge 8 219 km (nur Staatsbahn), 2,10 Mrd. Personenkilometer, 1,39 Mrd. Nettotonnenkilometer (1975). – *Straßen* (1974): 63 735 km, davon 8 875 km Hauptstraßen. Bestand an Pkw 223 500, an Lkw und Omnibussen 170 900 (1975). – *Schiffahrt* (1976): Handelsflotte mit 346 819 BRT. – *Luftverkehr* (1975): 1,31 Mrd. Personenkilometer, 60 Mill. Nettotonnenkilometer.

Olympische Winterspiele I. Eröffnungsfeier im Berg-Isel-Stadion oberhalb von Innsbruck (oben). – Einwandfreier Flug des Österreichers Karl Schnabel, der die Goldmedaille im Spezialsprunglauf von der Großschanze gewann

Olympische Winterspiele II. Der Kanadier Toller Cranston bei seiner künstlerischen Kür, die ihm die Bronzemedaille im Herreneinzel brachte (oben links). – Slalomaktion von Rosi Mittermaier (BRD) zur Goldmedaille (oben rechts). – Völlig überraschend errang die Eishockeymannschaft der BRD (hier im Spiel gegen die Mannschaft der ČSSR) die Bronzemedaille (unten links). – Mit

nanzen und einen Ausgleich in der Handelsbilanz erreichte, durch die Senkung des Reallohnniveaus (seit 1973 über 30%!) aber die Rezession derart verschärfte, daß die Arbeitslosenquote z. T. über 20% kletterte und ein großer Teil des Mittelstandes verarmte.

Experten im In- und Ausland kritisierten die sich allein auf die Macht der Bajonette stützende Politik. Auf einer Kundgebung Ende Jan. demonstrierte die Junta wieder Einigkeit und wies die Kritik zurück. Die kath. Kirche – z. Z. die einzige Kraft im Land, die der Junta die Stirn bietet – hat unter Leitung des Kardinals R. Silva Henriquez ihren Spielraum geschickt zu nutzen gewußt. Mit der Gründung des „Vikariats der Solidarität" im Jan. reagierte sie auf das Verbot des von ihr mitgetragenen „Friedenskomitees", ohne die Aufgaben der Institution – Betreuung polit. Gefangener und ihrer Familien, Hilfe für Arbeitslose, Speisung von Kindern – zu verändern. Im Laufe des Jahres legte sie dem Obersten Gericht mehrere Dokumentationen über Rechtsverletzungen der Behörden vor; der Ausnahmezustand wurde als Vorwand zur Beschneidung der Garantien der Verfassung verurteilt, der Geheimpolizei DINA (Dirección de Inteligencia Nacional) ungesetzl. Handlungen nachgewiesen. Zu scharfen Auseinandersetzungen kam es im Aug., als drei chilen. Bischöfe – aus Ecuador kommend – bei ihrer Ankunft in Santiago von antikirchl. Demonstranten tätl. angegriffen wurden. Die Bischöfe konnten einige DINA-Agenten identifizieren und machten die Militärbehörden öffentl. für die Ausschreitungen verantwortlich. Anfang des Jahres wurde von Erziehungsminister Konteradmiral A. Troncoso Daroch die Neuorganisation der Hochschulen mit der Entlassung von z. T. sehr prominenten Wissenschaftlern eingeleitet. Im Juli trat der neugeschaffene (demokrat. nicht legitimierte) Staatsrat zu seiner konstituierenden Sitzung zusammen. Er hat ausschließl. beratende Funktion. Seine 17 Mitglieder werden vom Präsidenten ernannt. Im März und Sept. wurde der Ausnahmezustand um jeweils sechs Monate verlängert. Nach einer im Febr. veröffentlichten Statistik der UN-Menschenrechtskommission sind seit Sept. 1973 etwa 3 000 Personen ohne Verfahren hingerichtet worden oder an den Folgen der Folter gestorben; z. Z. soll es wenigstens 5 000 polit. Gefangene geben, etwa 2 000 Menschen werden vermißt. Nach amtl. Darstellung wurden mit der Entlassung von 300 Häftlingen im Nov. alle nicht rechtskräftig verurteilten polit. Gefangenen freigesetzt.

Wichtigstes außenpolit. Ereignis war der Austritt Ch.s aus dem Andenpakt. Nachdem Ch. 1974 durch Dekret einseitig Beschränkungen für das Auslandskapital zurückgenommen hatte, stand eine auch von den Partnerländern getragene Änderung der Statuten aus. Eine Einigung kam jedoch nicht zustande, da Ch. die völlige Freigabe des Gewinntransfers für ausländ. Unternehmen forderte und auf einer drast. Herabsetzung der Schutzzölle gegenüber Drittländern bestand. Mit der Abreise der chilen. Delegation von der Andenpaktkonferenz Ende Okt. in Lima wurde der Rückzug besiegelt.

Die zunehmenden Schwierigkeiten im Anden-Regionalmarkt veranlaßten Ch. zu einer Annäherung an die La-Plata-Staaten. Nach Abschluß mehrerer Abkommen mit Uruguay reiste Präsident A. Pinochet Ugarte im April nach Montevideo. Im Nov. kam General J. R. Videla, Staatsoberhaupt von Argentinien, nach Santiago; im Laufe des Jahres waren eine Reihe von Abkommen auf wissenschaftl. und techn.-wirtschaftl. Gebiet geschlossen worden. Auf der 8. Konferenz der La-Plata-Staaten im Dez. war Ch. durch einen Beobachter vertreten. Im Febr. sprach sich der amerikan. Senat für ein vollständiges Waffenembargo gegenüber Ch. aus.

China, Volksrepublik in Asien. Als Volksvertretung fungiert ein Nationaler Volkskongreß (1964 wurden 3 037 Abgeordnete gewählt, 1. Tagung des IV. Nat. Volkskongresses fand vom 13.–17. Jan. 1975 mit 2 885 Delegierten statt). Staatsoberhaupt (Vorsitzender des Ständigen Ausschusses des Nat. Volkskongresses) *Jeh Chien-jing* (seit Okt. 1976; zuvor *Chu Te*), Regierungschef *Hua Kuo-feng* (seit Febr. 1976; zuvor *Chou En-lai*), Außenminister *Huang Hua* (seit Dez. 1976; zuvor *Chiao Kuan-hua*). Flagge ↑Farbtafeln Flaggen S. 121. Internat. Mitgliedschaften ↑Übersicht Internationale Organisationen.

Wirtschaft: Die unzulängl. Informationslage erlaubt u. a. keine qualitative oder quantitative Beurteilung der Ergebnisse der chin. Wirtschaft. Doch den amtl. chin. Verlautbarungen über die Produktion 1976 war zu entnehmen, daß die Erwartungen nicht erfüllt worden sind. Die Versorgung der Bevölkerung ist nicht vollauf gewährleistet. Ungewöhnl. freimütig berichtete die Pekinger „Volkszeitung" über schwerwiegende Engpässe in der Energie- und Nahrungsmittelversorgung sowie im Industriebereich. Verschiedene Ereignisse verursachten erhebl. Reibungsverluste. Neben dem Ableben von Chou En-lai und Mao Tse-tung mit den darauffolgenden Machtkämpfen waren es v. a. die schweren Naturkatastrophen, die in verschiedenen Provinzen große Schäden anrichteten. Das Land wurde von Erdbeben heimgesucht, der Hwangho trat über die Ufer und richtete umfangreiche Verwüstungen an. Zudem beeinträchtigte das Wetter in vielen Landesteilen die Landwirtschaft u. damit auch andere

China. Mit Kränzen und Blumengebinden gedenken die Chinesen des verstorbenen Ministerpräsidenten Chou En-lai

Wirtschaftsbereiche. So ist das Land erneut zu Weizenkäufen im Ausland gezwungen. Als Folge der Erdbeben wurde u. a. die Produktion der für die chin. Industrie äußerst wichtigen Kokskohle beeinträchtigt. Die Stahlerzeugung 1976 mit 2,1 Mill. t war die niedrigste seit 1971. Die schwerwiegenden Probleme führten offenbar zu Unruhen unter den Arbeitern in verschiedenen Provinzen. Diese Tatsache würde Zugeständnisse der Regierung erklären, besondere Arbeitsleistungen und Überstunden zu entlohnen. Der Parteivorsitzende Hua Kuo-feng soll für eine Steigerung des Lebensstandards und eine Erhöhung der seit Jahren eingefrorenen Löhne eingetreten sein. Die „Rote Fahne", Sprachrohr der KPCh, forderte eine bessere Versorgung der Bevölkerung mit Konsumgütern wie Baumwollwaren, Zucker, Zigaretten, Salz, Fahrrädern, Nähmaschinen und Uhren. Die neue chin. Führung steht vor äußerst schwierigen Problemen, wenn sie die wirtschaftl. Rückschläge, die heute v. a. der sog. „Vie-

CHINA

Geographische Daten und Bevölkerung: *Fläche* 9,561 Mill. km², *Verwaltungsgliederung* in 21 Provinzen, fünf autonome Gebiete und drei provinzfreie Städte (Peking, Schanghai, Tientsin), *Hauptstadt* Peking (8 Mill. E), *Bevölkerung* 838,8 Mill. E (UN-Schätzung, nach anderen Angaben 920 Mill. E), 87,7 E/km², Geburten-/Sterberate (auf 1000 E; 1975) 27/10, *Amtssprache* Chinesisch (Pekingdialekt), in den autonomen Gebieten sind auch Sprachen der jeweiligen Volksgruppen als Amtssprachen zugelassen, *Religion* Statistiken liegen nicht vor, traditionell gehört der überwiegende Teil der Bevölkerung dem Buddhismus chin. Prägung an.

Wirtschaft: *Erwerbstätigkeit:* 385 Mill. Erwerbspersonen, davon (in Prozentanteilen ohne Landwirtschaft, in der rund 70% der Bevölkerung beschäftigt sein sollen) Fischerei 3,8, Wasserwirtschaft 2,4, Handwerk 3,8, Industrie 42, Bauwirtschaft 10,0, Dienstleistungen 38. – *Landwirtschaft:* Nutzfläche 327 Mill. ha, davon 127 Mill. ha Ackerland, 200 Mill. ha Wiesen und Weiden. – Produktion (Auswahl): Weizen 43,003 Mill. t, Reis 116,5 Mill. t, Hafer 3 Mill. t, Hirse 24,51 Mill. t, Mais 34,14 Mill. t, Gerste 21,5 Mill. t, Kartoffeln 40,75 Mill. t, Zuckerrohr 44,24 Mill. t, Zuckerrüben 8,4 Mill. t, Rohzucker 4,64 Mill. t, Zwiebeln 2,3 Mill. t, getrocknete Erbsen 4,83 Mill. t, getrocknete Bohnen 2,18 Mill. t, Tomaten 3,3 Mill. t, Rohbaumwollfaser 2,4 Mill. t, Sisal 11000 t; Viehbestände: Rinder 64,163 Mill. Stück, Büffel 30,123 Mill. Stück, Schweine 236,2 Mill. Stück, Schafe 74 Mill. Stück, Ziegen 61 Mill. Stück; tier. Produkte: Büffelmilch 1 Mill. t, Kuhmilch 3,73 Mill. t, Rind- und Büffelfleisch 2,02 Mill. t, Schweinefleisch 10 Mill. t, Hühnereier 3,73 Mill. t, Honig 225000 t. – *Bergbau, Industrie und Elektrizitätserzeugung* (1975): Kohle 420 Mill. t (1976), Erdöl 85 Mill. t (1976), Rohstahl 21 Mill. t (1976), Kunstdünger 35–39 Mill. t, Eisenerz 25 Mill. t, Manganerz 1 Mill. t, Kupfererz 140000 t, Bleierz 130000 t, Aluminium 160000 t, Zinn 22000 t, Magnesium 2500 t, Zement 16,5 Mill. t, Lokomotiven 240 Stück (1973), Güterwagen 16000 Stück (1973), Lkw 78000 Einheiten, Elektrizität 125 Mrd. kWh. – *Außenhandel* (1975): Export (fob) 7 Mill. $, Import (cif) 7,3 Mill. $ (Schätzung 1976: Export 7,1 Mrd. $, Import 6,35 Mrd. $). Haupthandelspartner sind Japan, Hongkong, USA, BRD, Kanada, Australien, Frankreich. Hauptexportgüter sind Nahrungsmittel, Getränke, Tabak, Textilien, Brennstoffe, sonstige Rohstoffe, Maschinen und Fahrzeuge, sonstige Halb- und Fertigwaren. Hauptimportgüter sind Lebensmittel, Eisen und Stahl, mineral. Brennstoffe, sonstige Rohstoffe, chem. Grundstoffe, Maschinen, Geräte und Fahrzeuge, Halb- und Fertigwaren. – *Währung* ↑Übersicht Währungen. – *BSP* (geschätzt): 253 Mrd. $, 281 $/E.

Verkehr: *Eisenbahnen:* Streckenlänge 44000 km (1972), 300 Mrd. Nettotonnenkilometer. – *Straßen* (1971): 670000 km, davon 220000 km Allwetterstraßen. Lkw-Bestand: 500000 Stück. – *Schiffahrt* (Ende 1976): Handelsflotte mit 3601788 BRT. – *Luftverkehr* (1974): Streckenlänge der inländ. Fluglinien 68000 km.

rerbande" angelastet werden, aufholen will. Der Außenhandel ist 1976 um 6–8% geschrumpft, mit Japan – nach Hongkong größter Handelspartner – sogar um 20%. Demgegenüber hat sich der vornehml. im Güteraustausch abwickelnde Handel mit den Ostblockstaaten um 40% erhöht.

China. Wandzeitungskampagne gegen den stellvertretenden Ministerpräsidenten Teng Hsiao-ping

Die I n n e n p o l i t i k stand 1976 im Zeichen des Kampfes um die Nachfolge Mao Tse-tungs und die Interpretation seines Erbes. Die damit verbundenen Auseinandersetzungen in der KPCh verschärften sich zusätzl. durch den Tod wichtiger Spitzenfunktionäre, Unruhen in der Bevölkerung, Naturkatastrophen und Wirtschaftsprobleme.

Dabei schien sich zunächst in der ersten Jahreshälfte der „linke Parteiflügel" durchzusetzen. Mit dem Neujahrsleitartikel der Pekinger Zentralorgane leitete er eine abermalige Kampagne gegen rechte Tendenzen ein, als deren Hauptvertreter immer unverhüllter der bisherige stellvertretende Ministerpräsident Teng Hsiao-ping kritisiert wurde. Zwischen Jan. und März veröffentlichte die „Volkszeitung" mehrere neue Äußerungen Mao Tse-tungs, der Teng Hsiao-ping beschuldigte, die Ergebnisse der Kulturrevolution revidieren zu wollen. Zum letzten Mal trat Teng Hsiao-ping bei der Trauerfeier für den am 8. Jan. verstorbenen Ministerpräsidenten Chou En-lai in der Öffentlichkeit auf. Danach führte jedoch der bisherige Sicherheitsminister Hua Kuo-feng die Amtsgeschäfte Chou En-lais weiter. Am 7. April, zwei Tage nachdem während des chin. Totengedenktages die Auseinandersetzungen in der Parteiführung zu spontanen Gedenkfeiern für Chou En-lai und Krawallen in Peking geführt hatten, wurde Teng Hsiao-ping endgültig aus allen Partei- und Staatsämtern entlassen. Auf Vorschlag Mao Tse-tungs bestätigte das Politbüro Hua Kuo-feng als neuen Ministerpräsidenten und ernannte ihn zum 1. Stellvertretenden Parteivorsitzenden. Mit dieser Kompromißlösung wurde der Einfluß des „rechten Parteiflügels" drast. beschnitten, gleichzeitig jedoch die Kandidatur des führenden linken Politbüromitglieds Chang Chun-chiao für das Ministerpräsidentenamt abgeblockt.

Die Personalprobleme in der Parteiführung spitzten sich im Sommer weiter zu. Am 15. Juni sagte das Außenministerium alle weiteren Zusammenkünfte Mao Tse-tungs mit ausländ. Politikern unter Hinweis auf das hohe Alter des Parteivorsitzenden ab. Zwei Wochen später starb am 6. Juli Chu Te, Politbüromitglied, Vorsitzender des Nat. Volkskongresses und Mitbegründer der Roten Armee. Die Politbüromitglieder Liu Po-cheng und Yeh Chien-ying zogen sich aus gesundheitl. Gründen aus dem Politbüro zurück, die Vertreter der Armee in der Parteiführung Hsü Shih-yu, Wei Kuo-ching und Li Te-sheng blieben unter Hinweis auf ihre regionalen Aufgaben Peking fern.

Somit bestimmten die linken Parteiführer Chiang Ching, Chang Chun-chiao, Yao Wen-yüan und Wang Hung-wen die Richtlinien der Politik. Sie versuchten, die Kritik an Teng Hsiao-ping zu einer allgemeinen Kampagne gegen leistungs- und produktionsorientierte Maßnahmen im Bildungssektor und in der Wirtschaft auszuweiten. Hauptangriffsziele waren dabei die Sekretäre vieler Provinzparteikomitees, die Wirtschafts- und Finanzexperten in der Regierung und die Armeeführung. Sie alle

China. Das folgenschwere Erdbeben in Nordostchina, das insgesamt etwa 650 000 Tote fordert, hinterläßt seine Spuren auch in Peking

wurden als Anhänger Teng Hsiao-pings angegriffen. Im Aug. hatte die Kampagne zum Sturz zweier Minister und eines ZK-Mitglieds sowie zur Lähmung zahlreicher Parteikomitees geführt.
Ein schweres Erdbeben schädigte am 28. Juli in der Provinz Hopeh, bei dem ca. 650000 Tote zu beklagen waren, die industrielle Produktion schwer. Weitere Erdbeben suchten die Provinzen Yünnan und Szetschuan sowie Peking heim. Honan und Schantung waren von großen Überschwemmungen des Hwangho betroffen. Unter dem Eindruck dieser Lage formierte sich im Spätsommer der rechte Parteiflügel zum Gegenangriff. Die Armee unterdrückte Fraktionskämpfe in den Provinzen, Arbeitsdisziplin und -produktivität wurden neu betont.

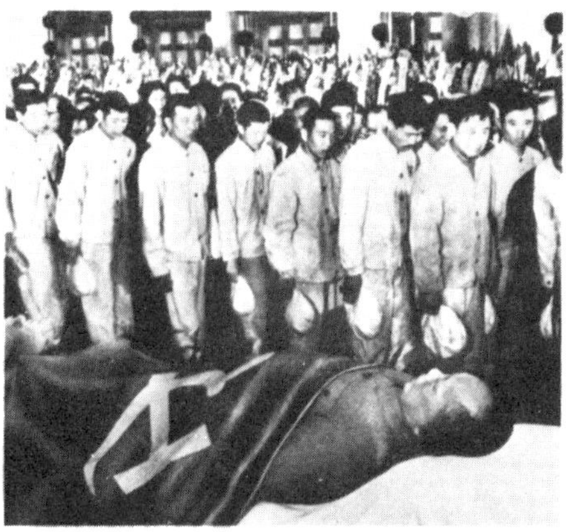

China. Defilee trauernder Chinesen am aufgebahrten Leichnam des Parteivorsitzenden Mao Tse-tung in der Großen Halle des Volkes in Peking

In dieser Situation starb am 9. Sept. Mao Tse-tung im Alter von 82 Jahren. Sein Tod ließ den lange schwelenden Konflikt um die Nachfolge offen zutage treten. Nur mühsam konnte sich das Politbüro auf den Text einer offiziellen Bekanntmachung einigen. Wenige Tage später meldete Mao Tsetungs Witwe Chiang Ching bereits ihren Anspruch auf das Amt des Parteivorsitzenden an und forderte die Parteikomitees zur direkten Berichterstattung auf. Angesichts der ablehnenden Haltung des Militärs wurde die Schanghaier Miliz bewaffnet und als zweite Ordnungsmacht aufgebaut. Eine Propagandakampagne in der von Yao Wen-yüan gelenkten Presse forderte den Sturz „neuer Revisionisten", wies auf Mao Tse-tungs ununterbrochenen Kampf gegen die Bürokratie hin und deutete die Existenz von sinngemäßen letzten Weisungen des verstorbenen Vorsitzenden an.
Demgegenüber erhob Hua Kuo-feng unter Bezugnahme auf andere Äußerungen Mao Tse-tungs ebenfalls Anspruch auf den Parteivorsitz. Der Konflikt wurde schließl. durch Intervention der Armee beendet, die sich hinter Hua Kuo-feng stellte und am 5. Okt. die vier Führer des „linken Parteiflügels" (die sog. „Viererbande") verhaftete. Zwei Tage später wählte das durch Todesfälle und Säuberungen drast. dezimierte Politbüro Hua Kuofeng zum neuen Parteivorsitzenden. Mit weiteren Beschlüssen vom 8. Okt. wurde Hua Kuo-feng schließl. als würdiger Sachwalter Mao Tse-tungs aufgebaut: Er übernahm die Herausgabe von Mao Tse-tungs Werken und kündigte den Bau eines Mausoleums für Mao Tse-tung in Peking an.
Die Nachfolgebeschlüsse des Politbüros, an denen weder das ZK noch die Provinzparteikomitees beteiligt waren, wurden erst am 24. Okt. anläßl. von Massenaufmärschen der Öffentlichkeit bekanntgemacht. Dabei sickerten gleichzeitig Meldungen über die Verhaftung weiterer Anhänger von Mao Tsetungs Witwe durch. Hierzu zählten Mao Tse-tungs Neffe, der Parteisekretär von Liaoning, Mao Yüanhsin, drei Minister, mehrere Vizeminister sowie Mitglieder der Parteikomitees von Peking, Schanghai, Liaoning, Tschekiang, Honan, Yünnan und Hupeh.
Angesichts seiner schweren innenpolit. Krise verhielt sich Ch. in der *Außenpolitik* weitgehend passiv. So waren in der chin. Europa- und Afrikapolitik keine neuen Initiativen zu verzeichnen. Im chin.-amerikan. Verhältnis blieb die erwartete Aufnahme diplomat. Beziehungen aus. Dafür war neben den innenpolit. Sorgen Pekings u. Washingtons v.a. der anhaltende Dissens über die Entspannungspolitik verantwortlich. Ch. unterstrich seine Auffassungen, als es Kritiker der Ford-Regierung und Vertreter eines härteren anti-sowjet. Kurses wie Expräsident R. Nixon im Febr. 1976 und

China. Hua Kuo-feng (links vorn) an der Spitze führender Parteifunktionäre (unter ihnen die Witwe Mao Tse-tungs, Chiang Ching, rechts) in der Zeit vor deren „Entlarvung“ als machtbesessene Parteischädlinge und „Viererbande“

den früheren Verteidigungsminister J. Schlesinger im Sept. 1976 zu Besuchen empfing.
Die Beziehungen zwischen Peking und Moskau blieben gespannt. Im Febr. reihte sich Ch. unter die Kritiker der sowjet. Haltung in der Dissidentenfrage ein, im März lieferte es Ägypten in einer spektakulären Hilfsaktion Ersatzteile für Mig-Düsenjäger, deren weitere Wartung die Sowjetunion abgelehnt hatte. Ein am 21. März geschlossenes chin.-ägypt. Militärhilfeabkommen soll die sowjet. Position im Nahen Osten auch längerfristig schwächen.

China. Einwohner Kantons demonstrieren für den neuen Parteivorsitzenden Hua Kuo-feng und gegen die „Viererbande“, die hier auf einer Karikatur von einem Bajonett durchbohrt wird

Auch in Asien prallten die chin. und sowjet. Interessen weiter aufeinander. Hier versuchte Peking im März durch Vergabe eines zinsfreien Kredites an Laos den starken Einfluß Moskaus in Indochina einzudämmen. Als im Juli erstmals seit 15 Jahren wieder Botschafter zwischen Ch. und Indien ausgetauscht wurden, zeichnete sich ein ähnl. Werben um den wichtigsten sowjet. Verbündeten in Asien ab.

Die nach dem Tod Mao Tse-tungs erfolgten sowjet. Vorschläge zur Normalisierung der Staats- und Parteibeziehungen wurden von Peking brüsk abgelehnt. In mehreren Reden, Grundsatzartikeln und diplomat. Aktionen stellte die neue chin. Führung klar, daß sie am antisowjet. Kurs Mao Tse-tungs festzuhalten gedenkt.

China (China 7) ↑tabellar. Übersicht Weltraumfahrt.

Chirac, Jacques René, * Paris 29. Nov. 1932, frz. Politiker. Ab 1974 Premierminister, trat er im Aug. 1976 von diesem Amt zurück. Seit Nov. 1976 erneut Mitglied der frz. Nationalversammlung. Seit Dez. 1976 Vorsitzender des Rassemblement pour la République (RPR), der Nachfolgeorganisation der UDR.

Chlefawi ↑Chulaifawi, Abd Ar Rahman.

Christlich-Demokratische Union ↑Christlich-Soziale Union, ↑auch Bundesrepublik Deutschland.

Christlich-Soziale Union: Aufgrund des Ergebnisses der Bundestagswahlen vom 3. Okt. 1976, das der CDU/CSU keine regierungsfähige Mehrheit brachte, beschloß die CSU-Landesgruppe im Bundestag im Nov. 1976 bei einer Klausurtagung in Wildbad Kreuth, die seit 1949 bestehende Fraktionsgemeinschaft mit der CDU im Dt. Bundestag aufzulösen und eine eigene Fraktion zu bilden. Der überraschende Beschluß wurde u. a. mit dem Streben nach besserer Selbstdarstellung der CSU im Bundestag sowie mit dem Ziel, angesichts der feststehenden Bindung der FDP an die SPD die Parteienlandschaft in der BRD in Bewegung zu bringen, begründet. Die unterstellte Absicht, die CSU auch auf das ganze Bundesgebiet auszudehnen, wurde ausdrückl. verneint. Die CDU ihrerseits stellte daraufhin die CSU vor die Alternative, entweder die Fraktionsgemeinschaft mit der CDU zu erneuern oder aber die Gründung eines bayr. Landesverbandes der CDU hinzunehmen. Langwierige Verhandlungen von Repräsentanten beider Parteien führten schließl. noch vor Zusammentreten des 8. Dt. Bundestages durch Annahme einer Vereinbarung „über die Grundlage der polit. Zusammenarbeit während der achten Legislaturperiode“ und „über die Fortführung der gemeinsamen Fraktion“ zu einem Kompromiß. Dabei gelang es der CSU, ihre Forderung durchzusetzen, als Partei mit prinzipiell bundesweitem Anspruch bei Fragen „von grundsätzl. Bedeutung“ im Bundestag u. U. eine andere Meinung zu vertreten als die CDU-Mitglieder der Fraktion. – ↑auch Bundesrepublik Deutschland.

Chulaifawi, Abd Ar Rahman, * Damaskus 1930, syr. General und Politiker. 1964–67 syr. Vertreter beim gemeinsamen arab. Kommando in Kairo, 1968–70 Leiter des Offiziersamtes im Verteidigungsministerium, 1970/71 Innenminister, 1971/1972 und seit Aug. 1976 Ministerpräsident.

Clarke, Sir Ellis Emmanuel Innocent, * Port of Spain 28. Dez. 1917, Diplomat und Politiker von Trinidad und Tobago. Jurist; 1961/62 Botschafter in den USA, 1966–73 in Mexiko. 1962–66 Vertreter seines Landes bei den UN und 1967–73 im Rat der OAS. Seit 1973 Generalgouverneur und Oberbefehlshaber der Streitkräfte. Am 29. Dez. 1976 zum Präsidenten gewählt.

Colombo, Emilio, * Potenza 11. April 1920, italien. Politiker (Democrazia Cristiana). Von 1974 bis Juli 1976 Schatzminister.

COMECON, Abk. für engl.: **Co**uncil for **M**utual **Econ**omic Assistance; dt.: Rat für gegenseitige Wirtschaftshilfe, Abk. RGW; am 25. Jan. 1949 gegründete Organisation zur wirtschaftl. Integration Ost- und Ostmitteleuropas.

Auf der 30. Ordentl. Tagung, die vom 7. bis 9. Juli stattfand, wurde ein neues Komplexprogramm verabschiedet. Im Vordergrund standen dabei Probleme der Energie- und Rohstoffversorgung, zu deren Lösung umfangreiche gemeinsame Investitionen der Mitgliedsländer vorgenommen werden sollten. Zum ersten Mal waren auf einer Ordentl. Tagung Angola, Nord-Korea, Laos und Vietnam durch Beobachter vertreten. Bereits vorher war bei der Koordination der Pläne der einzelnen Mitgliedsländer für die Jahre 1976 bis 1980 auf der 75. Tagung des Exekutivkomitees zum ersten Mal auch Kuba miteinbezogen. Westliche Beobachter werteten diese Entwicklung als Zeichen dafür, daß der COMECON verstärkt eine Ausdehnung seines Einflusses auf außereurop. Länder anstrebt.

Laut Communiqué der 30. Ordentl. Tagung hat sich von 1971 bis 1975 das produzierte Nationaleinkommen der Länder des COMECON um 36%, das der Länder der EWG dagegen nur um 12% erhöht. Das Verhältnis des COMECON zu den EG und die Bemühungen, zum Abschluß eines Abkommens zu gelangen, wurden nicht erwähnt. Am 16. Febr. hatten Vertreter des COMECON beim Rat der EG den Entwurf eines Abkommens übergeben. Der Entwurf zielte v. a. auf eine Erweiterung des Handels auf der Grundlage des Prinzips der Meistbegünstigung ab und enthielt Vorschläge für eine Zusammenarbeit u. a. auf den Gebieten der Standardisierung, der Statistik und des Umweltschutzes. Der EG-Rat verabschiedete seinerseits einen eigenen Entwurf eines Abkommens auf seiner Tagung am 15./16. Nov., in dem die nach Auffassung des

Christlich-Soziale Union. F. J. Strauß, F. Zimmermann und R. Stücklen (von links nach rechts) verkünden den Beschluß der Abgeordneten der CSU, ihre Fraktionsgemeinschaft mit der CDU im Bundestag nicht fortzusetzen

COMECON. DDR-Ministerpräsident H. Sindermann (Mitte, stehend) eröffnet in Ost-Berlin die Ministerkonferenz der Mitgliedstaaten

EG-Rats notwendigen Modalitäten der zwischen COMECON und EG herzustellenden Beziehungen definiert sind. Der EG-Rat erklärte sich bereit, auf der Grundlage seines Entwurfs Verhandlungen einzuleiten. Hinsichtl. der Handelsbeziehungen wiederholte der EG-Rat sein Angebot, mit jedem Mitgliedsland des COMECON einzeln Verhandlungen aufzunehmen.

Comstar (Comstar 1A, 2) ↑tabellar. Übersicht Weltraumfahrt.

Cookinseln ↑Übersicht Staaten der Erde (Neuseeland).

CORSA (auch JISS 1, auch UME) ↑tabellar. Übersicht Weltraumfahrt.

Costa Rica, Republik im S der zentralamerikan. Landbrücke. Als Volksvertretung fungiert ein Kongreß mit 57 Abgeordneten, die verschiedenen Parteien angehören. Staatsoberhaupt *Daniel Obuder Quirós* (seit Mai 1974; zuvor *José Figueres Ferrer*). Flagge ↑Farbtafeln Flaggen S. 121. Internat. Mitgliedschaften ↑Übersicht Internationale Organisationen.

Die *Wirtschaft* entwickelte sich bei einem Wachstum von 5–6% zufriedenstellend, wobei die Inflationsrate gegenüber 1975 wiederum halbiert und auf 10% herabgedrückt werden konnte. Die Industrieproduktion stieg dank reger Investitionstätigkeit um 6%, während die Landwirtschaft, von Bananen abgesehen, stagnierte. Die Kaffee-Ernte fiel um 6% geringer aus als 1975. Im Außenhandel

COSTA RICA

Geographische Daten und Bevölkerung: *Fläche* 50 900 km², *Verwaltungsgliederung* in 7 Provinzen, *Hauptstadt* San José (220 000 E), *Bevölkerung* 1,95 Mill. E, 37 E/km² (1975), *Amtssprache* Spanisch, *Religion* 90% Katholiken.

Wirtschaft: *Erwerbstätigkeit* (1973): 585 300 Erwerbstätige, davon (in Prozentanteilen) Land- und Forstwirtschaft 36,4, Industrie und Energie 13,1, Baugewerbe 6,7, Handel und Verkehr 15,9, sonstige Dienstleistungen 27,9. – *Landwirtschaft:* Nutzfläche 2,35 Mill. ha, davon 781 000 ha Ackerland; 2,53 Mill. ha Wald (1970). – Produktion (Auswahl; 1975): Kaffee 89 160 t, Bananen 1,24 Mill. t, Kakao 6 910 t, Mais 92 000 t, Tabak 2 800 t, Fleisch 130 000 t. Rinderbestand 225 000 (1973). – *Industrie und Elektrizitätserzeugung* (Auswahl): Zucker 205 000 t (1975), Zement 261 000 t (1972), Elektrizität 1 536 GWh (1975). – *Außenhandel* (1975): Export 456 Mill. $, Import 643 Mill. $. Haupthandelspartner sind USA, BRD, Japan, Guatemala. Hauptausfuhrgüter sind Kaffee, Bananen, Zukker. – *Währung* ↑Übersicht Währungen. – *BIP* zu Marktpreisen 16,507 Mrd. ₡, 8 380 ₡/E (1975).

Verkehr: *Eisenbahnen:* Streckenlänge 1 012 km, 81 Mill. Personenkilometer (1974). – *Straßen:* 24 637 km, davon 7 365 mit fester Decke. Bestand an Pkw 34 270, an Lkw und Omnibussen 37 196 (1974). – *Luftverkehr* (1974): 400 000 Fluggäste.

konnte das Defizit trotz der hohen Kaffeepreise nur um 10% gesenkt werden, da auch eine im Jan. eingeführte Importsteuer das weitere Ansteigen der Einfuhr nicht verhindern konnte.

Crosland, [Charles] Anthony Raven, * London 29. Aug. 1918, brit. Politiker (Labour Party). 1947–50 Dozent für Wirtschaftswissenschaften in Oxford; 1950–55 und seit 1959 Unterhausabgeordneter; enger Vertrauter H. T. Gaitskells; 1964/65 Staatsminister für Wirtschaftsfragen, 1965–67 Erziehungsminister, 1967–69 Handelsminister, 1969/70 Minister für lokale Selbstverwaltung und Regionalplanung, 1974–76 Umweltminister, seit April 1976 Außenminister.

Cruise Missiles (dt.: „kreuzende Geschosse"; Marschflugkörper), Bez. für ein in den USA entwickeltes Waffensystem, eine Weiterentwicklung der im 2. Weltkrieg ab 1944 eingesetzten dt. V 1-Staustrahlflugkörper. Die düsengetriebenen Flugkörper fliegen nur mit Unterschallgeschwindigkeit, zeichnen sich aber durch bes. Eigenschaften aus:

1. Ein sehr leistungsfähiges Turboluftstrahltriebwerk von geringem Gewicht entwickelt einen Schub von 270 Kilopond und kann den etwa 6,4 m langen, topedoförmigen Marschflugkörper je nach Treibstoffmenge bis zu 3 000 km weit bringen.
2. Ein Leitsystem in Form eines kombinierten Radar-, Computer- und Trägheitsnavigationssystems in miniaturisierter Bauweise lenkt den Marschflugkörper, indem der Computer die radarmäßig erfaßten Kennzeichen, Höhen u. a. Daten des überflogenen Geländes mit einem programmierten Flugweg vergleicht und den Kurs durch Nachstellen der Trägheitsnavigationsanlage korrigiert.
3. Das Leitsystem ermöglicht dem Marschflugkörper, beim Flug über flaches Gelände Höhen von weniger als 40 m, beim Flug über sehr unebenes Gelände noch Höhen von weniger als 150 m einzuhalten (steile Berge werden umflogen), wodurch die gegner. Radarerfassung und Luftabwehr unterflogen werden kann. Marschflugkörper sind daher trotz ihrer Unterschallgewindigkeit vom Gegner nur schwer zu bekämpfende Objekte.
4. Das Leitsystem steuert den Marschflugkörper auch bei ungünstigem Wetter mit einer Abweichung von weniger als 15 m in das Ziel.
5. Die Marschflugkörper können mit einem herkömml. Sprengsatz als takt. Waffe, mit einem nuklearen Sprengsatz als weitreichende strateg. Waffe eingesetzt werden. Sie können vom Land oder von Schiffen aus gestartet werden.

Bemerkenswert ist neben der Billigkeit dieses Waffensystems – 2 000 Marschflugkörper kosten etwa 1,5 Mrd. $ und können von vorhandenen Trägerfahrzeugen aus eingesetzt werden – die Tatsache, daß wirksame Gegenmaßnahmen in Form eines neuartigen Luftverteidigungssystem den Sowjets etwa 20mal mehr kosten würden, als den Amerikanern die Einführung des C.-M.-Waffensystems. Sie selbst haben keine gleichwertigen Marschflugkörper, was v. a. an der noch unterentwickelten Computertechnologie in der Sowjetunion liegt.

Zwei große amerikan. Programme befinden sich in der Entwicklung: Die Boeing Aerospace Company in Seattle (Washington) entwickelt im Auftrag der US-Aire Force den Marschflugkörper *ALCM* (Abk. für engl.: *A*ir-*l*aunched *c*ruise *m*issile), der von Startanlagen an B 52-Bombern aus abgeschossen werden kann. Die Vought Corporation in Dallas (Texas) sowie die Convair Division der General Dynamics Corporation in San Diego (Calif.) entwickeln im Auftrag der US-Navy den Marschflugkörper *SLCM* (Abk. für engl.: *S*ea-*l*aunched *c*ruise *m*issile), der für das Ausstoßen aus U-Boot-Torpedorohren und später auch für den Start von Überwasserschiffen sowie nach Umrüstung auch für den Start von Flugzeugen aus geeignet sein soll. Während die Form des ALCM keinen zusätzl. Bedingungen außer einer günstigen Stromlinienform unterworfen ist, ist diese bei den SLCM für den Ausstoß aus Torpedorohren ausgelegt und erlaubt lediglich einen Durchmesser von 53 cm und Torpedoähnlichkeit. Beide Schiffs-C.-M. sind mit gleichen Lenkanlagen und Gefechtsköpfen ausgerüstet, ihre Zweistrom-Luftstrahltriebwerke sind verschieden, entwickeln jedoch annähernd den gleichen Schub. Die Convair-C.-M. bestehen aus Aluminium

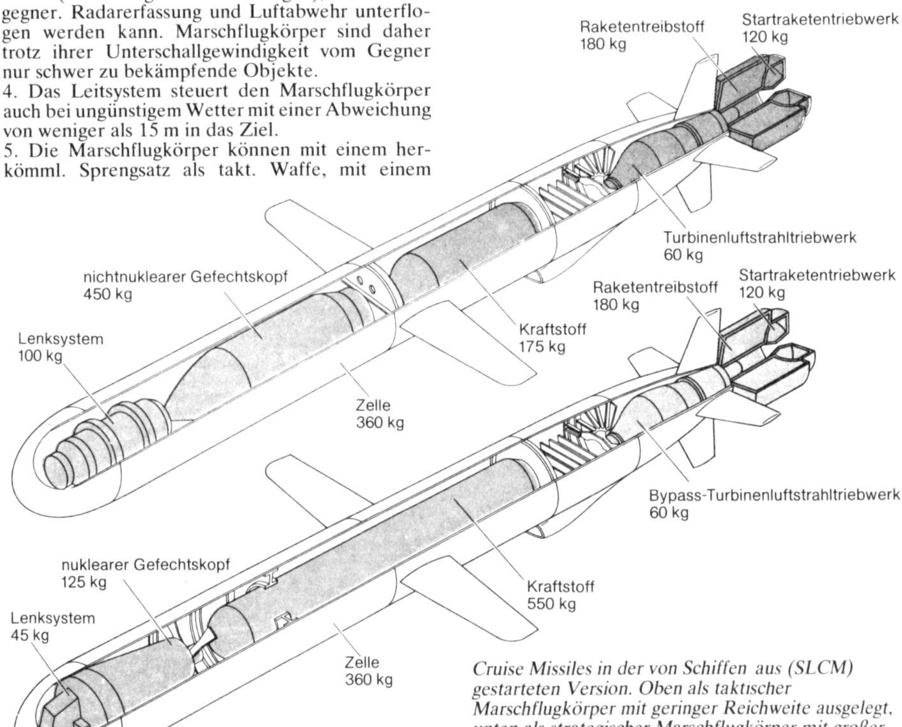

Cruise Missiles in der von Schiffen aus (SLCM) gestarteten Version. Oben als taktischer Marschflugkörper mit geringer Reichweite ausgelegt, unten als strategischer Marschflugkörper mit großer Reichweite

und sind vor dem Einsatz in einem Gehäuse aus rostfreiem Stahl untergebracht; die Vought-C.-M. sind aus rostfreiem Stahl gefertigt. Nach dem hydraulischen Ausstoßen der C.-M. aus den Torpedorohren zünden durch Kabelzug zusätzliche Startraketentriebwerke – bei den Convair-C.-M. Feststoffraketen, bei den Vought-C.-M. Thiokolraketen – und arbeiten etwa 10 Sekunden lang. Gleich nach dem Auftauchen öffnet sich der Lufteinlauf der Strahltriebwerke und schwenken die Flügel sowie die Kreuztriebwerke aus. Nach Abtrennung des Starttriebwerks zünden die Strahltriebwerke und bringen die C.-M. mit Höchstschub auf ihre Gipfelhöhe von etwa 300 m, von der sie normalerweise auf eine Marschflughöhe von 15 m über dem Meeresspiegel absinken, um während der Marschflugphase nicht durch Radar erfaßt werden zu können. Sobald die Küste erreicht ist, beginnt der durch das computerisierte Leitsystem gesteuerte Geländefolgeflug bis zum Ziel.

CTS ↑tabellar. Übersicht Weltraumfahrt.

D

Dacko, David, *1930, zentralafrikan. Politiker. 1959–66 Ministerpräsident, 1960–66 gleichzeitig auch Präsident der Zentralafrikanischen Republik. Durch Militärputsch entmachtet, ab Sept. 1969 unter Hausarrest. Seit Sept. 1976 persönl. Berater des Präsidenten und jetzigen Kaisers Bokassa.

Dänemark, parlamentar. Monarchie in Nordeuropa. Als Volksvertretung fungiert ein Abgeordnetenhaus (Folketing) mit 175 Abgeordneten, die verschiedenen Parteien angehören. Staatsoberhaupt Königin *Margarete II.* (seit Jan. 1972), Regierungschef *Anker Jørgensen* (seit Febr. 1975; zuvor *Poul Hartling*), Außenminister *Knud B. Andersen.* Flagge ↑Farbtafeln Flaggen S. 121. Internat. Mitgliedschaften ↑Übersicht Internationale Organisationen.

Wirtschaft: Der konjunkturelle Auftrieb 1976 blieb mit einer realen Zunahme des BSP um gut 4% hinter den noch Anfang des Jahres gehegten optimist. Erwartungen zurück. Das Förderungsprogramm der Regierung vom Herbst 1975 verstärkte zwar die Nachfrage, doch profitierten hiervon v. a. Importwaren. So wurde der gesamtwirtschaftl. Beschäftigungseffekt nicht in der angestrebten Höhe erreicht. Es erhöhte sich vielmehr das Handelsbilanzdefizit (die Auslandsverschuldung betrug 15 Mrd. DM), und die inflator. Tendenzen bekamen zusätzl. Auftrieb. Den akuten Problemen (außenwirtschaftl. Ungleichgewicht, hohe Arbeitslosigkeit und Inflation) versuchte die Regierung durch zwei Krisenprogramme beizukommen. Im Aug. 1976 wurden verschiedene Verbrauchsteuern erhöht, um damit v. a. den Importsog zu dämpfen. Daneben erfolgten Etatkürzungen sowie für die nächsten zwei Jahre Einkommensbegrenzungen. Dieses Restriktionsprogramm wurde von großen Teilen der Arbeitnehmerschaft abgelehnt, und sie versuchten mit einer Reihe sog. wilder Streiks ein Einlenken der Regierung zu erreichen.

Innenpolitik: Auch 1976 erhielt die Fortschrittspartei von M. Glistrup spektakulären Zulauf. Im Schatten der Wirtschaftskrise spitzte sich die innenpolit. Auseinandersetzung zu einem Zweikampf zwischen der Regierung und der Steuerverweigerungspartei Glistrups zu, die durch das zunehmende Mißverhältnis zwischen entwickeltem Sozialstaat und wachsender Staatsverschuldung ständig Verstärkung erhielt.

DÄNEMARK

Geographische Daten und Bevölkerung: *Fläche* 43 074 km², *Verwaltungsgliederung* in 14 Kreisverwaltungen mit 277 Gemeinden (nicht gerechnet die Färöer und Grönland), *Hauptstadt* Kopenhagen (627 110 E), *Bevölkerung* 5,07 Mill. E, 117,7 E/km², Geburten-/Sterberate (auf 1 000 E; 1975) 14,2/10,0, *Amtssprache* Dänisch, *Religion* 98% der E gehören der ev.-luther. Staatskirche an, 30 000 sind röm.-kath. und etwa 6 500 jüd. Glaubens.

Wirtschaft: *Erwerbstätigkeit:* 2,478 Mill. Erwerbstätige, davon (in Prozentanteilen) Land- und Forstwirtschaft, Fischerei 9,2, produzierendes Gewerbe 26,1, Bauwirtschaft 8,1, Handel 15,3, Transport 6,9, Verwaltung 27,1, andere Dienstleistungen 5,4, sonstige Bereiche 1,9; 1976 gab es durchschnittl. 107 100 Arbeitslose. – *Landwirtschaft:* Nutzfläche 2,905 Mill. ha, davon 2,66 Mill. ha Ackerland. – Produktion (Auswahl): Weizen 545 000 t, Gerste 4,77 Mill. t, Roggen 235 000 t, Hafer 300 000 t, Kartoffeln 630 000 t, Zuckerrüben 5,1 Mill. t, Fleischerzeugung 1,069 Mill. t, Milch 5,2 Mill. t. Bestand an Rindern 3,06 Mill., Schweinen 7,59 Mill. – *Industrie und Elektrizitätserzeugung* (Auswahl; 1975): Rohstahl 720 000 t, fertiggestellte Wohnungen 35 508, Gaserzeugung 324 Mill. m³. – Produktion (1974): Motorenbenzin 1,5 Mill. t, Kerosin 96 000 t, leichtes Heizöl 3,127 Mill. t, schweres Heizöl 2,498 Mill. t, Elektrizitätserzeugung 22,644 Mrd. kWh. – *Außenhandel:* Export (fob) 55,14 Mrd. dkr, Import (cif) 74,868 Mrd. dkr. Haupthandelspartner sind BRD, Schweden, Großbritannien, Norwegen. Hauptexportgüter sind Maschinen, Apparate, Wasserfahrzeuge, Fleisch, Milch, Milcherzeugnisse, Eier, Honig. Hauptimportgüter sind Rohstoffe, Erdöl, und Erdöldestillate, chem. Erzeugnisse, Eisen und Stahl, Textilien. – *Währung* ↑Übersicht Währungen. – *BIP* 211,85 Mrd. dkr.

Verkehr: *Eisenbahnen:* Streckenlänge 2 493,1 km, davon 494 km private Bahnen, 3,25 Mrd. Personenkilometer (1975), 1,86 Mrd. Nettotonnenkilometer (1975). – *Straßen:* 65 112 km, davon 4 618 km Hauptstraßen, darunter 236 km Autobahnen. Pkw-Bestand 1,25 Mill. – *Schiffahrt:* Handelsflotte mit 4,71 Mill. BRT. – *Luftverkehr* (1975): 2,2 Mrd. Personenkilometer, 97,8 Mill. Nettotonnenkilometer.

Außenpolitik: D. blieb auch 1976 der EG verpflichtet, was sich in der Beteiligung an einer unabhängigen Europ. Gruppe für die Zusammenarbeit auf dem Rüstungssektor dokumentierte. Mit Ungarn und Ägypten wurden die Beziehungen intensiviert. Ein dän.-ungar. Rahmenabkommen über wirtschaftl. Zusammenarbeit auf allen Gebieten sieht die gegenseitige Einräumung der Meistbegünstigung vor. Ägypten erhielt einen zinslosen 400-Mill.-dkr-Kredit zur Förderung der wirtschaftl. und techn. Zusammenarbeit.

Gegen Jahresende geriet D. wiederholt in außenpolit. Schwierigkeiten: Im Okt. wurde unter großem Aufsehen bekannt, daß die nordkorean. Botschaft in Kopenhagen als Schmuggelzentrum für Haschisch, Alkohol und Zigaretten gedient hat. Der nordkorean. Botschafter und einige seiner Mitarbeiter wurden des Landes verwiesen. – Im Nov. kam es zu Verstimmungen in Bonn, London und Paris, da der EG-Partner D. in den UN einer Resolution zugestimmt hatte, in deren Präambel die BRD, Großbritannien und Frankreich des Warenverkaufs an Südafrika beschuldigt wurden. Die dän. Regierung unter A. Jørgensen schloß sich in ihrer Haltung den skandinav. Nachbarstaaten an, die seit langem in den UN die Apartheid bekämpfen und für ein Waffenembargo eintreten.

Danson, Barnett Jerome, *Toronto 8. Febr. 1921, kanad. Politiker. Seit 1968 Mitglied des Parlaments, ab 1974 Minister für städt. Angelegenheiten. Wurde im Nov. 1976 Nachfolger des zurückgetretenen Verteidigungsministers J. Richardson.

De Martino, Francesco, * Neapel 31. Mai 1907, italien. Jurist und Politiker. 1964 bis Juli 1976 Generalsekretär der Partito Socialista Italiano (PSI).

Des Roches Island: Seit Juni 1976 Teil des unabhängigen Staates Seychellen.

Deutsche Demokratische Republik, Abk. DDR, Staat in Mitteleuropa. Als Volksvertretung fungiert eine Volkskammer mit 434 Abgeordneten (und 66 Ost-Berliner Vertretern ohne Stimmrecht). Staatsoberhaupt ist der Staatsrat der DDR mit seinem Vorsitzenden *Erich Honecker* (seit Okt. 1976; zuvor *W. Stoph*), Regierungschef *Willi Stoph* (seit Okt. 1976; zuvor *H. Sindermann*), Außenminister *Oskar Fischer* (seit Jan. 1975). Flagge ↑Farbtafeln Flaggen S. 121. Internat. Mitgliedschaften ↑Übersicht Internationale Organisationen.

Die Entwicklung der *Wirtschaft* der DDR ist 1976 hinter den Erwartungen zurückgeblieben. Im Planerfüllungsbericht der staatl. Zentralverwaltung für Statistik wurde darauf hingewiesen, daß die erhebl. Unterschreitung der Planziele beim produzierten Nationaleinkommen auf die Ausfälle in der Landwirtschaft zurückzuführen sei. Die Dürre 1976 habe zu erhebl. Einbußen bei der pflanzl. Produktion geführt und damit das Ergebnis der Volkswirtschaft insgesamt negativ beeinflußt. Die Gegenüberstellung von tatsächl. Entwicklung mit den im Volkswirtschaftsplan für 1976 aufgestellten Planzielen zeigt folgendes Bild (Zuwachsraten gegenüber 1975 in %): produziertes Nationaleinkommen: Soll 5,3, Ist 3,7; industrielle Warenproduktion: Soll 6,0, Ist 5,9; Bruttoinvestitionen: Soll 6,5, Ist 6,8; Einzelhandelsumsatz: Soll 4,0, Ist 4,3; Nettogeldeinnahmen der Bevölkerung: Soll 4,0, Ist 4,0. Die Bewertung dieser Angaben durch die staatl. Zentralverwaltung für Statistik enthält allerdings einige Ungereimtheiten. So wird davon gesprochen, daß die industrielle Warenproduktion um 2,6 Mrd. Mark höher als geplant gewesen sei, obgleich der prozentuale Zuwachs niedriger als die Planvorgabe ausfiel. Eine mögl. Erklärung besteht darin, daß Anfang 1976 die Planvorgaben reduziert worden sind. Die Arbeitsproduktivität sei im Bereich der Industrieministerien um 6% gewachsen, und 90% der Produktionssteigerung sei durch höhere Arbeitsproduktivität erreicht worden. Aus der Tatsache, daß das Jahr 1976 fünf Arbeitstage

DDR. Der Generalsekretär der SED E. Honecker eröffnet den IX. Parteitag der SED in Ost-Berlin

mehr als 1975 aufwies, errechnete das Dt. Institut für Wirtschaftsforschung (West-Berlin) eine Produktivitätserhöhung von rechnerisch nur 3,5%.

Die landwirtschaftl. Produktion hat nicht nur die Planziele nicht erreicht, sondern ist im pflanzl. Bereich sogar um 14% zurückgegangen. Das Aufkommen an tier. Produkten entsprach dagegen den Erwartungen. Im Mai erfolgte die Heraufsetzung des monatl. Bruttolohnes von 350 auf 400 Mark und die differenzierte Erhöhung der monatl. Bruttolöhne bis zu 500 Mark für insgesamt 1,4 Mill. Werktätige sowie die Erhöhung der Renten für mehr als 3,4 Mill. Rentner.

Außenpolitik: 1976 stellte die DDR diplomat. Beziehungen her mit den Komoren, dem Königreich Lesotho und der Republik Seychellen. Am 5. März wurden die im Nov. 1975 abgebrochenen Beziehungen mit Marokko wieder aufgenommen. Aufgrund ihrer außen- und sicherheitspolit. Bindungen an die Sowjetunion standen auch 1976 die Beziehungen zu Moskau im Zentrum der Außenpolitik. Sie betrafen alle Bereiche des polit., wirtschaftl., ideolog. und gesellschaftl. Lebens. Behandelt wurden v. a. Fragen der wirtschaftl. Verflechtung beider Länder und der Abstimmung ideolog. und außenpolit. Grundpositionen. Bes. Bedeutung erlangten die Gespräche des SED-Generalsekretärs E. Honecker mit L. I. Breschnew am 19. Aug. und am 13. Dezember.

DEUTSCHE
DEMOKRATISCHE REPUBLIK

Geographische Daten und Bevölkerung: *Fläche* 108 178 km², *Verwaltungsgliederung* in 15 Bezirke, *Hauptstadt* Berlin (Ost) (1,098 Mill. E), *Bevölkerung* 16,82 Mill. E (Anfang 1976), 156 E/km², Geburten-/Sterberate (auf 1 000 E; 1975) 10,8/14,3, *Amtssprache* Deutsch, *Religion* (nach Volkszählung 1964) 59,4% Protestanten, 8,1% Katholiken.

Wirtschaft: *Erwerbstätigkeit* (1975): 7,948 Mill. Berufstätige, davon (in Prozentanteilen) Land- und Forstwirtschaft 11,3, Industrie und Handwerk 41,5, Bauwirtschaft 7, Verkehr, Post, Fernmeldewesen 7,6, Handel 10,6, sonstige produzierende Bereiche 2,9, nicht produzierende Bereiche 19,1. – *Landwirtschaft:* Nutzfläche 6,291 Mill. ha, davon 4,663 Mill. ha Ackerland, 1,4 Mill. ha Grünland. – Produktion (Auswahl): Weizen 2,3 Mill. t, Roggen 1,0 Mill. t, Hafer 450 000 t, Gerste 2,2 Mill. t, Kartoffeln 7,673 Mill. t, Zuckerrüben 8,00 Mill. t, Kuhmilch 8,05 Mill. t, Butter 266 400 t, Fleisch 1,76 Mill. t. Viehbestand: Rinder 5,585 Mill., Schafe 1,847 Mill., Schweine 11,52 Mill. – *Bergbau, Industrie und Elektrizitätserzeugung:* Steinkohle 456 000 t, Braunkohle 246,3 Mill. t, Roheisen 2,53 Mill. t, Rohstahl 6,74 Mill. t, Zement 11,34 Mill. t, Pkw 159 600, Lkw 48 000, Kraftfahrzeugbereifungen 6,28 Mill., fertiggestellte Wohnungen 150 624, Gaserzeugung (in Gaswerken und Kokereien) 5,14 Mrd. m³, Elektrizitätserzeugung 97,66 Mrd. kWh. – *Außenhandel* (1975): Export (fob) 35,105 Mrd. Mark, Import (cif) 39,289 Mrd. Mark, Außenhandelsumsatz (1976) 84,809 Mrd. Mark. Haupthandelspartner sind UdSSR, ČSSR, Polen, BRD. Hauptexportgüter sind Erzeugnisse des Maschinenbaus, der Elektrotechnik, Fahrzeuge, Textilien. Hauptimportgüter sind Elektroenergie, Steinkohle, Erdöl, Eisenerz, Baumaschinen. – *Währung* ↑Übersicht Währungen. – *Produziertes Nationaleinkommen* (1976): 146,9 Mrd. Mark, je E 8 733 Mark.

Verkehr: *Eisenbahnen:* Streckenlänge 14 298 km, 21,3 Mrd. Personenkilometer, 55,36 Mrd. Nettotonnenkilometer. – *Straßen:* Autobahnen und Fernverkehrsstraßen 12 978 km, Bezirksstraßen 34 595 km. 26% der Haushalte besaßen 1975 einen Pkw. – *Schiffahrt* (Ende 1976): Handelsflotte mit 1,245 Mill. BRT. – *Luftverkehr* (1975): 1,49 Mrd. Personenkilometer, 52,6 Mill. Tonnenkilometer.

Die Beziehungen zwischen den beiden dt. Staaten wurden fortgeführt auf der Ebene laufender Kontakte zwischen den Ständigen Vertretungen und gemeinsamen Verhandlungskommissionen. So wurde sechsmal abwechselnd in der DDR und in der BRD über Grenzfragen verhandelt. Am 1. Jan. trat das 1974 unterzeichnete Gesundheitsabkommen in Kraft, und am 30. März wurde in Bonn ein Abkommen auf dem Gebiet des Post- und Fernmeldewesens unterzeichnet. Im Juni und im Sept. wurden die Verhandlungen über ein Abkommen auf den Gebieten Wissenschaft und Technik fortgeführt. Am 21. Jan. veröffentlichte das DDR-Außenministerium eine Protesterklärung über die Arbeit der Zentralen Erfassungsstelle in Salzgitter. Anläßl. der Frühjahrsmesse in Leipzig wurde drei Korrespondenten des Deutschlandfunks und der Dt. Welle die Akkreditierung als Messeberichterstatter verweigert. Bundeswirtschaftsminister H. Friderichs, Staatssekretär D.-C. Rohwedder und der niedersächs. Finanzminister W. L. Kiep brachen daraufhin ihren Aufenthalt in Leipzig vorzeitig ab. Am 1. Mai wurde der ehemalige DDR-Bürger M. Gartenschläger bei dem wiederholten Versuch, eine Selbstschußanlage an der DDR-Grenze abzubauen, von DDR-Grenzsoldaten erschossen. Weitere Grenzzwischenfälle ereigneten sich am 15. Juni, nachdem zwei Angehörige des Bundesgrenzschutzes die Grenze überschritten hatten, in der DDR festgenommen und nach drei Tagen abgeschoben wurden, und am 24. Juli. In der Nähe von Eschwege gerieten drei Touristen auf DDR-Gebiet, und in Holstein wurde der Urlauber W. Bubbers auf DDR-Gebiet durch Schüsse schwer verletzt; am 11. Aug. kehrte er nach Hause zurück. In allen Fällen legte die Regierung der BRD Protest ein. Die DDR sprach von vorsätzl. Grenzverletzungen. 13 von 20 Bussen einer Sternfahrt der Jungen Union anläßl. des 15. Jahrestages des Mauerbaus in Berlin wurde der Transit durch die DDR von DDR-Grenzbehörden untersagt. Die DDR sprach von hinreichenden Verdachtsgründen für einen geplanten Mißbrauch der Transitstrecken. Am 8. Okt. trafen die beiden Außenminister der DDR und der BRD im UN-Hauptquartier zu einem Gespräch zusammen. Der Ständige Vertreter der DDR in Bonn, M. Kohl, protestierte am 9. Nov. gegen die diskriminierende Behandlung von DDR-Bürgern durch die bayr. Polizei. Am 10. Nov. beendete eine DGB-Delegation unter Leitung von H. O. Vetter einen mehrtägigen Besuch in der DDR. Am 24. Nov. besuchte eine FDGB-Delegation unter Leitung von H. Tisch Köln. Scharfen Protest legte die DDR gegen den Freispruch des DDR-Flüchtlings W. Weinhold am 2. Dez. durch das Landgericht Essen ein. Weinhold hatte bei seiner Flucht am 19. Dez. 1975 zwei DDR-Grenzsoldaten erschossen. Die BRD hatte einen DDR-Auslieferungsantrag abgelehnt. Das Gericht begründete sein Urteil im wesentl. mit der Notwehrsituation des Flüchtlings und der Zurückhaltung wichtiger Beweisstücke durch die DDR. Eine weitere Belastung für die Beziehungen zwischen den beiden dt. Staaten erfolgte, als die DDR am 22. Dez. dem ARD-Korrespondenten L. Loewe die Akkreditierung entzog und ihn binnen 48 Stunden des Landes verwies.

DDR. Der stellvertretende Außenhandelsminister H. Behrendt (rechts) und der Leiter der Treuhandstelle für den Interzonenverkehr F. Rösch unterzeichneten ein Abkommen über die gemeinsame Nutzung von Energievorräten im Grenzgebiet zur Bundesrepublik Deutschland

Der führenden Rolle der SED für die Außenpolitik der DDR entsprachen eine Vielzahl von Kontakten auf der Ebene der Parteien sowohl im Bereich der sozialist. Staaten wie der übrigen Welt. Begegnungen mit den Parteien der Bruderstaaten fanden statt am 21. Jan. in Prag, am 25. Jan. in Warschau, am 23. Febr. in Moskau anläßl. des XXV. Parteitags der KPdSU und am 28. März, 12. April und 12. Juni anläßl. der KP-Parteitage in Bulgarien, der ČSSR und Mongol. Volksrepublik. Am 8. Juli war erneut eine SED-Delegation zu einem Meinungsaustausch über polit.-ideolog. Fragen in Prag. Am 17. Juli traf SED-Generalsekretär E. Honecker in Polen mit dem Generalsekretär der polnischen KP, E. Gierek, zusammen und am 20. Dez. reiste eine SED-Delegation zu einem Meinungsaustausch über ideolog. Fragen nach Rumänien. Parteikontakte außerhalb des Warschauer Pakts fanden statt auf dem XXII. Parteitag der KP Frankreichs (3. Febr.), mit der KP

DDR. Beisetzung des evangelischen Pfarrers O. Brüsewitz, der sich aus Protest gegen die Kirchen- und Jugendpolitik des Staates selbst verbrannte

Finnlands (9. März), mit der DKP auf ihrem Parteitag in Bonn (18. März), mit der KP Belgiens auf ihrem XXII. Parteitag (8. April), mit der Laot. Revolutionären Volkspartei (4. Mai), mit der KP Sri Lankas (4. Sept.), mit der KP Dänemarks auf ihrem XXV. Parteitag (22. Sept.), mit der KP Portugals auf ihrem III. Parteitag (9. Nov.) und erneut mit der KP Belgiens (13. Dez.).
Höhepunkt der Parteibeziehungen war 1976 die zweitägige Konferenz der kommunist. und Arbeiterparteien Europas in Berlin (Ost). Sie war wiederholt verschoben worden und erst nach einer Vielzahl v.a. von der DDR geführten Vorgespräche möglich geworden. Ihre Bedeutung auch für die innere Entwicklung der DDR erlangte sie durch die Veröffentlichung aller Reden im Zentralorgan der SED, „Neues Deutschland". Damit konnten auch abweichende ideolog. Positionen, v.a. westeurop. kommunist. Parteien, der DDR-Bevölkerung zugängl. gemacht werden.

DDR. Der Vorsitzende des FDGB H. Tisch (rechts) empfängt in Ost-Berlin den Vorsitzenden des DGB H.-O. Vetter zu Beginn dreitägiger Gespräche über gemeinsam interessierende Themen

Auch 1976 hielt die DDR ihre Regierungskontakte zu nahezu allen Staaten der Erde aufrecht. Schwerpunkte waren die Industriestaaten Westeuropas, die sozialist. Bruderstaaten und die Staaten Asiens, Afrikas und Lateinamerikas, die entweder auf Grund ihres sozialist. orientierten Entwicklungsweges oder durch ihre wirtschaftl. Bedeutung von einem bes. Interesse für die DDR waren. So besuchte der Minister für Auswärtige Angelegenheiten der DDR, O. Fischer, am 6. Jan. Frankreich, und im März hielt sich eine Delegation der frz. Nationalversammlung unter der Leitung von M. Couve de Murville in Berlin (Ost) auf. Am 15. Jan. unterzeichneten die DDR und Schweden ein Abkommen über wirtschaftl., industrielle und techn. Zusammenarbeit. Zu einem mehrtägigen Besuch traf am 22. März der belg. Außenminister R. van Elslande in Berlin (Ost) ein. Nach der Unterzeichnung eines Konsularabkommens zwischen der DDR und Großbritannien am 12. April erklärte das Auswärtige Amt der BRD, daß es auch zukünftig allen dt. Bürgern Schutz gewähren würde. Am 26. Juni reiste Volkskammerpräsident G. Götting zu einem einwöchigen Besuch nach London, und am 6. Sept. traf DDR-Außenminister O. Fischer zu einem Besuch in London ein. Am 21. Juni unterzeichnete die DDR ein Luftverkehrsabkommen mit den Niederlanden. Skandinav. Staaten besuchte DDR-Außenminister O. Fischer am 26. Juli (Norwegen) und am 19. Okt. (Finnland). Der dän. Außenminister kam am 12. Okt. zu einem Besuch nach Berlin (Ost).
Langfristige Wirtschafts- und Handelsvereinbarungen unterzeichnete die DDR am 27. Jan. mit Polen, am 5. Febr. mit Mexiko, am 19. März mit Vietnam, am 2. April mit Jugoslawien, am 16. Juni mit Kuba und am 15. Okt. mit Bolivien. Zu Wirtschaftsverhandlungen traf am 21. Sept. der iran. Minister für Industrie in Berlin (Ost) ein; am 8. Nov. reiste eine DDR-Delegation unter der Leitung des Stellvertretenden Ministers für Außenhandel, G. Beil, in die USA. Eine langfristige Vereinbarung über wissenschaftl.-techn. Zusammenarbeit unterzeichnete die DDR am 9. April mit Rumänien und über kulturelle und wissenschaftl. Zusammenarbeit am 12. April mit Finnland.
Innenpolitik: Beherrscht war die innenpolit. Szene zunächst von den Vorbereitungen zum IX. Parteitag der SED. Mitte Jan. wurden im „Neuen Deutschland", dem Zentralorgan der SED, der Entwurf für ein neues Parteiprogramm, die Direktive zur Entwicklung der Volkswirtschaft der DDR 1976–80 und der Entwurf für ein neues Parteistatut veröffentlicht. Am 14. Mai teilte das Zentralorgan das Ende der „Volksaussprache zu den Parteitagsdokumenten" mit. 1 168 000 Zuschriften, Vorschläge und Stellungnahmen sollen beim ZK der SED eingegangen sein. Nachdem auf dem 17. ZK der SED am 17. März Generalsekretär E. Honecker über den 25. Parteitag der KPdSU berichtet hatte, wurden auf dem 18. ZK der SED am 14. Mai die Parteitagsdokumente sowie der Bericht des ZK an den Parteitag behandelt und verabschiedet. Der fünftägige IX. Parteitag der SED wurde am 27. Mai im Palast der Republik, der im Monat zuvor nach 32 Monaten Bauzeit in Ost-Berlin feierl. eingeweiht worden war, eröffnet. Die rund 2 500 Delegierten beschlossen die vorgelegten Dokumente und wählten ein neues ZK, das am 22. Mai zu seiner konstituierenden Sitzung zusammentrat. Am 2. Sept. trat das ZK der SED zu seiner zweiten Sitzung zusammen. Auf seiner dritten Tagung am 28. Okt. erläuterte E. Honecker die personellen Veränderungen in führenden Partei- und Staatsorganen: G. Mittag, bisheriger Stellvertreter des Ministerratsvorsitzenden, tauscht mit W. Krolikowski den Posten und wird ZK-Sekretär für Wirtschaftsfragen. Unmittelbar im Anschluß an den IX. Parteitag wurde der Beschluß des ZK der SED, des Bundesvorstandes des FDGB und des DDR-Ministerrats „über die weitere planmäßige Verbesserung der Arbeits- und Lebensbedingungen der Werktätigen im Zeitraum 1976–1980" bekanntgegeben. Er sieht u.a. die Erhöhung der Mindestlöhne und der Mindestrenten sowie die Verbesserung einer Reihe von Sozialleistungen vor. Auf dem X. Parlament der FDJ, das am 1. Juni in Berlin (Ost) eröffnet wurde, wurde E. Krenz als 1. Sekretär des Zentralrats wiedergewählt. Die DDR-Volkskammer beschloß am 24. Juni mit dem „Gesetz über die Wahlen zu den Volksvertretungen der DDR" die Verlängerung der Legislaturperioden von vier auf fünf Jahre.
Am 5. Aug. wurde am Grenzübergang Rudolfstein der italien. Fernfahrer Corghi erschossen. Die Selbstverbrennung von Pfarrer O. Brüsewitz aus Protest gegen die Kirchen- und Jugendpolitik der DDR in Zeitz am 18. Aug. versuchte die DDR als die Tat eines Kranken zu erklären. Bei den Volkskammerwahlen am 17. Okt. entfielen 99,86% der abgegebenen Stimmen auf den Wahlvorschlag der Nat. Front. Auf der konstituierenden Sitzung der Volkskammer am 29. Okt. wurde H. Sindermann zu ihrem Präsidenten gewählt. W. Stoph übernahm den Vorsitz im Ministerrat und E. Honecker wurde Vorsitzender des Staatsrats. Der ehemalige Volks-

kammerpräsident G. Götting wurde als Nachfolger von P. Wandel Vorsitzender der Liga für Völkerfreundschaft.
Am 3. Nov. bestätigte das Präsidium des DDR-Schriftstellerverbandes den Ausschluß von R. Kunze („Die wunderbaren Jahre") wegen Verstoßes gegen das Statut. Anläßl. einer Tournee durch die BRD wurde am 16. Nov. dem Liedermacher W. Biermann die Staatsbürgerschaft entzogen. Proteste gegen die Ausbürgerung beantwortete das „Neue Deutschland" mit der Veröffentlichung von Solidaritätserklärungen aus allen Kreisen der Bevölkerung.

DEUTSCHE LITERATUR

Ein unerwartetes und schockierendes Ereignis gab der Literaturszene des Jahres 1976 einen herausfordernden gesamtdeutschen Akzent: Wolf Biermanns Ausbürgerung aus der DDR am 16. November, unmittelbar nach seinem ersten Auftritt während einer von der IG Metall veranstalteten Tournee durch die Bundesrepublik Deutschland vereinte die Mehrzahl der angesehensten Schriftsteller aus beiden Teilen Deutschlands im Protest. Es war ein Protest, den die Rechte als Bestätigung ihrer politischen Auffassungen verbuchte, dem sich die westeuropäische Linke bis hin zu spanischen, italienischen und französischen Kommunisten anschloß. Doch der Moment der Einigkeit, der Schein der Eindeutigkeit währten nur kurz.
Der Protest hatte keinen Erfolg. Die Folgen in Grenzen zu halten, darum war man in Ost-Berlin nach ersten dramatischen Reaktionen deutlich bemüht. Ausschlüssen von Schriftstellern aus der SED, aus dem Vorstand des Schriftstellerverbandes im Bezirk Ost-Berlin, strengen und einfachen Parteirügen folgte nicht die früher übliche Ausmerzung der Werke Betroffener aus dem Bücherangebot. Einzelne ihrer neuen literarischen Arbeiten wurden sogar öffentlich mit ausdrücklichem Lob bedacht. Das Selbstbewußtsein der DDR-Autoren schien eher, trotz aller Maßregelungen, gestärkt. Die Dringlichkeit des Bedürfnisses nach Veränderungen nicht nur in der Kulturpolitik, nach einer anderen Öffentlichkeit, nach Hereinnahme von öffentlicher Kritik und öffentlichem Widerspruch in den gesellschaftlichen Prozeß hat die Versuche, das Bedürfnis zu unterdrücken, offenbar nicht nur überstanden, sondern auch Hoffnungen geweckt.
In der Bundesrepublik Deutschland wie in den übrigen deutschsprachigen Ländern erneuerte diese Erinnerung an die besonderen Beziehungen zwischen Literatur und Politik allerdings zuletzt eher das Gefühl, die intellektuelle Linke sei nun einmal und bleibe heimatlos. Die Herausforderung, sich mit dem exilierten Sänger und Dichter Wolf Biermann und mit den protestierenden DDR-Autoren zu solidarisieren, war stark genug, um auch jene Autoren in Verlegenheit zu bringen, die der gegen eurokommunistische Vorstellungen sich wehrenden DKP oder der ähnlich eingestellten KPÖ angehören oder nahestehen.
Ganz ohne Gewaltsamkeit ist es möglich, von der neuerlichen Irritation der Autoren, die der Fall Biermann nicht erzeugt, sondern nur anschaulicher gemacht hat, zur literarischen Produktion des Jahres 1976 überzuleiten. Diese war widersprüchlicher und formal konturloser noch als im Vorjahr. Alles schien möglich. Keine bestimmte Richtung, sondern lauter individuelle Lösungsversuche, in denen sich die Sprechweisen der letzten hundert Jahre vielfältig kreuzten. Als ein relatives Gemeinsames läßt sich am ehesten noch umschreiben die individualistisch getönte, sich verhärtende Haltung des Sichauflehnens, des Neinsagens und der Verweigerung. Hierin jedenfalls ähnelt sich eine beträchtliche Anzahl im übrigen höchst unterschiedlicher neuer Arbeiten.
Martin Walser erzählt in seinem bei Suhrkamp erschienenen Roman „Jenseits der Liebe" aus dem Bewußtseinsstrom seines Helden heraus mit recht konventionellen Mitteln die Geschichte eines alternden leitenden Angestellten, der aus seinem sozialen Ambiente hoffnungslos herauskippt, sich zwanghaft isoliert, schließlich einen vergeblichen Selbstmordversuch unternimmt. Das unbestimmte Gefühl, falsch gelebt zu haben, Schwäche und Ausweglosigkeit eines nicht mehr zu vertuschenden Alterns, Zerfall aller Beziehungen zu anderen Menschen. Nur angedeutet ist, daß die Ausweglosigkeit eine Folge der gesellschaftlichen Verhältnisse ist.
Selbstmordversuche spielen eine Rolle auch in dem bei Kiepenheuer & Witsch erschienenen Roman „Die Annäherung an das Glück" von Günter Steffens, einem bestürzenden, zweifellos autobiographisch-authentischen, mit schonungsloser Genauigkeit ausgearbeiteten Bericht vom unaufhaltsamen Verfall einer Identität und dem Gewinn eines neuen, anderen Selbstbewußtseins im Augenblick der Selbstaufgabe. In sein Inferno wird der Erzähler hineingestoßen durch den frühen Krebstod seiner Frau. Er wehrt sich gegen das, was da mit ihm geschieht. Doch der zuvor erfolgreiche Werbemann mit literarischen Ambitionen verliert Halt um Halt, wird schließlich zum Schnapsbruder, zum süchtigen und zerlumpten Vagabunden. Bevor er sich ganz aufgibt, rettet ihn die Möglichkeit, von sich zu erzählen. Und es artikuliert sich in diesem erstaunlich intensiven Erzählen schließlich völlig plausibel eine fraglose Verachtung für die auf ihre erfolgreiche Normalität, ihre wohlbezahlte Angepaßtheit pochenden Repräsentanten einer Gesellschaft, die Leiden und Ausweglosigkeit des Erzählers überhaupt nicht zu begreifen fähig ist, ihn in fortgeschrittener Realitätsverweigerung als Sozialfall abbucht.
In seinem Roman „Die erdabgewandte Seite der Geschichte", bei Rowohlt erschienen, demonstriert Nicolas Born, daß der Verfall aller Sicherheit des Gefühls und damit der sozialen Beziehungen schon sehr früh, schon um die Dreißig einsetzt. In der Figur des Ich-Erzählers wird sinnfällig das Älterwerden einer Generation, die sich zu Beginn der Studentenrevolte gerade noch jung genug fühlte, um von ihr aufgerührt zu werden, jedoch, alle Anpassung verweigernd, schon nicht mehr die Kraft zur Identifikation hat. Der Roman ist Dokument eines irreversiblen Entzugserlebnisses. Auch in ihm ist Erzählen wiederholt charakterisiert als Möglichkeit, über das zu Erzählende hinwegzukommen, es auszuhalten.
Die im Berichtsjahr dominierende Stimmung in der Literatur ist in diesen wenigen Beispielen faßbar. Eine Vielzahl von Texten ist aus ihr heraus entstanden – bis hin zu einem Gedichtband wie „Ein Bankier auf der Flucht" von F. C. Delius, erschienen im Rotbuch Verlag. Michael Scharangs Roman „Der Sohn eines Landarbeiters", der im Luchterhand Verlag herausgekommen ist, unterscheidet sich nur insofern von ihnen, als er das Mißverhältnis, in dem die Menschen zur etablierten Gesellschaft stehen, objektiviert und mittels des bewußt übernommenen Musters der traditionellen Dorfgeschichte in seinen äußersten Konsequenzen vorführt. Diesmal glückt der Selbstmord. Der Bauarbeiter Franz Wurglawez hat die Möglichkeit nicht, sich in eine Außenseiterrolle zu retten. Seine Verstrickung, in bewußter, künstlicher Realistik als

Verstricktsein in die undurchschaubaren Zwänge der Profitgesellschaft dargestellt, ist tödlich. Er ist unfähig, sich aufzulehnen. Um so deutlicher überträgt sich der Widerspruch des Autors. Für Hoffnung läßt Scharang jedoch kaum Spielraum, für eine Hoffnung, die dafür Christian Geissler in seinem Roman „Wird Zeit, daß wir leben“, erschienen im Rotbuch Verlag, zum eigentlichen Inhalt seines herausfordernden Erzählens werden läßt. Die Geschichte einer geglückten Befreiung politischer Gefangener zu Beginn des Hitler-Regimes ist listig auf gegenwärtige, ganz ähnlich wie bei Scharang begriffene Verhältnisse bezogen. Geissler will bewußt zum Widerstand gegen gewisse Tendenzen in der heutigen Gesellschaft aktivieren. Sein Roman ist auch literarisch eine der sehr wenigen außerordentlichen Leistungen des Jahres.
Was die Auseinandersetzung mit den gesellschaftlichen Verhältnissen, die Frage nach Rolle und Chance des einzelnen in ihnen betrifft, zeichnete sich 1976, gleichsam als Folie des Biermann-Protestes, eine deutlicher werdende Konvergenz zwischen DDR und Bundesrepublik Deutschland ab. Auch das sei beispielhaft angedeutet. Nur im bundesrepublikanischen Werner Gebühr Verlag ist, unter dem Pseudonym Carl-Jacob Danziger, der autobiographische Bericht „Die Partei hat immer recht“ erschienen – der Bericht eines loyalen und engagierten DDR-Autors über die Vergeblichkeit all seiner Anstrengungen, innerhalb seiner Gesellschaft für mehr Freiheit und sinnvollere Gleichheit zu wirken. Volker Braun hatte schon in der langen „Unvollendeten Geschichte“, Ende 1975 erschienen in „Sinn und Form“, die absurde Beobachtung thematisiert, wie guter Wille und gesellschaftliches Engagement über die gesellschaftlichen Mechanismen eine Atmosphäre engherzigen Mißtrauens hervorbringen können, die falsche Anpassung bewirkt und immer wieder einzelne in Unglück und Ausweglosigkeit stößt. Danziger liefert weiteres Erfahrungsmaterial. Solch bedrückendem, in der Biermann-Affäre drastisch bestätigtem Zustand das Prinzip Hoffnung entgegenzusetzen, wird immer schwieriger und ist, wo es geschieht, auf bestimmte Weise auch wieder eine Bestätigung des Zustands.
Es gab eine ganze Reihe weiterer beachtlicher Romane und Erzählungen: „Die gelben Männer“ von Urs Widmer und „Lynch oder Das Glück im Mittelalter“ von Jürgen Lodemann bei Diogenes, Elisabeth Plessens „Mitteilung an den Adel“ bei Benziger, Jurek Beckers „Der Boxer“, Peter Handkes „Die linkshändige Frau“ und „Jugend“ von Wolfgang Koeppen bei Suhrkamp, „Ausflug mit der Mutter“ von Gabriele Wohmann und „Ella fällt“ von Horst Laube bei Luchterhand. Hubert Fichtes „Xango“, im Fischer Verlag erschienen, imaginiert anthropologisch präzis und literarisch ebenso originell wie konsequent die afroamerikanischen Religionen. Mit seinem bei Luchterhand erschienenen Roman „Hölderlin“ schrieb Peter Härtling den gehaltvollen Bestseller fürs anspruchsvollere Bildungsbürgertum.
Es gab ferner erstaunlich viele Lyrikbände. Sie machten deutlich, daß lyrisches Sprechen wieder persönlicher und zugleich bestimmter geworden ist. Die „Gesammelten Gedichte“ von Peter Rühmkorf bei Rowohlt, von Wolfgang Bächler bei Fischer, Ernst Meisters neue Sammlung „Im Zeitspalt“ bei Luchterhand, „Reginapoly“ von Michael Krüger bei Hanser, Jürgen Theobaldys neue Sammlung „Zweiter Klasse“ im Rotbuch Verlag, die Sammlungen „Geschwindigkeit eines einzigen Tages“ von Rolf Haufs bei Rowohlt, „Von beiden Seiten der Gegenwart“ von Karin Kiwus bei Suhrkamp, des DDR-Autors Karl Mickel neuer Band „Eisenzeit“ im Rotbuch Verlag und andere – eine überraschende und erfreuliche Vielfalt.
Auch die Gedichte freilich brachten immer wieder Belege für die neuere Unübersichtlichkeit der Literaturszene. Auch hier als Gemeinsames weder eindeutige politische Orientierung noch die bestimmte innerliterarische Intention; am ehesten noch das individuelle Sichauflehnen, das Sprechen als Antwort auf Irritation, als Widerspruch. Für den Zustand, in dem sich die Literatur in der Bundesrepublik Deutschland befindet, war übrigens auch etwas ganz anderes bezeichnend: Es gab kaum Erstlingsbücher, und wenn, dann waren die Autoren – Elisabeth Plessen, Karin Kiwus, Michael Krüger z. B. – gewöhnlich seit langem schon durch Veröffentlichungen bekannt.

Diehl, Günter, * Köln 8. Febr. 1916, dt. Diplomat. Seit 1939 im Auswärtigen Dienst, 1952–56 Sprecher des Auswärtigen Amtes, 1956–60 Botschaftsrat in Santiago de Chile. Von 1960–69 in verschiedenen Abteilungen des Presse- und Informationsamtes der Bundesregierung tätig. Ab 1970 Botschafter in Neu-Delhi. Wurde im Dez. 1976 Botschafter in Tokio.
Dohnanyi, Klaus von, * Hamburg 23. Juni 1928, dt. Politiker (SPD). Seit 1969 MdB, 1972–74 Bundesminister für Bildung und Wissenschaft. Wurde im Dez. 1976 Parlamentar. Staatssekretär im Range eines Staatsministers beim Bundesminister für Auswärtige Angelegenheiten.
Dominikanische Republik, Republik in Mittelamerika. Als Volksvertretung fungieren ein Senat mit 27 Mitgliedern und eine Abgeordnetenkammer mit 74 Abgeordneten, die einer Partei (Partido Reformista) angehören. Staatsoberhaupt *Joaquín Videla Balaguer* (seit Juli 1966). Flagge ↑Farbtafeln Flaggen S. 121. Internat. Mitgliedschaften ↑Übersicht Internationale Organisationen.
Wirtschaft: Die Wachstumsrate des BSP wurde 1976 durch den niedrigen Zuckerpreis zwar auf 2% herabgedrückt, aber andererseits boten die rege Bautätigkeit und der wachsende Fremdenverkehr ein günstiges Bild, auch die Ferronickelgewinnung machte Fortschritte. Die Inflationsbekämpfung war ebenfalls erfolgreich. Bis Aug. stiegen die Preise nur mit einer Jahresrate von 6%. Die Steigerung der Industrieproduktion scheitert immer noch an

DOMINIKANISCHE REPUBLIK
Geographische Daten und Bevölkerung: *Fläche* 48 734 km², *Verwaltungsgliederung* in 26 Provinzen, *Hauptstadt* Santo Domingo (820 000 E), *Bevölkerung* 4,697 Mill. E, 94 E/km² (1974), *Amtssprache* Spanisch, *Religion* überwiegend Katholiken.
Wirtschaft: Erwerbstätigkeit (1970): 1,33 Mill. Erwerbstätige, davon u. a. 52% in der Land- und Forstwirtschaft, 11% in der Industrie und 20% im Dienstleistungssektor. – *Landwirtschaft:* Nutzfläche 2,68 Mill. ha, davon 970 000 ha Ackerland; 2,2 Mill. ha Wald (1971). – Produktion (Auswahl; 1975): Kaffee 61 000 t (1975/76), Kakao 35 000 t, Tabak 35 000 t. – *Bergbau, Industrie und Elektrizitätserzeugung* (Auswahl; 1975): Bauxit 785 000 t, Ferronickel 80 000 t, Zucker 1,26 Mill. t, Elektrizität 1,2 Mrd. kWh (1973). – *Außenhandel* (1975): Export 895 Mill. $, Import 889 Mill. $. Haupthandelspartner sind USA, Japan, BRD. Hauptexportgüter sind Zucker, Ferronickel, Kaffee, Tabak. – *Währung* ↑Übersicht Währungen. – *BIP* zu Marktpreisen 3 610 Mill. dom$, 770 dom$/E (1975).
Verkehr: *Straßen:* etwa 10 000 km. Bestand an Pkw 45 000, an Lkw und Omnibussen 2 400 (1971). – *Luftverkehr* (1975): 755 000 Fluggäste. – *Fremdenverkehr* (1974): 250 000 ausländ. Touristen.

Stromknappheit, aber es wurden bereits amerikan. Kredite für neue Kraftwerke aufgenommen. In der Landwirtschaft sind große Bewässerungsprojekte in Arbeit, um der Nahrungsmittelknappheit abzuhelfen. Kaffee erbrachte 1975/76 eine Rekordernte von über 1 Mill. Sack. Im Außenhandel konnten die Einbußen im Zuckerexport (−60%) nur zum Teil durch höhere Erlöse für Kaffee, Gold und Kakao ausgeglichen werden, so daß ein hohes Defizit entstand (bis Sept. 197 Mill. $).

Domitien, Elisabeth, zentralafrikan. Politikerin. Nach dem Militärputsch 1966 im Jan. 1975 zum ersten Premierminister berufen. Im April 1976 aus ihrem Amt entlassen.

Dorticós Torrado, Osvaldo, * Cienfuegos 17. Juni (?) 1919, kuban. Jurist und Politiker. 1959–76 Staatspräsident; seit Dez. 1976 Mitglied des neugebildeten Staatsrates.

Dugersuren, Mangalyn, * Galuut Somon (Verw.-Geb. Bayan Hongor) 15. Febr. 1922, mongol. Diplomat und Politiker. 1958–62 Botschafter in Indien, 1963–68 Außenminister. Ab 1968 Vertreter seines Landes bei den UN und anderen internat. Organisationen. Seit Sept. 1976 erneut Außenminister.

E

Echeverría Álvarez, Luis, * Mexiko 17. Jan. 1922, mex. Politiker. 1970 bis Nov. 1976 Staatspräsident. Kandidierte 1976 ohne Erfolg für das Amt des Generalsekretärs der UN.

Ecuador, Republik in Südamerika. Als Volksvertretung fungierte bis 1970 ein Nationalkongreß, der aus einem Senat mit 54 Senatoren und einer Abgeordnetenkammer mit 80 Abgeordneten bestand. Staatsoberhaupt *Alfredo Poveda Burbano* als Vorsitzender eines „Obersten Rates der Regierung" (seit Jan. 1976; zuvor *G. Rodríguez Lara*). Flagge ↑Farbtafeln Flaggen S. 121. Internat. Mitgliedschaften ↑Übersicht Internationale Organisationen.

Wirtschaft: Die gute Konjunktur hielt auch 1976 an. Das BIP stieg um etwa 9%. Der Preisauftrieb hatte sich allerdings wieder beschleunigt und erreichte 13,5%. Am günstigsten entwickelte sich die Industrie (+10–22%). Es wurden nicht nur die Kapazitäten besser ausgelastet, sondern auch neue Arbeitsplätze geschaffen. Die Ölförderung stieg wieder an und erreichte im Okt. die angestrebte Menge von 210000 Faß pro Tag. Im Nov. trat jedoch eine Unterbrechung durch einen längeren Streik ein. Auch die Agrarproduktion erhöhte sich infolge von Förderungsmaßnahmen etwas stärker als in den Vorjahren (+5%), das galt v. a. für Reis, Mais, Kaffee und Baumwolle. Da die Ölausfuhr mengen- und wertmäßig wieder stieg, erhöhte sich der Exportüberschuß auf 217 Mill. $ (1975: 73 Mill. $) trotz einer um 10% gestiegenen Einfuhr. Kaffee war dank der hohen Preise zum ersten Male mit 18% an den Ausfuhrerlösen beteiligt.

Ehe- und Familienrecht: Das Erste Gesetz zur Reform des E. u. F.s vom 14. Juni 1976 hat in Abänderung der entsprechenden Bestimmungen des Bürgerl. Gesetzbuches wesentl. Änderungen gebracht, nachdem im Dt. Bundestag bereits über 5 Jahre umstrittene Reformvorschläge diskutiert worden waren. Zu den Reformgrundsätzen gehört u. a. die Aufgabe des bisherigen Leitbildes von der Ehegattin als Hausfrau, der Übergang vom Schuld- zum Zerrüttungsprinzip bei der Scheidung, die Neuregelung des Unterhaltsrechts mit dem gegenseitigen Anspruch je nach Wirtschaftslage und Bedürftigkeit und die Einführung eines Versorgungsausgleichs durch Halbierung der während der Ehe erworbenen Rentenansprüche. Gegenüber der ursprünglichen Gesetzesvorlage wurde ausdrücklich auch die Bestimmung aufgenommen, daß die Ehe grundsätzlich auf Lebenszeit angelegt ist. Allerdings wird das neue Ehe- und Scheidungsrecht erst vom 1. Juli 1977 an in Kraft treten. Bis dahin ist mit einem Stau von bis zu 100000 aufgeschobenen Scheidungsprozessen zu rechnen.

Herbert Ehrenberg

Ehrenberg, Herbert, * Collnischken (Woiwodschaft Suwałki) 21. Dez. 1926, dt. Politiker (SPD). 1947 bis 1951 Polizeibeamter; nach dem Studium der Wirtschaftswissenschaften (1951–55) in der Wirtschaft tätig. 1964–68 Leiter der volkswirtschaftl. Abteilung beim Hauptvorstand der IG Bau, Steine, Erden. 1968/69 Unterabteilungsleiter im Bundeswirtschaftsministerium; 1969–71 Leiter der Abteilung Wirtschafts-, Finanz- und Sozialpolitik im Bundeskanzleramt; 1971/72 Staatssekretär im Bundesministerium für Arbeit und Sozialordnung. Als MdB (seit 1972) Wirtschaftsexperte der SPD-Fraktion; seit Dez. 1976 Bundesminister für Arbeit und Sozialordnung.

Einfuhr- und Vorratsstellen: Durch das Gesetz über die Neuorganisation der Marktordnungsstellen vom 23. 6. 1976 wurden die E.- u. V. zur Bundesanstalt

ECUADOR

Geographische Daten und Bevölkerung: *Fläche* 283561 km^2, *Verwaltungsgliederung* in 20 Provinzen, *Hauptstadt* Quito (565000 E), *Bevölkerung* 6,73 Mill. E, 24 E/km^2 (1975), *Amtssprache* Spanisch, *Religion* 90% Katholiken.

Wirtschaft: *Erwerbstätigkeit* (1974): 2,22 Mill. Erwerbstätige, davon (in Prozentanteilen) Land- und Forstwirtschaft 55, Industrie 13, Handel und Verkehr 10, Baugewerbe 5, Bergbau und Energie 1, sonstige Dienstleistungen 16. – *Landwirtschaft:* Nutzfläche 6,52 Mill. ha, davon 3,22 Mill. ha Ackerland (1974). – Produktion (Auswahl; 1975): Bananen 3,4 Mill. t, Reis 363000 t, Mais 293000 t, Kaffee 76000 t, Kakao 75000 t (1974/75). – *Bergbau, Industrie und Elektrizitätserzeugung* (Auswahl): Erdöl 9,07 Mill. t (1976), Zucker 292000 t (1975), Zement 604000 t (1975), Elektrizität 1,430 Mrd. kWh (1974). – *Außenhandel* (1976): Export 1122 Mill. $, Import 905 Mill. $. Haupthandelspartner sind USA, Japan, BRD. Hauptexportgüter sind Erdöl, Kaffee, Bananen, Kakao. *Währung* ↑Übersicht Währungen. – *BIP* zu Marktpreisen 108,11 Mrd. s/., je E 16064 s/. (1975).

Verkehr: *Eisenbahnen:* Streckenlänge 1151 km, 65 Mill. Personenkilometer, 46 Mill. Nettotonnenkilometer (1975). – *Straßen* (1972): 18590 km. Bestand an Pkw 25200, an Lkw und Bussen 7100 (1974).

EINKOMMENSVERTEILUNG (BRD)*

Verteilung des Volkseinkommens im Rahmen der Volkswirtschaftlichen Gesamtrechnungen	Einheit	1973	1974	1975	1976
Volkseinkommen insgesamt	Mill. DM	714 510	766 580	796 940	870 260
Bruttoeinkommen					
aus unselbständiger Arbeit	Mill. DM	498 620	546 670	569 290	611 010
aus Unternehmertätigkeit und Vermögen	Mill. DM	215 890	219 910	227 650	259 250
Volkseinkommen je Einwohner	DM	11 529	12 353	12 889	14 148
Volkseinkommen je Erwerbstätigen	DM	26 749	29 242	31 437	34 681
Je durchschnittlich beschäftigten Arbeitnehmer:					
Bruttoeinkommen aus unselbständiger Arbeit (monatlich)	DM	1 842	2 057	2 215	2 394
Bruttolohn- und -gehaltsumme (monatlich)	DM	1 565	1 744	1 866	2 003
Nettolohn- und -gehaltsumme (monatlich)	DM	1 150	1 263	1 354	1 414

*Ab 1974 vorläufige Ergebnisse.

Quelle: Wirtschaft und Statistik. Hg. vom Statist. Bundesamt, Heft 2/1977.

für landwirtschaftl. Marktordnung zusammengefaßt.

Ekran ↑tabellar. Übersicht Weltraumfahrt.

Elbeseitenkanal: Am 15. Juni 1976 erfolgte in Uelzen die Inbetriebnahme des Kanals. Im Verlauf des 115 km langen E.s mußten 69 Kreuzungsbauwerke für Bahnen, Wege und Straßen errichtet werden; 16 Wasserläufe wurden unter dem Kanal hindurchgeführt. In Niedersachsen wurden drei Häfen, in Lüneburg, Uelzen und Wittingen, angelegt. Doch ist der Kanal wegen eines Dammbruchs (mit großen Überschwemmungen) seit Juli 1976 außer Betrieb.

ELFENBEINKÜSTE

Geographische Daten und Bevölkerung: *Fläche* 322 463 km², *Verwaltungsgliederung* in 24 Bezirke, *Hauptstadt* Abidjan (904 000 E; 1974), *Bevölkerung* 4,89 Mill. E (1975), 15 E/km², *Amtssprache* Französisch, *Religion* 65% Animisten, 23% Muslime, 12% Christen.

Wirtschaft: *Erwerbstätigkeit:* Etwa 80% der Erwerbstätigen sind in der Landwirtschaft beschäftigt. – *Landwirtschaft:* Produktion (Auswahl; 1975): Reis 470 000 t, Jamswurzeln 1,6 Mill. t (1974), Kaffee 270 000 t, Kakao 215 000 t, Laubholzeinschlag 10,9 Mill. m³ (1973). – *Bergbau, Industrie und Elektrizitätserzeugung* (Auswahl; 1975): Diamanten 209 000 Karat, Zement 630 000 t (1974), Elektrizität 962 Mill. kWh. – *Außenhandel* (1975): Export 254,57 Mrd. CFA-Franc, Import 241,39 Mrd. CFA-Franc. Haupthandelspartner ist Frankreich. Hauptexportgüter sind Kaffee, Kakao, Holz. – *Währung* ↑Übersicht Währungen. – *BIP:* 739,0 Mrd. CFA-Franc (1974), 155 000 CFA-Franc/E.

Verkehr: *Eisenbahnen:* Streckenlänge 1 173 km (1974). – *Straßen* (1973): 38 850 km. – *Schiffahrt* (1975): Handelsflotte mit 119 000 BRT. – *Luftverkehr* (1975): 489 000 Fluggäste.

Elfenbeinküste, Republik in Westafrika, am Golf von Guinea. Als Volksvertretung fungiert ein Einkammerparlament (Nationalversammlung) mit 100 Abgeordneten, die alle der Einheitspartei Parti Démocratique de la Côte-d'Ivoire (PDCI) angehören. Staatsoberhaupt *Félix Houphouët-Boigny* (seit Nov. 1960). Flagge ↑Farbtafeln Flaggen S. 121. Internat. Mitgliedschaften ↑Übersicht Internationale Organisationen.

Wirtschaft: Die E. gehört zu den Entwicklungsländern mit den höchsten Wachstumsraten. Die wirtschaftl. Expansion des Landes wurde durch die Energie- und Rohstoffkrise 1973/74 nur vorübergehend gebremst. Nachdem der Zuwachs der industriellen Produktion 1974 nur 8% betragen hatte (1967 bis 1973 zwischen 14% und 22%), stieg der industrielle Umsatz 1975 um 19%. Dieser erneut positive Trend hielt das ganze Jahr 1976 an.

Innen- und Außenpolitik: Die am 13. Febr. gegründete APU (Afrikan. Parlamentar. Union) bestimmte Abidjan als Hauptquartier und wählte den Präsidenten der Nationalversammlung der E., Ph. Yacé, zu ihrem Vorsitzenden. Am 4. März erfolgte zwar eine Regierungsumbildung, wobei vier Minister entlassen und insgesamt sieben Ministerposten umbesetzt wurden, doch ließ diese Maßnahme keine neue innenpolit. Orientierung erkennen.

Präsident F. Houphouët-Boigny setzte die Détentepolitik fort. Dies wurde deutlich, als der südafrikan. Innen- und Informationsminister, C. P. Mulder, vom 22.–24. März Abidjan besuchte. Im übrigen empfahl der Vertreter der E. im UN-Ausschuß für Dekolonisierung (im Dez.), eine Kommission nach Namibia zu entsenden, während er gleichzeitig feststellte, seine Regierung unterstütze die amerikan. Bemühungen für eine friedl. Lösung des Namibiaproblems. F. Houphouët-Boigny traf am 3. Mai zu einem fünftägigen Staatsbesuch in Paris ein. In dem Abschlußkommuniqué sprachen sich beide Staaten gegen jede ausländ. Einmischung in Afrika aus. Kanada erklärte sich in einem am 24. April unterzeichneten Abkommen bereit, das Schulfernsehen der E. finanziell zu unterstützen. Den Vorwurf Guineas, wonach die E. zulasse, daß auf ihrem Territorium Söldner für einen Angriff auf Guinea ausgebildet würden, wies die Regierung Ende Juli energ. zurück. Im Nov. wurde bekannt, daß ein israel. Diplomat von der belg. Botschaft in Abidjan aus sein Land vertreten soll. Auf Drängen der Arab. Liga hin hatten fast alle OAU-Staaten 1973 die diplomat. Beziehungen zu Israel abgebrochen.

ENERGIEKRISE
ENERGIEVERSORGUNG

Spätestens seit dem 17. Okt. 1973, dem Beginn der sog. Ölkrise, die sich zunehmend zu einer Energiekrise ausweitete, ist der Grad der Abhängigkeit der Industriestaaten vom Energieträger Erdöl der Weltöffentlichkeit deutlich geworden. An diesem Tag kamen elf arabische Staaten in Kuwait überein, ihr Erdöl als politische Waffe gegen Länder, die Israel im Nahostkonflikt unterstützten, einzusetzen. Die Ölpreispolitik sowie die zeitweilige Ölverknappungspolitik der OPEC-Länder führte dazu, daß z. B. Ende 1976 für die BRD die Tonne Öl frei Raffinerie etwa 300 DM kostete gegenüber 76 DM je Tonne bis zum 17. Okt. 1973. Entsprechend

erhöhten sich die Preise – wenn auch nicht in gleichem Maße – für die anderen Primärenergieträger wie z. B. Naturgas, Kohle und Uran.
Die Erdbevölkerung und die von ihr verbrauchte Energie hat in der Vergangenheit stetig zugenommen. Nach UN-Statistiken hat die Bevölkerung der Erde zwischen 1950 und 1974 von fast 2 500 Mill. auf 4 030 Mill. Menschen, also um etwa 66% zugenommen. In der gleichen Zeit ist aber der Primärenergieverbrauch von 2 520 Mill. t SKE pro Jahr auf 8 800 Mill. t SKE pro Jahr, also um etwa 250% gewachsen. Z. Z. wächst die Erdbevölkerung um etwa 2% pro Jahr und der Energieverbrauch um etwa 5% pro Jahr. Das entspricht Verdopplungszeiten von 33 bzw. 14 Jahren. Es sei darauf hingewiesen, daß 60% der Primärenergie von nur 20% der Weltbevölkerung verbraucht werden. Nordamerika verbraucht etwa 36%, Westeuropa 21% und die BRD 5% der Weltprimärenergie. Obwohl die verschiedenen Länder einen sehr unterschiedlichen Energieverbrauch pro Kopf der Bevölkerung haben, ist die Beziehung zwischen dem Bruttosozialprodukt pro Kopf und dem Energieverbrauch pro Kopf fast linear.

Energieträger/Jahr		1950	1960	1970	1975	2000
Verbrauch in Mrd. t SKE						
Mineralöl		0,6	1,6	2,7	3,8	7,5
Naturgas		0,3	0,6	1,2	1,4	3,0
Wasserkraft		0,1	0,3	0,4	0,4	1,5
Kohle		1,5	2,1	2,4	2,4	5,0
Kernenergie		–	–	–	0,1	7,0
Summe		2,5	4,6	6,7	8,1	24,0
Anteil in v. H.						
Mineralöl		24	35	40	47	31
Naturgas		11	13	18	17	13
Wasserkraft		6	6	6	5	6
Kohle		59	46	36	30	21
Kernenergie		–	–	–	1	29
Summe	100	100	100	100	100	100

Tab. 1 zeigt den Primärenergieverbrauch der Welt, aufgeteilt auf die einzelnen Energieträger für die Jahre 1950, 1960, 1970, 1975 und den für das Jahr 2000 prognostizierten. Die Diskrepanz in den Prognosen für das Jahr 2000 entspricht etwa der des Primärenergieverbrauchs der Erde im Jahr 1970. Den Vorhersagen ist aber gemeinsam, daß bis zum Jahr 2000 die fossilen Energieträger Erdöl, Kohle und Naturgas weltweit die Grundlage der Energieversorgung bilden werden. Insbes. wird Erdöl bis zum Jahr 2000 der wichtigste Primärenergieträger bleiben.

Energieträger	gewinnbare Reserven in Mrd. t SKE	Verbrauch bis zum Jahr 2000 in v. H.	vorhandene Reserven* in Mrd. t SKE
Herkömmliche Brennstoffe			
Kohle	545	2	7 409
Erdöl	141	87	560
Erdgas	96	73	360
Wasserkraft	3	–	–
Neue Brennstoffe			
Uran 30 $/kg			
für Wärmekraftwerke	50	100	
für Schnellbrüter**	3 750		

*Hier sind solche Vorräte enthalten, die aufgrund geologischer Gegebenheiten vermutlich vorhanden sind; **Volle Ausnutzung ist nur in Brutreaktoren möglich, in thermischen Reaktoren nur 1 bis 2%.

Vergleicht man den in Tab. 1 dargestellten Primärenergieverbrauch mit den Reserven an Primärenergieträgern, so kann man abschätzen, zu welchem Zeitpunkt entsprechende Energieträger knapp werden. In Tab. 2 sind die Primärenergiereserven der Welt angegeben. Daraus ist ersichtlich, daß in absehbarer Zeit die eingesetzten Primärenergieträger nicht mehr ausreichen werden, den Energiebedarf zu decken. Dies gilt insbes. für Erdöl bzw. Erdgas, das bis zum Jahre 2000 zum größten Teil aufgebraucht sein wird. Ebenso ist damit zu rechnen, daß das konkurrenzfähige Uran für thermische Reaktoren ebenfalls weitgehend aufgebraucht sein wird. Angesichts der enormen Kohlevorkommen ist zu erwarten, daß die Kohle, insbes. deren Veredelungsprodukte, eine „Renaissance" erleben wird.
Die Angaben über die Reserven gehen in der Literatur zum Teil beträchtlich auseinander. Dies hängt u. a. damit zusammen, daß seit der Ölkrise in verstärktem Maße nach neuen Reserven an Primärenergieträgern gesucht wird. Dazu kommt noch die Entwicklung neuer Technologien und verbesserter Gewinnungsverfahren. So konnte z. B. durch Anwendung sekundärer und tertiärer Fördermethoden der Entölungsgrad und somit die förderbaren Reserven zum Teil beträchtlich gesteigert werden. Als Sekundärförderung bezeichnet man Verfahren, bei denen Öl unter Druck oder Wärme gewonnen wird. Das Sekundärverfahren läßt aber immer noch einen großen Teil des Öls in den Lagerstätten zurück. Bei der Tertiärförderung werden beispielsweise gasförmige Lösungsmittel verwendet, die die Viskosität des Erdöls und damit die Kapillarkräfte reduzieren.
Das Problem der Energieversorgung stellt sich deshalb weltweit, da die gesicherten Weltprimärenergiereserven, insbes. beim Erdöl, sehr ungleichmäßig verteilt sind. Die Welterdölreserven verteilen sich wie folgt: Naher Osten 56%, Osteuropa einschließlich UdSSR und China 16,4%, Afrika 10,5%, Nordamerika 7,0%, Lateinamerika 5,2%, Australien und Ozeanien 2,5%, Westeuropa 2,4%. Die weltpolitische Problematik dieser unausgewogenen Verteilung wird durch die Diskrepanz zwischen Förderung und Verbrauch in einzelnen Ländern offensichtlich. Im folgenden sei die Förderung und (in Klammern) der Verbrauch in einigen Ländern im Jahre 1974 angegeben. USA 495 (784) Mill. t, UdSSR 475 (350) Mill. t, Frankreich 1,1 (119) Mill. t, BRD 6,2 (134) Mill. t, Saudi-Arabien 412 (14) Mill. t, Iran 301 (22) Mill. t, Kuwait 112 (9) Mill. t.
Von den gesicherten Welt-Erdgasreserven liegen 34,5% in der UdSSR, 13,2% im Iran, 12,2% in den USA, 7% in Westeuropa und 5,2% in Algerien. Bei diesem Energieträger sind aber die Schwierigkeiten beim Transport über große Entfernungen, die durch Verflüssigung mit hohem Kostenaufwand zum Teil überwunden werden müssen, von Nachteil.

Im Gegensatz zu Erdöl und Erdgas liegen etwa 33% der Kohlevorräte in den westlichen Industrieländern, 57% in den Ostblockländern einschließlich der Volksrepublik China, jedoch nur 10% in den Entwicklungsländern. Die wichtigsten Steinkohleförderländer der Erde waren 1973: USA 530 Mill. t, UdSSR 505 Mill. t, China 400 Mill. t, Polen 157 Mill. t, Großbritannien 130 Mill. t, BRD 97 Mill. t. Westeuropa förderte insgesamt 275 Mill. t. Daraus wird die zukünftige Bedeutung dieses Primärenergieträgers für die Energieversorgung deutlich.

Ähnlich günstig wie bei Kohle ist für die westliche Welt die geographische Verteilung des Urans. Die kostengünstigen Reserven in der Kostenklasse bis zu 10 $/1b U_3O_8 liegen zu etwa $\frac{1}{3}$ in den USA und zu etwa je $\frac{1}{5}$ in Südafrika, Australien und Kanada.

Aufgrund der begrenzten Uranvorkommen ist man bestrebt, Reaktoren zu entwickeln, die einerseits nukleare Energie, andererseits spaltbares Material

liefern. Der schnelle natriumgekühlte Reaktor (schneller Brüter) bietet sich als Lösung an. Jedoch sind hier noch zahlreiche technologische Probleme ungelöst. Beispielsweise sind bei Natrium als Kühlmittel, das bekanntlich sehr heftig mit Wasser reagiert, im Vergleich zum Leichtwasserreaktor besondere Sicherheitsmaßnahmen erforderlich.
Das riesige Potential der Sonnenenergie wird heute praktisch noch nicht genutzt. Dies ist um so erstaunlicher, wenn man bedenkt, daß die auf die Erdoberfläche jährlich eingestrahlte Sonnenenergie etwa $185 \cdot 10^{12}$ t SKE entspricht. Hervorzuheben ist dabei besonders, daß es sich hierbei um eine ausgesprochen umweltfreundliche Energiequelle handelt. Das große Problem beim Nutzbarmachen der Sonnenenergie ist die geringe Leistungsdichte und der daraus resultierende große Flächenbedarf. Trotz der geringen Leistungsdichte wird seit einigen Jahren mit Nachdruck daran gearbeitet, wirtschaftliche Verfahren zur Nutzung der Sonnenenergie in Form von Niedertemperaturwärme, z. B. für Raumheizung, Warmwasserbereitung usw., zu entwickeln. Einer Programmstudie, die im Auftrag des Bundesministeriums für Forschung und Technologie erstellt wurde, ist zu entnehmen, daß die Sonnenenergie bis zur Jahrtausendwende in großem Maßstab zur Lösung der Energieversorgung in der BRD kaum beitragen kann.
Die Nutzung des Potentials der geothermischen Energie hat mit Ausnahme einiger weniger Regionen unter allen bisher genannten Optionen die geringsten Aussichten. Ausnahmen sind Norditalien, Kalifornien, Island, Neuseeland. Dabei treten jedoch zum Teil erhebliche Umweltprobleme auf. Die Atmosphäre wird mit schwefelhaltigen Abgasen belastet. Selbst bei optimistischer Betrachtungsweise wird sich die geothermische Energie kaum zu einem nennenswerten Energielieferanten in der BRD entwickeln.
Energie wird in Zukunft aus wirtschaftlichen Aspekten und aus Gründen der Umweltfreundlichkeit in zunehmendem Maße in großen Einheiten in einiger Entfernung vom Verbraucher erzeugt werden. Sie muß deshalb transportiert, verteilt und gegebenenfalls in eine benutzungsfreundliche Form umgewandelt werden. Insbes. für die Primärenergiequelle Kernenergie ist die zentralisierte Erzeugung vorteilhaft. Mit nuklear erzeugter Wärme kann das gesamte zukünftig interessante Spektrum an Sekundärenergieträgern aus Kohle und Wasser erzeugt werden. Der Einsatz von Kernenergie hat daher zunehmende Bedeutung: 1. zur Erzeugung von Elektrizität, 2. zur Erzeugung von Fernwärme, 3. bei der nuklearen Kohlevergasung, 4. als nukleare Fernenergie und 5. bei der nuklearen Wasserspaltung.
Zusammenfassend läßt sich sagen, daß es auch in Zukunft einander ergänzende Energieträger geben wird. Falls die erforderlichen Anstrengungen rechtzeitig unternommen werden, können auch die zukünftigen Verbraucheranforderungen befriedigt werden.

Ennals, David Hedley, * Royal Leamington Spa 11. März 1920, brit. Politiker (Labour Party). Seit 1964 Mitglied des Unterhauses; 1968–70 Staatsminister für Gesundheit und soziale Sicherheit, 1974–76 für Äußeres und Commonwealth. Seit April 1976 Minister für Soziale Dienste.

ERDBEBEN

Angesichts der Kette folgenschwerer Erdbeben des Jahres 1976 wird immer wieder gefragt, ob die Erde in eine Phase verstärkter tektonischer Aktivität eingetreten sei. Was läßt sich hierüber sagen, woher kommen die Erdbeben?
Das Bild der Erde als ein gleichmäßig geschichteter, statischer Körper ist namentlich in den letzten 15 Jahren der Vorstellung eines äußerst bewegten, in ständiger Umwälzung begriffenen Planeten gewichen. Nicht nur die Kontinente, wie schon A. Wegener postuliert hatte, sondern die gesamte, 100 bis 200 km mächtige Lithosphäre, die oberste Gesteinsschale der Erde, ist in Bewegung. Sie ist zerteilt in sieben große und eine Anzahl kleinerer Platten, die sich relativ zueinander in dreifacher Weise bewegen: Längs der ozeanischen Rücken weichen sie auseinander und geben Raum frei für nachdrängendes, basaltisches Gesteinsmaterial aus dem Erdmantel, das den Platten angeschweißt wird und sie ständig neu bildet. Wo sich Platten aufeinander zubewegen, kommt es zu dramatischen Kollisionen mit dem Aufstau von Gebirgen, Erdbeben und Vulkanismus. Die spezifisch schwereren ozeanischen Platten schieben sich unter die entgegenstehenden, zumeist kontinentalen Platten und sinken wieder in den Erdmantel zurück. Die dritte noch

Erdbeben. Das Erdbeben im Friaul (rechts die Ruine der Kirche von Germona) hatte nur eine Magnitude von 6,4 der Richter-Skala und entsprechend eine Energie von 70 Mill. Kilowattstunden. Links die zerstörte Innenstadt von Buia

Kraftfahrzeuge I. BMW 630 CS (oben) und der AUDI 100 (unten)

Kraftfahrzeuge II. Ford Fiesta (oben) und Volvo 343 (unten)

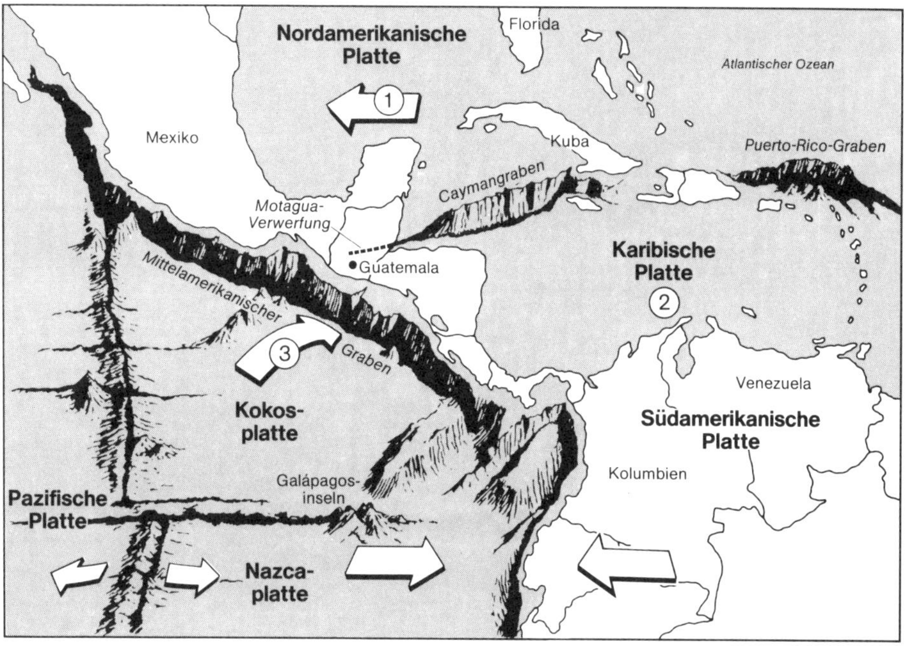

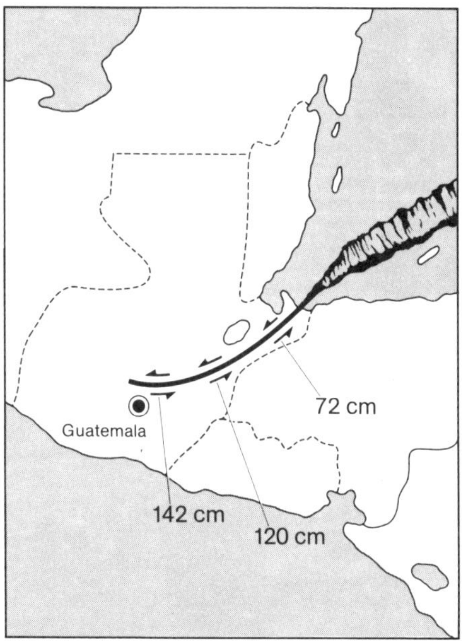

Das Erdbeben in Guatemala am 4. Februar 1976 (M = 7,5) wurde verursacht durch die Westwärtsbewegung der Nordamerikanischen Platte (1) relativ zur Karibischen Platte (2) entlang der Motagua-Verwerfung (siehe auch vergrößerten Kartenausschnitt rechts) auf einer Länge von 300 km mit einem maximalen Betrag der horizontalen Verschiebung von 142 cm nördlich der Stadt Guatemala. Der Bruch pflanzte sich von Osten nach Westen fort. Die meisten anderen Beben dieses Gebietes beruhen auf dem Abtauchen der Kokosplatte (3) unter die pazifische Küste Mittelamerikas

verbleibende Bewegungsmöglichkeit besteht darin, daß benachbarte Platten aneinander vorbeigleiten. Für alltägliche Vorstellungen erfolgen die Bewegungen langsam mit maximalen Geschwindigkeiten von etwa 10 cm im Jahr. In 10 Millionen Jahren, einer geologisch relativ kurzen Zeitspanne, ergeben sich dabei aber schon Verschiebungen von 1 000 km.

Erdbeben ereignen sich vor allem an den Plattengrenzen. So sind die Achsen der ozeanischen Rücken, die sich als Nahtlinien über Zehntausende von Kilometern durch alle Ozeane hinziehen, mit Erdbebenherden perlschnurartig besetzt. Beispiele sind der Mittelatlantische, der Ostpazifische und der Karlsbergrücken im Indischen Ozean. Die stärkste Erdbebenaktivität liegt im Bereich der Kollision entgegengesetzt bewegter Platten. Hier sind Beispiele die Inselbogenstrukturen des nördlichen und westlichen Pazifik, die Westküsten Mittelamerikas und die südamerikanischen Anden, ferner der sich über Indonesien, Hinterindien, den Himalaja, Iran, die Türkei und das Mittelmeergebiet mit Ausläufern bis in die Alpen hinziehende Erdbebengürtel, der überall im Bereich der jungen Gebirgsbildungs-

zonen liegt. Endlich haben wir Beispiele für die dritte Bewegungsart, das Aneinandervorbeigleiten, in der San-Andreas-Verwerfung in Kalifornien und der Anatolischen Verwerfung im nördlichen Kleinasien.
So werden die Plattengrenzen zu den äußerlich sichtbaren Hauptschauplätzen der aus dem Erdinnern heraus wirkenden dynamischen Prozesse. Die Erdbeben zeugen hier von den ausgedehnten Deformations- und Bruchvorgängen, die im Bereich der Inselbögen bis zu Tiefen von 700 km hinabreichen können. Doch auch die inneren Areale der Lithosphärenplatten, insbesondere die kontinentalen Bereiche, sind nicht überall frei von Erdbeben. Zusammengesetzt aus geologischen Provinzen sehr unterschiedlichen Aufbaus und Alters, sind die Kontinente durchzogen von tiefreichenden Brüchen und in Blöcke verschiedener Größe zerlegt, die ihrerseits gegeneinander bewegt werden können; man hat es gewissermaßen mit einer Plattentektonik im verkleinerten Maßstab zu tun, mit tektonischen Vorgängen, die den Geologen als Bruchschollentektonik seit langem vertraut sind.
Allen tektonischen Prozessen liegt eine gemeinsame Ursache zugrunde, nämlich im wesentlichen die durch den Zerfall radioaktiver Elemente im Erdmantel ständig produzierte geothermische Energie. Thermische Instabilitäten führen zu Konvektionsströmen des plastischen Gesteinsmaterials, dessen Hauptbestandteile Olivin und Pyroxen, also Magnesium-Eisen-Silikate sind. Die Ströme konzentrieren sich vermutlich auf eine relativ fließfähige Schicht regional wechselnder Mächtigkeit im Tiefenbereich zwischen etwa 80 bis 400 km, die als Asthenosphäre bezeichnet wird. Vieles spricht dafür, daß die Form der Konvektionsströmungen einfach ist: Aufsteigen der heißen Materie in den ozeanischen Rücken, Abkühlung und horizontaler Transport in fester Phase als lithosphärische Platten, Wiederabsinken der dichten, kalten Lithosphäre als abtauchende Zungen, den Benioff-Zonen der Tiefherdbeben, und Rückstrom der Massen als Ausgleichsströmung zu den Gebieten der ozeanischen Rücken. Der eigentliche Motor der geodynamischen Vorgänge, also auch der Erdbeben, liegt somit offensichtlich in der Asthenosphäre; hier ist nicht nur der Antriebsmechanismus für die Bewegungen der Großplatten, sondern auch die Quelle für alle übrigen Bewegungsvorgänge, wie z. B. Hebungen und Senkungen und neue Riftbildungen (Rheingraben, Ostafrikanisches Grabensystem) zu suchen.
Erdbeben entstehen, wenn sich Gesteinsplatten gegeneinander verschieben, und zwar ruckartig. Wir haben es mit schnellen Gleit- und Bruchvorgängen zu tun. Da die relativen Plattenbewegungen, kleinere Bruchschollen eingeschlossen, langsam ablaufen, maximal etwa mit 10 cm im Jahr, kann die Frage auftauchen, wieso es überhaupt Erdbeben gibt. Tatsächlich zeigt sich, daß ein Teil der relativen Schollenbewegung ruhig und gleichmäßig abläuft. Doch kommt es immer wieder vor, daß das Vorbeischieben entlang der Bruchflächen (Verwerfungen) mangels geeigneter „Schmierung" verhindert wird. Tektonische Druckspannungen senkrecht zu den Gleitflächen und Rauhigkeiten der Flächen können Blockierungen bewirken. Schreitet die Schollenbewegung in der weiteren Umgebung fort, kommt es im Umkreis der blockierten Gebiete zum Aufstau von Deformationen und Spannungen. Irgendwann wird dann die Bruchfestigkeit der Gesteine bzw. ihr Reibungswiderstand überschritten: Es kommt zur ruckartigen Spannungsentladung durch Zurückschnellen der verspannten Gesteinskomplexe bis zu mehreren Metern, den gefürchteten Erdbeben. Die Verschiebungsbeträge und die Ausmaße der Herdflächen können dabei sehr verschieden groß sein, wodurch sich die Beben in ihrer Energie unterscheiden. Als Maß hierfür dient die Magnitude M der Richter-Skala, die dem Logarithmus der Energie

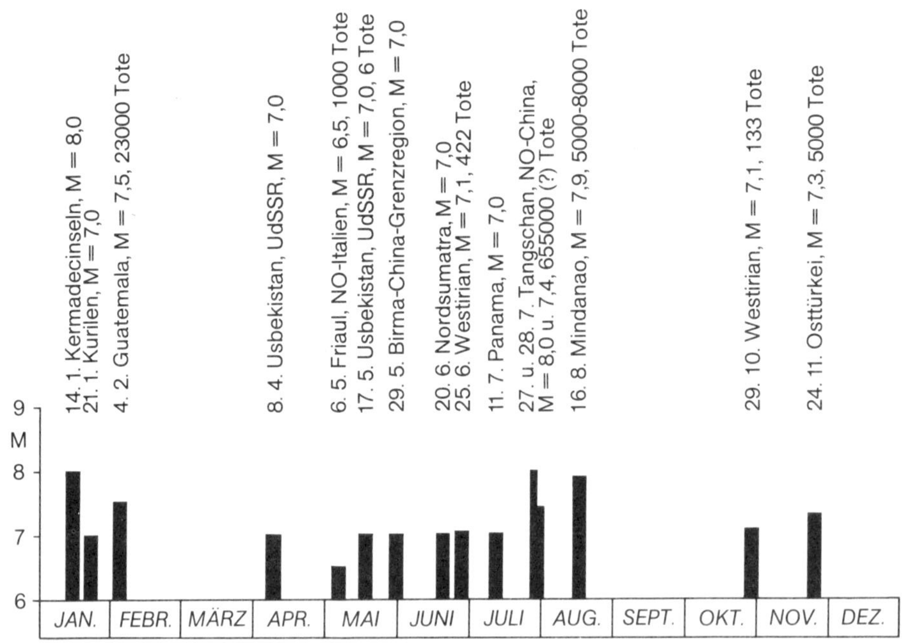

Erdbeben. Graphische Darstellung der Magnituden (Magnitude = M der sog. Richter-Skala, die dem Logarithmus der Energie proportional ist) und Auftragung der Beben 1976 über eine Zeitachse

proportional ist. Die größten Beben (M etwa 8,6) können Herdflächen von 5 000 km^2 und mehr haben und Energien von 10^{17} bis 10^{18} J freisetzen; das sind etwa 30 bis 300 Mrd. Kilowattstunden. Das Erdbeben im Friaul am 6. Mai 1976 hatte nur eine Magnitude von 6,4 und entsprechend eine Energie von 70 Mill. Kilowattstunden. Es wurde verursacht durch die flache Unterschiebung einer nach Norden einfallenden Gesteinsschicht unter das darüberliegende Deckgebirge von Süden nach Norden. Die Bewegung ist Ausdruck der noch heute wirksamen Gebirgsbildung unter dem Einfluß starker, horizontaler Druckspannungen in der Erdkruste, die von Süden gegen Mitteleuropa gerichtet sind. Das Friaul-Beben ist insofern bemerkenswert, als ihm eine lange Serie von z.T. sehr heftigen weiteren Beben folgte. Die in Form elastischer Spannungen gespeicherte Energie erstreckte sich vermutlich auf ein größeres Krustenvolumen, das die zur Auslösung verfügbaren Bruchflächen, bei denen also die Beseitigung der Blockierungen möglich war, überstieg. So konnte die Entspannung erst durch viele Beben unter ständiger Nachlieferung der Energie aus der Umgebung vermittels langsam ablaufender Kriechprozesse erfolgen.
Das folgenschwere Beben am 27. Juli 1976 in Tangschan, Nordostchina, das über 650 000 Tote forderte, hat eine Energie von 30 Mrd. Kilowattstunden freigesetzt. Man muß annehmen, daß hier Krustenspannungen entladen wurden, die ihre Ursache in dem Kollisionsprozeß zwischen dem Indischen Subkontinent und der eurasischen Platte haben und über eine Entfernung von 2 000 km nach Nordosten ausstrahlen.
Die Beben des Jahres 1976 mit Magnituden größer als M = 7 der Richter-Skala sind in der Graphik in ihrem zeitlichen Ablauf dargestellt. Ihre Gesamtenergie beläuft sich auf 68 Mrd. Kilowattstunden, während die Erde in den Jahren 1897 bis 1964, worüber Berechnungen vorliegen, im Jahresdurchschnitt eine Energie von 167 Mrd. Kilowattstunden, also mehr als das Doppelte des Jahres 1976, in Erdbebenenergie umgesetzt hat. 1976 war demnach vom Standpunkt der Erdbebenaktivität her gesehen eher ein erdbebenarmes als ein erdbebenreiches Jahr, insbesondere im Vergleich mit den Jahren 1905 und 1906 mit 500 Mrd. Kilowattstunden Energieumsatz pro Jahr.
Der zeitliche Ablauf der 1976iger Beben spricht auch nicht für eine ursächliche Kopplung der Beben; sie können, wie statistische Untersuchungen zeigen, als voneinander unabhängige Ereignisse betrachtet werden. Dies schließt jedoch nicht aus, daß trotzdem Zusammenhänge bestehen könnten; denn wenn sich auch die beobachteten zeitlichen Schwankungen der Erdbebentätigkeit statistisch als zufällige Schwankungen deuten lassen, so sind die weltweiten Konvektionsprozesse im Erdmantel, d.h. die Energielieferanten, sicher nicht so kurzfristigen Schwankungen unterworfen. Man hat demnach zu unterscheiden zwischen der gleichmäßiger ablaufenden Spannungskonzentration in den Erdbebenzonen und den Spannungsentladungen durch Erdbeben. So kann es geschehen, daß über längere

ERWERBSTÄTIGKEIT (BRD)

Gegenstand der Nachweisung*	Einheit	1972	1973	1975	1976**
Wohnbevölkerung	1 000	61 809	62 101	61 645	61 480[1]
Erwerbstätige	1 000	26 655	26 712	25 323	25 076
darunter Abhängige	1 000	22 435	22 564	21 386	21 317
beschäftigte Ausländer	1 000	2 352	2 595	2 071	1 937
darunter Italiener	1 000	426	450	297	276,3
Griechen	1 000	270	250	204	178,8
Spanier	1 000	184	190	130	111,0
Türken	1 000	511	605	553	527,5
Portugiesen	1 000	66	85	71	63,6
Jugoslawen	1 000	475	535	419	390,0
Arbeitslose:					
insgesamt	1 000	246,4	273,5	1 074,2	1 090,0[2]
Arbeitslosenquote	%	1,1	1,2	4,7	4,8[2]
Männer	1 000	140,6	149,9	622,6	573,0[2]
Arbeitslosenquote	%	1,0	1,0	4,3	4,0[2]
Frauen	1 000	105,8	123,6	451,6	517,0[2]
Arbeitslosenquote	%	1,4	1,5	5,4	6,1[2]
arbeitslose Ausländer:					
insgesamt	1 000	16,1	19,4	151,5	83,8[1]
Männer	1 000	8,0	9,7	92,9	43,2[1]
Frauen	1 000	8,2	9,7	58,6	40,4[1]
Arbeitssuchende					
insgesamt	1 000	366	441	1 249	1 170
Männer	1 000	180	207	666	574
Frauen	1 000	186	234	583	596
Arbeitslosengeldempfänger	1 000	123	121	649	492
Kurzarbeiter:					
insgesamt	1 000	76,3	43,7	773,3	277,0
Männer	1 000	54,2	18,1	537,7	210,0
Frauen	1 000	22,0	25,6	235,7	67,0
offene Stellen:					
insgesamt	1 000	545,8	572,0	236,2	235,0
Männer	1 000	335,4	373,2	129,6	139,3
Frauen	1 000	210,4	198,9	106,6	95,7
Vermittlungen der Arbeitsämter:					
insgesamt	1 000	215,2	221,1	177,2	193,9
Männer	1 000	154,5	160,4	127,4	140,7
Frauen	1 000	60,7	60,7	49,8	53,2
Streiks:					
beteiligte Arbeitnehmer	1 000	22,9	185,0	35,8	169,3
verlorene Arbeitstage[3]	1 000	66,0	563,1	68,7	533,7

*Im allgemeinen Jahresdurchschnitte, vereinzelt Ende Sept. bzw. Okt.; **Vorläufiges Ergebnis; [1] Stand Ende Okt. 1976; [2] Stand Ende Dez. 1976; [3] Einschl. Aussperrungen.

Quellen: Wirtschaft und Statistik, hg. vom Statist. Bundesamt, Heft 2 bis 4/1977. – Amtl. Nachrichten der Bundesanstalt für Arbeit, hg. von der Bundesanstalt für Arbeit, Arbeitsstatistik, Heft 1 bis 3/1977.

Zeiten Spannungen aufgebaut werden, ohne daß es zu stärkeren Beben kommt. Tritt dann aber ein stärkeres Ereignis ein, wird das Spannungsfeld gestört. Die Spannungen lagern sich um, wodurch anderswo Entblockungen und somit Erdbeben ausgelöst werden können. Infolge des plastischen Verhaltens der tieferen Schichten breiten sich die Umlagerungen mit verhältnismäßig geringen, unterschiedlichen Geschwindigkeiten aus und benötigen wohl Wochen, Monate oder sogar Jahre zur Überbrückung von Entfernungen kontinentalen Ausmaßes. Hier steht die Forschung erst am Anfang.

Oft wird gefragt, ob in den Erdbebengebieten Südwest- und Westdeutschlands Beben der Stärke des Friauler Bebens oder sogar stärkere zu befürchten seien. Geht man von den bisher vorliegenden Messungen der Krustenspannungen aus, dann ist ein deutlicher Spannungsabfall beim Übergang von den Alpen in das Vorland erkennbar, was den Schluß auf eine entsprechende Abnahme der wahrscheinlichen Erdbebenstärken nahelegt. Es ist zwar nicht ganz auszuschließen, aber doch sehr unwahrscheinlich, daß künftige Beben in unseren Erdbebengebieten die Stärke des Friaul-Bebens erreichen oder übertreffen werden.

Solche Aussagen über Lage und Intensität künftiger Beben gründen sich auf das Studium der geologischen Verhältnisse, der Verwerfungen und Verschiebungsbeträge, der Lage, Tiefe, Bewegungsmechanismen und der Magnitude instrumentell erfaßter Beben, ferner Spannungs- und Deformationsmessungen (z. B. mit geodätischen Methoden) im Gelände. Dabei wird vom raumzeitlichen und energetischen Ablauf der Vergangenheit auf das künftige Geschehen extrapoliert. Das Aufspüren von schnellen Veränderungen physikalischer Größen wie z. B. Radongehalt der Bodenluft oder Veränderungen der seismischen Wellengeschwindigkeiten als Vorboten von Erdbeben, d. h. Untersuchungen zur eigentlichen Erdbebenvorhersage, haben noch nicht zu greifbaren Ergebnissen geführt. Auch wenn, was nicht auszuschließen ist, eine präzise Vorhersage nach Ort, Zeit und Intensität künftiger Beben nicht gelingen sollte, können die genannten Forschungen, insbesondere bezüglich der speziellen Gefährdung ganz bestimmter Zonen, verbunden mit einer erdbebenresistenten Bauweise, wesentlich zum Schutz von Menschenleben und zur Verhütung von Sachschäden beitragen.

Europäische Gemeinschaften: Auf seiner Tagung am 12./13. Juli in Brüssel einigte sich der Europ. Rat auf den brit. Labour-Politiker R. Jenkins als Präsidenten der *Kommission* für 1977/78. Die neuen 12 Kommissare („Mitglieder der Kommission") für 1977 bis 1980 sind F.-X. Ortoli (Frankreich; Wirtschaft und Finanzen), W. Haferkamp (BRD; Außenbeziehungen), F. O. Gundelach (Dänemark; Landwirtschaft), L. Natali (Italien; Erweiterung der Gemeinschaft, Umweltschutz), H. Vredeling (Niederlande; Soziale Angelegenheiten und Beschäftigung), C. Cheyssen (Frankreich; Entwicklungspolitik), G. Brunner (BRD; Energie, Forschung, Wissenschaft und Erziehung), R. Vouel (Luxemburg; Wettbewerb), A. Giolitti (Italien; Regionalpolitik und Koordinierung der Gemeinschaftsfonds), R. Burke (Irland; Steuern, Verbraucherschutz, Verkehr, Beziehungen zum Europ. Parlament), E. Davignon (Belgien; Binnenmarkt und Industriepolitik), Ch. S. Tugendhat (Großbritannien; Haushalt und Finanzkontrolle).

Am 12./13. Juli verabschiedete der Europ. Rat die Texte über die allg. und direkte Wahl des *Europ. Parlaments*, die von den Außenministern dann am 20. Sept. formell unterzeichnet wurden. Dem neuen Parlament, das im Mai/Juni 1978 zu wählen sein wird, sollen 410 (statt bisher 198) Abgeordnete angehören, davon für Belgien 24, Dänemark 16, die BRD, Frankreich, Italien und Großbritannien je 81, Irland 15, Luxemburg 6 und die Niederlande 25 Abgeordnete.

Wirtschaft, Währung und Finanzen: Das Bruttoinlandsprodukt wuchs um (schätzungsweise) 4,5%, die Außenhandelsbilanz geriet wegen der steigenden Weltmarktpreise weiter ins Defizit, die durchschnittl. Inflationsrate sank immerhin von 12,5% (1975) auf 10% mit den übl. großen Unterschieden von Land zu Land. Am 6. Okt. leitete die Kommission dem Rat den Entwurf des 4. Programms für mittelfristige Wirtschaftspol. zu. Der Europ. Rat befaßte sich am 29./30. Nov. intensiv mit der Wirtschaftslage: er lehnte einhellig jeden Protektionismus ab und bezeichnete die Verwirklichung der seit langem angestrebten Wirtschafts- und Währungsunion als unvermindert notwendig. Das System von Gemeinschaftsanleihen, das 1975 eingerichtet worden war, um Mitgliedsländern bei Zahlungsbilanzschwierigkeiten zu helfen, wurde erstmals angewendet: am 11. März beschloß der Rat, Italien 1 Mrd. und Irland 300 Mill. $ mit bestimmten Auflagen zur Verfügung zu stellen.

Agrarpolitik: Für die europ. Landwirtschaft brachte das Jahr neben der Belastung durch die Rezession und die weiter unterschiedl. wirtschaftl. Entwicklung der Mitgliedstaaten eine zusätzliche Belastungsprobe durch die außergewöhnl. Dürre, die schwerste seit mehr als einem Jahrhundert. Die Agrarpreise, die wieder weit über den Weltmarktpreisen lagen, wurden vom Rat am 6. März um durchschnittl. 7,7% erhöht. Der Agrarhaushalt (Preisgarantien für die Erzeuger und Strukturmaßnahmen) umfaßte rund 6,2 Mrd. Rechnungseinheiten (RE), das sind 73% des EG-Gesamthaushalts. Am 3. Nov. beschloß der Rat, daß die Mitgliedstaaten ihre Fischereizonen vor den Küsten der Nordsee und des Nordatlantik ab 1. Jan. 1977 auf 200 Meilen ausdehnen. Für bestimmte Nicht-EG-Länder wurden Fangquoten festgelegt.

Industriepolitik: Diese noch wenig entwickelte Politik brachte auf dem Stahlsektor einige konkrete Ergebnisse. Dort war die Lage trotz der Wiederbelebung der Rohstahlerzeugung weiterhin ernst, die Produktionskapazitäten waren nur zu 67% (1974: 80%) ausgelastet, zwischen Juli 1975 und Juli 1976 gingen 25 000 Arbeitsplätze (die Hälfte von ihnen in Großbritannien) verloren. Die Kommission legte „Allg. Ziele Stahl 1980–1985" fest.

Energiepolitik: Am 6. Juli wurde ein Rahmenabkommen über die Zusammenarbeit mit der Internat. Energieagentur über Energieforschung unterzeichnet. Am 21. 12. stimmte der Rat dem Arbeitsprogramm für 1977 zu und genehmigte eine Regelung für solidar. Maßnahmen im Falle einer Erdölversorgungskrise.

Regionalpolitik: Der Europ. Fonds für regionale Entwicklung, der nur als – wenn auch wichtiger – Teil einer noch zu entwickelnden gemeinschaftl. Regionalpol. anzusehen ist, konnte 375,5 Mill. RE für Infrastrukturvorhaben und 125,6 Mill. RE für Projekte im Industrie- und Dienstleistungsbereich zur Verfügung stellen.

Wissenschaft, Forschung und Bildung: Die Forschungsanstalten der Gemeinschaft führten Forschungen u. a. auf dem Gebiet des Umweltschutzes, der radioaktiven Abfälle, der Reaktorsicherheit und der Sonnenenergie durch. Der Rat verabschiedete am 15. März Mehrjahres-Forschungsprogramme insbes. im Bereich der Biologie, des Umwelt- und des Gesundheitsschutzes. Über den Standort und damit über die Errichtung von „JET" (Joint European Torus), einer Großanlage für thermonu-

Europäische Gemeinschaften. Teilnehmer an der Gipfelkonferenz der Regierungschefs und Außenminister in Luxemburg. Von links: H. Schmidt (Bundesrepublik Deutschland), A. Moro (Italien), L. Tindemans (Belgien), J. den Uyl (Niederlande), V. Giscard d'Estaing (Frankreich), Großherzog Jean und G. Thorn von Luxemburg

kleare Fusion, die den technolog. Vorsprung der EG auf diesem Gebiet sicherstellen würde, wurde noch keine Einigung erzielt.
Außenpolitik: Das Jahr stand auf diesem Gebiet im Zeichen intensiver Diskussionen und Verhandlungen zwischen Industrie- und Entwicklungsländern (KIWZ bzw. „Nord-Süd-Dialog" in Paris, IV. UNCTAD-Konferenz in Nairobi im Mai, Weltbeschäftigungskonferenz im Rahmen der Internat. Arbeitsorganisation in Genf im Juni), bei denen die Gemeinschaft in wichtigen Punkten mit einer Stimme sprach und z.T. auch als Vermittler wirken konnte. Die Koordinierung der Entwicklungspolitik machte weitere Fortschritte. Die Politik weltweiter Zusammenarbeit wurde durch eine Finanzhilfe von 20 Mill. RE an nichtassoziierte Entwicklungsländer ausgebaut. Ende April wurden umfassende Kooperationsabkommen mit Algerien, Marokko und Tunesien sowie die Verhandlungen mit Ägypten, Jordanien und Syrien abgeschlossen. Am 20. Sept. wurden in Brüssel zwischen den EG und Portugal zur Verbesserung und Erweiterung des Freihandelsabkommens von 1971 zwei Protokolle (besonders über Zollabbau und Darlehen in Höhe von 200 Mill. RE) sowie ein Interimsabkommen unterzeichnet. Das Abkommen von Lomé zwischen den EG und den „AKP"-Staaten trat nach Ratifizierung durch alle beteiligten Staaten am 1. April in Kraft. Gemäß

Europäische Volkspartei. Auf der konstituierenden Sitzung der EVP wird L. Tindemans (Mitte) zu ihrem Präsidenten gewählt

dem darin vorgesehenen System der Stabilisierung der Ausfuhrerlöse der AKP-Staaten („STABEX"), die wichtigste und als beispielhaft anzusehende Neuerung im Lomé-Abkommen, wurden 25 Transferabkommen abgeschlossen.

Europäisches Parlament: Nachdem das Europ. P. bis zum Jan. 1975 Entwürfe zur Einführung allgemeiner unmittelbarer Wahlen zum Europ. P. vorgelegt hatte und der Europ. Rat im Dez. 1975 den Grundsatzbeschluß zur Durchführung von Direkt-

Land	Zahl der Sitze bisher	neu
BRD	36	81
Frankreich	36	81
Großbritannien und Nordirland	36	81
Italien	36	81
Niederlande	14	25
Belgien	14	24
Dänemark	10	16
Irland	10	15
Luxemburg	6	6
zusammen	198	410

wahlen gefaßt hatte, einigten sich die Staats- bzw. Regierungschefs auf der Tagung des Europ. Rates im Juli 1976 über Zahl und Verteilung der Sitze in der künftigen Versammlung und über den Termin der Wahl. Am 20. Sept. 1976 wurde der Rechtsakt von den Außenministern der EG unterzeichnet. Danach sollen die Wahlen im Frühjahr 1978 stattfinden, die Art des Wahlverfahrens soll zunächst noch nach innerstaatl. Vorschriften der einzelnen Mitgliedsländer geregelt werden.
Europäische Universität ↑Fiesole.
Europäische Volkspartei, Abk. EVP, im April 1976 gegründete Föderation der christl.-demokrat. Parteien in den EG, die der Europ. Union Christl. Demokraten (EUCD) und der christl.-demokrat. Fraktion des Europ. Parlaments angehören; Sitz Brüssel. Zum Vorsitzenden wurde der belg. Ministerpräsident L. Tindemans gewählt.
Europarat: Nach Unterzeichnung der Europ. Menschenrechtskonvention wurde Portugal im Sept. 1976 als 19. Mitglied aufgenommen.
Evangelische Kirche in Deutschland (EKD): Zu Beginn des Jahres war die EKD intensiv damit befaßt, die Ergebnisse und Folgerungen der V. Vollversammlung des Ökumen. Rates der Kirchen in Nairobi aufzuarbeiten. Es war hier ein neues Bewußtsein für die Einheit der Kirche, für eine neue Spiritualität und für die Probleme der Dritten Welt

entstanden, was sich nun auch in Fragen, Diskussionen und Veranstaltungen in den Gemeinden niederschlug. Unmittelbare Folge von „Nairobi" war ein Treffen zwischen Vertretern des Rates der EKD und der Allafrikan. Kirchenkonferenz im Mai in

Evangelische Kirchen. Zur Teilnahme an der Synode des Bundes der evangelischen Kirchen in der DDR trifft der Ratsvorsitzende der EKD Bischof H. Class (rechts) in Züssow ein und wird von Bischof A. Schönherr begrüßt

Arnoldshain (Hessen); die dt. Teilnehmer erklärten sich in einem Kommuniqué bereit, die Regierung der BRD zu bitten, auf private Unternehmen einzuwirken, daß sie auf nukleare Aktivität in Südafrika verzichteten. Obwohl nicht alle Wünsche der Teilnehmer erfüllt wurden, galt diese Konferenz als wichtiges Zeichen ökumen. Solidarität.
Die langjährig betriebene Reform der EKD schien gescheitert, als die Zustimmung der württemberg. Landessynode (die außer der bayr. noch ausstand) nicht die notwendige Zweidrittelmehrheit erhielt. Die Gegner des Reformentwurfes waren freilich zu weiterer Zusammenarbeit in der EKD bereit, empfahlen jedoch Zurückhaltung bei organisator. Re-

Evangelische Kirchen. Landessuperintendent M. Kruse (rechts) wird als Nachfolger von K. Scharf (links) zum Bischof der Evangelischen Kirche in Berlin-Brandenburg in West-Berlin gewählt

formen. Der Rat selber setzte seine Arbeit wie bisher fort; er gab eine ausführliche, positive Würdigung der Ergebnisse von „Nairobi" und führte Gespräche mit den Spitzenpolitikern aller Parteien in Bonn. Ferner gab er ein vielbeachtetes Votum zu der im Laufe des Jahres in Kraft getretenen Neufassung des § 218 (Schwangerschaftsabbruch) ab. Hierin heißt es, daß ein Abbruch auf wirkl. schwerwiegende Konfliktfälle beschränkt werden solle, und daß der Beratung sowie der materiellen und seel. Unterstützung der Betroffenen erhöhte Aufmerksamkeit zugewandt werden müsse. Die Stiftung FÜR DAS LEBEN der ev. Kirche in Hessen und Nassau stellte für mehrere einschlägige Hilfsmaßnahmen 60 000 DM bereit.
Im ganzen Bereich der EKD stellten die Statistiker eine Zunahme der Zahlen des theolog. Nachwuchses fest. Dank dieses nur teilweise erwarteten Zuwachses würde es mögl. sein, in wenigen Jahren die vielen heute noch freien Pfarrstellen zu besetzen. Erst ab 1983 würden Einstellungsprobleme akut. Da bis zu 40% des Theologennachwuchses Frauen sind, erwartet man auch künftig Verschiebungen im Berufsbild des Pfarrers.
Wenig Veränderungen sind hingegen im Hinblick auf eine polit. Betätigung von Pfarrern zu erwarten. Der Ratsvorsitzende, Landesbischof H. Claß (Stuttgart), hatte sich dagegen ausgesprochen, daß Pfarrer polit. Mandate übernehmen. Das Bundesverfassungsgericht entschied (gegenüber einem Urteil des Bremer Staatsgerichtshofes), es sei verfassungsmäßig und rechtens, wenn eine Landeskirche einen Pfarrer, der ein Bundes- oder Landtagsmandat übernimmt, für diese Zeit beurlaube. Auch die Frage der rechten Verkündigung ist in die öffentl. Diskussion gekommen. In Hamburg wurde ein Lehrzuchtverfahren gegen Pastor Paul Schultz eröffnet. In Hessen-Nassau verabschiedete die Synode in 1. Lesung das Gesetz über ein Spruchkollegium, ein Organ, das Lehrkonflikte überprüfen und beilegen soll. Die bad. Landeskirche bildete einen Atomenergieausschuß, um sich intensiver und sachkundiger an der Diskussion um Kernkraftwerke beteiligen zu können. Die Beteiligung von Pastoren in voller Amtstracht an Demonstrationen gegen Kernkraftwerke (Brokdorf) wurde kirchenoffiziell mißbilligt. Der Rat der EKD hat alle Verantwortlichen aufgefordert, umfassender über Probleme der Energieversorgung zu informieren und das Für und Wider der Kernenergie ohne Druck und Angst zu erörtern.
Im übrigen scheint sich die Kirche zu stabilisieren: Die Kirchenaustritte sind rückläufig, die Teilnahme an den Gottesdiensten nimmt zu, bei Taufen und Trauungen bestehen aber noch Defizite. Trotz erhebl. finanzieller Einbußen gelang es allen Landeskirchen, ausgeglichene Haushalte ohne Neuverschuldungen vorzulegen. Die Synode der EKD nahm die neue, nicht unumstrittene Revision der Lutherbibel entgegen; es wird die letzte mögl. Revision sein. Sie beschloß ferner, der Betreuung und Integration der Umsiedler aus Osteuropa erhöhte Aufmerksamkeit zuzuwenden.
Mit dem Ende des Jahres schlossen sich die norddt. Kirchen von Schleswig-Holstein, Hamburg, Eutin und Lübeck zur nordelb. Kirche zusammen, nachdem die Verfassunggebende Synode am 12. Juni der neuen Kirchenverfassung zugestimmt hatte. Der Dt. Ev. Missionstag, ein Zusammenschluß von 50 Missionsgesellschaften, löste sich auf und beschloß seinen Übergang in das neugegründete Ev. Missionswerk. Damit sind alle missionar. Bemühungen und Institutionen in einem Werk zusammengefaßt.
Am Himmelfahrtstag wählte die Synode der Berliner Kirche Landessuperintendent M. Kruse zum Nachfolger des aus Altersgründen ausscheidenden Bischofs K. Scharf. Man erwartet von Kruse, daß er die Spannungen und Gegensätze in der Berliner Kirche ausgleichen hilft. Am 22. Febr. starb der verdiente Leiter des Gemeinschaftswerks Ev. Publizistik, Kirchenrat R. Geissendörfer; sein Nachfolger wurde der Publizist und Theologe Norbert Schneider. Am 10. Okt. starb 85jährig der Gründer und langjährige Präsident des Dt. Ev. Kirchentags, Reinold von Thadden-Trieglaff.

F

Falklandinseln ↑ Übersicht Staaten der Erde (Großbritannien).

Fälldin, Thorbjörn, * Högsjö (Gemeinde Ramvik, Ångermanland) 24. April 1926, schwed. Politiker. 1958 erstmals in das schwed. Parlament gewählt, seit 1966 im Vorstand der Zentrumspartei. 1969 stellvertretender Vorsitzender, 1971 Vorsitzender des Zentrums. Nach dem Sieg der nichtsozialist. Koalitionsparteien bei den Reichstagswahlen im Sept. 1976 wurde F. am 8. Okt. 1976 zum Ministerpräsidenten gewählt.

Thorbjörn Fälldin

Fanfani, Amintore, * Pieve Santo Stefano (Arezzo) 6. Febr. 1908, italien. Politiker. 1954–59 und 1973–75 Generalsekretär der Democrazia Cristiana. Von April bis Okt. 1976 Präsident des Nationalrates der Partei; seit Juni 1976 Präsident des Senats.

Farandschijja, Sulaiman, * Sagharta 14. Juni 1910, libanes. Politiker. 1960 und 1964 als Unabhängiger in das Parlament gewählt, 1960–70 mehrfach Minister in verschiedenen Ressorts (u. a. 1968 Innenminister). Ab 1970 Staatspräsident. Trat nach langwierigen Verhandlungen und einer Verfassungsänderung im Sept. 1976 zurück.

Farquhar Islands: Seit Juni 1976 Teil des unabhängigen Staates Seychellen.

FIDSCHI

Geographische Daten und Bevölkerung: *Fläche* 18 272 km², *Verwaltungsgliederung* in 14 Provinzen, *Hauptstadt* Suva (54 157 E), *Bevölkerung* (1975) 569 000 E, davon 51% Inder, 44% Fidschis, 30 E/km², *Religion* überwiegend Methodisten (182 193).

Wirtschaft: *Erwerbstätigkeit* (1974, nur Männer): 42 634 Erwerbstätige. – *Landwirtschaft:* Nutzfläche (1968): 144 383 ha. – Produktion (Auswahl; 1975): Zuckerrohr 2,1 Mill. t, Kopra 23 479 t, Kokosöl 15 000 t, Rindfleisch 2 438 t. – *Bergbau, Industrie und Elektrizitätserzeugung* (Auswahl; 1975): Gold 69 000 Feinunzen, Silber (1973/74) 31 830 Feinunzen, Zement 72 000 t, Zigaretten 472 Mill. Stück, Zucker 268 000 t, Elektrizität 241 Mill. kWh. – *Außenhandel* (1975): Export 141,8 Mill. $F, Import 221,8 Mill. $F. Haupthandelspartner sind Australien, Großbritannien, Japan, Neuseeland und Singapur. Hauptexportgüter sind Gold, Zucker und Kokosöl. Hauptimportgüter sind Maschinen, Nahrungsmittel und Mineralölerzeugnisse. – *Währung* ↑ Übersicht Währungen. – *BIP* (1975): 476 Mill. $F.

Verkehr: *Eisenbahnen:* Streckenlänge 582 km. – *Straßen:* 2 315 km. – *Fremdenverkehr* (1975): 165 000 Touristen.

Fernández Maldonado, Jorge, * Ilo 29. Mai 1922, peruan. General und Politiker. 1968–75 Minister für Energie und Bergwerke, 1975/76 Generalstabschef der Armee. Von Febr. bis Juli 1976 Ministerpräsident, Kriegsminister und Oberbefehlshaber der Streitkräfte.

Fernunterricht: Das am 1. Jan. 1977 in Kraft getretene Gesetz zum Schutz der Teilnehmer am F. vom 24. 8. 1976 unterwirft Fernlehrgänge einem staatl. Zulassungsverfahren. In den dem vertragsrechtl. Schutz der Teilnehmer dienenden Bestimmungen wird dem Teilnehmer u. a. das Recht eingeräumt, den Vertrag binnen zwei Wochen nach Erhalt der ersten Lieferung des Unterrichtsmaterials zu widerrufen.

Fidschi, parlamentar. Monarchie im südwestl. Pazifik, unabhängiges Mitglied des Commonwealth of Nations (seit Okt. 1970). Als Volksvertretung fungieren ein Senat mit 22 ernannten Mitgliedern und ein Repräsentantenhaus mit 52 gewählten Abgeordneten, die zwei Parteien (Alliance Party, National Federation Party) angehören. Staatsoberhaupt Königin *Elisabeth II.* von Großbritannien, Regierungschef *Ratu Sir Kamisese K. T. Mara* (seit Okt. 1970). Flagge ↑ Farbtafeln Flaggen S. 121. Internat. Mitgliedschaften ↑ Übersicht Internationale Organisationen.

Im Verlaufe des Jahres 1976 ist die *Wirtschaft* von F. in eine Flaute geraten. Die Ursache hierfür ist nicht zuletzt in einem drast. Preisverfall der landestyp. Exportprodukte zu suchen. Insbes. der Rückgang der Zuckerpreise sowie der sinkende Goldpreis führten zu einem wertmäßigen Rückgang der Exporte. Mit Wirkung vom 29. Nov. 1976 wurde der Fidschi-Dollar gegenüber allen Fremdwährungen mit Ausnahme des Austral. Dollars um 5,6% abgewertet. Gegenüber dem Austral. Dollar wurde zur Vermeidung steigender Importe um 12% aufgewertet.

Fiesole, italien. Stadt in der Toskana: Am 14. Nov. 1976 wurde hier die Europ. Universität eröffnet (vorerst 70 Studenten).

FILM

Bundesrepublik Deutschland: Obwohl Filme wie „Die verlorene Ehre der Katharina Blum" und „Berlinger" 1975 der Projektförderung der Filmförderungsanstalt zu einem guten Start verholfen haben, blieb die Filmförderung auch 1976 umstritten. Die Verbände der Kinobesitzer, der Altproduzenten und der Verleiher erklärten, das neue Filmförderungsgesetz habe versagt. Dem „neuen deutschen Film", der im Ausland – v. a. in Frankreich – enthusiastisch gefeiert wurde, warfen sie vor, er nehme zu wenig Rücksicht auf die Kasse und verlaufe sich stattdessen in einer elitären Kunstwelt, die dem durchschnittlichen Publikum unverständlich bleibe. Daß gerade jenen Filmen, die versuchten, die traditionellen, erstarrten Kinoformen wieder neu zu beleben, die Schuld an der Verödung der deutschen Kinolandschaft zugeschoben wurde, ist bezeichnend. Zu lange nämlich hat die Altbranche es versäumt, Besucherrückgang und Kinosterben zu analysieren, zu sehr hat sie sich auf die momentanen Erfolge mehr oder weniger primitiver Sexfilme verlassen. Was sie neben den Sexfilmen an Unterhaltung anbot, lockte das Publikum auch nicht mehr ins Kino, da das Fernsehen diese Unterhaltung längst in alle Stuben strahlte.

Am Schluß des 176 Minuten langen Schwarzweißfilms „Im Lauf der Zeit" von Wim Wenders erklärt

die Besitzerin des Kinos „Weiße Wand“: „Aber ich laß mich nicht zwingen, Filme zu zeigen, wo die Menschen wie erstarrt und betäubt von Dummheiten herausstolpern“. „Im Lauf der Zeit“ ist ein Film über deutsche Landkinos und zugleich ein Film über die Freundschaft. Zwei Männer sind in einem alten Lkw unterwegs entlang der Grenze zur DDR. Bruno (Rüdiger Vogler) repariert Kinoprojektoren. Eines Morgens beobachtet er, wie ein VW mit rasendem Tempo in die Elbe fährt. Aus dem sinkenden Auto steigt Robert (Hanns Zischler), der zuvor in Genua seine Frau verlassen hat; er begleitet Bruno von nun an. Die Einsamkeit und die Angst, von der in „Falsche Bewegung“ die Rede war, scheinen vorerst auch die beiden Männer nicht überwinden zu können. Langsam und verbunden mit vielen Schwierigkeiten, lernen die beiden Männer sich dem anderen wieder mitzuteilen. „Im Lauf der Zeit“ ist ein Männerfilm, der immer auch von der Sehnsucht nach der Frau berichtet.
Einen Frauenfilm haben Margarethe von Trotta und Volker Schlöndorff mit „Der Fangschuß“ geschaffen. Mit eindringlichen, ebenfalls schwarzweißen Bildern (Kamera: Igor Luther) erzählt der Film die Geschichte einer jungen Frau 1919 im Baltikum, die, nachdem sie einem reaktionären Offizier erfolglos ihre Liebe gestanden hat, sich den Revolutionären anschließt. Auch „Shirins Hochzeit“ von Helma Sanders ist ein Frauenfilm. Die türkische Fremdarbeiterin Shirin, die nach Deutschland kommt, um ihren Geliebten zu suchen, wird zuerst als billigste Arbeitskraft von der Industrie und dann von einem Zuhälter als einträgliches Sexualobjekt ausgebeutet.
Nach dem Heimatfilm „Sternsteinhof“ – Verfilmung des gleichnamigen Romans von L. Anzengruber – drehte Hans W. Geissendörfer „Die Wildente“. Er hat sich dabei kaum von H. Ibsens Theaterstück gelöst. Werner Herzog drehte, nach einer Vorlage von H. Achternbusch, „Herz aus Glas“, die Geschichte einer legendären Figur aus der bayerischen Folklore: Ein Kuhhirt prophezeit den Untergang einer Glashütte. Herzog hat seine Darsteller hypnotisiert, um Menschen zu zeigen, „wie man sie noch nie vorher im Kino gesehen hat“. Auch Rainer Werner Faßbinder blieb nicht untätig. Neben der Fernsehproduktion „Ich will doch nur, daß ihr mich liebt“ und den Kinofilmen „Chinesisches Roulette“ und „Satansbraten“ wurde v. a. sein von Daniel Schmid unter dem Titel „Schatten der Engel“ verfilmtes Stück „Der Müll, die Stadt und der Tod“ Gegenstand einer hitzigen öffentlichen Auseinandersetzung. Dem Stück wurde vorgeworfen, es sei antisemitisch. Mit Heinz Schubert in der Hauptrolle drehte Alexander Kluge „Der starke Ferdinand“, eine bissige Komödie über einen Werkschutzchef in einem großen Industriebetrieb. Max Willutzki hat mit „Vera Romeyke ist nicht tragbar“ den ersten langen Spielfilm über das vieldiskutierte Thema Radikalenerlaß gedreht. Die Lehrerin Vera Romeyke wird, weil sie die Schulkinder mit den Problemen konfrontieren will, denen ihre Eltern am Arbeitsplatz täglich begegnen, in eine andere Schule zwangsversetzt. In der BRD entstanden ist auch „Die Marquise von O.“ des Franzosen Eric Rohmer. Kleists Novelle „Wort für Wort zu folgen, ist das Leitmotiv unserer Verfilmung“ (Rohmer). Die Marquise wird von Edith Clever, der russische Graf von Bruno Ganz gespielt.
Deutsche Demokratische Republik: 1976 wurde die DEFA dreißig Jahre alt. Daß die Filmtheater auch in der DDR nicht besonders gut besucht werden, verdeutlicht ein Ausspruch des Direktors der Babelsberger Spielfilmstudios, Prof. Dr. Albert Wilkening: „Im Augenblick tritt für uns immer stärker neben den Wunsch, mit unseren Filmen Bewußtsein zu entwickeln, die Notwendigkeit nachzudenken, wie kommen wir denn dazu, die Menschen zu bewegen, ihre Wohnung zu verlassen und ins Kino zu gehen.“ Die Filmemacher in der DDR wenden sich immer häufiger historischen Themen zu, so 1976 Horst Seemann mit „Beethoven – Tage aus einem Leben“ und Egon Günter mit „Leiden des jungen Werthers“.
USA: Es zeigt sich immer deutlicher, daß in Hollywood seit einigen Jahren ein Generationenwechsel stattfindet; das „klassische“ Hollywood wird durch das sogenannte „New Hollywood“ abgelöst. Stanley Kubrick hat mit „Barry Lyndon“ einen optisch hinreißenden Film geschaffen. Die Geschichte des „Taugenichts“ Berry, der zuerst Soldat, dann Polizeispitzel und Falschspieler ist und schließlich die Countess of Lyndon heiratet, wurde in Südirland, England und der DDR gedreht. Künstliches Licht wurde dabei kaum verwendet, für die Innenaufnahmen, die teilweise nur bei Kerzenlicht entstanden, benutzte Kubrick ein von der NASA entwickeltes, überaus lichtstarkes Objektiv. Nach „Nashville“ drehte Robert Altman „Buffalo Bill and the Indians“. Während er in „Nashville“ das Showbusineß mit der Politik verglich, funktionierte er in „Buffalo Bill ...“ den ganzen Wilden Westen, die Geburt Amerikas gewissermaßen, zu einem Show-Spektakel um. Arthur Penn schuf mit „Missouri Breaks“ einen Western, der weder mit den klassischen Vorbildern, noch mit den in den letzten Jahren Mode gewordenen Antiwestern zu vergleichen ist. Der Film bewegt sich zwischen beinahe kitschiger Poesie und grausamster Brutalität. „All the president's men“ von Alan J. Pakula ist die genaue Nacherzählung der Erlebnisse der beiden Reporter der „Washington Post“, die mit intensivsten Recherchen die Hintergründe der Watergate-Ereignisse aufdeckten. Der am heftigsten diskutierte amerikanische Film 1976 war „Taxi driver“ von Martin Scorsese. Robert De Niro spielt einen Taxifahrer in New York, der sich von der täglich spürbaren Bedrohung durch den Schmutz und die Gewalt erlösen will, indem er eine minderjährige Prostituierte mit einem gräßlichen Blutbad von Zuhälter und Kunden befreit. Der Wechsel in Hollywood scheint nicht nur einer der Generationen zu sein, sondern vielmehr ein entscheidender Schritt zur Wirklichkeit, um die sich der amerikanische Film lange Zeit herumgedrückt hat.
Es waren in erster Linie *italienische Filme*, die die europäische Produktion belebten. Neben dem Abschiedswerk von Luchino Visconti – „L'innocente“ nach Gabriele D'Annunzio – stachen drei Filme besonders hervor: der etwa sechs Stunden dauernde Film „1900“ von Bernardo Bertolucci beschreibt die unterschiedliche Entwicklung von zwei Kindern, die beide 1900 geboren wurden. Die Geschichten von Alfredo, dem Sohn eines mächtigen Gutsbesitzers, und von Olmo, dem Sohn eines armen Bauern, hat Bertolucci in ein historisches Gemälde umgesetzt, dessen Faszination man sich kaum entziehen kann. Federico Fellini hat mit „Casanova“ ein sehr persönliches Porträt des legendären Frauenhelden geschaffen. Francesco Rosi gelang es, mit dem nach einem Roman von L. Sciascia entstandenen „Il contesto“ direkt in die Diskussion vor den italienischen Wahlen einzugreifen. Sein Film ist ein Beitrag zur Auseinandersetzung darüber, ob sich die Kommunisten an der Regierung beteiligen sollen oder nicht. Die selten gesehene formale Perfektion und die hervorragende Darstellung von Lino Ventura als Inspektor Rogas, der die seltsamen Morde an einigen Richtern aufklären soll und dabei in ein undurchschaubares Netz politischer Intrigen gerät, tragen dazu bei, daß Rosis Film der eigentliche „Film des Jahres“ wurde.
Der *französische Film* scheint sich immer mehr dem (qualitativ hochstehenden) Unterhaltungskino

zuzuwenden. Davon zeugen Filme wie „Une femme à sa fenêtre" von Pierre Granier-Deferre, „Mado" von Claude Sautet und „Le corps de mon ennemi" von Henri Verneuil. François Truffaut hat mit seinem 15. langen Spielfilm einmal mehr den Kindern das Wort gegeben; „L'argent de poche" schildert die Jugendzeit in einer französischen Kleinstadt von der Wiege bis zum ersten heimlichen Kuß. Von Alain Delon produziert und mit ihm in der Hauptrolle hat Joseph Losey „Mr. Klein" gedreht. Der Kunsthändler Klein wird in den dreißiger Jahren das Opfer eines gleichnamigen Juden, der sich der Verfolgung durch die Polizei entziehen will. Verzweifelt kämpft der Kunsthändler um seine Identität.

Dokumentarfilme: Neben Tendenzen im internationalen Film, deren weitere Entwicklung erst noch abgewartet werden muß (eindeutigere Hinwendung zur Wirklichkeit einerseits, Rückzug in eine sehr persönliche Welt andererseits), ist v. a. der Dokumentarfilm in den Mittelpunkt des Interesses geraten, der mehr als nur eine Modewelle darstellt: Immer mehr Filmemacher sehen im Dokumentarfilm die Möglichkeit, die Wirklichkeit noch genauer zu untersuchen. Der Dokumentarfilm hat zwar den Nachteil, daß er im Kino kaum gezeigt werden kann, er hat aber auch den Vorteil, daß er immer irgendwie als Dokument akzeptiert wird. Darum stoßen engagierte Dokumentarfilme viel häufiger auf Widerstand als engagierte Spielfilme. So wurde in der Schweiz „Die Erschießung des Landesverräters Ernst S." von Richard Dindo und Niklaus Meienberg zu einer politischen „Lackmusprobe". Dem Film, der das Leben eines Landesverräters nachzeichnet, der im November 1942 erschossen wurde und dabei zum Schluß kommt, daß damals solche erschossen wurden, deren Verrat bedeutend geringer war als die verräterische Gesinnung einiger hoher Offiziere und bekannter Privatpersonen, wurde Geschichtsfälschung vorgeworfen. In Amerika entstand „Grey Gardens" von den Gebrüdern Maysles: Zwei verarmte ehemalige Showstars, Mutter und Tochter, Verwandte von Jacqueline Kennedy, erzählen aus ihrem Leben. „The California Reich" von Walter F. Parkes und Keith F. Critchlow zeigt eine Gruppe militanter Neonazis, die Amerika retten wollen. In einem Zyklus von zehn Filmen (die über drei Jahre hinweg entstanden sind) beschreibt der Kanadier Arthur Lamothe das Leben der Montagnais-Indianer im Nordosten Kanadas. In „Emden geht nach USA" von Gisela Tuchtenhagen und Klaus Wildenhahn werden am Beispiel der Schließung eines VW-Werks in Emden – es soll nach Amerika verlegt werden – Probleme der Sozialstruktur in Ostfriesland dargestellt.

Finnland, Republik in Nordeuropa. Als Volksvertretung fungiert ein Reichstag mit 200 Abgeordneten, die verschiedenen Parteien angehören. Staatsoberhaupt *Urho Kekkonen* (seit Febr. 1956), Regierungschef *Martti Miettunen* (seit Nov. 1975; zuvor *Kalewi Sorsa* vom Sept. 1972 bis Juni 1975 und *Kejo Liinamaa* Juni bis Nov. 1975). Flagge ↑Farbtafeln Flaggen S. 121. Internat. Mitgliedschaften ↑Übersicht Internationale Organisationen.

Wirtschaft: Der erwartete Konjunkturaufschwung F.s hielt sich 1976 in Grenzen. Trotzdem gelang es, das Handelsbilanzdefizit von 8 Mrd. Fmk auf 4 Mrd. Fmk zu reduzieren. Die Inflation konnte verringert werden, dürfte aber für das ganze Jahr 1976 immer noch zwischen 10 und 12% liegen (1975: 18%). Die Rezession hat deutl. Spuren hinterlassen. Die Investitionstätigkeit stagniert. Für 1976 wird mit einer Verringerung des Investitionsvolumens von 10% gegenüber dem Vorjahr gerechnet. In allen Wirtschaftszweigen wurden sinkende Produktionszahlen verzeichnet. In der Forstwirtschaft ging die Produktion um 18%, in der Bauindustrie um 24% und bei der Metallindustrie um 1% zurück. Die Beschäftigungssituation ist besorgniserregend. Durchschnittl. betrug die Zahl der Arbeitslosen im Jahre 1976 80 000. Für 1977 wird mit einer weiteren Steigerung gerechnet, die eine weitere Abwanderung von Arbeitskräften nach Schweden begünstigt. Der Außenhandel entwickelte sich günstig. Die Gesamtausfuhren erhöhten sich im ersten Halbjahr 1976 um 10% gegenüber dem gleichen Vorjahreszeitraum, während sich die Gesamteinfuhren um den gleichen Prozentsatz verminderten. Hierbei stiegen die Exporte der Holzindustrie, verglichen mit dem Vorjahr, um 20%, die Exportwerte der Papierindustrie aber nur um 5%.

Außenpolitisch setzte F. 1976 U. Kekkonens Kurs fort, der das Verhältnis zur Sowjetunion auf der Grundlage des Paktes von 1948 nicht nur als Kernstück seiner Außenpolitik, sondern als Fundament der nat. Existenz betrachtet. Der Ende Sept. eingesetzte neue Außenminister G. A. Korhonen läßt als treuer Parteimann des Staatspräsidenten Kontinuität erwarten. Anfang des Jahres griff die finn. Außenpolitik den sowjet. Wunsch nach „regionalen Zusammenarbeitskonferenzen" als Folge der Europ. Sicherheitskonferenz auf. Im Febr. sprach sich Außenminister K. Sorsa in Moskau für Konferenzen „Nordeuropas" (einschließl. der UdSSR) und des „Ostseebereichs" über Umweltschutz und Verkehr aus.

Eine Reihe von Staatsbesuchen diente der Verfestigung bestehender Beziehungen: Im Juni wurde die Verbesserung der industriellen, wirtschaftl. und techn.-wissenschaftl. Zusammenarbeit mit Ungarn

FINNLAND

Geographische Daten und Bevölkerung: *Fläche* 337 032 km², *Verwaltungsgliederung* in 12 Provinzen, *Hauptstadt* Helsinki (506 000 E; 1974), *Bevölkerung* 4,7 Mill. E (1975), 15 E/km², Geburten-/Sterberate (auf 1 000 E) 12,2/9,3, *Amtssprachen* Finnisch und Schwedisch, *Religion* ev.-luther. Staatskirche.

Wirtschaft: *Erwerbstätigkeit* (1974; in Prozentanteilen): Land- und Forstwirtschaft 16, verarbeitendes Gewerbe 27,5, Baugewerbe 8,7, Handel, Banken, Versicherungen 20,3, Verkehr und Nachrichtenübermittlung 7, sonstige Dienstleistungen 20,5. – *Landwirtschaft:* 2,67 Mill. ha Ackerland (1972). – Produktion (Auswahl; 1975): Weizen 622 000 t, Gerste 1,24 Mill. t, Hafer 1,45 Mill. t, Fleisch 247 000 t (1974), Milch 27,34 Mill. hl (1973), Holzeinschlag 34,6 Mill. m³ (1974). – *Bergbau, Industrie und Elektrizitätserzeugung* (Auswahl; 1975): Eisenerzkonzentrate 609 000 t, Rohstahl 1,62 Mill. t, Papier 3,643 Mill. t (1973), Zellulose 3,37 Mill. t, Zement 2,06 Mill. t, Düngemittel 1,071 Mill. t (1976), Zucker 188 000 t (1974), Bier 2,52 Mill. hl (1974), Elektrizität 25,13 Mrd. kWh. – *Außenhandel* (1976): Export 24,505 Mrd. Fmk, Import 28,560 Mrd. Fmk. Haupthandelspartner sind UdSSR, Schweden, BRD, Großbritannien. Hauptexportgüter sind Nadelschnittholz, Zellstoff, Papier, Pappe. Hauptimportgüter sind Nahrungsmittel, Rohstoffe, Erdöl und Erdölprodukte, chem. Erzeugnisse, Eisen und Stahl, Maschinen, Fahrzeuge. – *Währung* ↑Übersicht Währungen. – *BIP:* 98,02 Mrd. Fmk (1975), 20 855 Fmk/E.

Verkehr: *Eisenbahnen:* Streckenlänge 5 923 km (1973). – *Straßen:* 73 341 km (1975). Bestand an Pkw 996 000, an Lkw 128 000 (1975). – *Schiffahrt* (1976): Handelsflotte mit 1,806 Mill. BRT. – *Luftverkehr* (1975): 2,05 Mill. Fluggäste.

vereinbart. Bundespräsident W. Scheel würdigte F. als ein neutrales Land, das ein entscheidendes Element der stabilen Entwicklung in Europa darstelle. Präsident U. Kekkonen reiste u.a. in die UdSSR und die USA und sicherte seinen Kurs ab. *Innenpolitisch* geriet das Land von einer Krise in die andere. Anfang Febr. fror die Regierung die Preise (mit Ausnahme des Agrarsektors) auf fünf Monate ein; sie wollte damit zur binnenwirtschaftl. Stabilität und zur Konsolidierung bereits erreichter Erfolge beitragen. Im Mai brach die knapp ein halbes Jahr zuvor von Staatspräsident U. Kekkonen zusammengezwungene Volksfront auseinander, weil die Kommunisten sich einer Erhöhung der Umsatzsteuer von 11 auf 13 Prozent zur Finanzierung des Defizits von drei Mrd. Fmk im nächsten Etat widersetzten. Auch zuvor schon hatten die Kommunisten die Regierungsarbeit, v.a. auf dem wirtschaftspolit. Sektor, gelähmt, und eine Minderheitsfraktion der Kommunisten hatte sich von Anfang an einer Regierungsbeteiligung widersetzt. Der innerkommunist. Streit hatte sich seit Bildung der Volksfront verschärft und zur Regierungskrise beigetragen. Kekkonen nahm die Demission der Regierung M. Miettunen nicht an. Nachdem alle fünf Koalitionsparteien – dem Ultimatum des Präsidenten folgend – ihre Zustimmung zur Weiterführung der Volksfrontkoalition erklärt hatten, zog M. Miettunen am 18. Mai sein Rücktrittsgesuch zurück. Am 17. Sept. erklärte er jedoch erneut den Rücktritt seiner Regierung; damit zog der Regierungschef die Konsequenzen aus den langwierigen Parteienverhandlungen um das Budget des nächsten Jahres, die an den unvereinbaren Ansprüchen der einzelnen Koalitionspartner gescheitert waren. Die neue Minderheitsregierung trug deutl. Kekkonens Handschrift: Sie bestand (unter der erneuten Führung M. Miettunens) aus Vertretern des Zentrums, der Schwed. Volkspartei und der Liberalen. Bei den drei Wochen nach Einsetzung der neuen Regierung abgehaltenen Kommunalwahlen verbuchten die Sammlungspartei (Konservative) und die Zentrumspartei einen klaren Sieg. Der Anteil der nichtsozialist. Parteien an den abgegebenen Stimmen betrug 56,4%. Der Stimmenzuwachs der zwei großen nichtsozialist. Parteien führte den Übergang zu einer Rechtsmehrheit in neun Städten und zehn Landgemeinden herbei.

FLCS, Abk. für frz.: Front de Libération de la Côte des Somalis (Befreiungsfront der Somaliküste) ↑Französische Afar-und-Issa-Küste.

Föderation der liberalen und demokratischen Parteien der Europäischen Gemeinschaften, im März 1976 in Stuttgart gegründete Partei zur Zusammenführung der liberalen Parteien der EG. Zum ersten Präsidenten wurde der luxemburg. Regierungschef G. Thorn, zu seinem Stellvertreter Bundesaußenminister H.-D. Genscher gewählt. Auf dem ersten Kongreß in Den Haag im Nov. 1976 wurden die Grundlagen für ein Parteiprogramm verabschiedet.

Foot, Michael, *23. Juli 1913, brit. Politiker. 1974–76 Arbeitsminister; seit April 1976 Präsident des Geheimen Staatsrates, Führer des Unterhauses und stellvertretender Premierminister.

Ford, Gerald Rudolph, *Omaha (Nebr.) 14. Juli 1913, amerikan. Politiker. 1974 bis Jan. 1977 38. Präsident der USA. Unterlag bei den Präsidentschaftswahlen im Nov. 1976 nur knapp dem demokrat. Kandidaten J. E. Carter.

Forlani, Arnaldo, *Pesaro 8. Dez. 1925, italien. Politiker (Democrazia Cristiana). 1974–76 Verteidigungsminister; seit Juli 1976 Außenminister.

Fourcade, Jean-Pierre, *Marmande 18. Okt. 1929, frz. Politiker. 1974–76 Wirtschafts- und Finanzminister; seit Aug. 1976 Minister für Landesplanung.

FPOLISARIO, Abk. für span.: **F**rente **Po**pular para la **Li**beración de **Sa**guia el Hamra y **Rio** de **O**ro,

Arnoldo Forlani

im Mai 1973 in Nouakchott gegründete Befreiungsbewegung für die Spanische Sahara (heute Westsahara): Die Befürchtung, daß ein Treffen zwischen dem nordvietnames. Verteidigungsminister, General V. Nguyen Giap, und einer FPOLISARIO-Delegation (Anfang Jan. in Algier) zu einem massiven Eingreifen Nord-Vietnams im Kampf um Westsahara (früher Span. Sahara) führen könnte, traf nicht ein. Nach schweren Gefechten gegen marokkan. und mauretan. Verbände (Jan. und Febr.), wobei die FPOLISARIO durch alger. Truppen unterstützt wurde, gab die FPOLISARIO einige Stützpunkte kampflos auf und ging zum reinen Guerillakrieg über. Hatte die OAU-Ministerratssitzung, die am 23. Febr. in Addis Abeba begann, noch mit 17 Stimmen bei 9 Gegenstimmen und 21 Enthaltungen eine Anerkennung der FPOLISARIO empfohlen, so zog sich kurz darauf eine Sondersitzung der OAU-Außenminister dadurch aus der Affäre, daß sie die Ansicht vertrat, eine Anerkennung der FPOLISARIO als Befreiungsbewegung sei dadurch erledigt, daß diese Organisation inzwischen die „Sahrawi Arab. Demokrat. Republik" gegründet habe und es jedem OAU-Staat überlassen bleibe, den Staat anzuerkennen oder nicht. Bis März sprachen nur acht OAU-Staaten die Anerkennung aus. Auch die OAU-Ministerratssitzung auf Mauritius (24. Juni) ließ nicht zu, daß eine Delegation der FPOLISARIO als Beobachter teilnahm. Die sich anschließende Konferenz der OAU-Staatsoberhäupter beschloß dann am 5. Juli aufgrund starken Druckes Marokkos und Mauretaniens, jede weitere Diskussion zu vertagen und das heikle Thema im Rahmen einer außerordentl. OAU-Gipfelkonferenz zu lösen. Für eine solche Konferenz wurden jedoch weder Datum noch Tagungsort festgelegt. Vom 26. bis 30. Aug. fand in Algier ein Kongreß der Befreiungsbewegung statt, der zur Wahl eines „Revolutionären Kommandorats" führte, der unter Führung von M. Abdelaziz steht. Dem aus 9 Mitgliedern bestehenden Rat wurden alle polit. und militär. Vollmachten einschließl. der Besetzung von Regierungsposten übertragen. Der Kongreß beschloß außerdem, daß die legislativen Vollmachten im Rahmen der FPOLISARIO-Republik einem aus 41 Mitgliedern bestehenden Nationalrat zugestanden werden. Es wurde eine Regierungsliste veröffentlicht, an deren Spitze Mohamed Lamine Ould Ahmed als Premierminister stand.

Frankreich, Republik in Westeuropa. Als Volksvertretung fungieren eine Nationalversammlung mit 490 Abgeordneten (u.a. 183 Angehörige der Fraktion der Union der Demokraten für die Republik, 30 der Fraktion der Zentrist. Union, 34 der Fraktion der Sozialdemokrat. Reformatoren, 55 der Fraktion der Unabhängigen Republikaner, 102 der Fraktion der Sozialisten und Linksradikalen und 73 Angehörige der Fraktion der Kommunisten) sowie ein Senat mit 283 Senatoren, die ebenfalls verschiedenen Parteien angehören. Staatsoberhaupt *Valéry Giscard d'Estaing* (seit Mai 1974), Ministerpräsident *Raymond Barre* (seit Aug. 1976; zuvor *J. Chirac*), Außenminister *Louis de Guiringaud* (seit Aug. 1976; zuvor *J. Sauvagnargues*), Staats- und Innenminister *Michel Poniatowski* (seit Mai 1974). Flagge ↑Farbtafeln Flaggen S. 121. Internat. Mitgliedschaften ↑Übersicht Internationale Organisationen.

Wirtschaft: Der noch 1975 durch großzügige Kredithilfen in Gang gesetzte Konjunkturaufschwung hat sich im Herbst 1976 merkl. abgeflacht; dafür zeichneten sich erste Stabilisierungserfolge ab. Unter Berücksichtigung der Dürreschäden und einer um 10% gestiegenen Industrieproduktion wurde die Wachstumsrate des BSP für 1976 allgemein auf 5% geschätzt. Kehrseite dieser Entwicklung war die Beschleunigung der Inflation. Der Kurs des Franc glitt so stark ab, daß F. im März aus dem europ. Währungsverbund ausschied, weil die offizielle Parität nicht mehr gehalten werden konnte. Bis Ende des Jahres fiel dann der Kurs des Franc gegenüber der DM um 17%. Ende des Sommers waren Außenhandel und Währung durch die Inflation schließl. derart bedroht, daß die Regierung nach langem Zögern endl. Gegenmaßnahmen treffen mußte. Das am 22. Sept. veröffentlichte, als „Barreplan" bekanntgewordene Stabilisierungsprogramm war das wichtigste wirtschaftspolit. Ereignis des Jahres. Es umfaßte u. a. einen Preisstopp bis Ende des Jahres, eine Sondersteuer für mittlere und hohe Einkommen sowie eine massive Erhöhung der Benzin- und Kfz-Steuer. Der zu erwartende Rückgang des privaten Verbrauchs sollte durch die Förderung der Investitionen der Klein- und Mittelbetriebe und höhere Exporte ausgeglichen werden. Obwohl der Inflationsdruck zuletzt etwas nachließ, ergab sich für das ganze Jahr wieder eine Preissteigerung von fast 10%. Die Löhne dürften etwas stärker als 1975 (+14,8%) gestiegen sein. Die Arbeitslosigkeit hatte nur im Sommer leicht abgenommen und war dann schon im Okt. wieder auf über eine Mill. gestiegen. Die Beurteilung der Lage wird durch statist. Unzulänglichkeiten und die schwer erfaßbare verdeckte Arbeitslosigkeit sehr erschwert. Das soziale Klima war relativ ruhig. Trotz der Opposition der Linksparteien gegen den Barreplan kam es nicht zu größeren Streiks. Der Staatshaushalt sollte mit Ausgaben und Einnahmen von je 294 Mrd. FF ausgeglichen sein. Tatsächl. dürfte sich aber wegen der Inflation und der Kosten für die Wirtschaftsankurbelung ein Defizit von 20 Mrd. FF ergeben haben.

Der Außenhandel schloß wegen des starken Importsogs und der hohen Rohstoffpreise mit einem Fehlbetrag von 20 Mrd. FF ab. Dabei entstanden die größten Defizite im Verkehr mit den wichtigsten Handelspartnern, BRD, USA, Japan und Benelux, während die Exporte nach anderen Märkten z. T. erhebl. stiegen. Die Devisenreserven veränderten sich nicht nennenswert, weil die Defizite durch den Zufluß von Auslandskapital ausgeglichen werden konnten.

Frankreich. Demonstration von Kommunisten gegen den deutschen Bundeskanzler H. Schmidt in Paris wegen dessen Bemerkungen über eine Regierungsbeteiligung der KPF

Innen- und Außenpolitik: Die innenpolit. Szene F.s war bestimmt von zwei Regierungsumbildungen, weiterhin schwieriger wirtschaftl. Lage und einer Reihe von Unruhen. Bei der „techn." Regierungsumbildung am 12. Jan. wurden mehrere Mini-

FRANKREICH

Geographische Daten und Bevölkerung: *Fläche* 547 026 km², *Verwaltungsgliederung* in 95 Departements mit 322 Arrondissements und einige Überseedepartements und -territorien, *Hauptstadt* Paris (2,45 Mill. E; städt. Agglomeration etwa 10 Mill. E), *Bevölkerung* 52,94 Mill. E, 97 E/km², Geburten-/Sterberate (auf 1 000 E) 15,0/10,3 (1976), *Amtssprache* Französisch, *Religion* überwiegend Katholiken, 900 000 Protestanten, 520 000 Juden.

Wirtschaft: *Erwerbstätigkeit* (1974): 21,65 Mill. Erwerbstätige, davon (in Prozentanteilen) Land- und Forstwirtschaft 11,6, Bergbau, Energie und Wasserwirtschaft 1,7, Industrie 28,2, Bauwesen 9,4, Handel, Banken, Versicherungen 16,5, Verkehr 5,5, sonstige Dienstleistungen 27,1. – *Landwirtschaft:* Nutzfläche 32,51 Mill. ha, davon 17,03 Mill. ha Ackerland, 1,61 Mill. ha Dauerkulturen, 13,88 Mill. ha Wald (1974). – Produktion (Auswahl; 1975; in Mill. t): Weizen 15,04, Gerste 9,33, Hafer 1,9, Mais 8,2, Kartoffeln 7,2, Zuckerrüben 22,9, Äpfel 2,4, Weintrauben 10,2, Rindfleisch 1,85, Schweinefleisch 1,60, Milch 28,7. – *Bergbau, Industrie und Elektrizitätserzeugung* (Auswahl; 1976; in Mill. t): Kohle 22,4, Eisenerz (31% Fe) 45,2, Erdgas 7,09 Mrd. m³, Kali (K_2O-Gehalt) 1,73, Bauxit 2,30, Rohstahl 23,2, Walzstahl 18,6, Primäraluminium 0,385, Benzin 18,4, Heizöl 65,9, Schwefelsäure (100% H_2SO_4) 4,02, Syntheseammoniak (N-Gehalt) 1,78, Polyäthylen 0,908, Pkw 3,42 Mill. Einheiten, Wein 7,66, Zement 29,29, Papier und Pappe 4,18, Elektrizität 188,400 Mrd. kWh. – *Außenhandel* (1976): Export 273,24 Mrd. FF, Import 308,12 Mrd. FF. Haupthandelspartner sind BRD, Belgien-Luxemburg, Italien, USA, Niederlande. Hauptexportgüter sind Maschinen, Fahrzeuge, Chemikalien, elektrotechn. Erzeugnisse, Eisen und Stahl, Getreide, Bekleidung. Hauptimportgüter sind Erdöl und Erdölprodukte, Maschinen, Chemikalien, Fahrzeuge, Eisen und Stahl, NE-Metalle, elektrotechn. Erzeugnisse. – *Währung* ↑Übersicht Währungen. – *BIP* zu Marktpreisen 1 439,0 Mrd. FF, 27 200 FF/E (1975).

Verkehr: *Eisenbahnen* (nur SNCF): Streckenlänge 35 928 km, davon 9 219 elektrifiziert (1974), 51,2 Mrd. Personenkilometer, 68,5 Mrd. Nettotonnenkilometer (1976). – *Straßen:* 794 130 km, davon 26 300 km Nationalstraßen, 2 830 km Autobahnen (1974). Bestand an Pkw 15,52 Mill., an Lkw 2,25 Mill., an Omnibussen 45 000 (1976). – *Schiffahrt* (1976): Handelsflotte mit 10,69 Mill. BRT. – *Luftverkehr* (1975; nur nat. Gesellschaften): 22,3 Mill. Fluggäste, 23,3 Mrd. Personenkilometer, 1,09 Mrd. Nettotonnenkilometer.

Frankreich. Arbeiter des „Parisien Libéré" an der Spitze eines Demonstrationszuges während eines allgemeinen Zeitungsstreiks im Dezember in Paris

ster und Staatssekretäre entlassen oder wechselten den Verantwortungsbereich, neue traten ins Kabinett ein, unter ihnen R. Barre als Außenhandelsminister. Die neue Regierung blieb allerdings durch die Uneinigkeiten in der präsidentiellen Mehrheit und durch das wachsende Gewicht der Linksopposition belastet. Die KPF hat sich u. a. mit dem Verzicht auf den programmat. Begriff der „Diktatur des Proletariats" anläßl. ihres XXII. Kongresses (4.–8. Febr.) „hoffähiger" gemacht. Die Sozialist. Partei ist bei Kantonalwahlen am 7. und 14. März als hauptsächl. Gewinner hervorgegangen. Staatspräsident V. Giscard d'Estaing kündigte daher in einer Fernsehrede am 24. März an, daß die „majorité" dem „programme commun" der Linken eine Einheitsstrategie entgegensetzen werde, und daß er seinen Regierungschef J. Chirac beauftragt habe, die Tätigkeit der polit. Parteien der präsidentiellen Mehrheit zu koordinieren und zu animieren. Der Gaullistenführer J. Chirac – Führer der Mehrheit in der Mehrheit – zeigte sich jedoch in der Folge immer weniger mit der innenpolit. Strategie V. Giscard d'Estaings, dessen polit. Heimat, die Unabhängigen Republikaner, ledigl. eine Minderheit in der Mehrheit stellen, einverstanden. Ein Treffen zwischen beiden Politikern in Brégançon am 5. Juni konnte den Bruch nicht mehr abwenden. Am 25. Aug. demissionierte J. Chirac wegen seiner Meinung nach zu geringer Befugnisse für eine effiziente Amtsführung. Der parteilose R. Barre wurde neuer Premier- und gleichzeitig Finanzminister. Sein Kabinett stützte sich weiterhin auf die gaullist. UDR, die Unabhängigen Republikaner und das Centre des démocrates sociaux, welches sich am 26. Mai aus dem Centre démocrate und dem Centre démocratie et progrès gebildet hatte. Am 22. Sept. legte R. Barre – gegen den Protest der Linken und der Gewerkschaften – seinen Plan zur Inflationsbekämpfung vor. Die Gefolgschaftsbereitschaft der Gaullisten gegenüber dem Präsidenten nahm aber weiter ab. J. Chirac bildete schließl. bei einem Parteitag am 5. Dez. in Paris die UDR in die Bewegung Rassemblement pour la République (RPR) um und ließ sich zu ihrem Präsidenten wählen.

Neben den partei- und wirtschaftspolit. Auseinandersetzungen wurde die frz. Innenpolitik durch Studentenproteste bewegt. Am 18. März protestierten mehrere tausend Studenten gegen einen Teil der Universitätsreformen (second cycle); am 10. April wurde der Generalstreik der Universitäten ausgerufen. Am 31. Dez. erklärte der Verfassungsrat die Direktwahl zum Europ. Parlament als verfassungsmäßig.

Das Verhältnis zur UdSSR wurde durch gegenseitige Besuche der Außenminister weiterentwickelt: Am 30. April erfolgte in Paris eine gemeinsame Erklärung über die Entwicklung der bilateralen Beziehungen und die Fortführung der KSZE; am 16. Juli wurde in Moskau ein Abkommen zur Verhütung eines zufälligen bzw. nicht sanktionierten Einsatzes von Kernwaffen geschlossen. Der verstärkten wirtschaftl. und kulturellen Zusammenarbeit diente ein Besuch des poln. Premierministers P. Jaroszewicz in Paris (5.–7. Mai) und der Gegenbesuch von V. Giscard d'Estaing in Polen (15.–17. Okt.). Vorwiegend wirtschaftl. Zusammenarbeit stand im Vordergrund der Besuche von J. Chirac in Indien und im Irak (23.–27. Jan.), von Ägyptens Präsident A. As Sadat in Paris vom 3.–5. April (langfristige Rüstungskooperation), von Brasiliens Präsident E. Geisel in Paris (26.–28. April), von V. Giscard d'Estaing im Iran vom 4. bis 7. Okt. (regelmäßige Konsultationen) und von Rumäniens Premierminister M. Manescu vom 14. bis 17. Dez. in F. (Industriekooperation). Im wesentl. polit. Charakter hatte dagegen der Besuch von Österreichs Bundeskanzler B. Kreisky in Paris (28.–30.

Frankreich. Zu Beginn eines viertägigen Staatsbesuches in Großbritannien wird Staatspräsident V. Giscard d'Estaing von Königin Elisabeth in London (Bild links) empfangen. – Während seines Aufenthaltes in den USA anläßlich der „Bicentennial"-Feiern wird der Staatspräsident vom amerikanischen Präsidenten G. Ford (rechts auf dem rechten Bild) im Weißen Haus in Washington empfangen

Juni), sowie V. Giscard d'Estaings Staatsbesuch in Jugoslawien am 6. und 7. Dez. Im Rahmen der Beziehungen F.s zu seinen westl. Partnern ist die Reise V. Giscard d'Estaings in die USA (17.–23. Mai) hervorzuheben, wobei es zu einer Betonung der Freundschaft und der Wichtigkeit der Allianz

Frankreich. Während des deutsch-französischen Gipfeltreffens in Hamburg unterzeichnen die Außenminister J. Sauvagnargues (links) und H.-D. Genscher ein Kulturabkommen

für Europa kam. Der Besuch von König Johann Karl I. von Spanien vom 27. bis 29. Okt. in F. zielte auf eine Vorbereitung des Beitritts Spaniens zur EG ab. Ähnl. Zwecken diente auch der Aufenthalt von Griechenlands Premierminister K. Karamanlis in Paris (13./14. Nov.). Die seit 1963 zweimaligen dt.-frz. Regierungstreffen pro Jahr fanden diesmal in Nizza (12./13. Febr.) und Hamburg (5./6. Juli) statt und konzentrierten sich weitgehend auf ökonom. Probleme. Ähnl. regelmäßige Nachbarschaftskonsultationen startete F. mit Großbritannien (22.–24. Juni V. Giscard d'Estaing in London, 11./12. Nov. Premierminister J. Callaghan in Paris) und mit Italien (2. Dez. V. Giscard d'Estaing in Pisa).
In der Verteidigungspolitik kam es zu wesentl. Umorientierungen: Zum einen ist in dem am 5. Mai vorgelegten Programm für Verteidigungsausgaben bis 1982 nunmehr eine Verstärkung der konventionellen Rüstung vorgesehen, zum anderen wurden Anfang Juni dementsprechend neue Grundsätze zur Verteidigungspolitik herausgegeben.

Französische Afar-und-Issa-Küste (amtl. Territoire Français des Afars et des Issas; bis 1967 Französisch-Somaliland, amtl. Côte Française des Somalis), frz. Überseeterritorium an der Küste NO-Afrikas, 23 000 km², etwa 150 000 E (1973), 6,5 E/km²; Hauptstadt Dschibuti, Amtssprache Französisch.
Ungeachtet der Zusage der frz. Regierung vom Dez. 1975, nach der das Territorium bald die Unabhängigkeit erhalten werde, setzte die von Somalia aus unterstützte FLCS (Front de Libération de la Côte des Somalis) ihre Aktivität fort. Während am 17. Jan. geheime Waffenlager entdeckt wurden, löste die Entführung 30 frz. Schulkinder durch FLCS-Guerillas am 4. Febr. an der Grenze zu Somalia ein Feuergefecht aus, in das auch somal. militär. Verbände eingriffen. Die frz. Regierung entsandte kurz darauf 400 Gendarmen als Verstärkung. Während die frz. Ankündigung zur Durchführung eines Referendums von der FLCS als „Manöver" bezeichnet wurde, um die Macht an „frz. Marionetten" auszuhändigen, einigten sich die drei polit. Gruppierungen des Territoriums am 8. Juni in Paris auf eine sog. „ident. Erklärung", in der „echte Unabhängigkeit" und der Abschluß eines Kooperationsabkommens mit Frankreich befürwortet wurden. Diese Erklärung leitete die Isolierung des bisherigen Regierungschefs A. Aref ein, der schließl. am 17. Juli zurücktrat, was offenbar durchaus den Wünschen der Regierung in Paris entsprach. Am 29. Juli wurde eine neue Regierung unter Führung von A. M. Kamil, dem bisherigen Generalsekretär der Deputiertenkammer in Dschibuti, gebildet. Kamil ist ein Afar, doch gehört seine Frau zum Stamm der Issa. Das zugesagte Referendum sollte nach einer Erklärung der frz. Regierung vom 4. Aug. Anfang 1977 stattfinden. Am 22. Nov. wurde dann bestätigt, daß das Territorium im Laufe des Sommers 1977 die volle Unabhängigkeit erhalten werde. Obwohl Somalia und Äthiopien auf der OAU-Gipfelkonferenz (Juli) erklärt hatten, die territoriale Integrität Dschibutis respektieren zu wollen, vermieden es beide Staaten, entsprechende Garantien zu geben.

Französisch-Guayana ↑ Übersicht Staaten der Erde (Frankreich).

Französisch-Polynesien (amtl. Polynésie Française), Überseeterritorium Frankreichs im zentralen Pazifik, umfaßt die Gesellschaftsinseln, die Tuamotuinseln (mit Îles Gambier), die Marquesasinseln und die Tubuai-Inseln, zusammen 3 265 km², 98 000 E (1967), Hauptstadt ist Papeete auf Tahiti.
Die für Selbstverwaltung unter einem gewählten Verwaltungschef eintretenden „Autonomisten" versuchten vergeblich, eine sofortige Auflösung der Territorialversammlung (in der sie über zusammen 14 von 30 Sitzen verfügen) polit. herbeizuführen und blockierten daher ab 10. Juni das Sitzungsgebäude. Der Abgeordnete des Territoriums in der frz. Nationalversammlung, F. Sanford, erklärte am 17. Juni seinen sofortigen Rücktritt, um durch seine Wiederwahl ein Plebiszit für die Autonomie herbeizuführen. Er erhielt am 12. Sept. 22 447 Stimmen (= 55,74%; 1968: 58,4%; 1973: 53,5%), der die volle Unabhängigkeit fordernde Kandidat nur 1,5% der Stimmen. Die Regierung in Paris erklärte sich im Nov. mit einer Auflösung der Territorialversammlung nur dann einverstanden, falls zuvor Einigkeit über ein neues Territorialstatut herbeigeführt werden könnte. Am 10. und 22. Juli wurden im Mururoa-Atoll unterird. der 4. und 5. Kernwaffenversuch der laufenden Serie durchgeführt.

Friedman, Milton, * New York 31. Juli 1912, amerikan. Wirtschaftswissenschaftler. Seit 1946 Professor an der University of Chicago; erhielt 1976 den sog. Nobelpreis für Wirtschaftswissenschaften

Milton Friedman

für seinen Beitrag zur Konsumanalyse, Geldgeschichte und Geldtheorie sowie für die Darstellung der Komplexität der Stabilisierungspolitik.

Friedrich, Götz, * Naumburg/Saale 4. Aug. 1930, dt. Regisseur und Theaterwissenschaftler. Regisseur (ab 1959) und Oberspielleiter (1968–72) an der Kom. Oper in Berlin (Ost); ab 1973 Oberspielleiter an der Hamburg. Staatsoper; 1976 auch zum Oberspielleiter der Londoner Covent Garden Opera ernannt.

Frisch, Max, * Zürich 15. Mai 1911, schweizer. Schriftsteller. Seit 1955 als freier Schriftsteller tätig; erhielt 1976 den Friedenspreis des Börsenvereins des Dt. Buchhandels.

Fukuda, Takeo, * in der Präfektur Gumma 14. Jan. 1905, japan. Politiker. 1929–50 im Finanzministerium tätig; seit 1952 als Abgeordneter der Liberal-Demokrat. Partei Mitglied des Unterhauses; 1965/66, 1968–71 und 1973/74 Finanzminister, 1971/72 Außenminister. Ab 1974 stellvertretender Ministerpräsident und Leiter des Wirtschaftsplanungsstabes. Seit Dez. 1976 Ministerpräsident.

Takeo Fukuda

Furgler, Kurt, * Sankt Gallen 24. Juni 1924, schweizer. Politiker. Seit 1971 Bundesrat (Justiz- und Polizeidepartement); Bundespräsident für 1977.

G

Gabun, Republik an der W-Küste Afrikas. Als Volksvertretung fungiert eine Nationalversammlung mit 70 Abgeordneten, die alle dem Parti Démocratique Gabonais (PGD; Einheitspartei von G.) angehören. Staatsoberhaupt *Omar (Albert-Bernard) Bongo* (seit Dez. 1967), Ministerpräsident *Léon Mebiame* (seit 16. April 1975). Flagge ↑Farbtafeln Flaggen S. 121. Internat. Mitgliedschaften ↑Übersicht Internationale Organisationen.

Wirtschaft: Die „Gabunisierung", d. h. die stärkere Beteiligung von Gabunern oder des gabun. Staates am Kapital und an der Führung von Wirtschaftsbetrieben, wurde im ersten Halbjahr 1976 mit Nachdruck betrieben. Die neben der Rohölförderung und dem Manganerzbergbau für die Exportwirtschaft bedeutende Holzwirtschaft zeigte im Ausfuhrgeschäft steigende Tendenzen. Hieraus resultierte u. a. für den gesamten Außenhandel in der ersten Jahreshälfte eine positive Entwicklung.

Innen- und Außenpolitik: G. gehörte zu den Gründungsmitgliedern der APU (Afrikan. Parlamentar. Union), die am 13. Febr. in Abidjan zustande kam, und stellte einen der Vizepräsidenten. Zwischen März und Okt. nahm Präsident O. Bongo nicht weniger als 4 Regierungsumbildungen vor, die jedoch keine Änderung des polit. Kurses erkennen ließen. Bei der Umbildung vom Juli wurde die vierte Frau ins Kabinett aufgenommen. Eine erste Konferenz aller Provinzgouverneure, die am 22. März in Libreville stattfand, leitete eine Dezentralisierung der Verwaltung ein. Die Beziehungen zu Marokko festigten sich dadurch, daß Marokko im April Ausrüstung für die Streitkräfte G.s zur Verfügung stellte und im Mai ein Abkommen unterzeichnet wurde, das einen regelmäßigen Informationsaustausch zwischen beiden Ländern und die Zulassung von Studenten G.s an marokkan. Universitäten vorsieht.

Den Austritt G.s aus der OCAM, der am 8. Sept. bekanntgegeben wurde, begründete O. Bongo mit der Feststellung, diese Organisation sei „eines natürl. Todes gestorben". Ungeachtet dieses Kommentars blieb G. Mitglied der multinat. OCAM-Gesellschaften, zu denen auch die „Air Afrique" gehört. Die Grenze zu Kamerun wurde am 2. Dez. wieder geöffnet. Kleine Grenzstreitigkeiten gingen bereits auf das Jahr 1974 zurück.

GABUN

Geographische Daten und Bevölkerung: *Fläche* 267 667 km², *Verwaltungsgliederung* in 9 Provinzen, *Hauptstadt* Libreville (112 000 E; 1973), *Bevölkerung* 526 000 E (1975), 2 E/km², *Amtssprache* Französisch, *Religion* 49,7% Katholiken, 13,0% Protestanten, 36,7% Animisten, 0,6% Muslime.

Wirtschaft: *Erwerbstätigkeit:* Etwa 80% der Erwerbstätigen sind in der Landwirtschaft tätig. – *Landwirtschaft:* Produktion (Auswahl; 1975): Maniok 179 000 t, Bananen 10 000 t, Fleisch 21 000 t, Okoumeholz 1,04 Mill. t (1974). – *Bergbau, Industrie und Elektrizitätserzeugung* (Auswahl; 1975): Erdöl 11,32 Mill. t, Erdgas 46,8 Mill. m³, Mangan 2,22 Mill. t, Gold 131 kg, Uran 1 763 t, Motorenbenzin 135 000 t (1974), Zement 68 000 t (1974), Bier 223 000 hl (1974), Elektrizität 253 Mill. kWh. – *Außenhandel* (1975): Export 201,92 Mrd. CFA-Franc, Import 100,56 Mrd. CFA-Franc. Haupthandelspartner ist Frankreich. Hauptexportgüter sind Erdöl, Holz, Manganerz. – *Währung* ↑Übersicht Währungen. – *BIP:* 371,7 Mrd. CFA-Franc (1974), 712 070 CFA-Franc/E.

Verkehr: *Straßen* (1973): 6 848 km, davon 3 015 km Staatsstraßen. – *Schiffahrt* (1976): Handelsflotte mit 97 000 BRT. – *Luftverkehr* (1974): 362 000 Fluggäste.

Gajdusek, Daniel Carletan, * Yonkers (N. Y.) 9. Sept. 1923, amerikan. Kinderarzt und Virologe. Seit 1958 Professor am National Institute of Health in Bethesda (Md.); entdeckte bei der Untersuchung der *Kuru-Krankheit* (Kuru-Kuru, Lach- oder Schüttelkrankheit), die unter Papuas verbreitet ist und innerhalb weniger Monate tödl. endet, daß sie auf einer Infektion mit bis dahin unbekannten Erregern, sog. langsamen Viren, beruht und daß zwischen Infektion und Ausbruch der Krankheit oft Jahre vergehen. 1976 erhielt er (zusammen mit B. S. Blumberg) den Nobelpreis für Physiologie oder Medizin.

Gambia, Republik in W-Afrika. Als Volksvertretung fungiert ein Repräsentantenhaus mit 41 Mitgliedern (davon 32 gewählt und drei Parteien angehörend). Staatsoberhaupt *Sir Dawda Kairaba Jawara* (seit April 1970). Flagge ↑Farbtafeln Flaggen S. 121. Internat. Mitgliedschaften ↑Übersicht Internationale Organisationen.

Innen- und Außenpolitik: Senegals Staatspräsident L. S. Senghor traf am 16. Jan. zu einem dreitägigen Staatsbesuch in G. ein, der als neue Phase in der Zusammenarbeit beider Länder bezeichnet wurde. Im Anschluß an Grenzkorrekturen waren die Beziehungen bereits im wirtschaftl. Bereich enger geworden. Im Rahmen des Besuchs wurde beschlossen, die Straßenverbindungen zu verbessern und Guinea für eine Mitarbeit an Projekten im Gambia-Flußbecken zu interessieren. Die frz. Presse kommentierte den Besuch als Beweis dafür, daß G. die Furcht, durch Senegal absorbiert zu werden, verloren habe. Auch in Senegal werde

nicht mehr von „Senegambia" gesprochen. Im Juni gab Senegal im Raum Kantora 20 Dörfer an G. zurück und beendete damit die Grenzkorrekturen in dem Abschnitt der Grenze, der bisher am umstrittensten war. Beide Seiten leiteten auch Maßnahmen ein, um den Schmuggel zu unterbinden. Ein im Sept. mit China abgeschlossenes und zunächst auf zwei Jahre befristetes Abkommen führte zur Entsendung eines aus 15 Personen bestehenden chin. Ärzteteams.

GAMBIA
Geographische Daten und Bevölkerung: *Fläche* 11 295 km², *Verwaltungsgliederung* in die Hauptstadt und 5 Bezirke, *Hauptstadt* Banjul (früher Bathurst, 39 500 E), *Bevölkerung* 510 000 E (1974), 49 E/km², *Amtssprache* Englisch, *Religion* 64% Muslime, 29% Animisten, 4% Protestanten, 3% Katholiken.
Wirtschaft: *Landwirtschaft:* Produktion (Auswahl; 1974): Hirse 45 000 t, Reis 60 000 t, Maniok 8 000 t, Palmkerne 1 000 t (1975), Erdnüsse 143 000 t (1975), Laubholz 190 000 m³ (1973). – *Elektrizitätserzeugung* (1973): 19,5 Mill. kWh. – *Außenhandel* (1975): Export 77,0 Mill. D, Import 108,17 Mill. D. Haupthandelspartner sind Großbritannien, Frankreich, Niederlande. Hauptexportgüter sind Ernüsse und Erdnußerzeugnisse. Hauptimportgüter sind Textilien, Maschinen und Fahrzeuge, Nahrungsmittel. – *Währung* ↑Übersicht Währungen. – *BIP* zu Marktpreisen 173,39 Mill. D (1975), BIP je E 335 D.
Verkehr: *Straßen:* 2 973 km (1974). Kfz-Bestand 5 900 (1973). – *Schiffahrt* (1976): Handelsflotte mit 6 000 BRT. – *Luftverkehr* (1973): 50 000 Fluggäste.

Geld und Kredit ↑Übersicht S. 104.
George-Brown, Baron of Jevington, *London 2. Sept. 1914, brit. Politiker. 1945–70 Unterhausabgeordneter, 1960–70 stellvertretender Vorsitzender der Labour Party, 1966–68 Außenminister. Trat im März 1976 aus der Labour Party aus.

GESETZGEBUNG UND RECHTSPRECHUNG

Die Gesetzgebungstätigkeit des Deutschen Bundestages im Jahre 1976 war durch eine erhöhte Aktivität zum Schluß der Legislaturperiode gekennzeichnet. Die höchstrichterlichen Entscheidungen des BVerfG Karlsruhe, des Bundesverwaltungsgerichts in Berlin, des Bundesgerichtshofs in Karlsruhe, des Bundesfinanzhofs in München sowie des Bundessozial- und des Bundesarbeitsgerichts in Kassel nahmen 1976 zu wesentlichen Rechtsproblemen Stellung, während die rechtswissenschaftlichen Vereinigungen und Organisationen sich auf ihren Tagungen mit aktuellen und von der Öffentlichkeit stark beachteten Rechtsfragen beschäftigten.
Gesetzgebung: Im letzten Jahr seiner Amtszeit in der 1976 zu Ende gegangenen VII. Legislaturperiode hat der Bundestag in 257 Plenarsitzungen insgesamt 663 Gesetzentwürfe eingebracht, 658 Gesetzentwürfe in erster Beratung behandelt und 515 Gesetze verabschiedet. Von diesen 515 Gesetzen wurden im Ergebnis 482 einmütig verabschiedet, d.h. die Opposition stimmte nur gegen 33 Gesetze. Von den eingebrachten Gesetzen kamen 456 von der Regierung, 71 aus dem Bundesrat und 136 aus der Mitte des Bundestags, 15 davon waren interfraktionelle Anträge und 74 Gesetzentwürfe solche der Opposition. Bei 85 Gesetzen hat der Bundesrat den Vermittlungsausschuß angerufen. Zusätzlich wurde der Vermittlungsausschuß bei sieben Gesetzen auch von der Bundesregierung angerufen. Die Vermittlungsverfahren hatten folgende Ergebnisse: Bei vier Gesetzen scheiterte das Vermittlungsverfahren, 52 Gesetze wurden geändert, 21 Gesetze passierten den Ausschuß ohne Änderungen, und acht befanden sich zur Jahreswende noch im Vermittlungsverfahren. Neben der eigentlichen Gesetzestätigkeit des Parlaments wurden im Rahmen der Kontrollfunktion, die die Abgeordneten gegenüber der Regierung auszuüben bestimmt sind, rund 17 300 mündliche Fragen an die Exekutive gestellt.
Die Zahl der Sitzungen von Ausschüssen des Bundestages betrug mehr als 2 140. Von ihnen wurden 656 Gesetze federführend und 676 mitberatend behandelt. Gremien des Bundestages tagten in der vergangenen Legislaturperiode 158mal in Berlin. 63 Ausschußsitzungen fanden dort statt und 31mal tagten Fraktionen und Fraktionsvorstände im Reichstag.
In der vergangenen Legislaturperiode war mit 37 734 eingebrachten Petitionen die höchste Zahl von Eingaben aller Wahlperioden zu verzeichnen. Hinzu kamen über 200 000 sog. Masseneingaben. Nach Themen liegen die Fragen der Sozialversicherung, der Kinderbeihilfen sowie der Alterssicherung der freien Berufe mit 17,5% der Eingaben an der Spitze. Bezogen auf die Zahl der im Bundestag sachlich behandelten „Beschwerden" ist in etwa 5,8% der Fälle den Anliegen der Einsender entsprochen worden.
Die Gesetzgebungstätigkeit im Jahre 1976 wurde noch durch weitere Ereignisse gekennzeichnet: V.a. kamen einige wichtige Reformgesetze nicht über die parlamentarischen Hürden; so scheiterten insbesondere das Transplantationsgesetz, bei dem es u. a. um das Problem der Einwilligung des Spenders oder naher Angehöriger bei Organverpflanzungen ging, und das Reiseveranstalter-(Pauschalreise-)-Gesetz, das die Rechte und Pflichten der Reiseveranstalter und Pauschalreisenden, deren Rechte nicht mehr einseitig durch das Kleingedruckte eingeschränkt werden sollen, unter Abwägung der beiderseitigen Interessen regeln sollte. Aus einem anderen Grund scheiterte die sog. Wehrdienstnovelle, die die Abschaffung der Gewissensprüfung bei Kriegsdienstverweigerern einführen sollte: Nach eingehender Begutachtung der Rechtslage lehnte Bundespräsident W. Scheel die Unterzeichnung der Gesetze ab und gab sie an die Bundesregierung zurück. Seine Weigerung – ein außerordentlicher Vorgang – gründete sich auf die Rechtsansicht, daß das Gesetz ohne Zustimmung des Bundesrates nicht verfassungsgemäß zustande gekommen war.
Von indirektem Einfluß auf die Gesetzgebung in der Bundesrepublik Deutschland war die Ablösung des Bürgerlichen Gesetzbuches durch die Verabschiedung eines neuen Zivilgesetzbuches und einer neuen Zivilprozeßordnung durch die Volkskammer in Ost-Berlin, ein letzter entscheidender Schritt zur Spaltung der einheitlichen Rechtsgrundlage in beiden deutschen Staaten. Nach Inkrafttreten der neuen Gesetze der DDR am 31. 12. 1976 verlieren das seit der Jahrhundertwende in ganz Deutschland maßgebende BGB und weitere 28 Rechtsvorschriften aus der Vor- und 51 aus der Nachkriegszeit für die DDR ihre Gültigkeit.
Die Aktivitäten der Bundesrepublik Deutschland auf dem Gebiete des Völkerrechts hatten unterschiedliche Ergebnisse: Mit dem Gesetz vom 21. 6. 1976 über internationale Patentübereinkommen hat der Bundestag dem Übereinkommen vom 27. 11. 1963 zur Vereinheitlichung des Rechts der Erfinderpatente und dem Vertrag vom 19. 6. 1970

GELD UND KREDIT (BRD)

	Einheit	1950[1]	1960	1973	1976
1. Bargeldumlauf	Mill. DM	8414[2]	21840	50075	64738
2. Banken					
Deutsche Bundesbank					
Währungsreserven und sonstige Auslandsaktiva	Mill. DM	1159[2]	32005	89983	88503
Wechsel- und Lombardforderungen	Mill. DM	4914[2]	1838	11216	18294
Einlagen	Mill. DM	5179[2]	16696	66143	56824
Kreditinstitute					
Kredite an Nichtbanken	Mill. DM		170348	768873	1021921
Einlagen von Nichtbanken					
Sicht- und Termineinlagen	Mill. DM		83749	305764	355557
Spareinlagen	Mill. DM	4111[2]	53114	282651	413449
Bausparkassen					
Spareinlagen	Mill. DM	503	9355	61682	82961
Hypotheken und Zwischenkredite	Mill. DM	408	6025	56500	73836
3. Wertpapiermarkt					
Bruttoabsatz von festverzinsl. Wertpapieren	Mill. DM	677	5328	45960	83268
Bruttoabsatz inländ. Aktien	Mill. DM	51	1905	1990	2667
Index der Aktienkurse	29.12.72=100	19[3]	79,5[4]	82,4	97
4. Zahlungsschwierigkeiten					
Konkurse	Anzahl	4235	2689	5277	9221
Vergleiche	Anzahl	1684	343	301	181
Wechselproteste	1000	248	466	248	192

[1]Ohne Saarland und Berlin; [2]Einschließl. Berlin (West); [3]Stand Ende 1953; [4]Stand 1965.
Quelle: Zahlenkompaß, Ausgabe 1977. Hg. Statist. Bundesamt.

über die internationale Zusammenarbeit auf dem Gebiete des Patentwesens zugestimmt. Während weiterhin das sog. Washingtoner Übereinkommen zum Artenschutz, das den Handel mit gefährdeten Tieren und Pflanzenarten international regelt, am 21. 7. 1976 nach Hinterlegung der Ratifikationsurkunde in der Bundesrepublik Deutschland in Kraft treten konnte, blieb die unter ihrer Teilnahme vom 2. 8. 1976 bis 17. 9. 1976 stattfindende fünfte Tagung der Seerechtskonferenz der UN in New York ohne greifbares Ergebnis, obwohl so dringende Probleme wie Fischereizonen, Meeresverschmutzung, Festlandsockel und Schürfrechte verhandelt wurden.

Von den vom Bundestag verabschiedeten Gesetzen sind aus der großen Vielzahl hervorzuheben: Mit dem Gesetz vom 23. 12. 1976 hat der Bundestag mit Zustimmung des Bundesrates gemeinsame Vorschriften für die Sozialversicherung erlassen, die als Art. I, Viertes Buch des Sozialgesetzbuches beschlossen wurden. Mit dem Gesetz vom 22. 11. 1976 zur Änderung des Gesetzes über die Entschädigung von Zeugen und Sachverständigen wurden die zu zahlenden Sätze deutlich angehoben. Das Gesetz vom 11. Mai 1976 über die Entschädigung für Opfer von Gewalttaten enthält eine seit langem angestrebte Regelung: Wer im Geltungsbereich des Gesetzes oder auf einem deutschen Schiff oder Flugzeug infolge eines vorsätzlich rechtswidrigen tätlichen Angriffs gegen seine oder eine andere Person oder durch dessen rechtmäßige Abwehr eine gesundheitliche Schädigung erlitten hat, erhält wegen der gesundheitlichen und wirtschaftlichen Folgen Versorgungsleistungen entsprechend dem Bundesversorgungsgesetz.

Zum Gesetz zur Neuordnung des Arzneimittelrechts vom 24. 8. 1976 ↑Arzneimittel. Das Gesetz vom 22. 7. 1976 zur Einsparung von Energie in Gebäuden (Energieeinsparungsgesetz) verpflichtet den, der das Gebäude errichtet, das seiner Zweckleistung nach beheizt oder gekühlt werden muß, zur Einsparung von Energie den Wärmeschutz so zu entwerfen und auszuführen, daß Energieverluste unterbleiben; Verstöße können als Ordnungswidrigkeit mit Geldbußen bis zu 50000 DM geahndet werden. Durch Gesetz zur Änderung des Bundesbaugesetzes vom 18. August 1976 und der Neufassung des Gesetzes vom gleichen Tage ergaben sich Auswirkungen auf viele Lebensbereiche über die reinen baurechtlichen Bestimmungen hinaus. Die Novelle bringt mehr Bürgerbeteiligung bei kommunalen Entscheidungen und verpflichtet die Gemeinden, nicht nur einen Bebauungsplanentwurf öffentlich auszulegen, sondern schon die Absicht dazu öffentlich bekannt zu machen. Weiterhin sind die Gemeinden verpflichtet, neben den eigenen Bebauungsplänen auch begründete und realisierbare Alternativvorschläge vorzustellen. – Durch das Körperschaftsteuerreformgesetz vom 31. 8. 1976 und das entsprechende Einführungsgesetz vom 6. 9. 1976 erfolgte eine grundlegende Reform des Körperschaftsteuerrechts und eine Beseitigung der Doppelbelastung ausgeschütteter Körperschaftsgewinne mit dem Ziel, die steuerliche Benachteiligung der Eigenfinanzierung gegenüber der Fremdfinanzierung abzubauen und die Beteiligung am Produktionsvermögen für breitere Bevölkerungsschichten aktiv zu machen. – Das Gesetz vom 20. 12. 1976 über Naturschutz und Landschaftspflege (Bundesnaturschutzgesetz) löste das alte Reichsnaturschutzgesetz ab, das in den jeweiligen Naturschutzgesetzen der Länder fortgalt. – Zum lang diskutierten Gesetz zur Neuordnung des Hochschulwesens (Hochschulrahmengesetz) vom 29. 1. 1976 ↑Hochschulen. – Mit dem Gesetz zum Schutze der Teilnehmer am Fernunterricht vom 24. 8. 1976 (Fernunterrichtsgesetz) wird der Schutz der Teilnehmer am Fernunterricht vor unseriösen Geschäftsmethoden von Fernlehrinstituten bezweckt. Fernlehrgänge unterliegen künftig grundsätzlich einer Zulassungspflicht, für den Fernunterrichtsvertrag gelten teilnehmerfreundliche und eindeutige Vorschriften.

Rechtsprechung: Neben der rein deutschen höchstrichterlichen Rechtsprechung vor allem durch das BVerfG, den Bundesgerichtshof, das Bundesarbeitsgericht, das Bundessozialgericht, das Bundesverwaltungsgericht und den Bundesfinanzhof können auch die Entscheidungen der drei in Europa bestehenden Gerichtshöfe Rechtswirkung in der Bundesrepublik Deutschland entfalten. Dazu gehören der Internationale Gerichtshof in Den Haag und die beiden Europäischen Gerichtshöfe, der Europäische Gerichtshof der EG mit Sitz in

Luxemburg, der bisher über 500 für die nationalen Gerichte verbindliche Urteile verkündet hat, und der Europäische Gerichtshof für Menschenrechte mit Sitz in Straßburg.
Der II. Senat des BVerfG hat am 21. 1. 1976 auf eine Verfassungsbeschwerde seitens der Angeklagten im Baader-Meinhof-Verfahren durch Beschluß entschieden, daß die Hauptverhandlung in bestimmten Fällen auch in Abwesenheit der Angeklagten stattfinden kann, insbesondere dann, wenn die Verhandlungsunfähigkeit vorsätzlich und schuldhaft herbeigeführt wurde. Durch Beschluß vom 27. 1. 1976 hat der I. Senat den Ausschluß eines Schülers von einer Einrichtung des 2. Bildungsweges vom Vorhandensein einer gesetzlichen Grundlage abhängig gemacht, da eine solche Ordnungsmaßnahme in das Grundrecht des Art. 12 Abs. 1 GG (Berufsfreiheit) eingreife. Hingegen hat das Gericht in einem Beschluß vom 21. 12. 1976 den Antrag auf Erlaß einer einstweiligen Anordnung abgelehnt und das hessische Gesetz zur Neuordnung der gymnasialen Oberstufe nicht ausgesetzt. In einer vielbeachteten Entscheidung vom 9. März 1976 hat das BVerfG zur Wahlkampfkostenerstattung für einen bei der Bundestagswahl kandidierenden unabhängigen Bewerber geurteilt, daß ein Ausschluß solcher Bewerber von der Wahlkampfkostenerstattung nicht mit dem in Art. 38 Abs. 1 Satz 1 GG enthaltenen Grundsatz der Chancengleichheit aller Wahlbewerber vereinbar sei (Fall des Bonner Kandidaten Daniels). Mit der lange erwarteten Entscheidung vom 8. 7. 1976 hat der I. Senat das Stiftungsgesetz über die Errichtung einer Stiftung „Hilfswerk für behinderte Kinder“ (Conterganstiftung) für verfassungskonform erklärt, was für mehr als 2500 betroffene Kinder einen endgültigen Abschluß des Rechtstreits bedeutet und die Benutzung des Stiftungsvermögens in Höhe von etwa 200 Mill. DM ermöglicht. In der Entscheidung vom 14. 10. 1976 hat der I. Senat eine einstweilige Anordnung zur Zeitanrechnung bei sog. „Parkstudenten“ erlassen, wovon etwa 20000 bis 30000 Studenten betroffen sind, die spätestens 1974/75 ein Ausweichstudium in einem anderen als einem besonders hart vom Numerus clausus getroffenen Fach begonnen haben. Sie bekommen entgegen der Regelung im Hochschulrahmengesetz die „Park“-Zeit bei der Bewerbung für ihr Wunschfach angerechnet. – Das Bundesverwaltungsgericht (BVerwG) hat 1976 u. a. entschieden, daß Beamte deutscher Staatsangehörigkeit bei den EG, die in der Bundesrepublik Deutschland keinen Wohnsitz haben, kein aktives Wahlrecht zum Bundestag besitzen. Durch Urteil vom 8. 10. 1976 hat das BVerwG entschieden, daß eine Pflicht eines Taxiunternehmers, sich einer Funkzentrale anzuschließen, weder aus der Betriebs- noch aus der Beförderungspflicht abgeleitet werden kann, da eine jederzeitige Erreichbarkeit und Benutzbarkeit von Taxis nicht Gegenstand der Betriebspflicht ist. – Das Bundesarbeitsgericht (BAG) hat am 1. 4. 1976 zum Anhörungsrecht des Betriebsrats vor Kündigungen entschieden, daß erst nach dessen abschließender Stellungnahme der Arbeitgeber Kündigungen aussprechen darf. In seinem Beschluß vom 6. 4. 1976 hat das BAG erneut die Zuständigkeit des Gesamtbetriebsrats für die ↑Mitbestimmung in sozialen Angelegenheiten hervorgehoben. In dem vielbeachteten Urteil vom 15. 12. 1976 schließlich hat das Gericht festgestellt, daß tarifvertraglich bestimmt werden kann, daß der Arbeitgeber, statt das Arbeitsentgelt bar auszuzahlen, die Überweisung auf ein Konto des Arbeitnehmers vorzunehmen hat und daß die Kontoführungsgebühr vom Arbeitnehmer zu tragen ist. – Das Bundessozialgericht (BSG) hat in seinem Beschluß vom 10. 12. 1976 entschieden, daß der Versicherte auf Tätigkeiten für Teilzeitarbeit nicht verwiesen werden darf, wenn ihm für

GESUNDHEITSWESEN (BRD)

	1960	1970	1975	1976
Ansteckende Krankheiten[1]				
Geschlechtskrankheiten	–	81889[4]	77511	67317
Tuberkulose (alle Formen)	70325	48262	36551[5]	34070[6]
Scharlach	28908	28955	39210	36290
Übertragbare Gelbsucht	14708[2]	21770	20942	21355
Hirnhautentzündung	859	6787	6498	6533
Typhus	1548	477	252	276
Diphtherie	1965	57	37	88
Kinderlähmung	4193	15	24	40
Häufigste Todesursachen				
Krankheiten des Kreislaufsystems	256173	324095	346277	346087
darunter Hirngefäßkrankheiten	98286	106740	104905	104248
Bösartige Neubildungen	112005	134301	143319	143384
Unfälle und Vergiftungen	31174	38997	33246	31636
Säuglingssterbefälle	32724	19165	11877	–
Ärzte und Pflegepersonal				
Ärzte	79350	99654	114661[5]	118726[6]
Zahnärzte	32509	31175	31538[5]	31774[6]
Tierärzte	8668[3]	8598	8882[5]	8972[6]
Krankenpflegepersonen	141119	199457	262029[5]	269001[6]
Hebammen	9442	6857	5958[5]	5850[6]
Apotheken				
Apotheken	9074	11526	13390[5]	13879[6]
Apotheker	15776	20866	24787[5]	25597[6]
Krankenhäuser				
Krankenhäuser	3604	3587	3483[5]	3481[6]
Planmäßige Betten	583513	683254	716530[5]	729791[6]
Ärzte	30898	46550	58430[5]	60635[6]
darunter Ausländer	1389[3]	4613	–	7204[6]
Stationär behandelte Kranke (Mill.)	7,4	9,3	10,3[5]	–
Durchschnittliche Verweildauer in Tagen	27,8	24,9	22,7[5]	22,2[6]
Bettenausnutzung in %	93	89	–	83[6]

[1] Erkrankungen; [2] 1962; [3] 1961; [4] 1971; [5] 1974; [6] 1975.
Quelle: Zahlenkompaß, Ausgabe 1977; Hg. Statist. Bundesamt.

diese Tätigkeiten der Arbeitsmarkt praktisch verschlossen ist und daß der Versicherte in der Regel nur auf Teilzeitarbeitsplätze verwiesen werden kann, die er täglich von seiner Wohnung aus erreichen kann. Der XII. Senat des Gerichts hat sich durch die Anrufung des Großen Senats um eine einheitliche Rechtsprechung in der Sozialgerichtsbarkeit (bei „wiederaufgelebten" Witwen) hinsichtlich der Renten- und Witwenabfindungen nach mehreren Wiederheiraten bemüht, um u. a. auch das Problem und die Zahl der „Rentenkonkubinate" zu verringern. – Die Zahl der vom BGH als höchstrichterlicher Instanz in Zivil- und Strafsachen verkündeten Entscheidungen ist überaus groß. U. a. hat das Gericht am 24. 3. 1976 entschieden, daß auch ein förmliches Anerkenntnis eine Versicherungsgesellschaft nicht hindert, die geleistete Entschädigung zurückzuverlangen, wenn der zunächst anerkannte Entschädigungsanspruch sich als unbegründet erweist.
Das Jahr 1976 brachte zwei rechtlich bedeutsame Jubiläen: Am 18. März 1976 feierte das Bundeskriminalamt in Wiesbaden sein 25jähriges Jubiläum, nachdem es von bescheidenen Anfängen im Jahre 1951 zu einer hochmodernen Zentrale der Verbrechensbekämpfung ausgebaut worden ist. In den Computern des BKA sind augenblicklich über 160 000 Fahndungsfälle nach Personen und 2,8 Mill. Fingerabdrücke gespeichert. – Am 18. 11. 1976 beging das BVerfG in Karlsruhe in einem großen Festakt im Badischen Staatstheater in Anwesenheit des Bundespräsidenten und anderer hoher Würdenträger sein 25jähriges Bestehen. In den zurückliegenden 25 Jahren sind über 95 000 Anträge bei ihm eingegangen, wurden etwa 35 000 Verfahren anhängig, davon etwa 32 500 Verfassungsbeschwerden, 1 600 Normenkontrollverfahren, zwei Parteiverbotsverfahren und 475 andere Verfahren, deren Ergebnisse in der Ende 1976 nunmehr 42 Bände umfassenden amtlichen Entscheidungssammlung dokumentiert werden.

Gewerkschaften. Urabstimmung in der Druckindustrie – hier die der Mitarbeiter der „Frankfurter Rundschau"

Gewerkschaften. Während des Hamburger Kongresses der IG Chemie, Papier, Keramik werden ihr Vorsitzender K. Hauenschild (Mitte) und seine Stellvertreter F. Eichhorn (rechts) und W. Vitt in ihren Ämtern bestätigt

---

Gewerkschaften: Im Zentrum gewerkschaftl. Aktivitäten des Jahres 1976 stand das Problem der Überwindung der Arbeitslosigkeit. Die Politik der Bundesregierung zur Lösung dieser Frage war vorrangig auf die Förderung der Investitionstätigkeit der Unternehmen gerichtet. Den G. war dies nicht ausreichend. Sie äußerten sehr deutl. Bedenken gegenüber der Erwartung, daß steigende Unternehmensgewinne automat. zusätzl. Investitionen und damit Abbau der Arbeitslosigkeit bedeuten würden. Die G. verwiesen demgegenüber immer wieder auf die Notwendigkeit, die inländ. Nachfrage zu stärken, um auf diese Weise die Gewinnerwartungen und die Investitionsbereitschaft der Unternehmen zu stärken und zugleich die dt. Wirtschaft aus ihrer starken Exportabhängigkeit zu lösen, sowie auf die Notwendigkeit einer gezielten Strukturpolitik. Als Maßnahmen gegen die industrielle

Gewerkschaften. Während des Zeitungsstreiks protestieren Drucker in Hamburg auch gegen die Herausgabe von „Notausgaben"

Arbeitslosigkeit sollten private und öffentl. Dienstleistungen ausgedehnt werden. Gleichzeitig wurde die Verkürzung der Arbeitszeit verlangt. Hierbei wurden v. a. die Einführung des 10. Schuljahres, die Verlängerung des Urlaubs und der Abbau von Überstunden gefordert.
Der wichtigste Punkt der Auseinandersetzungen mit den Wirtschaftsverbänden und der Opposition in der Frage der berufl. Bildung betraf die von den G. geforderte Ausbildungsabgabe der Betriebe zugunsten eines Berufsbildungsfonds. Bis zum Ende des Jahres war hierfür noch keine Regelung gefunden worden.
Die Auseinandersetzungen um die Mitbestimmung fanden auch nach Inkrafttreten des neuen Mitbestimmungsgesetzes am 1. Juli 1976 kein Ende. Das Gesetz wurde zwar von den G. aufgrund des darin vorgesehenen Stimmenübergewichts der Kapitalseite und der bes. Vertretungsrechte für leitende Angestellte kritisiert (dadurch sehen die G. die einheitl. Interessenvertretung der Arbeitnehmer gefährdet), gleichzeitig gaben die G. aber zu verstehen, daß sie zumindest vorerst mit dem Gesetz leben wollten. Um die Wahlordnung ging bis in das Jahr 1977 hinein der Streit zwischen G. einerseits und Arbeitgebern, FDP und CDU andererseits.
Trotz oder gerade wegen der wirtschaftl. Schwierigkeiten betonten die G. immer wieder die Notwendigkeit, die Grundziele einer konsequenten Reformpolitik beizubehalten. Vor diesem Hintergrund begann der DGB an der Erfüllung eines Kongreßauftrages zu arbeiten, der die Neufassung des DGB-Grundsatzprogramms von 1963 vorsieht.
Zu den Bundestagswahlen im Okt. 1976 stellte der DGB, wie schon 1972, Forderungen und Thesen („Prüfsteine") auf, die sowohl die Parteien mit den gewerkschaftl. Erwartungen an den neuen Bundestag bekanntmachen als auch den Gewerkschaftsmitgliedern Orientierungshilfen für die Wahlentscheidung in die Hand geben sollten. Der DGB und seine G. betonten im Wahlkampf immer wieder ihre parteipolit. Unabhängigkeit; damit sei eine Unterordnung unter die Zielsetzungen polit. Parteien ausgeschlossen. Die Einheitsgewerkschaft, die Mitglieder verschiedener Parteien umfaßt, würde ihre Forderungen autonom in eigener Verantwortung festsetzen. Parteipolit. neutral, also von allen Parteien gleich weit entfernt, könne aber auch eine Einheitsgewerkschaft nicht sein. Sie würde vielmehr von Fall zu Fall jene Parteien unterstützen, die den gewerkschaftl. Erwartungen am nächsten kämen. Trotz dieses auch von den CDU-Gewerkschaftern getragenen Selbstverständnisses kam es zu heftigen Auseinandersetzungen v. a. mit CDU-Generalsekretär K. Biedenkopf. Biedenkopf erhob den Vorwurf der „Verfilzung" (von Gewerkschaftsfunktionären) mit der SPD und kommunalen Verwaltungen. Biedenkopf legte eine Reihe von Einzelbeispielen vor, die die G. zu Gegendokumentationen veranlaßten.
In der Abwehr des Vorwurfs einseitiger Parteinahme verwiesen die G. bes. auf ihre krit. Haltung gegenüber der Bundesregierung in einer der zentralen innenpolit. Fragen des Jahresendes: der Sanierung der Rentenversicherung. Hierzu verlangten die G. v. a., daß die durch die Öffnung der Rentenversicherung für Selbständige entstandenen Mehrbelastungen der Versicherung nicht von der breiten Masse der Rentner und Beitragszahler getragen werden dürfe.
Die Tarifpolitik der G. war durch die Rücksichtnahme auf die wirtschaftl. Schwierigkeiten in der BRD gekennzeichnet. Die Tarifabschlüsse bewegten sich im allgemeinen in einer Größenordnung von knapp 6%. So verwiesen die G. in der Folgezeit immer wieder auf ihren Beitrag zur Erringung der Vollbeschäftigung. Die Lage im Druckgewerbe war jedoch durch einen bes. harten Tarifkampf gekennzeichnet. Es kam zu Schwerpunktstreiks und Aussperrung. Erst ein zweiter Schlichtungsversuch brachte das Ende der Aussperrung und des Streiks. Diese Aussperrung im Druckgewerbe veranlaßte den DGB, erneut das gesetzl. Verbot der Aussperrung zu fordern. Dadurch würde der Streik, der erst die „Waffengleichheit" zwischen Arbeitgebern und G. herstelle, in eben dieser Wirkung aufgehoben.
Der 2. Ordentl. Kongreß des Europ. Gewerkschaftsbundes wählte im April 1976 den DGB-Vorsitzenden, Heinz O. Vetter, erneut für drei Jahre zu seinem Präsidenten. Die dt. G. waren v. a. bei europ. Gewerkschaftskonferenzen oder anderen Europakonferenzen darum bemüht, eine europ. Lösung des Beschäftigungsproblems zu finden.

Ghana, Republik in W-Afrika. Als Volksvertretung fungierte bis zu ihrer Auflösung im Jan. 1972 eine Nationalversammlung mit 140 gewählten Abgeordneten, die verschiedenen Parteien angehörten. Seit 9. Okt. 1975 hat ein „Oberster Militärrat" alle legislative und administrative Gewalt inne. Staatsoberhaupt ist der Vorsitzende des Obersten Militärrates, *Ignatius Kutu Acheampong* (seit Jan. 1972). Flagge ↑Farbtafeln Flaggen S. 121. Internat. Mitgliedschaften ↑Übersicht Internationale Organisationen.
Innen- und Außenpolitik: Die Rückkehr G.s zur Zivilherrschaft stand als größtes innenpolit. Problem auch 1976 im Mittelpunkt der Diskussion. Während der Präsident, Oberst I. K. Acheampong, am 9. Jan. angekündigt hatte, seine Regierung bereite ein Programm zur Wiedereinführung der Zivilherrschaft vor, wies der für Außenpolitik zuständige Oberst R. J. A. Felli im Nov. jeden Gedanken an eine Rückkehr zur Parteienherrschaft entschieden zurück. Im Dez. wurde schließl. eine Kommission mit der Aufgabe betraut, die Meinung der Bevölkerung zur Frage einer Unionsregierung zu testen, in der Militär und Polizei zusammen mit Zivilisten vertreten sind. Die Todes- und Gefängnisstrafen, die in den Hochverratsprozessen zwischen Mai und Aug. verhängt wurden, lösten insofern Differenzen aus, als zumindest einer der Angeklagten offen erklärte, sein Geständnis sei erpreßt worden. Kurz im Anschluß an seine Ernen-

GHANA
Geographische Daten und Bevölkerung: *Fläche* 238 537 km², *Verwaltungsgliederung* in 9 Regionen, *Hauptstadt* Accra (738 000 E), *Bevölkerung* 9,87 Mill. E (1975), 42 E/km², *Amtssprache* Englisch, *Religion* 43% Christen, 38% Naturreligionen, 12% Muslime.
Wirtschaft: *Erwerbstätigkeit:* Etwa 60% der Erwerbstätigen arbeiten in der Landwirtschaft. – *Landwirtschaft:* Nutzfläche 13,81 Mill. ha (1970). – Produktion (Auswahl; 1974): Mais 500 000 t (1975), Hirse 290 000 t, Zuckerrohr 300 000 t, Jamswurzeln 600 000 t, Maniok 2,9 Mill. t, Erdnüsse 134 000 t (1975), Palmkerne 42 000 t (1975), Kakao 386 000 t. – *Bergbau, Industrie und Elektrizitätserzeugung* (Auswahl; 1973): Gold 19 t (1974), Manganerz 313 000 t, Bauxit 349 000 t, Diamanten 2,7 Mill. Karat, Motorenbenzin 203 000 t, Alumium 157 000 t (1974), Laubschnittholz 359 000 m³, Elektrizität 3,9 Mrd. kWh. – *Außenhandel* (1975): Export 928,26 Mill. ₵, Import 909,30 Mill. ₵. Haupthandelspartner sind die EG-Länder, USA, UdSSR. Hauptexportgüter sind Kakao, Holz, Diamanten, Manganerz. – *Währung* ↑Übersicht Währungen. – *BIP:* 2,827 Mrd. ₵ (1972), je E 300 ₵.
Verkehr: *Eisenbahnen:* Streckenlänge 1 300 km (1970). – *Straßen:* 34 160 km (1970). – *Schiffahrt* (1976): Handelsflotte mit 115 000 BRT. – *Luftverkehr* (1972): 296 350 Fluggäste.

nung zum General gab I. K. Acheampong das Verbot der sog. „Nat. Befreiungsbewegung Togolands" bekannt, die sich dafür einsetzt, daß die Voltaregion an Togo fällt. Ein Dekret vom 15. Sept. besagte, daß jede Betätigung zugunsten der Sezessionsbewegung bestraft werde. Im Nov. wurden wieder die Beziehungen zu Sambia aufgenommen, die im Zusammenhang mit der Absetzung K. Nkrumahs zehn Jahre lang unterbrochen waren.

Gibraltar ↑Übersicht Staaten der Erde (Großbritannien).

Gilbert and Ellice Islands, brit. Kolonie: Am 1. Okt. 1975 wurden die Ellice-Inseln als separates, von einem brit. Kommissar verwaltetes Territorium unter dem Namen Tuvalu abgetrennt; vorausgegangen war 1974 ein Referendum, in dem sich die Mehrheit der Bevölkerung für einen solchen Schritt ausgesprochen hatte. Die übrigen Inseln verbleiben als *Gilbert Islands Colony* unter der Verwaltung eines brit. Gouverneurs.

Gilbert Islands Colony, Kette von Atollen im Pazif. Ozean, beiderseits des Äquators, zwischen 172° 58′ und 176° 49′ ö. L., von 3° 17′ n. Br. (Makin) bis 2° 38′ s. Br. (Arorae), zu Mikronesien.
Die im Okt. 1975 von den Ellice-Inseln losgelöste Inselgruppe soll, wie das brit. Außenministerium Mitte des Jahres bekanntgab, 1978 unabhängig werden (ab 1. Jan. 1977 innere Selbstverwaltung). Für eine der Inseln, die phosphatreiche Ocean Island, wird von ihren nach dem 2. Weltkrieg auf die Fidschi-Insel Rambi umgesiedelten Bewohnern getrennte Unabhängigkeit oder Anschluß an Fidschi gefordert.

Giroud, Françoise, *Genf 21. Sept. 1916, frz. Journalistin und radikalsozialist. Politikerin. 1945–52 Mithg. der Zeitschrift „Elle", gründete 1953 mit J.-J. Servan-Schreiber die Wochenzeitung „L'Express". Wurde im Juni 1974 zur Staatssekretärin für Frauenfragen berufen; seit Aug. 1976 Staatssekretärin für Kultur.

Gomes, Francisco da Costa, * Chaves 30. Juni 1914, portugies. General und Politiker. 1974 bis Juli 1976 Staatspräsident; schied gleichzeitig als aktiver General aus den Streitkräften aus.

Götting, Gerald, *Halle/Saale 9. Juni 1923, dt. Politiker. Seit 1966 Vorsitzender der CDU der DDR; 1969 bis Okt. 1976 Präsident der Volkskammer.

Grenada, unabhängiger Staat im Commonwealth of Nations, im Bereich der Windward Islands, Kleine Antillen. Als Volksvertretung fungiert ein Parlament mit 17 gewählten Abgeordneten, die zwei Parteien angehören. Staatsoberhaupt Königin *Elisabeth II.* von Großbritannien, Regierungschef *Eric Gairy* (seit März 1967). Flagge ↑Farbtafeln Flaggen S. 122. Internat. Mitgliedschaften ↑Übersicht Internationale Organisationen.
Die *Wirtschaft* des 1974 unabhängig gewordenen kleinen Inselstaates erholte sich 1976 zusehends von den Rezessionen der Jahre 1974 und 1975. Die heim. Produktion ist um mehr als 20% gegenüber dem Vorjahr gestiegen, und die Exporte der drei bedeutenden Produkte, Muskatnüsse und Muskatblüte (Weltmarktanteil G.s etwa 32%), Bananen und Kakao, die 98% des Gesamtexports ausmachen, erreichten Rekordhöhe. Auf insgesamt 2,4 Mill. kg wurde die letztjährige Ernte von Muskatnüssen geschätzt, deren Erzeugung nicht in der Hand von Konzernen liegt. Hauptabnehmer sind die Niederlande, die BRD und Großbritannien. Die Exporterlöse für Muskatnüsse und Muskatblüte betrugen im Finanzjahr 1974/75 insgesamt 8,17 Mill. EC$.

Griechenland, Republik im Süden der Balkanhalbinsel. Als Volksvertretung fungiert eine Nationalversammlung (gewählt am 17. Nov. 1974) mit 300 Abgeordneten, die verschiedenen Parteien angehören. Staatsoberhaupt *Konstandinos Tsatsos* (seit 19. Juni 1975; zuvor *M. Stasinopulos*), Regierungschef *Konstandinos Karamanlis* (seit Juli 1974), Außenminister *Dimitrios Bitsios*. Flagge ↑Farbtafeln Flaggen S. 121. Internat. Mitgliedschaften ↑Übersicht Internationale Organisationen.
Wirtschaft: Mit der Fortsetzung des konjunkturellen Aufschwungs gelang der griech. Wirtschaft 1976 endgültig die Überwindung der Rezession. Obwohl die krisenhaften außenpolit. Beziehungen mit der Türkei einen hemmenden Einfluß auf die

GRIECHENLAND

Geographische Daten und Bevölkerung: *Fläche* 131 986 km^2, *Verwaltungsgliederung* in 16 Provinzen, *Hauptstadt* Athen (867 000 E; 1971), *Bevölkerung* (1975) 9,05 Mill. E, 69 E/km^2, Geburten-/Sterberate (auf 1 000 E) 15,6/8,9, *Amtssprache* Neugriechisch, *Religion* (1961) 96,8% Griech.-Orthodoxe, 1,3% Muslime, 0,6% Christen.

Wirtschaft: *Erwerbstätigkeit* (1971): 3,284 Mill. Erwerbspersonen, davon (in Prozentanteilen) Land- und Forstwirtschaft, Jagd, Fischerei 40,5, produzierendes Gewerbe 25,5, Handel, Banken, Versicherungen 13, Verkehr und Nachrichtenübermittlung 6,5, sonstige Dienstleistungen 12,5, andere Tätigkeiten 2. – *Landwirtschaft:* Nutzfläche (1965) 8,678 Mill. ha, Ackerland (1973) 2,55 Mill. ha, davon 879 000 ha bewässert. – Produktion (Auswahl 1976): Weizen 2,280 Mill. t, Gerste 943 000 t, Mais 539 000 t, Reis 85 000 t, Kartoffeln 926 000 t, Tomaten 1,627 Mill. t, Tabak 126 000 t, Rind- und Büffelfleisch 116 000 t. – *Bergbau, Industrie und Elektrizitätserzeugung* (Auswahl 1976): Braunkohle 17,90 Mill. t, Eisenerz 2,0 Mill. t, Bauxit 2,85 Mill. t, Aluminium 135 600 t, Wollgarn 14 520 t, Baumwollgarn 67 400 t, Elektrizitätserzeugung (1975) 14,628 Mrd. kWh. – *Außenhandel* (1975): Export (fob) 74,174 Mrd. Dr., Import (cif) 172,012 Mrd. Dr. Haupthandelspartner sind BRD, Italien, Frankreich, Großbritannien. Hauptexportgüter sind Obst und Südfrüchte, Weintrauben, Garne, Gewebe, Textilien, Erdöldestillationserzeugnisse. Hauptimportgüter sind Erdöl (roh), Maschinen, Apparate, Kraftfahrzeuge, Schiffe. – *Währung* ↑Übersicht Währungen. – *BIP* zu Marktpreisen (1975) 645 Mrd. Dr.

Verkehr: *Eisenbahnen* (1974): Streckenlänge 2 543 km, 1,59 Mrd. Personenkilometer, 902,4 Mill. Nettotonnenkilometer. – *Straßen* (1973): 39 000 km, davon 29 000 km Asphaltstraßen. – *Schiffahrt* (1976): Handelsflotte mit 26 178 276 BRT. – *Luftverkehr:* 3,083 Mrd. Personenkilometer, 51,31 Mill. Nettotonnenkilometer.

Griechenland. Zu Beginn eines zweitägigen Besuches in Österreich wird Ministerpräsident K. Karamanlis (rechts) von seinem österreichischen Amtskollegen K. Kreisky in Wien begrüßt

Griechenland. Zusammenstöße zwischen Polizei und Demonstranten, die gegen die von der Regierung geplante Gewerkschaftsgesetzgebung protestieren

Wirtschaft ausübten, betrug die Steigerung des BSP 1976 – auf Festpreisbasis 1970 – 5%. Dazu hat insbes. die Industrie mit 7,4% Zuwachs gegenüber dem Vorjahr beigetragen. Dagegen blieb die Landwirtschaft um 0,5% hinter dem Vorjahresergebnis zurück. Sie dokumentierte damit zum wiederholten Mal ihre strukturelle Schwäche. Ihr Anteil an der Wertschöpfung des Sozialprodukts betrug 1976 nur noch 15,3%. Die auf den ersten Blick beachtl. Investitionstätigkeit mit einer Zunahme von 7,4% gegenüber 1975 (auf Preisbasis 1970) relativiert sich insofern, als ein erhebl. Teil der Kapitalanlage für den privaten Wohnungsbau sowie für staatl. Bauten im Rahmen von Infrastrukturmaßnahmen aufgewendet wurde. Die Arbeitsmarktsituation war 1976 mit 1% offiziell registrierten Arbeitslosen zufriedenstellend. Der Preisauftrieb war 1976 gedämpfter als 1975 (13,5%), dennoch betrug die Inflationsrate mehr als 11%. Das Handelsbilanzdefizit hat sich 1976 verstärkt ausgeweitet, was v. a. auf die Abschwächung der Exportsteigerung zurückzuführen ist. Insgesamt kann das wirtschaftl. Ergebnis des Jahres positiv beurteilt werden, und für 1977 sind weitere Besserungen zu erwarten.

Innen- und Außenpolitik: Trotz des griech. Vorschlags an die Türkei, einen Nichtangriffspakt abzuschließen und die gemeinsamen Probleme (v. a. Zypernfrage, Ägäisstreit) auf dem Verhandlungsweg zu lösen (16. April) verschärfte sich im Sommer der Konflikt um die Rechte auf den ägäischen Festlandsockel erneut. Ausgelöst wurden diese Spannungen durch den Einsatz des türk. Forschungsschiffes „MTA Sismik I", das seit 30. Juli in der erdölhöffigen nördl. Ägäis Untersuchungen vornahm. Als G. und die Türkei ihre Streitkräfte in Alarmbereitschaft versetzten und Truppenbewegungen einleiteten, zeichnete sich im Aug. die Gefahr einer bewaffneten Auseinandersetzung ab. Der von G. angerufene UN-Sicherheitsrat forderte in einer Resolution am 25. Aug. beide Staaten zur friedl. Einigung auf, der ebenfalls von G. eingeschaltete Internat. Gerichtshof lehnte am 12. Sept. ein Eingreifen als nicht erforderl. ab. Nach Expertengesprächen in Bern (2.–11. Nov.) einigten sich die Kontrahenten über die Verfahrensweise künftiger Verhandlungen betreffend die Begrenzung des umstrittenen Festlandsockels.

Der Intensivierung der Zusammenarbeit auf dem Balkan dienten der offizielle Besuch des bulgar. Außenministers P. Mladenow in der griech. Hauptstadt (12.–14. Jan.), eine auf Anregung des griech. Ministerpräsidenten K. Karamanlis zustande gekommene Expertentagung von Vertretern Bulgariens, Jugoslawiens, Rumäniens, der Türkei und G.s in Athen (26. Jan.–5. Febr.), sowie die Besuche von Rumäniens Staats- und Parteichef N. Ceaușescu (26.–29. März) und Jugoslawiens Staats- und Parteichef J. B. Tito (10.–13. Mai). Bei einem offiziellen Aufenthalt von K. Karamanlis in Ägypten (21.–24. Jan.) wurden wirtschaftl. Vereinbarungen getroffen.

Am 15. April schlossen die USA mit G. ein neues Verteidigungsabkommen ab (Benutzungsrechte für vier griech. Militärstützpunkte) und sagten für einen Zeitraum von vier Jahren Militärhilfe in Höhe von 700 Mill. $ zu. Am 2. Juli wurde in Bonn ein Abkommen über Verteidigungshilfe der BRD in Höhe von 60 Mill. DM unterzeichnet, am 9. Nov. eines über Kapitalhilfe in gleicher Höhe (3. Tranche einer Finanzhilfe von insgesamt 180 Mill. DM). Der Besuch des griech. Außenministers A. Bitsios in Österreich (5.–8. Juli) diente der Förderung wirtschaftl. Kontakte, Gespräche zwischen A. Bitsios und dem sowjet. Botschafter I. Udalstow (25.–27. Okt.) der Verbesserung der gegenseitigen Beziehungen. Bei Besuchen von K. Karamanlis in Belgien (auch bei NATO-Generalsekretär J. Luns), Frankreich und Österreich (11.–17. Nov.) wurden v. a. die Lage im Mittelmeerraum sowie die Beziehungen zur EG und zur NATO erörtert. Am 25./26. Nov. weilte der schweizer. Bundesrat P. Graber zur Bereinigung handelspolit. Fragen in G.; während eines Aufenthalts des sowjet. Ministers für Handelsmarine in G. (30. Nov.–5. Dez.) wurde ein Schiffahrtsabkommen unterzeichnet.

Die von G. Mawros geleitete größte griech. Oppositionspartei „Zentrumsunion – Neue Kräfte" (EKND) wurde umbenannt in „Union des demokrat. Zentrums" (EDIK), was als Sieg der liberalen Strömung gegenüber dem sozialdemokrat. Flügel innerhalb der Partei zu werten ist. Am 2. Sept. wurde die Gründung einer monarchist. Partei unter dem Namen „Nat. Volkspartei" bekanntgegeben. Ihr Ziel ist die legale Wiedereinführung der Monarchie und ein Verbot der kommunist. Partei.

Am 25. Mai kam es nach einer Kundgebung in Athen zu Zusammenstößen zwischen streikenden Arbeitern und der Polizei. Diese Demonstration war Teil eines zweitägigen Warnstreiks, an dem sich etwa 150 000 Arbeiter beteiligten. Sie opponierten gegen das neue Gewerkschaftsgesetz, das polit. Streiks verbietet.

Am 22. Juli wurde in Athen der im Austausch gegen den Berliner Politiker P. Lorenz am 3. März 1975 in die Demokrat. VR Jemen ausgeflogene dt. Terrorist Rolf Pohle verhaftet und nach einem mehrmonatigen Auslieferungsverfahren am 1. Okt. in die BRD überstellt.

Großbritannien (amtl. Vereinigtes Königreich Großbritannien und Nordirland), parlamentar. Monarchie in Westeuropa. Als Volksvertretung fungieren ein Unterhaus mit 635 Abgeordneten (von denen 278 der Fraktion der Konservativen, 312 der Fraktion der Labour Party und 13 der Fraktion der Liberalen angehören) sowie ein Oberhaus mit etwa 1 080 Mitgliedern. Staatsoberhaupt Königin *Elisabeth II.* (seit Febr. 1952), Regierungschef (Premierminister und Erster Lord des Schatzamtes) *James Callaghan* (seit April 1976; zuvor *H. Wilson*), Minister für Auswärtiges und Commonwealth *Anthony Raven Crosland* (seit April 1976; zuvor *J. Callaghan*), Schatzkanzler *Denis Healy*, Innenminister *Merlin Rees* (seit Sept. 1976; zuvor *R. Jenkins*), Verteidigungsminister *Frederick Mulley* (seit Sept. 1976; zuvor *R. Mason*). Flagge ↑ Farbtafeln Flaggen S. 121. Internat. Mitgliedschaften ↑ Übersicht Internationale Organisationen.

Wirtschaft: Die Entwicklung der brit. Wirtschaft im Jahr 1976 ist durch empfindl. Sterlingkrisen, Zunahme der Arbeitslosigkeit, stagnierende Gesamtproduktion, steigende Preise und ein hohes Zahlungsbilanzdefizit gekennzeichnet. Zwei schwere Pfundkrisen im März/April und im Sept./Okt. haben den Außenwert des Pfundes drast. gesenkt. Am 5. März lag der Kurswert zum ersten Mal unter 2 $. Der Tiefpunkt des Jahres wurde am 28. Okt. mit

Großbritannien. J. Callaghan (links) löst im April H. Wilson (rechts) im Amt des Premierministers ab

1,57 $ erreicht. Damit ist der durchschnittl. Abwertungssatz gegenüber den wichtigsten Handelspartnern seit dem Währungsrealignment vom Dez. 1971 im Laufe des Jahres von 30% auf 45% gestiegen. Seit der Ankündigung der 3,9-Mrd.-Dollar-Anleihe des IWF hat die Abwärtsbewegung des Pfundes jedoch nachgelassen. Die schwache Aktivität der Industrie hat wenig zur Reduzierung der Arbeitslosigkeit beigetragen. Im Gegenteil: Das Jahr begann mit einer Arbeitslosenrate von 5%. Ende 1976 betrug sie 5,6%, was mehr als 1,3 Mill. Arbeitslose bedeutet. Die Industrieproduktion erreichte 1976 nur Vorjahresniveau. Nachdem sie in den Sommermonaten nicht mehr zugenommen hatte, zeichnet sich seit Herbstbeginn eine minimale Erholung ab, ohne am Grundtrend etwas zu ändern. Einen Zuwachs verzeichneten nur Zwischenprodukte, v. a. Chemikalien (+0,5%), sowie – dank der im Aufbau befindl. Nordseeölproduktion – der Bergbau (+1,3%). Die Investitionsgüterproduktion ist im Herbst sogar um 2% zurückgegangen. Der Preisauftrieb konnte 1976 erhebl. gebremst werden. Das Ziel der Regierung, die Teuerungsrate auf 10% zu senken, wurde nicht erreicht. Im ersten Halbjahr fiel die Jahresrate von 25 auf 13%. Sie stieg im zweiten Halbjahr aufgrund der wechselkursbedingten Einfuhrverteuerung, die im Nov. im Jahresstand mehr als 25% betrug, wieder auf 15% an. Der Rückgang der Teuerungsrate wird mit einer Abnahme der Arbeitskosten begründet. 1975 hatten die Löhne das Vorjahresniveau noch um 30% überschritten, 1976 waren es nur noch etwa 14%. Der Rückgang beruht auf der freiwilligen Selbstbeschränkung der Gewerkschaften, die sich als Gegenleistung für eine 1 Mrd. £ ausmachende Einkommensteuervergünstigung mit einer Begrenzung der Steigerung der Grundtarife um durchschnittl. 4,5% zufriedengegeben haben. Real ist somit das Einkommen der brit. Arbeiter zurückgegangen. Das BIP ist 1976 gegenüber dem Vorjahr real um 0,9% gestiegen. An dieser enttäuschenden Steigerung ist v. a. der Export beteiligt, dessen Volumen um 8,5% zunahm. Im Zuge der allgemeinen Erholung des Welthandels hat jedoch der Marktanteil der brit. Industrie wieder abgenommen, insbes. bei Fertigwaren und Investitionsgütern. Regional schrumpfte der Marktanteil in Nordamerika und in den Entwicklungsländern. Auf den EG- und OPEC-Märkten nahm der Anteil jedoch zu. Das Importvolumen stieg – begleitet von einer Steige-

GROSSBRITANNIEN

Geographische Daten und Bevölkerung: *Fläche* 244 044 km², *Verwaltungsgliederung* in 98 Grafschaften, *Hauptstadt* London (7,2 Mill. E), *Bevölkerung* 55 960 000 E, 229 E/km², Geburten-/Sterberate (auf 1 000 E; 1975) 12,4/11,8, *Amtssprache* Englisch, *Religion* hauptsächlich Protestanten (in England anglikan., in Schottland presbyterian.), daneben Freikirchen, 4,829 Mill. Katholiken und 420 000 Juden.

Wirtschaft: *Erwerbstätigkeit:* Erwerbstätige (1975) insgesamt 22 707 Mill., davon in Land- und Forstwirtschaft 401 000, Industrie 7,488 Mill., Bauwesen 1,313 Mill., Handel 2,76 Mill., Verkehr und Nachrichtenwesen 1,518 Mill., Bergbau 352 000, Banken und Versicherungen 1,115 Mill., Hotel- und Gaststättengewerbe 805 000, Gas, Wasser, Elektrizität 353 000, öffentl. Verwaltung 1,59 Mill. – *Landwirtschaft:* Nutzfläche 18,745 Mill. ha, davon 7,22 Mill. ha Ackerland, 11,52 Mill. ha Wiesen und Weiden. – Produktion (Auswahl; 1975): Weizen 4,5 Mill. t, Gerste 8,7 Mill. t, Hafer 838 000 t. – *Bergbau, Industrie und Elektrizitätserzeugung* (Auswahl; 1975): Steinkohle 127,2 Mill. t, Eisenerz 4,5 Mill. t, Zement 17,8 Mill. t, Roheisen 12,2 Mill. t, Rohstahl 20,3 Mill. t, 1,26 Mill. Pkw; Elektrizitätserzeugung 272,232 Mrd. kWh. – *Außenhandel* (1976): Export 25 777,5 Mill. £, Import 31 212,6 Mill. £. Haupthandelspartner sind USA, BRD, Niederlande, Frankreich, Irland. Hauptexportgüter sind Maschinen und Fahrzeuge, elektrotechn. Erzeugnisse, Eisen und Stahl, Nichteisenmetalle, Chemikalien, Textilien. Hauptimportgüter sind Erdöl und Erdölerzeugnisse, Maschinen, Chemikalien, Nahrungs- und Genußmittel, Papier und Papiererzeugnisse, Fahrzeuge. – *Währung* ↑ Übersicht Währungen. – *BIP* zu Faktorkosten in jeweiligen Preisen (1975) 93 156 Mill. £.

Verkehr: *Eisenbahnen:* Streckenlänge 18 567 km, davon 3 254 km elektrifiziert, 36 840 Mill. Personenkilometer, 21 024 Mill. Nettotonnenkilometer (1975). – *Straßen:* 341 163 km, davon 1 712 km Autobahnen, 13 456 km Hauptstraßen, 325 995 km Regionalstraßen. – *Schiffahrt* (1976): Handelsflotte mit 30 545 688 BRT. – *Luftverkehr* (1975): 17,4 Mill. Fluggäste, 27 768 Mill. Personenkilometer, 852,4 Mill. Nettotonnenkilometer.

rung der Importpreise von 24% – um über 9%. Das Leistungsbilanzdefizit war mit 1,53 Mrd. £ für das Gesamtjahr etwas geringer als 1975. Das Außenhandelsdefizit erhöhte sich jedoch leicht von 3,2 auf 3,6 Mrd. £. In der Erdölbilanz hat sich das Defizit von 3 114 Mill. £ auf 3 965 Mill. £ erhöht. Für 1977 könnte das Nordseeöl in diesem Bereich bereits eine wesentl. Entlastung bringen. Nachdem Anfang 1977 die an strenge Auflagen gebundene IWF-Anleihe von 3,9 Mrd. $ offiziell bewilligt worden ist, kann ein fundamentales Sanierungsprogramm anlaufen. Erste Maßnahme der Regierung war im Dez. die Verkündung eines Sparprogramms für die nächsten beiden Haushaltsjahre.

Innenpolitik: Die wichtigsten innenpolit. Maßnahmen der Labour-Regierung standen 1976 im Zeichen der wirtschaftl. Krise. Das von Schatzkanzler D. Healey am 6. April vorgelegte Budget zielte ab auf die Reduzierung der Inflationsrate (die im April auf 12,6% fiel – die niedrigste seit Aug. 1974) sowie auf zügige Wiederherstellung der Vollbeschäftigung. Steuererleichterungen wurden angekündigt für den Fall, daß der Gewerkschaftsbund (TUC) einer erneuten freiwilligen Gehaltsbeschränkung zustimmte; außerdem wurde die Mehrwertsteuer von 25% auf 12% gesenkt. Am 5. Mai einigten sich Regierung und TUC, daß Löhne und Gehälter ab 1. Aug. für ein Jahr um nicht mehr als 4 £ pro Woche erhöht werden durften. Der sog. Sozialkontrakt wurde im Juni von den Gewerkschaften und im Sept. von der Labour Party auf ihrer Jahreskonferenz in Blackpool mit überwiegender Mehrheit akzeptiert.

Um den Bedingungen des Internat. Währungsfonds (IWF) für einen Stützungskredit von 4 Mrd. $ nachzukommen, den G. am 13. Jan. beantragt hatte, gab D. Healey im Juli und Dez. Ausgabenkürzungen im öffentl. Sektor in Höhe von 1,5 Mrd. £ für 1977/78, und 2,5 Mrd. £ für 1978/79 sowie eine Erhöhung der indirekten Steuern und den Verkauf von BP-Aktien bekannt.

Die durch Streiks verlorengegangenen Arbeitstage gingen von 6,120 Mill. im Jahr 1975 auf 3,286 Mill. im Jahr 1976 zurück – die niedrigste Zahl seit 1967. Auch die Anzahl der Streiks sank von 2 282 im Vorjahr auf 1 990, ein seit zehn Jahren unerreichter Rekord. Dagegen stieg die Zahl der Arbeitslosen auf 1,3 Mill. im Dez. (5,7%), nachdem sie im Aug. sogar die 1,5-Mill.-Grenze überschritten hatte.

Nur knapp eine Woche nach Scheitern des Mißtrauensvotums gegen Premierminister H. Wilson gab dieser am 16. März seinen bevorstehenden Rücktritt bekannt. Im dritten Wahlgang am 5. April bestimmte die Unterhausfraktion der Labour Party den bisherigen Außenminister James Callaghan mit 176:137 Stimmen zum Nachfolger. Das neue Kabinett enthielt u. a. folgende Änderungen: stellvertretender Premierminister: Michael Foot; Außenminister: Anthony Crosland; Umweltminister: Peter Shore. H. Wilson wurde am 22. April von Königin Elisabeth II. zum Ritter des Hosenbandordens ernannt.

Das umstrittene Gesetz über die Dezentralisierung von Schottland und Wales (Devolution Bill) wurde mehrfach im Unterhaus debattiert. In zweiter Lesung verpflichteten sich die Unterhausparteien am 16. Dez. mit 292:247 Stimmen, vor Verabschiedung des Gesetzes (geplant für 1977) Volksabstimmungen in Schottland und Wales abzuhalten.

Die Conservative and Unionist Party war bei den Gemeindewahlen im Mai, bei denen sie fast 1 800 Sitze gewann, bes. erfolgreich. Auch bei den insgesamt 8 Nachwahlen zum Unterhaus erzielte sie unter Parteiführerin M. Thatcher erhebl. Stimmengewinne und eroberte im Nov. zwei bisher von der Labour Party gehaltene Wahlkreise. Die 631 Sitze im Unterhaus verteilten sich Ende 1976 wie folgt:

Großbritannien. Britische Soldaten im Einsatz gegen Ausschreitungen gewalttätiger nordirischer Demonstranten in Belfast

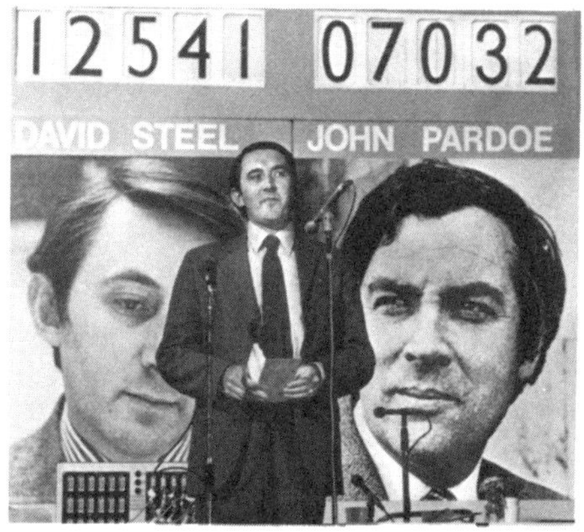

Großbritannien. D. Steel wird zum neuen Parteiführer der Liberalen Partei als Nachfolger von J. Thorpe gewählt

Großbritannien. Der Kursverfall des britischen Pfundes erreicht Ende Oktober an der Frankfurter Devisenbörse ein kritisches Ausmaß

Labour Party: 312; Conservative and Unionist Party: 278; Liberal Party: 13; Scottish National Party: 11; United Ulster Unionists: 10; Plaid Cymru (Welsh National Party): 3; Scottish Labour Party: 2; Social Democratic and Labour Party (Nordirland): 1; Independent Party (Nordirland): 1.

Nach dem umstrittenen Rücktritt des Führers der Liberal Party, J. Thorpe, wurde am 7. Juli nach

revidierten Wahlregeln von allen Parteimitgliedern D. Steel zu seinem Nachfolger gewählt.
Eine Serie von Bombenexplosionen in Nordirland zu Jahresanfang führte am 8. Jan. zu einem Treffen zwischen dem brit. Nordirlandminister, Merlyn Rees, und dem Justizminister der Republik Irland, P. Cooney. Durch die dort vereinbarten erweiterten Kontakte zwischen den Polizeieinheiten beider Länder hoffte man – so Premierminister H. Wilson am 12. Jan. vor dem Unterhaus –, die notwendigen Voraussetzungen zur Lösung der Sicherheitsprobleme zu schaffen, ohne die ein friedl. Miteinander beider Konfessionen in Nordirland nicht gewährleistet werden könne.

Großbritannien. Begräbnis von M. Drumm in Belfast, der Vizepräsidentin der nordirischen Sinn Fein, die von nordirischen Terroristen im Krankenhaus erschossen worden ist

Der durch Hungerstreik hervorgerufene Tod des Mitglieds der Provisor. IRA Frank Stagg im Febr. in einem brit. Gefängnis löste neue Terroranschläge in Dublin, Belfast und London aus, bei denen zahlreiche Todesopfer zu beklagen waren. Wegen unzulängl. Fortschritte gab M. Rees am 4. März die Auflösung des nordir. Verfassungskonvents bekannt, woraufhin das Parlament in Westminster die direkte Verwaltung von Ulster auf unbestimmte Zeit übernahm. Nach der Ermordung des brit. Botschafters in Dublin durch IRA-Terroristen im

Großbritannien. Verteidigungsminister F. Mulley (links) erörtert in Bonn mit seinem deutschen Amtskollegen G. Leber aktuelle militärpolitische Fragen

Juli bildete sich, ausgelöst durch den gewaltsamen Tod dreier minderjähriger Kinder in Belfast, am 14. Aug. eine Friedensbewegung meist prot. und kath. Frauen unter der Führung von Betty Williams und Mairead Corrigan, die mit steigenden Teilnehmerzahlen für ein Ende der Gewalt demonstrieren. Zu einer Friedensrallye versammelten sich auf dem Londoner Trafalgar Square am 27. Nov. über 15 000 Teilnehmer.
Seit 1969 kamen in Nordirland insgesamt 1 662 Personen ums Leben; die Zahl der Opfer von Terroranschlägen belief sich 1976 auf 292.
Außen- und Verteidigungspolitik: Die brit. Annäherung an Europa erhielt neuen Auftrieb durch die Designierung von Innenminister R. Jenkins zum künftigen Präsidenten der EG-Kommission. Auch die vielbeachtete Rede von Außenminister J. Callaghan vor dem Übersee-Club in Hamburg (22. Jan.) wies auf die positive und konstruktive Rolle hin, die G. Europa gegenüber künftig einnehmen wolle.
Direktwahlen zum Europ. Parlament wurden auf der Jahreskonferenz der Labour Party in Blackpool Ende Sept. zwar mit 4 016 Mill. zu 2 264 Mill. Stimmen abgelehnt, in der Thronrede zur Eröffnung der neuen Parlamentssession am 24. Nov. jedoch als Gesetzentwurf angekündigt.
Engere Beziehungen zwischen Frankreich und G. – durch die Einweihung des gemeinsam gebauten Überschallflugzeugs Concorde am 21. Jan. schon manifestiert – standen im Vordergrund der Gespräche anläßl. des Staatsbesuchs von Präsident V. Giscard d'Estaing in G. vom 22. bis 25. Juni. Beide Seiten vereinbarten regelmäßige Konsultationen, die im brit.-frz. Gipfeltreffen am 11./12. Nov. ihren ersten Höhepunkt fanden.
Der dt. Bundeskanzler H. Schmidt hielt sich am 6./7. Febr. und 10./11. Okt. in London zu Gesprächen mit der brit. Regierung auf. Während sich das erste Treffen mit Premierminister H. Wilson vorrangig auf europ. Fragen (Tindemans-Bericht, europ. Währungsschlange) konzentrierte, bildete die internat. Währungssituation das Hauptthema der Zusammenkunft mit Premierminister J. Callaghan.
Der isländ.-brit. Fischereistreit („Kabeljaukrieg"), der trotz mehrfacher Vermittlungsgespräche von NATO-Generalsekretär J. Luns sowie kurzfristigen Abzugs der brit. Kriegsmarine aus isländ. Gewässern nicht beigelegt werden konnte, führte am 19. Febr. zum Abbruch der diplomat. Beziehungen zwischen beiden Ländern. Die isländ. Regierung betonte jedoch, die Entscheidung stelle keine Beeinträchtigung des NATO-Stützpunkts Keflavík dar. Nach isländ. Einlenkungsversuchen im März auf der Tagung des Nord. Rats in Kopenhagen begannen Ende Mai am Rande der Tagung des NATO-Ministerrats in Oslo Gespräche über die Lösung des Fischereikonflikts zwischen den Außenministern A. Crosland und E. Ágústsson. Diese führten am 1. Juni zur Unterzeichnung eines Abkommens, in dem G. die Ausdehnung der isländ. Fischereizone auf 200 Seemeilen anerkennen mußte und nur 24 brit. Trawlern für sechs Monate Fangrechte zugestanden wurden. Am gleichen Tag erklärte G., daß es im Rahmen der EG-Fischereipolitik eine 200-Seemeilen-Zone auch für sich beanspruchen werde; das Gesetz wurde am 22. Dez. ratifiziert. Im Rahmen des isländ.-brit. Fischereiabkommens mußten bis 1. Dez. alle brit. Trawler aus der isländ. Zone abgezogen werden, da es den EG-Mitgliedsländern nicht gelang, ein gleichwertiges Abkommen zwischen Island und der EG-Kommission auszuhandeln.
Die Lösung des Rhodesienproblems stand 1976 im Zentrum brit. außenpolit. Aktivität. Außenminister J. Callaghan äußerte im Febr. vor dem Unterhaus, die Einmischung kuban. Truppen in die Angelegenheiten von Angolas Nachbarstaat Rhodesien fiele nur dann in G.s Verantwortung, wenn das rhodes. Regime die brit. Autorität anerkenne. Die brit. Vorschläge zu einer friedl. Lösung des Rhodesienkonflikts vom 22. März beinhalteten: 1. Keine Unabhängigkeit vor Einführung der Mehrheitsre-

gierung; 2. Wahlen für eine Mehrheitsregierung in spätestens zwei Jahren; 3. Verhandlungen über verfassungsrechtl. Bestimmungen der Unabhängigkeit mit konstruktiver Beteiligung G.s. Sie wurden aber vom rhodes. Ministerpräsidenten I. D. Smith abgelehnt. Auch während der mehrfachen Besuche des amerikan. Außenministers H. Kissinger in der zweiten Jahreshälfte in London stand die Rhodesienfrage im Mittelpunkt der Gespräche. Am 26. Sept. erklärte Außenminister A. Crosland, G. sei bereit, die von fünf afrikan. Staatschefs geforderte Konferenz zur Bildung einer Übergangsregierung und zur Vorbereitung einer neuen Verfassung einzuberufen. Unter Vorsitz des brit. UN-Botschafters I. Richard trat am 28. Okt. die Genfer Rhodesienkonferenz zusammen.
Königin Elisabeth II. und Prinz Philip besuchten anläßl. der Feiern zum 200. Jahrestag der Gründung der USA vom 6. bis 11. Juli offiziell die Vereinigten Staaten. Anschließend eröffnete die Königin am 17. Juli in Montreal die XXI. Olymp. Sommerspiele.
Am 17. März veröffentlichte die Regierung das Verteidigungsweißbuch 1976/77. Die am 22. Juli bekanntgegebenen Haushaltskürzungen für 1977/1978 enthielten u. a. Einsparungsmaßnahmen im Verteidigungsetat in Höhe von 100 Mill. £ für 1977/78 und 200 Mill. £ für 1978/79, die von der Conservative Party im Unterhaus scharf kritisiert wurden. In einer Fernsehansprache im Okt. warnte Premierminister J. Callaghan, daß sich G. aufgrund der wirtschaftl. Lage kaum noch imstande sähe, die Kosten für die Rheinarmee (55 000 brit. Soldaten) zu tragen, an deren Fortbestand er im Rahmen der NATO-Verpflichtungen jedoch festhalte. Verteidigungsminister F. Mulley erklärte dazu im Nov. vor dem Unterhaus, G. erhoffe von der BRD einen möglichst baldigen, erhebl. Beitrag zu den Stationierungskosten der brit. Streitkräfte in Deutschland.
Grüber, Klaus Michael, *Neckarelz 4. Juni 1941, dt. Theaterregisseur. Schüler S. Melchingers und G. Strehlers; fiel 1967/68 mit Inszenierungen Goldonis auf, in denen er das Groteske als grausame, abgründige Realität auffaßt („Der Impresario von Smyrna“, Freiburg im Breisgau). G. gilt als Regisseur der szen. Optik, wobei seine Ausdeutungen oft schwierig und riskant sind, so zuletzt in der Operninszenierung „Die Walküre“ (1976) in Paris.

Guatemala. Erdbebenschäden und -opfer in der im Februar zerstörten Hauptstadt

Guadeloupe ↑ Übersicht Staaten der Erde (Frankreich).
Guam ↑ Übersicht Staaten der Erde (USA).
Guatemala, nördlichste [Präsidial]republik Zentralamerikas. Als Volksvertretung fungiert ein Kongreß mit 61 Abgeordneten, die verschiedenen Parteien angehören (35 der Koalition Demokrat. Verfassungspartei/Bewegung Nationale Befreiung, 10 der Revolutionspartei und 16 den Christdemokraten). Staatsoberhaupt *Kjell Eugenio Laugerud García* (seit Juli 1974; zuvor *Carlos Arana Osorio*), Außenminister *Adolfo Molina Orantes.* Flagge ↑ Farbtafeln Flaggen S. 122. Internat. Mitgliedschaften ↑ Übersicht Internationale Organisationen.

GUATEMALA
Geographische Daten und Bevölkerung: *Fläche* 108 889 km², *Verwaltungsgliederung* in 22 Departamentos, *Hauptstadt* Guatemala (718 000 E; 1973), *Bevölkerung* 5,54 Mill. E, 51 E/km² (1973), Geburten-/Sterberate (auf 1 000 E) 43/15 (1973), *Amtssprache* Spanisch, *Religion* Katholiken.
Wirtschaft: *Erwerbstätigkeit* (1973): 1,547 Mill. Erwerbstätige, davon (in Prozentanteilen) Land- und Forstwirtschaft 57, Industrie, Bergbau und Energie 14, Baugewerbe 4, Handel, Banken, Versicherungen, Verkehr 10, sonstige Dienstleistungen und nicht spezifiziert 15. – *Landwirtschaft:* 1,4 Mill. ha Ackerland, 5,8 Mill. ha Wald (1975). – Produktion (Auswahl; 1975; in 1 000 t): Kaffee 144, Baumwolle (entkörnt) 98, Baumwollsaat 175, Mais 770, Zuckerrohr 4 900, Bananen 500, Rindfleisch 64. – *Industrie und Elektrizitätserzeugung* (Auswahl; 1974): Zement 316 000 t (1973), Zucker 325 000 t, Elektrizität 916 Mill. kWh. – *Außenhandel:* Export 623 Mill. Q, Import 733 Mill. Q (1975). Haupthandelspartner sind USA, El Salvador, BRD, Japan. Hauptexportgüter sind Kaffee, Zucker, Baumwolle, Bananen. – *Währung* ↑ Übersicht Währungen. – *BIP* zu Marktpreisen 3 586 Mill. Q, 660 Q/E (1975).
Verkehr: *Eisenbahnen:* Streckenlänge 824 km (1974). – *Straßen* (1973): 13 450 km, davon 2 552 km asphaltiert. Bestand an Pkw 54 500, an Lkw und Omnibussen 44 900 (1974). – *Luftverkehr* (1975): 422 000 Fluggäste.

Die *Wirtschaft* entwickelte sich, v. a. dank lebhafter privater und öffentl. Investitionstätigkeit, trotz des schweren Erdbebens im Febr. noch recht zufriedenstellend. Für den Wiederaufbau sind nach den neuesten Schätzungen rund 2 Mrd. $ erforderl., bes. in der Industrie waren die Schäden weit größer, als ursprüngl. angenommen wurde. Die Inflation dürfte sich auf etwa 20% beschleunigt haben. Der Export profitierte von den hohen Kaffee- und Baumwollpreisen, während die Einnahmen aus dem Tourismus wahrscheinl. gesunken sind. Die Zahlungsbilanz wurde durch die ersten Wiederaufbaukredite des Auslands entlastet.
Guichard, Baron Olivier Marie Maurice, *Néac (Gironde) 27. Juli 1920, frz. gaullist. Politiker. Jurist; einer der frühesten und engsten Mitarbeiter de Gaulles, 1947/48 dessen erster Sekretär, 1955–58 Leiter des Pressedienstes beim Kommissariat für Atomenergie; 1958 stellvertretender Direktor des Kabinetts. Zwischen 1967 und 1974 Minister verschiedener Ressorts (u. a. 1969–72 Erziehungsminister); seit Aug. 1976 Justizminister.
Guinea, Republik in W-Afrika an der Atlantikküste. Als Volksvertretung fungiert eine Nationalversammlung mit 75 gewählten Mitgliedern, die alle der Einheitspartei Parti Démocratique de Guinée (PDG) angehören. Staatsoberhaupt *Sékou Touré* (seit Okt. 1958), Regierungschef *Louis Lansana Béavogui* (seit April 1972). Flagge ↑ Farbtafeln Flaggen S. 122. Internat. Mitgliedschaften ↑ Übersicht Internationale Organisationen.
Wirtschaft: Bauxit ist der Reichtum des Landes. Die Vorräte werden auf rund 3 Mrd. t geschätzt, das sind zwei Drittel der bekannten Bauxitvorräte der Welt. 75% des Exports sind Mineralien. Daran sind Bauxit und Aluminium gemeinsam mit über der

GUINEA
Geographische Daten und Bevölkerung: *Fläche* 245 857 km², *Verwaltungsgliederung* in 29 Regionen, *Hauptstadt* Conakry (200 000 E), *Bevölkerung* 4,21 Mill. E (1973), 17 E/km², *Amtssprache* Französisch, *Religion* 65% Muslime, 2% Christen.
Wirtschaft: *Erwerbstätigkeit:* Etwa 90% der Erwerbspersonen sind in der Landwirtschaft tätig. – *Landwirtschaft:* Nutzfläche 18% der Gesamtfläche. – Produktion (Auswahl; 1973): Reis 385 000 t, Hirse 76 000 t, Mais 300 000 t, Süßkartoffeln 100 000 t, Maniok 520 000 t, Bananen 93 000 t, Ananas 13 000 t, Erdnüsse 25 000 t, Kaffee 7 000 t (1974), Rind- und Kalbfleisch 14 000 t (1972), Kuhmilch 43 000 t (1972). – *Bergbau, Industrie und Elektrizitätserzeugung* (Auswahl; 1973): Bauxit 7,6 Mill. t (1975), Eisenerz 1,0 Mill. t (1971), Tonerde 600 000 t, Diamanten 80 000 Karat, Elektrizität 450 Mill. kWh (1971). – *Außenhandel* (1973): Export 51,7 Mill. $, Import 61,9 Mill. $. Haupthandelspartner sind Frankreich und Norwegen. Hauptexportgüter sind Tonerde, Ananas, Kaffee. – *Währung* ↑ Übersicht Währungen. – *BIP:* 9,8 Mrd. SY (1969), 2 560 SY/E.
Verkehr: *Eisenbahnen:* Streckenlänge 662 km (1971). – *Straßen:* 28 400 km (1971). – *Schiffahrt* (1976): Handelsflotte mit 11 200 BRT. – *Luftverkehr* (1972; Flughafen Conakry): 90 000 Fluggäste.

Hälfte beteiligt. G. ist der fünftgrößte Bauxitproduzent in der Welt. Auf der Halbinsel Kaloum bei Conakry wird mit einer Jahresproduktion von 700 000 t Eisenerz abgebaut. Daneben fördert G. auch Diamanten- und Golderz. Ausgeführt wurden 1976 rund 80 000 Karat an Industriediamanten.
Innen- und Außenpolitik: Frau J. M. Cissé, eine frühere Generalsekretärin der Panafrikan. Frauenbewegung und die erste Afrikanerin, die mit dem Lenin-Friedenspreis ausgezeichnet worden ist, übernahm im April das Sozialministerium. Wichtigstes innenpolit. Ereignis war die Bekanntmachung vom 24. Juli, daß Justizminister D. Telli, ein früherer OAU-Generalsekretär, Planungsminister D. Alioune und sechs weitere hohe Regierungsvertreter unter der Anklage verhaftet wurden, am 14. Mai versucht zu haben, Präsident S. Touré zu ermorden. Die Verhafteten sollten gestanden haben, finanzielle Unterstützung seitens der USA, Frankreichs, der BRD, Südafrikas und der Elfenbeinküste erhalten zu haben, während aus dem Geständnis D. Tellis zusätzl. hervorgegangen sein soll, daß er für die CIA gearbeitet habe. Die senegales. Zeitung „Soleil" berichtete im Aug. über Mißhandlungen der Verhafteten und bezweifelte die Echtheit der Geständnisse. Sie erklärte, diejenigen afrikan. Führer, die die Menschenrechte verletzten, seien die „objektiven Verbündeten" des Regimes in Südafrika, da beide mit den gleichen Methoden arbeiteten.
G. vermittelte im März im Grenzkonflikt zwischen Benin und Togo, scheiterte aber im Mai bei Bemühungen, zwischen Marokko und Algerien in der Auseinandersetzung um Westsahara zu vermitteln. Der sowjet. Einfluß auf G., das nach dem Stand vom Febr. Militärhilfe in Höhe von insgesamt 94 Mill. $ erhalten hat, hielt an. Eine Normalisierung in den Beziehungen zwischen Kirche und Staat bahnte sich an, als S. Touré im Dez. bekanntgab, er werde die Rückgabe des Eigentums der kath. Kirche, das bis dahin der Miliz des Landes unterstellt war, und die Nominierung eines Bischofs befürworten.
Guinea-Bissau, Republik in W-Afrika. Als Volksvertretung fungiert eine Nationalversammlung mit 80 gewählten Abgeordneten, von denen 40 der PAIGC (Partido Africano da Independência de Guiné e Cabo Verde) angehören. Staatsoberhaupt (Präsident des Staatsrates) *Luis de Almeida Cabral* (seit Sept. 1973 bzw. Sept. 1974). Vorsitzender des Rates der Staatskommissare *Francisco Mendes*. Flagge ↑ Farbtafeln Flaggen S. 122. Internat. Mitgliedschaften ↑ Übersicht Internationale Organisationen.
Wirtschaft: G.-B., das zu den ärmsten afrikan. Entwicklungsländern zählt, behielt auch 1976 seinen Kurs auf eine sozialist. Planwirtschaft hin konsequent bei. Die Regierung erhält dabei Hilfe von den Ostblockländern. Positiv verlief die wirtschaftl. Entwicklung bisher im landwirtschaftl. Bereich. Die Einfuhren von Nahrungsmitteln konnten aufgrund der guten Ernteergebnisse von 1975/76 stark reduziert werden. Die Nahrungsmittelproduktion hatte Anfang 1977 den Stand wie vor Beginn des Befreiungskriegs. Die Industrie beschränkt sich auf die Bearbeitung von landwirtschaftl. Erzeugnissen.
Innen- und Außenpolitik: In der Frage einer Staatenunion mit Kap Verde kam G.-B. nicht weiter. Am 13. April wurden zwar mehrere Protokolle zur Festigung der Zusammenarbeit unterzeichnet, doch stellte der sog. Oberste Kampfrat als die Führungsspitze der regierenden PAIGC im Anschluß an eine 5tägige Sitzung im Sept. fest, die Entscheidung über eine Staatenunion müsse der Bevölkerung beider Länder überlassen bleiben. Hinsichtl. des Zeitpunkts einer Abstimmung wurden keine Angaben gemacht. Die Sitzung bestätigte einstimmig L. de Almeida Cabral in seinen Ämtern als Präsident und Vorsitzender des Obersten Kampfrates.
Mit Senegal wurden im April weitere Verträge abgeschlossen, die sich auf Verteidigung, Außenpolitik, Lufttransport, kulturelle Fragen und auf eine Meistbegünstigungsklausel im Handel beziehen. Mit Peking wurde im Juni ein Abkommen unterzeichnet, das es zwei chin. Ärzteteams ermöglichte, die Arbeit im N des Landes aufzunehmen. Die Staatschefs G.-B.s, Guineas und Kubas gaben am 15. März nach einer Konferenz bekannt, daß sie die MPLA-Regierung Angolas weiterhin voll unterstützen wollen. Im Dez. wurden Einzelheiten einer radikalen Reform des Erziehungswesens mitgeteilt. Schon im Jan. waren ehem. Militärlager in Schulen umgewandelt worden, da noch immer nur 10% der Schulpflichtigen Unterricht erhalten können.
Guinea-Peso, Währungseinheit in Guinea-Bissau; 1 PG = 100 Centavos (CTS). Der G.-P. trat am 29. Febr. 1976 wertgleich an die Stelle des bis dahin gültigen portugies. Escudo.
Guiringaud, Louis de, * Limoges 12. Okt. 1911, frz. Diplomat und Politiker. Ab 1938 im diplomat. Dienst; 1942 Mitglied der Résistance, 1949–52 polit. Direktor der frz. Hohen Kommission in der BRD; 1952–76 in verschiedenen diplomat. Funk-

GUINEA-BISSAU
Geographische Daten und Bevölkerung: *Fläche* 36 125 km², *Verwaltungsgliederung* in 10 Bezirke, *Hauptstadt* Bissau (65 000 E), *Bevölkerung* 509 000 E (1973), 14,1 E/km², *Amtssprache* Portugiesisch, *Religion* 63% Animisten, 35% Muslime.
Wirtschaft: *Landwirtschaft:* Produktion (Auswahl; 1973): Erdnüsse 60 000 t, Kokosnüsse 7 300 t (Export; 1971), Maniok 41 000 t, Reis 37 000 t, Palmkerne 7 000 t, Palmöl 8 000 t, Holzeinschlag 530 000 m³. – *Elektrizitätserzeugung* (1972): 13 Mill. kWh. – *Außenhandel* (1972): Export 69 Mill. Esc, Import 867 Mill. Esc. Haupthandelspartner ist Portugal. Hauptexportgüter sind Erdnüsse und Kokosnüsse. Hauptimportgüter sind Getränke, Tabak, Textilien, Gemüse, mineral. Erzeugnisse. – *Währung* ↑ Übersicht Währungen.
Verkehr: *Straßen* 3 554 km (1971). Kfz-Bestand 6 300 (1972). – *Luftverkehr* (1972): 15 100 Fluggäste.

GUYANA
Geographische Daten und Bevölkerung: *Fläche* 214962 km², *Verwaltungsgliederung* in 9 Bezirke, *Hauptstadt* Georgetown (175000 E), *Bevölkerung* 785000 E (1975), 3,7 E/km², *Amtssprache* Englisch, *Religion* 56% Christen, 33% Hindus, 9% Muslime.
Wirtschaft: *Erwerbstätigkeit:* 210000 Erwerbstätige, davon 73500 in Landwirtschaft und Fischerei, 52500 in Industrie und Bergbau, 84000 im Dienstleistungssektor (1970). – *Landwirtschaft:* Nutzfläche 3,24 Mill. ha, davon 810000 ha Ackerland; 14,6 Mill. ha Wald (1970). – Produktion (Auswahl; 1975): Reis 160000 t, Kokosnüsse 36000 t, Rindfleisch 4000 t. – *Bergbau, Industrie und Elektrizitätserzeugung* (Auswahl; 1975): Bauxit 3,83 Mill. t, Gold 560 kg, Rum 275000 hl, Zucker 311000 t, Elektrizität 383 Mill. kWh. – *Außenhandel* (1975): Export 812 Mill. G$, Import 780 Mill. G$. Haupthandelspartner sind Großbritannien. Hauptexportgüter sind Zucker, Bauxit, Reis. Hauptimportgüter sind Verbrauchsgüter, Maschinen, Nahrungsmittel. – *Währung* ↑Übersicht Währungen. – *BIP* zu Faktorkosten 870 Mill. G$, 1130 G$/E (1974).
Verkehr: *Straßen:* 2700 km (1971).

tionen tätig, u. a. 1955–57 frz. Vertreter im UN-Sicherheitsrat, 1966–72 Botschafter in Japan, 1972–76 ständiger Vertreter Frankreichs bei den UN. Seit Aug. 1976 Außenminister.

Guyana, Staat an der NO-Küste Südamerikas. Als Volksvertretung fungiert eine Nationalversammlung, der 53 gewählte Abgeordnete aus mehreren Parteien angehören. Staatsoberhaupt *Raymond Arthur Chung* (seit März 1970), Regierungschef *Linden Forbes Sampson Burnham* (seit Dez. 1964). Flagge ↑Farbtafeln Flaggen S. 122. Internat. Mitgliedschaften ↑Übersicht Internationale Organisationen.
Wirtschaft: Der Zuckerpreissturz brachte 1976 das Land wirtschaftl. in große Schwierigkeiten. Obwohl 40000 t mehr Zucker exportiert wurden, sanken die Erlöse von 413 auf 220 Mill. G$ und damit die Staatseinnahmen aus der Zuckerexportabgabe von 225 auf 63 Mill. G$. So wurden starke Ausgabenkürzungen erforderl., denen auch die Subventionen für Grundnahrungsmittel zum Opfer fielen. Letztere trugen 1975 dazu bei, die Inflationsrate auf 6% herunterzudrücken. Hinzu kam, daß der Bauxitabbau durch Überschwemmungen auf die Hälfte der normalen Menge sank. Die starken Regenfälle richteten auch in der Landwirtschaft großen Schaden an. Die Maisernte wurde fast vernichtet, die Reisernte um 40% vermindert, so daß für den Export (1975: 80000 t für 88 Mill. G$) nichts übrig blieb. Das Arbeitslosenproblem wurde duch Einführung eines Arbeitsdienstes nach kuban. Muster gelöst. Trotz der Exportausfälle wurde die Einfuhr von Investitionsgütern weiter erhöht. Die Folge war, daß die Währungsreserven von 256 auf 70 Mill. G$ fielen.
Innen- und Außenpolitik: Zum 10. Unabhängigkeitstag (26. Mai) gab Premierminister L. F. S. Burnham die Nationalisierung des brit. Zuckerkonzerns Booker McConnell bekannt. Mit dieser und bereits früher erfolgten Verstaatlichungen im Bauxitbereich, dem zweiten wichtigen Exportzweig des Landes, waren wesentl. Punkte erfüllt, mit denen die Fortschrittl. Volkspartei (PPP) ihre polit. Gegnerschaft zur Partei des Nat. Volkskongresses (PNC) während 20 Jahren legitimiert hatte. Ihre nunmehr „krit. Unterstützung" dokumentierten die Abgeordneten der PPP, als sie Anfang Juli wieder ins Parlament zogen, das sie drei Jahre lang boykottiert hatten. Auch ein anderes Ziel wurde 1976 erreicht: die Selbstversorgung des Landes mit Grundnahrungsmitteln. Gegen Jahresende mußte die Regierung infolge von Mißernten und Einnahmerückgängen aus dem Zucker- und Bauxitexport drast. Sparmaßnahmen ankündigen. Das bedeutete v. a. den Abbau von Subventionen für Grundnahrungsmittel sowie Preiserhöhungen. Außenpolit. war G. heftiger Kritik durch die nordamerikan. Presse ausgesetzt, weil die Regierung der „Kooperativen Republik" gute Beziehungen zu Kuba, aber auch zu China und den Blockfreien unterhielt. Das amerikan. Außenministerium beschuldigte G. der Gefährdung des weltpolit. Gleichgewichts, da es kuban. Militärmaschinen das Auftanken zum Weiterflug nach Angola gestattet hätte. Im Mai vereinbarten die Regierungschefs von G., Jamaika, Trinidad und Tobago sowie Barbados engere wirtschaftl. Zusammenarbeit.

H

Haas, Ernst, *Wien 2. März 1921, östr. Photograph. Lebt in den USA. Seine poet. Landschafts- und Städteaufnahmen werden von Zeitschriften wie „Life", „Holiday", „Du", „Paris-Match", „Look" u. a. gebracht. Hielt als einer der ersten in Farbaufnahmen Bewegung fest (verwischte Konturen). Bildbände: „Die Schöpfung" (dt. 1971), „In Amerika" (1975), „In Deutschland" (1976).

Hagen, Stadt in Nordrhein-Westfalen: Im Okt. 1976 nahm in Hagen die erste Fernuniversität der BRD den Lehrbetrieb mit 1285 Studenten in den Fachrichtungen Wirtschaftswissenschaften, Mathematik und Erziehungswissenschaften auf.

Haiti, Staat im W der Insel Hispaniola. Als Volksvertretung fungiert eine Gesetzgebende Versammlung mit 58 Abgeordneten. Staatsoberhaupt *Jean-Claude Duvalier* (seit Jan. 1971). Flagge ↑Farbtafeln Flaggen S. 122. Internat. Mitgliedschaften ↑Übersicht Internationale Organisationen.
Wirtschaft: H. profitierte 1976 von den hohen Kaffeepreisen, so daß ein etwas höheres Wirtschaftswachstum als 1975 (3,5%) zu erwarten war. Auch die Inflationsrate konnte stark herabgedrückt

HAITI
Geographische Daten und Bevölkerung: *Fläche* 27750 km², *Verwaltungsgliederung* in 9 Departements, *Hauptstadt* Port-au-Prince (etwa 500000 E), *Bevölkerung* 4,58 Mill. E, 165 E/km² (1975), Geburten-/Sterberate (auf 1000 E; Durchschnitt 1970–75) 36,2/15,4, *Amtssprache* Französisch, *Religion* überwiegend Katholiken.
Wirtschaft: *Erwerbstätigkeit* (ILO-Schätzung 1975): 3,093 Mill. Erwerbspersonen, davon über 80% in der Landwirtschaft, 13100 (1973) in der Industrie. – *Landwirtschaft:* Nutzfläche 870000 ha, davon 370000 ha Ackerland; 700000 ha Wald (1970). – Produktion (Auswahl; 1975): Kaffee 32100 t, Sisal 19000 t, Kakao 1800 t, Mais 250000 t, Reis 110000 t. – *Bergbau, Industrie und Elektrizitätserzeugung* (Auswahl): Bauxit 522000 t (1975), Zement 140000 t (1974), Zucker 69000 t (1975), Elektrizität 141 Mill. kWh (1973). – *Außenhandel* (1975): Export 68,8 Mill. $, Import 105 Mill. $. Haupthandelspartner sind USA, Frankreich, Kanada. Hauptexportgüter sind Kaffee, Bauxit, Zucker. – *Währung* ↑Übersicht Währungen. – *BIP* zu Marktpreisen 3663 Mill. Gde, 813 Gde/E (1974).
Verkehr: *Straßen* (1972): 3157 km, davon 286 km gepflastert. Bestand an Pkw 11700, an Lkw und Omnibussen 1300 (1973). – *Luftverkehr* (1974): 280000 Fluggäste. – *Fremdenverkehr* (1974): 209000 Touristen.

werden (Jan.–Sept.: 5,5%). Dank günstiger Investitionsgesetze und niedriger Löhne (1,40 $ pro Tag) gründen immer mehr amerikan. Firmen Niederlassungen in H., meist als lohnintensive Veredelungsbetriebe. Schon 15 000 Arbeitskräfte sind in diesem Sektor tätig. Mit einer venezolan. Firma wurde ein Abkommen über Ölprospektierungen getroffen. Die Handelsbilanz hat sich erhebl. gebessert. Allein die Exporterlöse für Kaffee stiegen 1976 für nur die doppelte Menge wie 1975 von 36 auf 268 Mill. $ (jeweils für Jan.–Sept.). Internat. Institutionen gewährten dem Land in erhöhtem Maße Kredite.

Hamm-Brücher, Hildegard, * Essen 11. Mai 1921, dt. Politikerin (FDP). 1950–66 und 1972–76 Mitglied des Bayer. Landtages. Seit 1963 im Bundesvorstand der FDP. 1967–69 Staatssekretärin im hess. Kultusministerium, 1969–72 Staatssekretärin im Bundesministerium für Bildung und Wissenschaft. Seit Dez. 1976 Parlamentar. Staatssekretärin beim Bundesminister des Auswärtigen im Rang eines Staatsministers.

Hay, Alexandre, * Bern 29. Okt. 1919, schweizer. Jurist. 1942–45 Rechtsanwalt in Genf, 1945–48 im Eidgenöss. Polit. Departement tätig, bis 1953 Legationssekretär der schweizer. Botschaft in Paris. Ab 1955 bei der Schweizer. Nationalbank, 1966–76 deren Vizepräsident und Generaldirektor. Seit Juli 1976 Präsident des Internat. Komitees des Roten Kreuzes (IKRK).

Helios: Die Sonnensonde H. A wurde am 10. Dez. 1974 erfolgreich gestartet, H. B am 15. Jan. 1976. Beide Sonden haben bereits mehrere Periheldurchgänge (unbeschädigt) überstanden und lieferten eine Vielzahl neuer Erkenntnisse, insbes. über den Sonnenwind und die kosm. Strahlen. – ↑ auch tabellarische Übersicht Weltraumfahrt S. 300 sowie Textbeitrag S. 290.

Hillenbrand, Martin Joseph, * Youngstown (Ohio) 1. Aug. 1915, amerikan. Diplomat. Seit 1939 im auswärtigen Dienst, 1956–58 polit. Berater der Regierung der USA in Berlin, 1963–67 stellvertretender Missionschef in Bonn, 1967–69 Botschafter in Ungarn, von 1972 bis Sept. 1976 Botschafter in Bonn.

John Patrick Hillery

Hillery, John Patrick, * in der Grafschaft Clare 2. Mai 1923, ir. Politiker. Arzt; seit 1951 Mitglied des ir. Parlaments; 1955–57 Mitglied des Gesundheitsrates, 1959–65 Erziehungsminister, 1965/66 Minister für Industrie und Handel, 1966–69 Arbeitsminister, 1969–72 Außenminister. 1973–76 Vizepräsident der EG-Kommission und Bevollmächtigter für den Bereich Sozialpolitik. Im Nov. 1976 als Nachfolger des zurückgetretenen C. O'Dalaigh zum Staatspräsidenten gewählt.

Hochschulen: Nach einem außerordentl. mühseligen Gesetzgebungsverfahren ist am 30. 1. 1976 das Hochschulrahmengesetz (HRG) vom 29. 1. 1976 in Kraft getreten. Voraussetzung zu diesem Rahmengesetz war eine Verfassungsänderung, da das GG keine Bundeskompetenz vorsah. Das Gesetz ist eine Kompromißregelung – der Bundesrat hatte in 77 Punkten eine Änderung verlangt – und hat zum Gegenstand seiner Regelung alle Hochschulen, also alle Einrichtungen des sog. tertiären Bildungsbereichs von Universitäten bis Fachhochschulen. Zu den wichtigsten Neuregelungen gehören:

1. Der Hochschulzugang: Die umstrittene Bonus-Malus-Regelung und der Länderstaatsvertrag werden abgelöst, in Fächern mit Zulassungsbeschränkungen wird die Gesamtzahl der vorhandenen Studienplätze in Länderquoten aufgeteilt.
2. Die Mitbestimmung: In den Entscheidungsgremien sind Professoren, Studenten, wissenschaftl. und sonstige Mitarbeiter vertreten, wobei die Professoren über die absolute Mehrheit der Stimmen verfügen.
3. Das Ordnungsrecht: Die Einschreibung zum Studium kann widerrufen werden, wenn ein Student durch Anwendung von Gewalt, durch Aufforderung zur Gewalt oder durch die Drohung mit Gewalt den Hochschulbetrieb oder ein Hochschulmitglied behindert.

Da das HRG nur Rahmenbestimmungen enthält, wird in den einzelnen Bundesländern der Erlaß oder die Novellierung von eigenen Landeshochschulgesetzen notwendig.

Honduras, Republik im Mittelteil Zentralamerikas. Als Volksvertretung fungierte bis 1972 ein Nationalkongreß mit 64 gewählten Abgeordneten, die zwei Parteien (Partido Nacional und Partido Liberal) angehörten. Staatsoberhaupt *Juan Alberto Melgar Castro* (seit 22. April 1975; zuvor *O. López Arellano*). Flagge ↑ Farbtafeln Flaggen S. 122. Internat. Mitgliedschaften ↑ Übersicht Internationale Organisationen.

Die *Wirtschaft* hat die schweren Schäden, die der Wirbelsturm Fifi im Sept. 1974 anrichtete, weitgehend überwunden. Das BIP stieg um rund 5% (revidierter Wert für 1975: 1,5%). Gleichzeitig verlangsamte sich der Preisauftrieb auf unter 5%. Im Juli wurde eine Verordnung zur Gründung einer industriellen Freizone in Puerto Cortes erlassen. Sich dort ansiedelnde Betriebe erhalten Steuervergünstigungen und sind von den meisten Abgaben befreit. Auch der Export hat sich dank hoher Kaffeepreise und einer guten Bananenernte wieder erholt. So verminderte sich das Handelsbilanzdefizit trotz steigender Importe um 35% (Jan.–Sept.).

Honecker, Erich, * Neunkirchen/Saar 25. Aug. 1912, dt. Politiker. Seit 1971 Erster Sekretär des ZK der SED, nach Änderung des Parteistatuts auf dem IX. Parteitag im Mai 1976 Generalsekretär des ZK. Im Anschluß an die Volkskammerwahlen vom Okt. 1976 auch Vorsitzender des Staatsrates.

Hongkong ↑ Übersicht Staaten der Erde (Großbritannien).

Aufgrund der günstigen Wirtschaftsentwicklung erweiterte die Verwaltung ihr Sozialprogramm, bes. den öffentl. Wohnungsbau, der ab 1978 jährl. 200 000 Menschen Unterkunft bieten soll. Im Mittelpunkt der Bekämpfung der hohen Kriminalität stand der erhöhte Einsatz gegen Rauschgiftschmuggel und -sucht, die „Triaden"-Geheimgesellschaften (geschätzte Mitgliederzahl: 80 000) und Korruption (Febr. 1974–Febr. 1976: 226 Verurteilte, darunter fast 100 Polizeibeamte). Ein neues Verteidigungsabkommen mit Großbritannien ab 1. April sah einen brit. Truppenabbau von 11 000 auf 8 000 Mann und die Steigerung des Anteils von H. an den Stationierungskosten auf (1978) 75% des Militärbudgets vor. Die Beziehungen zu China waren 1976 unproblematisch.

Hoss, Selim ↑ Huss, Salim Al.

HONDURAS
Geographische Daten und Bevölkerung: *Fläche* 112 088 km², *Verwaltungsgliederung* in 18 Departamentos, *Hauptstadt* Tegucigalpa (270 000 E), *Bevölkerung* 2,654 Mill. E, 24 E/km² (1975), *Amtssprache* Spanisch, *Religion* überwiegend Katholiken.
Wirtschaft: *Erwerbstätigkeit* (1972): 830 000 Erwerbstätige, davon (in Prozentanteilen) Land- und Forstwirtschaft 65, produzierendes Gewerbe 11, Dienstleistungen 24. – *Landwirtschaft:* 830 000 ha Ackerland, 2 Mill. ha Weideland; etwa 7 Mill. ha Wald. – Produktion (Auswahl; 1975; in 1 000 t): Mais 330, Bananen 1 500, Kaffee 49, Reis 19. – *Industrie und Elektrizitätserzeugung:* Zucker 70 800 t (1975), Zement 236 000 t (1973), Elektrizität 460 Mill. kWh (1974). – *Außenhandel* (1975): Export 283 Mill. $, Import 400 Mill. $. Hauptexportgüter sind Kaffee, Bananen, Holz. – *Währung* ↑Übersicht Währungen. – *BIP* zu Marktpreisen 1 949 Mill. L, 735 L/E (1974).
Verkehr: *Eisenbahnen:* 1 079 km. – *Straßen* (1975): 5 943 km, davon 1 228 km asphaltiert. – *Luftverkehr* (1975): 162 000 Fluggäste.

Hua Kuo-feng, * Chiaocheng (Provinz Schansi) 1921, chin. Politiker. 1958–67 Provinzgouverneur von Hunan, ab 1970 Erster Sekretär der KP von Hunan, 1972 polit. Kommissar der Volksbefreiungsarmee in der Militärregion Kanton, ab 1973 Erster polit. Kommissar des Militärdistriktes Hunan. Im Jan. 1975 zu einem der zwölf stellvertretenden Ministerpräsidenten und zum Minister für

Hua Kuo-feng

öffentl. Sicherheit ernannt. Seit April 1976 Ministerpräsident (von Febr. bis April 1976 amtierender Ministerpräsident). Seit Okt. 1976 Nachfolger Mao Tse-tungs als Vorsitzender des ZK der KPCh.
Huang Hua, * in der Prov. Hopeh 1913, chin. Diplomat und Politiker. 1960–66 Botschafter in Ghana, 1966–70 in Ägypten, 1971 in Kanada. Ab 1971 ständiges Mitglied der Delegation seines Landes bei den UN. Seit Dez. 1976 Außenminister.
Huber, Antje, * Stettin 23. Mai 1924, dt. Politikerin (SPD). Seit 1969 MdB, seit Nov. 1975 im Bundesvorstand der SPD; wurde im Dez. 1976 Bundesminister für Jugend, Familie und Gesundheit.
Huss, Al, Salim, * Beirut 20. Dez. 1929, libanes. Politiker. Wirtschaftsmanager; ab 1964 Berater des

A. Huber (links) und ihre Vorgängerin im Bundesgesundheitsministerium K. Focke

kuwait. Entwicklungsfonds; als Präsident der Bankenkontrollkommission ab 1966 enge Zusammenarbeit mit E. Sarkis; ab 1973 Generaldirektor der Entwicklungsbank; wurde im Dez. 1976 Ministerpräsident.

I

Ibadan, Stadt in Nigeria: Nach Teilung des Western State 1976 Hauptstadt des neuen Bundesstaates Oyo.
Ikeja, Ort in Nigeria: Seit 1976 Verwaltungssitz des Bundesstaates Lagos.
Indien, Bundesstaat in Südasien. Als Volksvertretung fungieren ein Staatenrat (Rajya Sabha) mit 250 Mitgliedern, die verschiedenen Parteien angehören, sowie ein Parlament (Lok Sabha) mit 524 Mitgliedern, von denen u. a. der Fraktion der Kongreßpartei 350 Abgeordnete, der der abgespaltenen („orthodoxen“) Kongreßpartei 16, der der Swatantrapartei 8 und der der Hindupartei Jan Sangh 22 Abgeordnete angehören. Seit Juni 1975 herrscht der Ausnahmezustand. Staatsoberhaupt *Fakhruddin Ali Ahmed* (seit Aug. 1974; zuvor *Varahagiri V. Giri*), Regierungschefin und Ministerin einiger Ressorts *Indira Gandhi* (seit Jan. 1966), Außenminister *Yeshwantrao Balwantrao Chavan.* Flagge ↑Farbtafeln Flaggen S. 122. Internat. Mitgliedschaften ↑Übersicht Internationale Organisationen.
Wirtschaft: Die ind. Wirtschaft hat sich 1976 günstig entwickelt. Nach einer längeren Periode der Stagflation wurde im Fiskaljahr 1975/76 erstmals wieder ein reales Wachstum des Volkseinkommens von +5,5% erreicht. An dieser erfreulichen Entwicklung war die Landwirtschaft mit einer um 8% gestiegenen Erzeugung wesentl. beteiligt. Aufgrund der Rekordernte von 118 Mill. t Nahrungsmittelgetreide konnten 15 Mill. t an Getreidevorräten angelegt und Importe verringert werden. Seit Mitte 1976 wird kein Nahrungsmittelgetreide mehr eingeführt. Bei anderen Produkten (wie Ölsaaten, Baumwolle, Zuckerrohr) waren die Ergebnisse weniger positiv. Die Erdölwirtschaft erzielte mit der Mitte Mai 1976 angelaufenen Förderung aus Bombay-High weitere Fortschritte. Bis Ende 1976 erreichte die Förderung etwa 1,2 Mill. t. Sie soll 1977 auf 4, bis 1980 auf 10 Mill. t steigen. Die Kohleförderung konnte um 13% gesteigert werden. Neben Eisenerz soll künftig verstärkt Kohle exportiert werden, und zwar auch nach Europa. Erfreulich war auch die Steigerung der industriellen Produktion (+5,7%). Der Staatssektor (+17%) hat wesentl. zu diesem Aufschwung beigetragen. Die Stahlindustrie hat ihre Produktion erhöhen und ihre Exporte an Stahlprodukten um fast 100% steigern können. Die staatl. Stahlindustrie wurde 1976 umorganisiert. Ministerpräsidentin I. Gandhi hat mit rigorosen Sondergesetzen des Ausnahmezustandes fakt. Streikverbot verhängt. Außerdem besteht ein Lohnstopp. Bürokrat. Hemmnisse wurden abgebaut, ein strafferes Mana-

Indien. Parteienwerbung in der Zeit vor den Parlamentswahlen. Im Hintergrund Wahlplakate der Kongreßpartei für I. Gandhi in den Straßen von Jaipur

gement in Staatsbetrieben durchgesetzt und eine größere Arbeitsdisziplin erreicht. Im zweiten Quartal 1976 betrug der Ausfall durch Streik rd. 1,6 Mill. Tage, 1975 waren es im gleichen Zeitraum noch mehr als 6 Mill. Tage. Das Festhalten an einer antiinflationist. Kreditpolitik sowie eine bessere allgemeine Versorgungslage hat sich günstig auf die Preisentwicklung ausgewirkt. Im Fiskaljahr 1975/1976 fielen die Preise um 3%. 1974/75 stiegen sie noch um rd. 28%. Allerdings sind gegen Ende 1976 die Preise wieder gestiegen, so daß die Staatsbank im Nov. 1976 durch eine Anhebung der Mindestreserven mit einer Straffung der Kreditpolitik reagierte. Günstig hat sich auch der Außenhandel entwikkelt. Die Exporte erreichten im ersten Halbjahr des laufenden Fiskaljahres 22,63 Mrd. iR, eine Steigerung von 28% gegenüber dem Vorjahrszeitraum. Die Importe hingegen fielen um 7% auf 22,51 Mrd. iR, so daß ein leichter Überschuß in der Handelsbilanz erzielt werden konnte. Außergewöhnl. war die Steigerung der Devisenreserven, die sich in den ersten neun Monaten 1976 mehr als verdreifachten. Der Anstieg beruht, neben teilweise erhöhter Auslandshilfe und Ziehung von IWF-Sonderziehungsrechten im Gegenwert von 2,9 Mrd. iR, im wesentl. auf privaten Transferzahlungen von Auslandsindern in die Heimat. Die Devisenreserven nahmen seit Anfang 1975/76 von rd. 6,1 Mrd. iR auf mehr als 21 Mrd. iR Ende Okt. 1976 zu. Die 1976 erzielten Wachstumsraten werden als die höchsten seit der Unabhängigkeit I.s bezeichnet.

Innen- und Außenpolitik: Der Ausrufung des Notstandes im Juni 1975 folgte eine augenscheinl. Besserung in Wirtschaft und Gesellschaft. Je nach polit. Standort sprachen die einen von mehr Disziplin in Verwaltungen und Betrieben bzw. von mehr Repressionen. Da die verfassungsmäßigen Grundrechte außer Kraft gesetzt waren, konnten Vertreter der Exekutive zahlreiche unpopuläre Maßnahmen in die Tat umsetzen. Nicht zu leugnen waren 1976 Erfolge auf vielen wirtschaftl. Gebieten; teilweise wurden nie gekannte Wachstumsraten erzielt. Regierungsamtl. Verlautbarungen und die zensierte Presse führten diese erfreulichen Resultate auf die neue Regierungspolitik zurück. Günstige Monsunregen hatten gute Ernten gebracht. Aber auch das Verbot von Streiks ließ die Arbeitsproduktivität ansteigen.

Als I. Gandhi den Ausnahmezustand verkündet hatte, versprach sie eine Landreform. Dieses Vorhaben war nicht neu; seit 1947 wurde es in regelmäßigen Abständen wieder hervorgeholt. Von der Initiative erwartete man jetzt viel, da die staatsrechtl. Situation für einschneidende Eingriffe günstig war. Breite Schichten des Volkes hofften auf eine gerechtere Verteilung von Land und Vermögen. Doch waren im Juni 1976, dem Termin für den Abschluß der Landverteilung, nur wenige Fortschritte erzielt. Das Jahr verging, ohne wesentl. Änderungen in der Eigentumsstruktur zu bringen. Trotz scharfer Exekutivmaßnahmen – Oppositionelle und Regierungskritiker wurden kurz- oder längerfristig inhaftiert – sowie gelenkter Presse gelang es dem Kabinett nicht, das Volk rückhaltlos hinter sich zu bringen. In einzelnen Bundesstaaten wie im Dez. 1976 in West Bengal übte man den offenen Ungehorsam gegenüber der Zentralregierung. Der Chefminister dieses Staates, Siddhartha Shankar Ray, sollte nicht zuletzt auf Betreiben von Sanjay Gandhi seines Amtes enthoben werden. Doch konnten einflußreiche Mitglieder der Kongreßpartei „die Einflußnahme von oben" abwehren. In der Kommunist. Partei I.s machte sich im Verlauf des Jahres 1976 zunehmend Ernüchterung über den Fehlschlag ihrer Volksfrontpolitik breit. Sie ging in Distanz zur Kongreßpartei und forderte sogar Neuwahlen. Früher hatte sie die Demontage demokrat. Grundrechte mit dem Bemerken gerechtfertigt, es habe sich allenfalls um „demokrat. Firlefanz" gehandelt.

Gegen Ende des Jahres wurde immer deutlicher, daß der Landwirtschaftsminister Jagjivan Ram an Einfluß gewann und Regierungsmaßnahmen hörbar kritisierte. So sprach er sich gegen die Amtsenthebung der Chefministerin von Orissa, Nandini Satpathi, aus. Sie sollte unter Beteiligung von Sondereinheiten der Bundespolizei zum Rücktritt gezwungen werden. J. Ram wie Frau N. Satpathi hatten sich gegen den Personenkult um Sanjay Gandhi gewandt.

Im Okt. wurde von oppositionellen Politikern eine Bürgerrechtsunion gegründet, der der bekannteste Oppositionspolitiker I.s, Jayaprakash Narayan, vorstand. Er hatte schon wiederholt versucht, die polit. Kräfte, die I. Gandhi distanziert gegenübertraten, zu einigen. Auf der Gründungsversammlung in Neu-Delhi setzten sich die Anwesenden für Bürgerrechte und Aufrechterhaltung der Gewaltenteilung ein. Für diese Kräfte wurde der vor sieben Jahren aus der Kongreßpartei ausgetretene Jurist Morarji Desai zunehmend ein polit. Integrationsfaktor.

Sanjay Gandhi, Sohn der Premierministerin, wurde im Laufe des Jahres zum Kristallisationspunkt polit. Überlegungen. Es bereitete Unbehagen für viele Inder, eine Dynastie entstehen zu sehen. Um seinen Machtanspruch einzudämmen, fanden sich polit. Strömungen zusammen, die ohne diesen äußeren Anlaß auseinandergestrebt wären. Die an seine

Person geknüpften Vorgänge um die Familienplanung haben tiefe Eindrücke im Bewußtsein des Volkes hinterlassen. Es wurden an verschiedenen Orten zwangsweise Sterilisationen vorgenommen, die – wie Reisende beobachten konnten – Kastrationsängste auslösten und mit Sicherheit eine schwere polit. Hypothek bedeuten.
Vorgänge in ind. grenznahen Provinzen gewannen 1976 außenpolit. Gewicht. So zeigte man sich in Neu-Delhi beruhigt, daß sich die Lage im Nagaland normalisiert hatte. Linke, von außen unterstützte Separatisten hatten Sorge bereitet. Kaschmir blieb ein potentieller Unruheherd, obwohl die Premierministerin mit Scheich M. Abdullah ein Stillhalteabkommen getroffen hatte. Mit Pakistan wurden die diplomat. Beziehungen wiederaufgenommen, und auch der Handel wurde legal. Die 1962 abgebrochenen Beziehungen zur VR China wurden durch den Austausch von Botschaftern auf ind. Initiative neu angeknüpft. Dabei blieben allerdings territoriale Fragen unbeantwortet. Das Verhältnis zu Bangladesch war bestimmt durch den Streit um das Gangeswasser und den Vorwurf Daccas, Neu-Delhi würde Insurgenten einschleusen. I. wies den Vorwurf der Einmischung in innerbengal. Angelegenheiten zurück, und Bangladesch brachte die Farakkafrage vor die UN. Auf der Konferenz der blockfreien Staaten in Colombo im Aug. hatte I. sich des Vorwurfs zu erwehren, Neoimperialismus zu betreiben.
Als neuralg. Punkt ind. Außenpolitik erwies sich im Ind. Ozean die Insel Diego Garcia. So bemühte sich die Außenpolitik Neu-Delhis, amerikan. Einflüsse abzuwehren. Diesem Ziel diente auch die Errichtung einer ind. diplomat. Vertretung auf den Malediven. Mit dem an der südwestl. gelegenen Flanke befindl. Staat Mauritius wurden die Bande enger geknüpft. Die Reise der Premierministerin nach Afrika diente ebenfalls der Sicherung ind. Interessen. Indem sie den afrikan. Nationalismus unterstützte, versuchte sie, von der ostafrikan. Küste Einflüsse fernzuhalten, die eigene Ansprüche auf die maritime Führungsrolle im Ind. Ozean beeinträchtigen könnten. Die Iranpolitik diente ebenfalls den auf dieses Meer gerichteten Interessen. Obwohl sich I. wiederholt gegen eine amerikan. Präsenz im Ind. Ozean wandte, wurden wieder erste Annäherungsschritte unternommen. Dennoch stärkte die Premierministerin die Bande zu Moskau. Ihre Reisen in die Sowjetunion und die DDR dienten diesem Ziel.
Trotz anderslautender amtl. Stellungnahmen gab es 1976 zahlreiche Anzeichen eines ind. Verteidigungskonzepts, das atomare Aufrüstung einschließt. Atomare Abschreckung gegenüber der VR China wurde in Regierungskreisen im Vergleich zu konventionellen Waffen als billiger erachtet. Die militär. Ambitionen sind auf nukleare Parität mit dem nördl. Nachbarn gerichtet gewesen, wobei die Neutralisierung chin. Truppen in Tibet im Vordergrund stand. Obwohl zwischen den beiden Mächten Entspannungssignale getauscht wurden, konnte das grundsätzl. Mißtrauen nicht beseitigt werden.

INDIEN
Geographische Daten und Bevölkerung: *Fläche* 3 268 090 km², *Verwaltungsgliederung* in 21 Unionsstaaten und 9 Unionsterritorien, *Hauptstadt* Delhi (302 000 E), *Bevölkerung* (1975) 598,10 Mill. E, 183 E/km², Geburten-/Sterberate (auf 1 000 E; 1972) 36,6/16,9, *Amtssprache* Hindi (neben 15 weiteren nach der Verfassung zugelassenen Haupt- und Religionssprachen sowie Englisch als Verkehrssprache), *Religion* 82,9% Hindus, 11,2% Muslime, 2,6% Christen.
Wirtschaft: *Erwerbstätigkeit* (1973): Erwerbstätige (in Prozentanteilen) in Land- und Forstwirtschaft 69, Bergbau 0,5, Industrie 12, Bauwesen 1,5, Handel 5,5, Verkehr und Nachrichtenwesen 2,5. – *Landwirtschaft:* Nutzfläche 180,9 Mill. ha, davon 164,6 Mill. ha Ackerland, davon 30,5 Mill. ha bewässert. – Produktion (Auswahl; 1975): Weizen 24,2 Mill. t, Gerste 3,2 Mill. t, Hirse 19,7 Mill. t, Erdnüsse 6,6 Mill. t, Rohbaumwolle 3,7 Mill. t, Baumwollsamen 2,5 Mill. t, Jute 0,8 Mill. t, Mais 33,1 Mill. t, Kokosnüsse 4,6 Mill. t, Kartoffeln 6,2 Mill. t. – *Bergbau, Industrie und Elektrizitätserzeugung* (Auswahl; 1975): Kohle 93,9 Mill. t, Kupfererz 39 000 t, Bleierz 12 240 t, Eisenerz 40,48 Mill. t, Erdöl 8,28 Mill. t, Erdgas 912 Mill. m³, Schwefel 1,3 Mill. t, Holz 135 960 t, Baumwollgarne 991 200 t, Baumwollgewebe 4,08 Mrd. m, Weizenmehl 1,57 Mill. t, Pkw 31 440 Einheiten, Lkw 38 040 Einheiten, Reifen 3,8 Mill. Stück, Elektrizitätserzeugung 79 104 Mill. kWh. – *Außenhandel* (1975/76): Export 38,63 Mrd. iR, Import 50,18 Mrd. iR. Haupthandelspartner sind UdSSR, USA, Großbritannien, Japan, BRD, Iran, Kanada. Hauptexportgüter sind Juteerzeugnisse, Tee, Eisenerz, Leder und Lederwaren, Baumwollgewebe, Edelsteine. Hauptimportgüter sind Maschinen, Eisen und Stahl, elektrotechn. Erzeugnisse, Erdöl, Baumwolle, Getreide, Chemikalien. – *Währung* ↑Übersicht Währungen. – *BIP* zu Marktpreisen in jeweiligen Preisen (1972) 550,3 Mrd. iR.
Verkehr: *Eisenbahnen:* Streckenlänge 60 149 km (1974), davon 3 965 km elektrifiziert; 134,7 Mrd. Personenkilometer, 143,1 Mrd. Nettotonnenkilometer (1975). – *Straßen* (1973): 1 337 000 km, davon 435 000 km Hauptstraßen. – *Schiffahrt* (1976): Handelsflotte mit 4 988 420 BRT. – *Luftverkehr* (1975): 6 060 Mill. Personenkilometer, 233,8 Mill. Nettotonnenkilometer.

Indonesien, Republik in Südostasien. Als Volksvertretung fungieren ein Repräsentantenhaus (Dewan Perwakilan Rakyat) mit 460 Abgeordneten (261 gehören der Regierungsfraktion „Sekber Golkar", 75 der Fraktionsgruppe der Streitkräfte, 94 der Fraktion für Entwicklung der Einheit und 58 der Fraktion der Islam. Gelehrten an) und eine Beratende Volksversammlung (Majelis Permusyawaratan Rakyat) als oberstes Verfassungsorgan, deren 920 Mitglieder ebenfalls verschiedenen Parteien angehören. Staatsoberhaupt *Suharto* (seit März 1968), Vizepräsident Sultan *Hamengku Bowono IX.*, Außenminister *H. Adam Malik*. Flagge ↑Farbtafeln Flaggen S. 122. Internat. Mitgliedschaften ↑Übersicht Internationale Organisationen.
Für die *Wirtschaft* war 1976 ein schwieriges Jahr. Anfang 1976 erreichte die Krise um die staatl. Erdölgesellschaft ihren Höhepunkt, Mißwirtschaft und Korruption konnten nicht beseitigt werden, auf Java und Bali wuchs die Zahl der Arbeitslosen und Unterbeschäftigten, die Investitionsnachfrage war rückläufig. Der Rückgang der privaten Investitionsnachfrage beeinflußte nicht nur die wirtschaftl. Entwicklung 1976 negativ; er ist auch ein warnendes Zeichen für die Zukunft. Sollte die Regierung nicht in überzeugender Weise gegensteuern, so wird das Wachstum noch weiter abflachen und damit eine gefährl. soziale Entwicklung heraufbeschwören. Positiver entwickelte sich der Außenhandel. Während der Erdölüberschuß 1975 etwa 2 Mrd. $ betrug, dürfte sich der Überschuß 1976 auf etwa 3 Mrd. belaufen. Rohöl war der wichtigste Devisenbringer. Der Zuwachs der Einnahmen aus Erdölexporten stieg im Vergleich zu 1975 um 19,5%. Die Einnahmen aus den übrigen Exporten wurden für 1976 auf 2,2 Mrd. $ geschätzt, was einer Zunahme gegenüber 1975 von 28% entspräche. Auf der Importseite wurde 1976 9,5% weniger aufgewendet. Reduziert wurde die Einfuhr von Chemikalien und Düngemitteln infolge gestiegener Eigenproduktion und vorhandener Lagerbestände. Auch die

Importe von Maschinen und Fahrzeugen gingen gegenüber 1975 zurück. Auch 1976 gelang es nicht, die Versorgung mit Nahrungsmitteln sicherzustellen. Obwohl der Produktionsanstieg von Reis bei 4,2% und damit wesentl. über dem Bevölkerungsanstieg von 2,5% lag, bestand die „Reislücke" weiter.

Innen- und Außenpolitik: Das Jahr 1976, das zehnte der Präsidentschaft Suhartos, konnte auf eine Periode stabiler polit. Verhältnisse und wirtschaftl. Wachstums zurückblicken. Auch die Krise um die Staatsgesellschaft Pertamina vermochte diese Erfolge nicht wesentl. zu schmälern. Wenn sie auch die indones. Devisenvorräte (vorübergehend) aufzehrte, so konnte sie dennoch nicht die Kreditwürdigkeit des Inselreichs ernsthaft beeinträchtigen.

Weniger spektakulär, aber für das Wohlergehen des Staatswesens entscheidender war das weithin bekundete Unbehagen über den moral. Verfall der Gesellschaft. Vergnügungsstätten in den Städten und Korruption im Establishment („Kommerzialisierung der Ämter") forderten genauso wie die ungleiche Verteilung des Wohlstandes Widerspruch bes. in religiösen Kreisen heraus. Der Allianz aus Militärs und Technokraten ist es zu verdanken, daß es unter dem Präsidenten nicht mehr zu Chinesenpogromen kam. Wenn auch im Verborgenen, so spielte diese ethn. Gruppe ihre bedeutende Rolle im wirtschaftl. Aufbau weiter.

In der Art eines javan. Schattenspiels erlebte das Land eine „Verschwörung zum Sturz Präsident Suhartos". Während der zweiten Jahreshälfte verfaßten oppositionelle Persönlichkeiten Dokumente, die auf Suhartos Rücktritt und Übergabe der Amtsgeschäfte an den früheren Vizepräsidenten Hatta zielten. Führend im harten Kern der Oppositionellen war Sawito Kartowibowo, vermutl. ein linker Nationalist. Initiatoren der Aktion und Unterzeichner von Grundsatzerklärungen wurden verhaftet. Das Vorgehen der Staatsstreich-Dilettanten hatte in der Bevölkerung keinen Rückhalt finden und auf das Militär nicht übergreifen können. Die Parlamentswahlen, die am 2. Mai 1977 stattfinden sollen, dürften von diesen Ereignissen unbeeinflußt bleiben. Um die Sitze bewerben sich die in der Vereinten Entwicklungspartei zusammengefaßten islam. Kräfte, die Murba-Partei (nationalist.), die Demokrat. Partei (christl.) sowie Golkar (funktionalist. Gruppen, regierungsstützend). Im Jahr 1971 hatte Golkar 236 von 360 Sitzen gewinnen können. Die Wahl des Präsidenten findet ein Jahr später statt.

Eine Reihe wichtiger internat. Konferenzen wurde 1976 auf indones. Boden abgehalten. In Jakarta kam im Jan. der Asiat. Block der „Gruppe der 77" zur Vorbereitung der UNCTAD-Tagung in Nairobi zusammen. Vom 23. bis 25. Febr. tagte auf Bali die erste Gipfelkonferenz der fünf ASEAN-Staaten (I., Malaysia, Philippinen, Singapur, Thailand), auf der u. a. die Errichtung eines Ständigen Generalsekretariats beschlossen wurde.

Das indones. Einschreiten in Ost-Timor Ende 1975 brachte Kritik auf internat. Ebene und Unbehagen im Inland. Jakarta wollte vermeiden, daß sich in seine Flanke ein kommunist. Brückenkopf schob. Mißtrauen weckte das indones. Vorgehen in Australien. Canberra betonte in der zweiten Hälfte 1976, der „Prozeß der Dekolonisierung" sei nicht befriedigend abgelaufen, und man könne die Eingliederung Ost-Timors in die Republik I. nicht billigen. Die offenen Fragen zwischen I. und Australien konnten nicht gelöst werden. Australien ist nach den USA der bedeutendste Waffenlieferant des Inselreichs und sieht in diesem eine wichtige Brücke zu den übrigen ASEAN-Staaten.

Insel Man ↑Übersicht Staaten der Erde (Großbritannien).

Intelsat (Intelsat 4A) ↑tabellar. Übersicht Weltraumfahrt.

Internationale Organisationen und ihre Mitglieder ↑Übersicht S. 124ff.

Irak, Republik in Vorderasien. Staatsoberhaupt und Regierungschef *Ahmad Hasan Al Bakr* (seit Juli 1968), seit Nov. 1969 auch Vorsitzender des „Rates des Revolutionskommandos", das 14 Mitglieder umfaßt. Flagge ↑Farbtafeln Flaggen S. 122. Internat. Mitgliedschaften ↑Übersicht Internationale Organisationen.

Wirtschaft: Die Erdölexporte des I., die 95% der gesamten Exporterlöse ausmachen, waren 1976 rückläufig, so daß es zu unerwarteten Einnahmeausfällen kam. Im ersten Halbjahr 1976 betrug die Durchschnittsproduktion 1,8 Mill. Barrels pro Tag gegenüber 2,17 Mill. Barrels des Vorjahreszeitraums. Ab Sept. soll die Förderung sich normalisiert haben. Der Transport von Ölprodukten wurde durch Fertigstellung der 545 km langen Leitung zwischen Bagdad und Basra wesentl. beschleunigt. Eine weitere Pipeline von Kirkuk zur türk. Mittelmeerküste war Ende 1976 fast fertiggestellt. Andere Projekte waren eine Gasverflüssigungsanlage, ein Petrochemiewerk, die Erzeugung von Stahl und Wasserversorgungseinrichtungen. Große Anstrengungen werden zum weiteren Ausbau der Infrastruktur unternommen. Während der I. sich polit. an die UdSSR anlehnt, arbeitet er wirtschaftl. mit westl. Industrieländern zusammen.

INDONESIEN

Geographische Daten und Bevölkerung: *Fläche* 1 904 569 km², *Verwaltungsgliederung* in 26 Provinzen einschließl. Jakarta, *Hauptstadt* Jakarta (4,7 Mill. E), *Bevölkerung* 135,15 Mill. E, 74,6 E/km², Geburten-/Sterberate (auf 1 000 E) 44/20, *Amtssprache* Bahasa Indonesia, *Religion* 87,5% Muslime, 7,4% Christen, 1,9% Hindus, 0,9% Buddhisten, 0,8% Konfuzianer, 1,5% andere.

Wirtschaft: *Erwerbstätigkeit* (1973): 43,3 Mill. Erwerbspersonen, davon (in Prozentanteilen; 1971) Land- und Forstwirtschaft, Jagd, Fischerei (1973) 60,4 produzierendes Gewerbe 9,6, Dienstleistungen 20,6, andere Tätigkeiten und Arbeitslose 9,4. – *Landwirtschaft:* Nutzfläche 27,98 Mill. ha, davon 18,1 Mill. ha Ackerland. – Produktion (Auswahl): Reis (ungeschält) 23,0 Mill. t, Zuckerrohr 14,4 Mill. t, Mais 2,8 Mill. t, Kaffee 168 000 t, Tee 70 000 t, Kokosnüsse 5,9 Mill. t, Gewürznelken 19 200 t, Pfeffer 27 300 t, Naturkautschuk 845 000 t. – *Bergbau, Industrie und Elektrizitätserzeugung* (Auswahl; 1976): Erdöl 74,8 Mill. t, Naturgas 6,3 Mrd. m³ (1975), Bauxit 0,99 Mill. t, Zinnerz 24 400 t, Motorenbenzin 1,32 Mill. t, leichtes Heizöl 2,15 Mill. t, schweres Heizöl 5,48 Mill. t, Zement 881 000 t, Elektrizitätserzeugung 3,25 Mrd. kWh. – *Außenhandel* (1975): Export (fob) 7,103 Mrd. $, Import (cif) 4,77 Mrd. $. Haupthandelspartner sind Japan, USA, BRD. Hauptexportgüter sind Erdöl und Erdölerzeugnisse, Holz, Naturkautschuk (roh), Palmöl, Zinn. Hauptimportgüter sind Maschinen, Eisen und Stahl, Reis, Düngemittel. – *Währung* ↑Übersicht Währungen. – *BIP* zu Marktpreisen in jeweiligen Preisen (1975) 12 190 Mrd. Rp., 90 296 Rp./E.

Verkehr: *Eisenbahnen:* Streckenlänge: 6 637 km (1973), 3,332 Mrd. Personenkilometer (1974), 1,08 Mrd. Nettotonnenkilometer (1974). – *Straßen:* 95 463 km, davon 26 712 km asphaltiert. Kfz-Bestand (1974): Pkw 338 000, Lkw 166 000, Omnibusse 31 000. – *Schiffahrt:* Handelsflotte mit 897 082 BRT. – *Luftverkehr* (1975): 2,56 Mrd. Personenkilometer, 46 Mill. Nettotonnenkilometer.

Afghanistan
Ägypten
Albanien
Algerien
Andorra
Angola
Äquatorialguinea
Argentinien
Äthiopien
Australien
Bahamas
Bahrain
Bangladesch
Barbados
Belgien
Benin
Bhutan
Birma
Bolivien
Bophuthatswana
Botswana
Brasilien
Bulgarien
Bundesrepublik Deutschland
Burundi
Chile
China
Costa Rica
Dänemark
DDR
Dominica
Dominikanische Republik
Ecuador
Elfenbeinküste
Fidschi
Finnland
Frankreich
Gabun
Gambia
Ghana

Guinea
Guinea-Bissau
Guyana
Haiti
Honduras
Indien
Indonesien
Irak
Iran
Irland
Island
Israel
Italien
Jamaika
Japan
Jemen (Arab. Rep.)
Jemen (Dem. VR)
Jordanien
Jugoslawien
Kambodscha
Kamerun
Kanada
Kap Verde
Katar
Kenia
Kolumbien
Komoren
Kongo
Korea (Nord-K.)
Korea (Süd-K.)
Kuba
Kuwait
Laos
Lesotho
Libanon
Liberia
Libyen
Liechtenstein
Luxemburg
Madagaskar
Malawi
Malaysia
Malediven
Mali

Innen- und Außenpolitik: Laut einer Verordnung vom 7. Febr. wurden zwei neue Provinzen eingerichtet: die Salahaddin-Provinz mit den Bezirken Tikrit, Samarra, Balad und Tuz sowie die Nadschaf-Provinz mit den Bezirken Nadschaf, Abu-Sukhair und Kufa; die Provinz Kirkuk heißt künftig Tamim-Provinz. – Die Auseinandersetzungen mit den Kurden gingen weiter: Nach Angaben eines schweizer. Komitees zur Unterstützung des kurd. Volkes (3. Febr.) sind seit dem irak.-iran. Übereinkommen zur Beendigung der Auseinandersetzungen (März 1975) im I. mehr als 150 Kurden erschossen oder gehängt worden. – Bei einer Regierungsumbildung am 10. Mai schieden vier Minister aus dem 30köpfigen Kabinett aus, und vier traten neu ein, während sechs andere Posten übernahmen; neu eingerichtet wurde ein Ministerium für religiöse Stiftungen; die Inhaber von Schlüsselstellungen (v. a. Ressorts für Inneres, Äußeres und Erdöl) behielten ihre Ämter.

IRAK

Geographische Daten und Bevölkerung: *Fläche* 434 924 km², *Verwaltungsgliederung* in 16 Provinzen, *Hauptstadt* Bagdad (städt. Agglomeration mit über 3 Mill. E), *Bevölkerung* 11,12 Mill. E, 25,5 E/km², Geburten-/Sterberate (auf 1 000 E; 1971) 14,7/4, *Amtssprache* Arabisch, *Religion* 95% Muslime (zu gleichen Teilen sunnit. und schiit. Richtung), 3,5% Christen.

Wirtschaft: *Erwerbstätigkeit* (1974): 2,77 Mill. Erwerbstätige, davon (in Prozentanteilen; 1973) Land- und Forstwirtschaft, Fischerei 55,8, produzierendes Gewerbe 10,2, Handel, Banken, Versicherungen 6, Verkehr und Nachrichtenübermittlung 5,7, andere Dienstleistungen 11,8, sonstige Bereiche 10,5. – *Landwirtschaft:* Nutzfläche 5,04 Mill. ha, davon 4,85 Mill. ha Ackerland. – Produktion (Auswahl): Weizen 1,3 Mill. t, Reis 164 000 t, Gerste 579 000 t, Tomaten 422 000 t. – *Bergbau, Industrie und Elektrizitätserzeugung* (Auswahl): Erdöl 107,66 Mill. t, Benzin 970 000 t (1974), Kerosin 1,19 Mill. t (1974), leichtes Heizöl 919 000 t (1974), schweres Heizöl 1,932 Mill. t (1974), Elektrizität 2,36 Mrd. kWh (1972). – *Außenhandel* (1975): Export (fob) 8,852 Mrd. $, Import (cif) 4,186 Mrd. $. Haupthandelspartner sind Japan, BRD, USA, Frankreich. Hauptexportgüter sind Mineralölerzeugnisse, Obst und Gemüse, Häute und Felle, Textilfasern. Hauptimportgüter sind Eisen und Stahl, Fahrzeuge, Maschinen, Elektroerzeugnisse. – *Währung* ↑Übersicht Währungen. – *BIP:* 1 466,6 Mrd. ID.

Verkehr: *Eisenbahnen:* Streckenlänge 2 394 km (1973), 604 Mill. Personenkilometer, 1,37 Mrd. Nettotonnenkilometer. – *Schiffahrt:* Handelsflotte mit 708 763 BRT. – *Luftverkehr:* 386,4 Mill. Personenkilometer, 5,76 Mill. Nettotonnenkilometer.

Im Bürgerkrieg des Libanon unterstützte der I. diejenigen palästinens. Organisationen, die eine friedl. Lösung des Nahostkonflikts ablehnen. – Mit Saudi-Arabien wurde Mitte Febr. ein Grenzabkommen abgeschlossen. Im Verlauf von Spannungen mit Kuwait sollen irak. Truppen die Grenze zwischen beiden Ländern überschritten haben; der Anspruch des I. auf die von Kuwait verwalteten Inseln Bubian und Warba wurde aufrechterhalten. – Schwerpunkt der Außenpolitik bildete weiterhin eine enge polit., wirtschaftl. und militär. Zusammenarbeit mit den Ostblockstaaten, bes. mit der Sowjetunion. Der sowjet. Ministerpräsident A. N. Kossygin besuchte den I. (29. Mai bis 1. Juni). Mit verschiedenen osteurop. Ländern wurden neue Abkommen zur Zusammenarbeit geschlossen, mit der DDR vereinbarte man eine Intensivierung der Kooperation der Innenministerien (März), Anfang April besuchte eine Militärdelegation die DDR. – Auch der türk. Staatspräsident F. S. Korutürk besuchte den I. (26.–30. April). – Diplomat. Beziehungen wurden aufgenommen mit Oman (Jan.), Uruguay, Mauritius (März), Laos (April), Panama und den Komoren (Mai).

Iran, Kaiserreich in Vorderasien. Als Volksvertretung fungieren ein Senat mit 60 Mitgliedern und ein Abgeordnetenhaus mit 268 Abgeordneten, die verschiedenen Parteien angehören. Staatsoberhaupt Schah *Mohammad Resa Pahlawi* (seit Sept. 1941), Regierungschef *Amir Abbas Howaida* (seit Jan. 1965). Flagge ↑Farbtafeln Flaggen S. 122. Internat. Mitgliedschaften ↑Übersicht Internationale Organisationen.

Wirtschaft: Ihre Entwicklung verlief günstiger als im Vorjahr. Zwar wurden die gewaltigen Zunahmen des BSP von 1973 und 1974 (34% bzw. 40%) nicht wieder erreicht, doch ist das Ergebnis von 1975 (mit nur 3%) weit übertroffen worden. Regierungsstellen erwarteten für das Haushaltsjahr 1976/77 eine reale Zunahme der Gesamtproduktion von 13%. Die realen Zuwachsraten für den Nicht-Ölsektor wurden dabei mit 16% und für den Ölsektor mit 9% angenommen. Für die vier wichtigsten Sektoren lauteten die Schätzungen für die realen Wachstumsraten: Landwirtschaft 7%, Industrie und Bergbau 17%, Bauwirtschaft 20%, Dienstleistungen 18%. Das BSP pro Kopf dürfte 2 000 $ erreicht haben. Der I. zielt auch für die nächsten Jahre auf eine Wachstumsrate in der Höhe um 15% ab. Sind diese Erwartungen auch sehr viel niedriger als die noch vor zwei Jahren gehegten, so halten Fachleute doch Zuwachsraten um 12% für angemessener. Denn bereits jetzt sind Friktionen zutage getreten. Sie haben ihre Ursachen z. T. in der langsameren Zunahme der Weltnachfrage nach Erdöl. Von den Erdölverkäufen aber ist die iran. Wirtschaft trotz des rasch expandierenden Industriesektors abhängiger denn je: 90% der ausländ. Deviseneinnahmen kommen durch die Erdölexporte ins Land. 1976 betrugen die Erdöleinnahmen 20,9 Mrd. $ und lagen damit um 11,3% über dem Vorjahrsergebnis. Um die Einnahmen noch stärker zu steigern, forderte der Schah bei den OPEC-Verhandlungen am entschiedensten Preiserhöhungen. Doch selbst bei Zunahme der Erdöleinnahmen muß der I. in steigendem Maße Kredite an den internat. Kapitalmärkten aufnehmen. Bereits 1976 hat der I. einen Teil seiner Importe durch Kredite finanziert. Da die BRD und Frankreich dem I. bes. günstige Kreditkonditionen einräumten, konnten sie ihre Exporte gegenüber 1975 stark ausweiten. Rückgänge in ihren Verkäufen an den I. mußten dagegen die amerikan., brit. und japan. Exporteure hinnehmen. Weitere Hindernisse auf dem Wege zur Erreichung der ehrgeizigen Ziele der Wirtschaft bestehen in der noch immer unzulängl. Infrastruktur und dem hohen Analphabetentum der iran. Bevölkerung.

Innen- und Außenpolitik: Bewaffnete Aktionen innenpolit. Gegner der Regierung hielten auch in diesem Jahr an. Wiederholt wurden Todesurteile gegen Oppositionelle vollstreckt, zahlreiche andere wurden bei Feuergefechten mit Sicherheitskräften getötet. Bei Verhören polit. Verdächtiger wurden nach einem Bericht der Internat. Juristenkommission vom 28. Mai systematisch psych. und psycholog. Foltern angewandt. In einem Interview (Aug.) bestritt der Schah, daß im I. Gefangene gefoltert würden; die Zahl der polit. Gefangenen gab er mit 3 400–5 000 an. Beim 9. Jahreskongreß der Gefangenenhilfsorganisation Amnesty International in Straßburg wurden am 25. Sept. schwere Vorwürfe gegen den I. erhoben: Die Zahl der polit. Gefangenen belaufe sich auf 25 000, liege vermutl. sogar bei 100 000, erklärte ein Vorstandsmitglied; im I. habe es in den letzten Jahren die meisten Hinrichtungen

Forts. S. 128

INTERNATIONALE ORGANISATIONEN UND IHRE MITGLIEDER

Staat	Arabische Liga	ASEAN	CACM	CERN	COMECON	Commonwealth	EFTA	EG	ER	GATT	IAEA	ICAO	IDA	IFC	ILO	Interpol	IOK	ITU	IWF	LAFTA	NATO	OAS	OAU	OECD	OPEC	SEATO	UN	UNCTAD	UNESCO	UPU	Warschauer Pakt	Weltbank	WHO
Afghanistan											×	×	×	×	×		×	×	×								×	×	×	×		×	×
Ägypten	×									×	×	×	×	×	×	×	×	×	×				×				×	×	×	×		×	×
Albanien					×						×						×	×									×	×	×	×			×
Algerien	×										×	×	×		×	×	×	×	×				×		×		×	×	×	×		×	×
Andorra																																	
Angola																							×				×						
Äquatorialguinea								A		A			×	×				×	×				×				×		×	×		×	×
Argentinien										×	×	×	×	×	×	×	×	×	×	×		×					×	×	×	×		×	×
Äthiopien								A			×	×	×	×	×	×	×	×	×				×				×	×	×	×		×	×
Australien						×				×	×	×	×	×	×	×	×	×	×					×		×	×	×	×	×		×	×
Bahamas						×		A				×				×	×										×						×
Bahrain	×									A						×											×		×	×			×
Bangladesch						×				×	×				×												×	A	×	×			×
Barbados						×		A		×	×	×			×		×	×	×			×					×	×	×	×		×	×
Belgien				×				×	×	×	×	×	×	×	×	×	×	×	×		×			×			×	×	×	×		×	×
Benin								A		×		×	×		×	×	×	×	×				×				×	×	×	×		×	×
Bhutan																											×			×			
Birma										×	×	×	×	×	×	×	×	×	×								×	×	×	×		×	×
Bolivien											×	×	×	×	×	×	×	×	×	×		×					×	×	×	×		×	×
Botswana						×		A		A			×	×				×	×				×				×	×		×		×	×
Brasilien										×	×	×	×	×	×	×	×	×	×	×		×					×	×	×	×		×	×
Bulgarien					×					B	×	×			×		×	×									×	×	×	×	×		×
Bundesrepublik Deutschland				×				×	×	×	×	×	×	×	×	×	×	×	×		×			×			×	×	×	×		×	×
Burundi								A		×		×	×		×	×		×	×				×				×	×	×	×		×	×
Chile										×	×	×	×	×	×	×	×	×	×	×		×					×	×	×	×		×	×
China												×	×	×	×		×	×	×								×	×	×	×		×	×
Costa Rica			×								×	×	×	×	×	×	×	×	×			×					×	×	×	×		×	×
Dänemark				×				×	×	×	×	×	×	×	×	×	×	×	×		×			×			×	×	×	×		×	×
Deutsche Demokratische Republik					×							×					×										×	×	×		×		×
Dominikanische Republik										×	×	×	×	×	×	×	×	×	×			×					×	×	×	×		×	×
Ecuador											×	×	×	×	×	×	×	×	×	×		×			×		×	×	×	×		×	×
Elfenbeinküste								A		×	×	×	×	×	×	×	×	×	×				×				×	×	×	×		×	×
Fidschi						×		A								×	×	×	×								×			×		×	×

Finnland							×			×	×	×	×	×	×	×	×	×	×					×			×	×	×	×		×	×
Frankreich				×				×	×	×	×	×	×	×	×	×	×	×	×		×			×		×	×	×	×	×		×	×
Gabun								A		×	×	×	×	×	×	×	×	×	×				×		×		×	×	×	×		×	×
Gambia						×		A		×			×		×				×				×				×		×	×		×	×
Ghana						×		A		×	×	×	×	×	×	×	×	×	×				×				×	×	×	×		×	×
Grenada						A		A														×					×		×				×
Griechenland				×					×	×	×	×	×	×	×	×	×	×	×		×			×			×	×	×	×		×	×
Großbritannien und Nordirland				×		×		×	×	×	×	×	×	×	×	×	×	×	×		×			×		×	×	×	×	×		×	×
Guatemala			×								×	×	×	×	×	×	×	×	×			×					×	×	×	×		×	×
Guinea								A				×	×		×	×	×	×	×				×				×	×	×	×		×	×
Guinea-Bissau								A																			×						×
Guyana						×		A		×		×	×	×	×	×	×	×	×								×	×	×	×		×	×
Haiti										×	×	×	×	×	×	×	×	×	×			×					×	×	×	×		×	×
Honduras			×								×	×	×	×	×	×	×	×	×			×					×	×	×	×		×	×
Indien						×				×	×	×	×	×	×	×	×	×	×								×	×	×	×		×	×
Indonesien		×								×	×	×	×	×	×	×	×	×	×						×		×	×	×	×		×	×
Irak	×										×	×	×	×	×	×	×	×	×						×		×	×	×	×		×	×
Iran											×	×	×	×	×	×	×	×	×						×		×	×	×	×		×	×
Irland								×	×	×	×	×	×	×	×	×	×	×	×					×			×	×	×	×		×	×
Island							×		×	×	×	×	×	×	×	×	×	×	×		×			×			×	×	×	×		×	×
Israel										×	×	×	×	×	×	×	×	×									×	×	×	×		×	×
Italien				×				×	×	×	×	×	×	×	×	×	×	×	×		×			×			×	×	×	×		×	×
Jamaika						×		A		×	×	×		×	×	×	×	×	×			×					×	×	×	×		×	×
Japan										×	×	×	×	×	×	×	×	×	×					×			×	×	×	×		×	×
Jemen (Arab. Rep. J.)	×											×	×	×	×			×	×								×	×	×	×		×	×
Jemen (Demokrat. VR J.)	×									A		×	×		×			×	×								×	×	×	×		×	×
Jordanien	×										×	×	×	×	×	×	×	×	×								×	×	×	×		×	×
Jugoslawien				×	A					×	×	×	×	×	×	×	×	×	×					B			×	×	×	×		×	×
Kambodscha										A	×	×	×		×	×	×	×	×								×	×	×	×		×	×
Kamerun								A		×	×	×	×	×	×	×	×	×	×								×	×	×	×		×	×
Kanada						×				×	×	×	×	×	×	×	×	×	×		×	B		×			×	×	×	×		×	×
Kap Verde																											×						×
Katar	×									A	×	×						×							×		×		A	×		×	×
Kenia						×		A		×	×	×	×	×	×	×	×	×	×				×				×	×	×	×		×	×
Kolumbien											×	×	×	×	×	×	×	×	×	×		×					×	×	×	×		×	×
Komoren								A																			×						
Kongo (Demokrat. VR K.)								A		×	A	×	×		×	×	×	×	×				×				×	×	×	×		×	×
Korea (Nord-K.)					B							×					×											×					×
Korea (Süd-K.)										×	×	×	×	×	×	×	×	×	×									×	×	×		×	×
Kuba					×					×	×	×	×	×	×	×	×	×									×	×	×	×			×
Kuwait	×									×	×	×	×	×	×	×	×	×							×			×	×	×			×
Laos										×	×	×	×	×	×	×	×	×	×								×	×	×	×		×	×
Lesotho						×		A		A		×	×	×	×	×	×	×	×				×				×	×	×	×		×	×
Libanon	×										×	×	×	×	×	×	×	×	×								×	×	×	×		×	×
Liberia								A			×	×	×	×	×	×	×	×	×				×				×	×	×	×		×	×
Libyen	×										×	×	×	×	×	×	×	×	×				×		×		×	×	×	×		×	×
Liechtenstein							×			×	×					×	×	×									B	×		×			
Luxemburg								×	×	×	×	×	×	×	×	×	×	×	×		×			×			×	×	×	×		×	×

Internationale Organisationen und ihre Mitglieder (Forts.)

Staat	Arabische Liga	ASEAN	CACM	CERN	COMECON	Commonwealth	EFTA	EG	ER	GATT	IAEA	ICAO	IDA	IFC	ILO	Interpol	IOK	ITU	IWF	LAFTA	NATO	OAS	OAU	OECD	OPEC	SEATO	UN	UNCTAD	UNESCO	UPU	Warschauer Pakt	Weltbank	WHO
Madagaskar								A		×	×	×	×	×	×	×	×	×	×				×				×	×	×	×		×	×
Malawi						×		A		×		×	×	×	×	×	×	×	×				×				×	×	×	×		×	×
Malaysia		×				×				×	×	×	×	×	×	×	×	×	×								×	×	×	×		×	×
Malediven										A								×	×								×	×		×			×
Mali								A		A	×	×	×	×	×	×	×	×	×				×				×	×	×	×		×	×
Malta						×			×	×		×			×	×	×	×	×								×	×	×	×			×
Marokko	×										×	×	×	×	×	×	×	×	×				×				×	×	×	×		×	×
Mauretanien	×							A		×		×	×	×	×	×	×	×	×				×				×	×	×	×		×	×
Mauritius						×		A		×		×	×	×	×	×		×	×				×				×	×	×	×		×	×
Mexiko											×	×	×	×	×	×	×	×	×	×		×					×	×	×	×		×	×
Moçambique																							×				×						×
Monaco											×					×	×	×									B	×	×	×			×
Mongolische Volksrepublik					×							×			×		×	×									×	×	×	×	B		×
Nauru						×						×				×														×			
Nepal										×		×	×	×	×	×	×	×	×								×	×	×	×		×	×
Neuseeland						×				×	×	×	×	×	×	×	×	×	×					×		×	×	×	×	×		×	×
Nicaragua			×							×		×	×	×	×	×	×	×	×			×					×	×	×	×		×	×
Niederlande				×				×	×	×	×	×	×	×	×	×	×	×	×		×			×			×	×	×	×		×	×
Niger								A		×	×	×	×		×	×	×	×	×				×				×	×	×	×		×	×
Nigeria						×		A		×	×	×	×	×	×	×	×	×	×				×		×		×	×	×	×		×	×
Norwegen				×			×		×	×	×	×	×	×	×	×	×	×	×		×						×	×	×	×		×	×
Obervolta								A		×	×	×	×	×	×	×	×	×	×				×	×			×	×	×	×		×	×
Oman	×															×	×		×								×		×	×		×	×
Österreich							×		×	×	×	×	×	×	×	×	×	×	×					×			×	×	×	×		×	×
Pakistan										×	×	×	×	×	×	×	×	×	×								×	×	×	×		×	×
Panama											×	×	×	×	×	×	×	×	×			×					×	×	×	×		×	×
Papua-Neuguinea						×						×															×						×
Paraguay											×	×	×	×	×		×	×	×	×		×					×	×	×	×		×	×
Peru										×	×	×	×	×	×	×	×	×	×	×		×					×	×	×	×		×	×
Philippinen		×									×	×	×	×	×	×	×	×	×							×	×	×	×	×		×	×
Polen					×					×	×	×			×		×	×	×								×	×	×	×	×		×
Portugal							×		×	×	×			×	×	×	×	×	×		×			×			×	×		×		×	×
Rhodesien										×																							×

Rumänien					×					×	×	×			×	×	×	×									×	×	×	×	×		×
Rwanda								A		×		×	×		×			×	×				×				×	×	×	×		×	×
El Salvador			×								×	×	×	×	×	×	×	×	×			×					×	×	×	×		×	×
Sambia						×		A		×	×	×	×	×	×	×	×	×	×				×				×	×	×	×		×	×
San Marino																	×										B	×		×			
São Tomé und Príncipe																											×						
Saudi-Arabien	×										×	×	×	×		×	×	×	×						×		×	×	×	×		×	×
Schweden				×			×		×	×	×	×	×	×	×	×	×	×	×					×			×	×	×	×		×	×
Schweiz				×			×		×	×	×	×			×	×	×	×						×			B	×	×	×		×	×
Senegal								A		×	×	×	×	×	×	×	×	×	×				×				×	×	×	×		×	×
Seychellen						×		A																			×						
Sierra Leone						×		A		×	×	×	×	×	×	×	×	×	×				×				×	×	×	×		×	×
Singapur	×	×				×				×	×	×		×	×	×	×	×	×								×	×	×	×		×	×
Somalia								A				×	×	×	×		×	×	×				×				×	×	×	×		×	×
Sowjetunion					×						×	×			×		×	×									×	×	×	×	×		×
Spanien										×	×	×	×	×	×	×	×	×	×					×			×	×	×	×		×	×
Sri Lanka						×				×	×	×	×	×	×	×	×	×	×								×	×	×	×		×	×
Südafrika										×	×	×	×	×				×	×								×	×		×		×	×
Sudan	×							A			×	×	×	×	×	×	×	×	×				×				×	×	×	×		×	×
Surinam								A				×															×						
Swasiland						×		A		A		×	×	×	×		×	×	×				×				×	×		×		×	×
Syrien	×										×	×	×	×	×	×	×	×	×								×	×	×	×		×	×
Taiwan (Rep. China)													×	×		×	×		×													×	
Tansania						×		A		×	×	×	×	×	×	×	×	×	×				×				×	×	×	×		×	×
Thailand		×									×	×	×	×	×	×	×	×	×							×	×	×	×	×		×	×
Togo								A		A		×	×	×	×	×	×	×	×				×				×	×	×	×		×	×
Tonga						×		A																									
Transkei																																	
Trinidad und Tobago						×		A		×		×		×	×	×	×	×	×			×					×	×	×	×		×	×
Tschad								A		×		×	×		×	×	×	×	×				×				×	×	×	×		×	×
Tschechoslowakei					×					×	×	×			×		×	×									×	×	×	×	×		×
Tunesien	×									A	×	×	×	×	×	×	×	×	×				×				×	×	×	×		×	×
Türkei									×	×	×	×	×	×	×	×	×	×	×		×			×			×	×	×	×		×	×
Uganda						×		A		×	×	×	×	×	×	×	×	×	×					×			×	×	×	×		×	×
Ungarn					×					×	×	×			×		×	×									×	×	×	×	×		×
Uruguay										×	×	×		×	×	×	×	×	×	×		×					×	×	×	×		×	×
USA										×	×	×	×	×	×	×	×	×	×		×	×		×		×	×	×	×	×		×	×
Vatikanstadt											×							×										A		×			
Venezuela											×	×		×	×	×	×	×	×	×		×			×		×	×	×	×		×	×
Vereinigte Arabische Emirate	×										×					×									×		×			×			×
Vietnam					B																												×
Westsamoa						×		A											×								×	×					×
Zaïre								A		×	×	×	×	×	×	×		×	×				×				×	×	×	×		×	×
Zentralafrikanisches Kaiserreich								A		×		×	×		×	×	×	×	×				×				×	×	×	×		×	×
Zypern						×			×	×	×	×	×	×	×	×		×	×					×			×	×	×	×		×	×

A = Assoziierter; B = Beobachter

IRAN
Geographische Daten und Bevölkerung: *Fläche* 1,648 Mill. km², *Verwaltungsgliederung* in 14 Provinzen, in die *Hauptstadt* Teheran mit ihren Vororten (3,4 Mill. E) sowie in 8 Gouvernements, *Bevölkerung* (1975) 33,01 Mill. E, 20,2 E/km², Geburten-/Sterberate (auf 1000 E; 1973) 39,1/5,1, *Amtssprache* Persisch, *Religion* 96% Muslime, der schiit. Islam ist Staatsreligion.
Wirtschaft: *Erwerbstätigkeit* (1973): 9,5 Mill. Erwerbspersonen, davon (in Prozentanteilen) Landwirtschaft 38, Industrie 31, Dienstleistungen 30, Sonstiges 1. – *Landwirtschaft:* Nutzfläche 30,2 Mill. ha, davon 20,3 Mill. ha Ackerland, davon 5,3 Mill. ha bewässert. – Produktion (Auswahl): Weizen 6,0 Mill. t, Reis 1,5 Mill. t, Hirse 25000 t, Gerste 1,5 Mill. t, Zuckerrohr 850000 t, Zuckerrüben 4,8 Mill. t, Rind- und Büffelfleisch 116000 t, Hammel- und Ziegenfleisch 231000 t. Viehbestand: Rinder 6,65 Mill., Schafe 35,3 Mill., Schweine 68000. – *Bergbau, Industrie und Elektrizitätserzeugung* (Auswahl): Erdöl 294 Mill. t, Erdgas 21,8 Mrd. m³ (1975), Motorenbenzin 3,165 Mill. t, Kerosin 4,335 Mill. t, leichtes Heizöl 5,457 Mill. t, schweres Heizöl 13,324 Mill. t, Elektrizitätserzeugung 12,5 Mrd. kWh (1974). – *Außenhandel* (1975): Export (fob) 19,934 Mrd. $, Import (cif) 10,343 Mrd. $. Haupthandelspartner sind USA, BRD, Japan, Großbritannien. Hauptexportgüter sind mineral. Rohstoffe, Textilrohstoffe und Textilwaren, pflanzl. Produkte. Hauptimportgüter sind Metalle und Metallwaren, Maschinen und Anlagen, Fahrzeuge, chem. Erzeugnisse, pflanzl. Produkte. – *Währung* ↑Übersicht Währungen. – *BIP* zu Marktpreisen in jeweiligen Preisen (1975/76) 3652 Mrd. Rl., 110633 Rl./E.
Verkehr: *Eisenbahnen* (1974): Streckenlänge 4700 km (März 1975), 2,23 Mrd. Personenkilometer, 5 Mrd. Nettotonnenkilometer. – *Straßen* (1975): 52000 km. Kfz-Bestand: Pkw 729000, Lkw 73000. – *Schiffahrt:* Handelsflotte mit 886730 BRT. – *Luftverkehr* (1973): 1,3 Mrd. Personenkilometer, 15,6 Mrd. Nettotonnenkilometer.

gegeben, die Foltermethoden seien bes. ausgefeilt. – Mit dem Beginn des (islam.) neuen Jahres am 21. März wurde ein neuer Kalender eingeführt, der die Krönung von Kyros, dem Begründer des Perserreichs vor 2535 Jahren, zum Ausgangspunkt der neuen Zeitrechnung nimmt. Die Pahlawi-Dynastie beging am 24. April, 50 Jahre nach der Krönung des Vaters des derzeitigen Herrschers, ihr goldenes Jubiläum.
Außenpolit. und militär. festigte der I. seine regionale Vormachtstellung. Das Land blieb der wichtigste Verbündete der USA in diesem Gebiet: Zusätzl. zu den seit Jahren von den USA gelieferten Waffen will der I. nach Mitteilung des amerikan. Außenministers H. Kissinger (7. Aug.) bis 1980 Kriegsgerät im Wert von etwa 10 Mrd. $ erwerben. Nach einem Senatsbericht sind 24000 amerikan. Militärexperten im I. tätig. Drei Militärberater der USA wurden am 28. Aug. in Teheran ermordet. Iran. Truppen blieben in Oman zur Bekämpfung der Rebellen in der Provinz Dhofar, ein dort stationiertes iran. Militärflugzeug wurde am 24. März über (süd)jemenit. Territorium abgeschossen. Der Schah besuchte Pakistan (7.–11. März) und traf sich mit dem türk. Staatspräsidenten F. S. Korutürk und dem pakistan. Ministerpräsidenten Z. A. Bhutto in der türk. Hafenstadt Izmir (21./22. April). Die Staatsoberhäupter Saudi-Arabiens, König Chalid (24.–27. Mai), und Frankreichs, V. Giscard d'Estaing (4.–7. Okt.), besuchten den I. Die diplomat. Beziehungen mit Kuba wurden Anfang April, drei Monate nach ihrer Aufnahme, wieder abgebrochen, nachdem der kuban. Ministerpräsident F. Castro Ruz in Moskau einem Funktionär der im I. verbotenen kommunist. „Tudeh"-Partei die Unterstützung seiner Partei versichert hatte; auch die angekündigte Hilfe Kubas für die Rebellen in der oman. Provinz Dhofar, die u. a. von iran. Truppen bekämpft werden, soll zu diesem Bruch beigetragen haben. Nach Hinweisen auf Kuba und die Sowjetunion wurden im Mai auch Libyen und die Volksfront zur Befreiung Palästinas beschuldigt, die radikalen Gegner des polit. Systems im Lande zu unterstützen.
Ein sowjet. Pilot, der Ende Sept. mit einem Postflugzeug in den I. geflüchtet war und um polit. Asyl in den USA gebeten hatte, wurde nach einem Monat an die Sowjetunion ausgeliefert.

Irland, nordwesteurop. Republik auf der Insel Irland. Als Volksvertretung fungieren ein Senat mit 60 Mitgliedern sowie eine Abgeordnetenkammer mit 144 Abgeordneten, die verschiedenen Parteien angehören. Staatsoberhaupt *John Patrick Hillery* (seit Nov. 1976; zuvor *C. O'Dalaigh*), Regierungschef *Liam Cosgrave* (seit März 1973). Flagge ↑Farbtafeln Flaggen S. 122. Internat. Mitgliedschaften ↑Übersicht Internationale Organisationen.
Wirtschaft: Das Hauptproblem der ir. Wirtschaft waren 1976 die anhaltend hohe Inflation und die hartnäckige Arbeitslosigkeit. Allerdings gab es Anzeichen zur Überwindung der längsten Rezession der Nachkriegszeit. Die Investitionen der Industrie nahmen wieder zu, und die Ausfuhr von Fertigerzeugnissen stieg rasch. Mit einer Inflationsrate von 18% liegt I. im Spitzenfeld der EG. Die Rate hat

IRLAND
Geographische Daten und Bevölkerung: *Fläche* 70283 km², *Verwaltungsgliederung* in 27 Grafschaften, 5 grafschaftsfreie Städte, *Hauptstadt* Dublin (566000 E), *Bevölkerung* (1975) 3,12 Mill. E, 45 E/km², Geburten-/Sterberate (auf 1000 E) 21,6/10,7, *Amtssprache* Gälisch, Englisch, *Religion* fast ausschließl. Katholiken.
Wirtschaft: *Erwerbstätigkeit* (1974; in Prozentanteilen): Land- und Forstwirtschaft, Fischerei 23, Industrie 31, allgemeine Dienstleistungen 46. – *Landwirtschaft:* Nutzfläche 4,798 Mill. ha, davon 1,452 Mill. ha Ackerland, 3,346 Mill. ha Wiesen und Weiden, 0,216 Mill. ha Wald. – Produktion (Auswahl; 1975): Weizen 200000 t, Gerste 810000 t, Hafer 120000 t, Kartoffeln 1,1 Mill. t, Zuckerrüben 1,2 Mill. t, Fischfang 100000 t. Viehbestand: Rinder 6,9 Mill., Schafe 4,1 Mill., Schweine 1,0 Mill., Pferde 0,1 Mill., Geflügel 10,8 Mill. – *Bergbau, Industrie und Elektrizitätserzeugung* (Auswahl; 1975): Steinkohle 72000 t, Rohstahl 108000 t, Zement 1,56 Mill. t, Blei 38000 t, Kupfer 13000 t, Zink 67000 t, Silber 62 t, Quecksilber 24 t, Baumwollgarne 3600 t, fertiggestellte Wohnungen 26664, Elektrizitätserzeugung 7524 Mill. kWh. – *Außenhandel* (1976): Export 1857,9 Mill. Ir£, Import 2335,8 Mill. Ir£. Haupthandelspartner sind Großbritannien, BRD, USA, Frankreich, Niederlande. Hauptexportgüter sind lebende Rinder, Fleisch, Textilien, Bekleidung, elektr. Maschinen, chem. Erzeugnisse, Nichteisenmetalle, Bier. Hauptimportgüter sind Nahrungs- und Genußmittel, Maschinen und Fahrzeuge, Erdöl, Eisen und Stahl, Garne und Gewebe. – *Währung* ↑Übersicht Währungen. – *BIP* zu Marktpreisen in jeweiligen Preisen (1975) 3510 Mill. Ir£.
Verkehr: *Eisenbahnen:* Streckenlänge 3113 km, davon 2651 Breitspur, 810,0 Mill. Personenkilometer, 475,2 Mill. Nettotonnenkilometer (1975). – *Straßen:* 87202 km, davon 74272 km Hauptstraßen, 12928 km Regionalstraßen. – *Schiffahrt* (1976): Handelsflotte mit 145064 BRT. – *Luftverkehr* (1975): 1488 Mill. Personenkilometer, 71 Mill. Nettotonnenkilometer.

gegenüber 1975 nur geringfügig abgenommen. Ebenso ging die Arbeitslosigkeit nur leicht zurück. Steigende Löhne haben den Preisauftrieb verschärft, die Wettbewerbsfähigkeit im Export erschwert und Gewinne und Investitionsmöglichkeiten beschränkt. Wirtschaftswachstum und Beschäftigungsvolumen blieben dadurch begrenzt. Das Wachstum des BIP wird für 1976 auf ca. 4% geschätzt. Die Nettoproduktion der Landwirtschaft war 4,5% niedriger als 1975. Der kräftige Anstieg der Agrarpreise (+26%) hat trotz des Produktionsrückganges noch zu einer Einkommenssteigerung in der Landwirtschaft von 20% geführt. Die industrielle Produktion ist um ca. 9% gegenüber 1975 gestiegen. Insbes. sind daran die Textilindustrie sowie der Chemie- und Maschinenbausektor beteiligt. Der Export ist im Zeitraum Jan. bis Sept. 1976 gegenüber dem Vorjahrszeitraum wertmäßig um 25,6% auf 1,28 Mrd. Ir£, der Import um 35,7% auf 1,66 Mrd. Ir£ gestiegen. Beide Zuwachsraten sind jedoch durch hohe Preissteigerungen (Export +24%, Import +34%) stark aufgebläht. Das Handelsbilanzdefizit hat sich auch 1976 weiter erhöht.

Innen- und Außenpolitik: Im Zusammenhang mit den Ereignissen in und um Nordirland beschloß das Parlament im März ein Gesetz, das Prozesse gegen Terroristen auch wegen Taten außerhalb I.s ermöglicht. Am 31. März wurde ein Postzug südl. von Dublin überfallen und ausgeraubt. Die Täter, vermutl. Mitglieder der Provisor. IRA, erbeuteten angebl. umgerechnet über 3 Mill. DM. Nach einer Reihe von schweren Terroranschlägen und der Ermordung des brit. Botschafters durch ein Bombenattentat der Provisor. IRA in der ir. Hauptstadt (21. Juli) nahm das Parlament am 10. Sept. das Gesetz über die Ausrufung des nat. Notstandes zur Bekämpfung des Terrorismus an. Dieses Gesetz ermächtigt u. a. die Polizei, unter dem Verdacht des Terrorismus stehende Personen sieben statt bisher zwei Tage ohne gerichtl. Urteil in Untersuchungshaft zu halten. Am 15. Sept. wurde ein zweites Gesetz angenommen, das eine Verschärfung der Strafen für Terroristen vorsieht. Das Notstandsgesetz wurde von Staatspräsident C. O'Dalaigh erst nach Prüfung der Verfassungsmäßigkeit durch das Oberste Gericht unterzeichnet. Dies führte zum Verfassungskonflikt und zum Rücktritt C. O'Dalaighs (22. Okt.), nachdem er eine gegen ihn gerichtete Äußerung des Verteidigungsministers P. Donegan als Beleidigung empfunden hatte. Nachfolger wurde der bisherige EG-Kommissar P. Hillery (9. Nov.). P. Donegan trat selbst am 2. Dez. von seinem Amt zurück. Sein Ressort übernahm vorläufig Premierminister W. Cosgrave.

Diplomat. Beziehungen wurden aufgenommen mit dem Iran (Febr.), mit Polen (Sept.) und Ungarn (Okt.).

islamische Organisationen: Die im Mai 1971 gegr. Islam. Konferenz hielt in Istanbul (12.–15. Mai) ihr 7. Jahrestreffen der Außenminister ab, an dem Vertreter von 40 Staaten und der Palästinens. Befreiungsorganisation (PLO) teilnahmen. Die Türkei wurde offiziell Mitglied der Konferenz; in einer Resolution wurden u. a. die türk. Bevölkerungsgruppe auf Zypern und die Palästinenser unterstützt sowie der Ausschluß Israels aus den UN gefordert. A. K. Gaye wurde als Generalsekretär der Konferenz vereidigt. An einer Konferenz für den islam.-christl. Dialog in der libyschen Hauptstadt Tripolis (1.–6. Febr.) nahmen etwa 1 600 Vertreter beider Religionen aus 53 Ländern teil; die Veranstaltung wurde geleitet von einer jeweils 12köpfigen Delegation, angeführt vom libyschen Erziehungsminister M. A. Sharif bzw. vom Leiter des vatikan. Sekretariats für Nichtchristen, Kardinal S. Pignedoli; zu den Gesprächsthemen gehörte neben Fragen des islam.-christl. Verhältnisses auch das Palästinaproblem, über das keine Übereinstimmung erzielt wurde.

Die 1. islam. Wirtschaftskonferenz wurde am 21. Febr. in Mekka veranstaltet. Ein „Festival der Islam. Welt" eröffnete Königin Elisabeth II. am 8. April in London; mehrere Ausstellungen und andere Veranstaltungen vermittelten ein umfassendes Bild islam. Gesch. und Kultur. Prinz Muhammad Al Faisal von Saudi-Arabien eröffnete am 3. April eine internat. Islam-Konferenz in London. Eine afroislam. Konferenz in der mauretan. Hauptstadt Nouakchott (3.–5. Mai) richtete einen afrikan.-islam. Koordinierungsrat ein. Eine Konferenz über islam. Rechtsprechung wurde in der saudiarab. Hauptstadt Ar Rijad (24.–31. Okt.) veranstaltet. Zum neuen Generalsekretär der Islam. Liga wurde im Nov. Muhammad Harkan gewählt.

Die Zahl der ausländ. Mekkapilger, die im Jahr 1975 um 24 204 (2,6%) auf 894 573 zurückgegangen war, belief sich in den ersten 11 Monaten des Jahres 1976 auf 719 040.

Island, Inselstaat im Europäischen Nordmeer. Als Volksvertretung fungiert ein Abgeordnetenhaus (Althing) mit 60 Abgeordneten, die verschiedenen Parteien angehören. Staatsoberhaupt *Kristjan Eldjarn* (seit Aug. 1968), Regierungschef *Geir Hallgrímsson* (seit Aug. 1974; zuvor *Olafur Johannesson*). Flagge ↑Farbtafeln Flaggen S. 122. Internat. Mitgliedschaften ↑Übersicht Internationale Organisationen.

ISLAND

Geographische Daten und Bevölkerung: *Fläche* 103 000 km², *Verwaltungsgliederung* in 16 Kreise (Syslur) und 14 städt. Gemeinden mit dem Rang einer kreisfreien Stadt, *Hauptstadt* Reykjavík (83 000 E), *Bevölkerung* (1975) 220 000 E, 2 E/km², Geburten-/Sterberate (auf 1 000 E) 19,7/6,9, *Amtssprache* Isländisch, *Religion* ev.-luther. Landeskirche.

Wirtschaft: *Erwerbstätigkeit* (1975): 93 000 Erwerbstätige, davon (in Prozentanteilen): Land- und Forstwirtschaft, Fischerei 16,9, Industrie 37,2, sonstige Bereiche 45,9. – *Landwirtschaft:* Nutzfläche 2,388 Mill. ha, davon 88 000 ha Ackerland, 2,3 Mill. ha Wiesen und Weiden. – Produktion (Auswahl; 1975): Fischanlandungen 987 000 t, Kartoffeln 13 000 t, Milch 129 000 t. Viehbestand: Rinder 67 000, Pferde 42 000, Schafe 846 000. – *Elektrizitätserzeugung:* 2,292 Mrd. kWh. – *Außenhandel* (1976): Export 73 499,7 Mill. ikr, Import 85 659,6 Mill. ikr. Haupthandelspartner sind USA, Großbritannien, BRD, UdSSR, Dänemark, Norwegen, Schweden. Hauptexportgüter sind Fisch und Fischerzeugnisse, Hammelfleisch, Schaffelle, lebende Pferde, Strickwaren, Aluminium. Hauptimportgüter sind Nahrungs- und Genußmittel, Futtermittel, Erdöl, Textilien, Maschinen und Fahrzeuge, elektrotechn. Erzeugnisse, Schiffe. – *Währung* ↑Übersicht Währungen. – *BIP* zu Marktpreisen in jeweiligen Preisen (1975) 191,6 Mrd. ikr.

Verkehr: *Eisenbahnen:* keine. – *Straßen* (1974): 11 419 km, davon 3 234 km Hauptstraßen. – *Schiffahrt* (1976): Handelsflotte mit 67 278 BRT. – *Luftverkehr* (1975): 1 812,0 Mill. Personenkilometer, 23,8 Mill. Nettotonnenkilometer. – *Fremdenverkehr* (1976): 70 180 Touristen.

Wirtschaft: Nach schweren Rückschlägen 1974/1975 befindet sich die isländ. Wirtschaft seit 1976 auf dem Wege der Konsolidierung. Das Außenhandelsbilanzdefizit ist halbiert, die Lohn- und Preisentwicklung gebremst worden. Mit Hilfe eines Anfang 1976 erlassenen Einkommengesetzes ist es der Regierung teilweise gelungen, die Lohn-Preis-Spirale zu brechen. Lohnsteigerungen von 26%

steht eine Inflationsrate von 28% gegenüber. Am wirtschaftl. Genesungsprozeß ist neben einer stark restriktiven Wirtschaftspolitik insbes. der Export beteiligt. Steigende Weltmarktpreise für Fisch und Fischereiprodukte haben zu einer Erhöhung der Exporte um ca. 7% gegenüber 1975 beigetragen.
Innen- und Außenpolitik: Innenpolit. war 1976 für I. eher ein ruhiges Jahr. Im April kam es allerdings zu Spannungen zwischen den beiden Koalitionsparteien, der liberal-konservativen Selbständigkeitspartei und der bäuerl. Fortschrittspartei, die die Möglichkeit einer neuen Koalition mit den bisherigen Oppositionsparteien erkennen ließen. 1976 stand auch die Neuwahl des Präsidenten an: Da sich aber alle isländ. Parteien beim Abschluß der Nominierungsfrist für Präsidentschaftskandidaten am 25. Mai für den bisherigen Präsidenten K. Eldjarn aussprachen, galt dieser ohne Wahlgang für eine dritte Amtsperiode von vier Jahren ab 1. Aug. als bestätigt.
Außenpolit. brachte das Jahr 1976 für I. den Höhepunkt und zugleich das Ende des sog. „Kabeljaukrieges" mit Großbritannien. Den Briten ging es dabei v. a. um die Garantie von Arbeitsplätzen, I. war um die Sicherung einer seiner wesentl. Lebens- und Wirtschaftsgrundlagen besorgt. Nachdem I. am 15. Juli 1975 einseitig die Ausdehnung seiner Fischereizone auf 200 Seemeilen beschlossen hatte, verhärteten sich die Positionen Großbritanniens und I.s immer mehr, bis nach einer Reihe ergebnisloser Verhandlungen und zahlreicher Zwischenfälle auf See I. am 19. Febr. 1976 die diplomat. Beziehungen zu Großbritannien abbrach. Schon zuvor hatte es mit dem Austritt aus der NATO gedroht. Wiederholt unternahmen isländische Schiffsbesitzer und Fischer Blockadeaktionen gegen verschiedene NATO-Installationen. Am 1. Juni 1976 wurde schließl. ein Interimsabkommen zwischen den am Konflikt beteiligten Staaten geschlossen, tags darauf erfolgte die Wiederaufnahme der diplomat. Beziehungen. In Übereinstimmung mit dem brit.-isländ. Abkommen verließen am 1. Dez. die letzten 16 brit. Trawler isländ. Fanggründe.

Israel. Kleiner Grenzverkehr an der israelisch-libanesischen Grenze

Israel, Republik in Vorderasien. Als Volksvertretung fungiert ein Parlament (Knesset) mit 120 Abgeordneten, die verschiedenen Parteien angehören. Staatsoberhaupt *Ephraim Katzir* (seit Mai 1973), Regierungschef *Ytzhak Rabin* (seit Juni 1974; zuvor *Golda Meir*), Außenminister *Yigal Allon* (zuvor *Abba Eban*). Flagge ↑Farbtafeln Flaggen S. 122. Internat. Mitgliedschaften ↑Übersicht Internationale Organisationen.

ISRAEL
Geographische Daten und Bevölkerung: *Fläche* 20 700 km², *Verwaltungsgliederung* in 5 Distrikte und Jerusalem, *Hauptstadt* Jerusalem (305 000 E), *Bevölkerung* (1975) 3,37 Mill. E, 162 E/km², Geburten-/Sterberate (auf 1 000 E) 28,3/7,2, *Amtssprache* Hebräisch (Iwrith), *Staatsreligion* jüd. Glaube.
Wirtschaft: *Erwerbstätigkeit* (1974): 1 099 000 Erwerbstätige, davon (in Prozentanteilen): Land- und Forstwirtschaft, Fischerei 7,5, Industrie und Bergbau 25,0, Bauwesen 8,9, Handel und Gaststättengewerbe 12,6, öffentl. Dienstleistungen 24,5, private Dienstleistungen 7,0, Verkehr und Nachrichtenwesen 7,3, sonstige Bereiche 7,2. – *Landwirtschaft:* Nutzfläche 1,235 Mill. ha, davon 417 000 ha Ackerland, 818 000 ha Wiesen und Weiden. – Produktion (Auswahl; 1975): Weizen 241 000 t, Rohbaumwolle 117 000 t, Kartoffeln 158 000 t, Gemüse 237 000 t, Orangen 1,1 Mill. t, Früchte 0,3 Mill. t. – *Bergbau, Industrie und Elektrizitätserzeugung* (Auswahl; 1975): Erdgas 60 Mill. m³, Erdöl 34 800 t, Baumwollgarne 21 480 t, Papier 7 440 t, Kunststoffe 26 880 t, Reifen 1,5 Mill. Stück, Zement 2,2 Mill. t, fertiggestellte Wohnungen 53 820, Elektrizitätserzeugung 9 720 Mill. kWh. – *Außenhandel* (1975): Export 1 835,0 Mill. $, Import 4 140,4 Mill. $. Haupthandelspartner sind USA, Großbritannien, BRD, Frankreich, Italien, Belgien, Niederlande, Iran, Schweiz. Hauptexportgüter sind geschliffene Diamanten, Zitrusfrüchte, Textilien, Bekleidung, elektrotechn. Erzeugnisse, Fahrzeuge, Kupferzement. Hauptimporte sind Erdöl, Rohdiamanten, Maschinen, elektrotechn. Erzeugnisse, Chemikalien, Eisen und Stahl. – *Währung* ↑Übersicht Währungen. – *BIP* zu Marktpreisen in jeweiligen Preisen (1975) 77 686 Mill. I£.
Verkehr: *Eisenbahnen:* Streckenlänge 774 km (1973), 322,8 Mill. Personenkilometer, 464,4 Mill. Nettotonnenkilometer (1974). – *Straßen* (1974): 10 667 km, davon 40 km Autobahn, 4 322 km Staatsstraßen, 2 889 km Bezirksstraßen und 1 288 km Gemeindestraßen. – *Schiffahrt* (1976): Handelsflotte mit 393 734 BRT. – *Luftverkehr* (1975): 3 108,0 Mill. Personenkilometer, 135,1 Mill. Nettotonnenkilometer.

Wirtschaft: Der im Nov. 1974 von der Regierung eingeschlagene wirtschaftspolit. Kurs wurde auch 1976 mit dem Hauptziel verfolgt, das chron. Handels- und Zahlungsbilanzdefizit zu verringern. Mit Hilfe einer Abwertung der Landeswährung um monatl. 2%, der Einführung einer Mehrwertsteuer in Höhe von 8%, der Kürzung der staatl. Subventionen sowie der Anhebung der Ausfuhrprämien ist es ihr gelungen, den Export um 25% zu steigern und den Import spürbar zu drosseln. Erhebl. verbessert werden konnte die Zahlungsbilanzsituation. Das Defizit konnte von 4 Mrd. (1975) auf 3,3 Mrd. $ verringert werden. Auch das Handelsbilanzdefizit ging von 1,7 auf 1,3 Mrd. $ zurück. Diese günstige Entwicklung war von einer Inflationsrate von 37% begleitet. Die landwirtschaftl. Produktion, wovon 25% exportiert wird, stieg (zu festen Preisen) im Agrarjahr 1975/76 um 4,3% auf 11,4 Mrd. I£. Der Weizenanbau (−17%) litt stark unter Regenmangel. Enttäuschend war die Entwicklung der Industrieproduktion, die 1976 nicht gestiegen ist. Die Investitionen waren sogar rückläufig.
Innenpolitik: Ministerpräsident Y. Rabin, dessen Position durch Rivalen in der eigenen Partei (u. a. Verteidigungsminister Sh. Peres) bedroht war, gelang es weder die Nation noch die Regierung in wichtigen polit. Fragen zu einen. Die Diskussion über die Rechtmäßigkeit weiterer jüd. Siedlungen

in den besetzten Gebieten führte zu Spannungen in der Regierungskoalition und zu Zusammenstößen mit extremist. Gruppen. Die vier Abgeordneten der „Unabhängigen Liberalen" und mit ihnen zwei Minister verließen Mitte Nov. die Regierungskoalition. Durch die Entlassung von zwei Ministern der National-Religiösen Partei (19. Dez.), die gemeinsam mit sieben Parlamentsabgeordneten ihrer Partei am 14. Dez. gegen die Regierung gestimmt hatten, verlor die Regierungskoalition ihre Parlamentsmehrheit. Das Kabinett erklärte am 20. Dez. seinen Rücktritt, und Staatspräsident E. Katzir löste das Parlament auf. Für Frühjahr 1977 sind vorzeitige Wahlen geplant. Der Machtkampf in der Arbeiterpartei zwischen Y. Rabin und Sh. Peres brach offen aus.
Eine Reihe von Arbeitskonflikten störte den sozialen Frieden: Ein Busfahrerstreik am 22. Jan. legte den öffentl. Personentransport weitgehend lahm. Etwa 8000 Lebensmittelhändler streikten gegen die Einführung der Mehrwertsteuer (16.–18. Aug.). Etwa 15000 Krankenpfleger forderten in einem Ausstand am 25./26. Aug. höhere Löhne und verbesserte Arbeitsbedingungen, ein erneuter Streik am 15. Sept. fiel mit einem „Dienst nach Vorschrift" der Krankenhausärzte zusammen. Arbeitskämpfe der Fluglotsen und der Hafenarbeiter störten am 1. Sept. den Verkehr auf dem Flughafen von Tel Aviv-Jaffa bzw. im Hafen von Haifa. Die Kampfstimmung auf dem Arbeitssektor erreichte Anfang Nov. mit 70000 streikenden, bummelnden oder mit Streik drohenden Angestellten verschiedener Bereiche ihren Höhepunkt.
Mitte Jan. wurde eine neue Partei, die „Staatl. Arbeiter-Bewegung", von 8 Parlamentsabgeordneten gegründet. Eine neue Partei, „Friede Zions", unter dem früheren General A. Sharon wurde am 21. Nov. gegründet, eine weitere, „Demokrat. Bewegung", unter dem ehem. Generalstabschef Y. Yadin am darauffolgenden Tag. – Nach Presseberichten (11. März) aufgrund von CIA-Informationen, die später teils dementiert, teils noch ergänzt wurden, besitzt I. 10–20 einsatzfähige Atombomben. – Die Zahl der Einwanderer ist nach Mitteilung des Statist. Amtes 1975 auf 20000 zurückgegangen (1974: 32000 Einwanderer); etwa die gleiche Anzahl verließ das Land.
Außenpolitik: Im ↑israelisch-arabischen Konflikt, der auch 1976 die Außenpolitik bestimmte, verhinderte u.a. die israel. Kompromißlosigkeit wesentl. Fortschritte.
Im Bürgerkrieg des Libanon unterstützte I. die christl.-konservativen Kräfte; im kleinen Grenzverkehr öffnete I. seine Grenze zu Libanon; durch Vermittlung der USA stimmte Syrien sein gegen die Palästinenser gerichtetes Vorgehen im Libanon mit I. ab. Mit Syrien wurde im Aug. auch eine Übereinkunft über die Zusammenführung drus. Familien in I. und Syrien getroffen. Wiederholte Berichte über direkte Verhandlungen mit Jordanien wurden von beiden Seiten dementiert. Die Ausführung des 2. israel.-ägypt. Sinai-Abkommens (Sept. 1975) wurde durch die Inbetriebnahme eines amerikan. Frühwarnsystems an der Waffenstillstandslinie (19. Febr.) und mit dem Einrücken ägypt. bzw. UN-Truppen in die vorgesehenen, zuvor von I. geräumten Zonen abgeschlossen. – Eine saudiarab. Militärtransportmaschine, die in den israel. Luftraum eingedrungen war, wurde am 12. April zur Landung gezwungen und am nächsten Tag zum Weiterflug freigegeben.
Israel. Spezialeinheiten befreiten am 4. Juli auf dem Flughafen von Entebbe (Uganda) die Geiseln, die palästinens. Guerillas mit Unterstützung internat. Terroristen bei der Entführung eines frz. Passagierflugzeugs am 27. Juni genommen hatten.
Wegen der israel. Unnachgiebigkeit in der Frage der besetzten Gebiete, bes. in der Besatzungs- und Siedlungspolitik, kam es wiederholt auch zu Meinungsverschiedenheiten mit der Schutzmacht USA, wo sich auch unter den Juden die krit. Stimmen gegenüber I. mehrten.
Mit Vertretern der sowjet. Regierung wurden mehrfach Gespräche geführt, zu einer Wiederaufnahme der diplomat. Beziehungen kam es jedoch nicht. 11700 Juden emigrierten nach Mitteilung der sowjet. Nachrichtenagentur Nowosti 1975 nach I., 50% weniger als 1974 und 67% weniger als 1973. – In Gremien der UN, die von I. als Vermittler im Nahostkonflikt abgelehnt werden, wurde das Palästinaproblem und das Verhalten der israel. Besatzungsmacht mehrfach diskutiert, ohne daß Übereinstimmung erzielt wurde. Die UN-Kommission für Menschenrechte nahm am 13. Febr. eine Resolution an, in der I. wegen Verletzung der Menschenrechte in den besetzten Gebieten verurteilt wird. In einem Bericht der WHO über die medizin. Betreuung der Bevölkerung in Westjordanien (10. Mai)

Israel. Auf den Schultern begeisterter Israelis wird der Pilot eines der beteiligten Flugzeuge, die an der erfolgreichen Geiselbefreiungsaktion auf dem ugandischen Flughafen Entebbe beteiligt waren, vom Flughafen Tel Aviv-Jaffa getragen

Israel. Außenminister Y. Allon (links) erörtert mit dem deutschen Bundeskanzler H. Schmidt in Bonn die aktuelle Wirtschaftslage Israels sowie den Umfang der jährlichen deutschen Wirtschaftshilfe

wurde I. kritisiert, bei der Jahrestagung der WHO in Genf (17.–19. Mai) die israel. Besatzungspolitik erneut verurteilt. I. wurde am 22. Nov. wieder als Vollmitglied in die UNESCO, Regionalgruppe Europa, aufgenommen, in einer weiteren Resolution wegen seiner Besatzungspolitik allerdings kritisiert.

Bei einem Besuch des südafrikan. Ministerpräsidenten B. J. Vorster (8.–13. April) wurde eine Erweiterung der Zusammenarbeit beider Länder beschlossen; in einem Militärabkommen soll u. a. die Lieferung techn. Daten von Atomwaffen an Südafrika vereinbart worden sein.

Die Erklärung des dt. Außenministers H.-D. Genscher (22. Jan.), I. müsse alle besetzten Gebiete räumen, führte zu einer Verstimmung in I. Während die israel. Regierung bereits seit Aufnahme der diplomat. Beziehungen 1965 einen „Vertreter des Verteidigungsministeriums" ihrer Bonner Botschaft zugeordnet hatte, nahm erst Ende Jan. ein Militärattaché an der dt. Botschaft in Tel Aviv-Jaffa seine Tätigkeit auf. Zu den offiziellen Besuchern I.s aus der BRD gehörten Finanzminister H. Apel (21.–28. März) und Bundestagspräsidentin A. Renger (26. Juli–2. Aug.), Außenminister Y. Allon besuchte die BRD (23.–25. Juni). Laos brach am 23. Febr. die diplomat. Beziehungen ab.

israelisch-arabischer Konflikt: Während des längsten Teils des Jahres 1976 stagnierte der israel.-arab. Konflikt. Dies war bedingt durch die Präsidentenwahlen in den USA und durch den libanes. Bürgerkrieg. Erst nach der Wahl eines neuen amerikan. Präsidenten war ein neuer diplomat. Vorstoß der USA zu erwarten. Durch den Bürgerkrieg im Libanon kam es zu einer indirekten Konfrontation der arab. Staaten, und an einen Fortschritt in der Israelfrage war für die Araber erst zu denken, nachdem ihre eigene innere Front mindestens notdürftig wieder geeinigt war. Im Libanon selbst wirkte sich der israel.-arab. Konflikt insofern aus, als die in den Libanon eindringenden syr. Truppen nicht bis zur libanes.-israel. Grenze vorstoßen konnten. Die Israeli sprachen von einer „roten Linie" im Libanon, welche die Syrer nicht überschreiten könnten, ohne einen Krieg mit Israel heraufzubeschwören. Die Diplomaten der USA vermittelten zwischen den beiden Gegnern, so daß eine Konfrontation vermieden werden konnte. Israel griff inoffiziell in den libanes. Bürgerkrieg ein, indem es die christl.-konservative Seite unterstützte.

Nach der Beilegung des offenen Konflikts im Libanon durch die Konferenz von Ar Rijad (17.–19. Okt.) und der Besetzung Beiruts durch syr. Friedenstruppen kam es zu einer Versöhnung zwischen Ägypten und Syrien mit Einbeziehung Jordaniens und Unterstützung durch Saudi-Arabien, die es ermöglichte, einen neuen Vorstoß zur Lösung des Konflikts zu unternehmen. Die Palästinenser waren durch den Krieg im Libanon und durch ihre lang andauernde Konfrontation mit syr. Truppen bedeutend geschwächt worden, und die sog. gemäßigten arab. Staaten suchten Druck auf die Palästinenser auszuüben mit dem Ziel, sie dazu zu veranlassen, öffentl. zu erklären, daß sie sich mit einem Kleinstaat auf dem Westufer des Jordans (heute von Israel besetzt) zufriedengeben und als Gegenleistung Israel Frieden zusichern könnten. Gleichzeitig forderten Ägypten, Syrien, Jordanien und Saudi-Arabien die Wiedereinberufung der Konferenz von Genf, an der, so erklärten sie, auch die Palästinenser (der PLO) beteiligt werden müßten. Israel aber schloß eine Teilnahme der PLO aus.

Italien, Republik in Südeuropa. Als Volksvertretung fungieren ein Senat mit 315 Abgeordneten und eine Abgeordnetenkammer mit 630 Mitgliedern, die verschiedenen Parteien angehören. Staatsoberhaupt *Giovanni Leone* (seit Dez. 1971), Regierungschef *Giulio Andreotti* (seit Juli 1976; zuvor *A. Moro*), Außenminister *Arnaldo Forlani* (seit Juli 1976; zuvor *M. Rumor*). Flagge ↑Farbtafeln Flaggen S. 122. Internat. Mitgliedschaften ↑Übersicht Internationale Organisationen.

Wirtschaft: Trotz aller polit. Schwierigkeiten und anhaltender sozialer Spannungen verlief der im Herbst 1975 einsetzende, durch die Inflation angeregte Konjunkturaufschwung mindestens bis zum Herbst überraschend lebhaft, so daß das BIP 1976 um 4–5% gestiegen sein dürfte. Ende des Jahres wirkten sich dann bereits auch schon die im Okt. getroffenen drast. Maßnahmen zur Sanierung der Staatsfinanzen, wie z. B. Kreditrestriktionen, Diskonterhöhung auf 15% sowie verschiedene Steuer- und Tariferhöhungen, konjunkturdämpfend aus. Die Geldentwertung konnte jedoch nicht gebremst werden und lag wieder bei 17%, während die Löhne erneut merklich stärker stiegen. Der Außenwert der Lira fiel um 25–30%. Das erbitterte Tauziehen zwischen Gewerkschaften und Arbeitgebern um die Abschaffung der Gleitlöhne blieb noch unentschieden. Nur für höhere Einkommen konnte eine Kopplung mit Zwangssparen durchgesetzt werden. Die Arbeitslosigkeit hat eher zugenommen, obwohl sich in einigen Industriezentren Oberitaliens ein Mangel an Fachkräften bemerkbar machte. Ein 400-Mrd.-Lire-Programm zur Bekämpfung der Jugendarbeitslosigkeit konnte im Parlament noch nicht durchgesetzt werden. Das Haushaltsdefizit durfte nach Vereinbarungen mit der EG 13 600 Mrd. Lire (37,3 Mrd. DM), davon höchstens 5 700 Mrd. aus Geldschöpfung, nicht überschreiten. Tatsächl. wurden 800 Mrd. mehr benötigt, die aber vom Schatzamt nicht zu den öffentl. Ausgaben gerechnet wurden, weil sie als Übertragungen an staatl. Finanzierungsinstitute deklariert wurden. Die Industrieproduktion lag im Durchschnitt um 12% über dem allerdings sehr niedrigen Stand des Vorjahrs. Textilien, speziell Chemiefasern und Bekleidung, sowie die chemische und die metallverarbeitende Industrie schnitten am besten ab. Die Stahlproduktion stieg nur um 5% bei sinkender Tendenz. Das Baugewerbe stellte etwa 10% weniger Wohnungen zu um 30% höheren Preisen als 1975 fertig. Schlechter als 1975 fielen die meisten Ernten aus. Die Agrarproduktion hält schon lange nicht mehr Schritt mit dem Bevölkerungswachstum, so daß weit mehr Nahrungsmittel aus den EG-Partnerländern eingeführt als dorthin ausgeführt wurden. Der Importüberschuß hat sich mit 5 400 Mrd. Lire mehr als verdoppelt, weil die Einfuhr mengenmäßig

ITALIEN
Geographische Daten und Bevölkerung: *Fläche* 301 260 km^2, *Verwaltungsgliederung* in 20 Regionen und 94 Provinzen, *Hauptstadt* Rom (2,87 Mill. E), *Bevölkerung* 56,01 Mill. E, 186 E/km^2 (1975), Geburten-/Sterberate (auf 1 000 E) 14,8/9,9 (1975), *Amtssprache* Italienisch, *Religion* überwiegend Katholiken.
Wirtschaft: *Erwerbstätigkeit* (1975): 19,0 Mill. Erwerbstätige, davon (in Prozentanteilen) Land- und Forstwirtschaft 15,6, Industrie 32,3, Baugewerbe 9,7, Bergbau, Energie, Wasserwirtschaft 1,7, Handel 13,8, Verkehr 5,6, sonstige Dienstleistungen 21,3. – *Landwirtschaft:* Nutzfläche 27,06 Mill. ha, davon 9,26 Mill. ha Ackerland und 6,29 Mill. ha Wald (1974). – Produktion (Auswahl; in Mill. t; 1975): Weizen 9,62, Mais 5,32, Reis 1,01, Kartoffeln 2,94, Tomaten 3,51, Weintrauben 10,91, Apfelsinen 1,59, Mandarinen 0,25, Zitronen 0,81, Oliven 2,36, Mandeln 0,10, Rindfleisch 0,75, Schweinefleisch 0,738, Kuhmilch 8,40. – *Bergbau, Industrie und Elektrizitätserzeugung* (Auswahl; in 1 000 t; 1975): Erdöl 1 018, Erdgas 14,56 Mrd. m^3, Aluminium 194, Zink 177, Quecksilber 0,232, Roheisen 11 350, Rohstahl 21 836, Ferrolegierungen 240, Walzstahl 16 775, Baumwollgarn 138, Baumwollgewebe 104, Pkw 1,35 Mill. Einheiten, Zement 34 240, Schwefelsäure (100% H_2SO_4) 3 000, kaust. Soda 1 007 (100% NaOH), Stickstoffdünger (in N_2) 931 (1974), Heizöl 42 407, Benzin 14 016, Zucker 1 335 (1975/76), Kühlschränke 4,33 Mill. Einheiten, Papier und Pappe 3 580, Wein 69 Mill. hl, Elektrizität 150 000 GWh. – *Außenhandel* (1976): Export 30 900 Mrd. Lit, Import 36 300 Mrd. Lit. Haupthandelspartner sind BRD, Frankreich, USA, Großbritannien, Schweiz, Niederlande, Belgien-Luxemburg. Hauptexportgüter sind Maschinen und Apparate, Textilien, Kfz, Chemikalien, Obst und Gemüse. Hauptimportgüter sind Meneralöl und -produkte, Maschinen, Nahrungsmittel, Metalle, Chemikalien. – *Währung* ↑Übersicht Währungen. – *BIP* zu Marktpreisen 112 358 Mrd. Lit, 2,036 Mill. Lit/E (1975).
Verkehr: *Eisenbahnen:* Streckenlänge: 20 176 km, davon 9 460 km elektrifiziert, 39,06 Mrd. Personenkilometer, 14,9 Mrd. Nettotonnenkilometer (1975). – *Straßen:* 290 869 km, davon 44 000 km Staatsstraßen und 5 329 km Autobahnen. Bestand an Pkw 15,06 Mill., an Lkw 1,13 Mill. (1975). – *Schiffahrt* (1976): Handelsflotte mit 10,47 Mill. BRT. – *Luftverkehr* (1975): 21,8 Mill. Fluggäste, 10,8 Mrd. Personenkilometer, 429 Mill. Nettotonnenkilometer. – *Fremdenverkehr* (1975): 42,6 Mill. Touristen, davon 13,2 Mill. Ausländer.

(+20%) stärker stieg als die Ausfuhr. Rein buchungstechnisch wurde aber nur ein Zahlungsbilanzdefizit von 1 500 Mrd. Lire ausgewiesen, da als Gegenposten die Auslandsverschuldung der Banken um 2,4 auf 3 Mrd. $ erhöht wurde mit entsprechender Wirkung auf die Devisenreserven.
Innen- und Außenpolitik: Die italien. Sozialisten (PSI) entzogen am 7. Jan. der seit Nov. 1974 amtierenden Minderheitsregierung A. Moro die parlamentar. Stützung. Damit endete die 37. Regierung der Nachkriegszeit. Sowohl der sozialist. Forderung nach einer Notstandsregierung mit Einbeziehung der Kommunisten (KPI) wie auch der kommunist. Aufforderung an die Christdemokraten zum Regierungsbündnis auf breiter Basis („histor. Kompromiß") standen die USA ablehnend gegenüber. Die Regierungskrise wurde überschattet von Presseberichten über angebl. durch die CIA an demokrat. Parteien gezahlte Gelder zur Verhinderung eines weiteren Anwachsens der KPI. A. Moro und sein von 25 auf 22 Minister reduziertes 5. Kabinett mit erstmals zwei parteiunabhängigen Fachleuten wurden am 12. Febr. vereidigt. Die Regierung erhielt am 21. Febr. bei insgesamt 630 Stimmen das Vertrauen von Christdemokraten (DC), Sozialdemokraten (PSDI) und Südtiroler Volkspartei (SVP) mit 287 gegen 220 Stimmen der KPI und Neofaschisten (MSI). PSI, Liberale (PLI) und Republikaner (PRI) stützten A. Moro von außen durch Enthaltung (60 Stimmen). Moro und DC-Parteisekretär B. Zaccagnini lehnten erneut den „histor. Kompromiß" (Einbeziehung der KPI in die Regierungsverantwortung zusammen mit der DC) ab. Der PSI machte die weitere externe Stützung von konsequenten wirtschaftl. Regierungsmaßnahmen zur Krisenüberwindung abhängig.
Der PSI-Parteikongreß (4.–7. März) bestätigte nach Richtungskämpfen F. De Martino im Parteivorsitz. Er folgte damit der Linie, nicht in die Regierung zurückzukehren, lehnte den „histor. Kompromiß" ab, forderte aber polit. Mitverantwortung der KPI.
Der amerikan. Finanzminister W. Simon erklärte bei seinem Besuch in Rom (7.–10. März), bei angemessener Fiskal- und Wirtschaftspolitik I.s zur Inflationsbekämpfung seien die USA zu weiteren Hilfen bereit. Eine KPI-Machtbeteiligung führe

Italien. Zusammentreffen von Parteisekretär F. De Martino (links) mit dem Generalsekretär der KPI E. Berlinguer während des Parteitages des PSI. – Wahlplakat der KPI (rechtes Bild) aus der Zeit vor den Parlamentswahlen im Juni

Italien. Papst Paul VI. empfängt den neugewählten Bürgermeister Roms G. C. Argan (links). Er wurde auf der kommunistischen Liste zum Oberhaupt der Ewigen Stadt gewählt

jedoch zur Überprüfung der Beziehungen beider Länder.

Der zersplitterte PSDI stürzte auf dem Parteitag (12.–16. März) den mit Korruptionsverdacht behafteten Vorsitzenden M. Tanassi. Den Interimsvorsitz übernahm der Parteipräsident und ehem. Staatspräsident G. Saragat. Der Parteikongreß der DC (17.–24. März) bestätigte B. Zaccagnini in einer Kampfabstimmung gegen A. Forlani mit knappen 51,6% im Vorsitz. Zaccagnini lehnte erneut den „histor. Kompromiß" ab und forderte zum „friedl. und offenen Wettbewerb" mit der KPI auf. Die Neuwahlen zum 120 Mitglieder starken DC-Nationalrat zeigten eine deutl. Flügelpolarisierung der Gruppen um Zaccagnini/Moro und Forlani/Andreotti. Nach der Wahl des Kommunisten M. Ferrara am 24. März zum Präsidenten der Regionalregierung Latium wurde nach Emilia-Romagna, Toskana, Umbrien, Piemont und Ligurien eine weitere italien. Region kommunist.-sozialist. administriert.

Ägyptens Staatspräsident A. As Sadat führte vom 5. bis 8. April in Rom mit Staatspräsident G. Leone, Ministerpräsident A. Moro und Vertretern der Staatsindustrien Gespräche über wirtschaftl. und techn. Zusammenarbeit. Beratungen am 22. April zwischen Zaccagnini und Berlinguer sowie mit Führern aller Parteien über ein Notstandsprogramm der DC zur Vermeidung von Neuwahlen verliefen ergebnislos. Die Regierung A. Moro trat am 30. April nach einer Abstimmungsniederlage zurück. Neuwahlen wurden auf Mitte Juni festgesetzt.

Inmitten der polit., wirtschaftl. und gesellschaftl. Krise im Vorfeld von Neuwahlen traf am 6. Mai ein schweres Erdbeben Tausende von Menschen in Friaul. Die geschäftsführende Regierung Moro setzte eine erste Staatshilfe für die betroffene Region von 320 Mrd. Lire aus.

E. Berlinguer wiederholte am 13. Mai vor dem KPI-Zentralkomitee die Forderung einer Notstandsregierung aller Parteien mit Ausnahme des neofaschist. MSI. Namhafte Katholiken und prominente Vertreter des italien. Geisteslebens kandidierten auf KPI-Wahllisten. Die KPI bekannte sich im Wahlkampf u. a. zur NATO, zu Europa, zum Parteienpluralismus und zu guten italien.-amerikan. Beziehungen. Papst Paul VI. und die italien. Bischofskonferenz (17.–21. Mai) warnten vor dem „histor. Kompromiß" und verwiesen auf das kirchl. Mittel der Exkommunikation bei Zusammenarbeit zwischen Marxisten und Christen. Bei Parlamentswahlen am 20./21. Juni siegten die großen Massenparteien. Die DC hielt mit 38,7% (263 Kammer-Sitze) ihr Ergebnis von 1972. Die KPI stieg von 27,2 auf 34,4%. Der PSDI sank von 5,1 auf 3,4%, der PLI von 3,9 auf 1,3%, der MSI von 8,7 auf 6,1%. Der PRI stieg geringfügig von 2,9 auf 3,1%. Die PSI stagnierte mit 9,6% wie die SVP mit 0,5%. 14,5 Mill. Wähler wählten DC, 12,6 Mill. KPI. Die großen Parteien teilten sich damit rund ¾ des Wählerpotentials. – Zum ersten Mal seit 30 Jahren wählte am 5. Juli die italien. Kammer mit P. Ingrao als Nachfolger des Sozialisten S. Pertini ein KPI-Mitglied zum Präsidenten. Senatspräsident wurde A. Fanfani (DC). Ende Juli präsidierten Kommunisten sieben der wichtigsten Kommissionen in Kammer und Senat. Am 13. Juli beauftragte Staatspräsident G. Leone G. Andreotti (DC) mit der Regierungsbildung. PSI-Chef F. De Martino und der PSI-Vorstand zogen durch Rücktritt die Konsequenzen aus der Wahlenttäuschung. Nachfolger im Vorsitz wurde am 16. Juli der vormalige Stellvertre-

Italien. Massenaufmarsch von Streikenden (hier vor dem Kolosseum in Rom), die im November gegen das Sparprogramm der Regierung G. Andreotti protestieren

ter F. De Martinos, B. Craxi. Für A. Spinelli, ehemaliger Vizepräsident der EG-Kommission und am 20. Juni auf KPI-Liste gewählt, wurde am 14. Juli Botschafter C. Guazzaroni zum EG-Kommissionsmitglied ernannt. Dem am 30. Juli vereidigten DC-Minderheitskabinett G. Andreotti gehörten drei „Techniker" und erstmalig für das Ressort Arbeit eine Frau, T. Anselmi, an. Andreotti verkündete in seiner Regierungserklärung (4. Aug.) zahlreiche Maßnahmen zur Krisenüberwindung mit Schwerpunkten auf Reform von Justiz und Strafgesetzgebung, Wiederankurbelung der Wirtschaft, Beseitigung der Jugendarbeitslosigkeit und Sicherung gegen Terrorismus und Entführungswelle. Die lebenswichtige Enthaltung durch die KPI (Vorstandsbeschluß vom 5. Aug.) stellte nach den Worten Berlinguers ein „Novum in I.s Geschichte" dar. Er betonte in der Debatte vom 11. Aug. die absolute Abhängigkeit der Regierung von der KPI.
Gegen den schweizer. Pharmakonzern F. Hoffmann-La Roche & Co., in dessen Zweigwerk ICMESA im norditalien. Seveso durch Entweichen

Italien. Eine Serie schwerer Erdbeben im norditalienischen Friaul zerstört zahlreiche Ortschaften

der giftigen Substanz TCDD (Tetrachlordibenzoparadioxin) am 10. Juli eine Umweltkatastrophe verursacht worden war, wurde am 5. Aug. Strafanzeige wegen Fahrlässigkeit erstattet, die Bevölkerung der 115 ha großen A-Zone um Seveso evakuiert, verseuchtes Vieh getötet, rund 3 200 Betriebe geschlossen, 25 000 Arbeitsplätze gefährdet. Der Schaden belief sich am 6. Sept. auf etwa 40 Mrd. Lire. Die schweizer. ICMESA-Aktionäre richteten am 16. Okt. einen 10-Mrd.-Lire-Fonds zur Schadensregelung für Seveso ein.
Am 9. Aug. wurde der KPI-Listenkandidat, der Kunstprofessor G. C. Argan, Bürgermeister einer PSDI-PSI-KPI-Stadtratskoalition in Rom. Kommunist. Bürgermeister regieren damit in Turin, Mailand, Genua, Bologna, Florenz, Neapel und Rom. Am 28. Sept. wies das italien. Außenministerium den DDR-Bericht über die Erschießung des italien. Fernfahrers und KPI-Mitglieds B. Coghi durch DDR-Grenzbeamte am 5. Aug. als völlig ungenügend und das DDR-Verhalten als dem Geist von Helsinki widersprechend zurück. Am 1. Okt. kündigte G. Andreotti zur Eindämmung der Wirtschaftskrise im italien. Fernsehen ein drast., mit KPI und PSI abgestimmtes Sparprogramm an. P. L. Romita, Exponent des PSDI-Links-Flügels, wurde am 1. Okt. zum Parteisekretär gewählt. Am 8. Okt. schaffte der Ministerrat zur Anhebung der Produktivität 7 von 17 Feiertagen ab. Der DC-Nationalrat wählte am 14. Okt. A. Moro zum DC-Nationalratspräsidenten. Die zweite Phase von Andreottis wirtschaftl. Stabilisierungsaktion erhielt am 12. Nov. indirekt das Vertrauen der Kammer durch Enthaltung von 311 Stimmen (KPI, PSI, PSDI, PRI, PLI, DP).
Das Jahr wurde bestimmt von verstärktem Terror durch „Rote Brigaden" (BR) im Norden und linksextremist. „Bewaffnete Zellen" (NAP) in Süd- und Mittelitalien. Gerichtsverhandlungen wurden zusehends durch Mord, Entführung, Erpressung, Bedrohung von Zeugen und Schöffen erschwert. Am 17. Dez. beriet G. Andreotti mit allen Parteiführern bis auf den der neofaschist. MSI über Maßnahmen zur Eindämmung der Gewalttaten.

ITOS (ITOS A, auch NOAA 5) ↑ tabellar. Übersicht Weltraumfahrt.

J

Jamaika, Inselstaat im Karib. Meer innerhalb des Commonwealth of Nations. Als Volksvertretung fungieren ein Senat mit 21 ernannten Mitgliedern und ein Repräsentantenhaus mit 53 gewählten Abgeordneten, die zwei Parteien, People's National Party (PNP) und Jamaica Labour Party (JLP), angehören. Staatsoberhaupt Königin *Elisabeth II.* von Großbritannien, Regierungschef *Michael Norman Manley* (seit März 1972). Flagge ↑ Farbtafeln Flaggen S. 122. Internat. Mitgliedschaften ↑ Übersicht Internationale Organisationen. – ↑ auch Übersicht Staaten der Erde.

Wirtschaft: Das Land erlebte 1976 die schwerste Wirtschaftskrise seit 1962. Die mit kuban. Hilfe in Angriff genommenen Sozialreformen, Sozialisierungspläne und die drast. Erhöhung der Bauxitsteuer ängstigten die reiche Oberschicht und führten zu einem illegalen Kapitalabfluß von rund 400 Mill. $. Hinzu kamen sinkende Einnahmen aus dem Fremdenverkehr (nur noch 110 Mill. J$), die Rezession in der Aluminiumindustrie und schließl. der Zukkerpreissturz. So fielen 1976 die Einnahmen aus der Zuckersteuer von 140 Mill. (1975) auf 62 Mill. J$, und die Bauxitabgabe erbrachte statt 240 Mill. nur noch 89 Mill. J$. Gleichzeitig stieg die Arbeitslosigkeit auf 15%. Sie ist in erster Linie ein Ausbildungsproblem, denn Fachkräfte sind immer noch knapp. Das Handelsbilanzdefizit war trotz Importbeschränkungen wieder ebenso groß wie 1975 (rund 300 Mill. $).

Innen- und Außenpolitik: Das Jahr 1976 zählte zu den schwierigsten des seit 1962 unabhängigen Landes. Wegen der sich seit Monaten verschärfenden Gewalttätigkeit und des zunehmenden Terrors verhängte die Regierung am 19. Juni den Ausnahmezustand. Auslösendes Moment war die Ermordung des peruan. Botschafters in Kingston, durch die die Zahl der von Terroristen Getöteten seit März 1975 auf über 100 anstieg. Den Hintergrund bildet die wirtschaftl. und polit. Lage, die zu ändern sich M. Manley und seine Nat. Volkspartei (PNM) zu ihrem Amtsantritt 1972 vorgenommen hatten. Ihr Ziel, die Verwirklichung eines „demokrat. Sozialismus", wollen sie durch eine gerechtere Verteilung des Volkseinkommens durch veränderte Steuerbelastung und Investitionslenkung zur Beschaffung von Arbeitsplätzen erreichen. Dagegen wehrten sich die Unternehmer mit Investitionsstreik und Kapitalflucht. Die Oppositionsparteien, voran die Jamaican Labour Party (JLP), kämpften

JAMAIKA
Geographische Daten und Bevölkerung: *Fläche* 10962 km², *Verwaltungsgliederung* in 14 Bezirke (Parishes), *Hauptstadt* Kingston (etwa 500000 E), *Bevölkerung* 2,01 Mill. E, 183 E/km² (1974), *Amtssprache* Englisch, *Religion* Anglikaner und prot. Sekten.
Wirtschaft: *Erwerbstätigkeit:* 648000 Erwerbstätige, davon 230000 in der Land- und Forstwirtschaft, 39000 in der Industrie. – *Landwirtschaft:* Nutzfläche 509000 ha, Wald 265000 ha (1970). – Produktion (Auswahl; 1974): Bananen 190000 t, Apfelsinen 46000 t, Zitronen 17000 t, Piment 2657 t. – *Bergbau, Industrie und Elektrizitätserzeugung* (Auswahl; 1974): Bauxit 11,4 Mill. t (1975), Tonerde 1,84 Mill. t (1975), Heizöl 1,16 Mill. t, Zement 392000 t, Zucker 372000 t, Rum 186000 hl, Elektrizität 2,218 Mrd. kWh. – *Außenhandel:* Export 712 Mill. J$, Import 1021 Mill. J$ (1975). Haupthandelspartner sind USA und Großbritannien. Hauptexportgüter sind Tonerde, Bauxit, Zucker. – *Währung* ↑Übersicht Währungen. – *BIP* zu Marktpreisen 2120 Mill. J$, 1060 J$/E (1974).
Verkehr: *Eisenbahnen:* Streckenlänge 330 km, 67 Mill. Personenkilometer, 185 Mill. Nettotonnenkilometer (1972). – *Straßen* (1974): 16000 km, davon 3455 km asphaltiert. – *Luftverkehr* (1974): 1,72 Mill. Fluggäste. – *Fremdenverkehr* (1974): 433000 Touristen.

mit polit. Diffamierung, nach Ansicht der Regierung beteiligten sie sich sogar, zus. mit ausländ. Mächten, an gezieltem Terror. Damit begründete man auch die Inhaftierung mehrerer Abgeordneter der Opposition seit Ende Juni. Trotz aller Mißstände entschieden sich am 15. Dez. die Wähler mehrheitl. für die Regierung Manleys. Sie tritt unverändert für pluralist. Parteienkonkurrenz und ein gemischtes Wirtschaftssystem ein. Privatbesitz soll indes auch eine soziale Verpflichtung erfüllen, d. h. dem Wohl der Besitzlosen dienen.
Außenpolit. wurde Manley v. a. wegen seiner Zusammenarbeit mit Kuba, das u. a. Hilfe im Wohnungsbau, Gesundheitswesen und in der Zuckerindustrie leistete, angegriffen. Im Mai vereinbarten die Regierungschefs von Trinidad und Tobago, Guyana, Barbados und J. auf regionaler Ebene engere Wirtschaftskooperation als eigenen Beitrag zur Bewältigung der Weltwirtschaftsrezession.
Jamieson, Donald, * Saint John's (Prov. Newfoundland) 1921, kanad. Politiker. Journalist, 1961–65

Japan. Der ehemalige Ministerpräsident K. Tanaka im Wahlkampf

Präsident des kanad. Rundfunkverbandes. Seit 1966 Abgeordneter der Liberalen Partei im Unterhaus; ab 1968 Minister verschiedener Ressorts, u. a. 1972–75 Minister für regionale Wirtschaftsentwicklung, 1975/76 für Industrie und Handel. Seit Sept. 1976 Außenminister.
Japan, parlamentar. Monarchie in Ostasien. Als Volksvertretung fungieren ein Oberhaus (Senat) mit 252 Mitgliedern und ein Unterhaus (Repräsentantenhaus) mit 511 Abgeordneten, die verschiedenen Parteien angehören. Staatsoberhaupt Kaiser *Hirohito* (seit Dez. 1926), Regierungschef *Takeo Fukuda* (seit 24. Dez. 1976, zuvor *Takeo Miki*), Außenminister *Ichiro Hatoyama.* Flagge ↑Farbtafeln Flaggen S. 122. Internat. Mitgliedschaften ↑Übersicht Internationale Organisationen.
Wirtschaft: Der konjunkturelle Aufschwung der japan. Wirtschaft setzte Anfang 1976 spürbar ein. Zwar war die Talsohle der vorangegangenen Rezession bereits im Frühjahr 1975 durchschritten worden, doch hatte die wirtschaftl. Aktivität anschließend bis zum Jahresende nur zögernd zugenommen. Die konjunkturelle Erholung ging auch im Jahresverlauf 1976 nicht kontinuierl. vonstatten. Während im ersten Quartal das Sozialprodukt mit einer Jahresrate von 13,5% gestiegen war, verringerte sich die Zuwachsrate in den folgenden Monaten. So fiel der Aufschwung 1976 schwächer aus als in früheren Zyklen. Der konjunkturelle Verlauf entsprach der sich fast parallel entwickelnden in- und ausländ. Nachfrage. Während diese sich zu Beginn des Jahres kräftig entfaltet hatte, schwächte sie sich ab Sommer wieder ab. Da die Konjunktur bis dahin noch keine Eigendynamik entwickelt hatte, wirkte sich die Abschwächung auf den Wachstumsanstieg voll aus.
Die die Entwicklung der gesamten Inlandsnachfrage entscheidend prägende Konsumnachfrage war im ersten Quartal um 14% gestiegen, flachte sich anschließend aber sehr stark ab. Die Gründe liegen v. a. im verringerten Lohnanstieg und in der Erhöhung der Sozialversicherungs-Beitragssätze bei gleichzeitig weiter steigenden Preisen. Die Auslandsnachfrage hatte sich ab Herbst 1975 belebt. In den ersten drei Monaten 1976 nahmen die Ausfuhren real um 90% zu. Auf das ganze Jahr gesehen expandierte der Export gegenüber 1975 um 21%. Der damit erzielte überproportionale Anteil am Welthandel ist in erster Linie auf die Preiszugeständnisse der Exportunternehmen zurückzuführen. Da die Importe „nur" eine Steigerungsrate von 13% aufwiesen, belief sich der Handelsbilanzüberschuß auf 9,92 Mrd. $, der höchste in J.s Geschichte. Auch die gesamte Zahlungsbilanz schloß mit einem Überschuß ab, womit nach japan. Auffassung die Folgen zweier Yen-Aufwertungen überwunden sein dürften.
Innen- und Außenpolitik: Der größte Bestechungsskandal der japan. Nachkriegsgeschichte führte zu einer starken Verschiebung der polit. Machtverhältnisse im Land, nach außen zeigte sich J. jedoch auch Großmächten gegenüber selbstbewußter. Untersuchungen des amerikan. Senats wiesen im Febr. darauf hin, daß der Flugzeugkonzern Lockheed zur Förderung des Absatzes seiner „TriStar"-Maschinen J. Kodama, einem internat. einflußreichen Mitglied der regierenden Liberaldemokrat. Partei J.s (LDP), größere Schmiergeldsummen zukommen hatte lassen. Kodama, den der Ultranationalist M. Maeno am 23. März erfolglos durch Selbstmordangriff auf sein Haus mit einem Sportflugzeug zu töten suchte, wurde Anfang Mai eine Steuerstrafe von 1,5 Mrd. Yen auferlegt (gegen die er Einspruch erhob). Nach Ausweitung der Ermittlungen kam es ab Juni zur Verhaftung bekannter Persönlichkeiten und seit Aug. zur Anklageerhebung u. a. gegen den 1974 wegen Korruptionsvor-

würfen als Ministerpräsident zurückgetretenen K. Tanaka und Exverkehrsminister T. Haschimoto. Justizminister O. Inaba gab in einem Interimsbericht im Okt. bekannt, 14 weitere in die Affäre verwickelte („graue") Parlamentarier könnten aus jurist. Gründen nicht belangt werden. Nach den Voruntersuchungen – Hauptverhandlungen fanden 1976 nicht statt – zeichnet sich ab, daß von Lockheed ca. 2,5 Mrd. Yen Bestechungsgelder über J. Kodama, das bekannte Handelshaus Marubeni und die größte innerjapan. Fluggesellschaft, ANA, zur Verteilung gelangten. Ministerpräsident und LDP-Vorsitzender T. Miki stieß mit seiner Forderung nach Aufklärung des Skandals auf heftigen Widerstand des stellvertretenden LDP-Vorsitzenden E. Schiina. In der im Mai eingeleiteten Kampagne Schiinas zur Absetzung Mikis trat immer mehr der stellvertretende Ministerpräsident T. Fukuda in den Vordergrund, der nur vorübergehend in Verbindung mit einer Kabinettsumbildung Mitte Sept. zum Einlenken bereit war und am 5. Nov. durch Austritt aus der Regierung offen den Kampf ansagte. Die Öffentlichkeit reagierte auf Korruption und Intrigen empfindlich: Bei den Unterhauswahlen am 5. Dez. verlor die LDP erstmals ihre absolute Mehrheit. Nur die polit. isolierte Kommunist. Partei J.s (KPJ) mußte noch größere Verluste

Japan. Der Präsident der japanischen Fluggesellschaft All Nippon Airways, T. Wakasa (vorn rechts), wird im Rahmen des Lockheed-Bestechungsskandals vom Budget-Untersuchungsausschuß des Parlaments vernommen

hinnehmen, während die Parteien der linken und rechten Mitte – einschließl. des von fünf am 13. Juni aus der LDP ausgetretenen Parlamentariern gegr. „Neuen liberalen Clubs" (NLC) – sämtlich Gewinne erzielten. Wahlergebnis (Sitzzahl von 491 auf 511 erhöht, außerdem vorher 17 Sitze vakant): LDP 249 (−16), Sozialist. Partei J.s 123 (+11), Komeito 55 (+25), Demokrat.-sozialist. Partei 29 (+10), NLC 17 (+12), KPJ 17 (−22), Unabhängige 21 (+17). Die Frage einer auch die KPJ umfassenden Koalition aller Oppositionsparteien – zu der außer den Kommunisten selbst nur die Sozialist. Partei in ihrer Mehrheit bereit war – stellte sich nicht mehr, als die LDP innerhalb weniger Tage durch Aufnahme unabhängiger Abgeordneter eine knappe absolute Mehrheit zurückgewann. Neuer LDP-Vorsitzender und Ministerpräsident wurde, da T. Miki nicht mehr kandidierte, unangefochten sein Rivale T. Fukuda, der als Wirtschaftsfachmann gilt und dem konservativen Flügel zugerechnet wird. Das Außenministerium übernahm der frühere stellvertretende Finanzminister I. Hatojama.

Bes. stark in Partei- und Regierungsspitze vertreten sind die Faktionen (parteiinterne Interessengruppen) von Exministerpräsident Tanaka – der wie fast alle in den Lockheed-Skandal verwickelten Abgeordneten wiedergewählt wurde – und dem ihm nahestehenden M. Ohira.

Polit. Ereignis von nur symbol. Bedeutung war das 50jährige Jubiläum seiner Thronbesteigung, das der bescheidene 75jährige Kaiser Hirohito in einer 50minütigen öffentl. Zeremonie beging. Etwa 10000 Polizisten waren in Tokio mobilisiert worden; an Protestdemonstrationen beteiligten sich jedoch nur etwa 4600 Mitglieder von 11 linksgerichteten Gruppierungen.

Zu den umstrittensten Themen im gesellschaftl. Bereich gehörte die Einführung von „shunin"-Stellen an öffentl. Schulen („shunin" = eine Art „Oberlehrer" für jeden „Fachbereich").

Außenpolit. bereitete J. v.a. die Tendenz zur Einrichtung von 200-Seemeilen-Wirtschaftszonen Sorge. Sie war eines der Hauptgesprächsthemen bei Ministerpräsident T. Mikis Besuch in Washington Ende Juni auf dem Rückweg vom 7-Nationen-Wirtschaftsgipfeltreffen in Puerto Rico.

Im Okt. wurde in Tokio die Absicht bekannt, die Fischereihilfe für Staaten des indopazif. Gebietes „in der Hoffnung" auszubauen, dadurch auch innerhalb eventueller 200-Meilen-Zonen Fischfangrechte zu erhalten. Auch beim Besuch des neuseeländ. Ministerpräsidenten R. D. Muldoon im April,

JAPAN

Geographische Daten und Bevölkerung: *Fläche* 372393 km, *Verwaltungsgliederung* in 46 Provinzen, *Hauptstadt* Tokio (8,697 Mill. E), *Bevölkerung* 112,77 Mill. E, 303 E/km², Geburten-/Sterberate (auf 1000 E; 1975) 17,2/6,4, *Amtssprache* Japanisch, *Religion* Schintoismus, Buddhismus und Christentum.

Wirtschaft: *Erwerbstätigkeit:* 53,9 Mill. Erwerbstätige, davon (in Prozentanteilen) Land- und Forstwirtschaft 13,2, Fischerei 0,8, Bergbau 0,2, verarbeitende Industrie 26,6, Baugewerbe 8,3, Handel, Banken, Versicherungen 24,1, Verkehr und Nachrichtenübermittlung 7, andere Dienstleistungen 19,5, sonstige Bereiche 0,3. – *Landwirtschaft:* Nutzfläche 5,647 Mill. ha, davon 4,58 Mill. ha Ackerland. – Produktion (Auswahl): Reis 15,29 Mill. t, Weizen 220000 t, Gerste 210000 t, Kartoffeln 3,2 Mill. t, Zuckerrüben 2,29 Mill. t, Tee 105000 t, Rind- und Kalbfleisch 350000 t, Schweinefleisch 1,07 Mill. t, Fischfang 10,77 Mill. t (1974). Viehbestand: 3,7 Mill. Rinder, 8,0 Mill. Schweine. – *Bergbau, Industrie und Elektrizitätserzeugung* (Auswahl): Steinkohle 18,99 Mill. t, Erdgas 2,82 Mrd. m³, Erdöl 672000 t, Eisenerz 768000 t, Kupfererz 81600 t, Baumwollgarn 498000 t, synthet. Kautschuk 940800 t, Zement 68,712 Mill. t, Roheisen 88,61 Mill. t, Rohstahl 107,39 Mill. t, Aluminium 528000 t, Pkw 5,03 Mill., Lkw 2,56 Mill., Kfz-Bereifungen 85,28 Mill., vom Stapel gelaufene Schiffe 17,74 Mill. BRT (1975), fertiggestellte Wohnungen 143258, Elektrizität 475,8 Mrd. kWh (1975). – *Außenhandel:* Export 67,275 Mrd. $, Import 64,805 Mrd. $. Haupthandelspartner sind USA, Indonesien, Kanada, Australien, BRD. Hauptexportgüter sind Kfz, Wasserfahrzeuge, elektr. Geräte, Breitflachstahl und Bleche. Hauptimportgüter sind Erdöl, Ölsaaten und Ölfrüchte, Fleisch, Fisch, Rohholz. – *Währung* ↑ Übersicht Währungen. – *BIP:* 145619 Mrd. Yen.

Verkehr: *Eisenbahnen:* Streckenlänge (1972) 26948 km, davon 11494 km elektrifiziert, 321,1 Mrd. Personenkilometer, 47,65 Mrd. Nettotonnenkilometer. – *Straßen:* 1,038 Mill. km, davon 888 km Autobahnen, 226000 km Straßen mit Asphalt- oder Betondecke. – *Schiffahrt* (1976): Handelsflotte mit 38,088 Mill. BRT. – *Luftverkehr* (1975): 17,54 Mrd. Personenkilometer, 841,96 Mill. Nettotonnenkilometer.

Japan. Trotz der Wahlniederlage der Liberaldemokratischen Partei und dem Verlust ihrer absoluten Mehrheit im Unterhaus konnte die LDP – jetzt mit Ministerpräsident T. Fukuda (vorn, zweiter von links) – wieder die Regierungsverantwortung allein übernehmen

des austral. Ministerpräsidenten M. Fraser im Juni – bei dem am 16. Juni ein Freundschaftsvertrag unterzeichnet wurde –, des brasilian. Präsidenten E. Geisel im Sept. und des kanad. Ministerpräsidenten P. E. Trudeau im Okt. sowie bei den Mittelostkontakten standen Exportfragen oder die „Versorgungsdiplomatie" im Mittelpunkt. In Asien suchte J. seine Beziehungen zur ASEAN auszubauen. Darüber hinaus erkannte es die Regierung des wiedervereinigten Vietnam durch ein Glückwunschtelegramm am 2. Juli formell an und nahm zu Kambodscha am 2. Aug. die diplomat. Beziehungen wieder auf, die jedoch aufgrund einer Vereinbarung mit dem stellvertretenden kambodschan. Ministerpräsidenten Sary bei dessen Besuch im Sept. vorläufig über die Botschaften in Peking wahrgenommen werden sollen.

Die Ministerpräsidentin von Sri Lanka, S. Bandaranaike, hielt sich im Nov. in J. auf. Im Verhältnis zu China ergaben sich keine wesentl. Änderungen; Außenminister K. Mijasawa entzog sich einer Identifizierung mit chin. Interessen, als er am 9. Juli vor einem Parlamentsausschuß erklärte, die chin. Unterstützung im Territorialstreit mit der Sowjetunion sei „nicht nützlich", inspizierte aber von japan. Gewässern aus die strittigen Süd-Kurilen-Inseln infolge weiter harter sowjet. Haltung am 11. Sept. demonstrativ. Kurz zuvor hatte am 6. Sept. die Landung des sowjet. Leutnants Belenko mit einem streng geheimen Abfangjäger vom Typ Mig 25A auf dem nordjapan. Zivilflughafen Hakodate weitere Spannungen ausgelöst. Trotz sowjet. Proteste wurde der Pilot ins polit. Asyl in die USA entlassen und die MiG erst nach ausführl. Untersuchung durch japan. und amerikan. Experten Mitte Nov. zerlegt auf einen sowjet. Frachter verladen. Ihr zeitweise vom Radar nicht erfaßtes Einfliegen führte zu einer Überprüfung des Abwehrsystems. Die Ratifizierung des Atomwaffensperrvertrags durch das Parlament Ende Mai beschränkt die japan. Verteidigung auch in Zukunft auf konventionelle Waffen.

Jemen (Arabische Republik), Republik im SW der Arab. Halbinsel. Als Volksvertretung fungierte bis Juni 1974 ein Konsultativrat mit 179 Mitgliedern, die zum größten Teil ernannt waren. Staatsoberhaupt *Ibrahim Muhammad Al Hamidi* (seit Juni 1974; zuvor *Abd Ar Rahman Al Irjani*), Regierungschef *Abd Al Asis Abd Al Ghany* (seit 23. Jan. 1975; zuvor *Muhsin Al Aini*). Flagge ↑Farbtafeln Flaggen S. 122. Internat. Mitgliedschaften ↑Übersicht Internationale Organisationen.

Wirtschaft: Von einer geordneten Wirtschaftstätigkeit kann man erst seit 1970 sprechen. Beim Aufbau der Wirtschaft helfen außer Saudi-Arabien, den Vereinten Arab. Emiraten und Kuwait auch die Großmächte. Das BSP ist von 620 Mill. $ im Jahr 1973 auf 1,5 Mrd. $ 1975 gestiegen. J. ist noch fast ausschließl. Agrarland mit unzulängl. Infrastruktur, die jedoch verstärkt ausgebaut wird. Bei nur geringer Eigenproduktion müssen die meisten Konsumgüter und sämtl. Investitionsgüter eingeführt werden. Die Exporte (Kaffee, Baumwolle) sind gemessen am Import minimal: Den 1975 eingeführten Waren im Wert von 350 Mill. $ standen Exporte im Wert von nur 20 Mill. gegenüber.

Innen- und Außenpolitik: Yahya Al Arashi wurde an Stelle von Ahmad Qassim Damash Informationsminister (Jan.). Eine am 11. Febr. gegr. staatl. Organisation für Presse und Information soll auch zwei Zeitungen herausgeben. Der bisherige Verkehrsminister, Abdal-Latif Daifallah, wurde Ende Febr. zum stellvertretenden Ministerpräsidenten und Minister für innere Angelegenheiten ernannt, sein bisheriges Amt übernahm Husain Al Ghaffari. Bei einer Regierungsumbildung Ende Juli wurden die Ministerien für kommunale Angelegenheiten und für Arbeit unter der Leitung von Arbeitsminister Abdallah Kurshani zusammengelegt, Mutahhir Nadir verlor seinen Posten als Minister für kommunale Angelegenheiten; Ernährungsminister Said Muhammad Hakimi wurde durch Muhammad Abdal-Malik abgelöst; Abdallah Barakat wurde zum Direktor des Büros des Staatspräsidenten ernannt. Bei einer weiteren Regierungsumbildung am 24. Aug. kam es zur Neubesetzung der Ministerien für Erziehung, für soziale Angelegenheiten, Arbeit und Jugendfragen und für Entwicklungsfragen sowie der Zentralen Planungsbehörde. Ende Dez. ersetzte Muhammad Abdal-Wahhab Dschubaili den bisherigen Wirtschaftsminister Ali Luft Ath Thaur, Staatsminister Ahmad Abdu Said übernahm Dschubailis bisheriges Amt als Leiter der Wasser- und Kanalbehörde.

JEMEN (ARAB. REPUBLIK)

Geographische Daten und Bevölkerung: *Fläche* 195 000 km², *Verwaltungsgliederung* in 8 Provinzen, *Hauptstadt* Sana (130 000 E), *Bevölkerung* (1975) 6,67 Mill. E, 34 E/km², Geburten-/Sterberate (auf 1 000 E) 50,0/22,7, *Amtssprache* Arabisch, *Religion* Islam ist Staatsreligion.

Wirtschaft: *Erwerbstätigkeit:* 1,9 Mill. Erwerbspersonen, davon 80 bis 90% in der Landwirtschaft. – *Landwirtschaft:* 1,5 Mill. ha Ackerland. – Produktion (Auswahl; 1975): Kaffee (grün) 5 000 t, Gerste 235 000 t, Sorghum 1,608 Mill. t, Datteln 70 000 t, Ziegenmilch 128 000 t. – *Bergbau, Industrie und Elektrizitätserzeugung* (Auswahl): Salz 100 000 t, Elektrizität 6,2 Mill. kWh. – *Außenhandel* (1975): Export 11,0 Mill. $, Import 294 Mill. $. Handelspartner sind Demokrat. VR Jemen, China, Japan, Saudi-Arabien. Hauptexportgüter sind Baumwolle, Kaffee. Hauptimportgüter sind Nahrungsmittel, Industriegüter. – *Währung* ↑Übersicht Währungen. – *BIP* (1974): 5,092 Mrd. Y.Rl.

Verkehr: *Straßen:* 1 650 km (1972). Bestand an Kfz 11 000, davon 3 670 Lkw. – *Schiffahrt:* Handelsflotte mit 1 260 BRT.

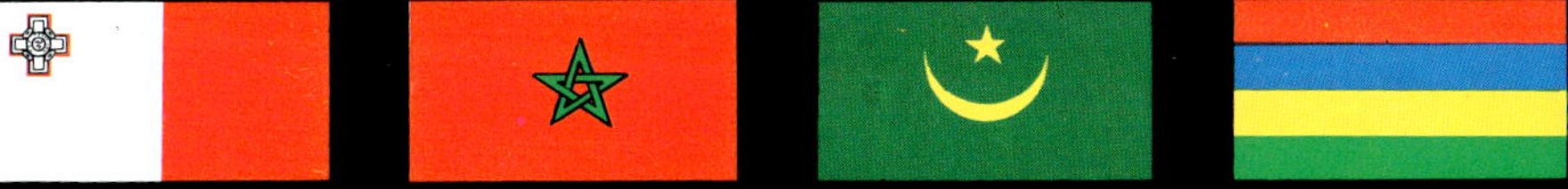

Malta | Marokko | Mauretanien | Mauritius

Mexiko | Mocambique | Monaco | Mongolische Volksrepublik

Nauru | Nepal | Neuseeland | Nicaragua

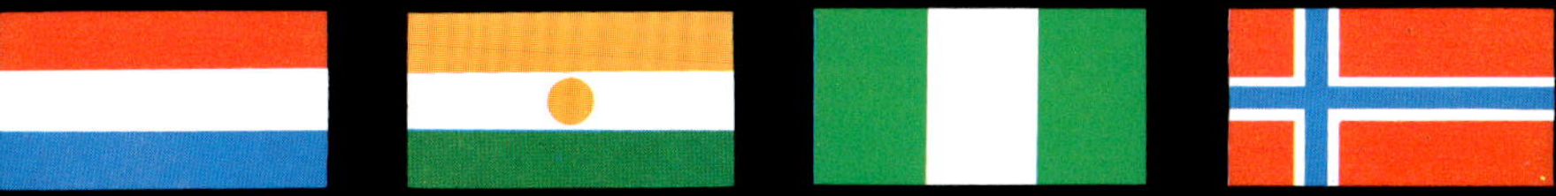

Niederlande | Niger | Nigeria | Norwegen

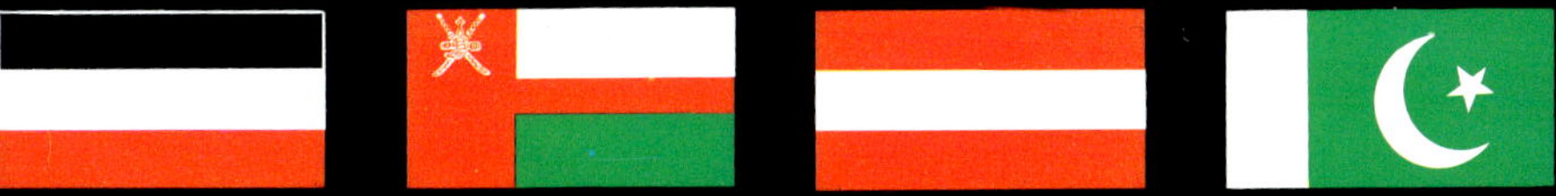

Obervolta | Oman | Österreich | Pakistan

Panama | Papua-Neuguinea | Paraguay (Vorderseite) | Paraguay (Rückseite)

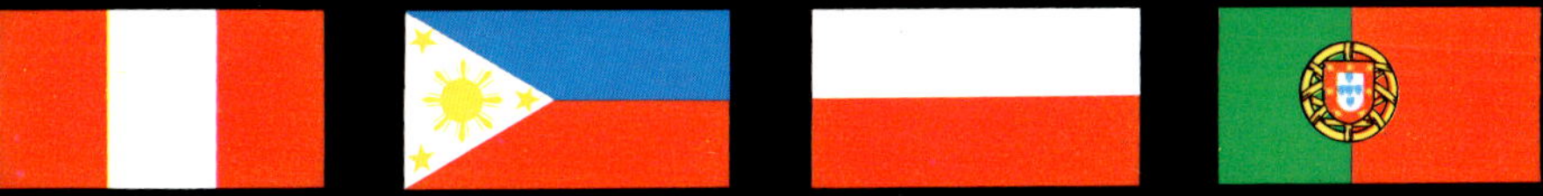

Peru | Philippinen | Polen | Portugal

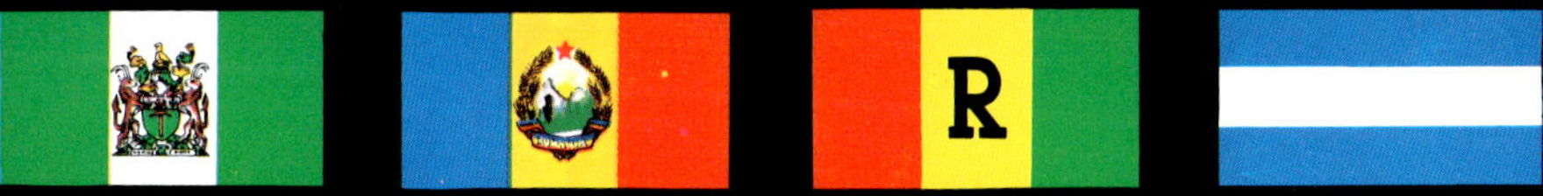

Rhodesien | Rumänien | Rwanda | El Salvador

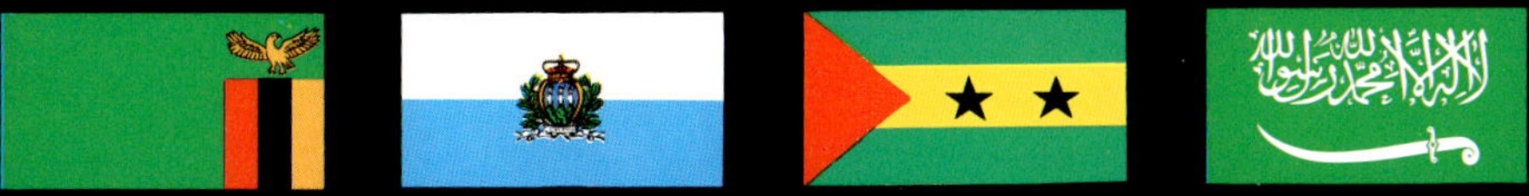

Sambia | San Marino | São Tomé und Príncipe | Saudi-Arabien

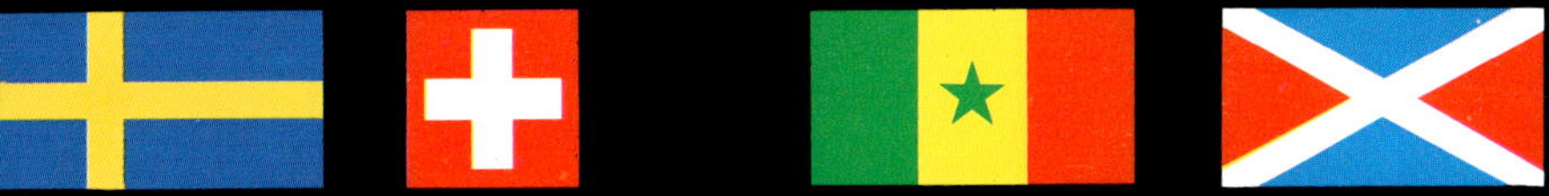

Schweden | Schweiz | Senegal | Seychellen

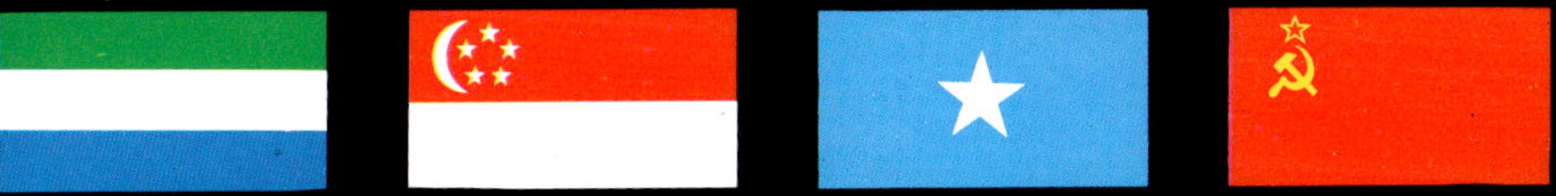

Sierra Leone | Singapur | Somalia | Sowjetunion

Spanien

Sri Lanka

Südafrika

Sudan

Surinam

Swasiland

Syrien

Taiwan (Rep. China)

Tansania

Thailand

Togo

Tonga

Transkei

Trinidad und Tobago

Tschad

Tschechoslowakei

Tunesien

Türkei

Uganda

Ungarn

Uruguay

USA

Vatikanstadt

Venezuela

Vereinigte Arab. Emirate

Vietnam

Westsamoa

Zaïre

Zentralafrikanisches Kaiserreich

Zypern

Europarat

NATO

UN

Rotes Kreuz

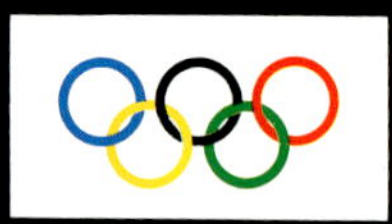
Olympische Spiele

J. wurde im März aus der Interparlamentar. Union ausgeschlossen, nachdem die Beratende Versammlung, die größtenteils aus Stammesoberhäuptern bestanden hatte, nach der Machtübernahme von Oberst Al Hamidi (Juni 1974) aufgelöst worden war. Al Hamidi kündigte am 12. Nov. erneut Vorbereitungen für allgemeine Wahlen zur Beratenden Versammlung an.
Die enge polit., wirtschaftl. und kulturelle Zusammenarbeit mit Saudi-Arabien wurde fortgesetzt; Anfang Jan. sprachen Presseberichte sogar von einer bevorstehenden Vereinigung beider Länder. – Nach einem amerikan. Pressebericht vom 1. März hat der J. die Annahme einer Schiffsladung sowjet. Waffen im Hafen von Al Hudaida verweigert, nachdem Saudi-Arabien die Bezahlung von Waffen aus westl. Ländern versprochen hatte. Die amerikan. Regierung plant (April) den Verkauf von Waffen an den Jemen. In einem Interview am 16. Juni erklärte der Generalstabschef der Streitkräfte, Ahmad Al Ghashmi, die militär. Beziehungen seines Landes mit der Sowjetunion seien seit einigen Monaten „eingefroren", die Sowjetunion habe ihre Hilfe eingestellt und sich geweigert, Ersatzteile zu liefern; in wenigen Tagen werde die Anwesenheit der sowjet. Militärberater beendet sein, deren Stellen von bereits anwesenden saudiarab. und jordan. Experten übernommen würden. Er bestätigte Meldungen über die Vorbereitung von Rüstungskäufen in den USA von über 100 Mill. $, die von Saudi-Arabien finanziert würden. Verhandlungen über Waffenlieferungen wurden auch mit Frankreich aufgenommen (Juni).
In Interviews (6. Dez.) drückten die Staatsoberhäupter beider J. ihre Hoffnung auf eine Vereinigung ihrer Länder aus, ohne daß jedoch Fortschritte in dieser Richtung zu erkennen gewesen wären. – Das Staatsoberhaupt Al Hamidi besuchte den Sudan (31. Dez. 1975–3. Jan. 1976), Ägypten (1.–4. März), Oman (18.–22. April), die Vereinigten Arab. Emirate (22./23. April), Somalia (21.–23. Okt.), Saudi-Arabien (24., 27.–30. Okt.), China (20.–26. Dez.) und Nord-Korea (26.–28. Dez.). An der Spitze einer Regierungsdelegation besuchte der stellvertretende Ministerpräsident Yahya Jagjman die BRD (19.–28. Aug.). Das Staatsoberhaupt Somalias, M. Siad Barre, besuchte den J. (28.–30. März). Mit Japan (Jan.) und Mexiko (Febr.) wurden diplomat. Beziehungen aufgenommen.

Jemen (Demokratische Volksrepublik), Volksrepublik im S der Arab. Halbinsel, am Golf von Aden. Als Volksvertretung fungiert ein Oberster Volksrat mit 101 ernannten Mitgliedern. Staatsoberhaupt ist der Vorsitzende des Präsidialrates *Salim Rabi Ali* (seit Juni 1969), Regierungschef *Ali Nasir Muhammad Hasani* (seit Aug. 1971). Flagge ↑Farbtafeln Flaggen S. 122. Internat. Mitgliedschaften ↑Übersicht Internationale Organisationen.
Wirtschaft: Im Rahmen seines Infrastrukturausbaus begann J. 1976 mit den Planungen zur Erweiterung des Hafens von Al Mukalla am Golf von Aden. Neben dem Hafen wurde eine Fischmehlfabrik mit einer Tageskapazität von 500 t und dazugehöriger Kraftstation projektiert. Durch dieses von der „Arab Funds" finanzierte Entwicklungsprojekt will J. eine seiner wenigen Ressourcen, den Fischreichtum des Meeres, besser als bisher für den Export nutzen. Eine Fischmehlanlage mit 150 t Ausstoß pro Tag wird in Al Mukalla bereits betrieben. Dt. mittelständ. Unternehmen haben sich an den Ausschreibungen im Rahmen eines europ. Konsortiums für die Errichtung der Anlagen und Lieferungen von Investitionsgütern beteiligt.
Innen- und Außenpolitik: Nach einem Bericht von Amnesty International (17. Mai) gibt es im J. zwischen 200 und 10 000 polit. Gefangene, von denen einige mit Unterstützung ostdt. und kuban. Experten gefoltert worden seien; seit Erlangung der Unabhängigkeit (1967) seien Hunderte von Oppositionellen spurlos verschwunden. – Der frühere Ministerpräsident Muhammad Ali Haitham entkam am 6. Aug. in Kairo einem Anschlag, an dessen Planung der jemenit. Konsul in Kairo beteiligt gewesen sein soll. In einem Interview beschuldigte Haitham die jemenit. Regierung der Anwendung von Foltermethoden gegen ihre Bürger, 1 500 Personen seien in den letzten vier Jahren exekutiert worden; das Regime werde vom „internat. Kommunismus" unterstützt, der Aden als einen wertvollen Stützpunkt in dieser Region betrachte.
Nach Presseberichten (Jan.) sollen sich Hunderte oder 3 000–4 000 kuban. Militärs im J. aufhalten.
Ein Gesuch auf Auslieferung der fünf Häftlinge aus der BRD, die im Austausch gegen den als Geisel genommenen Berliner Politiker P. Lorenz am 3. März 1975 in den J. freigelassen worden waren, wurde von der Regierung in Aden abgelehnt (Jan./Febr.). Die ideolog. Orientierung der Regierung an sozialist. Vorbildern fand ihren Ausdruck in einer weiteren engen Zusammenarbeit mit den Ostblockstaaten, bes. mit der Sowjetunion. Nach jahrelangen Spannungen mit Saudi-Arabien wurde das Verhältnis zwischen beiden Ländern am 10. März durch die Aufnahme diplomat. Beziehungen normalisiert. Eine Eindämmung des sowjet. Einflusses im J., die von dieser mit einer Wirtschaftshilfe Saudi-Arabiens verbundenen Übereinkunft erwartet wurde, ist noch nicht erkennbar geworden. Auch die Unterstützung der „Volksfront zur Befreiung Omans" wurde fortgesetzt; Ende des Jahres zeichnete sich eine gewisse Entspannung im Verhältnis zu Oman ab. Ein in Oman stationiertes iran. Militärflugzeug wurde am 24. Nov. über jemenit. Territorium abgeschossen, während von iran. Seite behauptet wurde, die Maschine habe sich über oman. Gebiet befunden. In einer Rede am 29. Nov. beschuldigte das Staatsoberhaupt Iran der Aggression gegen sein Land. Der Pilot und die Leiche des Kopiloten wurden am 20. Dez. freigegeben.
Die militär. Unterstützung der eriträischen Befreiungsfront wurde im Mai beendet, das Büro dieser Organisation in Aden geschlossen.

JEMEN (DEMOKRAT. VR)
Geographische Daten und Bevölkerung: *Fläche* 290 000 km², *Verwaltungsgliederung* in 6 Bezirke, *Hauptstadt* Asch Schab (10 000 E), *Bevölkerung* 1,69 Mill. E (1975), 5,2 E/km², jährl. Bevölkerungszunahme 3,3%, *Amtssprache* Arabisch, daneben Englisch, *Religion* über 90% sunnit. und schiit. Muslime.
Wirtschaft: *Erwerbstätigkeit:* 90% der Bevölkerung sind in der Landwirtschaft tätig. – *Landwirtschaft:* Nutzfläche 9,32 Mill. ha, davon 252 000 ha Ackerland (1966). – Produktion (Auswahl; 1973): Hirse 65 000 t (1976), Weizen 16 800 t, Gerste 2 000 t, Baumwollsaat 11 700 t, Datteln 42 000 t, Schafmilch 11 000 t, Ziegenmilch 24 000 t. – *Bergbau und Industrie* (1971): Salz 66 000 t, schweres Heizöl 1,89 Mill. t. – *Außenhandel* (1975): Export (fob) 187 Mill. $, Import (cif) 312 Mill. $. Haupthandelspartner sind Großbritannien, Japan, Iran, Kuwait, Irak. Hauptexportgüter sind Dieselkraftstoffe, Leuchtpetroleum, Motorenbenzin. Hauptimportgüter sind Erdöl, Baumwollgewebe, Nahrungsmittel, Bekleidung, Fahrzeuge. – *Währung* ↑Übersicht Währungen. – *BIP* (1970): 59,2 Mill. YD.
Verkehr: *Straßen:* 4 537 km. Kfz-Bestand (1972) 19 373. – *Schiffahrt* (Ende 1976): Handelsflotte mit 2 649 BRT. – *Luftverkehr* (1973): beförderte und Transitpassagiere 153 900.

Die Staatsoberhäupter beider J. drückten in Interviews am 6. Dez. ihre Hoffnung auf eine Vereinigung ihrer Länder aus, ohne daß jedoch Fortschritte in dieser Richtung sichtbar geworden wären. Als ein erster Schritt zur Verbesserung der polit. Beziehungen zu westl. Ländern wurde der Besuch von Außenminister Saleh Muti in Frankreich (8.–10. Dez.) angesehen. Der Vorsitzende des Präsidialrates (Staatsoberhaupt), S. R. Ali, besuchte Algerien (27./28. Okt.) und China (Ende Dez.). Der Staatsratsvorsitzende der DDR, W. Stoph, hielt sich Ende Sept. im J. auf. Diplomat. Beziehungen wurden aufgenommen mit Japan (Jan.), Mexiko, Kongo (März) und Laos (Juli).

Jenkins, Roy Harris, *Abersychan (Gwent) 11. Nov. 1920, brit. Publizist und Politiker (Labour Party). 1948–76 Unterhausabgeordneter; 1957/58 Vorsitzender der Fabian Society. Als Präsident des brit. Rates der Europ. Bewegung und Vorsitzender des Europa-Komitees seiner Partei trat J. bereits früh für den Eintritt Großbritanniens in die EWG

Roy Harris Jenkins

ein. 1964/65 Luftfahrtminister; 1965–67 Innenminister (Reform des Strafvollzugs); 1967–70 Schatzkanzler; 1974–76 erneut Innenminister; seit Jan. 1977 Präsident der EG-Kommission.

Jens, Walter, *Hamburg 8. März 1923, dt. Schriftsteller und Literaturwissenschaftler. Mitglied der „Gruppe 47". Seit 1963 Professor für Rhetorik in Tübingen; wurde 1976 zum Präsidenten des P.E.N.-Zentrums Bundesrepublik Deutschland gewählt.

JISS (JISS 1; auch UME, auch CORSA) ↑tabellar. Übersicht Weltraumfahrt.

Jordanien, Königreich in Vorderasien. Als Volksvertretung fungieren ein Senat mit 37 vom König ernannten Notabeln und eine Abgeordnetenkammer mit 60 Abgeordneten. Staatsoberhaupt König *Husain* (seit August 1952), Regierungschef *Madar Badran* (seit Juli 1976; zuvor *S. Rifai*). Flagge ↑Farbtafeln Flaggen S. 122. Internat. Mitgliedschaften ↑Übersicht Internationale Organisationen.

Wirtschaft: Der Fünfjahresplan 1976–80 sieht Ausgaben von insgesamt umgerechnet 2,4 Mrd. $ vor. Sie sollen je zur Hälfte dem privaten und dem öffentl. Sektor zugute kommen. Bes. Gewicht wird auf den Bergbau und die Industrialisierung gelegt, für die 800 Mill. $ ausgegeben werden sollen. Durch Investitionen in Höhe von 76 Mill. $ soll die Gewinnung von Phosphat bis 1980 auf jährlich 7 Mill. t gesteigert werden. Das Projekt umfaßt neben der Einrichtung neuer Minen auch Infrastruktureinrichtungen wie Elektrizitäts- und Wasserversorgung, Wohnungen, Eisenbahnverbindungen und den Ausbau des Hafens Akaba. Weiterhin sollen die Kunstdünger- und die Zementproduktion gesteigert werden. Der neue Plan sieht die Schaffung von 109 000 neuen Arbeitsplätzen, davon 86 000 in der Landwirtschaft, vor. Für 1980 wird mit einer industriellen Produktionsleistung in Höhe von 245 Mill. $ gerechnet. Die landwirtschaftl. Produktion soll von jetzt 96 auf 126 Mill. $ ansteigen. J. hat auch 1976 durch seine Niederlassungen fördernde Politik ausländ. Firmen ins Land gezogen. Im Laufe des Jahres sollen 100 ausländ. Industriefirmen Amman zu ihrem regionalen Hauptquartier für ihre Aktivität im Nahen und Mittleren Osten gewählt haben. Kennzeichnend für das wirtschaftl. Wachstum ist weiterhin der hohe Import ausländ. Güter. 1976 haben die Einfuhren die Ausfuhren um das Fünffache überstiegen. Dennoch konnte die Zahlungsbilanz ausgeglichen werden.

Innen- und Außenpolitik: Das Kabinett beschloß am 3. Febr. eine Verschiebung der auf den 23. März anberaumten allgemeinen Wahlen auf unbestimmte Zeit. Die Abgeordnetenkammer und der Senat, die 1975 aufgelöst worden waren, traten aufgrund eines königl. Dekrets am 5. Febr. wieder zusammen und hoben Art. 73 der Verfassung auf, so daß der König die Abgeordnetenkammer, die aus je 30 Vertretern Ost- und West-J.s besteht, zu jeder Zeit einberufen kann. Auch die Verschiebung der allgemeinen Wahlen wurde durch eine entsprechende Verfassungsänderung gebilligt. Am 7. Febr. löste König Husain das Parlament erneut auf. Er nahm am 8. Febr. den Rücktritt der Regierung an und beauftragte den bisherigen Ministerpräsidenten S. Rifai mit der Neubildung des Kabinetts, in das vier neue Minister eintraten. Am 18. Febr. billigte das Kabinett ein Gesetz zur Auflösung der 1971 gegründeten „Arab. Nat. Union", der einzigen zugelassenen polit. Organisation.

Nach dem Rücktritt der Regierung am 13. Juli beauftragte der König M. Badran mit der Neubildung des Kabinetts, in das zehn Minister (davon drei palästinens. Herkunft) übernommen wurden. Bei einer Regierungsumbildung am 27. Nov. verloren fünf Minister ihre Posten, sieben wurden in das

JORDANIEN

Geographische Daten und Bevölkerung: *Fläche* 94 500 km², *Verwaltungsgliederung* in 5 Distrikte und das sog. Wüstengebiet, *Hauptstadt* Amman (583 000 E), *Bevölkerung* (1975) 2,7 Mill. E, 120 E/km², Geburten-/Sterberate (auf 1 000 E in Ost-J.; 1973) 31,8/2,5, *Amtssprache* Arabisch, *Religion* 93,6% Muslime, 6,4% Christen.

Wirtschaft: *Erwerbstätigkeit* (Ost-J.): 370 000 Erwerbstätige, davon (in Prozentanteilen) Land- und Forstwirtschaft, Fischerei 33,8, produzierendes Gewerbe 15, Dienstleistungen 43, Arbeitslose 8,2. – *Landwirtschaft* (Ost-J.): Nutzfläche 651 800 ha, davon 381 800 ha Ackerland. – Produktion (Auswahl): Weizen 67 000 t, Tomaten 145 000 t, Schafmilch 23 000 t. – *Bergbau, Industrie und Elektrizitätserzeugung* (Auswahl; 1974): Naturphosphat 1,5 Mill. t, Salz 20 000 t, Zement 596 400 t, Motorenbenzin 158 000 t (1975), Leuchtöl 107 000 t (1975), leichtes Heizöl 217 000 t (1975), schweres Heizöl 199 000 t, Elektrizität 280,6 Mill. kWh. – *Außenhandel:* Export (fob) 153 Mill. $, Import (cif) 731 Mill. $. Haupthandelspartner sind Syrien, Großbritannien, USA, Japan. Hauptexportgüter sind Obst und Gemüse, natürl. Kalziumphosphate, Zement. Hauptimportgüter sind Nahrungsmittel, Garne und Wirkwaren, Erdöl und -erzeugnisse, Anlagen, Maschinen und Fahrzeuge. – *Währung* ↑Übersicht Währungen. – *BIP* 342 Mill. JD., 126,7 JD./E.

Verkehr: *Eisenbahnen:* Streckenlänge 360 km, beförderte Güter 51 900 t. – *Straßen* (1973): 5 909 km, davon 28 km Autobahn und 1 750 km Hauptstraßen. Bestand an Kfz (1974) 33 100, davon 25 000 Pkw. – *Luftverkehr* (1975): 711,6 Mill. Personenkilometer, 13,46 Mill. Nettotonnenkilometer.

nunmehr 19köpfige Kabinett neu aufgenommen. Während sich die Regierung bemühte, die radikalen Elemente unter den Palästinensern in J. unter Kontrolle zu halten, versuchte sie, durch die Unterstützung der Palästinenser im besetzten Westteil des Landes nach der Gipfelkonferenz von Rabat (Okt. 1974) aufgegebene polit. Positionen zurückzugewinnen. Die Unruhe unter den in J. lebenden Palästinensern kulminierte in der Besetzung eines Hotels in Amman durch ein vierköpfiges Kommando am 17. Nov.; bei dem Feuergefecht zur Befreiung der Geiseln fanden acht Menschen den Tod.
Die enge Zusammenarbeit mit Syrien, die zu einer allmähl. Vereinigung beider Länder führen soll, wurde fortgesetzt. Es kam zu gegenseitigen Besuchen der Staatsoberhäupter und von Regierungsdelegationen sowie zum Abschluß von Vereinbarungen auf verschiedenen Gebieten. Die Einbeziehung eines künftigen Teilstaates Palästina in die geplante Föderation wurde diskutiert. Im Bürgerkrieg des Libanon unterstützte J. die Position Syriens. Wiederholte Berichte über direkte Verhandlungen mit Israel wurden von beiden Seiten dementiert, in der Frage der von Israel seit Juni 1967 besetzten Gebiete wurden keine Fortschritte erzielt.
Das polit. nach Westen orientierte Land setzte seine polit., wirtschaftl. und militär. Zusammenarbeit v. a. mit den USA fort. Nach längeren Verhandlungen mit den USA und der Sowjetunion, die auch den Besuch einer sowjet. Militärdelegation in J. einschloß (Mai), über die Lieferung eines Luftverteidigungssystems wurde im Juli eine Lieferung durch die USA vereinbart, deren Finanzierung in Höhe von 540 Mill. $ Saudi-Arabien übernimmt.

Jordanien. Während des Staatsbesuchs von König Husain (vorn links) in Österreich wird ein Luftverkehrsabkommen unterzeichnet, das der Förderung des Tourismus dienen soll. Zu Beginn seines Besuchs wird der König auf dem Flughafen Wien vom österreichischen Bundespräsidenten R. Kirchschläger (vorn rechts) empfangen

Der König besuchte auf einer Asienreise die Philippinen, Australien, Japan, Singapur und den Iran (29. Febr.–18. März), außerdem die USA (29. März–7. April), Kanada (7.–9. April), Großbritannien (Mitte April, 2.–21. Sept.), Österreich (14.–17. Juni), die Sowjetunion (17.–27. Juni), Saudi-Arabien (4./5. Juli), nochmals den Iran (18.–24. Juni), ferner erneut Saudi-Arabien, Kuwait, Bahrain und Oman (6.–9. Aug.) sowie die Vereinigten Arab. Emirate und Katar (18. Dez.).
Die am 9. Dez. 1970 abgebrochenen diplomat. Beziehungen mit Libyen wurden am 22. April wieder aufgenommen. Saudi-Arabien begann im Okt. mit dem Abzug seiner ca. 7 000 Soldaten, die seit dem israel.-arab. Krieg von 1967 am Toten Meer stationiert waren.

Jos, Stadt in Nigeria: Nach Teilung des Benue-Plateau State 1976 Hauptstadt des neuen Bundesstaates Plateau.

Jugendarbeitsschutz: Das Gesetz zum Schutz der arbeitenden Jugend (Jugendarbeitsschutzgesetz) vom 15. 4. 1976 trat am 1. 5. 1976 in Kraft und soll das Jugendarbeitsschutzrecht vereinheitlichen, ausbildungsgerechten J. schaffen und den Gefahren- und Gesundheitsschutz intensivieren. Das Gesetz, das für rund 1,5 Mill. jugendl. Arbeitnehmer – auch soweit sie Beamte sind – gilt, löst das entsprechende überalterte Arbeitsschutzrecht aus dem 19. Jh. ab; gleichzeitig treten eine Arbeitstättenverordnung mit der Festsetzung der Mindestanforderungen für die Errichtung und den Betrieb von Arbeitsplätzen und eine Arbeitsstoffverordnung in Kraft, die Regelungen für die Arbeit mit gesundheitsschädl. Stoffen enthält. Das Jugendarbeitsschutzgesetz bringt u. a. folgende Regelungen: Das Mindestalter für die Zulassung zur Arbeit wird von 14 auf 15 Jahre hinaufgesetzt, die Arbeitszeit wird auf 5 Tage und insgesamt 40 Wochenstunden begrenzt, der Jahresurlaub (bisher 24 Tage) wird gestaffelt verlängert: Jugendliche bis zum 16. Lebensjahr erhalten 30 Tage; im 17. Lebensjahr 27 Tage, im 18. Lebensjahr 25 Tage. Das bisherige Verbot der Akkord- und Fließbandarbeit wird auf alle Tätigkeiten ausgedehnt, bei denen durch gesteigertes Tempo höhere Löhne erzielt werden können. Verstöße des Arbeitgebers können mit einer Höchstgeldstrafe bis 20 000 DM geahndet werden.

Jugoslawien, Bundesstaat in Mittel- und Südosteuropa. Als Volksvertretung fungiert eine Bundesvolksversammlung, die aus 2 Kammern besteht. Staatsoberhaupt *Josip Broz Tito* (seit 1953), Regierungschef *Đemal Bijedić* (seit Juli 1971), Außenminister *Milos Minić.* Flagge ↑Farbtafeln Flaggen S. 122. Internat. Mitgliedschaften ↑Übersicht Internationale Organisationen.

Wirtschaft: Ihre Entwicklung war durch eine allmählich einsetzende Belebung der Industrieproduktion, Nachlassen des Preisanstiegs und günstige Ergebnisse im Außenhandel gekennzeichnet. Nicht planmäßig entwickelte sich das gesellschaftl. Gesamtprodukt, das statt der vorgesehenen 5,5% real nur 3,6% Zuwachs erzielte. Die Industrieproduktion lag um 3,4% über dem Vorjahrsergebnis. Die Landwirtschaft erzielte einen Zuwachs von 3% gegenüber 1975. Erfolgreich waren die Bemühungen, die Inflation zu bremsen. Während die industriellen Erzeugerpreise um 6,1% anstiegen (1975: 22,1%), lagen die Einzelhandelspreise um 9,5% über dem Vorjahresniveau (1975: 26,2%). Die gesamten Lebenshaltungskosten waren 11,6% höher (1975: 24,4%). Die günstige Entwicklung des Außenhandels entlastete die Handelsbilanz deutlich. Während die Importe wertmäßig um 3,7% zurückgingen (real −5,5%), erhöhten sich die Ausfuhrwerte um 19,8% (reale Steigerung 15,4%). Binnenwirtschaftl. kompensierten die Käufe des Auslands die schwache Inlandsnachfrage. Die Realeinkommen je Beschäftigten haben gegenüber 1975 um 3% zugenommen. Die gesamtwirtschaftl. Produktivität stagnierte, in einigen Bereichen ist sie sogar abgefallen. Problemat. war auch die Arbeitsmarktlage. Im Dez. gab es 665 000 registrierte Arbeitsuchende (13%). Die tatsächl. Anzahl lag noch höher, da nicht sämtl. Arbeitslosen registriert sind. Die Arbeitsmarktlage hatte sich u. a. durch die Rückwanderung von Gastarbeitern, v. a. aus der BRD, verschlechtert.

Innen- und Außenpolitik: Das Parlament beschloß im Jan. Präventivmaßnahmen gegen „ideolog. Unterwanderung". Als Ergänzung zur militär. Verteidigung wurde ein „gesellschaftl. Selbstschutz“ ins Leben gerufen. In einer Welle polit. Prozesse wurde die „Zerschlagung“ prosowjet. Gruppierungen fortgesetzt. Prominente Angeklagte waren Dušan Brkić, ehemaliger stellvertretender Regierungschef Kroatiens, Oberst a. D. Vlado Dapčević, der angebl. Generalsekretär der (antititoist.) KPJ und Bruder des stellvertretenden Parlamentspräsidenten Peko Dapčević, sowie Milivoje Stefanović, früher Chefredakteur der Nachrichtenagentur Tanjug. Offenbar mit Rücksicht auf J.s Beziehungen zur UdSSR wurde einer Reihe von Strafverfahren gegen kroat. Nationalisten und alban. Irredentisten in der Presse breiter Raum

JUGOSLAWIEN
Geographische Daten und Bevölkerung: *Fläche* 255 804 km², *Verwaltungsgliederung* in 6 Republiken, *Hauptstadt* Belgrad (746 000 E), *Bevölkerung* 21,33 Mill. E, 83,4 E/km², Geburten-/Sterberate (auf 1 000 E) 17,8/6,8, *Amtssprachen* Serbokroatisch, Slowenisch, Makedonisch, *Religion* 74% Christen (davon 56% Griech.-Orthodoxe, 42% Katholiken), 12,3% Muslime, 12,6% ohne Gemeinschaft, sonstige 1,1%.
Wirtschaft: *Erwerbstätigkeit:* Erwerbspersonen insgesamt 9,5 Mill., davon (in Prozentanteilen) Land- und Forstwirtschaft, Fischerei 44,6, produzierendes Gewerbe 27,1, Handel, Gaststätten, Hotels 5,8, Dienstleistungen 14,1, im Ausland Tätige und erstmals Arbeitsuchende 8,1, Sonstige 0,3. – *Landwirtschaft:* Nutzfläche 14,42 Mill. ha, davon 7,4 Mill. ha Ackerland. – Produktion (Auswahl): Weizen 5,9 Mill. t, Roggen 110 000 t, Mais 9,1 Mill. t, Gerste 715 000 t, Kartoffeln 2,7 Mill. t. Viehbestand: Rinder 5,6 Mill., Schweine 6,5 Mill. – *Bergbau, Industrie und Elektrizitätserzeugung* (Auswahl): Erdöl 3,7 Mill. t, Steinkohle 588 000 t, Eisenerz 4,26 Mill. t, Bleierz 120 240 t, Roheisen 2,1 Mill. t, Elektrizitätserzeugung 43,5 Mrd. kWh. – *Außenhandel:* Export (fob) 82,716 Mrd. Din, Import (cif) 125,3 Mrd. Din. Haupthandelspartner sind BRD, Italien, UdSSR. Hauptexportgüter sind Maschinen und Apparate, Rohstoffe, Metalle. Hauptimportgüter sind Maschinen, Fahrzeuge, Erdöl. – *Währung* ↑ Übersicht Währungen. – *Nettosozialprodukt* in jeweiligen Preisen 1 030 Mrd. Din.
Verkehr: *Eisenbahnen:* Streckenlänge 10 300 km (1974), 10,3 Mrd. Personenkilometer, 21,6 Mrd. Nettotonnenkilometer (1975). – *Straßen:* 98 400 km. – *Schiffahrt* (Ende 1976): Handelsflotte mit 1,95 Mill. BRT. – *Luftverkehr* (1975): 3,81 Mrd. Personenkilometer, 32,6 Mill. Nettotonnenkilometer.

gegeben. Das Stadtgericht von Valjevo verurteilte den Mihajlow-Anwalt Srdja Popović wegen „Verbreitung von Falschinformationen“ in seinem Plädoyer zu einem Jahr Gefängnis. Im April fand in weiten Teilen Kroatiens die bisher größte Zivilverteidigungsübung statt, zu der 600 000 Bürger gegen eine angenommene feindl. Luftlandung zu den Waffen gerufen wurden.
Die USA nahmen im Jan. nach 15jähriger Pause die militär. Zusammenarbeit mit J. wieder auf, indem sie ein Luftüberwachungssystem, ferngelenkte Panzerabwehrraketen und Kampfhubschrauber lieferten. Dennoch führten die „Sonnenfeldt-Doktrin“, Terroranschläge gegen Einrichtungen und Staatsbürger J.s in den USA und die Entführung eines amerikan. Flugzeugs durch kroat. Emigranten, öffentl. Kritik des amerikan. Botschafters Silberman an J.s Justiz (Fall Todt) und die Wahlkampfreden des amerikan. Präsidentschaftskandidaten J. E. Carter, derzufolge ein sowjet. Angriff auf J. keine Sicherheitsinteressen der USA berühre, zu Verstimmung.
Das Beharren Moskaus auf seinem Führungsanspruch im Rahmen des „proletar. Internationalismus“ war wichtigste Ursache für Differenzen, die auf der Ostberliner Konferenz der europ. kommunist. Parteien nur vorübergehend als bereinigt erschienen. Moskaus nachträgl. Versuche, das Abschlußkommuniqué zu verwässern, riefen in Belgrad ebenso Entrüstung hervor wie die sowjet. Intentionen, Stalins Kominform als eine „wirkungsvolle Form internat. kommunist. Zusammenarbeit“ hinzustellen. L. Breschnews Freundschaftsbesuch in Belgrad Mitte Nov. brachte keine Klimaverbesserung.
Die 5. Konferenz der blockfreien Staaten in Colombo und die Athener Balkankonferenz traten in ihrer Bedeutung hinter das Ostberliner Treffen zurück. Außer Ost-Berlin besuchte Tito Mexiko, Panama, Venezuela, Schweden und die Türkei. Der Makedonienstreit mit Bulgarien und der Streit mit Österreich um die kroat. und slowen. Minderheiten in Kärnten flammten erneut auf.
Das Verhältnis zur BRD wurde überschattet durch die Ermordung des jugoslaw. Konsuls E. Zdovc in Frankfurt am Main und den Mordversuch an Vizekonsul V. Topić in Düsseldorf durch kroat. Terroristen. Das Bonner Verbot zweier kroat. Exilorganisationen wegen terrorist. Umtriebe nahm die Belgrader Führung mit Genugtuung auf. Eine der beiden Organisationen legte beim Bundesverwaltungsgericht in West-Berlin Beschwerde gegen das Verbot ein.
Jungferninseln ↑ Übersicht Staaten der Erde (Großbritannien).

K

Kaduna, Stadt in Nigeria, Hauptstadt des Bundesstaates K., der bis 1976 North-Central State hieß.
Kambodscha, Volksrepublik (seit April 1975) in Südostasien, am unteren Mekong. Als Volksvertretung fungiert die Volksversammlung, bestehend aus 250 Abgeordneten, davon 150 Bauern, 50 Arbeiter und 50 Soldaten (erstmals gewählt am 20. März 1976). Staatsoberhaupt *Khieu Samphan* (seit April 1976; zuvor *Norodom Sihanuk*), Ministerpräsident *Nuon Chea* (seit Sept. 1976; zuvor von April 1975 bis April 1976 *S. Penn Nouth,* ab April 1976 *Pol Pot*). Flagge ↑ Farbtafeln Flaggen S. 122. Internat. Mitgliedschaften ↑ Übersicht Internationale Organisationen.
Wirtschaft: Die Wirtschaftsordnung K.s ist durch eine vollständige Verstaatlichung der gesamten Wirtschaft charakterisiert. Da immer noch keine Landeswährung eingeführt ist, erfolgen alle Zahlungen in Naturalien. Die gesamte Produktion, außer den Vorratshaltungen, wird von Komitees verteilt. Eine Beschreibung der wirtschaftl. Aktivitäten wird durch das Fehlen offizieller Daten erschwert. Die Hauptanstrengung gilt jetzt der Landwirtschaft mit Reisanbau im Flachland und im Terrassenbau an Abhängen. Ein riesiges Kanal- und Deichsystem, mit dessen Bau begonnen wurde, soll die Bewässerung für 1 ½ Mill. ha liefern. Reis soll, ähnl. wie Kautschuk, im Tausch gegen Rohstoffe exportiert werden.
Innen- und Außenpolitik: Am 20. März fanden Wahlen zur Volksversammlung statt. Augenzeugen – meist Flüchtlinge – berichteten von einer recht einfachen Abstimmungsweise. Kader verlasen eine Einheitsliste, der akklamiert werden konnte. Innerhalb von 24 Stunden stand das Ergebnis fest. Die formelle Spitzenposition im Staat als

KAMBODSCHA
Geographische Daten und Bevölkerung: *Fläche* 181 035 km², *Hauptstadt* Phnom Penh (394 000 E), *Bevölkerung* (1976) 7,7 Mill. E, 43 E/km², *Amtssprache* Khmer, *Handelssprachen* Französisch und Englisch.
Wirtschaft: *Landwirtschaft:* 1 836 000 ha Ackerland, 13 372 000 ha Wald (1971). – Produktion (Auswahl; 1973): Reis 953 000 t, Mais 73 000 t, Maniok 23 000 t, Süßkartoffeln 70 000 t, Kautschuk 20 000 t. Viehbestand: Pferde 10 000, Rinder 2,3 Mill., Schweine 1,15 Mill., Büffel 0,8 Mill., Geflügel 4,0 Mill. – *Bergbau, Industrie und Elektrizitätserzeugung* (Auswahl; 1973): Fischerzeugnisse 10 489 t, Bier 18 000 hl, andere alkohol. Getränke 36 000 hl, Zigaretten 2,622 Mill., Baumwollgarne 415 t, Holz 45 000 m³, Fahrradreifen 200 000 Paar, Zement 78 000 t, Elektrizitätserzeugung 150,0 Mill. kWh. – *Außenhandel* (1975, geschätzt): Export 3,3 Mill. $, Import 82,1 Mill. $. Haupthandelspartner sind USA, Thailand, Hongkong, Japan. Hauptexportgüter sind Kautschuk, Holz, Kapok, Sesam, Sojabohnen, Reis und Reismehl, Gewürze, lebende Tiere. Hauptimportgüter sind Maschinen, Fahrzeuge, Pharmazeutika, chem. Erzeugnisse, Kfz, elektrotechn. Erzeugnisse, Textilien, Mineralölprodukte. – *Währung* ↑Übersicht Währungen.
Verkehr: *Eisenbahnen:* Streckenlänge 272 km (1971), 54,36 Mill. Personenkilometer, 10,08 Mill. Nettotonnenkilometer (1972). – *Straßen* (1973): 15 029 km, davon 2 600 km befestigte und 1 603 km Schotterstraßen. – *Schiffahrt* (1976): Handelsflotte mit 998 BRT. – *Luftverkehr* (1973): 51,0 Mill. Personenkilometer, 500 Mill. Nettotonnenkilometer. – *Fremdenverkehr:* 16 500 Touristen (1973).

„Präsident des Präsidiums" des „Demokrat. Kampuchea" nimmt Khieu Samphan ein, unterstützt vom Ersten Vizepräsidenten Sau Phim und vom Zweiten Vizepräsidenten Hhim Ros. Nachfolger Penn Nouths als Regierungschef wurde Pol Pot, der allerdings im Herbst sein Amt „aus Gesundheitsgründen" zur Verfügung stellte und dem Vorsitzenden des Ständigen Ausschusses der Volksversammlung, Noun Chea, Platz machte. Dieser vereinigte sodann beide Funktionen in sich. Die Träger der meisten Staatsämter blieben obskur. Am 4. April wurde bekanntgegeben, Prinz Norodom Sihanuk sei als nominelles Staatsoberhaupt zurückgetreten.
Die Berichte über eine Schreckensherrschaft der Roten Khmer rissen nicht ab, und es entstand das Bild einer in der Menschheitsgeschichte nie dagewesenen brutalen Revolution. In den ersten zwei Jahren seit der Machtübernahme durch die Roten Khmer am 17. April 1975 sind etwa 10% der Bevölkerung umgekommen. Diese Menschen starben an Krankheiten, Erschöpfung und Hunger. Die Stadtbevölkerung ist auf das Land vertrieben worden, und zahllose Menschen erlagen den phys. Strapazen in ungewohnter Umgebung. Unter der Herrschaft der „Angka" ist K. zum primitivsten Land Asiens geworden. Religion, Geld und Wirtschaftsleben sind weitgehend abgeschafft. Die Entlohnung der Arbeiter und Bauern geschieht in Naturalien. Die Handlungen der Revolutionäre sind nicht nur ideolog. bestimmt. Zum bewegenden Moment ist der Haß nicht allein gegen die Besitzenden geworden, sondern gegen alle, die durch Erziehung, Herkunft oder Eigenanstrengung ihre Lebensqualität bessern konnten. Hauptorientierungspunkt kambodschan. Außenpolitik war das Verhältnis zu China. Die erste Ausländerdelegation im neuen K. kam aus Peking (März). Unter Übernahme chin. Diktion wandte sich Außenminister Ieng Sary wiederholt gegen die Einflußnahme der „zwei Supermächte" in Südostasien, womit er die USA und die UdSSR meinte.

Kambodscha. Staatsoberhaupt Khieu Samphan

Das Verhältnis zu Vietnam, das 1975 getrübt worden war, besserte sich 1976 schrittweise. Erste engere Kontakte wurden von einer Journalisten- und einer Frauendelegation geknüpft. Mit Thailand gab es wiederholt Auseinandersetzungen an der Grenze, und die Vorwürfe aus Bangkok, in K. würden Thai-Insurgenten ausgebildet, rissen nicht ab. Doch Phnom Penh war stets bemüht, die Scharmützel zu beschränken, wohl im Bewußtsein, daß Thailand ein wichtiger Lieferant strateg. Güter ist. Der Grenzhandel wurde im Sept. wiederaufgenommen. Auf der Konferenz der blockfreien Staaten in Colombo griff Ieng Sary das indones. Vorgehen in Ost-Timor scharf an. Diese Vorwürfe zeigten deutl. eine ablehnende Haltung gegenüber den regionalen Bestrebungen der ASEAN. Mit Japan, Großbritannien und Italien wurde Botschafteraustausch beschlossen, während die eigene Vertretung in Paris geschlossen wurde.

Kamerun, Republik in Z-Afrika, zwischen dem Golf von Biafra und dem Tschadsee. Als Volksvertretung fungiert eine Nationalversammlung mit 120 Abgeordneten, die einer Partei, der Union Nationale Camerounaise (UNC), angehören. Staatsoberhaupt *Amadou Ahidjo* (seit Mai 1960), Regierungschef *Paul Biya* (seit 30. Juni 1975). Flagge ↑Farbtafeln Flaggen S. 122. Internat. Mitgliedschaften ↑Übersicht Internationale Organisationen.
Wirtschaft: Das erste Halbjahr 1976 brachte K. ein verbessertes Export- und damit Wirtschaftsklima, was speziell für den Bereich trop. Edelhölzer, Kaffee und Kakao gilt. Damit bekam auch der Bausektor einen neuen Auftrieb. Der Hauptteil der Regierungsarbeit wurde auf die Fertigstellung des 4. Fünfjahresplans (1976–80) und die Suche nach Geldgebern zu seiner Durchführung verwendet. Die inflationäre Entwicklung hält an. So erhöhten sich die Lebenshaltungskosten für die afrikan. Verbraucherfamilie in Jaunde zwischen Mai 1975 und Mai 1976 insgesamt um 10,2%.
Innen- und Außenpolitik: Zusätzl. zu den Bemühungen, die Grenzstreitigkeiten mit Gabun endgültig zu bereinigen, nahm die Regierung im Nov. Kontakte mit der Regierung Nigerias auf, um Probleme auch an dieser Grenze aus der Welt zu schaffen. Es handelt sich hierbei um Gebiete, in denen Öl vermutet wird. K. konzentrierte sich im übrigen darauf, innenpolit. Probleme anzupacken. Hierzu gehören in erster Linie der Gesundheitsdienst, der vom zuständigen Minister P. F. Kamga am 4. April als unzureichend bezeichnet wurde, da trotz ausländ. Hilfe nur ein Arzt für je 20 000 Menschen zur Verfügung steht, die Krankenhäuser überfüllt sind und alle Arzneimittel importiert werden müssen. Im Mai wurden Pläne zum Bau einer neuen Universität bekanntgegeben, da die

KAMERUN
Geographische Daten und Bevölkerung: *Fläche* 475 442 km², *Verwaltungsgliederung* in 7 Provinzen, *Hauptstadt* Jaunde (200 000 E; 1973), *Bevölkerung* 6,4 Mill. E (1975), 13,5 E/km², Geburten-/Sterberate (auf 1 000 E) 43,1/22,8, *Amtssprachen* Französisch und Englisch, *Religion* etwa 50% Animisten, 30% Christen (zu 70% Katholiken), 15% Muslime.
Wirtschaft: *Erwerbstätigkeit:* 80% der Bevölkerung sind in der Landwirtschaft tätig. – *Landwirtschaft:* Nutzfläche 15,6 Mill. ha, davon 6,7 Mill. ha Ackerland (1970). – Produktion (Auswahl; 1973): Mais 400 000 t, Hirse 330 000 t, Süßkartoffeln 500 000 t, Maniok 750 000 t, Zuckerrohr 150 000 t, Bananen 74 000 t (1975), Erdnüsse 215 000 t, Kaffee 115 000 t (1975), Kakao 104 000 t (1975), Baumwolle 49 500 t (1975), Fleisch 61 000 t (1971), Holzeinschlag 7,95 Mill. m³. – *Bergbau, Industrie und Elektrizitätserzeugung* (Auswahl): Aluminium 52 000 t (1975), Ziegelsteine 110 000 t (1971), Zement 22 000 t (1971), Zucker 17 000 t (1972), Palmöl 60 000 t (1973), Bier 1,1 Mill. hl (1973/74), Elektrizität 1,440 Mrd. kWh (1975). – *Außenhandel* (1975): Export 96,31 Mrd. CFA-Franc, Import 128,10 Mrd. CFA-Franc. Haupthandelspartner sind Frankreich, Niederlande, BRD, USA. Hauptexportgüter sind Kakao, Kaffee, Holz, Aluminium, Baumwolle. – *Währung* ↑Übersicht Währungen. – *BIP* zu Marktpreisen 416,0 Mrd. CFA-Franc (1974), BIP je E 67 400 CFA-Franc.
Verkehr: *Eisenbahnen:* Streckenlänge 876 km (1973). – *Straßen* (1972): 56 700 km, davon 7 200 km Hauptstraßen. Bestand an Pkw 41 300, an Lkw und Omnibussen 23 300 (1973). – *Schiffahrt* (1976): Handelsflotte mit 63 000 BRT. – *Luftverkehr* (1972): 415 000 Fluggäste.

Zahl der Studenten in den letzten 15 Jahren von 250 auf 10 000 gestiegen ist und weitere 10 000 Studenten in afrikanischen Ländern bzw. in Übersee studieren.
Kanada, Bundesstaat im N des nordamerikan. Kontinents; Mitglied des Commonwealth of Nations. Als Volksvertretung fungieren ein Senat mit 102 Mitgliedern und ein Unterhaus mit 264 Abgeordneten, die verschiedenen Parteien angehören. Staatsoberhaupt Königin *Elisabeth II.* von Großbritannien, Regierungschef *P. Elliott Trudeau* (seit April 1968), Außenminister *Donald Jamieson* (seit Sept. 1976; zuvor *A. MacEachen*). Flagge ↑Farbtafeln Flaggen S. 122. Internat. Mitgliedschaften ↑Übersicht Internationale Organisationen.
Wirtschaft: Die konjunkturelle Erholung der Wirtschaft vollzog sich langsamer als in den übrigen westl. Volkswirtschaften. Diese Verzögerung ist z.T. Ergebnis der mehr auf Preisstabilität als auf Wachstumsförderung gerichteten Wirtschaftspolitik. Allerdings hatte die kanad. Regierung auch weniger Veranlassung, expansive Wirtschaftspolitik zu betreiben, da K. als eines der wenigen westl. Industrieländer in den beiden Rezessionsjahren 1974 und 1975 keine reale Schrumpfung des BSP hinnehmen mußte. 1976 nahm das BSP um 4–5% zu. Zur Erreichung des mit höchster Priorität ausgestatteten Ziels „Preisniveaustabilität" führte die Regierung Preis-, Lohn- und Gewinnkontrollen ein und betrieb eine ausgesprochene Hochzinspolitik bei gleichzeitiger Verminderung des Geldwachstums. Der Erfolg dieser Politik bestand in der Reduzierung der Inflationsrate auf 7,5% für das Gesamtjahr. In der zweiten Jahreshälfte hatte sie sich sogar auf 6% vermindert, während die entsprechende Rate im Vorjahr 11% betragen hatte. Negativ entwickelten sich die Investitionen von Ausländern; ausländ. Direktinvestitionen wiesen im ersten Halbjahr 1976 mit nur 50 Mill. kan$ einen absoluten Tiefstand auf.
Innen- und Außenpolitik: Innenpolit. Schlagzeilen machten die Olymp. Spiele und die separatist. Bestrebungen Quebecs. Am 17. Juli eröffnete Königin Elisabeth II. in Montreal die XXI. Olymp. Sommerspiele. Sie wurden nach dem jahrelangen Bangen um Finanzierung und Fertigstellung der Sportstätten kurzfristig bedroht durch K.s Visaverweigerung für die Sportler Taiwans. Wegen der Teilnahme Neuseelands, dessen Südafrikapolitik ihnen mißfällt, verzichteten die meisten afrikan. und arab. Mannschaften auf einen Start.
Der Streit zwischen den Anglo- und den Frankokanadiern erreichte Mitte Nov. seinen Höhepunkt, als bei den Wahlen in der Provinz Quebec der für die Unabhängigkeit eintretende Parti Québécois unter der Führung von René Levesque die meisten Stimmen und die absolute Mehrheit der Sitze errang. Der Sieg des frankokanad. Nationalismus erschütterte die bundesstaatl. Struktur K.s; in zwei Jahren soll ein Referendum über die Unabhängigkeit Quebecs stattfinden.
Im Sept. fand eine umfassende Regierungsumbildung statt, deren Ziel v.a. eine Besserung des zuletzt katastrophalen Popularitätsbildes der Re-

KANADA
Geographische Daten und Bevölkerung: *Fläche* 9,976 Mill. km², *Verwaltungsgliederung* in 10 Provinzen und 2 Territorien, *Hauptstadt* Ottawa (städt. Agglomeration 602 510 E), *Bevölkerung* 22,83 Mill. E, 2,3 E/km², Geburten-/Sterberate (auf 1 000 E; 1975) 15,7/7,3, *Amtssprachen* Englisch und Französisch, *Religion* 45,7% Katholiken, 20,1% Vereinigte Kanad. Kirche, 13,2% Anglikaner, 4,5% Presbyterianer, 3,6% Lutheraner.
Wirtschaft: *Erwerbstätigkeit* (1975): 8,569 Mill. Erwerbstätige, davon 8,272 Mill. abhängig Beschäftigte, 707 000 Arbeitslose (Jahresdurchschnitt). Von den Erwerbstätigen waren beschäftigt (in Prozentanteilen) in Land- und Forstwirtschaft, Jagd, Fischerei 7, produzierendes Gewerbe 29,2, Handel, Banken, Versicherungen 19,6, Verkehr und Nachrichtenübermittlung 7, sonstige Dienstleistungen 31; Arbeitslose 6,2. – *Landwirtschaft:* Nutzfläche 64 Mill. ha, davon 42,8 Mill. Ackerland. – Produktion (Auswahl): Weizen 23,523 Mill. t, Roggen 566 000 t, Hafer 4,96 Mill. t, Mais 3,68 Mill. t, Gerste 10,3 Mill. t, Kuhmilch 7,138 Mill. t, Butter 109 000 t, Rind- und Kalbfleisch 852 000 t (1975), Schweinefleisch 453 600 t (1975). Viehbestand: Rinder 13,7 Mill., Schweine 5,48 Mill., Schafe 523 000. – *Bergbau, Industrie und Elektrizitätserzeugung* (Auswahl; 1975): Steinkohle 21,71 Mill. t, Braunkohle 3,58 Mill. t, Erdgas 74,93 Mrd. m³, Erdöl 69,9 Mill. t, Eisenerz 44,74 Mill. t, Kupfererz 721 200 t, Bleierz 313 200 t, Rohstahl 13,1 Mill. t (1976), Pkw 1,14 Mill. (1976), Lkw 504 000, Weizenmehl 1,8 Mill. t (1976), Elektrizität 293,412 Mrd. kWh (1976). – *Außenhandel:* Export (fob) 38,048 Mrd. US-$ (1976), Import (cif) 34,306 Mrd. US-$ (1975). Haupthandelspartner sind USA, Japan, BRD, Großbritannien, UdSSR, Frankreich. Hauptexportgüter sind Nahrungsmittel, Kfz, Erze. Hauptimportgüter sind Rohöl, Nahrungs- und Genußmittel, Maschinen, Flugzeuge. – *Währung* ↑Übersicht Währungen. – *BIP* zu Marktpreisen in jeweiligen Preisen 187,82 Mrd. kan$.
Verkehr: *Eisenbahnen:* Streckenlänge 95 964 km, 2,62 Mrd. Personenkilometer, 191,8 Mrd. Nettotonnenkilometer (1975). – *Straßen:* 831 000 km, davon 15 000 km mit festem Belag; 8,47 Mill. Pkw, 2,2 Mill. Lkw und Omnibusse. – *Schiffahrt* (Ende 1976): Handelsflotte mit 1 032 765 BRT. – *Luftfahrt* (1975): 23,11 Mrd. Personenkilometer, 580,7 Mill. Nettotonnenkilometer.

Kanada. Indianer protestieren in Ottawa gegen die politische und soziale Benachteiligung als Minderheit

Kanada. Zu einem fünftägigen Besuch halten sich Premierminister P. Trudeau und seine Gattin (Mitte und rechts) Ende August in Israel auf. Hier wird das Ehepaar vom israelischen Ministerpräsidenten Y. Rabin empfangen

Kanada. Im Verlauf einer Reise durch einige westeuropäische Staaten wird Außenminister A. J. McEachen (rechts) in Wien auch vom österreichischen Bundespräsidenten R. Kirchschläger zu einer Unterredung empfangen

Kanada. Bei den Wahlen im November erringt der separatistische Parti Québécois unter Führung von R. Levesque (Mitte vorn) die absolute Mehrheit im Provinzparlament von Quebec. Nach dem erklärten Willen der Regierung soll 1978 ein Referendum über die Unabhängigkeit Quebecs durchgeführt werden

gierung Trudeau war, der bes. die hohe Arbeitslosenrate, die gestiegene Inflation, die Entscheidung gegen die Olympiateilnahme Taiwans und ihre Zwei-Sprachen-Politik vorgeworfen wird.
K.s außenpolit. Orientierung war 1976 deutl. auf Lateinamerika gerichtet: Zu Beginn des Jahres reiste Premierminister P. E. Trudeau nach Mexiko, Kuba und Venezuela, um die Beziehungen zu intensivieren und insbes. das polit. und wirtschaftl. Verhältnis zu Kuba zu bereinigen. Kurz danach schlossen K. und Argentinien ein Abkommen über die friedl. Nutzung von Uranerzvorkommen. Peru erhielt einen 300-Mill.-Dollar-Kredit für Vorhaben in den Bereichen Forstwirtschaft, Fischfang und Erforschung der Naturressourcen.

Kanalinseln ↑ Übersicht Staaten der Erde (Großbritannien).

Kap Verde, Inselrepublik (seit 5. Juli 1975) vor der Westküste Afrikas auf der Höhe Senegals. Als Volksvertretung fungiert eine Verfassunggebende und Gesetzgebende Versammlung mit 56 Abgeordneten, die der Einheitspartei PAIGC (Partido Africano da Independência de Guiné e Cabo Verde) angehören. Staatsoberhaupt *Aristides Pereira* (seit 5. Juli 1975), Regierungschef *Pedro Pires* (seit 11. Juli 1975). Flagge ↑ Farbtafeln Flaggen S. 122. Internat. Mitgliedschaften ↑ Übersicht Internationale Organisationen.

Wirtschaft: Das größte Problem ist immer noch der Mangel an Nahrungsmitteln, denn die Inseln leiden seit Jahren unter Trockenheit. Auch 1976 ist der größte Teil der ohnehin nie ausreichenden Ernten wieder vertrocknet. Es wurden z. B. nur 1 800 t Mais geerntet bei einem Bedarf von 60 000 t. Die UN haben für 1977 auch wieder eine Nahrungsmittelhilfe von 30 Mill. $ zugesagt. Mit UN-Hilfe

KAP VERDE

Geographische Daten und Bevölkerung: *Fläche* 4 033 km², *Hauptstadt* Praia (21 000 E), *Bevölkerung* 300 000 E, 69 E/km² (1975), *Amtssprache* Portugiesisch, *Religion* überwiegend Katholiken.

Wirtschaft: *Erwerbstätigkeit:* 106 000 Erwerbstätige, davon 40% in der Landwirtschaft und 52% im Dienstleistungssektor (1960). – *Landwirtschaft:* 38 000 ha Ackerland, 10 000 ha Weideland (1974). – Produktion (Auswahl; 1975): Bananen 7 000 t, Kaffee 6 t, Mais 13 000 t, Fisch 3 800 t, Rindfleisch 270 t. Rinderbestand 19 000. – *Industrie und Elektrizitätserzeugung* (Auswahl; 1975): Salz 20 940 t, Pozzolanerde 1 184 t, Thunfischkonserven 232 t, Gefrierfisch 912 t, Elektrizität 9 Mill. kWh. – *Außenhandel* (1975): Export 61,3 Mill. Esc, Import 1 011 Mill. Esc. Haupthandelspartner sind Portugal und Angola. Hauptexportgüter sind Salz, Pozzolanerde, Fischprodukte. – *Währung* ↑ Übersicht Währungen. – *BIP* zu Marktpreisen 60 Mill. $, 240 $/E (1972; UN-Schätzung).

Verkehr: *Straßen:* 984 km. Bestand an Pkw 1 607, an Lkw und Omnibussen 503 (1970).

soll auch die Salzgewinnung von 36 000 t im Jahr auf 500 000 t erhöht werden. Der Export deckt nur einen Bruchteil der Einfuhrausgaben (1974: 7%). Das Defizit (1975: etwa 75 Mill. DM) wird ebenso wie die öffentl. Ausgaben aus großenteils unbekannten ausländ. Quellen finanziert.
Innen- und Außenpolitik: Im April unterzeichnete K. V. zus. mit Guinea-Bissau mehrere Protokolle, die sich auf die Gerichtsbarkeit und das Gefängniswesen bezogen. Am 13. April stellte das Regierungsbulletin in diesem Zusammenhang fest, daß es das Ziel der Regierung sei, auf eine Staatenunion mit Guinea-Bissau hinzuarbeiten. Eine solche Union war bereits zu dem Zeitpunkt beschlossen worden, als die PAIGC noch als Befreiungsbewegung gegen die portugies. Kolonialherrschaft kämpfte. Beobachter bezeichneten es als auffällig, daß sich der Vollzug der Union so lange hinziehe. Im April wurden diplomat. Beziehungen mit China und dem Vatikan aufgenommen.

Karami, Raschid, * Tripolis 1921, libanes. Politiker. Zuletzt 1975 bis Dez. 1976 Ministerpräsident.

Karjalainen, Ahti, * Hirvensalmi (Prov. Mikkeli) 10. Febr. 1923, finn. Politiker (Zentrumspartei). Zuletzt 1972–75 Außenminister; übernahm im Sept. 1976 das Wirtschaftsministerium und wurde stellvertretender Ministerpräsident.

Karlspreis, von der Stadt Aachen seit 1950 jährl. für bes. Verdienste um die europ. Einigung verliehener Preis, verbunden mit einer Dotation von 5 000 DM und einer Medaille mit dem Bild Kaiser Karls des Großen. Preisträger 1976 ist der belg. Ministerpräsident Léo Tindemans.

Karlspreis. Der Aachener Oberbürgermeister K. Malangré (rechts) überreicht den Preis an L. Tindemans

Karolinen ↑ Übersicht Staaten der Erde (USA).

Katar, Emirat am Pers. Golf, an der Ostküste der Arab. Halbinsel. Eine Volksvertretung gibt es nicht. Staatsoberhaupt *Scheich Chalifa Ibn Hamad Ath Thani* (seit Febr. 1972). Flagge ↑ Farbtafeln Flaggen S. 122. Internat. Mitgliedschaften ↑ Übersicht Internationale Organisationen.

KATAR
Geographische Daten und Bevölkerung: *Fläche* 11 000 km², *Hauptstadt* Ad Dauha (etwa 60 000 E), *Bevölkerung* 90 000 (UN-Schätzung, nach anderen Angaben 130 000–140 000), 8 E/km², jährl. Bevölkerungszunahme 1963–69: 10,5%, *Amtssprache* Arabisch, *Religion* Islam sunnit. Richtung ist Staatsreligion.
Wirtschaft: *Erwerbstätigkeit:* keine statist. Angaben. Beschäftigte sind v. a. in der Erdölwirtschaft und in Dienstleistungsbereichen tätig. – *Landwirtschaft* (Auswahl): Gemüse 20 500 t, Luzerne 20 000 t, Fischfang jährl. etwa 1 000 t. – *Bergbau:* Erdöl 23,51 Mill. t, Zement 320 000 t, Kunstdünger 325 000 t. – *Außenhandel:* Haupthandelspartner sind Japan, Großbritannien, USA, Libanon, BRD. Hauptexportgut ist Erdöl. Hauptimportgüter sind Eisen und Stahl, Industrieprodukte, Nahrungsmittel. – *Währung* ↑ Übersicht Währungen.

Innen- und Außenpolitik: Die Zusammenarbeit mit den arab. Ländern, bes. mit Saudi-Arabien, wurde fortgesetzt. Zu offiziellen Besuchen kamen die Staatsoberhäupter Ägyptens, A. As Sadat (27./28. Febr., 22. Juni), Saudi-Arabiens, König Chalid (25.–27. März), Gambias, Sir D. Kairaba Jawara (24.–26. Nov.), und Jordaniens, König Husain (18. Dez.). – Nach einem Bericht der lokalen Presse beanspruchte Außenminister Scheich Suhaim Ibn Hamad Ath Thani die Souveränität seines Landes über die von Bahrain kontrollierte Insel Hawar und einige benachbarte kleinere Inseln. Emir Scheich Chalifa Ibn Hamad Ath Thani besuchte Frankreich (Ende Juli). Am 15. Dez. eröffnete er eine Ministerkonferenz der OPEC in der Hauptstadt Doha. Mit Süd-Korea wurden im Juli diplomat. Beziehungen aufgenommen.

Katastrophen und Unglückfälle: Am 1. Jan. stürzte eine Boeing 707 der Middle East Airlines in der Wüste zwischen Saudi-Arabien und Kuwait ab. Die libanes. Maschine befand sich auf dem Flug von Beirut nach Dubaij. Alle 82 Insassen kamen ums Leben. – Eine sowjet. TU-134 der Aeroflot verunglückte am 2. Jan. auf dem Inlandflughafen Wnukowo. 52 Menschen sollen dabei ums Leben gekommen sein. – Bei dem bisher schwersten Busunglück in Indien westl. von Madras starben am 5. März 90 Personen. – Am gleichen Tag stürzte eine Turboprop vom Typ Iljuschin 18 auf dem Flug von Moskau nach Jerewan ab. 120 Personen wurden Opfer des Unglücks. – Am 9. März ereignete sich die bisher schwerste Seilbahnkatastrophe Europas. Bei Cavalese in den Trienter Dolomiten stürzte die Unglückskabine mit 43 Menschen in die Tiefe. Bis auf eine Frau fanden alle den Tod. – Eine Boeing 727, die sich mit 84 Menschen an Bord auf dem Flug von New York nach der Jungferninsel St. Thomas befand, stürzte am 27. April auf ein Gebäude und explodierte. Dabei kamen 89 Menschen ums Leben. – Am 4. Mai verursachte ein Zugunglück bei Rotterdam den Tod von 24 Personen. Der zwischen den Niederlanden und Innsbruck verkehrende „Rhein-Expreß“ stieß mit einem Nahverkehrszug frontal zusammen. – Der mit 110 000 t Rohöl beladene Tanker „Urquiola“ lief am 12. Mai nach mehreren Explosionen an der span. Atlantikküste brennend auf Felsen auf. Von der Ölpest wurde in erster Linie die Bucht von La Coruña betroffen. Der Kapitän des Tankers fand den Tod. – Der schnelle Einsatz von 35 Tanklöschfahrzeugen verhinderte die Ausbreitung des am 9. Mai ausgebrochenen Waldbrandes auf das Naherholungsgebiet bei Celle. Dennoch fielen 30 ha Fichtenbestand dem Feuer zum Opfer. – Rund 150 Todesopfer forderte in den USA das Staudammunglück von Idaho, als am 6. Juni der 94 m hohe neue Damm am Tetonfluß barst. Tausende von Rindern und Schweinen kamen in den Fluten um. Ein Gebiet von rund 780 km² wurde überflutet. Der Sachschaden wird mit 1,3 Mrd. DM beziffert. – Eine verheerende Giftgaskatastrophe ereignete sich am 10. Juni in der italien. Gemeinde Seveso bei Mailand. Erst als die Blätter von den Bäumen fielen, Kleintiere eingingen und insgesamt 34 Personen ins Krankenhaus gebracht werden mußten, begriff man das Ausmaß der Gefahr. Aus dem Chemiewerk ICMESA, das den Grundstoff TCDD für Insektizide und Kosmetika herstellt, entwich explosionsartig eine dunkelrote Giftgaswolke. Der Boden ist in einem Umkreis von 115 ha völlig verseucht. Die Bewohner des Orts und der Umgebung mußten evakuiert werden. – Am 28.

Juli stürzte eine tschechoslowak. Iljuschin 18 bei Preßburg ab. Es gab 71 Tote. – Mehr als 100 Personen kamen bei einem Frontalzusammenstoß zweier Personenzüge in der Nähe von Douala in Kamerun am 9./10. Sept. ums Leben. – Am 10. Sept. stießen zwei Flugzeuge – eine jugoslaw. DC-9 und eine Trident der British Airways – in 10 000 m Höhe bei Zagreb zusammen. Dabei gab es 176 Tote. Ein jugoslaw. Gericht sprach am 16. Mai 1977 den Fluglotsen G. Tasic vom Kontrollturm des Flughafens schuldig, das Unglück herbeigeführt zu haben. – Ein Bergwerkunglück ereignete sich am 18. Sept. im N Moçambiques. Durch eine Explosion kamen vermutl. 100 Menschen ums Leben. – Beim Absturz einer Boeing 727 der türk. Fluggesellschaft THY mußten am 19. Sept. 154 Insassen ihr Leben lassen. Die Maschine zerschellte während des Flugs von Mailand nach Istanbul an dem 1 371 m hohen Karakaya-Berg. – Das zweite Giftunglück des Jahres in Italien ereignete sich am 29. Sept. in Manfredonia. Die aus dem Chemiewerk Anic entwichene Giftwolke verseuchte ein Gebiet von rund 15 km^2 und führte zur Erkrankung von 22 Personen. – Am 13. Okt. stürzte nach dem Start in Santa Cruz, Bolivien, eine amerikan. Boeing 707 ab. 130 Insassen verloren ihr Leben. – Bei einem Zusammenstoß am 20. Okt. zwischen dem Mississippi-Fährschiff „George-Prince" und dem norweg. Tanker „Frosta" in Louisiana ertranken fast 100 Personen. – Am 28. Nov. explodierte eine Tupolew 104 der sowjet. Aeroflot kurz nach dem Start in Moskau.

katholische Kirche: Das Jahr 1976 war für die k. K. in der BRD gekennzeichnet durch eine zunehmende Auseinandersetzung zwischen amtl. Kirche und konservativen Katholiken, und es war überschattet durch den Tod ihres hervorragendsten Repräsentanten, des Münchner Kardinals Julius Döpfner.

Am 15. Jan. veröffentlichte die röm. Kongregation für die Glaubenslehre ein Rundschreiben zu „Fragen menschl. Sexualität". Hierin bekräftigte sie den traditionellen kath. Standpunkt, nach dem geschlechtl. Beziehungen vor der Ehe, homosexuelle Handlungen und Onanie in der Regel schwere

Katholische Kirche. J. Kapp, neuer Weihbischof des Bistums Fulda

Sünde seien. Während die dt. Bischöfe ihre Zustimmung zu dem Schreiben erklärten, reagierte die Mehrheit der kath. Theologieprofessoren ablehnend, die übrige Öffentlichkeit meist mit Gleichgültigkeit. Die k. K. scheint ihren Einfluß auf das sittl. Empfinden und Handeln auch bei ihren Mitgliedern zu verlieren.

Am 7. März wurde in der ganzen kath. Welt die bisher schon gültige Liturgiereform verbindlich, nach der die kath. Messe in leicht veränderter Form und meist in der Landessprache gefeiert wird. Diese im ganzen nicht sehr einschneidende Reform stieß

Katholische Kirche. Der bayrische Kultusminister H. Maier (Mitte) ist zum Präsidenten des Zentralkomitees der deutschen Katholiken gewählt worden. Links neben ihm sein Vorgänger in diesem Amt B. Vogel, rechts ZK-Mitglied H. Schmitt-Vockenhausen

bei konservativen Kreisen auf heftigen Widerstand. Im Saarland erschien ein „Aufruf zum Widerstand" gegen den Abfall in der Kirche selbst. In München, Münster, Köln und anderen Städten gründeten Traditionalisten Vereinigungen, in denen sie nicht nur gegen die Veränderung alter Formen protestieren, sondern auch mit gleichgesinnten Priestern die alte Liturgie trotz Verbots durch die offizielle Kirche weiterpflegen wollen.

Solche Gruppen fanden in dem frz. Erzbischof ↑Lefebvre einen gewichtigen Repräsentanten ihrer Ansicht.

Vom 6. bis 8. März tagte die Vollversammlung der Dt. Bischofskonferenz. Sie beschloß eine wichtige innerkirchl. Neuordnung: Alle kirchl. Organe werden jetzt der Bischofskonferenz zugeordnet, die sich ihrerseits in zehn Kommissionen mit verschiedenen Aufgaben gliedert. In den Kommissionen haben nur Bischöfe Vorsitz- und Stimmrecht.

Am 5. Mai veröffentlichten die Bischöfe ein Rundschreiben, in dem sie ihre Sorge zum Ausdruck brachten, in der BRD sei das Bewußtsein für Werte und Werthaltungen geschwunden. In einer Rede vor der Kath. Akademie Hamburg antwortete Bundeskanzler H. Schmidt am 23. Mai, es sei gerade Aufgabe der Kirche und anderer gesellschaftl. Gruppen, sich um Werte und Wertbewußtsein im Staat zu bemühen. Auch Ministerpräsident H. Kohl und Innenminister W. Maihofer äußerten sich zur Frage der Grundwerte.

Für die Kirche wurde das Jahr 1976 überschattet vom Tod des Vorsitzenden der Dt. Bischofskonferenz, Julius Kardinal Döpfner, am 24. Juli. Mit Döpfner verlor die k. K. einen ihrer hervorragendsten und angesehensten Repräsentanten. Döpfner spielte schon auf dem Konzil eine bedeutende Rolle, wurde 1965 Vorsitzender der Dt. Bischofskonferenz und damit auch Präsident der kath. Synode. Er galt allen Gruppen der Kirche als Integrationsgestalt und einer nichtkirchl. Öffentlichkeit als fairer und geschätzter Gesprächspartner.

Im Okt. wählte die Dt. Bischofskonferenz den Kölner Kardinal Josef Höffner, einen als konservativ geltenden Kirchenmann, zum Nachfolger.

Die Bundestagswahl vom 3. Okt. beschäftigte auch kirchl. Kreise. Die Bischöfe äußerten verschiedene Vorbehalte gegenüber einzelnen Aktionen der Regierung, bes. die Reform des Abtreibungsparagraphen und des Eherechts. Prälat Hohmeyer, Sekretär der Dt. Bischofskonferenz, mußte nach verschiedenen Protesten eine Äußerung korrigieren, daß für einen Katholiken grundsätzlich alle Bundestagsparteien wählbar seien.

Am 26. Okt. anerkannte ein päpstl. Erlaß die bisher informell tagende Versammlung der Bischöfe der DDR als formelle Bischofskonferenz. Solche Bischofskonferenzen gibt es nach dem Konzil in jedem selbständigen Land.
Am 6. Nov. wählte das Zentralkomitee der dt. Katholiken den bayr. Kultusminister H. Maier zum neuen Vorsitzenden des obersten kirchl. Laiengremiums. Die Kirche bekam damit 1976 zwei neue Führungsgestalten.

Kenia, Republik in Afrika, beiderseits des Äquators; Mitglied des Commonwealth of Nations. Als Volksvertretung fungiert eine Nationalversammlung (1974 suspendiert) mit 172 in ihrer Mehrheit gewählten Abgeordneten, die einer Partei, der Kenya African National Union (KANU), angehören. Staatsoberhaupt *Jomo Kenyatta* (seit Dez. 1964). Flagge ↑ Farbtafeln Flaggen S. 122. Internat. Mitgliedschaften ↑ Übersicht Internationale Organisationen.

Die *Wirtschaft* K.s fand 1976 Anschluß an den weltwirtschaftl. Aufschwung. Es wird mit einem realen Wachstum des BSP von 4–5% gerechnet. Die verarbeitende Industrie wies im ersten Halbjahr 1976 einen Zuwachs von 6–8% auf. Die landwirtschaftl. Produktion ist ebenfalls gestiegen, der doppelt so hohe Kaffeepreis wirkt sich entsprechend auf die Exporteinnahmen aus. Beim Fremdenverkehr nahmen die Übernachtungen im ersten Halbjahr 1976 um 7,4% zu. Während die Einfuhren im ersten Drittel 1976 gegenüber dem Vergleichszeitraum 1975 um 8% zunahmen, stiegen die Exporte – hauptsächl. bei Kaffee – um 30%. Das Handelsbilanzdefizit verringerte sich dadurch um 27%.

Innen- und Außenpolitik: Der frühere Minister für Lokalverwaltung, P. Ngei, der 1975 durch ein Gericht für fünf Jahre von jeder Kandidatur bei Wahlen ausgeschlossen, dann aber vom Präsidenten rehabilitiert worden war, wurde am 13. Jan. bei einer Zwischenwahl erneut ins Parlament gewählt. Seine Ernennung zum Minister für kooperative Entwicklung erfolgte im März.
Größere Landforderungen Ugandas lösten im Febr. in Nairobi Demonstrationen aus, wobei der ugand. Präsident I. Amin als „afrikan. Hitler" und „Mörder" bezeichnet wurde. Grenzzwischenfälle (April), die Beschlagnahmung kenian. Eigentums in Uganda (Mai) und der ugand. Vorwurf, K. habe dem israel. Kommandounternehmen zur Befreiung von Geiseln in Entebbe Hilfestellung geleistet (Juli), ließen eine militär. Konfrontation befürchten. Eine Vermittlungsaktion der OAU führte jedoch im Aug. dazu, daß Uganda und K. ein „Memorandum of Understanding" unterzeichneten, nachdem Uganda mehrere Vorbedingungen K.s erfüllt hatte. Der amerikan. Verteidigungsminister D. Rumsfeld sagte am 16. Juni bei einem Besuch in Nairobi die Lieferung von Düsenflugzeugen des Typs F-5 mit der Begründung zu, daß Uganda und Somalia sowjet. Mig-21-Maschinen erhalten hätten. Das Auftauchen amerikan. Kriegsschiffe in den Gewässern K.s (Juli) und die brit. Zusage für größere Waffenlieferungen wurde von der Presse im Zusammenhang mit dem Entebbe-Zwischenfall als westl. Unterstützung für K. interpretiert.

KENIA
Geographische Daten und Bevölkerung: *Fläche* 582 646 km², *Verwaltungsgliederung* in 7 Provinzen und das Gebiet von Nairobi, *Hauptstadt* Nairobi (650 000 E), *Bevölkerung* 13,4 Mill. E (1975), 23 E/km², *Amtssprachen* Suaheli (seit Juli 1974, davor Englisch), *Religion* 57,7% Christen (überwiegend Protestanten), 3,8% Muslime, 1,3% Hindus, Anhänger von Naturreligionen.
Wirtschaft: *Erwerbstätigkeit* (1974; in Prozentanteilen): private Land- und Forstwirtschaft 25,9, private Industrie 13,8, private Dienstleistungen 20,4, öffentl. Sektor 39,9. – *Landwirtschaft:* Nutzfläche 5,615 Mill. ha (1961), davon 1,696 Mill. ha Ackerland. – Produktion (Auswahl; 1975): Mais 1,6 Mill. t, Reis 32 000 t, Weizen 160 000 t, Zuckerrohr 1,65 Mill. t, Ananas 45 000 t (1974), Kaffee 66 000 t, Tee 57 000 t, Sisal 44 000 t, Rind- und Kalbfleisch 113 000 t. – *Industrie und Elektrizitätserzeugung* (Auswahl; 1975): Motorenbenzin 364 000 t, Zement 897 000 t, Soda 95 000 t, Zucker 160 000 t, Bier 1,54 Mill. hl, Elektrizität 900 Mill. kWh. – *Außenhandel* (1975): Export 4 464 Mill. K.Sh., Import 6 948 Mill. K.Sh. Haupthandelspartner sind Großbritannien, Iran, BRD, Japan, USA. Hauptexportgüter sind Kaffee und Tee. Hauptimportgüter sind Maschinen und Fahrzeuge, Erdöl. *Währung* ↑ Übersicht Währungen. – *BIP* zu Marktpreisen 19 044 Mill. K.Sh. (1974), 1 480 K.Sh./E.
Verkehr: *Eisenbahnen:* Streckenlänge etwa 4 400 km (1973). – *Straßen* (1975): 52 331 km, davon 4 047 km asphaltiert. Bestand an Kfz 184 100 (1974), davon 90 900 Pkw. – *Schiffahrt* (1976): Handelsflotte mit 12 000 BRT. – *Luftverkehr* (Flughafen Nairobi; 1975): 627 000 Fluggäste.

Kennan, Georg Frost, * Milwaukee 16. Febr. 1904, amerikan. Diplomat und Historiker. Seit 1974 Mitglied des Woodrow Wilson International Center; wurde im Juni 1976 Mitglied des Ordens Pour le mérite für Wissenschaft und Künste.

KERNENERGIE – KERNTECHNIK

Neben Kohle, Erdöl und Erdgas ist nach übereinstimmender Meinung der Fachwelt die Kernenergie die einzige Energiequelle, die kurz- und mittelfristig nennenswerte Beiträge zur Energieversorgung liefern kann. Auch langfristig bietet die Kernenergie in Kooperation mit Kohle- und Gasindustrie auf dem Wege der Kohlevergasung eine Alternative zur Deckung wesentlicher Teile des Energiebedarfs.
Die heutigen Probleme der friedlichen Nutzung der Kernenergie sind allerdings nicht nur technischer Art. Sie liegen ebensosehr im Bereich der öffentlichen Diskussion um das Für und Wider der friedlichen Nutzung der Kernenergie und hier nicht zuletzt auch um die Frage nach den Grenzen des weiteren Energie- bzw. Wirtschaftswachstums. Die bisher gewonnenen Erfahrungen zeigen, daß, sofern es bei einem sachlich geführten Dialog bleibt und die zur Lösung von noch anstehenden Sachfragen notwendigen politischen Entscheidungen nicht Bürgerinitiativen überlassen werden, dadurch ein notwendiger Weg beschritten wird, um die Kernenergie langfristig und im wirtschaftlich erforderlichen Umfang in der Bundesrepublik Deutschland einführen zu können.
Zum Betreiben von Kernkraftwerken wird ein sog. geschlossener Brennstoffkreislauf benötigt. Er ist charakterisiert durch die Bereitstellung des erforderlichen nuklearen Brennstoffes sowie die Entsorgung von den vorwiegend radioaktiven Abfallstoffen. Ein Reaktorbrennstoffkreislauf besteht aus den in der graphischen Darstellung auf S. 192 bezeichneten Stationen.
Die *Entsorgung* der Kernkraftwerke, darunter werden die drei letzten Stationen im Reaktorbrennstoffkreislauf (↑ Farbtafel S. 192) verstanden, bleibt eine wesentliche Notwendigkeit für ihren Betrieb. Im Gegensatz zu fossilen Brennstoffen, die sich in einem Durchgang praktisch völlig umsetzen lassen, können Kernbrennstoffe sowohl aus neutronenphy-

Kernenergie – Kerntechnik. Mitarbeiter der Nordwestdeutschen Kraftwerke AG demonstrieren gegen die Besetzung des Bauplatzes für ein geplantes Kernkraftwerk in Brokdorf an der Unterelbe durch Angehörige von Bürgerinitiativen. Sie wollen damit ihre Besorgnis um den Erhalt der Arbeitsplätze zum Ausdruck bringen

sikalischen als auch aus sicherheitstechnischen Gründen nicht so lange in einem Reaktor verbleiben, bis der gesamte Spaltstoff verbraucht ist. Es ist daher notwendig, nach gewissen Zeitabständen einen Austausch der Brennelemente vorzunehmen. Man erhält also das durch die Wiederaufarbeitung der verbrauchten Brennelemente nichtverbrauchte Uran und das neu entstandene Plutonium, die wiederum zur Refabrikation neuer Brennelemente zur Verfügung stehen. Darüber hinaus bildet die Wiederaufarbeitung den ersten notwendigen Schritt für eine risikolose Abfallbeseitung. Hier werden die gefährlichen strahlenden Stoffe sauber und vollständig abgetrennt und sollen dann nach einer weiteren Behandlung in konzentrierter Form in speziellen Lagerstätten über lange Zeiträume hinweg sicher von der menschlichen Biosphäre abgeschirmt gehalten werden, bis sie schließlich zu

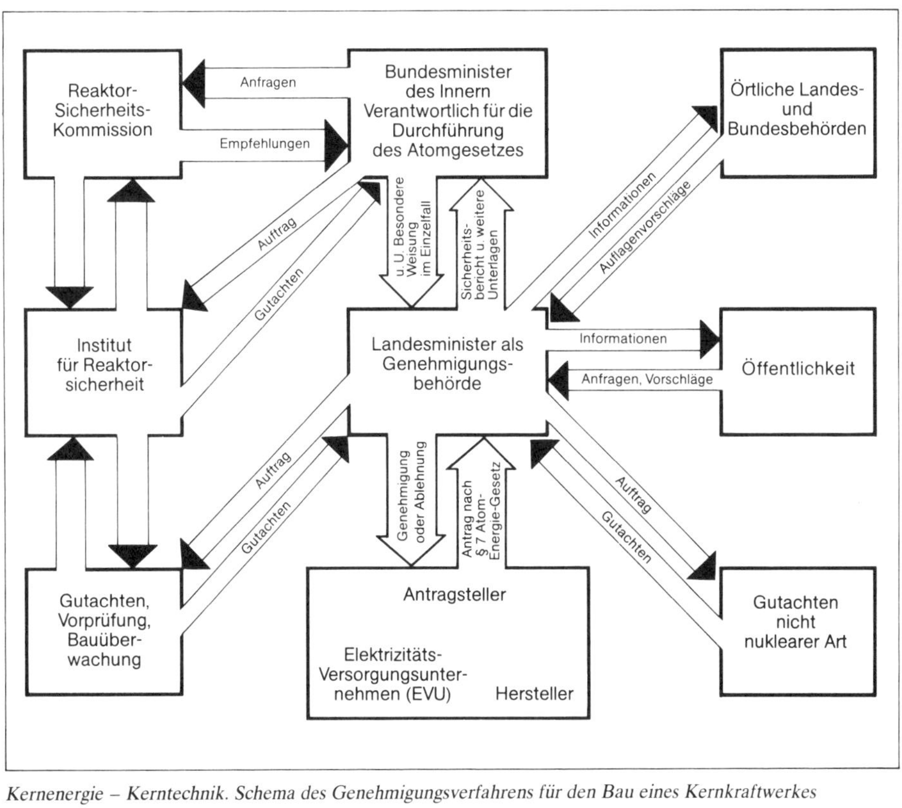

Kernenergie – Kerntechnik. Schema des Genehmigungsverfahrens für den Bau eines Kernkraftwerkes

harmlosen stabilen Isotopen zerfallen. Die Wiederaufarbeitung ist nicht nur der zentrale Punkt der Entsorgung, sondern auch ein Eckpfeiler zur langfristigen Sicherung der Brennstoffversorgung der Kernkraftwerke.

Das in Aussicht gestellte Endlagerungskonzept geht von der Forderung aus, daß die radioaktiven Abfallstoffe wegen ihrer Gefährlichkeit über lange Zeiträume hinweg, d. h. bis zu etwa 700 Jahre absolut sicher vom Biozyklus abgeschlossen werden müssen. Dies geschieht am besten dadurch, daß man die Spaltproduktlösungen eindampft und die radioaktiven Stoffe in glasartige, feste Körper überführt, die gegen eine Auslaugung durch Wasser resistent sind. Die verglasten Produkte werden dann zur weiteren Absicherung in geologisch stabilen Salzlagerstätten untergebracht. Solche Salzformationen eignen sich besonders gut für eine Endlagerung radioaktiver Stoffe, da Salz plastisch ist, keine Spalten aufweist und gegen Flüssigkeiten und Gase dicht ist. Es wird nun angestrebt, bis Mitte der 80er Jahre ein integriertes Entsorgungssystem für LWR im industriellen Maßstab in der BRD aufzubauen und in Betrieb zu nehmen. Dieses Entsorgungssystem soll auch für den Hochtemperatur- und Brüter-Brennstoffkreislauf ausgebaut werden.

Eine weitere der zentralen Fragen in der Diskussion um die friedliche Nutzung der Kernenergie ist die Frage nach der Sicherheit von kerntechnischen Anlagen. Im technischen Bereich kann keine absolute Sicherheit erzielt werden. Alle technologischen Errungenschaften und technischen Einrichtungen sind mit gewissen Risiken verbunden. Im Unterschied zu vielen anderen Technologien sind bei der friedlichen Nutzung der Kernenergie von Anfang an sehr hohe Sicherheitsanforderungen gestellt worden. Die Inbetriebnahme z. B. eines Kernkraftwerkes setzt ein langwieriges Genehmigungsverfahren voraus, das in der Abb. S. 151 schematisch dargestellt wird. Rechtsgrundlage für die Errichtung von kerntechnischen Anlagen ist das Atomgesetz vom 23. 12. 1959. Für die in der BRD in Betrieb oder im Bau befindlichen Kernkraftwerke wird im Genehmigungsantrag eine typische Abgabe radioaktiver Gase von 30 000 Ci pro Jahr (Siedewasserreaktor) bzw. 10 000 Ci pro Jahr (Druckwasserreaktor) zugrunde gelegt. Die tatsächlichen Abgaben betrugen z. B. im Jahre 1972 bzw. 1974 bei den Kernkraftwerken Gundremmingen (Siedewasserreaktor) 11 000 bzw. 11 700 Ci und Stade (Druckwasserreaktor) 2 445 bzw. etwa 1 230 Ci. Die gesetzlich maximal zulässige Abgabe von radioaktiven Stoffen wird durch die Forderung bestimmt, daß an keiner Stelle in der näheren oder weiteren Umgebung der Anlage eine zusätzliche Strahlenbelastung von mehr als 30 mrem pro Jahr auftritt. Dieser Wert ist gerade so groß wie die ohnedies vorhandenen Unterschiede in der natürlichen Strahlenbelastung, die im Mittel 100–110 mrem pro Jahr beträgt und von 14 mrem pro Jahr in Schleswig-Holstein auf 630 mrem pro Jahr in Katzenbuckel (bei Eberbach, Baden-Württemberg) bis hin auf 1 800 mrem pro Jahr in der Nähe von Menzenschwand (Schwarzwald) variiert.

Kernkraftwerke sind, wie bereits erwähnt, auf Grund des praktizierten Genehmigungsverfahrens nach menschlichem Ermessen sicher. Da absolute Sicherheit für keine technische Anlage erreicht werden kann, besteht nur die Möglichkeit, die Wahrscheinlichkeit des Eintritts eines Schadens und die daraus abzuschätzenden Gefahren als Maßstab zu wählen.

Kesten, Hermann, * Nürnberg 28. Jan. 1900, dt. Schriftsteller. 1972–76 Präsident des P.E.N.-Zentrums Bundesrepublik Deutschland.

Khieu Samphan, * in der Prov. Svay Rieng 27. Juli 1931, kambodschan. Politiker. 1970–76 stellvertretender Ministerpräsident und Verteidigungsminister (bis April 1975 der königl. Exilregierung); übernahm im April 1976 das Amt des Staatspräsidenten.

Khlefawi ↑ Chulaifawi, Abd Ar Rahman.

Kim Il, korean. Politiker. 1956–72 stellvertretender Ministerpräsident, von 1972 bis April 1976 Ministerpräsident von Süd-Korea.

Kittikachorn, Thanom, * in der Prov. Tak 11. Aug. 1911, thailänd. General und Politiker. 1973 des Landes verwiesen kehrte K. im Sept. 1976 unter Protest des Nat. Studentenzentrums von Thailand und der Gewerkschaften zurück, um in Bangkok als buddhist. Mönch zu leben.

Kleridis, Glafkos John, * Nikosia 24. April 1919, zypriot. Politiker. Rechtsanwalt; gab im April 1976 die Niederlegung seiner Ämter als Vorsitzender des zypriot. Abgeordnetenhauses und als Vertreter der griech. Volksgruppe bei den Zyperngesprächen bekannt.

Kohl, Helmut, * Ludwigshafen am Rhein 3. April 1930, dt. Politiker. Seit 1973 Parteivorsitzender der CDU; trat im Dez. 1976 vom Amt des Ministerpräsidenten von Rheinland-Pfalz (seit 1969) zurück und wurde zum Vorsitzenden der gemeinsamen Fraktion von CDU und CSU im Dt. Bundestag gewählt.

Kokosinseln ↑ Übersicht Staaten der Erde (Australien).

Kolman, Arnošt, * Prag 6. Dez. 1892, sowjet. Mathematiker und Philosoph tschech. Herkunft. Seit 1945 Professor für Mathematik in Moskau, 1945–48 für Philosophie in Prag. 1959–62 Direktor des Philosoph. Institutes der Akademie der Wissenschaft in Prag. Lebte ab 1963 in Moskau. K. bat im Sept. 1976 um polit. Asyl in Schweden.

Kolumbien, Republik im Nordwesten Südamerikas. Als Volksvertretung fungiert ein Kongreß, der aus einem Senat mit 118 Senatoren und einer Abgeordnetenkammer mit 210 Abgeordneten besteht, die verschiedenen Parteien angehören. Staatsoberhaupt und Regierungschef *Alfonso López Michelsen* (seit Aug. 1974; zuvor *Misael Pastrana Borrero*), Außenminister *Indalecio Liévano Aquirre.* Flagge ↑ Farbtafeln Flaggen S. 122. Internat. Mitgliedschaften ↑ Übersicht Internat. Organisationen.

Innen- und Außenpolitik: Das Jahr 1976 zeigte keine Besserung der polit. Lage. Am 22. Juni hob die Regierung jedoch den Ausnahmezustand nach fast einjähriger Dauer auf. Die soziale Basis der Unruhen konnte damit nicht verändert werden. Nach einer Unterbrechung von knapp drei Monaten wurde am 7. Okt. der Belagerungszustand erneut über das ganze Land verhängt. Dieser Schritt wurde mit Unruhen und Streiks begründet. Zwei Wochen später verschärften die Behörden die Bestimmungen des Belagerungszustands. Gleichzeitig nahm Präsident A. López Michelsen (20. Okt.) eine Kabinettsumbildung vor, nachdem mehrere Minister ihre Rücktrittsgesuche eingereicht hatten. Sechs Ministerien wurden neu besetzt, der Finanzminister Montoya trat erst im Dez. zurück. Durch eine Ende Dez. 1975 durchgeführte Verfassungsreform war das Wahlalter von 21 auf 18 Jahre herabgesetzt worden. So erhielten rund 1,5 Mill. Jugendliche das Wahlrecht. Doch die Kommunalwahlen vom April, durch welche die liberale Partei des Präsidenten López Michelsen ihre Mehrheit konsolidierte, zeichnete sich durch ungewöhnl. geringe Wahlbeteiligung (30%) aus.

Im April besetzte das Militär die Universität von Bogotá; sie blieb bis Juli geschlossen. Aktionen

KOLUMBIEN
Geographische Daten und Bevölkerung: *Fläche* 1 138 914 km², *Verwaltungsgliederung* in 23 Departamentos, 5 Intendanturen und 4 Kommissariate, *Hauptstadt* Bogotá (2,9 Mill. E), *Bevölkerung* 24,27 Mill. E, 24 E/km² (1975), *Amtssprache* Spanisch, *Religion* 90% Katholiken, 6% Protestanten.
Wirtschaft: *Erwerbstätigkeit* (1973): 5,12 Mill. Erwerbstätige, davon (in Prozentanteilen) Land- und Forstwirtschaft 30, Energie und Bergbau 1, Industrie 13, Baugewerbe 4, Handel, Banken, Versicherungen 13, Verkehr 3, sonstige Dienstleistungen 16, nicht spezifiziert 19. – *Landwirtschaft:* Nutzfläche 25,1 Mill. ha, davon 5,31 Mill. ha Ackerland, 2,35 Mill. ha Dauerkulturen; rund 50 Mill. ha Wald (1971). – Produktion (Auswahl; 1976): Kaffee 540 000 t (1975), Reis 1,54 Mill. t, Mais 785 000 t, Baumwolle (roh) 415 000 t, Bananen 621 000 t, Rindfleisch 515 000 t (1975). – *Bergbau, Industrie und Elektrizitätserzeugung* (Auswahl; 1975): Eisenerz 537 000 t (Fe-Gehalt), Erdöl 7,68 Mill. t (1976), Gold 9 607 kg, Rohstahl 264 000 t, Kfz 23 100 Einheiten, Zucker 970 000 t, Zement 3,10 Mill. t, Elektrizität 12,240 Mrd. kWh. – *Außenhandel* (1976): Export 1 774 Mill. $, Import 1 991 Mill. $. Haupthandelspartner sind USA, BRD, Japan, Großbritannien. Hauptexportgüter sind Kaffee, Textilien, Zucker. Hauptimportgüter sind Maschinen, chem. Erzeugnisse, Kfz, Eisen und Stahl. – *Währung* ↑Übersicht Währungen. – *BIP* zu Marktpreisen 419,01 Mrd. col$, 17 800 col$/E (1975).
Verkehr: *Eisenbahnen:* Streckenlänge 3 424 km, 522 Mill. Personenkilometer, 1 139 Mill. Nettotonnenkilometer (1975). – *Straßen:* 48 200 km, davon 6 768 km asphaltiert. Bestand an Pkw 377 000, an Lkw und Omnibussen 87 100 (1975). – *Schiffahrt* (1976): Handelsflotte mit 203 879 BRT. – *Luftverkehr* (1974): 3,9 Mill. Fluggäste.

terrorist. Art endeten häufig mit Toten und Verletzten auf beiden Seiten. Unter anderem wurde der Präsident des CTC-Arbeiterverbandes, José Mercado, von einer der vielen Guerillabewegungen entführt und einige Monate später tot aufgefunden. In der *Außenpolitik* sind die alten Richtlinien immer noch bestimmend. Die Forderung Panamas nach Souveränität über die Kanalzone wurde weiter unterstützt. Panamas Regierungschef besuchte K. dreimal. Weitere kommerzielle und techn. Beziehungen zu Kuba und zu anderen sozialist. Ländern wurden intensiviert.

Kommunismus: Die in der Zeit der Kommunist. Internationale (1919–43) und darüber hinaus vorhanden gewesene und ganz auf das sowjet. Führungszentrum ausgerichtete monolith. Einheit des K. ist seit der Ausstoßung der jugoslaw. Kommunisten („Titoisten") aus dem Kommunist. Informationsbüro (Kominform) durch Stalin im Juni 1948 zerbrochen. Alle Versuche der Kommunist. Partei der Sowjetunion (KPdSU), den aus ihrem ideolog., organisator. und revolutionären Erstgeburtsrecht abgeleiteten Führungsanspruch wieder durchzusetzen, sind seitdem gescheitert. Seit den frühen 60er Jahren sind zwei von den 14 regierenden kommunist. und Arbeiterparteien und damit zwei von den 14 auch von der sowjet. Führung als „sozialist." anerkannten Staaten (UdSSR, Polen, DDR, Tschechoslowakei, Ungarn, Rumänien, Bulgarien, Jugoslawien, Albanien, Mongol. Volksrepublik, China, Nord-Korea, Vietnam, Kuba) mit der KPdSU verfeindet: die Alban. Partei der Arbeit und die KP Chinas („Maoisten"). Sie entsandten auch keine Delegationen zum XXV. Parteitag der KPdSU, der vom 24. Febr. bis 5. März in Moskau stattfand. Die gastgebende KPdSU konnte 103 Delegationen kommunist., linkssozialist. und nationalrevolutionärer Parteien aus 96 Ländern begrüßen und damit wenigstens zahlenmäßig herausstellen, daß Moskau immer noch das bedeutendste Zentrum des K. ist. Da allein die KP Chinas nach eigenen Angaben mehr als 25 Mill. Mitglieder zählt, die übrigen kommunist. Parteien der Welt insgesamt aber nur wenig mehr als 50 Mill. organisierte Mitglieder haben, ist rein quantitativ der Führungsanspruch Moskaus umstritten. Von den mitgliederstarken nichtregierenden kommunist. Parteien großer Industriestaaten war z. B. die KP Japans beim Parteitag der KPdSU nicht vertreten. In den Grußbotschaften der Delegationsleiter der „autonomist." kommunist. Parteien (N. Ceauşescu [KP Rumäniens] und St. Dolanc [Bund der Kommunisten Jugoslawiens] von den an der Macht befindl. kommunist. Parteien sowie E. Berlinguer [KP Italiens], G. Plissonnier [KP Frankreichs] und G. MacLennan [KP Großbritanniens]) kamen die Distanzierung vom Modellcharakter des Sowjet-K. und die Absage an den Moskauer Führungsanspruch durch Betonung des eigenen Weges zum Sozialismus gemäß den nat. und kulturellen Traditionen des eigenen Landes und des Prinzips der wechselseitigen Nichteinmischung in die inneren Angelegenheiten jeder kommunist. Partei zum Ausdruck. Die Reden der ausländ. Gäste wurden von der sowjet. Presse im vollen Wortlaut abgedruckt, so daß auch den sowjet. Zeitungslesern erkennbar wurde, daß die ideolog. Divergenzen im Welt-K. sich nicht nur auf den Konflikt mit den chin. und alban. Kommunisten beschränken.
Vorausgegangen war dem XXV. Parteitag der KPdSU der XXII. Parteitag der KP Frankreichs in St. Ouen bei Paris vom 4. bis 8. Februar. Er erregte internat. Aufsehen, weil die Formel von der „Diktatur des Proletariats" als der angestrebten kommunist. Herrschaftsordnung demonstrativ – und einstimmig – aus den Statuten der KPF gestrichen wurde. Ebenso demonstrativ blieb der Generalsekretär der KPF, G. Marchais, dem sowjet. Parteitag in Moskau fern. Die KPF, mit knapp 400 000 Mitgliedern die zweitstärkste nichtregierende KP der Welt, hat auch im weiteren Verlauf des Jahres ihre erstmals im Aug. 1968 durch Mißbilligung der militär. Okkupation der Tschechoslowakei öffentl.

Kommunismus. Der Generalsekretär der Kommunistischen Partei Italiens E. Berlinguer spricht vor den Delegierten des XXV. Parteitages der KPdSU

bekundete Distanzierung von Moskau und die damit verbundene Annäherung an die ideolog. Position der KP Italiens (mit rund 1,8 Mill. Mitgliedern die stärkste nichtregierende KP der Welt) beschleunigt fortgesetzt. Bei einer der Begegnungen zwischen führenden Männern der KPI und KPF

Kommunismus. Auf dem Gipfeltreffen aller kommunistischen und Arbeiterparteien Europas in Ost-Berlin sind alle Parteien vertreten; nur die albanische und die isländische KP boykottieren die Konferenz. Die Parteichefs der KPdSU L. I. Breschnew (linkes Bild rechts) und des Bundes der Kommunisten Jugoslawiens J. Broz Tito (rechtes Bild Mitte) sind die Führer ihrer Delegationen

verwendete auf einer kommunist. Gemeinschaftskundgebung in Paris am 3. Juni der als Gastredner auftretende Generalsekretär der KPI, E. Berlinguer, das schon im Frühjahr 1975 von einem nichtkommunist. italien. Journalisten geprägte Wort „Eurokommunismus". Es ist seitdem in der internat. Publizistik zu einem der am häufigsten verwendeten Begriffe geworden, zumal seit dem Erfolg der KPI bei den italien. Parlamentswahlen vom 20./21. Juni (34,4% der gültigen Stimmen) in der zweiten Jahreshälfte 1976 die Frage immer akuter wurde, wie lange Italien, Mitglied der NATO und der EG, noch ohne Beteiligung der Kommunisten an einer Mehrparteienkoalition regiert werden kann.

Die „eurokommunist." Parteien (ein ungenauer Ausdruck, da z. B. die KP Japans ähnliche Standpunkte einnimmt) Italiens, Frankreichs und Spaniens (1976 noch nicht legalisiert), wie auch – wenn auch polit. ohne Gewicht – Großbritanniens, der Niederlande, der Schweiz, Schwedens und Dänemarks bekennen sich inzwischen öffentl. zur Beibehaltung des Parteienpluralismus, zum Recht auf organisierte Opposition, zur Meinungs-, Presse- und Religionsfreiheit und zu period. wiederkehrenden freien Wahlen auch nach Errichtung der sozialist. Herrschaftsordnung und kritisieren in ihren Verlautbarungen das Fehlen dieser Errungenschaften der bürgerl. Demokratie in den Ländern des etablierten Sozialismus. Sie scheuen jedoch den offenen Bruch mit der KPdSU und den anderen regierenden „Bruderparteien". Sie haben deshalb auch an dem von der sowjet. Führung seit Nov. 1973 angestrebten Gipfeltreffen aller kommunist. und Arbeiterparteien Europas teilgenommen, das am 29./30. Juni in Ost-Berlin stattfand. 29 Parteien waren vertreten; nur die alban. und isländ. Kommunisten boykottierten die Konferenz. Das unverbindl., weil auf Wunsch der Eurokommunisten von keiner KP unterzeichnete Schlußdokument gesteht jeder KP die völlige Unabhängigkeit zu und vermeidet die von der KPdSU ursprüngl. so sehr gewünschte Formel vom „proletar. Internationalismus".

Ob die im Jahr 1976 in der KP Chinas eingetretenen Veränderungen – Tod Chou En-lais am 8. Jan., Sturz Teng Hsiao-pings und Aufstieg Hua Kuo-fengs am 7. April, Tod Mao Tse-tungs am 9. Sept. sowie „Entlarvung" und Sturz der „Viererbande" um die Witwe Mao Tse-tungs Mitte Okt. – Auswirkungen auf den Welt-K. haben werden, ist noch nicht absehbar. Bei Jahresende war der ideolog. und propagandist. Konflikt zwischen der KP Chinas und der KPdSU unvermindert heftig. Freundschaftl. Beziehungen zu Peking unterhalten nur die alban. und kambodschan. Kommunisten, normale Beziehungen auf parteil. Ebene die rumän., nord-korean. und vietnames. Kommunisten.

Komoren, Republik (seit 6. Juli 1975) im Ind. Ozean zwischen der NW-Küste von Madagaskar und der afrikan. Küste (N-Moçambique). Die K. umfassen die Inseln Grande Comore, Mohéli, Anjouan und zahlreiche kleine Nebeninseln (Mayotte will frz. Überseedepartement bleiben). Staatsoberhaupt *Ali Soilih* (seit Jan. 76; zuvor *Said Mohammed Jaffar*), Ministerpräsident *Abdallah Mohamed* (seit Jan. 1976; zuvor bestand ein Nat. Exekutivrat). Flagge ↑ Farbtafeln Flaggen S. 122. Internat. Mitgliedschaften ↑ Übersicht Internationale Organisationen.

Wirtschaft: Die wirtschaftl. Situation der Komoren ist sehr ernst. Auslösendes Moment für die Krise war Frankreichs abrupte Aufkündigung aller Bindungen an die Inselgruppe im Nov. 1975 als Reaktion auf die einseitige komor. Unabhängigkeitserklärung und den Streit um die Insel Mayotte. Seit der Unabhängigkeit der K. sind Hilfsmittel in Höhe von 358 Mill. CFA-Franc, die bereits genehmigt waren, nicht freigegeben worden. Die jährl. Staatsausgaben der K. belaufen sich auf rund 7 Mrd. CFA-Franc, während die Einkünfte nicht mehr als 1 Mrd. CFA-Franc aufweisen.

KOMOREN

Geographische Daten und Bevölkerung: *Fläche* 2 171 km², *Hauptstadt* Moroni (15 200 E; 1972), *Bevölkerung* 284 000 E (1973), 131 E/km², *Amtssprache* Französisch, *Religion* über 95% Muslime.
Wirtschaft: *Landwirtschaft:* Produktion (Auswahl; 1971): Maniok 90 000 t, Reis 12 000 t, Süßkartoffeln und Jamswurzeln 10 000 t, Kopra 5 500 t (1973), Mais 4 000 t, Vanille 207 t, Gewürznelken 268 t, Kokosnüsse 64 Mill. Stück (1970), Fischfang 3 000 t. – *Elektrizitätserzeugung* für die öffentl. Versorgung (1972): 3,2 Mill. kWh. – *Außenhandel* (1972): Export 1 511 Mill. CFA-Franc, Import 2 849 Mill. CFA-Franc. Haupthandelspartner sind Frankreich, USA, BRD, Madagaskar. Hauptexportgüter sind Venille, äther. Öle, Kopra, Sisal, Gewürznelken. Hauptimportgüter sind Nahrungsmittel, Konsumgüter, Kfz, Erdölprodukte, Zement. – *Währung* ↑ Übersicht Währungen.
Verkehr: *Straßen* 750 km (1972).

Innen- und Außenpolitik: Am 10. Jan. erfolgte die Bildung eines Kabinetts unter Premierminister Abdallah Mohamed, während Ali Soilih am 2. Febr. zum Staatsoberhaupt gewählt wurde.

KONGO
Geographische Daten und Bevölkerung: *Fläche* 342 000 km², *Verwaltungsgliederung* in 9 Regionen, *Hauptstadt* Brazzaville (250 000 E; 1972), *Bevölkerung* 1,35 Mill. E (1975), 3,9 E/km², *Amtssprache* Französisch, *Religion* 46% Animisten, 34% Katholiken, 17% Protestanten.
Wirtschaft: *Erwerbstätigkeit:* Zwei Drittel der Bevölkerung leben von der Landwirtschaft. – *Landwirtschaft:* Produktion (Auswahl; 1973): Mais 5 000 t, Reis 3 000 t, Süßkartoffeln 13 000 t, Zuckerrohr 1,3 Mill. t (1972), Maniok 460 000 t, Bananen 10 000 t, Erdnüsse 20 000 t, Kaffee 2 000 t, Kakao 2 100 t, Okoumeholz 192 000 t (1971; Export). – *Bergbau, Industrie und Elektrizitätserzeugung* (Auswahl; 1975): Pottasche 462 000 t, Erdöl 2,01 Mill. t (1976), Erdgas 16,75 Mill. m³, Diamanten 702 000 Karat (1971; Export), Zucker 29 000 t, Bier 342 000 hl, Zement 55 000 t, Elektrizität 110,3 Mill. kWh. – *Außenhandel* (1974): Export 62,55 Mrd. CFA-Franc, Import 29,90 Mrd. CFA-Franc. Haupthandelspartner sind Frankreich und die BRD. Hauptexportgüter sind Erdöl, Holz, Diamanten. – *Währung* ↑Übersicht Währungen. – *BIP:* 63,9 Mrd. CFA-Franc (1970), 68 000 CFA-Franc/E.
Verkehr: *Eisenbahnen:* Streckenlänge 515 km (1971). – *Straßen:* 11 000 km (1971). – *Luftverkehr* (1975): 177 060 Fluggäste.

Die Entscheidung der Bevölkerung der Insel Mayotte, die sich in Form eines Referendums vom 9. Febr. für das Verbleiben bei Frankreich aussprach und dann am 11. April in einem 2. Referendum die Einstufung als frz. Überseedepartement befürwortete, wurde weder von der Regierung der K. noch von der OAU anerkannt. Beide hielten daran fest, daß Mayotte integraler Bestandteil des Inselstaates sei. Die 5. Konferenz der blockfreien Staaten in Colombo (Aug.) bezeichnete die frz. Politik in bezug auf Mayotte sogar als „Aggression". Schon am 3. April hatte die Regierung der K. eine größere Anzahl von Personen verhaften lassen, da am Vortag ein Komplott zur Ermordung des Staatsoberhauptes aufgedeckt worden war. Am 13. Okt. wurde dann bekanntgegeben, daß von Paris aus eine weitere Verschwörung gegen die Regierung der K. geplant worden sei. Als einer der Rädelsführer wurde der frühere Präsident A. Abdallah bezeichnet, der Anfang Aug. 1975 aus seinem Amt entfernt worden war. Die frz. Nationalversammlung und der Senat nahmen im Dez. ein Gesetz an, das Mayotte den Status einer „territorialen Gemeinschaft" mit Frankreich gewährt. Seitens der frz. Regierung wurde erklärt, ein solcher Status sei zwar in der Verfassung enthalten, bisher aber noch nicht vergeben worden.

Kongo, Volksrepublik in Zentralafrika. Als Volksvertretung fungiert eine Nationale Volksversammlung mit 115 gewählten Abgeordneten, die alle einer Einheitspartei, dem Parti Congolais du Travail (PCT), angehören. Staatsoberhaupt *Marien Ngouabi* (seit Jan. 1969), Regierungschef *Louis Sylvain Goma* (seit 18. Dez. 1975; zuvor *Henri Lopes*). Flagge ↑Farbtafeln Flaggen S. 122. Internat. Mitgliedschaften ↑Übersicht Internationale Organisationen.

Die *Wirtschaft* des Landes stagniert seit Jahren. Alle Staatsbetriebe arbeiten defizitär. Neue Forstgesetze und fehlende Nachfrage auf dem Weltmarkt führten zum Rückgang der Holzexporte und zur größten Zurückhaltung des Auslands bei Investitionen auf dem Holzsektor. Erdöl ist seit 1974 das wichtigste Ausfuhrprodukt. 1976 wurden rund 2 Mill. t gefördert.

Innen- und Außenpolitik: Der stellvertretende Stabschef, Major N. Ekamba-Elombé, der für die Volksmiliz zuständig war, wurde am 12. Jan. seines Postens enthoben, ohne daß dies näher begründet wurde. Ein am 24. März gescheiterter Generalstreik führte dazu, daß Präsident M. Ngouabi zehn führende Vertreter des Gewerkschaftsverbandes CSC (Confédération Syndicale Congolaise) von ihren Posten entfernte bzw. sogar verhaften ließ. Eine nat. Konferenz der Einheitspartei PCT, die vom 20. bis 25. Nov. stattfand, befürwortete eine stärkere Radikalisierung des polit. Sektors, Bekämpfung des Opportunismus und stärkere ideolog. Konformität. Vom Exil in Paris aus wurde im gleichen Monat die FDRCO (Demokrat. Front des kongoles. Widerstands) unter Führung des früheren Vizepräsidenten M. Massengo gegründet, der 1972 nach einem gescheiterten Putsch das Land verlassen hatte. Im Febr. hatte M. Ngouabi zwischen Zaïre und Angola vermittelt, was zur Anerkennung der MPLA-Regierung führte.

Korea, Halbinsel in Ostasien, seit 1945 polit. geteilt in die beiden Staaten *Nord-Korea* und *Süd-Korea.*

Nord-Korea (Demokrat. Volksrepublik Korea), Staat im N der korean. Halbinsel. Als Volksvertretung fungiert eine Oberste Volksversammlung mit 541 Abgeordneten des „Nationalen Blocks". Staatsoberhaupt *Kim Il-sung* (seit Dez. 1972), Regierungschef *Pak Sung Chul* (seit April 1976; zuvor *Kim Il*). Flagge ↑Farbtafeln Flaggen S. 122. Internat. Mitgliedschaften ↑Übersicht Internationale Organisationen.

Die *Wirtschaft* stand auch 1976 im Zeichen der Schaffung eines modernen Industriestaates innerhalb kürzester Frist. Erschwert wurde der Weg dorthin durch strukturelle Engpässe. Ferner gab es Rückschläge durch die Dürre für die hydroelektr. Energieerzeugung und durch das teilweise Ausbleiben der Kohle- und Kokseinfuhren aus China nach dem Erdbeben.

Innen- und Außenpolitik: Spektakuläre auswärtige Mißerfolge hatten ab Herbst offenbar

NORD-KOREA
Geographische Daten und Bevölkerung: *Fläche* 120 518 km², *Verwaltungsgliederung* in 9 Provinzen, 3 regierungsunmittelbare Städte und die Region Kaesong, *Hauptstadt* Pjongjang (1,6 Mill. E, einschließl. Vororte), *Bevölkerung* 15,85 Mill. E (1975), 131,5 E/km², Geburten-/Sterberate (auf 1 000 E; Schätzung) 38/11, *Amtssprache* Koreanisch, *Religion* vorwiegend Buddhismus.
Wirtschaft: *Erwerbstätigkeit* (1970): 5,9 Mill. Erwerbspersonen, davon in der Landwirtschaft etwa 50%. – *Landwirtschaft:* Nutzfläche 1,894 Mill. ha, davon 1,308 Mill. ha Ackerland. – Produktion (Auswahl): Reis 3,789 Mill. t, Gerste 370 000 t, Mais 2,1 Mill. t, Hirse 410 000 t, Sorghum 60 000 t, Kartoffeln 1,21 Mill. t, Tabakblätter 40 000 t, Schweinefleisch 75 000 t, Fischfang 800 000 t. Bestand an Rindern 770 000, an Schweinen, 1,5 Mill. – *Bergbau, Industrie und Elektrizitätserzeugung:* Statist. Zahlen liegen nicht vor. Nach dem Sechsjahresplan sollten produziert werden: Kohle 50 Mill. t, Eisenerz 3,8 Mill. t, Zinkerz 145 000 t, Rohstahl 4 Mill. t, Walzstahl 2,8 Mill. t, Zement 8–10 Mill. t, chem. Düngemittel 3 Mill. t, Elektrizität 30 Mrd. kWh. – *Außenhandel* (1974): Export 224,2 Mill. $, Import 667,5 Mill. $. Haupthandelspartner sind UdSSR, VR China, Japan, EG-Länder. Hauptexportgüter sind Magnesium, Zement, Eisenerz und Eisenkonzentrate. Hauptimportgüter sind Maschinen, Fahrzeuge, Fabrikanlagen, techn. Know-how. – *Währung* ↑Übersicht Währungen. – *Nationalprodukt* (1973): 5,3 Mrd. $, 330 $/E.
Verkehr (1971): *Eisenbahnen* 15 000 km, davon 5 250 km elektrifiziert. – *Straßen:* 5 600 km Landstraßen. – *Schiffahrt* (Ende 1976): Handelsflotte mit 38 579 BRT.

Nord-Korea. Nordkoreanische Soldaten überfallen ein südkoreanisch-amerikanisches Arbeitskommando, das in der entmilitarisierten Zone bei Panmunjom einen Baum fällen wollte, und töten zwei amerikanische Offiziere

sogar Auswirkungen auf die Innenpolitik. Zu den mehrmaligen personellen Veränderungen im Laufe des Jahres gehörten am 29. April die Ernennung von Pak Sung Chul zum neuen Premier – sein Vorgänger Kim Il erhielt eine Sinekure – sowie im Dez. von Lee Dong-Ok und Kye Ing-Tae zu stellvertretenden Ministerpräsidenten.
Die außenpolit. Entwicklung verlief – von der Einengung des diplomat. Spielraumes durch hohe Verschuldung gegenüber westl. Ländern abgesehen – zunächst weiter günstig, als im Mai der pakist. Präsident Bhutto zu einem Besuch eintraf und N.-K. in die „Gruppe der 77" der UNCTAD aufgen. wurde. Als am 18. Aug. in der entmilitarisierten Zone bei Panmunjom nordkorean. Soldaten in einem Überfall auf ein südkorean.-amerikan. Arbeitskommando 2 amerikan. Offiziere töteten und die USA mit einem umfangreichen Aufmarsch von Marineeinheiten und B-52-Patrouillenflügen reagierten, sah sich Kim Il-sung erstmals zu einem formellen Ausdruck seines Bedauerns gezwungen. Am 15., 18. und 20. Okt. wiesen Dänemark, Norwegen und Finnland das gesamte nordkorean. Botschaftspersonal wegen Schmuggels aus; die Botschaftsangehörigen in Schweden reisten am 22. Okt. freiwillig ab.
Süd-Korea, Republik im S der korean. Halbinsel. Als Volksvertretung fungiert eine Nationalversammlung mit 219 Abgeordneten (146 gewählt), die verschiedenen Parteien angehören. Staatsoberhaupt *Park Chung Hee* (seit Okt. 1963), Regierungschef *Choi Kyu Hah* (seit 19. Dez. 1975; zuvor *Kim Jong Pil*). Flagge ↑Farbtafeln Flaggen S. 122. Internat. Mitgliedschaften ↑Übersicht Internationale Organisationen.
Wirtschaft: Für die wirtschaftl. Entwicklung war 1976 das bislang erfolgreichste Jahr in der Geschichte Süd-K.s. In fast allen Sektoren übertrafen die Ergebnisse die von der Wirtschafts-Planungsbehörde anvisierten Ziele. Im ersten Halbjahr 1976 war das BSP um 17,4% höher als in der entsprechenden Vorjahrsperiode. Für das ganze Jahr betrug der reale Zuwachs des BSP 15,2%. Pro Kopf der Bevölkerung stieg das BSP von 530 $ Ende 1975 auf 692 $ Ende 1976. Ein anderer positiver Aspekt der wirtschaftl. Entwicklung bestand in der Reduzierung der Inflationsrate (1975: 26,3%) auf das angestrebte Ziel von 12%. Die Exporte waren die wichtigste Stütze der Wirtschaft. Sie nahmen um 42% zu und erreichten 7,8 Mrd. $. Da die Importe gleichzeitig nur um 11,5% stiegen, verringerte das Handelsbilanzdefizit sich erhebl. und besserte die chron. defizitäre Zahlungsbilanzsituation.
Innen- und Außenpolitik: Der seit Dez. 1975 amtierende Ministerpräsident Choi Kyu Hah wurde am 13. März vom Parlament in seinem Amt bestätigt. Eine Umbesetzung von fünf der 19 Kabinettsposten und der Spitze des korean. Geheimdienstes am 4. Dez. 1976 brachte keine Richtungsänderung. 18 Oppositionelle (darunter der 1973 im Exil in Tokio entführte letzte Präsidentschaftskandidat, Kim Dae Jung, und Ex-Präsident Yun Po Sun) forderten in einer am 1. März in einer Kirche in Seoul verlesenen Erklärung Wiederher-

SÜD-KOREA
Geographische Daten und Bevölkerung: *Fläche* 98 477 km², *Verwaltungsgliederung* in 9 Provinzen sowie die Städte Seoul und Pusan, *Hauptstadt* Seoul (6,1 Mill. E), *Bevölkerung* 34,66 Mill. E, 352 E/km², Geburten-/Sterberate (auf 1 000 E; 1975) 32,3/9,4, *Amtssprache* Koreanisch, *Religion* 44% Buddhisten, 27% Konfuzianer, 25% Christen, 4% korean. Religionsgemeinschaft.
Wirtschaft: *Erwerbstätigkeit* (1974): 12,44 Mill. Erwerbstätige, davon (in Prozentanteilen) Landwirtschaft 50,4, Bergbau 0,4, verarbeitende Industrie 15,7, Baugewerbe 3,2, Dienstleistungen und sonstige Bereiche 30,3. – *Landwirtschaft:* Nutzfläche 2,271 Mill. ha, davon Ackerland mit 1,26 Mill. ha Naßfeld und 1 Mill. ha Trockenfeld. – Produktion (Auswahl): Reis 7,243 Mill. t, Gerste 1,759 Mill. t, Weizen 82 000 t, Kartoffeln 650 000 t, Tabakblätter 104 000 t. – *Bergbau, Industrie und Elektrizitätserzeugung* (Auswahl; 1975): Steinkohle 17,58 Mill. t, Eisenerz 524 400 t, Zinkerz 46 680 t, Roheisen 1,2 Mill. t, Montage von 17 676 Pkw und 18 492 Lkw, Elektrizität 19,84 Mrd. kWh. – *Außenhandel* (1975): Export (fob) 5,081 Mrd. $, Import (cif) 7,274 Mrd. $. Haupthandelspartner sind USA, Japan, BRD, Saudi-Arabien, Kuwait. Hauptexportgüter sind Textilien, Sperrholz, Maschinen. Hauptimportgüter sind Erdöl und Erdölerzeugnisse, Getreide, Garne und Gewebe, Textilmaschinen. – *Währung* ↑Übersicht Währungen. – *BIP* zu Marktpreisen in laufenden Preisen 9 239 Mrd. W.
Verkehr: *Eisenbahnen* (1974): Streckenlänge 5 542 km, 13,13 Mrd. Personenkilometer, 9,08 Mrd. Nettotonnenkilometer. – *Straßen:* 40 635 km, davon 5 789 km Asphaltstraßen, davon 537 km Schnellstraßen. – *Schiffahrt* (Ende 1976): Handelsflotte mit 1 705 397 BRT.

stellung der Demokratie und den Rücktritt des Präsidenten. Die Unterzeichner erhielten Gefängnisstrafen bis zu 8 Jahren. Auf internat. Basis hingegen festigte sich das Ansehen des Landes, v. a. durch die erfolgreiche Wirtschaftspolitik. Die Regierung ließ Interesse an (bereits bestehendem) Handel mit kommunist. Staaten über Drittländer durchblicken und gestattete begrenzten privaten Reiseverkehr mit ersteren. China gab zwei am 11. und 13. Juni beschlagnahmte Fischkutter nach kurzer Zeit wieder frei.
Ledigl. zu Nord-K. blieb das Verhältnis weiter gespannt, wie der Panmunjom-Zwischenfall im Aug. zeigte (↑Nord-Korea, Innen- und Außenpolitik). Die USA behielten ihre Bedeutung für die südkorean. Außenpolitik, obwohl sich das Verhältnis trübte. Amerikan. Presseberichte, Kongreßabgeordnete seien mit Einverständnis des Präsidenten bestochen worden, konterte Seoul Anfang Nov. mit dem Hinweis auf amerikan. Abhörvorrichtungen in der Residenz Park Chung Hees. Besorgnis löste im Dez. die Absicht des neugewählten amerikan. Präsidenten J. E. Carter aus, Heereseinheiten aus Süd-K. abzuziehen.

Körperschaftsteuer: Durch das K.reformgesetz vom 31. 8. 1976 wird die Doppelbesteuerung der ausgeschütteten Gewinne beseitigt. Anteilseigner können bei der Veranlagung zur Einkommensteuer die auf ihre Gewinnanteile entfallende K. wie eine Einkommensteuervorauszahlung anrechnen.

Kosaka, Zentaro, * 23. Jan. 1913, japan. Politiker. Seit 1946 Mitglied des Unterhauses, 1953/54 Arbeitsminister, 1960–62 Außenminister, 1972/73 Staatsminister für Wirtschaftsplanung. Seit Sept. 1976 erneut Außenminister.

KRAFTFAHRZEUGE UND MOTORSPORT

Wirtschaft: Den mageren Jahren nach der Energiekrise folgte 1976 wieder ein weltweiter Aufschwung in der Automobilindustrie. Die Ursache hierfür lag einerseits in der Rückkehr des Vertrauens in eine Besserung der allgemeinen Konjunkturlage, andererseits schlug die zurückgehaltene Nachfrage in einen ungewöhnlichen Nachholbedarf um. Die Automobilproduktion in den USA verzeichnete 1976 einen unerhörten Aufwärtstrend. Allein im 1. Halbjahr 1976 war die Personenwagenfertigung mit nahezu 4,6 Mill. Einheiten fast um die Hälfte höher als im vergleichbaren Vorjahreszeitraum. Das infolge der Energiekrise in den USA steigende Interesse an Kleinwagen erlahmte zusehends; große Pkw waren wieder mehr gefragt. Auf Grund energiepolitischer Gesichtspunkte müssen jedoch alle Hersteller großer Pkw in naher Zukunft ihr Hauptaugenmerk auf die Entwicklung und Herstellung kleinerer und leichterer Fahrzeuge legen.
Dem größten Autoexporteur der Welt, Japan, gelang durch Forcieren des Auslandsgeschäftes 1976 ein neuer Produktionsrekord mit einer Fertigung von mehr als 5 Mill. Pkw. Schon mehr als jedes fünfte auf der Welt gebaute Auto wird in Japan produziert. Geradezu im schroffen Gegensatz zum Exportgeschäft steht der Autoimport nach Japan (Marktanteil etwa 1%). Dies führte zu einem verstärkten Druck der automobilproduzierenden Staaten in Europa und Amerika nach mehr Liberalisierung der Autoeinfuhr nach Japan.
Hohe Kostensteigerungen und Verschiebungen der Währungsrelationen beeinträchtigten im wesentlichen auch 1976 das Exportgeschäft der BRD. Daß die großen Hersteller von Pkw und Nutzfahrzeugen das Jahr 1976 trotzdem noch mit ansehnlichen Pluszahlen abschließen konnten, lag an der Rekordnachfrage auf dem heimischen Markt. Die Fertigung von Personen- und Kombiwagen im Inland und unter dt. Markenzeichen in anderen Ländern wuchs um etwa 20% gegenüber dem Vorjahr. Die Absatzerfolge auf dem inländischen Markt beruhten hauptsächlich auf einer Reduzierung des Verkaufsanteils der Erzeugnisse ausländischer Wettbewerber.
Weit besser als erwartet hat die französische Automobilindustrie die schwierigen Jahre 1974 und 1975 überstanden. Ähnlich wie in der BRD hatte auch hier die Belebung des Inlandsmarktes einen maßgeblichen Anteil am Absatzerfolg. Durch die Fusion von Peugeot und Citroën wurde ein gleich starkes Gegengewicht zum staatlichen Renaultkonzern – dem bedeutendsten Exportunternehmen des Landes – geschaffen. Gemessen an der Fertigungsstückzahl sind beide Gruppen etwa gleich stark.
Die größten „Sorgenkinder" in der europäischen Automobilbranche waren Großbritannien und Italien. Die britische Automobilindustrie litt 1976 hauptsächlich unter Produktionsausfällen durch Arbeitskonflikte. Erschwerend hinzu kamen mitunter mangelnde Qualität, veraltete Fertigungsanlagen und die Zersplitterung der Modellprogramme. In Italien erlitt die Automobilindustrie auf dem Inlandsmarkt – durch drastische Maßnahmen zur Stabilisierung der Wirtschaftslage – erhebliche Einbußen. Auf Grund der nachlassenden Inlandsnachfrage waren die italienischen Konzerne, vorwiegend der Fiatkonzern, gezwungen, sich auf das Exportgeschäft zu konzentrieren.
Technik: Die Folgen der Energiekrise wirkten sich 1976 in einer Verlangsamung der technischen Entwicklung gegenüber den Vorjahren aus. Die Firmenpolitik der meisten Automobilhersteller konzentrierte sich vornehmlich auf eine Verbesserung der Fertigungsmethoden, um die Herstellungskosten zu reduzieren.

KRAFTFAHRZEUGANSCHAFFUNG UND -UNTERHALTUNG (BRD)

1970 = 100

Art	1971	1972	1973	1974	1975	1976
Kfz-Anschaffung und -Unterhaltung	110,1	116,1	123,2	134,4	139,4	145,3
darunter:						
Pkw	106,3	111,8	116,2	124,9	135,4	141,2
Motorräder	107,4	115,0	118,6	125,3	130,3	133,5
Kraftstoffe	105,2	110,6	124,2	149,3	148,3	159,2
Ersatzteile, Zubehör u. ä.	104,3	104,9	106,8	111,0	115,2	116,3
Reparatur, Inspektion u. Pflege	114,8	126,0	137,3	150,3	161,0	170,9
Garagenmiete	102,2	105,4	107,8	109,9	112,3	114,4
Fahrschule	107,0	114,0	122,1	128,5	133,2	139,6
Kfz-Haftpflichtversicherung	144,5	156,4	164,7	168,5	163,0	163,0

Quelle: Statistisches Jahrbuch 1977 für die Bundesrepublik Deutschland. Hg. vom Statist. Bundesamt.

Wegen steigender Treibstoffpreise waren die Hersteller bemüht, bei der Neuentwicklung von Kfz den Kraftstoffverbrauch möglichst niedrig zu halten. Dies versuchten die Techniker zu erreichen u. a. durch aerodynamisch günstige Karosserieformen (Verringerung des Luftwiderstandes), Verlängerung der Getriebeuntersetzung (mit Hilfe eines fünften Ganges) und Umrüstung von Benzin- auf Dieselmotoren.
Trotz der geringeren Leistung eines Dieselmotors gegenüber einem hubraumgleichen Benzinmotor rüsteten namhafte Hersteller einige ihrer Fahrzeugtypen auf Dieselmotore um. Bemerkenswert ist hier die Ausstattung des als sportlich geltenden Alfa-Romeo-Giulia mit einem Dieselmotor. Den Zeichen der Zeit folgend bietet auch die Volkswagen AG ihren Typ „Golf“ alternativ mit einem Dieselmotor an. Um eine vergleichbare Leistung wie beim 50-PS-Benzinmotor (36,8 kW; 1 100 cm^3) zu erzielen, verwendete man beim Golf-Diesel einen Motor, der gegenüber dem Benzinmotor einen um etwa 400 cm^3 größeren Hubraum aufweist. Der Golf-Diesel sowie der Alfa-Romeo-Giulia-Diesel zeichnen sich ferner durch sparsamen Treibstoffverbrauch aus: bei konstanter Geschwindigkeit von 90 km/h benötigen sie weniger als 6 l/100 km. Auch der japanische Nissan-Motors-Konzern – Hersteller der Datsun-Automobile – wendete sich dem Dieselmotor zu (Datsun 200/220 C Diesel). Weitere neue mit Dieselmotoren ausgestattete Fahrzeuge sind u.. a.: Citroën CX 2200 Diesel, Leyland Marina, Chrysler Barreiros.
Im Motorenbau beschränkte man sich im wesentlichen auf die Weiterentwicklung und Perfektionierung der bisherigen Triebwerke. Hierbei bestand das Hauptproblem darin, die Motore neuen Abgasvorschriften bzw. den bleiarmen Treibstoffen anzupassen. Lediglich der Fünf-Zylinder-Reihenmotor (Benzin) von VW-Audi stellte eine Neuentwicklung auf dem Motorbausektor dar. Vor noch nicht allzu langer Zeit hätte man die Überwindung der dabei auftretenden Unwuchtprobleme für unmöglich gehalten (↑Farbtafel S. 87). Was die Kraftübertragung anbelangt, so bestätigte sich auch 1976 der Trend zum Vorderradantrieb (Ford Fiesta; ↑Farbtafel S. 88).
Automobilsport: Die Formel-I-Fahrerweltmeisterschaft 1976 wird sicherlich als eine der spannendsten und dramatischsten Titelkämpfe in die Renngeschichte eingehen, aber auch als eine Weltmeisterschaft der Proteste und Skandale. Die Entscheidung über die Titelvergabe fiel erst im letzten der insgesamt 16 zu fahrenden Rennen zugunsten des Engländers James Hunt auf McLaren-Ford (↑Farbtafel S. 226). Im Endklassement trennte ihn schließlich nur ein Punkt von dem Zweiten, dem Österreicher Niki Lauda auf dem 12-Zylinder-Ferrari. Nach der Hälfte der gefahrenen Rennen schien die Titelverteidigung des Weltmeisters des Jahres 1975 – Niki Lauda – so gut wie sicher. Die Erfolgsserie des Österreichers wurde jedoch durch einen schweren Unfall auf dem Nürburgring beim Großen Preis von Deutschland jäh unterbrochen. Bedingt durch eine sechswöchige Verletzungspause versäumte er drei Rennen, in denen J. Hunt den Punkterückstand zu N. Lauda wesentlich verringern konnte. In den restlichen Weltmeisterschaftsläufen sicherte sich schließlich der Engländer ganz knapp den Weltmeistertitel 1976. Punktestand nach 16 Rennen: J. Hunt 69, N. Lauda 68. Im Kampf um die Weltmeisterschaftskrone kamen die übrigen Formel-I-Fahrer über eine „Statistenrolle“ nicht hinaus. Die dt. Fahrer J. Mass, H.-J. Stuck und R. Stommelen belegten im Endklassement die Ränge 9, 13 und 19. Eine technisch revolutionäre Neuerscheinung 1976 stellte der sechsrädrige Tyrrell-Ford dar, mit dem die Fahrer J. Scheckter (Südafrika) und P. Depailler (Frankreich) im Endklassement die beachtlichen Plätze 3 und 4 belegten.
Sehr erfolgreich verlief für die traditionsreiche Firma Porsche das Motorsportjahr 1976. Sie errang sowohl den Titel in der Sportwagen-Weltmeisterschaft (Porsche Turbo 936) als auch in der Markenweltmeisterschaft (Porsche Turbo 935). Ferner siegte Porsche auch beim 24-Stunden-Rennen in Le Mans.
Zu einem der interessantesten Wettbewerbe gestaltete sich auch 1976 wieder die deutsche Automobil-Rennsportmeisterschaft. Den Titel eines deutschen Rennsportmeisters 1976 holte sich, wie auch im vergangenen Jahr, der Rheinländer Hans Heyer auf einem Zakspeed Escort (↑Farbtafel S. 226) vor seinem Teamgefährten Klaus Ludwig.

Kruse, Martin, *Lauenberg (Kreis Einbeck) 21. April 1929, dt. ev. Theologe. 1960–64 Stiftsprediger in Loccum, anschließend Studiendirektor des dortigen Predigerseminars. Ab 1970 Landessuperintendent für den Sprengel Stade; seit 1973 Mitglied der EKD. Im Mai 1976 als Nachfolger von K. Scharf zum Bischof von Berlin-Brandenburg gewählt.
Kuba, Republik in Mittelamerika. Als Volksvertretung fungiert seit Dez. 1976 eine Nationalversammlung mit 481 Abgeordneten. Vorsitzender des neugebildeten Staatsrates und Staatsoberhaupt *Fidel Castro Ruz* (seit Dez. 1976; zuvor als Staatsoberhaupt *O. Dorticós Torrado*), Ministerpräsident ebenfalls *Fidel Castro Ruz* (seit Febr. 1959). Flagge ↑Farbtafeln Flaggen S. 122. Internat. Mitgliedschaften ↑Übersicht Internationale Organisationen.
Wirtschaft: Das erste Jahr des Fünfjahresplans 1976–1980 verlief sehr enttäuschend für die Wirtschaftsplaner. Der Plan war noch unter dem Eindruck der günstigen Entwicklung im Vorjahr konzipiert worden auf der Basis eines Zuckerpreises von

KUBA
Geographische Daten und Bevölkerung: *Fläche* 110 922 km^2, *Verwaltungsgliederung* in 6 Provinzen, *Hauptstadt* Havanna (1,7 Mill. E), *Bevölkerung* 9,48 Mill. E, 85 E/km^2 (1975), Geburten-/Sterberate (auf 1 000 E) 28,3/5,5 (1972), *Amtssprache* Spanisch, *Religion* überwiegend Katholiken.
Wirtschaft: *Erwerbstätigkeit* (1972): 2,1 Mill. Erwerbstätige, davon (in Prozentanteilen) Landwirtschaft 30, Industrie 21, Baugewerbe 7, Handel 8, Verkehr 8, sonstige Dienstleistungen und nicht spezifiziert 26. – *Landwirtschaft:* Ackerland 3,72 Mill. ha, Weiden 2,7 Mill. ha, Wald 1,26 Mill. ha (1974). – Produktion (Auswahl; 1975): Reis 420 000 t, Mais 125 000 t, Apfelsinen 120 000 t, Kaffee 27 000 t, Tabak 50 000 t, Milch 600 000 t, Rindfleisch 186 000 t. – *Bergbau, Industrie und Elektrizitätserzeugung* (Auswahl; 1975): Nickel (Erz) 36 600 t, Nickel (Metall) 18 000 t, Kobalt 1 800 t, Zement 1,75 Mill. t (1973), Rohzucker 5,64 Mill. t, Elektrizität 4,582 Mrd. kWh (1973). – *Außenhandel* (1975): Export (fob) 3,68 Mrd. $, Import (fob) 4,00 Mrd. $. Haupthandelspartner sind UdSSR, Japan, ČSSR, Spanien. Hauptexportprodukte sind Zucker, Nickel, Kobalt, Tabak. Hauptimportgüter sind Nahrungsmittel, Maschinen, Erdöl, Fertigwaren. – *Währung* ↑Übersicht Währungen. – *BIP* 7 414 Mill. cub$, 790 cub$/E (1974).
Verkehr: *Eisenbahnen:* Streckenlänge 5 358 km (1972; ohne Werkbahnen). – *Straßen:* 24 284 km, davon 850 km gepflastert. Bestand an Pkw 9 970, an Omnibussen 5 063 (1972). – *Schiffahrt* (1976): Handelsflotte mit 438 545 BRT (1976). – *Luftverkehr* (1972): 934 000 Fluggäste.

rund 20 cts pro Pound. Da 1976 der Weltmarktpreis unter 10 cts fiel, mußten ab Mitte des Jahres die Importe aus westl. Ländern wegen Devisenknappheit gedrosselt werden, und die Verhandlungen über einige Industrieprojekte wurden verschoben. Zuletzt waren 45% des Außenhandels mit westl. Ländern abgewickelt worden. Die Rohzuckerproduktion fiel 1975/76 wegen Trockenheit mit 5,7 Mill. t (nach F. O. Licht) unter den Stand des Vorjahrs. Etwa 2 Mill. t wurden in den Westen verkauft, 500 000 t wurden im Inland verbraucht, und der Rest wurde zu Festpreisen in den Ostblock geliefert. Die Sowjetunion zahlt 30 cts pro Pound bis 1980 und liefert überdies noch Erdöl (8,5 Mill. t im Jahr) weit unter dem Weltmarktpreis.
Innen- und Außenpolitik: Die institutionelle Neuordnung der Verfassungsorgane stand im Mittelpunkt der Innenpolitik. Im Febr. nahm die Bevölkerung in einem Referendum die 1975 vorgelegte sozialist. Verfassung mit fast 98% Ja-Stimmen an (bei einer Beteiligung von etwa 95%). In ihr wird der Kommunist. Partei Kubas (PCC) die Führungsrolle in Staat und Gesellschaft zuerkannt und die Oberste Gewalt einer neuzuschaffenden Nationalversammlung übertragen. Aus ihren Reihen rekrutiert sich der Staatsrat, und sie ernennt die Mitglieder des Ministerrats. Der eigentl. Prozeß der Neuorganisation begann im Okt. mit den ersten Gemeinderatswahlen seit Beginn der Revolution. Die neugewählten Räte bestimmten anschließend die Mitglieder der 14 Provinzversammlungen sowie die Abgeordneten der Nationalversammlung. Diese trat im Dez. zu ihrer konstituierenden Sitzung zusammen. Ministerpräsident F. Castro Ruz wurde zum Vorsitzenden des Staatsrats ernannt. Damit vereinigte er in seiner Person – wie in der Verfassung vorgesehen – das Amt des Staatsoberhaupts und das des Regierungschefs. Er blieb außerdem Generalsekretär der PCC und Oberbefehlshaber der Streitkräfte. Sein Bruder Raul wurde zum stellvertretenden Staatsratsvorsitzenden gewählt. Er behielt das Amt des Verteidigungsministers. Der bisherige Staatspräsident O. Dorticós Torrado verlor sein Amt und wurde in den Staatsrat berufen.
In der *Außenpolitik* kam es zu einer weiteren Krise in den Beziehungen zu den USA. Der amerikan. Präs. G. Ford, der im Wahlkampf die Intervention Kubas zugunsten der Volksfront zur Befreiung Angolas (MPLA) scharf verurteilte, kündigte für den Fall ähnl. Aktionen innerhalb oder außerhalb des afrikan. Kontinents Gegenmaßnahmen, bis hin zu einer neuerl. Blockade der Insel und militär. Operationen gegen Kuba, an. Nach Schätzungen belief sich die Stärke der kuban. Truppen in Angola zwischen 12 000 und 20 000. K. hat 117 000 reguläre Soldaten und verfügt mit etwa 600 Kampfpanzern, über 200 Kampfflugzeugen und takt. Boden-Boden-Raketen sowie 64 Kriegsschiffen z. Z. über die bestausgerüstete Armee Lateinamerikas.
Zu weiteren Spannungen kam es zwischen den beiden Ländern, als Exilkubaner im April kuban. Fischerboote überfielen.
Im Febr. besuchte F. Castro Ruz anläßl. des XXV. Parteitages der KPdSU die Sowjetunion. Zuvor war zwischen beiden Ländern ein Abkommen geschlossen worden, das fünf Jahre lang die Abnahme von Zucker zu Festpreisen garantierte.

Kubel, Alfred, * Braunschweig 25. Mai 1909, dt. Politiker (SPD). Ab 1970 Ministerpräsident von Niedersachsen. K. erklärte im Jan. 1976 seinen Rücktritt, sein Nachfolger wurde im Febr. der CDU-Kandidat E. Albrecht.

Kuhrig, Heinz, * Strehla 1929, dt. Politiker (SED). 1963–71 Staatssekretär im Rat für landwirtschaftl. Produktion und Nahrungsgüterwirtschaft, 1972/73 Staatssekretär im Landwirtschaftsministerium, ab 1973 Landwirtschaftsminister. Seit Mai 1976 Mitglied des ZK der SED.

KULTURELLE EINRICHTUNGEN (BRD)

	Einheit	1960	1970	1975	1976
Volkshochschulen	Anzahl	1 101	1 169	1 127[5]	1 031[8]
Belegungen	1 000	6 067	6 593	7 274[5]	6 014[8]
Öffentliche Theater					
Theater	Anzahl	137	194	199	215
Plätze	1 000	90	127	124	128
Besucher	1 000	19 878	17 655	17 414	17 417
Film					
Filmtheater	Anzahl	6 950	3 446	3 114[5]	3 094[8]
Plätze	1 000	2 878	1 420	1 189[5]	1 138[8]
Besucher	1 000	605 000	167 400	136 000[5]	128 100[8]
Hörfunk und Fernsehen[1]					
Hörfunkteilnehmer	1 000	15 892	19 622	19 558	20 244
Fernsehteilnehmer	1 000	4 637	16 675	17 796	18 481
Öffentliche Büchereien[2]					
Büchereien	Anzahl	1 332	1 353[4]	1 495[6]	–
Ausleihungen	1 000	30 585	35 483[4]	72 297[6]	–
Museen					
Museen	Anzahl	431[3]	501	568[7]	568[7]
Besucher	1 000	10 303[3]	13 926	17 407[7]	17 407[7]
Buchproduktion					
Erstauflagen	Anzahl	17 639	38 703	41 276[5]	35 486[8]
Neuauflagen	Anzahl	4 885	8 393	8 485[5]	8 163[8]
Zeitungen und Zeitschriften					
Tageszeitungen	Anzahl	630[3]	430	410	411
Wochenzeitungen	Anzahl	16[3]	59	54	52
Zeitschriften	Anzahl	672[3]	808	879	882
Deutscher Sportbund					
Vereine	Anzahl	30 486	39 201	–	45 518
Mitglieder	1 000	4 895	8 287	–	11 754
Sportabzeichenverleihungen	1 000	64	216	338	374

[1] 1976 nur gebührenpflichtige Teilnehmer; [2] In Gemeinden mit über 20 000 Einwohnern; [3] 1963; [4] 1968; [5] 1974; [6] 1971; [7] 1973; [8] 1975.

Quelle: Zahlenkompaß, Ausgabe 1977. Hg. Statist. Bundesamt.

KUNST

Mit insgesamt fast 1 Million Besuchern setzte die in München, Berlin und Hildesheim gezeigte Ausstellung „Nofretete-Echnaton" neue Maßstäbe für Besucherrekorde. Die ausgestellten Kunstwerke der Amarnazeit belegen die revolutionäre Absage des Pharaos Echnaton (um 1364–1348) an religiöse Tradition und bewährte Ordnung. Als Neuerungen der sich in Themen und Formen radikal wandelnden Kunst treten die Darstellung des einzigen Gottes als Sonnenscheibe, die ausschließliche Verwendung des versenkten Reliefs und einfühlsame Naturdarstellungen auf. Die zunächst bizarr übersteigerten Porträts werden in der späteren Phase zu einem Idealtypus gemildert. Angesichts des hohen Qualitätsniveaus dieser für die ägyptische Kunst atypischen Epoche wirkten die in der Pariser Ausstellung „Ramsès le Grand" zu sehenden Objekte epigonal. Für die Kunst unter Ramses II. (1290–1224) ist ein Drang zum Monumentalen charakteristisch (Abu Simbel), der sich in einer traditionellen Kunstausstellung kaum veranschaulichen läßt.

Zum 400. Todestag Tizians (um 1490?–1576) konnte aus konservatorischen Gründen keine Gemäldeausstellung stattfinden. So beschränkten sich die Ehrungen auf zwei allerdings vorzüglich ausgestattete Graphikausstellungen in Florenz und Venedig. Die eigenhändigen Zeichnungen des venezianischen Malers wurden mit Werken seiner Zeitgenossen, Schüler und Nachfolger umgeben.

Fast ein Jahr lang feierte das von Herzog Franz Friedrich Anton von Sachsen-Coburg-Saalfeld (1800–1806) 1775 gegründete Kupferstichkabinett auf der Veste Coburg sein 200 jähr. Bestehen. Die vor allem aufgrund ihrer geographischen Lage nahezu unbekannte Sammlung gehört mit 300 000 Blättern zu den größten Graphiksammlungen der Welt.

Das zweihundertjährige Bestehen der Vereinigten Staaten von Amerika wurde in Europa und in den USA mit zahlreichen Ausstellungen gefeiert, die sowohl die amerikanische Kunst präsentierten als auch die Wechselbeziehung zwischen Alter und Neuer Welt untersuchten. Zur ersten Gruppe gehörte neben den meisten Ausstellungen in den USA der in Bonn, Belgrad, Rom und Warschau gezeigte Überblick „1776–1976. 200 Jahre amerikanische Malerei". Diese vom Baltimore-Museum zusammengestellte Schau gab erste Anstöße zum Kennenlernen der in Europa durchweg unbekannten frühen amerikanischen Malerei, in der Porträts und Landschaften vorherrschen. Die amerikanische Kunst des 20. Jahrhunderts wurde in Europa vor allem durch Pop-Retrospektiven vorgeführt. Einen tieferen Einblick in die Entwicklung einer eigenständigen amerikanischen Kunst seit 1913 gab die von Baden-Baden und Bielefeld aus dem Guggenheim-Museum übernommene Schau „Amerikanische Zeichner des 20. Jahrhunderts – Drei Generationen von der Armory Show bis heute". Die zweite Gruppe vertrat am eindrucksvollsten die in Cleveland, Washington und Paris gezeigte Ausstellung „The European Vision of America", die zum ersten Mal die Auswirkungen der Entdeckung Amerikas auf die europäische Kunst im großen Rahmen darstellte. Vom anfangs vorwiegenden Interesse am Exotischen, das sich vor allem in den Erdteilallegorien niederschlug, wechseln die Bildinhalte über Revolutionsthemen zu sozialen und politischen Problemen des 19. Jahrhunderts.

Auch 1976 spiegelten zahlreiche Ausstellungen das starke Interesse an der Kunst des 19. Jahrhunderts wider. Die Londoner Tate Gallery veranstaltete anläßlich des 200. Geburtstags John Constables (1776–1837) eine umfassende Ausstellung dieses populärsten englischen Landschaftsmalers. Seinem Zeitgenossen Turner (1775–1851) war mit „William Turner und die Landschaftsmalerei seiner Zeit" die letzte Ausstellung gewidmet, mit der die Hamburger Kunsthalle Vertreter der „Kunst um 1800" vorgestellt hatte. Die Karlsruher Kunsthalle versuchte mit ihrer Ausstellung „Anselm Feuerbach 1829–1880. Gemälde und Zeichnungen" den Platz dieses „Klassizisten" in der Kunstgeschichte neu zu bestimmen. Eine in Rotterdam, Brüssel, Baden-Baden und Paris gezeigte Ausstellung galt dem europäischen Phänomen des Symbolismus, der stilistisch divergierende Künstler wie A. Böcklin, G. Klimt und E. Munch durch das inhaltliche Prinzip vereint, Gegenbilder zur sichtbaren und erforschbaren Wirklichkeit zu gestalten.

Das 75. Jubiläum der Ausstellung „Ein Dokument deutscher Kunst" anläßlich der Einweihung der Künstlerkolonie auf der Mathildenhöhe wurde in Darmstadt mit einer großangelegten Präsentation des Jugendstils gefeiert. Fünf Einzelausstellungen führten die typische Darmstädter Variante des Jugendstils vor bzw. gingen den internationalen Bezügen nach.

Nach vierjähriger Pause fand 1976 in Venedig die 37. Biennale statt. Als Generalthema der 11 Einzelausstellungen war „Ambiente fisico" gewählt worden. Nur einzelne der in den Länderpavillons

KUNSTPREISE 1976

(Auswahl)

Andrew-W.-Mellon-Preis (USA)	Pierre Alechinsky
BDA-Preis (BRD)	Theodor Hughes
Berliner Kunstpreis (BRD)	Wolfgang Petrick Walter Stöhrer Dieter Ommerborn Architektengruppe Hübner/Huster
Faenza-Medaille (Italien)	Timo Sarpaneva
Hegel-Preis (BRD)	Ernst Gombrich
Keramikpreis der Frechener Kulturstiftung (BRD)	Michael Köhler Claudia von Rudloff Brigitte Crumbiegel-Enders Silvia Ullmann
Kulturpreis der Deutschen Gesellschaft für Photographie (BRD)	Rosemarie Clausen Ragina Relang Liselotte Strelow
Kunstpreis der Böttcherstraße (BRD)	Lászlo Lakner
Kunstpreis der Stadt Darmstadt (BRD)	Michael Schönholtz
Kunstpreis der Stadt Goslar (BRD)	Max Ernst
Lovis-Corinth-Preis (BRD)	Oskar Kokoschka Heinrich Klumbies Christian Mischke
Preis der III. Biennale für Kleinplastik (Ungarn)	Erich Hauser
Reinhold-Schneider-Preis (BRD)	Rudolf Dischinger Peter Dreher
Schinkel-Preis (BRD)	Wolf Rüdiger Borchardt Architektengruppe Frank/Kreft/Mengel Joachim Kröh
Staatspreis Kunst am Bau (BRD)	Wolfgang Hirsch Georg Meistermann Emil Waechter Ingeborg und Rudolf Geier
Wilhelm-Lehmbruck-Preis (BRD)	Jean Tinguely

gezeigten Environments konnten überzeugen, darunter die deutschen Arbeiten von Beuys, Gerz und Ruthenbeck. Der Überblick über die Entwicklung der internationalen Kunst seit der letzten Biennale ließ keine neuen Tendenzen deutlich werden.
In Deutschland wurde die neueste Richtung der Konzeptkunst im Werk Joseph Kosuths (* 1945) vorgestellt, der in einer Bremer Ausstellung sein seit 1975 entwickeltes Verfahren mit Texten in der jeweiligen Landessprache erstmals in den deutschen Sprachraum einführte. Bei den Realisten ebbte die Diskussion um die politische Relevanz der engagierten Kunst ab, da sie zuwenig Publikumsresonanz findet. Rückgriffe auf den Impressionismus sind u. a. bei Georg Baselitz (* 1938) zu beobachten, dem der Münchner Galerieverein und die Staatsgalerie moderner Kunst eine Retrospektive widmeten.
Einen Tag vor seinem 85. Geburtstag starb *Max Ernst* (* 2. April 1891), einer der bedeutendsten Vertreter des Surrealismus. 1919 gründete er mit Hans Arp in Köln eine Dada-Gruppe. 1922 ging er nach Paris, wo er 1924 an der Gründung des Surrealismus beteiligt war. Ernst ist die Erfindung neuer Techniken (Collage 1919, Frottage 1924/25) zu verdanken.
Zahlreiche europäische *Museen* konnten 1976 neu- oder wiedereröffnet werden. In Athen wurde die Nationale Pinakothek mit griechischer Kunst der letzten 300 Jahre und Meisterwerken der mitteleuropäischen Malerei eingeweiht. Im September wurde die Prager Nationalgalerie wieder zugänglich. Leipzig und Ost-Berlin feierten die Wiedereröffnung ihrer Ägyptischen Museen. Die Neue Galerie in Kassel ist zum ersten Mal seit 1939 wieder zu besichtigen, und das Museum für Kunst und Gewerbe in Frankfurt am Main wurde wiedereröffnet.
Der Konservator des Erzbischöflichen Museums Utrecht konnte Rembrandts verschollenes Frühwerk von 1626, „Die Taufe des äthiopischen Kämmerers", in einer Privatsammlung identifizieren und für sein Museum erwerben. Wichtige Kunstankäufe deutscher Museen waren die Erwerbung des Gemäldes „Essendes Bauernpaar" von Georges de la Tour (1593–1652) für 2 Millionen DM durch die Berliner Gemäldegalerie und der Kauf des 1869 entstandenen „Felsen von Etretat" von Gustave Courbet (1819–77) für die Berliner Nationalgalerie. Mit dem 1844 gemalten Bild „Ostende" von William Turner erwarben die Bayerischen Staatsgemäldesammlungen das erste Werk Turners für Deutschland. Dem New Yorker Museum of Modern Art gelang nach jahrelangen Verhandlungen mit der Tochter des Malers der Ankauf des monumentalen Matisse-Gemäldes „La Piscine" für fast 1 Million Dollar. – ↑auch Farbtafeln S. 243 und 244.

Kunze, Reiner, * Oelsnitz/Erzgebirge 16. Aug. 1933, dt. Schriftsteller. Studium der Journalistik, 1955–59 wissenschaftl. Assistent in Leipzig, 1961/1962 in der ČSSR; zeitweiliges Publikationsverbot; lebt als freier Schriftsteller in Greiz. Schrieb zuerst volkstüml., auch polit., z. T. an Brecht orientierte Lyrik, nach 1962 v. a. durch hintergründige Ironie charakterisierte Gedichte in knapper Diktion über die verschiedensten Themen (Liebe, Kindheit, DDR-Wirklichkeit usw.). Auch Kinderbuchautor und Übersetzer aus dem Tschechischen.
Hauptwerke: Vögel über dem Tau (Ged., 1959), Aber die Nachtigall jubelt (Ged., 1962), Widmungen (Ged., 1963), Sensible Wege (Ged., 1969), Der Löwe Leopold (Kinderbuch, 1970; Dt. Jugendbuchpreis 1971), Zimmerlautstärke (Ged., 1972), Brief mit blauem Siegel (Ged., 1973), Die wunderbaren Jahre (Prosa, 1976).

Reiner Kunze

Kuwait, Emirat am Nordende des Pers. Golfs. Als Volksvertretung fungierte bis Aug. 1976 eine Nationalversammlung mit 50 Abgeordneten. Staatsoberhaupt *Scheich Sabah Salim As Sabah* (seit Nov. 1965), Regierungschef *Scheich Dschabir Al Ahmad Al Dschabir As Sabah* (seit Nov. 1965). Flagge ↑Farbtafeln Flaggen S. 122. Internat. Mitgliedschaften ↑Übersicht Internationale Organisationen.
Wirtschaft: Als Ölproduzent erlebte K. 1976 in Übereinstimmung mit der Weltmarktlage zunächst einen weiteren Rückgang seines Exports und damit der Förderung, ein Trend, der erst im letzten Vierteljahr in Erwartung der Preiserhöhung seitens der OPEC-Länder für 1977 eine dramat. Wendung erfuhr. Die Öleinnahmen machten 1975/76 wahrscheinl. weiterhin rund 90% der Gesamteinnahmen des Staates aus, verglichen mit 92% im Vorjahr.
Innen- und Außenpolitik: Die innerarab. Auseinandersetzungen um den Bürgerkrieg im Libanon trugen auch zur Verschärfung der inneren Spannungen in K. bei, wo schätzungsweise 270 000 Palästinenser leben, die z. T. einflußreiche Positionen innehaben. (Nach einer Volkszählung vom Febr. sind von den 995 000 Einwohnern K.s nur 472 000 Einheimische.) Es kam zu Anschlägen auf eine Zeitungsredaktion (17. Juni) und auf das Büro der syr. Luftfahrtgesellschaft (2. Juli). Das 50köpfige Parlament, in dem junge radikale Mitglieder und Vertreter wohlhabender, mit der herrschenden Familie rivalisierender Familien wiederholt gegen die Regierung opponiert hatten, wurde am 29. Aug. vom Staatsoberhaupt aufgelöst und seine Vollmachten diesem und dem Ministerrat übertragen. Nach dem Rücktritt des Kabinetts am gleichen Tag

KUWAIT
Geographische Daten und Bevölkerung: *Fläche* 18 040 km², *Verwaltungsgliederung* in 3 Provinzen, *Hauptstadt* Kuwait (80 400 E; 1970), *Bevölkerung* 1,0 Mill. E (1975), 55 E/km², *Amtssprache* Arabisch, *Religion* Islam sunnit. Richtung.
Wirtschaft: *Erwerbstätigkeit* (1970; in Prozentanteilen): Landwirtschaft 1,7, produzierendes Gewerbe 34,2, Dienstleistungen 64,1. – *Bergbau, Industrie und Elektrizitätserzeugung* (Auswahl): Erdöl 108,03 Mill. t (1976), Erdgas 5 640 Mill. m³ (1976), schweres Heizöl 10,88 Mill. t (1972), Harnstoff 182 000 t (1971), Elektrizität 4 656 Mill. kWh (1975). – *Außenhandel* (1975): Export 2 507 Mill. KD, Import 693,7 Mill. KD. Hauptimportländer sind USA, Japan, BRD, Großbritannien. Hauptexportländer sind Japan, Niederlande, Großbritannien, Frankreich. Hauptexportgüter sind Erdöl und Erdöldestillationserzeugnisse. – *Währung* ↑Übersicht Währungen. – *BIP:* 3 229 Mill. KD (1974), 3 470 KD/E.
Verkehr: *Straßen:* 1 580 km (1969). Pkw-Bestand 120 800 (1971). – *Schiffahrt* (1976): Handelsflotte mit 1,078 Mill. BRT. – *Luftverkehr* (1972): 483 000 Fluggäste.

wurde Ministerpräsident Scheich Dschabir As Sabah erneut mit der Regierungsbildung beauftragt. Die innenpolit. Maßnahmen, die z.T. auf saudiarab. Einflüsse zurückgeführt wurden, führten zur Verschlechterung der Beziehungen zum Irak, der die Auflösung des Parlaments heftig kritisierte; nach einem Pressebericht (14. Sept.) soll eine irak. Truppeneinheit die Grenze zu K. überschritten haben. Der Anspruch des Irak auf die von K. verwalteten Inseln Bubian und Warba wurde aufrechterhalten. Als erster Schritt zur Beilegung des Grenzdisputs sind die Besuche des Innen- (16. Nov.) und des Außenministers des Irak (23. Nov.) in K. anzusehen. – Die Staatsoberhäupter Ägyptens, A. As Sadat (28./29. Febr.), Gambias, Sir D. Kairaba Jawara (14. März), Saudi-Arabiens, König Chalid (21.–23. März), Rumäniens, N. Ceauşescu (29.–31. März), Mauretaniens, M. O. Daddah (5. Aug.), und Jordaniens, König Husain (8. Aug.), statteten K. Besuche ab. Diplomat. Beziehungen wurden aufgenommen mit Mauritius (Jan.), Ghana (Febr.), Nord-Vietnam und den Komoren (Mai).

L

Labour Party: Im Jan. 1976 bildete sich unter Führung von zwei schott. Unterhausabgeordneten der L. P. eine von der L. P. unabhängige Scottish Labour Party, die eine größere Selbständigkeit Schottlands (v. a. auf dem wirtschaftl. und finanziellen Sektor) fordert, als in den Plänen der Labour-Regierung vorgesehen ist.
Nach dem Rücktritt H. Wilsons als Parteiführer und Premierminister im März 1976 wurde J. Callaghan im April 1976 von der Unterhausfraktion der L. P. zum Nachfolger in beiden Ämtern gewählt.
LAGEOS ↑tabellar. Übersicht Weltraumfahrt.
Laos, Volksrepublik (seit 3. Dez. 1975) in Südostasien. Als Volksvertretung fungierte bis April 1975 eine Nationalversammlung mit 59 Abgeordneten. Staatsoberhaupt Prinz *Souvannavong* (seit 3. Dez. 1975; zuvor König *Sri Savang Vatthana*), Regierungschef *Kayson Phomvihan* (seit 3. Dez. 1975; zuvor Prinz *Souvanna Phouma*). Flagge ↑Farbtafeln Flaggen S. 122. Internat. Mitgliedschaften ↑Übersicht Internationale Organisationen.
Wirtschaft: Die Flucht vieler kleiner Unternehmer, meist Chinesen und Vietnamesen, die Verstaatlichung bzw. staatl. Zwangsbeteiligung bei größeren Betrieben sowie Rohstoffmangel haben zu weitgehender Lähmung wirtschaftl. Aktivitäten in L. geführt. Eines der Hauptprobleme ist die Versorgung der Bevölkerung mit Nahrungsmitteln, bes. mit Reis. Der Entwicklungsplan legt daher auch eindeutig das Schwergewicht auf die Entwicklung der Landwirtschaft. In den letzten Jahren mußten etwa 60000 t Reis eingeführt werden. Banken und Hotels sind fast alle verstaatlicht.
Innen- und Außenpolitik: Anläßl. der Feierlichkeiten zum 1. Jahrestag der kommunist. Machtübernahme (Mai 1975) fand eine kurzfristig einberufene Versammlung führender Mitglieder des Pathet Lao und des Obersten Volksrates statt. Ministerpräsident Kayson Phomvihan bezeichnete dabei den wirtschaftl. Aufbau als oberstes Ziel seiner Regierung. Zu dem Zweck sei L. auch bereit, westl. Wirtschaftshilfe in Anspruch zu nehmen. Die Beziehungen zu den USA wolle man normalisieren, falls Washington bereit sei, zur Beseitigung der Kriegsschäden in L. beizutragen. An der Veranstaltung nahmen auch Präsident Souvannavong sowie der ehem. Ministerpräsident Souvanna Phouma, aber auch westl. Journalisten teil.
Auf dem Treffen des Zentralkomitees der Partei im Juli wurden mehrere polit. Grundlinien kontrovers diskutiert. Insbes. wurde der „harte Flügel" angegriffen. Ihm wurde die zunehmende Unzufriedenheit über die scharfen allgemeinen Kontrollen angelastet. In der Folge wurden die Parteipolitik gemildert und viele Beschränkungen gelockert.
Die Außenpolitik des ersten Jahres der volksdemokrat. Republik war dem Bemühen gewidmet, einen festen Platz im sozialist. Block zu erhalten. Im Verhältnis zur Sowjetunion und zu China möchte man auf Äquidistanz gehen und sich auf neutralem Boden bewegen. Diese Bemühungen wurden durch die Notwendigkeit kompliziert, zwischen Vietnam und Thailand balancieren zu müssen. Laot. Grenzgebiete sind Interessengebiete der anrainenden Nachbarstaaten geworden. Im Zentralgebiet überwiegt sowjet. Einfluß. Auf internat. Konferenzen wie in Colombo trat L. dezidiert für Nichteinmischung in die inneren Angelegenheiten anderer Länder ein und griff vermeintl. totalitäre Staaten an. Die Beziehungen zu den westl. Nationen blieben 1976 auf ein Mindestmaß beschränkt.

LAOS
Geographische Daten und Bevölkerung: *Fläche* 236800 km², *Hauptstadt* Vientiane (176637 E), *Bevölkerung* 3,34 Mill. E (1975), 14 E/km², *Amtssprache* Laotisch, *Religion* Hinajana-Buddhismus (bis 1975 Staatsreligion).
Wirtschaft: *Landwirtschaft:* Produktion (Auswahl; 1973): Reis 833000 t, Mais 29000 t, Kartoffeln 15000 t, Maniok 13000 t, Süßkartoffeln 16000 t. – *Bergbau, Industrie und Elektrizitätserzeugung* (Auswahl; 1973): Zinn 748000 t, Elektrizitätserzeugung 254,4 Mill. kWh. – *Außenhandel* (1973): Export 3045 Mill. Kip, Import 34298 Mill. Kip. Haupthandelspartner sind USA, Großbritannien, Japan und Hongkong. Hauptexportgüter sind Zinn, Holz, Baumwolle, Kaffee. Hauptimportgüter sind Maschinen und Fahrzeuge, chem. Erzeugnisse, Nahrungs- und Genußmittel. – *Währung* ↑Übersicht Währungen.
Verkehr: *Straßen:* 7291 km (1973), davon 618 km befestigte und 2867 km Schotterstraßen. – *Luftverkehr* (1973): 22 Mill. Personenkilometer, 500000 Nettotonnenkilometer.

Laos. Staatsoberhaupt Prinz Souvannavong

Lebenshaltungskostenindex ↑tabellarische Übersicht S. 164.
Lecanuet, Jean Adrien François, * Rouen 4. März 1920, frz. Politiker. Ab 1974 Justizminister, seit Aug. 1976 Minister für Planung und Raumordnung sowie Staatsminister.
Lefebvre, Marcel, * Tourcoing (Nord) 29. Nov. 1905, frz. kath. Theologe und Erzbischof. Seit 1929 Priester und Mitglied des Missionsordens „Väter vom Heiligen Geist", 1948 Titularerzbischof, 1955 erster Erzbischof von Dakar; 1960–62 Mitglied der

vorbereitenden Konzilskommission; 1962 (Jan. bis Aug.) Bischof von Tulle in Frankreich, 1962–68 Generaloberer seines Ordens; legte dieses Amt wegen der von der Generalversammlung beschlossenen Reformen nieder. L., der schon während seiner Studienzeit als konservativ galt und später der rechtsradikalen, autoritär-antiparlamentar. Action française nahestand, trat sowohl in der vorbereitenden Kommission als auch auf dem Konzil selbst als entschiedener Gegner jegl. kirchl. und theolog. Neuerungen auf. Der rigorose Traditionalismus L.s und seiner Anhänger, der schließlich alle Entscheidungen des 2. Vatikan. Konzils nicht nur kritisierte, sondern auch radikal ablehnte und ihre Durchführung verweigerte, führte dazu, daß nach einer kanon. Visitation (Nov. 1974) die Schließung des Seminars von Ecône im Mai 1975 von Rom gefordert wurde. Ein Vermittlungsversuch des Papstes (Sept. 1976) blieb ebenfalls ohne Erfolg. Der Konflikt zwischen L. und der röm.-kath. Kirche ist noch immer offen. Es wird wohl, da L. weiterhin in traditionalist. Großkundgebungen keinerlei Einlenken erkennen läßt, allein von Rom abhängen, wie der „Fall L.", der inzwischen längst nicht mehr auf die Person L.s beschränkt ist, gelöst werden wird.

Lékai, László, * Zalalövö (Bezirk Zala) 12. März 1910, ungar. kath. Theologe. 1934 zum Priester geweiht, 1938 Professor für Dogmatik am Priesterseminar von Veszprim; 1972 Apostol. Administrator der Diözese Veszprim, 1975 der Diözese Esztergom. Im Febr. 1976 wurde L. als Nachfolger von Kardinal J. Mindszenty zum Erzbischof von Esztergom und Primas von Ungarn ernannt.

LES (LES 8 und 9) ↑ tabellar. Übersicht Weltraumfahrt.

Lesotho, Königreich in Südafrika innerhalb des Commonwealth of Nations. Als Volksvertretung fungierten (1970 suspendiert) ein Senat mit 33 Mitgliedern und eine Nationalversammlung mit 60 gewählten Abgeordneten, die verschiedenen Parteien angehörten. Staatsoberhaupt König *Moshoeshoe II.* (seit Okt. 1966), Regierungschef *Leabua Jonathan* (seit Juli 1965). Flagge ↑ Farbtafeln Flaggen S. 122. Internat. Mitgliedschaften ↑ Übersicht Internationale Organisationen.

LESOTHO
Geographische Daten und Bevölkerung: *Fläche* 30 355 km², *Verwaltungsgliederung* in 9 Distrikte, *Hauptstadt* Maseru (16 300 E; 1971), *Bevölkerung* 1,07 Mill. E (1974), 33 E/km², *Amtssprachen* Se-Sotho und Englisch, *Religion* 34% Katholiken, 22% reformierte Protestanten, 9% Anglikaner.
Wirtschaft: *Erwerbstätigkeit:* Etwa 80% der Bevölkerung sind in der Landwirtschaft beschäftigt. – *Landwirtschaft:* Produktion (Auswahl; 1972): Mais 59 000 t, Weizen 21 000 t, Sorghum 14 000 t (1973), Rind- und Kalbfleisch 8 000 t, Rohwolle 5 000 t, Häute und Felle 2 000 t. – *Bergbau und Elektrizitätserzeugung:* Diamanten 8 600 Karat (1973; Export), Elektrizität 5,2 Mill. kWh (1967). – *Außenhandel* (1974): Export 9,81 Mill. R, Import 79,12 Mill. R. Haupthandelspartner ist Südafrika. Hauptexportgüter sind Wolle und Mohair, lebende Tiere, Diamanten. – *Währung* ↑ Übersicht Währungen. *BIP:* 64,22 Mill. R (1972/73), 66 R/E.
Verkehr: *Straßen:* 1 676 km (1972), davon 215 km asphaltiert.

Innen- und Außenpolitik: Umbesetzungen in hohen Ämtern der regierenden NP (National Party) vom Febr. und eine im Juli vorgenommene Regierungsumbildung dienten u. a. dem Zweck, die Führungsspitze zu verjüngen. Außenpolit. standen ein Besuch des südafrikan. Außenministers (Mai), die Aufnahme diplomat. Beziehungen mit Malawi (Sept.) und ein Besuch des stellvertretenden ind. Außenministers (Okt.) im Mittelpunkt. Die Beziehungen zu Südafrika verschlechterten sich jedoch, als Premierminister L. Jonathan am 26. Okt., nur

LAND- UND FORSTWIRTSCHAFT, FISCHEREI (BRD)

	Einheit	1960[2]	1970	1975	1976
Wirtschaftsfläche	1 000 ha	24 734	24 777	24 745	24 745
Landw. genutzte Fläche	1 000 ha	14 266	13 578	13 303	13 270
Waldfläche	1 000 ha	7 106	7 170	7 162	7 165
Gebäude- und Hoffläche	1 000 ha	819	1 048	1 169	1 183
Sonstige Flächen	1 000 ha	2 542	2 981	3 112	3 128
Landwirtschaftliche Betriebe	1 000	1 618	1 244	1 041	1 021
davon mit einer landwirtsch. genutzten Fläche von ... ha					
0,5 bis unter 1	1 000	233	161	–	132
1 bis unter 2	1 000	230	155	123	121
2 bis unter 5	1 000	387	251	189	184
5 bis unter 20	1 000	629	500	391	380
20 bis unter 100	1 000	136	174	198	200
100 und mehr	1 000	3	3	4	4
Landwirtschaftliche Arbeitskräfte[1]	1 000	3 850	2 423	2 183	2 313[3]
darunter Familienarbeitskräfte	1 000	3 306	2 237	1 907	2 127[3]
Ernte					
Getreide	1 000 t	15 531	17 297	21 255	19 134
Kartoffeln	1 000 t	24 545	16 250	10 853	9 808
Obst	1 000 t	4 225	3 282	2 906	2 589
Gemüse	1 000 t	1 299	1 368	1 116	983
Weinmost	1 000 hl	7 433	9 889	9 241	8 659
Viehbestand					
Rindvieh	1 000	12 872	14 026	14 511	14 496
Schweine	1 000	15 787	20 969	19 853	20 589
Pferde	1 000	712	253	342	355
Milcherzeugung	1 000 t	19 264	21 856	21 604	22 165
Schlachtmenge[2]	1 000 t	2 791	3 894	4 083	4 220
Holzeinschlag	1 000 m³	25 148	28 196	32 022	26 103[4]
Fangmengen der Seefischerei	1 000 t	593	591	434	426

[1] In Betrieben mit 2 ha und mehr, ohne Hamburg, Bremen und Berlin; [2] Inländische Tiere; [3] April 1975; [4] 1975.

Quelle: Zahlenkompaß, Ausgabe 1977. Hg. Statist. Bundesamt.

LEBENSHALTUNGSKOSTENINDEX (BRD)
1970 = 100

Index	1973	1974	1975	1976
1. alle privaten Haushalte insgesamt	118,8	127,1	134,7	140,8
a Nahrungs- und Genußmittel	118,0	123,6	130,1	136,8
b Kleidung, Schuhe	120,7	129,7	136,3	140,9
c Wohnungsmiete	119,2	125,1	133,2	140,0
d Elektrizität, Gas, Brennstoffe	128,2	149,8	165,5	176,4
2. 4-Personen-Haushalte von Angestellten und Beamten mit höherem Einkommen insgesamt	118,7	127,1	134,7	140,7
3. 4-Personen-Arbeitnehmerhaushalte mit mittlerem Einkommen des alleinverdienenden Haushaltsvorstandes	118,2	126,3	134,0	140,2
4. 2-Personen-Haushalte von Renten- und Sozialhilfeempfängern	118,2	126,3	134,7	141,9
5. Preisindex für die einfache Lebenshaltung eines Kindes	120,6	129,4	139,2	149,4

Quelle: Wirtschaft und Statistik. Hg. vom Statist. Bundesamt. Heft 4/1977.

wenige Stunden nach der Proklamation der Unabhängigkeit der Transkei (ehem. Bantustan), erklärte, die Transkei habe die Grenze zu L. geschlossen. Er forderte die internat. Gemeinschaft auf, dem Lande zu helfen, die hierdurch entstandenen wirtschaftl. Schwierigkeiten zu überwinden. Die UN setzten ein Komitee ein, um L. Jonathans Vorwürfe zu untersuchen. Der UN-Sicherheitsrat forderte im Dez. einstimmig die Öffnung der Grenze. Aus südafrikan. Kommentaren ging hervor, der Hintergrund für die Spannungen sei darin zu suchen, daß L. sich weigere, die Transkei anzuerkennen. Am 29. Nov. begann in Maseru eine vom AAI (African-American Institute) organisierte Konferenz, die sich unter Beteiligung prominenter Vertreter des amerikan. Kongresses und der Wirtschaft mit polit. Fragen des südl. Afrika beschäftigte.

Libanon. Im Verlauf seiner Unterredungen mit den Bürgerkriegsparteien trifft der libysche Ministerpräsident A. Dschallud (links) auch mit Palästinenserführer J. Arafat (rechts) zusammen

Libanon, Republik in Vorderasien. Als Volksvertretung fungiert eine Abgeordnetenkammer mit 99 Abgeordneten, die verschiedenen Parteien angehören. Staatsoberhaupt *Iljas Sarkis* (seit Sept. 1976; zuvor *S. Farandschijja*), Regierungschef *Salim Al Huss* (seit Dez. 1976; zuvor *R. Karami*). Flagge ↑Farbtafeln Flaggen S. 122. Internat. Mitgliedschaften ↑Übersicht Internationale Organisationen.
Wirtschaft: Die rein materiellen Verluste durch den Bürgerkrieg werden seitens der libanes. Regierung auf mindestens 7–8 Mrd. L£ geschätzt. Wiederaufbaupläne werden sich mit der Instandsetzung des wichtigen Beiruter Hafens, dem Flughafen sowie Wasser-, Strom- und Straßennetzen zu befassen haben. Zum anderen müssen der Dienstleistungssektor, der 60% des Volkseinkommens erbringt, und die produktiven Sektoren der Wirtschaft wiederbelebt werden. 70–75% aller Fabriken sollen noch betriebsfähig sein. Die Wiederaufnahme des Betriebs würde allerdings rund 500 Mill. L£ erfordern, der Wiederaufbau der zerstörten Anlagen sogar 1 Mrd. L£.
Innen- und Außenpolitik: Der Bürgerkrieg ging weiter: Anfang Jan. begann eine Blockade der palästinens. Flüchtlingslager Tall Satar und Dschisr Al Pascha in Beirut durch Streitkräfte der christl. Parteien, die am 13. Jan. nach 4tägigen Kämpfen das ebenfalls inmitten des christl. Gebiets liegende Lager Dabaya bei Beirut einnahmen. Nach vorausgegangenen intensiven Konsultationen mit der syr. Führung in Damaskus verkündete Staatspräsident S. Farandschijja am 14. Febr. einen „neuen Nationalpakt", dessen 17 Punkte gewisse Veränderungen des polit. Systems zugunsten des muslim. Bevölkerungsteils und eine Kontrolle der Palästinenser im L. beinhaltete. In seiner 1. Sitzung seit fünf Monaten beschloß das 99köpfige Parlament am 9. März mit 64:1 Stimmen die Verlängerung seiner Amtszeit und die der Gemeinderäte bis zum 30. Juni 1977. Die reguläre libanes. Armee spaltete sich in drei Teile: 1. die gemäßigten christl.-muslim. Kräfte, die General Al Ahdab unterstützten, 2. die aus Deserteuren bestehende muslim. libanes.-arab. Armee unter Leutnant Al Chatib, die auf seiten der Linken

LIBANON
Geographische Daten und Bevölkerung: *Fläche* 10 400 km², *Verwaltungsgliederung* in 5 Bezirke, *Hauptstadt* Beirut (1,2 Mill. E; 1972), *Bevölkerung* 3,055 Mill. E (1973), 294 E/km², Geburten-/Sterberate (auf 1 000 E) 24,5/4,3 (1973), *Amtssprache* Arabisch, *Religion* 53% Christen, 46% Muslime.
Wirtschaft: *Erwerbstätigkeit* (1970; in Prozentanteilen): Landwirtschaft 18,9, produzierendes Gewerbe 25,3, Handel, Banken, Versicherungen 20,4, Verkehr 7,1, andere Dienstleistungen und sonstiges 28,3. – *Landwirtschaft:* Nutzfläche (1968) 326 000 ha, davon 316 000 ha Ackerland. – Produktion (Auswahl; 1973): Weizen 30 000 t, Zitronen 86 000 t, Äpfel 148 000 t, Apfelsinen und Mandarinen 202 000 t, Weintrauben 105 000 t, Kartoffeln 108 000 t, Zuckerrüben 170 000 t, Milch 97 000 t (1972). – *Industrie und Elektrizitätserzeugung* (Auswahl): schweres Heizöl 1,054 Mill. t (1973), Zement 1,645 Mill. t (1974), Elektrizität 1,85 Mrd. kWh (1975). – *Außenhandel* (1973): Export 1 293 Mill. L£, Import 3 187 Mill. L£. Haupthandelspartner sind die arab. Länder, USA und die EG. Hauptexportgüter sind pflanzl. Erzeugnisse, Transportmittel, Maschinen, Textilien, Edelmetalle, Metallwaren. – *Währung* ↑Übersicht Währungen. – *BIP* 6 128 Mill. L£ (1972), 2 070 L£/E.
Verkehr: *Eisenbahnen:* Streckenlänge 415 km (1972). – *Straßen* (1972): 7 700 km, davon 5 500 km asphaltiert. Pkw-Bestand 203 000 (1974). – *Schiffahrt* (1976): Handelsflotte mit 200 300 BRT. – *Luftverkehr* (1973; Flughafen Beirut): 1,75 Mill. Fluggäste.

kämpfte, und 3. die vorwiegend christl. Soldaten, die die rechtsgerichteten Kräfte unterstützten und den Amtssitz des in seiner Stellung beharrenden Staatspräsidenten verteidigten. Die wachsende Übermacht der linksgerichteten Muslime und der Palästinenser veranlaßten Syrien ab März zu einem Frontwechsel zugunsten der christl.-konservativen Kräfte. Anfang April verstärkten 3 500–4 000 syr. Soldaten die im L. kämpfenden 7 000 Guerillas der von Syrien kontrollierten Palästinenserorganisation As Saika.

Ein am 16. April in Damaskus veröffentlichter syr.-palästinens. 7-Punkte-Plan zur Beendigung des Bürgerkriegs wurde nicht ausgeführt. Bei einer Sondersitzung des Parlaments am 10. April beschlossen die 90 anwesenden Abgeordneten einstimmig eine Verfassungsänderung, die dem Staatspräsidenten den Rücktritt vor Ablauf seiner Amtszeit gestattet. Am 24. April unterzeichnete der Staatspräsident diese Verfassungsänderung. Mit 66 der insgesamt 98 Abgeordnetenstimmen (für den am 20. Jan. verstorbenen Abgeordneten Sabra Hamada erfolgte keine Nachwahl) wurde am 8. Mai der Präsident der Staatsbank, Iljas Sarkis, zum neuen Staatsoberhaupt gewählt. S. Farandschijja weigerte sich zunächst, zurückzutreten, solange die Lage sich nicht beruhigt habe, so daß I. Sarkis erst am 23. Sept. in der von syr. Truppen besetzten Stadt Schtaura sein Amt übernehmen konnte. Der frz. Staatspräsident V. Giscard d'Estaing bot am 20. Mai die Entsendung von Truppen in den L. an, falls alle Konfliktparteien einverstanden seien.

Nach weiteren gescheiterten Vermittlungsbemühungen v. a. der syr. Regierung und wirkungslosen Waffenstillstandsvereinbarungen marschierten Ende Mai/Anfang Juni stärkere syr. Truppeneinheiten von NO in den L. ein und eröffneten eine Generaloffensive. Durch Vermittlung der USA stimmte Syrien sein Vordringen im S bis zu einer „roten Linie", dem Fluß Litani, mit Israel ab, das seine Grenze ab Mitte Juli im kleinen Grenzverkehr öffnete und die christl. Truppen im L. auch militär. unterstützte. Der massive militär. Einsatz Syriens im L. wurde v. a. von der ägypt., der irak., der libyschen und der sowjet. Regierung scharf kritisiert. Bei einem Außenministertreffen der Arab. Liga in Kairo wurde am 9. Juni die Entsendung einer Friedensstreitmacht in den L. beschlossen, deren libysche, syr., alger., saudiarab. und sudanes. Kontingente in den folgenden Wochen im L. eintrafen. Die Kampfhandlungen eskalierten indessen weiter, und auch ein weiteres, am 29. Juli in Damaskus abgeschlossenes syr.-palästinens. Übereinkommen, das eine Feuereinstellung und die Einsetzung einer syr.-palästinens.-libanes. Kommission unter dem Vorsitz von Vertretern der Arab. Liga vorsah, führte zu keiner Beruhigung der Lage. Das Palästinenserlager Tall Satar, das von den Palästinensern zum Symbol ihres Widerstandes gegen „faschist. Imperialisten und Zionisten" erklärt worden war, wurde am 12. Aug. nach 51tägigen schweren Kämpfen von christl. Streitkräften eingenommen.

In Abwesenheit des (zu Gesprächen in Kairo weilenden) Ministerpräsidenten R. Karami nahm Staatspräsident S. Farandschijja am 15. Sept. eine Regierungsumbildung vor: Ministerpräsident und Minister für Landwirtschaft, Wohnungsbau und Fremdenverkehr blieb R. Karami (sunnit. Muslim), doch wurden ihm die Ressorts für Finanzen, Verteidigung und Information entzogen; stellvertretender Ministerpräsident und Minister für Inneres blieb Camille Schamun (maronit. Christ), der auch die Ressorts Äußeres und Verteidigung übernahm.

Ende Sept. begannen die syr. Truppen, deren Zahl mit über 20 000 angegeben wurde, eine neue Offensive gegen die Streitkräfte der Muslime und der Palästinenser im L.-Gebirge und eröffneten Mitte Okt. eine zweite Front gegen die Hafenstadt Sidon und östl. von Beirut. Mit einer unter dem Einfluß Saudi-Arabiens zustande gekommenen Erklärung der Feuereinstellung durch die Syrer und die Palästinenser am 16. Okt. wurde die militär. Offensive der Syrer im L. beendet.

Libanon. Während des Kampfes um das Flüchtlingslager Tall Satar zerstörte Kirche in Beirut

Bei einer Konferenz der Staatsoberhäupter Ägyptens, Kuwaits, des L., Saudi-Arabiens und Syriens sowie des PLO-Vorsitzenden J. Arafat in Ar Rijad wurde am 18. Okt. ein allgemeiner Waffenstillstand für den 21. Okt., die Einsetzung eines Komitees zu seiner Einhaltung und die Einsammlung aller schweren Waffen sowie die Aufstellung einer 30 000 Mann starken arab. Friedensstreitmacht für den L. beschlossen. Bei einem arab. Gipfeltreffen in Kairo (25./26. Okt.) wurden diese Beschlüsse gegen die Stimmen des Irak und Libyens gebilligt. Die größtenteils aus syr. Truppen bestehende arab. Friedensstreitmacht übernahm in den folgenden Wochen allmähl. die Kontrolle im ganzen Land mit Ausnahme der an der Grenze zu Israel gelegenen Gebiete. Mit dem Einrücken syr. Truppen in Beirut (10.–15. Nov.) sowie in Tripoli und Saida (21. Nov.) wurde die Besetzung des L. durch die arab. Friedensstreitmacht im wesentl. abgeschlossen, wiederholt brachen jedoch kleinere Auseinandersetzungen aus.

Nach einer vom Innenministerium am 9. Nov. veröffentlichten Statistik setzt sich die Bevölkerung des L. aus folgenden religiösen Gruppen zusammen: 1 274 159 Christen (34,47%), davon 698 156 Maroniten, 265 009 Griech.-Orthodoxe, 156 562 griech. Katholiken und 154 393 andere Christen; 1 068 724 Muslime, davon 479 499 Sunniten, 458 993 Schiiten und 130 232 Drusen. (Nicht berücksichtigt sind dabei die schätzungsweise 1,5 Mill. Ausländer im L., darunter 200 000–300 000 Palästinenser und über 600 000 Syrer.) – Staatspräsident E. Sarkis beauftragte am 8. Dez. seinen Wirtschaftsberater Salim Al Huss (sunnit. Muslim) mit der Bildung einer „Regierung der Technokraten". In dem am 9. Dez. gebildeten Kabinett übernahm Al Huss ferner die Ressorts für Wirtschaft und Handel, Industrie und Erdöl sowie Information; stellvertretender Ministerpräsident und Minister für Verteidigung und für Äußeres wurde Fuad Butros (griech.-orthodox), Minister für Inneres sowie für Wohnungsbau und die Kooperativen: Salah Salman (Druse). Die 72 anwesenden Parlamentsabgeordneten erteilten der Regierung am 24. Dez. einstimmig die Vollmacht, für sechs Monate auf dem Verordnungsweg zu regieren.

LIBANON

Der Krieg im Libanon wurde durch eine Verkettung von historisch bedingten soziopolitischen Gegebenheiten ausgelöst: unterschiedliches Selbstverständnis der Christen und Muslime, soziale Spannungen, Palästinenserfrage, Interessen der arabischen Staaten und der Großmächte.
Das unterschiedliche Selbstverständnis ergibt sich aus der Verknüpfung von Volkstum und Religionszugehörigkeit. Das Volk der Maroniten bewahrte innerhalb des Osmanischen Reiches einen hohen Grad an Autonomie gegenüber dem Staatsvolk der sunnitischen Muslime. Sein jahrhundertelanger Kontakt mit dem christlichen Westen förderte eine Orientierung hin zu und eine Identifizierung mit ihm. Für die Muslime war die französische Mandatszeit eine Zeit der Zerstückelung arabischen Gebietes und ihre theoretische Gleichstellung mit sowie faktische Benachteiligung gegenüber den Christen. Die beiden politischen Grundtendenzen – Christen für einen prowestlichen Libanon, Muslime für einen großarabischen Staat – blieben bestehen. Libanesische Politik bedeutete fortan, einen Kompromiß zwischen beiden Tendenzen zu finden. So legte der ungeschriebene Nationalpakt 1943 die proportionale Ämterverteilung fest.
Die sozialen Spannungen sind eng mit der Religionszugehörigkeit verknüpft. Bei Muslimen und Drusen haben sich die Feudalstrukturen erhalten. Durch die Kontakte mit dem Westen hatten die Christen schon vor der Mandatszeit einen Bildungsvorsprung und deshalb mehr qualifiziertes Personal. Wegen ihrer Bejahung des Libanon engagierten sich die Maroniten stärker und wurden trotz Proporzsystem in Verwaltung und Armee, auch im Verhältnis zu anderen Christen, überrepräsentiert. Auch im modernen Wirtschaftssektor sind die Christen besonders stark vertreten. Unter den weniger begünstigten Muslimen errangen die städtischen Sunniten Vorteile gegenüber den von Feudalherren abhängigen Schiiten im Osten und Süden. Aufgrund dieser konfessionellen Diskrepanz schien den Muslimen der Staat oft ein Instrument der Christen zu sein. Unter den nichtprivilegierten Teilen der Bevölkerung wurden besonders die Linksparteien aktiv. Da diese eine radikale Transformation oder Zerstörung des libanesischen Staates anstrebten, verhinderte das Selbstverständnis der Christen, sich damit zu identifizieren. Für letztere bestand die Möglichkeit, soziale Interessen durch die sozialdemokratischen Phalangen zu vertreten.
Mit der Errichtung eines israelischen Staates strömten palästinensische Flüchtlinge in den Libanon. Sie wurden in Lagern um die Städte und an der südlichen Grenze untergebracht, in unmittelbarem Kontakt mit Stadtproletariat und Landbevölkerung. Eine Einbürgerung der zu etwa 90% islamischen Flüchtlinge fand wegen des Religionsproporzes und der international geforderten Rückkehr nach Palästina nicht statt. Es erfolgte jedoch eine gewisse ökonomische Eingliederung. Die Rolle der Palästinenser im Libanon änderte sich nach dem Junikrieg 1967, als deren Widerstandsorganisationen sich von den besiegten arabischen Regierungen unabhängiger machen konnten. Sie erhielten im Südlibanon weitgehende Handlungsfreiheit und Hoheitsrechte in den Lagern. Nach dem Sieg der Regierungstruppen 1970 in Jordanien verlagerten sich die palästinensischen Aktivitäten nahezu ganz in den Libanon. Diese gesicherte Aktionsbasis wurde noch wichtiger, nachdem der Oktoberkrieg 1973 das Prestige der arabischen Regierungen wiederhergestellt hatte. Die Operationen vom Süden aus führten zu israelischen Gegenschlägen, die auch libanesische Dorfbewohner trafen; viele flüchteten in die Beiruter Elendsviertel. Gegen den Staat, der keinen ausreichenden Schutz bot, bildete sich das für den Bürgerkrieg maßgebliche Dreierbündnis von Linken, Muslimen und Palästinensern, die alle wenig vom libanesischen politischen System erwarteten. Weder Palästinenser noch Muslime aber sind in der Mehrheit Linke bzw. die Linken alle

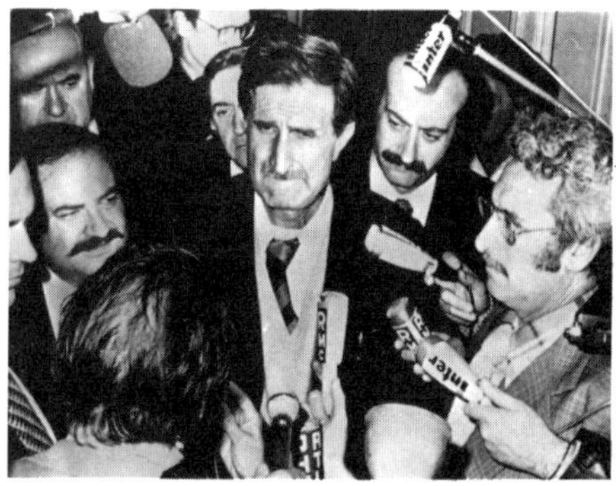

Libanon. K. Dschumblat, Führer der Progressiven Sozialistischen Partei, nach seinen Verhandlungen in Paris mit dem französischen Staatspräsidenten V. Giscard d'Estaing über dessen Angebot, politisch und militärisch in den Konflikt einzugreifen

Muslime. Die systemloyaleren Christen, die sowohl mit den Palästinensern wie auch teils mit den benachteiligten Muslimen sympathisiert hatten, begannen, sich und den Libanon gefährdet zu sehen. Nach dem israelischen Kommandounternehmen am 10. April 1973 mitten in Beirut kam es zu Kämpfen zwischen Armee und Palästinensern. Dieser Konflikt endete mit einer Modifizierung des Kairoer Abkommens. Aber anstatt die Lage zu entschärfen, wurde hier der Wendepunkt zum Schlechteren erreicht: Während die Palästinenserorganisationen die libanesischen linken und arabisch-nationalen Gruppen mit Waffen – besonders aus Syrien, dem Irak und Libyen – aufrüsteten, begannen die libanesisch-nationalen Christen, ihre eigenen Kampftruppen zu bewaffnen und auszubilden. Die von den Palästinensern Geförderten bildeten die lose Koalition „Nationale Bewegung". Ihr Sprecher wurde der am 16. März 1977 ermordete Führer der größten libanesischen Linkspartei, „Progressive Sozialisten", Kamal Dschumblat, dessen drusische Machtbasis feudalen Ursprungs ihn von den Palästinensern relativ unabhängig machte. Die bisherige islamische Führungsschicht versuchte, ihre Position vor den Linken zu retten, indem sie für die Muslime die politische Gleichberechtigung und Abschaffung

des Proporzes forderte. Dieser Versuch, der einen Verzicht auf einen „panarabischen Gedanken" und die Bejahung eines unabhängigen Libanon implizierte, wurde von den maronitischen Gruppierungen nicht anerkannt. Deren ablehnende Haltung trug zur endgültigen Polarisierung bei: hier Christen, dort Muslime, Linke und Palästinenser. Die „Sozialdemokratische Partei" Pierre Gemayels, 1936 als „Libanesische Phalangen" gegründet, mit ihrer maronitischen Mehrheit ebenfalls auf der Seite der „libanesischen Kräfte", wie die Christlich-Konservativen sich nannten, wurde – dank ihrer straffen Organisation und schlagkräftigen Miliz – zu deren wichtigsten Kampfgruppe.
Der libanesische Krieg steigerte sich in Stadien, die anfangs als „Runden" bezeichnet wurden. Die ersten drei Runden blieben begrenzt und waren z. T. sinnlose Gewaltakte. Hatte die erste Runde im April 1975 noch den Anschein eines Konfliktes zwischen Phalangen und Palästinensern, so überließen letztere in den folgenden zwei Runden (Mai/Juni und Juni/Juli) den Kampf der „Nationalen Bewegung". Die „Libanesen" wünschten eine Intervention der Armee, die „Nationalen" lehnten sie als befangen ab. Sie hielt sich bis zu ihrem Zerfall abseits. Runde vier begann am 24. August in der Stadt Sahla und breitete sich auf Tripoli, Beirut und Teile der Küste aus. Viele Nichtkämpfende flohen zu ihren Glaubensgenossen außerhalb der Städte. Der Kampf, an dem palästinensische Organisationen wieder teilnahmen, begann, ein Bewegungskrieg mit taktischen und strategischen Zielen zu werden. Als sich Anfang 1976 die libanesische Armee auflöste – je ein Teil ging zu den „Libanesen" bzw. den „Nationalen" über, ein dritter wollte durch einen Machtübernahmeversuch in Beirut den Libanon retten – schickte Syrien die ihm treue palästinensische As Saika. Erst eine Intervention der syrischen Armee im Juni konnte jedoch eine Waffenruhe durch die Besetzung ganzer Landesteile erzwingen. Den syrischen Vorstoß nutzten die „Libanesen" für eine letzte „Bereinigungsaktion" aus: die Einnahme des Palästinenserlagers Tall Satar und der Schiitensiedlung Nabaa. Im Oktober 1976 hatte Syrien seine Truppen in Beirut stationiert und erreicht, daß die gesamte Aktion von der Arabischen Liga gebilligt und mitfinanziert wurde.
Seit der Intervention steht das politische Geschehen unter syrischem Einfluß. Eine Entwaffnung der kriegführenden Parteien hat nur teilweise stattgefunden. Die Palästinenser haben sich in den von Syrien nicht besetzten Süden zurückgezogen, wo der Krieg noch andauert.

LIBERIA
Geographische Daten und Bevölkerung: *Fläche* 111 369 km², *Verwaltungsgliederung* in 9 Bezirke, *Hauptstadt* Monrovia (etwa 350 000 E), *Bevölkerung* 1,71 Mill. E, 15,4 E/km², Geburten-/Sterberate (auf 1 000 E; 1971) 50/21, *Amtssprache* Englisch, *Religion* Animisten, 20% Muslime, daneben zahlreiche christl. (prot.) Sekten.
Wirtschaft: *Erwerbstätigkeit* (1970): 478 000 Erwerbspersonen, davon (in Prozentanteilen) Land- und Forstwirtschaft, Jagd, Fischerei 80,9, produzierendes Gewerbe 88,5, Handel 2,8, Verkehr und Nachrichtenwesen 1, Dienstleistungen 6, sonstiges 0,8. – *Landwirtschaft:* Nutzfläche 4,09 Mill. ha, davon 3,85 Mill. ha Ackerland. – Produktion (Auswahl; 1975): Reis 240 000 t, Kaffee (grün) 4 000 t, Kakaobohnen 3 000 t, Bananen 64 000 t, Naturkautschuk 82 800 t. – *Bergbau, Industrie und Elektrizitätserzeugung* (Auswahl; 1974): Eisenerz 35,98 Mill. t, Diamanten 600 000 Karat (Ausfuhrmenge), Elektrizität 864 Mill. kWh. – *Außenhandel:* Export (fob) 475 Mill. $ (1976), Import (cif) 331 Mill. $ (1975). Haupthandelspartner sind USA, BRD, Italien. Hauptexportgüter sind Eisenerz, Rohkautschuk. Hauptimportgüter sind Reis, Maschinen, Kfz. – *Währung* ↑Übersicht Währungen. – *BIP* (1973): 544,9 Mill. Lib$, 318 Lib$/E.
Verkehr: *Eisenbahnen:* Streckenlänge 520 km. – *Straßen:* 4 749 km, davon etwa 3 000 km Alwetterstraßen. Kfz-Bestand (1972) 20 000. – *Schiffahrt* (Ende 1976): 69 220 965 BRT.

Liberia, Republik in Westafrika. Als Volksvertretung fungieren ein Senat mit 18 Mitgliedern und ein Repräsentantenhaus mit 52 Abgeordneten, die der True Whig Party angehören. Staatsoberhaupt *William Richard Tolbert* (seit Jan. 1972). Flagge ↑Farbtafeln Flaggen S. 122. Internat. Mitgliedschaften ↑Übersicht Internationale Organisationen.
Wirtschaft: Die liberale Wirtschaftspolitik betont die unternehmer. Privatinitiative und kennt nur einige Einschränkungen zugunsten der einheim. Industrie und der eigenen Führungskräfte. Die Produktion ist weitgehend durch die Ausbeutung der einheim. Rohstoffe gekennzeichnet. Weitere Einnahmen fließen dem Land aus der Registrierung der größten Handelsflotte der Welt zu. Der Außenhandel weist einen Exportüberschuß auf. Die EG-Länder sind mit 65% am Warenaustausch beteiligt, die USA mit 20%. Die BRD ist nach den USA zweitgrößter Handelspartner.
Innen- und Außenpolitik: Präsident W. R. Tolbert wurde am 5. Jan. für weitere acht Jahre in seinem Amt bestätigt. Eine damit verbundene Regierungsumbildung führte dazu, daß erstmals eine Frau ins Kabinett aufgenommen wurde: A. Jones als Postministerin. L. befürwortete im Jan. die

Liberia. Präsident W. R. Tolbert (zweiter von rechts) erläutert in Bonn seinen Wunsch nach weiteren deutschen Investitionen vor allem im Erzbergbau. Im Verlauf seines Besuches wird er von Bundespräsident W. Scheel (rechts) empfangen

sog. „Kampala-Deklaration“, die den Rückzug aller ausländ. Truppen aus Angola forderte. Vorwürfe der Regierung Guineas, wonach auch L. beim gescheiterten Putschversuch gegen Staatschef S. Touré seine Hand im Spiel gehabt habe, wurden Anfang Aug. dementiert.

Libyen. Zu seinem ersten Besuch der Sowjetunion trifft M. V. Al Kadhdhafi (rechts) in Moskau ein, wo er auf dem Flughafen vom sowjetischen Staatsoberhaupt N. Podgorny begrüßt wird

Libyen, Republik in Nordafrika. Eine Volksvertretung gibt es nicht. Staatsoberhaupt ist der Vorsitzende eines Revolutionsrates, *M. V. Al Kadhdhafi* (seit Sept. 1969), Regierungschef *Abd As Salam Ahmad Dschallud* (seit Juli 1972). Flagge ↑Farbtafeln Flaggen S. 122. Internat. Mitgliedschaften ↑Übersicht Internationale Organisationen.

Wirtschaft: Die Exporterlöse, wichtigste Finanzierungsquelle für L.s ehrgeiziges Entwicklungsvorhaben, werden fast ausschließl. durch Erdölverkäufe erzielt. Somit ist Erdöl der Schlüssel zur Wirtschaft. Während die Produktion sich 1974/75 abschwächte, stabilisierte sie sich 1976 bei 2 Mill. Barrels pro Tag. Damit dürften Einnahmen in Höhe von 7–8 Mrd. $ erzielt worden sein, 2–3 Mrd. $ mehr als im Vorjahr. Im Gesamtbereich der OPEC hat L. damit den relativ höchsten Einnahmezuwachs erzielt. Der Fünfjahresplan 1976–80 sieht jährl. Investitionsausgaben von umgerechnet 2,6 Mrd. DM vor. Davon entfallen 34,2% auf den Sektor allgemeine Dienste einschließl. Wohnungswesen, Verteidigung, kommunale Gemeinschaftsdienste, Verkehrs- und Nachrichtenwesen, Seetransport und Hafen.

Innen- und Außenpolitik: Die schon im Vorjahr beobachtete außenpolit. Isolierung des Landes hielt weiter an. Zwar wurden am 22. April diplomat. Beziehungen zu Jordanien wieder aufgenommen und zu Kuba im März neu geknüpft, doch verstärken sich die Auseinandersetzungen v. a. mit Ägypten und Tunesien (Ausweisung von Gastarbeitern, Prozeß in Tunis gegen drei libysche Umstürzler) im März und April. Aufsehen erregte ein Besuch des Staatsoberhauptes in Moskau im Dezember, bei dem er die Freundschaft mit der Sowjetunion als „historisch, nicht saisonal“ bezeichnet. Moral. und wohl auch finanziell unterstützte L. Befreiungsbewegungen und linke Gruppierungen in den Ländern Tunesien, Ägypten, der Westsahara, dem Libanon, in Rhodesien, in Dschibuti und auf den Komoren sowie Moçambique. Von westl. Geheimdiensten wurde L. als „Hort des internat. Terrorismus“ bezeichnet.

Als Erfolg und Zeichen des Willens zu internat. guter Zusammenarbeit muß allerdings die islam.-christl. Konferenz, die vom 1.–5. Febr. mit offizieller Beteiligung des Vatikans auf Einladung L.s in Tripolis stattfand, gewertet werden.

Innenpolit. hielten die Dynamisierungskampagnen der Regierung, die zur Ausbildung einer echten Volksdemokratie führen sollen, an. Vom 5.–18. Jan. fand die erste Zusammenkunft des Nat. Volkskongresses mit 1 000 von den Volkskommittees gewählten Mitgliedern als Ausdruck einer direkten, dem Parlamentarismus entgegengesetzten Demokratie, statt. Er tagt im Dez. nochmals, um Direktiven für die künftige polit. und wirtschaftl. Entwicklung des Landes zu geben.

Auf Studentenunruhen in Bengasi im Jan. reagierte die Staatsführung mit einer Verstärkung der kulturellen Revolution, in die die Studenten und Schüler noch mehr eingegliedert werden sollen.

LIBYEN

Geographische Daten und Bevölkerung: *Fläche* 1,76 Mill. km², *Verwaltungsgliederung* in 10 Provinzen, *Hauptstadt* Tripolis (445 000 E), *Bevölkerung* 2,44 Mill. E, 1,3 E/km², Geburten-/Sterberate (auf 1 000 E; 1971) 48/8,3, *Amtssprache* Arabisch, *Religion* 97,5% Muslime, 2,4% Christen, 0,1% andere.

Wirtschaft: *Erwerbstätigkeit:* 465 700 Erwerbspersonen (ferner 250 000 ausländ. Arbeitskräfte), davon (in Prozentanteilen) Land- und Forstwirtschaft 31, Bergbau, Gewinnung von Steinen und Erden 4, verarbeitendes Gewerbe 8, Baugewerbe 11, Dienstleistungen 41. – *Landwirtschaft:* Nutzfläche 9,5 Mill. ha, davon 2,5 Mill. ha Ackerland. – Produktion (Auswahl): Gerste 200 000 t, Tomaten 208 000 t, Orangen 28 000 t, Schafmilch 31 000 t. – *Bergbau, Industrie und Elektrizitätserzeugung* (Auswahl; 1974): Erdöl 92,76 Mill. t (1976), Motorenbenzin 53 000 t, Kerosin 44 000 t, leichtes Heizöl 106 000, schweres Heizöl 208 000 t. – *Außenhandel:* Export (fob) 8,608 Mrd. $ (1976), Import (cif) 3,554 Mrd. $ (1975; Jan.-Sept. 1976: 3,66 Mrd. $). Haupthandelspartner sind Italien, BRD, Großbritannien, Frankreich. Hauptexportgüter sind Erdöl und Erdölerzeugnisse, Erdgas. Hauptimportgüter sind Maschinen und Anlagen, Fahrzeuge, Nahrungsmittel. – *Währung* ↑Übersicht Währungen. – *BIP* (1975) in jeweiligen Preisen 11,224 Mrd. $, 4 600 $/E.

Verkehr: *Straßen:* 5 500 km asphaltiert. Kfz-Bestand (1973): 186 270 Privatfahrzeuge, 86 300 Lkw, 1 176 Busse, 9 150 Taxis. – *Schiffahrt* (Ende 1976): Handelsflotte mit 619 676 BRT. – *Luftverkehr* (1974): 315 046 ankommende, 339 206 abfliegende Passagiere, 23 059 t ausgeladene, 1 881 t abgesandte Güter.

Liechtenstein, Fürstentum in Mitteleuropa. Als Volksvertretung fungiert ein Landtag mit 15 Abgeordneten, von denen acht der Fortschrittl. Bürgerpartei und sieben der Vaterländ. Union angehören.

LIECHTENSTEIN

Geographische Daten und Bevölkerung: *Fläche* 160 km², *Verwaltungsgliederung* in 11 Gemeinden, *Hauptstadt* Vaduz (4 000 E), *Bevölkerung* 23 160 E (1973), 145 E/km², *Amtssprache* Deutsch, *Religion* 90,1% Katholiken, 8,8% Protestanten.

Wirtschaft: *Erwerbstätigkeit* (1973; in Prozentanteilen): Landwirtschaft 5,0, produzierendes Gewerbe 57,1, Handel, Banken, Versicherungen 14,3, Verkehr und Gastgewerbe 8,0, sonstige Dienstleistungen 15,6. – *Landwirtschaft:* Nutzfläche 3 800 ha (1969). – Produktion (Auswahl; 1972): Kartoffeln 9 000 t (1971), Schweinefleisch 340 t, Milch 5 730 t, Wein 380 hl. – *Elektrizitätserzeugung* (1972): 47,91 Mill. kWh. – *Außenhandel* (1972): Export an Industrieprodukten 421,43 Mill. sfr. Haupthandelspartner ist die Schweiz. – *Währung* ↑Übersicht Währungen.

Verkehr: *Straßen:* 140 km. Bestand an Kfz 10 760 (1975), davon 9 413 Pkw. – *Fremdenverkehr* (1975): 78 600 Gästeankünfte.

Staatsoberhaupt Fürst *Franz Joseph II.* (seit Juli 1938), Regierungschef *Walter Kieber* (seit März 1974). Flagge ↑ Farbtafeln Flaggen S. 122. Internat. Mitgliedschaften ↑ Übersicht Internationale Organisationen.

Lipscomb, William Nunn, jun., * Cleveland (Ohio) 9. Dez. 1919, amerikan. Chemiker. 1954–59 Professor in Minnesota, seither an der Harvard University; befaßte sich hpts. mit der Röntgenstrukturanalyse einfacher, niedermolekularer Verbindungen und lieferte wichtige Beiträge zur Technik der Kristallzüchtung. Bei seinen Arbeiten über die Borane, deren stereochem. Aufbau er erstmals theoret. deuten konnte, erbrachte er den Beweis für das Vorkommen der sog. Dreizentrenbindung; dadurch wurden die Vorstellungen von der chem. Bindung beträchtl. erweitert. 1976 erhielt L. den Nobelpreis für Chemie.

LITERATURPREISE 1976
(Auswahl)

Nobelpreis	Saul Bellow
Andreas-Gryphius-Preis	Karin Struck
Berliner Kritikerpreis	Christa Reinig
Bremer Literaturpreis	Paul Nizon
Deutscher Jugendbuchpreis	Wilhelm Schlote
	Peter Härtling
	John Christopher
	Theodor Dolezol
Dudenpreis	Ludwig Zabrocki
Förderpreis für Literatur der Landes Nordrhein-Westfalen	Frank Göhre
	Ludwig Soumagne
Förderpreis für Literatur der Stadt München	Helmut Walbert
Friedenspreis des Börsenvereins des Dt. Buchhandels	Max Frisch
Friedrich-Gerstäcker-Preis	Frederik Hetman
Georg-Büchner-Preis	Heinz Piontek
Georg-Mackensen-Literaturpreis	Roderich Feldes
Goethe-Preis der Stadt Frankfurt	Ingmar Bergman
Heinrich-Heine-Plakette	Marcel Reich-Ranicki
Johannes-R.-Becher-Preis (DDR)	Gerti Tetzner
	Michael Franz
Johann-Heinrich-Merck-Preis	Peter Rühmkorf
Karl-Hermann-Flach-Preis	Robert Leicht
Kulturpreis der Stadt Würzburg	Heinrich Pleticha
Kulturpreis des Dt. Gewerkschaftsbundes	Adolf Jungbluth
Lessing-Preis (DDR)	Helmut Baierl
	Ernst Schumacher
Lion-Feuchtwanger-Preis (DDR)	Rosemarie Schuder
Literaturpreis der Bayerischen Akademie der Schönen Künste	Hans Wollschläger
Literaturpreis des Kulturkreises der Dt. Industrie	Peter Huchel
Ludwig-Thoma-Medaille	Paul Wühr
Mülheimer Dramatikerpreis	Franz Xaver Kroetz
Nationalpreis für Kunst und Literatur (DDR)	Jurij Brězan
	Erwin Strittmatter
Ossian-Preis	Robert Lafont
Petrarca-Preis	Sarah Kirsch
	Ernst Meister
Romano-Guardini-Preis	Teddy Kollek
	Shermaryahu Talmon
Roswitha-von-Gandersheim-Preis	Elisabeth Borchers
Shakespeare-Preis	Philip Larkin
Sigmund-Freud-Preis	Jürgen Habermas
Wilhelm-Bracke-Medaille (DDR)	Jürgen Gruner
	Klaus Höpcke
	Horst Jähner
	Hans-Joachim Laabs
	Wilhelm Reichert
	Walter Schiller
Miles Franklin Award (Australien)	A. F. X. Herbert
Patrick White Prize (Australien)	John Blight
Literaturpreis des Nordischen Rates	Olavur J. Sigurdsson
Grand Prix de la Littérature Policière (Frankreich)	Eric Ambler
Grand Prix de la Société des Gens de Lettres de France	Pierre Boulle
Grand Prix de Poésie (Frankreich)	Eugène Guillevic
Prix des Ambassadeurs (Frankreich)	Antoine Bethouart
Prix Fémina (Frankreich)	Marie-Louise Haumont
Prix Goncourt (Frankreich)	Patrick Grainville
Prix Interallié (Frankreich)	Raphaèle Billetdoux
Prix Médicis (Frankreich)	Marc Cholodenko
Prix Médicis-étranger (Frankreich)	Doris Lessing
Prix Nadar (Frankreich)	Georg Gerster
Prix Renaudot (Frankreich)	Michel Henry
Booker Prize (Großbritannien)	David Storey
Cholmondeley Award (Großbritannien)	Peter Porter
	Fleur Adcock
Heinemann Award (Großbritannien)	Malcolm Bradbury
	William Trevor
Nehru-Preis (Indien)	Giuseppe Tucci
Itzik-Manger-Preis (Israel)	Lajser Ajchenrand
	Elieser Rubinstein
	Arieh Schomri
Cino del Duca (Italien)	Lewis Mumford
Critici in erba (Italien)	Grete Janus Hertz
	Iben Clante
Premio Bagutta (Italien)	Mario Soldati
Premio Bancarella (Italien)	Peter Kolosimo
Premio Campiello (Italien)	Gaetano Tumiati
Premio Strega (Italien)	Fausta Cialente
Premio Viareggio (Italien)	Mario Tobino
	Alfonso Sastre
Kulturpreis von Malta	Hans-Jürgen Heise
Alfonso-Reyes-Preis (Mexiko)	André Malraux
Donaulandpreis (Österreich)	Viktor E. Frankl
Goldener Schöpflöffel (Österreich)	Hans Gustl Kernmayr

Literaturpreise. In Anerkennung seiner langjährigen Arbeit an der Übersetzung des „Ulysses" von J. Joyce erhält H. Wollschläger (links) in Anwesenheit des bayrischen Kultusministers H. Maier (rechts) den Literaturpreis der Bayerischen Akademie der Schönen Künste verliehen

Literaturpreise. Max Frisch (links) erhält in der Paulskirche in Frankfurt am Main den Friedenspreis des Börsenvereins des Deutschen Buchhandels

Grazer Literaturförderpreis (Österreich)	Franz Buchrieser
	Alfred Seebacher-Mesaritsch
	Peter Daniel Wolfkind
Literaturpreis der Östr. Bundeswirtschaftskammer	Thomas Bernhard
Literaturpreis der Stadt Wien (Österreich)	Ernst Jandl
Theodor-Körner-Preis (Österreich)	Dietmar Grieser
Astrid-Lindgren-Preis (Schweden)	Irmelin Sandman Lilius
Großer Literaturpreis des Kantons Bern (Schweiz)	Jörg Steiner
Kunstpreis der Stadt Basel (Schweiz)	Rolf Hochhuth
Literaturpreis Arbeitswelt (Schweiz)	Herbert Berger
	Burghard Peter Bierschenk
	E. F. Volkenweider
Literaturpreis der Salomon-David-Steinberg-Stiftung (Schweiz)	Florence Guggenheim-Grünberg
Literaturpreis des Kantons Basel-Land (Schweiz)	E. Y. Meyer
Preis der Schweizer. Schillerstiftung	Ulrich Becher
Welti-Preis (Schweiz)	Hansjörg Schneider
Züricher Goethe-Preis (Schweiz)	Adolf Portmann
Premio Cervantes (Spanien)	Jorge Guillén
Premio Planeta (Spanien)	Jesús Torbado
Leninpreis (UdSSR)	Jonas Avyžius
	Georgi Markow

Literaturpreise. H. Piontek (rechts) während der Preisverleihungsfeier des Georg-Büchner-Preises in Darmstadt

Golden Spur Award (USA)	Paul Horgan
	Glendon Swarthout
Haskin's Medaille (USA)	Robert I. Burns
Lippincott Award (USA)	Karl Popper
Pulitzerpreise (USA)	
– Literatur	Saul Bellow
– Drama	Michael Bennett
– Berichterstattung	Sydney Schanberg
– Geschichte	Paul Horgan

López-Portillo y Pacheco, José, *Mexiko 16. Juni 1920, mex. Politiker. Jurist; 1956–58 Professor für polit. Wissenschaften; seit 1959 Mitglied der Revolutionspartei (PRI); 1968 Unterstaatssekretär im Präsidialamt, 1973–75 Finanzminister. Wurde im Juli 1976 als Nachfolger von L. Echeverría Álvarez zum Staatspräsidenten gewählt. L.-P. y P. trat sein Amt am 1. Dez. 1976 an.

Lourenço Marques, Hauptstadt von Moçambique; im Febr. 1976 umbenannt in Maputo.

LUFTFAHRT

Die anhaltende Unsicherheit in Weltpolitik und Weltwirtschaft hat der Luft- und Raumfahrtindustrie 1976 nur ein bescheidenes Wachstum beschert. Da die Entspannungspolitik nach der Konferenz für Sicherheit und Zusammenarbeit in Europa nur zögernd und vorsichtig weitergetrieben wurde und die Unruheherde in weiten Teilen der Dritten Welt nicht beseitigt werden konnten, war der Anteil von Militärflugzeugen, Raketen und Waffen an der Gesamtproduktion nach wie vor sehr groß. Das galt auch für den Ostblock, über dessen Rüstungsanstrengungen nur Erkenntnisse der Geheimdienste vorlagen.

Die Luft- und Raumfahrtindustrie der USA als unumstrittener Marktführer erzielte 1976 einen Gesamtumsatz von 30,1 Mrd. $ (1975: 27,2 Mrd. $). Die Exporte in Höhe von 7,6 Mrd. $ gingen als Folge der sinkenden Verkäufe von Verkehrsflugzeugen um 200 Mill. $ zurück. Militärische Flugzeugverkäufe lagen mit 9,9 Mrd. $ (1975: 9 Mrd. $) unerreicht an der Spitze, gefolgt von Raketen mit 5 Mrd. $ (1975: 5,8 Mrd. $), Weltraumgeräten mit 3,4 Mrd. $ (1975: 3,2 Mrd. $), Verkehrsflugzeugen mit 3,2 Mrd. $ (1975: 3,8 Mrd. $) und Kleinflugzeugen mit 1,3 Mrd. $ (1975: 1 Mrd. $).

Von den großen amerikanischen Luft- und Raumfahrtunternehmen erreichte Boeing 1976 einen Umsatz von 3,9 Mrd. $ (1975: 3,7 Mrd. $) und einen Gewinn von 103 Mill. $ (1975: 76 Mill. $). Von den in Bau befindlichen Typen Boeing 707, Boeing 727, Boeing 737 und Boeing 747 wurden 136 Flugzeuge ausgeliefert (1975: 171). McDonnell Douglas meldete einen Umsatz von 3,5 Mrd. $ (1975: 3,2 Mrd. $) und einen Gewinn von 108 Mill. $ (1975: 85 Mill. $). 65 Flugzeuge vom Typ DC 9 und DC 10 wurden ausgeliefert (1975: 78). Lockheed erreichte mit einem Umsatz von 3,3 Mrd. $ (1975: 2,7 Mrd. $) einen Gewinn von 38,7 Mill. $ (1975: 45,3 Mill. $) und lieferte 16 L 1011 TriStar aus (1975: 25).

Noch stärker als in den USA dominierte in Europa der militärische Flugzeugbau. In ihrem letzten Jahr vor der am 1. April 1977 wirksam gewordenen Verstaatlichung erzielte die britische Industrie einen Umsatz von 3,2 Mrd. $, wovon 1,5 Mrd. $ in den

Export gingen. Auf dem Bauprogramm stehen das gemeinsam mit der Bundesrepublik Deutschland und Italien entwickelte Mehrzweckkampfflugzeug Panavia Tornado/MRCA (Abk. für engl.: Multi Role Combat Aircraft), von dem inzwischen neun Prototypen und sechs Vorserienflugzeuge fliegen, das gemeinsam mit Frankreich entwickelte Kampfflugzeug Jaguar, das britische Kampfflugzeug BAC 167 Strikemaster, der Senkrechtstarter Harrier und der Düsentrainer HS 1182 Hawk.
Der Bau des gemeinsam mit Frankreich entwickelten Überschallpassagierflugzeugs Concorde wird nach der Fertigstellung der 16. Maschine eingestellt, nachdem sich die Nachteile (zu große Umweltbelastung, zu große Betriebskosten und zu geringe Leistungen) als unüberwindlich herausgestellt haben.
Die französische Industrie erzielte ihren Umsatz von 3,7 Mrd. $ hauptsächlich mit Raketen und Raumfahrtgeräten, wobei der Export von 1,4 Mrd. $ auf 1,7 Mrd. $ stieg. An Militärflugzeugen wurde das Kampfflugzeug Mirage F 1 von Dassault-Breguet und das gemeinsam mit der BRD entwickelte Angriffs- und Trainingsflugzeug Alpha Jet gebaut, auf dem zivilen Sektor die Geschäftsreisejets Falcon 10 und Falcon 20. Für das Mittelstrecken-Großraumflugzeug A 300 Airbus konnten 1976 keine Aufträge eingeholt werden, so daß die monatliche Produktionsrate von 2 auf 1,5 gesenkt werden mußte.
Diese unbefriedigende geschäftliche Entwicklung wirkte sich auch auf die deutsche Industrie aus, die 5,25 Mrd. DM (1975: 4,75 Mrd. DM) umsetzte. Neben der Panavia Tornado/MRCA und dem Alpha Jet wird in der BRD der erfolgreiche Mehrzweckhubschrauber Bo 105 von Messerschmitt-Bölkow-Blohm gebaut, von dem bisher 300 Exemplare ausgeliefert und weitere 350 bestellt wurden.
Die sowjetische Flugzeugindustrie stellte 1976 ihr erstes Großraumflugzeug, die vierstrahlige Il 86 von Iljuschin vor, die am 22. Dezember ihren Erstflug unternahm. Das zunächst nur zur Fracht- und Postbeförderung zwischen Moskau und Chabarowsk in Sibirien eingesetzte erste Überschallpassagierflugzeug der Welt, die Tu 144 von Tupolew, mußte ihren Verkehr wegen technischer Schwierigkeiten vorübergehend einstellen.
Die 135 Mitgliedstaaten der ICAO, zu denen auch die Sowjetunion und die meisten Ostblockstaaten, nicht jedoch China und die DDR gehören, beförderten 1976 rund 580 Mill. Passagiere (1975: 534 Mill.). Davon flogen allein 228 Mill. mit amerikan. Gesellschaften. Da sich die Sitzkapazität nur um 7% vergrößerte, stieg der Sitzladefaktor von 59 auf 61%. Der Frachtverkehr wuchs mit 13% noch kräftiger als der Passagierverkehr. Die Postbeförderung nahm weltweit um 2% zu.

Luna (Luna 24) ↑tabellar. Übersicht Weltraumfahrt.
Luxemburg, Großherzogtum in Westeuropa. Als Volksvertretung fungiert eine Abgeordnetenkammer mit 59 Abgeordneten, die verschiedenen Parteien angehören. Staatsoberhaupt Großherzog *Jean* (seit Nov. 1964), Regierungschef *Gaston Thorn* (seit Juni 1974; zuvor *Pierre Werner*). Flagge ↑Farbtafeln Flaggen S. 122. Internat. Mitgliedschaften ↑Übersicht Internationale Organisationen.
Außenpolitik: Vom 25. bis 28. Okt. hielt sich Großherzog Jean zu einem Staatsbesuch in Rumänien auf. Bei diesem Anlaß erörterten der rumän. Staats- und Parteichef N. Ceauşescu und Premierminister G. Thorn bi- und multinat. Fragen und bekräftigten die Absicht, die wirtschaftl., techn. und kulturelle Zusammenarbeit weiter auszubauen. Am 20./21. Nov. stattete der östr. Bundeskanzler B. Kreisky L. einen offiziellen Besuch ab. In einem Arbeitsgespräch mit G. Thorn wurden v.a. die Zusammenarbeit mit den EG (bes. Österreichs Wünsche auf dem Agrarsektor), internat. polit. und wirtschaftl. Fragen sowie Probleme der europ. Entspannungspolitik diskutiert.

LUXEMBURG
Geographische Daten und Bevölkerung: *Fläche* 2586 km², *Verwaltungsgliederung* in 3 Distrikte mit 12 Kantonen, *Hauptstadt* Luxemburg (78000 E), *Bevölkerung* 358000 E (1975), 138 E/km², *Amtssprachen* Französisch und „Lëtzebuergesch", *Religion* fast ausschließl. Katholiken.
Wirtschaft: *Erwerbstätigkeit* (1971; in Prozentanteilen): Landwirtschaft 10,2, produzierendes Gewerbe 47,3, Handel, Banken, Versicherungen, Verkehr und andere Dienstleistungen 42,5. – *Landwirtschaft:* Produktion (Auswahl; 1974): Weizen 33700 t, Gerste 51000 t, Hafer 36300 t, Kartoffeln 57400 t, Fleisch 21300 t, Milch 251000 t, Wein 75200 hl (Export). – *Bergbau, Industrie und Elektrizitätserzeugung* (Auswahl): Eisenerz 2,08 Mill. t (29%ig; 1976), Rohstahl 4,56 Mill. t (1976), Zement 391000 t (1974), Bier 689000 hl (1974), Elektrizität 1476 Mill. kWh (1975). – *Außenhandel* (1974): Export 75,18 Mrd. lfr, Import 67,86 Mrd. lfr. Haupthandelspartner sind BRD, Belgien, Frankreich, Niederlande. Hauptexportgüter sind Eisen und Stahl, Textilien und Kunststoffe, Kautschukerzeugnisse. – *Währung* ↑Übersicht Währungen. – *BIP:* 82,79 Mrd. lfr (1974), 233200 lfr/E.
Verkehr: *Eisenbahnen:* Streckenlänge 680 km (1974), davon 344 km elektrifiziert. – *Straßen* (1971): 4949 km, davon 2831 km Landesstraßen. Pkw-Bestand 27860 (1975). – *Luftverkehr:* (1974): 655400 Fluggäste.

M

Macau ↑Übersicht Staaten der Erde (Portugal).
MacEachen, Allan Joseph, * Inverness (Nova Scotia) 6. Juli 1921, kanad. Politiker. Wirtschaftswissenschaftler; mehrfach Minister verschiedener Ressorts, zuletzt 1974–76 Außenminister. Seit Sept. 1976 stellvertretender Premierminister und Fraktionsführer der Liberalen Partei im Unterhaus.
Madagaskar, Republik im Ind. Ozean. Als Volksvertretung fungierte eine Nationalversammlung (im Mai 1972 suspendiert), die Bildung einer Nationalen Volksversammlung ist vorgesehen. Staatsoberhaupt *Didier Ratsiraka* (seit 15. Juni 1975), Ministerpräsident *Justin Rakotóniaiana* (seit Aug. 1976; zuvor *J. Rakotomalala*). Flagge ↑Farbtafeln Flaggen S. 122. Internat. Mitgliedschaften ↑Übersicht Internationale Organisationen.
Wirtschaft: Das Sozialisierungsprogramm der Regierung hat jetzt weite Teile der Wirtschaft erfaßt. Im Banken- und Versicherungswesen beträgt die Staatskontrolle bereits 100%. Die Ein- und Ausfuhr liegt über entsprechende staatl. Gesellschaften zu rund 70% in Händen des Staates. Der Industriesektor ist nur in geringem Umfang staatl. kontrolliert. Hier stieg die Produktion zwischen 1971 und 1976 um 120%. Die höchste Zuwachsrate wies der Chrombergbau auf. Dagegen ist die Agrarproduktion unzureichend. Die Außenhandelsbilanz, die 1975 noch mit 6 Mrd. FMG

MADAGASKAR
Geographische Daten und Bevölkerung: *Fläche* 587 041 km², *Verwaltungsgliederung* in 6 Provinzen, *Hauptstadt* Tananarive (367 000 E), *Bevölkerung* 8,6 Mill. E (1976), 14,8 E/km², *Amtssprachen* Französisch und Malagassi, *Religion* überwiegend Animisten, 2,5 Mill. Christen (1,3 Mill. Kath.), 0,3 Mill. Muslime.
Wirtschaft: *Erwerbstätigkeit:* Etwa 85% der Bevölkerung sind in der Landwirtschaft beschäftigt. – *Landwirtschaft:* Nutzfläche 36,856 Mill. ha (1970), davon 2,856 Mill. ha Ackerland. – Produktion (Auswahl; 1974): Reis 2,02 Mill. t (1975), Zuckerrohr 1,3 Mill. t, Süßkartoffeln und Jams 373 000 t, Maniok 1,4 Mill. t, Bananen 280 000 t, Kaffee 79 000 t (1975), Tabak 6 500 t, Sisal 32 000 t, Vanille 1 800 t (1975), Pfeffer 3 000 t (1975), Gewürznelken 4 000 t (1975), Rind- und Kalbfleisch 110 000 t (1975). – *Bergbau, Industrie und Elektrizitätserzeugung* (Auswahl; 1974): Chromerz 65 000 t (1973), Graphit 20 000 t, Motorenbenzin 141 000 t (1973), Zement 70 000 t, Zucker 114 000 t, Bier 165 000 hl, Elektrizität 240 Mill. kWh. – *Außenhandel* (1973): Export 44,76 Mrd. FMG, Import 45,16 Mrd. FMG. Haupthandelspartner sind Frankreich, USA, BRD. Hauptexportgüter sind Kaffee, Gewürznelken, Fleisch, Vanille. – *Währung* ↑Übersicht Währungen. – *BIP:* 293,9 Mrd. FMG (1973), 37 680 FMG/E.
Verkehr: *Eisenbahnen:* Streckenlänge 884 km (1973). – *Straßen:* Staatsstraßen 8 545 km (1975). – *Schiffahrt* (1975): Handelsflotte mit 44 000 BRT. – *Luftverkehr* (Auslandsverkehr; 1974): 37 700 Fluggäste.

defizitär war, verzeichnete Ende 1976 ein Plus von 1,5 Mrd. FMG.
Innen- und Außenpolitik: D. Ratsiraka wurde am 4. Jan. als Präsident vereidigt, nachdem er im Dez. 1975 als Ergebnis eines Referendums, das zugleich über eine neue Verfassung entschieden hatte, gewählt worden war. Er benannte am 13. Jan. einen neuen Obersten Revolutionsrat und eine aus 18 Mitgliedern bestehende Regierung, die als „Regierung der nat. Versöhnung" bezeichnet wurde, da ihr linke Politiker ebenso angehörten wie Mitglieder der früheren Regierungen unter R. Ratsimandrava und M. Tsiranana. Der Nat. Volksrat, der drei Jahre bestanden hatte, wurde am 1. April aufgelöst. In einem Referendum war festgelegt worden, daß die Aufgaben des Nat. Volksrats von einer neuen Nationalversammlung übernommen werden, die innerhalb von 18 Monaten nach Proklamierung der Verfassung gewählt werden sollte. Da der Premierminister, Oberstleutnant J. Rakotomalala, und der Stabschef der Streitkräfte tödl. verunglückten, wurde am 20. Aug. die Regierung umgebildet. Neuer Premierminister wurde J. Rakotoniaiana. Die Regierung entschloß sich am 13. Sept., die extrem linksgerichtete Bewegung MFM-MFT („Macht für die Untergeordneten") aufzulösen, da sie für eine Welle student. Streiks verantwortl. gemacht wurde. Im Juni wurde M. in den aus fünf Mitgliedern bestehenden AAC (African Cultural Council) der OAU berufen, der das zweite panafrikan. Kulturfestival vorbereiten sollte. Als die Regierung der Komoren Anfang Okt. einen Putschversuch aufdeckte, wurden auch Verbindungen zu polit. Gruppen der Majunga-Provinz M.s nachgewiesen. Im Dezember kam es in dieser Provinz zu blutigen Auseinandersetzungen zwischen Komoren und Madagassen.
Maier-Leibnitz, Heinz, * Esslingen am Neckar 28. März 1911, dt. Physiker. 1935–52 am Kaiser-Wilhelm- bzw. Max-Planck-Institut für medizin. Forschung in Heidelberg tätig, 1967–71 erster Direktor des Instituts Max von Laue-Paul Langevin in Grenoble, seit 1972 Mitglied und Präsident der Internat. Union für Reine und Angewandte Physik, seit 1973 Präsident der Dt. Forschungsgemeinschaft. Wurde im Juli 1976 Mitglied des Ordens Pour le mérite.
Malawi, Republik in Südostafrika, Mitglied des Commonwealth of Nations. Als Volksvertretung fungiert eine Nationalversammlung mit 93 Abgeordneten, die der Einheitspartei „Malawi Congress Party" (MCP) angehören. Staatsoberhaupt *H. Kamuzu Banda* (seit Juli 1964). Flagge ↑Farbtafeln Flaggen S. 122. Internat. Mitgliedschaften ↑Internationale Organisationen.
Wirtschaft: Nachdem auf Anweisung des Staatschefs das Anwerben malaw. Arbeiter für die südafrikan. Goldminen eingestellt wurde, kehrten im April 1976 die letzten der insgesamt 130 000 Arbeiter aus Südafrika zurück. Da ein Großteil der Löhne vertragsgemäß nach M. überwiesen wurde, schätzt man den Ausfall an Devisen hierbei auf 60 bis 70 Mill. MK. Die Arbeiterrückwanderung stellt M. auch vor ein ernstes Beschäftigungsproblem. Die malaw. Importe stiegen im ersten Drittel 1976 im Vergleich zum Vorjahr um 13%, während die Ausfuhren um 15% zunahmen.
Innen- und Außenpolitik: Präsident H. K. Banda schloß im März den Justizminister und Generalstaatsanwalt R. A. Banda wegen Disziplinlosigkeit aus der regierenden MCP aus und enthob ihn seiner Ämter. Wegen des gleichen Vorwurfs wurden im Sept. und Okt. weitere führende MCP-Mitglieder ausgestoßen.

MALAWI
Geographische Daten und Bevölkerung: *Fläche* 118 484 km², *Verwaltungsgliederung* in 3 Regionen, *Hauptstadt* Lilongwe, *Bevölkerung* 4,9 Mill. E (1974), 52 E/km², *Amtssprachen* Englisch, Nyanja, Tumbuka, Yao, *Religion* 40% Christen, 12% Muslime, außerdem Animisten.
Wirtschaft: *Erwerbstätigkeit:* Der überwiegende Teil der Bevölkerung ist in der Landwirtschaft beschäftigt; etwa 150 000 Arbeitskräfte waren 1972 in Südrhodesien und Südafrika tätig. – *Landwirtschaft:* Ackerland 2,64 Mill. ha (1970). – Produktion (Auswahl; 1973): Mais 1,2 Mill. t, Reis 18 000 t, Zuckerrohr 357 000 t, Süßkartoffeln und Jams 49 000 t, Maniok 150 000 t (1971), Erdnüsse 190 000 t, Tee 24 000 t, Tabak 23 000 t, Baumwolle 7 000 t, Rind- und Kalbfleisch 8 000 t, Fisch 40 400 t. – *Industrie und Elektrizitätserzeugung* (Auswahl; 1975): Zement 109 000 t, Zucker 69 000 t, Elektrizität 263,03 Mill. kWh. – *Außenhandel* (1975): Export 119,61 Mill. MK, Import 218,32 Mill. MK. Haupthandelspartner sind Großbritannien, Südafrika, Rhodesien, Japan. Hauptexportgüter sind Tabak, Tee, Erdnüsse, Baumwolle. – *Währung* ↑Übersicht Währungen. – *BIP* zu Marktpreisen 534,7 Mill. MK (1974), BIP je E 109 MK.
Verkehr: *Eisenbahnen:* Streckenlänge 566 km (1971). – *Straßen* (1971): 10 721 km, davon 1 271 km Asphaltstraßen. – *Luftverkehr* (1973; Flughafen Chileka): 263 000 Fluggäste.

Malaysia, monarchist. Staatenbund in Südostasien. Mitglied des Commonwealth of Nations. Als Volksvertretung fungieren ein Senat mit 58 Mitgliedern und ein Repräsentantenhaus mit 154 Abgeordneten, die verschiedenen Parteien angehören. Staatsoberhaupt *Tuanku Yahya Petra Ibni Al Marhum Sultan Ibrahim, Sultan von Kelantan* (seit 21. Sept. 1975; zuvor *Tuanku Abdul Halim Muazzam Ibni Almarhum Sultan Badlishah*), Regierungschef *Datuk Hussein Onn* (seit Jan. 1976; zuvor *Tun Abdul Razak bin Datuk Hussein*). Flagge ↑Farbtafeln Flaggen S. 122. Internat. Mitgliedschaften ↑Übersicht Internationale Organisationen.

Mode I. Der Set-Gedanke macht die Mode zum Spiel mit vielen Möglichkeiten – Rock und Pullover, Bluse und Hose lassen sich untereinander kombinieren (Photo: Them)

Mode II. Ins modische Bild gehören Stiefel aller Art. Mit Vorliebe trägt man Häkelkappen – wie die Maschenmode ohnehin gut im Rennen liegt. Von der Rocklänge spricht niemand mehr. Sie ist variabel – wird aber nie wirklich kurz. Der Blazer

MALAYSIA
Geographische Daten und Bevölkerung: *Fläche* 332 671 km², davon West-M. 131 588 km², Verwaltungsgliederung in 13 Bundesländer, *Hauptstadt* Kuala Lumpur (800 000 E), *Bevölkerung* (1975) 11,93 Mill. E, 36 E/km², Geburten-/Sterberate (auf 1 000 E; 1972): West-M. 33,3/6,9, Ost.-M.: Sabah 35,4/4,9, Sarawak 29,8/4,7, *Staatssprache* Malaiisch, Englisch ist teilweise noch Amtssprache. – *Religion* 25% Muslime, 16% Christen, ferner Hindus, Konfuzianer und Buddhisten.
Wirtschaft: *Erwerbstätigkeit:* Erwerbstätige: West-M. 3,1 Mill. (1971), Sabah 213 000 (1970), Sarawak 346 000 (1970), davon (in Prozentanteilen) Land- und Forstwirtschaft, Fischerei: West-M. 47,3, Sabah 59,2, Sarawak 66,2, produzierendes Gewerbe: West-M. 13,5, Sabah 7,5, Sarawak 7,2. – *Landwirtschaft:* Nutzfläche 6 Mill. ha, davon 3,5 Mill. ha Ackerland. – Produktion (Auswahl): West-M.: Reis 1,9 Mill. t, Tee 3 000 t, Kakao 4 000 t, Kaffee (grün) 5 000 t, Naturkautschuk 1,5 Mill. t, Tabakblätter 9 000 t; Ost-M.: Naturkautschuk 70 000 t. – *Bergbau, Industrie und Elektrizitätserzeugung* (Auswahl; 1975): Erdöl 4,7 Mill. t, Eisenerz 348 000 t, Bauxit 703 200 t, Zinnkonzentrate 64 452 t (1974), Elektrizitätserzeugung (1975): 5,8 Mrd. kWh. – *Außenhandel* (1975): Export (fob) 7,69 Mrd. M$, Import (cif) 7,46 Mrd. M$. – *Währung* ↑ Übersicht Währungen. – *BIP* zu Faktorkosten in jeweiligen Preisen (1975) 19 Mrd. M$.
Verkehr: *Eisenbahnen* (einschließl. Singapur): Streckenlänge: West-M. 2 159 km, Sabah 154 km, nur West-M. 955 Mill. Personenkilometer, 984 Mill. Nettotonnenkilometer. – *Straßen:* 17 500 km. Pkw-Bestand (1974): West-M. 357 900. – *Schiffahrt* (Ende 1976): Handelsflotte mit 422 000 BRT. – *Luftverkehr* (1974): 1,6 Mrd. Personenkilometer, 29,9 Mill. Nettotonnenkilometer.

Die *Wirtschaft* hat sich 1976 gut von den Beeinträchtigungen durch die weltweite Rezession 1974/1975 erholt. Während die Wachstumsrate 1975 ledigl. 3,5% betrug, dürfte das reale BSP 1976 um 10–11% zugenommen haben. Der konjunkturelle Aufschwung setzte Anfang 1976 ein. Mit der Verbesserung der Konjunktur in den Partnerländern stieg die Auslandsnachfrage nach malays. Waren wieder an. Sie expandierte bes. stark im letzten Quartal 1976 und dürfte im Jahresdurchschnitt um 40% höher als 1975 gewesen sein. Dank des somit erzielten enormen Handelsbilanzüberschusses verbesserte sich die Zahlungsbilanz M.s beträchtlich. Mit Ausnahme von Palmöl verzeichneten sämtl. Exportgüter hohe Zuwachsraten. Die Preissteigerungsrate konnte von 4,5% im Jahr 1975 auf 2,6% herabgedrückt werden. Enttäuschend waren 1976 die Investitionen. Die Privatinvestitionen, 1975 um 4% zurückgegangen, stiegen 1976 ledigl. um 3%.
Innen- und Außenpolitik: Fragen der inneren und äußeren Sicherheit sowie Einzelschicksale führender Politiker standen 1976 im Vordergrund. Ministerpräsident Tun Abdul Razak starb am 14. Jan. in London. Als Nachfolger wurde am folgenden Tag sein Schwager und Vertrauter, der bisherige Finanzminister Datuk Hussein Onn, vereidigt, der bei Amtsantritt sowie erneut Anfang März und Anfang Juni begrenzte Regierungsumbildungen vornahm. Er gehört seit 1969 der Spitze der Malaien-Partei UMNO an.
Bei der Bekämpfung kommunist. Aktivitäten wurden allein im an Singapur grenzenden Bundesstaat Johore von Jan. bis Anfang Okt. 173 Personen festgenommen. Der am 22. Juni verhaftete Chefredakteur der bekannten Tageszeitung „New Straits Times" gab in einer Fernsehsendung am 1. Sept. zu, 15 Jahre im Auftrag ausländ. Kommunisten agiert zu haben.
Bilateral vereinbarte grenzüberschreitende Kampfhandlungen riefen bes. im thailänd. Betong Proteste der lokalen Bevölkerung hervor und hatten Anfang Juni eine Unterbrechung der gemeinsamen Einsätze mit thailänd. Truppen zur Folge, die jedoch später beschränkt wiederaufgenommen wurden. D. Hussein Onn und der thailänd. Ministerpräsident S. Pramoj einigten sich am 24./25. Juli auf den Abschluß eines neuen Grenzvertrags. Die Beziehungen zu den übrigen ASEAN-Partnerstaaten waren z. T. sogar graduell besser als im Vorjahr: Als eines von wenigen Ländern billigte M. die Annexion von Portugies.-Timor durch Indonesien, und die Philippinen gaben zu erkennen, daß ihr Anspruch auf Sabah ruhe.
Malediven, Republik im Ind. Ozean. Als Volksvertretung fungiert ein Parlament mit 54 Abgeordneten. Staatsoberhaupt *Ibrahim Nasir* (seit Nov. 1968; seit 7. März 1975 auch Regierungschef; zuvor *Ahmed Zaki*). Flagge ↑ Farbtafeln Flaggen S. 122. Internat. Mitgliedschaften ↑ Übersicht Internationale Organisationen.
Wirtschaft: Haupteinnahmequelle ist die Fischerei, mechan. Industrie fehlt fast ganz. Ein relativ bedeutender Wirtschaftszweig ist der Tourismus, der im wesentl. von der staatl. Crescent Agentur kontrolliert wird.
Innen- und Außenpolitik: Die Insel Gan wurde nach Abzug der brit. Truppen Ende März von der Regierung in Malé zum Verkauf angeboten, soweit bekannt jedoch bis Jahresende nicht verkauft. Ihre strateg. Lage in Verbindung mit einem bereits vorhandenen Flughafen und ausbaufähigem Tiefwasserhafen löste starkes internat. Interesse aus, das u. a. zur Aufnahme der Republik in die Gruppe der sog. „blockfreien Staaten" im Aug. führte. Im Sept. wurden die M. 41. ESCAP-Mitglied. Im übrigen wurden die intensiveren Auslandskontakte v. a. auf wirtschaftl. Ebene genutzt.

MALEDIVEN
Geographische Daten und Bevölkerung: *Fläche* 298 km² (1973 Inseln, davon 191 bewohnt), *Verwaltungsgliederung* in 19 Bezirke, *Hauptstadt* Malé (15 740 E), *Bevölkerung* 128 697 E, Geburten-/Sterberate (auf 1 000 E) 41/19. – *Amtssprache* Divehi, *Staatsreligion* Islam.
Wirtschaft: *Erwerbstätigkeit:* Die Beschäftigten sind in der Fischerei, der Kopraproduktion, in der öffentl. Verwaltung und im Handel beschäftigt. – *Landwirtschaft:* Produktion: Kokosnüsse, Brotfrüchte, Hirse, Melonen, Jams, Gemüse, Zitrusfrüchte, Bananen, Fischfang (33 680 t). – *Außenhandel:* Export (fob) 3,43 Mill. $ (1974), Import 3,45 Mill. $. Handelspartner sind Sri Lanka und Indien. – *Währung* ↑ Übersicht Währungen.
Verkehr: *Schiffahrt* (Ende 1976): Handelsflotte mit 139 724 BRT.

Mali, Republik in Westafrika. Eine Volksvertretung gibt es nicht. Staatsoberhaupt ist der Vorsitzende des Nationalen Militär. Befreiungskomitees, *Moussa Traoré* (seit Nov. 1968). Flagge ↑ Farbtafeln Flaggen S. 122. Internat. Mitgliedschaften ↑ Übersicht Internationale Organisationen.
Innen- und Außenpolitik: Das Innenministerium gab am 13. März die Einrichtung eines Sondergerichts bekannt, das ausschließl. Fälle aburteilen wird, die mit der Staatssicherheit zusammenhängen. Staatschef M. Traoré äußerte am 21. Sept. die Überzeugung, daß die Bedingungen im Lande für eine Rückkehr zu einem demokrat. polit. Leben reif seien, und gab Pläne zur Gründung einer Partei unter der Bezeichnung UDPM (Volksdemokrat. Union M.s) bekannt. Am 18. Nov. ergänzte er dies

MALI

Geographische Daten und Bevölkerung: *Fläche* 1,24 Mill. km², *Verwaltungsgliederung* in 6 Regionen, *Hauptstadt* Bamako (237 000 E), *Bevölkerung* 5,7 Mill. E (1975), 4,6 E/km², *Amtssprache* Französisch, *Religion* 65% Muslime, 30% Animisten, 5% Christen.

Wirtschaft: *Erwerbstätigkeit:* Etwa 90% der Erwerbstätigen sind in der Landwirtschaft beschäftigt. – *Landwirtschaft:* Ackerland 1,79 Mill. ha (1967). – Produktion (Auswahl; 1974): Hirse 700 000 t (1975), Reis 200 000 t, Mais 87 000 t, Baumwolle 59 000 t, Erdnüsse 120 000 t (1975), Zuckerrohr 80 000 t, Maniok 120 000 t, Süßkartoffeln und Jams 60 000 t, Milch 127 000 t, Rind- und Kalbfleisch 24 000 t (1975), Fisch 90 000 t (1973). – *Industrie und Elektrizitätserzeugung* (Auswahl; 1973): Zement 47 000 t, Zucker 13 500 t (1975), Elektrizität 61 Mill. kWh. – *Außenhandel* (1974): Export 20,22 Mrd. F.M., Import 60,80 Mrd. F.M. Haupthandelspartner sind Frankreich, Senegal, UdSSR, China, Ghana. Hauptexportgüter sind Baumwolle, Erdnüsse, Fisch. – *Währung* ↑Übersicht Währungen. – *BIP* zu Marktpreisen 203,3 Mrd. F.M. (1974), 36 600 F.M./E.

Verkehr: *Eisenbahnen:* Streckenlänge 646 km (1972). – *Straßen* (1974): 14 704 km, davon 5 696 km Hauptstraßen. Pkw-Bestand 15 800 (1974). – *Luftverkehr* (1974): 67 900 Fluggäste.

mit der Feststellung, die Partei werde eine neue Gesellschaft für Freiheit und Fortschritt schaffen und allen offenstehen. Die Regierung wies den Vorwurf des Sudan, wonach Bürger M.s am sudanes. Putschversuch beteiligt gewesen seien, Anfang Juli zurück. Sie erklärte, M. halte sich streng an die von der OAU vorgeschriebene Politik der Nichteinmischung.

Malik, Jakow Alexandrowitsch, *Charkow 1906, sowjet. Diplomat. 1948–53 und erneut 1968 bis Dez. 1976 ständiger Vertreter seines Landes bei den UN.

Malta, Republik auf der Maltes. Inselgruppe im zentralen Mittelmeer, Mitglied des Commonwealth of Nations. Als Volksvertretung fungiert ein Repräsentantenhaus mit 65 Abgeordneten, die zwei Parteien angehören. Staatsoberhaupt *Anton Buttigieg* (seit Dez. 1976; zuvor *A. Mamo*), Regierungschef *Dominic Mintoff* (seit Juni 1971). Flagge ↑Farbtafeln Flaggen S. 139. Internat. Mitgliedschaften ↑Übersicht Internationale Organisationen.

MALTA

Geographische Daten und Bevölkerung: *Fläche* 316 km², *Verwaltungsgliederung* in 60 Gemeinden mit 6 Bezirken, *Hauptstadt* Valletta (14 000 E; 1974), *Bevölkerung* 328 000 E (1975), 1 038 E/km², *Amtssprachen* Maltesisch und Englisch, *Religion* vorwiegend Katholiken.

Wirtschaft: *Erwerbstätigkeit* (private Wirtschaft; 1974; in Prozentanteilen): Landwirtschaft 9,4, produzierendes Gewerbe 48,4, Handel, Banken, Versicherungen 18,3, Verkehr 6,4, sonstige Dienstleistungen 17,5. – *Landwirtschaft:* Produktion (Auswahl; 1974): Weizen 1 700 t, Frühkartoffeln 17 000 t, Tomaten 16 400 t, Weintrauben 4 000 t, Kuhmilch 20 000 t. – *Industrie und Elektrizitätserzeugung:* Hemden 2,3 Mill. Stück (1973), Elektrizität 310 Mill. kWh (1975). – *Außenhandel* (1975): Export 63,09 Mill. £M, Import 144,43 Mill. £M. Haupthandelspartner ist Großbritannien. Hauptexportgüter sind Bekleidung und Erdöldestillationserzeugnisse. – *Währung* ↑Übersicht Währungen. – *BIP:* 131,6 Mill. £M (1974), 411 £M/E.

Verkehr: *Straßen:* 1 267 km (1974). – *Schiffahrt* (1976): Handelsflotte mit 83 000 BRT. – *Luftverkehr* (1975): 307 000 Fluggäste.

Innen- und Außenpolitik: Nachdem das Staatsoberhaupt Mitte Aug. das Parlament aufgelöst hatte, fanden am 17./18. Sept. Neuwahlen statt, bei denen die Labour Party des amtierenden Ministerpräsidenten D. Mintoff 34 der insgesamt 65 Sitze gewann. Die von dem früheren Regierungschef G. Borg Olivier geführten Nationalisten errangen die restl. Mandate. Das neue Kabinett unter D. Mintoff wurde am 27. Sept. vereidigt. Nach dem verfassungsgemäßen Rücktritt des Staatspräsidenten wählte das Parlament am 27. Dez. mit 33 gegen 31 Stimmen den bisherigen stellvertretenden Ministerpräsidenten A. Buttigieg zum Nachfolger. – Am 4. März wurde das zwischen M. und den EG bestehende Assoziierungsabkommen auf die Bereiche Landwirtschaft und Zusammenarbeit ausgedehnt.

Mancham, James Richard Marie, *Victoria (auf Mahé) 11. Aug. 1939, Politiker der Seychellen. Jurist; gründete 1964 die Sozialdemokrat. Partei und wurde deren Vorsitzender, 1967 Mitglied des Exekutivrates. Ab 1970 Mitglied der Gesetzgebenden Versammlung und Chefminister. M. wurde im Juni 1976 erster Präsident der unabhängig gewordenen Seychellen.

Mansfield, Michel, *New York 16. März 1903, amerikan. Politiker. Seit 1953 Senator für Montana, seit 1961 Führer der demokrat. Mehrheit im Senat; kandidierte 1976 nicht mehr für den Senat.

Maputo, seit Febr. 1976 Name von Lourenço Marques, der Hauptstadt von Moçambique.

Marianen (engl. Mariana Islands, Ladrones Islands), Gruppe von 18 Inseln im nw. Pazifik, 945 km², 118 000 E; bilden mit Ausnahme von Guam, der größten und südlichsten Insel der M., den Distrikt M. (404 km², 13 000 E) des amerikan. Treuhandgebietes Pazif. Inseln.

Am 24. März unterzeichnete der amerikan. Präsident G. Ford einen am 25. Febr. vom Senat ratifizierten Vertrag mit den nördl. M. (d. h. den M. mit Ausnahme von Guam), nach dem diese bis 1981 in ein mit den USA assoziiertes Commonwealth mit einem ähnl. Status wie Puerto Rico umgewandelt werden sollen. Der Vertrag sieht die Pacht größerer Gebiete, darunter $^2/_3$ der Insel Tinian, durch die USA für militär. Zwecke vor. Im Dez. verabschiedete eine verfassunggebende Versammlung einen Verfassungsentwurf, der zum Inkrafttreten jedoch noch der Zustimmung der Bevölkerung bedarf.

Marisat (Marisat 1, 2, 3) ↑tabellar. Übersicht Weltraumfahrt.

Marokko, Königreich in Nordwestafrika. Als Volksvertretung fungiert ein Parlament mit 240 Abgeordneten, die mehreren Parteien angehören. Staatsoberhaupt König *Hasan II.* (seit März 1961), Regierungschef *Ahmed Osman* (seit Nov. 1972). Flagge ↑Farbtafeln Flaggen S. 139. Internat. Mitgliedschaften ↑Übersicht Internationale Organisationen.

Wirtschaft: Die wirtschaftl. Entwicklung verlief 1976 zwiespältig. Während das BIP dank einer guten Ernte um 10% gestiegen ist (1975: 2,2%), hat sich das Außenhandelsdefizit nach vorläufigen Berechnungen auf 3,5 Mrd. DM erhöht. Die Exporte nahmen 1976 gegenüber dem Vorjahr um 13% ab, die Importe stiegen dagegen um 12% an. Die Ursache für den Exportrückgang lag vorwiegend im Phosphatbereich: Die Exportpreise für diesen Rohstoff betrugen ledigl. 55% der 1974 erzielten Preise. Auch bei den Agrarprodukten ergaben sich Absatzeinbußen. Gegen Ende 1976 zeigte sich die weitere konjunkturelle Besserung in der stärkeren Investitionstätigkeit, die auf doppelt so hohem Niveau wie 1975 lag. Problemat. blieb die Inflation mit einer Rate von 12%.

Innen- und Außenpolitik: Außenpolit. konzentrierte sich M. in erster Linie darauf, seine

Westsaharapolitik abzusichern. Hierbei nahm es in der OAU eine gemeinsame Linie mit Mauretanien ein, das beim Besuch seines Präsidenten M. Ould Daddah am 23. Juli in Rabat weitere Militärhilfe zugesagt erhielt. Frankreich lieferte im Jan. Düsenjäger, während anläßl. des Besuchs von König Hasan II. in Paris (Ende Nov.) die Bereitschaft angedeutet wurde, M. beim Bau seines ersten Kernreaktors zu helfen. Die diplomat. Beziehungen zu Algerien wurden wegen dessen Unterstützung für die FPOLISARIO Anfang März abgebrochen. M. strebt in Afrika engere Anlehnung an den einflußreichen OAU-Staat Nigeria an, was im Mai durch Abschluß eines Kulturabkommens gelang.
Im Jan. wurde im Zusammenhang mit der Ermordung O. Benjellouns, eines Führers der oppositionellen USFP (Sozialist. Union der Volkskräfte), gegen acht Personen Anklage erhoben. O. Benjelloun hatte im Parteiblatt „Al Mouharrir" mehrfach den Fanatismus arab. Staaten kritisiert. Im März gab die Regierung eine „Marokkanisierung" des Erziehungswesens bekannt, was durch drast. Verringerung der großen Zahl ausländ. Lehrer erzielt werden sollte. Bei den Kommunalwahlen, deren Ergebnisse im Nov. veröffentlicht wurden, fiel auf, daß 64,43% aller abgegebenen Stimmen auf parteilose Kandidaten entfielen. Parlamentswahlen wurden für April 1977 angekündigt. Im Zusammenhang damit forderte König Hasan II. alle Parteien am 8. Juli auf, einen Rat zu bilden und die nat. Sache im Auge zu behalten.

Marshallinseln (engl. Marshall Islands), Inselgruppe im westl. Pazifik, zwischen 5° und 15° n. Br. sowie 162° und 173° ö. L., 181 km², 24000 E (1972; Mikronesier), als Distrikt M. Teil des amerikan. Treuhandgebietes Pazif. Inseln.
Das Eniwetok-Atoll, auf dem die USA von April 1948 bis Juli 1958 43 Kernwaffenversuche durchführten – darunter 1952 die erste Wasserstoffbomben-Versuchsexplosion –, wurde im Sept. formell an seine Bewohner zurückgegeben. Die nördl. Hälfte ist wegen zu hoher Radioaktivität vorläufig noch nicht bewohnbar. Die USA haben zugesagt, innerhalb von 3–4 Jahren 20 Mill. $ für Rehabilitierungsmaßnahmen aufzuwenden.

Martinique ↑Übersicht Staaten der Erde (Frankreich).

Mason, Roy, * Barnsley 18. April 1924, brit. Politiker. Seit 1953 als Abgeordneter der Labour Party im Unterhaus, 1964–67 Staatsminister im Handelsministerium, 1967/68 Minister im Verteidigungsministerium für Ausrüstung, 1968/69 Energieminister, 1974–76 Verteidigungsminister; seit Sept. 1976 Nordirlandminister.

Matanzima, Kaizer Daliwonga, * Qamata (Tembuland) 15. Juni 1915, Politiker der Transkei. 1940 von der südafrikan. Regierung zum Häuptling von Tembuland ernannt, 1942–56 Mitglied des Vereinigten Generalrates der Transkei, 1956–61 Leiter der Regionalbehörde von Tembuland und Mitglied der Territorialbehörde, ab 1963 Chefminister der Transkei. M. wurde im Okt. 1976 erster Ministerpräsident und Finanzminister der unabhängig gewordenen Transkei.

Kaizer Daliwonga Matanzima

Mauretanien, Republik in Westafrika. Als Volksvertretung fungiert eine Nationalversammlung mit 70 Abgeordneten, die der Einheitspartei (Parti du Peuple Mauritanien, PPM) angehören. Staatsoberhaupt *Moktar Ould Daddah* (seit Aug. 1961). Flagge ↑Farbtafeln Flaggen S. 139. Internat. Mitgliedschaften ↑Übersicht Internationale Organisationen.
Wirtschaft: M.s Infrastruktur und Industrie sind erst langsam im Entstehen. Die Wirtschaftspolitik ist bei formell ausgeglichenem Haushalt durch strikte Austerity gekennzeichnet. Haupteinnahmequellen sind die Eisen- und Kupfererzproduktion. Daneben sind Viehzucht und Landwirtschaft die Hauptpfeiler der mauretan. Wirtschaft. Die anhaltende Dürre hat Landwirtschaft und Viehzucht schwer geschädigt. Die Erschließung des Fischreichtums gewinnt an Bedeutung.

MAURETANIEN
Geographische Daten und Bevölkerung: *Fläche* 1030700 km², *Verwaltungsgliederung* in 8 Regionen und eine Hauptstadtregion, *Hauptstadt* Nouakchott (70000 E), *Bevölkerung* 1,3 Mill. E (1974), 1 E/km², *Amtssprachen* Arabisch und Französisch, *Religion* Islam sunnit. Richtung.
Wirtschaft: *Erwerbstätigkeit:* 90% der Bevölkerung sind in der Landwirtschaft tätig. – *Landwirtschaft:* Nutzfläche 39,51 Mill. ha (1964), davon 258000 ha Ackerland. – Produktion (Auswahl; 1974): Hirse 30000 t, Datteln 15000 t, Milch 144000 t (1973), Fisch 25000 t, Fleisch 18000 t. – *Bergbau, Industrie und Elektrizitätserzeugung* (Auswahl; 1974): Eisenerz 8,3 Mill. t (Fe-Inhalt), Kupfererz 24000 t (Cu-Inhalt; 1973), Elektrizität 96 Mill. kWh. – *Außenhandel* (1974): Export 8,199 Mrd. UM, Import 5,453 Mrd. UM. Haupthandelspartner sind Frankreich und Großbritannien. Hauptexportgüter sind Eisen- und Kupfererze, Fisch und Fischprodukte. – *Währung* ↑Übersicht Währungen. – *BIP* 13,043 Mrd. UM (1973), 10350 UM/E.
Verkehr: *Eisenbahnen:* Streckenlänge 650 km (1973). – *Straßen* (1972): 6200 km, davon befestigt 560 km. – *Schiffahrt* (1976): Handelsflotte mit 33000 BRT. – *Luftverkehr* (1973; Flughafen Nouakchott): 55000 Fluggäste.

Innen- und Außenpolitik: Per Dekret vom 12. März wurde die administrative Aufteilung des mauretan. Teils der Westsahara festgelegt. Hieraus ging hervor, daß M. einen größeren Teil der Westsahara an Marokko eingeräumt hat, als ursprüngl. vereinbart war. Bei der Umbildung der Regierung am 17. Juni wurde erstmals seit der Unabhängigkeit ein Militär ins Kabinett aufgenommen, was auf die zunehmende Bedeutung der Armee seit Beginn der Kämpfe gegen die von Algerien aus operierende FPOLISARIO schließen ließ. Die Zusammenarbeit mit Senegal wurde durch ein am 22. Juni abgeschlossenes Abkommen über Kultur, Erziehung, Information und Sport gefestigt. Die Hoffnung der FPOLISARIO, M. könnte seine Westsaharapolitik ändern, wurde anläßl. des Besuchs des Präsidenten M. O. Daddah in Marokko (23. Juli) zerstört. Denn beide Länder vereinbarten, an ihrer Westsaharapolitik unbeirrbar festzuhalten. Die Wahlen vom 8. Aug. bestätigten M. O. Daddah mit überragender Mehrheit in seinem Amt. Gleichzeitig fanden Wahlen für die Nationalversammlung statt, wobei erstmals auch in Westsahara abge-

MAURITIUS

Geographische Daten und Bevölkerung: *Fläche* 2045 km², davon Insel Mauritius 1865 km², *Verwaltungsgliederung* in 9 Bezirke, *Hauptstadt* Port Louis (142000 E), *Bevölkerung* 872000 E (1974), 426 E/km², *Amtssprache* Englisch, *Religion* 54% Hindus, 30% Christen, 14% Muslime, 2% Buddhisten.

Wirtschaft: *Erwerbstätigkeit:* 49% der Bevölkerung (1972) sind in der Landwirtschaft tätig. – *Landwirtschaft:* Produktion (Auswahl; 1975): Mais 1200 t, Zuckerrohr 4,32 Mill. t, Kartoffeln 9500 t, Kürbisse und Gurken 5800 t, Bananen 3700 t, Tee 15800 t, Tomaten 6000 t. – *Industrie und Elektrizitätserzeugung* (Auswahl; 1975): Zucker 468000 t, Melasse 129000 t, Bier 115000 hl, Rum 28000 hl, Elektrizität 224 Mill. kWh. – *Außenhandel* (1974): Export 1772 Mill. MR, Import 1756 Mill. MR. Haupthandelspartner sind Großbritannien, Kanada, USA, Südafrika. Hauptexportgüter sind Zucker, Melasse, Tee. – *Währung* ↑Übersicht Währungen. – *BIP* 3105 Mill. MR (1974), 3560 MR/E.

Verkehr: *Straßen* 1786 km (1971). Bestand an Pkw 16100, an Lkw 6200 (1974). – *Luftverkehr* (1973): 198000 Fluggäste.

stimmt wurde. Hierbei entfielen angebl. 99,99% der abgegebenen Stimmen auf die sieben Kandidaten der regierenden Einheitspartei PPM, was durch die mauretan. Regierung als eine Art Referendum hingestellt wurde.

Mauritius, parlamentar. Monarchie im Ind. Ozean, Mitglied des Commonwealth of Nations. Als Volksvertretung fungiert eine Gesetzgebende Versammlung mit 70 Abgeordneten, die verschiedenen Parteien angehören. Staatsoberhaupt Königin *Elisabeth II.* von Großbritannien, Regierungschef *Sir Seewoosagur Ramgoolam* (seit März 1968). Flagge ↑Farbtafeln Flaggen S. 139. Internat. Mitgliedschaften ↑Übersicht Internationale Organisationen.

Wirtschaft: M. erlebt seit Jahren eine Dynamik in der wirtschaftl. Entwicklung, die für ein Entwicklungsland beachtl. ist. Während des 1. Fünfjahresplans 1970–75 stieg das Sozialprodukt durchschnittl. im Jahr um real 8%. Mit einem Pro-Kopf-Einkommen von 580 $ hebt sich die Zuckerinsel deutl. von den afrikan. Entwicklungsländern ab.

Mauritius. Ministerpräsident Sir Seewoosagur Ramgoolam

Innen- und Außenpolitik: In seiner Eröffnungsansprache anläßl. der OAU-Ministerratskonferenz in Port Louis bezeichnete Regierungschef S. Ramgoolam am 24. Juni die Gründung der Vereinigten Staaten von Afrika als ein Ziel, nach dem sich der Kontinent sehne. Am Vorabend der sich anschließenden OAU-Gipfelkonferenz (Anfang Juli) wurden die diplomat. Beziehungen zu Israel abgebrochen. M. war einer der letzten afrikan. Staaten, die noch Beziehungen mit Israel unterhielten.

MBFR, Abk. für engl.: **M**utual **B**alanced **F**orce **R**eductions (beiderseitige ausgewogene Truppenreduzierungen) ↑Abrüstung.

MEDIZIN

Gesundheitspolitik: Ein zentrales Thema der gesundheitspolitischen Diskussion des vergangenen Jahres war die Kostenfrage. Hochrechnungen haben ergeben, daß in nicht allzuferner Zukunft – eine gleichbleibende Entwicklung vorausgesetzt – das gesamte Bruttosozialprodukt von den Sozialleistungen aufgezehrt würde. Dabei kann aber die Kostenentwicklung im Gesundheitswesen nicht den Medizinern allein angelastet werden. Solange es allgemein bejaht wird, daß jeder erdenkliche Fortschritt in Diagnostik und Therapie – oft für die ausgefallensten Krankheitsbilder – auch realisiert werden soll, solange man in immer größerer Passivität die eigene Gesundheit von einer Institution und nicht zunächst von der eigenen Anstrengung und Vorsorge erwartet, muß man mit einer unabsehbaren Kostenlawine rechnen. Auch Politiker und nicht allein Ärzte sollten ein Wort über vernunftgemäße Einschränkungen sprechen.

Bei den *therapeutischen Neuentwicklungen* gewinnt eine Stoffklasse zunehmend an Interesse, die bisher fast nur eine kleine Gruppe von Forschern beschäftigte: die *Endorphine.* Der Name steht für körpereigene [endogene] morphiumähnliche Stoffe, die Anlaß geben, auf neue suchtfreie Betäubungsmittel zu hoffen. Endorphine blockieren ebenso wie das körperfremde Morphin die schmerzempfänglichen Rezeptoren im Gehirn.

Eine recht zufällige Beobachtung bei der Arbeit mit Endorphinen könnte vielleicht schon in allernächster Zeit klinisch relevant werden. Man fand, daß im Tierversuch durch Endorphine ein Zustand ausgelöst werden konnte, der stark einer bestimmten Starre bei Schizophrenen ähnelt. Dieser Effekt ließ sich durch einen der Gegenspieler der Endorphine, den Morphinantagonisten Naloxon, völlig unterdrücken. Z. Z. ist Naloxon in einer breiteren klinischen Erprobung.

Seit einigen Jahren wird auch die Anwendung der *Akupunktur* zur Schmerzbekämpfung diskutiert. Der Gießener Professor H. Herget legte eine kontrollierte Untersuchung aus seiner Schmerzambulanz vor, mit der sich Erfolge bei der Anwendung eines modifizierten chinesischen Verfahrens bei chronischen Schmerzzuständen dokumentieren ließen. Die Patienten der Studie waren alle gründlich voruntersucht worden. Sie hatten sich über Jahre ohne Erfolg der konventionellen Schmerztherapie unterzogen; die Kranken waren also bewußt negativ ausgewählt. Trotzdem konnte Herget in mehr als der Hälfte der Fälle eine gute und dauerhafte Erleichterung bzw. völlige Besserung der Beschwerden erzielen.

Schon seit Jahren eingeführt ist die Akupunktur als Narkoseverfahren. Einige Universitätskliniken verwenden diese Methode, bei der die Nadelung meist zusätzlich mit einer elektrischen Reizung verbunden ist. Eine Blindstudie über den analgetischen Effekt der Akupunkturnarkose legte die Leiterin des Akupunkturteams an der Universität München, Frau Dr. E. Ott, vor. Sie wies eine Verminderung des Schmerzmittelverbrauchs während der akupunkturassistierten Operation um das 21fache nach.

Zu Beginn des vorigen Jahres ließ ein *Grippealarm* die Weltöffentlichkeit aufhorchen. Unter ihrem Druck veranlaßte der amerikan. Präsident ein

Impfprogramm in Höhe von 183 Mill. $. Seither ist die Möglichkeit einer neuen weltweiten Influenzaepidemie [Pandemie] im Gespräch. Sie könnte nach Meinung von Fachleuten ähnlich verheerende Folgen haben wie die „Schweine-Grippe" der Jahre 1918–20. Damals starben weltweit mehr als 20 Mill. Menschen. Die Grippe war auffällig häufig mit einer Gehirnhautentzündung verbunden. Alarmauslösend war die Meldung, daß im amerikanischen Armeelager Fort Dix ein Rekrut, der gegen die derzeit virulenten Grippeviren geimpft war, an einer Lungenentzündung starb, deren Erreger ein Grippevirus war. Es glich allerdings auffällig jenem Keim, der 1918 vom Schwein auf den Menschen übertragen worden zu sein scheint. Es läßt sich heute kaum entscheiden, ob nun die nicht unproblematischen Massenimpfungen in den Vereinigten Staaten die übrige Welt vor diesem Virus geschützt haben, oder aber, ob der Alarm aus Fort Dix falsch war.

Nach bisher erfolglosen Versuchen mit einem Prognosesystem am Institut Pasteur in Paris kam im letzten Jahr aus Gießen und New York die Meldung, daß es gelungen sei, alle nur erdenklichen Varianten des Influenzavirus im Reagenzglas durchzuspielen und sozusagen eine Breitbandvakzine in Angriff zu nehmen. Sie soll aus gereinigten Oberflächenbestandteilen (Spaltvakzine) der verschiedenen Virustypen bestehen. Die Erprobung des Verfahrens in größerem Rahmen muß allerdings noch abgewartet werden.

Auch gegen andere, noch schwer beherrschbare ansteckende Krankheiten wurden im vergangenen Jahr Impfstoffe entwickelt. Beispielsweise ist die infektiöse Gelbsucht, die *Hepatitis*, noch heute eine ernstzunehmende Lebererkrankung, die bes. das Krankenhauspersonal bedroht. Es ist noch nicht gelungen, eines der drei bislang bekannten Hepatitisviren anzureichern. Deshalb versuchte man, spezifische Abwehrstoffe (Gammaglobuline) aus dem Blut von genesenden Hepatitispatienten zu gewinnen. Erste Versuche mit einem solchen Impfstoff konnten die Erkrankungshäufigkeit bei bes. risikoreichen Gruppen spürbar senken.

Ein Zweig der Medizin, der sich zwischen Frauen- und Kinderheilkunde angesiedelt hat, ist die *Perinatologie*. Sie befaßt sich mit dem Zeitraum um die Geburt herum und ist bes. um eine Verminderung ihrer Risiken bemüht. Seit Semmelweis ist der Siegeszug der Perinatologen durch forcierte Hygiene gekennzeichnet. So wird mittlerweile aus Furcht vor Infektionen das Neugeborene möglichst schnell von der Mutter getrennt und ihr nur für möglichst kurze Zeit (etwa zum Stillen) wieder gegeben. In der Zwischenzeit mehren sich jedoch die Hinweise, daß durch diese Trennung eine sehr empfindliche Bindung zwischen Mutter und Kind gestört wird. Man nimmt mögliche seelische Schäden der Kinder in Kauf, wenn nur der Schutz vor einer Ansteckung gewahrt wird. Seit neun Jahren sind nun in einem Münchner Krankenhaus, zunächst auf Drängen der städtischen Träger, über 2 000 Mütter zusammen mit ihren Kindern aufgenommen worden. Nach Professor H.-D. Pache stieg die Infektionshäufigkeit nicht an. Auch wurde der Klinikbetrieb nach gründlicher Vorbereitung der professionellen Pflegekräfte nicht gestört. An ihnen kristallisiert sich nämlich nach Pache meist der Widerstand gegen die Mutter im Kinderkrankenhaus heraus, weil für sie die Mütter im Sinne der herkömmlichen Ausbildung nur „mangelhaftes Pflegepersonal" sind, das die Gesundung der Kinder eher verzögert. Es ist zu hoffen, daß das Vorbild der Münchner Kinderärzte bald in der BRD Schule macht.

Mit großen finanziellen und apparativen Mitteln wird weltweit die *medizinische Technik* des Austauschens oder Ersetzens von Herzen vorangetrieben. Nach den spektakulären Erfolgen des Kapstädter Professors Ch. Barnard, der in letzter Zeit v.a. durch die Einpflanzung eines zusätzlichen „Huckepackherzens" hervortrat, ist es der Amerikaner N. E. Shumway, der in der Herzverpflanzung die größten Erfolge und die meiste Routine besitzt. Sein Team in Palo Alto verpflanzte bis Ende 1976 mehr als 300 Herzen, von denen jedes fünfte nach fünf Jahren noch funktionstüchtig war.

Meteor (Meteor 24, 25, 26) ↑tabellar. Übersicht Weltraumfahrt.

Mexiko, Bundesrepublik im S Nordamerikas und im N Zentralamerikas. Als Volksvertretung fungiert ein Nationalkongreß, der aus einem Senat mit 60 Mitgliedern und einer Abgeordnetenkammer mit 228 Abgeordneten besteht, die verschiedenen Parteien angehören. Staatsoberhaupt *José Lopez Portillo y Pacheco* (seit Dez. 1976; zuvor *L. Echeverría Álvarez*), Außenminister *Santiago Roel* (seit Dez. 1976; zuvor *E. O. Rabasa*). Flagge ↑Farbtafeln Flaggen S. 139. Internat. Mitgliedschaften ↑Übersicht Internationale Organisationen.

Wirtschaft: Der leichte Aufschwung im ersten Halbjahr schlug schon im Aug. wieder in eine Rezession um, so daß sich das Land Ende des Jahres in einer schwierigen Lage befand und sich ein Wachstum von höchstens 3,5% ergab. Die wichtigste wirtschaftspolit. Maßnahme 1976 war die Freigabe des Peso-Kurses nach 22 Jahren fester Parität zum US-Dollar am 31. Aug. 1976, wodurch sich ein

MEXIKO

Geographische Daten und Bevölkerung: *Fläche* 2 022 000 km², *Verwaltungsgliederung* in 31 Bundesstaaten und einen Bundesdistrikt, *Hauptstadt* Mexiko (8,6 Mill. E), *Bevölkerung* 60,15 Mill. E, 30 E/km², Geburten-/Sterberate (auf 1 000 E; 1974) 43,4/7,2, *Amtssprache* Spanisch, *Religion* 96% Katholiken.

Wirtschaft: *Erwerbstätigkeit* (1975): 16,6 Mill. Erwerbstätige, davon (in Prozentanteilen) Land- und Forstwirtschaft 41, Bergbau und Energie 2, Industrie 18, Baugewerbe 5, Handel, Banken, Versicherungen 10, Verkehr und sonstige Dienstleistungen 24. – *Landwirtschaft:* landwirtschaftl. Fläche 97,3 Mill. ha, davon 25,8 Mill. ha Ackerland, 18,5 Mill. ha Wald (1970). – Produktion (Auswahl; 1975; in 1 000 t): Weizen 3 000, Mais 9 300, Reis 414, Kartoffeln 650, Sojabohnen 545, Kaffee 240, Baumwolle 189, Rindfleisch 520. Rinderbestand: 28,1 Mill. – *Bergbau, Industrie und Elektrizitätserzeugung* (Auswahl; 1975; in 1 000 t): Kohle 3 500, Erdöl 45 700 (1976), Eisenerz (53%) 5 550, Silber 1 183 t, Schwefel 2 164, Rohstahl 5 300 (1976), Walzstahl 3 706, Aluminium 40, Kupfer 82 (1976), Zink 144 (1976), Pkw 254 253 Einheiten, Lkw 121 935 Einheiten, Papier 1 230, Zement 11 460, Zucker 2 463, Schwefelsäure (100% H_2SO_4) 1 875, Elektrizität 43,239 Mrd. kWh. – *Außenhandel* (1976): Export 3 265 Mill. $, Import 6 032 Mill. $. Haupthandelspartner sind USA, BRD, Japan, Brasilien. Hauptexportgüter sind Erdöl, Maschinenteile, Kaffee, Zucker, Baumwolle. – *Währung* ↑Übersicht Währungen. – *BIP* zu Marktpreisen 987,7 Mrd. mex$, 16 420 mex$/E (1975).

Verkehr: *Eisenbahnen:* Streckenlänge 19 872 km (nur Hauptstrecken), 4,20 Mrd. Personenkilometer, 32,5 Mrd. Nettotonnenkilometer (1975). – *Straßen:* 172 100 km, davon 38 600 km Hauptstraßen. Bestand an Pkw 1,92 Mill., an Lkw und Omnibussen 1,27 Mill. – *Schiffahrt* (1976): Handelsflotte mit 455 547 BRT. – *Luftverkehr* (1974): 7,57 Mill. Fluggäste. – *Fremdenverkehr* (1975): 3,2 Mill. ausländ. Touristen.

Mexiko. Der neue Präsident J. Lopez Portillo y Pacheco (links, mit Schärpe) während der traditionellen Präsidentenparade in den Straßen der Hauptstadt zusammen mit seinem Vorgänger im Amt L. Echeverría Álvarez

Abwertungseffekt von rund 40% ergab. Das Beschäftigungsproblem hat sich durch die schlechte Konjunktur und das starke Bevölkerungswachstum weiter verschärft. Ende des Jahres gab es rund 1 Mill. Arbeitslose und 6,6 Mill. Unterbeschäftigte. Die Ölförderung konnte weiter um 13,5% erhöht werden, so daß die Tagesleistung rund 1 Mill. Faß erreichte. Die Handelsbilanz verbesserte sich etwas. Während die Exporterlöse dank der hohen Preise für Öl und Kaffee um 15% stiegen, gingen die Importe infolge der Einführung einer Genehmigungspflicht um 8% zurück. So fiel das Defizit mit 2,7 Mrd. $ um 1 Mrd. niedriger aus als 1975. Trotzdem verschlechterte sich die Zahlungsbilanz, weil kurzfristiges Auslandskapital abgezogen wurde und nach der Abwertung eine starke Kapitalflucht einsetzte.

Innenpolitik: Das Jahr 1976 stand im Zeichen der Präsidentschafts- und Kongreßwahlen im Juli und der Amtsübergabe durch den scheidenden Präsidenten L. Echeverría Álvarez Anfang Dezember. Die mit gesicherter Mehrheit ausgestattete Regierungspartei PRI (Partido Revolucionario Institucional), die seit fast 50 Jahren allein die Macht ausübt, war bemüht, polit. Stabilität und Kontinuität zu demonstrieren. Dagegen gelang es der Oppositionspartei PAN (Partido Acción Nacional) bis zum Wahltermin nicht, sich auf einen eigenen Präsidentschaftskandidaten zu einigen. Am 4. Juli 1976 wurde J. López Portillo y Pacheco mit 65% der abgegebenen Stimmen zum 60. Staatspräsidenten der mex. Republik für eine sechsjährige Amtszeit vom 1. Dez. 1976 bis 1. Dez. 1982 gewählt. Die von der Opposition empfohlene Stimmenthaltung, die als Barometer für den Legitimitätsgrad der Regierungspartei angesehen wurde, erreicht mit 28% der abgegebenen Stimmen beachtl. Gewicht.

Die mex. *Außenpolitik* hat gegenüber den zahlreichen Initiativen der Vorjahre, in denen das Land sich als Sprecher der Dritten Welt zu profilieren versuchte, deutl. an Glanz verloren. Zwar war M. auch im Jahre 1976 Schauplatz internat. Aktivitäten – im Jan. war der kanad. Ministerpräsident P. E. Trudeau zu Gast, im April wurde die Frühjahrskonferenz der Parlamentar. Weltunion ausgerichtet, im Sept. eröffnete L. Echeverría Alvarez das Zentrum für Ökonom. und Soziale Studien der Dritten Welt –, doch in den Vordergrund traten außenpolit. Probleme, insbes. mit den USA, die im Jan. die Exportvorzugsrechte M.s gekündigt hatten und sich im Jahresverlauf wiederholt mit Fragen der 4 Mill. illegaler mex. Gast- und Wanderarbeiter und mit dem zunehmenden Rauschgiftschmuggel an der südl. Grenze auseinandersetzten.

Die seit Nichtbeachtung der Kubablockade bestehenden und durch die antiisrael. Haltung M.s vor den UN verschärften Spannungen zwischen den USA und M. erhielten neue Impulse durch den mex. Boykott der Generalversammlung der OAS (Organisation Amerikan. Staaten) vom 4. Juni 1976, der allerdings mehr zur Isolation M.s als zur wirkungsvollen Anprangerung der Politik der chilen. Militärjunta beitrug. Die Ausdehnung der mex. Hoheitsgewässer von 12 auf 200 Seemeilen, die am 31. Juli 1976 rechtswirksam wurde und M. insbes. den Fischfang und die Rohstoffreserven im Golf von Kalifornien sichern sollte, bot weiteren Konfliktstoff. Dem gewählten Präsidentschaftskandidaten López Portillo y Pacheco gelang es bei seinem Besuch in Washington im Sept. 1976 nicht, die Belastungen in den Beziehungen beider Staaten endgültig auszuräumen. Es bleibt abzuwarten, welche neuen Akzente die Carter-Administration im interamerikan. System setzen und ob sie M. eine Vorzugsstellung einräumen wird.

Micombero, Michel, * in der Provinz Muramvia 1940, Offizier und Politiker in Burundi. Ausbildung u. a. an der Militärakademie in Brüssel, 1966–72 und ab 1973 Ministerpräsident, zugleich ab 1966 Staatspräsident. Wurde im Nov. 1976 von Offizieren gestürzt.

Midway Islands ↑Überblick Staaten der Erde (USA).

Miettunen, Martti, * Simo 17. April 1907, finn. Politiker. 1961/62 und ab Nov. 1975 Ministerpräsident; reichte im Sept. 1976 seine endgültige Demission ein, führte aber die Geschäfte bis zur Bildung einer neuen Regierung fort.

Miki, Takeo, * in der Präfektur Tokuschima (Schikoku) 17. März 1907, jap. Jurist und Politiker. Ab 1974 Ministerpräsident und Vorsitzender der konservativen Liberal-Demokrat. Partei; trat im Dez. 1976 als Parteivorsitzender und Ministerpräsident zurück.

Mitbestimmung: Nach jahrelangem Tauziehen zwischen den Bundestagsfraktionen trat am 1. 7. 1976 das Gesetz über die M. der Arbeitnehmer (Mitbestimmungsgesetz) vom 4. 5. 1976 in Kraft, nachdem es am 18. März 1976 im Bundestag mit 391 gegen 22 Stimmen in namentl. Abstimmung verabschiedet worden war. Das Gesetz geht aus vom Grundsatz der Gleichberechtigung und der Gleichgewichtigkeit von Arbeitnehmern und Anteilseignern und soll bei Aktiengesellschaften, Kommanditgesellschaften auf Aktien, Gesellschaften mit beschränkter Haftung, bergrechtl. Gewerkschaften und Erwerbs- und Wirtschaftsgenossenschaften die Arbeitnehmer in stärkerem Maße als bisher an Entscheidungs- und Planungsprozessen teilhaben lassen. Auf diese Unternehmen ist das Gesetz, das als ein sozialer Ordnungsfaktor im Arbeitsleben wirken soll, allerdings nur anwendbar, soweit sie in der Regel mehr als 2000 Arbeitnehmer beschäftigen und wenn es sich nicht um Unternehmen handelt, die unmittelbar und überwiegend v. a. politischen, konfessionellen, karitativen oder künstler. Bestimmungen oder Zwecken der Berichterstattung oder Meinungsäußerung dienen. Die Arbeitnehmer sollen als mitverantwortl. Partner im Aufsichtsrat und anderen Unternehmensorganen im Verhältnis 50:50 mitwirken. Die Arbeitnehmergruppe wird aus Arbeitern, Angestellten, leitenden Angestellten und Gewerkschaftsvertretern gewählt. Aufsichtsräte von Unternehmen mit in der Regel weniger als 10000 Arbeitnehmern setzen sich aus je 6 Aufsichtsratsmitgliedern der Arbeitnehmer und der Anteilseigner zusammen, die von Unternehmen mit mehr als 10000, aber weniger als 20000 aus je 8, bei größeren Unternehmen aus je 10 Aufsichtsratsmitgliedern, wobei die Gewerkschaften bei der ersten und zweiten Gruppe je 2, bei der dritten Gruppe je 3 Gewerkschaftsvertreter entsenden dürfen, die nicht dem Unternehmen angehören. Die Wahl der Aufsichtsratsmitglieder erfolgt grundsätzl. durch Wahlmänner und von Angestellten und Arbeitern getrennt nach dem Verhältniswahlgrundsatz.

Mittag, Günter, * Stettin 8. Okt. 1926, dt. Politiker. Seit 1946 Mitglied der SED; seit 1962 Mitglied des ZK, seit 1966 Mitglied des Politbüros. Von 1962–73 Sekretär des ZK (Abteilung Wirtschaft), 1963–71 Mitglied des Staatsrates, 1973–76 Erster stellvertretender Vorsitzender des Ministerrates. Seit Nov. 1976 Sekretär des ZK der SED für Wirtschaftsfragen.

Mijazawa, Kiichi, * 1919, jap. Politiker. 1970/71 Minister für internat. Handel und Industrie, von 1974 bis Sept. 1976 Außenminister.

Moçambique, Volksrepublik (seit 25. Juni 1975) im sö. Afrika am Ind. Ozean. Eine Volksvertretung gibt es nicht. Einzige zugelassene und Staatspartei ist die Frelimo (Frente de Libertação de M.). Deren Präsident und zugleich Staatsoberhaupt ist *Samora Machel* (seit Juni 1975). Flagge ↑ Farbtafeln Flaggen S. 139. Internat. Mitgliedschaften ↑ Übersicht Internationale Organisationen.

Wirtschaft: Der Wiederaufbau der Wirtschaft nach dem Auszug der Portugiesen – nur 30000 von 280000 sind geblieben – erweist sich als äußerst schwierig, denn 95% der Einwohner sind Analphabeten. Nachdem die erwartete UN-Hilfe ausgeblieben ist, hält sich die Regierung an Hilfsangebote der Volksrepublik China und der Sowjetunion. Letztere ist bereit, gegen die Überlassung von Häfen umfangreiche Hilfe zu gewähren. Der wichtigste Wirtschaftspartner war 1976 aber immer noch Südafrika. Das weiße Regime in Pretoria leistet Hilfe in vielfacher Form. Es ließ z. B. auf eigene Kosten die Eisenbahn von Johannesburg nach Maputo (früher Lourenço Marques) elektrifizieren und eine Erzumschlaganlage bauen und leistete weiter Goldzahlungen für Gastarbeiter aus Moçambique in den südafrikan. Goldminen (1976 noch 48000 Arbeiter). Die Nahrungsmittelversorgung ist nach Schließung der Grenze zu Rhodesien noch schwieriger als bisher geworden. Die jetzt kollektivierte Landwirtschaft ist nicht in der Lage, die Versorgung mit Nahrungsmitteln zu gewährleisten.

MOÇAMBIQUE

Geographische Daten und Bevölkerung: *Fläche* 799380 km², *Verwaltungsgliederung* in 9 Distrikte, *Hauptstadt* Maputo (384000 E), *Bevölkerung* 9,03 Mill. E, 11,3 E/km² (1974), *Amtssprache* Portugiesisch, *Religion* 8% Katholiken, 9% Muslime, sonst überwiegend Animisten.

Wirtschaft: *Erwerbstätigkeit* (1970): 2,876 Mill. Erwerbstätige, davon (in Prozentanteilen) Landwirtschaft 74, Bergbau und Energie 4, Industrie 5, Baugewerbe 3, Dienstleistungen 14. – *Landwirtschaft:* 2,85 Mill. ha Ackerland und Dauerkulturen, 44 Mill. ha Weideland, 20 Mill. ha Wald (1974). – Produktion (Auswahl; 1975): Mais 250000 t, Maniok 2,3 Mill. t, Reis 90000 t, Tee 13140 t, Kopra 65000 t, Baumwolle 11000 t, Sisal 15000 t, Tabak 3000 t, Cashewnüsse 180000 t. – *Bergbau, Industrie und Elektrizitätserzeugung* (Auswahl; 1975): Kohle 575000 t, Zement 281000 t, Zucker 227850 t, Elektrizität 463 GWh. – *Außenhandel* (1975): Export 5050 Mill. Esc, Import 10472 Mill. Esc. – *Währung* ↑ Übersicht Währungen. – *BIP* zu Marktpreisen 97420 Mill. Esc, 10800 Esc/E (1974).

Verkehr: *Eisenbahnen:* Streckenlänge 2184 km, 223 Mill. Personenkilometer, 2,18 Mrd. Nettotonnenkilometer (1974). – *Straßen:* 38560 km, davon 3337 km asphaltiert. Bestand an Pkw 89000, an Nutzfahrzeugen 21500 (1972). – *Luftverkehr* (1972): 631000 Fluggäste. – *Fremdenverkehr* (1973): 297000 ausländ. Touristen.

Innen- und Außenpolitik: Die starke Abwanderung portugies. Facharbeiter stellte die Regierung auf fast allen Gebieten der Wirtschaft vor größte Probleme. Daß die Abwanderung anhielt und Portugiesen sogar zu flüchten versuchten, wurde im März klar, als 17 Frelimo-Soldaten bei der Verfolgung von Flüchtlingen auf der südafrikan. Seite der Grenze festgenommen wurden. Berichte, daß portugies. Bürger schlecht behandelt würden, veranlaßte Lissabon Anfang März, eine Delegation nach M. zu entsenden. Auch die Versorgung der Bevölkerung mit lebensnotwendigen Waren wurde einer großen Belastungsprobe von dem Moment an ausgesetzt, als sich Präsident S. Machel am 3. März entschloß, die Grenze zu Rhodesien zu schließen. Bis zu diesem Zeitpunkt hatte M. einen beträchtl. Teil seiner Lebensmittel aus Rhodesien bezogen. UN-Generalsekretär K. Waldheim befürwortete im Juli internat. Hilfe, um es M. zu ermöglichen, die Verluste wettzumachen, die aus der Grenzschließung in Verbindung mit Sanktionen gegen Rhodesien entstehen.

Versorgungsprobleme, aber offensichtl. auch Ablehnung des Frelimo-Regimes führten zu Unruhen im N des Landes, der einst einer der wichtigsten Aufmarschgebiete der Frelimo z. Z. des Guerillakrieges war. Am 26. Juni, dem 1. Jahrestag der Unabhängigkeit, kritisierte S. Machel Korruption und Arroganz im Beamtendienst sowie den starken Produktionsabfall in Landwirtschaft und Industrie, der 70% bzw. sogar 75% ausmache. Eine Verfügung (Juni) besagte, daß Studenten künftig ebenso viele Jahre zu öffentl. Dienstleistungen herangehogen werden, wie sie studiert haben.

Auf der 26. Sitzung des OAU-Befreiungsausschusses in Maputo (Jan.) befürwortete S. Machel eine „Vereinigte Volksfront zur Befreiung des südl. Afrika". Vom Zeitpunkt der Grenzschließung an (März) verstärkten die von Stützpunkten in M. aus operierenden rhodes. Guerillas ihre Angriffe, was die rhodes. Regierung veranlaßte, zur Taktik des „hot pursuit" über die Grenze hinweg überzugehen. Bes. schwere Angriffe auf Guerillalager in M. führten die rhodes. Streitkräfte im Aug. durch. Die Regierung M.s erklärte daraufhin, die Angriffe hätten sich nicht gegen Guerillazentren gerichtet, sondern gegen Flüchtlingsdörfer. Am 23. Mai beendete S. Machel einen 6tägigen offiziellen Besuch in Moskau, wobei ein Protokoll über wissenschaftl. und techn. Zusammenarbeit unterzeichnet wurde. Die sowjet. Regierung erklärte sich auf allen Gebieten mit der Frelimo-Politik solidarisch. Beide Seiten forderten die Abschaffung der Militärstützpunkte im Ind. Ozean, insbes. der amerikan. Basis in Diego Garcia. Nach südafrikan. Meldungen trafen im Juni 1 500 tansan. Soldaten ein, um rebell. Gruppen in den nördl. Gebieten unter Kontrolle zu halten.

MODE

Es war das Jahr, in dem Yves Saint Laurent, ungekrönter Modekönig in Paris, der weltweit die Mode beeinflußt, stöhnend versicherte, er werde sich nie verzeihen, nicht auch die Blue Jeans erfunden zu haben. Denn Blue Jeans beherrschten auch 1976 das textile Bild in Städten und Dörfern, in Schulen, am Arbeitsplatz, bis in die Konzertsäle. Blue Jeans im klassischen verwaschenen Blau, in Pink und Weiß – für beinahe alle Lebenslagen. Wer Mode verkaufen will, muß darauf eingehen, addiert T-Shirts dazu, Pullover, Pollunder, Baumwollhemden und Unterziehblusen, im Dutzend billiger.

Es war aber auch das Jahr, in dem Yves Saint Laurent aus der Büchse der Pandora das Los „Folklore" zog. Schon im Frühjahr schickte er seine Mannequins als russische Babutschkas, als Tänzerinnen vom Bolschoi-Ballett und als spanische Carmen auf den Laufsteg. Die modische Welt horchte auf, und die Konfektion von Helsinki bis Tokio und Los Angeles legte schon für den Sommer 1976 Bauernmuster auf Band, setzte die modische Idee aus Paris in brauchbaren Alltag um. Im Sommer sah man Bauernröcke mit Blumenmustern von anno dazumal, weit gekraust, geschnürt in der Taille und gar mit einer knallroten Schärpe betont, Kopftücher in jeder Menge, Trachtenmäntel mit andersfarbigen Paspeln besetzt, geschnürte Mieder und tief ausgeschnittene Bauernblusen. Die neue Welle griff auch auf den Mann über. So zog er sich das Bauernhemd des russischen Muschik an, das über der Hose getragen wird, mit gefältelter Hemdbrust und winzigem Stehbundkragen. Wie seine Dame steckte auch er mit Vorliebe die Hose in die Stiefel (↑Farbtafeln S. 173, 174, 191).

Daneben aber zeichnete sich ein anderer Trend ab unter dem bezeichnenden Stichwort: Drunter und Drüber! Hier wurde mit Lust und Laune kombiniert, was noch vor einiger Zeit nicht kombinierbar schien. Hosen zu wadenlangen Stiefeln, darüber ein weites, wärmendes Cape mit Kapuze, darunter ein Rollkragenpullover (den man nun, als Antwort auf die prall sitzenden Blue Jeans, gerne zwei Nummern zu groß trug), unter dem Pullover eine Wollbluse, über dem Pullover eine kontrastierende Weste und, nicht zu vergessen, der mehr als einen Meter lange Wollschal mit Fransen, der vor allem bei den jungen Leuten ein Leitmotiv der Mode des Jahres 1976 war. Man gab sich lässig, denkbar bequem. Junge Mädchen trugen sogar den sommerlichen Baumwolloverall, der an den Knöcheln geschnürt wird, damenhafter wirkten lange, an den Seiten hoch geschlitzte Kleider über langen Hosen oder geschlitzte Tunikas über längeren Röcken. Die saloppe Art, mit der Mode umzugehen, dokumentierte sich auch in der Wahl der Farben: Für das große Drunter und Drüber wählte man zum Beispiel gerne Beige in verschiedenen Schattierungen, kombinierte Brauntöne unterschiedlicher Nuancen oder das modische Petrolblau mit hellem, kräftigem Grün. Zu den bevorzugten Farbtönen der braun-beigen Welle gehörten: Sand, Sahara, Bindfaden, Kitt und Kastanie.

Kräftiger wurden die Farben für die Wintersaison: Kobaltblau und Tannengrün, Goldtopas, Senfgelb, Zimt, Torf und Kupfer, und schließlich, als Knalleffekt der Wintersaison: Gold, wohin man blickte. Wenn es sich nicht gleich um einen Abendanzug aus Goldleder handelte, so doch zumindest um eine goldene Häkelkappe, einen goldenen Ledergürtel oder goldene Sandalen. Golden wurden auch die Taschen, vom winzigen Abendtäschchen bis zum vergoldeten Einkaufssack für den Marktbummel. Die russische Babutschka erlag dem Goldrausch in Kalifornien. Die Nostalgiewelle ist 1976 noch nicht zu Ende geträumt.

Noch eine andere Dominante beherrschte das winterliche Modebild: Stiefel in allen Variationen. Wie geschaffen für einen sibirischen Winter – der ausblieb. Gestiefelt erschien man im Büro und im Theater, auf dem Land und in der Stadt. Die berufstätige Frau fügte dazu den modischen Hosenrock, und auch hier das Drunter und Drüber: Blusen unter Pullovern, Pullover unter Blusen; und lange Ketten, mehrfach geschlungen, hingen bis auf den unvermeidlichen Gürtel.

Daneben zeichnete sich ein Trend ab, der nur bedingt zum Tragen kam: der Dandy-Look. Marlene Dietrichs Hosenanzug aus den dreißiger Jahren, schmal geschnitten, mit Krawatte, eingelegten Falten am Hosenbund und sehr langen Revers.

Der Zuwachs an Freizeit hielt an, mehr und mehr verlegte sich die Konfektion auf das Thema „Legerkleidung" für Freizeit und Sport. Auch hier: leichte Materialien, salopper Schnitt, denkbar bequemer Sitz. Für die Maschenmode und für den sportlichen Blazer öffnete sich ein weites Feld.

Im winterlichen Straßenbild mußte man gelegentlich zweimal hinsehen: Die Dame steckte ihre Hosen in kniehohe Stiefel und trug darüber einen saloppen Pelzmantel. Das gleiche tat der Mann.

Mohammed, Murtala Ramat, * Kano 8. Nov. 1938, †Lagos 13. Febr. 1976, nigerian. General und Politiker. Ende Juli 1975 von den Streitkräften zum Staatspräsidenten erhoben, fiel er im Febr. 1976 einer Militärrevolte zum Opfer.

Molnija (Molnija 1AH, 1AJ, 1AK, 3E, 1AL, 2, 3F) ↑tabellar. Übersicht Weltraumfahrt.

Monaco, südeurop. Fürstentum an der Mittelmeerküste. Als Volksvertretung fungiert ein Nationalrat mit 18 Abgeordneten. Staatsoberhaupt Fürst *Rainier III* (seit Mai 1949), Regierungschef (Staatsminister) *André Saint-Mleux* (seit Mai 1972). Flagge ↑Farbtafeln Flaggen S. 139. Internat. Mitgliedschaften ↑Übersicht Internationale Organisationen.

Mondale, Walter Frederick, * Ceylon (Minn.) 5. Jan. 1928, amerikan. Politiker (Demokrat). Jurist; 1948 Wahlhelfer H. H. Humphreys, mit dem er polit. eng verbunden blieb. Als Soldat (1951–53) diente M. u. a. in Korea. 1960–64 Generalstaatsanwalt von Minnesota. Als Senator für Minnesota (1964–77) setzte er sich für die Verringerung der Militärausgaben und für eine fortschrittl. Sozialgesetzgebung ein. Im Juli 1976 von J. E. Carter zum Vizepräsidentschaftskandidaten der Demokrat. Partei berufen; seit Jan. 1977 Vizepräsident der USA.

Mongolische Volksrepublik, Volksrepublik in Zentralasien. Als Volksvertretung fungiert der Große Volkschural, dessen 297 Abgeordnete der Mongol. Revolutionären Volkspartei (Staatspartei) angehören. Staatsoberhaupt *Jumschagin Zedenbal* (seit 11.

Juni 1974), Regierungschef *Schambyn Batmunch* (seit 11. Juni 1974). Flagge ↑Farbtafeln Flaggen S. 139. Internat. Mitgliedschaften ↑Übersicht Internationale Organisationen.

Wirtschaft: Als größter Industriekomplex des Landes gilt das mit sowjet. Hilfe aufgebaute Werk in Erdenet, das 1978 4 Mill. t Kupfer und die gleiche Menge Molybdän herstellen soll. Trotz der nach wie vor starken Industrialisierungstendenz soll im 6. Fünfjahresplan (1976–80) einem noch immer bedeutenden Zweig der mongol. Volkswirtschaft, der Landwirtschaft und v. a. der Viehzucht, wieder verstärkt Aufmerksamkeit geschenkt werden.

MONGOLISCHE VOLKSREPUBLIK

Geographische Daten und Bevölkerung: *Fläche* 1 565 000 km^2, *Verwaltungsgliederung* in 18 Provinzen und die Stadtgebiete Ulan Bator und Darchan, *Hauptstadt* Ulan Bator (312 000 E), *Bevölkerung* 1,36 Mill. E (1973), 1 E/km^2, *Amtssprache* Mongolisch, *Religion* Buddhismus.

Wirtschaft: *Erwerbstätigkeit:* Über 40% der Bevölkerung sind in der Viehwirtschaft beschäftigt. – *Landwirtschaft:* Nutzfläche 140,683 Mill. ha (1972), davon 139,9 Mill. ha Wiesen und Weiden. – Produktion (Auswahl; 1973): Weizen 516 000 t, Hafer 37 000 t, Kartoffeln 29 000 t, Gemüse 13 000 t, Pferdefleisch 31 000 t, Rind- und Kalbfleisch 52 000 t, Hammel-, Lamm- und Ziegenfleisch 94 000 t, Milch 241 000 t (1972), Rohwolle 20 000 t, Schaffelle 10 500 t (1972). – *Bergbau, Industrie und Elektrizitätserzeugung* (Auswahl; 1973): Stein- und Braunkohle 2,31 Mill. t, Flußspat 205 000 t, Zement 146 000 t, Lederschuhe 1 900 Paar, Butter 2 800 t (1972), Fleischwaren 41 000 t, Bier 49 000 hl, Wodka 27 000 hl (1970), Elektrizität 652 Mill. kWh. – *Außenhandel* (1973): Export 156,8 Mill. $, Import 377,0 Mill. $. – *Währung* ↑Übersicht Währungen.

Verkehr: *Eisenbahnen:* Streckenlänge 1 423 km (1972). – *Straßen* (1970): 75 000 km, davon 8 600 km ganzjährig befahrbar. – *Luftverkehr* (1972): 276 000 Fluggäste.

Innen- und Außenpolitik: Polit. zeichneten sich keine wesentl. Veränderungen ab. Die 813 Delegierten des 17. Parteitages der Mongol. Revolutionären Volkspartei wählten am 17. Juni ein 91köpfiges ZK (und 61 Kandidaten), das am folgenden Tag die acht Mitglieder und zwei Kandidaten des Politbüros wählte. 1. ZK-Sekretär wurde erneut der Vorsitzende des Präsidiums des Großen

Walter Mondale

Volkschurals, J. Zedenbal. In seiner Eröffnungsansprache am 14. Juni hatte er sich – wie schon früher – für eine Normalisierung der Beziehungen zu China ausgesprochen, aber gleichzeitig eine Fortsetzung des Kampfes gegen den Maoismus angekündigt. Demgegenüber bestand die enge Bindung an die Sowjetunion fort, der Zedenbal im Laufe des Jahres mehrere Besuche abstattete.

Montserrat ↑Übersicht Staaten der Erde (Großbritannien).

Moro, Aldo, * Maglie (Prov. Lecce) 23. Sept. 1916, italien. Politiker. 1974 bis Juli 1976 Ministerpräsident; im Okt. 1976 als Nachfolger von A. Fanfani zum Präsidenten des Nationalrates der Democrazia Cristiana gewählt.

Motorsport ↑Kraftfahrzeuge und Motorsport.

Moynihan, Daniel Patrick, * Tulsa (Okla.) 16. März 1927, amerikan. Politiker. Von Juni 1975 bis Febr. 1976 Ständiger Vertreter der USA bei den UN.

Mugabe, Robert Gabriel, * Fort Victoria 1925, rhodes. Politiker. Schloß sich 1960 der Nationaldemokrat. Partei an, 1961 der Nachfolgeorganisation Afrikan. Volksunion von Zimbabwe (ZAPU); 1963 Generalsekretär der abgespaltenen Afrikan. Nationalunion von Zimbabwe (ZANU). Nach Scheitern einer Vereinigung von ZAPU und ZANU Führer der von Moçambique unterstützten Volksarmee von Zimbabwe (ZIPA). Erklärte sich 1976 zum Präsidenten der ZANU und nahm an der seit Okt. 1976 in Genf tagenden Rhodesienkonferenz teil.

Mulley, Frederick William, * Royal Leamington Spa 3. Juli 1918, brit. Politiker. Jurist; seit 1950 Abgeordneter der Labour Party im Unterhaus, 1964/65 stellvertretender Staatssekretär im Verteidigungsministerium, 1965–67 Luftfahrtminister, 1967–69 Staatsminister im Außenministerium, 1969/70 und 1974/75 Transportminister, 1975/76 Erziehungsminister; seit Sept. 1976 Verteidigungsminister.

MUSIK

Neue Musik. Im Musikleben der jüngsten Zeit gibt es Anzeichen von Regression. Nicht nur verlagert sich der Schwerpunkt des musikalischen Geschehens zunehmend von der Produktion auf die Reproduktion, sondern auch innerhalb der beiden Bereiche scheint sich der Spielraum künstlerischen Wirkens stetig einzuengen. Neben der abnehmenden Bereitschaft der Öffentlichkeit, vielleicht phantasievolle, aber in ihrem Endzweck nicht leicht einsichtige Projekte zu fördern, mögen die Gründe für den Bedeutungsschwund der heutigen Neuen Musik im Zustand der Avantgarde selbst liegen. Sie hat nach der Loslösung von Serialismus und Postserialismus noch keine Linie des Fortschreitens gefunden. Die Suche nach neuen Möglichkeiten und der Zwang zur Originalität führen bisweilen zu Absurdität und Spielerei. Als solche wurden viele Novitäten des Jahres 1976 aufgenommen, wie z. B. Stockhausens planetarisch-musikalische Träumerei „Sirius" (Auftragswerk der Bundesregierung zum 200. Gründungstag der USA) oder die schwimmend zu rezipierende „Underwater Music" von Max Neuhaus (Bremen, Pro musica nova).

Bemerkbar machen sich Gegenströmungen in Richtung auf einen Traditionalismus, der sich delektiert an der großen Geste, an der beredten Melodik, am fülligen Klang. Strukturelle Kompliziertheit wird durch sogenannte „Neue Einfachheit", Artifizialität durch Einschichtigkeit und Eingängigkeit, Sprachverweigerung durch Expressivität, offene Formgebung durch gefestigte Gestaltungsprinzipien ersetzt. Der Trend zur Neubelebung überkommener Formen setzt sich weiter fort. Eine Fülle von Werken wurde uraufgeführt, die der Tradition des virtuosen Instrumentalkonzerts verpflichtet sind, wie die Konzerte für Cello von P.-H. Dittrich (Berlin, Febr.), I. Yun (Royan, März), D. de la

Motte („Echo-Konzert", Duisburg, Okt.), P. Förtig (Saarbrücken, Dez.), für Klavier von M. Finissy (Royan, März), Z. Krauze (Donaueschingen, Okt.), E. Denissow (Leipzig, Nov.), ferner dessen Flötenkonzert (Dresden, Mai), Konzerte für Bratsche von T. Baird (Nürnberg, Mai) und M. Niehaus („Vier Waldstücke", Saarbrücken, Mai), für Violine von S. Matsuschita (Hamburg, April), J. Baur (Bielefeld, Juni) und J. Válek (Bochum, Sept.). Eine bewußt kritische Auseinandersetzung mit der konventionellen Form strebt H. Lachenmann in seinem Klarinettenkonzert „Accanto" (Saarbrücken, Mai) an.

Die Großform der Sinfonie und das zyklisch weniger gebundene Orchesterwerk blieben aktuell, bisweilen mit bis zur Brutalität massiertem oder aber in seine Elemente aufgelöstem Orchesterklang. Beispiele boten W. Heiders „Sinfonie für Orchester" (Erlangen, Jan.), A. Reimanns „Vier Sätze für Orchester" (Zürich, Jan.), P.-H. Dittrichs „Orchestermusik I" (Hamburg, Jan.), M. Trojahns erste Sinfonie und J.-P. Ostendorfs „Solo für Orchester" (beides Hannover, Jan.), W. Rihms zweite Sinfonie (Berlin, Juni) und dessen „Sub-Kontur" (Donaueschingen, Okt.), sowie S. Matthus' zweite Sinfonie (Berlin, Okt.).

Im Mittelpunkt der Festivals mit Neuer Musik standen: bei der Bremer „Pro musica nova" Meditationskompositionen von La Monte Young, Terry Riley und Ch. Palestine, in Witten Werke von L. Kupkovič, M. Kagel, M. Maiguashca und J. L. Delás („Conjuntos" für Kammerensemble und Tonband), in Royan keine der 64 Uraufführungen, sondern S. Palms Interpretation von Ch. Halffters Cellokonzert, in Donaueschingen L. Berios „Coro" für Chor und Orchester, beim Berliner „Metamusik"-Festival Steve Reichs neues Stück „Music for 18 musicians".

Oper, Musiktheater und Ballett. Das Opernjahr 1976 stand im Zeichen des hundertjährigen Jubiläums der Bayreuther Festspiele. Bedeutsame Wagner-Inszenierungen machten von sich reden, allen voran die spektakuläre „Ring"-Interpretation durch P. Chéreau (Regie), P. Boulez (Dirigent), R. Peduzzi (Bühnenbild) und J. Schmidt (Kostüme), die pietätlos im Mythos das besitzgierige großbürgerliche 19. Jahrhundert durchsichtig machte und so dessen nach Bayreuth gepilgerte Erben an einer empfindlichen Stelle traf. Umso bereitwilliger nahm die erschreckte Festspielgemeinde die geglätteten „Tristan"- (Regie A. Everding/Dirigent C. Kleiber) und „Parsifal"-Reprisen (W. Wagner/H. Stein) auf. Ähnlich unkonventionell wie Chéreau, aber weniger realistisch und sich mehr auf die Aussagekraft vieldeutiger Symbolik verlassend, verfuhren in Paris zwei weitere Wagner-Debütanten, die Berliner Schauspielregisseure Peter Stein und Klaus Michael Grüber, deren „Rheingold" bzw. „Walküre" eine einheitliche Konzeption dennoch nur in der musikalischen Gestaltung G. Soltis erkennen ließen. In Stuttgart arbeiteten Götz Friedrich und sein Bühnenbildner G. Uecker die hermetische Abgeschlossenheit der Welt des „Parsifal" heraus, in Hamburg A. Everding dessen Eingebundenheit in den Kult, in Salzburg stellte H. von Karajan einen faszinierenden „Lohengrin" als undramatische Bilderfolge vor. U. Melchinger schließlich rief im Kasseler „Fliegenden Holländer" die geheimen Phantasien der von Zwängen beherrschten Menschen wach.

Höhepunkte der Salzburger Festspiele bildeten die Aufführungen zweier Opere serie Mozarts, des „Titus" in der Regie J.-P. Ponnelles und dirigiert von dem jungen „Met"-Chef James Levine und des „Idomeneo" in einer revidierten Fassung der Inszenierung G. R. Sellners vom Jahre 1973 (Dirigent K. Böhm).

An Raritäten wurden in Zürich Monteverdis „Orfeo" (J.-P. Ponnelle/N. Harnoncourt) und Hindemiths „Cardillac" (G. Rennert/F. Leitner) geboten, in Saarbrücken die Oper „Abessalom und Etheri" des Georgiers S. P. Paliaschwili, in Hagen die Oper „Juha" des finnischen Reger-Schülers A. Merikanto, bei den Schwetzinger Festspielen F. Paërs „Leonora" (konzertant, Dirigent P. Maag) und Cimarosas „Verzweifelter Ehemann" (G. Chazalettes/G. Ötvös), bei den Bregenzer Festspielen Donizettis „Mamma Agata" (B. di Tomasi/C. Franci).

Im Bereich des modernen Musiktheaters gab es eine Vielzahl nennenswerter Uraufführungen, z. B. die von K. H. Füssls „Celestina" (Karlsruhe, März), M. Pannis „Partenza dell'Argonauta" (Florenz, Maggio Musicale), G. Klebes „Mädchen von Domrémy" (Stuttgart, Juni), T. Mayuzumis „Kinkakuji" (Berlin, Juni), J. Tals „Die Versuchung" (München, Juli). Wichtige Beiträge zum instrumentalen Theater waren M. Kagels „Bestiarium", puppenspielartige „Klangfabeln" auf zwei Bühnen, von der Entfremdung zwischen Mensch und Tier handelnd (Köln, März), Stockhausens tänzerische Clownerie für einen Klarinettenvirtuosen „Harlekin" (Köln, März) und die szenische Realisation von Kagels „Kantrimusik" (Köln, Nov.). Größtes Ereignis des Jahres war zweifellos die Uraufführung von H. W. Henzes „We come to the river" (Text E. Bond), in dem die stete Bedrohung des Menschen durch Gewalt vielschichtig thematisiert und in eine ebenso distanziert kommentierende wie kulinarische Musik übersetzt wird (London, Juli). Bei dem von Henze organisierten neuen Festival in Montepulciano wurde neben der Rossini-Oper „Der Türke in Italien" und der Henze-Bearbeitung von Paisiellos „Don Chisciotte della Mancia" das Stück „Palazzo Zoologico" von Thomas Jahn, letzteres als Uraufführung, gegeben.

Auch das Ballett hatte 1976 einige bemerkenswerte Novitäten zu verzeichnen, so M. Béjarts „Le Molière Imaginaire" (Musik N. Rota; Paris), J. Ulrichs „Die Regel war unabänderlich" (Musik J. G. Fritsch; Kölner Tanzforum), J. Sansinaneas „Die Harmonie der Welt" nach der Sinfonie Paul Hindemiths (Gelsenkirchen), F. Arrabals „Bilder des Ruhms" vom Leben und Tod des Gilles de Rais (Musik J.-P. Ostendorf; Bremen), P. Bauschs Kurt-Weill-Ballett „Fürchtet euch nicht" (Wuppertal), D. Gackstetters „Moira" (Musik W. Haupt; 17. Münchner Ballettfestwoche) und J. Neumeiers „Der Fall Hamlet" (zu A. Coplands „Connotations for Orchestra"; New York). In Stuttgart bildete das letztgenannte Ballett zusammen mit Kenneth MacMillans „Requiem" auf Musik von G. Fauré und mit G. Balanchines „La Valse" auf Musik von M. Ravel die Eröffnung des Direktoriums der Primaballerina Marcia Haydée, die nach dem Ausscheiden Glen Tetleys die Führung des Württembergischen Staatsopernballetts übernommen hat.

Ein Tanzerlebnis besonderer Art vermittelte das Chinesische Tanzdrama-Ensemble aus Peking auf seiner äußerst erfolgreichen Europa-Tournee: von westlichen Vorbildern geprägtes und nicht weniger unterhaltsames Ballett, kompromißlos in den Dienst der Politik gestellt.

Jazz und Pop. Während die Rockmusik stagniert, worüber weder der mit viel Aufwand an Publicity herausgestellte Bruce Springsteen, der Superstar Neil Diamond, noch die mit szenischen Absurditäten reüssierenden New Yorker Schock-Rocker „Kiss" hinwegtäuschen können, erweist sich im Jazz die einst bedrohlich erscheinende Auseinandersetzung mit dem Rock nachträglich als Befruchtung. Die Berliner Jazztage, wiederum ihrem Ruf gerecht werdend, über die jeweiligen Tendenzen im Jazz repräsentativ zu informieren, boten Beweise genug. Die stärksten Eindrücke hinterließen hier in den

einzelnen Sparten der Saxophonist Anthony Braxton (Avantgarde), das Gil Evans Orchestra (Modern Jazz), Wolfgang Dauner (konzertanter Jazz: „Urschrei"), das holländische Willem Breuker Kollektief, das mit viel Witz und Virtuosität Triviales und Klassisches in origineller Weise verarbeitet (szenische Musik: „Big City Music"), der herausragende dänische Bassist Niels-Henning Ørsted-Pedersen im Duo mit dem Pianisten Martial Solal, ferner McCoy Tyner (Hardbop), das Gitarrenduo Larry Coryell und Philip Cathérine (Jazz-Rock) und schließlich der phänomenale amerikanische Sänger Al Jarreau (Soul-Jazz). Jarreau wurde vielfach als die europäische Entdeckung des Jahres überhaupt gefeiert.
Von den vielen Gesangsgruppen und -solisten, die sich im Grenzbereich von Musik und Showgeschäft produzieren und 1976 besondere Erfolge auf Europa-Tourneen hatten, seien hier erwähnt: die „Rolling Stones", die nur die Rock-Nostalgie schürten, die im übrigen durch die „Beatles"-Neuauflagen der Plattenfirmen verbreitet wird; der klanglich wie optisch betörende Popstar Diana Ross; der durch sein seriöses Musizieren für sich einnehmende Altstar des Calypso Harry Belafonte; die gleichfalls den Verbildungen des Business durch eine unverkünstelte Selbstdarstellung widerstehende Sängerin, Tänzerin und Schauspielerin Shirley MacLaine, in deren Spuren sich auch die mexikanisch-deutsche Sängerin Olivia Molina zu bewegen sucht. Daß der große Schnitt am leichtesten mit der Evozierung sexueller Sehnsüchte zu machen ist, bewiesen einmal mehr die Hits von Donna Summer („Love to Love You Baby") und Penny McLean („Lady Bump").

Muzorewa, Abel Tendekaji, *Umtali 14. April 1925, methodist. Bischof und Politiker in Rhodesien. Seit 1971 Präsident des ANC (African National Council), der einzigen legalen Partei für Schwarze in Rhodesien. Seit 1975 Führer des Auslandsflügels des ANC. Nahm an der im Okt. 1976 begonnenen Rhodesienkonferenz in Genf teil.

N

Nakasone, Jasuhiro, *27. Mai 1918, jap. Politiker. 1967/68 Transportminister, 1970/71 Staatsminister und Generaldirektor des Verteidigungsamtes, 1971/72 Vorsitzender des Exekutivausschusses der Liberaldemokrat. Partei, 1972–74 Minister für internat. Handel und Industrie, 1974 bis Sept. 1976 Generalsekretär der Liberaldemokrat. Partei.
Namibia (Südwestafrika) ↑Übersicht Staaten der Erde (Südafrika).
Nascimento, Lopo do, *Luanda 10. Juli 1940, angolan. Politiker. Mitglied der marxist. orientierten Befreiungsbewegung MPLA (Movimento Popular de Libertação de Angola); nahm an allen Beratungen zur Unabhängigkeit mit den Portugiesen teil. Jan.–Nov. 1975 als Vertreter der MPLA Mitglied des Präsidentenkollegiums der Übergangsregierung; seit Nov. 1975 Ministerpräsident.
National-Zeitung ↑Basler Zeitung.
NATO (NATO 3A) ↑tabellar. Übersicht Weltraumfahrt.
NATO, Abk. für engl.: **N**orth **A**tlantic **T**reaty **O**rganization, dt. Nordatlantikpakt, am 4. April 1949 abgeschlossene und am 24. April 1949 in Kraft getretene multilaterale Defensivallianz. Mit-

Lopo do Nascimento

glieder ↑Übersicht Internationale Organisationen.
Politische Situation: Die NATO sah in der Aufrüstung der Sowjetunion eine Herausforderung, auf die jedoch keine allgemeinverbindl. Antwort gefunden wurde. Dies bewies die Tagung des NATO-Rates Ende Mai 1976 in Oslo. Immerhin zeigten die Bündnispartner eine geschlossene Haltung in Hinsicht auf die KSZE-Abmachungen von Helsinki und bei den MBFR-Verhandlungen in Wien, wo der Wille sichtbar war, Fortschritte in der Entspannung sowie in der Rüstungskontrolle zu erzielen.
Dieses geschlossene Auftreten der Bündnispartner nach außen wurde allerdings durch die innenpolit. Verhältnisse mancher Staaten abgeschwächt. V. a. die Türkei, die für die Südflanke bes. Bedeutung hat (Überwachung der Meerengen, amerikan. Stützpunkte in Anatolien zur Unterstützung der 6. US-Flotte im Mittelmeer), galt als Unsicherheitsfaktor. In Frankreich eröffneten Präsident V. Giscard d'Estaing und Generalstabschef G. Méry eine öffentl. Diskussion über die Realitäten und Optionen der frz. Verteidigung, die als Alternative zur bewaffneten Neutralität im Konfliktfall in das polit. Bewußtsein gerückt werden sollte. Dies stieß jedoch auf Widerstand in allen Parteien, so daß eine Wiederannäherung Frankreichs an die Militärintegration der NATO letztl. nicht ernsthaft zur Debatte stand. An der Nordflanke hat sich die Zusammenarbeit mit Norwegen zufriedenstellend entwikkelt. Bes. war eine zunehmende Verbesserung des Verhältnisses zur BRD zu verzeichnen.
Insgesamt blieb die NATO trotz allen polit. Belastungen funktionsfähig. Das Bündnis zeigte polit. Anpassungsvermögen, wenn es darum ging, mit krisenhaften Entwicklungen fertig zu werden. Der Wille zur gemeinsamen Verteidigung bestand fort.
Militärische Situation: Nach wie vor bestand eine

NATO. Der amerikanische Oberkommandierende in Europa, General A. Haig (zweiter von links), während eines Herbstmanövers an der Weser

takt.-konventionelle Überlegenheit der Streitkräfte des Warschauer Paktes, wenn dies auch teilweise durch die Entwicklung von Präzisionswaffen und bessere Ausbildung v. a. im Luftwaffenbereich ausgeglichen werden konnte. Das Programm zur Verbesserung der konventionellen Verteidigungsfähigkeit der NATO-Staaten wurde wie folgt zusammengefaßt: „readiness", d. h. höhere Einsatzbereitschaft der präsenten Streitkräfte, „reinforcements", d. h. Ausschöpfung des Potentials an Verstärkungen, und „rationalization", d. h. qualitative Verbesserung der Kräfte, der Führungsmethoden und der Führungsmittel. V. a. der Oberbefehlshaber Europa, General A. Haig, trug dazu bei, manche Mängel zu beseitigen, wie z. B. die Verbesserung der bisher ungünstigen Verteilung der Bündnistruppen innerhalb der BRD durch den Aufbau eines zusätzl. Reservekorps in Norddeutschland und eine Straffung der Zusammenarbeit der takt. Luftflotten in Mönchengladbach und Ramstein.
Im Herbst 1976 wurde eine Manöverserie mit insgesamt 27 Einzelmanövern unter der Bezeichnung „Autumn-Forge" durchgeführt. Dadurch wurde erreicht, daß mehr nat. Übungsvorhaben aufeinander abgestimmt und gemeinsam durchgeführt wurden als bisher. Eine wirksamere Überprüfung der Streitkräfte sowie eine gründlichere Auswertung der Leistungsergebnisse war somit gewährleistet. Ein Kernstück von „Autumn-Forge" war wie auch in den vergangenen Jahren das Heranführen auswärtiger Verstärkungen, näml. der Einsatz von in den USA stationierten Truppen in der BRD („Reforger" = Redeployment of Forces to Germany).
In militär. Schlüsselpositionen des Bündnisses fanden personelle Änderungen statt. Mit Ablauf des Jahres 1976 übergab der Befehlshaber Europa-Mitte, General K. Schnell, das Kommando an General F.-J. Schulze. Der Vorsitz des Militärausschusses der NATO, der höchsten militär. Instanz des Bündnisses, der den NATO-Rat militär. berät, ging vom brit. Admiral Sir P. Hill-Norton auf den norweg. General H. F. Zeiner über (tatsächl. Kommandoübernahme am 1. April 1977).

Naturkatastrophen: Über weiten Teilen N- und W-Deutschlands wütete am 3. Jan. der Orkan „Capella". Die dadurch ausgelöste Sturmflut war höher und bedrohlicher als die sog. „Jahrhundertflut" von 1962. Mindestens 100000 ha wurden überflutet. Im Hamburger Hafen erreichte das Hochwasser 4,65 m über dem Normalstand. 82 Menschen verloren in Nordwesteuropa ihr Leben, davon 16 in der BRD. Der Sachschaden wird auf Hunderte von Millionen geschätzt. Allein an den

Naturkatastrophen. Erdbebenopfer, -schäden und Katastrophenhelfer in Friaul

Deichen beträgt der Schaden etwa 70 Mill. DM. – Im Jahr 1976 gab es eine Häufung von sehr schweren Erdbeben. Am 4. Febr. erschütterte ein starkes Beben Guatemala. Bis zum 10. folgten noch drei Nachbeben. Auch Honduras und El Salvador wurden betroffen. Die Zahl der Todesopfer wurde mit 22836 angegeben. 250000 Häuser wurden zerstört, und den Sachschaden schätzt man auf 1,8 Mrd. DM. – Zu dem schwersten tekton. Beben in Mitteleuropa, seit Meßinstrumente eingesetzt werden, kam es am 6./7. Mai in N-Italien. Die Stärke

Naturkatastrophen. Anhaltende Trockenheit und Dürreschäden vor allem in Mittel- und Westeuropa (links) und ein teilweise katastrophales Ausmaß der Erdbebenschäden in vielen Teilen der Welt waren auch kennzeichnend für das Jahr 1976

betrug auf der Richter-Skala 7,0. Die Katastrophe forderte in Friaul, Udine und Umgebung fast 1 000 Menschenleben. – Die im April begonnene Serie von Beben in Mittelasien setzte sich auch im Juni fort. Am 26. und 28. gab es etwa 1 000 Todesopfer durch Erdbeben und Erdrutsche in Westirian (Indonesien). – Mindestens 450 Menschen verloren am 14. Juli bei einem verheerenden Beben auf Bali ihr Leben. – Zu einem der folgenschwersten Beben in neuerer Zeit kam es am 28. Juli in der VR China. Bes. betroffen wurde das Gebiet im NO des Landes, etwa 150 km von Peking entfernt, mit der Stadt Tangschan in der Provinz Hopeh. Es ist das Gebiet der größten Kohleproduktion des Landes, mit Kraftwerken und Stahlindustrie. Man rechnet mit mehr als 650 000 Todesopfern und 779 000 Verletzten. Die Stärke des Erdbebens betrug 8,2 auf der Richter-Skala. Die Chinesen hielten genaue Angaben geheim. – Eine verheerende Flutwelle und wolkenbruchartige Regenfälle forderten am 1. Aug. in Colorado, USA, über 150 Menschenleben. – Am 16. Aug. wurde die VR China wieder von einem Erdbeben heimgesucht. Diesmal wurde die Provinz Szetschuan betroffen. Die Stärke betrug 7,3 auf der Richter-Skala. – Am 17. Aug. erlitten die Philippinen ein schweres Beben, bes. die Insel Mindanao. Das von Flutwellen begleitete Erdbeben forderte angebl. 8 000 Menschenleben. – Mehrere leichte und mittlere Beben gab es zwischen dem 25. Aug. und 4. Sept. in Chile, Bulgarien und in Palermo. – Mindestens 350 Personen kamen am 8. Sept. in der stark besiedelten Provinz Punjab in Pakistan durch heftige Wolkenbrüche und überschwemmte Flüsse ums Leben, 6,5 Millionen wurden obdachlos, 250 000 Häuser wurden weggespült. – Am 11. Sept. bebte die Erde erneut in Friaul. Seit Mai registrierte man bis zum 16. Sept. in N-Italien 283 Erderschütterungen. – Die schlimmste Naturkatastrophe seit 15 Jahren suchte zur gleichen Zeit Japan heim. Der Taifun „Fran" wütete auf der Insel Kiuschu und forderte mindestens 118 Todesopfer. – Der Hurrikan „Lisa" und die von ihm verursachte Flutwelle verheerten am 1. Okt. die mex. Halbinsel Baja California. 675 Menschen wurden dabei getötet, 40 000 wurden obdachlos. – Ein schreckl. Erdbeben suchte am 24. Nov. den Osten der Türkei heim. Mindestens 4 000 Menschen verloren ihr Leben, 50 000 wurden obdachlos. Hinzu kamen Schneestürme, Erdrutsche und bittere Kälte. Das Beben, das sich bis in den Iran und die Sowjetunion fortsetzte, zerstörte viele Dörfer.

Nauru, Republik im westl. Pazifik, Mitglied des Commonwealth of Nations. Als Volksvertretung fungiert ein Parlament mit 18 Abgeordneten, die keiner organisierten polit. Partei angehören. Staatsoberhaupt *Bernard Dowiyogo* (seit Dez. 1976; zuvor *H. DeRoburt*). Flagge ↑Farbtafeln Flaggen S. 139. Internat. Mitgliedschaften ↑Übersicht Internationale Organisationen.

NAURU
Geographische Daten und Bevölkerung: *Fläche* 21 km², *Hauptort* Makwa, *Bevölkerung* (1972) 6 768 E, davon aus N. selbst 3 471, von anderen pazif. Inseln 1 787, Chinesen 883, Europäer 627, 322 E/km², *Handelssprache* Englisch.
Wirtschaft: *Erwerbstätigkeit:* Beschäftigte insgesamt 2 473, davon Phosphatabbau 1 408, Verwaltung 845, sonstige Bereiche 220. – *Außenhandel:* Export (1971/72) 1,906 Mill. t Phosphat, Import (1970/71) 4,5 Mill. $A. Haupthandelspartner sind Australien, Neuseeland, Großbritannien und Japan. Hauptexportgut ist Phosphat. Hauptimportgüter sind Nahrungsmittel, Baumaterial, Maschinenbauerzeugnisse. – *Währung* ↑Übersicht Währungen.
Verkehr: Kfz-Bestand (1972) 1 534.

Innen- und Außenpolitik: Bei Parlamentswahlen Mitte Dez. konnte die Partei des seit der Unabhängigkeit 1968 regierenden Präsidenten H. DeRoburt mit 7 von 18 Sitzen keine Mehrheit mehr erringen. Neuer Präsident wurde der 30jährige B. Dowiyogo, der sich auf 9 Mandate stützt.

Neckermann Versand KG auf Aktien, dt. Versand- und Ladenhandelsunternehmen. Der 1976 durch Verluste bes. im Warenhausgeschäft erforderl. gewordene Sanierungsplan sieht eine Beteiligung der Karstadt AG am Grundkapital der N. V. KGaA in Höhe von 51% vor. Die N. V. KGaA soll jedoch als jurist. selbständiges Unternehmen erhalten bleiben.

NEPAL
Geographische Daten und Bevölkerung: *Fläche* 140 797 km², *Verwaltungsgliederung* in 14 Zonen, *Hauptstadt* Katmandu (196 000 E), *Bevölkerung* 12,32 Mill. E (1974), 87,5 E/km², *Amtssprache* Nepali, *Religion* 79,1% Hindus, 18,2% Buddhisten, 2,7% Muslime.
Wirtschaft: *Erwerbstätigkeit:* 93% der Erwerbstätigen waren 1972 in der Landwirtschaft tätig. – *Landwirtschaft:* Nutzfläche 3,88 Mill. ha (1971), davon 1,98 Mill. ha Ackerland. – Produktion (Auswahl; 1974/75): Weizen 332 000 t, Mais 827 000 t, Hirse 135 000 t (1973/74), Reis 2,45 Mill. t, Zukkerrohr 251 000 t, Jute 44 000 t, Ölsaaten 62 000 t (1973/74), Rind-, Kalb- und Büffelfleisch 16 000 t (1972), Milch 669 000 t (1972), Holzeinschlag 9,3 Mill. m³ (1973). – *Industrie und Elektrizitätserzeugung* (Auswahl; 1974/75): Schuhe 60 000 Paar, Zucker 12 000 t, Bier 475 000 l, Elektrizität 70 Mill. kWh (1970). – *Außenhandel* (1973): Export 487,0 Mill. NR, Import (cif) 1 031,0 Mill. NR. Haupthandelspartner sind Indien und China. Hauptexportgüter sind Reis, Jute, Holz, Ölsamen. – *Währung* ↑Übersicht Währungen. – *BIP:* 11,26 Mrd. NR (1973), 940 NR/E.
Verkehr: *Eisenbahnen:* Streckenlänge 75 km (1975). – *Straßen* (1970): 3 304 km, davon 1 558 km Allwetterstraßen.

Nepal, konstitutionelle Monarchie in Asien. Als Volksvertretung fungieren ein Parlament mit 125 zum Teil gewählten Abgeordneten und ein Staatsrat mit 15 Mitgliedern. Staatsoberhaupt König *Birendra Bir Bikram Schah Deva* (seit Jan. 1972), Regierungschef *Tulsi Giri* (seit Dez. 1975; zuvor *Nagendra Parasad Rijal*). Flagge ↑Farbtafeln Flaggen S. 139. Internat. Mitgliedschaften ↑Übersicht Internationale Organisationen.

Wirtschaft: Das Budget 1976/77 sieht neue Steuern in Höhe von 120 Mill. NR vor. Insgesamt sind Ausgaben von 2 610 Mill. NR geplant, von denen fast 68% auf Entwicklungsvorhaben entfallen. Ein großer Teil des Defizits soll mit Auslandshilfe in Höhe von 417 Mill. NR abgedeckt werden.

Innen- und Außenpolitik: Die Ernennung von Tulsi Giri zum Premierminister am 1. Dez. 1975 brachte eine Wende für die Innenpolitik. Er kam mit einer Doppelstrategie an die Macht. Einerseits hatte er eine Stärkung des Pantschajatsystems (Einkammerlegislative) und andererseits eine Beschleunigung der wirtschaftl. Entwicklung gefordert. Außerdem wollte er die Beziehungen zu Indien verbessern. Im Jahr 1976 wurde ein Zehn-Punkte-Programm zur Konsolidierung der polit. Verhältnisse, Bekämpfung der Armut und der Inflation verkündet. Die Verwaltung wurde einer Revision unterworfen. Zahlreiche Beamte und Polizisten wurden wegen Korruption angeklagt. Das populäre Vorgehen und eine gute Ernte gestalteten das Klima für den neuen Premierminister günstig. T. Giri lockerte die Pressezensur und führte mit der „Social Customs (Reform) Bill" soziale Neuerungen ein. So sollen übermäßige Ausgaben für Feste wie Hochzeiten oder Geburtstage unterbleiben.

Neue Hebriden ↑Übersicht Staaten der Erde (Frankreich und Großbritannien).

Neugliederung des Bundesgebiets: Nachdem am 19. 1. 1975 gemäß dem Gesetz über die Volksentscheide aufgrund der nach Art. 29 GG in Rheinland-Pfalz und Niedersachsen zustande gekommenen Volksbegehren u. a. im Verwaltungsbezirk Oldenburg und im Landkreis Schaumburg-Lippe die Bevölkerung über die weitere Zugehörigkeit dieser Landesteile zu Niedersachsen mit 31 bzw. 39,5% zugunsten eigener, selbständiger Bundesländer entschieden hatte, wurde nunmehr durch eine Änderung des Grundgesetzes entgegen dem Ergebnis des Volksbegehrens eine gesetzl. Regelung getroffen. Durch das 33. Gesetz zur Änderung des Grundgesetzes (Art. 29) vom 23. 8. 1976 wurde der bisher zwingende Verfassungsauftrag zur N. d. B. („ist ... neu zu gliedern") durch eine Kann-Bestimmung ersetzt und neu festgelegt, daß in erster Linie Größe und Leistungsfähigkeit Maßstäbe für die Länder-Neugliederung sein sollen. Sekundär sind danach zu berücksichtigen: landsmannschaftl. Verbundenheit, geschichtl. und kulturelle Zusammenhänge, wirtschaftl. Zweckmäßigkeit sowie Erfordernisse der Raumordnung der Landesplanung.

NEUSEELAND

Geographische Daten und Bevölkerung: *Fläche* 268 676 km², *Verwaltungsgliederung* in 108 Landkreise, daneben städt. Gemeinden, *Hauptstadt* Wellington (138 938 E; 1976), *Bevölkerung* 3,12 Mill. E (1976), 11,6 E/km², Geburten-/Sterberate (auf 1 000 E; 1975) 18,3/8,1, *Amtssprache* Englisch, *Religion* überwiegend Protestanten, etwa 16% Katholiken.

Wirtschaft: *Erwerbstätigkeit* (Schätzung April 1976; in 1 000): Erwerbstätige insgesamt 1 222, davon Land- und Forstwirtschaft, Jagd, Fischerei 142, Bergbau 4,5, verarbeitende Industrie 298,7, Energie- und Wasserwirtschaft 15,6, Baugewerbe 93, Handel 192,8, Verkehr und Nachrichtenübermittlung 111,8, Banken, Versicherungen u. a. 77,8, Verwaltung und Dienstleistungen 269,8. – *Landwirtschaft:* Nutzfläche (1971; in 1 000 ha): 13 514, davon Ackerland 820, Wiesen und Weiden 12 680. – Produktion (Auswahl; 1975/76): Milch 6 359 Mill. l, Wolle 311 800 t, Butter 249 100 t, Käse 104 800 t, Fleisch (1974/75) 1 088 000 t. – *Bergbau, Industrie und Elektrizitätserzeugung* (Auswahl; 1975): Zellstoff 953 200 t, Papier 548 800 t, Kohle 2,412 Mill. t, Elektrizität (Mill. kWh 1975/76): Wasserkraftwerke 16 873, Wärmekraftwerke 3 198. – *Außenhandel* (1975/76): Export 2 490,5 Mill. NZ$, Import 2 727,0 Mill. NZ$. Haupthandelspartner sind Großbritannien, die USA, Japan, Australien, die BRD und Frankreich. Hauptexportgüter sind Wolle, Fleisch, Milchprodukte, Häute und Felle, Holz und Zellstoff. Hauptimportgüter sind Pkw, Maschinen, Chemikalien, Kunststoffe, Rohmaterialien. – *Währung* ↑Übersicht Währungen. – *BIP* zu laufenden Preisen 11 830 Mill. NZ$ (Schätzung 1975/76).

Verkehr: *Eisenbahnen* (Streckenlänge; 1975): 4 797 km, davon auf der Nordinsel 2 610 km, auf der Südinsel 2 187 km, 529,2 Mill. Personenkilometer, 3 600 Mill. Nettotonnenkilometer (1975). – *Straßen* (März 1974): 92 132 km, davon mit fester Decke 43 828 km, sonstige 48 304 km, 9 773 Brücken mit einer Länge von insgesamt 277 480 m. Kfz-Bestand 1 989 453 (Juni 1976). – *Schiffahrt* (1975): Handelsflotte mit 163 000 BRT. – *Luftverkehr* (1975): beförderte Personen im Inlandverkehr 2,312 Mill., im Überseeverkehr 1,179 Mill., 3 780,0 Mill. Personenkilometer, 105,6 Mill. Nettotonnenkilometer (1975).

Neukaledonien ↑Übersicht Staaten der Erde (Frankreich).

Neuseeland, parlamentar. Monarchie im südwestl. Pazifik. Als Volksvertretung fungiert ein Repräsentantenhaus mit 87 Abgeordneten, von denen 32 der Labour Party und 55 der National Party angehören. Staatsoberhaupt Königin *Elisabeth II.* von Großbritannien, Regierungschef *Robert David Muldoon* (seit 12. Dez. 1975; zuvor *W. E. Rowling*). Flagge ↑Farbtafeln Flaggen S. 139. Internat. Mitgliedschaften ↑Übersicht Internationale Organisationen.

Wirtschaft: Zur Bekämpfung der stark inflationären Entwicklung ergriff die Regierung Stabilisierungsmaßnahmen in Form eines Lohn- und Preisstopps. Dadurch konnte der Anstieg der Verbraucherpreise offenbar etwas gebremst werden. Nach 17,6% im ersten Quartal 1976 lag die Steigerungsrate im vierten Quartal bei 11,0%. Eines der Hauptprobleme der Wirtschaft war jedoch auch 1976 die unbefriedigende außenwirtschaftl. Lage. Zwar war das Handelsbilanzdefizit mit 448 Mill. NZ$ wesentl. niedriger als im Vorjahr, doch steigende Zahlungen im Reiseverkehr sowie wachsende Ausgaben für Transportkosten und Zinszahlungen für öffentl. und private Auslandsschulden verhinderten eine durchgreifende Verbesserung der Zahlungsbilanzsituation. Zu der günstigeren Entwicklung der Handelsbilanz hat eine exportpreisbedingte Erhöhung der Ausfuhren um 75% bei einer Steigerung der Einfuhren um nur 20% beigetragen. Die Situation in der verarbeitenden Industrie war auch 1976 durch Erfolge bei den Exportbemühungen, v. a. nach Australien und Japan, gekennzeichnet. Die Nettoeinkommen in der Landwirtschaft werden nach der hohen Steigerungsrate des Vorjahres in der Saison 1976/77 schätzungsweise um 6½% anwachsen.

Innen- und Außenpolitik: Die neue konservative Regierung verfolgte einen deutl. anderen Kurs als ihre Labour-Vorgängerin, ohne sich sehr durch Konflikte mit der Opposition beirren zu lassen. Zur Bekämpfung der Inflation fror sie ab Juni die Löhne und Gehälter für ein Jahr ein.

Außenpolit. zeigte sich Ministerpräsident R. D. Muldoon entschlossen, den wachsenden sowjet. Einfluß im Ind. und Pazif. Ozean einzudämmen. Dieser Aspekt stand bei seiner rund einmonatigen Reise nach Großbritannien, Frankreich, Süd-Korea, Japan und China im April und Mai jedoch nur auf der letzten Station im Vordergrund, während sonst Wirtschaftsfragen überwogen; mit Süd-Korea wurde ein Handelsabkommen geschlossen, das eine Meistbegünstigungsklausel enthält. Auch die wirtschaftl. Zusammenarbeit mit den südpazif. Inseln wurde verstärkt. Außerdem wurde das Verbot für ausländ. Kriegsschiffe mit Atomantrieb, die Häfen des Landes anzulaufen, rückgängig gemacht. Am 1. Okt. legte ein amerikan. Atomkreuzer in Auckland an; im selben Monat beteiligten sich neuseeländ. Einheiten an den bisher größten Manövern des auch Australien umfassenden trilateralen ANZUS-Verteidigungspaktes.

Nicaragua, Republik in Zentralamerika. Als Volksvertretung fungiert eine Verfassunggebende Nationalversammlung mit 100 Mitgliedern, von denen 60 den Liberalen (Partido Liberal Nacionalista, PLN) und 40 den Konservativen (Partido Conservador de N., PCN) angehören. Staatsoberhaupt *Anastasio Somoza Debayle* (seit 1. Dez. 1974). Flagge ↑Farbtafeln Flaggen S. 139. Internat. Mitgliedschaften ↑Übersicht Internationale Organisationen.

Die *Wirtschaft* profitierte 1976 von den hohen Weltmarktpreisen für Kaffee, Baumwolle und Fleisch. Dabei blieben die Preise im Inland stabil. Aber sonst erfüllten sich binnenwirtschaftl. nicht alle Erwartungen. Die geplanten öffentl. Investitionen konnten wegen Geldmangel nur zum geringen

NETTOEINKOMMENSGRUPPEN DER ERWERBSTÄTIGEN (BRD)*
in %

Von den 23 179 000 (= 100 %) Erwerbstätigen insgesamt	Einkommensgruppen von ... bis unter ... DM: unter 300	300 bis 600	600 bis 800	800 bis 1 000	1 000 bis 1 200	1 200 bis 1 400	1 400 bis 1 800	1 800 bis 2 200	2 200 und mehr
hatten ein Einkommen	5,1	9,2	7,3	11,1	15,7	15,2	17,0	8,6	10,8
davon: 15 039 000 männliche Erwerbstätige (= 100%)	3,8	3,4	2,1	6,9	16,2	18,6	22,1	11,3	15,4
8 140 000 weibliche Erwerbstätige (= 100%)	7,4	20,0	16,9	18,7	14,8	9,0	7,4	3,4	2,3
darunter: 1 974 000 Ausländer (= 100%)	1,4	4,7	9,2	18,1	24,4	19,9	14,6	7,7	

*Stand April 1976.
Quelle: Wirtschaft und Statistik. Hg. vom Statist. Bundesamt, Heft 3/1977.

NICARAGUA
Geographische Daten und Bevölkerung: *Fläche* 130 000 km², *Verwaltungsgliederung* in 16 Departamentos, *Hauptstadt* Managua (360 000 E), *Bevölkerung* 2,08 Mill. E, 18 E/km² (1974), *Amtssprache* Spanisch, *Religion* überwiegend Katholiken.
Wirtschaft: *Erwerbstätigkeit:* 544 000 Erwerbstätige, davon 49% in der Landwirtschaft, 11% in Bergbau, Industrie und Energiewirtschaft (1974). – *Landwirtschaft:* Nutzfläche 1,8 Mill. ha, davon 790 000 ha Ackerland, 6,5 Mill. ha Wald (1974). – Produktion (Auswahl; 1975/76): Mais 192 000 t, Reis 56 300 t, Bananen 153 000 t, Kaffee 48 300 t, Baumwolle 112 700 t, Rindfleisch 64 000 t. – *Industrie und Elektrizitätserzeugung* (Auswahl; 1975): Zucker 210 000 t, Zement 193 500 t, Elektrizität 932 Mill. kWh. – *Außenhandel* (1975): Export 375 Mill. $, Import 517 Mill. $. Haupthandelspartner sind USA, Japan, Costa Rica, BRD. Hauptexportgüter sind Baumwolle, Kaffee, Zucker. – *Währung* ↑Übersicht Währungen. – *BIP* zu Marktpreisen 10 853 Mill. C$, 5 100 C$/E (1975).
Verkehr: *Eisenbahnen:* Streckenlänge 403 km, 21,8 Mill. Personenkilometer, 11,1 Mill. Nettotonnenkilometer (1974). – *Straßen:* 14 437 km, davon 2 465 km asphaltiert (1974). – *Schiffahrt* (1976): Handelsflotte mit 22 691 BRT. – *Luftverkehr* (1974): 195 000 Fluggäste.

Teil ausgeführt werden, und die Ernten sind wegen der Dürre zwar besser als 1975, aber nicht so gut wie erhofft ausgefallen. Das galt v. a. für Baumwolle. Besorgnis erregte das Auftreten von Rostpilz auf vielen Kaffeeplantagen. Die Industrieproduktion stieg dagegen um 8%, und auch die Bautätigkeit belebte sich. Für den Wiederaufbau der 1972 durch Erdbeben zerstörten Hauptstadt wurden endl. die Straßenbaupläne genehmigt. Die Handelsbilanz schloß dank der hohen Kaffeepreise bei sinkender Einfuhr mit einem Überschuß von rund 100 Mill. $ ab.

Niederlande, konstitutionelle Monarchie in Westeuropa. Als Volksvertretung fungieren die Generalstaaten, die aus zwei Kammern bestehen. Der Ersten Kammer gehören 75 Mitglieder, der Zweiten Kammer 150 Abgeordnete an, die ihrerseits verschiedenen Parteien zugehören. Staatsoberhaupt Königin *Juliana* (seit Sept. 1948), Regierungschef *Joop M. den Uyl* (seit Mai 1973), Außenminister *M. van der Stoel.* Flagge ↑Farbtafeln Flaggen S. 139. Internat. Mitgliedschaften ↑Übersicht Internationale Organisationen.

Wirtschaft: Die N. hatten 1976 die wirtschaftl. Rezession noch nicht überwunden. Das reale BSP stieg zwar um 3,5%, erreichte aber nicht das Niveau wie vor der Rezession. Die Arbeitslosenquote lag im Nov. bei 5%. Saisonbereinigt bedeutete dies einen seit drei Monaten anhaltenden Rückgang der Arbeitslosigkeit. Die Tariflöhne und -gehälter, die 1975 noch um 12,5–15,5% zugenommen hatten, lagen im Okt. 1976 nur noch um knapp 7% über dem vergleichbaren Vorjahresstand. Der Verbraucherpreisanstieg wurde 1976 nicht wesentl. gebremst. Die Teuerungsrate wird auf 8,9% geschätzt. Die Industrieproduktion (ohne Bau) wuchs 1976 mit 6,5%. Bes. ausgeprägt war die Expansion im Chemiesektor mit 17,6% und im Mineralölsektor mit 13,3%. Die Textil- und Bekleidungserzeugung fiel demgegenüber etwas zurück. In den Bereichen Nahrungs- und Genußmittel, Baumaterialien, Erden, Glas sowie in der Metallindustrie stieg die Ausbringung nur mäßig. Im Außenhandelssektor erhöhten sich die Importe 1976 um 15,7% auf rd. 101 Mrd. hfl, während die Exporte um 17,5% auf etwa 104 Mrd. hfl stiegen.

Niederlande. Staatsbesuch des schwedischen Königspaares. (Von links nach rechts) König Karl XVI. Gustav, Königin Juliana, Königin Silvia und Bernhard, Prinz der Niederlande

Innen- und Außenpolitik: Anfang Febr. geriet Prinz Bernhard, Gatte von Königin Juliana, in den Verdacht, von der amerikan. Flugzeugfirma Lockheed Bestechungsgelder in Höhe von über einer Mill. $ angenommen und sich dafür in seiner Eigenschaft u. a. als Generalinspekteur der niederl. Streitkräfte für den Ankauf von Flugzeugen dieser Firma verwandt zu haben. Die Regierung setzte daraufhin sofort einen unabhängigen Untersuchungsausschuß ein.
Während die Affäre um Prinz Bernhard einige Unsicherheiten über dessen Schicksal und das der Monarchie verbreitete, verschärfte sich im Mai die seit längerem schwelende Krise in der von den Sozialdemokraten unter Premierminister J. M. den Uyl und von der Kath. Volkspartei angeführten Koalitionsregierung im Streit um das immer noch

NIEDERLANDE
Geographische Daten und Bevölkerung: *Fläche* 40 844 km², *Verwaltungsgliederung* in 12 Provinzen, *Hauptstadt* Amsterdam (808 000 E, städt. Agglomeration 1,046 Mill. E), königl. Residenz und Regierungssitz Den Haag (728 000 E), *Bevölkerung* 13,7 Mill. E (1975), 335 E/km², Geburten-/Sterberate (auf 1 000 E) 18,8/8,4 *Amtssprache* Niederländisch, *Religion* 44% Protestanten, 40% Katholiken.
Wirtschaft: *Erwerbstätigkeit* (1972; in Prozentanteilen): Landwirtschaft 7,7, Bergbau 0,4, Industrie 28,1, öffentl. Versorgungsbetriebe 1,1, Bauwesen 11,6, Hotel- und Gaststätten, Reparaturbetriebe, Verkehr 7,5, sonstige Dienstleistungen 20,5. – *Landwirtschaft:* Nutzfläche 2,1 Mill. ha (1973), davon 675 000 ha Ackerland. – Produktion (Auswahl; 1974): Weizen 713 000 t, Gerste 311 000 t, Roggen 73 000 t, Hafer 154 000 t, Tomaten 350 000 t, Äpfel 365 000 t, Kartoffeln 6,01 Mill. t, Fleisch 1,3 Mill. t, Kuhmilch 7,65 Mill. t, Fisch 374 000 t (1973). – *Bergbau, Industrie und Elektrizitätserzeugung* (Auswahl; 1975): Steinkohle 758 000 t (1974), Erdöl 1,5 Mill. t (1976), Erdgas 90,85 Mrd. m³, Rohstahl 5,18 Mill. t (1976), Zement 3,48 Mill. t (1976), Pkw 59 000 (1976), Bier 12,43 Mill. hl, Margarine 205 000 t, Zucker 712 000 t, Elektrizität 58,06 Mrd. kWh (1976). – *Außenhandel* (1975): Export 87,82 Mrd. hfl, Import 88,02 Mrd. hfl. – *Währung* ↑Übersicht Währungen. – *BIP* zu Marktpreisen (1975) 203,9 Mrd. hfl, BIP je E 14 880 hfl.
Verkehr: *Eisenbahnen:* Streckenlänge 2 832 km (1974). – *Straßen* (1975): 104 123 km, davon befestigt 86 052 km. Pkw-Bestand 2,45 Mill. (1974). – *Schiffahrt* (1976): Handelsflotte mit 5,43 Mill. BRT. – *Luftverkehr* (1974/75; nur KLM): 3,66 Mill. Fluggäste.

ungelöste Problem der gesetzl. Regelung des Schwangerschaftsabbruchs (obwohl ein Gesetz die Abtreibung untersagt, weigern sich Staatsanwälte und Richter, etwas gegen die Abtreibungspraxis bzw. -kliniken zu unternehmen, weil dieses Gesetz ihrer Ansicht nach nicht praktikabel ist). Mitte Juni beschloß die Regierung, zusammen mit Belgien, Luxemburg und Frankreich, vom 3. April bis 25. Sept. 1977 die Sommerzeit einzuführen.
Am 26. Aug. gab Premierminister J. M. den Uyl vor dem Parlament das Ergebnis der Untersuchung in der Affäre um Prinz Bernhard bekannt: Der Prinz habe zwar keine Gelder von Lockheed angenommen und auch keinen Einfluß auf Flugzeugverkäufe dieser Firma in den Niederlanden ausgeübt, sich aber bei den Verhandlungen mit Lockheed leichtfertig verhalten, indem er Transaktionen gemacht habe, die den Eindruck erwecken mußten, er sei für Bestechungsgelder empfänglich. J. M. den Uyl gab auch bekannt, daß der Prinz die Mißbilligung durch den Untersuchungsausschuß akzeptiere und seine öffentl. Ämter sowie Aufsichtsratsposten in größeren Betrieben niederlege.
In ihrer traditionellen Thronrede zur Eröffnung der parlamentar. Sitzungsperiode am 21. Sept. erwähnte die Königin, an ihrer Seite Prinz Bernhard zum ersten Mal in Zivil, nur kurz die „schwere Zeit, die hinter uns liegt" und appellierte daran, den „Blick v. a. auf das zu richten, was die Zukunft von uns fordert". Sie gab den Entschluß der Regierung bekannt, auch im letzten Amtsjahr vor den Neuwahlen im Mai 1977 an ihrem „Programm sozialer Reformen" festzuhalten (Gewinnbeteiligung der Arbeitnehmer, Ausdehnung der sozialen Sicherheit auf alle Bevölkerungsgruppen u. a.). Mit Stolz verweist die Regierung außerdem auf den hohen Stand ihrer Entwicklungshilfe, die 1977 1,5% des BSP erreichen soll.
Anfang Okt. schlossen sich nach jahrelangem Tauziehen die drei christdemokrat. Parteien des Landes (kalvinist. Antirevolutionäre Partei, Christl.-Histor. Union und Kath. Volkspartei) im Hinblick auf die Wahlen im Mai 1977 zu einer Aktionseinheit der polit. Mitte unter der Bez. Christen Demokratisch Appèl (CDA) zusammen. Ende Okt. einigte sich der CDA auf den Justizminister A. A. M. van Agt als Spitzenkandidaten und damit Gegenkandidaten von J. M. den Uyl. Im Dez. scheiterte im Senat, der Ersten Kammer, ein Gesetzentwurf zur Neuregelung des Schwangerschaftsabbruchs. Am 3. Dez. unterzeichnete die Regierung in Bonn als Mitglied des Internat. Rheinschutzabkommens drei (von Fachleuten allerdings als wenig wirksam kritisierte) Abkommen zum Schutz des Rheins vor Verschmutzung durch Industrieabwässer.
Vom 10. bis 12. April stattete Außenminister M. van der Stoel Österreich einen offiziellen Besuch ab.

Niederländische Antillen ↑Übersicht Staaten der Erde (Niederlande).

Niedersachsen: Der niedersächs. Landtag wählte am 6. Febr. im 3. Wahlgang den CDU-Kanidaten E. Albrecht mit Hilfe von zwei Abgeordnetenstimmen der SPD/FDP-Koalition zum Nachfolger des am 14. Jan. zurückgetretenen Ministerpräsidenten A. Kubel (SPD). Am 14. Jan. hatte die Wahl des neuen Ministerpräsidenten im Landtag nicht die erforderl. Mehrheit der Abgeordneten für einen Kandidaten erbracht. Bei der geheimen Abstimmung wurden zwar alle 155 Stimmen abgegeben, doch waren nur 152 gültig, 3 ungültig, 77 für Albrecht und nur 75 für den Kandidaten der SPD, H. Kasimir. Bei der geheimen Wiederholungsabstimmung am 15. Jan. wurde der CDU-Kandidat Albrecht mit der erforderl. Mehrheit von 78 Stimmen zum Ministerpräsidenten gewählt. Somit hatte Albrecht 1 Stimme aus den Reihen der Abgeordneten der Regierungskoalition erhalten. Nachdem am 27. Jan. als neuer Koalitionskandidat Bundesminister K. Ravens (SPD) als Kandidat für das Amt des Ministerpräsidenten nominiert worden war und am 3. März die Frist für die Bildung einer Regierung Albrecht abgelaufen war, wählte am 6. Febr. der Landtag im dritten Wahlgang mit 79 Stimmen den Kandidaten Albrecht (CDU); für Ravens waren 75 Stimmen abgegeben worden.
Im Dez. bildete E. Albrecht eine Koalitionsregierung mit der FDP.

Niedersachsen. Ministerpräsident E. Albrecht (rechts) und der FDP-Landesvorsitzende R. Gross (links) beschließen die Bildung einer gemeinsamen Koalitionsregierung

Niger, Republik in Zentralafrika. Als Volksvertretung fungierte bis zu ihrer Auflösung im April 1974 eine Nationalversammlung mit 50 Abgeordneten, die dem Parti Progressiste Nigérien (PPN-RDA) angehörten. Staatsoberhaupt *Seyni Kountché* (seit

Mode III. Der superlange Schal gehört dazu! Man kombiniert ihn mit Rock und Pullover ebenso wie mit dem Hosenanzug und superweiter Jacke (Photo: Them)

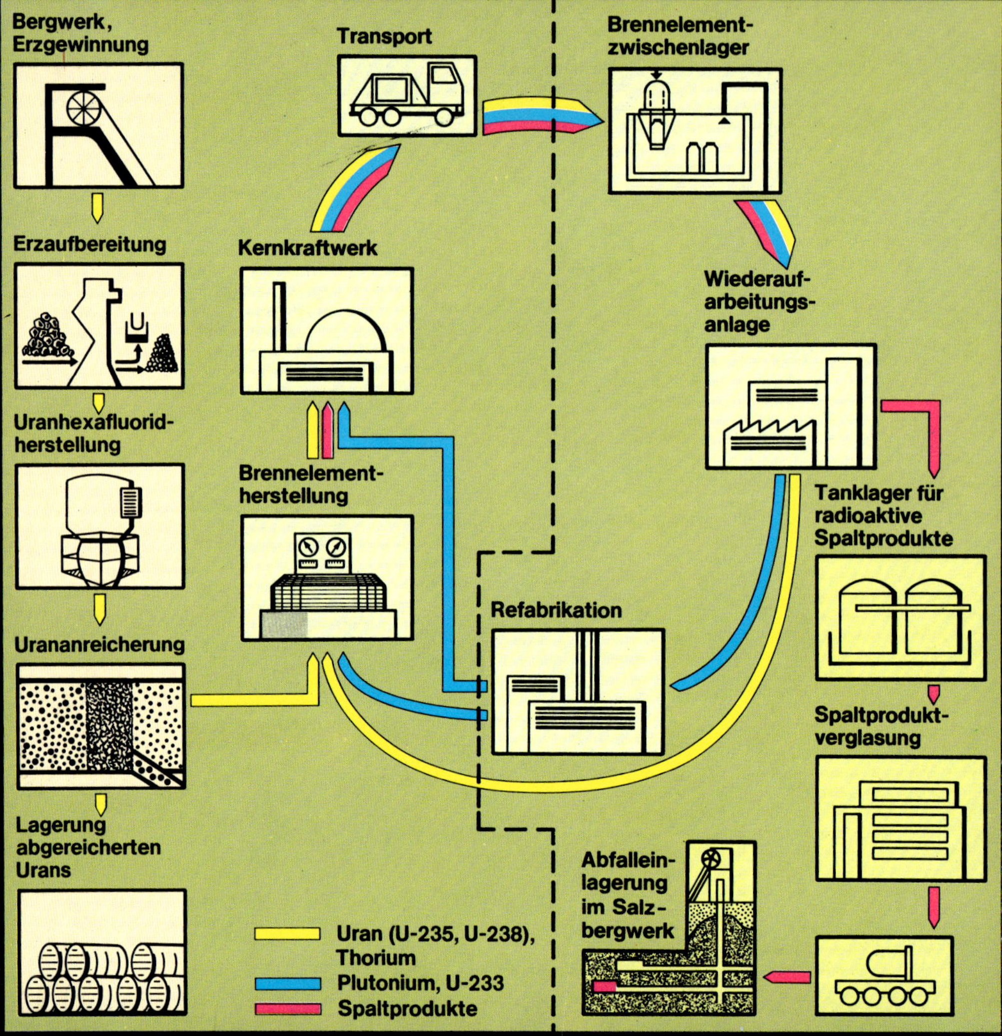

Kernenergie – Kerntechnik. Zum Betreiben von Kernkraftwerken benötigt man einen geschlossenen Brennstoffkreislauf. Der Reaktorbrennstoffkreislauf besteht im wesentlichen aus den Stationen Gewinnung und Reinigung des Natururans oder des Thoriums, Anreicherung des Isotops mit der Masse 235 auf 3 bis über 30%, Herstellung des Brennstoffs und der Brennelemente, Transport- und Lagervorgänge verbrauchter Brennelemente, ihre Wiederaufbereitung einschließlich Behandlung radioaktiver Abfälle und die Refabrikation neuer Brennelemente sowie Rezyklierung des zurückgewonnenen spaltbaren Materials

NIGER
Geographische Daten und Bevölkerung: *Fläche* 1 189 000 km², *Verwaltungsgliederung* in 7 Bezirke, *Hauptstadt* Niamey (102 000 E; 1972), *Bevölkerung* 4,476 Mill. E (1974), 3,8 E/km², *Amtssprachen* Französisch sowie die Landessprachen Ful, Hausa und Dyerma, *Religion* 85% Muslime, 14,5% Animisten.
Wirtschaft: *Erwerbstätigkeit:* Über 90% der Bevölkerung leben von der Landwirtschaft. – *Landwirtschaft:* Nutzfläche 18 Mill. ha (1973), davon 15 Mill. ha Ackerland. – Produktion (Auswahl; 1975): Hirse und Sorghum 1,67 Mill. t, Reis 39 000 t, Maniok 199 000 t, Erdnüsse 207 000 t, Rind- und Kalbfleisch 22 000 t, Milch 154 000 t (1974). – *Bergbau, Industrie und Elektrizitätserzeugung* (Auswahl): Uran 1,100 t (1974), Zement 33 000 t (1972), Bier 33 000 hl (1972), Elektrizität 48,91 Mill. kWh (1973). – *Außenhandel* (1974): Export 12,62 Mrd. CFA-Franc, Import 23,14 Mrd. CFA-Franc. – *Währung* ↑Übersicht Währungen. – *BIP* zu Marktpreisen 111,1 Mrd. CFA-Franc (1970), BIP je E 27 000 CFA-Franc.
Verkehr: *Straßen:* 6 910 km Haupt- oder Nationalstraßen (1974). – *Luftverkehr* (1973; Flughafen Niamey): 97 000 Fluggäste.

Niger. Staatsoberhaupt Seyni Kountché

April 1974; zuvor *Hamani Diori*). Flagge ↑Farbtafeln Flaggen S. 139. Internat. Mitgliedschaften ↑Übersicht Internationale Organisationen.
Innen- und Außenpolitik: Das Staatsoberhaupt S. Kountché entließ am 21. Febr. vier führende Militärs aus der Regierung und bildete erstmals ein überwiegend aus Zivilisten bestehendes Kabinett. Am 15. März wurde bekanntgegeben, daß am Vortag ein Putsch gescheitert sei. Zu den Rädelsführern gehörte Major B. Moussa, der bei der Regierungsumbildung vom Febr. seinen Posten verloren hatte. In Berichten hieß es, es habe sich um den dritten Putschversuch innerhalb von zwei Jahren gehandelt. Wegen Beteiligung am Putsch wurden im April neun Personen zum Tode verurteilt, während weitere 22 Angeklagte Gefängnisstrafen erhielten.
Im Anschluß an ein Dreiertreffen der Präsidenten N.s, Libyens und Algeriens (Nov.) wurde eine permanente Kommission gebildet, deren Aufgabe es ist, die bei einem früheren Treffen vereinbarte Zusammenarbeit zwischen den drei Staaten zu überwachen.
Nigeria, Republik im südl. W-Afrika. Die Volksvertretung, das Parlament, ist seit dem Militärputsch von 1966 aufgelöst; die Legislative und Exekutive werden vom Obersten Militärrat ausgeübt, der seinerseits die laufenden Regierungsgeschäfte auf den Bundesexekutivrat übertragen hat. Daneben gibt es seit Aug. 1975 einen Nat. Rat der Bundesländer. Staatsoberhaupt General *Olusegun Obasanjo* (seit Febr. 1976; zuvor *M. R. Mohammed*). Flagge ↑Farbtafeln Flaggen S. 139. Internat. Mitgliedschaften ↑Übersicht Internationale Organisationen.
Wirtschaft: Die Wirtschaftspolitik der Regierung war während des ersten Halbjahres 1976 v. a. auf die Inflationsbekämpfung, den Abschluß der „Nigerianisierung" und die Berichtigung des 3. Nat. Entwicklungsplans 1975–80 gerichtet. Die gegen Jahresende 1975 beobachtete freiwillige Drosselung der nigerian. Erdölförderung ist bereits im Laufe des ersten Halbjahres wieder aufgegeben worden. In den beiden ersten Monaten des Jahres 1976 wurden mit 121,7 Mill. Barrels gegenüber der entsprechenden Vorjahrsperiode bereits wieder knapp 9% mehr gefördert. Die Kakaoernte 1975/1976 dürfte etwa 235 000 t oder 15,5% der Welternte erbracht haben.
Innen- und Außenpolitik: Am 13. Febr. scheiterte ein Putsch, doch kam das Staatsoberhaupt, General M. R. Mohammed, hierbei ums Leben. Sein Nachfolger wurde Generalleutnant O. Obasanjo, der bisher Stabschef der Streitkräfte gewesen war. Zwischen März und Mai wurden 39 Personen, die am Umsturzversuch beteiligt waren, hingerichtet. Unter ihnen befand sich Oberstleutnant B. S. Dimka, der Leiter einer Militärschule, der ausgesagt hatte, der jetzt in Großbritannien lebende frühere Staatschef Y. Gowon habe vorher von dem Putsch gewußt, was Gowon indessen dementierte. Schwierigkeiten gab es mit den Gewerkschaften. Bereits vor dem Putsch war eine richterl. Kommission zur Überprüfung des Einflusses ausländ. Gewerkschaften auf den nigerian. Gewerkschaftsverband eingesetzt worden. Am 22. Mai verweigerte die Regierung dann dem Ende 1975 gegründeten NLC (Nigerian Labour Congress) die Anerken-

NIGERIA
Geographische Daten und Bevölkerung: *Fläche* 923 768 km², *Verwaltungsgliederung* in 19 Bundesstaaten, *Hauptstadt* Lagos (1,8 Mill. E; städt. Agglomeration 1973), *Bevölkerung* 61,27 Mill. E (1974), 66,3 E/km², Geburten-/Sterberate (auf 1 000 E; 1965/70) 49,6/24,9, *Amtssprache* Englisch, *Religion* 44% Muslime, 34% Animisten, 22% Christen.
Wirtschaft: *Erwerbstätigkeit* (Schätzung; 1970): Landwirtschaft 70%, Industrie 14%, Handel 12,5%, Dienstleistungen und Verwaltung 3,5%. – *Landwirtschaft:* 21,795 Mill. ha Ackerland (1961), 31,592 Mill. ha Wald (1963). – Produktion (Auswahl; 1974): Hirse 6,1 Mill. t, Mais 1,0 Mill. t, Maniok 13,0 Mill. t (1973), Jams 14,3 Mill. t (1973), Taro 1,78 Mill. t (1973), Erdnüsse 1,55 Mill. t, Palmkerne 400 000 t, Kakao 170 000 t, Rind- und Kalbfleisch 192 000 t, Kuhmilch 205 000 t (1973). – *Bergbau, Industrie und Elektrizitätserzeugung* (Auswahl; 1975): Kohle 456 000 t, Zinnerz (Sn-Inhalt) 4 660 t, Erdgas 24,6 Mill. m³ (1974), Erdöl 101,4 Mill. t (1976), Motorenbenzin 600 000 t (1973), Zement 1,38 Mill. t, Zucker 40 000 t, Palmöl 675 000 t (1974), Bier 2,36 Mill. hl (1976), Elektrizität 3 216 Mill. kWh. – *Außenhandel* (1975): Export 6 031 Mill. N, Import 1 715 Mill. N. Haupthandelspartner sind Großbritannien, USA, Frankreich, BRD. Hauptexportgüter sind Erdöl, Kakao, Palmkerne und Palmöl, Kautschuk, Zinn. – *Währung* ↑Übersicht Währungen. – *BIP* (1973): 8,9 Mrd. N, 150 N/E.
Verkehr: *Eisenbahnen:* Streckenlänge 3 524 km (1973). – *Straßen* (1972): 88 495 km, davon Asphaltstraßen 15 286 km. Bestand an Pkw 120 000, an Omnibussen und Lkw 69 000. – *Schifffahrt* (1976): Handelsflotte mit 159 000 BRT. – *Luftverkehr* (1974): 288 000 Fluggäste.

Nigeria. Außenminister S. Jaradua (links) trifft in Bonn mit dem deutschen Außenminister H.-D. Genscher zu Gesprächen zusammen

nung. Anfang Febr. eingeleitete innenpolit. Reformen, die die Gründung von sieben neuen Bundesländern mit sich brachten (in Verbindung mit der Absicht, die Hauptstadt ins Innere des Landes zu verlegen), lösten Forderungen zur Schaffung weiterer Bundesländer aus, was die Regierung jedoch am 16. Aug. ablehnte. Am 14. Sept. wurde dem Staatschef der Entwurf für eine neue Verfassung vorgelegt, der von einer Kommission ausgearbeitet worden war. Der Entwurf sieht eine Nationalversammlung (Senat und Abgeordnetenhaus) mit einem Präsidenten vor, der über exekutive Vollmachten verfügt.

Außenpolit. Probleme tauchten ledigl. mit Äquatorialguinea auf, dessen Regierung N. im Jan. vorwarf, nigerian. Plantagenarbeiter „barbar. zu behandeln", sowie mit Tschad in Form eines Grenzkonflikts, wobei im Mai drei nigerian. Polizisten getötet wurden. Der Konflikt wurde im Sept. durch Einsetzung einer Grenzkommission beendet. Mitte Nov. stattete der tansan. Präsident J. Nyerere N. einen fünftägigen Besuch ab.

Niue ↑Übersicht Staaten der Erde (Neuseeland).

NOAA (NOAA 5, auch ITOS A) ↑tabellar. Übersicht Weltraumfahrt.

NOBELPREISE

Die Nobelpreise 1976 sind im Oktober des vergangenen Jahres vergeben worden. Der Nobelpreis für Physik wurde von der Königlichen Schwedischen Akademie der Wissenschaften zu gleichen Teilen an den Amerikaner *Burton Richter* und den Amerikaner chinesischer Herkunft *Samuel Chao Chung Ting* verliehen „für ihren führenden Einsatz bei der Entdeckung eines schweren Elementarteilchens neuer Art". Der Nobelpreis für Chemie wurde von der gleichen Akademie an den Amerikaner *William Nunn Lipscomb* verliehen „für seine Arbeiten über die Struktur der Borane und die damit zusammenhängenden Probleme hinsichtlich der Natur der chemischen Bindung". Der Nobelpreis in Physiologie oder Medizin wurde vom Karolingischen Institut der Universität Stockholm zu gleichen Teilen an die beiden Amerikaner *Baruch Samuel Blumberg* und *Daniel Carleton Gajdusek* verliehen „für ihre Entdeckungen neuer Mechanismen bei der Entstehung und Verbreitung von Infektionskrankheiten". Der Nobelpreis für Literatur wurde von der Königlichen Akademie der Schönen Künste an den Amerikaner *Saul Bellow* verliehen „für das menschliche Verständnis und die subtile Analyse der zeitgenössischen Kultur, die in seinem Werk vereinigt sind". Der von der schwedischen Reichsbank gestiftete „Preis für Ökonomische Wissenschaften in Erinnerung an Alfred Nobel" (sog. Nobelpreis für Wirtschaftswissenschaften) wurde dem Amerikaner *Milton Friedman* verliehen „für seinen Beitrag zur Verbrauchsanalyse, zur monetären Geschichte und Theorie sowie für seine Klarlegung der Komplexität der Stabilisierungspolitik". Nicht vergeben wurde vom Nobelkomitee des norwegischen Parlaments der Nobelpreis für die Erhaltung des Friedens.

Mit der Verleihung des *Nobelpreises für Physik* an Burton Richter und Samuel Ch. Ch. Ting wurde bereits nach sehr kurzer Zeit die im November 1974 bekanntgegebene Entdeckung eines neuartigen Elementarteilchens gewürdigt, die unabhängig voneinander von zwei unter der Leitung der beiden Nobellaureaten stehenden Forschergruppen gemacht worden ist. Die von Richter und seinen Mitarbeitern am SPEAR (Stanford Positron Electron Accelerating Ring), einem an dem 3 km langen Linearbeschleuniger in Stanford (Calif.) angeschlossenen Elektronen-Positronen-Speicherring von etwa 200 m Durchmesser, vorgenommenen Experimente galten der Untersuchung der bei Frontalzusammenstößen von gegeneinander laufenden Elektronen und Positronen sehr hoher Geschwindigkeit (fast Lichtgeschwindigkeit) entstehenden Teilchen. Die von Ting und seinen Mitarbeitern am Protonenbeschleuniger des Brookhaven National Laboratory durchgeführten Experimente galten der Erzeugung von schweren Elementarteilchen durch sog. Proton-Nukleon-Zusammenstöße beim Beschießen von Atomkernen mit hochbeschleunigten Protonen, wobei die Untersuchung der beim Zerfall dieser Teilchen entstehenden Elektron-Positron-Paare Rückschlüsse auf die zerfallenden Teilchen liefern sollten. In beiden Fällen sind jahrelange Planungen und Vorbereitungen den Experimenten vorausgegangen und ähnliche Experimente, wenn auch mit beträchtlich geringerer Genauigkeit, ausgeführt worden. Beim Experiment der Burton-Gruppe konnte jedoch die kinetische Energie der kollidierenden Elektronen und Positronen erstmals in sehr kleinen Schritten verändert werden, während beim Experiment der Ting-Gruppe mit sehr viel größerer Genauigkeit die relativ geringe Anzahl der Elektron-Positron-Paare aus der Vielzahl der gleichzeitig erzeugten anderen Teilchen herausgesondert werden konnte. In beiden Experimenten ergab sich, daß innerhalb eines schmalen Energiebereichs bei der Energie 3,1 GeV eine ganz neue Art von Elementarteilchen gebildet wurde, deren Masse über dreimal so groß wie die Masse der die Atomkerne aufbauenden Nukleonen (Protonen und Neutronen) ist und die etwa tausendmal länger bestanden, als erwartet worden war. Während die vielen in den letzten 15–20 Jahren entdeckten und als „Resonanzen" bezeichneten, äußerst kurzlebigen Elementarteilchen (Lebensdauer nur etwa 10^{-23} Sekunden) sich in Achter- und Zehnergruppen einordnen lassen, die durch gewisse übereinstimmende Eigenschaften und Quantenzahlen charakterisiert sind, läßt sich das neue Elementarteilchen nicht in das bisherige Klassifizierungsschema einordnen: Dieses von der Richter-Gruppe als Psiteilchen (Ψ-Teilchen), von der Ting-Gruppe als J-Teilchen bezeichnete Elementarteilchen weist Eigenschaften auf, die auf das Wirken einer ganz neuen, bisher nur vermuteten Quanteneigenschaft der subnuklearen Materie – nämlich den Charm – zurückzuführen sind (↑Physik).

Mit der Verleihung des *Nobelpreises für Chemie* an William N. Lipscomb wurden aus dem vielseitigen Werk dieses Laureaten, das in den letzten Jahren der Aufklärung des Zusammenhanges zwischen

Struktur und Wirkungsmechanismus der Enzyme und anderer Proteine galt, die aus den fünfziger Jahren stammenden Arbeiten gewürdigt, die mit der Chemie der heute als Borane bezeichneten Borwasserstoffe, d. h. mit den chemischen Verbindungen des Elements Bor mit dem Element Wasserstoff, verknüpft sind und die zu neuen Erkenntnissen über die chemische Bindung der Atome in den Molekülen geführt haben. Diese Stoffgruppe war lange nur sehr unvollständig bekannt, was vor allem darauf beruhte, daß die Borane häufig sehr unstabil und chemisch aggressiv sind; sie mußten in der Regel bei sehr niedrigen Temperaturen untersucht werden. Über den Bau ihrer Moleküle konnte man nur vermuten, daß die dabei vorliegenden Bindungsverhältnisse anders sein mußten als jene, die man von anderen Stoffgruppen her kannte. Während zum Beispiel bei den Verbindungen des Kohlenstoffs die chemische Bindung zwischen zwei benachbarten Atomen im allgemeinen durch Paare von Elektronen bewirkt wird, die dabei im zeitlichen Mittel gleichzeitig beiden Atomen angehören, können bei den Boranen die Boratome nicht mit ebenso vielen bindenden Elektronen beitragen wie die Kohlenstoffatome in den Kohlenstoffverbindungen. Vielmehr sind die Boratome z. B. in den Molekülen des Diborans (B_2H_6) nicht direkt miteinander verbunden, sondern über zwei Wasserstoffatome (Anordnung $B \genfrac{}{}{0pt}{}{H}{H} B$). Man bezeichnet derartige „Brückenbindungen“, die infolge der zu geringen Zahl von bindungsfähigen Elektronen in den Boratomen an Stelle von „normalen“ Zweizentrenbindungen ausgebildet werden, als Dreizentren- oder Elektronenmangelbindungen. Für seine Untersuchungen der Borane und der Bindungsverhältnisse in ihren Molekülen entwickelte Lipscomb Methoden, die es ihm u. a. ermöglichten, bei sehr tiefen Temperaturen Röntgenbeugungsexperimente an Einkristallen von Boranen vorzunehmen. Durch diese Röntgenfeinstrukturuntersuchung der Borane konnte er die geometrische Struktur ihrer Moleküle mit großer Präzision bestimmen. Darüber hinaus gelang es Lipscomb unter Heranziehung des Konzepts der Drei- und Mehrzentrenbindungen, durch quantenmechanische Berechnungen zu Aussagen über Struktur und Stabilität der verschiedenen Boranmoleküle zu kommen und zu zeigen, daß dieses Konzept das für alle Borane gültige Bindungsprinzip darstellt.

Mit der Verleihung des *Nobelpreises für Physiologie oder Medizin* an Baruch S. Blumberg und Daniel C. Gajdusek wurden Forschungen auf dem Gebiete der Virologie gewürdigt. Die Untersuchungen der beiden Laureaten haben zu grundlegenden Entdekkungen hinsichtlich der Virusätiologie der Hepatitis (Gelbsucht) bzw. der chronisch degenerativen Erkrankungen des Zentralnervensystems geführt. Der an einem Krebsforschungsinstitut in Philadelphia als Genetiker wirkende Blumberg stieß bei seinen Untersuchungen menschlicher Blutproteine 1964 auf ein im Blut von australischen Ureinwohnern enthaltenes Antigen, das er als Australia-Antigen bezeichnete und von dem er wenige Jahre später zeigen konnte, daß es bei der sogenannten Serumhepatitis (Hepatitis B) in geringen Mengen im Blut des Erkrankten auftritt. Die Vermutung, daß es bei einer Virusinfektion gebildet wird, konnten Blumberg und andere Forscher 1967 aufzeigen. Bei diesem heute als HB_S-Antigen bezeichneten Antigen handelt es sich, wie man seitdem festgestellt hat, um den äußeren Bestandteil des Hepatis-B-Virus. Die klinische Konsequenz der Blumbergschen Entdeckungen ist die generelle Untersuchung des Blutes von Blutspendern auf Australia-Antigen, um eine Übertragung dieser Virushepatitis zu vermeiden. – Der heute am Nationalen Gesundheitsinstitut der USA in Bethesda (Md.) wirkende Gajdusek hat Mitte der 50er Jahre die als „Kuru“ bezeichnete Krankheit bei einem primitiven Volksstamm im Hochland von Neuguinea untersucht, eine in langsam fortschreitender Zerstörung des Gehirns bestehenden Erkrankung, die zum Tode führt. Da die Patienten keinerlei Zeichen einer Infektionskrankheit wie Fieber und Entzündungsreaktionen zeigten, war zunächst eine infektiöse Ursache nicht naheliegend. Jedoch fand Gajdusek heraus, daß diese Erkrankung durch den bei diesem Volksstamm üblichen rituellen Kannibalismus übertragen wurde. 1965 hatten Übertragungsversuche auf Tiere den Erfolg, daß ein mit Hirnmasse eines verstorbenen Kuru-Erkrankten infizierter Schimpanse 30 Monate nach der Infektion in ähnlicher Weise erkrankte. Die seitdem mögliche systematische Untersuchung des Krankheitserregers führte zu dem überraschenden Ergebnis, daß es sich dabei um ein Virus bisher unbekannter Struktur und Vermehrungsart handelt, ein sogenanntes „langsames Virus“ (slow virus). Derartige Viren führen zu chronisch degenerativen Erkrankungen des Zentralnervensystems, insbes. zu Gehirnerkrankungen, die eine sehr lange Entwicklungszeit vom Zeitpunkt der „Slow-Virus-Infektion“ bis zum Auftreten der klinischen Symptome haben. Gajdusek konnte darüber hinaus die Gleichartigkeit der Kuru-Krankheit

Nobelpreise. Die Preisträger des Jahres 1976 (von links nach rechts) D. C. Gajdusek, M. Friedman, W. N. Lipscomb, S. Ch. Ch. Ting, B. Richter, B. S. Blumberg und S. Bellow

mit einer über die ganze Erde verbreiteten degenerativen Gehirnerkrankung aufzeigen, der Creutzfeldt-Jakob-Krankheit.

Mit der Verleihung des sogenannten *Nobelpreises für Wirtschaftswissenschaften* an den in Chicago wirkenden Milton Friedman wurden v.a. seine Analyse des Konjunkturverlaufs und der Inflation sowie die dabei entwickelten geldtheoretischen Auffassungen gewürdigt. Friedmans Bemühungen in dieser Richtung haben zu neuen makroökonomischen Modellen geführt. Außerdem hatte die langjährige Diskussion über die von Friedman entwikkelten Thesen und Theorien eine Überprüfung der Geldpolitik der Zentralbanken zur Folge. Von großem wissenschaftlichen Interesse ist Friedmans Neuformulierung der Verbrauchstheorie unter dem Gesichtspunkt eines „permanenten Einkommens", mit der er nicht nur die laufenden, sondern auch die erwarteten Einkünfte berücksichtigte. Er zeigte dabei auf, daß allein die Erwartungen zu kumulativen Lohn- und Preissteigerungen führen. Von Bedeutung sind weiter Friedmans Studien über das Nachhinken jeglicher Wirtschaftspolitik, wobei die verschiedenen Verzögerungen („lags") im Realisieren der Situation, im Beschließen von Maßnahmen sowie in deren Auswirkung ein richtiges „Timing" der Stabilisierungspolitik grundsätzlich erschweren. Friedman war es auch, der bereits zu Beginn der 50er Jahre eine Neuordnung des internat. Währungssystems auf der Grundlage freier Wechselkurse vorschlug und erkannte, daß das System von Bretton-Woods (feste Wechselkurse) früher oder später zusammenbrechen mußte. Schließlich hat Friedman mit seiner Darstellung der monetären Geschichte der USA in den Jahren von 1867 bis 1960 ein monumentales Werk geschaffen, in dem bes. die Rolle kritisch analysiert wird, die die Politik des „Federal Reserve"-Systems bei der Auslösung der Weltwirtschaftskrise von 1929 und der Verlängerung der folgenden Depression spielte.

Mit der Verleihung des *Nobelpreises für Literatur* an den in Chicago als Soziologieprofessor wirkenden Schriftsteller Saul Bellow wurde ein Mann ausgezeichnet, der in seinen brillant geschriebenen Romanen und Erzählungen an einzelnen Charakteren das Leben und den besonderen Erfahrungsbereich des jüdischen Intellektuellen in den Großstädten der USA darstellt. In seinen Romanen, unter denen bes. „Herzog" (1964, dt. 1965), „Mr. Sammlers Planet" (1969, dt. 1971) und „Humboldts Vermächtnis" (1975, dt. 1976) hervorzuheben sind, beschreibt Bellow in z.T. ironischer Weise den in einer geistfeindlichen Umgebung lebenden intellektbetonten, im Vitalen aber oft gehemmten und gequälten Menschen, dessen Konflikte und Komplexe dennoch allgemeine Probleme des Alltags widerspiegeln. Bellows meist grübelnde und passive Helden sind in ihrem Handeln immer wieder scheiternde Intellektuelle, die sich selbst und ihre Umwelt gedanklich in Frage stellen; keine Tatmenschen, aber dennoch dem gewöhnlichen Leben in seiner sinnlichen Schönheit verbundene Charaktere, die trotz aller ihrer enttäuschenden und verbitternden Erfahrungen die Hoffnung – auf Liebe und Harmonie, auf eine Übereinstimmung mit der Welt, auf eine Bewältigung der Spannungen durch Erkenntnis – nicht aufgeben. Die Akademie führt dazu aus, daß „im ganzen genommen Bellows Werke Schilderungen des Unterwegsseins sind und stets von einem Menschen ohne festen Standort handeln, aber einem Menschen, der auf seinen Irrfahrten durch unsere schwankende Welt unablässig nach einem solchen sucht und der niemals seinen Glauben aufgeben kann, daß der Wert des Lebens in seiner Würde liegt, nicht in Erfolg, und daß die Wahrheit zum Schluß triumphieren muß".

Nordirland ↑Großbritannien (Innenpolitik).

Nordli, Odvar, * Stange (Verw.-Geb. Hedmark) 3. Nov. 1927, norweg. Politiker. Seit 1961 Abgeordneter der Arbeiterpartei im Parlament, ab 1974 Mitglied des Zentralkomitees der Partei. 1971/72 Minister für Arbeit und kommunale Angelegenheiten; 1973–75 Fraktionsvorsitzender; seit Jan. 1976 Ministerpräsident.

Norfolk Island ↑Übersicht Staaten der Erde (Australien).

Norodom Sihanuk, * Phnom Penh 31. Okt. 1922, kambodschan. Politiker. 1960–70 und erneut nach dem Sieg der Roten Khmer im kambodschan. Bürgerkrieg 1975 bis April 1976 Staatspräsident.

Norwegen, konstitutionelle Monarchie in Nordeuropa. Als Volksvertretung fungiert ein Parlament (Storting) mit 155 Abgeordneten, die verschiedenen Parteien angehören. Staatsoberhaupt König *Olaf V.* (seit Sept. 1957), Regierungschef *Odvar Nordli* (seit Jan. 1976; zuvor *T. Bratteli*), Außenminister *Knut Freydenlund.* Flagge ↑Farbtafeln Flaggen S. 139. Internat. Mitgliedschaften ↑Übersicht Internationale Organisationen.

Wirtschaft: Mit einem realen Wirtschaftswachstum von etwa 6% erzielte N. auch 1976 wieder eine der höchsten Zuwachsraten aller OECD-Länder. Hauptantriebskräfte der wirtschaftl. Entwicklung waren der hohe private und öffentl. Verbrauch sowie die weitere Zunahme der Investitionen im

NORWEGEN

Geographische Daten und Bevölkerung: *Fläche* 323 883 km², arkt. Gebiete 62 730 km², *Verwaltungsgliederung* in 20 Regierungsbezirke, *Hauptstadt* Oslo (465 000 E; 1975), *Bevölkerung* (1975) 4,01 Mill. E, Geburten-/Sterberate 14,0/9,9 (auf 1 000 E; 1975), *Landessprachen* Bokmål und Nynorsk, *Religion* 96% Protestanten, 0,2% Katholiken.

Wirtschaft: *Erwerbstätigkeit:* Erwerbstätige insgesamt 1,77 Mill. (1976), davon in Land- und Forstwirtschaft, Fischerei 180 000, Industrie 420 000, Bauwesen 145 000, Handel 238 000, Verkehr und Nachrichtenwesen 166 000, Erziehungs- und Gesundheitswesen 293 000, öffentl. Dienstleistungen 86 000. – *Landwirtschaft:* Nutzfläche 988 000 ha, davon 829 000 ha Ackerland, 159 000 ha Wiesen und Weiden, 8,33 Mill. ha Wald. – Produktion (Auswahl; 1975): Fischanlandungen 2,307 Mill. t, 1,7 Mill. l Milch. – *Bergbau, Industrie und Elektrizitätserzeugung* (Auswahl; 1975): Erdöl 9,3 Mill. t, Kohle 389 307 t, Eisenpyrite 473 000 t, Roheisen 637 638 t, Rohstahl 914 011 t, Eisenerz 4,1 Mill. t, Kupfererz 104 955 t, Zement 2,8 Mill. t, Zellstoff 0,9 Mill. t, Papier und Pappe 1,1 Mill. t, Aluminium 590 885 t, Elektrizitätserzeugung 77,6 Mill. kWh. – *Außenhandel* (1976): Export 43 149,7 Mill. nkr, Import 60 467,8 Mill. nkr. Haupthandelspartner sind Schweden, Großbritannien, BRD, USA, Dänemark. Hauptexportgüter sind Fisch und Fischprodukte, Erdöl und Erdölprodukte, Papiermasse, Papier und Pappe, NE-Metalle, chem. Erzeugnisse, Transportfahrzeuge. Hauptimportgüter sind Maschinen und Fahrzeuge, Eisen und Stahl, Nahrungs- und Genußmittel, Textilien, chem. Erzeugnisse. – *Währung* ↑Übersicht Währungen. – *BIP* (1975) zu Marktpreisen in jeweiligen Preisen 147 934 Mill. nkr.

Verkehr: *Eisenbahnen:* Streckenlänge 4 241 km, davon 2 440 km elektrifiziert, 1 944 Mill. Personenkilometer, 2 556 Mill. Nettotonnenkilometer (1975). – *Straßen:* 74 796 km, davon 138 km Autobahn, 24 550 km Hauptstraßen, 30 079 km Regionalstraßen. – *Schiffahrt* (1976): Handelsflotte mit 26 862 843 BRT. – *Luftverkehr* (1975): 2 964 Mill. Personenkilometer, 105,8 Mill. Nettotonnenkilometer.

Norwegen. Ein sogenannter „Friedenspreis des Volkes" wird drei führenden Persönlichkeiten – (von links nach rechts) M. Corrigan, C. McKeown und B. Williams – der Friedensbewegung in Nordirland in Oslo verliehen

Erdöl- und Erdgassektor der Industrie. Die Industrie hatte im Herbst 1975 die Talsohle erreicht. Seitdem zeichnet sich ein Aufschwung ab, der aber hinter den Erwartungen zurückgeblieben ist. Die Auslandsnachfrage ist zwar gestiegen, hat sich aber wegen des großen Lageraufbaus in den letzten Jahren nur wenig auf die Industrieproduktion ausgewirkt. Die Erdölförderung im Ekofiskfeld konnte im zweiten Halbjahr 1976 in größerem Umfang aufgenommen werden. Insgesamt wurden 1976 14 Mill. t Erdöl durch die im Herbst 1975 in Betrieb genommene Pipeline nach Teeside (Großbritannien) befördert, mit einem Ausfuhrwert von 7,3 Mrd. nkr. Bei einem Eigenbedarf von ca. 10 Mill. t wurde N. 1976 gleichzeitig Nettoexporteur von Erdöl. Für die norweg. Handelsflotte brachte das Jahr 1976 keine spürbare Besserung der schwierigen Frachtensituation. Mit den nur zu ca. 70% ausgelasteten Kapazitäten wurde 1976 trotzdem noch ein Nettoerlös von 8,2 Mrd. nkr erzielt. Im Außenhandel und in der Zahlungsbilanz hat sich das starke Ungleichgewicht der letzten Jahre 1976 noch erhebl. vergrößert.

Norwegen. Der im Januar zurückgetretene Regierungschef T. Bratteli

Innen- und Außenpolitik: Innenpolit. begann das Jahr mit einem Regierungswechsel: Am 8. Jan. erklärte Ministerpräsident T. Bratteli seinen Rücktritt; er wurde sozialdemokrat. Fraktionsvorsitzender. Der Rücktritt T. Brattelis war seit langem bekannt; er wollte rechtzeitig vor der Wahl einem Jüngeren Platz machen. Zu seinem Nachfolger wählte die Arbeiterpartei O. Nordli, der ein Minderheitskabinett bildete. Als wichtigste Aufgabe seiner Regierung bezeichnete Nordli die Lösung wirtschaftl. Probleme. – Im Nov. konnte eine innenpolit. Krise nur knapp abgewendet werden. Industrieminister B. Gjerde hatte das Parlament und die Öffentlichkeit unzureichend über die Kosten informiert, die bei der Suche nach Erdöl und Erdgas für das sog. Statfjord-Projekt entstehen würden. Die bürgerl. Oppositionsparteien konnten nachweisen, daß Gjerdes Ministerium über Kostenüberschreitungen informiert war, dies aber verheimlichte. Im Dez. kam es abermals zu einer scharfen polit. Auseinandersetzung um die „Banken-Demokratisierung". Die Regierungsabsicht, die Führungsgremien der Banken mehrheitl. vom Parlament benennen zu lassen, rief scharfen Widerspruch der Opposition hervor.

In der norweg. Außenpolitik ging es 1976 v. a. um die Auseinandersetzung mit der UdSSR über die Fischereizonen. Im Sept. ließ die Regierung durch Außenminister K. Freydenlund der sowjet. Regierung ihren Protest gegen Raketenversuche in der Barentssee übermitteln, da dadurch die norweg. Fischerei und der Schiffsverkehr in so gravierender Weise belastet würden, wie es für gutnachbarl. Beziehungen nicht wünschenswert sei. Im Nov. kam es daraufhin zu einem neuen norweg.-sowjet. Abkommen über die Beziehungen beider Länder im Bereich des Fischereiwesens. Das Abkommen regelt das Verfahren auf hoher See, in Laichgewässern und Flüssen, hielt die UdSSR aber nicht von weiteren Raketenversuchen in der Barentssee ab. Am Jahresende waren die Verhandlungen Norwegen–UdSSR über Fragen der Aufteilung des Festlandsockels und der exakten Zuteilung der Fischfangbereiche festgefahren, da die Norweger die sowjet. Forderungen nicht anerkannten.

O

NOSS (NOSS 1) ↑tabellar. Übersicht Weltraumfahrt.

Nsubuga, Emmanuel, * Kisule (bei Kampala) 11. Nov. 1914, ugand. kath. Theologe, Erzbischof von Kampala. 1946 zum Priester geweiht, seit 1966 Erzbischof der Erzdiözese Kampala. Wurde im Mai 1976 zum Kardinal ernannt.

OAPEC, Abk. für engl.: **O**rganization of the **A**rab **P**etroleum **E**xporting **C**ountries, Organisation der arab. Erdöl exportierenden Länder. Beim Treffen des Ministerrats der OAPEC in Bagdad (3. und 4. Mai) wurde A. A. Attiga erneut zum Generalsekretär bestellt. Die OAPEC-Erdölminister beschlossen bei einem Treffen in Kuwait (23. und 24. Nov.) die Gründung eines Erdölinstituts für 12 Mill. $.

OAU, Abk. für engl.: **O**rganization of **A**frican **U**nity, Organisation für Afrikan. Einheit. Eine außerordentl. OAU-Gipfelkonferenz zur Frage der Anerkennung der angolan. MPLA-Regierung (10.–12. Jan. in Addis Abeba) endete mit einem Patt. Die offizielle Anerkennung konnte dann am 11. Febr. doch noch durch einfache Mehrheit vollzogen werden, weil Uganda, das sich bisher der Stimme enthalten hatte, die Anerkennung beschloß. Die zwei Ministerratssitzungen, die in Addis Abeba (Febr.) und Port Louis (Juni) stattfanden, nahmen im Hinblick auf das südl. Afrika zwar zunehmend scharf formulierte Resolutionen an, die von der Konferenz der Staatsoberhäupter (Juli, ebenfalls in Port Louis) gebilligt wurden, doch war die OAU nicht in der Lage, umstrittene Probleme wie etwa Westsahara oder Dschibuti zu lösen.

Auf verschiedenen Sitzungen des OAU-Befreiungsausschusses wurde den Befreiungsbewegungen des südl. Afrika verstärkte finanzielle und materielle Hilfe zugesagt, doch gelang es nicht, die

Fortsetzung S. 212

XII. OLYMPISCHE WINTERSPIELE IN INNSBRUCK

(4. Februar bis 15. Februar 1976)

Bob

Zweierbob (4 Läufe)
G: M. Nehmer/B. Germeshausen (DDR II) 3:44,42 min
S: W. Zimmerer/M. Schumann (BRD I) 3:44,99 min
B: E. Schaerer/J. Benz (Schweiz I) 3:45,70 min

Viererbob (4 Läufe)
G: M. Nehmer/J. Babok/B. Germeshausen/ B. Lehmann (DDR I) 3:40,43 min
S: E. Schaerer/U. Bächli/R. Marti/ J. Benz (Schweiz II) 3:40,88 min
B: W. Zimmerer/P. Utzschneider/ B. Bittner/M. Schumann (BRD I) 3:41,37 min

Bob. Meinhard Nehmer und Bernhard Germeshausen (DDR) beherrschten die Bobkonkurrenzen eindeutig

Eishockey

G: UdSSR
S: ČSSR
B: BRD

Eishockey. Die Mannschaft der BRD gewann völlig überraschend die Bronzemedaille

Eiskunstlauf

Herreneinzel
G: John Curry (Großbritannien) 11/192,74 Punkte
S: Wladimir Kowalew (UdSSR) 28/187,64 Punkte
B: Toller Cranston (Kanada) 30/187,38 Punkte

Dameneinzel
G: Dorothy Hamill (USA) 9/193,80 Punkte
S: Dianne de Leeuw (Niederlande) 20/190,24 Punkte
B: Christine Errath (DDR) 28/188,16 Punkte

Paarlauf
G: I. Rodnina/A. Saizew (UdSSR) 9/140,54 Punkte
S: R. Kermer/R. Österreich (DDR) 21/136,35 Punkte
B: M. Gross/U. Kagelmann (DDR) 34/134,57 Punkte

Eiskunstlauf. Der Engländer John Curry siegte in der Konkurrenz der Herren

Eiskunstlauf. Goldmedaille im Eistanzen für Pachomowa/ Gorschkow (UdSSR)

Eisschnellauf. Über 1 000 m der Herren siegte überlegen der Amerikaner Peter Müller

Eistanzen
G: L. Pachomowa/A. Gorschkow (UdSSR) 9/209,92 Punkte
S: I. Moissewa/A. Minenkow (UdSSR) 20/204,88 Punkte
B: C. O'Connor/J. Millns (USA) 27/202,64 Punkte

Eisschnellauf

Männer

500 m
G: Jewgeni Kulikow (UdSSR) 39,17 sec
S: Waleri Muratow (UdSSR) 39,25 sec
B: Daniel Immerfall (USA) 39,54 sec

1 000 m
G: Peter Müller (USA) 1:19,32 min
S: Jörn Didriksen (Norwegen) 1:20,45 min
B: Waleri Muratow (UdSSR) 1:20,57 min

1 500 m
G: Jan Egil Storholt (Norwegen) 1:59,38 min
S: Juri Kondakow (UdSSR) 1:59,97 min
B: Hans van Helden (Niederlande) 2:00,87 min

5 000 m
G: Sten Stensen (Norwegen) 7:24,48 min
S: Piet Kleine (Niederlande) 7:26,47 min
B: Hans van Helden (Niederlande) 7:26,54 min

10 000 m
G: Piet Kleine (Niederlande) 14:50,59 min
S: Sten Stensen (Norwegen) 14:53,30 min
B: Hans van Helden (Niederlande) 15:02,02 min

Frauen

500 m
G: Sheila Young (USA) 42,76 sec
S: Cathy Priestner (Kanada) 43,12 sec
B: Tatjana Awerina (UdSSR) 43,17 sec

1 000 m
G: Tatjana Awerina (UdSSR) 1:28,43 min
S: Leah Poulos (USA) 1:28,57 min
B: Sheila Young (USA) 1:29,14 min

1 500 m
G: Galina Stepanskaja (UdSSR) 2:16,58 min
S: Sheila Young (USA) 2:17,06 min
B: Tatjana Awerina (UdSSR) 2:17,96 min

3 000 m
G: Tatjana Awerina (UdSSR) 4:45,19 min
S: Andrea Mitscherlich (DDR) 4:45,23 min
B: Lisbeth Korsmo (Norwegen) 4:45,24 min

Rodeln

Männer

Einsitzer (4 Läufe)
G: Detlef Günther (DDR) 3:27,688 min
S: Josef Fendt (BRD) 3:28,196 min
B: Hans Rinn (DDR) 3:28,574 min

Doppelsitzer (2 Läufe)
G: H. Rinn/N. Hahn (DDR) 1:25,604 min
S: H. Brandner/B. Schwarm (BRD) 1:25,889 min
B: R. Schmid/F. Schachner (Österreich) 1:25,919 min

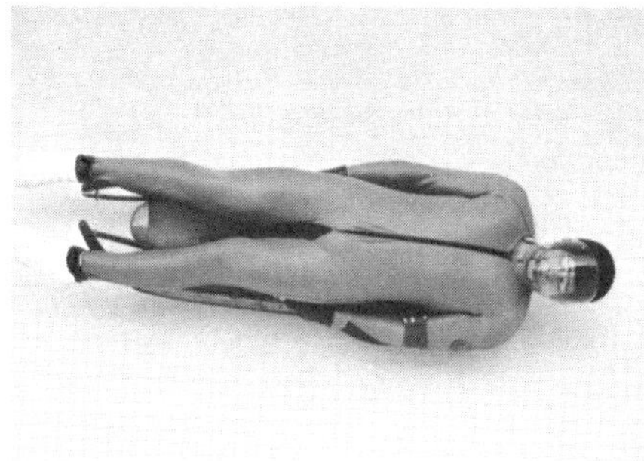

Rodeln. Detlef Günther aus der DDR beherrschte den Wettbewerb der Männer

Frauen

Einsitzer (4 Läufe)
G: Margit Schumann (DDR) 2:50,621 min
S: Ute Rührold (DDR) 2:50,846 min
B: Elisabeth Demleitner (BRD) 2:51,056 min

Skilauf, alpin

Männer

Abfahrtslauf
G: Franz Klammer (Österreich) 1:45,73 min
S: Bernhard Russi (Schweiz) 1:46,06 min
B: Herbert Plank (Italien) 1:46,59 min

Riesenslalom (2 Läufe)
G: Heini Hemmi (Schweiz) 3:26,97 min
S: Ernst Good (Schweiz) 3:27,17 min
B: Ingemar Stenmark (Schweden) 3:27,41 min

Spezialslalom (2 Läufe)
G: Piero Gros (Italien) 2:03,29 min
S: Gustav Thöni (Italien) 2:03,73 min
B: Willy Frommelt (Liechtenstein) 2:04,28 min

Frauen

Abfahrtslauf
G: Rosi Mittermaier (BRD) 1:46,16 min
S: Brigitte Totschnig (Österreich) 1:46,68 min
B: Cynthia Nelson (USA) 1:47,50 min

Alpiner Skilauf. Goldmedaillengewinner Franz Klammer (Österreich) in rasanter Abfahrt

Alpiner Skilauf. Rosi Mittermaier (BRD) unterwegs zur Abfahrtsgoldmedaille (links) und als Siegerin im Spezialslalom zusammen mit Claudia Giordani (Italien; links) und Hanni Wenzel (Liechtenstein)

Alpiner Skilauf. Spezialslalom-Olympiasieger Piero Gros (Italien; links) und die Kanadierin Kathy Kreiner, die den Riesenslalom gewann

Riesenslalom

G: Kathy Kreiner (Kanada) 1:29,13 min
S: Rosi Mittermaier (BRD) 1:29,25 min
B: Daniele Debernard (Frankreich) 1:29,95 min

Spezialslalom (2 Läufe)

G: Rosi Mittermaier (BRD) 1:30,54 min
S: Claudia Giordani (Italien) 1:30,87 min
B: Hanni Wenzel (Liechtenstein) 1:32,20 min

Nordischer Skilauf. Sergei Sawelijew (UdSSR) wurde überlegener Sieger im 30-km-Langlauf

Skilauf, nordisch

Männer

Biathlon-Einzel

G: Nikolai Kruglow (UdSSR) 1:14:12,26 Std.
S: Heikki Ikola (Finnland) 1:15:54,10 Std.
B: Alexandr Jelisarow (UdSSR) 1:16:05,57 Std.

Biathlon-Staffel

G: UdSSR 1:57:55,64 Std.
B: Finnland 2:01:45,58 Std.
B: DDR 2:04:08,61 Std.

15-km-Langlauf

G: Nikolai Bajukow (UdSSR) 43:58,47 min
S: Jewgeni Beljajew (UdSSR) 44:01,10 min
B: Arto Koivisto (Finnland) 44:19,25 min

30-km-Langlauf

G: Sergei Sawelijew (UdSSR) 1:30:29,38 Std.
S: William Koch (USA) 1:30:57,84 Std.
B: Iwan Garanin (UdSSR) 1:31:09,29 Std.

50-km-Langlauf

G: Ivar Formo (Norwegen) 2:37:30,05 Std.
S: Gert-Dietmar Klause (DDR) 2:38:13,21 Std.
B: Benny Sødergren (Schweden) 2:39:39,21 Std.

4mal-10-km-Staffel

G: Finnland 2:07:59,72 Std.
S: Norwegen 2:09:58,36 Std.
B: UdSSR 2:10:51,46 Std.

Nordischer Skilauf. Der Sieger der nordischen Kombination, Ulrich Wehling (DDR), beim Sprung (links) und der Zweitplazierte, Urban Hettich (BRD), in der Loipe

Nordische Kombination

G:	Ulrich Wehling (DDR)	423,39 Punkte
S:	Urban Hettich (BRD)	418,90 Punkte
B:	Konrad Winkler (DDR)	417,47 Punkte

Spezialsprunglauf (Normalschanze)

G:	Hans-Georg Aschenbach (DDR)	252,0 Punkte
S:	Jochen Danneberg (DDR)	246,2 Punkte
B:	Karl Schnabl (Österreich)	242,0 Punkte

Spezialsprunglauf (Großschanze)

G:	Karl Schnabl (Österreich)	234,8 Punkte
S:	Anton Innauer (Österreich)	232,9 Punkte
B:	Henry Glass (DDR)	221,7 Punkte

Frauen

5-km-Langlauf

G:	Helena Takalo (Finnland)	15:48,69 min
S:	Raisa Smetanina (UdSSR)	15:49,73 min
B:	Nina Baldischewa (UdSSR)	16:12,82 min

10-km-Langlauf

G:	Raisa Smetanina (UdSSR)	30:13,41 min
S:	Helena Takalo (Finnland)	30:14,28 min
B:	Galina Kulakowa (UdSSR)	30:38,61 min

Nordischer Skilauf. Der Österreicher Karl Schnabl, Sieger beim Springen von der Großschanze, in stilistisch einwandfreier Luftfahrt

Nordischer Skilauf. Die Finnin Helena Takalo gewann eine Gold- und zwei Silbermedaillen

4mal-5-km-Staffel

G:	UdSSR	1:07:49,75 Std.
S:	Finnland	1:08:36,57 Std.
B:	DDR	1:09:57,95 Std.

Medaillenspiegel

	Gold	Silber	Bronze
1. UdSSR	13	6	8
2. DDR	7	5	7
3. USA	3	3	4
4. Norwegen	3	3	1
5. BRD	2	5	3
6. Finnland	2	4	1
7. Österreich	2	2	2
8. Schweiz	1	3	1
9. Niederlande	1	2	3
10. Italien	1	2	1
11. Kanada	1	1	1
12. Großbritannien	1	–	–
13. ČSSR	–	1	–
14. Liechtenstein	–	–	2
15. Schweden	–	–	2
16. Frankreich	–	–	1

XXI. OLYMPISCHE SOMMERSPIELE IN MONTREAL

(17. Juli bis 1. August 1976)

Bogenschießen

Männer

G:	Darrell Pace (USA)	2 571 Punkte
S:	Hiroshi Michinaja (Japan)	2 502 Punkte
B:	Gian Carlo Ferrari (Italien)	2 495 Punkte

Frauen

G:	Luann Ryon (USA)	2 499 Punkte
S:	Walentina Kowpan (UdSSR)	2 460 Punkte
B:	Zebiniso Rustamowa (UdSSR)	2 407 Punkte

Boxen

Halbfliegengewicht
G: Jorge Hermandez (Kuba)
S: Byong Uk Li (Nord-Korea)
B: Payao Pooltarat (Thailand)
Orlando Maldonado (Puerto Rico)

Fliegengewicht
G: Leo Randolph (USA)
S: Ramon Duvalon (Kuba)
B: Dawid Torosjan (UdSSR)
Leszek Blazynski (Polen)

Bantamgewicht
G: Yong Jo Gu (Nord-Korea)
S: Charles Mooney (USA)
B: Patrick Cowdell (Großbritannien)
Wiktor Rybakow (UdSSR)

Boxen. Im Schwergewicht besiegte Teofilo Stevenson (Kuba) im Finale den Rumänen Mircea Simon

Federgewicht
G: Angel Herrera (Kuba)
S: Richard Nowakowski (DDR)
B: Leszek Kosedowski (Polen)
Juan Paredes (Mexiko)

Leichtgewicht
G: Howard Davis (USA)
S: Simion Cutov (Rumänien)
B: Wassili Solomin (UdSSR)
Ace Rusevski (Jugoslawien)

Halbweltergewicht
G: Ray Leonard (USA)
S: Andres Aldama (Kuba)
B: Wladimir Kolew (Bulgarien)
Kazimierz Szczerba (Polen)

Weltergewicht
G: Jochen Bachfeld (DDR)
S: Pedro Gamarro (Venezuela)
B: Reinhard Skricek (BRD)
Victor Zilberman (Rumänien)

Halbmittelgewicht
G: Jerzy Rybicki (Polen)
S: Tadija Kacar (Jugoslawien)
B: Wiktor Sawtschenko (UdSSR)
Rolando Garbey (Kuba)

Mittelgewicht
G: Mike Spinks (USA)
S: Rufat Riskijew (UdSSR)
B: Alec Nastac (Rumänien)
Luis Felipe Martinez (Kuba)

Halbschwergewicht
G: Leon Spinks (USA)
S: Sixto Soria (Kuba)
B: Costica Dafinoiu (Rumänien)
Janusz Gortat (Polen)

Schwergewicht
G: Teofilo Stevenson (Kuba)
S: Mircea Simon (Rumänien)
B: John Tate (USA)
Clarence Hill (Bermudas)

Fechten

Männer

Florett, Einzel
G: Fabio dal Zotto (Italien)
S: Alexandr Romankow (UdSSR)
B: Bernard Talvard (Frankreich)

Florett, Mannschaft
G: BRD
S: Italien
B: Frankreich

Degen, Einzel
G: Alexander Pusch (BRD)
S: Jürgen Hehn (BRD)
B: Györö Kulcsar (Ungarn)

Degen, Mannschaft
G: Schweden
S: BRD
B: Schweiz

Säbel, Einzel
G: Wiktor Krowopuskow (UdSSR)
S: Wladimir Naslimow (UdSSR)
B: Wiktor Sidiak (UdSSR)

Säbel, Mannschaft
G: UdSSR
S: Italien
B: Rumänien

Fechten. Alexander Pusch (BRD) holte Gold im Degeneinzel und mit der Mannschaft Silber

Frauen

Florett, Einzel
G: Ildiko Schwarczenberger (Ungarn)
S: Maria Collino (Italien)
B: Jelena Belowa (UdSSR)

Florett, Mannschaft
G: UdSSR
S: Frankreich
B: Ungarn

Gewichtheben

Fliegengewicht

G:	Alexandr Woronin (UdSSR)	242,5 kg
S:	György Koszegi (Ungarn)	237,5 kg
B:	Mohammed Nassiri (Iran)	235,0 kg

Bantamgewicht

G:	Nurair Nurikian (Bulgarien)	262,5 kg
S:	Grzegorz Czyura (Polen)	252,5 kg
B:	Kenkichi Ando (Japan)	250,0 kg

Federgewicht

G:	Nikolai Kolesnikow (UdSSR)	285,0 kg
S:	Georgi Todorow (Bulgarien)	280,0 kg
B:	Kazumasu Hirai (Japan)	275,0 kg

Leichtgewicht

G:	Zbigniew Kaczmarek (Polen)	307,5 kg
S:	Pjotr Korol (UdSSR)	305,0 kg
B:	Daniel Senet (Frankreich)	300,0 kg

Mittelgewicht

G:	Jordan Mitkow (Bulgarien)	335,0 kg
S:	Wartan Militosjan (UdSSR)	330,0 kg
B:	Peter Wenzel (DDR)	327,5 kg

Leichtschwergewicht

G:	Waleri Schari (UdSSR)	365,0 kg
S:	Blagoi Blagojew (Bulgarien)	362,5 kg
B:	Trendafil Stoitschew (Bulgarien)	360,0 kg

Mittelschwergewicht

G:	Dawid Rigert (UdSSR)	382,5 kg
S:	Lee James (USA)	362,5 kg
B:	Atanas Schopow (Bulgarien)	360,0 kg

Schwergewicht

G:	Walentin Christow (Bulgarien)	400,0 kg
S:	Juri Saizew (UdSSR)	385,0 kg
B:	Krastic Semerdew (Bulgarien)	385,0 kg

Superschwergewicht

G:	Wassili Alexejew (UdSSR)	440,0 kg
S:	Gerd Bonk (DDR)	405,0 kg
B:	Helmut Losch (DDR)	387,5 kg

Judo

Leichtgewicht
G: Hector Rodriguez (Kuba)
S: Eun Kyun Chang (Süd-Korea)
B: Joszef Tuncsik (Ungarn)
Felice Mariani (Italien)

Weltergewicht
G: Wladimir Newzorow (UdSSR)
S: Koji Kuramoto (Japan)
B: Patrick Vial (Frankreich)
Marian Talaj (Polen)

Mittelgewicht
G: Isamu Sonoda (Japan)
S: Waleri Dwoinikow (UdSSR)
B: Young Chul Park (Süd-Korea)
Slavko Obadov (Jugoslawien)

Halbschwergewicht
G: Kazuhiro Ninomiya (Japan)
S: Ramas Harschiladse (UdSSR)
B: Jörg Röthlisberger (Schweiz)
David Starbrook (Großbritannien)

Schwergewicht
G: Sergei Nowikow (UdSSR)
S: Günther Neureuther (BRD)
B: Allan Coage (USA)
Sumio Endo (Japan)

Offene Klasse
G: Haruki Uemura (Japan)
S: Keith Remfry (Großbritannien)
B: Schota Schotschiswili (UdSSR)
Jeaki Cho (Süd-Korea)

Gewichtheben. Der stärkste Mann der Welt, Wassili Alexejew aus der UdSSR

Kanu

Männer

Einer-Kajak (500 m)

G:	Vasile Diba (Rumänien)	1:46,41 min
S:	Zoltan Sztanity (Ungarn)	1:46,95 min
B:	Rüdiger Helm (DDR)	1:48,30 min

Einer-Kajak (1 000 m)

G:	Rüdiger Helm (DDR)	3:48,20 min
S:	Geza Csapo (Ungarn)	3:48,95 min
B:	Vasile Diba (Rumänien)	3:49,65 min

Zweier-Kajak (500 m)

G:	Mattern/Olbricht (DDR)	1:35,87 min
S:	Nagorni/Romanowski (UdSSR)	1:36,81 min
B:	Serghei/Malhin (Rumänien)	1:37,43 min

Zweier-Kajak (1 000 m)

G:	Nagorni/Romanowski (UdSSR)	3:29,01 min
S:	Mattern/Olbricht (DDR)	3:29,33 min
B:	Bako/Szabo (Ungarn)	3:30,36 min

Vierer-Kajak (1 000 m)

G:	UdSSR	3:08,69 min
S:	Spanien	3:08,95 min
B:	DDR	3:10,76 min

Einer-Canadier (500 m)

G:	Alexandr Rogow (UdSSR)	1:59,23 min
S:	John Wood (Kanada)	1:59,58 min
B:	Matija Ljubek (Jugoslawien)	1:59,60 min

Einer-Canadier (1 000 m)

G:	Matija Ljubek (Jugoslawien)	4:09,51 min
S:	Wassili Urschenko (UdSSR)	4:12,57 min
B:	Tamas Wichmann (Ungarn)	4:14,11 min

Zweier-Canadier (500 m)

G:	Petrenko/Winogradow (UdSSR)	1:45,81 min
S:	Opara/Gronowicz (Polen)	1:47,77 min
B:	Buday/Frey (Ungarn)	1:48,35 min

Zweier-Canadier (1 000 m)

G:	Petrenko/Winogradow (UdSSR)	3:52,76 min
S:	Danielov/Simionov (Rumänien)	3:54,28 min
B:	Buday/Frey (Ungarn)	3:55,66 min

Frauen

Einer-Kajak

G:	Carola Zirzow (DDR)	2:01,05 min
S:	Tatjana Korschunowa (UdSSR)	2:03,07 min
B:	Klara Rajnai (Ungarn)	2:05,01 min

Zweier-Kajak

G:	Gopowa/Kreft (UdSSR)	1:51,15 min
S:	Pfeffer/Rajnai (Ungarn)	1:51,69 min
B:	Köster/Zirzow (DDR)	1:51,81 min

Leichtathletik

Männer

100-m-Lauf

G:	Hasely Crawford (Trinidad u. Tobago)	10,06 sec
S:	Donald Quarrie (Jamaika)	10,08 sec
B:	Waleri Borsow (UdSSR)	10,14 sec

Leichtathletik. König der Leichtathletik wurde Bruce Jenner (USA; rechts). Silber und Bronze im Zehnkampf gewannen Guido Kratschmer (BRD; links) und Nikolai Awilow (UdSSR; Mitte)

200-m-Lauf

G:	Donald Quarrie (Jamaika)	20,23 sec
S:	Millard Hampton (USA)	20,29 sec
B:	Dwayne Ewans (USA)	20,43 sec

400-m-Lauf

G:	Alberto Juantorena (Kuba)	44,26 sec
S:	Fred Newhouse (USA)	44,40 sec
B:	Herman Frazier (USA)	44,95 sec

800-m-Lauf

G:	Alberto Juantorena (Kuba)	1:43,50 min
S:	Ivo Vandamme (Belgien)	1:43,86 min
B:	Rick Wohlhuter (USA)	1:44,12 min

1 500-m-Lauf

G:	John Walker (Neuseeland)	3:39,17 min
S:	Ivo van Damme (Belgien)	3:39,27 min
B:	Paul-Heinz Wellmann (BRD)	3:39,33 min

5 000-m-Lauf

G:	Lasse Viren (Finnland)	13:24,76 min
S:	Dick Quax (Neuseeland)	13:25,16 min
B:	Klaus-Peter Hildenbrand (BRD)	13:25,38 min

10 000-m-Lauf

G:	Lasse Viren (Finnland)	27:40,38 min
S:	Carlos Lopez (Portugal)	27:45,17 min
B:	Brendan Foster (Großbritannien)	27:54,92 min

Marathonlauf

G:	Waldemar Cierpinski (DDR)	2:09:55,0 Std.
S:	Frank Shorter (USA)	2:10:45,8 Std.
B:	Karel Lismont (Belgien)	2:11:12,6 Std.

110-m-Hürdenlauf

G:	Guy Drut (Frankreich)	13,30 sec
S:	Alejandro Casanas (Kuba)	13,33 sec
B:	Willie Davenport (USA)	13,38 sec

400-m-Hürdenlauf

G:	Edwin Moses (USA)	47,64 sec
S:	Michael Shine (USA)	48,69 sec
B:	Jewgeni Gawrilenko (UdSSR)	49,45 sec

3 000-m-Hindernislauf

G:	Anders Gärderud (Schweden)	8:08,02 min
S:	Bronisław Malinowski (Polen)	8:09,11 min
B:	Frank Baumgartl (DDR)	8:10,36 min

4mal-100-m-Staffel

G:	USA	38,33 sec
S:	DDR	38,66 sec
B:	UdSSR	38,78 sec

4mal-400-m-Staffel

G: USA	2:58,7 min
S: Polen	3:01,4 min
B: BRD	3:02,0 min

20-km-Straßengehen

G: Daniel Bautista (Mexiko)	1:24:40,0 Std.
S: Hans Reimann (DDR)	1:25:13,8 Std.
B: Peter Frenkel (DDR)	1:25:29,4 Std.

Hochsprung

G: Jacek Wszoła (Polen)	2,25 m
S: Greg Joy (Kanada)	2,23 m
B: Dwight Stones (USA)	2,21 m

Stabhochsprung

G: Tadeusz Slusarski (Polen)	5,50 m
S: Antti Kalliomäki (Finnland)	5,50 m
B: David Roberts (USA)	5,50 m

Weitsprung

G: Arnie Robinson (USA)	8,35 m
S: Randy Williams (USA)	8,11 m
B: Frank Wartenberg (DDR)	8,02 m

Dreisprung

G: Wiktor Sanejew (UdSSR)	17,29 m
S: James Butts (USA)	17,18 m
B: Joao de Oliveira (Brasilien)	16,90 m

Kugelstoßen

G: Udo Beyer (DDR)	21,05 m
S: Jewgeni Mironow (UdSSR)	21,03 m
B: Alexandr Baryschnikow (UdSSR)	21,00 m

Diskuswurf

G: Mac Wilkins (USA)	67,50 m
S: Wolfgang Schmidt (DDR)	66,22 m
B: John Powell (USA)	65,70 m

Hammerwurf

G: Juri Sedich (UdSSR)	77,52 m
S: Alexei Spiridonow (UdSSR)	76,08 m
B: Anatoli Bondartschuk (UdSSR)	75,48 m

Speerwurf

G: Miklos Nemeth (Ungarn)	94,58 m
S: Hannu Siitonen (Finnland)	87,92 m
B: Gheorghe Megelea (Rumänien)	87,16 m

Zehnkampf

G: Bruce Jenner (USA)	8 618 Punkte
S: Guido Kratschmer (BRD)	8 411 Punkte
B: Nikolai Awilow (UdSSR)	8 369 Punkte

Frauen

100-m-Lauf

G: Annegret Richter (BRD)	11,08 sec
S: Renate Stecher (DDR)	11,13 sec
B: Inge Helten (BRD)	11,17 sec

200-m-Lauf

G: Bärbel Eckert (DDR)	22,37 sec
S: Annegret Richter (BRD)	22,39 sec
B: Renate Stecher (DDR)	22,47 sec

400-m-Lauf

G: Irena Szewińska (Polen)	49,29 sec
S: Christina Brehmer (DDR)	50,51 sec
B: Ellen Streidt (DDR)	50,55 sec

800-m-Lauf

G: Tatjana Kasankina (UdSSR)	1:54,94 min
S: Nikolina Schterewa (Bulgarien)	1:55,42 min
B: Elfi Zinn (DDR)	1:55,60 min

1 500-m-Lauf

G: Tatjana Kasankina (UdSSR)	4:05,48 min
S: Gunhild Hoffmeister (DDR)	4:06,02 min
B: Ulrike Klapezynski (DDR)	4:06,09 min

100-m-Hürdenlauf

G: Johanna Schaller (DDR)	12,77 sec
S: Tatjana Anisimowa (UdSSR)	12,78 sec
B: Natalja Lebedjewa (UdSSR)	12,80 sec

4mal-100-m-Staffel

G: DDR	42,55 sec
S: BRD	42,59 sec
B: UdSSR	43,09 sec

4mal-400-m-Staffel

G: DDR	3:19,2 min
S: USA	3:22,8 min
B: UdSSR	3:24,2 min

Leichtathletik. Der Zieleinlauf im 100-m-Lauf der Frauen: Annegret Richter (BRD) vor Renate Stecher (DDR) und Inge Helten (BRD). Rechts: im Finale der 4mal-100-m-Staffel lagen die bundesdeutschen Mädchen beim letzten Wechsel von Annegret Richter zu Annegret Kroninger noch vor der DDR, die dann aber noch siegte

Leichtathletik. Rosemarie Ackermann (DDR) siegte im Hochsprung

Hochsprung
G: Rosemarie Ackermann (DDR) 1,93 m
S: Sara Simeoni (Italien) 1,91 m
B: Jordanka Blagojewa (Bulgarien) 1,91 m

Weitsprung
G: Angela Voigt (DDR) 6,72 m
S: Kathy McMillan (USA) 6,66 m
B: Lidija Alfejewa (UdSSR) 6,60 m

Kugelstoßen
G: Iwanka Christowa (Bulgarien) 21,16 m
S: Nadeschda Tschischowa (UdSSR) 20,96 m
B: Helena Fibingerova (ČSSR) 20,67 m

Diskuswurf
G: Evelin Schlaak (DDR) 69,00 m
S: Maria Wergowa (Bulgarien) 67,30 m
B: Gabriele Hinzmann (DDR) 66,84 m

Speerwurf
G: Ruth Fuchs (DDR) 65,94 m
S: Marion Becker (BRD) 64,70 m
B: Kathryn Schmidt (USA) 63,96 m

Fünfkampf
G: Siegrun Siegl (DDR) 4 745 Punkte
S: Christine Laser (DDR) 4 745 Punkte
B: Burglinde Pollak (DDR) 4 740 Punkte

Leichtathletik. Weitsprungolympiasiegerin wurde Angela Voigt (DDR)

Mannschaftswettbewerbe

Basketball

Männer
G: USA
S: Jugoslawien
B: UdSSR

Frauen
G: UdSSR
S: USA
B: Bulgarien

Fußball

G: DDR
S: Polen
B: UdSSR

Hallenhandball

Männer
G: UdSSR
S: Rumänien
B: Polen

Frauen
G: UdSSR
S: DDR
B: Ungarn

Hockey

G: Neuseeland
S: Australien
B: Pakistan

Volleyball

Männer
G: Polen
S: UdSSR
B: Kuba

Frauen
G: Japan
S: UdSSR
B: Süd-Korea

Moderner Fünfkampf

Einzelwertung
G: Janusz Pyciak-Peciak (Polen) 5 520 Punkte
S: Pawel Lednew (UdSSR) 5 485 Punkte
B: Jan Bartu (ČSSR) 5 466 Punkte

Mannschaftswertung
G: Großbritannien 15 559 Punkte
S: ČSSR 15 451 Punkte
B: Ungarn 15 395 Punkte

Radsport

1 000-m-Sprint
G: Anton Tkac (ČSSR)
S: Daniel Morelon (Frankreich)
B: Hans-Jürgen Geschke (DDR)

1 000-m-Zeitfahren
G: Klaus-Jürgen Grünke (DDR) 1:05,927 min
S: Michel Vaarten (Belgien) 1:07,516 min
B: Niels Fredborg (Dänemark) 1:07,617 min

Springprüfung, Einzelwertung
G: Alwin Schockemöhle (BRD) 0 Punkte
S: Michel Vaillancourt (Kanada) 4 Punkte
B: François Mathy (Belgien) 8 Punkte

Preis der Nationen
G: Frankreich 40 Punkte
S: BRD 44 Punkte
B: Belgien 63 Punkte

Ringen

Freistil

Papiergewicht
G: Hassan Isajew (Bulgarien)
S: Roman Dimitrijew (UdSSR)
B: Akira Kudo (Japan)

Fliegengewicht
G: Yuji Takada (Japan)
S: Alexandr Iwanow (UdSSR)
B: Hae Sup Jeon (Süd-Korea)

Bantamgewicht
G: Wladimir Jumin (UdSSR)
S: Hans-Dieter Brüchert (DDR)
B: Masao Arai (Japan)

Federgewicht
G: Jung Mo Yang (Süd-Korea)
S: Zeveg Oidow (Mongolei)
B: Gene Davis (USA)

Leichtgewicht
G: Pawel Pinigin (UdSSR)
S: Lloyd Keaser (USA)
B: Yasaburo Sugawara (Japan)

Weltergewicht
G: Jichiro Date (Japan)
S: Mansour Barzegar (Iran)
B: Stanley Dziedzic (USA)

Mittelgewicht
G: John Peterson (USA)
S: Wiktor Nowoschilow (UdSSR)
B: Adolf Seger (BRD)

Halbschwergewicht
G: Lewan Tediaschwili (UdSSR)
S: Ben Peterson (USA)
B: Stelica Morcov (Rumänien)

Schwergewicht
G: Iwan Jarygin (UdSSR)
S: Russel Hellickson (USA)
B: Dimo Kostow (Bulgarien)

Superschwergewicht
G: Soslan Andiew (UdSSR)
S: Jozsef Balla (Ungarn)
B: Ladislav Simon (Rumänien)

Griechisch-römischer Stil

Papiergewicht
G: Alexei Schumakow (UdSSR)
S: Georche Bergeanu (Rumänien)
B: Stefan Angelow (Bulgarien)

Fliegengewicht
G: Witali Konstantinow (UdSSR)
S: Nicu Ginga (Rumänien)
B: Koichiro Hirayama (Japan)

Bantamgewicht
G: Pertti Ukkola (Finnland)
S: Ivan Frgić (Jugoslawien)
B: Farhat Mustafin (UdSSR)

Federgewicht
G: Kazimierz Lipień (Polen)
S: Nelson Dawidian (UdSSR)
B: Laszlo Reczi (Ungarn)

Leichtgewicht
G: Suren Nalbandjan (UdSSR)
S: Stefan Rusu (Rumänien)
B: Heinz-Helmut Wehling (DDR)

Weltergewicht
G: Anatoli Bykow (UdSSR)
S: Vitezlav Macha (ČSSR)
B: Karl-Heinz Helbing (BRD)

Mittelgewicht
G: Momir Petković (Jugoslawien)
S: Wladimir Scheboxarow (UdSSR)
B: Iwan Kolew (Bulgarien)

Halbschwergewicht
G: Waleri Resanzew (UdSSR)
S: Styan Nikolow (Bulgarien)
B: Czesław Kwiecinski (Polen)

Schwergewicht
G: Nikolai Bolboschin (UdSSR)
S: Kamen Goranow (Bulgarien)
B: Andrzej Skrzylewski (Polen)

Superschwergewicht
G: Alexandr Kolchinski (UdSSR)
S: Alexandr Tomow (Bulgarien)
B: Roman Codreanu (Rumänien)

Rudern

Männer

Einer
G: Pertti Karppinen (Finnland) 7:29,03 min
S: Peter-Michael Kolbe (BRD) 7:31,67 min
B: Joachim Dreifke (DDR) 7:38,03 min

Doppelzweier
G: Norwegen 7:13,20 min
S: Großbritannien 7:15,26 min
B: DDR 7:17,45 min

Zweier ohne Steuermann
G: DDR 7:23,31 min
S: USA 7:26,73 min
B: BRD 7:30,03 min

Zweier mit Steuermann
G: DDR 7:58,99 min
S: UdSSR 8:01,82 min
B: ČSSR 8:03,28 min

Doppelvierer
G: DDR 6:18,65 min
S: UdSSR 6:19,89 min
B: ČSSR 6:21,77 min

Vierer ohne Steuermann
G: DDR 6:37,42 min
S: Norwegen 6:41,22 min
B: UdSSR 6:42,52 min

Radsport. Der Goldmedaillengewinner des 4 000-m-Einzel-Verfolgungsrennens, Gregor Braun (BRD; links), war zusammen mit Gunter Schumacher, Peter Vonhof und Hans Lutz auch Mitglied der siegreichen Vierermannschaft

4 000-m-Einzel-Verfolgungsrennen

G:	Gregor Braun (BRD)	4:47,61 min
S:	Herman Ponsken (Niederlande)	4:49,72 min
B:	Thomas Huschke (DDR)	4:52,71 min

4 000-m-Mannschafts-Verfolgungsrennen

G:	BRD	4:21,06 min
S:	UdSSR	4:27,15 min
B:	Großbritannien	4:22,41 min

Straßenrennen, Einzel (200 km)

G:	Bernt Johansson (Schweden)	4:46,52 Std.
S:	Guiseppe Martinelli (Italien)	31 sec zurück
B:	Mieczysław Nowicki (Polen)	31 sec zurück

Straßenrennen, Mannschaft (100 km)

G:	UdSSR	2:08,53 Std.
S:	Polen	2:09,13 Std.
B:	Dänemark	2:12,20 Std.

Reiten

Dressur, Mannschaftswertung

G:	BRD	5 155 Punkte
S:	Schweiz	4 684 Punkte
B:	USA	4 647 Punkte

Dressur, Einzelwertung

G:	Christine Stückelberger (Schweiz)	1 486 Punkte
S:	Harry Boldt (BRD)	1 435 Punkte
B:	Reiner Klimke (BRD)	1 395 Punkte

Military, Einzelwertung

G:	Edmund Coffin (USA)	114,99 Punkte
S:	John Plumb (USA)	125,85 Punkte
B:	Karl Schultz (BRD)	129,45 Punkte

Military, Mannschaftswertung

G:	USA	441,00 Punkte
S:	BRD	584,60 Punkte
B:	Australien	599,54 Punkte

Reiten. Harry Boldt, Gabriele Grillo und Rainer Klimcke (BRD) gewannen die Goldmedaille in der Mannschaftsdressur (links). Rechts der überlegene Sieger der Einzelspringprüfung, Alwin Schockemöhle (BRD), auf Warwick

Vierer mit Steuermann

G: UdSSR	6:40,22 min
S: DDR	6:42,70 min
B: BRD	6:46,96 min

Achter

G: DDR	5:58,29 min
S: Großbritannien	6:00,82 min
B: Neuseeland	6:03,51 min

Frauen

Einer

G: Christine Scheiblich (DDR)	4:05,56 min
S: Joan Lind (USA)	4:06,21 min
B: Jelena Antonowa (UdSSR)	4:10,24 min

Doppelzweier

G: Bulgarien	3:44,36 min
S: DDR	3:47,86 min
B: UdSSR	3:49,93 min

Zweier ohne Steuermann

G: Bulgarien	4:01,22 min
S: DDR	4:01,64 min
B: BRD	4:02,35 min

Vierer mit Steuermann

G: DDR	3:45,08 min
S: Bulgarien	3:48,24 min
B: UdSSR	3:49,38 min

Doppelvierer

G: DDR	3:29,99 min
S: UdSSR	3:32,49 min
B: Rumänien	3:32,76 min

Achter

G: DDR	3:33,32 min
S: UdSSR	3:36,17 min
B: USA	3:38,68 min

Schießen

Kleinkaliber-Dreistellungskampf

G: Lanny Bassham (USA)	1 162 Ringe
S: Margaret Murdock (USA)	1 162 Ringe
B: Werner Seibold (BRD)	1 160 Ringe

Kleinkalibergewehr, liegend

G: Karlheinz Smieszek (BRD)	599 Ringe
S: Ulrich Lind (BRD)	597 Ringe
B: Gennadi Luschikow (UdSSR)	595 Ringe

Schnellfeuerpistole

G: Norbert Klaar (DDR)	597 Ringe
S: Jürgen Wiefel (DDR)	596 Ringe
B: Roberto Ferraris (Italien)	595 Ringe

Freie Scheibenpistole

G: Uwe Potteck (DDR)	573 Ringe
S: Harald Vollmar (DDR)	567 Ringe
B: Rudolf Dollinger (Österreich)	562 Ringe

Schießen auf den laufenden Keiler

G: Alexandr Gasow (UdSSR)	579 Ringe
S: Alexandr Kedjarow (UdSSR)	576 Ringe
B: Jerzy Greszkiewicz (Polen)	571 Ringe

Wurftaubenschießen (Trap)

G: Donald Haldemann (USA)	190 Treffer
S: Armando Silva Marques (Portugal)	189 Treffer
B: Ubaldesc Baldi (Italien)	189 Treffer

Wurftaubenschießen (Skeet)

G: Josef Panaček (ČSSR)	198 Treffer
S: Eric Swinkels (Niederlande)	198 Treffer
B: Wiesław Gawlikowski (Polen)	196 Treffer

Schwimmen

Männer

100-m-Freistil

G: Jim Montgomery (USA)	49,99 sec
S: Jack Babashoff (USA)	50,81 sec
B: Peter Nocke (BRD)	51,31 sec

200-m-Freistil

G: Bruce Furniss (USA)	1:50,29 min
S: John Naber (USA)	1:50,50 min
B: Jim Montgomery (USA)	1:50,58 min

400-m-Freistil

G: Brian Goodell (USA)	3:51,93 min
S: Tim Shaw (USA)	3:52,54 min
B: Wladimir Raskatow (UdSSR)	3:55,76 min

1 500-m-Freistil

G: Brian Goodell (USA)	15:02,40 min
S: Bobby Hackett (USA)	15:03,91 min
B: Stephen Holland (Australien)	15:04,66 min

100-m-Brust

G: John Hencken (USA)	1:03,11 min
S: David Wilkie (Großbritannien)	1:03,43 min
B: Arvidas Juzaitis (UdSSR)	1:04,23 min

200-m-Brust

G: David Wilkie (Großbritannien)	2:15,11 min
S: John Hencken (USA)	2:17,26 min
B: Rick Colella (USA)	2:19,20 min

100-m-Rücken

G: John Naber (USA)	55,49 sec
S: Peter Rocca (USA)	56,34 sec
B: Roland Matthes (DDR)	57,22 sec

200-m-Rücken

G: John Naber (USA)	1:59,19 min
S: Peter Rocca (USA)	2:00,55 min
B: Dan Harrigan (USA)	2:01,35 min

100-m-Delphin

G: Matt Vogel (USA)	54,35 sec
S: Joe Bottom (USA)	54,50 sec
B: Gary Hall (USA)	54,65 sec

200-m-Delphin

G: Mike Bruner (USA)	1:59,23 min
S: Steven Gregg (USA)	1:59,54 min
B: Bill Forrester (USA)	1:59,96 min

400-m-Lagen

G: Rod Strachan (USA)	4:23,68 min
S: Tim McKee (USA)	4:24,62 min
B: Andrei Smirnow (UdSSR)	4:26,90 min

4mal-200-m-Freistil-Staffel

G: USA	7:23,22 min
S: UdSSR	7:27,97 min
B: Großbritannien	7:32,11 min

4mal-100-m-Lagen-Staffel

G: USA	3:42,22 min
S: Kanada	3:45,94 min
B: BRD	3:47,29 min

Kunstspringen
G: Phil Boggs (USA) 619,05 Punkte
S: Franco Cagnotto (Italien) 570,48 Punkte
B: Alexandr Kosenko (UdSSR) 567,24 Punkte

Turmspringen
G: Klaus Dibiasi (Italien) 660,51 Punkte
S: Greg Louganis (USA) 576,99 Punkte
B: Wladimir Aleinik (UdSSR) 548,61 Punkte

Wasserball
G: Ungarn
S: Italien
B: Niederlande

Frauen

100-m-Freistil
G: Kornelia Ender (DDR) 55,65 sec
S: Petra Priemer (DDR) 56,49 sec
B: Enith Brigitha (Niederlande) 56,65 sec

200-m-Freistil
G: Kornelia Ender (DDR) 1:59,26 min
S: Shirley Babashoff (USA) 2:01,22 min
B: Enith Brigitha (Niederlande) 2:01,40 min

Schwimmen. Überragende Schwimmerin in Montreal war Kornelia Ender (DDR)

400-m-Freistil
G: Petra Thümer (DDR) 4:09,89 min
S: Shirley Babashoff (USA) 4:10,46 min
B: Shannon Smith (Kanada) 4:14,60 min

800-m-Freistil
G: Petra Thümer (DDR) 8:37,14 min
S: Shirley Babashoff (USA) 8:37,59 min
B: Wendy Weinberg (USA) 8:42,60 min

100-m-Brust
G: Hannelore Anke (DDR) 1:11,16 min
S: Ljubow Rusanowa (UdSSR) 1:13,04 min
B: Marina Koschewaja (UdSSR) 1:13,30 min

200-m-Brust
G: Marina Koschewaja (UdSSR) 2:33,35 min
S: Marina Urschenia (UdSSR) 2:36,08 min
B: Ljubow Rusanowa (UdSSR) 2:36,22 min

100-m-Rücken
G: Ulrike Richter (DDR) 1:01,83 min
S: Birgit Treiber (DDR) 1:03,41 min
B: Nancy Garapick (Kanada) 1:03,71 min

200-m-Rücken
G: Ulrike Richter (DDR) 2:13,43 min
S: Birgit Treiber (DDR) 2:14,97 min
B: Nancy Garapick (Kanada) 2:15,60 min

100-m-Delphin
G: Kornelia Ender (DDR) 1:00,13 min
S: Andrea Pollack (DDR) 1:00,98 min
B: Wendy Boglioli (USA) 1:01,17 min

200-m-Delphin
G: Andrea Pollack (DDR) 2:11,41 min
S: Ulrike Tauber (DDR) 2:12,50 min
B: Rosemarie Gabriel (DDR) 2:12,86 min

400-m-Lagen
G: Ulrike Tauber (DDR) 4:42,77 min
S: Cheryl Gibson (Kanada) 4:48,10 min
B: Becky Smith (Kanada) 4:50,48 min

4mal-100-m-Freistil-Staffel
G: USA 3:44,82 min
S: DDR 3:45,50 min
B: Kanada 3:48,81 min

4mal-100-m-Lagen-Staffel
G: DDR 4:07,95 min
S: USA 4:14,55 min
B: Kanada 4:15,22 min

Kunstspringen
G: Jennifer Chandler (USA) 506,19 Punkte
S: Christa Köhler (DDR) 469,41 Punkte
B: Cynthia McIngvale (USA) 466,83 Punkte

Turmspringen
G: Jelena Waitschekowskaja (UdSSR) 406,59 Punkte
S: Ulrike Knape (Schweden) 402,60 Punkte
B: Deborah Wilson (USA) 401,07 Punkte

Segeln

Finn-Dingi
G: Jochen Schümann (DDR) 35,4 Punkte
S: Andrei Balaschow (UdSSR) 39,7 Punkte
B: John Bertrand (Australien) 46,4 Punkte

470er Klasse
G: Hübner/Bode (BRD) 42,4 Punkte
S: Gorostegui/Millet (Spanien) 49,7 Punkte
B: Brown/Ruff (Australien) 57,0 Punkte

Flying Dutchman
G: Jörg und Eckhart Diesch (BRD) 34,7 Punkte
S: Pattisson/Brooke-Houghton (Großbritannien) 51,7 Punkte
B: Conrad/Ficker (Brasilien) 52,1 Punkte

Tempestklasse
G: Albrechtson/Hansson (Schweden) 14,0 Punkte
S: Mankin/Akimenko (UdSSR) 30,4 Punkte
B: Conner/Findley (USA) 32,7 Punkte

Solingklasse
G: Poul Jensen (Dänemark) 46,7 Punkte
S: John Kolius (USA) 47,4 Punkte
B: Dieter Below (DDR) 47,4 Punkte

Tornado (Katamaran)
G: White/Osborn (Großbritannien) 18,0 Punkte
S: McFaull/Rothwell (USA) 36,0 Punkte
B: Spengler/Schmall (BRD) 37,7 Punkte

Turnen. Überragend im Männer- bzw. Frauenturnen waren Nikolai Andrianow (UdSSR; links) und Nadia Comaneci (Rumänien)

Turnen

Männer

Zwölfkampf, Mannschaftswertung
G: Japan 576,85 Punkte
S: UdSSR 576,45 Punkte
B: DDR 564,65 Punkte

Zwölfkampf, Einzelwertung
G: Nikolai Andrianow (UdSSR) 116,650 Punkte
S: Sawao Kato (Japan) 115,650 Punkte
B: Mitsuo Tsukahara (Japan) 115,575 Punkte

Barren
G: Sawao Kato (Japan) 19,675 Punkte
S: Nikolai Andrianow (UdSSR) 19,500 Punkte
B: Mitsuo Tsukahara (Japan) 19,475 Punkte

Boden
G: Nikolai Andrianow (UdSSR) 19,450 Punkte
S: Wladimir Martschenko (UdSSR) 19,425 Punkte
B: Peter Korman (USA) 19,300 Punkte

Pferdsprung
G: Nikolai Andrianow (UdSSR) 19,450 Punkte
S: Mitsuo Tsukahara (Japan) 19,375 Punkte
B: Hiroshi Kajiyama (Japan) 19,275 Punkte

Reck
G: Mitsuo Tsukahara (Japan) 19,675 Punkte
S: Eizo Kenmotsu (Japan) 19,500 Punkte
B: Eberhard Gienger (BRD) und Henri Boerio (Frankreich) 19,475 Punkte

Ringe
G: Nikolai Andrianow (UdSSR) 19,650 Punkte
S: Alexandr Ditiatin (UdSSR) 19,550 Punkte
B: Danut Grecu (Rumänien) 19,500 Punkte

Seitpferd
G: Zoltan Magyar (Ungarn) 19,700 Punkte
S: Eizo Kenmotsu (Japan) 19,575 Punkte
B: Michael Nikolay (DDR) und Nikolai Andrianow (UdSSR) 19,525 Punkte

Frauen

Achtkampf, Mannschaftswertung
G: UdSSR 390,35 Punkte
S: Rumänien 387,15 Punkte
B: DDR 385,10 Punkte

Achtkampf, Einzelwertung
G: Nadia Comaneci (Rumänien) 79,275 Punkte
S: Nelli Kim (UdSSR) 78,675 Punkte
B: Ljudmila Turischtschewa (UdSSR) 78,625 Punkte

Boden
G: Nelli Kim (UdSSR) 19,850 Punkte
S: Ljudmila Turischtschewa (UdSSR) 19,825 Punkte
B: Nadia Comaneci (Rumänien) 19,750 Punkte

Pferdsprung
G: Nelli Kim (UdSSR) 19,800 Punkte
S: Karola Dombeck (DDR) 19,650 Punkte
S: Ljudmila Turischtschewa (UdSSR) 19,650 Punkte

Schwebebalken
G: Nadia Comaneci (Rumänien) 19,950 Punkte
S: Olga Korbut (UdSSR) 19,725 Punkte
B: Teodora Ungureanu (Rumänien) 19,700 Punkte

Stufenbarren
G: Nadia Comaneci (Rumänien) 20,000 Punkte
S: Teodora Ungureanu (Rumänien) 19,800 Punkte
B: Marta Egervari (Ungarn) 19,775 Punkte

Medaillenspiegel

	Gold	Silber	Bronze
1. UdSSR	47	43	35
2. DDR	40	25	25
3. USA	34	35	25
4. BRD	10	12	17
5. Japan	9	6	10
6. Polen	8	6	11
7. Bulgarien	7	8	9
8. Kuba	6	4	3
9. Rumänien	4	9	14
10. Ungarn	4	5	12
11. Finnland	4	2	–
12. Schweden	4	1	–
13. Großbritannien	3	5	5
14. Italien	2	7	4
15. Jugoslawien	2	3	3
16. Frankreich	2	2	5
17. ČSSR	2	2	4
18. Neuseeland	2	1	1
19. Süd-Korea	1	1	4
20. Schweiz	1	1	2
21. Norwegen	1	1	–
22. Jamaica	1	1	–
23. Nord-Korea	1	1	–
24. Dänemark	1	–	2
25. Mexiko	1	–	1
26. Trinidad	1	–	–
27. Kanada	–	5	6
28. Belgien	–	3	3
29. Niederlande	–	2	3
30. Portugal	–	2	–
31. Spanien	–	2	–
32. Australien	–	1	4
33. Iran	–	1	1
34. Mongolei	–	1	–
35. Venezuela	–	1	–
36. Brasilien	–	–	2
37. Österreich	–	–	1
38. Pakistan	–	–	1
39. Thailand	–	–	1
40. Puerto Rico	–	–	1
41. Bermudas	–	–	1

gespaltene rhodes. Befreiungsbewegung zu einen. Auch eine Einheitsfront der südafrikan. Bewegungen ANC und PAC konnte nicht verwirklicht werden. Der Boykott der Olymp. Spiele in Montreal durch eine große Anzahl afrikan. Staaten ging auf eine OAU-Resolution vom Juni zurück, wonach die Beteiligung verweigert werden sollte, falls Neuseeland, das weiterhin sportl. Beziehungen zu Südafrika unterhält, zugelassen wird. An die Resolution, die Transkei nicht anzuerkennen, hielten sich alle OAU-Mitglieder. Eine Ministerkonferenz der OAU und der Arab. Liga (19.–21. April in Dakar) einigte sich auf Prinzipien für eine engere Zusammenarbeit. Ausschüsse beider Organisationen bereiteten im Dez. in Lusaka die für 1977 geplante afro-arab. Gipfelkonferenz (Kairo) vor.

Obasanjo, Olusegun, * Abeokuta (Westnigeria) 5. März 1937, nigerian. Offizier und Politiker. Militärtechn. Ausbildung in Großbritannien und Indien, nahm 1970 an den Kämpfen um die Provinz Biafra teil, 1975 Bundesbevollmächtigter für das Bauwesen, seit 1975 Mitglied des Obersten Militärrates. Wurde im Febr. 1976 als Chef der Militärregierung Staatsoberhaupt und Oberbefehlshaber der Streitkräfte.

Obervolta, Republik in Westafrika. Das Parlament wurde im Febr. 1974 aufgelöst. Staatsoberhaupt und Regierungschef *Sangoulé Lamizana* (seit Jan. 1966). Flagge ↑Farbtafeln Flaggen S. 139. Internat. Mitgliedschaften ↑Übersicht Internationale Organisationen.

Wirtschaft: O., das zu den ärmsten Ländern der Welt zählt, stand 1976 im letzten Jahr seines zweiten Fünfjahresplanes, der nahezu ein Drittel seiner vorgesehenen Ausgaben in Höhe von 63,22 Mrd. CFA-Franc der Agrarwirtschaft widmen wollte. Erklärtes Ziel sollte die Modernisierung der Arbeitsmethoden und die Sicherstellung der Lebensmittelversorgung für die Bevölkerung sein. Das Pro-Kopf-Einkommen beträgt ledigl. rund 200 DM. Die Hilfe ausländ. Geberländer, auf die O. stark angewiesen ist, wird sich in erster Linie auf den Ausgleich von Schäden infolge von Dürrekatastrophen bzw. deren Verhinderung konzentrieren müssen.

Innen- und Außenpolitik: Am 20. Jan. deutete die Regierung an, daß weitreichende innenpolit. Veränderungen bevorstünden. Dies ergab sich aufgrund starken Drucks seitens der Gewerkschaften, die Ende 1975 einen Generalstreik durchgeführt hatten. Staatschef General S. Lamizana, der dem Druck nachgab, verkündete am 9. Febr. die Bildung eines überwiegend aus Zivilisten bestehenden neuen Kabinetts, zu dessen 16 Mitgliedern nur fünf Minister der früheren Regierung gehörten, und setzte auf Wunsch der Gewerkschaften im April auch eine Verfassungskommission ein.

Observer, The, brit. Sonntagszeitung. Ging im Dez. 1976 zu 90% in den Besitz des amerikan. Ölkonzerns Atlantic Richfield Company über.

OCAM, Abk. für frz.: **O**rganisation **C**ommune **A**fricaine et **M**algache, Gemeinsame Afrikan.-Madagass. Organisation. Die OCAM wurde am 8. Sept. durch den Austritt Gabuns stark geschwächt. Präsident O. Bongo erklärte, die OCAM sei „eines natürl. Todes gestorben". Gabun blieb jedoch Mitglied in den multinat. Korporationen wie z. B. der „Air Afrique". Von den ursprüngl. 14 Gründungsmitgliedern gehören der OCAM jetzt nur noch Elfenbeinküste, Senegal, Obervolta, Togo, Niger, Benin, Zentralafrikan. Kaiserreich, Rwanda und Mauritius an. Eine für Mitte Nov. in Kigali geplante OCAM-Gipfelkonferenz wurde verschoben, weil der Termin mit der 2. Gipfelkonferenz der ECOWAS (Economic Community of West African States) kollidierte.

O'Dálaigh, Cearbhall, * Bray 12. Febr. 1911, ir. Politiker. Jurist; 1931–40 Chefredakteur der Irish Press; ab 1953 Richter am Obersten Gerichtshof in Dublin, 1961–73 dessen Präsident; 1974 bis Okt. 1976 Staatspräsident.

Olszowski, Stefan, * Thorn 28. Aug. 1931, poln. Politiker. 1960–63 Parteisekretär in Posen, 1963–68 Leiter des Pressebüros des ZK der Vereinigten Poln. Arbeiterpartei (PZPR), 1968–71 Sekretär des ZK, seit 1970 Mitglied des Politbüros; 1971 bis Dez. 1976 Außenminister; wurde im Dez. 1976 erneut in das Sekretariat des ZK berufen.

Oman, Sultanat im O der Arab. Halbinsel. Eine Volksvertretung gibt es nicht. Staatsoberhaupt und Regierungschef Sultan *Kabus Ibn Said As Said* (seit Juli 1970). Flagge ↑Farbtafeln Flaggen S. 139. Internat. Mitgliedschaften ↑Übersicht Internationale Organisationen.

Innen- und Außenpolitik: Obwohl Sultan Kabus Ibn Said As Said den u. a. von der Demokrat. VR Jemen unterstützten Bürgerkrieg in der Provinz Dhofar am 11. Dez. 1975 für beendet erklärt hatte, gingen 1976 die Kampfhandlungen weiter. Auch die Aufnahme diplomat. Beziehungen zwischen Saudi-Arabien und der Volksrepublik Jemen (10. März), von der eine Verringerung der Unterstüt-

zung dieses Landes für die Rebellen erwartet wurde, führte nicht zur Beendigung der Auseinandersetzungen. Ein Waffenstillstand zwischen O., das weiterhin von Großbritannien und vom Iran unterstützt wurde, und der Volksrepublik Jemen (ab 11. März) wurde nicht eingehalten.
Der Sultan besuchte den Iran (21.–24. Juni) und Großbritannien (Juli). Die Staatsoberhäupter Ägyptens, A. As Sadat (26. Febr., 14. und 15. Aug.), Saudi-Arabiens, König Chalid (29. und 30. März), der Arab. Republik Jemen, I. M. Al Hamidi (18.–22. April), und der Vereinigten Arab. Emirate, Scheich Said Ibn Sultan An Nuhajan (17.–19. Nov.) besuchten O. Bei Gesprächen zwischen dem Sultan von O. und dem dt. Wirtschaftsminister H. Friderichs in Mainz (18. Juli) wurde über eine engere wirtschaftl. Zusammenarbeit verhandelt. Diplomat. Beziehungen wurden mit dem Irak (Jan.), Chile (23. Febr.), Kenia (4. März) und Mauritius (22. März) aufgenommen.

OMAN
Geographische Daten und Bevölkerung: *Fläche* 212 457 km², *Verwaltungsgliederung* in 4 Distrikte und in die Prov. Sufar, *Hauptstadt* Maskat (50 000 E), *Bevölkerung* etwa 770 000 E, 3,6 E/km², jährl. Bevölkerungszunahme etwa 3%, *Amtssprache* Arabisch, *Religion* überwiegend Muslime (v. a. Ibaditen).
Wirtschaft: *Erwerbstätigkeit* (Schätzungen): 150 000 Erwerbstätige, davon (in Prozentanteilen) Landwirtschaft 73, Fischerei 10, Regierung 7, Baugewerbe 4, Dienstleistungen 3, andere Bereiche 3. – *Landwirtschaft:* Produktion (Auswahl): Gerste, Sorghum, Gemüse, Oliven, Datteln (jährl. 50 000 t), Mangobeeren (jährl. 2 000 t), Wein, Baumwolle, Tabak, Zitrusfrüchte. – *Bergbau, Industrie und Elektrizitätserzeugung* (Auswahl): Erdöl 18,288 Mill. t., Elektrizität (Kraftwerk „Maskat-Matrah") 3,4 Mill. kWh. – *Währung* ↑Übersicht Währungen. – *BIP* in laufenden Preisen (1974) 568,5 Mrd. R.O.
Verkehr: *Straßen:* 420 km asphaltiert, 2 000 km Schotterstraßen. – *Schiffahrt* (Ende 1976): Handelsflotte mit 1 933 BRT.

Onn, Datuk Hussein bin, * 12. Febr. 1922, malaysischer Politiker. Jurist; 1948–57 Abgeordneter der United Malays National Organization im Parlament von Johore, seit 1970 Abgeordneter im Bundesparlament; 1970–73 Erziehungsminister; ab 1973 stellvertretender Premierminister, ab 1974 auch Finanzminister; übernahm nach dem Tod von Tun Abdul Razak im Jan. 1976 das Amt des Premierministers.
OPEC, Abk. für engl.: **O**rganization of the **P**etroleum **E**xporting **C**ountries, Organisation der Erdöl exportierenden Länder: Die Finanzminister der OPEC beschlossen am 28. Jan. in Paris, den OPEC-Hilfsfonds für bedürftige Länder von 1 Mrd. auf 800 Mill. $ zu kürzen, nachdem Ecuador und Indonesien ihre Beiträge aufgrund finanzieller Schwierigkeiten zurückgezogen hatten. Bei einem Treffen der Finanzminister (außer Libyen) in Paris (10. und 11. Mai) wurde Ibrahim Schimata zum Generaldirektor des im Jan. gegr. Entwicklungshilfefonds ernannt, ein 13köpfiges Direktorenkollegium soll ihm zur Seite stehen.
Bei ihrer Konferenz auf Bali (27. und 28. Mai) erzielten die OPEC-Erdölminister keine Einigung über den künftigen Erdölpreis und beschlossen daher ein Einfrieren der Preise bis Dez. 1976. Bei der 48. Ministerkonferenz in Doha (Katar) (15.–17. Dez.) wurde von der Mehrheit eine 10%ige Preiserhöhung ab 1. Jan. 1977 und eine weitere Erhöhung von 5% ab 1. Juli 1977 beschlossen, während Saudi-Arabien und die Vereinigten Arab. Emirate eine einmalige Erhöhung von 5% zum 1. Jan. 1977 ankündigten. Saudi-Arabien erwartet für diese geringe Preiserhöhung ein Entgegenkommen der westl. Länder im Nahostkonflikt und im Nord-Süd-Dialog. Nach einer Reuter-Meldung vom 23. Dez. gewährt die OPEC erstmals eine gemeinschaftl. Entwicklungshilfe von 42,7 Mill. $ (ca. 102 Mill. DM) an sechs Länder der Dritten Welt: Pakistan (50,4 Mill. DM), Sri Lanka (20), Sudan (18), Guinea (5,6), Zentralafrikan. Kaiserreich (4,2), Westsamoa (3,8). Die Mittel werden auf 25 Jahre zinsfrei zur Verfügung gestellt.
Orbán, László, * Nógrádveroce bei Vác 1912, ungar. Politiker. 1945–53 und seit 1958 Mitglied des Parlaments, seit 1957 Mitglied des ZK der KP Ungarns, 1956–67 Leiter der Abteilung für Wissenschaft und Kultur sowie für Propaganda und Agitation, 1967–74 Erster stellvertretender Minister für Erziehung und Staatssekretär, 1974 bis Juni 1976 Minister für Kultur.
Ortoli, François-Xavier, * Ajaccio 16. Febr. 1925, frz. Politiker (UDR). 1967–72 mehrfach Minister; 1973 bis Dez. 1976 Präsident der EG-Kommission.
Osswald, Albert, * Wieseck (heute zu Gießen) 16. Mai 1919, dt. Politiker (SPD). 1969 bis Okt. 1976 hess. Ministerpräsident.
Österreich, Republik in Mitteleuropa. Als Volksvertretung fungiert eine Bundesversammlung, die aus dem Nationalrat mit 183 Abgeordneten (SPÖ 93, ÖVP 80 und FPÖ 10 Abgeordnete) und einem Bundesrat mit 58 Mitgliedern besteht. Staatsoberhaupt *Rudolf Kirchschläger* (seit Juli 1974), Regierungschef *Bruno Kreisky* (seit April 1970), Außenminister *Willibald Pahr* (seit Okt. 1976; zuvor *E. Bielka*). Flagge ↑Farbtafeln Flaggen S. 139. Internat. Mitgliedschaften ↑Übersicht Internationale Organisationen.
Wirtschaft: Trotz der international anhaltenden Konjunkturpause seit dem Sommer 1976 befand

Österreich. Internationale Prominenz bei der Feier des 65. Geburtstages des Bundeskanzlers in Wien (von links nach rechts) O. Palme (Schweden), B. Kreisky und W. Brandt (Deutschland)

Österreich. Außenminister E. Bielka-Karltreu (rechts) und Bundeskanzler B. Kreisky (links) begrüßen den deutschen Bundeskanzler H. Schmidt zu Beginn seines Staatsbesuches in Wien

Österreich. Überreste der am 1. August eingestürzten „Reichsbrücke" über die Donau

sich Ö.s Wirtschaft bis in den Herbst hinein noch in einem Prozeß konjunktureller Aufwärtsbewegung, doch zeichnete sich saisonbereinigt bereits eine Wachstumsverlangsamung ab. Die Zunahme des realen BSP wird für 1976 auf 4,5% beziffert. Die Verbraucherpreise erhöhten sich im Jahresdurchschnitt um 7,2%, die Großhandelspreise um 5,9%. Das Tariflohnniveau stieg um 10%. Durch die weiteren sozialen Verbesserungen für die Arbeitnehmer sind die Lohnnebenkosten auf 83% des Bruttolohns gestiegen. Mit einer Arbeitslosenrate von jahresdurchschnittl. nur 2,0% herrschte in Ö. weiterhin Vollbeschäftigung. Der Fremdenverkehr entsprach nicht der konjunkturellen Belebung. Im ersten Halbjahr gingen die Übernachtungen von Ausländern um 4% zurück, die der Inländer nur um 0,5%. Die Deviseneinnahmen aus dem Reiseverkehr stiegen in den ersten zwei Quartalen 1976 um 14,4% bzw. 9,1%, im dritten Quartal allerdings nur um 2,9%. Die Außenhandelssituation ist ungünstig. In den ersten 11 Monaten 1976 überstiegen die Importe von rund 187 Mrd. S das Vorjahresergebnis um 26%, während die Exporte im gleichen Zeitraum nur um 16% auf rd. 137,5 Mrd. S stiegen. Das Außenhandelsdefizit von 49,6 Mrd. S lag um 65% über dem Vorjahr.

Außenpolitik: Umfangreiche bilaterale Beziehungen zu einer Vielzahl von Staaten bestimmten auch 1976 die östr. Außenpolitik. Zur Konferenz sozialist. bzw. sozialdemokrat. Parteiführer reiste der östr. Bundeskanzler B. Kreisky für zwei Tage nach Kopenhagen. Über bilaterale und internat. Fragen verhandelte der rumän. Außenminister G. Macovescu Ende Jan. in der östr. Hauptstadt. Fragen der internat. Politik, der Entwicklungshilfe, des Touristenverkehrs und gemeinsamer Flugverbindungen erörterte der tunes. Außenminister H. Chatty vom 9. bis 12. Febr. in Wien. Anläßl. eines Besuchs des dt. Bundesministers für wirtschaftl. Zusammenarbeit, E. Bahr, in Wien verabredeten die Verhandlungspartner die Realisierung gemeinsamer Wirtschaftsprojekte in Entwicklungsländern. Am 16. Febr. reiste B. Kreisky zu einem zweitägigen Besuch nach Prag. Auf der Tagesordnung standen Möglichkeiten einer Fortsetzung der Entspannungspolitik, die Truppenreduzierungsgespräche in Wien und das Nahostproblem. Mit Staats- und Parteichef G. Husák besprach Kreisky v. a. humanitäre Fragen. Am 5. März begann Bielka eine ausgedehnte Reise in die arab. Golfstaaten. Sie führte ihn nach Katar, Oman, Abu Sabi, Dubaij, Schardscha und auf der Rückreise nach Kairo. Mit dem Außenminister der Vereinigten Arab. Emirate unterzeichnete Bielka ein Abkommen über wirtschaftl., industrielle und techn. Kooperation. Mit Vertretern des irak. Revolutionsrats verhandelte B. Kreisky über Lösungsmöglichkeiten des Nahostkonflikts. In Amman wurde er vom jordan. König Husain empfangen, in Ar Rijad vom saudiarab. König Chalid. Am 22. März machte er auf der Rückreise in Damaskus Station. Anläßl. des 20. Jahrestags der Unabhängigkeit Tunesiens reiste

ÖSTERREICH

Geographische Daten und Bevölkerung: *Fläche* 83 850 km^2, *Verwaltungsgliederung* in 9 Bundesländer, *Hauptstadt* Wien (1,6 Mill. E; 1976), *Bevölkerung* 7,51 Mill. E (1976), 90 E/km^2, Geburten-/Sterberate (1974; auf 1 000 E) 12,8/12,4, *Amtssprache* Deutsch, *Religion* rund 89% Katholiken, 6,2% Protestanten.

Wirtschaft: *Erwerbstätigkeit* (1973; in Prozentanteilen): Land- und Forstwirtschaft 16,0, Industrie und verarbeitendes Gewerbe 40,1, Handel, Banken, Versicherungen und Gastgewerbe 19,5, Verkehr 6,5, sonstige Dienstleistungen 17,9. – *Landwirtschaft:* 1,46 Mill. ha Ackerland (1975). – Produktion (Auswahl; 1975): Brotgetreide 1,31 Mill. t, Gerste 1,01 Mill. t, Hafer 306 000 t, Kartoffeln 1,58 Mill. t, Zuckerrüben 3,13 Mill. t, Äpfel 304 000 t, Wein 2,7 Mill. hl, Rind- und Schweinefleisch 430 000 t (1974), Butter 41 000 t, Käse 60 000 t, Holzeinschlag 10,6 Mill. Festmeter. – *Bergbau, Industrie und Elektrizitätserzeugung* (Auswahl; 1975): Braunkohle 3,4 Mill. t, Eisenerz 3,83 Mill. t, Blei- und Zinnerz 391 000 t, Magnesit 1,27 Mill. t, Erdöl 1,95 Mill. t (1976), Erdgas 2,34 Mrd. m^3, Benzin 1,5 Mill. t, Heizöl 3,35 Mill. t, Rohstahl 4,07 Mill. t, Zement 5,63 Mill. t, Schnittholz 5,8 Mill. m^3 (1973), Papier 1,07 Mill. t, Oberbekleidung 16,5 Mill. Stück, Bier 7,76 Mill. hl, Zucker 523 000 t, Elektrizität 35,2 Mrd. kWh. – *Außenhandel* (1976): Export 152,11 Mrd. S, Import 206,08 Mrd. S. Hauptexportgüter sind Maschinen, Textilien und Bekleidung, Eisen und Stahl, Papier, Holz, Magnesit. Hauptimportgüter sind Maschinen und Fahrzeuge, Textilien und Bekleidung, Erdöl und Erdölerzeugnisse. – *Währung* ↑ Übersicht Währungen. – *BIP* zu Marktpreisen 616,80 Mrd. S (1974), BIP je E 82 000 S.

Verkehr: *Eisenbahnen:* Streckenlänge 5 864 km (1975). – *Straßen* (1975): 10 146 km Bundesstraßen, 23 034 km Landesstraßen. Bestand an Pkw 1,72 Mill., an Lkw 146 000 (1975). – *Schiffahrt* (1976): Handelsflotte mit 74 000 BRT. – *Luftverkehr* (1976): 2,76 Mill. Fluggäste. – *Fremdenverkehr* (1976): 16,07 Mill. Ankünfte.

Außenminister E. Bielka nach Tunis und führte mit seinem tunes. Kollegen Gespräche über den Westsaharakonflikt.
Der April und Mai waren Monate reger Reisediplomatie. So besuchten Ö. der ägypt. Staatspräsident A. As Sadat (10. April), der niederl. Außenminister M. van der Stoel (10. April), der ir. Außenminister G. Fitzgerald (21. April), der poln. Staatspräsident H. Jabłoński (26. April), der bulgar. Ministerpräsident St. Todorow (10. Mai), der ungar. Ministerpräsident G. Lázár (16. Mai) und der kanad. Außenminister A. J. MacEachen (25. Mai). Am 18. Mai reiste der östr. Bundespräsident R. Kirchschläger nach Schweden, und anläßl. einer Reise zur Konferenz für internat. demokrat. Solidarität nach Caracas traf B. Kreisky mit dem venezolan. Staatspräsidenten C. A. Perez und auf der Weiterreise nach Mexiko mit dem mexikan. Staatspräsidenten L. Echeverría Álvarez zusammen. Zu einem siebentägigen Besuch traf am 26. Mai der östr. Verteidigungsminister R. Lütgendorf in Syrien ein. Während eines Besuchs des östr. Bundespräsidenten R. Kirchschläger im Iran Ende Mai unterzeichneten die Außenminister beider Länder ein Kulturabkommen. Am 14. Juni traf der jordan. König Husain zu einem viertägigen Besuch in Wien ein. Zu einem ersten offiziellen Besuch reiste am 23. Aug. Außenminister E. Bielka in die DDR. Neben einem Meinungsaustausch über internat. Fragen erfolgte eine Bestandsaufnahme der bilateralen Beziehungen. Fragen der europ. Entspannungspolitik waren Gegenstand der Gespräche mit Ministerpräsident G. Lázár und Parteichef J. Kádár anläßl. eines Besuchs von B. Kreisky in Ungarn am 11. und 12. Sept. V. a. über bilaterale wirtschaftl. Beziehungen verhandelte Bundespräsident R. Kirchschläger vom 13. bis 18. Sept. in Bulgarien. Am 18. Sept. traf B. Kreisky zu einem Arbeitsgespräch mit dem poln. Ministerpräsidenten P. Jaroszewicz zusammen. Weitere internat. Kontakte im Sept. waren die Reise von Außenminister E. Bielka nach Dänemark (20.) und der Besuch des rumän. Ministerpräsidenten in Wien (27.). Mit Moçambique nahm Ö. am 8. Okt., mit Guinea-Bissau am 15. Okt. diplomat. Beziehungen auf. Anläßl. eines Besuchs des griech. Ministerpräsidenten K. Karamanlis vom 15. bis 17. Nov. in Wien wurden neben internat. und bilateralen Fragen v. a. die Rolle des Europarats, die KSZE-Nachfolgekonferenz von Belgrad im Juni 1977 sowie die Lage auf dem Balkan und im östl. Mittelmeer besprochen. Zu einem dreitägigen offiziellen Besuch traf am 6. Dez. der ungar. KP-Chef in Wien ein. B. Kreisky bezeichnete die Beziehungen zwischen Ö. und Ungarn als Beweis dafür, wie gut Völker mit verschiedenen Gesellschaftsordnungen nebeneinander leben könnten.

Innenpolitik: Auch 1976 war die Frage der slowen. Minderheiten in Kärnten ein beherrschendes Thema des innenpolit. Parteiengesprächs. Im Mittelpunkt standen dabei ein Gesetz zur Förderung der Volksgruppen, die Novelle zum Volkszählungsgesetz und die Frage der Erfüllung des Artikels 7 des Staatsvertrags von 1955, der die Stellung der Minderheiten in Ö. betrifft. Die slowen. Minderheit in Kärnten sprach sich gegen eine Volkszählung und die Aufstellung von zweisprachigen Ortstafeln nur in Ortschaften mit über 25% Minderheitenbevölkerung mit der Begründung aus, daß der Staatsvertrag keine Bestimmung enthalte, der eine Volkszählung bes. Art verlange. Auch die jugoslaw. Regierung schloß sich dieser Argumentation an. Am 22. Juni erklärte B. Kreisky, daß die Sprachermittlung im Zusammenhang mit der Personenstandserhebung in ganz Ö. durchgeführt werden solle, um nicht jenen recht zu geben, die behaupten, daß es sich um eine Minderheitenfeststellung handle, und um allen Volksgruppen in Ö. die gleichen Rechte zu gewährleisten. Am 7. Juli wurden das Volkszählungsgesetz und das Volksgruppengesetz vom Nationalrat einstimmig beschlossen. Am 8. Okt. begrüßte der Minderheitenrat der tschech. und slowak. Volksgruppe in Ö. das Volksgruppengesetz und setzte sich im Unterschied zu den Sprechern der slowen. Minderheiten für eine Beteiligung an der geheimen Sprachenzählung ein. Am 14. Nov. fand die geheime Sprachenerhebung in ganz Ö. statt. Während sich in Kärnten 86% der Stimmberechtigten an der Sprachenzählung beteiligten, war die Beteiligung in den übrigen Bundesländern wesentl. geringer. Die Sprecher der Kärntner Slowenen bezeichneten ihren Boykottaufruf als Erfolg. So hatten sich in den umstrittenen Gebieten Kärntens nur 2 600 Bürger

Österreich. Bundeskanzler B. Kreisky (von links nach rechts) mit den neuen Mitgliedern der Regierung G. Weißenberg, A. Schober, G. Haiden und W. Pahr bei der Angelobung

Österreich. Die im November stattfindende geheime Sprachenerhebung (Feststellung der Muttersprache) erreichte nur eine Durchschnittsbeteiligung von knapp 27 % der Gesamtbevölkerung. Hier Außenminister W. Pahr bei der Stimmabgabe

Österreich. Aspekte der Entspannungspolitik zwischen Ost und West sowie Fragen der Nahostpolitik erörtert Bundeskanzler B. Kreisky (Mitte) in Paris mit Staatspräsident V. Giscard d'Estaing (rechts) und Ministerpräsident J. Chirac

zur slowen. Muttersprache bekannt, während noch 1971 bei der Volkszählung in ganz Kärnten 17 000 Österreicher Slowenisch als Umgangssprache genannt hatten.
Im Jan. 1976 konnte die östr. Regierung nach langem Bemühen einen Gesetzentwurf über die Reform des Presserechts dem Parlament zuleiten. Es soll das im wesentl. von 1922 stammende Presserecht ablösen. – Der östr. Bundespräsident eröffnete am 4. Febr. die XII. Olymp. Winterspiele in Innsbruck. – Im Mittelpunkt des 23. Parteitags der Sozialist. Partei Ö.s (SPÖ) am 12. März standen Fragen einer Verbesserung der Parteistruktur. Breiten Raum nahm die östr. Außenpolitik in einer Parteitagsrede B. Kreiskys ein. – Mit den Stimmen aller Parteien beschloß am 23. Juni der östr. Nationalrat die Schaffung eines außenpolit. Rates. Dem neunköpfigen Gremium sollen 3 Regierungsmitglieder, 3 Vertreter der Regierungspartei, 2 ÖVP-Abgeordnete und 1 FPÖ-Abgeordneter angehören. Der Rat war von B. Kreisky in Reaktion auf die Kritik, seine Regierung distanziere sich von dem ungeschriebenen Grundsatz einer „überparteilichen" Außenpolitik, vorgeschlagen worden. – Der 13. ordentl. Parteitag der Freiheitl. Partei Ö.s (FPÖ) am 18./19. Sept. in Villach stand im Zeichen von Spannungen betreffend die Person des Parteivorsitzenden F. Peter. Auf Antrag B. Kreiskys wurden am 29. Sept. der Vizekanzler und Bundesminister für soziale Verwaltung, R. Häuser, der Bundesminister für auswärtige Angelegenheiten, E. Bielka, und der Bundesminister für Land- und Forstwirtschaft, O. Weihs, ihrer Regierungsämter entbunden und mit Wirkung vom 1. Okt. Finanzminister H. Androsch zum Vizekanzler, W. Pahr zum Außenminister, G. Haiden zum Minister für Land- und Forstwirtschaft und G. Weißenberg zum Sozialminister bestellt.

P

P (P 76-5) ↑tabellar. Übersicht Weltraumfahrt.
Pahr, Willibald, * Wien 5. Juni 1930, östr. Politiker. Seit 1955 im Verfassungsdienst des Bundeskanzleramtes tätig, 1968 Leiter der internat. Abteilung, 1973 Leiter des Verfassungsdienstes, 1975 Sektionschef. Seit Okt. 1976 Bundesminister für auswärtige Angelegenheiten.
Pakistan, Republik in Südasien. Als Volksvertretung fungieren ein Senat mit 45 Mitgliedern und eine Nationalversammlung mit etwa 146 Abgeordneten, die verschiedenen Parteien angehören. Staatsoberhaupt *Fazal Elahi Chaudhri* (seit Aug. 1973), Regierungschef *Zulfikar Ali-Khan Bhutto* (seit Aug. 1973). Flagge ↑Farbtafeln Flaggen S. 139. Internat. Mitgliedschaften ↑Übersicht Internationale Organisationen.
Wirtschaft: Die an die wirtschaftl. Entwicklung 1976 gestellten Erwartungen wurden nicht erfüllt. Sowohl die Ergebnisse der Landwirtschaft als auch die industrielle Produktion erreichten nicht die gesteckten Ziele. In der Landwirtschaft verhinderten v.a. Überschwemmungen, die Erfüllung der Pläne. So konnten statt geplanter 4 Mill. Ballen Baumwolle nur 2,3 Mill. Ballen erzeugt werden. Auch die Zuckerrohr- und Reisernte blieb hinter den Planzielen zurück. Die Zunahme der Industrieproduktion war 1975/76 (1. Juli 1975–30. Juni 1976) mit 1,5% gegenüber dem Vorjahr äußerst schwach. So blieb der Anteil des Industriesektors am BSP, der 1974/75 zurückgegangen war, noch

PAKISTAN
Geographische Daten und Bevölkerung: *Fläche* 796 098 km², *Verwaltungsgliederung* in 3 Provinzen, *Hauptstadt* Islamabad (1972: 100 000 E), *Bevölkerung* 70,26 Mill. E, 88 E/km², jährl. Bevölkerungszunahme 1973–75 3,0%. – *Amtssprachen* Urdu und Sindhi, *Religion* 97,2% Muslime, 1,5% Hindus, 1,4% Christen.
Wirtschaft: *Erwerbstätigkeit* (1972): 18,481 Mill. Erwerbstätige, davon (in Prozentanteilen) Land- und Forstwirtschaft, Jagd, Fischerei 58,1, produzierendes Gewerbe 16,4, Handel, Banken, Versicherungen, Gastgewerbe 10,5, sonstige Dienstleistungen 12, sonstige Bereiche 3. – *Landwirtschaft:* Nutzfläche 19,4 Mill. ha, davon 14,6 Mill. ha Ackerland. – Produktion (Auswahl): Weizen 8,4 Mill. t, Sorghum 325 000 t, Reis 3,8 Mill. t, Zuckerrohr 25,55 Mill. t. Rinderbestand 13,6 Mill., Schafbestand 19,3 Mill. – *Bergbau, Industrie und Elektrizitätserzeugung* (Auswahl; 1975): Chromit 7 000 t, Zement 3,35 Mill. t, Baumwollgarn 366 000 t, Baumwollgewebe 608 Mill. m, Elektrizitätserzeugung (1973) 9 Mrd. kWh. – *Außenhandel* (1975): Export (fob) 122,9 Mrd. pR, Import (cif) 256,3 Mrd. pR. – *Währung* ↑Übersicht Währungen. – *BIP* zu Faktorkosten in jeweiligen Preisen (1974) 99,261 Mrd. pR, 1 434 pR/E.
Verkehr: *Eisenbahnen* (1973): Streckenlänge 8 809 km, 11,6 Mrd. Personenkilometer, 7,23 Mrd. Nettotonnenkilometer. – *Schiffahrt* (Ende 1976): Handelsflotte mit 485 042 BRT. – *Luftverkehr* (insgesamt; 1975): 2,5 Mrd. Personenkilometer, 128 Mill. Nettotonnenkilometer.

unter dem Niveau von 1973/74. Das Zahlungsbilanzdefizit, das sich 1975/76 nicht wesentl. erhöht hat, wurde mit 1,2 Mrd. $ angegeben.
Innen- und Außenpolitik: Die Krise in der Provinz Belutschistan, deren Verwaltung auch 1976 bei der Zentralregierung lag, dauerte an. Die durch Übertritte ihrer Mitglieder zur Pakistan People's Party (PPP) immer mehr zusammengeschrumpfte Opposition boykottierte fortwährend die Nationalversammlung. Das Sardarisystem (Lehnsherrschaft) wurde am 9. April abgeschafft. Am 5. April wurde ein Rentengesetz erlassen und am 25. Mai die Schaffung von Agrargenossenschaften beschlossen. Seit dem 15. April steht der ehem. Vorsitzende der

Pakistan. Während seines Besuches in der Bundesrepublik Deutschland bekundete Ministerpräsident Z. A.-K. Bhutto (links; mit Bundeskanzler H. Schmidt) sein Interesse an deutschen Waffenlieferungen und vermehrter Kapitalhilfe

verbotenen National Awami Party (NAP), Abdul Wali Khan, unter Anklage des Hochverrats vor Gericht. Die Verhandlung wurde schleppend geführt, da Afghanistan eine Verurteilung A. Wali Khans mißbilligt. Am 24. März wurde die Justiz-, am 25. Nov. die Polizeireform eingeleitet und die Befugnisse der Gerichte durch ein Verfassungsänderungsgesetz vom 3. Sept. radikal beschnitten. Am 1. Juli wurde das Provinzparlament, in dem mittlerweile die regierende PPP die Mehrheit besaß, einberufen. Eine Provinzregierung wurde am 6. Dez. gebildet. Am 1. Juli deklarierte die Regierung das Jahr 1976/77 zum Jahr der Sozialreformen und der ländl. Entwicklung und erließ eine Nationalcharta für Bauern und Landarbeiter am 18. Dezember. Bereits am 14. Juni hatte sie eine Deklaration über die Rechte von Minderheiten verkündet. Die Schaffung einer gemischten Wirtschaftsordnung wurde weiter betrieben und die Verstaatlichung der Reis- und Getreidemühlen am 17. Juli verfügt.
Die auswärtigen Beziehungen waren durch die Bemühungen von P. gekennzeichnet, nukleare Wiederaufbereitungsanlagen zu erwerben. Der Abschluß eines entsprechenden Vertrags mit Frankreich am 20. Febr. rief eine scharfe Reaktion der USA und Kanadas hervor. Z. Ali-Khan Bhutto reiste nach Bonn, Schweden und Kanada (18.–26. Febr.), um die betreffenden Regierungen von der friedl. Absicht P.s bei der Nutzung von Kernenergieanlagen zu überzeugen.
Die Beziehungen zwischen P. und Indien entspannten sich wieder. Die Botschafter beider Staaten wurden akkreditiert und die Luftfahrtgesellschaften nahmen den Liniendienst wieder auf, ebenso wurde am 15. Juli der Privatsektor in die Handelsbeziehungen einbezogen. Z. Ali-Khan Bhuttos Besuch in Afghanistan vom 6.–11. Juni und der Gegenbesuch von Präsident M. Daud Khan vom 20.–24. Aug. bewirkten eine Entkrampfung der gespannten Beziehungen zwischen beiden Staaten. Weitere Staatsbesuche: Vom 6.–8. Aug. besuchte Präsident M. Ould Daddah von Mauretanien, vom 10.–15. Okt. König Chalid von Saudi-Arabien und vom 14.–17. Dez. Ministerpräsident K. Karamanlis von Griechenland Pakistan. Zu informellen Besuchen hielt sich vom 7.–11. März der Schah des Iran, am 19. Aug. Libyens Staatschef U. M. Al Khadhdhafi in P. auf. Im Juli und im Dez. erwiderte Z. Ali-Khan Bhutto den Besuch des Schahs.

Palapa (Palapa 1) ↑tabellar. Übersicht Weltraumfahrt.

palästinensische Organisationen: In ihrem Kampf gegen Israel zur Rückgewinnung ihrer Heimat oder zumindest zur Gründung eines Teilstaates in dem von Israel besetzten Westteil Jordaniens, der zum früheren Mandatsgebiet Palästina gehört hatte, waren die – untereinander zerstrittenen und in wechselnden Koalitionen verbundenen – p.n O. nicht erfolgreich; sie verweigerten weiterhin die Anerkennung des Staates Israel. Durch den Frontwechsel Syriens im libanes. Bürgerkrieg zugunsten der christl.-konservativen Kräfte erlitten sie einen schweren Rückschlag. Die von Syrien kontrollierte Organisation „As Saiqa" unter Zuhair Muhsin erhielt weiterhin Unterstützung von dort, während die „Arab. Befreiungsfront" unter Abdal-Wahhab Kayyali vom Irak unterstützt wurde. Die drei im Libanon kämpfenden Brigaden der „Palästinens. Befreiungsarmee" (PLA), die nominell der Dachorganisation „Palästinens. Befreiungsorganisation" (PLO) untersteht, wurden von Syrien (Hittin-Brigade), teilweise vom Irak (Qadissiya-Brigade) und von Ägypten (Ain-Dschalut-Brigade) unterstützt. Militär. und polit. unterstützt v. a. von Ägypten, dem Irak, Libyen und der Sowjetunion, mußten sich die P.n O. nach ihrer De-facto-Niederlage im libanes. Bürgerkrieg bei den Gipfelkonferenzen von Ar Rijad (17.–19. Okt.) und Kairo (25./26. Okt.) mit einer künftig untergeordneten Stellung im Libanon, ihrer nach der Niederlage im jordan. Bürgerkrieg von 1970 letzten militär. Bastion gegen Israel, zufriedengeben. Der Einfluß konservativer Regierungen wie v. a. Saudi-Arabiens trug außerdem dazu bei, daß sie ihre Bedeutung als „revolutionäre Kraft" in den arab. Ländern weitgehend einbüßten. Während extremist. Organisationen wie die „Volksfront zur Befreiung Palästinas" (PFLO) unter George Habbash, die „Volksdemokrat. Front zur Befreiung Palästinas" (PDFLP) unter Nayif Hawatmeh und die „Volksfront zur Befreiung Palästinas – Oberkommando" (PFLP – GC) unter Ahmad Jabril eine friedl. Lösung des Nahostkonflikts weiterhin ablehnten, schienen die dem Vorsitzenden der PLO, Jasir Arafat, nahestehenden p.n O. wie „Al Fatah" dem Plan der Gründung eines Teilstaates Palästina in Westjordanien (Westbank) und im Gasastreifen als Ergebnis arab.-israel. Verhandlungen zustimmend gegenüberzustehen. Während das Recht der Palästinenser auf Selbstbestimmung einschließl. der Gründung eines Staates und die Lösung des Palästinenserproblems als Voraussetzung einer friedl. Regelung des Nahostkonflikts auch von den westl. Regierungen und allmählich auch von Israel anerkannt wurden, blieb die Anerkennung der PLO als einziger Vertreterin des palästinens. Volks weiterhin auf die Regierungen östl. Länder und der Dritten Welt beschränkt. Die p.n O. verweigerten ihrerseits Israel nach wie vor die Anerkennung als Staat „in gesicherten Grenzen". Bei verschiedenen UN-Debatten über das Palästinaproblem wurde keine Übereinstimmung erzielt.
Am 1. und 2. Jan. begingen die p.n O. in den Hauptstädten der arab. Länder den 11. Jahrestag ihrer Gründung. Als 107. Mitglied wurde die PLO (Palästinens. Befreiungsorganisation) am 27. Januar in die „Gruppe der 77" Entwicklungsländer der UN-Konferenz für Handel und Entwicklung (UNCTAD) aufgenommen; am 23. Sept. erhielt sie Beobachterstatus in der Internat. Atomenergiebehörde (IAEA). Nach einem Bericht der palästinens. Nachrichtenagentur von Anfang Jan. haben palästinens. Guerillas 1975 411 militär. Operationen in den von Israel besetzten Gebieten ausgeführt, auch 1976 kam es in Israel und in den besetzten Gebieten zu zahlreichen Überfällen und Anschlägen palästinens. Kommandos. Mit Unterstützung internat. Terroristen entführten palästinens. Guerillas am 27. Juni ein frz. Passagierflugzeug, das sich auf dem Flug von Tel Aviv-Jaffa nach Paris befand, kurz nach der Zwischenlandung in Athen über Tripoli und Khartum nach Entebbe (Uganda). Nach mehrtägigen Verhandlungen über die geforderte Freilassung von 53 Gefangenen in verschiedenen Ländern befreiten israel. Truppen am 4. Juli die gefangenen Geiseln und töteten ihre Bewacher. Ein Überfall von drei Guerillas auf Passagiere eines nach Tel Aviv-Jaffa fliegenden Flugzeugs auf dem Flughafen von Istanbul forderte am 11. Juli vier Todesopfer und 26 Verletzte. Die Entführung einer niederl. Passagiermaschine, die am 5. Sept. auf dem Flug von Malaga nach Amsterdam nach einer Zwischenlandung in Nizza entführt worden war, endete unblutig mit der Freilassung der 80 Passagiere auf dem Flughafen von Larnaka (Zypern). Drei Palästinenser, die am 26. Sept. in Damaskus ein Hotel überfallen hatten, wurden am nächsten Tag öffentl. gehängt. Der Angriff eines vierköpfigen Kommandos auf ein Hotel in Amman am 17. Nov. endete blutig. Demonstrationen in den von Israel besetzten Gebieten, v. a. auf der Westbank (Jan. bis Mai), die sich bes. gegen die israel. Siedlungspolitik und die Verrichtung jüd. Gebete auf dem Tempelberg in Jerusalem richteten, wurden von der israel. Besat-

Palästinensische Organisationen. Die militärischen Erfolge der Palästinenser – im Bild ihre Führer während eines Kongresses in Beirut – bei ihrer Intervention in den libanesischen Bürgerkrieg und die Gefahr eines Zerfalls des Libanon bewegen Syrien zur Intervention

zungsmacht mit militär. Härte niedergeschlagen. Zu schweren Unruhen auf der Westbank kam es erneut Anfang Okt., nachdem jüd. Extremisten islam. Heiligtümer geschändet hatten. – Bei den Gemeindewahlen in 22 Ortschaften auf der Westbank (12. April) siegten die nationalist. und kommunist. Kandidaten. – Nach Presseberichten führten Vertreter der p.n O. und israel. Politiker in New York, Paris und Brüssel mehrfach Gespräche; offizielle Beratungen mit der PLO und eine Teilnahme dieser Organisation an künftigen Friedensverhandlungen wurden von der israel. Regierung weiterhin abgelehnt. – Vor dem Hintergrund innerarab. Rivalitäten verbesserten sich seit Ende April die Beziehungen zwischen Ägypten und der PLO, die seit dem Abschluß des 2. ägypt.-israel. Sinai-Abkommens (4. Sept. 1975) gespannt gewesen waren, nachdem Syrien den P.n O. im Libanon seine Unterstützung mehr und mehr entzogen hatte. Auf ägypt. Antrag wurde die PLO, die in der Arab. Liga einen Sonderstatus ohne Stimmrecht besessen hatte, am 6. Sept. als 21. Vollmitglied aufgenommen. Bei einem Treffen des Palästinens. Zentralrats in Damaskus (12.–14. Dez.), an dem 38 Mitglieder teilnahmen, versuchten die p.n O., eine gemeinsame polit. Linie zu finden.

Palme, Olof, *Stockholm 30. Jan. 1927, schwed. Politiker. Ab 1969 Ministerpräsident; mußte nach den Reichstagswahlen im Sept. 1976, die den nichtsozialist. Parteien die Mehrheit brachten, zurücktreten.

Panama, Republik in Zentralamerika. Als Volksvertretung fungiert eine Nationalversammlung mit 25 Mitgliedern. Staatsoberhaupt *Demetrio Basilio Lakas Bahas* (seit Dez. 1969), Regierungschef und „Oberster Führer der Revolution“ *Omar Torrijos Herrera* (seit Okt. 1972). Flagge ↑Farbtafeln Flaggen S. 139. Internat. Mitgliedschaften ↑Übersicht Internationale Organisationen.

Die *Wirtschaft* hat sich 1976 dank staatl. Maßnahmen (Kredithilfen, Wohnungsbauförderung und Exportvergünstigungen) wieder etwas erholt. Dabei stiegen die Verbraucherpreise erneut etwas stärker als nur um 1% wie 1975. Ein Fünfjahresplan 1976–80 sieht öffentl. Investitionen von 2 Mrd. B/. und jährl. Wachstumsraten von 7% vor. Er soll v. a. zur Diversifizierung der Wirtschaft beitragen. Der traditionell hohe Importüberschuß (1975: 592 Mill. $) wies in den ersten Monaten des Jahres noch steigende Tendenz auf.

Panamakanalzone ↑Übersicht Staaten der Erde (USA).

Papua-Neuguinea, Inselstaat im westl. Pazifik. Als Volksvertretung fungiert ein „House of Assembly“ mit 100 gewählten Abgeordneten, die verschiedenen Parteien angehören. Staatsoberhaupt Königin *Elisabeth II.* von Großbritannien, Regierungschef *Michael Somare* (seit Dez. 1973). Flagge ↑Farbtafeln Flaggen S. 139. Internat. Mitgliedschaften ↑Übersicht Internationale Organisationen.

Wirtschaft: Die Wirtschaftslage von P.-N. 1976 ist insgesamt optimist. zu beurteilen, nachdem die drohende Abtrennung der Kupferinsel Bougainville, die für die Wirtschaft des Landes lebenswichtig ist, verhindert werden konnte. Gleichzeitig verzeichnete man eine Erholung der Kupferwirtschaft. Die Bougainville-Kupfergesellschaft konnte die Produktion von Kupferkonzentrat im ersten Halbjahr 1976 um 10% steigern, die Gewinne stiegen um 13%. Dabei erhöhten sich die Abgaben an die Regierung um 27% auf 11,1 Mill. K. Hauptgrund für die positive Entwicklung war der Preisanstieg für Kupfer. Als Reaktion auf die währungspolit. Maßnahmen Australiens wurde die Währung am 29. Nov. 1976 gegenüber allen Fremdwährungen um 7,25% abgewertet. Gegenüber dem austral. Dollar wurde um 12,5%, und wenig später nochmals um 2% aufgewertet. Wirtschaftspolit. wird in einem neuen Weißbuch der Entwicklung der Landwirtschaft unbedingter Vorrang eingeräumt. Danach folgt die Förderung des Transportwesens sowie die Erschließung und der Abbau von Bodenschätzen wie Kohle, Erdöl und Kupfer.

Innen- und Außenpolitik: Der junge Staat sah sich erneut mit Sezessionsbestrebungen konfron-

PANAMA

Geographische Daten und Bevölkerung: *Fläche* 75 650 km² (ohne Kanalzone), *Verwaltungsgliederung* in 9 Provinzen, *Hauptstadt* Panama (350 000 E), *Bevölkerung* 1,67 Mill. E, 22 E/km² (1975), *Amtssprache* Spanisch, *Religion* überwiegend Katholiken.

Wirtschaft: *Erwerbstätigkeit* (1972): 427 000 Erwerbstätige, davon (in Prozentanteilen) Landwirtschaft und Fischerei 36, Industrie 11, Baugewerbe 7, Handel 15, sonstige Dienstleistungen 31. – *Landwirtschaft:* 440 000 ha Ackerland, 1,15 Mill. ha Weideland (1974). – Produktion (Auswahl; 1975): Bananen 977 000 t, Reis 178 000 t, Kaffee 4 200 t, Krabben 5 000 t. – *Industrie und Elektrizitätserzeugung* (1975): Zucker 130 000 t, Elektrizität 1,026 Mrd. kWh. – *Außenhandel* (1975): Export 278 Mill. B/., Import 870 Mill. B/. – *Währung* ↑Übersicht Währungen. – *BIP:* 2 265 Mill. B/., 1 356 B/./E (1975).

Verkehr: *Straßen:* 7 127 km. Bestand an Pkw 53 500, an Lkw und Omnibussen 21 600 (1974). – *Schiffahrt* (1976): Handelsflotte mit 15,3 Mill. BRT.

tiert: Auf Bougainville flackerten Unruhen auf, die erst Anfang Aug. mit Umbenennung der Prov. in North Solomons und erhebl. Erweiterung der Rechte ihrer Verwaltung beigelegt werden konnten. In Port Moresby errang bei einer Nachwahl die für ein

PAPUA-NEUGUINEA
Geographische Daten und Bevölkerung: *Fläche* 461 691 km^2, *Verwaltungsgliederung* in 19 Distrikte, *Hauptstadt* Port Moresby (76 507 E; 1971), *Bevölkerung* 2,57 Mill. E (1974), 5,7 E/km^2, *Religion* 61,9% Christen (37,8% kath.), 38,1% Anhänger von Naturreligionen.
Wirtschaft: *Erwerbstätigkeit:* 521 110 Erwerbspersonen (1971). – *Landwirtschaft:* Produktion (1973): Bananen 900 000 t (1975), Kokosnüsse 800 000 t, Fischfang 48 500 t. – *Bergbau, Industrie und Elektrizitätserzeugung:* Gold 787 kg (1973), Silber 3 095 kg (1975), Kupfer 189 100 t (1974), Elektrizität 1 050 Mill. kWh (1976). – *Außenhandel* (1975/76): Export 362,6 Mill. K, Import 365,5 Mill. K. Haupthandelspartner sind Australien, Japan und die BRD. Hauptexportgüter sind Kupfer, Kaffee, Kakao, Kopra. Hauptimportgüter sind Nahrungsmittel und Maschinen. – *Währung* ↑ Übersicht Währungen. – *BSP* zu laufenden Preisen 1 400 Mill. K (Schätzung 1974/75).
Verkehr: *Straßen:* 16 457 km (1972); Kfz-Bestand 39 698 (1972). – *Luftverkehr* (1972/73): beförderte Personen im Auslandverkehr 219 616, im Inlandverkehr 514 788.

selbständiges Papua eintretende „Papua Besena" ihren zweiten Parlamentssitz.
Interne Streitigkeiten in der nur über eine knappe Mehrheit verfügenden Regierungskoalition führten am 23. Jan. zur Entlassung von zwei Ministern. Am 13. Febr. erfolgte eine umfangreiche Umorganisation unmittelbar unterhalb der Ministerebene. Die 1976 weiter reorganisierten Provinzverwaltungen sollen zunehmend lokale Verantwortung übernehmen. Ursprüngl. zur Jahresmitte vorgesehene Wahlen wurden vom Parlament um ein Jahr verschoben. Außenpolit. verfolgt P.-N. einen blockfreien Kurs und nahm zu zahlreichen Ländern diplomat. Beziehungen auf, darunter am 16. Sept. zur BRD. De facto bleibt bei weitem wichtigster Partner die ehem. Mandatsmacht Australien, die 42% der Haushaltsmittel 1976 aufbringt und im März bei einem Besuch Ministerpräsident M. Somares für die nächsten fünf Jahre eine Finanzhilfe von wenigstens 930 Mill. $A zusagte. Die Grenzziehung in der Torresstraße war auch am Jahresende noch umstritten.
Paraguay, Republik in Südamerika. Als Volksvertretung fungiert ein Nationalkongreß, der aus einem Senat mit 30 Mitgliedern und einer Abgeordnetenkammer mit 60 Abgeordneten besteht. Staatsoberhaupt und Regierungschef *Alfredo Stroessner* (seit Juli 1954). Flagge ↑ Farbtafeln Flaggen S. 139. Internat. Mitgliedschaften ↑ Übersicht Internationale Organisationen.
Wirtschaft: Die günstige Entwicklung setzte sich 1976 fort. Es wurde wieder ein Wachstum von rund 8% erzielt, v. a. dank der anhaltenden Steigerung der traditionellen Agrarproduktion (Tabak, Baumwolle, Sojabohnen). Die Viehwirtschaft litt jedoch unter der andauernden Trockenheit, und die Industrieproduktion stieg wieder nur um 6%. Die industriellen Investitionen waren jedoch mit 9 Mill. G doppelt so hoch wie 1975. Wenn erst die Großkraftwerke, die z. Z. in Zusammenarbeit mit Argentinien und Brasilien gebaut werden, den Betrieb aufnehmen, wird die Industrialisierung wesentl. schneller vorankommen als bisher. Die Lebenshaltungskosten stiegen 1976 nur noch geringfügig (bis Okt. 1,2%), und der Importüberschuß

Papua-Neuguinea. Ministerpräsident M. Somare (vorn rechts) wird zu Beginn seines Besuches Chinas vom chinesischen Ministerpräsidenten Hua Kuo-feng in Peking begrüßt

hat sich dank höherer Ausfuhrerlöse v. a. für Tabak, Baumwolle und Ölsaaten etwas vermindert.
Penn Nouth, Samdech, * Phnom Penh 1906, kambodschan. Politiker. Ab 1970 persönl. Berater von Norodom Sihanuk und Leiter der „Königl. Regierung der Nat. Einheit Kambodschas"; 1975 bis April 1976 Ministerpräsident.
Perón, María Estela Martínez de, * La Rioja 5. Febr. 1931, argentin. Politikerin. 1973/74 Vizepräsidentin, nach dem Tod ihres Mannes J. D. Perón (Juli 1974) Präsidentin; wurde im März 1976 von den Oberbefehlshabern der Teilstreitkräfte gestürzt.
Peru, Republik im westl. Südamerika am Pazifik. Das Parlament wurde im Okt. 1968 aufgelöst. Staatsoberhaupt *Francisco Morales Bermúdez* (seit 30. Aug. 1975; zuvor *J. Velasco Alvarado*), Ministerpräsident *Guillermo Arbulu Galliani* (seit Juli 1976; zuvor *Fernandez Maldonado Solavi*). Flagge ↑ Farbtafeln Flaggen S. 139. Internat. Mitgliedschaften ↑ Übersicht Internationale Organisationen.
Wirtschaft: Der Tiefpunkt der Rezession wurde 1976 zwar überwunden, aber von einem echten Aufschwung konnte noch nicht die Rede sein. Trotz rigoroser Kürzungen der Staatsausgaben, Steuer- und Preiserhöhungen stiegen die Preise um 45% (1975: 25%). Da gleichzeitig die Lohnerhöhungen auf 10–15% begrenzt wurden, entstand Unruhe in der Arbeiterschaft, die von der Regierung mit einem Streikverbot beantwortet wurde. Die Berg-

PARAGUAY
Geographische Daten und Bevölkerung: *Fläche* 406 752 km^2, *Verwaltungsgliederung* in 16 Departamentos, *Hauptstadt* Asunción (464 000 E), *Bevölkerung* 2,647 Mill. E, 6,5 E/km^2 (1975), *Amtssprache* Spanisch, *Religion* überwiegend Katholiken.
Wirtschaft: *Erwerbstätigkeit* (1973): 824 000 Erwerbstätige, davon (in Prozentanteilen) Land- und Forstwirtschaft 54, Industrie 16, Baugewerbe 3, Dienstleistungen 27. – *Landwirtschaft:* Nutzfläche etwa 11 Mill. ha, davon 950 000 ha Ackerland, 20 Mill. ha Wald (um 1970). – Produktion (Auswahl; 1976): Maniok 1,13 Mill. t (1975), Sojabohnen 260 000 t, Baumwolle 105 000 t, Tabak 40 000 t, Rindfleisch 91 000 t (1975). – *Industrie und Elektrizitätserzeugung* (Auswahl; 1975): Baumwollgewebe 16 074 t, Tannin 17 713 t, Zement 137 750 t, Zucker 51 900 t, Elektrizität 593 Mill. kWh. – *Außenhandel* (1976): Export 181 Mill. $, Import 220 Mill. $. – *Währung* ↑ Übersicht Währungen. – *BIP:* 190,4 Mrd. G, je E 71 850 G (1975).
Verkehr: *Eisenbahnen:* Streckenlänge 441 km (1973). – *Straßen:* 16 000 km, davon 600 km befestigt (1973). Bestand an Pkw 16 000, an Lkw und Omnibussen 19 000 (1974).

PERU
Geographische Daten und Bevölkerung: *Fläche* 1 285 216 km², *Verwaltungsgliederung* in 23 Departamentos, *Hauptstadt* Lima (3,3 Mill. E), *Bevölkerung* 15,87 Mill. E, 12,3 E/km² (1975), Geburten-/Sterberate (auf 1 000 E) 27,8/8,3 (1972), *Amtssprache* Spanisch, *Religion* 75% Katholiken.
Wirtschaft: *Erwerbstätigkeit* (1972): 3,79 Mill. Erwerbstätige, davon (in Prozentanteilen) Landwirtschaft und Fischerei 40,6, Bergbau und Energie 1,6, Industrie und Baugewerbe 17,2, Handel, Banken, Versicherungen 11,7, Verkehr 4,3, nicht spezifiziert 24,6. – *Landwirtschaft:* Nutzfläche 32,13 Mill. ha, davon 2,8 Mill. ha Ackerland, 87 Mill. ha Wald (1972). – Produktion (Auswahl; 1975; in 1 000 t): Weizen 150, Reis 322, Mais 625, Baumwolle 76, Kaffee 60, Milch 957, Rindfleisch 70, Anschovis 3 950 (1976). – *Bergbau, Industrie und Elektrizitätserzeugung* (Auswahl; 1975; in 1 000 t): Erdöl 3 700 (1976), Eisenerz (60% Fe) 5 200, Kupfererz (Cu-Gehalt) 237 (1976), Zinkerz (Zn-Gehalt) 396 (1976), Bleierz (Pb-Gehalt) 189 (1976), Silber 1,4 (1976), Rohstahl 440, Zement 1 428 (1971), Zucker 990, Kfz 34 274 Einheiten, Fischmehl 850 (1976), Elektrizität 6,804 Mrd. kWh (1973). – *Außenhandel* (1976): Export 1 359 Mill. $, Import 2 080 Mill. $. – *Währung* ↑ Übersicht Währungen. – *BIP* zu Marktpreisen: 556,7 Mrd. S/., je E 33 820 S/. (1974).
Verkehr: *Eisenbahnen:* Streckenlänge 3 218 km (1972). – *Straßen:* 52 100 km, davon 11 000 km Hauptstraßen (1973). Bestand an Pkw 247 400, an Lkw und Omnibussen 129 200 (1974). – *Schiffahrt* (1976): Handelsflotte mit 413 127 BRT. – *Luftverkehr* (1975): 2,17 Mill. Fluggäste.

bauproduktion (Kupfer, Blei, Zink, Silber) erholte sich wieder (+8,7%), blieb aber noch unter dem Stand von 1974. Im Nov. wurde die Kupfermine Cuajone, das größte peruan. Bergwerk mit einer Kapazität von 155 000 Jato, in Betrieb genommen. Die Ölförderung belief sich auf 76 000 Faß tägl. bei einem Verbrauch von 120 000 Faß. Die Anschovisanlandungen stiegen trotz Streiks, Reprivatisierung und ungünstiger ozeanograph. Verhältnisse wieder auf 4,2 Mill. t. Dagegen erhöhten sich die Industrie- ebenso wie die Agrarproduktion nur um 3%, und die Bautätigkeit ging sogar noch zurück. Die Handelsbilanz hat sich verbessert. Der Importüberschuß dürfte auf unter 700 Mill. $ gesunken sein (1975: 1,1 Mrd. $).

Innen- und Außenpolitik: Die revolutionäre Politik der Militärregierung, die nach dem Putsch von 1968 von General J. Velasco Alvarado vorangetrieben worden war und als „dritter Weg" zwischen Kapitalismus und Kommunismus wachsende Beachtung v. a. in Ländern der Dritten Welt gefunden hatte, wurde von dem am 29. Aug. 1975 an die Macht gekommenen General F. Morales Bermúdez Cerrutti im Verlauf des Jahres 1976 stufenweise abgebaut. Bereits zu Jahresbeginn wurde ein neues Regierungsprogramm angekündigt, das unter der Bezeichnung „Plan Tupac Amarú" vorbereitet wurde, der den „revolutionären" Plan „Inca" ablösen sollte. Im Zuge des von der Regierung als „zweite Phase der Revolution" proklamierten Prozesses wurde der privatwirtschaftl. Sektor gestärkt und die gesetzl. Grundlage der zentralen Einrichtungen der Arbeitermitbestimmung und Selbstverwaltung (Comunidad Industrial und Propiedad Social) revidiert. Daneben wurde die seit 1973 staatl. Fischereiflotte reprivatisiert und das Verbot für die Betätigung ausländ. Erdölfirmen aufgehoben.

Die Außenpolitik war gekennzeichnet durch Verhandlungen um Kreditbewilligungen – so hielten sich zu Jahresbeginn außer dem amerikan. Außenminister H. Kissinger die Präsidenten der Weltbank und der Interamerikan. Entwicklungsbank in Lima auf – und durch die Vertiefung der Beziehungen zu lateinamerikan. Nachbarländern, die neben einem Staatsbesuch in Venezuela v. a. durch Kontakte mit den Militärregierungen in Brasilien, Argentinien und Chile zum Ausdruck kam.

Philippinen, Republik in Südostasien. Als Volksvertretung fungiert ein Kongreß, der aus einem Senat mit 24 Mitgliedern und einem Repräsentantenhaus mit 114 Abgeordneten, die größtenteils zwei Parteien angehören, besteht. Staatsoberhaupt und Regierungschef *Ferdinando E. Marcos* (seit Dez. 1965). Flagge ↑ Farbtafeln Flaggen S. 139. Internat. Mitgliedschaften ↑ Übersicht Internationale Organisationen.

Wirtschaft: Trotz verschiedener Naturkatastrophen und negativer externer Einflüsse (Verfall der Weltmarktpreise für wichtige traditionelle Ausfuhrprodukte) erlebte die philippin. Wirtschaft 1976 einen Konjunkturaufschwung. Gegenüber dem Rückgang von 6,0% im Jahr 1975 wurde die Zunahme der Beschäftigung in der Gesamtwirtschaft für 1976 auf 5,4% geschätzt. Der größte Teil der Bevölkerung mußte auch 1976 eine weitere Senkung des Lebenshaltungsstandards hinnehmen. Nachdem die zweistelligen Verbraucherpreissteigerungen der Jahre 1970 bis 1974 bereits 1975 auf 8% zurückgegangen waren, verringerte sich der Preisanstieg 1976 auf 5,6%. Im Bergbau wurde zum Jahresende 1976 ein Produktionszuwachs von 4,1% ermittelt, wobei Kupfer- und Zinkkonzentrate, Nickel und Blei für den Anstieg verantwortl. waren. In der gewerbl. Wirtschaft konnte der zweijährige Produktionsrückgang aufgefangen und in einen Anstieg von +4,3% gegenüber 1975 umgekehrt werden. Sowohl die Ausfuhr (+9,3%) als auch die Einfuhr (+3,3%) lagen im Zeitraum der ersten elf Monate 1976 über den entsprechenden Werten des Vorjahrs.

PHILIPPINEN
Geographische Daten und Bevölkerung: *Fläche* 30 000 km², *Verwaltungsgliederung* in 12 Regionen und 73 Provinzen, *Hauptstadt* Quezon City (781 000 E), Regierungssitz Manila (1,38 Mill. E), *Bevölkerung* 43,75 Mill. E (1976), 146 E/km², Geburten-/Sterberate (auf 1 000 E; 1974) 25,0/6,3, *Amtssprachen* Tagalog, Englisch, Spanisch, *Religion* über 80% Katholiken, 4% Muslime.
Wirtschaft: *Erwerbstätigkeit* (1974; in Prozentanteilen): Landwirtschaft 56,9, Bergbau 0,3, verarbeitendes Gewerbe 10,4, Baugewerbe 2,8, Handel 11,1, Verkehr 3,6, sonstige Dienstleistungen 14,9. – *Landwirtschaft:* Nutzfläche 29,8 Mill. ha (1973), davon 11,15 Mill. ha Ackerland und Dauerkulturen. – Produktion (Auswahl; 1975/76): Reis 6,21 Mill. t, Mais 2,73 Mill. t, Bananen 1,98 Mill. t, Kopra 1,73 Mill. t, Kokosnußöl 821 000 t, Zucker 2,7 Mill. t, Manilahanf (Abaka) 141 000 t, Knollen- und Wurzelfrüchte 2,08 Mill. t, Ananas 483 000 t, Zitrusfrüchte 80 000 t, Gemüse 478 000 t, Schweinefleisch 241 000 t (1971), Fischfang 1,42 Mill. t, Holzeinschlag 34,9 Mill. m³ (1973). – *Bergbau, Industrie und Elektrizitätserzeugung* (Auswahl; 1974): Chromerz 530 000 t, Kupfererz 227 000 t (1975), Eisenerz 1,61 Mill. t, Golderz (Au-Inhalt) 16 700 kg, Kohle 158 000 t (1976), Zement 3,6 Mill. t (1975), Heizöl 3,67 Mill. t (1973), Kfz-Montage 44 700 (1975), Elektrizität 9,77 Mrd. kWh (1975). – *Außenhandel* (1975): Export 16,43 Mrd. P, Import 28,17 Mrd. P. – *Währung* ↑ Übersicht Währungen. – *BIP* zu Marktpreisen 111,68 Mrd. P (1975), BIP je E 2 630 P.
Verkehr: *Eisenbahnen:* Streckenlänge 1 028 km (1973). – *Straßen:* 87 306 km (1974/75). – *Schiffahrt* (1976): Handelsflotte mit 963 000 BRT. – *Luftverkehr* (1973): 3,72 Mill. Fluggäste.

Innen- und Außenpolitik: Die Alleinherrschaft von Präsident F. Marcos blieb 1976 weiterhin unangefochten. Die Opposition, die Marcos 1972 entmachtet hatte, hat sich selbst unglaubwürdig gemacht. Die im Untergrund operierenden Kommunisten bildeten keine ernstzunehmende Gefahr. Es gab keine Instanz, die Präsidialdekrete hätte kontrollieren können, keine polit. Parteien, keine Wahlen und keine Revolutionskomitees. In den fünf Jahren seiner autokrat. Regierung mit Kriegsrecht begrüßte die Bevölkerung insbes. die erfolgreiche Bekämpfung des Verbrechens und Beschneidung der Macht der „alten Oligarchien". Allerdings hat die ehrgeizige Wirtschaftspolitik zu einer hohen Auslandsverschuldung geführt. Die Lebenshaltungskosten haben sich in der Periode verdoppelt, dabei blieben die Realeinkommen weit zurück. Seit Verhängung des Kriegsrechts 1972 sind die Einkommen real um ein Drittel gesunken. Möglicherweise hat das Fehlen der Opposition 1976 zu zwei augenscheinl. polit. Fehlern geführt. Gegen den Rat einheim. Wirtschaftsplaner wurden in Manila 14 Hotel-Großbauten in Angriff genommen, die nach ihrer Fertigstellung weitgehend leerstanden.

Das im Okt. abgehaltene Referendum brachte nach amtl. Angaben eine breite Mehrheit für die Aufrechterhaltung des Ausnahmezustands für weitere vier Jahre. Diesen Darstellungen zufolge sprachen sich 96% der Wähler dafür aus, daß der Präsident weiter mit Kriegsrecht regiert. Dabei stimmte man neun Verfassungsänderungen zu, die zwar nach der Rückkehr zum normalen polit. Leben die Bildung eines Parlaments vorsehen, F. Marcos aber das Recht geben, die Volksvertretung jederzeit aufzulösen und mit Hilfe von Dekreten zu regieren. Es bestand Wahlpflicht, jedoch sollen sich viele Bürger der Registrierung entzogen haben.

Ende Dez. verkündete der Präsident in einer Pressekonferenz die Schaffung eines autonomen Gebiets für die Muslime im S der Ph. Für die Aufrechterhaltung der Ordnung sollen die philippin. Streitkräfte sorgen. Diese Entscheidung von Marcos geht auf Gespräche zwischen der Regierung und den Moro-Rebellen in Tripolis zurück. Zu einer endgültigen Lösung des Minderheitenproblems kam es allerdings nicht.

Nach dem Rückzug der USA vom asiat. Kontinent hat die philippin. Außenpolitik an Bewegungsfreiheit gewonnen. Die neuen Initiativen machten das frühere militär. Engagement im Vietnamkrieg vergessen. Im Mai 1976 besuchte F. Marcos Moskau und stellte normale Beziehungen zur UdSSR her. Gleiches geschah mit Vietnam. Bei der Unterzeichnung der jeweiligen Verträge widersetzte er sich erfolgreich den Forderungen nach Verurteilung amerikan. Präsenz auf den Philippinen.

PHYSIK

Selten war die Physik in den letzten Jahren so aufregend wie 1976. Die Entdeckung von neuartigen Teilchen mit einer als *Charm* bezeichneten Eigenschaft (Quantenzahl) hat unsere Vorstellungen vom Aufbau der subnuklearen Materie grundlegend verändert. Die Experimente am Deutschen Elektronen-Synchrotron (DESY) in Hamburg haben dabei die schon länger erörterten theoretischen Vorstellungen bestätigt. So gesehen befindet sich die Hochenergiephysik, die sich mit der Erforschung der Elementarteilchen und ihren Eigenschaften befaßt, derzeit in einem sensationellen Aufbruch. Plötzlich sehen die Physiker ihr Ziel, nämlich zu beschreiben, was die „Welt" im Innersten zusammenhält, in greifbare Nähe gerückt. Hinter der Fülle unübersichtlicher experimenteller Daten – inzwischen sind weit über 200 Elementarteilchen bekannt – werden jetzt einfache Prinzipien erkennbar.

Nicht nur am Deutschen Elektronen-Synchrotron, sondern in allen Hochenergielaboratorien wird seit 1975 fieberhaft nach neuen Teilchen mit „Charm" gefahndet. Das aufregende an diesen Experimenten sind nach Ansicht von Professor Helmut Faissner (Aachen) aber nicht die Teilchen an sich, sondern die Tatsache, daß die Entdeckungen genau den Vorhersagen der Theoretiker entsprechen. Und das zeigt gerade, daß das theoretische Gebäude der modernen Physik nicht falsch sein kann. Zwar ist die Übereinstimmung zwischen Experiment und Theorie noch nicht überall hundertprozentig, doch scheint es, daß die Experimente mit den Speicherringen beim DESY in Hamburg, beim CERN in Genf sowie an den großen Teilchenbeschleunigern in den USA uns dem Verständnis vom Aufbau der Materie und des Mikrokosmos ein ganz entscheidendes Stück näher gebracht haben.

Die aufregende Periode begann für die Hochenergiephysiker Ende 1974, als den Wissenschaftlern in den USA und in Europa nicht nur größere Teilchenbeschleuniger zur Verfügung standen, sondern auch bedeutend genauere Meßmethoden und -apparaturen, als sie bis dahin benutzt worden waren. Diese neuen Anlagen erlaubten ihnen nämlich, die Welt des Mikrokosmos bei noch höheren Energien und in feinerer (höher auflösender) Weise zu untersuchen. So wurden bereits im November 1974 in Brookhaven und in Stanford von S. C. C. Ting und B. Richter sowie ihren Mitarbeitern ein neues Teilchen entdeckt, das heute als *Psiteilchen* bezeichnet wird. Seine Eigenschaften (↑Nobelpreise [Nobelpreis für Physik]) paßten überhaupt nicht in das bisherige Klassifizierungsschema der Elementarteilchen, das auf der Annahme beruht, daß alle schweren Elementarteilchen (Hadronen) aus drei Grundbausteinen – den Quarks – aufgebaut werden.

Nachdem dann am Deutschen Elektronen-Synchrotron in Hamburg und in den USA weitere vier Teilchen mit ähnlichen Eigenschaften entdeckt worden waren, gerieten die Vorstellungen vom Aufbau der subatomaren Welt vollends ins Wanken. Von allen verschiedenen Interpretationsmöglichkeiten blieb schließlich nur jene Theorie übrig, die eine neue ladungsartige, d.h. der elektrischen Ladung analoge Größe, nämlich eine neue Quantenzahl „Charm", postulierte. Diese Vorstellung wurde durch die Neutrino-Experimente in den USA und bei CERN gestützt. Nach dieser Charm-Theorie gibt es zusätzlich zu den drei bisher postulierten Quarks noch ein viertes, das sogenannte *Charm-Quark* oder *Charm-Teilchen*, das die Eigenschaft „Charm" trägt. Mit Hilfe dieses Teilchens wurde es möglich, auch die neuen Phänomene im Mikrokosmos zu verstehen. Die weiteren Experimente bestätigten dann die Charm-Theorie, so daß heute angenommen wird, daß zahlreiche schwere Elementarteilchen nicht aus drei, sondern aus vier Grundbausteinen zusammengesetzt sind. Es gibt allerdings schon berechtigte Hinweise, daß diese vier „Urteilchen" zur vollständigen Beschreibung nicht ausreichen; wahrscheinlich wird mindestens ein weiteres Quarkteilchen existieren.

Die Entdeckung der Eigenschaft „Charm" hat weitreichende Konsequenzen für unser Verständnis von der Struktur der Materie und von den zwischen den Elementarteilchen wirkenden Kräften. Die Physik steht gewissermaßen jetzt an der Schwelle zur Vereinheitlichung der vier verschiedenen Wechselwirkungsarten, mit denen sich alle physikalischen Vorgänge und Erscheinungen erklären lassen: die eine sehr schwache Massenanziehung ergebende Gravitation, die zu Elementarteilchenzerfäl-

len führende schwache Wechselwirkung, die für das Bestehen der Atome, Moleküle und materiellen Körper maßgebende elektromagnetische Wechselwirkung zwischen geladenen Teilchen und die insbesondere für den Zusammenhalt der Atomkerne verantwortliche starke Wechselwirkung. Die Experimente der Hochenergiephysiker scheinen jetzt eine Theorie zu bestätigen, in der die schwache und die elektromagnetische Wechselwirkung vereinigt wird. Damit würden unsere Vorstellungen vom Aufbau des Mikrokosmos wesentlich vereinfacht. Und es gibt Anzeichen dafür, daß auch die starke Wechselwirkung einbezogen werden kann und somit die Grundprinzipien sich weiter reduzieren lassen. Die Gravitation scheint eine Ausnahme zu sein. Noch zeichnet sich kein Ansatz für eine geschlossene Theorie ab, die auch die Gravitation enthält.
Die Nobelpreisträger-Tagung in Lindau im Juni des Jahres 1976 lieferte vorübergehend eine weitere Sensation. Der britische Nobelpreisträger Paul A. M. Dirac hatte nämlich aus den USA die Information mit an den Bodensee gebracht, daß amerikanische Wissenschaftler einige Wochen vor seiner Abreise in natürlichen Monazitkristallen Atome der superschweren Elemente mit den Ordnungs- oder Kernladungszahlen 116, 124 und 126 gefunden hätten. Bis dahin galt das vor allem in Kernreaktoren sich bildende Plutonium mit der Ordnungszahl 94 als das schwerste in der Natur noch vorkommende chemische Element, während man auf künstlichem Wege – durch Kernreaktionen – neben Neptunium (Ordnungszahl 93) und Plutonium noch ein Dutzend weiterer Transurane erzeugen konnte, wenn auch bei den Elementen mit Ordnungszahlen über 100 meist nur wenige Atome. Aus der kurzen Lebensdauer der Isotope dieser Elemente folgerte man zunächst, daß Atomkerne mit Kernladungszahlen größer als 106 höchstens kurzzeitig existieren könnten. Jedoch haben Wissenschaftler des Los Alamos Scientific Laboratory in New Mexico (USA) bereits in den sechziger Jahren anhand von Computerrechnungen aufzeigen können, daß superschwere Elemente mit langer Lebensdauer existieren sollten. Dabei waren sie zu dem Schluß gekommen, daß in der Nähe der Ordnungszahlen 114 und 164 jeweils eine ganze Reihe von stabilen Elementen liegen müssen. Dem Element mit der Ordnungszahl 114 sollte dabei ein Atomgewicht von etwa 300 und dem Element 164 ein Atomgewicht von rund 500 entsprechen. Alle diese superschweren Elemente sollen weitgehend stabil gegen spontanen Kernzerfall sein: Ihre Halbwertszeit ist so groß, daß sie auch heute noch in der Natur vorkommen müßten, wenn sie bei der Bildung der chemischen Elemente vor rund 5 Milliarden Jahren ebenfalls entstanden sind. Das Vertrauen in die Berechnungen ist unter den Forschern auch heute noch so groß, daß sie in den vergangenen Jahren sehr intensiv nach dem natürlichen Vorkommen dieser Elemente suchten. Ihre Entdeckung würde nämlich nicht nur unsere Vorstellungen von der Struktur der Materie erweitern, sondern auch wichtige Aufschlüsse über die Bildung der Elemente liefern. So gesehen mußte die Nachricht, die Professor Dirac mitbrachte, wie eine Sensation wirken. Doch schon wenige Monate später konnten Wissenschaftler des Max-Planck-Institutes für Kernphysik in Heidelberg nachweisen, daß die von amerikanischen Wissenschaftlern anhand von Röntgenstrahlspektren in Monazitmineralen vermuteten überschweren Elemente nicht existieren, sondern durch Störeffekte nur vorgetäuscht wurden. Damit fand die anläßlich des 200jährigen Bestehens der USA als wissenschaftliche Sensation gefeierte Entdekkung superschwerer Elemente ein überraschendes Ende. Die Suche nach ihnen geht also weiter.

Pinheiro de Azevedo, José Baptista, *Luanda 5. Juli 1917, portugies. Admiral und Politiker. Von Sept. 1975 bis Juli 1976 Ministerpräsident. Bei den Präsidentschaftswahlen Ende Juni 1976 erhielt er 14% der abgegebenen Stimmen.
Piontek, Heinz, *Kreuzburg O. S. 15. Nov. 1925, dt. Schriftsteller. Seit 1948 freier Schriftsteller; erhielt 1976 den Georg-Büchner-Preis.

Heinz Piontek

Pitcairn ↑Übersicht Staaten der Erde (Großbritannien).
Pittermann, Bruno, *Wien 3. Sept. 1905, östr. Politiker (SPÖ). 1964 bis Dez. 1976 Vorsitzender der Sozialist. Internationale.
Polen, Volksrepublik im östl. Mitteleuropa. Als Volksvertretung fungiert ein Einkammerparlament (Sejm) mit 460 Abgeordneten, die den Parteien der „Nationalen Front" angehören. Staatsoberhaupt ist der Vorsitzende des Staatsrats, *Henryk Jabłonski* (seit März 1972), Regierungschef *Piotr Jaroszewicz* (seit Dez. 1970), Außenminister *Emil Wojtaszek* (seit Dez. 1976; zuvor *St. Olszowski*). Flagge ↑Farbtafeln Flaggen S. 139. Internat. Mitgliedschaften ↑Übersicht Internationale Organisationen.
Wirtschaft: Die im Laufe des Jahres deutl. gewordene wirtschaftl. Krise hat ihre Ursache in den erhebl. Disproportionen auf dem Konsum- und Investitionsgütermarkt sowie im Außenhandel mit dem Westen. Der raschen Einkommenssteigerung in den letzten Jahren steht bisher noch kein entsprechendes Konsumgüterangebot gegenüber, so daß es immer wieder zu Engpässen in der Versorgung kommt. Insbes. auf dem Nahrungsmittelmarkt, der durch Subventionen seit Jahren ein stabiles Preisniveau aufweist, bestanden Lieferschwierigkeiten, zu denen 1976 zusätzl. noch schlechte landwirtschaftl. Ernteergebnisse beigetragen haben. Die Absicht der Regierung, das Ungleichgewicht durch eine

Polen. Zum Abschluß seiner Gespräche mit der deutschen Bundesregierung unterzeichnen Parteichef E. Gierek (links) und Bundeskanzler H. Schmidt in feierlicher Form eine gemeinsame Erklärung

überschüssige Kaufkraft abschöpfende Erhöhung des Preisniveaus und durch eine die Nachfrage umlenkende Neuordnung der Preisstruktur abzuschaffen, wurde am Tag der Ankündigung am 25. Juni durch Proteste der Bevölkerung und durch Arbeiterunruhen in einigen Städten bereits im Ansatz erstickt. Im Außenhandel ist das Defizit weiter angestiegen. Die expansive Investitionspolitik führte zu Investitionsgüterkäufen im Westen und zu hohen Handelsdefiziten, die zu einem erhebl. Teil mit westl. Krediten (Schätzungen belaufen sich auf 7–10 Mrd. $) finanziert wurden. Schlechte Ernten, die zu hohen Nahrungsmittelimporten gegen harte Devisen zwangen, sowie Absatzschwierigkeiten poln. Erzeugnisse im Westen aufgrund der Rezession erschwerten die Bedienung bzw. Rückzahlung der Kredite an die westl. Kreditgeber.

Innen- und Außenpolitik: Die Verfassungsänderung Anfang des Jahres führte v. a. in Fragen des sozialist. Aufbaus und der Freundschaft zur UdSSR zum Streit zwischen kommunist. Führung und verschiedenen Intellektuellen. Der Sprecher des kath. Abgeordnetenklubs „Znak", der sich bei der Abstimmung als einziger der Stimme enthalten hatte, durfte für die Sejmwahlen am 21. März nicht wieder kandidieren. Kardinal St. Wyszyński forderte die Aufhebung aller Repressalien gegenüber den

Polen. Während seines Besuches in Nordrhein-Westfalen trifft Parteichef E. Gierek (zweiter von links) mit dem DGB-Vors. H.-O. Vetter (rechts) zu einem Gespräch zusammen

über einhundert Personen, die Petitionen und Proteste in der Verfassungsfrage eingereicht hatten. Das Schreibverbot für den kath. Publizisten Kisielewski und das Ausreiseverbot für den Dichter Z. Herbert veranlaßte namhafte ehem. Politiker und internat. angesehene Wissenschaftler hauptsächl. der älteren Generation, in offenen Briefen E. Gierek der Nachgiebigkeit gegenüber Moskau und der Verschleppung grundlegender Reformen zu bezichtigen.

Innerhalb des Ministerrats wurden vier neue Ressorts v. a. im Bereich der Wirtschaftsverwaltung gebildet, so daß die Zahl der Ministerien auf 36 anstieg. Ministerpräsident P. Jaroszewicz erhielt acht Stellvertreter. Der Exponent der nationalkommunist. Richtung, F. Szlachcic, verlor nun auch seinen Sitz im Ministerrat. Die Regierungserklärung von P. Jaroszewicz hatte fast ausschließl. die prekäre Wirtschaftslage zum Inhalt. Das im Juni verkündete Sanierungsprogramm sah drast. Preiserhöhungen für Grundnahrungsmittel sowie Ausgleichszahlungen und Produktionsanreize für die Landwirtschaft vor. Dies führte am 25. Juni in der Industriestadt Radom sowie in Ursus und Plock zu Revolten von Arbeitern, Schülern und Hausfrauen. Die Partei nahm unverzügl. die Preiserhöhungen zurück. Von den zunächst 2 000 Inhaftierten befanden sich Ende Okt. nach Auskunft des Generalstaatsanwalts noch 78 in Haft. Zuvor waren viele Urteile abgemildert und Strafen zur Bewährung ausgesetzt worden. Ursache der Milde war die rapide zunehmende Solidarisierung von Intellektuellen und Arbeitern, die in der Gründung des „Komitees zur Verteidigung der Arbeiter" ihren sichtbarsten Ausdruck fand. Die Aktivitäten dieser ersten organisierten Oppositionsgruppe in P. setzten der Parteiführung schwer zu. Zur Analyse der Preisstruktur und der Wirtschaftslage rief das 4. ZK-Plenum Mitte Sept. fünf Kommissionen ins Leben, deren Arbeit bis 1977 fortdauern wird. Die Führung will ihre künftige Preisgestaltung von den Ergebnissen dieser Analyse abhängig machen. Die vorübergehende Inhaftierung von regimekrit. Intellektuellen war wohl mehr als Warnung gemeint, blieb aber ohne Einfluß auf die wachsende Bürgerrechtsbewegung (↑ auch Bürgerrechtler).

Auch für P.s Außenpolitik bildeten die Unruhen in der Bevölkerung eine Zäsur. Die erste Jahreshälfte war von reger Aktivität gekennzeichnet. E. Gierek besuchte die Parteitage in Moskau, Sofia und Prag. Bulgariens Regierungschef S. Todorow unterzeichnete im April in Warschau eine Vereinbarung über

POLEN

Geographische Daten und Bevölkerung: *Fläche* 312 677 km^2, *Verwaltungsgliederung* in 22 Woiwodschaften, *Hauptstadt* Warschau (1,41 Mill. E), *Bevölkerung* 34,5 Mill. E (1976), 110 E/km^2, Geburten-/Sterberate (1976) 19/8,7 (auf 1 000 E), *Amtssprache* Polnisch, *Religion* rund 95% Katholiken.

Wirtschaft: *Erwerbstätigkeit* (1974): Erwerbstätige insgesamt 11,0 Mill., davon (in Prozentanteilen) in Land- und Forstwirtschaft 31,5%, Industrie 29,9%, Bauwesen 8,4%, Handel 7,2%, Verkehr und Nachrichtenwesen 6,0%. – *Landwirtschaft:* Nutzfläche 19,371 Mill. ha, davon 14,843 Mill. ha Ackerland, 2,549 Mill. ha Wiesen, 1,676 Mill. ha Weiden; 8,553 Mill. ha Wald. – Produktion (Auswahl; 1975): Weizen 5,2 Mill. t, Roggen 6,3 Mill. t, Gerste 3,7 Mill. t, Hafer 2,9 Mill. t, Kartoffeln 46,5 Mill. t, Zuckerrüben 15,3 Mill. t, Milch 16 Mrd. l, Ölkulturen 0,7 Mill. t. – *Bergbau, Industrie und Elektrizitätserzeugung* (Auswahl; 1976): Steinkohle 179,3 Mill. t, Rohstahl 15,6 Mill. t, Walzstahlerzeugnisse 11,5 Mill. t, Wälzlager 101,3 Mill. Stück, Elektrolyt-Kupfer 270 100 t, Zement 19,8 Mill. t, Pkw 216 400 Stück, Lkw 242 600 Stück, Traktoren 58 800 Stück, Waschmaschinen 683 000 Stück, Kühlschränke 821 100 Stück, Düngemittel 2,6 Mill. t, Kunststoffe 442 800 t, Papier 1,1 Mill. t, Schuhe 135,1 Mill. Paar, Elektrizitätserzeugung 104,1 Mrd. kWh. – *Außenhandel* (1976): Export 36,7 Mrd. Devisen-Zl, Import 46,1 Mrd. Devisen-Zl. Haupthandelspartner sind Sowjetunion, BRD, DDR, ČSSR, Großbritannien, USA. Hauptexportgüter sind Fleischwaren, Zuchtvieh, Zucker, Nadelholz, Steinkohle, chem. und pharmazeut. Erzeugnisse, Textilien, Lederwaren. Hauptimportgüter sind Getreide, Erdöl, Maschinen und Fahrzeuge, Roheisen, Eisenerze, NE-Metalle, Schiffe. – *Währung* ↑ Übersicht Währungen. – *BIP* (Nettoprodukt in Preisen von 1971) 1 357 Mrd. Zloty.

Verkehr: *Eisenbahnen:* Streckenlänge 28 639 km, davon 4 359 km elektrifiziert, 42 912 Mill. Personenkilometer, 129 228 Mill. Nettotonnenkilometer. – *Straßen:* 302 421 km, davon 139 km Autobahn, 68 247 km Hauptstraßen, 195 688 km Regionalstraßen. – *Schiffahrt* (1976): Handelsflotte mit 2 952 907 BRT. – *Luftverkehr* (1975): 1 308 Mill. Personenkilometer, 13,9 Mill. Nettotonnenkilometer.

die Entwicklungsrichtung der wirtschaftl. Zusammenarbeit. Außenminister St. Olszowski führte in Moskau Gespräche mit A. Gromyko und besuchte Paris, Bonn und Kopenhagen. Langfristige Wirtschaftsabkommen kamen mit der DDR, Ungarn und der Mongol. Volksrepublik zustande. Staatsratsvorsitzender H. Jabłoński stattete Österreich einen Besuch ab. Außenhandelsminister J. Olszewski weilte in Frankreich, Mexiko und Norwegen. Wirtschaftsverträge wurden mit Österreich und den Philippinen abgeschlossen. Ministerpräsident P. Jaroszewicz unterzeichnete in Paris 15 Vereinbarungen über industrielle Zusammenarbeit.
Während des Besuchs E. Giereks in Bonn wurden Fragen des weiteren Fortschritts auf dem Wege zur vollen Normalisierung der Beziehungen P.s und der BRD besprochen. Beide Seiten erklärten ihren Willen, sich von den Grundsätzen der UN-Satzung sowie von den Zielen des Warschauer Vertrags von 1970 und der Schlußakte von Helsinki leiten zu lassen. Der polit. Dialog soll künftig kontinuierl. weitergeführt werden und regelmäßige Konsultationen der Außenminister mindestens einmal jährl. über bilaterale und internat. Angelegenheiten stattfinden. Das von den Außenministern H.-D. Genscher und St. Olszowski in Bonn unterzeichnete Kulturabkommen umfaßt die Bereiche Kunst, Wissenschaft, Bildung, Sprachförderung, Jugendbegegnung, Sport und Massenmedien. Die ursprüngl. geplante Einrichtung eines Kulturinstiuts der BRD in Warschau wurde allerdings nicht geregelt. Die für P. wichtige Frage der Schulbuchrevision wurde mit einer Kompromißformel gelöst, da sich die Regierung der BRD wegen der Kulturhoheit der Länder nicht weitergehend verpflichten konnte.
Die zweite Jahreshälfte brachte infolge der innenpolit. Krise größere Abhängigkeit von Moskau. Ende Juli sicherte sich Parteichef E. Gierek in Moskau Rückenstärkung für seine Macht durch Breschnew. Im Nov. demonstrierte E. Gierek Verbundenheit nicht nur der Parteien, sondern auch beider Staaten und Völker, als er an der Spitze einer außergewöhnl. zusammengesetzten Delegation Moskau einen Freundschaftsbesuch abstattete, den „Trybuna Ludu“ als „in gewissem Sinne ohne Präzedenzfall“ charakterisierte. Der Korrespondent der chines. Nachrichtenagentur Hsinhua wurde ausgewiesen. Mit der Republik Irland knüpfte P. im Okt. diplomat. Beziehungen.

Portugal, Republik in Südwesteuropa. Als Volksvertretung fungiert seit April 1976 die Versammlung der Republik (Assembleia da Républika) mit 263 Sitzen. Staatsoberhaupt *António Ramalho Eanes* (seit Juli 1976; zuvor *F. da Costa Gomes*), Ministerpräsident *Mario Soares* (seit Juli 1976; zuvor *J. B. Pinheiro de Azevedo*), Außenminister *José Medeiros Ferreira* (seit Juli 1976; zuvor *E. A. de Melo Antunes*). Flagge ↑Farbtafeln Flaggen S. 139. Internat. Mitgliedschaften ↑Übersicht Internationale Organisationen.
Wirtschaft: 1976 stand weiterhin im Zeichen wachsender innerer und äußerer Verschuldung. Es wurde wieder mehr verbraucht, als im Inland produziert wurde. Die Bruttoinvestitionen – sie gingen 1975 um 40% zurück – haben sich nur schwach belebt aus Furcht vor unberechenbaren staatl. Interventionen. Als die Regierung verstaatlichte Betriebe ihren ehem. Eigentümern zum Rückkauf anbot, meldeten sich nur 10% der Be-

Portugal. Bauerndemonstration Anfang Januar in Braga gegen die Agrarreformpolitik der Regierung

rechtigten. Die Lebenshaltungskosten stiegen wieder um25% bei Lohnerhöhungen von 12–13%. Die Arbeitslosigkeit hat sich weiter verschärft. Offiziell waren Ende des Jahres 500000 Personen einschließl. der Rückkehrer aus den Kolonien arbeitslos. Andere Schätzungen liegen weit höher, und dabei sollen noch 30000 qualifizierte Führungskräfte ausgewandert sein. Immerhin ist das BIP wieder um 5% gestiegen, v. a. dank verstärkter Bautätigkeit und steigender Industrieproduktion (+5,6%). Die Stahlindustrie und die meisten Konsumgüterindustrien schnitten am besten ab, während die Investitionsgüterindustrien in der Regel stagnierten. Die Agrarreform war bisher ein Fehlschlag. Die meisten Betriebe produzierten weniger als früher. 1976 fielen nur die Getreideernten besser als im Vorjahr aus. Das Zahlungsbilanzdefizit stieg nominal um fast 30% auf 35 Mrd. Esc (4,7 Mrd. DM), und der Importüberschuß erreichte die Rekordhöhe von rund 60 Mrd. Esc. Die Einnahmen aus dem Fremdenverkehr haben sich seit 1974 etwa halbiert. Bis Ende 1976 waren für 2,5 Mrd. $ Auslandshilfe nach P. geflossen, und 1,7 Mrd. $

PORTUGAL
Geographische Daten und Bevölkerung: *Fläche* 92082 km², *Verwaltungsgliederung* in 18 Festlands- und 4 Inselbezirke, *Hauptstadt* Lissabon (775000 E), *Bevölkerung* 8,74 Mill. E, 95 E/km² (1974), Geburten-/Sterberate (auf 1000 E) 19,6/11,0 (1974), *Amtssprache* Portugiesisch, *Religion* 98% Katholiken.
Wirtschaft: *Erwerbstätigkeit* (1972): 3,135 Mill. Erwerbstätige, davon (in Prozentanteilen) Land- und Forstwirtschaft, Fischerei 30, Bergbau und Energie 1, Industrie 24, Baugewerbe 8, Handel, Banken, Versicherungen 13, Verkehr 5, sonstige Dienstleistungen 19. – *Landwirtschaft:* Nutzfläche 4,9 Mill. ha, davon 4,37 Mill. ha Ackerland, 2,5 Mill. ha Wald (1969; ohne Inseln). – Produktion (Auswahl; 1975; in 1000 t, ohne Inseln): Weizen 601, Mais 451, Reis 133, Hafer 121, Kartoffeln 1013, Zwiebeln 72, Wein 8,77 Mill. hl, Olivenöl 539000 hl, Rindfleisch 98, Schweinefleisch 82, Kuhmilch 639 Mill. l, Kork 134, Sardinen 96. – *Bergbau, Industrie und Elektrizitätserzeugung* (Auswahl; 1975; in 1000 t): Anthrazit 221, Wolframkonzentrat 2,41, Schwefelkies 462, Steinsalz 295, Benzin 755, Heizöl 2480, Rohstahl 390, Schwefelsäure (100% H_2SO_4) 386, Baumwollgarn 77, Baumwollgewebe 47, Zement 3324, Elektrizität 10,745 Mrd. kWh. – *Außenhandel* (1976): Export 54,80 Mrd. Esc, Import 127,8 Mrd. Esc. – *Währung* ↑Übersicht Währungen. – *BIP* zu Marktpreisen 373,5 Mrd. Esc, 42640 Esc/E (1975).
Verkehr: *Eisenbahnen:* Streckenlänge 3563 km, davon 418 km elektrifiziert, 4,86 Mrd. Personenkilometer, 754 Mill. Nettotonnenkilometer (1975). – *Straßen:* 34064 km, davon 20215 km Staatsstraßen. Bestand an Pkw 873000, an Lkw 193000 (1975). – *Schiffahrt* (1976): Handelsflotte mit 996000 BRT. – *Luftverkehr* (1975): 4,4 Mill. Fluggäste. – *Fremdenverkehr* (1975): 1,97 Mill. ausländ. Touristen.

Kraftfahrzeuge III. Alfasud Sprint (oben) und Renault 14 (unten)

Motorsport. James Hunt, Formel-1-Weltmeister 1976 auf McLaren (oben) und Hans Heyer, Deutscher Rennsportmeister 1976, auf Zakspeed Escort (unten)

waren noch zugesagt. Diese Summen sind prakt. wirkungslos versickert. Letzte Hoffnung war der Anschluß an die EG.

Innen- und Außenpolitik: Nach zwei Jahren heftiger Machtkämpfe innerhalb der Armee zwischen „revolutionären" und „gemäßigten" Offizieren, die seit Beginn der Revolution (April 1974) verflossen waren, gelang es Oberst A. Ramalho Eanes und seinen Anhängern, eine Neustrukturierung der Armee durchzuführen und die Streitkräfte aus dem Bereich der polit. Kämpfe zu entfernen. Die wichtigsten „revolutionären" Offiziere wurden vorübergehend in Haft genommen. Durch die Ausschaltung der Armee aus der Politik kamen die Parteien zu ihrem verfassungsmäßigen Recht; die ersten Parlamentswahlen wurden am 25. April 1976 durchgeführt. Sie ergaben ein ähnl. Resultat wie die Verfassungswahlen ein Jahr früher. Die Sozialisten unter M. Soares erhielten die meisten Stimmen (34,87%), gefolgt von der Demokrat. Volkspartei unter F. Sa Carneiro (später umbenannt in Sozialdemokrat. Partei) mit 24,31%, vom Sozialdemokrat. Zentrum mit 15,96% und der Kommunist. Partei mit 14,42% der Gesamtstimmen. M. Soares entschloß sich daraufhin, eine Minderheitsregierung aus Sozialisten zu bilden; eine Koalition mit Parteien der Linken und der Rechten hätte die Gefahr einer Zerreißprobe der Sozialist. Partei mit sich gebracht. Der spätere Gang der Ereignisse erwies, daß in der Tat die Rechnung der Sozialisten aufging, nach der die Kommunisten nicht mit den Rechts-Parteien zusammenstimmen würden, um die Regierung zu Fall zu bringen. Für die Präsidialwahlen vom 27. Juli hatten die drei größten Parteien den inzwischen zum General beförderten A. Ramalho Eanes als Kandidaten aufgestellt. Die KP und die Gruppen links von ihr stellten Gegenkandidaten auf, und auch der bisherige Regierungschef, J. Pinheiro de Azevedo, kandidierte. Eanes gewann die Wahlen mit 61,5% aller Stimmen, der Linksoffizier O. Saraiva de Carvalho besiegte den Kommunisten O. Pato (7,5%) mit 16,5%. Azevedo, der während der Wahlkampagne einen Herzanfall erlitten hatte, kam auf 14,4%. Die Resultate aller drei bisher in P. durchgeführten Wahlen ergaben, daß die Kommunisten und die ultrakommunist. Linke in den drei südl. Provinzen des Alentejo (Gebiet des Großgrundbesitzes) sehr stark sind, während ihr Einfluß im N P.s nur gering ist. Die Sozialisten sind am gleichmäßigsten über das ganze Land verteilt. Nach der Regulierung der polit. Verhältnisse traten die wirtschaftl. Probleme P.s immer mehr in den Vordergrund. Die Regierung Soares suchte sie durch Notmaßnahmen zu bewältigen und suchte finanzielle Hilfe in den Vereinigten Staaten und den Ländern der EG, um ihr Devisendefizit zu überbrücken. Präsident Eanes nahm es auf sich, für eine Fortsetzung der Umbildung der Armee zu sorgen und die Offiziere von der Politik möglichst fern zu halten. Dies ergab Spannungen zwischen den verbleibenden „Revolutionsoffizieren", deren Machtzentrum sich im Revolutionsrat befand (Vorsitzender E. A. de Melo Antunes), der nun über die Verfassung wachen sollte, und den Truppenführern, unter denen nach Ausschaltung der extremen Revolutionäre nun die konservativen Offiziere überwogen. Eanes vermittelte zwischen diesen Kräften und griff als Schiedsrichter ein. Die sozialist. Regierung erhob den Eintritt P.s in die EG zu einem ihrer wichtigsten Ziele. Von ihm erhoffte sie auf längere Frist eine Bewältigung der Wirtschaftsprobleme, und die Absicht des Eintritts diente als richtungweisendes Ziel für die gesamte Politik des Landes. Die KP war mit dieser Ausrichtung nicht einverstanden und geriet durch ihre Opposition gegenüber der Regierung zusehends in Isolierung. Andere Reibungspunkte bildete die Landreform im Alentejo, die bisher von den Kommunisten weitgehend nach eigenem Ermessen geführt worden war. Die Sozialisten drangen nun auf Beachtung der gesetzl. Vorschriften. Auch in Gewerkschaftsfragen entstand ein heftiges Ringen.

Portugiesisch-Timor (ehem. portugies. Überseeprovinz): Die nach dem Eingreifen indones. Truppen in die Kämpfe gegen Fretilin-Anhänger 1975 gebildete „Provisor. Regierung" vereinbarte schon im Jan. in Dili mit dem indones. Außenminister H. A. Malik den Anschluß an Indonesien. Demgegenüber forderte der UN-Sicherheitsrat am 23. April mit 12 Stimmen bei 2 Enthaltungen den Abzug der indones. Truppen und Selbstbestimmung durch die Bevölkerung. Ein offenbar ohne Wahlen kurzfristig einberufener 28köpfiger „Volksrepräsentativrat" sprach sich am 31. Mai einstimmig für den Anschluß aus, den die Regierung in Jakarta am 29. Juni billigte. Am 17. Juli wurde das Territorium

Portugal. Sozialistenführer M. Soares (linkes Bild, links) erörtert Mitte Mai in Bonn mit Bundeskanzler H. Schmidt (rechts) und mit dem SPD-Vorsitzenden W. Brandt die politische Situation Portugals nach den Parlamentswahlen. – Als einen historischen Augenblick für Regierung und Volk bezeichnet Außenminister J. de Medeiros Ferreira vor dem Plenum des Europäischen Parlaments (rechts) in Straßburg die Aufnahme seines Landes in den Europarat

PREISINDIZES (BRD)

Index	Einheit	1973	1974	1975	1976
Index der Einkaufspreise landwirtsch. Betriebsmittel	1970 = 100	122,2	131,1	138,7	147,8
Index der Erzeugerpreise landwirtsch. Produkte	1970 = 100	121,6	117,6	133,2	149,0
Index der Erzeugerpreise forstwirtsch. Produkte	1962 = 100	102,0	121,0	121,3	124,0
Index der Erzeugerpreise industrieller Produkte insgesamt	1970 = 100	114,1	129,4	135,5	140,8
Index der Erzeugerpreise der Investitionsgüterind.	1970 = 100	113,7	124,3	133,4	138,0
Index der Erzeugerpreise der Verbrauchsgüterind.	1970 = 100	115,5	129,0	132,5	136,7
Index der Erzeugerpreise der Nahrungs- und Genußmittelindustrien	1970 = 100	116,7	123,4	128,1	132,6
Index der Großhandelsverkaufspreise	1962 = 100	123,9	142,3	152,2	160,5
Index der Einzelhandelspreise	1970 = 100	117,0	125,9	133,9	139,0
Preisindex für die Lebenshaltung aller privaten Haushalte	1970 = 100	118,8	127,1	134,7	140,8
Index der Einfuhrpreise	1970 = 100	112,6	144,8	142,3	151,8
Index der Ausfuhrpreise	1970 = 100	112,3	131,4	136,5	141,7
Preisindex für Wohngebäude (Bauleistungen am Bauwerk)	1970 = 100	126,4	135,6	138,9	143,7

Quelle: Wirtschaft und Statistik. Hg. vom Statist. Bundesamt, Heft 4/1977.

als „Ost-Timor" zur 27. Prov. Indonesiens erklärt, deren Einwohner jedoch nicht an den indones. Parlamentswahlen 1977 teilnehmen sollen. Portugal lehnte ebenso wie der am 18. Nov. zuständige UN-Ausschuß eine Anerkennung der Integration ab. Die Zahl der Toten bei den Kampfhandlungen 1975/76 wird unterschiedl. mit 10000 bis 60000 angegeben.

Pramoj, Mom Rachawongse Kukrit, * 20. April 1911, thailänd. Politiker. Bruder von M. R. Seni P.; 1975 bis April 1976 Premierminister, von Jan. bis April 1976 auch Innenminister.

Pramoj, Mom Rachawongse Seni, * Ngor Awaga 26. Mai 1905, thailänd. Politiker. Bruder von M. R. Kukrit P.; 1945/46, 1975 und von April bis Sept. 1976 Premierminister; bildete am 5. Okt. erneut die Regierung, wurde aber am 6. Okt. durch einen Militärputsch abgesetzt.

Pritchett, Sir Victor Sawdon, * Ipswich (Suffolk) 16. Dez. 1900, engl. Schriftsteller. 1974 bis Aug. 1976 Präsident des internat. PEN-Clubs.

Prognos (Prognos 5) ↑tabellar. Übersicht Weltraumfahrt.

Puerto Rico ↑Übersicht Staaten der Erde (USA).

R

Raguda (Raguda 2) ↑tabellar. Übersicht Weltraumfahrt.

Rakotoniaiana, Justin, * 14. Dez. 1933, madagass. Politiker. Jurist; 1973–75 Botschafter u. a. in Tunesien und Algerien, ab 1975 Erziehungsminister; wurde im Aug. 1976 Ministerpräsident.

Ramalho Eanes, António dos Santos, * Alcains bei Castelo Branco 25. Jan. 1935, portugies. General und Politiker. Diente in den meisten portugies. Kolonien, u. a. 1969–71 unter General A. de Spínola in Portugies.-Guinea; 1974/75 Direktor des portugies. Fernsehens; schlug im Nov. 1975 als Stabschef den Putsch linksextremer Truppenverbände nieder und wurde zum General befördert. Die Präsidentschaftswahlen vom Juni 1976 gewann R. E. als Kandidat der Sozialisten, der Volksdemokraten und des Demokrat.-Sozialist. Zentrums; trat im Juli 1976 sein Amt als Staatspräsident an.

Rassemblement pour la République (Abk. RPR; dt. Sammlungsbewegung für die Republik), im Dez. 1976 unter Führung von J. R. Chirac konstituierte Nachfolgeorganisation der Union des Démocrates pour la Ve République (UDR).

Reagan, Ronald Wilson, * Tampico (Ill.) 6. Febr. 1911, amerikan. Politiker. 1967–75 Gouverneur von Kalifornien. R. unterlag 1976 bei der Bewerbung um die Präsidentschaftskandidatur der Republikan. Partei nur knapp seinem Mitbewerber Präsident G. Ford.

Rechtspflege ↑Übersicht S. 231.

Rees, Merlyn, * Cilfynydd (Grafschaft Mid Glamorgan) 18. Dez. 1920, brit. Politiker. Seit 1963 Abgeordneter der Labour Party im Unterhaus; 1965–68 Staatssekretär im Verteidigungsministerium, 1968–70 im Innenministerium; 1974–76 Nordirlandminister; seit Sept. 1976 Innenminister.

A. dos Santos Ramalho Eanes

Renger, Annemarie, * Leipzig 7. Okt. 1919, dt. Politikerin (SPD). 1945–52 Privatsekretärin von K. Schumacher; seit 1953 MdB; 1961–73 Mitglied des Parteivorstandes und des Präsidiums; 1972–76 Bundestagspräsidentin, seit Dez. 1976 Bundestagsvizepräsidentin.

Réunion ↑Übersicht Staaten der Erde (Frankreich).

Rhodesien, Republik in Südostafrika. Nach Auffassung der brit. Regierung ist „Südrhodesien" Dominion des Commonwealth. Im Repräsentantenhaus stehen 50 von 66 Sitzen Vertretern der herrschen-

Ronald W. Reagan

Rhodesien. Während der Genfer Konferenz unter dem britischen Vorsitzenden I. Richard (rechts) sitzen der Delegation Premierminister Smith's (zweiter von rechts) vier schwarzafrikanische Delegationen gegenüber, die von (von links nach rechts) R. Mugabe, A. Muzorewa, J. Nkomo und N. Sithole repräsentiert werden

den weißen Minderheit zu. Staatsoberhaupt *John J. Wrathall* (seit Jan. 1976; zuvor *C. Dupont*), Regierungschef *Ian Douglas Smith* (seit April 1964), Außenminister *Pieter K. Van der Byl.* Flagge ↑Farbtafeln Flaggen S. 139. Internat. Mitgliedschaften ↑Übersicht Internationale Organisationen.

Wirtschaft: Aufgrund großer polit., Sicherheits- und Transportprobleme hat sich die rhodes. Wirtschaft 1976 ungünstiger als anfangs erwartet entwickelt. Nach Schließung der Grenze zu Moçambique ist Rh. jetzt von zwei Eisenbahnlinien nach Südafrika abhängig. Mit einem Anteil von über 50% am gesamten Einfuhrvolumen hat Südafrika damit eine gewisse Monopolstellung erhalten. Die Einführung der Wehrpflicht wirkte sich ungünstig auf das Wirtschaftsklima aus. Hinzugekommen ist als weiteres wirtschaftl. Problem die monatl. Auswanderung von etwa 1 000 weißen Fachkräften nach Südafrika. Ein Mangel an ausgebildetem Personal macht sich bereits in einigen Zweigen bemerkbar, so im Bergbau, der trotz aller Schwierigkeiten im Geschäftsjahr 1975/76 einen Rekordproduktionswert von 200 Mill. R.$ erzielen konnte. Neben Kohlevorkommen in Milliarden-Tonnen-Höhe, wird mit noch nicht abgebauten Chromerzlagern im Umfang von 5 Mrd. t gerechnet. Die landwirtschaftl. Produktion erreichte im Erntejahr 1975/76 ebenfalls einen Rekordwert von 450 Mill. R.$, wobei starke Erhöhungen bei Tabak, Gerste, Milch und Weizen eine bedeutende Rolle spielten. Der Fremdenverkehr hat weiter abgenommen. Etwa 200 000 Touristen besuchten 1976 das Land. Die rezessive Tendenz in der rhodes. Wirtschaft hat zu einer höheren Zahl farbiger Arbeitsloser geführt. Verstärkt hat sich auch das Inflationsproblem.

Innen- und Außenpolitik: J. Wrathall wurde am 14. Jan. als neuer Präsident vereidigt. Die Verhandlungen, die Premierminister I. Smith mit dem ZAPU-Führer J. Nkomo aufgenommen hatte, um eine interne Lösung auszuhandeln, brachen am 19. März zusammen. Dies leitete eine Verschärfung des Guerillakriegs ein, wobei es den Guerillas sogar gelang, die Straßen- und Eisenbahnverbindung zwischen Rh. und Südafrika zeitweilig zu unterbrechen (April). Durch Aufnahme von vier Afrikanern ins Kabinett und die Ernennung dreier weiterer Afrikaner als stellvertretende Minister (27. April) versuchte I. Smith, die Zusammenarbeit mit gemäßigten afrikan. Kräften zu stärken. Dem gleichen Zweck diente eine Kommission, die am 14. Juni empfahl, rassisch diskriminierende Gesetze weitgehend abzubauen. Ungeachtet dessen ging die Regierung streng gegen jede Aktivität städt. Guerillas vor, wie die Verhängung von acht Todesurteilen gegen Afrikaner am 30. Aug. bewies. Um sich mit dem Blick auf westl. Initiativen zur Lösung des rhodes. Problems innenpolit. abzusichern, stellte

RHODESIEN

Geographische Daten und Bevölkerung: *Fläche* 390 580 km², *Verwaltungsgliederung* in 7 Provinzen, *Hauptstadt* Salisbury (569 000 E; 1976), *Bevölkerung* (31. 12. 1975) 6,420 Mill., davon 6,11 Mill. Afrikaner, 16 E/km², Geburten-/Sterberate 16/7,3 (auf 1 000 E; 1975), *Amtssprache* Englisch, *Religion* rund 33% Protestanten, 8% Katholiken, Rest Anhänger von Naturreligionen, Muslime und Juden.

Wirtschaft: *Erwerbstätigkeit:* Erwerbstätige insgesamt rund 1 Mill., davon (in Prozentanteilen) in Land- und Forstwirtschaft 33%, Industrie 15%, Bauwesen 6%, Handel 10%, Verkehr 4%, Bergbau 6%, öffentl. Dienstleistungen 10%, private Dienstleistungen, Finanzen und Versicherungen 15%, Elektrizitätswesen 1%. – *Landwirtschaft:* Nutzfläche 39,058 Mill. ha, davon 1,838 Mill. ha Ackerland, 4,856 Mill. ha Wiesen und Weiden, 23,570 Mill. ha Wald. – Produktion (Auswahl; 1975): Baumwolle (Fasergewinnung) 43 000 t, Fleisch 110 000 t, Milch 95 Mill. l, Tabak 90 000 t, Tee 2 000 t, Mais 1,4 Mill. t, Hirse 220 000 t, Erdnüsse 125 000 t. – *Bergbau, Industrie und Elektrizitätserzeugung* (Auswahl; 1975): Zement 672 000 t, Zinnerz 600 t, Kohle 3,3 Mill. t, Kupfer 30 000 t, Elektrizitätserzeugung 6 132 Mill. kWh. – *Außenhandel* (1973; geschätzt): Export 378,0 Mill. R.$, Import 288,0 Mill. R.$. Offizielle Handelsdaten werden nicht mehr veröffentlicht. Haupthandelspartner ist Südafrika. Hauptexportgüter sind Tabak, Erze, Baumwolle, Fleisch. Hauptimportgüter sind Maschinen und Fahrzeuge, Textilien, Düngemittel, Papier und Pappe, Erdöl und Erdölprodukte, Nahrungs- und Genußmittel. – *Währung* ↑Übersicht Währungen. – *BIP* zu Marktpreisen in jeweiligen Preisen (1975) 1 909,5 Mill. R.$, BIP je E 297 R.$.

Verkehr: *Eisenbahnen:* Streckenlänge 3 630 km, 3 127 000 beförderte Personen, 6 360 Mill. Nettotonnenkilometer (1975). – *Straßen* 78 900 km, davon 8 600 km asphaltiert, 24 400 km befestigt, 45 900 unbefestigt. – *Schiffahrt* (1976): keine Handelsflotte. – *Luftverkehr* (1975): 447 000 Fluggäste, 21,38 Mill. Personenkilometer, 2,43 Mill. Nettotonnenkilometer. – *Fremdenverkehr* (1975): 244 404 Touristen.

Rhodesien. Die Teilnehmer der am 28. Oktober beginnenden ersten Sitzungsperiode der Genfer Konferenz kommen bei der Beratung des auf sechs Punkte reduzierten Programms des amerikanischen Außenministers H. Kissinger noch zu keinem Ergebnis. Mitte Dezember wird die Konferenz auf den 17. Januar 1977 vertagt

sich I. Smith am 16. Sept. dem Jahreskongreß der regierenden RF, der ihm auch sein volles Vertrauen aussprach. Auch in Fällen des Verstoßes gegen die Sicherheitsgesetzgebung durch Weiße ging die Regierung hart vor. So wurde der kath. Bischof von Umtali am 7. Okt. zu 10 Jahren Zuchthaus verurteilt, weil er die Anwesenheit von Guerillas in seinem Amtsbereich nicht gemeldet hatte. Nach dem Scheitern der Genfer Konferenz wurde am 29. Dez. die ZUPO (Zimbabwe United People's Organization) gegründet, offensichtl. mit Unterstützung der Regierung, die die beabsichtigte „interne Lösung" nunmehr in Zusammenarbeit mit diesem Verband gemäßigter afrikan. Kräfte anstrebt. An der Spitze der ZUPO stehen die Häuptlinge Chirau und Ndeweni, die bisher Minister waren, aber zum Zweck der ZUPO-Gründung das Kabinett verließen. Brutaler Terrorismus zeigte sich, als im Dez. drei weiße Missionare und 26 afrikan. Arbeiter einer Teeplantage massakriert wurden.
Nachdem im Febr. 16 rhodes. Eisenarbeiter in Moçambique verhaftet worden waren, stellte Rh. den gesamten Verkehr auf der Strecke nach Maputo ein, was wiederum Moçambique am 3. März veranlaßte, die Grenze zu Rh. zu schließen. Die zunehmenden Guerillaangriffe bewirkten, daß die rhodes. Streitkräfte dazu übergingen, die Guerillastützpunkte im Grenzbereich Moçambiques anzugreifen („hot pursuit"). Im April wurde der amerikan. Außenminister H. Kissinger aktiv, indem er eine Lösung auf der Basis eines 10-Punkte-Programms vorschlug, das darauf abzielte, die Mehrheitsherrschaft bei gleichzeitiger Garantierung der Sicherheit der Weißen zu verwirklichen. H. Kissinger versuchte, auf I. Smith über den südafrikan. Premierminister B. J. Vorster einzuwirken. Diesem Zweck dienten Gespräche Kissingers mit Vorster am 23./24. Juni in der BRD und am 3. Sept. in Zürich. Daraufhin begab sich Kissinger auf eine Afrikareise, um auch dort Unterstützung für seinen Plan zu gewinnen. Der Durchbruch wurde im Sept. bei Gesprächen Kissingers mit Vorster und Smith in Pretoria erzielt. Smith gab am 13. Sept. bekannt, daß er die Mehrheitsherrschaft innerhalb von zwei Jahren akzeptiere, eine Entscheidung, die nur aufgrund starken externen Drucks gefällt worden sei. Damit wurde der Weg zur Genfer Rh.-Konferenz frei, die am 28. Okt. begann, wobei der Smith-Delegation vier afrikan. Delegationen gegenüberstanden, da sich die rhodes. Befreiungsbewegungen weiterhin untereinander bekämpften. Das auf 6 Punkte reduzierte sog. „Kissinger-Paket" führte in Genf jedoch zu keinem Ergebnis. Bes. heftig umstritten waren der Zeitpunkt der Unabhängigkeit und die Besetzung der Ministerien für Verteidigung und „Law and Order" in einer Interimsregierung. Am 4. Dez. gab die brit. Regierung, die den Konferenzvorsitzenden I. Richard gestellt hatte, bekannt, daß die Verhandlungen bis zum 17. Jan. 1977 vertagt worden seien. Es gelang Richard jedoch nicht, die Konferenz wieder in Gang zu bringen. Botswana beschuldigte Rh. am 20. Dez., eine Polizeistation angegriffen zu haben. Auch Sambia gewährte den Guerillas immer mehr Hilfe.

Richardson, James Armstrong, *Winnipeg 28. März 1922, kanad. Politiker. Seit 1968 Mitglied des Unterhauses; 1968/69 Minister ohne Geschäftsbereich, 1969–72 Versorgungs- und Verkehrsminister, 1972 bis Okt. 1976 Verteidigungsminister; lehnte die Zweisprachenpolitik der Regierung ab.

Richter, Burton, *New York 22. März 1931, amerikan. Physiker. Seit 1968 Professor an der Stanford University und am Stanford Linear Accelerator Center in Stanford (Calif.); baute dort den ersten Speicherring für Elektronen und war nach 1961 maßgebl. am Aufbau des großen Elektron-Positron-Speicherrings SPEAR beteiligt. R. und seine Arbeitsgruppe entdeckten mit dieser Anlage bei

Zusammenstößen von Elektronen und Positronen sehr hoher Energie (über 3 GeV) im Nov. 1974 – unabhängig von S. C. C. Ting – ein neuartiges, sehr schweres Elementarteilchen relativ großer Lebensdauer, das er als Psiteilchen bezeichnete. Für diese Entdeckung, die für die Elementarteilchenphysik von außerordentl. Bedeutung wurde, erhielten Ting und R. 1976 den Nobelpreis für Physik.

Rodríguez Lara, Guillermo, * 4. Nov. 1923, General und Politiker in Ecuador. Ab 1971 Oberbefehlshaber der Armee; nach dem Staatsstreich von 1972 bis Jan. 1976 Staatspräsident.

Romita, Pier Luigi, * Turin 27. Juli 1924, italien. Politiker. Seit 1958 Mitglied der Abgeordnetenkammer; 1963 Staatssekretär für öffentl. Bauten, 1966 für Erziehung, 1968 für internat. Angelegenheiten; 1972/73 Minister für Wissenschaften und Technologie; seit Okt. 1976 Generalsekretär der Sozialdemokrat. Partei.

Rotes Kreuz: Das Internat. Komitee vom Roten Kreuz (IKRK) unterhielt im Berichtszeitraum in Afrika (z. B. Westsahara, Angola, Rhodesien), Lateinamerika (z. B. Chile, Peru), Asien (z. B. Vietnam, Thailand) und Europa 24 Delegationen. Mit dem Schwerpunkt in Lateinamerika wurden in 34 Staaten mit 766 Besuchen 354 Haftstätten kontrolliert. Der Zentrale Suchdienst in Genf erhielt 52 000 Anträge auf Suche nach Vermißten und Verschollenen. Das IKRK versuchte 1976 im Bürgerkrieg des Libanon in einer Großoperation den Opfern zu helfen. 65 Delegierte, unterstützt von 109 einheim. Kräften, sorgten für die Verteilung von 5 300 t Hilfsgütern im Wert von etwa 21 Mill. sfr., die Übermittlung von 7 050 Familiennachrichten, die Bearbeitung von über 5 000 Suchnachrichten, die Impfung von 43 000 Kindern und 75 000 Erwachsenen. Im Feldlazarett des IKRK in Beirut versorgten zusätzl. 14 Ärzte und Schwestern des Dän., Finn., Norweg. und Schwed. Roten Kreuzes Verwundete und Kranke. Auch nach Einstellung der Kampfhandlungen im Nov. half das IKRK den Opfern des Bürgerkriegs mit einem auf 44 Mill. sfr veranschlagten Programm.
Das Dt. Rote Kreuz (DRK) war 1976 an zwei internat. Einsätzen beteiligt: in Guatemala und in Italien. Am 4. Febr. wurden durch ein Erdbeben in Guatemala mehr als 22 000 Menschen getötet, über 74 000 verletzt und etwa 1,16 Millionen obdachlos. Bereits eine Woche später hatte die Bevölkerung der BRD 1 Mill. DM gespendet. Als erste Hilfe wurden 4 000 Zelte, 2 000 Wolldecken, 40 Großzelte sowie Verbandmaterial im Wert von 700 000 DM in das Katastrophengebiet gesandt. 21 nat. Rotkreuzgesellschaften brachten schließl., unterstützt durch ihre Regierungen, in Geld und Hilfsgütern 2,9 Mill. sfr auf. Mit weiteren Spenden der Bevölkerung der BRD wurde ein 3,7-Mill.-Projekt begonnen, der Wiederaufbau der Gemeinde San Juan Sacatepequez. Bereits Mitte des Jahres wurde der erste Spatenstich für 800 Häuser unter Beteiligung der betroffenen Bevölkerung vorgenommen. – Am 6./7. Mai bebte die Erde in Oberitalien. Unter Koordinierung der Liga der Rotkreuzgesellschaften leistete das DRK eine Soforthilfe mit Hilfsgütern und einer Barspende an die Liga in Höhe von insgesamt 600 000 DM. Noch im Mai begann die Wiederaufbauplanung, bei der das DRK, unterstützt durch weitere Spenden der eigenen Bevölkerung, den Aufbau eines 210-Betten-Traktes am zerstörten Krankenhaus Tolmezzo, die Innenausstattung eines 210-Betten-Traktes in Gemona, ein Fertighausprogramm in Taipona sowie den Wiederaufbau des Altersheims in Tarcento gemeinsam mit dem Östr. Roten Kreuz übernahm.

RPR, Abk. für frz. ↑ Rassemblement pour la République.

Rumänien, Republik in Südosteuropa. Als Volksvertretung fungiert die Große Nationalversammlung mit 465 Abgeordneten, die überwiegend der KP angehören. Staatsoberhaupt *Nicolae Ceaușescu,* Vorsitzender des Staatsrates (seit 1967), seit März 1974 Präsident. Vorsitzender des Ministerrates *Manea Manescu* (seit März 1974; zuvor *I. Gheorghe Maurer*), Außenminister *Gheorghe Macovescu.* Flagge ↑ Farbtafeln Flaggen S. 139. Internat. Mitgliedschaften ↑ Übersicht Internationale Organisationen.
Wirtschaft: Nach offiziellen Angaben war 1976, das erste Jahr des neuen Fünfjahresplans, von einer hohen Dynamik der Industrieproduktion gekennzeichnet. Diese lag um 11,5% über dem Vorjahresergebnis und erfüllte damit das Planziel von 11%; es

RECHTSPFLEGE (BRD)

	Einheit	1960[2]	1970	1974	1975
Gerichte					
Zivil- und Strafgerichte	Anzahl	947	889	715	695
Arbeits-, Verwaltungs- und Sozialgerichte	Anzahl	187	187	176	173
Richter im Landes- und Bundesdienst	Anzahl	11 609	12 954	14 054	14 054
Verurteilte	1 000	549	643	699	665
	Ziffer[1]	1 326	1 346	1 419	1 343
ohne Vergehen im Straßenverkehr	1 000	318	335	382	367
	Ziffer[1]	768	701	775	742
Männer	1 000	272	271	313	297
	Ziffer[1]	1 428	1 215	1 353	1 280
Jugendliche	1 000	30	46	48	46
	Ziffer[1]	1 102	1 446	1 338	1 251
Heranwachsende	1 000	49	43	49	47
	Ziffer[1]	1 713	1 755	1 918	1 814
Erwachsene	1 000	239	246	285	274
	Ziffer[1]	668	583	661	635
Ausgewählte Straftaten					
gegen Staat, öffentl. Ordnung im Amt	1 000	21	16	16	15
gegen die sexuelle Selbstbestimmung	1 000	14	8	7	7
andere gegen die Person	1 000	58	49	55	52
Diebstahl und Unterschlagung	1 000	92	139	146	149
Raub und Erpressung	1 000	2	3	5	5
andere Vermögensdelikte	1 000	68	54	60	59
gemeingefährliche	1 000	12	10	10	9
wegen Vergehen im Straßenverkehr	1 000	231	308	317	297
	Ziffer[1]	558	645	644	601

[1] Je 100 000 strafmündige Einwohner; [2] Ohne Saarland und Berlin.
Quelle: Zahlenkompaß, Ausgabe 1977. Hg. Statist. Bundesamt.

RUMÄNIEN
Geographische Daten und Bevölkerung: *Fläche* 237 500 km², *Verwaltungsgliederung* in 39 Kreise und die *Hauptstadt* Bukarest (1,643 Mill. E), *Bevölkerung* 21,25 Mill. E, 89,2 E/km², Geburten-/Sterberate (auf 1000 E) 20,3/9,1, *Amtssprache* Rumänisch, *Religion* überwiegend Rumänisch-Orthodoxe, ferner Katholiken, Reformierte, Lutheraner, Juden, Muslime.
Wirtschaft: *Erwerbstätigkeit:* 10,15 Mill. Erwerbstätige, davon (in Prozentanteilen) Land- und Forstwirtschaft 37,8, Industrie 30,6, Baugewerbe 8,1, Handel und Verkehr, Nachrichtenübermittlung 10,5, kommunale Dienste 3,4, Erziehung, Wissenschaft und Kultur 4,8, Gesundheits- und Sozialwesen 2,6, Verwaltung 0,7, Sonstiges 1,2. – *Landwirtschaft:* Nutzfläche 14,9 Mill. ha, davon 9,66 Mill. ha Ackerland. – Produktion (Auswahl): Roggen 55 000 t, Weizen 6 Mill. t, Gerste 1,4 Mill. t, Hafer 100 000 t, Mais 11,0 Mill. t, Kartoffeln 2,72 Mill. t, Tomaten 1,29 Mill. t. – *Bergbau, Industrie und Elektrizitätserzeugung:* Erdöl 14,7 Mill. t, Erdgas 29,8 Mrd. m³, Reinlignit 18,16 Mill. t, Rohstahl 10,73 Mill. t, Blei 42 465 t, Pkw 60 682, Elektrizität 58,25 Mrd. kWh. – *Außenhandel:* Export (fob) 26,5499 Mrd. Leu, Import (cif) 26,5485 Mrd. Leu. – *Währung* ↑Übersicht Währungen. – *Nationaleinkommen:* 406 Mrd. Leu, 18 800 Leu/E.
Verkehr (1973): *Eisenbahnen:* Streckenlänge 11 019 km, 22,4 Mrd. Personenkilometer (1974), 65 Mrd. Nettotonnenkilometer (1975). – *Straßen:* 76 800 km, davon 12 900 km Staatsstraßen. – *Schiffahrt* (1976): Handelsflotte mit 893 732 BRT. – *Luftverkehr* (1975): 573,6 Mrd. Personenkilometer, 8,24 Mill. Nettotonnenkilometer.

blieb aber hinter der Zuwachsrate von 1975 (12,4%) zurück. Die Hervorhebung einer weiteren Steigerung des techn. Niveaus läßt dabei auf eine noch immer nicht befriedigende Qualität insbes. bei den Exportgütern schließen. Die Landwirtschaft erzielte nach jahrelanger Stagnation eine Rekordernte. Die Ergebnisse bei Weizen und Gerste lagen um 38%, bei Mais und Sorghum um 26,2% über der Vorjahresmenge. Bei Herbstkartoffeln war die Ernte gar um 83% höher. Die Handels- und Zahlungsbilanz hat sich 1976 ebenfalls nicht entsprechend den Erwartungen entwickelt. Insbes. der Export in westl. Industrieländer konnte nicht im gewünschten Ausmaß gesteigert werden.
Innen- und Außenpolitik: 1976 stand R. am Vorabend großer Hundertjahrfeiern zur Unabhängigkeitserklärung des Jahres 1877, doch wurde

Rumänien. Der stellvertretende Ministerpräsident G. Oprea (links; hier mit Bundeskanzler H. Schmidt) verhandelt in Bonn über wirtschaftliche, industrielle und technische Zusammenarbeit mit der Bundesrepublik Deutschland

nicht nur wegen dieses zeitl. Zusammenfallens das amerikan. „bicentennial" von den Rumänen mit demonstrativer Herzlichkeit gewürdigt, die im übrigen Osteuropa nichts Vergleichbares hatte; R. nutzte vielmehr auch die Gelegenheit, seine außenpolit. Autonomie und eine gewisse geistige Verwandtschaft mit dem amerikan. Unabhängigkeitsstreben zu demonstrieren.
Unabhängigkeit, Rechtsgleichheit und Souveränität von Staaten und Parteien forderte der rumän. Staats- und Parteichef N. Ceaușescu auch auf dem Treffen von 29 kommunist. Parteien, das Ende Juni in Berlin (Ost) stattfand. Und in die gleiche Richtung deutete schließl. der offizielle Besuch, den der belg. König Baudouin I. im Okt. R. abstattete (Belgien war das erste Land, mit dem R. 1972 eine „feierl. Erklärung" zu diesen außenpolit. Prinzipien abgeschlossen hatte).
Trotz dieser spektakulären Bekundungen wurde 1976 doch deutlich, daß R. wieder enger an das osteurop. Lager herangerückt ist, und unter den vielen Staatsbesuchern überwogen osteurop. Offizielle, unter denen der bulgar. Staats- und Parteichef T. Schiwkow offenkundig die Rolle eines Vermittlers zwischen Rumänen und den übrigen Paktmitgliedern spielte. Daß nicht alle Differenzen ausgeräumt worden sind, spiegelten sowohl die R.-Besuche des poln. Parteichefs E. Gierek im Okt. und des sowjet. Parteichefs L. Breschnew im November, als auch die rumänische Unzufriedenheit mit dem COMECON-Preissystem, die die Rumänen bei der COMECON-Tagung vom 7. bis 9. Juli in Berlin (Ost) artikulierten.
Innenpolit. stand R. 1976 im Zeichen ideolog. Kontinuität und realer Unruhe. Kontinuierl. fortentwickelt wurde die nationalkommunist. Auffassung der rumän. Geschichte, die die Beratungen des „Kongresses für Politerziehung und sozialist. Kultur" (2.–4. Juni) prägte. Mit seiner Rede vor dem Kongreß, in der er diese Auffassung in ep. Breite darlegte, sorgte N. Ceaușescu nicht nur für eine Steigerung des Kults um seine Person, sondern er unterstrich auch seinen Anspruch, als originärer ideolog. Denker angesehen zu werden, insbes. mit Blick auf den nat. Primat in den Anschauungen und Aktionen einer „revolutionären" Partei.
Anders als das ideolog.-konzeptionelle Feld gestaltete sich die prakt. Politik R.s sehr unruhig, was partiell die Schuld der Führung selbst war. So drehte sich das Karussell personeller Revirements 1976 noch schneller als in den vorhergegangenen Jahren, und die Absetzung des seit 1966 amtierenden Verteidigungsministers I. Ioniţa war ein unerwarteter Höhepunkt dieser Entwicklung; überraschend kam auch die Absetzung des früheren „Außenministers" der Partei und späteren Volksbildungsministers Rumäniens, P. Niculescu-Mizil. Diese personellen Veränderungen, die in der zweiten Junihälfte Dutzende von Spitzenfunktionären in der Staats- und Parteihierarchie verschoben, sorgten für beträchtl. Aufregung im rumän. Staatsapparat. Weitere Herde der Unruhe waren junge Intellektuelle, Bürgerrechtler um den Romancier Paul Goma, die sich analog zu sowjet. und tschechoslowak. Dissidentengruppen formierten, und v.a. die knapp 400 000 Menschen zählende rumäniendt. Minderheit, von der immer größere Kontingente aus dem Land heraus und in die BRD drängen.

Rumor, Mariano, *Vicenza 16. Juni 1915, italien. Politiker. Seit 1948 Mitglied der Abgeordnetenkammer; 1964/65 Generalsekretär der Democrazia Cristiana; 1968/69, 1969/70, 1970 und 1973/74 Ministerpräsident; 1972/73 Innenminister, 1974 bis Juli 1976 Außenminister.

Rwanda, Binnenstaat im ostafrikan. Zwischenseengebiet. Die als Volksvertretung fungierende Nationalversammlung mit 47 Sitzen ist aufgelöst. Statt-

dessen gibt es als Legislative ein „Komitee für Frieden und Nationale Einheit“. Staatsoberhaupt *Juvenal Habyarimana* (seit Aug. 1973). Flagge ↑Farbtafeln Flaggen S. 139. Internat. Mitgliedschaften ↑Übersicht Internationale Organisationen.
Innen- und Außenpolitik: Die wirtschaftl. Schwierigkeiten, denen R. längere Zeit dadurch ausgesetzt war, daß kenian. Warenlieferungen in Uganda beschlagnahmt wurden, konnten im Zuge der Bereinigung des Konflikts zwischen Kenia und Uganda durch eine internat. Kommission beseitigt werden, der auch R. angehörte. Die Beziehungen zu Burundi verbesserten sich durch einen Besuch, den der burund. Präsident M. Micombero im Juni R. abstattete. Im Sept. schloß sich ein Gipfeltreffen der Präsidenten R.s, Zaïres und Burundis an, auf dem gemeinsame Fragen besprochen wurden. Mit Uganda schloß R. im Okt. ein Abkommen ab, das der gemeinsamen Bekämpfung des Schmuggels dient. Staatschef J. Habyarimana sandte Oberst J.-B. Bagaza, der am 1. Nov. in Burundi durch einen Putsch an die Macht gekommen war, sofort eine „brüderl. Botschaft“, die als Anerkennung der neuen Machthaber im Nachbarland interpretiert wurde.

RWANDA
Geographische Daten und Bevölkerung: *Fläche* 26 338 km², *Verwaltungsgliederung* in 10 Präfekturen, *Hauptstadt* Kigali (50 000 E), *Bevölkerung* 4,23 Mill. E (1975), 161 E/km², *Amtssprachen* Kinyarwanda und Französisch, *Religion* überwiegend Animisten, 40% Katholiken, 5% Protestanten, 2% Muslime.
Wirtschaft: *Erwerbstätigkeit:* Die Mehrheit der Erwerbstätigen ist in der Landwirtschaft beschäftigt. – *Landwirtschaft:* Nutzfläche 1,637 Mill. ha (1971), davon 882 000 ha Ackerland. – Produktion (Auswahl; 1975): Sorghum 144 000 t, Mais 68 000 t, Maniok 395 000 t, Süßkartoffeln 675 000 t, Kartoffeln 150 000 t, Bananen 1,73 Mill. t, Kaffee 24 000 t, Kuhmilch 45 000 t (1972). – *Bergbau und Elektrizitätserzeugung* (Auswahl; 1975): Zinnkonzentrat 2 000 t, Wolfram 644 t, Elektrizität 40,8 Mill. kWh. – *Außenhandel* (1974): Export 3 459 Mill. F.Rw, Import 5 349 Mill. F.Rw. – *Währung* ↑Übersicht Währungen. – *BIP:* 26,6 Mrd. F.Rw (1971), 7 000 F.Rw/E.
Verkehr: *Straßen:* 6 500 km (1972). – *Luftverkehr* (1975): 45 000 Fluggäste.

S

Saint-Pierre-et-Miquelon ↑Übersicht Staaten der Erde (Frankreich).
Saljut (Saljut 5) ↑tabellar. Übersicht Weltraumfahrt.
SALT, Abk. für engl.: **S**trategic **A**rms **L**imitation **T**alks (Gespräche über die Begrenzung strateg. Rüstungen) ↑Abrüstung.
Salvador, El, Republik an der Westseite Zentralamerikas. Als Volksvertretung fungiert eine Gesetzgebende Versammlung mit 52 Abgeordneten, die verschiedenen Parteien angehören. Staatsoberhaupt *Arturo Armando Molina Barraza* (seit Juli 1972). Flagge ↑Farbtafeln Flaggen S. 139. Internat. Mitgliedschaften ↑Übersicht Internationale Organisationen.
Wirtschaft: Die Wachstumsrate stieg 1976 wieder auf den langjährigen Durchschnitt von 6%, während sich die Inflation von 12 auf 15% etwas

EL SALVADOR
Geographische Daten und Bevölkerung: *Fläche* 21 393 km², *Verwaltungsgliederung* in 14 Departamentos, *Hauptstadt* San Salvador (500 000 E), *Bevölkerung* 4,11 Mill. E, 186 E/km² (1975), *Amtssprache* Spanisch, *Religion* Katholiken.
Wirtschaft: *Erwerbstätigkeit* (1971): 1,32 Mill. Erwerbspersonen, davon (in Prozentanteilen) Landwirtschaft 47, Industrie 9, Baugewerbe 2, Dienstleistungen 24, nicht spezifiziert 18. – *Landwirtschaft:* Nutzfläche 1,31 Mill. ha, davon 651 000 ha Ackerland, 605 000 ha Weideland (1971). – Produktion (Auswahl; 1975/76; in 1 000 t): Kaffee 126, Baumwolle 60,4, Mais 439, Reis 38, Rindfleisch 22 (1975). – *Industrie und Elektrizitätserzeugung* (Auswahl; 1975): Zement 335 600 t, Zukker 262 000 t, Elektrizität 1,059 Mrd. kWh. – *Außenhandel* (1975): Export 1 281 Mill. ¢, Import 1 496 Mill. ¢. – *Währung* ↑Übersicht Währungen. – *BIP:* 4 565 Mill. ¢, 1 110 ¢/E (1975).
Verkehr: *Eisenbahnen:* Streckenlänge 696 km (1975). – *Straßen* (1974): 11 000 km, davon 3 414 befestigt. – *Luftverkehr* (1974): 210 000 Fluggäste.

beschleunigte. Das Agrarreformprojekt vom Juli, das umfangreiche Enteignungen vorsah, wurde nach heftigen Protesten der Großgrundbesitzer wesentl. abgemildert. Enteignungen sind nur noch bei nicht angemessener Bewirtschaftung möglich. Die Ernten fielen unterschiedl. aus. Die Kaffee-Ernte 1975/76 verminderte sich gegenüber dem Vorjahr um 40% auf 126 000 t. Auch die Baumwollerträge sanken, aber andererseits wurden größere Mengen Mais, Reis und Zuckerrohr geerntet. Im Außenhandel wurde dank der hohen Kaffee- und Baumwollpreise ein Überschuß erzielt (bis Sept. 31,5 Mill. $). Die Erlöse für Kaffee haben sich fast verdoppelt.
Sambia, Republik im südl. Afrika. Als Volksvertretung fungiert eine Nationalversammlung mit 135 Abgeordneten, die alle der „United National Independence Party“ (UNIP) angehören. Staatsoberhaupt *Kenneth David Kaunda* (seit Okt. 1964), Regierungschef *Elijah Mudenda* (seit 27. Mai 1975; zuvor *Mathias Mainza Chona*). Flagge ↑Farbtafeln Flaggen S. 139. Internat. Mitgliedschaften ↑Übersicht Internationale Organisationen.
Wirtschaft: Die wirtschaftl. Situation war auch 1976 stark rezessiv, da der Weltmarktpreis für Kupfer, das Rückgrat der samb. Wirtschaft, niedrig blieb. Hinzu kamen die weitere Erhöhung der Rohölpreise und der eskalierende Terroristenkrieg am Sambesi an der Grenze zu Rhodesien. Die beiden großen samb. Kupfergesellschaften verringerten im Geschäftsjahr 1975/76 ihre Kupferproduktion erheblich.
Innen- und Außenpolitik: Die Zahl der Provinzen wurde im Jan. auf neun erhöht, indem Lusaka und Umgebung zur Provinz erklärt wurden. Präsident K. D. Kaunda ordnete am 27. Jan. eine Dezentralisierung auf der parteipolit. Ebene an, indem die Mitglieder des Zentralkomitees verpflichtet wurden, künftig direkt in den Provinzen zu arbeiten. Schon einen Tag später mußte der staatl. Notstand proklamiert werden, um das abzuwehren, was der Präsident als „Bedrohung der Grenzen des Landes“ bezeichnete. Diese Maßnahme stand im Zusammenhang mit der Entwicklung in Rhodesien und Angola, von wo aus Tausende von Flüchtlingen einströmten und mit dessen MPLA-Regierung Spannungen bestanden, weil S. die Anerkennung weiterhin verweigerte, aber auch im Zusammenhang mit der sog. Mushala-Bande, deren Unwesen im Bereich der Westgrenze den Einsatz von Soldaten und Polizisten erforderte, um Kraftfahrern Schutz zu gewähren. Die Regierung S.s behauptete, daß die Führer der Bande in Südafrika ausgebildet

SAMBIA
Geographische Daten und Bevölkerung: *Fläche* 752 614 km², *Verwaltungsgliederung* in 6 Provinzen, *Hauptstadt* Lusaka (415 000 E; 1974), *Bevölkerung* 4,9 Mill. E (1975), 6,7 E/km², *Amtssprache* Englisch, *Religion* Naturreligionen, 20% Katholiken, 10% Protestanten, Muslime.
Wirtschaft: *Erwerbstätigkeit:* Etwa 70% der Erwerbspersonen sind in der agrar. Selbstversorgung tätig. – *Landwirtschaft:* Nutzfläche 38,6 Mill. ha, davon 4,8 Mill. ha Ackerland (1962). – Produktion (Auswahl; 1975): Mais 450 000 t, Hirse 251 000 t, Zuckerrohr 500 000 t (1974), Maniok 146 000 t (1974), Erdnüsse 100 000 t (1974), Rind- und Kalbfleisch 31 000 t, Kuhmilch 79 000 t (1974). – *Bergbau, Industrie und Elektrizitätserzeugung* (Auswahl; 1975): Steinkohle 756 000 t, Kupferkonzentrat (Cu-Gehalt) 678 000 t, Bleierz 19 000 t, Zinkerz 67 000 t, Zement 366 000 t, Zucker 95 000 t, Elektrizität 6 264 Mill. kWh. – *Außenhandel* (1974): Export 904,7 Mill. K, Import 586,6 Mill. K. – *Währung* ↑ Übersicht Währungen. – *BIP:* 1 820 Mill. K (1974), 383 K/E.
Verkehr: *Eisenbahnen:* Streckenlänge 1 297 km (1973). – *Straßen* (1972): 34 963 km, davon 3 877 km Asphaltstraßen. – *Luftverkehr* (1974): 411 000 Fluggäste.

worden seien, was ein Dementi Pretorias auslöste. Offensichtl. auf Druck Tansanias und Moçambiques hin erklärte sich K. D. Kaunda am 15. April bereit, die MPLA-Regierung Angolas anzuerkennen. Die Aufnahme der diplomat. Beziehungen erfolgte dann aber erst am 22. Sept. in Verbindung mit der Einsetzung einer permanenten Kommission zur Förderung der beiderseitigen Beziehungen. Die Détentepolitik mit Südafrika wurde brüchig, nachdem der samb. Außenminister auf einer internat. Konferenz in Dakar (Jan.) den bewaffneten Kampf in Namibia befürwortet hatte. Die zunehmend militante Haltung, die die Regierung S.s unter Beweis stellte, führte am 22. April zu der Warnung des südafrikan. Premierministers J. B. Vorster, den „Bogen nicht zu überspannen". Am 11. Juli warf Kaunda Südafrika vor, die Ortschaft Sialola beschossen zu haben. Der UN-Sicherheitsrat beschuldigte Südafrika am 30. Juli, für den Zwischenfall verantwortl. zu sein, obwohl die südafrikan. Regierung den Beschuß Sialolas dementiert hatte. Am 28. Sept. forderte der samb. UN-Vertreter den Sicher-

Sambia. Außenminister R. B. Banda (links) erörtert in Bonn mit seinem deutschen Amtskollegen H.-D. Genscher die Situation in Angola nach Beendigung der OAU-Gipfelkonferenz im Januar

heitsrat auf, die Frage von Sanktionen gegen Südafrika in Erwägung zu ziehen. Frau I. Gandhi wurde bei ihrem Besuch in S. (Okt.) mit der höchsten Auszeichnung des Landes (Grand Commander of the Order of the Grand Companions of Freedom) geehrt. K. D. Kaunda, der am 19. Dez. von einem Besuch in Zaïre zurückkehrte, konnte einen beachtl. innenpolit. Erfolg dadurch verbuchen, daß sein früherer Kampfgefährte und Außenminister S. Kapwepwe, der 1971 die UPP (United Progressive Party) gegründet hatte, um Wiederaufnahme in die regierende UNIP bat. Der angolan. Befreiungsbewegung UNITA, die Kaunda früher unterstützt hatte, wurde im Dez. jede weitere Betätigung von S. aus verboten.

San Marino, südeurop. Republik im NO der Apenninenhalbinsel. Als Volksvertretung fungiert ein Großer Rat (Consiglio Grande e Generale) mit 60 Abgeordneten, die verschiedenen Parteien angehören. Staatsoberhaupt sind zwei „regierende Kapitäne" (Capitani reggenti). Die Regierung bildet der Staatsrat (Congresso di Stato) mit drei hauptamtl. Mitgliedern. Flagge ↑ Farbtafeln Flaggen S. 139. Internat. Mitgliedschaften ↑ Übersicht Internationale Organisationen.

São Tomé und Príncipe, demokrat. Republik im Golf von Guinea. Als Volksvertretung fungiert eine Verfassunggebende Volksversammlung, der ausschließlich Mitglieder der Einheitspartei (Befreiungsbewegung für S. T. und P., MLSTP) angehören. Staatsoberhaupt *Manuel Pinto da Costa* (seit 12. Juli 1975; zuvor portugies. Überseeprovinz), Regierungschef *Miguel Trovoada* (seit 13. Juli 1975; zuvor *Leonel d'Alva* als Ministerpräsident einer provisor. Regierung). Flagge ↑ Farbtafeln Flaggen S. 139. Internat. Mitgliedschaften ↑ Übersicht Internationale Organisationen.
Wirtschaft: Der Preisverfall von Kakao auf dem Weltmarkt führte zu einer empfindl. Arbeitslosigkeit, die die Armut bei der farbigen Bevölkerung noch erhöhte. Die einseitige Ausrichtung auf die Landwirtschaft zwingt dazu, den größten Teil der Verbrauchsgüter einzuführen, was die Zahlungsbilanz negativ beeinflußt. In jüngster Zeit wurde mit Hilfe der UN in der Hauptstadt São Tomé eine bescheidene Verbrauchsgüterindustrie errichtet. Außerdem bemüht sich die FAO auf beiden Inseln, die Fischwirtschaft zu forcieren.
Innen- und Außenpolitik: Die Regierung konzentrierte sich darauf, die administrativen Bereiche in den Griff zu bekommen, nachdem das Land erst im Juli 1975 die Unabhängigkeit erhalten hatte. Im Mittelpunkt der Aktivität standen auch Bemühungen, polit. und wirtschaftl. Kontakte zum Ausland zu knüpfen, was so weit ging, daß sich eine Delegation der ehem. portugies. Kolonie an einem Gipfeltreffen in Paris (10./11. Mai) beteiligte, zu dem sich vorwiegend Staaten der frankophonen Zone eingefunden hatten. Im Rahmen der Ministerrats- und Gipfelkonferenz der OAU (Juni/Juli) in Mauritius arbeitete eine Delegation erstmals in den verschiedenen Ausschüssen dieser Organisation aktiv mit.

Saraiva de Carvalho, Otelo, * Lourenço Marques 31. Aug. 1936, portugies. General und Politiker. 1974/75 Leiter der Sicherheitstruppe COPCON, Jan. bis März 1976 in Haft. S. de C. kandidierte als Vertreter linksextremer Gruppen bei den Wahlen für das Amt des Staatspräsidenten am 27. Juni 1976, bei denen er mit 16,52% der abgegebenen Stimmen überraschend als zweiter abschnitt.

Sarkis, Elias, * Schabanija (bei Beirut) 20. Juli 1924, libanes. Politiker. Jurist; ab 1953 beim Rechnungshof, 1959–67 jurist. Berater und Direktor des Kabinetts des Staatspräsidenten, 1967–76 Gouverneur der Bank des Libanon; wurde im Mai 1976 zum Staatspräsidenten gewählt, konnte jedoch sein Amt erst im Sept. antreten.

Satcom (RCA Satcom 2) ↑ tabellar. Übersicht Weltraumfahrt.

Saudi-Arabien, Königreich auf der Arab. Halbinsel. Staatsoberhaupt König *Chalid Ibn Abd Al Asis Ibn Saud* (seit 25. März 1975; zuvor *Faisal Ibn Abd Al Asis Ibn Saud* [† 25. 3. 1975]), Regierungschef *Fahd Ibn Abd Al Asis* (offiziell 1. stellvertretender Ministerpräsident; seit 3. April 1975). Flagge ↑ Farbtafeln Flaggen S. 139. Internat. Mitgliedschaften ↑ Übersicht Internationale Organisationen.

Wirtschaft: Der zweite Fünfjahresplan, der die Entwicklung S.-A.s für die Periode 1975–80 festlegt, übertrifft alle Möglichkeiten vergleichbarer Länder in bezug auf die kurzfristige Verwirklichung einer modernen Industriegesellschaft. Die vorhandenen und zu erwartenden Geldmittel ermöglichen es, alle geplanten Aufgaben zu bewältigen. Engpässe bestehen gegenwärtig in der Knappheit an Arbeitskräften und in der unzureichenden Kapazität der Hafenanlagen.

Innen- und Außenpolitik: Nach der jüngsten Volkszählung leben in S.-A. 7 012 642 Menschen, einschließl. der Ausländer; die Hauptstadt Ar Rijad hat 666 840 und Dschidda 651 164 Einwohner (Jan.). In den innerarab. Auseinandersetzungen um den libanes. Bürgerkrieg, in dem S.-A. auf seiten der „gemäßigten Kräfte" stand, versuchte die Regierung zwischen den gegensätzl. Standpunkten Ägyptens und Syriens zu vermitteln. S.-A. entsandte auch Soldaten für die arab. Friedensstreitmacht im Libanon. Bei einem Gipfeltreffen in Ar Rijad (17.–19. Okt.) wurde durch die Vermittlung S.-A.s eine Formel zur Beendigung des Bürgerkriegs gefunden. – Mit einer irak. Regierungsdelegation wurde Anfang Febr. über Grenzfragen verhandelt und ein Grenzabkommen abgeschlossen; der irak. Vizepräsident S. H. Takriti besuchte S.-A. (13.–15. April). Nach jahrelangen Spannungen nahmen S.-A. und die Demokrat. VR Jemen Anfang März diplomat. Beziehungen auf. Die 5 000 Mann starken Truppeneinheiten auf den syr. Golanhöhen und die 7 000 Soldaten am Toten Meer in Jordanien wurden im Okt. abgezogen. Mit den USA wurde im Febr. ein Waffengeschäft in Höhe von 1,2 Mrd. $ abgeschlossen, weitere Lieferungen wurden vereinbart. Auch mit Großbritannien und Frankreich wurde über Waffenlieferungen verhandelt. – König Chalid besuchte die arab. Golfstaaten (21.–30. März), den Iran (24.–27. Mai), Pakistan (10.–15. Okt.) und Ägypten (25./26. Okt.). Verschiedene Staatsoberhäupter kamen nach S.-A.: König Husain von Jordanien (22. Jan., 4./5. Juni, 7. Aug.), A. As Sadat von Ägypten (21.–26. Febr., 21./22. Juni, 18. Aug.), S. Kountché von Niger (7.–10. März), M. An Numairi vom Sudan (2.–4. Juni), M. O. Daddah von Mauretanien (19.–22. Juni) und I. M. Al Hamidi von der Arab. Republik Jemen (24. Okt.). Zu einem 3tägigen Gipfeltreffen mit König Chalid flogen die Staatspräsidenten von Ägypten und Sudan, A. As Sadat und M. An Numairi, am 17. Juli nach Dschidda. Nach einem Besuch von Außenminister Prinz Saud Al Faisal in der BRD (21.–23. Jan.) reiste der dt. Bundeskanzler H. Schmidt nach S.-A. (29.–31. Mai); der frühere Bundeswirtschaftsminister K. Schiller wurde im Juli Finanz- und Wirtschaftsberater der saudiarab. Regierung.

Saudi-Arabien. König Chalid (rechts) erörtert in Ar Rijad mit dem deutschen Bundeskanzler H. Schmidt den Nahostkonflikt sowie die künftige Erdölpreis- und Energiepolitik

SAUDI-ARABIEN
Geographische Daten und Bevölkerung: *Fläche* 2,15 Mill. km², *Verwaltungsgliederung* keine einheitl. Verwaltung, *Hauptstadt* Ar Rijad (666 840 E), *Bevölkerung* 7,01 Mill. E, 4,2 E/km², jährl. Bevölkerungszunahme 2,9%, *Amtssprache* klass. Hocharabisch, *Religion* vorwiegend sunnit. Richtung des Islams.
Wirtschaft: *Erwerbstätigkeit:* 1,492 Mill. Erwerbstätige, davon (in Prozentanteilen) privater Sektor 87,2, davon Landwirtschaft und Fischerei 32,4 (Nomaden 9), produzierendes Gewerbe 22,2, Handel, Banken, Versicherungen 13,2, Verkehr und Nachrichtenübermittlung 6,6, andere Dienstleistungen 12,8, staatl. Sektor 12,8 (u. a. Erdöl und Industrie). – *Landwirtschaft:* Nutzfläche 86 Mill. ha, davon 1,01 Mill. ha Ackerland, 176 000 ha bewässert (1971). – Produktion: Anbau von Getreide und Südfrüchten. Viehbestand: 4,7 Mill. Schafe und Ziegen, 590 000 Kamele. – *Bergbau, Industrie und Elektrizitätserzeugung* (Auswahl; 1975): Erdöl 428,38 Mill. t (1976), Naturgas 3,3 Mrd. m³, Benzin 4,8 Mill. t, Kerosin 1,6 Mill. t, leichtes Heizöl 3,4 Mill. t, schweres Heizöl 13,14 Mill. t, (Stickstoff-)Kunstdünger 90 000 t (1973), Elektrizität rund 1 Mrd. kWh. – *Außenhandel:* Export (fob) 35,624 Mrd. $ (1976), Import (cif) 7,172 Mrd. $ (1975). – *Währung* ↑ Übersicht Währungen. – *BIP* zu Marktpreisen in jeweiligen Preisen (1974) 135,048 Mrd. S.Rl.
Verkehr: *Eisenbahnen:* Streckenlänge 610 km, 48 Mill. Personenkilometer, 68 Mill. Nettotonnenkilometer (1972). – *Straßen* (1974): 34 396 km, davon 10 630 km befestigt. – *Schiffahrt* (Ende 1976): Handelsflotte mit 543 679 BRT. – *Luftverkehr* (1972): 777 Mill. Personenkilometer, 16 Mill. Nettotonnenkilometer.

Scharf, Kurt, * Landsberg (Warthe) 21. Okt. 1902, dt. ev. Theologe. 1966 bis Dez. 1976 Bischof der Ev. Kirche von Berlin-Brandenburg.

Schlei, Marie, * Reetz Nm. (Pommern) 26. Nov. 1919, dt. Politikerin (SPD). Lehrerin; seit 1969 als

M. Schlei und ihr Vorgänger im Amt des Bundesministers für wirtschaftliche Zusammenarbeit, E. Bahr (links)

Vertreterin Berlins MdB; 1974–76 Parlamentar. Staatssekretärin beim Bundeskanzler; seit Dez. 1976 Ministerin für wirtschaftl. Zusammenarbeit.

Schwangerschaftsabbruch: Nachdem die „Fristenregelung" des Gesetzgebers zum Sch. 1974 vom BVerfG für verfassungswidrig erklärt worden war, hat das 15. Strafrechtsänderungsgesetz vom 18. 5. 1976 nunmehr eine Neuregelung der Strafbarkeit des Sch.s gebracht, die auf der vom BVerfG vorgezeichneten Grundlage eines Indikationenmodells beruht. Aufgrund der neuen Indikationenregelung des neuen § 218 a I StGB wird der Abbruch der Schwangerschaft nicht bestraft, wenn eine medizin. Indikation vorliegt, d. h. wenn der Eingriff durch einen Arzt erfolgt, die Schwangere einwilligt und „der Abbruch der Schwangerschaft unter Berücksichtigung der gegenwärtigen und zukünftigen Lebensverhältnisse der Schwangeren nach ärztl. Erkenntnis angezeigt ist, um eine Gefahr für das Leben oder die Gefahr einer schwerwiegenden Beeinträchtigung des körperl. oder seel. Gesundheitszustandes der Schwangeren abzuwenden, und die Gefahr nicht auf eine andere, für sie zumutbare Weise abgewendet werden kann".

Eine *eugen. Indikation* liegt vor, wenn nach ärztl. Erkenntnis dringende Gründe für die Annahme sprechen, daß das Kind infolge einer Erbanlage oder schädl. Einflüsse vor der Geburt an einer nicht behebbaren Schädigung seines Gesundheitszustandes leiden würde, die so schwer wiegt, daß von der Schwangeren die Fortsetzung der Schwangerschaft nicht verlangt werden kann. Eine *eth. Indikation* liegt vor, wenn an der Schwangeren eine rechtswidrige Tat nach den §§ 176–179 StGB ergangen worden ist (Vergewaltigung, sexuelle Nötigung oder Mißbrauch) und dringende Gründe dafür sprechen, daß die Schwangerschaft auf der Tat beruht. Eine *soziale Indikation* liegt vor, wenn der Abbruch der Schwangerschaft sonst angezeigt ist, um von der Schwangeren die Gefahr einer Notlage abzuwenden, die so schwer wiegt, daß von der Schwangeren die Fortsetzung der Schwangerschaft nicht verlangt werden kann und nicht auf eine andere Weise abgewendet werden kann. Der medizin. indizierte Abbruch kann jederzeit vorgenommen werden, bei der eugen. Indikation dürfen seit der Empfängnis nicht mehr als 22 Wochen und bei der eth. und sozialen Indikation nicht mehr als 12 Wochen verstrichen sein.

Vor der Ausführung des Sch.s muß die Schwangere ein Beratungsverfahren durchlaufen. Dabei muß sie – mit Ausnahme des medizin. indizierten Abbruchs – mindestens drei Tage vor dem Eingriff durch eine Beratungsstelle, die von einer Behörde oder Körperschaft, Anstalt oder Stiftung des öffentl. Rechts anerkannt ist, oder von einem Arzt, der sich auf geeignete Weise sachkundig gemacht hat und nicht selbst den Eingriff vornimmt, über die zur Verfügung stehenden Hilfen beraten worden sein, was als eine gezielte Motivation der Schwangeren zur Fortsetzung der Schwangerschaft zu verstehen ist. Neben der sozialen ist auch eine ärztl. Beratung der Schwangeren vorgeschrieben; die ärztl. bedeutsamen Gesichtspunkte müssen über die Vermittlung medizin.-biolog. Fakten hinaus alle jene Gesichtspunkte erfassen, die aus ärztl. Sicht von Belang sind.

Schweden, Staat in Nordeuropa, konstitutionelle Monarchie mit parlamentar. Regierungssystem. Volksvertretung ist der Reichstag mit 350 Abgeordneten, die fünf Parteien angehören (Sozialdemokraten 152, Zentrum 86, Konservative 55, Liberale 39, Kommunisten 17). Staatsoberhaupt König *Karl XVI. Gustav* (seit Sept. 1973), Ministerpräsident *Thorbjörn Fälldin* (seit Okt. 1976; zuvor *O. Palme*), Außenminister *Karin Söder* (seit Okt. 1976; zuvor *S. Andersson*), Verteidigungsminister *Erik Krönmark* (seit Okt. 1976; zuvor *E. Holmqvist*). Flagge ↑Farbtafeln Flaggen S. 139. Internat. Mitgliedschaften ↑Übersicht Internationale Organisationen.

Die *Wirtschaft* erholte sich 1976 vom Konjunkturrückschlag des Vorjahrs nur sehr langsam, und in einigen Branchen waren auch zum Jahreswechsel die Stagnationstendenzen noch nicht überwunden. Die Belebung der Ausfuhrtätigkeit erbrachte nicht die Impulse, die für ein befriedigendes gesamtwirtschaftl. Wachstum erforderl. gewesen wären. Das Inflationstempo in Sch. hat sich auch 1976 nicht verlangsamt. Die Verbraucherpreise lagen im Okt. 1976 um etwa 10% über dem Niveau des gleichen Vorjahreszeitpunktes. Die Löhne und Gehälter stiegen 1976 wie bereits in den beiden vorangegangenen Jahren stärker als in fast allen anderen Industrieländern, so daß das Arbeitskostenniveau weiterhin das mit Abstand höchste auf der Welt bleibt. Mit einer durchschnittl. Arbeitslosenquote von 1,6% für die ersten zehn Monate bzw. knapp 70 000 Arbeitslosen herrschte prakt. weiterhin Vollbeschäftigung. Die schwed. Industrie erlebte trotz der relativ günstigen Binnenkonjunktur ein weiteres Rezessionsjahr. Zum Jahresende konnte bereits eine gewisse Stabilisierung registriert werden. Die Produktionsziffern in der Industrie lagen in den ersten zehn Monaten um insgesamt etwa 3% unter dem bereits sehr niedrigen Produktionsvolumen der gleichen Periode des Vorjahrs.

SCHWEDEN

Geographische Daten und Bevölkerung: *Fläche* 449 800 km², *Verwaltungsgliederung* in 24 Provinzen (Län), *Hauptstadt* Stockholm (665 000 E; 1975), *Bevölkerung* 8,24 Mill. E (1976), 18 E/km², Geburten-/Sterberate (auf 1 000 E) 14,1/10,2, *Amtssprache* Schwedisch, *Religion* ev.-luth. Staatskirche.

Wirtschaft: *Erwerbstätigkeit* (1970; in Prozentanteilen): Land- und Forstwirtschaft 8,2, Industrie 33,0, Bauwesen 9,7, Warenhandel 13,2, Verkehr 8,3, private Dienstleistungen 10,1, öffentl. Dienstleistungen 17,6. – *Landwirtschaft:* Nutzfläche 3,35 Mill. ha (1975), davon 2,98 Mill. ha Ackerland. – Produktion (Auswahl; 1975): Weizen 1,48 Mill. t, Roggen 328 000 t, Gerste 1,9 Mill. t, Hafer 1,34 Mill. t, Kartoffeln 837 000 t, Rindfleisch 129 000 t, Schweinefleisch 283 000 t, Milch 3,12 Mill. t, Fischfang 196 000 t. – *Bergbau, Industrie und Elektrizitätserzeugung* (Auswahl; 1975): Eisenerz 30,53 Mill. t (1976), Roheisen 3,48 Mill. t, Rohstahl 5,61 Mill. t, Zement 3,12 Mill. t, 319 000 Pkw, Nadelschnittholz 13,43 Mill. m³ (1973), Papier und Pappe 4,44 Mill. t, Zellulose 6,43 Mill. t, Zucker 278 000 t, Elektrizität 78,56 Mrd. kWh. – *Außenhandel* (1976): Export 80,22 Mrd. skr, Import 83,26 Mrd. skr. – *Währung* ↑Übersicht Währungen. – *BIP:* 294,05 Mrd. skr (1974), 30 500 skr/E.

Verkehr: *Eisenbahnen:* Streckenlänge 11 690 km (1975), davon 7 484 km elektrifiziert. – *Straßen* (1975): 97 412 km, davon 12 453 km Nationalstraßen und 642 km Autobahnen. Bestand an Pkw 2,76 Mill., an Lkw 157 000 (1975). – *Schiffahrt* (1976): Handelsflotte mit 7,42 Mill. BRT. – *Luftverkehr* (1975): 7,69 Mill. Fluggäste.

Innen- und Außenpolitik: Innenpolit. standen 1976 wirtschaftl. Probleme, bes. in Zusammenhang mit der zunehmenden Inflation, im Vordergrund. Ministerpräsident O. Palme erhielt vorübergehend die Zustimmung der Zentrumspartei und der Volkspartei zu wichtigen Teilen seiner Finanzpolitik. Ende April gab der prominente Film- und Theaterregisseur I. Bergman seinen Entschluß bekannt, Sch. zu verlassen und sich endgültig im Ausland niederzulassen. Er selbst bezeichnete seine Entscheidung als Konsequenz aus einer langwierigen Steueraffäre und den Untersuchungsmethoden der

Schweden. König Karl XVI. Gustav nimmt zu Beginn seines Staatsbesuches in den Niederlanden vor dem Königspalast in Amsterdam die Ehrenparade ab (links). – Im Juni heiratet der König die Deutsche Silvia Sommerlath (rechts)

schwed. Bürokratie, gegen deren Auswüchse er sich wenden wollte. Im Mai legte die sog. Waldenström-Gruppe einen Plan über die Beteiligung der Lohnabhängigen an Unternehmensgewinnen und Kapitalbildung vor, der als Alternative zum sog. Meidner-Plan vom Sept. 1975 gedacht war. Dieser hatte vorgesehen, daß alle Privatunternehmen mit mehr als 50 Beschäftigten 20% ihrer Bruttoerträge in einen landesumfassenden, arbeiterkontrollierten Ausgleichsfonds einbringen. Der Waldenström-Bericht sah demgegenüber die Einführung eines freiwilligen Systems vor, demzufolge ein Teil der Löhne abgezweigt und bes. Fonds zugeführt werden sollte. Anfang Juni verabschiedete der Reichstag das „Gesetz zur Mitbestimmung im Arbeitsleben", das die rechtl. Voraussetzungen für Kollektivverhandlungen der Tarifpartner schuf. Das neue Gesetz, das am 1. Jan. 1977 in Kraft trat, stärkte die rechtl. Position der Gewerkschaften. – Die Reichstagswahlen am 19. Sept. brachten eine histor. Wende: Die seit 44 Jahren die Regierungsverantwortung tragende Sozialdemokrat. Partei (SAP) unter O. Palme wurde von den bürgerl. Parteien geschlagen. Zum erstenmal seit 1932 erhielt Sch. eine bürgerl. Drei-Parteien-Regierung unter der Ministerpräsidentschaft von Th. Fälldin (Zentrumspartei). Im neuen Reichstag verfügen die bürgerl. Parteien über eine Mehrheit von 180 Mandaten gegenüber 169 der beiden sozialist. Parteien. Die Siegerkoalition hatte den harten Wahlkampf unter der Parole geführt, eine weitere Zentralisierung der Staatsmacht und weitergehende Sozialisierungspläne der SAP zu stoppen. Auch der Bau von umweltgefährdenden Atomkraftwerken sollte eingestellt werden. Der Wahlausgang zeigte den Ärger der Wähler über die angeschwollene Bürokratie, die Überbesteuerung der Einkommen und den auf eine allmähliche Überführung der gewinnbringenden Industrie in kollektiven Gewerkschaftsbesitz ausgerichteten Kurs. – Im Dez. unterbreitete die Regierung einen Gesetzesvorschlag zur Frage von Kernkraftwerken, der einen Kompromiß zwischen Th. Fälldins kernwaffenfeindl. Zentrum und den konservativ-liberalen Koalitionspartnern darstellte. – Im Juni erlebte Sch. einen Höhepunkt bes. Art: Unter weltweiter Fernsehbeteiligung hielt König Karl XVI. Gustav mit der bürgerl. Deutschen Silvia R. Sommerlath die „Hochzeit des Jahres".

Die traditionellen Axiome der schwed. *Außenpolitik,* Allianzfreiheit im Frieden, Neutralität im Krieg und starkes Engagement in internat. Organisationen, blieben auch 1976 unbestritten. Zu Kontroversen kam es v. a. bei der Beurteilung der Angola- und Nahostpolitik der Regierung. Die Opposition kritisierte an der Regierung, daß sie F. Castro Ruz' Eingreifen in Angola nicht gebrandmarkt habe und in Nahost das Recht der Palästinenser auf einen eigenen Staat allzu einseitig herausstelle.

Schweden. Die Führer der drei bürgerlichen Parteien und Gewinner der Reichstagswahlen am 19. September (von links) P. Ahlmark, Th. Fälldin und G. Bohman

Schweiz, Bundesstaat in Mitteleuropa. Als Parlament fungiert die Bundesversammlung, bestehend aus dem Ständerat, der Vertretung der Kantone, mit 44 Mitgliedern, und dem Nationalrat, der Volksvertretung, mit 200 Abgeordneten aus verschiedenen Parteien. Staatsoberhaupt ist der Bundesrat (Kollegialverfassung), Bundespräsident (Vorsitzender des Bundesrates) für 1976 *Rudolf Gnägi,* Vizepräsident *Kurt Furgler.* Flagge ↑Farbtafeln Flaggen S. 139. Internat. Mitgliedschaften ↑Übersicht Internationale Organisationen.

Wirtschaft: Ihre Belebung setzte in der Sch. später als in den anderen westl. Industrieländern ein. Während die Talsohle der Rezession zumeist 1975 erreicht wurde, ist sie in der Sch. erst Anfang 1976 durchschritten worden. Die erste Phase der Belebung verlief dann im Ggs. zu den westeurop. Volkswirtschaften auch nicht gerade stürmisch. Auch im weiteren Jahresverlauf ging die Konjunkturbelebung trotz niedriger Zinsen und reichl. Kapitalangebots sehr langsam voran. Auf eine

Schweiz. Wenig erfreut zeigen sich die Bundesräte (von links) E. Brugger, P. Graber und K. Furgler über die Abstimmungsresultate zum Raumplanungsgesetz, zum IDA-Kredit und zur Arbeitslosenversicherung

dennoch vorhandene Besserung konnte aus der Steigerung der Importe geschlossen werden. Diese verharrten zwar im ersten Quartal 1976 real auf dem Vorjahresstand, nahmen dann aber gegenüber der entsprechenden Vorjahresperiode zu, und zwar im zweiten Quartal um 11%, im dritten und vierten Quartal um jeweils 20%. Die Rohstoffe und Halbfabrikate hatten einen überdurchschnittl. Anteil an den Importen. Da diese Güter zu einem großen Teil in die Herstellung von Ausfuhrprodukten eingehen, war das Importwachstum eher auf die verstärkten Käufe aus dem Ausland als auf eine zugenommene Inlandsnachfrage zurückzuführen. Des weiteren dienten die Importe zum Wiederauffüllen der abgebauten Lager. Die Zunahme der Konsumgüterimporte war prozentual höher als das Wachstum des privaten Verbrauchs. Somit hat bei wohl geringfügig gestiegenem privaten Konsum eine Substitution von inländ. Waren durch relativ billiger gewordene Importwaren stattgefunden. Der reale Rückgang der Investitionsgüterimporte um 3,4% weist auf die eigentl. Schwachstelle der Konjunkur hin. Die Investitionsneigung war schwach. Doch mit wachsender Produktion sind auch die Kapazitätsauslastung und die Arbeitsproduktivität gestiegen.

Innen- und Außenpolitik: Viermal hatten im Berichtsjahr die Stimmbürger über Verfassungs- und Gesetzesvorlagen abzustimmen. Im März wurden nach heftiger Diskussion sowohl eine Volksinitiative der Gewerkschaften als auch ein sehr eingeschränkter Gegenvorschlag des Parlaments für einen Verfassungsartikel über die Mitbestimmung in Unternehmungen verworfen. Weil sich die beiden Alternativen konkurrenzierten und die von der Regierung vorgeschlagene Mittellösung bereits im Parlament gescheitert war, fielen die Resultate recht deutlich aus. Ebenfalls abgelehnt wurde eine Volksinitiative, die eine Harmonisierung der kantonalen Steuersysteme verlangte. Im Juni fielen nach einer harten Auseinandersetzung zwei Vorlagen des Parlaments in der Volksabstimmung durch: sehr knapp das Raumplanungsgesetz, das u.a. eine Mehrwertabschöpfung auf Grundbesitz und vermehrte Enteignungskompetenzen für die öffentl. Hand enthielt, und deutlicher ein Kredit von 200 Mill. sfr an die Internat. Entwicklungsagentur IDA, ein Entscheid, der im Ausland stark beachtet wurde. Angenommen wurde dagegen eine Verfassungsänderung betreffend die Arbeitslosenversicherung, die für alle Arbeitnehmer das Versicherungsobligatorium einführt. Das Parlament verabschiedete daraufhin eine Übergangsordnung, die eine lohnprozentuale Finanzierung der Versicherung vorsieht. Im Aug. wurden 15000 Arbeitslose gezählt; die Zahl der in der Schweiz wohnhaften Ausländer sank unter die Millionengrenze. Im Sept. wurde ein Verfassungsartikel über Radio und Fernsehen von

SCHWEIZ

Geographische Daten und Bevölkerung: *Fläche* 41288 km², *Verwaltungsgliederung* in 22 Kantone, von denen 3 in je 2 Halbkantone unterteilt sind, *Hauptstadt* Bern (Stadtgebiet 158000 E), *Bevölkerung* 6,4 Mill. E, 155 E/km², Geburten-/Sterberate (auf 1000 E) 12,4/8,6, *Amtssprachen* je nach vorherrschender Sprache im betreffenden Kanton Deutsch, Französisch, Italienisch. – *Religion* Protestanten 55%, Katholiken 43,4% (röm.-kath. 43, christkath. 0,4%), Juden 0,2%, andere Konfessionen 1,4%.

Wirtschaft: *Erwerbstätigkeit:* 2,99 Mill. Erwerbspersonen (1976), davon (in Prozentanteilen; 1973) Land- und Forstwirtschaft, Jagd, Fischerei 7,7, produzierendes Gewerbe 48,2, Handel, Banken, Versicherungen, Gastgewerbe 22,8, Verkehr und Nachrichtenübermittlung 5,7, sonstige Dienstleistungen 15,4, sonstige Bereiche und Arbeitslose 0,2; 1976 gab es durchschnittl. 20790 Arbeitslose. – *Landwirtschaft:* Nutzfläche 2,18 Mill. ha, davon 368000 ha Ackerland. – Produktion (Auswahl; 1976): Weizen 353000 t, Gerste 193000 t, Hafer 53000 t, Kartoffeln 900000 t, Rind- und Kalbfleisch 148000 t, Schweinefleisch 232800 t (1975), Kuhmilch 2,78 Mill. t (1975), Butter 33600 t (1975), Käse 102000 t (1975). Rinderbestand 2,005 Mill. Stück. – *Industrie und Elektrizitätserzeugung* (Auswahl; 1975): Aluminium 79200 t, Motorenbenzin 929000 t, Kerosin 166000 t, leichtes Heizöl 1,92 Mill. t, schweres Heizöl 1,15 Mill. t, fertiggestellte Wohnungen 13632 (1976), Elektrizität 41,8 Mrd. kWh. – *Außenhandel:* Export (fob) 37,045 Mrd. sfr, Import (cif) 36,871 Mrd. sfr. – *Währung* ↑Übersicht Währungen. – *BIP* zu Marktpreisen in jeweiligen Preisen 143 Mrd. sfr.

Verkehr: *Eisenbahnen:* Streckenlänge 4979 km, 8,12 Mrd. Personenkilometer, 5,65 Mrd. Nettotonnenkilometer. – *Straßen:* 61274 km, davon 628 km Autobahnen. Bestand an Kfz (1974) 1,9 Mill., davon Privatwagen 1,728 Mill., 294 Kfz/1000 E. – *Schiffahrt* (Ende 1976): Handelsflotte mit 234489 BRT. – *Luftverkehr* (1975): 7,6 Mrd. Personenkilometer, 308 Mill. Nettotonnenkilometer.

Volk und Ständen abgelehnt, so daß die staatl. Konzessionen für den Betrieb der beiden Monopolmedien weiterhin auf einer allzu schmalen Rechtsgrundlage beruhen. Klar wurde ferner eine gewerk-

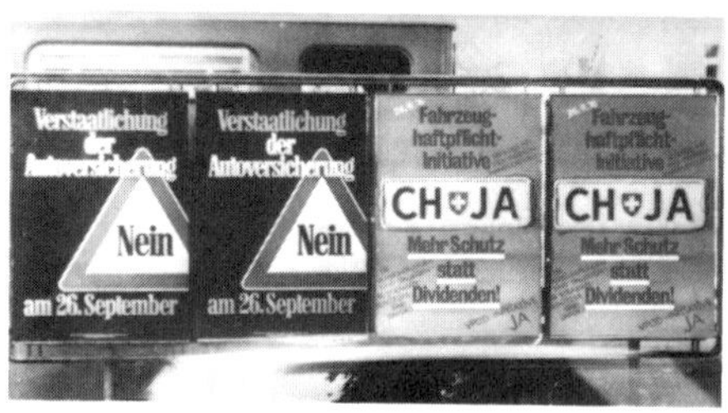

Schweiz. Abstimmungspropaganda der Gewerkschaften im Rahmen der Mitbestimmungs- und Haftpflichtinitiative. Im März werden jedoch sowohl die Volksinitiative der Gewerkschaften als auch ein Gegenvorschlag des Parlaments über die Mitbestimmung in Unternehmen von den Stimmbürgern verworfen

schaftl. Volksinitiative für die Einführung einer staatl. Motorfahrzeug-Haftpflichtversicherung verworfen. Im Dez. wurde eine von den linksextremen Progressiven Organisationen lancierte und von den Sozialdemokraten, nicht aber von den Gewerkschaften unterstützten Initiative zur Einführung der

40-Stunden-Woche massiv abgelehnt. Zugestimmt wurde hingegen der Weiterführung der Preisüberwachung und dem Bundesbeschluß über Kredit- und Geldpolitik. Sieben der zehn Abstimmungsvorlagen, darunter alle vier Volksinitiativen, wurden somit abgelehnt. Bereits sind indessen fünf weitere Volksinitiativen mit über 50 000 Unterschriften eingereicht worden. Die Stichworte „Nein-Welle" und „Initiativenflut" gaben Anlaß zu ernsthaften Betrachtungen über die „Staatsverdrossenheit" der Bürger.
Zur Anspannung des innenpolit. Klimas trug das durch die Rezession verschärfte, aber strukturell bedingte Ungleichgewicht des Bundeshaushalts bei. Mit 1,3 Mrd. sfr erreicht das Defizit der Finanzrechnung 1975 einen neuen Höchststand. Der Bundesrat veröffentlichte im Frühjahr seine Richtlinien für die Regierungspolitik 1975–79 zusammen mit einem Finanzplan, der mit der Einführung des Mehrwertsteuersystems und zugleich der Erhöhung des Satzes der indirekten Steuer auf 10% Mehreinnahmen von rund 3 Mrd. sfr vorsah.
Im Parlament wurde die Neuordnung der Bundessteuern – die auch eine Entlastung der niedrigen und eine stärkere Belastung der hohen Einkommen bei der direkten Bundessteuer einschließt – gutgeheißen mit der Auflage an den Bundesrat, noch vor der Volksabstimmung im Sommer 1977 eine Reduktion des Finanzplanes durch Sparmaßnahmen vorzulegen, so daß bis 1978 der Budgetausgleich erreicht werden könne.
Einsparungen beschloß das Parlament bereits beim Budget 1977, das trotzdem noch ein Defizit von 1,8 Mrd. sfr aufwies. Ein weiteres Arbeitsbeschaffungsprogramm bleibt vorbehalten, nachdem 1976 ein drittes Programm im Umfang von 900 Mill. sfr beschlossen worden war.
Die Bildung eines neuen Kantons Jura machte weitere Fortschritte, die jedoch im Mai und Juni von Ausschreitungen in der südjurass. Moutier, wo eine starke separatist. Minderheit besteht, begleitet waren. Im Nordjura begann der Verfassungsrat mit der Ausarbeitung einer Verfassung für den neuen Kanton. Ein darin vorgesehener „Wiedervereinigungsartikel" wurde im Kanton Bern als Provokation empfunden und vom Bundesrat zurückgewiesen.
Internat. Aufsehen erregten eine ganze Anzahl Affären, so am 8. März die Ausweisung des früheren portugies. Präsidenten General A. S. R. de Spínola, dem polit. Betätigung vom schweizer. Territorium aus vorgeworfen wurde. Ende Aug. wurden zunächst ein sowjet. Diplomat und ein rumän. Botschaftsangehöriger, einige Tage später ein iran. Diplomat als mutmaßl. Chef der Geheimdienstorganisation „Savak" wegen nachrichtendienstl. Tätigkeit des Landes verwiesen. Am 6. Dez. wurde der Niederländer Nicolaas Menten verhaftet, der schwerer Kriegsverbrechen im Jahre 1944 beschuldigt war, und kurz darauf entgegen gesetzl. Bestimmungen vom Bundesrat an die Niederlande ausgeliefert. Für Schlagzeilen im In- und Ausland sorgte die Aufdeckung eines schweren Spionagefalles am 9. Aug. Dem ehemaligen Chef der Luftschutztruppen der Armee, Brigadier Jean-Louis Jeanmaire, wurde der Verrat militär. Geheimnisse an sowjet. Diplomaten während nicht weniger als 14 Jahren nachgewiesen.
Starkes Echo über die Grenzen hinaus rief auch die Tätigkeit es frz. Erzbischofs Marcel ↑Lefebvre im Walliser Priesterseminar Ecône hervor; er wurde am 24. Juli von Papst Paul VI. von der Ausübung des Priesteramtes suspendiert.
Am 6. Mai unterzeichnete Außenminister P. Graber in Straßburg die Europ. Sozialcharta. Im Zusammenhang mit dem Ausbau des wirtschaftsdiplomat. Dienstes sind neben einem offiziellen Besuch des Außenministers in Griechenland Ende Nov. die Reisen von Volkswirtschaftsminister E. Brugger nach Ar Rijad und Kairo sowie der Besuch beider Bundesräte bei Bundeskanzler B. Kreisky in Österreich zu erwähnen. Eine beratende Kommission empfahl in einem Bericht an die Regierung den Beitritt der Schweiz zu den UN; ein entsprechender Beschluß müßte freilich einer Volksabstimmung unterzogen werden, deren Ausgang als ungewiß beurteilt wird.

Schweiz. Demonstration jurassischer Autonomisten in Neuenstadt (Bern) mit Jurafahnen

Seerecht: Die vierte und fünfte Session der Dritten UN-Seerechtskonferenz in New York mit rund 1 400 Delegierten aus über 150 eingeladenen Staaten haben nach jeweils acht- bzw. siebenwöchiger Dauer zwischen März und Sept. 1976 noch keine entscheidenden Ergebnisse gebracht.
Aufgrund der UN-Resolution Nr. 2 570 C vom 17. Dez. 1970 hatte die UN-Vollversammlung die Einberufung der Dritten Seerechtskonferenz beschlossen, um das geltende Seevölkerrecht weiter zu entwickeln und um Vertragsgrundlagen v. a. für die wirtschaftl. Nutzung der Weltmeere und des Meeresbodens auszuarbeiten. Die Konferenz, an deren

Schweiz. Die Stimmbürger lehnen im Dezember eine von linksextremen Organisationen lancierte Initiative zur Einführung der 40-Stunden-Woche ab

Beratungen über 3 000 Fachleute teilnahmen und die unter dem Vorsitz von H. S. Amerasinghe (UN-Botschafter von Sri Lanka) tagte, gilt als die größte derartige Tagung in der Geschichte der UN. Das außerordentl. umfangreiche vorzubereitende Vertragswerk gilt als die wichtigste und komplizierteste Kodifikation in der Völkerrechtsgeschichte. Einzelne Themen, bei denen sich eine gewisse Übereinstimmung abzeichnet, waren u. a. die Ausdehnung der Küstenmeere und die Schiffahrt in den Meerengen. Problemat. blieben die Regelung der sog. ausschließl. Wirtschaftszonen mit einer Ausdehnung von 200 Seemeilen, die ökolog. Gefährdung der Weltmeere durch Verschmutzung und die Schaffung einer Meeresbodenbehörde, wenngleich sich Ansätze zu einer Einigung zeigten. Gänzl. ungelöst blieben bisher Rechtsfragen der Fischereizonen und der Festlandsockel mit Schürf- und Ausbeuterechten. Die erhebl. Gegensätze unter den teilnehmenden Staaten beruhten weniger auf der früheren klass. Ost-West-Konfrontation, sondern auf einer Frontstellung zwischen Industriestaaten einerseits und der aus rund 110 Ländern bestehenden Gruppe der Entwicklungsländer andererseits, die ihre teilweise extremen Vorstellungen von einer neuen Weltwirtschaftsordnung auf diesem Forum durchzusetzen versuchten.

Senegal, Republik in Westafrika. Als Volksvertretung fungiert eine Nationalversammlung mit 80 Abgeordneten, die der bisherigen Einheitspartei Union Progressiste Sénégalaise (UPS; seit Dez. 1976 Sozialist. Partei Senegals) angehören. Staatsoberhaupt *Léopold Sédar Senghor* (seit Sept. 1960), Regierungschef *Abdou Diouf* (seit Febr. 1970). Flagge ↑Farbtafeln Flaggen S. 139. Internat. Mitgliedschaften ↑Übersicht Internationale Organisationen.

Wirtschaft: 1976 wurde der 5. Entwicklungsplan für 1977–81 vorgelegt. Das Investitionsvolumen soll um 13,6% niedriger sein als in dem bis 1976 laufenden Plan. Die Wertschöpfung soll um 5,8% im Jahr steigen, in der Agrarwirtschaft 4,8%, in der Industrie 6,8%, im Tertiärsektor 5,8%. Im industriellen Bereich soll die Politik nach außen fortgesetzt werden. Die Industrialisierungspolitik soll gleichzeitig Intrument zur Bekämpfung der städt. Arbeitslosigkeit sein. In der Landwirtschaft sollen

SENEGAL
Geographische Daten und Bevölkerung: *Fläche* 196 192 km², *Verwaltungsgliederung* in 7 Provinzen, *Hauptstadt* Dakar (600 000 E; 1973), *Bevölkerung* 4,32 Mill. E (1974), 22 E/km², *Amtssprache* Französisch gilt offiziell nicht mehr als Amtssprache; am weitesten verbreitet ist die Sprache der Wolof, *Religion* 90% Muslime, 6% Christen.
Wirtschaft: *Erwerbstätigkeit:* Der überwiegende Teil der Erwerbstätigen ist in der Landwirtschaft und im Kleingewerbe tätig. – *Landwirtschaft:* Nutzfläche 11,26 Mill. ha (1970), davon 5,56 Mill. ha Ackerland. – Produktion (Auswahl; 1974): Hirse 500 000 t, Reis 95 000 t, Maniok 160 000 t, Erdnüsse 982 000 t (1975/76), Kuhmilch 91 000 t. – *Bergbau, Industrie und Elektrizitätserzeugung* (Auswahl; 1974): Kalziumphosphat 1,55 Mill. t (1975), Zement 332 000 t, Heizöl 401 000 t, Zucker 30 000 t (1973), Erdnußöl 129 000 t (1973), Bier 136 000 hl, Elektrizität 360 Mill. kWh. – *Außenhandel* (1975): Export 96,67 Mrd. CFA-Franc, Import 119,88 Mrd. CFA-Franc. – *Währung* ↑Übersicht Währungen. – *BIP:* 279,7 Mrd. CFA-Franc (1974), 70 600 CFA-Franc/E.
Verkehr: *Eisenbahnen:* Streckenlänge 1 186 km (1973). – *Straßen* (1972): 13 271 km, davon 3 291 km Nationalstraßen. – *Schiffahrt* (1976): Handelsflotte mit 11 500 BRT. – *Luftverkehr* (1974; Flughafen Dakar): 357 000 Fluggäste.

wasserwirtschaftl. Projekte durchgeführt, die Agrarproduktion beschleunigt und diversifiziert sowie die Verarbeitung von Agrarprodukten gefördert werden, um neue Arbeitsplätze und eine Einkommenssteigerung in ländl. Gebieten zu erreichen.

Innen- und Außenpolitik: Präsident L. S. Senghor, der bereits im Jan. die Bildung eines Mehrparteiensystems angedeutet hatte, ließ im März mehrere Anträge zur Änderung der Verfassung einbringen, die sich auf die Amtszeit des Präsidenten bezogen und die Zahl der Parteien auf drei beschränken sollten. Die Änderungen wurden am 1. April durch die Nationalversammlung gebilligt. Anfang Febr. endete der 1. Kongreß der 18 Monate zuvor gegründeten PDS (Senegales. Demokrat. Partei), während sich zum gleichen Zeitpunkt die RND (Nat. Demokrat. Versammlung) unter Beteiligung von Gruppen der verbotenen prokommunist. PAI (Afrikan. Unabhängigkeitspartei) im Entstehen befand. Kurz zuvor war der Generalse-

Senegal. Ministerpräsident Abdou Diouf

kretär der PAI, M. Diop, aus dem Exil zurückgekehrt und amnestiert worden. Gemäß Änderung der Verfassung wurde als dritte Partei im Sept. die PAI als marxist.-leninist. Partei zugelassen. Die regierende UPS dagegen löste sich im Dez. auf und konstituierte sich neu als Sozialist. Partei S.s unter Führung L. S. Senghors in Verbindung mit der Aufnahme in die Sozialist. Internationale. Die PDS nahm am 21. Nov. an Kommunalwahlen in zwei Regionen teil, erzielte aber nur schwache Erfolge. Senghor deutete im März in Paris an, er habe sich vergebl. um Freilassung der polit. Häftlinge in Südafrika bemüht. Die Differenzen mit Nigeria über FESTAC (Schwarzes Weltfestival für Kunst und Kultur) konnten im Juli bereinigt werden. S. teilte mit, daß es an der für 1977 geplanten Veranstaltung teilnehmen werde.

Seychellen, Inselstaat (Republik seit Juni 1976) im westl. Ind. Ozean, Mitglied des Commonwealth of Nations. Als Volksvertretung fungiert ein Parlament mit 15 Abgeordneten, die der Seychelles Democratic Party (13) und der Seychelles People's United Party (2) angehören. Beide Parteien bilden eine Koalition. Staatspräsident *James Richard Marie Mancham* (seit Juni 1976), Ministerpräsident *France Albert René* (seit Juni 1976; zuvor *J. R. M. Mancham* als Chefminister). Flagge ↑Farbtafeln Flaggen S. 139. Internat. Mitgliedschaften ↑Übersicht Internationale Organisationen.

Wirtschaft: Hauptexportgüter der Mitte 1976 unabhängig gewordenen Inseln sind Zimt und Kopra. Daneben ist der Tourismus bedeutender Devisenbringer. Die zur Versorgung der Bevölkerung notwendigen Importe werden dadurch aber nur zu 24% abgedeckt. Dies bedeutet, daß der junge Staat auf Hilfe von außen angewiesen ist. Ein wirtschaftl. Entwicklungsprogramm sieht Diversifi-

SEYCHELLEN

Geographische Daten und Bevölkerung: *Fläche* 278 km², *Hauptstadt* Victoria (15 000 E), *Bevölkerung* 59 200 (1976), 213 E/km², Geburten-/Sterberate 31,3/9,7 (auf 1 000 E/1975), *Amtssprache* Englisch, *Religion* 90% Katholiken, 7,5% Anglikaner.

Wirtschaft: *Erwerbstätigkeit* (Schätzung 1975): Erwerbstätige insgesamt 20 000, davon in Land- und Forstwirtschaft, Fischerei 26%, in der Industrie 6%, im Bauwesen 21%, im Handel 6%, für Dienstleistungen 24%, nicht spezifiziert 17%. – *Landwirtschaft:* Nutzfläche etwa 165 km², Wald und Busch etwa 50 km². – Produktion (Auswahl; 1975): Kokosnüsse 10 600 t, Kopra 2 300 t, Maniok 5 977 t. – *Außenhandel* (1975): Export 12 903 Mill. SR, Import 191 354 Mill. SR. Haupthandelspartner sind Großbritannien, USA, Pakistan, Japan, Kenia, Australien, Südafrika. Hauptexportgüter sind Kopra, Zimtrinde, Guano. Hauptimportgüter sind Nahrungs- und Genußmittel, Brenn- und Treibstoffe, Maschinen und Fahrzeuge. – *Währung* ↑Übersicht Währungen. – *BIP* (1974) zu Faktorkosten in jeweiligen Preisen 155 Mill. SR.

Verkehr: *Eisenbahnen:* keine. – *Straßen:* 203 km. – *Fremdenverkehr* (1976): 50 000 Touristen.

zierungen vor. Es soll bis 1980 abgeschlossen sein. Großbritannien wird dafür 1,6 Mill. £ zur Verfügung stellen. Der Bau eines Containerhafens ist vorgesehen. Mit fast 50 000 Besuchern, zunehmend auch aus Afrika, verzeichnete der Tourismus 1976 einen Rekord.

Innen- und Außenpolitik: Am 28. Juni wurden die Inseln als Republik unabhängig. Die Regierung bilden gemeinsam die konservative „Demokrat. Partei der S." (SDP) und die links von ihr stehende „Vereinigte Volkspartei der S." (SPUP) (Wahlergebnis 1974: SDP 52,4% der Stimmen = 13 Sitze, SPUP 47,6% = 2 Sitze); Präsident, Außenminister, Verteidigungsminister und Chef für innere Sicherheit ist J. Mancham (SDP), Premierminister A. F. René (SPUP).

Außenpolit. wollen sich die S. nicht binden; de facto sind sie einerseits durch Commonwealth-Mitgliedschaft und brit. Kapitalhilfe, ein am 15. Juli unterzeichnetes Abkommen mit Frankreich über Kooperation in Kultur, Wissenschaft und Technik u. a. westl., andererseits durch Mitarbeit in der OAU nach Afrika hin orientiert. Im Sept. wurden sie 145. UN-Mitglied.

Siad Barre, Mohamed, *im Distrikt Lugh Ganane 1919, somal. Politiker. 1950 zum Obersten Polizeiinspekteur ernannt, ab 1966 Oberbefehlshaber der Streitkräfte; nach dem Putsch vom Okt. 1969 Präsident des Obersten Revolutionsrates; seit Juli 1976 Generalsekretär der neu gegr. Einheitspartei Somali Socialist Revolutionary Party (SSRP) und Staatspräsident.

Sierra Leone, Republik in Westafrika, Mitglied des Commonwealth of Nations. Als Volksvertretung fungiert ein Repräsentantenhaus mit 85 Abgeordneten, die der All People's Congress [Party] (APC) angehören. Staatsoberhaupt *Siaka Probyn Stevens* (seit April 1971), Regierungschef *Christian A. Kamara-Taylor* (seit 8. Juli 1975; zuvor *Sorie Ibrahim Koroma*). Flagge ↑Farbtafeln Flaggen S. 139. Internat. Mitgliedschaften ↑Übersicht Internationale Organisationen.

Wirtschaft: Das Staatsbudget 1976/77 wies ein Defizit von 62 Mill. Le aus. Für diese prekäre Situation wurden als Gründe die Preissteigerungen bei Erdöl und industriellen Erzeugnissen angeführt. Während das Handelsbilanzdefizit um 16 Mill. auf 33 Mill. Le verringert wurde, wuchs das Zahlungsbilanzdefizit wegen des nachlassenden Kapitalzuflusses um 11 Mill. auf 21 Mill. Le. Die wegen der Devisenknappheit erfolgte Reduzierung der Importe zögert die Entwicklung des Landes weiter hinaus.

Innen- und Außenpolitik: Im März wurden zwei Gesetze angenommen, durch die die Verfassung in den Punkten geändert wurde, die sich auf das Wahlverfahren bei Präsidentschaftswahlen beziehen. Präsident S. P. Stevens wurde im Rahmen einer Sondersitzung des Parlaments am 26. März ohne Gegenkandidat für weitere fünf Jahre in seinem Amt bestätigt. Im Mai kam es zu einer Umbildung der Regierung. S. L. trat im Okt. einem aus fünf westafrikan. Ländern gebildeten Gewerkschaftskomitee bei, das zur Betreuung der Arbeiter in dieser Subregion bestimmt ist, nahm im Nov. diplomat. Beziehungen mit Kamerun auf Botschafterebene auf und beteiligte sich zus. mit 14 afrikan. Staaten am Freundschaftstreffen mit Kuba.

Sindermann, Horst, *Dresden 5. Sept. 1915, dt. Politiker (SED). Seit 1963 Mitglied des ZK, 1971–73 Erster stellvertretender Vorsitzender des Ministerrates, 1973–76 Vorsitzender des Ministerrates; seit Okt. 1976 Präsident der Volkskammer.

Singapur, Republik in Südostasien, Mitglied des Commonwealth of Nations. Als Volksvertretung fungiert ein Parlament mit 69 Abgeordneten; alle Sitze wurden von der People's Action Party (PAP) des Premierministers erobert. Staatsoberhaupt *Benjamin Henry Sheares* (seit Jan. 1971), Regierungschef *Lee Kuan Yew* (seit Juni 1959). Flagge ↑Farbtafeln Flaggen S. 139. Internat. Mitgliedschaften ↑Übersicht Internationale Organisationen.

Die *Wirtschaft* hat sich 1976 gut von der Rezession erholt. Das BSP nahm real um 7% zu. Der Industriesektor war auch 1976 führend; sein Anteil am BIP stieg von 28% im Jahr 1975 auf 29%. Hierin spiegelt sich die erhöhte Nachfrage der Industrieländer. Der gesamte Außenhandel, der 1975 um 7% zurückgegangen war, nahm 1976 um 21% gegenüber dem Vorjahr zu. Da die Zunahme beim Export (erstes Halbjahr 1976: +24%) stärker war als beim Import (+9,3%), verringerte sich das Handelsbilanzdefizit auf 6,1 Mrd. $. Auch der Tourismus erlebte einen Aufschwung; in den ersten sieben Monaten stieg die Zahl der Touristen um 12,9% auf knapp 700 000 Personen.

Innen- und Außenpolitik: Fragen der inneren und äußeren Sicherheit bestimmten die Richtung der Politik. Während von der Opposition Wiederherstellung des vollen Rechtsschutzes auch bei subversiver Tätigkeit gefordert wurde und die

SIERRA LEONE

Geographische Daten und Bevölkerung: *Fläche* 71 740 km², *Verwaltungsgliederung* in 4 Provinzen, *Hauptstadt* Freetown (187 000 E), *Bevölkerung* 2,71 Mill. E, 38 E/km², Geburten-/Sterberate (auf 1 000 E) 44,8/22,7, *Amtssprache* Englisch, *Religion* 65% Animisten, 25% sunnit. Muslime, 10% Christen.

Wirtschaft: *Erwerbstätigkeit* (in Prozentanteilen): Land- und Forstwirtschaft, Jagd, Fischerei 73, produzierendes Gewerbe 13, Dienstleistungen 11, Sonstiges 3. – *Landwirtschaft:* Nutzfläche 5,87 Mill. ha, davon 3,664 Mill. ha Ackerland. – Produktion (Auswahl): Kaffeebohnen 6 000 t, Kakaobohnen 6 000 t, Reis 580 000 t, Sorghum 11 000 t, Palmöl 60 000 t. Rinderbestand 280 000 Stück. – *Bergbau, Industrie und Elektrizitätserzeugung* (Auswahl): Eisenerz 2,51 Mill. t (1974), Bauxit 648 000 t (1975), Elektrizität 208 Mill. kWh (1971). – *Außenhandel* (1975): Export (fob) 134 Mill. $, Import (cif) 187 Mill. $. – *Währung* ↑Übersicht Währungen. – *BIP* (1974): 585,5 Mill. Le.

Verkehr: *Eisenbahnen:* Streckenlänge 460 km. – *Straßen:* 7 000 km, davon 3 180 km in gutem Zustand. Pkw-Bestand 13 576 (1972). – *Schiffahrt* (1976): Handelsflotte 3 537 BRT.

SINGAPUR
Geographische Daten und Bevölkerung: *Fläche* 581,5 km², *Verwaltungsgliederung* in die Stadt S. und 5 Bezirke, *Bevölkerung* 2,28 Mill. E, 3 920 E/km², Geburten-/Sterberate (auf 1 000 E) 17,8/5,1, *Amtssprachen* Chinesisch, Englisch, Malaiisch und Tamil, *Religion* (keine verläßl. Angaben) Buddhisten, Taoisten, Konfuzianer, Christen, Muslime, Hindus, Sikhs.
Wirtschaft: *Erwerbstätigkeit* (1973): 833 525 Erwerbstätige, davon (in Prozentanteilen) Land- und Forstwirtschaft, Fischerei 2,1, Bergbau 0,4, verarbeitendes Gewerbe 32,2, Dienstleistungen 65,3. – *Landwirtschaft:* 12 000 ha Ackerland. – Produktion (deckt die Hälfte des Eigenbedarfs): Naturkautschuk, Knollenfrüchte, Gemüse, Kokosnüsse. – *Bergbau, Industrie und Elektrizitätserzeugung:* Granit, elektron. und metall. Erzeugnisse, Elektrizität 4,61 Mrd. kWh. – *Außenhandel:* Export (fob) 6,586 Mrd. $, Import (cif) 7,614 Mrd. $. – *Währung* ↑Übersicht Währungen. – *BIP* (1975): 13,461 Mrd. S$.
Verkehr: *Schiffahrt* (Ende 1976): Handelsflotte mit 5 841 211 BRT. – *Luftverkehr* (1975): 5,1 Mrd. Personenkilometer, 156,28 Mill. Nettotonnenkilometer.

regierende People's Action Party (PAP) nach schweren Vorwürfen der niederländ. Arbeiterpartei am 31. Mai aus der Sozialist. Internationale austrat, wurden von Jan. bis Ende Mai 50 als Kommunisten Verdächtigte verhaftet (davon 23 nach Verhören freigelassen und zehn Malaysier ausgeliefert); am 16. Juni folgte die Festnahme von zwei führenden Journalisten, am 28. Juli die von fünf maßgebl. Gewerkschaftlern. Vor diesem Hintergrund errang die PAP bei den vorverlegten Parlamentswahlen am 23. Dez. im Direktwahlverfahren mit 72,4% der Stimmen alle 69 Mandate (1972 mit 69% alle damals 65 Mandate), davon 16 automatisch, da kein Gegenkandidat vorhanden war; auf sechs Oppositionsparteien mit zus. 43 Kandidaten entfielen insges. 25,3% der abgegebenen Stimmen.
Außenpolit. suchte S. seine Position durch Kontakte auch zu kommunist. Staaten abzusichern, blieb dabei jedoch auf Distanz. So wurde selbst bei dem zweiwöchigen Chinabesuch von Ministerpräsident Lee Kuan Yew im Mai keine Aufnahme diplomat. Beziehungen vereinbart. Die Gespräche mit dem stellvertretenden vietnames. Außenminister Phan Hien im Juli verliefen nüchtern. Das sowjet. Ersuchen um Erlaubnis zur Einrichtung einer eigenen Bunkerstation im Hafen von S. wurde weiter abgelehnt. Demgegenüber bestand eine enge Zusammenarbeit mit den anderen ASEAN-Mitgliedstaaten und ASEAN-Partnern, in der zweiten Jahreshälfte demonstriert durch Lee Kuan Yews offiziellen Aufenthalt in Australien, einen kurzen informellen Besuch in Malaysia und Präsident Suhartos nur wenige Stunden dauernde Stippvisite aus Indonesien.

Soames, Sir Christopher, * Penn (Grafschaft Buckingham) 12. Okt. 1920, brit. Politiker und Diplomat. 1952–55 parlamentar. Privatsekretär des Premierministers; 1955–57 parlamentar. Staatssekretär im Luftfahrtministerium, 1957/58 im Marineministerium; 1958–60 Kriegsminister, 1960–64 Landwirtschaftsminister; 1968–72 Botschafter in Frankreich; 1973 bis Dez. 1976 Vizepräsident der EG-Kommission und zuständig für die Außenbeziehungen der Europ. Gemeinschaften.

Soares, Mário Alberto Nobre Lopes, * Lissabon 7. Dez. 1924, portugies. Politiker. Als Gegner des Salazar-Regimes zwölfmal inhaftiert; 1970–74 als Generalsekretär der Sozialist. Partei im Exil; 1974/1975 Außenminister. Nach den Parlamentswahlen im April 1976, die den Sozialisten keine absolute Mehrheit brachten, wurde S. im Juli 1976 Ministerpräsident einer Minderheitsregierung.

Sohl, Hans-Günther, * Danzig 2. Mai 1906, dt. Industrieller. Seit 1953 Vorstands- und seit 1973 Aufsichtsratsvorsitzender der August-Thyssen-Hütte AG; 1956–69 Vorsitzender der Wirtschaftsvereinigung der Eisen- und Stahlindustrie; 1972–76 Präsident des Bundesverbandes der Dt. Industrie.

Sojus (Sojus 21, 22, 23) ↑tabellar. Übersicht Weltraumfahrt.

Solrad (Solrad 11A, 11B) ↑tabellar. Übersicht Weltraumfahrt.

Somalia, Republik in Ostafrika. Die Volksvertretung wurde 1969 aufgelöst, seit Juli 1976 besteht die Einheitspartei Somali Socialist Revolutionary Party (SSRP). Staatsoberhaupt *Mohamed Siad Barre* (seit Okt. 1969). Flagge ↑Farbtafeln Flaggen S. 139. Internat. Mitgliedschaften ↑Übersicht Internationale Organisationen.
Die *Wirtschaft* litt auch 1976 noch unter den Folgen der Dürrekatastrophe von 1973/74, die zu einem erhebl. Rückgang der Getreideproduktion führte und den Viehbestand um die Hälfte reduzierte, was einen Großteil der nomad. Bevölkerung seiner traditionellen Existenzgrundlage beraubte. Die Bananenproduktion, die mit über 20% zu den Exporteinnahmen beiträgt, wurde nicht beeinträchtigt. S. ist der zweitgrößte Bananenexporteur in Afrika. Der Entwicklungsplan 1974–78 sieht bes. die Förderung der Agrarwirtschaft vor. 29% der Ausgaben sind für Agrarwirtschaft und Bewässerung vorgesehen. Die Selbstversorgung bei Grundnahrungsmitteln wird angestrebt.
Innen- und Außenpolitik: Die Beziehungen mit Frankreich und Äthiopien blieben wegen der Auseinandersetzung um die weitere Entwicklung in Dschibuti (Frz.-Afar-und-Issagebiet) gespannt. Präsident M. Siad Barre erklärte am 10. Aug. in einem Interview mit „Le Monde", die Beibehaltung einer frz. Militärbasis in Dschibuti nach Gewährung der für 1977 vorgesehenen Unabhängigkeit würde eine „Bedrohung des Weltfriedens" darstellen. Die enge Zusammenarbeit mit der Sowjetunion wurde

Mit der Wahl von H. M. Schleyer (links) findet H.-G. Sohl (rechts) einen Nachfolger im Amt des Präsidenten des Bundesverbandes der Deutschen Industrie

fortgesetzt. Nach dem Stand vom Febr. befanden sich weit mehr als 1 000 sowjet. Berater in S., während die sowjet. Militärhilfe auf 132 Mill. US-$ geschätzt wurde. Wiederholt fanden beiderseitige Verhandlungen auf der Basis größerer Delegationen in Moskau bzw. Mogadischu statt. Außenminister O. A. Ghalib erhielt im Juni ein neues Amt. Die

Kunst I. Semenchkare und Meritation im Garten.
Kalksteinrelief aus Tall Al Amarna (Höhe 24 cm).
Bemalter Kalkstein (14. Jahrhundert v. Chr.)

Kunst II. Joseph Wright of Derby, Indianerwitwe (1785). Öl auf Leinwand (102 × 127 cm). – Unten: Max Ernst, Die ganze Stadt (1935/36). Öl auf Leinwand (60 × 75 cm)

Geschäfte des Außenministers wurden von M. Siad Barre selbst übernommen.
Mit Wirkung vom 1. Juli wurden alle Vollmachten des Obersten Revolutionsrats auf die neugegründete SSRP (Somali Socialist Revolutionary Party) übertragen. Im Zusammenhang damit bildete Siad Barre, der weiterhin an der Spitze von Staat und Partei steht, eine neue Regierung, die eng mit den Gremien der neuen Partei (Politbüro und Zentralkomitee) verzahnt ist.

SOMALIA
Geographische Daten und Bevölkerung: *Fläche* 638 000 km^2, *Verwaltungsgliederung* in 8 Regionen, *Hauptstadt* Mogadischu (230 000 E), *Bevölkerung* 3,09 Mill. E (1974), 4,8 E/km^2, *Amtssprachen* Somali, Arabisch, für eine Übergangszeit auch Englisch und Italienisch, *Religion* fast ausschließl. Muslime.
Wirtschaft: *Erwerbstätigkeit:* Mehr als 75% der Bevölkerung sind nicht ständig seßhaft. Der Lebensunterhalt stammt hauptsächl. aus Viehzucht, Feldarbeit und Tauschhandel. – *Landwirtschaft:* Nutzfläche 43 Mill. ha (1966), davon 8 Mill. ha Ackerland. – Produktion (Auswahl; 1973): Mais 50 000 t, Hirse 15 000 t, Maniok 26 000 t, Zuckerrohr 408 000 t (1972/73), Bananen 134 000 t. – *Industrie und Elektrizitätserzeugung* (Auswahl): Zucker 33 000 t (1975), Elektrizität 38,3 Mill. kWh (1971). – *Außenhandel* (1973): Export 294,2 Mill. Sh.So., Import 687,8 Mill. Sh.So. – *Währung* ↑Übersicht Währungen.
Verkehr: *Straßen* (1971): 17 223 km, davon 1 053 km asphaltiert. – *Schiffahrt* (1975): Handelsflotte mit 1,72 Mill. BRT. – *Luftverkehr* (1972): 30 000 Fluggäste.

Sowjetunion, Bundesstaat in Osteuropa und Asien. Als Volksvertretung fungiert der Oberste Sowjet, bestehend aus Unionssowjet (767 Mitglieder) und Nationalitätensowjet (750 Mitglieder). Die Abgeordneten sind alle Mitglieder des Blocks der Kommunisten und Parteilosen. Staatsoberhaupt *Nikolai Wiktorowitsch Podgorny* (seit Nov. 1965), Regierungschef *Alexei Nikolajewitsch Kossygin* (seit Okt. 1964), Außenminister *Andrei Andrejewitsch Gromyko.* Flagge ↑Farbtafeln Flaggen S. 139. Internat. Mitgliedschaften ↑Übersicht Internationale Organisationen.
Wirtschaft: Die Entwicklung verlief 1976, dem ersten Wirtschaftsjahr des 10. Fünfjahresplanes, positiv. Das Nationaleinkommen lag um 5% über dem Vorjahresergebnis. Als Hauptaspekte lassen sich herausstellen: qualitativ befriedigende Planerfüllung im Industriebereich, Rekordergebnisse bei der Getreideernte, rasches Wachstum des Außenhandels. In der Nahrungsmittelversorgung gab es allerdings Engpässe, namentl. bei Fleisch- und Milchprodukten. Bei der Bewertung der Zuwachsraten ist freilich zu berücksichtigen, daß die Planzahlen 1976 gegenüber den Wachstumsraten in der vorhergehenden Planperiode stark reduziert worden waren. So stieg zwar 1976 die Produktion in der Gesamtindustrie um 4,8% und damit um 0,5% mehr als vorgesehen, blieb aber erhebl. unter den Ist-Ergebnissen der Vorjahre, die bei durchschnittl. 7,4% lagen. Überdurchschnittl. stieg die Produktion der Grundstoff- und Investitionsgüterindustrie mit 5,5%, während der Plan ledigl. eine Steigerung von 4,9% vorgesehen hatte. Auch die Erzeugung der Konsumgüter- und Nahrungsmittelindustrie lag mit 3% Zuwachs über der Planvorgabe (2,8%), blieb jedoch weit unter der industriellen Produktion. Während die Steigerung der Arbeitsproduktivität in Industrie und Bauwirtschaft mit jeweils nur 3,3% enttäuschte, betrug sie in den landwirtschaftl. Staats- und Genossenschaftsbetrieben befriedigende 9%. Die Entwicklung in der Industrie verlief uneinheitlich. Überdurchschnittl. waren die Produktionszuwächse in der Energiewirtschaft und in einzelnen Branchen der Brennstoffenergie, namentl. in der Erdöl- und Erdgasförderung. So wurden 7% mehr Elektroenergie, 6% mehr Erdöl und 11% mehr Erdgas erzeugt bzw. gefördert als 1975. Auch die Chemieindustrie schnitt mit einem Produktionsanstieg von 8% gut ab. Das Wachstum in den Bergbau und Hüttenwesen umfassenden Industrien, in verschiedenen Zweigen des Maschinenbaus, in der Holz- und holzverarbeitenden Industrie war schwächer als erwartet. Zahlreiche andere Planziele sind 1976 nicht erreicht worden, wie der Jahresplanerfüllungsbericht krit. vermerkt. Selbst mit Lebensmitteln ist die Bevölkerung nicht ausreichend versorgt, obwohl die Landwirtschaft 1976 eine gegenüber 1975 um 32% höhere Bruttoerzeugung erzielte. Zu diesem Anstieg hat v. a. die Spitzenernte von 224 Mill. t Getreide beigetragen. Die Betrachtung der Einzelergebnisse zeigt aller-

Sowjetunion. Der vierundachtzigjährige Mathematiker und Philosoph A. Kolman verläßt die Sowjetunion und erhält in Schweden Asyl

dings, daß nur 96,9 Mill. t Weizen eingebracht wurden, während es 1973 bei einem um 1,2 Mill. t niedrigeren Gesamtergebnis 109,8 Mill. t waren. Die relativ niedrigen Erträge beim Futtergetreide bedeuten auch für die Zukunft Mangel in der Fleischversorgung. Auch die seit Jahren drittschlechteste Kartoffel- und Sonnenblumenernte und ein nur mittlerer Gemüseertrag tragen dazu bei, daß die Zusage auf umfassende Verbesserung des Lebensstandards noch längere Zeit ein bloßes Versprechen bleiben wird.
Der Außenhandelsumsatz hat sich nur um 10% ausgedehnt; der Plan sah 13,6% vor. Das Zurückbleiben hat seine Gründe u. a. in der Rezession der Wirtschaften des Westens. Für seine Erdölexporte an die COMECON-Länder hat die S. ihre Preise um 20–25% heraufgesetzt und damit ihre defizitäre Handelsbilanz aufgebessert.
Für die sowjet. *Außen- und Innenpolitik* des Jahres 1976 bildete der 25. Parteitag der KPdSU das beherrschende Ereignis. 14 Parteitage der nichtruss. Unionsrepubliken gingen vorauf. Die Parteichefs in der Aserbaidschan. SSR und in der Grusin. SSR taten sich durch scharfe Kritik an inneren Fehlern bes. hervor. Insgesamt zeigte sich eine starke Erneuerung der Zentralkomitees (72,2% in der Grusin. SSR). Der Anteil der Funktionäre aus Staat, Gewerkschaft und KGB erhöhte sich auf Kosten des Komsomol, während derjenige des Militärs gleich blieb. Eine Plenarsitzung des ZK der KPdSU am 20. Febr. schloß die Vorbereitungen mit der Zustimmung zu den vorgesehenen Referaten und Entschließungen ab.
Der 25. Parteitag der KPdSU trat vom 24. Febr. bis 5. März zusammen, um die Grundlinien des nächsten Planjahrfünfts zu bestimmen. L. I. Breschnews Rechenschaftsbericht wurde nicht, wie 1971 auf

dem 24. Parteitag, von Referaten des Außen- und des Verteidigungsministers ergänzt. Nur Ministerpräsident A. Kossygin referierte noch über Probleme der Wirtschafts- und Innenpolitik. Breschnew rühmte die außenpolit. Erfolge bei der Durchführung des vom 24. Parteitag beschlossenen „Friedensprogramms". Die Wende vom kalten Krieg zur Entspannung, hieß es neuerlich, sei mit den Veränderungen des Kräfteverhältnisses in der Welt verbunden. Hervorgehoben wurde die den befreiten Ländern zugewiesene Rolle.
In der Anwesenheit des kuban. Partei- und Staatschefs F. Castro Ruz in Generalsuniform kam das Erfolgsgefühl der sowjet. Führung nach dem siegreichen Ausgang des Machtkampfes in Angola um die Jahreswende deutl. zum Ausdruck. Für die künftige Politik der S. gegenüber den demokrat. Staaten des Westens wurde dem Parteitag ein „Programm des weiteren Kampfes für Frieden und internat. Zusammenarbeit, für Freiheit und Unabhängigkeit der Völker" vorgelegt.
Im Unterschied zum „Friedensprogramm" des voraufgegangenen Parteitags stand der Ausbau der Beziehungen zu den anderen sozialist. Staaten an erster Stelle und wurde auf eine Benennung der europapolit. Zielsetzung verzichtet. Die Voranstellung der abrüstungspolit. Ziele kontrastierte allerdings mit der Hervorhebung von Schwierigkeiten im bilateralen Verhältnis zu den USA und wurde ergänzt durch eine betonte Zurückhaltung in bezug auf die sowjet. Wehrpolitik im Bericht Breschnews. Hierin spiegelte sich die Herausforderung des Rüstungswettlaufs an die technolog. Innovationsfähigkeit der sowjet. Wirtschaft und Forschung und die daraus resultierenden Spannungen zwischen Militär und Politik in der Vorbereitungszeit des Parteitags.
Kurz nach dem 25. Parteitag mußte die sowjet. Außenpolitik einen schweren Rückschlag hinnehmen, als Ägypten am 14. März den sowjet.-ägypt. Freundschaftsvertrag aufkündigte. Die Reaktionen Moskaus blieben zunächst gelassen und beschränkten sich im wesentl. darauf, die ägypt. Vorwürfe zurückzuweisen. – Die auf dem Parteitag propagierte Forcierung der Integration unter den verbündeten sozialist. Staaten hatte sich bereits im Januar in einer Konferenz der ZK-Sekretäre für ideolog. Fragen aus den Ländern des COMECON und in einem Empfang der diplomat. Vertreter dieser Länder beim sowjet. Außenminister angekündigt (26. Jan.). Ein Besuch des poln. Außenministers bei seinem sowjet. Kollegen folgte (27. Jan.).
Als nach dem Parteitag nun auch der tschechoslowak. Minister für auswärtige Angelegenheiten seinen Moskauer Kollegen aufsuchte, wurde im Kommuniqué bereits auf die Nützlichkeit von Treffen und Konsultationen zwischen den Außenministern verwiesen – eine Äußerung, welche die Bildung eines Komitees der Außenminister als eines ständigen Organs des Warschauer Pakts ankündigte. Dies und die Bildung eines Sekretariats erfolgte im Herbst auf der Tagung des Polit. Beratenden Ausschusses in Bukarest vom 25. bis 26. November. Während in früheren Jahren Tagungen dieses höchsten Organs des östl. Militärbündnisses sich mit den sog. Krimtreffen der Parteiführer ablösten, wurden 1976 beide Kommunikationsarten in Anspruch genommen: Im Juli/August waren die Parteiführer der Staaten des Warschauer Pakts und der Mongol. Volksrepublik nacheinander auf der Krim mit Breschnew zusammengetroffen, nachdem sie Ende

Sowjetunion. Während seines Besuches in Jugoslawien wird Parteichef L. Breschnew (links) von Präsident J. Broz Tito mit einem Orden ausgezeichnet

SOWJETUNION
Geographische Daten und Bevölkerung: *Fläche* 22,402 Mill. km², europ. Teil 4,848 Mill. km², asiat. Teil 17,554 Mill. km², *Verwaltungsgliederung* in 15 Unionsrepubliken, in einigen der Unionsrepubliken bestehen insgesamt 20 Autonome Sozialist. Sowjetrepubliken (ASSR), 8 Autonome Gebiete, 120 Regionen und Gebiete und 10 Nat. Bezirke; für Zwecke der Wirtschaftsplanung ist das Territorium der S. in 18 Wirtschaftsbezirke eingeteilt, *Hauptstadt* Moskau (städt. Agglomeration 7,53 Mill. E), *Bevölkerung* 257,9 Mill. E (Ende 1976), 11,5 E/km², Geburten-/Sterberate (auf 1000 E; 1973) 17,6/8,6, *Amtssprache* Russisch, in einzelnen Unions- und Autonomen Republiken sind die nat. Sprachen gleichberechtigt, *Religion* etwa 30 Mill. Gläubige, vorwiegend orthodoxe Christen, 5 Mill. Protestanten, 2 Mill. Katholiken und 2,6 Mill. Juden, ferner sunnit. Muslime.
Wirtschaft: *Erwerbstätigkeit:* 119,3 Mill. Erwerbstätige, davon (in Prozentanteilen) Land- und Forstwirtschaft 23, Industrie und Bauwirtschaft 38, Verkehr und Nachrichtenübermittlung 9, Handel 8, Gesundheitswesen, Sozialfürsorge, Kultur, Kunst und Wissenschaft, Bildung 16, Verwaltung, Kreditwesen, Sozialversicherungen 2, sonstige Bereiche 4. – *Landwirtschaft:* Nutzfläche 602,7 Mill. ha, davon 225 Mill. ha Ackerland, 12 Mill. ha Fläche werden bewässert. – Produktion (Auswahl): Weizen 96,9 Mill. t, Gerste 67,0 Mill. t, Mais 10,3 Mill. t, Reis 2,1 Mill. t, Kartoffeln 85,1 Mill. t, Gemüse 23,5 Mill. t, Zuckerrüben 98,6 Mill. t, Rohbaumwolle 8,3 Mill. t, Fleisch (Schlachtgewicht) 13,3 Mill. t. Viehbestand: Rinder 111 Mill., Schafe und Ziegen 117,7 Mill., Schweine 57,9 Mill. – *Bergbau, Industrie und Elektrizitätserzeugung* (Auswahl): Stein- und Braunkohle 712 Mill. t, Erdöl 520 Mill. t, Erdgas 231 Mrd. m³, Eisenerz 239,0 Mill. t, Roheisen 105 Mill. t, Rohstahl 145 Mill. t, Pkw 1,239 Mill. Stück, Lkw 716000 Stück, Autoreifen 54,5 Mill. Stück, Chemiefasern 1,02 Mill. t, Zement 124 Mill. t, Kühlschränke 5,8 Mill. Stück, Elektrizität 1111 Mrd. kWh. – *Außenhandel* (1976): Export (fob) 28,022 Mrd. Rbl, Import (cif) 28,7625 Mrd. Rbl. – *Währung* ↑Übersicht Währungen. – *Produziertes Nationaleinkommen:* 380 Mrd. Rbl, 1473 Rbl/E.
Verkehr: *Eisenbahnen* (1975): Streckenlänge 136300 km, davon 36200 km elektrifiziert, 321,516 Mrd. Personenkilometer (1974), 3236,5 Mrd. Nettotonnenkilometer (1975). – *Straßen:* 1,4 Mill. km, davon mit fester Decke 567000 km. – *Schiffahrt* (Ende 1976): Handelsflotte mit 13968364 BRT. – *Luftverkehr* (1975): 6,67 Mrd. Personen-, 222,1 Mill. Nettotonnenkilometer.

Juni bereits auf der Konferenz der europ. kommunist. und Arbeiterparteien in Berlin (Ost) (29./30. Juni) gemeinsame Besprechungen geführt hatten. Die Kompromißlosigkeit, mit der Moskau auf seinem Führungsanspruch beharrte, äußerte sich sowohl im Nachdruck, mit dem es die dogmat. Formel vom „proletar. und sozialist. Internationalismus" verfocht, als auch in den forcierten Integrationsbemühungen im Ostblock.

Innenpolit. wurde nach dem 25. Parteitag durch den Tod dreier führender Militärs (24. April: der Generalstabschef des Warschauer Pakts S. M. Schtemenko; 26. April: Verteidigungsminister A. A. Gretschko; 30. Nov.: der Oberbefehlshaber der Streitkräfte des Warschauer Pakts I. I. Jakubowski) der Weg zu einer Neuordnung des Verhältnisses zwischen der militär. und polit. Führung frei. Das Militär hatte während der Vorbereitungszeit des 25. Parteitags eine Erweiterung seines Einflusses auf die Rüstung verlangt und versucht, den Einfluß der polit. Verwaltung in den Streitkräften zu mindern. Nun wurde (29. April) der 1967 vom Militär abgelehnte ZK-Spezialist für Rüstungswirtschaft, D. F. Ustinow, zum neuen Verteidigungsminister ernannt. Das Militär verhielt sich ihm gegenüber zunächst zurückhaltend und blieb sogar der feierl. Ernennung Breschnews zum Marschall fern (10. Mai). Ustinow setzte sich einerseits sofort dezidiert für die polit. Kontrolle ein, aktivierte aber andererseits Bewaffnung und Tätigkeit der Streitkräfte.

Die Schwerpunkte der außenpolit. Beziehungen der S. zu den Staaten der Dritten Welt ließen sich an den Verträgen und Abkommen ablesen, die mit diesen geschlossen wurden. So wurden enge Beziehungen zu Angola und Moçambique durch die Gegnerschaft zu den „weißen" Staaten Schwarzafrikas bestimmt. Der Aufenthalt einer Partei- und Regierungsdelegation aus Moçambique in Moskau (17.–22. Mai) führte zu einem Abkommen über kulturelle und wissenschaftl. Zusammenarbeit. Die Entsendung einer Delegation der ideolog. Front Angolas nach Moskau sowie der offizielle Besuch des angolan. Ministerpräsidenten L. do Nascimento in der S. (24.–29. Mai) bereiteten eine Visite des Staatsoberhaupts A. Neto in Moskau vor (7.–13. Okt.). Hierbei wurden ein Freundschaftsvertrag und ein Abkommen über Zusammenarbeit unterzeichnet.

Die Beziehungen zum strategisch wichtigen Aden wurden durch ein gemeinsames Protokoll über parteipolit. Zusammenarbeit mit der „nat. Front" dieses Staates gefestigt (24. Mai). Eine seestrateg. Motivation dürfte auch die Annäherung an den Inselstaat São Tomé und Príncipe zugrundeliegen, mit dem anläßl. eines Staatsbesuchs von Premierminister M. Trouvoada eine Erklärung über die Prinzipien freundschaftl. Beziehungen und Zusammenarbeit unterzeichnet wurde (5. Oktober).

Das wichtigste Element der sowjet. Asienpolitik bildete auch 1976 die Beziehungen zu Indien, das vom 29. März bis 13. April von einer sowjet. Parteidelegation besucht wurde. Vom 8. bis 13. Juni hielt sich die ind. Ministerpräsidentin Indira Gandhi in der S. auf. In einer gemeinsamen Erklärung wurde die Bedeutung der sowjet.-ind. Beziehungen für die Außenpolitik beider Länder gewürdigt. Sowjet. Lieferungen von schwerem Wasser für die ind. Atomanlagen unterstrichen den Rang, der diesem Verhältnis zukommt.

Im Gegensatz hierzu verschärften sich 1976 die Spannungen im Verhältnis zu Japan drastisch. Außenminister A. A. Gromyko hatte anläßl. seines offiziellen Besuchs in Tokio vom 8. bis 12. Jan. die kompromißlose Unnachgiebigkeit der sowjet. Position in der Frage der 1945 okkupierten Territorien (Kurilenfrage) deutl. werden lassen. Dementsprechend konnte es auch in der Frage eines asiat. Sicherheitspaktes zu keiner Einigung kommen. Als dann am 6. Sept. ein sowjet. Pilot mit einem der modernsten sowjet. Flugzeugmodelle (MIG 25) nach Japan floh, glaubte die sowjet. Regierung, sich in der Höhe der Schadensersatzforderungen und der Verschärfung des Fischereikrieges keine Rücksichtnahme auferlegen zu müssen.

Auch in ihrer Haltung gegenüber Norwegen ließ sich die sowjet. Politik weniger von mögl. Rückwirkungen als von aktuellen Interessen leiten. Hier wurden die zweiseitigen Gespräche über die Abgrenzung der Fischereizonen Mitte Okt. von heftigen sowjet. Anschuldigungen begleitet, Norwegen verletze die Entmilitarisierungsbestimmungen des Pariser Spitzbergenvertrages von 1920. Ende Nov., am Vorabend der (ergebnislosen) sowjet.-norweg. Verhandlungen über die Grenzziehung im Kontinentalsockel des Nordpolarmeeres, polemisierte das sowjet. Regierungsorgan „Iswestija" scharf gegen die Praxis des Komitees zur Verleihung des Friedensnobelpreises wie auch gegen eine engere Anlehnung Norwegens an die NATO. Der finn. Staatspräsident U. K. Kekkonen fühlte sich zu Mahnungen gedrängt, nicht durch eine Manöverbeteiligung der Bundeswehr in Norwegen den Eindruck einer Bedrohung durch Deutschland und damit eine Aktualisierung der sowjet.-finn. Beistandsverpflichtung entstehen zu lassen. Im Gegensatz hierzu war die sowjet. Politik gegenüber der Türkei darauf gerichtet, die türk.-amerikan. Spannungen für ein sowjet.-türk. Rapprochement zu

Sowjetunion. Der erste sowjetische Militärattaché in der Bundesrepublik Deutschland, A. Knyrkow (links), wird Anfang Oktober im Führungsstab der Streitkräfte von General L. Domröse (rechts) empfangen

Sowjetunion. Der Besuch des Sekretärs des ZK der KPdSU B. N. Ponomarjow (rechts, mit Premierminister J. Callaghan) in Großbritannien löst dort heftige politische Kontroversen aus

nutzen. Zweimal innerhalb Jahresfrist schlug die S. der Türkei den Abschluß eines Nichtangriffspakts vor (anläßl. des offiziellen Besuchs von Ministerpräsident Kossygin in Ankara vom 26. bis 29. Dez. 1975 und gelegentl. der Vorbereitung der Gegenvisite des türk. Staatspräsidenten F. Korutürk Anfang Nov. 1976). Wenn es auch letztl. nicht gelang, das Projekt eines Freundschaftsvertrages zu realisieren und sowjet. Angebote auf Rüstungshilfe nicht angenommen wurden, so wog doch die türk. Duldung sowjet. Marinebewegungen durch den Bosporus (Flugzeugträgerpassage) und Luftraumüberquerungen schwer. Ebenso ließen gegenüber den anderen westl. Demokratien die sowjet. Anstrengungen nicht nach, unter Beibehaltung der gesellschaftspolit. Feindseligkeit die staatl. Beziehungen zu verdichten.

Die positive Beurteilung der Beziehungen zu Frankreich durch den 25. Parteitag wurde mit dem Abschluß eines Abkommens „Zur Verhütung eines zufälligen oder nicht sanktionierten Einsatzes von Kernwaffen" unterstrichen, das anläßl. des Staatsbesuchs von Außenminister J. V. Sauvagnargues in Moskau am 16. Aug. unterzeichnet wurde.

Im Verhältnis zur Bundesrepublik Deutschland versuchte Moskau durch die aufsehenerregende Geste einer 12-Punkte-Erklärung über den Zustand und die Aussichten der zweiseitigen Beziehungen (21. Mai) seine harte Haltung in der Berlinfrage auszugleichen. In diesem Punkt ließ die sowjet. Regierung im Verlauf eines längerdauernden diplomat. Dialogs den kompromißlosen Willen erkennen, ihrer Interpretation der Berlinvereinbarungen Geltung zu verschaffen. Der Austausch von Militärattachés an den Botschaften (1. Okt.) bezeugte andererseits die Absicht, die Beziehungen im formalen Bereich zu verbessern.

Dieses Bestreben prägte auch die Beziehungen zu den USA, deren Aktionsfähigkeit durch die Präsidentschaftswahlen stark eingeschränkt war. Nachdem zu Beginn des Jahres die Ereignisse in Angola demonstrative Reaktionen der USA unumgängl. gemacht hatten, kam es in der Abrüstungspolitik doch bereits im April/Mai zu sowjet.-amerikan. Vereinbarungen über ein Moratorium bei Kernwaffenversuchen mit einer Sprengwirkung von über 150 Kilotonnen TNT und zu einem Vertrag über unterird. Kernexplosionen zu friedl. Zwecken, einschließl. von Inspektionen am Ort (29. 4.–28. 5.). Im August wurde allerdings ein amerikan. Ersuchen um Auskunft über Explosionen in der S. abgelehnt. In öffentl. Äußerungen vom 5. Okt., 25. Okt. und 30. Nov. kritisierte Breschnew die (bes. in der Wahlperiode hervortretenden) Tendenzen zu einer Verhärtung der amerikan. Haltung, legte jedoch in seiner Neujahrsrede, in Beantwortung einer Botschaft Präsident Carters, seine Vorstellungen zur Verbesserung des bilateralen Verhältnisses dar (30. Dez.).

Das rückhaltlose Eintreten Präsident Carters für die Wahrung der Menschenrechte glaubte die sowjet. Führung mit einer Verschärfung des Drucks auf die Dissidenten parieren zu müssen (↑Bürgerrechtler). Sie hatte bereits am 12. Okt. und 4. Nov. gegen die Behandlung der Menschenrechtsfrage durch die amerikan. Kommission für die Kontrolle der Erfüllung von KSZE-Vereinbarungen protestiert. Am 6. Okt. war Professor Kolman, ein in die S. emigrierter tschech. ehem. Kominternfunktionär, nach Schweden geflohen und hatte in einem Brief an Breschnew die Verletzung der Menschenrechte in der S. angeprangert. Um den Jahreswechsel 1976/77 führte die sowjet. Regierung einen Entlastungszug, indem der chilen. KP-Chef L. Corvalan gegen den Dissidenten W. Bukowski ausgetauscht wurde. Die sowjet. Massenmedien gingen gleichzeitig dazu über, die mangelnde Verwirklichung gewisser Grundrechte in den demokrat. Gesellschaften anzugreifen, um so die Ausgangspositionen für die KSZE-Nachfolgekonferenz zu verbessern.

Sozialistische Internationale, Abk. SI, internat. Vereinigung sozialist. und sozialdemokrat. Parteien, begründet während ihres 1. Kongresses vom 30. Juni bis 3. Juli 1951 in Frankfurt am Main.

Ein Treffen sozialist. Parteiführer und Regierungschefs in Helsingör am 18./19. Jan., auf dem u. a. das Verhältnis zu den kommunist. Parteien erörtert wurde, brachte deutl. Meinungsverschiedenheiten zutage. Am entschiedensten verwarf der dt. Bundeskanzler H. Schmidt jede Form von Zusammenarbeit mit Kommunisten, während F. Mitterand unter Hinweis auf andersgeartete innenpolit. Verhältnisse in Frankreich und anderen südeurop. Ländern einen konträren Standpunkt vertrat. Die gleiche Frage war auch Hauptgesprächsthema bei einem Treffen von Vertretern sozialist. Parteien S-Europas am 24./25. Jan. in Paris.

Vom 16. bis 22. März unternahm eine Delegation der SI unter der Führung des östr. Bundeskanzlers

Sozialistische Internationale. Während ihres 13. Kongresses in Genf wählt die SI W. Brandt zu ihrem Präsidenten

B. Kreisky eine Informationsreise in den Nahen Osten (Kuwait, Irak, Jordanien, Saudi-Arabien, Vereinigte Arab. Emirate). Als Ergebnis der Unterredungen konnte festgestellt werden, daß eine friedl. Lösung des Nahostkonflikts mögl. sei. Voraussetzung dazu sei die Räumung der von Israel 1967 besetzten Territorien sowie die Anerkennung der Rechte der Palästinenser auf einen eigenen Staat.

Auf der Konferenz von Vorsitzenden europ. sozialist. Parteien in Póvoa bei Porto am 14. März ging es v. a. um die Zukunft Portugals.

Hauptberatungsthema der in Amsterdam am 5./6. Nov. abgehaltenen sicherheitspolit. Konferenz von 15 sozialist. Parteien W- und N-Europas war die Entspannungspolitik.

Auf dem 13. Kongreß der SI in Genf (26.–28. Nov.) wurde der Vorsitzende der SPD, Willy Brandt, als Nachfolger B. Pittermanns einstimmig zum neuen Präsidenten der SI gewählt. Der Schwede Bernt Carlsson wurde Generalsekretär. In einer Ansprache forderte W. Brandt zu Offensiven für einen gesicherten Frieden, für neue Beziehungen zwischen Nord und Süd und für die Menschenrechte auf und erörterte das Phänomen des Eurokommunismus. In mehreren Entschließungen wurde u.a. bessere Lebensqualität verlangt.

Spanien, Monarchie auf der Iber. Halbinsel. Als Volksvertretung fungiert eine beratende Kammer, die Cortes, mit 564 Mitgliedern. Staatsoberhaupt König *Johann Karl I.* (seit 22. Nov. 1975; zuvor als Staatschef *Francisco Franco Bahamonde* [†20. Nov. 1975]), Ministerpräsident *Adolfo Suárez Gonzáles* (seit Juli 1976; zuvor *C. Arias Navarro*), Außenminister *Marcelino Oreja Aguirre* (seit Juli 1976; zuvor *J. M. de Areilza*). Flagge ↑Farbtafeln Flaggen S. 139. Internat. Mitgliedschaften ↑Übersicht Internationale Organisationen.

Wirtschaft: Die Unsicherheit über die zukünftige Entwicklung hat die Wirtschaft 1976 negativ beeinflußt. Denn eine klare wirtschaftspolit. Linie war noch nicht zu erkennen. So wurde im günstigsten Falle eine Wachstumsrate von 2% erreicht. Dabei sind der private und der staatl. Verbrauch sogar noch gestiegen, aber die Investitionstätigkeit ließ eher nach, und die Landwirtschaft wurde von der schlimmsten Dürre seit 1964 heimgesucht. Auch eine weitere Beschleunigung der Inflation konnte nicht verhindert werden. Trotz Preiskontrollen stiegen die Lebenshaltungskosten um rund 20%. Gleichzeitig sollen die Löhne im Schnitt um 30% erhöht worden sein. Die Zahl der Arbeitslosen nahm weiter zu. Sie wurde im Sept. offiziell mit 312 600 angegeben, wird aber inoffiziell auf rund 800 000 geschätzt, weil die Statistik nur die Unterstützungsempfänger erfaßt. Die Industrieproduktion stieg noch bis zum Herbst und stagnierte dann wegen der geringen Investitionsneigung, so daß sich nur ein Zuwachs von maximal 4% ergab. Die Autoindustrie konnte jedoch den Rückschlag von 1975 überwinden und ihre Produktion um 8% erhöhen. Die Werften wurden nicht so stark wie befürchtet von der Krise im Weltschiffbau ergriffen. Sie hatten am 1. Okt. Aufträge für 3,9 Mill. BRT vorliegen, doppelt soviel Tonnage, wie sie 1975 abgeliefert hatten. In der Landwirtschaft fiel die Getreideernte wegen der Dürre schlecht aus, während die Erträge bei Kartoffeln, Zuckerrüben und Reis zunahmen. Im Fremdenverkehr wurden bis Okt. 2% weniger Besucher und 13% weniger Einnahmen als 1975 registriert. Die Handelsbilanz verbesserte sich etwas dank einer Exportsteigerung um 32%, aber der Rückgang der Einnahmen aus dem Fremdenverkehr und den Gastarbeiterüberweisungen konnte dadurch nicht ausgeglichen werden. Die Verschuldung gegenüber dem Ausland war Ende des Jahres auf über 9 Mrd. $ gestiegen, und die Devisenreserven hatten sich gleichzeitig um 1,2 Mrd. $ auf 4,8 Mrd. $ vermindert.

Innen- und Außenpolitik: Die versprochenen demokrat. Reformen gingen unter Ministerpräsident C. Arias Navarro nur schleppend voran. Der Ministerpräsident, der schon unter Franco in seinem Amt war, zögerte mit der Umformung des Regimes trotz der Versuche von Außenminister J. M. de Areilza und von Innenminister M. Fraga Iribarne, ein demokrat. System einzurichten. Hohe Offiziere und andere maßgebl. Persönlichkeiten der Franco-Ära, unter ihnen die Cortesmitglieder, widersetzten sich allzu einschneidenden Veränderungen. König Johann Karl I. war beunruhigt über die wachsende Polarisierung zwischen konservativen und demokrat. Kräften, die als Folge des langsamen Fortgangs der Reformen entstand. Er entließ am 1. Juli seinen Ministerpräsidenten überraschend, und es gelang dem Vorsitzenden des Kronrates, T. Fernández Miranda, die Zustimmung dieses Rates zur Aufstellung einer Dreierliste zu erreichen, die neben zwei anderen bekannteren Namen jenen des jungen und damals recht unbekannten Politikers A. Suárez Gonzáles enthielt. Der König wählte ihn als Ministerpräsidenten. Dabei dürfte die Altersfrage entscheidend gewesen sein: Ein Politiker aus der Generation des Königs kam an die Macht; bisher hatten stets Leute der sog. Bürgerkriegsgeneration regiert. A. Suárez Gonzáles ernannte seine eigene, relativ junge Equipe (Außenminister M. Oreja Aguirre, Innenminister M. Villa) und ging dazu über, ein entschiedeneres Reformprogramm zu formulieren, als seine Vorgänger es gewagt hatten. Er konnte sich dabei auf das Vertrauen des Königs stützen. Eine Amnestie für polit. Gefangene wurde gewährt (mit Ausnahme der in Bluttaten Verwikkelten); das Strafgesetz wurde abgeändert, so daß die Bildung von polit. Parteien keinen strafbaren Akt mehr darstellte; die Gesetze über Versammlungs- und Redefreiheit wurden gelockert; schließl. stellte Suárez Gonzáles einen Reformplan auf, der die Bildung einer nach dem Proporzsystem gewählten Unterkammer und einer nach dem Majoritätsprinzip gewählten Oberkammer vorsah und allgemeine Wahlen vor Ende Juli 1977 versprach. Um diesen Plänen Gesetzeskraft zu verleihen, mußten sie von den Cortes zu Zweidrittelmehrheit angenommen und dann durch ein Plebiszit ratifiziert werden. Die Zustimmung durch die Cortes konnte die Regierung aufgrund ihres Einflusses auf die Cortesmitglieder am 18. Nov. erlangen. Die Volksbefragung vom 15. Dez. ergab eine überragende Zustimmung der Bevölkerung zu dem Demokratisierungsvorhaben (Enthaltungen 22,4%; Ja 94%

SPANIEN

Geographische Daten und Bevölkerung: *Fläche* 504 750 km², *Verwaltungsgliederung* in 50 Provinzen, *Hauptstadt* Madrid (rund 3 Mill. E), *Bevölkerung* 35,47 Mill. E, 70 E/km², Geburten-/Sterberate (auf 1 000 E) 18,6/8,2 (1975), *Amtssprache* Spanisch, *Staatsreligion* röm.-kath. Kirche.

Wirtschaft: *Erwerbstätigkeit* (1975): 13,03 Mill. Erwerbstätige, davon (in Prozentanteilen) Land- und Forstwirtschaft, Fischerei 22, Industrie 27, Baugewerbe 9, Dienstleistungen 41, nicht spezifiziert 1. – *Landwirtschaft:* Nutzfläche 46,8 Mill. ha, davon 15,9 Mill. ha Ackerland und 5,0 Mill. ha Dauerkulturen (1974). – Produktion (Auswahl; 1976; in 1 000 t): Weizen 4 120, Gerste 5 108, Mais 1 566, Reis 392, Zitrusfrüchte 2 527, Mandeln 252 (1975), Baumwolle 128, Rindfleisch 455 (1975), Olivenöl 367, Wein 24,4 Mill. hl, Fischfang 1 496 (1975). – *Bergbau, Industrie und Elektrizitätserzeugung* (Auswahl; 1975; in 1 000 t): Steinkohle 10 620, Eisenerz (50%) 8 220, Kali (K_2O) 567, Rohstahl 10 900 (1976), Walzstahl 10 600, Aluminium 210 (1976), Kupfer 144 (1976), Blei 70 (1976), Quecksilber 1 517 t, Heizöl 20 990, Baumwollgewebe 127, Zement 24 250, Schwefelsäure (100% H_2SO_4) 2 410, Superphosphat (einfach) 1 760, 790 000 Pkw (1976), 118 040 Nutzfahrzeuge, Schiffe 1,68 Mill. BRT, Lederschuhe 122 Mill. Paar (1974), Elektrizität 82,400 Mrd. kWh. – *Außenhandel* (1976): Export 408 Mrd. Pta, Import 889 Mrd. Pta. – *Währung* ↑Übersicht Währungen. – *BIP* zu Marktpreisen 4 941 Mrd. Pta, 140 770 Pta/E (1974).

Verkehr: *Eisenbahnen:* Streckenlänge 13 406 km, davon 3 123 km elektrifiziert (1972), 16,14 Mrd. Personenkilometer, 10,69 Mrd. Nettotonnenkilometer (1975). – *Straßen:* 144 531 km, davon 79 421 km Staatsstraßen, 800 km Autobahnen. Bestand an Pkw 4,8 Mill., an Lkw 1,0 Mill., an Omnibussen 39 000 (1975). – *Schiffahrt* (1976): Handelsflotte mit 5 661 348 BRT. – *Luftverkehr* (1975): 27,5 Mill. Fluggäste. – *Fremdenverkehr:* 30,12 Mill. ausländ. Touristen.

der abgegebenen Stimmen; Nein 2,5%). Da die extreme Rechte für Ablehnung geworben hatte, bedeutete dieses Resultat für sie einen großen Prestigeverlust.
Während die Regierung das polit. System allmählich umformte, entstanden zahlreiche polit. Parteien. Gleichzeitig lebten die Selbstbestimmungsbestrebungen der traditionell autonomen Regionen Sp.s neu auf: Katalonien, Baskenland, Galicien, Valencia und Umland, Balearen und Kanar. Inseln. Ja sogar in Andalusien, Aragonien und anderen Provinzen machten sich Autonomieströmungen bemerkbar. Die Zersplitterung der Parteien (bis Ende 1976 entstanden über 180) war eine Folge des bisherigen Parteienverbots. Bisher bestanden nur kleine Gruppierungen mehr oder minder im Verborgenen. Im Hinblick auf die kommenden Wahlen wurden Versuche unternommen, die verschiedenen Gruppen zu Föderationen zusammenzuschließen. So entstanden sechs Haupttendenzen: extreme Rechte (bisherige Falangisten); gemäßigte Rechte (ehem. Minister Francos unter Führung von M. Fraga Iribarne); Zentrum (liberale und demokrat. Gruppen sowie christl. Demokraten); gemäßigte Linke (sozialdemokrat. Kleingruppen); Linke (Sozialisten, gespalten in mehrere rivalisierende Gruppen); extreme Linke (Kommunisten und zahlreiche Kleingruppen jenseits der KP). Die Gruppen vom Zentrum bis zur extremen Linken schlossen sich zu einer Demokrat. Koordination zusammen und führten mit der Regierung Suárez Gonzáles Verhandlungen über die Vorbedingungen zu den Wahlen. Eine ihrer Forderungen lautete, alle Parteien müßten zugelassen werden. Doch die Zulassung der KP und anderer Gruppen der extremen Linken bildete Gegenstand schwieriger Auseinandersetzungen, weil die KP unter Franco als der Erbfeind Sp.s gegolten hatte.
Um die Einführung eines demokrat. Systems zu ermöglichen, mußten die Streitkräfte des Landes reformiert und die Polizeikräfte umgebildet werden. Sie waren während der Franco-Periode als Hüter der falangist. Ordnung ausgebildet worden und verstanden sich selbst als solche. Die Aufgabe einer „Entpolitisierung" der Streitkräfte übernahm der als Liberaler bekannte General M. G. Mellado, der am 23. Sept. seinem konservativen Vorgänger, F. de Santiago y Diaz de Mendivil, als stellvertretender Ministerpräsident für Armeeangelegenheiten nachfolgte. Seine Aufgabe wurde durch die Tatsache erleichtert, daß in den unteren Rängen der Offiziere eine starke prodemokrat. Strömung bestand. Die Armee soll sich unter seiner Führung in eine polit. nicht engagierte Spezialarmee nach dem Vorbild der NATO-Armeen umwandeln. Auch die Polizeikräfte wurden umgebildet.
Störversuche gegen den demokrat. Umwandlungsprozeß gingen von der extremen Rechten und der extremen Linken aus. Die „Grapo", der „bewaffnete Arm" einer marxist.-leninist. Ultralinksgruppe (die jedoch möglicherweise von Leuten der Geheimdienste infiltriert war) entführte den Vorsitzenden des Staatsrates, A. M. de Oriol y Urquijo, und einen hohen Offizier. Die erste dieser Entführungsaktionen trat unmittelbar vor dem Referendum ein, und war wohl darauf angelegt, es zu stören. Die zweite fand am 24. Jan. 1977 statt.
Im außenpolit. Bereich nahm die Reformregierung Beziehungen zur Sowjetunion und zu Mexiko auf, die seit dem Bürgerkrieg nicht mehr bestanden hatten. Staatsbesuche des Königs in Frankreich, Ägypten, Jordanien, in den USA sowie in Mittel- und Südamerika fanden statt. Der Eintritt Sp.s in die EG, der erst nach Herstellung eines demokrat. Systems möglich ist, wird bereits vorbereitet. Auch ein Eintritt in die NATO wird für die Zukunft erwogen.

Spinelli, Altiero, *Rom 31. Aug. 1907, italien. Politiker. 1948–62 Generalsekretär der Europ. Föderalist. Bewegung in Italien, 1966–70 Direktor des Instituts für internat. Angelegenheiten in Rom, 1968/69 Berater des Außenministers P. Nenni in Europafragen; 1970–76 Mitglied der EG-Kommission und zuständig für Industrie- und Technologiepolitik; wurde bei den Parlamentswahlen im Juni 1976 als unabhängiger Kandidat über die Liste der italien. KP ins Parlament gewählt.

Sri Lanka (Ceylon), Republik im Ind. Ozean. Als Volksvertretung fungiert eine Nationalversammlung mit 157 Abgeordneten (davon 6 ernannt), die verschiedenen Parteien angehören. Staatsoberhaupt *William Gopallawa* (seit Mai 1972), Regierungschefin *Sirimavo R. D. Bandaranaike* (seit Mai 1970). Flagge ↑ Farbtafeln Flaggen S. 139. Internat. Mitgliedschaften ↑ Übersicht Internationale Organisationen.
Die *Innen- und Außenpolitik* war 1976 für das Land in erster Linie Mängelverwaltung. Galoppierende Inflation und alarmierende Arbeitslosigkeit – insbes. unter Jugendlichen – waren ihre bestimmenden Merkmale. Da diese Zustände die Chancen der Wiederwahl der Premierministerin S. Bandaranaike einschränkten, wurden Fragen nach dem tatsächl. Stattfinden der Parlamentswahlen im Frühsommer 1977 laut. Doch die Premierministerin bekannte sich zum demokrat. System. Die Opposition rechnet sich gute Siegesaussichten aus. Bei den zahlreichen Nachwahlen 1976 hat die Regierungspartei bis auf eine alle verloren. Die innenpolit. bzw. die wirtschaftl. und sozialen Unsicherheiten waren selbst nach Bekenntnis der Regierungschefin wesentl. eine Folge der Verstaatlichungen im Plantagenbereich. Zum anderen hatten die aus der Regierungskoalition ausgeschlossenen Trotzkisten zur Verschärfung der Versorgungssituation beigetragen. Mit ihnen sympathisierende Arbeiter hatten in den Häfen das Abladen von Exportgütern und das Entladen ausländ. Versorgungsgüter behindert. Das Verkehrssystem wie die Eisenbahn wurde von diesen Kräften teilweise und zeitweilig gelähmt. Hoffnung wurde in ein neues Investitionsgesetz gelegt, das auch für notwendige Auslandsanlagen

SRI LANKA
Geographische Daten und Bevölkerung: *Fläche* 65 610 km², *Verwaltungsgliederung* in 22 Verwaltungsbezirke, *Hauptstadt* Colombo (2,82 Mill. E), *Bevölkerung* 14,23 Mill. E, 216 E/km², Geburten-/Sterberate (1974; auf 1 000 E) 27,3/8,0, *Amtssprache* Singhalesisch, *Religion* (1971; in % der Bevölkerung) Buddhisten 67,4, Hindus 17,6, Muslime 7,1, Christen 7,7, andere 0,2.
Wirtschaft: *Erwerbstätigkeit* (1971): 4,418 Mill. Erwerbspersonen, darunter (in Prozentanteilen) Land- und Forstwirtschaft, Jagd, Fischerei 41,3, produzierendes Gewerbe 11,0, Dienstleistungen 23, andere Bereiche 8,1. – *Landwirtschaft:* Nutzfläche 2,418 Mill. ha, darunter 895 000 ha Ackerland. – Produktion (Auswahl): Reis 1,24 Mill. t, Kaffee (grün) 9 000 t, Kakaobohnen 2 000 t, Tee 215 000 t, Naturkautschuk 150 000 t. – *Bergbau, Industrie und Elektrizitätserzeugung* (Auswahl; 1975): Ilmenitkonzentrat 64 000 t, Papier 19 000 t, Kopra 170 000 t, Sperrholz 2,8 Mill. m³; Elektrizitätserzeugung (1974) 1,05 Mrd. kWh. – *Außenhandel* (1975): Export (fob) 559 Mill. $, Import (cif) 745 Mill. $. – *BIP* zu Marktpreisen (1974) 21,341 Mrd. s.L.Rs.
Verkehr: *Eisenbahnen:* Streckenlänge 1 535 km, 3,2 Mrd. Personenkilometer, 325 Mill. Nettotonnenkilometer. – *Straßen:* 22 339 km; 89 883 Pkw, 34 396 Lkw. – *Luftverkehr:* 352,8 Mill. Personenkilometer, 3,5 Mill. Nettotonnenkilometer (nur nat. Gesellschaft; 1973).

günstiges Klima schaffen sollte. Doch die an der Regierung beteiligte moskauorientierte kommunist. Partei verhinderte das Zustandekommen.
Die Außenpolitik konzentrierte sich 1976 auf die Konferenz der blockfreien Staaten in Colombo im August. Die Premierministerin machte auf „neue" Formen des Imperialismus aufmerksam. Viele vertretene Nationen wiesen hingegen auf überkommene Klischees dieser Art hin. Bei aller polit.-moral. Diskussion wurde die Forderung nach einem „integrierten Rohstoffprogramm" und einer „neuen Weltwirtschaftsordnung" ständig wiederholt. Offensichtl. hatte die konziliante und gemäßigte Vortragsweise von Frau Bandaranaike für ein entspanntes Klima gesorgt, das auch von Radikalen wie Jamaika, Laos, Kuba und Vietnam nicht getrübt werden konnte. Die Konferenz hat S. L. in seiner internat. Bedeutung gehoben.

Staaten der Erde ↑ tabellarische Übersicht S. 252 ff.

St. Helena ↑ Übersicht Staaten der Erde (Großbritannien).

Walter John Stoessel

Stoessel, Walter John, * Manhattan (Kans.) 24. Jan. 1920, amerikan. Diplomat. Seit 1942 im auswärtigen Dienst der USA tätig; 1956–61 Assistent des außenpolit. Beraters des amerikan. Präsidenten, 1968–72 Botschafter in Warschau, 1973–76 Botschafter in Moskau; seit Sept. 1976 als Nachfolger von M. J. Hillenbrand Botschafter der USA in der BRD.

Stoph, Willi, * Berlin 9. Juni 1914, dt. Politiker (SED). 1964–73 Ministerpräsident, 1973–76 Staatsratsvorsitzender; wurde im Okt. 1976 erneut Vorsitzender des Ministerrates.

Stücklen, Richard, * Heideck 20. Aug. 1916, dt. Politiker (CSU). 1967 bis Nov. 1976 Vorsitzender der CSU-Landesgruppe in Bonn. Seit Dez. 1976 Vizepräsident des Bundestages.

Suárez González, Adolfo, * Cebreros (Prov. Ávila) 25. Sept. 1933, span. Politiker. Jurist; 1968/69 Zivilgouverneur der Prov. Segovia, 1965–75 Generaldirektor des staatl. Rundfunks und Fernsehens; 1975 stellvertretender Generalsekretär der falangist. Bewegung, Mitbegründer der Union des Span. Volkes (UPE) und 1975/76 Minister und Generalsekretär der Falange; wurde im Juli 1976 vom König zum Ministerpräsidenten ernannt.

Südafrika, Republik in Südafrika. Die Volksvertretung besteht aus 2 Kammern, Senat und Volksrat; alle Mitglieder müssen europ. Abstammung sein. Staatsoberhaupt *Nicolaas Diederichs* (seit 19. April 1975; zuvor *Jacobus Johannes Fouché*), Regierungschef *Balthazar Johannes Vorster* (seit Sept. 1966), Außenminister *Hilgard Muller*. Flagge ↑ Farbtafeln Flaggen S. 140. Internat. Mitgliedschaften ↑ Übersicht Internationale Organisationen.

Wirtschaft: Das wirtschaftl. Klima hat sich 1976 merkl. verschlechtert. Die zur Eindämmung des gestiegenen Zahlungsbilanzdefizits Anfang des Jahres getroffenen einschneidenden und zumindest vorübergehend erfolgreichen Maßnahmen trafen alle Wirtschaftssektoren hart. Die Steuererhöhungen bewirkten einen spürbaren Einkommensschwund mit entsprechenden Auswirkungen auf den Absatz von Konsumgütern. Die Lebenshaltungskosten lagen im Okt. 1976 nur noch um 11,1% über denen des Vergleichsmonats 1975. Da dieser Wert realitätsfremd zu sein scheint, ist eine Neubewertung für 1977 angekündigt worden. Die Zahl der Arbeitslosen lag im Sept. 1976 mit 15421 um 35% über dem Vergleichsmonat 1975. Die Wirtschaftskrise dürfte insbes. den nichtweißen Bevölkerungsteil getroffen haben. Nach Schätzungen lag die Zahl Ende 1976 bei 1 Mill. farbigen Arbeitslosen. Im Bergbau lag die Goldproduktion in den ersten neun Monaten 1976 bei 532787 kg (im gleichen Zeitraum 1975: 533765 kg), wertmäßig soll sie jedoch in dieser Zeitspanne um rd. 1 Mrd. R unter der Vorjahresvergleichszeit gelegen haben. Die Goldversteigerungen des IWF führten zunächst zu Panikverkäufen auf den internat. Goldmärkten, die den Preis für das mit Abstand wichtigste südafrikan. Ausfuhrprodukt an die 100-Dollar-Grenze pro Feinunze drückten. Die weltweiten Befürchtungen einer neuen Inflationswelle ließen den Preis jedoch bis Nov. 1976 wieder auf 130 $ ansteigen. Steigende Material- und Lohnkosten bewogen trotzdem eine Reihe von Goldminen, die Einstellung der Förderung anzukündigen bzw. staatl. Hilfe zur weiteren Bewirtschaftung anzurufen. Der Bergbauexport – ohne Barrengold und Diamanten – lag in der Zeit von Jan. bis Aug. 1976 mit 692 Mill. R um 28% über der Vorjahresvergleichsperiode. Die Industrieproduktion stieg von Juli 1975 bis Juni 1976 um 3,1% gegenüber 1974/75. Im Landwirtschaftsjahr 1975/76 (Juli/Juni) ist die Erzeugung um 2% gegenüber dem Vorjahr zurückgefallen. Im Außenhandelssektor betrug die Einfuhr von Jan. bis Sept. 1976 4530,3 Mill. R fob (im gleichen Zeitraum 1975: 4133,2 Mill. R fob), die Ausfuhr 3356,3 Mill. R fob (2859,1 Mill. R fob), somit das Defizit 1174,0 Mill. R (1274,1 Mill. R).

Innen- und Außenpolitik: Premierminister B. J. Vorster, der anläßl. der offiziellen Einführung des Fernsehens am 5. Jan. erklärt hatte, S. sei jahrelang das Opfer einer verzerrten Berichterstattung gewesen, nahm am 22. Jan. die bisher größte Regierungsumbildung seiner Amtszeit vor. Als bedeutsam wurde von der Presse die Ernennung des zum rechten Flügel der NP gehörenden A. Treurnicht zum stellvertretenden Minister für Bantuverwaltung und -erziehung bezeichnet. Für Hotels, denen ein „internat. Status" zugestanden wird, wurden die Apartheidgesetze vom 7. Febr. an gelockert. Während in der Transkei bereits Vorbereitungen für die Unabhängigkeit getroffen wurden, lehnte der Chefminister Kwa Zulus, G. Buthelezi, im März die Homelandpolitik ab und forderte für S. die Mehrheitsherrschaft. Ebenfalls im März erfolgte die prinzipielle Entscheidung der kath. Kirche, in ihren Schulen afrikan. Schüler zuzulassen, während Anglikaner und Methodisten erst im Dez. Schritte zur Öffnung ihrer Schulen für alle Rassen einleiteten. In Kommentaren hieß es, daß sich damit eine Konfrontation zwischen Kirche und Staat anbahne. Am 4. Mai wurde die „Promotion of State Security Bill" (später in „Internal Security Act" umbenannt) veröffentlicht, die der Regierung weitere Vollmachten gibt, um gegen Organisationen und Personen vorgehen zu können, die die Sicherheit gefährden. Die Veröffentlichung des Berichts der sog. Theron-Kommission am 18. Juni veranlaßte zwar die Regierung, den Mischlingen kleinere Konzessionen zuzugestehen (Sept.), doch wurden die Kernpunkte

Fortsetzung S. 261

STAATEN DER ERDE

Staat	Fläche km²	Bev. in 1 000	E km²	Hauptstadt	Staatsform	Staatsoberhaupt	Regierungschef
Afghanistan	647 497	19 280	30	Kabul	Republik	M. Daud Khan, *1909, s. 17. 7. 73	
Ägypten	1 001 449	37 230	37	Kairo	Republik	Anwar As Sadat, *1918, s. 15. 10. 71	Mamdouh Salem, *1918, s. 16. 4. 75
Albanien	28 748	2 480	86	Tirana	Volksrepublik	Hadschi Leschi, *1913, s. 1. 8. 53	Mehmet Shehu, *1913, s. 21. 7. 54
Algerien	2 381 741	16 780	7	Algier	Volksrepublik	H. Boumedienne, *1925, s. 19. 6. 65	
Andorra	453	30	66	Andorra la Vella	Fürstentum	Präs. der Frz. Rep. u. der Bischof von Urgel	
Angola	1 246 700	5 812	5	Luanda	Volksrepublik	A. A. Neto, *1922, s. 11. 11. 75	L. do Nascimento, *1940, s. 14. 11. 75
Äquatorialguinea	28 051	310	11	Malabo	Republik	F. Macías Nguema, *1924, s. 12. 10. 68	
Argentinien	2 776 889	25 380	9	Buenos Aires	Republik	J. R. Videla, *1925, s. 26. 3. 76	
Äthiopien	1 221 900	27 950	23	Addis Abeba	Volksrepublik		Täfäri Bänti, *1922, s. 28. 11. 74
Australien	7 686 848	13 510	2	Canberra	Bundesstaat (C)	Elisabeth II. v. Großbrit.	J. M. Fraser, *1930, s. 12. 11. 75
Abhängige Gebiete:							
Kokosinseln	14	1	71				
Norfolk Island	36	2	56	Kingston			
Weihnachtsinsel	135	3	22	–			
Bahamas	13 935	200	14	Nassau	Monarchie (C)	Elisabeth II. v. Großbrit.	L. O. Pindling, *1930, s. 16. 1. 67
Bahrain	622	260	418	Al Manama	Emirat	Isa Ibn Salman Al Chalifa, *1933, s. 2. 11. 61	Chalifa Ibn Salman Al Chalifa, s. 19. 1. 70
Bangladesch	143 998	74 991	521	Dacca	Volksrepublik (C)	A. S. M. Sayem, *1916, s. 6. 11. 75	
Barbados	431	250	580	Bridgetown	Monarchie (C)	Elisabeth II. v. Großbrit.	J. M. G. Adams, *1931, s. 7. 9. 76
Belgien	30 513	9 790	320	Brüssel	Monarchie	Baudouin I., *1930, s. 17. 7. 51	L. Tindemans, *1922, s. 25. 4. 74
Benin	112 622	3 029	27	Porto-Novo	Volksrepublik	M. Kerekou, *1933, s. 26. 10. 72	
Bhutan	47 000	1 146	24	Thimbu	Monarchie	Jigme Singye Wangchuk, *1955, s. 24. 7. 72	
Birma	676 552	31 240	46	Rangun	Republik	Ne Win, *1911, s. 12. 3. 62	U Sein Win, s. 4. 3. 74
Bolivien	1 098 581	5 630	5	Sucre	Republik	H. Banzer Suárez, *1927, s. 23. 8. 71	

Botswana	600 372	680	1	Gaborone	Republik (C)	S. Khama, *1921, s. 1. 10. 66	
Brasilien	8 511 965	107 140	13	Brasilia	Bundesrepublik	E. Geisel, *1908, s. 15. 3. 74	
Bulgarien	110 912	8 720	78	Sofia	Volksrepublik	T. Schiwkow, *1911, s. 7. 7. 71	S. Todorow, *1920, s. 7. 7. 71
Bundesrepublik Deutschland	248 611	61 832	249	Bonn	Bundesrepublik	W. Scheel, *1919, s. 1. 7. 74	H. Schmidt, *1918, s. 16. 5. 74
Burundi	27 834	3 780	136	Bujumbura	Republik	J.-B. Bagaza, *1946, s. 9. 11. 76	E. Nzambimana, *1945, s. 10. 11. 76
Chile	756 945	10 250	14	Santiago de Chile	Republik	A. Pinochet Ugarte, *1915, s. 12. 9. 73	
China	9 560 980	822 810	86	Peking	Volksrepublik	Jeh Chien-jing, *1899, s. 10. 76	Hua Kuo-feng, *1920, s. 7. 2. 76
Costa Rica	50 700	1 970	39	San José	Republik	D. Oduber Quirós, *1921, s. 8. 5. 74	
Dänemark	43 069	5 050	117	Kopenhagen	Monarchie	Margarete II., *1940, s. 15. 1. 72	A. Jørgensen, *1922, s. 13. 2. 75
Färöer	1 399	40	28	Tórshavn			
Grönland	2 175 600	50	0	Godthåb			
Deutsche Demokratische Republik	108 178	16 925	156	Berlin (Ost)	Republik	E. Honecker, *1912, s. 29. 10. 76	W. Stoph, *1914, s. 29. 10. 76
Dominikanische Republik	48 734	4 700	96	Santo Domingo	Republik	J. Balaguer, *1907, s. 1. 7. 66	
Ecuador	283 561	6 730	24	Quito	Republik	A. Poveda Burbano, s. 11. 1. 76	
Elfenbeinküste	322 463	6 673	21	Abidjan	Republik	F. Houphouët-Boigny, *1905, s. 27. 11. 60	
Fidschi	18 272	580	32	Suva	Monarchie (C)	Elisabeth II. v. Großbrit.	R. Kamisese Mara, *1920, s. 10. 10. 70
Finnland	337 009	4 710	14	Helsinki	Republik	U. Kekkonen, *1900, s. 15. 2. 56	M. Miettunen, *1907, s. 30. 11. 75
Frankreich	547 026	52 910	97	Paris	Republik	V. Giscard d'Estaing, *1926, s. 27. 5. 74	R. Barre, *1924, s. 25. 8. 76
Abhängige Gebiete:							
Afar-und-Issa-Küste	22 000	104	5	Dschibuti	Überseeterritorium		
Réunion	2 510	500	199	Saint-Denis	Überseedepartement		
Guadeloupe	1 779	350	197	Basse-Terre	Überseedepartement		
Frz.-Guayana	91 000	60	1	Cayenne	Überseedepartement		
Martinique	1 102	360	327	Fort-de-France	Überseedepartement		
Saint-Pierre-et-Miquelon	242	5	21	Saint-Pierre	Überseeterritorium		
Neukaledonien	19 258	140	7	Numéa	Überseeterritorium		
Frz.-Polynesien	4 000	130	33	Papeete (Tahiti)	Überseeterritorium		
Neue Hebriden	14 763	100	7	Port Vila	Kondominium (brit.-frz.)		
Gabun	267 667	530	2	Libreville	Republik	A. B. Bongo, *1935, s. 1. 12. 67	L. Mebiame, *1934, s. 16. 4. 75
Gambia	11 295	520	46	Banjul	Republik (C)	D. K. Jawara, *1924, s. 28. 4. 70	

Staaten der Erde (Forts.)

Staat	Fläche km²	Bev. in 1 000	E km²	Hauptstadt	Staatsform	Staatsoberhaupt	Regierungschef
Ghana	238 537	9 870	41	Accra	Republik (C)	I. K. Acheampong, * 1931, s. 13. 1. 72	
Grenada	344	100	291	Saint George's	Monarchie (C)	Elisabeth II. v. Großbrit.	E. Gairy, * 1923, s. 7. 2. 74
Griechenland	131 944	8 960	68	Athen	Republik	K. Tsatsos, * 1889, s. 19. 6. 75	K. Karamanlis, * 1907, s. 24. 7. 74
Großbritannien und Nordirland	244 046	55 962	229	London	Monarchie (C)	Elisabeth II., * 1926, s. 6. 2. 52	J. Callaghan, * 1912, s. 5. 4. 76
Kanalinseln	195	130	667				
Insel Man	588	60	102	Douglas			
Gibraltar	6	30	5 000				
Abhängige Gebiete:							
St. Helena	419	5	12	Jamestown			
Antarktisterritorium	5 244	0,1	0	–			
Bermudainseln	53	60	1 132	Hamilton			
Falklandinseln	11 961	2	0	Stanley			
Belize	22 965	140	6	Belmopan			
Jungferninseln	153	10	65	Road Town			
Cayman Islands	259	11	42	Georgetown			
Montserrat	98	10	102	Plymouth			
Westind. Assoziierte Staaten	2 554	430	168	–			
Turks and Caicos Islands	430	6	14	–			
Brunei	5 765	150	26	Bandar Seri Begawan	Sultanat		
Hongkong	1 045	4 370	4 182	Victoria			
Gilbert and Ellice Islands	886	70	79	Tarawa			
Pitcairn	5	0,1	20				
Brit. Salomoninseln	28 446	190	7	Honiara	Protektorat		
Canton and Enderbury Islands	70	–	0	–	Kondominium (brit.-amerikan.)		
Neue Hebriden	14 763	100	7	Port Vila	Kondominium (brit.-frz.)		
Guatemala	108 889	5 540	51	Guatemala	Republik	K. E. Laugerud García, * 1930, s. 1. 7. 74	
Guinea	245 957	4 420	18	Conakry	Republik	S. Touré, * 1922, s. 2. 10. 58	L. Beavogui, * 1923, s. 26. 4. 72
Guinea-Bissau	36 125	530	15	Madina do Boé	Republik	L. de A. Cabral, * 1931, s. 10. 9. 74	Francisco Mendes, s. 10. 9. 74
Guyana	214 969	790	4	Georgetown	Republik (C)	A. Chung, * 1918, s. 23. 2. 70	F. Burnham, * 1923, s. 14. 12. 64
Haiti	27 750	4 580	165	Port-au-Prince	Republik	J.-C. Duvalier, * 1951, s. 22. 4. 71	

Honduras	112 088	3 040	27	Tegucigalpa	Republik	A. Melgar Castro, * 1930, s. 22. 4. 75	
Indien	3 287 590	598 100	182	Neu-Delhi	Republik (C)	F. A. Ahmed, * 1905, s. 24. 8. 74	I. Gandhi, * 1917, s. 24. 1. 66
Indonesien	1 919 270	129 219	67	Jakarta	Republik	Suharto, * 1921, s. 27. 3. 68	
Irak	434 924	11 120	26	Bagdad	Republik	A. H. Al Bakr, * 1912, s. 17. 7. 68	
Iran	1 648 000	33 010	20	Teheran	Monarchie	Mohammad Resa Pahlawi, * 1919, s. 16. 9. 41	A. A. Howaida, * 1919, s. 27. 1. 65
Irland	70 283	3 130	45	Dublin	Republik	J. P. Hillery, * 1923, s. 9. 11. 76	L. Cosgrave, * 1920, s. 14. 3. 73
Island	103 000	220	2	Reykjavík	Republik	K. Eldjarn, * 1916, s. 1. 8. 68	G. Hallgrimsson, * 1925, s. 27. 8. 74
Israel	20 700	3 370	163	Jerusalem	Republik	E. Katzir, * 1916, s. 24. 5. 73	Y. Rabin, * 1922, s. 3. 6. 74
Italien	301 225	55 810	185	Rom	Republik	G. Leone, * 1908, s. 24. 12. 71	G. Andreotti, * 1919, s. 30. 7. 76
Jamaika	10 962	2 030	185	Kingston	Monarchie (C)	Elisabeth II. v. Großbrit.	M. N. Manley, * 1923, s. 2. 3. 72
Japan	372 313	111 934	301	Tokio	Monarchie	Hirohito, * 1901, s. 25. 12. 26	Takeo Fukuda, * 1905, s. 24. 12. 76
Jemen (Arab. Rep. J.)	195 000	5 238	27	Sana	Republik	I. M. Al Hamidi, * 1943, s. 13. 6. 74	A. A. Asis A. Al Ghani, seit 23. 1. 75
Jemen (Demokrat. VR J.)	332 968	1 660	5	Asch Schab	Volksrepublik	Salim Rabi Ali, * 1934, s. 23. 6. 69	Ali Nasir Muhammad Hasani, * 1944, s. 2. 8. 71
Jordanien	97 740	2 690	28	Amman	Monarchie	Husain II., * 1935, s. 11. 8. 52	M. Badran, s. 13. 7. 76
Jugoslawien	255 804	21 330	83	Belgrad	Bundesstaat	J. Broz Tito, * 1892, s. 24. 1. 53	Đ. Bijedić, * 1917, s. 30. 7. 71
Kambodscha	181 035	8 110	45	Phnom Pen	Republik	Kieu Samphan, * 1931, s. 14. 4. 76	Nuon Chea, s. 28. 9. 76
Kamerun	475 442	6 400	13	Jaunde	Republik	A. Ahidjo, * 1924, s. 5. 5. 60	Paul Biya, * 1933, s. 30. 6. 75
Kanada	9 976 139	22 830	2	Ottawa	Monarchie (C)	Elisabeth II. v. Großbrit.	P. E. Trudeau, * 1921, s. 20. 4. 68
Kap Verde	4 033	290	72	Praia	Republik	A. Pereira, * 1924, s. 5. 7. 75	Pedro Pires, * 1934, s. 11. 7. 75
Katar	11 000	90	8	Ad Dauha	Emirat	Chalifa Ibn Hamad Ath Thani, * 1936, s. 22. 2. 72	
Kenia	582 646	13 400	23	Nairobi	Republik (C)	J. Kenyatta, * 1891 (?), s. 12. 12. 64	
Kolumbien	1 138 914	24 720	22	Bogotá	Republik	A. López Michelsen, * 1917, s. 7. 8. 74	
Komoren	2 171	310	143	Moroni	Republik	A. Soilih, s. 2. 1. 76	A. Mohamed, s. 6. 1. 76

Staaten der Erde (Forts.)

Staat	Fläche km²	Bev. in 1 000	E km²	Hauptstadt	Staatsform	Staatsoberhaupt	Regierungschef
Kongo	342 000	1 350	4	Brazzaville	Volksrepublik	M. Ngouabi, *1938, s. 1. 1. 69	Louis Sylvain Goma, s. 18. 12. 75
Korea (Nord-K.)	120 538	15 850	131	Pjongjang	Volksrepublik	Kim Il Sung, *1912, s. 28. 12. 72	Pak Sung Chul, *1910, s. 29. 4. 76
Korea (Süd-K.)	98 484	33 950	345	Seoul	Republik	Park Chung Hee, *1917, s. 15. 10. 63	Choi Kyu Hah, s. 19. 12. 75
Kuba	114 524	9 090	79	Havanna	Republik	F. Castro Ruz, *1927, s. 2. 12. 76	F. Castro Ruz, *1927, s. 16. 2. 59
Kuwait	17 818	980	55	Kuwait	Emirat	Sabah Salim As Sabah, *1913, s. 24. 11. 65	Dschabir Al Ahmad Al Dschabir As Sabah, *1928, s. 30. 11. 65
Laos	236 800	3 300	14	Vientiane	Volksrepublik	Souvannavong, *1912, s. 3. 12. 75	Kayson Phomvihan, *1920, s. 3. 12. 75
Lesotho	30 355	1 040	34	Maseru	Monarchie (C)	Moshoeshoe II., *1938, s. 4. 10. 66	L. Jonathan, *1914, s. 4. 10. 66
Libanon	10 400	2 870	276	Beirut	Republik	I. Sarkis, *1924, s. 23. 9. 76	S. Al Huss, *1929, s. 9. 12. 76
Liberia	111 369	1 710	15	Monrovia	Republik	W. R. Tolbert, *1913, s. 3. 1. 72	
Libyen	1 759 540	2 440	1	Bengasi	Republik	U. M. Al Kadhdhafi, *1942, s. 1. 9. 69	Abd As S. A. Dschallud, *1941, s. 16. 7. 72
Liechtenstein	157	20	127	Vaduz	Fürstentum	Franz Joseph II., *1906, s. 25. 7. 38	W. Kieber, *1931, s. 27. 3. 74
Luxemburg	2 586	360	139	Luxemburg	Großherzogtum	Johann, *1921, s. 12. 11. 64	G. Thorn, *1928, s. 18. 6. 74
Madagaskar	587 041	7 100	12	Antananarivo	Republik	D. Ratsiraka, *1936, s. 15. 6. 75	J. Rakotoniaiana, *1933, s. 12. 8. 76
Malawi	118 484	5 040	43	Lilongwe	Republik (C)	H. K. Banda, *1905, s. 6. 7. 66	
Malaysia	329 749	11 650	35	Kuala Lumpur	Monarchie (C)	Tuanku Y. P. I. Al Marhum Sultan Ibrahim, *1917, s. 21. 9. 75	Datuk Hussein bin Onn, *1923, s. 15. 1. 76
Malediven	298	120	403	Male	Republik	Ibrahim Nasir, *1926, s. 11. 11. 68	
Mali	1 240 000	5 700	5	Bamako	Republik	M. Traoré, *1936, s. 19. 11. 68	
Malta	316	330	1 044	Valletta	Republik (C)	A. Buttigieg, *1912, s. 27. 12. 76	D. Mintoff, *1916, s. 21. 6. 71
Marokko	446 550	17 500	39	Rabat	Monarchie	Hasan II., *1929, s. 3. 3. 61	A. Osman, *1930, s. 19. 11. 72

Mauretanien	1 030 700	1 320	1	Nouakchott	Republik	M. Ould Daddah, *1924, s. 20. 8. 61	
Mauritius	2 045	860	421	Port Louis	Monarchie (C)	Elisabeth II. v. Großbrit.	S. Ramgoolam, *1900, s. 12. 3. 68
Mexiko	1 972 547	60 150	30	Mexiko	Bundesrepublik	J. Lopez Portillo y Pacheco, *1920, s. 1. 12. 76	
Moçambique	783 030	9 240	12	Maputo	Volksrepublik	Samora Machel, *1933, s. 25. 6. 75	
Monaco	1,49	20	13 423	Monaco	Fürstentum	Rainier III, *1923, s. 9. 5. 49	
Mongolische Volksrepublik	1 565 000	1 450	1	Ulan Bator	Volksrepublik	J. Zedenbal, *1916, s. 11. 6. 74	J. Batmunch, *1926, s. 11. 6. 74
Nauru	21	7	333	–	Republik (C)	B. Dowiyogo, *1946, s. 22. 12. 76	
Nepal	140 797	12 570	89	Katmandu	Monarchie	Birendra Bir Bikram, *1945, s. 31. 1. 72	Tulsi Giri, s. 1. 12. 75
Neuseeland	268 676	3 090	12	Wellington	Monarchie (C)	Elisabeth II. v. Großbrit.	R. D. Muldoon, *1921, s. 12. 12. 75
Abhängige Gebiete:							
Cookinseln	234	30	128	Avarua			
Niue	259	4	15	Alofi			
Tokelauinseln	10	2	200	–			
Nicaragua	130 000	2 160	17	Managua	Republik	A. Somoza Debayle, *1925, s. 1. 12. 74	
Niederlande	40 844	13 650	334	Amsterdam	Monarchie	Juliana, *1909, s. 6. 9. 48	J. den Uyl, *1919, s. 11. 5. 73
Abhängige Gebiete:							
Niederländ. Antillen	961	240	250	Willemstad	autonomer Staatsteil		
Niger	126 700	4 600	4	Niamey	Republik	S. Kountché, *1931, s. 15. 4. 74	
Nigeria	923 768	62 930	68	Lagos	Bundesrepublik (C)	O. Obasanjo, *1937, s. 13. 2. 76	
Norwegen	324 219	4 010	12	Oslo	Monarchie	Olaf V., *1903, s. 21. 9. 57	O. Nordli, *1927, s. 12. 1. 76
Arkt. Gebiete[2]	62 422	–	0	–			
Obervolta	274 200	6 030	22	Ouagadougou	Republik	S. Lamizana, *1916, s. 3. 1. 66	
Oman	212 457	770	4	Maskat	Sultanat	Kabus Ibn Said As Said, *1940, s. 23. 7. 70	
Österreich	83 849	7 520	90	Wien	Bundesrepublik	R. Kirchschläger, *1915, s. 8. 7. 74	B. Kreisky, *1911, s. 21. 4. 70
Pakistan	803 943	70 260	87	Islamabad	Republik	F. Elahi Chaudhri, *1928, s. 13. 8. 73	Z. Ali-Khan Bhutto, *1928, s. 17. 8. 73
Panama	75 650	1 670	22	Panama	Republik	D. Lakas Bahas, *1925, s. 18. 12. 69	O. Torrijos Herrera, *1929, s. 11. 10. 72
Papua-Neuguinea	461 691	2 720	6	Port Moresby	Monarchie (C)	Elisabeth II. v. Großbrit.	M. Somare, *1936, s. 1. 12. 73
Paraguay	406 752	2 650	7	Asunción	Republik	A. Stroessner, *1912, s. 11. 7. 54	

Staaten der Erde (Forts.)

Staat	Fläche km²	Bev. in 1 000	E km²	Hauptstadt	Staatsform	Staatsoberhaupt	Regierungschef
Peru	1 285 216	15 840	12	Lima	Republik	F. Morales Bermudez, * 1921, s. 30. 8. 75	G. Arbulu Galliani, s. 16. 7. 76
Philippinen	300 000	42 510	142	Quezon City	Republik	F. E. Marcos, * 1917, s. 30. 12. 65	
Polen	312 677	34 020	109	Warschau	Volksrepublik	H. Jabłoński, * 1909, s. 28. 3. 72	P. Jaroszewicz, * 1909, s. 23. 12. 70
Portugal[3]	92 082	8 760	95	Lissabon	Republik	A. Ramalho Eanes, * 1935, s. 14. 7. 76	M. Soares, * 1924, s. 23. 7. 76
Abhängige Gebiete:							
Macau	16	270	16 875	Macau	Überseeprovinz		
Rhodesien	390 580	6 420	16	Salisbury	Republik	J. Wrathall, * 1913, s. 14. 1. 76	I. Smith, * 1919, s. 15. 4. 64
Rumänien	237 500	21 180	89	Bukarest	Republik	N. Ceaușescu, * 1918, s. 7. 7. 67	M. Manescu, * 1916, s. 26. 3. 74
Rwanda	26 338	4 200	159	Kigali	Republik	J. Habyarimana, * 1937, s. 1. 8. 73	
El Salvador	21 393	4 110	192	San Salvador	Republik	A. A. Molina, * 1927, s. 1. 7. 72	
Sambia	752 614	4 900	6	Lusaka	Republik	K. Kaunda, * 1924, s. 24. 10. 64	Elijah Mudenda, * 1927, s. 27. 5. 75
San Marino	61	20	328	San Marino	Republik	2 „Capitani Reggenti“	
São Tomé und Príncipe	964	80	83	São Tomé	Republik	M. Pinto da Costa, * 1938, s. 12. 7. 75	Miguel Trovoada, s. 13. 7. 75
Saudi-Arabien	2 149 690	8 706	4	Ar Rijad	Monarchie	Chalid A. A. A. I. Saud, * 1913, s. 25. 3. 75	Fahd I. A. Al Asis, * 1922, s. 3. 4. 75
Schweden	449 964	8 200	18	Stockholm	Monarchie	Karl XVI. Gustav, * 1946, s. 15. 9. 73	Th. Fälldin, * 1926, s. 7. 10. 76
Schweiz	41 288	6 400	155	Bern	Bundesstaat	R. Gnägi, * 1917, s. 1. 1. 76	
Senegal	196 192	4 140	21	Dakar	Republik	L. S. Senghor, * 1906, s. 5. 9. 60	A. Diouf, * 1935, s. 28. 2. 70
Seychellen	376	60	160	Victoria	Republik (C)	J. R. M. Mancham, * 1939, s. 28. 6. 76	F. A. René, * 1935, s. 28. 6. 76
Sierra Leone	71 740	2 710	38	Freetown	Republik (C)	S. Stevens, * 1905, s. 21. 4. 71	Chr. A. Kamara-Taylor, * 1917, s. 8. 7. 75
Singapur	581	2 250	3 873	Singapur	Republik (C)	B. H. Sheares, * 1907, s. 2. 1. 71	Lee Kuan Yew, * 1923, s. 2. 6. 59
Somalia	637 657	3 170	5	Mogadischu	Republik	M. Siad Barre, s. 21. 10. 69	
Sowjetunion	22 402 200	252 064	11	Moskau	Bundesstaat	N. Podgorny, * 1903, s. 9. 11. 65	A. N. Kossygin, * 1904, s. 14. 10. 64

Spanien[4]	504 782	35 470	70	Madrid	Monarchie	Johann Karl I., *1938, s. 22. 11. 75	A. Suárez Gonzáles, *1932, s. 4. 7. 76
Sri Lanka	65 610	13 990	213	Colombo	Republik (C)	W. Gopallawa, *1897, s. 22. 5. 72	S. Bandaranaike, *1916, s. 31. 5. 70
Südafrika	1 179 437	23 719	20	Pretoria	Republik	N. Diederichs, *1903, s. 19. 4. 75	B. J. Vorster, *1915, s. 13. 9. 66
Abhängige Gebiete: Südwestafrika (Namibia)	824 292	890	1	Windhuk	(unter Treuhandverwaltung der UN)		
Sudan	2 505 813	17 760	7	Khartum	Republik	M. An Numairi, *1930, s. 25. 5. 69	R. At Tahir Bakr, *1930, s. 9. 8. 76
Surinam	163 265	420	3	Paramaribo	Republik	Johan H. E. Ferrier, *1910, s. 25. 11. 75	Henk Arron, s. April 75
Swasiland	17 363	490	28	Mbabane	Monarchie (C)	Sobhuza II., *1899, s. 25. 4. 67	M. Dlamini, s. 31. 3. 76
Syrien	185 180	7 350	40	Damaskus	Republik	H. Asad, *1928, s. 12. 3. 71	Abd Ar R. Chulaifawi, *1930, s. 7. 8. 76
Taiwan (Rep. China)	35 981	15 990	444	Taipeh	Republik	Yen Chia-kan, *1905, s. 6. 4. 75	Chiang Ching-kuo, *1910, s. 26. 5. 72
Tansania	945 087	15 160	16	Daressalam	Bundesrepublik (C)	J. Nyerere, *1922, s. 9. 12. 62	R. M. Kawawa, *1929, s. 17. 2. 72
Thailand	514 000	42 280	82	Bangkok	Monarchie	Rama IX., *1927, s. 5. 5. 50	Th. Kraivichian, s. 8. 10. 76
Togo	56 000	2 220	40	Lomé	Republik	G. Eyadéma, *1935, s. 13. 1. 67	
Tonga	699	100	143	Nuku'alofa	Monarchie (C)	Taufa 'ahau Tupou, *1918, s. 16. 12. 65	Prinz Tu'ipelehake, *1922, s. 1965
Transkei	41 600	1 751	42	Umtata	Republik	M. Botha Sigcau, *1913, s. 26. 10. 76	Kaizer Matanzima, *1915, s. 6. 12. 63
Trinidad und Tobago	5 128	1 070	209	Port of Spain	Republik (C)	E. E. Clarke, *1917, s. 1. 8. 76	E. E. Williams, *1911, s. 1962
Tschad	1 284 000	4 030	3	N'Djamena	Republik	Felix Malloum, *1932, s. 15. 4. 75	
Tschechoslowakei	127 869	14 760	115	Prag	Bundesstaat	Gustav Husák, *1913, s. 2. 5. 75	L. Štrougal, *1924, s. 28. 1. 70
Tunesien	163 610	5 572	34	Tunis	Republik	H. Burgiba, *1903, s. 25. 7. 57	H. Nouira, *1911, s. 2. 11. 70
Türkei	780 576	38 270	49	Ankara	Republik	F. Korutürk, *1903, s. 6. 4. 73	Süleyman Demirel, *1924, s. 31. 3. 75
Uganda	236 036	11 550	49	Kampala	Republik (C)	I. Amin Dada, *1924, s. 25. 1. 71	
Ungarn	93 030	10 540	113	Budapest	Volksrepublik	P. Losonczi, *1919, s. 15. 4. 67	György Lázár, *1924, s. 15. 5. 75
Uruguay	177 508	2 764	16	Montevideo	Republik	A. Méndez, *1904, s. 1. 9. 76	

Staaten der Erde (Forts.)

Staat	Fläche km²	Bev. in 1 000	E km²	Hauptstadt	Staatsform	Staatsoberhaupt	Regierungschef
USA	9 363 123	213 610	23	Washington	Bundesstaat	G. R. Ford, * 1913, s. 9. 8. 74	
Abhängige Gebiete:							
Amerikan. Jungferninseln	344	65	189	Charlotte Amalie			
Panamakanalzone	1 432	41	29	Balboa			
Puerto Rico	8 897	3 090	347	San Juan	Assoziierter Staat		
Guam	549	100	182	Agaña			
American Samoa	197	30	152	Pago Pago			
Midway, Wake u. a.	14	5	357	–			
Karolinen-, Marianen- u. Marshallinseln	1 779	120	67	–	unter Treuhand-verwaltung		
Canton and Enderburry Islands	70	–	0	–	Kondominium (brit.-amerikan.)		
Vatikanstadt	0,44	1	2 273	–	Monarchie	Papst Paul VI., * 1897, s. 21. 6. 63	
Venezuela	912 050	11 990	13	Caracas	Republik	C. A. Pérez Rodríguez, * 1922, s. 12. 3. 74	
Vereinigte Arab. Emirate	83 600	220	3	Abu Sabi	Staatenbund	Said Bin Sultan, * 1923, s. 2. 12. 71	Maktum Bin Raschid, * 1914, s. 2. 12. 71
Vietnam	332 559	42 447	128	Hanoi	Volksrepublik	Ton Duc Thang, * 1888, s. 2. 7. 76	Pham Van Dong, * 1906, s. 2. 7. 76
Westsamoa	2 842	160	56	Apia	Häuptlingsaristo-kratie (C)	Malietoa Tanumafili II., * 1913, s. 5. 4. 63	Tupua Tamasese Lealofi IV., * 1922, s. März 1970
Zaïre	2 345 409	24 900	11	Kinshasa	Republik	Sese-Seko Mobutu, * 1930, s. 24. 11. 65	
Zentralafrikanisches Kaiserreich	622 984	2 610	4	Bangui	Monarchie	Bokassa I., * 1921, s. 4. 12. 76	A. Patassé, * 1937, s. 7. 12. 76
Zypern	9 251	640	69	Nikosia	Republik (C)	Erzb. Makarios III., * 1913, s. 16. 8. 60	

(C) Mitglied des Commonwealth of Nations; [1] Vorsitzender des Ständigen Ausschusses des IV. Nat. Volkskongresses; [2] Svalbard (Spitzbergen, Bäreninsel usw.), Jan Mayen; [3] einschließlich Azoren (2 335 km², 315 000 E), Madeira (797 km², 257 000 E); [4] einschließlich Balearen (5 014 km², 533 000 E), Kanarische Inseln (7 273 km², 1,125 Mill. E), ehem. Span. Nordafrika (Ceuta, Melilla, Alhucemas, Chafarinasinseln, Peñon de Velez de la Gomera; insges. 32 km², 170 000 E).

SÜDAFRIKA
Geographische Daten und Bevölkerung: *Fläche* 1,221 Mill. km² (ohne Walfischbucht und Südwestafrika), davon Transkei 39 000 km², *Verwaltungsgliederung* in 4 Provinzen, *Hauptstadt* Pretoria (492 600 E), *Bevölkerung* 25,47 Mill. E (1975), 21 E/km², *Amtssprachen* Afrikaans und Englisch, *Religion* vorwiegend Protestanten, daneben Katholiken, Muslime, Hindus; Naturreligionen.
Wirtschaft: *Erwerbstätigkeit:* 7,986 Mill. Erwerbspersonen (1971), davon (in Prozentanteilen) Landwirtschaft 28,5, Industrie und Verkehrsgewerbe 31, Handel 4,1, sonstige Dienstleistungen 15,8, Verwaltung 7,2. – *Landwirtschaft:* Nutzfläche 102,4 Mill. ha, davon 12 Mill. ha Ackerland, 90,4 Mill. ha Wiesen und Weiden. – Produktion (Auswahl; 1974): Weizen 1,65 Mill. t, Mais 10,99 Mill. t, Sorghum und Hirse 595 000 t, Kartoffeln 640 000 t, Zuckerrohr 16,81 Mill. t, Erdnüsse 380 000 t, Tabak 31 000 t, Fleisch 780 000 t (1975), Frischmilch 1,57 Mill. l, verkaufte Wolle 104 000 t (1975). – *Bergbau, Industrie und Elektrizitätserzeugung* (Auswahl; 1976): Steinkohle 75,45 Mill. t, Eisenerz 15,69 Mill. t, Manganerz 5,5 Mill. t, Kupfererz 198 000 t, Chromerz 2,41 Mill. t, Uranerz 3 600 t (1972), Golderz 711 500 kg, Asbest 370 000 t, Diamanten 7,3 Mill. Karat, schweres Heizöl 4,19 Mill. t (1971), Zement 7,04 Mill. t, Rohstahl 7,14 Mill. t, 206 400 Pkw (1975), Zucker 1,97 Mill. t, Bier 4,95 Mill. hl (1974), Elektrizität 80,30 Mrd. kWh. – *Außenhandel* (1975): Export 3,98 Mrd. R, Import 6,09 Mrd. R. – *Währung* ↑Übersicht Währungen. – *BIP* 22,382 Mrd. R (1974), 920 R/E.
Verkehr: *Eisenbahnen:* Streckenlänge 21 443 km (1975). – *Straßen:* 185 031 km (1975). Bestand an Pkw 2,1 Mill., an Lkw und Omnibussen 820 000 (1975). – *Schiffahrt* (1976): Handelsflotte mit 440 000 BRT. – *Luftverkehr* (1974): 2,71 Mill. Fluggäste.

der Mischlingspolitik nicht geändert, obwohl die Kommission weitreichende Zugeständisse empfohlen hatte. Unter Berufung auf Vorfälle, zu denen es u. a. im April im Anschluß an die Zerschlagung eines unterird. Netzes verbotener Organisationen gekommen war, forderte der Mischlingsführer S. Leon im Dez., den Tod von Häftlingen in Polizeizellen durch eine internat. Kommission untersuchen zu lassen. Unruhen brachen in Soweto am 16. Juni aus. Obwohl die Regierung am 6. Juli erklärte, daß Afrikaans in afrikan. Schulen nicht mehr Pflichtfach ist, breiteten sich die Unruhen auf andere Städte aus, woraufhin die Regierung eine Untersuchungskommission einsetzte. Nach dem Stand vom Okt. belief sich die Zahl der Toten und Verletzten auf 340 bzw. 2 000. Viele Nichtweiße wurden im

Südafrika. Schwarze Afrikaner aus den Vorstädten Kapstadts demonstrieren im Stadtzentrum gegen ihre politische und soziale Benachteiligung

Zusammenhang mit den Unruhen verhaftet. Am 21. Dez. wurden neun Studentenführer zu Gefängnisstrafen verurteilt. Acht der Verurteilten gehörten zur Exekutive der SASO (South African Students' Organization) bzw. der BPC (Black People's Convention), die als die treibenden Kräfte der Unruhen angesehen wurden. Am 29. Dez. gab die Regierung bekannt, daß der kostenlose Pflichtunterricht für Afrikaner eingeführt werden soll. Zwischen UP (United Party) und PRP (Progressive Reform Party) bahnte sich eine neue weiße Oppositionspartei an, doch waren die Verhandlungen bis Jahresende nicht abgeschlossen.
Die „Defence Amendment Act" vom 28. Jan. stellte sicher, daß Truppen auf legale Weise außerhalb des Landes im südl. Afrika eingesetzt werden

Südafrika. Premierminister B. J. Vorster (links) erörtert Ende Juni in Bonn mit Bundeskanzler H. Schmidt die bedrohliche politische Entwicklung im südlichen Afrika

können. Obwohl in der Dialogpolitik eine Abkühlung eintrat, besuchte Innen- und Informationsminister C. Mulder die Elfenbeinküste (März) und anschließend Frankreich und Israel. Verteidigungsminister P. W. Botha gab bekannt, daß die letzten südafrikan. Truppen Angola am 27. März verlassen würden, und leitete in der Folgezeit Maßnahmen zum Ausbau der Streitkräfte ein. Ein Besuch B. J. Vorsters in Israel (April) führte zur Unterzeichnung mehrerer Abkommen. Obwohl Vorster dementierte, daß er Israel um Waffenlieferungen bitten wolle, vermuteten einige Zeitungen, daß auch Zusammenarbeit im militär. Bereich vereinbart worden sein könnte. In einem Interview mit „Newsweek" (Mai) deutete Vorster an, sein Land sei in der Lage, Atomwaffen herzustellen, doch sei es ledigl. an friedl. Anwendung von Atomkraft interessiert. Ein frz. Konsortium erhielt den Zuschlag für den Bau eines Atomreaktors. Paris kündigte im Okt. an, daß zwei weitere U-Boote an S. geliefert werden sollen. Mehrere Gespräche Vorsters mit dem amerikan. Außenminister H. Kissinger (im Juni in der BRD und im Sept. in der Schweiz) sowie mit seinem rhodes. Amtskollegen I. D. Smith legten die Grundlage dafür, daß sich Rhodesien Ende des Jahres an der Genfer Konferenz beteiligte. Die UN akzeptierten im Nov. erstmals eine Resolution, die alle Mitglieder aufforderte, der schwarzen Mehrheit in S. jede Unterstützung zukommen zu lassen, damit sie ihr Ziel auch auf dem Wege des „bewaffneten Kampfes" erreichen kann. Ungeachtet verschiedener Zwischenfälle und der Auseinandersetzung um Rhodesien akzeptierte Moçambique südafrikan. Hilfe beim Ausbau des Hafens von Maputo.
Sudan, Republik in Nordostafrika. Als Volksvertretung fungiert eine Volksversammlung mit 250 gewählten und ernannten Abgeordneten. Staats-

SUDAN
Geographische Daten und Bevölkerung: *Fläche* 2,506 Mill. km², *Verwaltungsgliederung* in 10 Provinzen und 84 Regierungsbezirke, *Hauptstadt* Khartum (280000 E), *Bevölkerung* 17,76 Mill. E, 7,1 E/km², Geburten-/Sterberate (auf 1000 E; Durchschnitt 1965–70) 48,9/18,4, *Amtssprache* Arabisch, Englisch ist Verwaltungssprache des Südens, *Religion* Islam ist Staatsreligion, etwa 40% der Bevölkerung sind sunnit. Muslime, 40% Anhänger von Naturreligionen, 2% Christen.
Wirtschaft: *Erwerbstätigkeit* (1970/71): 5,016 Mill. Erwerbstätige, davon (in Prozentanteilen) Land- und Forstwirtschaft 89, verarbeitendes Gewerbe 2, Baugewerbe 0,7, Handel, Banken, Versicherungen 1,2, Verkehr und Nachrichtenübermittlung 1,1, öffentl. Dienst 2,8, sonstige Dienstleistungen 3,2. – *Landwirtschaft:* Nutzfläche 31,1 Mill. ha, davon 7,1 Mill. ha Ackerland. – Produktion: Hirse 450000 t, Sorghum 2,05 Mill. t, Weizen 264000 t, Baumwollfaser 108000 t, Büffel- und Rindfleisch 231000 t. Rinderbestand 15,33 Mill. Stück. – *Bergbau, Industrie und Elektrizitätserzeugung* (Auswahl; 1973): Chromerz 25000 t, Benzin 106000 t, Nutzholz 1,28 Mill. m³, Elektrizität 259 Mill. kWh (1971). – *Außenhandel* (1975): Export (fob) 437 Mill. $, Import (cif) 957 Mill. $. – *Währung* ↑Übersicht Währungen. – *BIP* (1971): 752,1 Mill. sud£.
Verkehr: *Eisenbahnen:* Streckenlänge 4756 km. – *Straßen:* 400 km asphaltierte Straßen, 2500 km Schotterstraßen, 70000 km Wüstenpisten. Bestand an Pkw 29200, an Lkw 21200. – *Schiffahrt* (Ende 1976): Handelsflotte mit 44009 BRT. – *Luftverkehr:* 310,8 Mill. Personenkilometer (1974), 4,44 Mill. Nettotonnenkilometer (1973).

oberhaupt *Muhammad An Numairi* (seit Mai 1969), Ministerpräsident *Raschid At Tahir Bakr* (seit Aug. 1976; zuvor *M. An Numairi*). Flagge ↑Farbtafeln Flaggen S. 140. Internat. Mitgliedschaften ↑Übersicht Internationale Organisationen.
Wirtschaft: Angesichts geringer sonstiger natürl. Hilfsquellen muß bei der Entwicklung der Wirtschaft das Hauptgewicht auf die Landwirtschaft gelegt werden. Nach Schätzungen werden von der potentiellen landwirtschaftl. Nutzfläche von 80 Mill. ha nur 8% bebaut. Bei intensiverer Nutzung könnte nicht nur der eigene Bedarf, sondern auch der Nahrungsmittelbedarf der arab. Länder gedeckt werden. Als vordringl. gilt weiterhin die Modernisierung der noch in den Anfängen steckenden Infrastruktur. Der Kapitalbedarf für die Durchführung des ersten Abschnitts des umfangreichen Planungsprogramms dürfte rd. 5 Mrd. $ betragen. V. a. Saudi-Arabien und Kuwait, bisher schon Geldgeber, werden ihre Mittel noch erhöhen.
Innen- und Außenpolitik: Die Zahl der Hinrichtungen wegen Beteiligung am Putsch vom Sept. 1975 erhöhte sich bis Febr. auf 19. Während im April drei Mitglieder der südsudanes. Regionalversammlung wegen angebl. Rebellionspläne verhaftet wurden, scheiterte am 2. Juli ein weiterer großangelegter Putsch. Präsident M. An Numairi erklärte, daß Söldner aus mehreren afrikan. Ländern, die ihre Ausbildung in Libyen erhalten hätten, beteiligt gewesen seien, was zum Abbruch der diplomat. Beziehungen mit Libyen am 6. Juli führte. Wegen Beteiligung am Putsch wurden Anfang Aug. 98 Personen hingerichtet. Weitere Todesurteile gegen Angeklagte, unter denen sich ehem. Minister befanden, wurden im Sept. ausgesprochen. Die Zusammenarbeit mit Ägypten und Saudi-Arabien wurde gefestigt. Präsident A. As Sadat hatte bereits zum Zeitpunkt des Putsches erklärt, daß ägypt. Einheiten bereitständen, um notfalls eingreifen zu können. Während im April auf dem Posten des Ministers für ägypt. Angelegenheiten ein Wechsel erfolgte, beschlossen beide Länder, die militär. Zusammenarbeit auszubauen. Kurz nach dem Putschversuch kamen M. An Numairi, A. As Sadat und König Chalid von Saudi-Arabien zusammen (16. Juli), wobei An Numairi volle Unterstützung gegen „ausländ. Aggression" zugesagt wurde. Die Beziehungen mit Äthiopien blieben gespannt, obwohl An Numairi von der äthiop. Regierung gebeten worden war, in der Auseinandersetzung mit der Sezessionsbewegung in Eritrea zu vermitteln, was indessen scheiterte. Am 20. Dez. warf der S. Äthiopien vor, Regimegegner für einen weiteren Putsch im S. auszubilden. Ein sowjet. Angebot, 150 Studienplätze zur Verfügung zu stellen, wurde im Okt. abgelehnt. Die USA hoben am 17. Nov. das Waffenembargo auf, das seit der Ermordung eines amerikan. Diplomaten (1974) in Kraft war.

Südwestafrika (Namibia) ↑Übersicht Staaten der Erde (Südafrika).
Ende Jan. bildete die sog. Turnhallen-Konferenz in Windhuk, an der sich alle 11 ethn. Gruppen des Territoriums beteiligen, vier Ausschüsse, um die verschiedenen Asepkte einer Lösung zu untersuchen. Die Konferenz teilte am 18. Aug. mit, daß die Unabhängigkeit bis zum 31. Dez. 1978 verwirklicht werden soll. Bis Jahresende hatte die Konferenz gute Fortschritte gemacht, so daß die Bildung einer Interimsregierung für Anfang 1977 angekündigt wurde. Mit Wirkung vom 1. April erhielt das Gebiet Caprivi das Recht auf Selbstregierung. Am 23. April teilte der südafrikan. Premierminister B. J. Vorster dem Parlament in Kapstadt mit, daß die Enklave Walvis Bay und damit der Haupthafen S.s nicht in eine ausgehandelte Lösung einbezogen wird, sondern südafrikan. Territorium bleibt. Während sich damit ungeachtet aller noch zu überwindenden Schwierigkeiten eine „interne Lösung" abzeichnete, wurden die Verhandlungen von der OAU wie auch von den UN abgelehnt, wobei die OAU von einer „Pseudo-Konferenz" sprach. Beide Organisationen hielten daran fest, daß allein die SWAPO als die authent. Vertretung der Bevölkerung des Territoriums anzusehen sei. Zu einer Beteiligung der SWAPO an den Verhandlungen kam es nicht, da weder die „Turnhallen-Konferenz" noch die südafrikan. Regierung die seitens der SWAPO gestellten Vorbedingungen akzeptierten. Die Chefminister von Kavango, Ovambo und Caprivi erklärten im Nov. ihre Bereitschaft zur Beteiligung der SWAPO unter der Voraussetzung, daß diese international ihr Interesse an einer friedl. Lösung bekunde. Der SWAPO gelang es nicht, den bereits im März an der Grenze zu Angola errichteten starken Sicherheitsgürtel entscheidend zu durchbrechen.

Surinam, Republik (seit 25. Nov. 1975; zuvor autonomer Bestandteil des Königreichs der Niederlande) im Nordosten Südamerikas zwischen Guyana, Brasilien und Französisch-Guayana. Als Volksvertretung fungiert ein Gesetzgebender Rat (Staten van Suriname) mit 39 Abgeordneten, die fast ausschließlich der Nationale Partij Suriname (NPS; Parteiführer H. Arron) und der Vooruitstrevende Hervormings Partij (VHP; Parteiführer J. Lachmon) angehören. Staatsoberhaupt *Johan H. E. Ferrier* (seit 25. Nov. 1975; bisher Gouverneur), Regierungschef *Henk Arron* (seit April 1975). Flagge ↑Farbtafeln Flaggen S. 140. Internat. Mitgliedschaften ↑Übersicht Internationale Organisationen. – ↑auch Übersicht Staaten der Erde.

Swasiland, konstitutionelle Monarchie im südl. Afrika, Mitglied des Commonwealth of Nations. Als Volksvertretung fungierte bis April 1973 (suspendiert) ein Parlament aus zwei Kammern. Staatsoberhaupt König *Sobhuza II.* (seit April 1967), Regierungschef *Maphevu Dlamini* (seit März 1976; zuvor *Makhosini J. Dlamini*). Flagge

↑Farbtafeln Flaggen S. 140. Internat. Mitgliedschaften ↑Übersicht Internationale Organisationen.
Wirtschaft: Das kleinste Land Afrikas ist überwiegend agrarwirtschaftl. orientiert. Angebaut werden Zuckerrohr, Mais, Apfelsinen. Zucker und Holz werden exportiert. Im Bergbau werden Asbest, Eisenerz und Kohle gefördert. Die Ausfuhr von Bodenschätzen besteht zu mehr als 90% aus Asbest und Eisenerz. Der Kohleexport dürfte 1977 zum Erliegen kommen. Verschiedene ausländ. Unternehmungen nahmen Ausforschungen nach Diamanten, Uran, Kaolin, Baryt, Kohle und Pyrophyllit vor, die auch in den kommenden Jahren durchgeführt werden sollen. Entwicklungs- und Kapitalhilfe werden außer von der BRD auch von Großbritannien, Kanada, den USA, den EG und den UN geleistet. Die EG sagten eine Beihilfe von 22 Mill. R, verteilt auf vier Jahre, zu.
Innen- und Außenpolitik: Die Regierungen S.s und Botswanas einigten sich im Jan. auf Pläne zur Unterbringung von Studenten, nachdem sich Lesotho von der bisherigen Dreiländer-Universität, der sog. Roma-Universität in Maseru, zurückgezogen und sie zur „Universität Lesotho" erklärt hatte. Das Abkommen über die Dreiländer-Universität war noch in der Zeit abgeschlossen worden, als die drei Staaten brit. Protektorate waren. König Sobhuza II. ernannte am 17. März Oberst M. Dlamini zum neuen Premierminister.
Viele afrikan. Jugendliche Südafrikas flüchteten als Ergebnis der Unruhen in Soweto, die Mitte des Jahres eingesetzt hatten, nach S. Die Befürchtung der südafrikan. Sicherheitsbehörden, daß von Moçambique aus über S. ein Verbindungsweg der Befreiungsbewegungen nach Südafrika aufgebaut werden könnte, wurde im Dez. bestätigt, als südafrikan. Polizeikontrollen im Grenzgebiet zu S. zur Entdeckung einer Ladung von Handgranaten und Munition führten. S. bemühte sich jedoch, die Politik der guten Nachbarschaft mit Südafrika fortzusetzen.

Syrien, Republik in Vorderasien. Als Volksvertretung fungiert der Volksrat mit 186 Mitgliedern, von denen 164 gewählt und 22 ernannt wurden. Staatsoberhaupt *Hafis Asad* (seit März 1971), Ministerpräsident *Abd Ar Rahman Chulaifawi* (seit Aug. 1976; zuvor *M. Al Aijubi*). Flagge ↑Farbtafeln Flaggen S. 140. Internat. Mitgliedschaften ↑Übersicht Internationale Organisationen.

SURINAM
Geographische Daten und Bevölkerung: *Fläche* 163 265 km², *Verwaltungsgliederung* in 9 Distrikte, *Hauptstadt* Paramaribo (110 000 E), *Bevölkerung* 420 000 E (1975), 2,6 E/km², Geburten-/Sterberate (auf 1 000 E; 1972) 37,5/6,2, *Amtssprache* Niederländisch, *Religionen* Katholiken, prot. Sekten, Muslime, Hindus und andere.
Wirtschaft: *Erwerbstätigkeit* (1973): 92 700 Erwerbstätige, davon (in Prozentanteilen) Land- und Forstwirtschaft 30, Bergbau 8, Industrie und Bau 15, öffentl. Dienst 28, Sonstiges 19. – *Landwirtschaft:* 54 656 ha Ackerland und Dauerkulturen (1973), etwa 15 Mill. ha Wald. – Produktion (Auswahl; 1974): Zuckerrohr 190 000 t, Reis 130 000 t, Bananen 35 000 t, Kaffee 400 t. – *Bergbau, Industrie und Elektrizitätserzeugung* (Auswahl; 1974): Bauxit 4 Mill. t (1975), Aluminium 57 000 t, Zement 45 000 t, Sperrholz 17 000 m³, Rum (50%) 26 000 hl, Elektrizität 1,588 Mrd. kWh. – *Außenhandel* (1975): Export 495 Mill. Sf, Import 467 Mill. Sf. – *Währung* ↑Übersicht Währungen. – *BIP* zu Marktpreisen 869,9 Mill. Sf, 2 122 Sf/E (1974).
Verkehr: *Eisenbahnen:* Streckenlänge 152 km. – *Straßen* (1971): 2 496 km, davon 301 km gepflastert. – *Luftverkehr* (1972): 71 000 Fluggäste.

SWASILAND
Geographische Daten und Bevölkerung: *Fläche* 17 363 km², *Verwaltungsgliederung* in 4 Distrikte, *Hauptstadt* Mbabane (14 000 E; 1970), *Bevölkerung* 494 000 E (1975), 28 E/km², *Amtssprachen* Siswati und Englisch, *Religion* 41% Animisten, 35,5% Christen, 23% Anhänger der Zionskirche.
Wirtschaft: *Erwerbstätigkeit:* Der größte Teil der Bevölkerung ist in der Landwirtschaft beschäftigt. – *Landwirtschaft:* Nutzfläche 1,52 Mill. ha (1970), davon 249 000 ha Ackerland. – Produktion (Auswahl; 1973): Mais 95 000 t, Apfelsinen 70 000 t, Zuckerrohr 1,75 Mill. t (1974), Rind- und Kalbfleisch 13 000 t (1972). – *Bergbau, Industrie und Elektrizitätserzeugung* (Auswahl; 1974): Eisenerz 1,93 Mill. t (1976), Kohle 117 000 t, Asbest 38 000 t, Schnittholz 5,47 Mill. m³ (1969), Zucker 224 000 t (1975), Elektrizität 131,6 Mill. kWh. – *Außenhandel* (1974): Export 121,67 Mill. E, Import 88,76 Mill. E. Haupthandelspartner sind Südafrika, Großbritannien, Japan. Hauptexportgüter sind Zucker, Holz, Eisenerz, Asbest. – *Währung* ↑Übersicht Währungen. – *BIP:* 111,7 Mill. E (1972/73), 240 E/E.
Verkehr: *Eisenbahnen:* Streckenlänge 219 km (1971). – *Straßen* (1974): 2 590 km, davon 196 km asphaltiert. – *Luftverkehr* (1975): 20 800 Fluggäste.

Wirtschaft: Durch den libanes. Bürgerkrieg erlitt die syr. Wirtschaft einen empfindl. Rückschlag. Die Krise machte sich zeitweilig sogar in der Verknappung von Lebensmitteln bemerkbar. Aber die Intervention im Bürgerkrieg des Nachbarstaates, die vermutl. tägl. 1 Mill. $ verschlang, war nicht die einzige Ursache für die Krise. Vielmehr sind Nachwirkungen der Mißwirtschaft unter dem Vorgänger von Präsident H. Asad noch spürbar. Zudem sperrte der Irak das Öl für die Pipeline von Kirkuk zum syr. Hafen Tripoli. Damit erhielt auch S. kein Öl mehr, und seine Raffinerie in Homs mußte zeitweise den Betrieb einstellen, denn die eigene Erdölförderung konnte aufgrund langfristiger Lieferverträge mit Abnehmern die Ausfälle nicht ersetzen. Durch die Schließung der Pipeline verlor S. eine sichere Einnahmequelle, die bis dahin umgerechnet 330 Mill. DM Transitgebüren eingebracht hatte. Kompensation könnte S. durch wiederaufgenommene Zahlungen von anderen arab. Ländern erhalten.
Innen- und Außenpolitik: Das militär. Eingreifen S.s im Libanon und die maßvolle Politik gegenüber Israel wurden innerhalb S.s kritisiert: Nach unbestätigten Presseberichten kam es in verschiedenen Städten wiederholt zu Protestaktionen unter der Bevölkerung und zu Anschlägen. Auch in der Armee und in der regierenden Baath-Partei soll es zu Meinungsverschiedenheiten über die syr. Intervention gekommen sein. Zahlreiche Personen, darunter auch Mitglieder der Kommunist. Partei, sollen verhaftet, einige Soldaten wegen Befehlsverweigerung exekutiert worden sein. Wiederholt wurden auch Meldungen über einen Putsch gegen die Staatsführung und über Attentate verbreitet. Bei der Regierungsneubildung am 7. Aug. wurden zahlreiche Posten neu- oder umbesetzt. Ministerpräsident wurde Abd Ar R. Chulaifawi; erstmals wurde eine Frau in das Kabinett aufgenommen: Najah Attar als Kulturministerin. – Die Beschränkungen, die den rund 4 000 syr. Juden auferlegt waren, wurden Ende Dez. aufgehoben.
Die Verwicklung S.s in den libanes. Bürgerkrieg und die daraus resultierenden innerarab. Auseinandersetzungen sowie der ungelöste Nahostkonflikt, speziell die andauernde Besetzung syr. Territoriums (Golanhöhen) durch Israel, bestimmten im wesentl. die syr. Außenpolitik. Die Vermittlungsbemühungen im Libanon führten am 22. Jan. zu einer

SYRIEN

Geographische Daten und Bevölkerung: *Fläche* 185 180 km^2, *Verwaltungsgliederung* in 13 Provinzen, *Hauptstadt* Damaskus (837 000 E; 1970), *Bevölkerung* 7,6 Mill. E, 41 E/km^2, Geburten-/Sterberate (auf 1 000 E; 1973) 35,6/5,3, *Amtssprache* Arabisch, *Religion* 80% Muslime, 10% Christen (verschiedener Richtungen), 7,7% Alauiten, ferner Drusen, Juden u. a.

Wirtschaft: *Erwerbstätigkeit* (1973): 1,69 Mill. Erwerbspersonen, davon (in Prozentanteilen) Land- und Forstwirtschaft, Jagd, Fischerei 56,2, produzierendes Gewerbe 16,4, Handel, Banken, Versicherungen, Gastgewerbe 9,6, Verkehr und Nachrichtenübermittlung 2,9, andere Dienstleistungen 11,6, andere Tätigkeiten und Arbeitslose 3,3. – *Landwirtschaft:* Nutzfläche 12,38 Mill. ha, davon 5,88 Mill. ha Ackerland, davon 619 000 ha bewässert. – Produktion (Auswahl): Weizen 1,79 Mill. t, Tomaten 450 000 t, Tabakblätter 17 000 t, Rohbaumwollfaser 145 000 t, Schafmilch 250 000 t. – *Bergbau, Industrie und Elektrizitätserzeugung* (Auswahl; 1973): Erdöl 9,95 Mill. t (1976), Naturphosphat 270 000 t, Baumwollgarn 285 000 t, Wollteppiche 151 000 m^2, Elektrizität 1,67 Mrd. kWh (1975). – *Außenhandel* (1975): Export (fob) 930 Mill. $, Import (cif) 1,668 Mrd. $. – *Währung* ↑Übersicht Währungen. – *BIP* zu Marktpreisen in jeweiligen Preisen (1974) 14,48 Mrd. syr£, 1 970 syr£/E, BIP (1976) in Preisen von 1963 4,2 Mrd. $.

Verkehr: *Eisenbahnen* (1975): Streckenlänge 1 419 km, 136 Mill. Personenkilometer, 124,9 Mill. Nettotonnenkilometer. – *Straßen:* 13 575 km, davon 9 831 km asphaltiert. – *Schiffahrt* (Ende 1976): Handelsflotte mit 11 538 BRT. – *Luftverkehr* (1972): 290 Mill. Personenkilometer, 2,3 Mill. Nettotonnenkilometer.

Feuereinstellung und nach ausführl. Gesprächen des libanes. Staatspräsidenten S. Farandschijja mit der syr. Staatsführung am 7. Febr. zur Verkündung eines „neuen Nationalpakts". Als die Kampfhandlungen Anfang März wieder aufflammten, griff S., das bis dahin v. a. die „progressiven" Kräfte und die Palästinenser im Libanon unterstützt hatte, mehr und mehr zugunsten der christl.-konservativen Kräfte in die Auseinandersetzungen ein. Anfang April verstärkten 3 500–4 000 syr. Soldaten die im Libanon kämpfenden ca. 7 000 Guerillas der von S. kontrollierten Palästinenserorganisation „As Saiqa". Die syr. Truppen wurden nach und nach auf über 20 000 Mann verstärkt. Abkommen zwischen der syr. Staatsführung und den Palästinensern (16. April und 29. Juli) führten zu keiner dauerhaften Beruhigung der Lage im Libanon. Durch Vermittlung der USA stimmte S. sein Vorgehen im Libanon, speziell das Vordringen syr. Truppen in das südl. Grenzgebiet zu Israel, mit Israel ab. Die Friedensstreitmacht für den Libanon, auf die sich die arab. Staatsoberhäupter bei ihren Treffen in Ar Rijad (17.–19. Okt.) und Kairo (25./26. Okt.) einigten, bestand größtenteils aus syr. Soldaten. Die Zahl libanes. Flüchtlinge in S. wuchs auf etwa 1 Mill. an. Das massive Eingreifen S.s im Libanon einerseits und die Einigungsbestrebungen mit Jordanien unter Einbeziehung eines künftigen Teilstaates Palästina zum anderen stärkten die Position S.s und seines Staatspräsidenten H. Asad innerhalb der arab. Welt und führten infolgedessen zugleich auch zu Meinungsverschiedenheiten mit anderen arab. Regierungen, die das syr. Eingreifen im Libanon kritisierten: Die ohnehin angespannten Beziehungen zum Irak verschlechterten sich und führten Anfang Juni zu Truppenkonzentrationen an der gemeinsamen Grenze; am 14. Juni und am 16. Juli desertierten syr. Piloten mit Militärmaschinen in den Irak. Die Gegensätze zu den palästinens. Gruppen, die eine friedl. Regelung des Nahostkonflikts ablehnen, entluden sich z. T. in Anschlägen, gegen die von syr. Seite mit Härte vorgegangen wurde: So wurden drei Terroristen, die am 26. Sept. ein Hotel in Damaskus überfallen hatten, am nächsten Tag öffentl. gehängt. Die Meinungsverschiedenheiten mit Ägypten führten zu einem gegenseitigen Propagandakrieg und nach Angriffen auf die Vertretungen in Kairo und Damaskus (3. und 5. Juni) sowie zum Abbruch der diplomat. Beziehungen, die nach Vermittlung durch Saudi-Arabien am 24. Juni wieder aufgenommen wurden. Bei einer Gipfelkonferenz arab. Staatsoberhäupter in Ar Rijad (17.–19. Okt.) wurden die Differenzen zwischen beiden Ländern beigelegt; nach dem Besuch von Staatspräsident H. Asad in Ägypten (18.–21. Dez.) wurde die Gründung eines gemeinsamen polit. Kommandos bekanntgegeben. – In der Frage der von Israel besetzt gehaltenen Golanhöhen wurden keine Fortschritte erzielt; Ende Mai gab S. sein bedingungsloses Einverständnis für eine

Syrien. Drei arabische Terroristen, die in Damaskus ein Hotel überfallen und Geiseln genommen hatten, werden nach ihrer Überwältigung öffentlich gehängt

Syrien. Nach Beilegung der Differenzen mit Ägypten unterzeichnen H. Asad (links) und sein ägyptischer Amtskollege A. As Sadat am 21. Dezember in Kairo ein Dokument über die Bildung eines gemeinsamen politischen Kommandos

weitere sechsmonatige Stationierung von UN-Truppen und Ende Nov. für ein weiteres sechsmonatiges Mandat von UN-Militärbeobachtern in diesem Gebiet. – Die enge Zusammenarbeit mit Jordanien, die zu einer allmählichen Föderation beider Länder mit einem etwaigen Einschluß eines künftigen Teilstaates Palästina führen soll, wurde durch gegenseitige Besuche von Regierungsdelegationen und Abschlüsse von Vereinbarungen auf verschiedenen Gebieten fortgesetzt. – Die Sowjetunion blieb zwar der Hauptwaffenlieferant S.s, polit. Meinungsunterschiede u. a. in der Libanonfrage konnten jedoch auch beim Besuch des sowjet. Ministerpräsidenten A. N. Kossygin (1.–4. Juni) nicht ausgeräumt werden. – Staatspräsident H. Asad besuchte im Juni Frankreich (17.–19.), Jugoslawien (25./26.) und Rumänien (26.–28.). Staatspräsident I. Amin Dada aus Uganda besuchte S. im Juni. Diplomat. Beziehungen wurden mit Panama (Febr.) und Surinam (Okt.) aufgenommen.

T

Taiwan, Republik in Ostasien. Als Volksvertretung fungiert ein Parlament, das aus der vom Volk in allgemeiner, direkter und geheimer Wahl gewählten Nationalversammlung, dem Legislativ-Yüan (Regierungshof) und dem Kontroll-Yüan besteht. Staatsoberhaupt *Yen Chia-kan* (seit 6. April 1975; zuvor *Chiang Kai-shek* [†5. April 1975]), Regierungschef *Chiang Ching-kuo* (seit Mai 1972). Flagge ↑Farbtafeln Flaggen S. 140. Internat. Mitgliedschaften ↑Übersicht Internationale Organisationen.
Wirtschaft: Die relativ spät von der weltweiten Krise getroffene Wirtschaft T.s zeigte 1976 spürbare Zeichen der Erholung. Das BIP ist im ersten Halbjahr auf 8,3 Mrd. $ gestiegen. Dies bedeutet eine reale Wachstumsrate von 13,4% gegenüber 1975. Die Agrarproduktion lag – bei unterschiedl. Ergebnissen der einzelnen Sektoren – um 5,7% höher als im Vorjahr. Nach offiziellen Angaben ist die industrielle Erzeugung von Jan. bis Sept. 1976 um 26,5% gegenüber dem Vorjahrszeitraum gestiegen. Der Export industrieller Fertigwaren betrug in dieser Periode 5,569 Mill. $ (+57,5% gegenüber dem Vorjahr). Mit der Einführung fortgeschrittener Techniken und der Umwandlung von arbeitsintensiven in technologieintensive Industrien soll der Export hochwertiger Produkte noch gesteigert und wettbewerbsfähiger gemacht werden. In T. herrscht ein Mangel an Fachkräften. Weil Großbetriebe die Rezession besser überstanden haben als Kleinbetriebe, sollen Firmenzusammenschlüsse gezielt staatl. gefördert werden. 1976 wurde im Außenhandel ein Überschuß von 490 Mill. $ erzielt. 1975 betrug das Defizit 1,38 Mill. $. Der Export konnte um 52,2% auf 8,08 Mrd. $, der Import um 27,5% auf 7,590 Mrd. $ gesteigert werden. Die Auslandsinvestitionen haben 1976 wieder zugenommen. Sie werden für 1976 auf insgesamt 150 Mill. $ geschätzt. Auch hier steht die Nutzung modernen techn. Know-hows im Vordergrund.
Innen- und Außenpolitik: Das innenpolit. Klima war 1976 durch eine neuerl. Einschränkung der polit. Freiheiten gekennzeichnet. Die Pressezensur wurde verschärft, zwischen Jan. und Juli wurden zahlreiche Oppositionspolitiker verhaftet. Im Nov. bekräftigte die regierende Staatspartei Kuomintang auf ihrem XI. Parteitag ihre bisherige Linie und lehnte damit ein Abrücken von ihrem innen- und außenpolit. Alleinvertretungsanspruch abermals ab. Der Parteitag bestätigte den bisherigen Parteivorsitzenden und Ministerpräsidenten Chiang Ching-kuo in allen seinen Ämtern.
In der Außenpolitik bewies die kanad. Einreiseverweigerung für taiwanes. Teilnehmer an den Olymp. Spielen in Montreal noch einmal dramat. die immer größere diplomat. Isolierung Taiwans. Der Regierung gelang es jedoch, die wirtschaftl. und militär. Position der Insel weiter zu stärken. So erhielt T. 1976 zwei saudiarab. Kredite über insgesamt 80 Mill. $ sowie amerikan. Kredite in einer Gesamthöhe von über 70 Mill. $. Die Beträge wurden zur Verbesserung der Energieversorgung und zum Ausbau des Verkehrsnetzes verwendet.
Luftabwehr, Raketen- und Atomtechnik waren weitere Sektoren, auf denen T. mit amerikan. Unterstützung deutl. Fortschritte erzielte und immer unabhängiger wurde. Dabei ergaben sich jedoch auch Konflikte zur amerikan. Atompolitik, die Ministerpräsident Chiang Ching-kuo im Sept. nötigten, den Bau von Atomwaffen in T. offiziell zu dementieren.
Neben den USA, Saudi-Arabien und Lateinamerika blieb Südafrika ein wichtiger verbleibender Partner Taiwans. Taipeh zog deshalb im April die Konsequenzen aus dem Abbruch seiner Beziehungen zu den meisten schwarzafrikan. Staaten und hob

TAIWAN
Geographische Daten und Bevölkerung: *Fläche* 35 710 km², *Verwaltungsgliederung* in 16 Landkreise (Hsien) und 4 kreisfreie Städte (ohne Taipeh), *Hauptstadt* Taipeh (2 084 395 E), *Bevölkerung* 16 461 784 E (1976), 461 E/km², Geburten-/Sterberate 30,8/4,5 (auf 1 000 E; 1975), *Amtssprache* Chinesisch, *Religion* Buddhisten, etwa 600 000 Katholiken und Protestanten und 40 000 Muslime.
Wirtschaft: *Erwerbstätigkeit* (1975): Erwerbstätige insgesamt 5 947 000, davon in Land- und Forstwirtschaft 1 775 000, Industrie 1 648 000, Bauwesen 348 000, Handel 795 000, Verkehr 343 000, Bergbau 75 000, Elektrizität 27 000, Finanzen und Versicherungen 84 000, Dienstleistungen 852 000. – *Landwirtschaft:* Nutzfläche nur etwa 12 000 km² kultiviert, 55% der Gesamtfläche sind Wald. – Produktion (Auswahl; 1975): Reis 2,5 Mill. t, Süßkartoffeln 2,4 Mill. t, Spargel 80 113 t, Sojabohnen 61 920 t, Tee 26 092 t, Tabak 18 109 t, Erdnüsse 91 470 t, Zuckerrohr 7,7 Mill. t. – *Bergbau, Industrie und Elektrizitätserzeugung* (Auswahl; 1975): Kohle 3,1 Mill. t, Kupfer (Elektrolyt) 8 539 t, Kalkstein 3,7 Mill. t, Roheisen 66 840 t, Ananaskonserven 1 677,8 Mill. Kisten, Zitruskonserven 714,2 Mill. Kisten, Spargelkonserven 2 874,4 Mill. Kisten, Pilzkonserven 1 676,4 Mill. Kisten, Baumwollgewebe 760,8 Mill. m, Glaswaren 119 674 t, Nähmaschinen 1,047 Mill. Stück, Kameras 826 948 Stück, Transistorradios 6,7 Mill. Stück, Phonogeräte 2,5 Mill. Stück, Elektrizitätserzeugung 22,894 Mill. kWh. – *Außenhandel* (1976): Export 8,08 Mrd. $, Import 7,59 Mrd. $. Haupthandelspartner sind USA, Japan, Hongkong, Kuwait, BRD, Kanada. Hauptexportgüter sind elektrotechn. Erzeugnisse, Bekleidung, Obst- und Gemüsekonserven, Kunststofferzeugnisse, Maschinen, Schuhe, feinmechan. und opt. Geräte. Hauptimportgüter sind Maschinen und Fahrzeuge, Erdöl, Eisen und Stahl, Nahrungs- und Genußmittel, Chemikalien. – *Währung* ↑Übersicht Währungen. – *BIP* (1975) zu Faktorkosten in jeweiligen Preisen 431 150 Mill. NT$, BIP je E 7 124 NT$.
Verkehr: *Eisenbahnen:* Streckenlänge 2 148 km (1973), 8 221,7 Mill. Personenkilometer, 2 528 Mill. Nettotonnenkilometer (1975). – *Straßen* (1973): 16 120,6 km. – *Schiffahrt* (1976): Handelsflotte mit 1 279 707 BRT. – *Luftverkehr* (1975): 5 677 531 Fluggäste. – *Fremdenverkehr* (1975): 715 630 Touristen.

Tansania. Während einer Konferenz der Staatsoberhäupter Tansanias, Sambias, Angolas und Moçambiques in der Hauptstadt Daressalam wird der Versuch der Formulierung einer gemeinsamen Rhodesienpolitik unternommen. Von links K. Kaunda, J. Nyerere, S. Machel und A. Neto

die Beziehungen zu Pretoria von der Konsular- auf die Botschaftsebene an.

Tansania, Bundesrepublik, bestehend aus den zwei Landeshälften Tanganjika und Sansibar in Ostafrika. Als Volksvertretung fungiert die Nationalversammlung; die 204 Mitglieder aus den beiden Landesteilen gehören alle der jeweils einzigen dort zugelassenen Partei an. Staatsoberhaupt *Julius Nyerere* (seit April 1964), Regierungschef *Rashid Kawawa* (seit Febr. 1972), Außenminister *John Malecela.* Flagge ↑Farbtafeln Flaggen S. 140. Internat. Mitgliedschaften ↑Übersicht Internationale Organisationen.

Tansania. Im Verlauf einer längeren Europareise besucht Staatspräsident J. Nyerere (links) auch die Bundesrepublik Deutschland. In Bonn wird er von Bundespräsident W. Scheel (rechts) empfangen

Wirtschaft: Die wirtschaftl. Entwicklung verlief unterschiedlich. Im Bergbau ging die Diamantenproduktion im ersten Vierteljahr 1976 um 4,7% gegenüber der Vergleichsperiode 1975 zurück. Im Agrarsektor dagegen hat sich die Baumwollproduktion mit 86% Zuwachs für das gesamte Jahr fast verdoppelt. Die Kaffeeverkäufe stiegen im ersten Quartal 1976 um rund 62%, die Sisalerzeugung fiel um 4,2%. Der starke Zahlungsbilanzdruck hat sich seit Anfang 1976 verringert. In den ersten beiden Monaten 1976 lief ein Handelsbilanzdefizit von 232,4 Mill. T.Sh. auf (Vorjahresvergleichszahl: 643,0). Der Exportwert stieg in dieser Zeit um 30,4%, der Importwert fiel um 23,3%. Diese Entwicklung war überwiegend abwertungsbedingt.

Innen- und Außenpolitik: Nachdem die ASP (Afro-Shirazi Party) Sansibars im Juni dem Vorschlag Präsident J. Nyereres, sich mit der separat organisierten TANU (Tanganyika African National Union) zu vereinen, zugestimmt hatte, wurde im Nov. bekanntgegeben, daß die neue Partei Chama cha Mapinduzi (Revolutionäre Partei Tansanias) heißen und die offizielle Proklamierung im Febr. 1977 stattfinden soll. Die zweite Phase zur Repatriierung von Flüchtlingen aus Moçambique, die während der Jahre des Kampfes der Frelimo gegen die Herrschaft der Portugiesen eingeströmt waren, begann am 16. Aug. In der ersten Phase waren über 21 000 Flüchtlinge in ihre Heimat zurückgebracht worden. Die Einrichtungen (Krankenhäuser und Schulen), die die Frelimo z. Z. des Kriegs in T. benutzt hatte, wurden der TANU am 5. Juli übergeben. Die Eröffnung einer mit chin. Hilfe gebauten Militärakademie in Monduli fand am 1. Sept. statt. Die Berufungsverhandlungen im Hochverratsprozeß auf Sansibar, der auf die Ermordung des früheren Präsidenten Sansibars A. Karume (1972) zurückgeht, wurden im Okt. fortgesetzt, da mehrere bereits Verurteilte ihre früheren Geständnisse widerriefen und erklärten, sie seien damals unter Androhung des Todes erpreßt worden.

J. Nyerere besuchte im Jan. Indien, was im Okt. zum Gegenbesuch I. Gandhis führte, kehrte am 13. Mai von einer zweiwöchigen Europareise (Norwegen, Schweden, BRD, Dänemark und Finnland) zurück und söhnte sich Mitte Nov. bei einem Besuch in Lagos mit der Regierung Nigerias aus, die ihm lange Zeit seine Unterstützung für die Sezessionisten

TANSANIA

Geographische Daten und Bevölkerung: *Fläche* 945 087 km², *Verwaltungsgliederung* in 20 Regionen, *Hauptstadt* Daressalam (517 000 E; 1974), *Bevölkerung* 15,16 Mill. E (1975), 17 E/km², *Amtssprache* Suaheli, daneben auch Englisch, *Religion* 40% Animisten, 30% Muslime, 20% Katholiken, 10% Protestanten.

Wirtschaft: *Erwerbstätigkeit:* 91% der Erwerbspersonen waren 1967 in der Land- und Forstwirtschaft beschäftigt. – *Landwirtschaft:* Nutzfläche 56,45 Mill. ha (1970), davon 15,19 Mill. ha Ackerland. – Produktion (Auswahl; 1975): Mais 600 000 t, Hirse 120 000 t, Sorghum 180 000 t, Reis 170 000 t, Zuckerrohr 1,4 Mill. t (1974), Süßkartoffeln 300 000 t (1974), Maniok 3,5 Mill. t (1974), Kokosnüsse 300 000 t (1974), Kaffee 48 000 t, Rohbaumwolle 45 000 t, Sisal 157 000 t (1974), Rind- und Kalbfleisch 123 000 t, Kuhmilch 653 000 t. – *Bergbau, Industrie und Elektrizitätserzeugung* (Auswahl; 1975): Diamanten 580 000 Karat (1973), Erdölprodukte 669 000 t, Zement 266 000 t, Textilien 84,3 Mill. m², Bier 590 000 hl, Elektrizität 512 Mill. kWh (1973). – *Außenhandel* (1975): Export 2 861 Mill. T.Sh., Import 5 377 Mill. T.Sh. – *Währung* ↑Übersicht Währungen. – *BIP:* 15 601 Mill. T.Sh., 1 057 T.Sh./E.

Verkehr: *Eisenbahnen:* Streckenlänge (nur Tanganjika) 3 500 km (1973). – *Straßen:* etwa 50 000 km (1971). – *Schiffahrt* (1976): Handelsflotte mit 20 800 BRT. – *Luftverkehr* (1973): 313 000 Fluggäste.

(Bürgerkrieg) nicht verziehen hatte. Während die Zusammenarbeit mit Moçambique enger wurde, setzte von Dez. an eine immer stärkere Belastung der Beziehungen zu Kenia ein, was später die Schließung der Grenze mit sich brachte. Beide Seiten beschuldigten sich, die EAC (East African Community) zu unterminieren.

Terrorismus ↑Antiterroristengesetze.

Thailand, konstitutionelle Monarchie in SO-Asien. Als Volksvertretung fungierte bis zur Übernahme der Macht durch einen militär. Reformrat im Okt. 1976 eine Nationalversammlung mit 279 Abgeordneten, die verschiedenen Parteien angehörten. Staatsoberhaupt König *Rama IX.* (Bhumibol Adulyadey; seit Mai 1950), Ministerpräsident *Thanin Kraivichian* (seit Okt. 1976; zuvor bis April 1976 *K. Pramoj*, ab April *S. Pramoj*). Flagge ↑Farbtafeln Flaggen S. 140. Internat. Mitgliedschaften ↑Übersicht Internationale Organisationen.

Wirtschaft: Die reale Wachstumsrate des BSP betrug 1976 6,2%. Nach einem Bericht der thailänd. Zentralbank ist das Wachstum auf die gestiegene Produktion landwirtschaftl. Erzeugnisse, auf den expandierenden Fremdenverkehr und auf eine Verbesserung im industriellen Sektor (+7,5%) zurückzuführen. Das Zahlungsbilanzdefizit konnte u. a. dank verbesserter Terms of trade verringert werden. Die Kreditaufnahme bei der Weltbank erreichte 1976 228 Mill. $; erstmalig bediente Th. sich des Eurodollarmarktes und nahm dort 100 Mill. $ an Krediten auf. Mit diesen Geldern sollen der Nat. Wirtschafts- und der Sozialentwicklungsplan gefördert werden. Bes. Nachdruck wurde auf die Erhöhung elektr. Energieproduktion und auf die Bewässerung gelegt. Die Inflationsrate ist 1976 von 6% des Vorjahres auf 10% angestiegen. Die Arbeitslosigkeit betrug nach offiziellen Angaben 7% und war im Ansteigen begriffen. Da die private Investitionstätigkeit, die 1975 v. a. wegen der polit. Ungewißheit stark zurückgegangen war, sich auch 1976 nicht erhöht hat, war mit einer Zunahme der Beschäftigung nicht zu rechnen.

Innen- und Außenpolitik: Ein unruhiges Jahr 1976 brachte Th. das Ende seines dreijährigen Experiments mit der parlamentar. Demokratie und die Rückkehr zum Militärregime. Der seit Jan. 1975 amtierende Ministerpräsident Kukrit Pramoj entschloß sich unter zunehmendem Druck von außen aber auch innerhalb der eigenen Regierungskoalition zu Jahresbeginn, für den 4. April Neuwahlen auszuschreiben. Die Wahlen brachten der Demokrat. Partei unter Kukrit's Bruder Seni Pramoj einen unerwartet hohen Sieg. Kukrit wurde nicht wiedergewählt. Seni bildete eine Koalitionsregierung aus vier Parteien, die 206 der 279 Parlamentssitze kontrollierte. Dennoch gelang es ihm nicht, der wirtschaftl. Stagnation und der zunehmenden Unsicherheit im Lande Herr zu werden und die Ungeduld der 1973 von der Macht verdrängten Militärs zu zügeln. Die Rückkehr des früheren Staatschefs Feldmarschall Thanom Kittikachorn aus dem Exil am 19. Sept. führte schließlich zu Auseinandersetzungen in Regierung und Parlament und zu sich verschärfenden Protesten eines von Studenten und Gewerkschaftlern unterstützten Teils der Öffentlichkeit. Anfang Okt. verlangten die Studenten der Thammasat-Universität in einer größeren Demonstration die Bestrafung oder aber die Ausweisung Thanom Kittikachorns. Diese Demonstration wurde unter dem Druck militär. Kreise von Polizeikräften und fanatisiertem Mob gesprengt, wobei über 50 Studenten und drei Polizisten getötet, zahlreiche andere verletzt wurden. Am Abend des 6. Okt. nutzte das Militär die durch Gerüchte über antimonarchist. Umtriebe unter den Studenten erregte Volksstimmung zum Staatsstreich. Auf Vorschlag

Thailand. Das Militär nutzt die Gerüchte über antimonarchistische Umtriebe unter den Studenten zu einem Staatsstreich. Die führenden Männer des „Nationalen Verwaltungsreformrates" sind Admiral S. Chaloryu (links) und Luftmarschall K. Dachatungkha (Mitte). Rechts der ehemalige Ministerpräsident S. Pramoj

Thailand. Nach einer Protestdemonstration mehrerer tausend Studenten gegen die Rückkehr des ehemaligen Ministerpräsidenten Th. Kittikachorn werden vom Militär zahlreiche Studenten, die sich auf den Boden legen müssen, auf dem Gelände der Universität Bangkok festgenommen

THAILAND
Geographische Daten und Bevölkerung: *Fläche* 514 000 km², *Verwaltungsgliederung* in 71 Provinzen, *Hauptstadt* Bangkok (3,97 Mill. E; 1973), *Bevölkerung* 41,87 Mill. E, 81 E/km², Geburten-/Sterberate (auf 1 000 E) 32,8/6,9, *Amtssprache* Thai (Siamesisch), *Religion* Buddhisten 95,3%, Muslime 3,8%, Christen 0,6%.
Wirtschaft: *Erwerbstätigkeit* (1974): 13,8 Mill. Erwerbspersonen, darunter (in Prozentanteilen) Land- und Forstwirtschaft, Jagd und Fischerei 67, produzierendes Gewerbe 12, Dienstleistungen 20,5, Sonstiges 0,5, erstmals Arbeitsuchende 1,3. – *Landwirtschaft:* Nutzfläche (1971) 14,24 Mill. ha, darunter 12,43 Mill. ha Ackerland. – Produktion (Auswahl; 1975): Reis 15,5 Mill. t, Sorghum 200 000 t, Mais 2,7 Mill. t, Zuckerrohr 19,0 Mill. t. – *Bergbau, Industrie und Elektrizitätserzeugung* (Auswahl; 1975): Braunkohle 408 000 t, Eisenerz 32 400 t, Zinnkonzentrat 18 192 t, Zement 3,9 Mill. t, Elektrizitätserzeugung 7,38 Mrd. kWh. – *Außenhandel* (1975): Export (fob) 2,353 Mrd. $, Import (cif) 3,28 Mrd. $. – *Währung* ↑Übersicht Währungen. – *BIP* in jeweiligen Preisen 291,787 Mrd. Baht, je E 6 968 Baht.
Verkehr: *Eisenbahnen:* Streckenlänge (1973) 3 830 km, 5,7 Mrd. Personenkilometer, 2,34 Mrd. Nettotonnenkilometer. – *Straßen* (1972): 17 686 km, davon 11 507 km Staatsstraßen. – Bestand an Kfz (1974): 212 300 Pkw, 55 500 Lkw. – *Schiffahrt:* Handelsflotte mit 138 426 BRT. – *Luftverkehr:* 4,27 Mrd. Personenkilometer.

eines im wesentl. aus Militärs zusammengesetzten 24köpfigen „Nat. Verwaltungsreformrats" unter Admiral Sangad Chaloryu ernannte der König eine zivile Regierung mit dem bislang wenig bekannten Richter Thanin Kraivichien als Ministerpräsident. Die Verfassung wurde aufgehoben, die Parteien verboten, Kriegsrecht und Pressezensur wurden eingeführt. In der neuen Verfassung, die König und Regierung mit fast unbeschränkten Vollmachten ausstattet, wurde das aufgelöste Parlament durch eine beratende Versammlung („Nat. Verwaltungsreformversammlung") ersetzt.

Außenpolit. führten die Ministerpräsidenten Kukrit und Seni die seit einiger Zeit verfolgte vorsichtige Annäherung an das sozialist. Lager fort. Zur Konsolidierung dieser Bemühungen reiste Außenminister Phichai im Spätsommer nach Hanoi und Vientiane. Durch den Umsturz geriet der Annäherungsprozeß vorerst ins Stocken, obgleich auch das neue Regime sich zu Neutralität und guter Nachbarschaft rundum bekannte. Angelpunkt thailänd. Außenpolitik blieb jedoch das ASEAN-Bündnis; schon kurz nach Regierungsantritt besuchte Ministerpräsident Thanin die ASEAN-Staaten. Im übrigen standen Bemühungen um eine Wiederaufnahme begrenzter Zusammenarbeit mit den USA und freundschaftl. Beziehungen zu Japan und den westl. Industriestaaten im Vordergrund. Das Verhältnis zum Ostblock blieb reserviert, das zu China vorsichtig freundschaftlich.

THEATER

Zwar kann sich die Theaterszene des Jahres 1976 über Mangel an Autoren nicht beklagen, doch aus der Fülle des Angebots ragt nur weniges heraus. So der Name von Botho Strauß zum Beispiel. Er ist im Augenblick die interessanteste Erscheinung der deutschen Theaterlandschaft, ein sensibler Realist, der in seinem letzten Stück, „Trilogie des Wiedersehens", auf spektakuläre Elemente bewußt verzichtend, den Selbstverlust des Menschen schildert. Dieser Selbstverlust stellt sich dar als Krise der Sprache – ein Umstand, der deutlich zeigt, wie sehr Botho Strauß in der Tradition steht. Verlust und Resignation bestimmen in geradezu stereotyper Weise seit Jahren auch das Werk von Thomas Bernhard. Sein letztes Stück, „Minetti", die in Stuttgart uraufgeführte Studie eines alternden Schauspielers (von B. Minetti selbst dargestellt), setzt die Erfolgsserie des österreichischen Autors fort. Auch Franz Xaver Kroetz, der den Mülheimer Dramatikerpreis des Jahres 1976 zugesprochen bekam, legte mit „Agnes Bernauer" ein neues Stück vor, eine Parabel mit märchenhaften Zügen, welche Kroetz' Einsicht illustrieren soll, daß soziale Veränderungen nicht allein anstrebbar, sondern auch durchführbar seien. Weniger optimistisch gibt sich Kroetz in seinem Stück „Herzliche Grüße aus Grado", einem Urlaubsbilderbogen, der vom elenden Ferien-„Glück" des kleinen Mannes zu berichten weiß. Heftige, zum Teil sehr unterschiedliche Reaktionen löste Gerlind Reinshagens viertes Theaterstück, „Sonntagskinder", aus, welches gleichzeitig in Stuttgart, München, Wiesbaden und Düsseldorf seine Uraufführung erlebte. Dieses beklemmende Familienpanorama aus der Zeit des Dritten Reiches führt die psychischen Deformationen der Überlebenden nicht so sehr auf die Schreckbilder des Krieges, sondern auf den Pragmatismus und die Unbelehrbarkeit der Menschen zurück. Auch Karl Otto Mühl trat mit einem neuen Bühnenwerk hervor. Doch „Kur in Bad Wiessee", ein Stück um Kommunikationslosigkeit und Lebenslüge, konnte an den großen Erfolg von „Rheinpromenade" nicht anknüpfen. Das machte die Wuppertaler Uraufführung sehr deutlich. Weniger pathetisch geriet Franz Buchriesers Geschichte eines Strafgefangenen („Das Produkt"): der erschütternde Monolog eines Menschen, der um Hilfe schreit und keine Antwort findet – von Georg Corten in der Uraufführung des Berliner Schiller-Theaters überzeugend auf die Bühne gebracht.

Bemerkenswerte Uraufführungen gab es auch in der DDR. Peter Hacks war wieder im Gespräch. Vom verächteten und verschwiegenen ist er zum vieldiskutierten, zum meistgespielten Dramatiker avanciert. Gleich zwei neue Stücke stellte er 1976 vor. Mit der altpersischen Parabel „Prexaspes" hat Hacks nach mehr als zehn Jahren wieder ein politisches Drama geschrieben, das von den Machtkämpfen und Widersprüchen in sozialistischen Gesellschaftssystemen, vom Konflikt zwischen den Dogmatikern und den Technokraten handelt. Die Dresdener Uraufführung (Inszenierung von Klaus Dieter Kirst) gedieh zum großen Theaterereignis. Das gilt auch vom zweiten Stück, einem Lustspiel über die Beziehung zwischen Goethe und der Frau von Stein („Ein Gespräch im Hause Stein über den abwesenden Herrn von Goethe"), welches ebenfalls am Staatstheater Dresden seine Uraufführung erlebte. Hacks hat dem Thema Goethe nach seinem letztjährigen Erfolg mit „Das Jahrmarktsfest zu Plundersweilern" eine weitere Perspektive abgewonnen. Neben Hacks verdienen Volker Braun und sein unbequemes, sozialistisches Trauerspiel „Tinka" (Uraufführung in Karl-Marx-Stadt) Erwähnung, welches, genau wie sein erstes Stück „Die Kipper", erst nach Jahren von den Staatsorganen zur Aufführung freigegeben worden war, weil es die Widersprüchlichkeit des realen Sozialismus aufzeigt. Die Kurskorrektur in der DDR-Kulturpolitik kam auch Heiner Müller zugute, dessen neuestes Stück „Die Bauern" an der Ost-Berliner Volksbühne in der Regie von Fritz Marquardt zur Aufführung

kam. Auch in diesem Stück werden Widersprüche aufgezeigt, die zum Teil aus dem Kapitalismus in die neue Gesellschaft hinübergenommen, zum Teil neu in ihr entstanden sind.
Eine charakteristische Tendenz der letzten Spielzeit zeigte sich allerorten: das Bestreben nämlich, epische Literatur zu Theaterzwecken nutzbar zu machen. So brachte Hans Hollmann in Basel Thomas Manns Erstlingsroman „Die Buddenbrooks" mit viel Erfolg auf die Bühne. Adolf Dresen bearbeitete für das Deutsche Theater in Ost-Berlin H. von Kleists „Michael Kohlhaas", wobei die Fragwürdigkeit dieses Unterfangens in der Bemühung deutlich wurde, Kohlhaas die Züge Wolf Biermanns zu geben. Kleist blieb dabei auf der Strecke. Von gleicher Fragwürdigkeit war die Bearbeitung von H. Bölls Erzählung „Katharina Blum" durch Margarethe von Trotta. Die Bonner Uraufführung machte es deutlich, wie sehr die Stärken des Böllschen Textes an die epische Form gebunden sind. Überzeugender gelang die Bochumer Aufführung von Heinrich Manns „Professor Unrat" in der Adaption von Robert Muller. Hier arbeitet man auch an einer zweiteiligen Dramatisierung von Heinrich Manns Roman „Der Untertan". Auch Alfred Döblin fand in Bochum seine Bearbeiter. Sein Kurzroman „Die beiden Freundinnen und ihr Giftmord", eine Zeitstudie mit stark psychosozialen Zügen, wurde in der Bochumer Inszenierung zu trivialen Kurzszenen umfunktioniert. Franz Kafkas Romanfragment „Der Prozeß" fand in Steven Berkoff einen neuen Bearbeiter. Er setzte die erzählerischen Elemente in Theatereffekte um und errang damit im Düsseldorfer Schauspielhaus einen stark beachteten Erfolg.
Neben dem Rückgriff auf Romanvorlagen war die vergangene Spielzeit bestimmt von dem Versuch, längst vergessene Stücke in zeitgemäßer Bearbeitung wieder ans Licht zu befördern. Ein charakteristisches Beispiel bot Kassel, wo Christian Weises barockes „Trauerspiel von dem neapolitanischen Hauptrebellen Masaniello", jener Bericht also von der Volksrevolte der Neapolitaner gegen die Spanier im Jahre 1647, zu einem überdimensionalen Theaterspektakel gedieh. In Pforzheim war eine vergessene Aristophanes-Komödie, „Plutos – Das Märchen vom Glück", zu sehen und in Nürnberg besann man sich auf Christopher Marlowes bombastisches Erstlingswerk „Tamburlaine the Great", die Lebensgeschichte eines Gewaltmenschen, der man, ohne Erfolg, Zeitbezogenheit abzugewinnen suchte. Eine Kuriosität: Die Stuttgarter Bearbeitung von Molières Lustspiel „Der Geizige", ein Stoff, der ins Stuttgart des 19. Jahrhunderts verpflanzt wurde und unter dem Titel „Der Entaklemmer" eine orginelle sprachliche Ausformung erhielt.
Weniger die Stückeschreiber als vielmehr die Regisseure machten 1976 von sich reden. Peter Zadeks Hamburger Inszenierung von W. Shakespeares „Othello" sah sich widersprüchlichsten Reaktionen ausgesetzt. Ein Klassiker, gegen alle Theaterkonvention, gegen alle Publikumserwartungen inszeniert, löste Rührung und unbändiges Gelächter aus. Hier war wieder naives Theater zu sehen, ohne alle Bildungsbeflissenheit. Das gilt in gleichem Maße auch von Claus Peymanns Stuttgarter Inszenierung des Kleistschen „Käthchen von Heilbronn". Aus dem großen, historischen Ritterschauspiel wurde ein handfester Theaterspaß, wodurch, paradoxerweise, den beiden Hauptfiguren erst ihr Ernst zurückgegeben wurde.
Von großer Resonanz war zudem Rudolf Noeltes Shaw-Inszenierung „Der Arzt am Scheideweg" in den Münchener Kammerspielen. Raffiniert in Szene gesetzt, doch letztlich belang- und bezugslos. Die auffallendste Erscheinung des Jahres 1976 war Niels-Peter Rudolph, dessen „Onkel Wanja"-Inszenierung im Berliner Schloßparktheater den Tschechowschen Figuren gänzlich neue Perspektiven abzugewinnen wußte. Wie unbestechlich Rudolphs Blick für das Zeitgeschichtliche ist, bewies seine vielbeachtete Inszenierung von Botho Strauß' bisher wohl bestem Stück, „Bekannte Gesichter, gemischte Gefühle". Rudolph setzte die „bekannten Gesichter" der bundesdeutschen Alltagswelt so lebensnah wie nur möglich in Szene, zeigte die Eiswüste menschlicher Beziehungen in einem kapitalistischen System. Nicht nur aufzeigen, verändern will das Berliner Grips-Theater mit seinem Jugendstück „Das hältste ja im Kopf nicht aus", das Wolfgang Kolneder inszenierte. Antikulinarisches Theater war hier zu sehen, welches die etablierten Bühnen gar nicht erst in Angriff nehmen.
Einige interessante Perspektiven bot im letzten Jahr das experimentelle Theater. André Heller und Bernhard Paul inszenierten in München ihren „Zirkus Roncalli", darauf vertrauend, daß Zirkus und Theater ein Tertium comparationis haben: die Poesie. So boten sie ihre Vorführungen auch als „Poetisches Spektakel" an. Doch Neues entstand aus diesen originellen Ansätzen nicht. Nostalgische Schwärmereien von der vergangenen, höchst fragwürdigen Zirkusherrlichkeit waren die magere Ausbeute dieses Unternehmens. Origineller waren da schon die Sprachspiele von Ernst Jandl, die unter dem Titel „Die Humanisten" in Graz über die Bühne gingen. Eine böse und zugleich überwältigend komische Attacke auf den abendländischen Traditionalismus.
Das große internationale Theaterereignis des Jahres fand diesmal in Belgrad statt. Zwanzig Inszenierungen aus zwölf Ländern boten die Veranstalter des „Theaters der Nationen". Den Auftakt machte das Theater Na Taganke Moskau mit der sehr eigenwilligen Bühnenfassung von John Reeds Roman „Zehn Tage, die die Welt erschütterten", ein Politspektakel, das in zwanzig Szenen den Triumph der russischen Oktoberrevolution abzubilden versucht. Trotz des gewohnten Pathos lebendigstes Theater. Enttäuschung dagegen über Andrzej Wajdas Inszenierung von Przybysywewskas Revolutionsstück „Der Fall Danton". Auch die spanische Truppe Compania Nuria Espert erntete mit ihrer Tragikomödie „Divinas Palabras" wenig Beifall. Stück und Inszenierung entsprachen ihrer bombastisch leeren Ausstattung. Als deutscher Beitrag war Zadeks Hamburger „Othello"-Inszenierung zu sehen, dazu Becketts Inszenierung von „Warten auf Godot" (Berliner Schiller-Theater). Poetisches Theater wußte das amerikanische Bread and Puppet Theater in Szene zu setzen. Von gleicher Intensität war eine Aufführung des Isländischen Nationaltheaters („Inuk"). Am Beispiel der Eskimos wird der Untergang einer lebendigen Gemeinschaft durch eine lebensfeindliche Kulturindustrie dargestellt. Mit einem bemerkenswert kritischen Akzent war auch der abschließende Beitrag der Slowenischen Schauspieltruppe aus Celje versehen („Spiel Tumor im Kopf und die Luftverschmutzung"). Im Gewande der Parabel stellte die beeindruckende Inszenierung noch einmal die Frage nach dem Verhältnis von Idee und Wirklichkeit.

Thorn, Gaston, * Luxemburg 3. Sept. 1928, luxemburg. Politiker. Seit 1974 Ministerpräsident; wurde im März 1976 zum Präsidenten der Föderation liberaler und demokrat. Parteien der Europ. Gemeinschaften gewählt.

Tindemans, Léo, * Zwijndrecht 16. April 1922, belg. Politiker. Seit 1961 Mitglied der Abgeordnetenkammer; ab 1968 mehrfach Minister verschiedener Ressorts; seit 1974 Ministerpräsident; erhielt im Mai 1976 den Karlspreis der Stadt Aachen, wurde im Juli 1976 Präsident der Europ. Volkspartei.

Ting, Samuel Chao Chung, * Ann Arbor (Michigan) 27. Jan. 1936, amerikan. Physiker chines. Herkunft.

TOGO

Geographische Daten und Bevölkerung: *Fläche* 56 600 km^2, *Verwaltungsgliederung* in 5 Regionen, *Hauptstadt* Lomé (150 000 E; 1971), *Bevölkerung* 2,17 Mill. E (1974), 38 E/km^2, *Amtssprache* Französisch, *Religion* 66% Animisten, 26% Christen (überwiegend Katholiken).

Wirtschaft: *Erwerbstätigkeit* (1966; in Prozentanteilen): Land- und Forstwirtschaft 87,1, produzierendes Gewerbe 3,7, Handel, Banken, Versicherungen 9,2. – *Landwirtschaft:* Nutzfläche 2,47 Mill. ha (1966), davon 2,27 Mill. ha Ackerland. – Produktion (Auswahl; 1973): Reis 25 000 t, Mais 85 000 t (1972), Hirse 130 000 t (1974), Jamswurzeln 1,1 Mill. t (1972), Maniok 980 000 t (1972), Erdnüsse 20 000 t, Kaffee 12 000 t (1975), Kakao 23 000 t (1975), Rohbaumwolle 9 000 t (1974). – *Bergbau, Industrie und Elektrizitätserzeugung* (Auswahl; 1973): Naturphosphat 2,5 Mill. t, Baumwollgewebe 14 Mill. m (1974), Bier 100 000 hl (1972), Elektrizität 83,13 Mill. kWh (1975). – *Außenhandel* (1975): Export 28,5 Mrd. CFA-Franc, Import 33,0 Mrd. CFA-Franc. – *Währung* ↑Übersicht Währungen. – *BIP* zu Marktpreisen 123,6 Mrd. CFA-Franc (1975), BIP je E 56 000 CFA-Franc.

Verkehr: *Eisenbahnen:* Streckenlänge 498 km (1972). – *Straßen* (1972): 7 000 km. Bestand an Pkw 10 200, an Lkw und Omnibussen 6 300. – *Luftverkehr* (1975; Flughafen Lomé): 73 100 Fluggäste.

T. verbrachte seine Jugend in China, studierte dann in den USA und ist seit 1967 Professor am Massachusetts Institute of Technology (MIT) in Cambridge (Mass.). Seine Arbeiten über die Erzeugung von Leptonen und Mesonen in Hochenergieprozessen (u. a. am Dt. Elektronen-Synchrotron in Hamburg) gipfelten 1974 in der Entdeckung eines neuartigen schweren Elementarteilchens – das von ihm als J-Teilchen bezeichnete Psiteilchen – bei Experimenten am großen Protonenbeschleuniger in Brookhaven (New York). Für diese Entdeckung erhielt er 1976 zusammen mit B. ↑Richter den Nobelpreis für Physik.

TIP (TIP 3) ↑tabellarische Übersicht Weltraumfahrt S. 300.

Togo, Republik in W-Afrika. Eine Volksvertretung gibt es nicht. Staatsoberhaupt *Gnassingbe Eyadéma* (seit Jan. 1967). Flagge ↑Farbtafeln Flaggen S. 140. Internat. Mitgliedschaften ↑Übersicht Internationale Organisationen.

Wirtschaft: Der neue Entwicklungsplan 1976–80 sieht Ausgaben in Höhe von 250 Mrd. CFA-Franc vor. Die Ausgaben sollen u. a. wie folgt verteilt werden (in Mrd. CFA-Franc): administrative Organisation der Entwicklung 16,8; Verkehrs- und Nachrichtenwesen, städt. Einrichtungen und tourist. Infrastrukturmaßnahmen 11,3; landwirtschaftl. Entwicklung 56,2; Entwicklung von Industrie, Handwerk und Handel 75,1; soziokulturelle Entwicklung 20,1; Beschäftigungswesen und berufl. Bildung 1,9.

Innen- und Außenpolitik: Die Regierung unterzeichnete im Jan. ein Verteidigungsabkommen mit Libyen und ein Protokoll über kulturelle Zusammenarbeit mit der Sowjetunion, während im Juni Vereinbarungen zur Demarkierung der Grenze zu Ghana getroffen wurden. Ein als Freundschaftsbesuch bezeichneter Aufenthalt des Präsidenten Benins am 17. Juni in Lomé bestätigte die Versöhnung, obwohl der Grenzkonflikt erst im März durch Vermittlung Guineas bereinigt werden konnte. Präsident G. Eyadéma, der vom Zentralkomitee der Einheitspartei Rassemblement du Peuple Togolais (RPT) im Juli zum General befördert wurde, bildete im Sept. die Regierung um und ließ im Nov. einen Kongreß der RPT durchführen, der sich mit administrativen Reformen beschäftigte.

Tokelauinseln ↑Übersicht Staaten der Erde (Neuseeland).

Tonga, Königreich im südl. Pazifik, Mitglied des Commonwealth of Nations. Als Volksvertretung fungiert eine Legislativversammlung mit zum Teil gewählten Mitgliedern. Staatsoberhaupt *Taufa'ahau Tupou IV.* (seit Dez. 1965), Regierungschef *Fatafehi Tu'ipelehake* (seit Dez. 1965). Flagge ↑Farbtafeln Flaggen S. 140. Internat. Mitgliedschaften ↑Übersicht Internationale Organisationen.

Tonga. Der stellvertretende Ministerpräsident S. L. Tuita (links) und Staatssekretär W. Gehlhoff (rechts) vom deutschen Auswärtigen Amt paraphieren in Bonn den neuen Freundschaftsvertrag zwischen Tonga und der Bundesrepublik Deutschland

Innen- und Außenpolitik: Das Inselreich rückte 1976 in den Mittelpunkt globalstrateg. Erörterungen. Die UdSSR zeigte Interesse an Hafenrechten, wobei sicher nicht allein an die Versorgung der tatsächl. auf Fischfang gehenden sowjet. Schiffe gedacht worden war. Die Sowjetunion hatte ihr Augenmerk auf die Insel Vavau gelegt. Es ist dieselbe Insel, die ab 1876 der kaiserl.-dt. Marine einen vertragl. gesicherten Stützpunkt bot. Nach Ansicht des Königshauses war es der Freundschaftsvertrag mit dem Dt. Reich, der T. vor einer Kolonisierung bewahrt hat. Das 100jährige Jubiläum der Unterzeichnung wurde in Anwesenheit einer offiziellen dt. Delegation unter Leitung des Hamburger Wirtschaftssenators in T. mit einem

TONGA

Geographische Daten und Bevölkerung: *Fläche* 700 km^2 (rund 150 Inseln), *Verwaltungsgliederung* in 39 Lehen (Tofi'a), *Hauptstadt* Nuku'alofa (15 685 E), *Bevölkerung* (1973) 94 000 E, 132 E/km^2, *Handelssprache* Englisch, *Religion* überwiegend Christen (Wesleyan Church).

Wirtschaft: *Landwirtschaft:* Produktion: Kopra rund 14 000 t (1974). – *Außenhandel* (1974): Export 4,6 Mill. T$, Import 11,8 Mill. T$. Haupthandelspartner sind Neuseeland, Australien und die Niederlande. Hauptexportgüter sind Kopra, Kokosnüsse und Bananen. Hauptimportgüter sind Nahrungsmittel, Textilien, Maschinen. – *Währung* ↑Übersicht Währungen.

Verkehr: Kfz-Bestand 1 571 (1973).

Staatsakt gefeiert. In Bonn wurde im Herbst der Vertrag verlängert.
Das sowjetruss. Angebot, techn. Hilfe und Ausrüstung für den Aufbau einer Fischereiindustrie zu stellen sowie eine Start- und Landebahn für Düsenflugzeuge auf dem Flughafen von Nuku'alofa zu bauen, lösten in Australien, Neuseeland, den USA und der BRD außenwirtschaftspolit. Initiativen aus. Die strateg. Bedeutung des Inselreichs ist erkannt worden und hat in diesen Ländern die Bereitwilligkeit zu großzügiger Entwicklungshilfe erzeugt.

Transkei, Republik (seit Okt. 1976) in Südafrika. Als Volksvertretung fungiert eine Nationalversammlung mit 150 Mitgliedern, die je zur Hälfte gewählt bzw. von Stammesführern ernannt werden. Staatsoberhaupt *M. Botha Sigcau* (seit Okt. 1976), Ministerpräsident *Kaizer Daliwonga Matanzima* (seit Okt. 1976; zuvor Chefminister des südafrikan. Homeland Transkei). Flagge ↑ Farbtafeln Flaggen S. 140. – ↑ auch Übersicht Staaten der Erde.
Die *Wirtschaft* der regenreichen T. ist primär auf die Landwirtschaft ausgerichtet. Neben Getreide werden bereits Kaffee und Tee produziert. Anbauversuche mit Flachs, Baumwolle und Zuckerrohr werden vorgenommen. Der Wert der Ernte wurde 1974 auf 50 Mill. DM geschätzt. Der Ertrag der Forstwirtschaft lag bei 1,5 Mill. DM. Bedeutend ist auch die Viehzucht. Ausgebaut werden soll der Tourismus. Bisher wurden nur 26% des BIP im Land selbst verdient, während der restl. Teil von 350 000 in der südafrikan. Industrie beschäftigten Gastarbeitern erarbeitet wird.
Innen- und Außenpolitik: Als erstes Bantustan (Homeland) Südafrikas wurde die T. in der Nacht vom 25. auf 26. Okt. unabhängig. An der Spitze des 50. Staates Afrikas steht Präsident Botha Sigcau. Premierminister Kaizer D. Matanzima hatte im Sept. mit der von ihm geführten TNIP (Transkei National Independence Party) einen überzeugenden Wahlsieg errungen, was freilich auch darauf zurückzuführen war, daß ein großer Teil der führenden Oppositionsmitglieder kurz vor dem Termin zur Nominierung der Kandidaten verhaftet wurde. Anerkannt wurde der Staat bisher nur durch Südafrika, da die OAU ihre Mitglieder bereits im Juli aufgefordert hatte, die Anerkennung zu verweigern, und die UN-Generalversammlung eine Resolution akzeptierte, in der die Unabhängigkeit als ungültig erklärt wurde. Ledigl. Taiwan deutete an, mit dem neuen Staat zusammenarbeiten zu wollen. Spannungen mit Südafrika ergaben sich dadurch, daß sich Pretoria auf den Standpunkt stellt, die in Südafrika lebenden rund 1,5 Mill. Xhosa seien automat. Staatsbürger der T. geworden, während K. D. Matanzima erklärt, die Verantwortung für sie trage

Transkei. Der Chefminister des südafrikanischen Homeland K. D. Matanzima (rechts) und der südafrikanische Ministerpräsident J. B. Vorster (links) unterzeichnen am 17. September insgesamt sieben Verträge, die den Status der Unabhängigkeit vorbereiten sollen, der für Oktober vorgesehen ist

die südafrikan. Regierung. Auch die Spannungen mit Lesotho hielten an, dessen Regierung sich mit der Beschwerde an die UN wandte, die T. habe die Grenze geschlossen, wodurch Lesotho großer wirtschaftl. Schaden entstehe.

Transkei. Ministerpräsident K. D. Matanzima (dritter von rechts) stellt am 26. Oktober die Mitglieder seines Kabinetts vor

Trinidad und Tobago, Republik (seit Aug. 1976) vor der Nordküste Südamerikas, Mitglied des Commonwealth of Nations. Als Volksvertretung fungieren ein Repräsentantenhaus mit 36 gewählten Abgeordneten und ein Senat mit 24 Mitgliedern. Staatsoberhaupt *Ellis Emmanuel Innocent Clarke* (seit Aug. 1976; zuvor Königin *Elisabeth II.* von

TRINIDAD UND TOBAGO
Geographische Daten und Bevölkerung: *Fläche* 5 128 km², *Hauptstadt* Port of Spain (100 000 E), *Bevölkerung* 1,08 Mill. E, 206 E/km² (1975), *Amtssprache* Englisch, *Religion* 36% Katholiken, 23% Hindus, 21% Anglikaner, 6% Muslime.
Wirtschaft: *Erwerbstätigkeit* (1974): 336 000 Erwerbstätige, davon (in Prozentanteilen) Landwirtschaft und Fischerei 17, Bergbau und Industrie 19, Energie und Baugewerbe 13, Handel 19, Verkehr 9, sonstige Dienstleistungen 23. – *Landwirtschaft:* 157 000 ha Ackerland und Dauerkulturen, 11 000 ha Weideland (1974). – Produktion (Auswahl; 1975): Kopra 8 800 t, Kakaobohnen 5 240 t, Tabak 285 t, Kaffee 4 000 t. – *Bergbau, Industrie und Elektrizitätserzeugung* (Auswahl; 1975): Erdöl 11,6 Mill. t (1976), Benzin 2,1 Mill. t, Heizöl 8,81 Mill. t, Zement 255 000 t, Asphalt 79 000 t, Zucker 160 000 t, Elektrizität 1,12 Mrd. kWh. – *Außenhandel* (1975): Export 3 878 Mill. TT$, Import 3 244 Mill. TT$. – *Währung* ↑ Übersicht Währungen. – *BIP* zu Marktpreisen 4 103 Mill. TT$, 3 800 TT$/E (1974).
Verkehr: *Straßen* (1968): 5 650 km, davon 1 258 km Hauptstraßen. Kfz-Bestand etwa 100 000. – *Luftverkehr* (1974): 635 000 Fluggäste.

Großbritannien), Regierungschef *Eric Eustace Williams* (seit Aug. 1962). Flagge ↑ Farbtafeln Flaggen S. 140. Internat. Mitgliedschaften ↑ Übersicht Internationale Organisationen.
Wirtschaft: Seit der sprunghaften Ölpreiserhöhung hat sich die Wirtschaftslage merkl. gebessert. 1976 stieg das BIP real um rund 5% bei einer Preissteigerung von 13%. Die große Masse der Bevölkerung hat aber bisher nicht von dieser Entwicklung profitiert. Die Einkommenverteilung ist sehr ungleich. Es herrscht chron. Wohnungsnot,

und die Arbeitslosigkeit liegt bei über 15%. Die Ölförderung ist seit 1972 wieder kontinuierl. gestiegen und erreichte 1975 84 Mill. Faß. Das reicht für etwa die halbe Raffineriekapazität des Landes aus. Die Landwirtschaft deckt nur etwas mehr als die Hälfte des Nahrungsmittelbedarfs. Das wichtigste Agrarprodukt ist Zucker (1975/76: 205 000 t). Das Außenhandelsvolumen hat sich seit 1974 vervielfacht, da überwiegend Rohöl eingeführt und Mineralölprodukte (und Zucker) ausgeführt werden. 1975 wurde ein Exportüberschuß von rund 600 Mill. TT$ erzielt.

Tschad, Republik in Zentralafrika. Als Volksvertretung fungierte bis zu ihrer Auflösung im April 1975 eine Nationalversammlung mit 105 Abgeordneten, die einer Einheitspartei angehörten. Staatsoberhaupt *Félix Malloum* (seit 15. April 1975; zuvor *François [N'Garta] Tombalbaye* [† 13. April 1975]). Flagge ↑ Farbtafeln Flaggen S. 140. Internat. Mitgliedschaften ↑ Übersicht Internationale Organisationen.

Wirtschaft: Mit über 90% seiner Arbeitskräfte im Agrarsektor bleibt die Wirtschaftsentwicklung des T. weiterhin vom Wetter abhängig. Heftige Regenfälle im Jahr 1975 verhinderten eine Erholung von der schweren Dürre Anfang der siebziger Jahre. 1976 soll wegen einer neuen Dürre die Ernährungslage in der Sahelzone des T. katastrophal gewesen sein. Die Bevölkerung der heimgesuchten Gebiete benötigt etwa 30 000 t Nahrungsmittel. Im übrigen haben das Regendefizit, die ungleichmäßige Verteilung des Niederschlags und eine Vermehrung der Insekten die Baumwollkulturen – Baumwolle ist der größte Devisenbringer – im S des Landes geschädigt. Angesichts dieser Situation kann die Regierung nur noch auf internat. Hilfe hoffen.

Innen- und Außenpolitik: Der Besuch des frz. Premierministers J. Chirac (März) führte zur Unterzeichnung mehrerer Abkommen. Staatschef F. Malloum entging am 13. April nur knapp einem Attentat. Ende Mai wurde der Generalstab in Verbindung mit der Einrichtung einer Verteidigungskommission neu organisiert, während im Rahmen einer Regierungsumbildung (Juni) erstmals vier Personen aus den rebell. N-Provinzen zu Ministern ernannt wurden. Im Juli stellten sich einige Gruppen der Rebellen hinter die Regierung. Hierdurch wurde die Sektion der Rebellen, die unter Führung von H. Habre steht, geschwächt, was die frz. Presse im Sept. zu dem Kommentar veranlaßte, die eingeleitete Politik der nat. Versöhnung trage Früchte. Ein Zwischenfall an der Grenze zu Nigeria (16. Mai) veranlaßte beide Regierungen, am 20. Sept. eine Kommission einzusetzen. Im Aug. besuchte F. Malloum Khartum, um mit seinem sudanes. Kollegen M. An Numairi Fragen der regionalen Sicherheit zu besprechen. Ende des Jahres bemühte sich der libysche Staatschef M. V. Al Kadhdhafi um die Freilassung der frz. Anthropologin F. Claustre, die sich in der Hand der Rebellen befand, was dann Anfang 1977 zum Erfolg führte.

TSCHAD

Geographische Daten und Bevölkerung: *Fläche* 1 284 000 km², *Verwaltungsgliederung* in 14 Regionen (Präfekturen), *Hauptstadt* N'Djamena (179 000 E; 1972), *Bevölkerung* 3,95 Mill. E (1974), 3 E/km², *Amtssprache* Französisch, *Religion* 41% Muslime, 29,4% Animisten, 29,2% Christen (zu zwei Dritteln Katholiken).

Wirtschaft: *Erwerbstätigkeit:* Über 90% der Erwerbstätigen sind in der Landwirtschaft beschäftigt. – *Landwirtschaft:* Nutzfläche 52 Mill. ha (1968), davon 7 Mill. ha Ackerland. – Produktion (Auswahl; 1973/74): Hirse und Sorghum 350 000 t, Maniok 57 000 t (1972), Erdnüsse 50 000 t, Baumwolle 174 000 t (1975/76), Rind- und Kalbfleisch 55 000 t (1972), Milch 211 000 t (1972), Fischfang 120 000 t (1972). – *Industrie und Elektrizitätserzeugung* (Auswahl; 1973): Zucker 17 000 t, Bier 102 000 hl, Elektrizität 56,4 Mill. kWh (1975). – *Außenhandel* (1974): Export 8 753 Mill. CFA-Franc, Import 22 051 Mill. CFA-Franc. Haupthandelspartner sind Frankreich und Nigeria. Hauptexportgüter sind Rohbaumwolle und Rindfleisch. – *Währung* ↑ Übersicht Währungen. – *BIP* zu Marktpreisen 94,92 Mrd. CFA-Franc (1970), 20 200 CFA-Franc/E.

Verkehr: *Straßen* (1972): Straßen 1. Ordnung 2 680 km, Straßen 2. Ordnung 3 462 km, andere Straßen und Pisten 24 600 km. – *Luftverkehr* (1975): 89 000 Fluggäste.

Tschechoslowakei. Der Generalsekretär der Kommunistischen Partei G. Husák wird während des XV. Parteitages der KPČ Mitte April einstimmig in seinem Amt bestätigt

Tschechoslowakei, Bundesrepublik in Mitteleuropa. Das Parlament besteht aus der Volkskammer mit 200 Abgeordneten und der Kammer der Nationen mit 150 Mitgliedern. Staatsoberhaupt *Gustav Husák* (seit 2. Mai 1975; zuvor *Ludvík Svoboda*), Regierungschef *Lubomír Štrougal* (seit Jan. 1970), Außenminister *Bohuslav Chňoupek*. Flagge ↑ Farbtafeln Flaggen S. 140. Internat. Mitgliedschaften ↑ Übersicht Internationale Organisationen.

Wirtschaft: Der Beginn des neuen Fünfjahresplanes 1976–80 stand nicht unter den günstigsten Vorbedingungen. Der Arbeitskräftemangel mußte hauptsächl. von der Industrie getragen werden, die Zuwachsraten der Arbeitsproduktivitäten zeigten abnehmende Tendenzen. Trotzdem verzeichneten sämtl. Industriezweige Produktionszunahmen. Zuwachsraten wurden in den Betrieben der Gasindustrie mit 19,3%, in der Glas-, Keramik- und Porzellanindustrie mit 9,4% sowie in der Chemieindustrie und dem Maschinenbau mit je 9% erzielt. Auch die Verbrauchsgüterindustrie konnte einen Produktionszuwachs von 5,1% erreichen. Sehr groß waren die Schwierigkeiten auf dem Agrarsektor. Nach der schlechten Ernte im Jahr 1975 fiel auch die Ernte 1976 unzureichend aus. Im Außenhandel lag die Gesamtzuwachsrate bei Verkäufen an sozialist. Länder beträchtl. über der des Vorjahres. Der Außenhandelsumsatz mit den nichtsozialist. Ländern hielt sich annähernd auf dem Niveau des Vorjahres, bei etwas höheren Ein- als Ausfuhrraten.

Innen- und Außenpolitik: Das Jahr 1976 konnte in der T. in keiner Weise an das vorhergehende Jahr, das erfolgreichste seit dem Ende des „Prager Frühlings", anknüpfen: Die wirtschaftl. Blüte, die dem Land den zweitbesten Lebensstandard in Osteuropa hinter der DDR eingebracht hatte, welkte unter dem Eishauch sowjet. Ölpreis-

steigerungen um 175% rasch dahin, und die Mängel der tschechoslowak. Industrie, deren Arbeitsproduktivität ein Viertel niedriger als die westl. Industrien liegt, traten wieder schärfer ins Bewußtsein. Einen Ausweg fand Prag u.a. darin, daß es die mehrere Jahre lang aufrechterhaltene Vorzugsposition der Slowakei in den Investitionen aufhob, was den Slowaken ausgerechnet auf ihrem Regionalparteitag im März verkündet wurde. Auch in jeder anderen Hinsicht ließ die T. 1976 Stagnation und Rückschritte erkennen: Uneinigkeiten in der Führung wurden deutlicher, die mühsam errungene außenpolit. Besserung verschlechterte sich wieder, das innenpolit. und ideolog. Klima wurde erneut frostiger, und die demograph. Aufwärtsentwicklung, die in den Jahren vorher zu einem wahren „babyboom" geführt hatte, flachte infolge fehlender Kindertagesstätten und Schulen wieder ab.
Acht Jahre nach der gewaltsamen Beendigung des reformkommunist. Experiments des „Prager Frühlings" hat es in der T. noch immer keine Beruhigung der Lage nach dem Muster Ungarns unter J. Kádár gegeben. Der Grund dafür sind die unüberwindbaren Fronten in der Partei- und Staatsführung, wo sich Gemäßigte (um Parteichef und Staatspräsident G. Husák) und Dogmatiker (um den Chefideologen V. Bilák) gegenüberstehen. Die Sowjets unterstützen G. Husák – weil sie keinen Ersatzmann für ihn sehen und weil er bislang die sog. „Normalisierung" in relativer Ruhe und mit wirtschaftl. Erfolg durchführte. Gleichzeitig lassen sie aber auch seine Gegner gewähren, da deren Basis in der – mehrfach gesäuberten – Partei größer als die des Parteichefs ist. Dieser Gegensatz wurde bes. auf dem 15. Parteitag im April deutlich, als es um die Wiederaufnahme ausgeschlossener Parteiangehöriger ging, die die dogmat. Fraktion erfolgreich zu verwässern verstand.
In den auswärtigen Beziehungen gerieten Land und Partei 1976 in eine zwiespältige Lage. Jahrelang hatte die T. wegen der Vorgänge 1968/69 im diplomat. Abseits gestanden und diesen Status erst durch den Vertrag mit Bonn 1973 lockern können. Mit den neu einsetzenden diplomat. Aktivitäten belebten sich im Westen jedoch wieder zahlreiche Erinnerungen an die negativen Begleitumstände der „Normalisierung" nach 1969. Ähnl. gestalteten sich die Außenbeziehungen der Partei, wo die Dogmatiker wieder stärker in den Vordergrund traten, da die Sowjets sie als Hilfstruppen auf der Parteienkonferenz in Ost-Berlin im Juni gegen das Autonomiestreben westl. kommunist. Parteien benötigten. Diese Haltung aber stürzte die tschechoslowak. KP in heftige Auseinandersetzungen mit jugoslaw. und italien. Kommunisten, also den Wortführern der Autonomisten: Die Jugoslawen verübelten es Prag, daß es die „Breschnew-Doktrin von der begrenzten Souveränität sozialist. Länder" zur Basis eines neuen „sozialist. Völkerrechts" machen wollte, und die Italiener nutzten im Aug. den Jahrestag der sowjet. Invasion in die T. zu einer

TSCHECHOSLOWAKEI
Geographische Daten und Bevölkerung: *Fläche* 127 876 km^2, *Verwaltungsgliederung* in 10 Verwaltungsgebiete und die *Hauptstadt* Prag (1,16 Mill. E; 1974), *Bevölkerung* 14,64 Mill. E (1973), 114 E/km^2, Geburten-/Sterberate (auf 1 000 E; 1973) 18,8/11,5, *Amtssprachen* Tschechisch und Slowakisch, *Religion* überwiegend Katholiken.
Wirtschaft: *Erwerbstätigkeit* (1974; in Prozentanteilen): Land- und Forstwirtschaft 15,7, Bergbau und Industrie 38,4, Bauwirtschaft 9,2, Handel 10,1, Verkehr 6,6, sonstige Dienstleistungen 20,0. – *Landwirtschaft:* Nutzfläche 7,04 Mill. ha (1974), davon 4,94 Mill. ha Ackerland. – Produktion (Auswahl; 1974): Weizen 5,06 Mill. t, Gerste 3,38 Mill. t, Kartoffeln 4,52 Mill. t, Zuckerrüben 8,22 Mill. t, Fleisch 1,49 Mill. t, Milch 53,38 Mill. hl, Holzeinschlag 16,27 Mill. Festmeter. – *Bergbau, Industrie und Elektrizitätserzeugung* (Auswahl; 1974): Steinkohle 28,30 Mill. t (1976), Braunkohle und Lignit 89,50 Mill. t (1976), Eisenerz 1,8 Mill. t (1975), Rohstahl 14,69 Mill. t (1976), Dieselkraftstoff 3,59 Mill. t, 179 000 Pkw (1976), Zement 9,55 Mill. t (1976), Nadelschnittholz 3,44 Mill. m^3, Papier 661 000 t, Baumwollstoffe 556 Mill. m, Lederschuhe 55,7 Mill. Paar, Bier 22,14 Mill. hl, Zucker 780 000 t (1975), Elektrizität 62,58 Mrd. kWh (1976). – *Außenhandel* (1975): Export 46,65 Mrd. Kčs, Import 50,72 Mrd. Kčs. – *Währung* ↑ Übersicht Währungen. – *Nettosozialprodukt* in jeweiligen Preisen (1973) 357,7 Mrd. Kčs, Nettosozialprodukt je E 24 700 Kčs.
Verkehr: *Eisenbahnen:* Streckenlänge 13 241 km (1974), davon 2 685 km elektrifiziert. – *Straßen:* 73 500 km (1974). Bestand an Pkw 1,33 Mill., an Lkw 137 000 (1974). – *Schiffahrt* (1976): Handelsflotte mit 151 000 BRT. – *Luftverkehr* (1974): 1,81 Mill. Fluggäste.

entlarvenden Kritik der „Normalisierung", die in acht Jahren kein einziges Problem des Landes gelöst habe.
Der stabilisierte Einfluß der Dogmatiker zeigte sich 1976 auch auf innenpolit. und ideolog. Gebiet, wo Kampagnen gegen die Reformer von 1968 (die angebl. in fremdem Auftrag und mit subversiven Zielen gearbeitet hätten), gegen die Religion, gegen liberale Strömungen unter den Literaten (was bes. in der Absetzung des Chefredakteurs der Kulturzeitschrift „Tvorba", J. Hájek, im Okt. deutl. wurde) und gegen die Menschenrechtspassagen der KSZE-Schlußakte abliefen. Dadurch aber wurde die bis dahin relativ bedeutungslose und isolierte Dissidentenszene indirekt aufgewertet (↑ Bürgerrechtler), und in den ersten Tagen des Jahres 1977 trug sie mit der Veröffentlichung der „Charta 77", die ein unbeschönigtes Bild der tschechoslowak. Verhältnisse erhielt, dem Regime weltweit negative Propaganda ein.
Tunesien, Republik am östl. Rand des nordafrikan. Westens („Maghreb"). Als Volksvertretung fun-

Tschechoslowakei. B. Kreisky (links) weilt Mitte Februar als erster österreichischer Bundeskanzler zu einem offiziellen Besuch in der Tschechoslowakei und wird in dessen Verlauf von Präsident G. Husák (Mitte) und Ministerpräsident L. Štrougal (rechts) in Prag empfangen

TUNESIEN
Geographische Daten und Bevölkerung: *Fläche* 164 150 km², *Verwaltungsgliederung* in 18 Gouvernorate, *Hauptstadt* Tunis (970 000 E), *Bevölkerung* 5,57 Mill. E, 36 Mill. E/km² (1975), *Amtssprache* Arabisch, *Staatsreligion* Islam.
Wirtschaft: *Erwerbstätigkeit* (1974): 1,46 Mill. Erwerbstätige, davon (in Prozentanteilen) Landwirtschaft 55, Bergbau und Energie 2, Baugewerbe 5, Industrie 14, Handel, Banken, Versicherungen 6, Verkehr 3, Sonstiges 15. – *Landwirtschaft:* Nutzfläche etwa 9 Mill. ha, davon 5,4 Mill. ha Ackerland (1972). – Produktion (Auswahl; 1975/76): Hartweizen 880 000 t, Gerste 200 600 t, Zitrusfrüchte 163 000 t, Datteln 45 000 t, Alfagras 70 200 t, Olivenöl 180 000 t, Wein 1,09 Mill. hl (1975). – *Bergbau, Industrie und Elektrizitätserzeugung* (Auswahl; 1975): Eisenerz (53%) 616 000 t, Bleikonzentrat (Pb-Inhalt) 17 200 t, Rohphosphate 3,51 Mill. t, Erdöl 4,5 Mill. t, Weichblei 23 400 t, Superphosphat (45%) 304 000 t, Heizöl 1,1 Mill. t, Zement 615 000 t, Schuhe 7,25 Mill. Paar, Elektrizität 1,204 Mrd. kWh. – *Außenhandel* (1975): Export 345,6 Mill. tD, Import 572,8 Mill. tD. – *Währung* ↑Übersicht Währungen. – *BIP* zu Marktpreisen 1 774 Mill. tD, 265 tD/E (1975).
Verkehr: *Eisenbahnen:* Streckenlänge 2 025 km (1974). – *Straßen* (1973): 18 774 km, davon 10 551 km Hauptstraßen. Bestand an Pkw 96 900, an Lkw und Omnibussen 39 161. – *Schiffahrt* (1976): Handelsflotte mit 63 668 BRT. – *Luftverkehr* (1975): 1,56 Mill. Fluggäste. – *Fremdenverkehr* (1975): 1,013 Mill. ausländ. Touristen.

giert eine Nationalversammlung mit 101 Abgeordneten, sämtl. Mitglieder des „Parti Socialiste Destourien". Staatsoberhaupt *Habib Burgiba* (seit Juli 1957), Ministerpräsident *Hedi Nouira* (seit Nov. 1970), Außenminister *Habib Chatti.* Flagge ↑Farbtafeln Flaggen S. 140. Internat. Mitgliedschaften ↑Übersicht Internationale Organisationen.
Wirtschaft: Trotz des konjunkturbedingten Rückgangs der Phosphatförderung wurde 1976 dank guter Ernten und steigender Industrieproduktion ein Wirtschaftswachstum von fast 10% erzielt. Die Inflationsrate blieb mit 9,5% unverändert, während die Mindestlöhne nicht erhöht wurden. Der Phosphatabbau litt unter stark fallenden Preisen (bis zu 40%) und Absatzschwierigkeiten, und die Ölförderung sank wegen Druckabfalls auf rund 3,7 Mill. t. In der Landwirtschaft litt die Getreideernte unter heftigen Regenfällen. Andererseits gab es eine Rekordolivenernte, und bei Obst und Gemüse wurde die Selbstversorgung erreicht. Die Industrieproduktion stieg um 22%. Trotzdem blieben Baustoffe weiterhin knapp, aber erhebl. neue Zementkapazitäten sind im Bau. Das Außenhandelsdefizit hat sich im ersten Halbjahr bei steigender Einfuhr und rückläufiger Ausfuhr weiter vergrößert. Deshalb wurden bei prinzipieller Beibehaltung der liberalen Wirtschaftspolitik inoffiziell die Importe, v. a. von Konsumgütern, gedrosselt. Die Fremdenverkehrseinnahmen sind leicht gestiegen.
Innen- und Außenpolitik: Außenpolit. entfaltete die Regierung keine bes. Aktivitäten. Das ungetrübte Verhältnis zu Frankreich und den USA ließ allerdings die Beziehungen zu Algerien weiter abkühlen (im Westsaharakonflikt nimmt T. eine vorsichtige promarokkan. Haltung ein), die Beziehungen zu Libyen erreichten mit der Vertreibung von angebl. 11 000 tunes. Gastarbeitern aus Libyen und dem Truppenaufmarsch an der gemeinsamen Grenze sowie mit dem Prozeß gegen ein libysches Kommando, das angebl. Premierminister H. Nouira ermorden wollte, im April einen neuen Tiefpunkt. Auch das Problem der Abgrenzung des Kontinentalsockels zwischen beiden Ländern war bis 1976 nicht zu lösen. Im Aug. entschloß man sich, den Internat. Gerichtshof in Den Haag einzuschalten. Ein außenpolit. Erfolg war das im Jan. ausgehandelte und am 25. April unterzeichnete Assoziationsabkommen mit der EWG. Diese stellt T. bis 1981 110 Mill. $ als Kredite und 18 Mill. $ als Geschenk zur Verfügung, gleichen den Status der tunes. Gastarbeiter in Europa dem der EWG-Arbeiter an und lassen Industrieprodukte (außer petrochem. Produkte) zollfrei in die EWG hinein. Dagegen bleiben die tunes. Importzölle auch für EWG-Waren vorerst bestehen.
Innenpolit. beginnt das Jahr mit den fast schon traditionellen Studentenunruhen, die sich gegen die konservative Innen- und Außenpolitik richten. Der 20. Jahrestag der Unabhängigkeit und der ununterbrochenen Regierung von Staatschef H. Burgiba wird am 20. März glanzvoll begangen. Mit der ersten Veränderung seit Bestehen der Verfassung wird am 8. April die Stellung der Nationalversammlung gestärkt und die Frage einer eventuellen Nachfolge des Staatschefs offiziell geregelt. Nach neuen Streikwellen im öffentl. Dienst in Tunis und dem Unfalltod von Verteidigungsminister M. H. Khefacha in Paris werden am 31. Mai als Erziehungsminister M. Mzali, Verteidigungsminister A. Farhat, Verkehrsminister M. Saffi und Gesundheitsminister M. Kooli neu ernannt.
Türkei, Republik in Vorderasien und Südosteuropa. Als Volksvertretung fungieren ein Senat mit 184 Mitgliedern und eine Nationalversammlung mit 450 Abgeordneten, die verschiedenen Parteien angehören. Staatsoberhaupt *Fahri S. Korutürk* (seit April 1973), Ministerpräsident *Süleyman Demirel* (seit 31. März 1975; zuvor *Sadi Irmak*). Flagge ↑Farbtafeln Flaggen S. 140. Internat. Mitgliedschaften ↑Übersicht Internationale Organisationen.
Wirtschaft: 1976 erreichte die Wachstumsrate des Sozialprodukts 7,2% (1975: 8,0%). Das Pro-Kopf-Einkommen stieg um 18% auf 15 900 TL., die Inflationsrate erreichte eine Höhe von mindestens 20%, zum größten Teil hervorgerufen durch steigende Löhne, hohen privaten Konsum, steigende Produktionskosten und damit höhere Preise sowie durch wachsende Staatsausgaben. Die Produktionsentwicklung in der Industrie zeigte bis Jahresende unterschiedl. Zuwachsraten; deutl. Steigerungen waren bei Wollstoffen (83%), Glaswaren (77%), Papier (44%) und Zucker (28%), Rückgänge bei Filterzigaretten (−21%), Kartonagen (−11%), Blechen (−9%) und Zeitungspapier (−7%) zu verzeichnen. Eine überdurchschnittl. gute Ernte wurde 1976 auch in fast allen agrar. Bereichen registriert. Dennoch war eine Verteuerung der landwirtschaftl. Produkte am Inlandsmarkt zu beobachten. Das Außenhandelsdefizit belief sich in den ersten neun Monaten 1976 auf 2 236,51 Mill. $ gegenüber 2 568,69 Mill. $ in der gleichen Zeitspanne des Vorjahres. Die Ausfuhr lag in den ersten drei Quartalen 1976 um 509,30 Mill. $ über dem entsprechenden Vorjahreswert. Davon gehen allein 427,58 Mill. $ auf landwirtschaftl. Exporte zurück. Die Ausfuhr von Bergbauprodukten blieb sowohl wert- als auch mengenmäßig fast unverändert. Die Importe überschritten in den ersten drei Quartalen 1976 die Vorjahresvergleichswerte um nur 177,11 Mill. $.
Innenpolitik: Die innere Unruhe und die Auseinandersetzungen an den Universitäten, die zahlreiche Tote und Verletzte forderten und zu vielen Verhaftungen führten, hielten an: Auf der Rechten kämpften Stoßtrupps der faschistoiden „Nat. Aktionspartei" zus. mit der Jugendorganisation der islam. „Heilspartei" (beide Parteien wurden angeführt von den stellvertretenden Ministerpräsidenten Türkesch und Erbakan), als Hauptgegner auf der Linken standen ihnen mehrere „sozialist. Studen-

tenblöcke" und Angehörige der verbotenen kommunist. „Türk. Befreiungsarmee" gegenüber. Die Regierung sah jedoch von Notstandsmaßnahmen ab, die Armee hielt sich zurück. Die Staatssicherheitsgerichte, die im Herbst 1973 zur Bekämpfung von Staats- und Verfassungsfeinden eingerichtet worden waren, bestehen seit dem 11. Okt. nicht mehr; ihre abermalige Legalisierung fand im Parlament nicht die erforderl. Mehrheit. Ministerpräsident S. Demirel wurde Ende Okt. in seinem Amt als Vorsitzender der Gerechtigkeitspartei, das er seit 1964 innehat, bestätigt. – Ein schweres Erdbeben in der osttürk. Provinz Van forderte am 24. Nov. mindestens 4000 Todesopfer und etwa 50000 Obdachlose.

Außenpolitik: Das Verhältnis zu Griechenland blieb durch ungelöste Probleme gespannt: die Frage um die Bohrrechte und die Hoheitsgewässer in der Ägäis und der Zypernkonflikt. Die Regierung begrüßte den Vorschlag des griech. Ministerpräsidenten K. Karamanlis (16. April), einen Nichtangriffspakt abzuschließen, das Wettrüsten zu beenden und die Meinungsverschiedenheiten friedl. beizulegen. Die am 19. Juni in Genf begonnenen Verhandlungen über den Ägäiskonflikt verliefen jedoch ergebnislos. Die Entsendung eines türk. Forschungsschiffes für seismolog. Messungen in die Ägäis (Juli) verschärfte die Spannungen, die erst nach der Rückkehr des Schiffes in den Hafen von İzmir (15. Aug.) abflauten. Nach der Annahme einer Resolution des UN-Sicherheitsrats (25. Aug.), die beide Seiten zur Zurückhaltung und zur Aufnahme direkter Verhandlungen auffordert, trafen sich die Außenminister beider Länder in New York. Am gleichen Tag begann der Internat. Gerichtshof in Den Haag mit einem Anhörungsverfahren über den Konflikt; in einem vorläufigen Urteil wies der Gerichtshof Mitte Sept. den Antrag

Türkei. Ministerpräsident S. Demirel (rechts) erörtert mit dem deutschen Bundeskanzler H. Schmidt (links) während dessen Besuch in Ankara u. a. die kontroversen Positionen Griechenlands und der Türkei in der Zypern- und Ägäisfrage

Griechenlands auf „provisor. Schutzmaßnahmen" zurück, ohne in der Hauptfrage nach der Festlegung des griech. und des türk. Festlandsockels eine Entscheidung zu fällen. Die am 2. Nov. in Paris und Bern erneut aufgenommenen Gespräche zwischen Diplomaten beider Länder führten am 11. Nov. zur Unterzeichnung eines Protokolls über das Verfahren zur Abgrenzung des Kontinentalsockels der Ägäis. – Die T. und die USA schlossen Ende März ein vier Jahre laufendes Abkommen über Militärhilfe, das auch die Wiedereröffnung der im Juli 1975 geschlossenen 26 amerikan. Militärbasen einschließt. – Nach Presseberichten (Anfang Nov.) hat die Sowjetunion der T. den Abschluß eines Nichtangriffspaktes vorgeschlagen, dessen Entwurf im türk. Außenministerium geprüft werde. Ein geplanter Besuch des sowjet. Ministerpräsidenten A. N. Kossygin Ende Nov. wurde verschoben. – Bei einem Besuch des dt. Bundesverteidigungsministers G. Leber (1.–3. Febr.) wurde eine stärkere Militärhilfe der BRD vereinbart. Zu Gesprächen mit dem Vorsitzenden der Republikan. Volkspartei, B. Ecevit, hielt sich der SPD-Vorsitzende W. Brandt am 13. April in Istanbul auf. Der dt. Bundeskanzler H. Schmidt besuchte die T. vom 27. bis 29. Mai.

Die Verhandlungen über eine Weiterentwicklung der Assoziierung der T. in der EG führten bes. in der Frage der Freizügigkeit für türk. Arbeitskräfte nicht zu den von der T. erwarteten Ergebnissen. Die Enttäuschung der T. über mangelnde Unterstützung durch westl. Länder förderte eine Intensivierung der Kontakte mit den arab. und den Balkanländern. Der Beitritt der T. zur „Islam. Konferenz", der während des 7. Außenministertreffens dieser Organisation in Istanbul (12.–15. Mai) im Widerspruch zum kemalist. Dogma des Laizismus vollzogen wurde, kennzeichnete – neben der sich verstärkenden Stellung des Islams und der konservativen Kräfte im Innern – die polit. Hinwendung der T. zu den islam., bes. den arab. Ländern. Im Juni besuchten die Staatsoberhäupter von Bulgarien, Jugoslawien und Rumänien die Türkei. Die Hoffnung der T., mit Unterstützung dieser Länder zumindest als Gast oder Beobachter an der Konferenz der blockfreien Staaten in Colombo (Aug.) teilnehmen zu können, um u. a. dem Ansehen des zypriot. Staatspräsidenten Makarios entgegenzuwirken, wurde jedoch enttäuscht.

TÜRKEI

Geographische Daten und Bevölkerung: *Fläche* 780576 km², *Verwaltungsgliederung* in 67 Provinzen, *Hauptstadt* Ankara (1,7 Mill. E; 1975), *Bevölkerung* 40,2 Mill. E (1975), 51 E/km², *Amtssprache* Türkisch, *Religion* 98% Muslime.

Wirtschaft: *Erwerbstätigkeit:* Erwerbspersonen (1974; in Prozent): Land- und Forstwirtschaft 64,1; verarbeitendes Gewerbe 11,4; Baugewerbe 3,4; Handel, Banken, Versicherungen 16,6; Verkehr 3,6; sonstiges 0,9. – *Landwirtschaft:* Nutzfläche 54,39 Mill. ha, Ackerland 16,06 Mill. ha (1973). – Produktion (Auswahl; 1976): Weizen 16,4 Mill. t, Gerste 4,9 Mill. t, Roggen 700000 t, Mais 1,2 Mill. t, Kartoffeln 2,4 Mill. t, Tabak 200000 t, Zuckerrüben 7,9 Mill. t, Apfelsinen, Zitronen 830000 t, Trauben 3,54 Mill. t, Haselnüsse 240000 t, Oliven 1,0 Mill. t, Feigen 175000 t, Baumwolle 476000 t, Milch 4,7 Mill. t (1975), Rind- und Kalbfleisch 191000 t (1975), Hammel- und Lammfleisch 242000 t (1975). – *Bergbau, Industrie- und Elektrizitätserzeugung* (Auswahl; 1975); Braunkohle, 6,2 Mill. t, Steinkohle 4,8 Mill. t, Chromerz 894000 t, Eisenerz 1,91 Mill. t, Erdöl 3,1 Mill. t, Heizöl 8,3 Mill. t, Zement 10,7 Mill. t, Rohstahl 1,46 Mill. t, Zucker 806000 t, Rosinen 115000 t, Bier 483000 hl, Anisbranntwein 167000 hl, Wein 117000 hl (1974), Elektrizität 15,57 Mrd. kWh. – *Außenhandel* (1976): Export 30,968 Mrd. TL, Import 82,941 Mrd. TL. – *Währung* ↑Übersicht Währungen. – *BIP* 515,0 Mrd. TL (1975), BIP je E 12800 TL.

Verkehr: *Eisenbahnen* (Streckenlänge): 8141 km (1974). – *Straßen:* 59279 km (1974), davon 22135 km asphaltiert; Bestand an Pkw 304000, an LKW 175000 (1974). – *Schiffahrt* (1976): Handelsflotte mit 1,01 Mill. BRT. – *Luftverkehr* (1975): 4,38 Mill. Fluggäste.

Turks and Caicos Islands ↑Übersicht Staaten der Erde (Großbritannien).

Tuvalu ↑Gilbert and Ellice Islands.

U

UDR, Abk. für frz.: Union des Démocrates pour la Vᵉ République, ↑Rassemblement pour la République.

Uganda, Republik in Ostafrika. Nach Aufhebung der Verfassung im Febr. 1972 besteht keine Volksvertretung mehr. Staatsoberhaupt *Idi Amin Dada* (seit Jan. 1971). Flagge ↑Farbtafeln Flaggen S. 140. Internat. Mitgliedschaften ↑Übersicht Internationale Organisationen.

Wirtschaft: Die allgemeine Wirtschaftssituation wird immer prekärer. Es gibt Versorgungsschwierigkeiten, der Dienstleistungsbereich fällt immer mehr aus, und der moderne Wirtschaftssektor produziert nur noch wenig. Der Lebenskostenindex für die verschiedenen Einkommenskategorien hat sich um 16–20% erhöht. Wichtige Verbrauchsgüter und Ersatzteile für die Industrie sind häufig nur auf dem Schwarzen Markt erhältlich. U. erhielt 1976 nur noch wenig Finanzhilfe aus dem Westen. Kapitalhilfeersuchen an arab. Länder scheinen nicht immer erfolgreich gewesen zu sein. Die Nichtbegleichung der Schulden U.s gegenüber Kenia führten 1976 zu erhebl. Spannungen zwischen beiden Ländern. Im Außenhandel zeichnete sich im ersten Drittel 1976 eine positive Tendenz ab. Die Importe nahmen im Vergleich zum Vorjahr nur leicht zu, während die Ausfuhren der wichtigsten Exportprodukte (Kaffee, Baumwolle, Tee, Kupfer) mengen- und wertmäßig beträchtl. anstiegen.

Innen- und Außenpolitik: Laufende Umbesetzungen in Regierung und Armeeführung, Zwischenfälle an der Grenze zu Kenia, ein gescheitertes Attentat auf I. Amin Dada (10. Juni), der am 25. Juni vom Verteidigungsrat als dem die Politik bestimmenden Gremium zum Präsidenten auf Lebenszeit ernannt wurde, Berichte in brit. und kenian. Zeitungen, wonach in U. fortwährend gegen die Menschenrechte verstoßen werde, und das erfolgreiche israel. Kommandounternehmen zur Befreiung von Geiseln in Entebbe (3. Juli) charakterisierten 1976 die Entwicklung. Die neuerl. Spannungen mit Kenia wurden am 15. Febr. ausgelöst, als I. Amin Dada größere Landforderungen an Kenia und den Sudan stellte. Massendemonstrationen, bei denen I. Amin Dada als „afrikan. Hitler" bezeichnet wurde, und ein totaler Warenboykott waren Kenias Antwort, obwohl I. Amin Dada schon am 24. Febr. erklärte, er beanspruche keinen Zoll fremden Bodens und habe nur friedl. Absichten. Der Konflikt mit Kenia konnte erst im Aug. durch Vermittlung der OAU bereinigt werden. Am 18. Nov. besuchte I. Amin Dada den Sudan, um die aufgrund der Landforderungen auch mit diesem Land entstandenen Spannungen zu beseitigen. Die Behandlung brit. Staatsbürger veranlaßte London im Aug., die diplomat. Beziehungen abzubrechen. Während U. im Zusammenhang mit der Flugzeugentführung behauptete, die Erlaubnis zur Landung in Entebbe sei nur aus humanitären Überlegungen heraus gegeben worden, stellten Geiseln und später auch die israel. Regierung fest, die ugand. Truppen hätten mit den Entführern zusammengearbeitet. Moskau sagte im Aug. zu, die beim Kommandounternehmen zerstörten Flugzeuge zu ersetzen und stellte die Lieferung moderner Waffen in Aussicht.

UGANDA

Geographische Daten und Bevölkerung: *Fläche* 237 000 km², Landfläche 197 000 km², *Verwaltungsgliederung* in 18 Distrikte, *Hauptstadt* Kampala (331 000 E; 1973), *Bevölkerung* 11,94 Mill. E (1976), 61 E/km², *Amtssprache* Englisch, künftig Suaheli, *Religion* 65% Christen, 20% Animisten, 15% Muslime.

Wirtschaft: *Erwerbstätigkeit:* Der größte Teil der Bevölkerung lebt von der Landwirtschaft. – *Landwirtschaft:* Nutzfläche 10,13 Mill. ha (1974), davon 5,13 Mill. ha Ackerland. – Produktion (Auswahl; 1975): Hirse 720 000 t, Sorghum 490 000 t, Zuckerrohr 700 000 t (1974), Süßkartoffeln und Jams 720 000 t (1974), Maniok 1,1 Mill. t (1974), Erdnüsse 215 000 t, Kaffee 150 000 t (1976), Tee 18 000 t, Baumwolle 31 000 t, Rindfleisch 68 000 t, Kuhmilch 284 000 t. – *Bergbau, Industrie und Elektrizitätserzeugung* (Auswahl; 1974): Kupfererz 12 000 t, Zement 154 000 t, Zucker 27 000 t (1975), Bier 435 000 hl, Elektrizität 732 Mill. kWh (1975). – *Außenhandel* (1974): Export 2,25 Mrd. U.Sh., Import 1,52 Mrd. U.Sh. Haupthandelspartner sind Großbritannien, Kenia, USA, BRD. Hauptexportgüter sind Kaffee, Baumwolle, Kupfer, Tee. – *Währung* ↑Übersicht Währungen. – *BIP:* 10,367 Mrd. U.Sh. (1971), 1 000 U.Sh./E.

Verkehr: *Eisenbahnen:* Streckenlänge 1 301 km (1974). – *Straßen:* 24 024 km (1974). – *Luftverkehr* (1974): 89 000 Fluggäste.

UME (auch JISS 1, auch CORSA) ↑tabellar. Übersicht Weltraumfahrt.

Umweltschutz: U. als wichtige Gemeinschaftsaufgabe des Staates, der Wirtschaft, der gesellschaftspolit. Verbände und aller Bürger eignet sich weder zum parteipolit. Streit, noch sollte er als Instrument im Machtverteilungskampf oder gar als Hebel zur Änderung des Gesellschaftssystems eingesetzt werden.

Der techn. U. hat sich etabliert und ist zu einem beachtl. wirtschaftl. Faktor geworden. Das letzte Jahr machte deutlich, daß der U. die Komponenten Umwelttechnik, Bürgerengagement und staatl. Reglementierung durch Gesetze braucht, um effizient zu werden. Die Bilanz der gesetzgeber. Maßnahmen in den letzten beiden Jahren ist beachtlich: Durch eine Grundgesetzänderung hat der Bund die Gesetzgebungskompetenz für die Luftreinhaltung, die Lärmbekämpfung und die Abfallbeseitigung erhalten. – Das Bundesimmissionsschutzgesetz fordert tiefgreifende Maßnahmen gegen schädl. Lärm und gegen Luftverschmutzung. – Die Berufung von Immissionsschutzbeauftragten in umweltgefährdenden Betrieben sorgt für umweltfreundl. Produktionsverfahren. – Das Abfallbeseitigungsgesetz regelt die Erfassung und Beseitigung der Abfälle sowie die Rekultivierung von Müllplätzen. – Das neue Wasserhaushaltsgesetz sieht Gewässergüteregelungen, Vorschriften für das Lagern wassergefährdender Stoffe und den Schutz bestimmter Gebiete vor. – Das Abwasserabgabengesetz schafft Anreize zum Bau von Kläranlagen. – Mehr Sicherheit für kerntechn. Anlagen und besserer Strahlenschutz sind erreicht worden durch die Änderung des Atomgesetzes, durch eine neue Strahlenschutzverordnung und durch den Beitritt der BRD zum Internat. Atomhaftungsübereinkommen. – Das Umweltstatistikgesetz liefert die Voraussetzung für die Beschaffung verläßl. Daten für eine wirksame Umweltpolitik. – Die umweltpolit. Zielsetzungen haben – entgegen manchen Befürchtungen und Behauptungen – bislang zu keiner Überforderung der Wirtschaft geführt. Die Aufwendungen für die Maßnahmen des U.es in der BRD in den Jahren 1970–74 betrugen insgesamt rund 67 Mrd. DM. Davon gaben Bund, Länder und Gemeinden rund 29 Mrd. DM aus, die Industrie 38 Mrd. DM. Das sind insgesamt 13 Mrd. DM pro Jahr. Seit 1975 sind die Aufwendungen weiter gestiegen. Eine Untersuchung des Battelle-Instituts hat ergeben, daß bis

USA – Bicentennial I. Die Feiern zum 200. Gründungstag der USA („Bicentennial“) erreichten am 4. Juli mit zahlreichen folkloristischen und offiziellen Veranstaltungen in allen Teilen des Landes ihren Höhepunkt. Präsident Gerald Ford (unten links) erklärte, daß auch zu Beginn des 3. Jahrhunderts immer neue Aufgaben in der Fortsetzung der Herausforderung der Unabhängigkeitserklärung zu erfüllen seien

USA – Bicentennial II. Eine Segelschiffflotte aus Europa überquerte zur Feier des 200. Geburtstages der USA den Atlantik. Sieger der Regatta der Großsegler war die „Gorch Fock“. Bei der folgenden Windjammerparade fuhren etwa 20 000 Schiffe den Hudson hinauf

zum Jahr 1979 jährl. etwa 22 Mrd. DM für den U. aufgewendet werden.
Die Umweltgesetzgebung fördert die Investitionstätigkeit, sie initiiert neue Technologien, sie motiviert Forschung und Wissenschaft. Sie erleichtert den Weg zu Technologien, die den drohenden Rohstoffmangel durch Rückgewinnung und Weiterverwertung wertvoller Abfallstoffe und durch die Erschließung neuer Energiequellen zumindest eindämmen können. In den letzten Jahren wurden wirtschaftl. rentable Verfahren zur Rückgewinnung von Metallen und Papier aus den Abfällen entwikkelt. Die Rückgewinnung und Weiterverwertung von Kunststoffabfällen ist ebenfalls in den Bereich der techn. Möglichkeiten und der finanziellen Vertretbarkeit getreten.
Viele der mit dem Umweltprogramm von 1971 gesetzten Ziele in der BRD sind erreicht. Dennoch sind die Umweltbelastungen noch nicht hinreichend zurückgedrängt worden. In den letzten Jahren ist das Wissen um die umwelthygien. und ökolog. Gefährdung intensiver geworden. Aber auch die Diskussion über die notwendigen Schlußfolgerungen ist kontroverser. Es steht fest, daß Krebserkrankungen oder deren Vorstadien in zivilisierten Staaten durch Einflüsse aus der belebten und unbelebten Umwelt deutlich zugenommen haben. Die Einsicht ist gewachsen, daß Luft, Wasser, Boden und Rohstoffe nicht ohne Schaden weiter ausgebeutet werden können. Der Selbstreinigungs- und Regulationsmechanismus der Natur reicht nicht aus, um starke Belastungen schadlos aufzufangen und zu beseitigen. Die aktuelle Situation in der BRD ist nach wie vor – trotz mancher erfolgreicher Maßnahmen – dadurch gekennzeichnet, daß in vielen Bereichen die Umweltbelastungen noch zunehmen oder nur zum Stillstand gekommen sind.
Das wichtigste Umweltthema des Jahres 1976 war der Ausbau der Anlagen zur Gewinnung von Kernenergie und die sich daraus ergebende Diskussion um Standortfragen sowie um die Sicherheit der Bevölkerung. Zahlreiche großangelegte Demonstrationen und Kundgebungen haben das gewachsene Umweltbewußtsein der breiten Öffentlichkeit dokumentiert, aber auch gezeigt, daß die Frage der Kernenergie von extremen Gruppen als Hebel für gesellschaftl. Veränderungen genutzt werden soll.
Die sich seit einigen Jahren abzeichnende Energiekrise hat aber auch rege Aktivitäten freigesetzt,

Umweltschutz. Pro und Kontra um die Energieerzeugung mit Hilfe neu zu errichtender Kernkraftwerke werden zu einem wichtigen Thema auch des Umweltschutzes

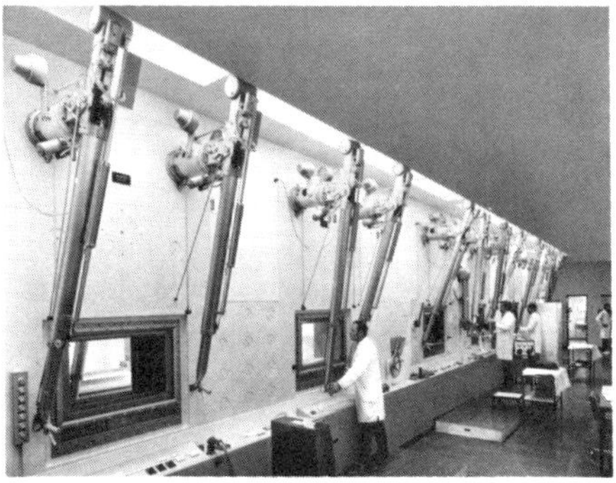

Umweltschutz. Strahlenabsorbierende Betonwände und sehr dickes Spezialbleiglas schützen Umgebung und Wissenschaftler, hier bei der Untersuchung von Brennelementen mit Hilfe von Manipulatoren, vor radioaktiven Strahlen

deren Ziel die Erschließung neuer Energiequellen ist. Erste Erfolge sind u. a. bei der Nutzung der Sonnenenergie zu notieren. Sie kann möglicherweise schon in naher Zukunft für kleinere Anlagen zur Wärmegewinnung eingesetzt werden.

UN, Abk. für engl.: **U**nited **N**ations (Vereinte Nationen): Die polit. Entwicklung in den UN war auch im Jahre 1976 im wesentl. durch die Konfrontation zwischen westl. Industriestaaten und Entwicklungsländern gekennzeichnet. Als neue Mitgliedstaaten wurden Angola, Westsamoa und die Seychellen aufgenommen. Dem Commonwealth billigte die Vollversammlung, deren XXXI. Session am 21. Sept. begann und die sich am 22. Dez. vertagte, einen Beobachterstatus zu. Zu ihrem Präsidenten wählte sie den UN-Botschafter Sri Lankas, H. Sh. Amerasinghe. Ab 1. Jan. 1977 gehören auf zwei Jahre Venezuela, Mauritius, Indien, Kanada und die BRD dem Sicherheitsrat als Mitglieder an. Am 22. Okt. verlängerte der Sicherheitsrat das UNEF-Mandat (die Stationierung von UN-Friedenstruppen im Nahen Osten) um 1 Jahr. Die Vollversammlung bestätigte Generalsekretär K. Waldheim auf Empfehlung des Sicherheitsrates am 8. Dez. in seinem Amt.

Unfälle und Unfallverletzungen ↑tabellarische Übersicht S. 280.

Ungarn, Volksrepublik im östl. Mitteleuropa. Als Volksvertretung fungiert die Nationalversammlung mit 352 Abgeordneten, die alle der Patriotischen Volksfront angehören. Staatsoberhaupt *Pál Losonczi,* Präsident des Präsidialrates (seit April 1967), Ministerpräsident *György Lázár* (seit 15. Mai 1975; zuvor *Jenö Fock*), Außenminister *Frigyes Puja.* Flagge ↑Farbtafeln Flaggen S. 140. Internat. Mitgliedschaften ↑Übersicht Internationale Organisationen.
Wirtschaft: Das Statist. Zentralamt gab das Wachstum des Nationaleinkommens mit 3% an. Die Industrieproduktion wuchs um 4,1%, während die landwirtschaftl. Erzeugung wegen der schlechten Witterung gegenüber 1975 um 3% zurückging. Mit diesen Ergebnissen wurden die Planziele nicht ganz erreicht, doch es begann die Verbesserung des wirtschaftl. Gleichgewichts, und die Effizienz der Produktion stärkte sich. Die Produktion pro Beschäftigten stieg in der Gesamtindustrie um 4,9% gegenüber 1975, in der Nahrungsmittelindustrie betrug die Zunahme 5,9%. Der Nominallohn der Arbeiter und Angestellten wuchs um 5,5%. Die Summe der finanziellen sozialen Zuwendungen stieg um 15% an. Während der reale Pro-Kopf-Lohn im Durchschnitt um 0,5% über dem Vorjahr

UNGARN

Geographische Daten und Bevölkerung: *Fläche* 93 030 km², *Verwaltungsgliederung* in 19 Komitate, 5 Stadtbezirke, 128 Kreise und 3 199 Gemeinden, *Hauptstadt* Budapest (2 Mill. E), *Bevölkerung* 10,6 Mill. E, 114 E/km², Geburten-/Sterberate (auf 1 000 E) 17,5/12,4, *Amtssprache* Ungarisch, *Religion* 75% Katholiken, 25% Protestanten, 3% Orthodoxe.

Wirtschaft: *Erwerbstätigkeit:* 5,542 Mill. Erwerbstätige, davon (in Prozentanteilen) Land- und Forstwirtschaft, Jagd, Fischerei 22,7, Industrie 35,7, Bauindustrie 8,2, Transport und Nachrichtenübermittlung 7,7, Handel 9, sonstige Bereiche 16,7. – *Landwirtschaft:* Nutzfläche 6,85 Mill. ha, davon 5,2 Mill. ha Ackerland. – Produktion (Auswahl): Weizen 5,138 Mill. t, Gerste 746 000 t, Reis 70 000 t, Hafer 86 000 t, Mais 5,5 Mill. t, Rindfleisch 142 000 t, Schweinefleisch 845 000 t, Wolle (gewaschen) 4 200 t, Kuhmilch 2,12 Mill. t, Hühnereier 230 000 t. Viehbestand: Rinder 1,9 Mill., Schweine 7,855 Mill., Pferde 163 000. – *Bergbau, Industrie und Elektrizitätserzeugung* (Auswahl): Steinkohle 2,94 Mill. t, Braunkohle 22,32 Mill. t, Erdöl 2,03 Mill. t, Bauxit 2,92 Mill. t, Aluminium 70 440 t, 11 400 Autobusse, Elektrizität 22,044 Mrd. kWh. – *Außenhandel:* Export (fob) 6,58 Mrd. $, Import (cif) 7,47 Mrd. $. – *Währung* ↑Übersicht Währungen. – *Nationaleinkommen* rund 400 Mrd. Ft.

Verkehr: *Eisenbahnen:* Streckenlänge 8 603 km, 13,37 Mrd. Personenkilometer, 22,6 Mrd. Nettotonnenkilometer. – *Straßen* (1974): 100 577 km, davon 158 km Autobahnen, 6 028 km Hauptstraßen, 23 615 km regionale Straßen. Bestand an Kfz 677 823, davon 491 000 Privatwagen, 107 163 Lkw, 65 860 Traktoren, 14 040 Omnibusse. – *Schiffahrt* (Ende 1976): Handelsflotte mit 54 046 BRT.

lag, wuchs das Pro-Kopf-Realeinkommen der Bevölkerung insgesamt gegenüber 1975 um 1%. Es blieb damit unter dem angestrebten Ziel. Der reale Konsum war knapp 2% höher als im Vorjahr, während das Preisniveau mit 5% stärker als geplant gestiegen ist. Wegen der schlechten Ernte waren die Preise für Kartoffeln, Obst und Gemüse zur Jahresmitte um 28% höher als 1975. Die Ausfuhr stieg zu festen Preisen um 8%, während die Einfuhr um 4% zunahm. Das Handelspassivum gegenüber den westl. Industrieländern ging beträchtl. zurück.

Innen- und Außenpolitik: Am 1. Jan. traten mit dem neuen Fünfjahresplan für 1976–80 Änderungen im „neuen Wirtschaftsmechanismus" in Kraft. Die Korrekturen führten Elemente einer strafferen zentralen Leitung ein. Der portugies. Außenminister E. A. de Melo Antunes weilte am 14. und 15. Jan. in U. und verhandelte über eine Intensivierung der polit., wirtschaftl. und kulturellen Zusammenarbeit zwischen beiden Ländern. Der ungar. Außenhandelsminister J. Biró und der Vorsitzende des Staatskomitees für Außenwirtschaftsbeziehungen der UdSSR, S. Skatschkow, unterzeichneten am 3. Febr. in Moskau ein Abkommen über die Lieferung sowjet. Ausrüstungen für 25 Industrieobjekte, die 1976–80 errichtet werden sollen.

Papst Paul VI. ernannte am 12. Febr. L. Lékai zum Erzbischof von Esztergom und Primas von Ungarn. Die Ernennung beendete das Provisorium, das am 26. Dez. 1948 mit der Verhaftung J. Mindszentys begonnen hatte.

J. Kádár, Erster Sekretär des ZK der Ungar. Sozialist. Arbeiterpartei (USAP), erklärte sich auf dem XXV. Parteitag der KPdSU in Moskau am 26. Febr. mit den Feststellungen des Referats des ZK der KPdSU über die internat. Lage vollständig einverstanden. Außenminister F. Puja und sein östr. Kollege E. Bielka trafen sich am 2. März in Graz

Ungarn. Die erste offizielle Besuchsreise des Regierungschefs in ein nichtkommunistisches westliches Land führt J. Kadar (Mitte) Anfang Dezember nach Österreich

und am 3. März in Szombathely. Sie einigten sich über ein Kulturabkommen sowie über die Errichtung eines zusätzl. Grenzübergangs. Das Parlament verabschiedete Ende März das von Verteidigungsminister L. Czinege vorgelegte neue Verteidigungsgesetz, wonach der Wehrdienst von drei auf zwei Jahre verkürzt wurde.

Vom 17. bis 19. Mai weilte der ungar. Ministerpräsident G. Lázár in Österreich. Mit Bundeskanzler B. Kreisky und Handelsminister J. Staribacher wurden v. a. Wirtschaftsfragen erörtert. Während des Besuchs wurde das bereits ausgehandelte Kulturabkommen unterzeichnet; ferner wurden die Ratifika-

UNFÄLLE UND UNFALLVERLETZUNGEN (BRD)*

in 1 000

Art der Unfallverletzung	Unfälle insgesamt	Arbeits-/ Dienst-unfälle[1]	Verkehrs-unfälle	Häusliche Unfälle	Sport-/ Spiel-unfälle	Sonstige Unfälle
Kopfverletzungen	43	14	6	8	6	10
Knochenbrüche	163	54	15	43	18	34
Innere Verletzungen	5	–[2]	–[2]	–[2]	–[2]	–[2]
Offene Wunden	106	46	7	28	10	16
Prellungen	182	82	15	42	14	29
Verbrennungen	20	7	–[2]	10	–[2]	–[2]
Vergiftungen	9	–[2]	–[2]	–[2]	–[2]	–[2]
Sonstige Verletzungen	74	33	–[2]	14	7	17
Insgesamt	602	239	48	148	55	112

*Stand April 1974. [1] Ohne Wegeunfälle; [2] Keine Aufteilung, da Ergebnis nicht ausreichend genau bzw. unter der Darstellungsgrenze.

Quelle: Wirtschaft und Statistik. Hg. vom Statist. Bundesamt, Heft 3/1977.

tionsurkunden für ein Rechtshilfeabkommen in Strafsachen ausgetauscht.
Der 300. Geburtstag des siebenbürg. Fürsten Franz II. Rákóczy, einer Symbolfigur des unabhängigen Ungarns, wurde 1976 mit großen Veranstaltungen gefeiert. Hervorzuheben ist dabei die internat. wissenschaftl. Konferenz in Sárospatak vom 24. bis 27. Mai. – Außenminister Puja besuchte vom 7. bis 9. Juni Finnland, wobei er und sein finn. Kollege bes. über weitere Möglichkeiten gemeinsamer Initiativen in bezug auf die Verwirklichung der Empfehlungen der KSZE sprachen. Der Besuch des DDR-Außenministers O. Fischer in Budapest (10.–12. Juni) galt mehr der Erörterung polit., der Besuch von Ministerpräsident G. Lázár in Paris (13.–16. Juni) hingegen mehr der Behandlung wirtschaftl. Fragen.
Am 24. und 25. Juni brachte der Minister für Landwirtschaft und Ernährung, P. Romány, im Parlament ein strengeres Lebensmittelgesetz ein und Arbeitsminister L. Karakas bot eine Analyse des mit einem immer größeren Arbeitskräftemangel ringenden Arbeitsmarktes. In Berlin (Ost) nahmen ungar. Delegationen am 29. und 30. Juni an einem Gipfeltreffen der kommunist. und Arbeiterparteien Europas und Anfang Juli an der XXX. COMECON-Tagung teil. Der östr. Bundeskanzler B. Kreisky besuchte am 12. und 13. Sept. Ungarn, wo er mit Ministerpräsident G. Lázár bilaterale und wirtschaftl. Fragen, mit Parteisekretär J. Kádár internat. Probleme erörterte.
Am 17. und 18. Sept. fand der VI. Kongreß der Patriot. Volksfront in Budapest statt. Die 800 Delegierten setzten sich in einer Resolution für den Aufbau der entwickelten sozialist. Gesellschaft und eine Welt ohne Waffen ein. Außenminister F. Puja sprach am 4. Okt. vor der Vollversammlung der UN und bekräftigte dabei U.s Bereitschaft, im Sinne der Beschlüsse der KSZE die Beziehungen zu anderen Ländern weiterzuentwickeln. – Das Parlament verabschiedete Mitte Okt. neue Gesetze über die öffentl. Bildung und die Wahl der Ratsmitglieder. Ministerpräsident G. Lázár verhandelte vom 28. bis 30. Okt. in Belgrad über den gemeinsamen Bau eines Stausees und zweier Wasserkraftwerke an der Drau.
Die Minister für Verkehr und Post, K. Rödöny, und Binnenhandel, I. Szurdi, wurden am 2. Nov. pensioniert und durch Á. Pullai bzw. V. Sághy ersetzt. J. Kádár, der auch Mitglied des Präsidialrates der Ungar. Volksrepublik ist, besuchte Österreich auf Einladung Bundeskanzler B. Kreiskys vom 6. bis 8. Dezember. Der Besuch von Ministerpräsident G. Lázár vor Weihnachten in Bukarest führte zu Vereinbarungen, in deren Folge „Maßnahmen zur Erweiterung der Kontakte zwischen den Bürgern der beiden Ländern" mit dazu beitragen sollten, das Verhältnis zwischen U. und Rumänien zu verbessern.

Uruguay, Republik im südöstl. Südamerika zwischen dem Uruguay, dem Río de la Plata und dem Atlantik. Das Parlament wurde im Juni 1973 aufgelöst. Staatsoberhaupt *Aparicio Méndez* (seit Sept. 1976; zuvor bis Juni 1976 *J. M. Bordaberry*, von Juni bis Aug. 1976 *A. Demicheli*). Flagge ↑Farbtafeln Flaggen S. 140. Internat. Mitgliedschaften ↑Übersicht Internationale Organisationen.
Wirtschaft: Die langsame Erholung der Wirtschaft, die 1975 dank der Rückkehr zu marktwirtschaftl. Prinzipien einsetzte, hielt auch 1976 an. Es wurde etwa das gleiche Wirtschaftswachstum wie im Vorjahr (3,6%) erzielt. Die Inflation konnte weiter eingedämmt werden und lag mit 40% erhebl. unter dem Stand von 1975 (67%). Da die Löhne am 1. Juli nur um 20% erhöht wurden, sank der Reallohn weiter ab. Die Fleischproduktion stieg wieder, und die Absatzschwierigkeiten auf den Auslandsmärkten konnten überwunden werden. Die angekündigte Rekordweizenernte ist dagegen wegen schlechter Witterung ausgeblieben. Am besten schnitten die exportorientierte Nahrungsmittel- und Lederindustrie ab. Der Export erhöhte sich v. a. dank verstärkter Fleischexporte auf über 500 Mill. $, während die Einfuhr nur um 8% zunahm.

Uruguay. Die Führung der Streitkräfte setzt am 12. Juni Staatspräsident J. M. Bordaberry ab und ersetzt ihn in diesem Amt durch Vizepräsident P. A. Demicheli (Mitte, bei der Unterzeichnung der Amtseinführungsdokumente)

USA, Abk. für engl.: **U**nited **S**tates of **A**merica (Vereinigte Staaten von Amerika), Union von 50 Bundesstaaten (und einem Bundesdistrikt) in Nordamerika und im Pazifik (Hawaii), präsidiale Republik. Als Volksvertretung fungiert der Bundeskongreß, der aus Senat und Repräsentantenhaus besteht. Der Senat besteht aus 100 Mitgliedern, von denen 1976 38 den Republikanern, 61 den Demokraten und 1 Unabhängiger angehören. Dem Repräsentantenhaus gehören 292 Demokraten und 143 Republikaner an. Staatsoberhaupt *Präsident Gerald R. Ford* (seit Aug. 1974; zuvor *Richard M. Nixon*), Vizepräsident *Nelson A. Rockefeller* (seit Aug. 1974; zuvor *Gerald R. Ford*), Außenminister *Henry Kissinger*, Verteidigungsminister *Donald*

URUGUAY
Geographische Daten und Bevölkerung: *Fläche* 186 926 km², *Verwaltungsgliederung* in 19 Departamentos, *Hauptstadt* Montevideo (1,5 Mill. E), *Bevölkerung* 3,10 Mill. E, 17 E/km² (1975), *Amtssprache* Spanisch, *Religion* überwiegend Katholiken.
Wirtschaft: *Erwerbstätigkeit* (1967): 1,08 Mill. Erwerbspersonen, davon (in Prozentanteilen) Landwirtschaft 17, Baugewerbe 5, Industrie 21, Handel und Verkehr 19, sonstige Dienstleistungen und nicht spezifiziert 38. – *Landwirtschaft:* Nutzfläche 16,3 Mill. ha, davon 14,7 Mill. ha Weideland. – Produktion (Auswahl; 1974/75; in 1 000 t): Mais 157, Weizen 527, Reis 189, Sonnenblumenkerne 51,4, Rindfleisch 300 (1975), Wolle (rein) 32,5 (1975). Rinderbestand 11,5 Mill. Stück (1973). – *Industrie und Elektrizitätserzeugung* (Auswahl; 1975; in 1 000 t): Benzin 202, Heizöl 1 340, Zement 460 (1973), Zucker 95, Elektrizität 2,450 Mrd. kWh (1974). – *Außenhandel* (1975): Export 367 Mill. $, Import 542 Mill. $. – *Währung* ↑Übersicht Währungen. – *BSP* zu Marktpreisen 8 112 Mill. urugN$, 2 600 urugN$/E (1975).
Verkehr: *Eisenbahnen:* Streckenlänge 3 245 km. – *Straßen:* 49 600 km, davon 4 565 km Hauptstraßen. Bestand an Pkw 151 600, an Lkw und Omnibussen 85 000 (1974). – *Schiffahrt* (1976): Handelsflotte mit 138 800 BRT. – *Luftverkehr* (1972): 136 000 Fluggäste.

USA
Geographische Daten und Bevölkerung: *Fläche* 9,363 Mill. km^2, *Verwaltungsgliederung* in 50 Einzelstaaten, *Bundeshauptstadt* Washington (städt. Agglomeration 3 Mill. E), *Bevölkerung* 215,12 Mill. E, 23 E/km^2, Geburten-/Sterberate (auf 1 000 E) 14,8/8,9, Bevölkerung nach Volksgruppen: 87,2% Weiße, 11,3% Neger, 1,5% Indianer und andere Gruppen. – *Amtssprache* Englisch, *Religion* 55,3% Protestanten, 36,7% Katholiken (röm.-kath.), 4,7% Juden, 2,6% Orthodoxe, 0,7% andere christl. Bekenntnisse.
Wirtschaft: *Erwerbstätigkeit:* 87,4 Mill. Erwerbstätige, davon (in Prozentanteilen) Land- und Forstwirtschaft, Jagd, Fischerei 4, produzierendes Gewerbe 32,5, Handel, Banken, Versicherungen 24,7, Verkehr und Nachrichtenübermittlung 4,8, Verteidigung 2,5, andere Dienstleistungen 30,8, sonstige Tätigkeiten 0,7. 1976 gab es durchschnittl. 7,288 Mill. Arbeitslose. – *Landwirtschaft:* Nutzfläche 433,56 Mill. ha, davon 189,283 Mill. ha Ackerland. – Produktion (Auswahl): Weizen 58,44 Mill. t, Reis 5,31 Mill. t, Hafer 8,16 Mill. t, Mais 157,89 Mill. t, Gerste 8,22 Mill. t, Kartoffeln 16,04 Mill. t, Zuckerrohr 26,12 Mill. t, Zuckerrüben 26,67 Mill. t. Rindfleisch 11,77 Mill. t, Schweinefleisch 5,5 Mill. t, Hammel- und Lammfleisch 175 000 t, Milch 53,74 Mill. t, Butter 445 200 t, Fischfang 2,67 Mill. t (1973). – Viehbestand: Pferde 8,5 Mill., Rinder 127,98 Mill., Schweine 49,6 Mill., Schafe 13,35 Mill. – *Bergbau, Industrie und Elektrizitätserzeugung* (Auswahl; 1976): Steinkohle 607,15 Mill. t, Erdöl 401,59 Mill. t, Erdgas 546,52 Mrd. m^3 (1975), Eisenerz 80,54 Mill. t, Kupfererz 1,46 Mill. t, Bauxit 1,84 Mill. t, Bleierz 553 200 t, Zinkerz 428 400 t, Roheisen 74,52 Mill. t (1975), Rohstahl 116,33 Mill. t, Aluminium: Primärgewinnung 3,85 Mill. t, Sekundärgewinnung 1,13 Mill. t; Kupfer 1,39 Mill. t, Zement 61,43 Mill. t, 8,496 Mill. Pkw, 2,98 Mill. Lkw, 186,1 Mill. Kfz-Bereifungen (1975), synthet. Kautschuk 1,9 Mill. t; Erdölproduktion (1975): Benzin 281,48 Mill. t, Kerosin 48,1 Mill. t, leichtes Heizöl 133,95 Mill. t, schweres Heizöl 68,11 Mill. t. Fertiggestellte Wohnungen 1,55 Mill., Elektrizität 2 117,63 Mrd. kWh. – *Außenhandel* (1976): Export (fob) 113,328 Mrd. $, Import (cif) 128,888 Mrd. $. – *Währung* ↑Übersicht Währungen. – *BSP* zu Marktpreisen in jeweiligen Preisen 1 691,6 Mrd. $, 7 863 $/E, in Preisen des Jahres 1970, 1 155,2 Mrd. $, 5 370 $/Einwohner.
Verkehr: *Eisenbahnen* (1975): Streckenlänge 324 420 km, 15,72 Mrd. Personenkilometer, 1 101,86 Mrd. Nettotonnenkilometer. – *Straßen:* 6,127 Mill. km, davon 62 000 km Autobahnen, 1,275 Mill. km Staatsstraßen, 4,484 Mill. km Gemeindestraßen. Bestand an Pkw (in Privatbesitz) 101,237 Mill. (1973), 484 Pkw/1 000 E; Bestand an Lkw 23,3 Mill., an Omnibussen 426 000. – *Schifffahrt* (Ende 1976): Handelsflotte mit 13 323 151 BRT. – *Luftverkehr* (1975): 262,14 Mrd. Personenkilometer, 8,556 Mrd. Nettotonnenkilometer.

Rumsfeld (seit Nov. 1975), Innenminister *Thomas S. Kleppe* (seit Sept. 1975). – Flagge ↑Farbtafeln Flaggen S. 140. Internat. Mitgliedschaften ↑Übersicht Internationale Organisationen.
Wirtschaft: Die konjunkturelle Belebung nach der Rezession 1974, der schwersten seit Ende des 2. Weltkriegs, setzte im zweiten Quartal 1975 ein. Nachdem sowohl 1974 als auch 1975 das reale BIP geschrumpft war, wies es 1976 wieder einen Zuwachs auf. Im Jahresdurchschnitt stieg das BSP gegenüber 1975 um 6% an und entsprach damit etwa dem Anstiegstempo vorangegangener Aufschwungsphasen. Damit hatte die gesamtwirtschaftl. Produktion bereits im Frühjahr 1976 das vor der Rezession verzeichnete Niveau überschritten. Die Entwicklung des Wachstums verlief nicht gleichmäßig. Der im ersten Quartal 1976 erzielte reale Zuwachs von 9,2% (auf Jahresbasis) konnte im weiteren Jahresverlauf nicht gehalten werden. Nach der Jahresmitte schwächten sich die Auftriebskräfte ab. Der Anstieg der Industrieproduktion nahm merklich ab, wobei die Entwicklung sich uneinheitlich gestaltete. Einen überdurchschnittlichen Anteil am Anstieg des BSP hatten 1976 die privaten Ausrüstungsinvestitionen. Die Preissteigerungsrate halbierte sich innerhalb von zwei Jahren. Eine erneute Beschleunigung des Preisanstiegs hat sich in erster Linie durch die mäßig expansive Geldmengenausweitung vermeiden lassen. Zudem hatte es in der Produktion auf der Kostenseite eine erhebl. Entlastung gegeben, so daß die Unternehmer keine Veranlassung zu Preiserhöhungen hatten. Infolge der günstigen Ernten sind die Preise für Nahrungsmittel teilweise sogar zurückgegangen. Die ab dem Frühsommer zu verzeichnende Verlangsamung des Wachstums war auch eine Folge nachlassender fiskal. Impulse. Im dritten Quartal blieben die getätigten Ausgaben hinter den Haushaltsansätzen zurück. Positiver Effekt der verminderten Ausgaben war die Verringerung des Budgetdefizits des Bundes auf 58 Mrd. $ (= 3,3% des BSP) im dritten Quartal. Der Abbau des Budgetdefizits wird sich 1977 vermutl. langsamer vollziehen. Die amerikan. Handelsbilanz schloß 1976 mit dem bisher höchsten Jahresdefizit von 14,76 Mrd. $ ab. Da die Bilanz 1975 einen Überschuß von 3,74 Mrd. $ ausgewiesen hatte, bezeichnen die Amerikaner den Umschwung von 18,5 Mrd. $ als einen wirkungsvollen Beitrag der USA zur Förderung der weltweiten wirtschaftl. Aktivität. Für 1977 rechnete das Handelsministerium mit einem noch höheren Defizit; denn obwohl die Exporte relativ stärker als die Importe wachsen sollen, werden die stark steigenden Rohöleinfuhren den Import erhebl. aufblähen. Schon 1976 war die Öleinfuhr mit einer Zunahme von 21% der Hauptgrund für das Defizit. Die Chancen für einen dauerhaften Aufschwung waren Ende 1976 nicht ungünstig. Insbes. die relativ niedrige Preissteigerungsrate von 6% (die freilich von einigen Trägern der Wirtschaftspolitik als noch zu hoch angesehen wurde) war eine gute Ausgangssituation.

USA. UN-Botschafter W. W. Scranton legt am 25. März im Namen seiner Regierung im UN-Sicherheitsrat gegen einen Resolutionsentwurf, der die israelische Politik in den von Israel besetzten arabischen Gebieten verurteilt, sein Veto ein

Innenpolitik: Die amerikan. Innenpolitik des Jahres 1976 wurde im bes. Maße durch die am 2. Nov. 1976 durchgeführten Präsidentschaftswahlen bestimmt. Präsident G. Ford, der durch den Rücktritt von R. Nixon am 9. Aug. 1974 38. Präsident der USA geworden war, sah sich scharfen Angriffen innerhalb seiner eigenen Republikan. Partei ausgesetzt. Insbes. die konservativen Kräfte der Republikaner kritisierten Fords Innen- und Außenpolitik. Ihr Hauptsprecher, der ehem. Gouverneur des Staates Kalifornien, R. Reagan, wurde sehr bald zum Hauptkonkurrenten des Präsidenten in einer langen Serie von 30 Vorwahlen, in der sowohl Ford als auch Reagan Delegiertenstimmen für die Nominierung zum Präsidentschaftskandidaten durch den Parteitag zu gewinnen suchten. Obwohl Präsident Ford die erste Vorwahl im Bundesstaat New Hampshire am 24. Febr. 1976 gewinnen konnte, zeigte der äußerst knappe Vorsprung vor seinem Gegner Reagan (51%:49%), wie verwundbar der Präsident geworden war. Nachdem Ford eine Anzahl von weiteren Vorwahlen teilweise überzeugend gewonnen hatte (so z.B. Florida und Illionois), schien es nur eine Frage der Zeit, bis Reagan aufgeben würde. Der überraschende Sieg Reagans in North Carolina über Präsident Ford am 23. März gab den Bemühungen Reagans und seiner Anhänger neuen Auftrieb und gestaltete den weiteren Ablauf der Vorwahlen sowie den Parteitag der Republikaner in Kansas City spannend. Am 19. Aug. gewann Präsident Ford mit 1187 Stimmen gegenüber 1070 Stimmen für Reagan im ersten Wahlgang die Nominierung (für die 1130 Stimmen nötig waren) seiner Partei. Als Kandidat für das Amt des Vizepräsidenten benannte Präsident Ford überraschend Senator R. Dole aus Kansas. Der knappe Ausgang der Wahl sowie etl. Resolutionen des Parteitags, die insbes. auf dem Gebiet der Außenpolitik die bisher verfolgte Politik Fords und seines Außenministers H. Kissinger kritisierten, schwächten die Stellung Fords, ehe der eigentl. Wahlkampf gegen den Kandidaten der Demokrat. Partei begann.

Unter den vielen Anwärtern der Demokraten auf die Nominierung zum Präsidentschaftskandidaten nahm der ehem. Gouverneur des Staates Georgia, James Earl („Jimmy“) Carter, sehr bald eine Favoritenstellung ein. Auf Grund seiner zielstrebigen und über zweijährigen Vorbereitung seiner Kandidatur war er in der Lage, sich gegen mindestens elf ernsthafte Mitbewerber durchzusetzen, darunter u.a. gegen den Exgouverneur G. Wallace, die Senatoren H. Jackson, B. E. Bayh, F. Church und I. M. Bentsen, den Abgeordneten St. L. Udall sowie den Gouverneur Kaliforniens E. G. Brown. Bes. Gewicht legte Carter auf die Achtung der Menschenrechte. Ferner trat er für die Aufnahme voller diplomat. Beziehungen zu China ein. Am 14. Juli wurde Carter von den Delegierten des Parteitags der Demokraten in New York bereits im ersten Wahlgang nominiert. Er erhielt 2238 Stimmen, erforderl. waren 1505 Stimmen. Am folgenden Tag gab Carter bekannt, daß er den Senator des Staates Iowa, Walter F. Mondale, als Kandidaten für das Amt des Vizepräsidenten gewählt habe. Im Wahlkampf zwischen Ford/Dole und Carter/Mondale verringerte sich der einstmals große Vorsprung Carters vor Ford (2:1) zusehends, so daß schließl. der Ausgang der Wahl vom 2. Nov. ungewiß war.

Zum erstenmal in der Geschichte der USA diskutierten ein Präsident und sein Herausforderer in drei Fernsehdebatten innen- und außenpolit. Fragen. Dabei stach bes. die zweite Debatte am 6. Okt. hervor, in der die Außenpolitik behandelt wurde. Auf Carters Vorwurf, die Schlußakte von Helsinki habe die Beherrschung Osteuropas durch die UdSSR anerkannt, antwortete Ford, daß eine sowjet. Vorherrschaft in Osteuropa nicht existiere. Dieser Ausspruch Fords, von dem er später abrückte, bereitete ihm für den Rest des Wahlkampfes außerordentl. Schwierigkeiten. Nach der Wahl vom 2. Nov. ergab die Auszählung der Wählerstimmen, daß der amtierende Präsident G. Ford von J. Carter knapp geschlagen worden war. Carter erhielt 297, Ford 241 Wahlmännerstimmen. Für Carter stimmten 50,1% der Wähler, für Ford 48%. Fords Stärke lag hauptsächl. im mittleren Westen und im Westen, während Carter den gesamten Süden sowie wichtige Staaten des Nordostens gewinnen konnte. Mitentscheidend für Carters Wahlsieg war sein gutes Abschneiden bei den schwarzen Wählern, von denen sich etwa 90% für Carter entschieden. Bei den gleichzeitigen Wahlen zum Abgeordnetenhaus sowie eines Drittels des Senats konnten die Demokraten ihren großen Vorsprung vor den Republikanern beibehalten, so daß das Verhältnis Demokraten : Republikaner im Abgeordnetenhaus etwa 2:1 und im Senat 3:2 blieb (↑auch Farbtafeln S. 277, 278 und 295).

USA. Farbige Anhänger des Präsidentschaftskandidaten der Demokratischen Partei J. E. („Jimmy“) Carter im Vorwahlkampf

Neben den Novemberwahlen waren für die Amerikaner die Feiern zum 200jährigen Bestehen der USA ein weiterer Höhepunkt des Jahres 1976. Bes. Aufmerksamkeit fanden dabei Veranstaltungen am 4. Juli (Tag der Unabhängigkeitserklärung), so u.a. in Philadelphia, Washington, Boston und New York, wo eine Parade von Segelschiffen etwa 6 Mill. Schaulustige anzog. – Auch 1976 konnten die USA den Nachwirkungen des Watergate-Skandals nicht entgehen. Dem Expräsidenten R. Nixon wurde als Folge seiner Verwicklung in die Affäre am 8. Juli die Zulassung zur Anwaltschaft des Staates New York entzogen. Ein Bundesgericht entschied am 26. Okt., daß die im Watergate-Prozeß verwendeten Tonbänder der Öffentlichkeit zugängl. gemacht werden konnten.

Am 26. April veröffentlichte ein von Senator F. Church (Demokrat; Idaho) geleiteter Sonderausschuß des Senats seinen Bericht über Aktivitäten von amerikan. Geheimdiensten. Der Bericht kritisierte Verfehlungen dieser Geheimdienste im In- und Ausland und bemängelte die unzureichende

Kontrolle durch Exekutive und Legislative. Kritisiert wurde u. a. die Anwerbung von Journalisten und Angehörigen wissenschaftl. Institutionen durch die Geheimdienste. – Das ohnehin nicht große Ansehen des amerikan. Kongresses in der Bevölkerung wurde durch eine Reihe von Skandalen weiter geschmälert. Prominentestes Opfer verschiedener Sexskandale wurde der einflußreiche Abgeordnete W. Hays (Demokrat; Ohio), der am 1. Sept. sein Mandat im Repräsentantenhaus niederlegte. Potentiell noch weitreichender war eine Enthüllung der Zeitung „The Washington Post" am 24. Oktober, wonach die Regierung Süd-Koreas über einen Zeitraum von mehreren Jahren versucht hatte, Abgeordnete und hohe Beamte durch Zahlung von beträchtl. Geldbeträgen oder durch andere Aufwendungen für sich zu gewinnen.

USA. Präsident G. Ford im Vorwahlkampf um die Nominierung zum Präsidentschaftskandidaten der Republikanischen Partei

Die *Außenpolitik* der USA im Jahr 1976 wurde wie die Innenpolitik durch die Präsidentschaftswahlen überschattet. Innenpolit. Auseinandersetzungen sowie Skepsis etlicher ausländ. Regierungen bezügl. einer Wiederwahl G. Fords machten größere außenpolit. Initiativen von vornherein wenig wahrscheinlich. Bei seinem Besuch in Moskau vom 20. bis 23. Jan. und während seiner Gespräche mit Parteisekretär L. I. Breschnew und Außenminister A. A. Gromyko versuchte der amerikan. Außenminister H. Kissinger, Fortschritte bei den SALT-Verhandlungen zu erzielen. Diese Gespräche wurden durch den Angolakonflikt nachteilig beeinflußt. Aber trotz angespannter Beziehungen konnten sich die USA und die UdSSR auf einen Vertrag über unterird. Nuklearexplosionen für friedl. Zwecke einigen, der am 28. Mai in Washington und Moskau unterzeichnet wurde. Die sowjet.-kuban. Einmischung im angolan. Bürgerkrieg war auch ein entscheidender Anlaß dafür, daß die Entspannungspolitik in den USA zunehmender Kritik ausgesetzt war. In einer bemerkenswerten Rede in San Francisco am 3. Febr. versuchte Kissinger, seinen Kritikern zu antworten und sein Konzept der Entspannungspolitik zu verteidigen. Er beschuldigte den Kongreß, ihm die Mittel vorzuenthalten, um diese Politik durchzuführen. Unter Bezugnahme auf die Intervention des Ostblocks in Angola führte er aus, daß die USA nicht bereit seien, weitere Aktionen dieser Art hinzunehmen. Eine bes. und deutl. Warnung sprach er gegenüber Kuba aus. Der amerikan. Senat jedoch, der in Angola eine Wiederholung des amerikan. Engagements in Süd-Vietnam befürchtete, hatte nach leidenschaftl. Debatten und gegen den Widerstand der Regierung am 19. Dez. 1975 einen Antrag von Senator Tunney mit 54 gegen 22 Stimmen angenommen, wonach jegl. Hilfe der USA für eine der Bürgerkriegsparteien in Angola untersagt worden war. Am 27. Jan. 1976 schloß sich das Repräsentantenhaus mit 323 zu 97 Stimmen diesem Schritt an. Damit stand der Sieg der MPLA fest. In einer Rede in Boston am 11. März warnte H. Kissinger die Sowjets nochmals nachdrückl. vor ähnl. Interventionen. Die sowjet.-amerikan. Beziehungen, so Kissinger, würden weitere „Angolas" nicht überleben. Gleichzeitig wandte sich H. Kissinger gegen diejenigen, die die Stärke der UdSSR aufbauschten und eine Anpassung an die sowjet. Politik propagierten.

Die Ereignisse in Angola sowie die sich anbahnende Verschärfung der Lage in Rhodesien zwangen die USA, nunmehr endlich eine echte Afrikapolitik zu entwickeln. Vom 24. April bis 6. Mai unternahm Außenminister Kissinger eine Afrikareise, in deren Verlauf er Kenia, Tansania, Sambia, Zaïre, Liberia und Senegal besuchte. In der Hauptstadt von Sambia, Lusaka, unterstützte er in einer Rede am 27. April das Prinzip der Mehrheitsregierung in Rhodesien, verurteilte die Politik der Rassentrennung in Südafrika und forderte die Unabhängigkeit von Namibia (Südwestafrika). Ferner versprach er, die materielle Hilfe der USA für Afrika erhebl. zu verstärken. Gleichzeitig bot er der weißen Bevölkerung Rhodesiens an, sie für eventuelle finanzielle Verluste bei einer Regierungsübernahme durch die schwarze Mehrheit zu entschädigen. Der dt. Bundeskanzler H. Schmidt sagte Anfang Sept. eine dt. Beteiligung an einem solchen Kompensationsfonds zu. Am 23. und 24. Juni trafen H. Kissinger und der südafrikan. Premierminister B. J. Vorster in Bodenmais und Grafenau im Bayer. Wald zu Gesprächen zusammen. In diesen Gesprächen, die das erste Zusammentreffen hoher Politiker beider Länder seit dem 2. Weltkrieg darstellten, versuchte Kissinger u. a., Vorster von dessen Unterstützung des weißen Minderheitsregimes I. Smith' in Rhodesien abzubringen. Im Sept. unternahm Kissinger eine zweite Afrikareise und unterstrich damit die Bedeutung, die dieser Kontinent inzwischen in der amerikan. Außenpolitik einnahm. Er traf mit dem Präsidenten von Tansania, J. Nyerere, am 15. Sept. und mit Präsident K. D. Kaunda von Sambia am 16. Sept. zusammen. An den folgenden zwei Tagen führte Kissinger in Pretoria (Südafrika) Gespräche mit Premierminister Vorster, ehe er am 19. Sept. – ebenfalls in Pretoria – mit dem rhodes. Premierminister Smith konferierte. Am 24. Sept. gab Smith bekannt, daß er einen brit.-amerikan. Vorschlag zur Regierungsübergabe an die schwarze Mehrheit akzeptiert habe.

Neben dem Ausbau der Beziehungen zu Afrika versuchte H. Kissinger auch, das Verhältnis der USA zu Lateinamerika zu verbessern. Zu diesem Zweck besuchte er vom 16. bis 24. Febr. Venezuela, Peru, Brasilien, Kolumbien, Costa Rica und Guatemala. Im Mittelpunkt der Konsultationen standen Handelsbeziehungen sowie Umfang und Art der US-Wirtschaftshilfe für Lateinamerika. Amerikan. Bemühungen, das Verhältnis zu den lateinamerikan. Nachbarn nachhaltig zu verbessern, wurden durch das ungelöste Problem des Panamakanals erschwert. Bei Verhandlungen zwischen den USA und Panama ging es im wesentl. darum, in welcher Form und zu welchem Zeitpunkt die Kontrolle des Kanals und der Kanalzone von den USA an Panama übergeben werden sollte. Der Panamakanal wurde sehr bald zum innenpolit. Streitobjekt in den USA, so daß weitere ernsthafte Verhandlungen auf die Zeit nach den Novemberwahlen verschoben wurden. Insbes. R. Reagan benutzte das Kanalproblem erfolgreich, um Stimmen zu gewinnen und Präsident Ford in die Defensive zu drängen. Selbst Carter modifizierte seinen ursprünglich kompromißbereiten Standpunkt und erklärte in der Fernsehdebatte mit Ford am 6. Okt., er würde niemals die amerikan.

USA. Der Nationalkonvent der Demokratischen Partei in New York wählt J. E. Carter zum Kandidaten für die Präsidentschaft. – Streikende Arbeiter der Automobilfirma Ford in Dearborn (Mich.) mit Streikparolen (rechts)

Kontrolle über den Kanal völlig aufgeben. Für die USA war die Panamakanalfrage auch deshalb so schwierig, da die Position Panamas, d. h. Übergabe des Kanals und der Kanalzone an Panama, von den lateinamerikan. Staaten unterstützt wurde.

Die Beziehungen der USA zu Europa blieben 1976 von größeren Belastungen verschont. Auseinandersetzungen gab es über die unterschiedl. Beurteilung einer mögl. Beteiligung von Kommunisten in europ. Regierungen. In seiner Rede in San Francisco warnte Kissinger vor einer solchen Beteiligung, da der Grad der Unabhängigkeit der westeurop. kommunist. Parteien von Moskau ungewiß sei. Durch eine Regierungsbeteiligung der Kommunisten würde die polit. und militär. Solidarität des Westens geschwächt und die amerikan. Unterstützung für die Verteidigung Europas gefährdet. Am 13. April führte Kissinger in Washington aus, daß eine Beteiligung der Kommunisten in europ. Regierungen einen histor. Wechsel in den Beziehungen zwischen den USA und Westeuropa hervorbringen würde. Die Warnungen Kissingers wurden in Europa teilweise heftig (und nicht nur von Kommunisten) kritisiert.

Dimitri Fjodorowitsch Ustinow

Ustinow, Dimitri Fjodorowitsch, * Kuibyschew 29. Okt. 1908, sowjet. Politiker. 1941–46 Volkskommissar für Rüstung, 1946–53 Minister für Rüstung, 1953–57 Minister für Rüstungsindustrie; 1957–63 stellvertretender, 1963–65 erster stellvertretender Vorsitzender des Ministerrates; seit 1965 Sekretär des ZK der KPdSU, seit 1976 Mitglied des Politbüros; wurde im April 1976 Verteidigungsminister; im Mai 1976 zum Marschall der Sowjetunion ernannt.

V

Vargas Llosa, Mario, * Arequipa 28. März 1936, peruan. Schriftsteller. Journalist; wurde im Aug. 1976 Präsident des internat. PEN-Clubs.

Vatikanstadt (Stato della Città del Vaticano), absolute Monarchie auf der Apenninenhalbinsel. Staatsoberhaupt Papst *Paul VI.* (seit Juni 1963). Flagge ↑ Farbtafeln Flaggen S. 140. Internat. Mitgliedschaften ↑ Übersicht Internationale Organisationen.

Venezuela, Bundesrepublik im nördl. Südamerika. Die Volksvertretung, der Kongreß, besteht aus dem Senat und dem Abgeordnetenhaus, deren Mitglieder verschiedenen Parteien angehören. Staatsoberhaupt und Regierungschef *Carlos Andrés Pérez Rodríguez* (seit März 1974; zuvor *Rafael Caldera Rodríguez*), Außenminister *Ramón Escovar Salom.* Flagge ↑ Farbtafeln Flaggen S. 140. Internat. Mitgliedschaften ↑ Übersicht Internationale Organisationen.

Wirtschaft: Der seit 1974 anhaltende Wirtschaftsaufschwung hat sich 1976 etwas verlangsamt. Das BIP stieg nur noch um 5–6%. Immer stärker wirken sich der Facharbeitermangel sowie techn. und organisator. Mängel hemmend auf den Fortschritt der Industrialisierung aus. Die Inflationsrate lag trotz Preiskontrollen wieder über 10%. Die Ölförderung sank nach der Verstaatlichung der ausländ. Ölgesellschaften am 1. Jan. 1976 nur vorübergehend stark ab und stabilisierte sich dann auf tägl. 2,29 Mill. Faß. Die Hauptimpulse gingen von der Industrie (+12%) und noch stärker von der Bauwirtschaft aus. Sorgen bereitet weiterhin die Landwirtschaft. Die Nahrungsmittelversorgung der schnell wachsenden Bevölkerung wurde auch 1976 wieder schwieriger. Erhöhte Einfuhren könnten zwar finanziert werden, aber die Häfen schaffen den Andrang der Schiffe nicht mehr. Der Exportüberschuß, 1974 noch 10 Mrd. $, hat sich weiter auf 4,4 Mrd. $ vermindert und wird weiter sinken. Der große Finanzbedarf für den Fünfjahresplan (118 Mrd. B.) wird deshalb immer mehr auf dem nat. und internat. Kapitalmarkt gedeckt werden müssen.

Innen- und Außenpolitik: Am 1. Jan. ist die Mineralölindustrie V.s in staatl. Hände übergegangen. Die auf 5,8 Mrd. $ geschätzten Vermögenswerte von 18 ausländ. Ölgesellschaften sind von

VENEZUELA
Geographische Daten und Bevölkerung: *Fläche* 912 050 km², *Verwaltungsgliederung* in 20 Staaten, 1 Bundesdistrikt, 2 Bundesterritorien und „Dependencias Federales" (72 Inseln), *Hauptstadt* Caracas (2,5 Mill. E), *Bevölkerung* 11,99 Mill. E, 13 E/km² (1975), Geburten-/Sterberate (auf 1 000 E) 37/6,7 (1973), *Amtssprache* Spanisch, *Religion* 90% Katholiken.
Wirtschaft: *Erwerbstätigkeit* (1974): 3,286 Mill. Erwerbstätige, davon (in Prozentanteilen) Landwirtschaft 21,9, Bergbau und Energie 3,0, Industrie 18,0, Baugewerbe 6,7, Handel und Banken 17,0, Verkehr 6,3, sonstige Dienstleistungen 27,2. – *Landwirtschaft:* Nutzfläche 26,2 Mill. ha, davon 9,5 Mill. ha Ackerland (1970), Wald 48 Mill. ha (1963). – Produktion (Auswahl; 1975; in 1 000 t): Mais 734, Reis 369, Bananen 370, Zuckerrohr 5 410, Sesamsaat 65, Apfelsinen 245, Kaffee 57, Rindfleisch 268. – *Industrie, Bergbau und Elektrizitätserzeugung* (Auswahl; 1975; in 1 000 t): Kohle 60, Eisenerz (64%) 24 770, Gold 570 kg, Diamanten 1 060 034 Karat, Erdöl 118 000 (1976), Rohstahl 888 (1976), Aluminium 45, Zement 4 200 (1974), Papier und Pappe 342 (1974), Zucker 535, Elektrizität 21,179 Mrd. kWh. – *Außenhandel* (1975): Export 11,116 Mrd. $, Import 6,554 Mrd. $. – *Währung* ↑Übersicht Währungen. – *BIP* zu Marktpreisen 124 072 Mill. B., 10 350 B./E (1975).
Verkehr: *Eisenbahnen:* Streckenlänge 175 km. – *Straßen:* 47 300 km, davon 19 358 km asphaltiert, 755 km Autobahnen. Bestand an Pkw 875 700, an Lkw und Omnibussen 323 500 (1974). – *Schiffahrt* (1976): Handelsflotte mit 468 880 BRT. – *Luftverkehr* (1975; nur nat. Gesellschaften): 3,37 Mill. Fluggäste, 2,27 Mrd. Personenkilometer, 73 Mill. Nettotonnenkilometer.

dem neuen Staatskonzern „Petroven" übernommen worden. Obgleich die ausländ. Ölfirmen seit Beginn ihrer Tätigkeit im Land vor etwa 60 Jahren nach Angaben der Regierung rund 30 Mrd. $ an Gewinnen transferiert haben, mußte V. in der Frage der Entschädigung ein gewisses Entgegenkommen zeigen, da es auf dem Gebiet der Erdöltechnologie sowie des techn. Personals vom Ausland abhängig blieb. Als Ausgleich für zukünftige Einnahmen aus den ursprüngl. bis 1983 laufenden Konzessionsverträgen wurde eine Entschädigungssumme von 1,2 Mrd. $ festgesetzt.

Im März wurde der unter Leitung von Planungsminister G. Rodríguez ausgearbeitete neue Fünfjahresplan (1976–80) dem Parlament vorgelegt. Er sieht für die kommenden Jahre eine beträchtl. Ausweitung des staatl. Sektors vor (Anteil der Bruttoinvestitionen 53,1% gegenüber 32,0% in der vorangegangenen Periode) und setzt sich die Veränderung der Sozialstruktur zugunsten sozial schwacher Bevölkerungsschichten zum Ziel. Eine gewisse Schlüsselrolle nimmt dabei das Erziehungswesen ein, da V. einen ausgesprochenen Bedarf an techn. qualifiziertem Personal hat, diesen z. Z. wegen Versäumnissen im Ausbildungsbereich aber nicht decken kann.

Zu einer Krise in der demokrat. Ordnung V.s kam es im Aug., als von der Militärpolizei zwei linksgerichtete Abgeordnete, S. Mesa vom Movimiento Electoral del Pueblo und F. Herrera vom Movimiento de Renovación Nacional, unter Verletzung der Immunitätsbestimmungen verhaftet wurden. Sie standen im Verdacht, an der Entführung des bis heute verschollenen nordamerikan. Industriellen W. Niehous (Febr.) beteiligt gewesen zu sein. Die heftige innenpolit. Kontroverse wurde mit der Bestätigung der Verdachtsmomente gegen die beiden Parlamentarier durch den Obersten Gerichtshof und die Aufhebung ihrer Immunität beendet. Dem venezolan. Kongreß wurden im Nov. acht Gesetzesprojekte zur Reform des Steuerrechts vorgelegt. Durch ein neues System sollen dem Fiskus mehr Mittel zur Finanzierung des neuen Fünfjahresplans zufließen. Erstmals wird die Besteuerung von persönl. Einkommen angestrebt.

In der Außenpolitik zeichnete sich eine zunehmende Distanz zwischen V. und den Militärdiktaturen Südamerikas ab. Die Verschleppung einer asylsuchenden Frau aus der venezolan. Botschaft in Montevideo durch uruguay. Sicherheitsbeamte führte im Juli zum diplomat. Bruch mit der Regierung des Interimspräsidenten A. Demicheli (Uruguay). Differenzen gab es auch mit Ecuador, als im Aug. der venezolan. Bischof M. Parra León und andere kirchl. Würdenträger Lateinamerikas unter dem Vorwurf der Subversion in Riobamba (Ecuador) vorübergehend inhaftiert wurden. Verstärkt bemühte sich V. um gute Beziehungen zu den karib. Staaten und zu Mittelamerika. Höhepunkt der außenpolit. Aktivitäten war die Europareise des Präsidenten im November. Im Anschluß an seinen Aufenthalt bei den UN besuchte er Italien, den Vatikan, Großbritannien, die UdSSR, Spanien und Portugal.

Vereinigte Arabische Emirate, Abk. VAE, Föderation von 7 Emiraten auf der Arab. Halbinsel. Eine Volksvertretung gibt es nicht. Staatsoberhaupt *Scheich Said Ibn Sultan An Nuhajan* (Sultan von Abu Sabi; seit Dez. 1971), Regierungschef *Scheich Maktum Ibn Raschid Al Maktum* (seit Dez. 1971). Flagge ↑Farbtafeln Flaggen S. 140. Internat. Mitgliedschaften ↑Übersicht Internationale Organisationen.

Wirtschaft: Seit einigen Jahren vollzieht sich in den sieben Emiraten ein rasches wirtschaftl. Wachstum. Deutl. Anzeichen hierfür war u. a. der starke Importsog. Die Wirtschaft ist weitgehend auf Importe angewiesen. Diese Abhängigkeit wird sobald nicht abgebaut werden können, obgleich v. a. die beiden Emirate Abu Sabi und Dubaij große Anstrengungen zur Industrialisierung unternehmen. Dabei werden insbes. neue Ansiedlungen gefördert. In Dubaij waren die Planungen für die Industriestadt Dschabal Ali am weitesten gediehen, während die Pläne für Abu Sabis Dschabal Dhanna sich noch im Frühstadium befanden. Währenddessen setzte Asch Scharika 1976 seine Bemühungen fort, Kapital und Unternehmen für hochqualifizierte Fertigungen ins Land zu ziehen. Um den Staat als

VEREINIGTE ARABISCHE EMIRATE
Geographische Daten und Bevölkerung: *Fläche* etwa 77 000 km², *Verwaltungsgliederung* weitgehende Autonomie der sieben Emirate Abu Sabi (Abu Dhabi, 235 662 E), Dubaij (206 861 E), Schardscha (88 183 E), Adschman (21 566 E), Umm Al Kaiwain (16 879 E), Ras Al Chaima (57 282 E), Fudschaira (46 498 E), *Hauptstadt* Abu Sabi, *Bevölkerung* 655 937 E (laut Volkszählung 1975, nach UN-Angaben 220 000 E), *Amtssprache* Arabisch, daneben Englisch, *Religion* überwiegend sunnit. und schiit. Muslime.
Wirtschaft: *Landwirtschaft:* In einigen Küstenregionen Gartenbau, in den Oasengruppen Al Buraimi und Al Dschiwa Gemüseanbau und Dattelpalmbestände, Fischerei mit jährl. rund 12 000 t Anlandungen. – *Bergbau, Industrie und Elektrizitätserzeugung* (1974): Erdöl: Abu Sabi 76,78 Mill. t, Dubai 15,77 Mill. t, Schardscha 1,78 Mill. t. – *Außenhandel* (1975): Export (fob) 27,248 Mrd. DH, Import (cif) 10,571 Mrd. DH. – *Währung* ↑Übersicht Währungen.
Verkehr: *Schiffahrt* (1976): Handelsflotte mit 120 900 BRT.

Handelszentrum des Nahen Ostens noch attraktiver zu machen, wurde verfügt, daß ausländ. Firmen sich nicht mehr ortsansässiger Partner bedienen müssen, um eine Niederlassung eröffnen zu können.
Innen- und Außenpolitik: Der ehem. stellvertretende jordan. Stabschef, General A. Khalidi, wurde Anfang März zum 1. Oberbefehlshaber der Streitkräfte ernannt; die sieben Emirate einigten sich am 6. Mai, ihre Streitkräfte unter seinem Kommando zu vereinigen. Über 70 Personen, darunter auch Regierungsbeamte, wurden im März unter der Beschuldigung der Bestechung und der Korruption verhaftet oder verhört. Anfang April wurden neun von elf Angeklagten, davon zwei hohe Beamte aus dem Büro des stellvertretenden Ministerpräsidenten, zu Freiheitsstrafen bis zu 10 Jahren verurteilt. Der Nationalrat, der aus 40 Vertretern aus allen sieben Emiraten besteht, billigte am 2. Okt. die Entscheidung des aus den sieben Emiren bestehenden Obersten Rates vom 13. Juli, die Gültigkeitsdauer der provisor. Verfassung um weitere fünf Jahre zu verlängern. Die Polizei beendete Anfang Okt. einen fünftägigen Streik von 500 ind. und pakistan. Arbeitern in Dubaij, die höhere Löhne und bessere Arbeitsbedingungen gefordert hatten. Anfang Okt. wurde der Grenzstreit zwischen den Emiraten Dubaij und Schardscha beigelegt. Nach einer Verordnung des Staatspräsidenten vom 28. Nov. wird die provisor. Verfassung weitere fünf Jahre in Kraft bleiben, nach einer Verfassungsänderung vom 6. Nov. wird die Zentralregierung das alleinige Recht zur Truppenerhebung haben (Art. 142). Der Oberste Rat wählte am 29. Nov. Scheich Said Ibn Sultan An Nuhajan für eine zweite fünfjährige Amtsperiode zum Staatspräsidenten und den Emir von Dubaij, Scheich Raschid Ibn Said Al Maktum, zum Vizepräsidenten.
Die Zusammenarbeit mit den arab. Ländern, bes. mit Saudi-Arabien, wurde fortgesetzt. Während eines Besuches des saudi-arab. Innenministers, Prinz Nayef Abn Abdal-Aziz Ende Okt. wurde ein Sicherheitsabkommen abgeschlossen. Das Staatsoberhaupt besuchte Pakistan (1. und 2. Febr.), Somalia (5.–15. Aug.), Ägypten (28. und 29. Okt.) und Oman (18. Nov.). Die Staatsoberhäupter Ägyptens, A. As Sadat (26. und 27. Febr., 23. und 24. Juni), Saudi-Arabiens, König Chalid (27.–29. März), der Arab. Republik Jemen, I. M. Al Hamidi (22. und 23. April), von Bahrain, Scheich Isa Ibn Salman Al Chalifa (20.–22. Juni) und Indiens, F. A. Ahmed (4.–6. Okt.), statteten offizielle Besuche ab. Die VAE entsandten 700 Soldaten für die Friedensstreitmacht der arab. Staaten im Libanon (Nov.).

Jorge Rafael Videla

Videla, Jorge Rafael, * Mercedes 2. Aug. 1925, argentin. General und Politiker. 1973–75 Generalstabschef des Heeres, 1975/76 Vorsitzender des Vereinigten Generalstabes; Chef der Militärjunta, die im März 1976 die polit. Macht übernahm; ließ sich noch im gleichen Monat als Staatspräsident vereidigen.
Vietnam, Volksrepublik (seit Juli 1976) an der O- und SO-Küste der Halbinsel Hinterindien. Als Volksvertretung fungiert eine nach einer Einheitsliste gewählte Nationalversammlung mit 492 Abge-

VERKEHR (BRD)

	Einheit	1960	1970	1975	1976
Verkehrswege					
Eisenbahnstrecken	km	36 019	33 010	31 922	31 776
Straßen (überörtlich)	km	136 447	162 344	168 155	169 143
darunter Autobahnen	km	2 671	4 110	5 748	6 207
Omnibuslinien	km	320 175	629 441	606 353	601 050
Verkehrsmittel					
Lokomotiven	Anzahl	10 083	8 536	8 132	7 980
Güterwagen	1 000	273	283	292	290
Personenkraftwagen[1]	1 000	4 489	13 941	17 898	18 920
Lastkraftwagen	1 000	681	1 028	1 121	1 122
Binnenschiffe	Anzahl	7 491	6 336	4 786	4 613
Handelsschiffe[2]	1 000 BRT	4 738	8 431	8 689	9 024
Flugzeuge	Anzahl	1 111	3 792	5 998	6 218
Beförderte Personen					
Eisenbahnverkehr	Mill.	1 399	1 054	1 061	1 055
Straßenverkehr[3]	Mill.	6 418	6 170	6 869	6 536
Luftverkehr	1 000	4 885	21 340	27 687	29 369
Beförderte Güter					
Eisenbahnverkehr	Mill. t	344	392	329	343
Fernverkehr mit Lastkraftwagen	Mill. t	99	165	230	262
Binnenschiffsverkehr	Mill. t	172	240	227	230
Seeschiffsverkehr	Mill. t	77	132	131	145
Rohrleitungsverkehr	Mill. t	13	81	72	80
Nachrichtenverkehr					
Briefsendungen	Mill.	8 498	10 680	10 479	11 131
Telefongespräche	Mill.	4 547	10 216	14 100	14 600
Straßenverkehrsunfälle mit Personenschaden	Anzahl	349 315	377 610	337 732	359 694
Getötete	Anzahl	14 406	19 193	14 844	14 803
Verletzte	Anzahl	454 960	531 795	457 824	480 597

[1] Einschließlich Kombinationskraftwagen; [2] Schiffe ab 100 BRT; [3] Verkehr mit Stadtschnellbahnen, Straßenbahnen, Obussen und Kraftomnibussen.
Quelle: Zahlenkompaß, Ausgabe 1977. Hg. Statist. Bundesamt.

VIETNAM
Geographische Daten und Bevölkerung: *Fläche* 332 560 km², *Verwaltungsgliederung* in 38 Provinzen, darunter drei Städte im Rang einer Provinz (Hanoi, Haiphong, Ho-Chi-Minh-Stadt [früher Saigon]), *Hauptstadt* Hanoi (850 000 E), *Bevölkerung* rund 45 Mill. E, etwa 135 E/km², *Amtssprache* Vietnamesisch, *Religion* überwiegend Buddhisten, daneben Katholiken.
Wirtschaft: *Währung* ↑ Übersicht Währungen.

ordneten (davon 243 aus dem S, 249 aus dem N). Staatsoberhaupt *Ton Duc Thang* (seit Juli 1976; zuvor Staatsoberhaupt von Nord-Vietnam), Regierungschef *Pham Van Dong* (seit Juli 1976; zuvor Regierungschef von Nord-Vietnam). Flagge ↑ Farbtafeln Flaggen S. 140. Internat. Mitgliedschaften ↑ Übersicht Internationale Organisationen.
Wirtschaft: Um die Jahreswende 1976/77 – etwa 20 Monate nach dem Ende des Vietnamkriegs – war die erste Phase des Wiederaufbaus in dem vereinigten Land offensichtl. abgeschlossen. Die unmittelbaren Kriegsschäden sind weitgehend beseitigt. Straßen und Schienenwege sind repariert, die Häfen wieder leistungsfähig und die landwirtschaftl. Struktur wieder belastbar. V. rüstet zum Wirtschaftsaufschwung mit Hilfe nichtkommunist. Länder Asiens und Europas. Im 1. Fünfjahresplan liegt das Schwergewicht auf der schnellen Steigerung der Exportraten, v. a. im Bereich der agrar- und leichtindustriellen Produkte, sowie auf dem Ausbau der Außenhandelsbeziehungen. Nach den Planziffern des Fünfjahresplans soll der Anteil der Landwirtschaft am Export bei 35% und der industrieller Erzeugnisse bei 38% liegen. 1977 soll die Industrieproduktion um 28%, der Export um 55% und das Volkseinkommen um 16% steigen.
Innen- und Außenpolitik: Als das Jahr der offiziellen Wiedervereinigung des Landes war 1976 von großer geschichtl. Tragweite für Vietnam. Bereits im Jan. war die Verwaltung von Ho-Chi-Minh-Stadt (früher Saigon) von einem Revolutionskomitee übernommen worden. Im Febr. wurde die Verwaltungseinteilung der beiden Landesteile reformiert und Gesamt-V. in 35 Provinzen neugegliedert. Am 25. April fanden die Wahlen zur ersten vereinigten Nationalversammlung statt. Bei einer Wahlbeteiligung von nahezu 100% wurden 249 Abgeordnete für den N und 243 für den S gewählt. Am 24. Juni trat die neugewählte Nationalversammlung erstmalig zusammen; am 2. Juli wurde der neue gesamtvietnames. Staat als „Sozialist. Republik V." feierl. gegründet. Hanoi wurde zur Hauptstadt erklärt, die nordvietnames. Flagge und Hymne sowie die Verfassung von 1959 vorerst übernommen. Das von der Nationalversammlung gewählte Kabinett unter Premierminister Pham Van Dong zeigte nur wenige neue Gesichter; alle wichtigeren Minister Nord-V.s behielten Ämter. Der polit. bedeutsamste Südvietnamese, Pham Hung, wurde wiederum Vizepremier und gleichzeitig mit der schrittweisen Heranführung des südl. Landesteils an den N beauftragt. Die Aufrechterhaltung der öffentl. Sicherheit im S wurde der Armee anvertraut. Das ganze Jahr über befanden sich schätzungsweise 200 000 Südvietnamesen in Umerziehungslagern; Kirchen und Pagoden wurden wiederholt auf Waffen und antikommunist. Propagandamaterial durchsucht.

Vietnam. Flüchtlinge in einem Lager im Süden Thailands warten auf eine Genehmigung zur Ausreise in die USA

Im Dez. hielt die kommunist. Einheitspartei Dang Lao Dong (Partei der Arbeit) ihren 4. Parteikongreß ab und nahm ihren ursprüngl. Namen „Kommunist. Partei V.s" wieder an. Die kollektive Führung der Erben Ho Chi Minhs (Le Duan, Truong Chinh und Pham Van Dong) wurde bestätigt. Das seit dem Tod Ho Chi Minhs (1969) vakante Amt des Parteivorsitzenden wurde nicht neu besetzt. Le Duan erhielt ledigl. den Titel „Generalsekretär". Das Politbüro wurde von 11 auf 14 Mitglieder und drei stellvertretende Mitglieder erweitert. Das ZK wurde fast verdoppelt (von bisher 47 auf 101 Vollmitglieder und von 25 auf 32 stellvertretende Mitglieder).
Außenpolit. schlug sich das durch den siegreich beendeten Krieg und die vollzogene Wiedervereinigung neugewonnene Prestige nieder in einer diplomat. Offensive, die das ganze Jahr hindurch fortdauerte. Bis zum Jahresende war Hanoi von rund 100 Staaten und 22 internat. Organisationen anerkannt. Auf der Konferenz der blockfreien Staaten im Aug. in Colombo unterstrich Premierminister

Vietnam. Der IV. Parteikongreß im Dezember beschließt die Rückbenennung der Partei der Arbeit in Kommunistische Partei Vietnams und erweitert das Politbüro des ZK von 11 auf 14 Mitglieder. Dritter von links vorn Ministerpräsident Pham Van Dong, rechts daneben General Vo Nguyên Giap

Pham Van Dong V.s Wunsch nach Ungebundenheit und seine Solidarität mit der übrigen Dritten Welt; V. wurde in das Koordinierungsbüro der blockfreien Staaten aufgenommen.
Überraschenderweise änderte Hanoi zur Jahresmitte seine bislang abweisende Haltung gegenüber den ASEAN-Staaten und nahm mit den Philippinen sogar diplomat. Beziehungen auf. Vizeaußenminister Phan Hien besuchte alle ASEAN-Hauptstädte außer Bangkok; der thailänd. Außenminister Pichai Rattakul besuchte Hanoi und unterzeichnete eine Absichtserklärung zur Aufnahme diplomat. Beziehungen. Die Bemühungen um engere Beziehungen zu den indochin. Nachbarstaaten Laos und Kambodscha wurden fortgesetzt. Im Febr. besuchte der laot. Premier Kayson Phomvihane Hanoi; der vietnames. Planungschef Le Thanh Nghi reiste nach Vientiane. Das Verhältnis zu Kambodscha konnte dagegen nur geringfügig verbessert werden. In der Skala der außenpolitischen Prioritäten V.s nahmen die Beziehungen zu Moskau, unterstrichen durch die Teilnahme Le Duans am 25. Parteitag der KPdSU, weiterhin den ersten Rang ein. Dennoch blieb Hanoi bei seiner Neutralitätshaltung im chin.-sowjet. Konflikt. Ebenso äußerte es sich nicht zum sowjet. Projekt eines „kollektiven Sicherheitssystems" in Asien. Die Außenpolitik gegenüber dem Westen war weiterhin vorwiegend von wirtschaftl. Überlegungen geprägt; das Verhältnis zu den USA litt unter den innenpolit. Schwierigkeiten Washingtons.

Viking (Viking 2) ↑tabellar. Übersicht Weltraumfahrt.

Vogel, Bernhard, *Göttingen 19. Dez. 1932, dt. Politiker (CDU). 1965–67 MdB, 1967–76 Kultusminister von Rheinland-Pfalz; 1972–76 Präsident des Zentralkomitees der dt. Katholiken; wurde im Dez. 1976 Ministerpräsident von Rheinland-Pfalz und Bundesratspräsident.

W

Wake Island ↑Übersicht Staaten der Erde (USA).

Währungen ↑Übersicht S. 292ff.

Warschauer Pakt, multilateraler Vertrag über „Freundschaft, Zusammenarbeit und gegenseitigen Beistand", geschlossen am 14. Mai 1955. Mitglieder ↑Übersicht Internationale Organisationen.
Politische Situation: Im Gefüge des W. P.s hat sich 1976 kein grundlegender Wandel vollzogen. Eine Kündigung des Vertrags wurde von keinem Mitgliedstaat ausgesprochen. Dies bedeutete jedoch nicht, daß in Einzelfragen nicht unterschiedl. Interessen bestanden und in zunehmend deutl. Weise auch ausgedrückt wurden.
Zum 21. Jahrestag der Gründung im Mai 1976 sind aus der Sowjetunion, der DDR und der Tschechoslowakei Stimmen laut geworden, die sowohl den Zweck des Pakts wie dessen geograph. Geltungsbereich über den vertragl. festgelegten Rahmen hinaus ausdehnen wollten. Dagegen haben nicht nur jugoslaw. Zeitungen protestiert, sondern es wurden auch beunruhigte Kommentare aus Polen und Ungarn bekannt. In Bukarest erklärte man, daß der Pakt keinerlei koordinierende Rolle habe, weder in der Politik noch im ideolog. Bereich oder in der Wirtschaft und bei der Verteidigung nur im Hinblick auf den konkreten „Paktfall". Der umfassendste Versuch zur Ausdehnung und Umformung der Rolle des W. P.s stammte von der DDR. Deren Verteidigungsminister, General H. Hoffmann, hatte erklärt, daß der Auftrag der sozialist. Streitkräfte weit über die Grenzen des einzelnen sozialist. Mitgliedstaates hinausgehe. Er erfordere die kollektiv bekundete Bereitschaft und Fähigkeit der sozialist. Bruderarmeen, für die gesamte sozialist. Gemeinschaft mit den Waffen einzustehen.
In einer Deklaration auf der Konferenz der W.-P.-Staaten in Bukarest Ende Nov. wurde der Vorschlag eines Vertrags über den Verzicht des Ersteinsatzes von Atomwaffen gemacht. Dieser Vertragsvorschlag soll allen Signatarstaaten der KSZE (europ. Sicherheitskonferenz) offenstehen und statuiert in mehreren Artikeln die Verpflichtung, „nicht als erste Atomwaffen gegeneinander anzuwenden, weder zu Lande, zur See, in der Luft, in der Atmosphäre noch im kosm. Raum". Das Bukarester Dokument enthält auch Passagen, die deshalb bemerkenswert sind, weil sie einiges von der inneren Problematik des W. P.s freilegen. V. a. waren es rumän. Vertreter, die ihr Interesse an einer Verlagerung des Schwergewichts vom militär. auf den polit. Bereich zeigten. Wenn dies gelinge, so die rumän. Auffassung, laufe dies schließl. auf mehr Selbständigkeit für die Mitgliedstaaten hinaus. Es gab offenbar eine wachsende Tendenz seitens der kleineren Mitgliedstaaten, auf möglichst vielen Gebieten die eigenen Interessen stärker gegenüber der Sowjetunion zu vertreten.
Militärische Situation: Die Sowjetunion war weiterhin die führende Macht, da trotz abweichender Auffassungen alle übrigen Mitgliedstaaten ihre Sicherheit immer noch mit der Moskaus gleichsetzten. Dies wird nicht zuletzt erleichtert durch eine weitgehende Standardisierung der Rüstung und einheitl. Ausbildungs- und Führungsmethoden nach sowjet. Muster. Die Strategie des W. P.s, diplomat. Vorstößen die notwendige Durchschlagskraft zu verleihen und Positionsgewinne zu sichern, konnte an dem wachsenden Engagement v. a. Moskaus auf dem afrikan. Kontinent beobachtet werden, wo es gelang, die dortige polit. Situation, in ständiger Konkurrenz zu den USA, zu beeinflussen.
An den militärtechn. Schwerpunkten hat sich nichts geändert. Nach wie vor gilt der Grundsatz der strateg. Ebenbürtigkeit mit den USA und der konventionelltakt. Überlegenheit gegenüber der NATO in Europa.
Zu diesem Zweck konzentriert sich ein beträchtl. Teil des Verstärkungsprogramms auf Mitteleuropa, wo Umfang, Bewaffnung und Feuerkraft der Landstreitkräfte erhöht wurden. Auch die sowjet. Produktionskapazität bei Rüstungsgroßgeräten übertraf die des Westens erheblich. Damit sind nach westl. Einschätzung die Streitkräfte des W. P.s nach dieser weiteren Verstärkung ihrer offensiven Verbände in der Lage, jederzeit mit oder ohne atomare Unterstützung bei schwindender Vorwarnzeit Mitteleuropa anzugreifen.
Der Erprobung der Zusammenarbeit diente ein Manöver im Nov. in Polen („Schild 76"). An diesem Manöver nahmen Truppenteile der Sowjetarmee, der Nat. Volksarmee der DDR sowie der poln. und tschechoslowak. Volksarmee teil.
Bedingt durch Todesfälle fanden in den obersten Kommandobehörden des W. P.s personelle Veränderungen statt. Ende April 1976 starb der sowjet. Verteidigungsminister A. A. Gretschko, ein Befürworter von L. I. Breschnews Doppelstrategie: Entspannungspolitik nach Westen und Sicherung der sowjet. Hegemonie im eigenen Machtbereich. Nachfolger Gretschkos wurde überraschend D. Ustinow, ein Spezialist für Rüstungswesen und Schwerindustrie, der erst auf dem letzten Parteikongreß Anfang 1976 zum Vollmitglied des Politbüros ernannt worden war. Ende April 1976 verstarb auch Armeegeneral S. M. Schtemenko, der Generalstabschef der Streitkräfte des W. P.s, ein Veteran der Stalin-Ära, der die Aktionen gegen die Tsche-

choslowakei im Aug. 1968 geleitet hatte. Der Posten des Oberbefehlshabers der W.-P.-Streitkräfte, der durch den Tod des bisherigen Inhabers, Marschall I. I. Jakubowski, Ende Nov. vakant geworden war, wurde mit Armeegeneral V. G. Kulikow, dem bisherigen Generalstabschef der sowjet. Streitkräfte, besetzt.

Weltraumfahrt ↑ tabellarische Übersicht S. 300f.

WELTRAUMFAHRT

Die Raumfahrt des Jahres 1976 stand eindeutig im Zeichen einer beginnenden wissenschaftlichen Erforschung unseres äußeren Nachbarplaneten Mars durch zwei amerikanische Viking-Landeeinheiten. Mit den durch Fallschirme und Raketenbremsung vollzogenen weichen Landungen der beiden bereits im Spätsommer 1975 (Viking 1 startete am 20. August, Viking 2 am 9. September 1975) in Marsch gesetzten Sonden wurde die Erkundung und Untersuchung des Marsbodens eingeleitet. Die in den Jahren zuvor vorgenommene Kartographierung von nahezu 90% der Marsoberfläche aus dem Orbit hatte schon eine Reihe von Überraschungen gebracht: mehrere erloschene Riesenkrater, deren größter, der Mons olympus, bei einer Höhe von 25 km einen Basisdurchmesser von annähernd 600 km aufweist, ein bis zu 6 km breiter, rund 5 000 km langer „Canyon", dessen Entstehung auf Spannungen und Verschiebungen in der Oberflächenkruste des Mars zurückgeführt wird, und mäanderförmige Flußbetten, deren Entstehung eindeutig auf früher vorhandene große Wassermassen schließen läßt. Nach all diesen Feststellungen wuchsen die Erwartungen, biologisches Leben oder aber Reste früheren Lebens, wenn auch niederster Art, aufzuspüren. Die Landeplätze waren dort vorgesehen, wo mit größerer Wahrscheinlichkeit der Nachweis biologischer Entwicklung erwartet werden konnte, nämlich in besonders tief gelegenen Gebieten mit höherem atmosphärischem Druck, größerer Aussicht auf Feuchtigkeit, günstigeren Temperaturen und nahe den früher von Wasser durchflossenen Senken. Nach dem Eintreffen von Viking 1 am Mars, am 19. Juni 1976, wurden erneut Untersuchungen über die Brauchbarkeit der vorgesehenen Landegebiete vorgenommen. Durch Änderung der elliptischen Umlaufbahn und Korrekturen der Bahnhöhen von der Erde aus wurde die Flughöhe über dem in Aussicht genommenen Gebiet auf 1 500 km verringert und der Lauf des Orbit mit der Marsrotation synchron gesteuert. Nach Auswertung der Aufnahmen entschloß man sich wegen der zu rauhen Oberflächenstruktur zu einer Verlegung der Landeplätze.

Vom Orbit aus, besonders von Viking 2, konnten in der sog. Übergangszone zwischen dem fast kraterfreien Norden und dem kraterübersäten Südteil in vielen Tälern Strömungskonturen ausgemacht werden, die auf frühere Gletschertätigkeit schließen lassen. Wichtige Indizien für Wasser sind aber die gewundenen Betten früherer Flüsse mit Inseln und stromlinienmäßig geformten Sandbänken. Kleinere Meteoriteneinschlagkrater in diesen Strömungskanälen zeugen davon, daß das Wasser schon vor langer Zeit versiegt ist. Erdrutsche und Erosion, aber auch Lavafluß sowie Verwehungen bilden weitere Merkmale einer sich verändernden Oberfläche des Mars. Im Bereich des Nordpols, der nach den letzten Ergebnissen aller bisherigen Untersuchungen aus einer mehrere hundert Meter dicken Eisschicht bestehen soll, kann man die Schmelzzonen mit Abflußkanälen und Sanddünen erkennen.

Viking 1 landete am 19. Juni 1976 in der „tropischen", Viking 2 am 7. August 1976 in der Polarzone. Vom Boden des Mars aus konnten die Landeeinheiten ebenso brillante Farbaufnahmen übermitteln wie vom Orbit. Neben den vielen Aufnahmen sollte durch Bodenproben nicht nur die chemische Zusammensetzung, sondern auch die Möglichkeit organischen Lebens festgestellt werden.

Neben rund 10 000 (auch farbigen) Aufnahmen von durchweg hervorragender Qualität, die zum Teil direkt, zum Teil über den Orbit zur Erde gefunkt wurden, hat die Viking-Mission schon bis jetzt eine Fülle von Informationen geliefert, deren wichtigste sind:

1. Wasser und Eis sind auch heute noch auf dem Mars in größeren Mengen vorhanden.
2. Die Tagestemperaturen liegen um −30 °C (243 K), die der Nacht um −86 °C (187 K), in den Polargebieten entsprechend niedriger.
3. In früheren Zeiten muß die Marsatmosphäre mindestens zehnmal dichter als heute gewesen sein.
4. In früheren Zeiträumen haben größere Wassermengen die Oberfläche des Mars über- und durchströmt und damit verändert. Mäanderförmige Flußläufe beweisen dies überzeugend.

Weltraumfahrt. Das erste von Viking 1 übermittelte Photo besteht aus einer Schwarzweißabtastung von hoher Auflösung. Das abgebildete Teilpanorama reicht von Nordost bis Südost mit einem Winkel von 120° und entstand

5. Wind- und Wassererosionen prägen neben Gletscherspuren große Gebiete des Mars.
6. Die atmosphärische Dichte erwies sich als erheblich geringer als erwartet. Der Druck beträgt am Marsboden nur um 7 Millibar; das entspricht dem Luftdruck bei der Erde in 40 km Höhe. Während die Venus einen fast hundertmal höheren Druck als die Erde aufweist, ist der vergleichbare Wert auf dem Mars hundertmal geringer.
7. Die derzeitige Atmosphäre besteht zu 93% aus Kohlendioxid, etwa 3% Stickstoff mit Beimengungen von Argon sowie Wasserstoff und Sauerstoff von je 2%.
8. Die Windgeschwindigkeiten liegen durchschnittlich um 25–30 km/h. Periodisch treten Orkane auf.
9. Die Gesteine haben einen überraschend hohen Sauerstoffanteil. Die Zusammensetzung der Marsmaterie: Silicium 15–30%, Eisen 12–16%, Kalzium 3–8%, Aluminium 2–7% und Titan 0,25 bis 1,5%.
10. Staubstoffe aus Eisenoxid geben nicht nur der Marsoberfläche das bekannte rötliche Aussehen, sondern färben auch durch die morgens einsetzenden Winde, insbesondere aber nach Stürmen, als Schwebestoffe die Atmosphäre. Dadurch erscheint der Marshimmel meist rosa statt blau.
11. Wasser kommt fast ausschließlich in Eisform und nur in den Randzonen des im Marssommer abschmelzenden Nordpols in geringen Mengen als Schmelzwasser und ferner in Dampfform geringfügig in der Atmosphäre vor. In Eisform scheint sich Wasser außerdem unter Deckschichten aus Sand in großen Linsen abgesetzt zu haben.

Bessere Voraussetzungen zur weiteren Erforschung des Mars werden die nach dem Vorbild der Mondfahrzeuge bereits entwickelten fahrbaren Planetenlandegeräte bieten. Diese mit Raupen ausgestatteten Fahrzeuge sollten über ein in die Höhe ausfahrbares Fernsehauge und ein schwenkbares Borgerät verfügen, um nach Eislinsen und tiefer liegenden Schichten bohren zu können. Durch die Beweglichkeit wird man, von der Erde aus ferngesteuert, große Gebiete erkunden können.

Die zunehmende Forderung nach größerer Wirtschaftlichkeit bei der Raumfahrt führte 1976 zum Bau des Space-Shuttle, der wiederverwendbaren Raumfähre, die wie ein Flugzeug nach Rückkehr vom Orbit landen kann und den Pendelverkehr zur Raumstation übernehmen wird.

Neben den USA konnte aber 1976 auch die Sowjetunion einige beachtenswerte Leistungen verbuchen. So landete die am 9. August gestartete unbemannte Luna 24 am 18. August auf dem Mond im Meer der Krisen. Ihr gelang es, Bodenproben vom Mond automatisch zur Erde zu bringen. Mit Hilfe dieser Technik könnten von vielen Planeten oder z. B. Monden des Jupiters Bodenproben zur Erde transportiert werden. – Langzeitaufenthalte im Orbit über der Erde auf Saljut 5 vollzogen das nach, was die USA bereits erprobt hatten.

Bei den z. T. spektakulären Ergebnissen der Raumfahrt werden oft die technischen Leistungen vergessen. Imponierend ist beispielsweise die technische Lösung des Problems, Farb- und Schwarz-Weiß-Aufnahmen bei Sendeleistungen von nur 10–20 Watt über Entfernungen von 336 Mill. km vom Mars zur Erde zu übermitteln. Beträgt die Übertragungszeit vom Mond zur Erde nur etwas mehr als eine Sekunde, braucht man vom Mars zur Erde rund 19 Minuten. Während die bereits 1915 errechneten sogenannten Hohmann-Flugbahnen, Kurven geringsten Energieaufwandes, auch heute noch für alle Raketen gültig sind, erwies sich die Annahme aller Pioniere der Raumfahrt in den zwanziger Jahren, daß jeder Funkkontakt zu einer die Erde verlassenden Rakete nach Durchstoßen der Heavyside-Schicht abbrechen würde, als unbegründet. Die Kurz- und Ultrakurzwellen enthoben die Raumfahrt dieser Sorge (↑ auch S. 300 f.).

Westindische Assoziierte Staaten ↑ Übersicht Staaten der Erde (Großbritannien).

Westsahara (früher Span. Sahara): Am 26. Febr. zog sich die frühere Kolonialmacht Spanien formell aus W. zurück, zwei Tage vor dem Datum, das im Dreierabkommen zwischen Spanien, Marokko und Mauretanien vom Nov. 1975 festgelegt worden war. Davor hatte ein Besuch des marokkan. Premierministers A. Osman am 7. Jan. zu der Erklärung des frz. Premierministers J. Chirac geführt, daß die marokkan. Besetzung des Territoriums nach frz. Auffassung nicht den Frieden gefährde. Am 25. Jan. war es Marokko auch gelungen, die FLU (Front für Befreiung und Einheit), die gegen die frühere span. Herrschaft gekämpft hatte, auf seine Seite zu ziehen. Die FLU bezog ihr Hauptquartier in der von den Marokkanern besetzten Hauptstadt El-Aiun. Bemühungen der OAU und der Arab. Liga, die mit dem Ziel zur Vermittlung zwischen Marokko und Mauretanien einerseits sowie der durch Algerien

am 3. August bei einem Stand der Sonne von knapp 30° über dem Horizont. Links außen liegt ein etwa 8 m entfernter Fels. Die Form der Sanddünen rechts davon zeigt, daß der Wind zuletzt von Nordost nach Südwest geblasen hat

WÄHRUNGEN

(Stand 31. Dez. 1976)

Vorbemerkungen: Die Übersicht enthält, in alphabetischer Reihenfolge der Staatennamen, die Bezeichnungen für die Währungseinheit und die Untereinheiten, Kurzbemerkungen zur mitgeteilten Kursart, die Devisenkurse als errechnete Vergleichswerte 1 Währungseinheit (WE) = ... DM, bzw. 1 DM = ... WE. Die Devisenkurse wurden von der Deutschen Bundesbank grundsätzlich offiziellen Quellen des jeweiligen Staates entnommen.

Staat	Währungseinheit und Untereinheiten; Kurzbemerkungen zur Kursart	Errechneter Vergleichswert 1 WE = ... DM	1 DM = ... WE
Afghanistan	1 Afghani (Af) = 100 Puls (Pl); offizieller Kurs für DM, Ankauf	0,0572	17,4882
Ägypten	1 Ägyptisches Pfund (ägypt£) = 100 Piastres (P. T.) = 1 000 Millièmes (mms.); offizieller Kurs für DM, Ankauf	6,0530	0,165208
Albanien	1 Lek = 100 Qindarka; nichtkommerzieller Kurs für DM, An- und Verkauf	0,2985	3,35
Algerien	1 Algerischer Dinar (DA) = Centimes (CT); offizieller Kurs für DM, Ankauf	0,5692	1,757
Angola	1 Angola-Escudo (AEsc) = 100 Centavos; offizieller Kurs für DM, Ankauf	0,0859	11,645
Äquatorialguinea	1 Ekuele = 100 Céntimos; Wertverhältnis zur Peseta (Spanien)	0,0346	28,8934
Argentinien	1 Argentinischer Peso (argent$) = 100 Centavos (c); Freimarktkurs für DM, Ankauf	0,0087	115,38
Äthiopien	1 Birr (Br) = 100 Cents (ct.); offizieller Kurs für DM, Ankauf	1,15	0,8696
Australien	(mit dem Bismarckarchipel, den Duff Islands, den Gilbertinseln, den Kokosinseln, Lord Howe, Island, Nauru, Norfolk Island, Ocean Island, den Salomon-Inseln, den Santa-Cruz-Inseln, Washington Island, Christmas Island und Britisch-Ozeanien [vgl. auch Fidschi und Tonga]); 1 Australischer Dollar ($A) = 100 Cents (c); offizieller Kurs für DM, Ankauf	2,576	0,3882
Bahamas	1 Bahama-Dollar (B$) = 100 Cents (c); offizieller Kurs für DM, Ankauf am 29. 12. 1976	2,3906	0,4183
Bahrain	1 Bahrain-Dinar (BD) = 1 000 Fils; offizieller Kurs für DM, Ankauf	5,9784	0,16727
Bangladesch	1 Taka (Tk.) = 100 Paise; offizieller Kurs für £, Ankauf	0,1550	6,4513
Barbados	1 Barbados-Dollar (BDS$) = 100 Cents; offizieller Kurs für DM, Ankauf	1,2514	0,799083
Belgien	1 Belgischer Franc (bfr) = 100 Centimes (c); Freimarktkurs für DM, Ankauf	0,0664	15,07
Belize	1 Belize-Dollar (Bz$) = 100 Cents (c); Wertverhältnis zum £	1,0050	0,9950
Benin	1 CFA-Franc = 100 Centimes (c); Wertverhältnis zum Französischen Franc	0,0095	105,1304
Bermudainseln	1 Bermuda-Dollar (BD$) = 100 Cents; offizieller Kurs für DM, Ankauf	2,3918	0,4181
Bhutan	1 Ngultrum (NU) = 100 Chetrum (CH); offizieller Kurs für DM, Ankauf in Bhutan sind auch die Geldzeichen Indiens als Zahlungsmittel im Umlauf	0,2760	3,6232
Birma	1 Kyat (K) = 100 Pyas (P); offizieller Kurs für DM, Ankauf	0,3544	2,8220
Bolivien	1 Peso Boliviano ($b) = 100 Centavos (cts); offizieller Kurs für DM, Ankauf	0,1184	8,44399
Botswana	1 Pula (P) = 100 Thebe (t); offizieller Kurs für DM, Ankauf am 29. 12. 1976	2,7141	0,3684
Brasilien	1 Cruzeiro (Cr$) = Centavos; Freimarktkurs für DM, Ankauf	0,1919	5,21
Brunei	1 Brunei-Dollar (BR$) = 100 Cents (c); offizieller Kurs für DM, Ankauf in Brunei werden auch die Geldzeichen Singapurs als gesetzliche Zahlungsmittel angenommen	0,9649	1,036331
Bulgarien	1 Lew (Lw) = 100 Stótinki (St); offizieller Kurs für DM, An- und Verkauf	2,5458	0,3928
Bundesrepublik Deutschland	1 Deutsche Mark (DM) = 100 Deutsche Pfennig (Pf)	–	–
Burundi	1 Burundi-Franc (F.Bu.) = 100 Centimes; offizieller Kurs für DM, Ankauf	0,0263	37,97
Cayman Islands	1 Kaiman-Dollar (CI$) = 100 Cents; Wertverhältnis zum $	2,8350	0,3527
Chile	1 Chilenischer Peso (chil$) = 100 Centavos; Bankenfreikurs für DM, Ankauf	0,1350	7,410
China	1 Renminbi Yuan (RMB Y) = 10 Jiao = 100 Fen; offizieller Kurs für DM, Ankauf	1,2599	0,7937
Costa Rica	1 Costa-Rica-Colón (₡) = 100 Céntimos (c); offizieller Kurs für $, Ankauf	0,2766	3,6148
Dänemark	(mit den Färöern und Grönland); 1 Dänische Krone (dkr) = 100 Øre; offizieller Kurs für DM, Ankauf	0,4085	2,4480
Deutsche Demokratische Republik	1 Mark der Deutschen Demokratischen Republik (M) = 100 Pfennig (Pf); offizieller Kurs für $, An- und Verkauf (nicht gültig im innerdeutschen Handel)	0,98	1,02
	Finanzen in Berlin, Dez. 76	0,2541	3,9355
	Berliner Freiverkehrskurs am 31. 12. 76, Ankauf	0,23	4,3478
Dominikanische Republik	1 Dominikanischer Peso (dom$) = 100 Centavos (cts); offizieller Kurs für $, Ankauf	2,3684	0,4222

Währungen (Forts.)

Staat	Währungseinheit und Untereinheiten; Kurzbemerkungen zur Kursart	Errechneter Vergleichswert 1 We = ... DM	1 DM = ... WE
Ecuador	(mit den Galápagosinseln); 1 Sucre (s/.) = 100 Centavos (Ctvs); Freimarktkurs für DM, Ankauf	0,0870	11,50
Elfenbeinküste	1 CFA-Franc = 100 Centimes (c); Wertverhältnis zum Französischen Franc	0,0095	105,1304
Falklandinseln	1 Falkland-Pfund (FJ£) = 100 New Pence (p); Wertverhältnis zum £	4,0200	0,2488
Fidschi	(mit Rotuma und Britisch-Ozeanien [vgl. auch Australien und Tonga]); 1 Fidschi-Dollar ($F) = 100 Cents (c); offizieller Kurs für DM, Ankauf	2,537	0,3942
Finnland	1 Finnmark (Fmk) = 100 Penniä (p); offizieller Kurs für DM, Ankauf	0,6281	1,5920
Frankreich	(mit Andorra [vgl. auch Spanien], Monaco, Désirade-Insel, Guadeloupe, Französisch-Guayana, Îles des Saintes, Marie-Galante, Martinique, Reunion, Saint-Pierre-et-Miquelon); 1 Französischer Franc (FF) = 100 Centimes (c); offizieller Kurs für DM, Ankauf	0,4748	2,10625
Französische Afar- und-Issa-Küste	1 Dschibuti-Franc (FD) = 100 Centimes (c); offizieller Kurs für DM, Ankauf	0,0135	73,99
Gabun	1 CFA-Franc = 100 Centimes (c); Wertverhältnis zum Französischen Franc	0,0095	105,1304
Gambia	1 Dalasi (D) = 100 Bututs (b); Wertverhältnis zum £	1,0050	0,9950
Ghana	1 Cedi (₵) = 100 Pesewas (p); offizieller Kurs für DM, An- und Verkauf	2,05	0,4878
Gibraltar	1 Gibraltar-Pfund (Gib£) = 100 New Pence (p); Wertverhältnis zum £	4,0200	0,2488
Grenada	1 Ostkaribischer Dollar (EC$) = 100 Cents; offizieller Kurs für £, Ankauf	0,8768	1,1405
Griechenland	1 Drachme (Dr.) = 100 Lepta; offizieller Kurs für DM, Ankauf	0,0641	15,598
Großbritannien und Nordirland	(mit Ascension und Sankt Helena); 1 Pfund Sterling (£) = 100 New Pence (p); offizieller Kurs für DM, Ankauf	4,02	0,2484
Guatemala	1 Quetzal (Q) = 100 Centavos (c, cts); offizieller Kurs für DM, Ankauf	2,3632	0,42315
Guinea	1 Syli (SY) = 100 Cauris; offizieller Kurs für DM, An- und Verkauf	0,1121	8,922
Guinea-Bissau	1 Guinea-Peso (PG) = 100 Centavos (CTS); offizieller Kurs für DM, Ankauf	0,0750	13,3254
Guyana	1 Guyana-Dollar (G$) = 100 Cents (¢); offizieller Kurs für DM, Ankauf	0,9320	1,073
Haiti	1 Gourde (Gde.) = 100 Centimes (cts.); offizieller Kurs für $, An- und Verkauf in Haiti ist auch der $ als Zahlungsmittel gebräuchlich	0,4725	2,1164
Honduras	1 Lempira (L) = 100 Centavos (cts.); offizieller Kurs für $, Ankauf	1,1813	0,8466
Hongkong	1 Hongkong-Dollar (HK$) = 100 Cents (c); offizieller Kurs für DM, Ankauf	0,5096	1,9625
Indien	(mit den Andamanen, den Lakkadiven, den Nikobaren und Sikkim); 1 Indische Rupie (iR) = 100 Paise (P.); offizieller Kurs für DM, Ankauf	0,2690	3,7175
Indonesien	1 Rupiah (Rp.) = 100 Sen (S); Freimarktkurs für DM, Ankauf	0,0057	175,64
Irak	1 Irak-Dinar (ID) = 1 000 Fils; offizieller Kurs für DM, Ankauf	7,993119	0,1251
Iran	1 Rial (Rl.) = 100 Dinars (D.); offizieller Kurs für DM, Ankauf	0,0335	29,85
Irland	1 Irisches Pfund (Ir£) = 100 New Pence (p); offizieller Kurs für DM, Ankauf in Irland ist auch das £ gesetzliches Zahlungsmittel	4,0160	0,2490
Island	1 Isländische Krone (ikr) = 100 Aurar (aur.); offizieller Kurs für DM, Ankauf	0,01245	80,33
Israel	1 Israelisches Pfund (I£) = 100 Agorot; offizieller Kurs für DM, Ankauf	0,2700	3,7037
Italien	(mit San Marino und der Vatikanstadt); 1 Italienische Lira (Lit) = 100 Centesimi (Cent.); offizieller Kurs des U.I.C. für DM	0,0027	369,80
Jamaika	1 Jamaika-Dollar (J$) = 100 Cents (c); offizieller Kurs für $, Ankauf	2,6033	0,3841
Japan	1 Yen (Y) = 100 Sen; offizieller Kurs für DM, Ankauf	0,0081	123,48
Jemen (Arabische Republik)	1 Jemen-Rial (Y. Rl) = 100 Fils; Freimarktkurs für DM, Ankauf	0,5173	1,933
Jemen (Demokrat. Volksrepublik)	1 Jemen-Dinar (YD) = 1 000 Fils; offizieller Kurs für £, Ankauf	6,8954	0,1450
Jordanien	1 Jordan-Dinar (JD.) = 1 000 Fils (FLS); offizieller Kurs für DM, Ankauf	7,1124	0,1406
Jugoslawien	1 Jugoslawischer Dinar (Din) = 100 Para (p); offizieller Kurs für DM, Ankauf	0,1307	7,653298
Kambodscha	1 Riel (j) = 100 Sen		
Kamerun	1 CFA-Franc = 100 Centimes (c); Wertverhältnis zum Französischen Franc	0,0095	105,1304
Kanada	1 Kanadischer Dollar (kan$) = 100 Cents (c); Freimarktkurs für DM, Ankauf	2,3397	0,4274
Kapverdische Inseln	1 Kap-Verde-Escudo (KEsc) = 100 Centavos; offizieller Kurs für DM, Ankauf	0,0750	13,3254

Währungen (Forts.)

Staat	Währungseinheit und Untereinheiten; Kurzbemerkungen zur Kursart	Errechneter Vergleichswert 1 WE = ... DM	1 DM = ... WE
Katar	1 Katar-Riyal (QR) = 100 Dirhams; Freimarktkurs für DM, Ankauf	0,5988	1,6700
Kenia	1 Kenia-Schilling (K.Sh.) = 100 Cents (cts), (20 K.Sh. = 1 Kenya Pound); offizieller Kurs für £, Ankauf	0,2845	3,5149
Kolumbien	1 Kolumbianischer Peso (kol$) = 100 Centavos (c, cvs); Zertifikatkurs für DM, Ankauf	0,0646	15,48
Komoren	1 CFA-Franc = 100 Centimes (c); Wertverhältnis zum Französischen Franc	0,0095	105,1304
Kongo	1 CFA-Franc = 100 Centimes (c); Wertverhältnis zum Französischen Franc	0,0095	105,1304
Korea (Nord-Korea)	1 Won = 100 Chon; offizieller Kurs plus Aufschlag für DM, An- und Verkauf	1,1905	0,84
Korea (Süd-Korea)	1 Won (W) = 100 Chon; Freimarktkurs für DM, Ankauf	0,00488	204,92
Kuba	1 Kubanischer Peso (kub$) = 100 Centavos (¢); offizieller Kurs für DM, Ankauf	2,9146	0,3431049
Kuwait	1 Kuwait-Dinar (KD.) = 1 000 Fils, (100 Fils = 1 Dirham); Freimarktkurs für DM, Ankauf	8,2474	0,12125
Laos	1 Kip de libération (KL) = 100 At; offizieller Kurs für $, Ankauf	0,0119	83,8095
Lesotho	1 Rand (R) = 100 Cents (c); offizieller Kurs für DM, Ankauf	2,7315	0,3661
Libanon	1 Libanesisches Pfund (L£) = 100 Piastres (P.L.); Freimarktkurs für DM, Ankauf	0,8065	1,2400
Liberia	1 Liberianischer Dollar (Lib$) = 100 Cents (c); Wertverhältnis zum $	2,3625	0,4233
	in Liberia ist auch der $ (in Stückelungen bis zu 20 $) gesetzliches Zahlungsmittel		
Libyen	1 Libyscher Dinar (LD.) = 1 000 Dirhams; offizieller Kurs für DM, Ankauf	7,9853	0,12523
Luxemburg	1 Luxemburgischer Franc (lfr) = 100 Centimes (c); Währungsparität zum Belgischen Franc	0,0657	13,2277
	in Luxemburg ist auch der Belgische Franc gesetzliches Zahlungsmittel		
Macau	1 Pataca (Pat.) = 100 Avos; offizieller Kurs für $, Ankauf	0,5103	1,9598
	in Macau ist auch der Hongkong-Dollar gebräuchliches Zahlungsmittel		
Madagaskar	1 Madagaskar-Franc (FMG) = 100 Centimes (c); offizieller Kurs für DM, Ankauf	0,0095	104,89
Malawi	1 Malawi-Kwacha (MK) = 100 Tambala (t); offizieller Kurs für DM, Ankauf	2,63	0,3802
Malaysia	1 Malaysischer Ringgit (M$) = 100 Sen (c); offizieller Kurs für DM, Ankauf	0,9342	1,070425
Malediven	1 Malediven-Rupie (Re.) = 100 Laris (l); offizieller Kurs für £, An- und Verkauf	0,6138	1,6292
Mali	1 Mali-Franc (F.M.) = 100 Centimes (C, c); offizieller Kurs für DM, Ankauf	0,0049	206
Malta	1 Malta-Pfund (£M) = 100 Cents (c) = 1 000 Mils (m); offizieller Kurs für DM, Ankauf	5,5319	0,1808
Marokko	1 Dirham (DH) = 100 Centimes (C); offizieller Kurs für DM, Ankauf	0,5279	1,8942
Mauretanien	1 Ouguiya (UM) = 5 Khoums (KH); offizieller Kurs für DM, Ankauf	0,0546	18,3121
Mauritius	1 Mauritius-Rupie (MR) = 100 Cents (c); offizieller Kurs für DM, Ankauf	0,3584	2,79
Mexiko	1 Mexikanischer Peso (mex$) = 100 Centavos (C, cts); Freimarktkurs für DM, Ankauf	0,1182	8,4600
Moçambique	1 Mosambik-Escudo (MEsc) = 100 Centavos; offizieller Kurs für DM, Ankauf	0,0750	13,3370
Mongolische Volksrepublik	1 Tugrug (Tug.) = 100 Mongo; New Yorker Notierung	0,7206	1,3878
Nepal	1 Nepalesische Rupie (NR) = 100 Paisa (P.), (50 Paisa = 1 Mohur); offizieller Kurs für DM, Ankauf	0,1905	5,25
Neue Hebriden	1 Neue-Hebriden-Franc (F N.H.) = 100 Centimes (c); Wertverhältnis zum Französischen Franc	0,0294	34,3213
	auf den Neuen Hebriden ist auch der Australische Dollar gebräuchliches Zahlungsmittel		
Neukaledonien	(mit Französisch-Polynesien, den Gesellschaftsinseln, Tahiti und den Tuamotuinseln); 1 CFP-Franc = 100 Centimes (c); Wertverhältnis zum Französischen Franc	0,0262	38,2292
Neuseeland	(mit den Cookinseln und Pitcairn); 1 Neuseeland-Dollar (NZ$) = 100 Cents (c); offizieller Kurs für DM, Ankauf	2,2528	0,4439
Nicaragua	1 Córdoba (C$) = 100 Centavos (c, cts); offizieller Kurs für $, Ankauf	0,3375	2,9630
Niederlande	1 Holländischer Gulden (hfl) = 100 Cents (c, ct); offizieller Kurs für DM, Ankauf	0,9602	1,04145
Niederländische Antillen	(mit Curaçao); 1 Niederländische Antillen-Gulden (NAf) = 100 Cents (c, ct); offizieller Kurs für DM, Ankauf	1,3173	0,7591
Niger	1 CFA-Franc = 100 Centimes (c); Wertverhältnis zum Französischen Franc	0,0095	105,1304
Nigeria	1 Naira (N) = 100 Kobo (k); offizieller Kurs für DM, Ankauf	3,8518	0,2596
Norwegen	(mit Spitzbergen); 1 Norwegische Krone (nkr) = 100 Øre (Ø); offizieller Kurs für DM, Ankauf	0,4563	2,1915

USA. Im Wahlkampf um die Präsidentschaft (unten links Wahlkongreß der Republikaner in Kansas City) unterlag der Amtsinhaber und Kandidat der Republikanischen Partei Gerald Ford (oben Mitte; links neben ihm Robert Dole, Vizepräsidentschaftskandidat) knapp dem Kandidaten der Demokratischen Partei und ehemaligen Gouverneur von Georgia, James Earl Carter (unten rechts)

BUNDESTAGSWAHL 1976

Bundesrepublik Deutschland. Nach einem aufwendig geführten Wahlkampf in zahlreichen Einzel- und Großveranstaltungen – oben ein Informationsbus der CDU, Mitte eine „Fernsehdiskussion“ mit (von links nach rechts) Bundeskanzler Helmut Schmidt, dem FDP-Bundesvorsitzenden Hans-Dietrich Genscher und den Vorsitzenden der CDU und CSU, Helmut Kohl und Franz Josef Strauß, unten SPD-Großveranstaltung mit H. Schmidt – fand am 3. Oktober die Wahl zum 8. Deutschen Bundestag statt

Währungen (Forts.)

Staat	Währungseinheit und Untereinheiten; Kurzbemerkungen zur Kursart	Errechneter Vergleichswert 1 WE = ... DM	1 DM = ... WE
Obervolta	1 CFA-Franc = 100 Centimes (c); Wertverhältnis zum Französischen Franc	0,0095	105,1304
Oman	1 Rial Omani (R.O.) = 1 000 Baizas (Bz.); offizieller Kurs für DM, Ankauf	6,8446	0,1461
Österreich	1 Schilling (S) = 100 Groschen (Gr, g); offizieller Kurs für DM, Ankauf	0,1411	7,0878
Pakistan	1 Pakistanische Rupie (pR) = 100 Paisa (Ps); offizieller Kurs für DM, Ankauf	0,238307	4,1963
Panama	(ohne die Panamakanalzone [vgl. USA]); 1 Balboa (B/.) = 100 Centésimos (c, cts); Währungsparität zum $ in Panama ist auch der $ gesetzliches Zahlungsmittel	2,3625	0,4233
Papua-Neuguinea	1 Kina (K) = 100 Toea (t); offizieller Kurs für DM, Ankauf am 30. 9. 1976	3,211	0,3114
Paraguay	1 Guarani (₲) = 100 Céntimos (cts); Freimarktkurs (Mercado Libre Fluctuante de Cambio) für DM, Ankauf	0,0181	33,20
Peru	1 Sol de oro (S/.) = 100 Centavos (cents.); Überweisungskurs für DM, Ankauf am 29. 12. 1976	0,0340	29,4129
Philippinen	1 Philippinischer Peso (P) = 100 Centavos (c); Freimarktkurs für DM, Ankauf	0,3233	3,0935
Polen	1 Zloty (Zl) = 100 Groszy (Gr, gr); Spezialkurs (für alle zugelassenen Devisentransaktionen) für DM, Ankauf	0,1211	8,2384
Portugal	(mit den Azoren, den Kapverdischen Inseln, Madeira, Guinea-Bissau, Portugiesisch-Timor und São-Tomé e Príncipe); 1 Escudo (Esc) = 100 Centavos (c, ctvs); offizieller Kurs für DM, Ankauf	0,0750	13,3364
Rhodesien	1 Rhodesischer Dollar (R.$) = 100 Cents (c); offizieller Kurs für DM, Ankauf	3,8390	0,2605
Rumänien	1 Leu (l) = 100 Bani; offizieller Kurs für DM, An- und Verkauf	0,4799	2,0837
Rwanda	1 Ruanda-Franc (F.Rw) = 100 Centimes; offizieller Kurs für DM, Ankauf	0,0257	38,91
El Salvador	1 El-Salvador-Colón (c) = 100 Centavos; offizieller Kurs für $, Ankauf	0,9450	1,0582
Sambia	1 Kwacha (K) = 100 Ngwee (N); offizieller Kurs für £, Ankauf	2,9862	0,3349
São Tomè und Príncipe	1 São-Tomé- und -Príncipe-Escudo (STPEsc) = 100 Centavos; offizieller Kurs für DM, Ankauf Ende Sept. 1976	0,0815	12,2754
Saudi-Arabien	1 Saudi Riyal (S.Rl.) = 20 Qirshes = 100 Hallalas offizieller Kurs für DM, Ankauf	0,6698	1,493
Schweden	1 Schwedische Krone (skr) = 100 Öre; offizieller Kurs für DM, Ankauf	0,5724	1,7470
Schweiz	(mit Liechtenstein); 1 Schweizer Franken (sfr) = 100 Rappen (Rp), Centimes (c); offizieller Kurs für DM, Ankauf	0,9676	1,0335
Senegal	1 CFA-Franc = 100 Centimes (c); Wertverhältnis zum Französischen Franc	0,0095	105,1304
Seychellen	1 Seychellen-Rupie (SR) = 100 Cents; Währungsparität zum £	0,3016	3,3159
Sierra Leone	1 Leone (Le) = 100 Cents (c); Wertverhältnis zum £	2,0100	0,4975
Singapur	1 Singapur-Dollar (S$) = 100 Cents (c); offizieller Kurs für DM, Ankauf	0,9587	1,043060
	in Singapur werden auch die Geldzeichen Bruneis als gesetzliche Zahlungsmittel angenommen		
Somalia	1 Somalischer Schilling (Sh.So.) = 100 Centesimi (Cnt.); offizieller Kurs für DM, Ankauf	0,3823	2,6160
Sowjetunion	1 Rubel (Rbl) = 100 Kopeken; offizieller Kurs für DM, An- und Verkauf	3,2154	0,3110
Spanien	(mit Andorra [vgl. Auch Frankreich], den Kanarischen Inseln und der Spanischen Sahara); 1 Peseta (Pta) = 100 Céntimos (cts); offizieller Kurs für DM, Ankauf	0,0346	28,891
Sri Lanka	1 Sri-Lanka-Rupie (S.L.Re.) = 100 Sri Lanka Cents (S.L.Cts.); offizieller Kurs für £, Ankauf	0,2757	3,6266
Südafrika	(mit Südwestafrika [Namibia]); 1 Rand (R) = 100 Cents (c); offizieller Kurs für DM, Ankauf	2,7315	0,3661
Sudan	1 Sudanesisches Pfund (sud£) = 100 Piastres (PT.) = 1 000 Millièmes (mm., mms.); offizieller Kurs für DM, Ankauf	6,7999	0,147060
Surinam	1 Surinam-Gulden (Sf) = 100 Cents; offizieller Kurs für DM, Ankauf	1,3184	0,7585
Swasiland	1 Lilangeni (E) [Plural: Emalangeni] = 100 Cents (c); Währungsparität zum Rand	2,7135	0,3685
	der Rand bleibt weiterhin gesetzliches Zahlungsmittel		
Syrien	1 Syrisches Pfund (syr£) = 100 Piastres (PS); offizieller Kurs für DM, Ankauf	0,6053	1,6520
Taiwan	1 Neuer Taiwan-Dollar (NT$) = 100 Cents (c); offizieller Kurs für DM, Ankauf	0,0622	16,09
Tansania	1 Tansania-Schilling (T.Sh.) = 100 Cents (Ct.); offizieller Kurs für DM, Ankauf	0,28354	3,52682
Thailand	1 Baht (B) = 100 Stangs (St., Stg.); Freimarktkurs für DM, Ankauf	0,1157	8,6425
Togo	1 CFA-Franc = 100 Centimes (c); Wertverhältnis zum Französischen Franc	0,0095	105,1304

Währungen (Forts.)

Staat	Währungseinheit und Untereinheiten; Kurzbemerkungen zur Kursart	Errechneter Vergleichswert 1 WE = ... DM	1 DM = ... WE
Tonga	(mit Britisch-Ozeanien [vgl. auch Australien und Fidschi]); 1 Pa'anga (T$) = 100 Seniti (s); offizieller Kurs für $, Ankauf	2,5791	0,3877
Trinidad und Tobago	1 Trinidad-und-Tobago-Dollar (TT$) = 100 Cents (cts); offizieller Kurs für DM, Ankauf	0,9827	1,01763
Tschad	1 CFA-Franc = 100 Centimes (c); Wertverhältnis zum Französischen Franc	0,0095	105,1304
Tschechoslowakei	1 Tschechoslowakische Krone (Kčs) = 100 Haleru (h); offizieller Kurs plus 75% Aufschlag für DM, Ankauf	0,2433	4,1094
Tunesien	1 Tunesischer Dinar (tD) = 1 000 Millimes (M); offizieller Kurs für DM, Ankauf	5,4963	0,18194
Türkei	1 Türkisches Pfund (TL.) = 100 Kurus (Krs.), Piastres (Ptrs.) = 4 000 Para, Paras; offizieller Kurs für DM, Ankauf	0,1460	6,85
Uganda	1 Uganda-Schilling (U.Sh.) = 100 Cents (Ct.); offizieller Kurs für DM, Ankauf	0,2839	3,52240
Ungarn	1 Forint (Ft) = 100 Filler (f); offizieller Kurs (cours non commercial) für DM, Ankauf	0,1178	8,4915
Uruguay	1 Uruguayischer Neuer Peso (urugN$) = 100 Centésimos (cts); Finanzkurs für DM, Ankauf am 29. 12. 1976	0,5788	1,7277
USA	(mit American Samoa, den Amerikanischen Jungferninseln, Amerikanisch-Ozeanien, Guam, den Britischen Jungferninseln, den Karolinen, den Marianen, den Marshallinseln, den Midwayinseln, der Panamakanalzone, Puerto Rico und den Riukiuinseln); 1 US-Dollar (US-$, $) = 100 Cents (c, ¢); New Yorker Notierung für DM	2,3529	0,4250
Venezuela	1 Bolivar (Bs) = 100 Céntimos (c, cts); offizieller Kurs für $, Ankauf	0,5507	1,8159
Vereinigte Arabische Emirate	1 Dirham (DH) = 100 Fils; Freimarktkurs für DM, Ankauf	0,5891	1,6974
Vietnam (Nord-Vietnam)	1 Dong (D) = 10 Chao = 100 Sau; offizieller Kurs für DM, Ankauf	0,8961	1,116
Vietnam (Süd-Vietnam)	1 Vietnam-Piaster (VN$) = 100 Centimes (c)		
Westindische Assoziierte Staaten	(mit Anguilla, Antigua und Montserrat); 1 Ostkaribischer Dollar (EC$) = 100 Cents; offizieller Kurs für $, Ankauf	0,8767	1,1407
Westsamoa	1 Tala (WS$) = 100 Sene (s); offizieller Kurs für $, Ankauf	2,9871	0,3348
Zaïre	1 Zaïre (Z) = 100 Makuta (K) [Singular: Likuta] = 10 000 Sengi (s); offizieller Kurs für DM, An- und Verkauf	2,7437	0,364465
Zentralafrikanische Republik	1 CFA-Ranc = 100 Centimes (c); Wertverhältnis zum Französischen Franc	0,0095	105,1304
Zypern	1 Zypern-Pfund (Z£) = 1 000 Mils (m); offizieller Kurs für DM, Ankauf	5,7420	0,1742

Quelle: Statistische Beihefte zu den Monatsberichten der Deutschen Bundesbank, Reihe 5, Die Währungen der Welt, Febr. 1977, Nr. 1, Tabelle 10: Devisenkurse in den einzelnen Ländern. S. 22ff.

unterstützten Befreiungsbewegung FPOLISARIO andererseits kurz nach dem Rückzug der Spanier eingeleitet worden waren, scheiterten. Am 7. März brachen Marokko und Mauretanien die diplomat. Beziehungen zu Algerien ab, das kurz davor die von der FPOLISARIO ausgerufene „Demokrat. Arab. Republik Sahara" anerkannt hatte. Anfang April teilten Marokko und Mauretanien W. unter sich auf, indem sie sich auf eine offizielle Grenze einigten. Die Befürchtung brit. und frz. Beobachter, die bis zu diesem Zeitpunkt geführten schweren Kämpfe könnten einen offenen Krieg insbes. zwischen Algerien und Marokko auslösen, bestätigte sich nicht. Im Lauf des Mai wurde klar, daß Algerien eine offene militär. Konfrontation vermeiden wollte und daß sich die FPOLISARIO erhoffte, Mauretanien werde seine Politik ändern, da es bereits gezwungen war, 25% seines Entwicklungsbudgets für militär. Ausgaben in W. abzuzweigen.
An dieser Beurteilung der FPOLISARIO-Politik änderte sich auch dadurch nichts, daß ihre Verbände am 8. Juni einen spektakulären Feuerüberfall auf die mauretan. Hauptstadt Nouakchott durchführten, bei dem auch Granatwerfer eingesetzt, die Angreifer aber bald vertrieben wurden. Bei einem Besuch des mauretan. Präsidenten O. Daddah am 23. Juli in Marokko vereinbarten beide Staaten, an ihrer bisherigen Politik festzuhalten. Unter Hinweis darauf, daß die OAU am 5. Juli beschlossen hatte, eine Sonderkonferenz der Staatsoberhäupter zur Lösung des W.-Problems anzusetzen, einigte sich die Konferenz der blockfreien Staaten in Colombo (Aug.) auf eine Kompromißresolution, der Marokko ebenso zustimmen konnte wie Algerien. Am 30. Dez. teilte der alger. Außenminister A. A. Bouteflika dem UN-Generalsekretär K. Waldheim mit, daß eine saudi-arab. Vermittlungsaktion ohne Erfolg geblieben sei.

Westsamoa, Staat im südl. Pazifik, nordöstl. von Neuseeland, Mitglied des Commonwealth of Nations. Als Volksvertretung fungiert eine Gesetzgebende Versammlung mit 47 Mitgliedern, die keiner polit. Partei angehören. Staatsoberhaupt *Malietoa Tanumafili II.* (seit April 1963), Regierungschef *Tupua Tamasese Lealofi IV.* (seit März 1970). Flagge ↑Farbtafeln Flaggen S. 140. Internat. Mitgliedschaften ↑Übersicht Internat. Organisationen.
Wirtschaft: Die wirtschaftl. Lage war 1976 durch außenwirtschaftl. Schwierigkeiten, erneut gesunkene Devisenreserven und eine schlechter werdende Bewertung des WS$ gekennzeichnet. Zur Bewältigung des Handelsbilanzdefizits versuchte die Regierung mit Zoll- und Steuererhöhungen der wachsenden Nachfrage nach Importgütern entgegenzuwirken. Die Gewährung von Konsumentenkrediten wurde drast. eingeschränkt. Für die ersten neun Monate 1976 betrug das Handelsbilanzdefizit 13,5 Mill. WS$.

Innen- und Außenpolitik: Vor dem Hintergrund zunehmenden sowjet. Interesses an den selbständigen Staaten Polynesiens ergriff W. diplomat. die Intitiative, um ohne Bindung an eine einzelne Macht die wirtschaftl. Entwicklung zur Schaffung der dringend benötigten neuen Arbeitsplätze zu beschleunigen. Malietoa Tanumafili II., seit der Unabhängigkeit 1962 auf Lebenszeit amtierendes Staatsoberhaupt, unternahm im Aug. und Sept. eine Reise nach Süd-Korea, Japan, in die Volksrepublik China, die BRD und nach Großbritannien; dabei wurde u. a. am 8. Sept. in Peking ein wirtschaftl. und techn. Beistandspakt unterzeichnet. Das sowjet. Bemühen um Erlaubnis zur Einrichtung eines Fischereistützpunktes blieb erfolglos. Am 15. Dez. wurde das Land einstimmig als 147. Mitglied in die UN aufgenommen. Das in der Präsidialdemokratie nur zweitrangige Amt des Ministerpräsidenten übernahm im März der bisherige Minister für öffentl. Unternehmungen, Topuola Efi.

WESTSAMOA
Geographische Daten und Bevölkerung: *Fläche* 2 842 km², *Hauptstadt* Apia (28 800 E), *Bevölkerung* (1975) 151 513 E, 52 E/km², *Amtssprachen* Englisch und Samoanisch.
Wirtschaft: *Außenhandel* (1975): Export 4,541 Mill. WS$, Import 22,524 Mill. WS$. Haupthandelspartner sind Australien, Neuseeland, Japan und die Niederlande. Hauptexportgüter sind Kopra, Holz, Bananen, Kakao. Hauptimportgüter sind Fleisch und Elektrogeräte. – *Währung* ↑Übersicht Währungen.
Verkehr: *Straßen* (1971): 869 km; Kfz-Bestand (1974): 3 668. – *Fremdenverkehr* (1974): rund 40 000 Touristen.

Wilson, Sir Harold, * Huddersfield (Yorkshire) 11. März 1916, brit. Politiker. 1963–76 Vorsitzender der Labour Party; 1964–70 und ab 1974 Premierminister; gab im März 1976 seinen Rücktritt als Premierminister und Parteivorsitzender bekannt; wurde im Mai 1976 zum Ritter des Hosenbandordens geschlagen.
Wirtschaftskriminalität: Nach Schätzungen des Bundeskriminalamtes verursachen Wirtschaftsstraftäter jährl. einen Schaden von 15 bis 20 Mrd. DM. Mit dem Ersten Gesetz zur Bekämpfung der W. vom 29. 7. 1976 sollen die „Verbrecher im weißen Kragen" besser als bisher durch neue Straftatbestände erfaßt werden, wobei allerdings die Grenzziehung zwischen erlaubtem und erwünschtem unternehmer. Risiko und krimineller Handlungsweise oft schwierig sein wird. Als neue Straftatbestände gingen der Subventions- und Kreditbetrug in das Strafrecht ein; die Vorschriften über Wucher- und Konkursdelikte wurden neu gefaßt. Für Subventionsbetrug sind Freiheitsstrafen bis zu fünf Jahren, in schweren Fällen Freiheitsentzug bis zu zehn Jahren angedroht. Strafbar macht sich insbesondere, wer in einem Subventionsverfahren falsche Angaben macht oder seine Offenbarungspflicht verletzt. Dies gilt auch für Subventionsschwindler, die unberechtigt öffentl. Finanzmittel erschleichen. Der Kreditbetrug beschränkt sich auf Fälle, in denen Kredite für einen Betrieb oder für ein Unternehmen von einem Betrieb oder Unternehmen gewährt werden und der Kreditbetrüger bei der Vorlage des Kreditantrags unrichtige oder unvollständige Unterlagen vorlegt (Bilanzen, Wertgutachten). Durch den neugefaßten Wuchertatbestand werden im Ggs. zu früherem Recht jetzt auch der Miet- und Kreditwucher erfaßt; dies gilt auch für die Vermittlung von Krediten. Die neugeregelten Konkursstraftatbestände bezwecken einen wirkungsvolleren Gläubigerschutz und orientieren sich wesentl. am Schuldgrundsatz.

Wischnewski, Hans-Jürgen, * Allenstein 24. Juli 1922, dt. Politiker (SPD). 1974–76 Parlamentar. Staatssekretär und Staatsminister im Auswärtigen Amt; seit Dez. 1976 Parlamentar. Staatssekretär und Staatsminister beim Bundeskanzler.

NEUE WÖRTER UND WORTBEDEUTUNGEN

Eine lebende Sprache ist ständig in Bewegung. In jedem modernen dt. Text finden sich zahlreiche neugebildete oder in neuer Weise gebrauchte Wörter, die die Mehrzahl der Sprachkonsumenten gar nicht als neu erkennen. Viele Wörter dieser Art geraten nach der Erfüllung ihres Informationszwecks wieder in Vergessenheit; manche aber werden allgemein gebräuchlich. Ihre Entstehungszeit läßt sich jedoch meist nicht genau angeben.
alt aussehen (Neubedeutung, ugs.): auf Grund eines Fehlschlags oder des Mißlingens von etwas verblüfft-ratlos dastehen, dieser Situation fassungslos-enttäuscht gegenüberstehen, z. B. *als ihm der Zug vor der Nase wegfuhr, sah er ganz schön alt aus.* – **anbinden:** etwas, jmdn. an etwas a. (Neubedeutung): etwas, jemanden in seiner Funktion nicht für sich allein, isoliert bestehen lassen, sondern eine Verbindung mit etwas anderem herstellen, ihn mit einem anderen verbinden, z. B. *jmdn. an ein Ministerium anbinden.* – **anmachen,** jmdn. (Neubedeutung, salopp) 1. auf jmdn. in irgendeiner Weise einwirken und ihn in einen bestimmten emotionalen Zustand versetzen; jmdn. zum Mitmachen anregen. 2. (abwertend) jmdn. dreist ansprechen, sich jmdm. in dreister Weise nähern. – **Auge:** die Augen auf Null gestellt haben (Jargon): tot sein, z. B. *als er ihn liegen sah, stellte er gleich fest, daß der die Augen auf Null gestellt hatte.* – **Ausstrahlung,** die (Neubedeutung): das Entsenden eines deutschen Arbeitnehmers durch einen deutschen Arbeitgeber ins Ausland (in bezug auf die Sozialversicherungspflicht); Gegensatz: Einstrahlung. – **Baum:** das geht unheimlich an den Baum (salopp): das ist zermürbend, frißt an den Nerven. – **Beautyfarm,** die: = Schönheitsfarm. – **Beefburger,** der: 1. deutsches Beefsteak. 2. mit Hackfleisch belegtes Brötchen. – **Blister,** der oder das: Klarsichtverpackung. – **Blutdoping,** das: Doping durch Transfusion besonders frischen Blutes zur Erzielung von Höchstleistungen im Sport. – **brennieren:** mit Hilfe eines bestimmten Verfahrens etwas (Metall-, Glas-, Ton-, Keramikprodukte) mit Kunststoffpulver beschichten. – **Bürgerrechtler,** der (Neubedeutung): (in kommunistischen Ländern) jmd., der sich dafür einsetzt, daß jedem die in der Verfassung seines Landes und in der Konferenz von Helsinki verbrieften Rechte auch wirklich zugestanden werden. – **Chauvi,** der (ugs., abwertend): Mann, der sich durch Mentalität und Verhalten als Vertreter des männlichen Chauvinismus erweist, worunter man übertriebenes männliches Selbstwertgefühl und die z. B. berufliche Bevorzugung des männlichen Geschlechts versteht. – **chemische Keule,** die: ein Reizstoffsprühgerät als eine Art Kampfmittel bei polizeilichen Einsätzen. – **Chemokeule,** die: = chemische Keule. – **Datsche,** die (DDR): 1. Landhaus, Wochenendhaus. 2. bebautes Wochenendgrundstück. – **denken:** ich dachte, mich küßt, knutscht ein Elch / mich streift ein Bus / mich tritt ein Pferd / mich rammt ein Rotkehlchen (salopp): ich hielt das nicht für möglich, war äußerst überrascht, verwundert, sprachlos. – **Disko,** die: 1. Diskothek. 2. Veranstaltung mit moderner Musik [und Tanz] für Jugendliche. – **Docht:** jmdm. auf den

Forts. S. 302

WELTRAUMFAHRT

Die erfolgreich gestarteten künstlichen Erdsatelliten und Raumsonden (1976; Auswahl)

Name	Bezeichnung 1976	Start 1976	Land	Perigäum km	Apogäum km	Umlauf-zeit min	Bermerkungen
Helios	3 A	15. 1.	BRD	0,28 AU	0,995 AU	186 Tage	Von der BRD gebaute planetare Sonnensonde zur Untersuchung der physikal. Vorgänge auf der Sonne und im interplanetaren Raum.
CTS	4 A	17. 1.	Canada	33 814	36 022	1 392 min	CTS = Canadian Communications Technology Satellite. Nachrichtensatellit auf fast geostationärer Bahn; Gewicht unbekannt.
Molnija 1 AH	6 A	22. 1.	UdSSR	491	38 934	698	Nachrichtensatellit auf quasistationärer Bahn.
Intelsat 4 A	10 A	29. 1.	USA	35 084	35 869	1 420	Nachrichtensatellit auf geostationärer Bahn.
Marisat 1	17 A	19. 2.	USA	35 762	35 809	1 436	Navigationssatellit auf geostationärer Bahn; Gewicht 362 kg.
UME = JISS 1	19 A	29. 2.	Japan	993	1 014	105	JISS = Japanese Ionosphere Satellite. Untersuchungen der Hochatmosphäre und der Ionosphäre; Gewicht 85kg. Auch CORSA = Cosmic Radiation Satellite genannt.
Molnija 1 AJ	21 A	11. 3.	UdSSR	518	40 863	734	Nachrichtensatellit auf quasistationärer Bahn; Gewicht ~1 000 kg.
LES 8 und 9 Solrad 11 A und B	23 A u. B 23 C u. D	15. 3. 15. 3.	USA USA	35 787 120 440	35 787 120 440	720 7 492 }	LES = Lincoln Experiment Satellite, Testsatelliten für das Nachrichtenwesen; je 454 kg. Solrad, Untersuchung der Sonnenstrahlung; je 181 kg. Alle 4 Satelliten wurden mit einer Rakete gestartet.
Molnija 1 AK	26 A	19. 3.	UdSSR	617	39 722	717	Nachrichtensatellit auf quasistationärer Bahn; Gewicht ~1 000 kg.
RCA Satcom 2	29 A	26. 3.	USA	35 770	35 800	1 436	Nachrichtensatellit der RCA (Radio Corporation of America) auf geostationärer Bahn; Gewicht 463 kg.
Meteor 24	32 A	7. 4.	UdSSR	843	893	102	Sowjet. Wettersatellit.
NATO 3 A	35 A	22. 4.	USA	34 429	35 860	1 403	Satellit der NATO für Nachrichtenübermittlung; Gewicht 310 kg.
NOSS 1	38 A	30. 4.	USA	1 092	1 128	108	NOSS = Navy Ocean Surveillance Satellite. Navigationsaufgaben.
LAGEOS	39 A	4. 5.	USA	5 837	5 945	225	LAGEOS = Laser Geodynamic Satellite. Bestimmung der genauen Erdgestalt. Gewicht 411 kg.
Molnija 3 E	41 A	12. 5.	UdSSR	629	39 733	718	Sowjet. Nachrichtensatellit auf quasistationärer Bahn; Gewicht ~1 500 kg.
Comstar 1 A	42 A	13. 5.	USA	35 780	35 795	1 436	Nachrichtensatellit auf geostationärer Bahn; Gewicht 729 kg.
Meteor 25	43 A	15. 5.	UdSSR	846	895	102	Sowjet. Wettersatellit.
P 76-5	47 A	22. 5.	USA	996	1 060	106	Navigationssatellit und ionosphär. Meßprogramme.

Marisat 2	53 A	10. 6.	USA	35 788	35 807	1 437	Marinesatellit zu Navigationszwecken; Gewicht 362 kg.
Saljut 5	57 A	22. 6.	UdSSR	214	257	89	Sowjet. Raumlabor; später (7. Juli 1976) mit Sojus 21 gekoppelt. Besatzung die Astronauten Wolynow und Schowobow; Gewicht 19 000 kg. Sojus 21 (1976–64 A) gestartet am 6. Juli 1976.
Palapa 1	66 A	8. 7.	Indonesien	35 764	35 809	1 436	1. indones. Satellit, in Amerika gestartet; Gewicht unbekannt.
Comstar 2	73 A	22. 7.	USA	35 779	35 796	1 436	Nachrichtensatellit auf geostationärer Bahn; Gewicht 729 kg.
Molnija 1 AL	74 A	23. 7.	UdSSR	499	39 059	701	Nachrichtensatellit, auch für Television eingerichtet; Gewicht ~1 600 kg.
NOAA 5 = ITOS A	77 A	29. 7.	USA	1 502	1 520	116	NOAA = National Oceanic and Atmospheric Administration. Aufnahmen der globalen Wolkenverteilung, Messung des solaren Protonenflusses; Gewicht ~240 kg.
Luna 24	81 A + E	9. 8.	UdSSR	115*	115*	119*	Sowjet. Mondsonde; Startgewicht 5 600 kg. Gelangte auf translunare Bahn und wurde am 14. Aug. zum Mondsatelliten, umflog den Mond 53mal in 115 km Höhe und landete am 18. Aug., $6^h 36^m$ WZ weich auf dem Mond. Ein Teil der Sonde (800 kg) startete am 19. Aug. zur Erde zurück und landete weich auf ihr am 22. Aug. 1976. Dabei wurde Mondstaub mitgebracht.
Viking 2	1975-83 A + C	7. 8.	USA	1 522 +	35 728 +	1 145 +	Die Viking-Marssonde startete am 7. Aug. 1975 und gelangte auf eine stark exzentr. Bahn um den Mars. Am 9. Sept. 1975 wurde der Landeteil abgetrennt und landete am 3. Sept. 1976 weich auf dem Mars. Gewicht der Sonde 2 310 kg, des Landeteils 1 090 kg. Ergebnisse der Untersuchungen des Marsbodens wurden zur Erde gefunkt.
TIP 3	1976-89 A	1. 9.	USA	341	787	96	Amerikan. Testsatellit für Radiomessungen.
Raguda 2	92 A	11. 9.	UdSSR	35 900	35 900	1 440	Nachrichtensatellit, auch für Fernsehübertragungen, auf geostationärer Bahn.
Sojus 22	93 A	15. 9.	UdSSR	250	280	90	Bemanntes Raumschiff mit den Astronauten Bykowski und Axjonow an Bord.
Sojus 23	100 A	14. 9.	UdSSR	243	275	90	Bemanntes Raumschiff mit den Astronauten Sudow und Roschdestwenski an Bord.
Marisat 3	101 A	14. 10.	USA	35 051	36 525	1 436	Marinesatellit, stationär, für Radiomitteilungen der Marine.
Meteor 26	1976-102 A	15. 10.	UdSSR	857	891	102	Sowjet. meteorolog. Satellit.
Ekran	107 A	26. 10.	UdSSR	35 600	35 600	1 422	Sowjet. Nachrichtensatellit neuen Typs, stationär.
Prognoz 5	112 A	25. 11.	UdSSR	510	199 000	$95^h 13^m$	Untersuchung der Sonnenstrahlung, des Sonnenwindes und der Magnetfelder im inneren Planetensystem.
Molnija 2	116 A	2. 12.	UdSSR	657	40 608	736	Nachrichtensatellit, insbes. für Fernsehsendungen.
China 7	117 A	7. 12.	China	174	469		Keine näheren Angaben bekannt, quasistationär.
Molnija 3 F	125 A	2. 12.	UdSSR	544	39 773	717	Nachrichtensatellit für Radio- und Fernsehprogramme, quasistationär.

Docht gehen (salopp): jmdm. auf die Nerven fallen. – **einfetzen:** etwas fetzt ein (salopp): etwas schlägt ein, hat große Wirkung, kommt in seiner Wirkung gut an. – **Einstrahlung,** die: das Entsenden eines ausländischen Arbeitnehmers durch einen ausländischen Arbeitgeber in die Bundesrepublik Deutschland (in bezug auf die Sozialversicherungspflicht); Gegensatz: Ausstrahlung. – **Elektroharpune,** die: eine als Taschenlampe getarnte Kleinwaffe, deren Hauptmerkmale zwei an längeren Kabeln befestigte Stahlstifte mit Widerhaken sind, die auf Knopfdruck – ähnlich wie bei einer Harpune – geräuschlos auf das Opfer abgefeuert werden können, das dann durch mehrmalige Stromstöße von 50 000 Volt bewegungsunfähig bis bewußtlos gemacht wird. – **Emanze,** die (ironisch): junges Mädchen, Frau, die sich bewußt emanzipiert gibt und sich aktiv für die Emanzipation der Frau einsetzt. – **Erektometer,** das: Gerät, das die Penisreaktionen aufzeichnet. – **Eurokommunismus,** der: (von Angehörigen der kommunistischen Parteien Frankreichs, Italiens u. a. vertretene) politische Richtung, die den sowjetischen Führungsanspruch nicht akzeptiert und nationalen Sonderformen des Kommunismus Platz einzuräumen versucht. – **Eurokommunist,** der: Vertreter des Eurokommunismus. – **Exi,** der (Jargon): (im Sprachgebrauch der Rocker) Jugendlicher, der kein Rocker ist, sondern auf übliche bürgerliche Weise lebt. – **fett:** sich einen Fetten machen (salopp): sich drücken. – **fetzen:** etwas fetzt (Neubedeutung, salopp): etwas ist großartig und reißt mit. – **Frauenhaus,** das: Haus in dem verheiratete, von ihren Männern mißhandelte Frauen mit ihren Kindern Aufnahme finden. – **Freizeiterziehung,** die: = Freizeitpädagogik. – **Fuß:** lange Füße kriegen (salopp, scherzh.): sich recht schnell entfernen, weil es die Situation geraten erscheinen läßt. – **Generalist,** der: jmd., der in seinen Interessen o. ä. nicht auf ein besonderes Gebiet festgelegt ist (als Gegensatz zu: Spezialist). – **Gig,** der oder das (Jargon): 1. durch ein einmaliges Auftreten gegebene zusätzliche Verdienstmöglichkeit für einen [Jazz]musiker. 2. Jazzveranstaltung. – **glauben:** ich glaub', meine Oma fixt (salopp): ich bin sprachlos; das ist ja nicht zu fassen! – **Gleitsichtglas,** das: aus einem Stück geschliffenes Brillenglas mit stufenlos wirksamer Optik, das einen gleitenden Übergang vom Fernteil zum Nahteil schafft und auf diese Weise eine Art natürliches Sehen ermöglicht. – **Go-show,** der: jmd., der seine Flugreise nicht vorher gebucht hat, sondern erst am Flughafenschalter versucht, einen Flugplatz zu bekommen. – **Grandlit,** das: breites Bett für zwei Personen. – **greifen:** etwas greift nicht [mehr] (Neubedeutung): etwas [was früher wirksam eingesetzt werden konnte] hat keine Wirkung, z. B. *diese Maßnahmen greifen nicht mehr.* – **Grobmüllabfuhr,** die (DDR): Sperrmüllbeseitigung durch Fahrzeuge. – **gurken** (salopp): fahren; z. B. *jmdn. nach Hause gurken.* – **Haemoccult-Test,** der: Test auf „okkultes" Blut im Stuhl; besonderes Verfahren, das zur Früherkennung von Darmkrebs angewendet wird, wobei Stuhlproben mit Hilfe einer Lösung auf Vorhandensein von Blut im Stuhl untersucht werden. – **Häschenwitz,** der: Witz, für den naiv gestellte, in einer Art Kindersprache gekleidete Fragen charakteristisch sind (als neue Welle von Witzen nach den Ostfriesenwitzen), z. B. hattu Vollmacht? Muttu Hose wechseln. – **Hausmann,** der: der den Haushalt führende Ehemann einer berufstätigen Frau (Gegenbildung zu: Hausfrau). – **jeans:** in dem für Bluejeans typischen Blau. – **Jockette,** die: weiblicher Jockey. – **Joganastik,** die (DDR): körperliche Betätigung unter Konzentration. – **Joint-Venture,** das: vorübergehender oder dauernder Zusammenschluß von Unternehmen zum Zweck der gemeinsamen Ausführung von Projekten, die von einem Unternehmen allein nicht realisiert werden könnten. – **Jugendpolizist,** der: nichtuniformierter, jüngerer Beamter der Polizei, der durch direkten Kontakt mit strafrechtlich gefährdeten Jugendlichen auf diese einwirken und eventuelle kriminelle Entwicklungen beobachten soll. – **Juniorpaß,** der: eine Art Ausweis, den die deutsche Bundesbahn an Jugendliche bis zu 23 Jahren gegen eine Gebühr von 98,00 DM ausgibt, der ein Jahr gültig ist und auf den der betreffende Jugendliche bei Reisen mit der Bundesbahn innerhalb der Bundesrepublik Deutschland 50% Fahrpreisermäßigung erhält. – **Jupo,** der (ugs.): = Jugendpolizist. – **kernig:** etwas ist kernig (Neubedeutung, ugs.): etwas gefällt und erfüllt die Erwartungen, z. B. *diese Band ist k.* – **Kirsche:** etwas auf der Kirsche haben (salopp): etwas können, in seinen Leistungen gut sein. – **Kitchinette,** die: Kochnische, sehr kleine Küche. – **knackig** (Neubedeutung, ugs.): sinnlich-prall, ohne jedoch dick zu sein; von sinnlich anziehender, elastisch wirkender und zu kraftvoll-pralleren Formen neigender Körperlichkeit, z. B. *ihr knackiger Körper.* – **Kondominium,** das: größeres Haus mit Eigentumswohnungen (in Südtirol). – **Kopf:** das halte ich im Kopf nicht aus (salopp): (als Äußerung der Ablehnung, des Ärgers) das bringt mich um den Verstand! – **Koryphäen-Killer-Syndrom,** das: narzißtische Organneurose; Syndrom, das sich entwikkeln kann, wenn die von seiten des Patienten in einen Arzt gesetzten übergroßen Erwartungen enttäuscht werden, woraus sich ein psychosomatisches, von Schmerzzuständen begleitetes Krankheitsbild entwickelt, so daß der Patient von Facharzt (Koryphäe) zu Facharzt wechselt (Killer), weil er von seinem Leiden [trotz Operation] nicht geheilt wird, wofür er dem jeweiligen Arzt die Schuld gibt. – **Lauschaktion,** die: = Lauschangriff. – **Lauschangriff,** der: gewaltsames Eindringen in eine Wohnung und heimliches Anbringen einer Abhöranlage bei einem der Spionage o. ä. Verdächtigen. – **Lauschoperation,** die: = Lauschangriff. – **Midlife crisis,** die: Krise (des Mannes) im mittleren Lebensalter, in der Lebensmitte. – **MM** = männliche Menopause (als Bezeichnung für eine depressiv-apathische Phase bei Männern in der Lebensmitte in bezug auf die Sexualität). – **nachnutzen** (DDR): bestimmte Erfahrungen, Erkenntnisse o. ä. für die Produktion ausnutzen, verwerten, auswerten. – **nachschieben** (Neubedeutung): eine entsprechende Gelegenheit nutzen und einer Frage, Mitteilung o. ä. noch eine weitere [wie beiläufig] anschließen, z. B. *einen zweiten Auslieferungsantrag, einen neuen Spionagefall nachschieben.* – **Negativ-:** in Zusammensetzungen auftretendes Bestimmungswort, mit dem ausgedrückt werden soll, daß das als Grundwort Genannte ganz anders als üblich oder erwartet geworden ist, ins Gegenteil ausgeschlagen ist, z. B. *Negativbilanz, -figur, -fixierung, -image, -porträt, -reaktion, -rekord, -trend, -werbung.* – **Nordlicht,** das (bayrisch, ironisch, abwertend): jmd., der sich anmaßt, alles besser zu machen, besser zu wissen (in bezug auf nichtbayrische, in nördlichen Gefilden tätige Politiker). – **Nord-Süd-Dialog,** der: Versuch des Ausgleichs und das Streben nach der Entschärfung des Nord-Süd-Konflikts. – **Nord-Süd-Gefälle,** das: wirtschaftlich-sozialer Unterschied und das damit verbundene Entwicklungsgefälle zwischen den Industriestaaten der nördlichen Halbkugel einerseits und den afroasiatischen und südamerikanischen Entwicklungsländern andererseits. – **Omnizid,** der oder das: das Sich-selbst-Töten der Menschheit, das Auslöschen unserer eigenen Art. – **Parkstudium,** das (ugs.): Studium in einem Ausweichfach bis ein Studienplatz in dem eigentlich gewünschten Fach frei wird. – **Peep-Show,** die: sexuell stimulierende Darbietung, die durch ein Guckfenster von außen angesehen werden kann. –

peikern (Jargon): tätowieren. – **Penetration,** die (Neubedeutung): das Eindringen des Penis in die Vagina. – **Petitesse,** die (neubelebt): Bagatelle, Kleinigkeit, Unwichtiges. – **Phallograph,** der: Gerät für die Phallographie. – **Phallographie,** die: Aufzeichnung der Penisreaktion auf sexuelle Reize mittels eines Erektometers. – **phallographisch:** die Phallographie betreffend. – **Phallogramm,** das: Aufzeichnung, Registrierung der Erektionsperioden des Penis. – **Phallokratie,** die (abwertend): gesellschaftliche Unterdrückung der Frau durch den Mann. – **Phallometrie,** die: Verfahren zum Messen der Penisreaktionen im Hinblick auf sexualpsychologische Untersuchungen. – **pillenmüde** (ugs.): abgeneigt, nicht mehr willens, weiterhin die „Antibabypille" zu nehmen. – **Regelstudienzeit,** die: auf eine bestimmte Semesterzahl begrenzte Zeit des Studiums. – **Regimekritiker,** der: jmd., der in einem totalitären Staat an den bestehenden Verhältnissen öffentlich Kritik übt. – **Roll[er]brett,** das: = Skateboard. – **Rop,** der: amerikanischer Modetanz. – **rund:** etwas läuft rund (salopp): etwas verläuft wie gewünscht, klappt. – **Rundalow,** der: kleiner Rundbau im Stil einer afrikanischen Hütte als Ferienquartier (für Afrika-Touristen). – **Schönheitsfarm,** die: eine Art Klinik – meist in einer landschaftlich schönen Gegend –, in der sich vor allem Frauen einige Zeit aufhalten mit dem Ziel, ihre natürliche Schönheit durch entsprechende Behandlung zu erhalten, zu verbessern oder wiederherzustellen. – **Schulstreß,** der: starke, auf die Dauer gesundheitliche Schäden verursachende körperlich-seelische Belastung der Schüler durch die besonders hohen, intellektuellen Anforderungen in der Schule und durch die Vernachlässigung der übrigen Bedürfnisse bei oft fehlender Geborgenheit in der Familie. – **Seniorenpaß,** der: eine Art Ausweis, den die deutsche Bundesbahn an ältere Menschen gegen eine entsprechende Gebühr ausgibt, der ein Jahr gültig ist und auf den der betreffende Besitzer bei Reisen mit der Bundesbahn innerhalb der Bundesrepublik Deutschland Fahrpreisermäßigung erhält. – **Skateboard,** das: kleines Brett in der Art eines Kurzskis mit Rädern, auf das man sich mit beiden Beinen stellen und mit dem man dann mit entsprechendem Schwung über eine meist leicht abfallende Bahn, Strecke rollen kann. – **Sofortbild,** das: in der Kamera selbst entstehendes, nach wenigen Sekunden fertiges, aus der Kamera herauszuziehendes Bild. – **Sofortbildkamera,** die: Kamera, mit der man ↑Sofortbilder machen kann. – **Soft...:** in Zusammensetzungen auftretendes Bestimmungswort mit der Bedeutung: zärtlich, gefühlvoll, sanft, süß, z. B. in *Softboy, Softgirl, Softlove, Softporno, Softromantik.* – **Softboy,** der: = Softie. – **Softie, Softy,** der: jüngerer Mann von sanftem, zärtlichem, empfindungsfähigem Wesen im Unterschied zum „harten" Mann. – **Soziopath,** der: jmd., der in seiner Kindheit in einem ungünstigen sozialen Milieu ohne Bezugsperson aufgewachsen ist und daher in seinem sozialen Verhalten gestört ist. – **stark aussehen** (salopp): sehr gut, imponierend aussehen. – **Südlicht,** das (scherzh.): Gegenwort zu Nordlicht. – **Szene,** die (Neubedeutung): Wirkungskreis, Schauplatz für eine bestimmte Personengruppe; charakteristischer Bereich für etwas oder jemanden, z. B. *die Bonner, linke, politische Szene;* oft als Grundwort in Zusammensetzungen, z. B. *Bücher-, Demonstrations-, Drogen-, Entführungs-, Extremisten-, Illegalen-, Jazz-, Kunst-, Literatur-, Pop-, Rauschgift-, Sexszene.* – **Taser,** der: = Elektroharpune. – **ticken** (Jargon): jmdn. angreifen, [nieder]schlagen und berauben. – **Trouble,** der: allgemeine Unruhe, Aufregung. – **unisexuell:** 1. eingeschlechtig. 2. homosexuell. – **urst:** das ist urst (Jugendsprache): das ist ganz ausgezeichnet. – **Versichertenausweis,** der: = Versicherungskarte. – **Versicherungskarte,** die: Karte in der Art einer Eurochequekarte an Stelle eines Krankenscheins. – **Vibrator,** der (Neubedeutung): einem erigierten Penis nachgebildetes Gerät, das dessen Funktion (bei der weiblichen Masturbation) übernehmen soll. – **Yoganastik,** die: = Joganastik. – **Zeittakt,** der: bestimmte Zeiteinheit, nach der die Gebühren für die Dauer eines Telefongesprächs berechnet werden. – **Zeittaktmodell,** das: Modell, nach dem auch die Gebühren für Ortsgespräche nach Zeittakten (von 8 Minuten) berechnet werden sollen, so daß Ortsgespräche nicht mehr beliebig lange zur gleichen Gebühr geführt werden können.

Z

Zabrocki, Ludwik, * Czersk (Pommern) 24. Nov. 1907, poln. Sprachwissenschaftler. Ab 1953 Leiter des Lehrstuhles für german. Sprachen an der Universität in Posen, 1964–74 Leiter der dortigen Abteilung für angewandte Sprachwissenschaften, seit 1974 Direktor des dortigen Instituts für Sprachwissenschaften; erhielt 1976 den Dudenpreis.

Zahlungsbilanz: Während internat. auch 1976 z. T. erhebl. Defizite in der Leistungsbilanz einzelner Industrieländer auftraten, die internat. Stützungsaktionen, v. a. zugunsten von Großbritannien hervorriefen, kam die BRD einem Ausgleich der Leistungsbilanz näher. Der Saldo der Handelsbilanz wies zwar trotz eines weiteren Rückgangs um etwa 3 Mrd. DM einen nach wie vor starken Überschuß auf, doch stand dem ein unverändert hohes Defizit im Dienstleistungsverkehr und bei den Übertragungen gegenüber, so daß sich der Überschuß im Saldo der Leistungsbilanz von 1974 noch 25,1 Mrd. DM auf nur 7,5 Mrd. DM 1976 ermäßigte. Andererseits ergab der Saldo des Kapitalverkehrs nach starken Mittelabflüssen in den beiden Vorjahren wieder einen leichten Mittelzufluß von 0,9 Mrd. DM, so daß der Saldo aller statist. erfaßten Transaktionen nach einem Defizit von 2,8 Mrd. DM im Vorjahr 1976 einen Überschuß von 8,4 Mrd. DM ergab.

Die Exporte der BRD sind 1976, nach dem Rückgang im Vorjahr, wieder um nominal 16% gestiegen – trotz des gestiegenen DM-Kurses. Diese Exportsteigerung verteilte sich regional unterschiedlich: Während die Ausfuhr nach Frankreich um 30%, nach Großbritannien um 21% und nach Italien um 17% anwuchs, wurde in die USA nur 9,6% mehr exportiert. Dies ist v. a. auf die nur schwach gestiegenen Automobilexporte in die USA zurückzuführen. Der Export in die Staatshandelsländer blieb etwa konstant.

Im Handel mit den Entwicklungsländern konnten die Ausfuhren in die OPEC-Länder noch einmal erheblich (um 24%) gesteigert werden, so daß trotz konjunkturell bedingt gestiegenen Ölverbrauchs der BRD das Defizit im Handel mit den OPEC-Ländern mit 3,7 Mrd. DM nur geringfügig höher war als 1975 und auch schon vor der Ölkrise. Die Ausfuhren in die übrigen Entwicklungsländer stiegen dagegen nur um 6%, da diese Länder verstärkt bemüht waren, ihre Defizite im Handel mit den Industrieländern abzubauen oder zumindest nicht weiter ansteigen zu lassen.

Die Importe der BRD sind 1976 mit 21% deutlich stärker als die Exporte gestiegen. Davon profitierten v. a. die Staatshandelsländer mit einer Steigerung von 26,8% und die nicht Erdöl fördernden Entwicklungsländer mit einer Steigerung von 24,8%. In der Gruppe der westl. Industrieländer, deren Exporte in die BRD um 18,9% anstiegen, lagen die USA (+23,4%) und Großbritannien (+23,1%) an der Spitze.

Leistungsbilanzsalden ausgewählter westl. Industrieländer in Mrd. $

	1974	1975	1976
BRD	+9,8	+3,9	+3,0
Dänemark	−0,9	−0,5	−1,9
Frankreich	−5,9	−0,1	−5,8
Großbritannien	−8,6	−3,7	−2,5
Italien	−7,8	−0,5	−2,9
Japan	−4,7	−0,7	+3,7
Österreich	−0,5	−0,3	−1,5
Schweiz	+0,2	+2,6	+3,4
USA	−3,6	+11,7	−0,6
OECD-Länder gesamt	−32,5	−6,5	−26,0

Saldo des Außenhandels der BRD nach Ländergruppen in Mrd. DM

	1975	1976
Westl. Industrieländer	+20,9	+24,5
Staatshandelsländer	+8,7	+6,4
OPEC-Länder	−3,5	−3,7
Entwicklungsländer (ohne OPEC-Länder)	+10,7	+6,8
Alle Länder	+37,3	+34,5

Hauptposten der Zahlungsbilanz der BRD in Mrd. DM

	1974	1975	1976
I. Leistungsbilanz			
1. Handelsbilanz	+58,7	+44,5	+41,7
2. Dienstleistungsverkehr und Übertragungen	−32,3	−34,0	−33,6
Saldo der Leistungsbilanz	+25,1	+9,4	+7,5
II. Kapitalverkehr (Saldo)	−24,8	−12,2	+0,9
III. Saldo aller statist. erfaßten Transaktionen (I.+II.)	+0,3	−2,8	+8,4

Daß der Saldo des Kapitalverkehrs der BRD mit dem Ausland zum ersten Mal seit 1973 wieder positiv war, ist wohl v.a. darauf zurückzuführen, daß durch Spekulationen auf eine Aufwertung der DM im Europ. Währungsverbund in großem Umfang Auslandsgelder zuflossen. Im Kapitalverkehr der Unternehmen überwogen dagegen, im Unterschied zum Vorjahr, die Kapitalexporte, insbes. durch kräftig ausgedehnte Lieferantenkredite dt. Firmen an ausländ. Abnehmer.

Zaïre, Republik in Äquatorialafrika. Als Volksvertretung fungiert ein Nationaler Legislativrat mit 244 Mitgliedern, die alle der Staatspartei (Mouvement Populaire de la Revolution, MPR) angehören. Staatsoberhaupt und Regierungschef *Sese-Seko Mobutu* (seit Nov. 1965). Flagge ↑Farbtafeln Flaggen S. 140. Internat. Mitgliedschaften ↑Übersicht Internationale Organisationen.

Innen- und Außenpolitik: Die Reste der durch Z. unterstützten FNLA zogen sich über die Grenze zurück, nachdem es Einheiten der MPLA und der Kubaner Anfang Jan. gelungen war, Uige (früher Carmona) und damit das FNLA-Zentrum im N Angolas zu erobern. Nord-Korea, das seit dem Besuch Präsident S.-S. Mobutus in Pjongjang (1974) 454 militär. Ausbilder in Z. stationiert hatte, zog diese Truppe zurück. Am 4. Febr. erfolgte eine weitreichende Kabinettsumbildung. Zur Anerkennung der MPLA-Regierung entschloß sich Mobutu am 28. Febr. im Anschluß an ein Treffen mit MPLA-Chef A. Neto in Brazzaville. Daß die Beziehungen zu Angola gespannt blieben, ging schon daraus hervor, daß das angolan. Gericht im Prozeß gegen Söldner (Juni) Mobutu als einen Angeklagten bezeichnete, der nicht im Gerichtssaal sitze, obwohl seine Soldaten „ungezählte Verbrechen" begangen hätten. Zu den Spannungen trug auch bei, daß die Benguela-Eisenbahn geschlossen blieb, was Z. zwang, den größten Teil seiner Ex- und Importe (teilweise über Südafrika) umzuleiten. FNLA-Chef H. Roberto besuchte im Okt. von Kinshasa aus europ. Staaten, doch gelang es ihm nicht, die gewünschte Unterstützung zu erhalten. Nach der Niederlage in Angola regten sich Kräfte, die auf Mobutus Sturz abzielen. In diesem Sinne äußerte sich die MARC (Mouvement d'action pour la résurrection du Congo) von Brüssel aus (April), während es in Berichten hieß, daß auch die sog. Katanga-Gendarmen, die auf seiten der MPLA gekämpft hatten, die Beseitigung des Mobutu-Regimes planten. Der amerikan. Verteidigungsminister D. Rumsfeld deutete am 17. Juni in Kinshasa eine Erhöhung der Militärhilfe an. Im Okt. wurde bestätigt, daß in Z. wieder kirchl. Schulen zugelassen werden sollen. Ein Besuch des samb. Präsidenten K. D. Kaunda (18. Dez.) ließ erkennen, daß die Zusammenarbeit verstärkt werden soll.

Zentralafrikanisches Kaiserreich, Kaiserreich (seit Dez. 1976) in Zentralafrika. Die Volksvertretung (Nationalversammlung) ist aufgelöst. Die Einheitspartei des Landes ist der Mouvement d'Évolution Sociale en Afrique Noire (MÉSAN). Staatsoberhaupt Kaiser *Bokassa I.* (seit Dez. 1976; zuvor Präsident der Zentralafrikan. Republik), Regierungschef *Auge Patassé* (seit Dez. 1976; zuvor bis April 1976 *E. Domitien*). Flagge ↑Farbtafeln Flaggen S. 140. Internat. Mitgliedschaften ↑Übersicht Internationale Organisationen.

Innen- und Außenpolitik: Am 3. Febr. entging Staatschef J. B. Bokassa nur knapp einem Attentat. Acht Personen, die für schuldig befunden wurden, erhielten die Todesstrafe und wurden am

ZAÏRE

Geographische Daten und Bevölkerung: *Fläche* 2345409 km², *Verwaltungsgliederung* in 8 Provinzen, *Hauptstadt* Kinshasa (2,2 Mill. E; 1975), *Bevölkerung* 24,9 Mill. E (1975), 10,6 E/km², *Amtssprache* Französisch, *Religion* traditionelle Religionen, 31% Katholiken, 6% Protestanten.

Wirtschaft: *Erwerbstätigkeit:* Etwa 70% der Bevölkerung sind in der Landwirtschaft beschäftigt. – *Landwirtschaft:* Nutzfläche 32 Mill. ha (1973), davon 24,8 Mill. ha Ackerland. – Produktion (Auswahl; 1975; in 1000 t): Reis 250, Mais 577, Hirse 80, Süßkartoffeln und Jams 294 (1974), Maniok 12000 (1974), Erdnüsse 318, Palmkerne 75, Zuckerrohr 536 (1974), Zitrusfrüchte 108 (1974), Kaffee 61, Tee 11, Baumwolle 27, Fleisch 62 (1974), Kuhmilch 27 (1974). – *Bergbau, Industrie und Elektrizitätserzeugung* (Auswahl; 1975): Steinkohle 89000 t, Manganerz 309000 t, Kupfer 496000 t, Zinkkonzentrat 142000 t, Kobalterz 14000 t, Diamanten 12,8 Mill. Karat, Wolfram 461000 kg, Erdöl 460000 t (1976), Zement 450000 t (1973), Zucker 63000 t, Palmöl 165000 t, Bier 4,85 Mill. hl (1973), Elektrizität 3,72 Mrd. kWh. – *Außenhandel* (1975): Export 413,4 Mill. Z, Import 452,3 Mill. Z. – *Währung* ↑Übersicht Währungen. – *BIP:* 1,77 Mrd. Z (1974), 73 Z/E.

Verkehr: *Eisenbahnen:* Streckenlänge 5280 km (1974). – *Straßen* (1974): 145000 km, davon 2000 km asphaltiert. Bestand an Pkw 82000, an Lkw 55000 (1973). – *Schiffahrt* (1976): Handelsflotte mit 96000 BRT. – *Luftverkehr* (1973; Flughafen Kinshasa): 306000 Fluggäste.

ZENTRALAFRIKANISCHES KAISERREICH
Geographische Daten und Bevölkerung: *Fläche* 622 984 km², *Verwaltungsgliederung* in 14 Präfekturen, *Hauptstadt* Bangui (302 000 E), *Bevölkerung* 1,75 Mill. E (1974), 3 E/km², *Amtssprache* Französisch, Umgangssprache Sango, *Religion* 60% Animisten, 35% Christen, 5% Muslime.
Wirtschaft: *Erwerbstätigkeit:* 96% der Erwerbstätigen waren 1969 in der Landwirtschaft beschäftigt. – *Landwirtschaft:* Nutzfläche 6 Mill. ha (1971), davon 5,9 Mill. ha Ackerland. – Produktion (Auswahl; 1973): Maniok 1,1 Mill. t, Hirse 50 000 t, Mais 55 000 t, Bananen 170 000 t, Erdnüsse 90 000 t, Baumwolle: 30 000 t Samen, 17 000 t Fasern; Kaffee 9 700 t (1973/74), Milch 75 000 l (1974). – *Bergbau, Industrie und Elektrizitätserzeugung* (Auswahl; 1975): Diamanten 339 000 Karat, Bier 132 000 hl, Baumwollgewebe 11,7 Mill. m (1973), Speiseöl 1,53 Mill. l (1974), Elektrizität 51,87 Mill. kWh. – *Außenhandel* (1975): Export 10 112 Mill. CFA-Franc, Import 14 614 Mill. CFA-Franc. Haupthandelspartner ist Frankreich. Hauptexportgüter sind Diamanten, Baumwolle, Kaffee. – *Währung* ↑Übersicht Währungen. – *BIP* zu Marktpreisen in jeweiligen Preisen: 57,0 Mrd. CFA-Franc, 35 400 CFA-Franc/E.
Verkehr: *Straßen* (1970): 20 240 km, davon Nationalstraßen 4 150 km. Bestand an Pkw 7 000, an Lkw und Omnibussen 5 400 (1972).

14. Febr. erschossen. Nach drei Regierungsumbildungen zwischen April und Juli wurde die Regierung Anfang Sept. aufgelöst und durch einen Revolutionsrat ersetzt. Die turbulente innenpolit. Entwicklung setzte sich fort, indem sich Bokassa von einem außerordentlichen Kongreß der regierenden MESAN zum Kaiser (Bokassa I.) ausrufen ließ (4. Dez.) und den Revolutionsrat 10 Tage später wieder durch eine Regierung ersetzte. Am 2. Jan. war ein Freundschaftsvertrag mit Uganda abgeschlossen worden. Eine enge Anlehnung erfolgte an Libyen. Bei einem 4tägigen Staatsbesuch M. V. Al Kadhdhafis Ende Okt. trat der Katholik Bokassa zum Islam über und gab bekannt, die Staatsflagge werde künftig das islam. Symbol (Stern mit Halbmond) tragen. Bei dieser Gelegenheit wurden auch mehrere Wirtschaftsverträge unterzeichnet. Anläßl. eines Staatsbesuches Bokassas in Peking (Nov.) wurden mehrere Abkommen über Handel und techn. Zusammenarbeit abgeschlossen.
Zimmermann, Friedrich, * München 18. Juli 1925, dt. Politiker (CSU). Jurist; seit 1957 MdB; 1955 bis 1965 Hauptgeschäftsführer und Generalsekretär der CSU; 1972–76 stellvertretender, seit Nov. 1976 Vorsitzender der CSU-Landesgruppe in Bonn.
Zypern, Republik im östl. Mittelmeer, auf der Insel Z. Als Volksvertretung fungiert ein Repräsentantenhaus mit 50 Mitgliedern, in dem de facto nur der griech. Bevölkerungsteil mit 35 Abgeordneten vertreten ist. Staatsoberhaupt Erzbischof *Makarios (Makarios III.;* seit Dez. 1959; amtierender Präsident Juli–Dez. 1974 *G. Kleridis*). Flagge ↑Farbtafeln Flaggen S. 140. Internat. Mitgliedschaften ↑Übersicht Internationale Organisationen.
Innen- und Außenpolitik: Das Jahr 1976 brachte keine Fortschritte bei den interkommunalen Gesprächen zwischen den beiden Volksgemeinschaften auf Z. Einen außenpolit. Erfolg errang die türk. Seite auf der 7. Konferenz der islam. Außenminister vom 12.–15. Mai in Istanbul, in deren Abschlußkommuniqué der von R. Denktasch vorgetragene türkisch-zypriot. Standpunkt aufgenommen wurde. Der UN-Sicherheitsrat verlängerte Mitte Juni und Mitte Dez. das Mandat der UNFICYP um jeweils 6 Monate. Gespräche zwischen R. Denktasch und G. Kleridis als Vertreter der beiden Volksgruppen fanden vom 17. bis 21. Febr. in Wien unter der Schirmherrschaft des UN-Generalsekretärs statt, und eine schriftl. Niederlegung der gegenseitigen Vorstellungen wurde vereinbart. Am 3. April überreichte die griech.-zypriot. Seite ihre Lösungsvorstellungen dem Sonderbeauftragten des UN-Generalsekretärs auf Z., J. P. de Cuellar. Anschließend wurde bekannt, daß zwischen R. Denktasch und G. Kleridis eine inoffizielle Vereinbarung über den zeitl. Ablauf der Notenübergaben getroffen worden war. Dies führte zum Rücktritt Kleridis von allen polit. Ämtern. Zum neuen Unterhändler für die griech.-zypriot. Seite ernannte Präsident Makarios den ehem. Arbeitsminister T. Papadopulos; neuer Unterhändler für die türk.-zypriot. Seite wurde Ü. S. Onan, da R. Denktasch das ehem. aktive EOKA-Mitglied Papadopulos als Gesprächspartner ablehnte. Die beiden neuen Unterhändler trafen sich Ende Mai an der „grünen Linie" in Nikosia zu Gesprächen über humanitäre Fragen. Versuche des UN-Generalsekretärs, die beiden Unterhändler in New York zur Aufnahme neuer Verhandlungen zu bewegen, scheiterten.
Die Innenpolitik der beiden Teile Z.s verlief weiterhin getrennt. Im türk. besetzten Teil wurden am 23. Mai Kommunalwahlen abgehalten, bei denen die von R. Denktasch im Nov. 1975 gegr. „Nat. Einheitspartei" keine eindeutigen Erfolge errang. Dagegen erreichte sie bei den Wahlen zur ↑Nationalversammlung und zum Wahlausschuß für die Wahl des Präsidenten des Teilstaats am 20. Juni die absolute Mehrheit. Im griech. Teil der Insel fanden am 5. Sept. Wahlen für die 35 Sitze des griech.-zypriot. Abgeordnetenhauses statt. Hierbei ging die von S. Kyprianou neu gegr. „Partei der Demokrat. Front" als stärkste Partei hervor.

ZYPERN
Geographische Daten und Bevölkerung: *Fläche* 9 251 km², *Verwaltungsgliederung* in 6 Distrikte (de facto geteilt in das griech.-zypr. Gebiet im Süden der Insel: etwa 5 750 km², 545 000 E [1975], 95 E/km², Hauptstadt Nikosia [Südteil] und in das türk.-zypr. Gebiet im Norden: etwa 3 500 km², 120 000 E [1973], 34 E/km², Hauptstadt Nikosia [Nordteil]), *Hauptstadt* Nikosia (118 000 E; 1972), *Bevölkerung* 639 000 E (1976), 69 E/km², *Amtssprachen* Griechisch und Türkisch, *Religion* 78% Griechisch-Orthodoxe, 18% türk. Muslime.
Wirtschaft: *Erwerbstätigkeit* (1975; in Prozentanteilen): Land- und Forstwirtschaft 31,0, Bergbau und Steinbruch 1,6, Industrie 17,0, Bauwesen 6,0, Verkehr 4,3, Handel, Banken, Versicherungen 13,7, öffentl. Verwaltung 7,1, sonstige Dienstleistungen 19,3. – *Landwirtschaft:* Nutzfläche 525 000 ha (1971), davon 432 000 ha Ackerland. – Produktion (Auswahl; 1975): Weizen 32 000 t, Gerste 50 000 t, Kartoffeln 110 000 t, Weintrauben 170 000 t, Apfelsinen 35 000 t, Zitronen 11 000 t, Pampelmusen 40 000 t, Schweinefleisch 11 000 t, Milch 43 000 t. – *Bergbau, Industrie und Elektrizitätserzeugung* (Auswahl; 1975): Kupferkonzentrat 46 000 t, Chromerz 28 000 t, Asbest 36 000 t, Eisenpyrit 208 000 t, Marmor 22 000 t, Zement 1,03 Mill. t (1976), Elektrizität 698,4 Mill. kWh. – *Außenhandel* (1975): Export 56,01 Mill. Z£, Import 113,71 Mill. Z£. Haupthandelspartner ist Großbritannien. Hauptexportgüter sind Kartoffeln, Zement, Bekleidung, Eisenpyrit, Weintrauben, Pampelmusen. – *Währung* ↑Übersicht Währungen. – *BIP:* 328,8 Mill. Z£ (1973), 500 Z£/E.
Verkehr: *Straßen* (1973): 9 358 km, davon 4 203 km asphaltiert. – *Schiffahrt* (1976): Handelsflotte mit 2,74 Mill. BRT. – *Luftverkehr* (1975): 179 000 Fluggäste.

A

Aalto, Alvar, finn. Architekt, * 1898, † Helsinki 11. Mai 1976.
Abdul Razak, Tun Haji, malays. Politiker, * 1923, † London 14. Jan. 1976.
Ahrlé, René, dt. Gebrauchsgraphiker, * 1893, † Frankfurt am Main 1. April 1976.
Albers, Josef, dt.-amerikan. Maler, * 1888, † New Haven (Conn.) 25. März 1976.
Altheim, Franz, dt. Althistoriker, * 1898, † Münster 17. Okt. 1976.
Anda, Géza, schweizer. Pianist ungar. Herkunft, * 1921, † Zürich 13. Juni 1976.
Arboussier, Gabriel d', senegales. Politiker und Diplomat, * 1908, † Genf 21. Dez. 1976.
Arnau, Frank, dt. Publizist und Schriftsteller, * 1894, † München 11. Febr. 1976.

B

Bachmann, Luise George, östr. Schriftstellerin, * 1903, † Bad Ischl 17. Juni 1976.
Bashani, Abdul Hamid, Politiker in Bangladesch, * 1879 (?), † Dacca 17. Nov. 1976.
Bauer, Walter, dt. Schriftsteller, * 1904, † Toronto 22. Dez. 1976.
Berl, Emmanuel, frz. Schriftsteller, * 1892, † Paris 22. Sept. 1976.
Beyen, Johan Willem, niederl. Finanzexperte und Politiker, * 1897, † Den Haag 29. April 1976.
Bilz, Rudolf, dt. Paläoanthropologe, * 1898, † Mainz 16. Juni 1976.
Bischoff, Friedrich, dt. Schriftsteller, * 1896, † Großweier (Baden) 21. Mai 1976.
Bjørneboe, Jens Ingvald, norweg. Schriftsteller, * 1920, † Veierland bei Tønsberg 9. Mai 1976.
Boor, Helmut de, dt. Germanist, * 1891, † Berlin (West) 4. Aug. 1976.
Bornemann, Eduard, dt. klass. Philologe, * 1894, † Frankfurt am Main 3. Mai 1976.
Bosco, Henri, frz. Schriftsteller, * 1888, † Nizza 4. Mai 1976.
Bovet, Theodor, schweizer. Neurologe, * 1900, † Zürich 6. März 1976.
Britten, Benjamin, brit. Komponist, * 1913, † Aldeburgh (Suffolk) 4. Dez. 1976.
Broodthaers, Marcel, belg. Künstler, * 1924, † Köln 28. Jan. 1976.
Buchan, Alastair, brit. Militärexperte, * 1918, † London 5. Febr. 1976.
Buddensieg, Hermann, dt. Schriftsteller und Übersetzer, * 1893, † Heidelberg 12. Dez. 1976.
Bultmann, Rudolf [Karl], dt. ev. Theologe, * 1884, † Marburg (Lahn) 30. Juli 1976.
Bürger-Prinz, Hans August, dt. Psychiater und Neurologe, * 1897, † Hamburg 29. Jan. 1976.
Butting, Max, dt. Komponist, * 1888, † Berlin (Ost) 13. Juli 1976.
Buttlar-Brandenfels, Herbert Frhr. von, dt. Archäologe, * 1912, † Arlesheim 24. Juli 1976.

C

Cagli, Corrado, italien. Maler und Zeichner, * 1910, † Rom 28. März 1976.
Calder, Alexander, amerikan. Bildhauer, * 1898, † New York 11. Nov. 1976.
Cassin, René, frz. Jurist und Friedensnobelpreisträger, * 1887, † Paris 20. Febr. 1976.
Charrière, François, schweizer. kath. Theologe, * 1893, † Freiburg (Schweiz) 11. Juli 1976.
Chenevière, Jacques, schweizer. Schriftsteller, * 1886, † Genf 22. April 1976.
Chevreuille, Raymond, belg. Komponist, * 1901, † Brüssel 9. Mai 1976.
Chou En-lai, chin. Politiker, * 1898, † Peking 8. Jan. 1976.
Christie, Dame Agatha, engl. Schriftstellerin, * 1890, † Wallingford (Oxfordshire) 12. Jan. 1976.
Chu Te, chin. Marschall, * 1886, † Peking 6. Juli 1976.
Claudius, Eduard, eigtl. E. Schmidt, dt. Schriftsteller, * 1911, † Potsdam 13. Dez. 1976.
Cloete, [Edward Fairly] Stuart, südafrikan. Schriftsteller, * 1897, † Kapstadt 20. März 1976.
Cramm, Gottfried Frhr. von, dt. Tennisspieler, * 1909, † Gise, bei Kairo 9. Nov. 1976 (Unfall).
Croissant, Eugen, dt. Maler, * 1898, † Breitbrunn am Chiemsee 2. Febr. 1976.

Josef Albers

Rudolf Bultmann

Alexander Calder

Chou En-lai

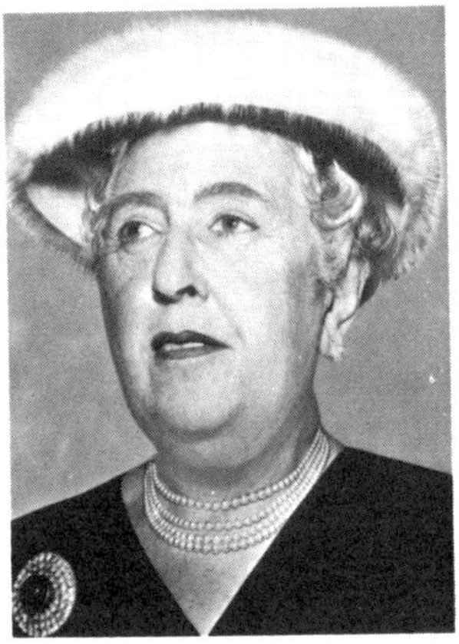

Dame Agatha Christie

Dean Dixon

Czóbel, Béla, ungar. Maler, * 1883, † Budapest 29. Jan. 1976.

D

Dam, [Carl Peter] Henrik, dän. Biochemiker und Nobelpreisträger, * 1895, † Kopenhagen 17. April 1976.
Dehousse, Fernand, belg. Völkerrechtler und Politiker, * 1906, † Lüttich 11. Aug. 1976.
Ditlevsen, Tove Irma Margit, dän. Schriftstellerin, * 1918, † Kopenhagen 7. März 1976 (Selbstmord).
Dixon, Dean, amerikan. farbiger Dirigent, * 1915, † Zug 4. Nov. 1976.
Döpfner, Julius, dt. kath. Theologe, Kardinal, * 1913, † München 24. Juli 1976.
Duarte Nuño, Herzog von Bragança, portugies. Thronprätendent, * 1907, † Lissabon 24. Dez. 1976.
Duschkin, Samuil, amerikan. Violinist russ. Herkunft, * 1891, † New York 24. Juni 1976.
Dussler, Luitpold, dt. Kunsthistoriker, * 1895, † München 18. Dez. 1976.

E

Ebert, Albert, dt. naiver Maler, * 1906, † Halle/Saale im Sept. 1976.
Ehrenberg, Victor, dt. Althistoriker, * 1891, † London 25. Jan. 1976.
Eichelberg, Gustav, dt. Maschineningenieur, * 1891, † Zürich 6. Febr. 1976.
Elasar, David, israel. General, * 1925, † Tel Aviv-Jaffa 15. April 1976.
Eppel, Franz, östr. Kunsthistoriker, * 1921, † Wien 14. Sept. 1976.
Erath, Vinzenz, dt. Schriftsteller, * 1906, † Vaihingen an der Enz 10. Nov. 1976.
Ernst, Max, dt.-frz. Maler und Bildhauer, * 1891, † Paris 1. April 1976.
Esplá Triay, Oscar, span. Komponist, * 1886, † Madrid 6. Jan. 1976.

F

Fahlström, Oyvind, schwed. Maler, * 1928, † Stockholm 8./9. Nov. 1976.
Faith, Percy, amerikan. Komponist und Dirigent, * 1908, † Los Angeles 9. Febr. 1976.
Feather, Victor Grayson Hardie, brit. Gewerkschaftsführer, * 1908, † London 28. Juli 1976.
Federmann, Reinhard, östr. Schriftsteller, * 1923, † Wien 29. Jan. 1976.
Fierlinger, Zdeněk, tschechoslowak. Politiker, * 1891, † Prag 2. Mai 1976.
Fink, Eugen, dt. Philosoph, * 1905, † Freiburg im Breisgau 25. Juli 1976.
Foertsch, Friedrich, dt. General, * 1900, † Goslar 14. Dez. 1976.
Fourestier, Louis, frz. Dirigent und Komponist, * 1892, † Boulogne-Billancourt 30. Sept. 1976.
Frumkin, Alexandr Naumowitsch, sowjet. Physikochemiker, * 1895, † Tula 27. Mai 1976.
Fuchs, Walter R[obert], dt. Sachbuchautor, * 1937, † München 21. Juli 1976.

G

Gabin, Jean, frz. Filmschauspieler, * 1904, † Neuilly-sur-Seine 15. Nov. 1976.
Gaiser, Gerd, dt. Schriftsteller, * 1908, † Reutlingen 9. Juni 1976.
Gatto, Alfonso, italien. Lyriker und Journalist, * 1909, † bei Orbetello 8. März 1976 (Verkehrsunfall).
Gebsattel, Victor Emil Frhr. von, dt. Psychotherapeut, * 1883, † Bamberg 22. März 1976.
Gehlen, Arnold, dt. Philosoph und Soziologe, * 1904, † Hamburg 30. Jan. 1976.
Getty, Jean P[aul], amerikan. Ölindustrieller, * 1892, † Sutton Place bei Guildford (Surrey) 6. Juni 1976.
Gieseler, Wilhelm, dt. Anthropologe, * 1900, † Terracina (Latium) 26. Sept. 1976.
Goulart, João Belchior Marques, brasilian. Politiker, * 1918, † Mercedes (Prov. Corrientes, Argentinien) 6. Dez. 1976.
Gretschko, Andrei Antonowitsch, sowjet. Marschall und Politiker, * 1903, † Moskau 26. April 1976.
Grundmann, Günther, dt. Kunsthistoriker und Denkmalpfleger, * 1892, † Hamburg 19. Juni 1976.
Günther, Joachim, dt. Literaturhistoriker, * 1930, † Bonn 27. Juni 1976.

H

Haas, Werner, dt. Pianist, * 1931, † Nancy 12. Okt. 1976 (Verkehrsunfall).
Hackett, Bobby, amerikan. Jazzmusiker, * 1915, † West Chatham (Mass.) 7. Juni 1976.
Hadorn, Ernst, schweizer. Biologe, * 1902, † Wohlen bei Bern 4. April 1976.

Hamperl, Herwig, östr. Pathologe, * 1899, † Bonn 22. April 1976.
Heidegger, Martin, dt. Philosoph, * 1889, † Freiburg im Breisgau 26. Mai 1976.
Heinemann, Gustav W., dt. Politiker, * 1899, † Essen 7. Juli 1976.
Heisenberg, Werner [Karl], dt. Physiker und Nobelpreisträger, * 1901, † München 1. Febr. 1976.
Hennig, Willi, dt. Zoologe, * 1913, † Ludwigsburg 5. Nov. 1976.
Hoerschelmann, Fred von, dt. Schriftsteller, * 1901, † Tübingen 2. Juni 1976.
Höfer, Josef, dt. kath. Theologe, * 1896, † Grafschaft (heute zu Schmallenberg, Hochsauerland) 7. April 1976.
Holgersen, Alma, östr. Schriftstellerin, * 1899, † Innsbruck 18. Febr. 1976.
Hollaender, Friedrich, dt. Komponist, * 1896, † München 18. Jan. 1976.
Hotzenköcherle, Rudolf, schweizer. Sprachwissenschaftler, * 1903, † Zürich 8. Dez. 1976.
Hubacher, Hermann, schweizer. Bildhauer, * 1885, † Zürich 18. Nov. 1976.
Hughes, Howard Robard, amerikan. Unternehmer, * 1905, † auf dem Flug von Acapulco nach Houston (Texas) 6. April 1976.
Hughes, Richard Arthur Warren, engl. Schriftsteller, * 1900, † Moredrin bei Harlech (Wales) 28. April 1976.
Hunziker, Max, schweizer. Maler und Graphiker, * 1901, † Zürich 9. Sept. 1976.

J

Jahn, Johannes, dt. Kunsthistoriker, * 1892, † Leipzig 17. Febr. 1976.
Jakubowski, Iwan Ignatjewitsch, sowjet. Marschall, * 1912, † Moskau 30. Nov. 1976.
Jerger, Alfred, östr. Sänger, * 1889, † Wien 18. Nov. 1976.
Johnson, Eyvind [Olof Verner], schwed. Schriftsteller und Nobelpreisträger, * 1900, † Stockholm 25. Aug. 1976.
Jonasson, Hermann, isländ. Politiker, * 1896, † Reykjavík 22. Jan. 1976.
Jouve, Pierre Jean, frz. Schriftsteller, * 1887, † Paris 8. Jan. 1976.
Jungbluth, Günther, dt. Germanist, * 1912, † Bonn-Bad Godesberg 25. Jan. 1976.

K

Kalenter, Ossip, eigtl. Johannes Burckhardt, schweizer. Schriftsteller dt. Herkunft, * 1900, † Zürich 14. Jan. 1976.
Kamlah, Wilhelm, dt. Philosoph, * 1905, † Erlangen 24. Sept. 1976.
Kampmann, Viggo, dän. Politiker, * 1910, † Kopenhagen 3. Juni 1976.
Kanter, Helmuth, dt. Geograph, * 1891, † Marburg (Lahn) 8. Jan. 1976.
Karrer, Otto, dt. kath. Theologe und Religionshistoriker, * 1888, † Luzern 8. Dez. 1976.
Kazi Nazrul Islam, bengal. Dichter, * 1899, † Dacca 29. Aug. 1976.
Kempe, Rudolf, dt. Dirigent, * 1910, † Zürich 11. Mai 1976.
Kéthly, Anna, ungar. Politikerin, * 1889, † Brüssel 7. Sept. 1976.
Kienast, Richard, dt. Literaturhistoriker, * 1892, † Heidelberg 3. Febr. 1976.
Kinross, John Patrick Balfour, 3. Baron, brit. Schriftsteller, * 1904, † London 5. Juni 1976.
Knud, Prinz von Dänemark, * 1900, † Kopenhagen 14. Juni 1976.
Koschewoi, Pjotr Kirillowitsch, sowjet. Marschall, * 1904, † Moskau 30. Aug. 1976.
Krauss, Werner, dt. Romanist, * 1900, † Berlin (Ost) 28. Aug. 1976.
Kubitschek de Oliveira, Juscelino, brasilian. Politiker, * 1902, † bei Resende 22. Aug. 1976 (Verkehrsunfall).
Kuhn, Karl Georg, dt. ev. Theologe, * 1906, † Heidelberg 20. Sept. 1976.

L

Lang, Fritz, östr.-amerikan. Filmregisseur, * 1890, † Beverly Hills (Calif.) 2. Aug. 1976.
Lanskoy, André, frz. Maler russ. Herkunft, * 1902, † Paris 22. Aug. 1976.
Lehmann, Lotte, verh. Krause, dt.-amerikan. Sängerin, * 1888, † Santa Barbara (Calif.) 26. Aug. 1976.
Leighton, Margaret, brit. Schauspielerin, * 1922, † London 14. Jan. 1976.
Leimgruber, Oscar, schweizer. Politiker, * 1886, † Bern 19. Juni 1976.
Lemberg, Eugen, dt. Historiker, * 1903, † Wiesbaden 25. Dez. 1976.

Julius Kardinal Döpfner

Jean Gabin

Arnold Gehlen

Gustav Heinemann *Werner Heisenberg* *Rudolf Kempe*

Lernet-Holenia, Alexander, östr. Schriftsteller, * 1897, † Wien 3. Juli 1976.
Lezama Lima, José, kuban. Schriftsteller, * 1910, † Havanna 9. Aug. 1976.
Lin Yutang, chin. Schriftsteller, * 1895, † Hongkong 26. März 1976.
Lippisch, Alexander, dt.-amerikan. Aerodynamiker und Flugzeugkonstrukteur, * 1894, † Cedar Rapids (Iowa) 11. Febr. 1976.
Lücke, Paul, dt. Politiker, * 1914, † Erlangen 10. Aug. 1976.
Lyssenko, Trofim Denissowitsch, sowjet. Agrarbiologe und Agronom, * 1898, † Moskau 20. Nov. 1976.

M

Mainardi, Enrico, italien. Violoncellist und Komponist, * 1897, † München 10. April 1976.
Maler, Wilhelm, dt. Komponist und Musikpädagoge, * 1902, † Hamburg 29. April 1976.
Malraux, André, frz. Politiker und Schriftsteller, * 1901, † Créteil bei Paris 23. Nov. 1976.
Mannheim, Lucie, dt. Schauspielerin, * 1899, † Braunlage 18. Juli 1976.
Mao Tse-tung, chin. Politiker, * 1893, † Peking 9. Sept. 1976.
March, Werner, dt. Architekt, * 1894, † Berlin (West) 11. Jan. 1976.
Marschall, Wilhelm, dt. Generaladmiral, * 1886, † Mölln 21. März 1976.
Martin, Joseph-Marie, frz. kath. Theologe, Kardinal, * 1891, † Rouen 21. Jan. 1976.
Martinon, Jean, frz. Dirigent und Komponist, * 1910, † Paris 1. März 1976.
Matouschek, Richard, östr. Maler, * 1925, † Wien 5. Aug. 1976.
Mattauch, Josef, dt. Physiker, * 1895, † Klosterneuburg 10. Aug. 1976.
Maurach, Reinhart, dt. Jurist, * 1902, † Salò 11. Juli 1976.
May, Paul, dt. Filmregisseur, * 1909, † Taufkirchen (Landkreis München) 25. Febr. 1976.
Meinhof, Ulrike, dt. Journalistin, * 1934, † Stuttgart 9. Mai 1976 (Selbstmord).
Melichar, Alois, östr. Komponist und Dirigent, * 1896, † München 9. April 1976.
Mercer, Johnny, amerikan. Liedtexter und Komponist, * 1909, † Bel Air (Los Angeles) 25. Juni 1976.
Migot, Georges, frz. Komponist, * 1891, † Paris 5. Jan. 1976.
Mohammed, Murtala Ramat, nigerian. General und Politiker, * 1937, † Lagos 13. Febr. 1976 (ermordet).
Möhle, Hans, dt. Kunsthistoriker, * 1903, † Berlin 21. März 1976.
Mondadori, Alberto, italien. Verleger und Schriftsteller, * 1914, † Venedig 14. Febr. 1976.
Monod, Jacques [Lucien], frz. Biochemiker und Nobelpreisträger, * 1910, † Cannes 31. Mai 1976.
Montgomery, Bernard Law, 1. Viscount M. of Alamein and Hindhead, brit. Feldmarschall, * 1887, † Isington Mill (Alton, Hampshire) 24. März 1976.
Morand, Paul, frz. Schriftsteller, * 1888, † Paris 23. Juli 1976.
Muhammad Ben Arafa, Sultan von Marokko (1953 bis 1955), * 1886 (?), † Nizza 18. Juli 1976.
Müller-Blattau, Joseph [Maria], dt. Musikforscher, * 1895, † Saarbrücken 21. Okt. 1976.
Muschanokodschi, Saneatsu, jap. Schriftsteller, * 1885, † Tokio 9. April 1976.

N

Nabulsi, Suleiman, jordan. Politiker, * 1908, † Amman 14. Okt. 1976.
Napoli, Mario, italien. Archäologe, * 1915, † Salerno 13. April 1976.
Naso, Eckart von, dt. Schriftsteller, * 1888, † Frankfurt am Main 13. Nov. 1976.
Neiss, Axel, dt. Röntgenologe, * 1922, † Erlangen 15. Febr. 1976.
Novomeský, Laco, slowak. Schriftsteller, * 1904, † Preßburg 4. Sept. 1976.
Nyquist, Harry, amerikan. Elektrotechniker schwed. Herkunft, * 1889, † Harlingen (Texas) 4. April 1976.

O

Onsager, Lars, amerikan. Physiker und Nobelpreisträger norweg. Herkunft, * 1903, † Coral Gables (Fla.) 5. Okt. 1976.
Ostrogorsky, Georg, jugoslaw. Byzantinist russ. Herkunft, * 1902, † Belgrad 24. Okt. 1976.

P

Panagoulis, Alexandros, griech. Politiker, * 1939, † Athen 1. Mai 1976 (Verkehrsunfall).
Patti, Ercole, italien. Schriftsteller, * 1904, † Rom 15. Nov. 1976.

Paul Karađorđević, Prinzregent von Jugoslawien, * 1893, † Paris 14. Sept. 1976.
Pfannenstiel, Max, dt. Geologe, * 1902, † Freiburg im Breisgau 1. Jan. 1976.
Piatigorsky, Gregor, amerikan. Violoncellist russ. Herkunft, * 1903, † Los Angeles 6. Aug. 1976.
Piston, Walter, amerikan. Komponist, * 1894, † Belmont (Mass.) 12. Nov. 1976.
Pohl, Robert [Wichard], dt. Physiker, * 1884, † Göttingen 5. Juni 1976.
Polanyi, Michael, brit. Physikochemiker ungar. Herkunft, * 1891, † Northampton 22. Febr. 1976.
Pons, Lily, amerikan. Sängerin frz. Herkunft, * 1904, † Dallas (Texas) 13. Febr. 1976.
Pünder, Hermann, dt. Jurist und Politiker, * 1888, † Fulda 3. Okt. 1976.

Q

Queneau, Raymond, frz. Schriftsteller, * 1903, † Paris 25. Okt. 1976.
Querner, Curt, dt. Maler und Zeichner, * 1904, † Dresden 10. März 1976.
Quint, Josef, dt. Literaturhistoriker, * 1898, † Köln 14. Dez. 1976.

R

Radok, Alfred, tschechoslowak. Regisseur und Dramatiker, * 1914, † Wien 23. April 1976.
Raffalt, Reinhard, dt. Schriftsteller und Journalist, * 1923, † München 16. Juni 1976.
Rakotomalala, Joël, madagass. Offizier und Politiker, * 1929, † bei Antsirabé 30. Juli 1976 (Hubschrauberabsturz).
Rasp, Fritz, dt. Schauspieler, * 1891, † München 30. Nov. 1976.
Rauch, Christian, dt. Kunsthistoriker, * 1877, † Gießen 31. Jan. 1976.
Ray, Man, amerikan. Objektkünstler, Photograph und Maler, * 1890, † Paris 18. Nov. 1976.
Reed, Sir Carol, brit. Filmregisseur, * 1906, † London 25. April 1976.
Reinhardt, Rudolf, dt. Rechtswissenschaftler, * 1902, † Marburg (Lahn) 23. Dez. 1976.
Richert, Ernst, dt. Publizist, DDR-Forscher, * 1912, † Hamburg 2. Febr. 1976.
Richter, Hans, dt.-amerikan. Maler, Filmregisseur und Schriftsteller, * 1888, † Locarno 1. Febr. 1976.
Ritschl, Otto, dt. Maler, * 1885, † Wiesbaden 1. Juli 1976.
Robeson, Paul, farbiger amerikan. Sänger und Schauspieler, * 1898, † Philadelphia (Pa.) 23. Jan. 1976.
Robinson, Jim, amerikan. Jazzmusiker, * 1892, † New Orleans 4. Mai 1976.
Rohracher, Andreas, östr. kath. Theologe, * 1892, † Altötting 6. Aug. 1976.
Roth, Eugen, dt. Schriftsteller, * 1895, † München 28. April 1976.
Rothfels, Hans, dt. Historiker, * 1891, † Tübingen 22. Juni 1976.
Roud, Gustave, schweizer. Schriftsteller und Übersetzer, * 1897, † Moudon 10. Nov. 1976.
Ružička, Leopold, kroat.-schweizer. Chemiker und Nobelpreisträger, * 1887, † Mammern (Thurgau) 26. Sept. 1976.

S

Saalfeld, Martha, verh. vom Scheidt, dt. Schriftstellerin, * 1898, † Bad Bergzabern 14. März 1976.
Sander, Ernst, dt. Schriftsteller und Übersetzer, * 1898, † Freiburg im Breisgau 1. Juli 1976.
Sarment, Jean, eigtl. J. Bellemère, frz. Schriftsteller und Schauspieler, * 1897, † Boulogne (Vendée) 29. März 1976.
Sasse, Hermann, dt. luther. Theologe, * 1895, † North-Adelaide (Australien) 8. Aug. 1976.
Schäfer, Karl, östr. Eiskunstläufer, * 1909, † Wien 23. April 1976.
Schallück, Paul, dt. Schriftsteller, * 1922, † Köln 29. Febr. 1976.
Scheidt, Walter, dt. Anthropologe, * 1895, † Bodolz (Landkreis Lindau) 9. Aug. 1976.
Schmidt, Horst, dt. Politiker, * 1925, † bei Neu-Isenburg 4. Okt. 1976 (Verkehrsunfall).
Schmidt-Rottluff, Karl, eigtl. K. Schmidt, dt. Maler und Graphiker, * 1884, † Berlin (West) 10. Aug. 1976.
Schnitzler, Hermann, dt. Kunsthistoriker und Museumsdirektor, * 1905, † Köln 15. Dez. 1976.
Schoettle, Erwin, dt. Verleger und Politiker, * 1899, † Bühl (Baden) 25. Jan. 1976.
Schottky, Walter, dt. Physiker, * 1886, † Forchheim 4. März 1976.
Schreyvogl, Friedrich, östr. Schriftsteller, * 1899, † Wien 11. Jan. 1976.
Schuberth, Hans, dt. Politiker, * 1897, † München 2. Sept. 1976.
Schuchhardt, Walter-Herwig, dt. Archäologe, * 1900, † Freiburg im Breisgau 14. Jan. 1976.

Fritz Lang

Alexander Lernet-Holenia

André Malraux

Schultz, Adolph H., schweizer. Anthropologe, * 1891, † Zürich 26. Mai 1976.
Seewald, Richard, dt.-schweizer. Maler und Schriftsteller, * 1889, † München 29. Okt. 1976.
Servais, Jean, belg.-frz. Schauspieler, * 1910, † Paris 17. Febr. 1976.
Seydlitz-Kurzbach, Walther von, dt. General, * 1888, † Bremen 28. April 1976.
Slater, John Clarke, amerikan. Physiker, * 1900, † Sanibel Island (Fla.) 25. Juli 1976.
Slonimski, Antoni, poln. Schriftsteller, * 1895, † Warschau 4. Juli 1976 (Verkehrsunfall).
Spence, Sir Basil Urwin, brit. Architekt, * 1907, † Eye (Suffolk) 19. Nov. 1976.
Staeger, Ferdinand, dt. Maler und Graphiker, * 1880, † Waldkraiburg 14. Sept. 1976.
Stählin, Wilhelm, dt. luther. Theologe, * 1883, † Prien a. Chiemsee 16. Dez. 1976.
Stapenhorst, Günther, dt. Filmproduzent, * 1883, † München 1./2. Febr. 1976.
Steglich, Rudolf, dt. Musikwissenschaftler, * 1886, † Scheinfeld 10. Juli 1976.
Stoica, Gheorge, rumän. Politiker, * 1900, † Bukarest 10. Aug. 1976.
Strand, Paul, amerikan. Photograph und Filmregisseur, * 1890, † Orgeval bei Paris 31. März 1976.
Stüwe, Hans, dt. Schauspieler und Opernregisseur, * 1901, † Berlin (West) 13. Mai 1976.
Szenessy, Mario, dt. Schriftsteller und Literaturkritiker jugoslaw. Herkunft, * 1930, † Pinneberg 11. Okt. 1976.

T

Tannert, Hannes, dt. Theaterintendant und Schauspieler, * 1900, † Baden-Baden 17. März 1976.
Taschner, Gerhard, dt. Violinist, * 1922, † Berlin (West) 21. Juli 1976.
Tau, Max, dt. Schriftsteller, * 1897, † Oslo 13. März 1976.
Taube, Evert Axel, schwed. Lyriker und Komponist, * 1890, † Stockholm 31. Jan. 1976.
Thadden-Trigiaff, Reinold von, dt. Jurist, Gründer des Dt. Ev. Kirchentags, * 1891, † Fulda 10. Okt. 1976.
Thirring, Hans, östr. Physiker, * 1888, † Wien 22. März 1976.
Thomson, Roy Herbert, Baron Th. of Fleet, brit. Zeitungsverleger kanad. Herkunft, * 1894, † London 4. Aug. 1976.
Thorndike, Dame Sybil, brit. Schauspielerin, * 1882, † London 9. Juni 1976.
Tiessen, Heinz, dt. Komponist, * 1887, † Berlin (West) 29. Nov. 1976.
Tobey, Mark, amerikan. Maler und Graphiker, * 1890, † Basel 24. April 1976.
Torres Gonzales, Juan José, bolivian. General und Politiker, * 1921, † Buenos Aires 1. Juni 1976 (ermordet).
Tourjansky, Victor, dt. Filmregisseur russ. Herkunft, * 1891, † München 13. Aug. 1976.
Trumbo, Dalton, amerikan. Drehbuchautor und Regisseur, * 1905, † Hollywood 10. Sept. 1976.

V

Valeri, Diego, italien. Schriftsteller und Übersetzer, * 1887, † Rom 27. Nov. 1976.
Visconti, Luchino, italien. Regisseur, * 1906, † Rom 17. März 1976.

W

Weber, Werner, dt. Staatsrechtler, * 1904, † Göttingen 29. Nov. 1976.
Wheeler, Sir Mortimer, brit. Archäologe, * 1890, † Leatherhead 22. Juli 1976.
Whipple, George Hoyt, amerikan. Mediziner und Nobelpreisträger, * 1878, † Rochester (N.Y.) 1. Febr. 1976.
Wiberg, Egon, dt. Chemiker, * 1901, † München 24. Nov. 1976.
Winter, Fritz, dt. Maler, * 1905, † Herrsching a. Ammersee 1. Okt. 1976.
Wittlin, Józef, poln. Schriftsteller, * 1896, † New York 29. Febr. 1976.

Y

Younger, Sir Kenneth Gilmour, brit. Politiker, * 1908, † London 19. Mai 1976.

Z

Zimmerl, Christl, östr. Ballettänzerin, * 1939, † Wien 19. März 1976.
Zimmermann, Armin, dt. Admiral, Generalinspekteur der Bundeswehr, * 1917, † Bonn 30. Nov. 1976.
Zinn, Georg August, dt. Politiker, * 1901, † Frankfurt am Main 27. März 1976.
Zukor, Adolph, amerikan. Filmproduzent ungar. Herkunft, * 1873, † Hollywood 10. Juni 1976.

Mao Tse-tung

Bernard L. Montgomery

Hans Rothfels

Verzeichnis der Abkürzungen und Zeichen

A	
Abk.	Abkürzung
AG	Aktiengesellschaft
B	
bes.	besonders
Bez.	Bezeichnung
BG	Bundesgesetz
BGB	Bürgerliches Gesetzbuch
BIP	Bruttoinlandsprodukt
BSP	Bruttosozialprodukt
bzw.	beziehungsweise
C	
chin.	chinesisch
cif	cost, insurance, freight
cwt.	centweight (engl. Handelsgewicht)
D	
dgl.	dergleichen, desgleichen
d. h.	das heißt
E	
E	Einwohner
EG	Europäische Gemeinschaften
ehem.	ehemals, ehemalig
europ.	europäisch
ev.	evangelisch
F	
f., ff.	folgendes, folgende
fob	free on board
Forts.	Fortsetzung
frz.	französisch
G	
gegr.	gegründet
Gesch.	Geschichte
GG	Grundgesetz
Ggs.	Gegensatz
GmbH	Gesellschaft mit beschränkter Haftung
Gouv.	Gouvernement
GWh	Gigawattstunde
H	
hg.	herausgegeben
Hg.	Herausgeber
hpts.	hauptsächlich
I	
inkl.	inklusive
insbes.	insbesondere, insbesonders

Inst.	Institut
internat.	international
J	
jap.	japanisch
Jg.	Jahrgang
Jh.	Jahrhundert
Jt.	Jahrtausend
K	
kath.	katholisch
Kfz	Kraftfahrzeug
km/h	Kilometer je Stunde
kW	Kilowatt
Kw.	Kunstwort
kWh	Kilowattstunde
L	
lat.	lateinisch
luth.	lutherisch
M	
M-	Mittel...
MA	Mittelalter
MdB	Mitglied des Bundestages
mex.	mexikanisch
Mill.	Million[en]
min, Min.	Minute
Mrd.	Milliarde[n]
MW	Megawatt
N	
N	Norden
N-	Nord...
nat.	national
n. Chr.	nach Christus
niederl.	niederländisch
Nr.	Nummer
NW	Nordwesten
N. Y.	New York (Bundesstaat der USA)
O	
O	Osten
O-	Ost...
östr.	österreichisch
P	
prot.	protestantisch
Prov.	Provinz
PS	Pferdestärke
R	
ref.	reformiert
S	
s	Sekunde
S	Süden
S-	Süd...
sec, Sek.	Sekunde

Std.	Stunde
StG	Strafgesetzbuch (Österreich)
StGB	Strafgesetzbuch
StPO	Strafprozeßordnung
T	
t	Tonne
Temp.	Temperatur
U	
u. U.	unter Umständen
V	
v. a.	vor allem
v. Chr.	vor Christus
Verw.-Geb.	Verwaltungsgebiet
VO	Verordnung
W	
W	Westen
W-	West...
Wash.	Washington
wiss.	wissenschaftlich
Wiss.	Wissenschaft
Z	
Z-	Zentral
z. B.	zum Beispiel
ZGB	Zivilgesetzbuch (Schweiz)
ZPO	Zivilprozeßordnung (BRD)
z. T.	zum Teil
zus.	zusammen
z. Z.	zur Zeit

Außer den im Abkürzungsverzeichnis aufgeführten Abkürzungen wurden allgemein übliche Abkürzungen verwendet, z. B. für Monatsnamen, für bekannte Organisationen und Parteien. Abgekürzt wurden ferner häufig die Endungen ...isch und ...lich.

Zeichen

*	geboren
†	gestorben
↑	siehe
Ⓦz	eingetragenes Warenzeichen
$	Dollar
£	Pfund Sterling

Bildquellenverzeichnis: The Associated Press GmbH, Frankfurt am Main; Erich Baumann, Ludwigsburg; Bibliographisches Institut AG, Mannheim; dpa-Bilderdienst, Frankfurt am Main und Stuttgart; Japanische Botschaft, Bonn-Bad Godesberg; KFA Institut für Reaktorbauelemente, Jülich; Keystone Pressedienst, Hamburg; Jacob Jobst, Würzburg; Kunsthaus Zürich, Zürich; laenderpress-Bildarchiv für Presse und Werbung, Düsseldorf; Photopress, Zürich; Hans Peter Seufert, Waiblingen; Sven Simon Fotoagentur GmbH, Bonn; Süddeutscher Verlag-Bilderdienst, München; UPI, United Press International, Zentrale für Deutschland, Frankfurt am Main; USIS, Bonn-Bad Godesberg; Werek Pressebildagentur Werner Rzehaczek, München; Wiener Pressebild-Dienst Votava, Wien